Die deutsche Exilliteratur
1933-1945

Herausgegeben von
Manfred Durzak

Philipp Reclam jun. Stuttgart

Dem Initiator der Exilliteratur-Forschung
Walter A. Berendsohn gewidmet

Inhalt

II

MANFRED DURZAK

Deutschsprachige Exilliteratur.
Vom moralischen Zeugnis zum literarischen Dokument

>»Die Emigration wird darauf bestehen, daß mit ihr die
größten Deutschen waren und sind, und das heißt zugleich:
das beste Deutschland [...]. Eine Emigration, die sich behauptet, wird ihre leidvoll und kämpfend erworbene innere
Zucht einst übertragen auf ihr ganzes Volk, dem so sehr, so
sehr zu gönnen wäre, daß es die Gegend der Katastrophen
verläßt und seinen Frieden mit der Welt macht.«
>
> Heinrich Mann

>»Ja, ich bin mit euch – euch, dem besseren Deutschland, dem
unterdrückten, vertriebenen, aber unbesiegbaren Deutschland, das leidet, aber kämpft. Alles von jenem Deutschland,
das wir lieben und verehren, ist in euerem Lager. Bei euch
sind Goethe und Beethoven, bei euch sind Lessing und Marx.
Sie sind mit euch in dem Kampf, den ihr führt. Ich zweifle
nicht an eurem Sieg. Habt Vertrauen! Die Zukunft wird
sich an euer Beispiel erinnern, und sie wird es ehren.«
>
> Romain Rolland

Die deutschsprachige Literatur des Exils hatte es nicht nur schwer in der Verbannung,
sondern auch schwer in der Nachkriegszeit, den 1933 unterbrochenen kulturellen
Lebensbezug wiederherzustellen. Sätze wie die folgenden, die noch 1969 geschrieben
wurden, scheinen heute nicht mehr möglich: »So wurde die apologetische und publizistische Ansicht übernommen, daß die deutsche Literatur ins Exil gerettet wurde,
während sie im Dritten Reich mit wenigen Ausnahmen ins Nichts versank. Diese
Meinung hält den Tatsachen nicht stand. Bei näherer Betrachtung ergibt sich sogar
der überraschende Befund, daß in diesen Jahren die beste Literatur überwiegend auf
deutschem Boden geschrieben wurde [...].«[1] Eine solche polemische Verzerrung ist
symptomatisch für eine ideologische Blicktrübung, die lange die Rezeption der im
Exil entstandenen und von den Nationalsozialisten verfemten deutschsprachigen
Literatur[2] belastet hat. Nachdem die Literarhistorie, freilich durch Emigranten,
schon relativ früh[3] in den Arbeiten von Walter A. Berendsohn[4] und William K. Pfeiler[5] mit der Aufarbeitung dieser literarischen Zeugnisse als Beispielen humanistischen Widerstandes gegen den Totalitarismus begonnen hat und die Germanistik[6],
mit ihrer eigenen Vergangenheitsbewältigung beschäftigt, sich zögernd diesem Thema genähert[7] hat, wird heute niemand mehr die Bestandsaufnahme bezweifeln, die
Alfred Kantorowicz bereits 1947 formuliert hat: »Die literarische Bemühung der
exilierten deutschen Schriftsteller in vielen Teilen der Welt weist sich aus durch hunderte, in viele Sprachen übersetzte Bücher, Meisterwerke darunter, einige bereits
erkannt als Bestände der Weltliteratur.«[8] Autoren wie Brecht, Thomas und Heinrich
Mann, Döblin, Broch, Joseph Roth und viele andere bezeichnen mit ihrem im Exil

entstandenen Werk exemplarische Höhepunkte literarischer Leistung. Die punktuelle Rezeption, die einzelnen dieser Autoren schon zuteil wurde, hat allerdings bisher kaum den politisch-gesellschaftlichen Hintergrund berücksichtigt, der mit der Formel Exil umschrieben wird.

Die Sympathieerklärungen, mit denen die ersten Chronisten diese Literatur begleitet haben, indem sie etwa den Humanismus dieser Autoren als Gemeinsamkeit[9] oder die Wendung zur Politik und die antifaschistische Opposition[10] als Einheitsmoment hervorgehoben haben, wird man allerdings aus größerer zeitlicher Distanz heraus zu überprüfen haben. Beobachtungen wie die von Stephan Hermlin und Hans Mayer: »Es rächte sich in entscheidender Stunde, daß als einzige in Europa die deutschen Dichter aus ihrer Unkenntnis der Politik und des öffentlichen Lebens einen besonderen Stolz gemacht hatten«[11] deuten darauf hin, daß das Exil keineswegs zum modellhaften Damaskuserlebnis wurde, sondern zum Teil von Problemen belastet und beeinflußt wurde, die man vorher zu bewältigen unterlassen hatte. So, wie unter den Exulanten selbst die Diskussion über ihren literarischen und politischen Standort zum Teil mit Härte und ohne Illusionen geführt wurde,[12] scheint es wenig angebracht, hier vorschnell harmonisieren zu wollen. Es kommt vielmehr darauf an, die vielschichtige Problematik, die sich hier verbirgt, zu rekapitulieren, um einer nüchternen Rezeption vorzuarbeiten. Und problematisch ist bereits der Stellenwert der Autoren in dem Gesamtkomplex Emigration und Exil.

Als auf dem zweiten Exilliteratur-Symposium, das im August 1972 in Kopenhagen stattfand, einer der Teilnehmer die Ansicht vertrat, die Erforschung der Exilliteratur sei dadurch gerechtfertigt, daß es sich um den repräsentativen Teil der Emigration handle, wurde ihm von einem noch heute in Schweden lebenden Emigranten, dem Politologen und Soziologen Ulrich Herz, entgegengehalten: »Ich würde mir erlauben zu sagen, bestenfalls ist das Nonsense und schlimmstenfalls Hybris [...].«[13] Dieser Einwand ist nicht ohne weiteres von der Hand zu weisen. Ihm wird auch in der thematischen Ausweitung Rechnung getragen, die Werner Berthold im Anschluß an seinen Tagungsbericht »Zur Situation der Exilforschung in der BRD«[14] in einem Diskussionsbeitrag vollzog: »Wir sprechen heute von Exilforschung und bewußt nicht mehr von Erforschung der Exilliteratur. Dieser Begriff, der ja ein verändertes Programm ausdrückt, tauchte mehr und mehr in unserer Diskussion der letzten Jahre auf. Er scheint sich auch bei den ausländischen Kollegen durchzusetzen. [...] Wir sehen unsere Aufgabe nicht oder nicht mehr nur in der Beschäftigung mit der Exilliteratur, auch wenn man den Begriff soweit faßt, daß man alles Gedruckte damit meint. Exil interessiert als Gesamtphänomen, also eine Gesamterscheinung [...].«[15]

Exilliteratur wird zum Teilphänomen in einem sehr breiten Spektrum, zu dem ebenso die Emigration von Politikern verschiedenster Provenienz, darunter die Funktionärsspitzengruppe der Arbeiterschaft, von Wissenschaftlern verschiedenartigster Disziplinen, von Künstlern unterschiedlichster Kunstbereiche und schließlich von zahlreichen Privatpersonen gehört, die, z. T. aus rassischen oder politischen Gründen verfolgt, Deutschland verließen. Angesichts »dieser mächtigen, erdumfassenden geschichtlichen Erscheinung«[16], die sich in verschiedenartige, noch kaum erforschte Einzelbereiche auffächern läßt, mag es in der Tat voreilig scheinen, den Exodus der deutschsprachigen Schriftsteller als *die* repräsentative Emigration zu charakterisieren. Solange die anderen Teilaspekte noch nicht empirisch voll erschlossen sind, wird man eine solche These von der Repräsentanz der literarischen Emigration lediglich als Hypothese gelten lassen.

Die von Berthold vertretene Präzisierung des Exilphänomens, die konkret durch den großen Anteil von Historikern auf dem Kopenhagener Symposium unterstrichen wurde, läßt sich als ein methodischer Fortschritt gegenüber dem Problembewußtsein sehen, das noch auf dem ersten Exilliteratur-Symposium 1969 in Stockholm vertreten wurde. Der Begriff des literarischen Emigranten war dort noch indirekt dominierend, da man unter Exulanten diejenigen verstand, »die nach 1933 und bis 1945 den Machtbereich des Nationalsozialismus oder der Armeen Hitlers aus politischen, weltanschaulichen, rassischen oder religiösen Gründen verließen und Deutsch als Muttersprache hatten oder sich schriftlich oder mündlich auf Deutsch verständigten«[17]. Bereits hier stellt die gemeinsame Sprache als Einheitsmoment nur eine formale Klammer dar, die die vielfältig aufgefächerte Funktion der Sprache für die einzelnen Exilgruppen nicht berücksichtigt. Für die bei weitem meisten Exulanten war sie lediglich ein Kommunikationsinstrument, das verhältnismäßig leicht durch eine neue Sprache ersetzt werden konnte. Für die Schriftsteller hingegen war sie primäres Ausdrucksmaterial,[18] das, aus dem Rezeptionszusammenhang im Herkunftsland herausgelöst und mit einer fremden Sprachumgebung konfrontiert, sozial die Bedeutung einer Assimilationshemmung annahm und künstlerisch Züge der Künstlichkeit zu tragen begann. Die Reduktion der Arbeitsmöglichkeiten, die daraus für den Schriftsteller in der Emigration entsprang, unterscheidet ihn also deutlich von den anderen Gruppen. Es leuchtet auf diesem Hintergrund ein, daß Künstlern, die mit einem anderen Medium arbeiteten, etwa Filmregisseuren[19] oder Dirigenten[20], eher eine erfolgreiche Fortführung ihrer Arbeit im Exil gelang. Das gleiche trifft auf eine Reihe von Wissenschaftlern zu.[21]

Einschränken sollte man daher doch wohl die folgende Ausweitung des Begriffs Exilliteratur: »Sie umfaßt nicht nur die sogenannte ›schöne‹ Literatur, sondern auch die politische und wissenschaftliche, bei der es wohl ratsam ist, sich auf die humaniora zu beschränken.«[22] Denn hielte man an einer solchen Definition fest, wäre es in der Tat konsequent, jeden im Exil geschriebenen, gedruckten und ungedruckten deutschsprachigen Text zur Exilliteratur zu rechnen. Alle Texte würden damit angesichts ihrer spezifischen politischen Entstehungssituation zu Dokumenten des Exils. Die möglichst vollständige Erfassung und Archivierung dieses Materials wäre damit nicht nur eine Folge historischer Faktenerstellung, die zum methodischen Vorgehen des Historikers gehört, sondern auch Ausdruck einer moralischen Haltung diesen Zeugnissen gegenüber. Die Aufmerksamkeit, die man damit diesen Zeugnissen erweist, ist zugleich ein Eingeständnis und eine Abtragung der moralischen Schuld, die man in der von den politischen Umständen heraufgeführten Entstehungssituation dieser Emigrantenliteratur erkennt. Auf dem Stockholmer Symposium war diese Haltung programmatisch formuliert worden: »Wir sind uns darin einig, daß das Gebiet der Emigration würdig ist, erforscht zu werden, einig darin, [. . .] daß wir aus ihrer noch nicht abgeschlossenen Geschichte allerlei Folgen, Lehren ziehen können.«[23] Nur auf dem Hintergrund einer solchen moralischen Haltung leuchtet es ein, daß alle Texte als Zeugnisse derselben Situation einander gleichgeordnet werden und das Ideal einer umfassenden Materialaufarbeitung verkündet wird. »Wertungsfrei«[24], wie man gemeint hat, ist diese Grundforschung also nicht. Wenn ausgeführt wird: »[...] sie überläßt den anderen, die Schlußfolgerungen aus dem vorliegenden Material zu ziehen, sie überläßt anderen, sich mit den Ergebnissen auseinanderzusetzen, sie zu akzeptieren oder sie zu verwerfen«[25], dann wird damit lediglich die stillschweigend vorausgesetzte Wertung in Frage gestellt und indirekt auf das damit verbundene eigentliche methodische Problem hingewiesen. Nach welchen Maßstäben soll man akzeptieren oder verwerfen? Oder anders formuliert: Nach welchen Prinzipien soll die literarische Bewertung des erarbeiteten Materials vorgehen? Der »Zwang zur Solidität«[26], von dem in Kopenhagen gesprochen wurde, weist zwar auf eine wichtige Voraussetzung hin, nämlich umfassende Kenntnis des Materials, aber trägt als methodisches Postulat zugleich leicht illusorische Züge, da man generell darin übereinstimmt, daß schon viele wichtige Materialien vernichtet[27] oder unauffindbar geworden sind: »In vielen Fällen schlägt die berühmte Uhr nicht ›Fünf vor zwölf‹, sondern bereits ›Fünf nach zwölf‹.«[28] Deutet sich nicht zudem in der rigorosen Durchsetzung dieses Postulats eine methodische Sackgasse[29] an? Daß diese verabsolutierte Grundforschung »Eskapismus bedeutet, eine Flucht ins Material, einen schlichten Positivismus«[30], wurde zwar von Berthold in Kopenhagen zurückgewiesen, aber in der Diskussion nichtsdestoweniger als Gefahr ausdrücklich hervorgehoben: »[...] wir können mit der weiterführenden Spezialforschung nicht warten [...], bis alle Quellen da sind.«[31] Nicht nur daß einzelne Materialien, etwa Tagebücher, Korrespondenzen, durch Nachlaßregelung bis auf Jahre gesperrt sind,[32] sondern es wurde auch zu Recht betont: »Es gibt eine ganze Reihe von Fällen, wo man an der Fülle des Materials erstickt.«[33]

Die Wichtigkeit dieser methodischen Frage wird nicht zuletzt dadurch unterstrichen, daß das gleiche Problem bereits auf dem Stockholmer Symposium diskutiert worden war. Dort hatte Volker Klotz[34] davor gewarnt, »ins Blaue hinein zu sammeln«, und ausgeführt: »Der Positivismus ist freundlicherweise in ›ad fontes‹ umbenannt worden, aber man kann bei den ›fontes‹ nicht nur nasse Füße bekommen, sondern auch ersaufen.« In bewußter Absetzung von dem auf totale Materialerfassung ausgerichteten Forschungsprogramm der Historiker hat er das literaturwissenschaftliche Methodenproblem, das sich hier stellt, so präzisiert: »Wir haben es mit Gegenständen und mit Ereignissen zu tun, die in einem ungeheuerlichen Wust auf uns [zu]kommen, und sind nun gezwungen, wir und andere, denen wir es mit[zu]teilen verstehen, daraus möglicherweise Gesetzmäßigkeiten zu schließen, und das scheint mir unsere Aufgabe zu sein, jedenfalls die der Literaturwissenschaft [...].«

Ein lediglich vom moralischen Appell der Vergangenheitsbewältigung getragener literaturwissenschaftlicher Positivismus würde sich in der Tat in unlösbare Probleme verstricken. Dazu gehört nicht nur die Gleichsetzung aller im Exil entstandenen Texte. Wenn das »Interesse an dem handelnden und dem leidenden Menschen«[35], also die moralische Aussagekraft der Texte, allein zugrunde gelegt wird, könnte man darüber hinaus fragen, ob die im Exil entstandene »Schubladenliteratur«[36] unter Umständen nicht viel wichtiger wird als die veröffentlichte namhafter Autoren. Es ergibt sich ein Wertungsdilemma, das in Kopenhagen in dem Satz zusammengefaßt wurde: »Der Literarhistoriker und der literarästhetisch Gebildete wird mit anderen Wertmaßstäben an die einzelnen Autoren und ihr Werk herantreten, als wir von der Grundforschung für das Exil.«[37] Literarische Texte werden auf der einen Seite zu moralischen Dokumenten und können auf der andern Seite auch als Illustrationsmaterial für bestimmte gesellschaftliche und politische Zusammenhänge im Exil eine Bedeutung annehmen, die man am besten mit Relationswert beschreibt. Aber Relationswert und literarischer Wert können durchaus inkongruent sein. Das Problem besteht nicht darin, wieviel ein bestimmter Text zur Kenntnis einer bestimmten historisch-politischen Situation beiträgt, sondern wie diese Situation den Text bestimmt, strukturiert und seine sprachliche Aussage beeinflußt hat, wie sie letztlich in ihm aufgehoben ist. Die Skala reicht dabei von punktuellen sprachlichen Phänomenen wie konserviertem Wortschatz, semantischer Aushöhlung, Petrifizierung der Sprache bis hin zu motivlichen und thematischen Zusammenhängen. Dabei ist im einzelnen durchaus eine widersprüchliche künstlerische Reaktionsweise denkbar. Künstlichwerdung der Sprache und Wirklichkeitsverlust können konstruktiv in Gestaltung umgesetzt werden, indem der Text sie thematisiert, sie können ebenso zur künstlerischen Reduktion der literarischen Leistung beitragen durch Eskapismus in Mystik und Innerlichkeit, durch einen Konservativismus der Form.

Es geht also darum, den komplizierten Vorgang der Vermittlung von historischer Situation im sprachlichen Text aufzuschlüsseln. Und so gewiß die Kenntnis der historischen Materialien zur Erkenntnis dieses Vermittlungszusammenhanges beiträgt, so wichtig ist zu betonen, daß der Text mehr ist als die Summe dieser historischen Fakten.[38] Wo er als Einzelelement einer äußerlichen Addition von Fakten den Zusammenhang dieser Fakten zu signalisieren beginnt, also anstatt aufs Faktische reduziert zu werden, das Faktische überschreitet und eine Erkenntnis vermittelt, die auf den verbindenden Hintergrund der Einzelphänomene aufmerksam macht, beginnt er als literarischer Text wichtig zu werden.

Das Kopenhagener Symposium, das neben der Dokumentation der Grundforschung in den verschiedenen Ländern – aber hier bereits mit der wichtigen Lücke der Sowjetunion[39] – vor allem auch der Methodenverständigung dienen sollte, ist in diesem Punkt nicht wesentlich über den Stand der Diskussion vor drei Jahren in Stockholm hinausgelangt. Denn was von den Historikern des Münchener ›Instituts für Zeitgeschichte‹ an Methoden angeboten wurde,[40] beschränkte sich darauf, Katalogschemata vorzuschlagen, um »Informationen zu kanalisieren«[41] und damit verfügbar zu machen. Aber bereits hier zeigte sich in der Diskussion, daß vermeintlich neutrale Deskriptionsbegriffe in diesen Dokumentationsschemata mit ideologischer Fracht belastet sind und von einer ungenügenden historischen Reflexion beim Gebrauch zeugen.[42] Einer solchen Gefahr ist ein Positivismus ausgesetzt, der wertungsfrei und neutral vorzugehen annimmt, aber in seinem Formalisierungsdrang und seiner Archivierungstendenz noch zu lösende Probleme unterschlägt.

Man hat sich daran gewöhnt, die so verspätet in der Bundesrepublik einsetzende literaturwissenschaftliche Beschäftigung mit der Exilliteratur durch den ideologiekritischen Hinweis auf die restaurativen politischen Tendenzen der Adenauer-Ära und den »Sündenfall« der Germanistik zu erklären, die von der politischen Anpassung während der NS-Zeit reumütig in den Elfenbeinturm der werkimmanenten Interpretation in der Nachkriegszeit eskapiert war und der ein von der Beschäftigung mit der Exilliteratur gefordertes politisches Engagement suspekt war: »In der postfaschistischen Nachkriegsära wurden als Teil der Strategie des kalten Krieges die alten Gesellschaftsstrukturen und Besitzverhältnisse restauriert und gleichzeitig alle politischen Alternativen zu dieser Reinthronisation des Kapitalismus verfemt. Diese Ächtung traf auch die antifaschistische deutsche Emigration.«[43]

Die Rezeption der Exilliteratur in Westdeutschland nach 1945 ist sicherlich ein komplexes Phänomen, und niemand wird bezweifeln, daß sich die politische Entwicklung in Westdeutschland rezeptionshemmend ausgewirkt hat. Hinzu kommt, daß bis weit in die fünfziger Jahre hinein[44] die moralisierende Erbauungsliteratur von Autoren wie Bergengruen, Reinhold Schneider, Andres, Carossa, Rudolf Alexander Schröder, Wiechert, zum Teil in der sogenannten Inneren Emigration[45] entstanden, bestimmend war und die Rückeingliederung der Exilliteratur[46] mit erschwerte. Die These von der bewußt politischen Ächtung greift jedoch zu kurz. Sie unterschlägt auf der einen Seite die sich durchaus zögernd anbahnende Beschäftigung mit dem Phänomen (auch im Rahmen der Universitäten), die zur Edition von wichtigen Werkausgaben der Exilautoren führte, und rückt andererseits eine im Einzelfall tatsächlich zustande gekommene Rezeption von Autoren wie Musil und Broch mit dem Hinweis, dies seien »die politisch ungefährlichen Repräsentanten der sogenannten Avantgarde«[47], in eine schiefe Perspektive.

Man hat zudem kürzlich noch auf andere Zusammenhänge aufmerksam gemacht, die die These von der pauschalen Verdrängung der Exilliteratur im Nachkriegswestdeutschland von dem Standpunkt aus korrigieren: »Die Tatsache, daß die Exilliteratur im Kampf gegen den Nationalsozialismus nur wenig Wirkung gehabt hat, sollte nicht der Abschluß, sondern Beginn der Reflexion sein.«[48] Wenn man dieser Argumentation folgt, dann ist die politische Artikulationsunfähigkeit dieser Literatur, ein in ihr nicht überwundener bürgerlicher Traditionsüberhang, dem Verinnerlichungstendenzen und Irrationalismus nicht fremd sind, ursächlich mit an der nicht zustande gekommenen Rezeption nach 1945 beteiligt: »[...] so scheint es, als sei jene Restauration, die sich Ende der zwanziger Jahre in vielen Bereichen anbahnte, durch den Nationalsozialismus verzögert, endlich in den fünfziger Jahren zur späten Blüte gekommen.«[49] Hier wäre also auch in Hinblick auf die sogenannte Innere Emigration, die 1933 nicht emigrierte oppositionelle Literatur, einiges zu korrigieren. Flucht in die Mystik, Verinnerlichung und allegorische Widerstandsgestik, die man dieser Literatur in der Regel als Symptome eines zu wenig artikulierten politischen Bewußtseins anlastet und mit dem Verdikt eines ästhetischen Eskapismus versieht,[49a] sind also auch bei der Exilliteratur in Betracht zu ziehen. Was im Negativen gilt, ließe sich auch im Positiven sagen. So hat Elisabeth Langgässer[49b] beide Emigrationen einander gleichgesetzt und mit dem Satz von Oskar Loerke begründet: »Ich hatte mein Erleben heimzuleiten in die Form seiner Existenz durch Sprache.« Beide Phänomene, die Literatur der äußeren und Inneren Emigration, wären sich also, im gleichen historischen Kontext betrachtet, ähnlicher, als man auf den ersten Blick vermuten würde. Zwischen politischem Postulat und tatsächlicher politischer Effektivität wäre auch bei der Exilliteratur zu unterscheiden. Was in der polemischen Absetzung von der im NS-Reich verbliebenen Inneren Emigration zum Kriterium der Selbstdefinition wurde und was vorher in den Jahren der sich etablierenden NS-Herrschaft in Deutschland als Ausdruck politischer Moral der eigenen Identitätsbestimmung diente, nämlich eine antifaschistische Frontenbildung unter den exilierten Autoren, hätte also als Selbststilisierung mit dazu beigetragen, »die tatsächlichen historischen Vorbedingungen von Hitlers Machtübernahme aus dem Gedächtnis«[50] zu verdrängen. Die faktisch vorhandene Variationsbreite der politischen Meinungsbildung unter den Exilautoren spricht dafür, daß der von Thomas Mann 1939 verkündete »Zwang zur Politik« als Hauptcharakteristik der Arbeit der Exilschriftsteller eher ein programmatisches Postulat als eine Analyse der Exilpraxis dieser Autoren darstellt.

Solche Überlegungen sind geeignet, dem Kurzschluß der These entgegenzuarbeiten, es bestehe eine Art monokausale Beziehung zwischen den politischen Determinanten der Entstehungssituation literarischer Werke im Exil und der Thematik und sprachlichen Gestaltung dieser Werke. So wichtig es ist, bei einer Analyse der Exilliteratur »das Verhältnis von Literatur und Gesellschaft, Kunst und Politik zu untersuchen« und »Literatur als vermittelten Ausdruck gesellschaftlicher Zustände zu erkennen«[51], so sehr kommt es darauf an, die ganze Komplexität des Sachverhaltes »vermittelter Ausdruck« zu berücksichtigen. Vermittlung stellt sich nicht nur in Phänomenen der direkten Spiegelung dar, sondern umschließt dialektisch auch abstrakte und formal verfremdete sprachliche Zusammenhänge. Die These, »daß der soziale und psychologische Ausnahmezustand des Exils auch ein literarischer gewesen ist«[52], bleibt ein Analogieschluß, solange nicht dargestellt wird, was die im einzelnen kompliziert aufzuschlüsselnden literarischen Korrelate der sozialen und psychologischen Situation sind. Als Arbeitshypothesen mögen die folgenden Forderungen berechtigt sein: »[...] man muß die Veränderungen nachzeichnen, die sich im sozialen Status, im politischen Denken, in der literarischen Theorie und Praxis, schließlich in der Psyche der Schriftsteller vollzogen haben.«[53] Aber auch hier verleitet die allzu direkte Übertragung aufs Literarische zu Fehlschlüssen, wie am Beispiel von psychologischem Belegmaterial zu Recht von psychiatrischer Seite auf dem Kopenhagener Symposium hervorgehoben wurde: »[...] die Analyse auf das Subjekt hin sagt viel über das Subjekt, aber fast gar nichts über das literarische Werk. Die Analyse auf die Emigration hin wird sehr viel über die Emigration sagen und sehr wenig über das literarische Werk [...].«[54]

Wenn von der gleichen Seite, die in der Regel die ausgebliebene Beschäftigung mit der Exilliteratur in der Vergangenheit beklagt, nun, nach einem Erwachen des Interesses, die Popularisierung als Gefahr des Dilettantismus[55] angesehen wird, so trifft dieser Vorwurf sehr viel eher eine solche deterministisch angelegte Annahme, mit der Erfassung der Realien habe man sich zugleich der Sache der Literatur bemächtigt.[56] Die Frage, »ob man die Erforschung der Exilliteratur nur von literatursoziologischen Perspektiven oder vielleicht nicht doch von ästhetischen Perspektiven aufnehmen soll«[57], wurde zwar in Kopenhagen gestellt, aber nicht eigentlich beantwortet. Die These: »An der deutschen Exilliteratur könnte die Germanistik den Ausweg aus der Krise proben«[58] bleibt so lange eine Wunschvorstellung, wie das Modell »einer synthetischen Interpretationsmethode«[59] oder einer »synoptische[n] Arbeitsweise«[60] nicht theoretisch entwickelt und praktisch erprobt worden ist. Interdisziplinäre Zusammenarbeit und komparatistische Arbeitsansätze wurden auch in Kopenhagen stichwortartig angesprochen, aber sieht man einmal von dem Appell der positivistischen Materialerfassung ab, der von Historikerseite vertreten wurde, so war auch in Kopenhagen die methodische Unsicherheit dem Phänomen Exilliteratur gegenüber für die Situation der westlichen Exilforschung charakteristisch.

In der DDR-Forschung ist die Situation ganz anders. Das hat nicht nur damit zu tun, daß die Exilliteratur hier eine ganz andere Rezeption erlebt hat. Das Segment sozialistisch profilierter Exilliteratur, nicht zu vergessen bedeutende Vertreter des bürgerlichen antifaschistischen Lagers, ist hier von vornherein als Traditionsvoraussetzung fest in die eigene, nach 1945 entstehende Literatur integriert worden, und Autoren wie Bertolt Brecht, Johannes R. Becher, Arnold Zweig, Anna Seghers, Ludwig Renn und Friedrich Wolf nahmen hier schon bald den Rang von modernen Klassikern ein.[61] Das gleiche gilt für Heinrich und Thomas Mann. Freilich mußte dennoch selektiv verfahren und wesentliche Teile der Exilliteratur mußten ignoriert werden, obwohl das große Bündnis zwischen der sozialistisch-realistischen Literatur und der bürgerlichen Literatur im Zeichen der Volksfrontbewegung ausdrücklich anerkannt wird[62]. Dem methodischen Vorgehen der DDR-Forschung wurde in Kopenhagen unmißverständlich Ausdruck verliehen: »Lassen Sie mich betonen, daß für uns in die Methodologie literaturwissenschaftlichen Arbeitens selbstverständlich eingeschlossen ist, daß wir uns auf die Positionen bestimmter gesellschaftlicher Bewegungen und Kräfte stellen, die im Dienste des gesellschaftlichen Fortschrittes und des Humanismus stehen. Daß für uns Exilforschung nicht bedeutet, Quellen lediglich archivarisch aufzubewahren oder archivarisch aufzubereiten, sondern daß wir Exilforschung als gesellschaftlichen Auftrag auffassen, jene humanistischen Positionen, die seinerzeit ausgebildet wurden, ins Leben, in die gesellschaftliche Wirklichkeit treten zu lassen, daß wir von daher, von dieser Verbindung von Kunst und Gesellschaft, von Literatur und Gesellschaft her unsere gesellschaftlichen Grundprinzipien ableiten.«[63]

Einem zumindest in der Theorie so monolithisch geschlossenen Methodenmodell konnte in Kopenhagen kein Alternativmodell gegenübergestellt werden. Kennzeichnend dafür ist die Hilflosigkeit, mit der die Forschung der Bundesrepublik Deutschland ein völlig abstraktes Prinzip von »einer dauernden Dialektik«[64] beschwor, die sich darin zeige, daß man nur bei der Verfolgung spezifischer Forschungsfragen von bestimmten vorgefaßten Prämissen aus auch auf neues Quellenmaterial stoße, mit anderen Worten: eine Dialektik, die nur metaphorisch das Problem des hermeneutischen Zirkels umschreibt. Dialektik bedeutet hingegen für die marxistische Deutung konkret diesen komplizierten Zusammenhang zwischen inhaltlichem Vorwurf und formaler Vermittlung, »wo die relative Selbständigkeit der Literaturentwicklung sich mit ihrer historischen und gesellschaftlichen Determiniertheit berührt [. . .]«[65]. Zwar soll dabei nicht die »widersprüchliche Entwicklung in der Exil-Literatur«[66] unterschlagen werden, aber es lassen sich dennoch gewisse Selektionstendenzen nicht übersehen. Die zum Postulat erhobene »Wechselbeziehung zwischen humanistischem Schriftsteller und kommunistischer Weltbewegung«[67] als eine Wurzel der emanzipatorischen sozialistischen Exilliteratur muß notgedrungen die harten Realitäten der stalinistischen Phase der Sowjetunion beschönigen, wie sie auch jene betont konservativen Repräsentanten der Exilliteratur als reaktionär ausklammern muß, ganz zu schweigen von jenen zahlreichen am Exil Zerbrochenen, die wie Ernst Toller, Walter Hasenclever, Walter Benjamin, Stefan Zweig ihrem Leben ein Ende setzten.

Bemerkenswerterweise hat Hans-Albert Walter, der diesem Methodenpostulat in den beiden ersten während der Drucklegung dieses Bandes erschienenen Teilen seiner umfangreich angelegten Exilliteratur-Geschichte zumindest in der Intention nahe-

kommt, ohne freilich seine Rigorosität, aber auch seine Klarheit zu teilen, gegenüber
dem hier in den Mittelpunkt gerückten Segment der Exilliteratur bemerkt: »Nur
scheint mir, daß es in der Exilliteratur noch [...] mindestens zwei weitere Stränge
gegeben hat, die ebenfalls wichtig, interessant und vor allem lehrreich wären für
eine Behandlung, nämlich der erste mit jenen Autoren, die den hier aufgezeichneten
Weg nicht gegangen sind, und den jener Autoren, die auf jenem Weg sich befunden
haben und ihn nicht zu Ende gegangen sind.«[68] Die dem marxistischen Standpunkt
in etwa entsprechende Hypothese, »daß die literarisch wie politisch bedeutendsten
Romane über das vorfaschistische und faschistische Deutschland von sozialistischen
und kommunistischen Schriftstellern geschrieben wurden«[69], wird zwar von Walter
auf der einen Seite geteilt, auf der anderen Seite zeigt jedoch ein Vorabdruck[70] aus
seiner Exilliteratur-Geschichte über in der Moskauer Exilzeitschrift *Das Wort* erschienene Emigrantenarbeiten, welchen methodischen Schwierigkeiten er sich konkret gegenübersieht. Äußerungen über Arbeiten von Jan Petersen, Ernst Ottwalt
und Julius Hay: »Das Milieu ist echt, die Atmosphäre gut getroffen; man spürt,
daß Petersen aus eigener Erfahrung schrieb« (S. 53) oder: »[...] so hat man eine
psychologisch wohlfundierte, den faschistischen Terror wie den Mut der Illegalen
glaubhaft nachzeichnende Erzählung« (S. 53) oder: »Handwerklich ist diese ›Komödie‹ sauber gearbeitet – gekonnte Dramaturgie; die Handlung ›hängt‹ nirgends
durch; sicher und knapp charakterisierte Gestalten, lebendige Dialoge [...]« (S. 56)
– solche Äußerungen interpretieren wohl kaum von gesellschaftlichen Voraussetzungen aus, sondern setzen Requisiten der impressionistischen Spontankritik einigermaßen unreflektiert ein. Diese unhistorisch gehandhabten Kriterien deuten auf
verpönte ›bürgerliche‹ Geschmacksurteile zurück, sind letztlich Ausdruck einer normativen Ästhetik und für die methodische Problematik, die mit der Exilliteratur
verbunden ist, ebenso charakteristisch wie die folgende Äußerung, die einer anderen
verdienstvollen, soeben erschienenen umfangreichen Untersuchung zur Exilliteratur
entnommen ist: »Die Beurteilung der literarischen Qualität mußte bei der Untersuchung zurückstehen.«[71] Entweder reduziert man die Texte zu historischen Dokumenten und klammert eine literarische Wertung aus, oder man überspringt die
positivistisch erstellte historisch-gesellschaftliche Entstehungssituation durch unge-
schichtlich verwendete Geschmacksurteile, die sich an einer Ästhetik orientieren, die
die Dialektik von historischer Situation und ästhetischer Vermittlung weitgehend
außer acht läßt. Daß auch der Historiker seinerseits dazu neigt, ästhetische Zusammenhänge verkürzt darzustellen und in einen ursächlichen Zusammenhang mit der
Exilsituation zu bringen, der sich aus einer binnenliterarischen Sicht ganz anders
darstellt, bezeugt der folgende Satz über Thomas Mann und Brecht in einer der
wichtigsten Untersuchungen zum amerikanischen Exil: »Die ›Ironie‹ wie der
›V-Effekt‹ wurden gerade in den Exil-Werken voll ausgebildet; in ihnen kann man
etwas wie ›Exil-Strukturen‹ der Dichtung sehen.«[72]
Das methodische Problem besteht also offensichtlich darin, jene Balance zwischen
einer Analyse des historisch-politischen Vorfeldes und einer literarischen Deutung
der Texte herzustellen, wobei keines dem andern deterministisch untergeordnet wird,
sondern eine dialektische Vermittlung entsteht, die jedem der beiden Bereiche seine
relative Selbständigkeit läßt. Die Untersuchungsabsicht, »die zwischen 1933 und
1950 außerhalb Deutschlands geschriebenen Werke deutscher Schriftsteller auf dem

Hintergrund ihrer Entstehungsbedingungen zu interpretieren und als Einheit zu begreifen – als Exilliteratur«[73], bleibt so lange ein abstraktes Postulat, das mit einem lediglich formalen Einheitskriterium operiert, als nicht entwickelt wird, wie die ästhetischen Korrelationsmöglichkeiten im einzelnen aussehen, die solchen Entstehungsbedingungen entsprechen. Zudem besteht ein allgemeiner Konsensus darüber, daß die hier appellativ angesprochene Einheit »weit eher die vorgefaßten Meinungen oder Wunschvorstellungen eines Autors übermittelt, als [...] es den Tatsachen entspräche«[74].

Wenn die im Exil entstandenen Texte tatsächlich mehr sind als historisches Belegmaterial, das den Historiker innerhalb spezifischer Sachzusammenhänge interessiert, oder moralische Zeugnisse des Leidens unter dem Faschismus und Beispiele der bewußten Opposition gegen ein totalitäres System und dadurch erinnerungswürdig, müßte es möglich sein, Anregungen aufzugreifen, die bereits auf dem Stockholmer Symposium geäußert wurden: »Eine selbständige literarische Bewegung zeichnet sich in vielen Fällen durch ihre Zentren und deren Stabilisierungs- und Ausgleichseffekt aus [...]. Eine selbständige Literaturbewegung zeichnet sich aus durch einen gemeinsamen Nenner in der Sprache, Symbolik, Rhetorik, der Topoi, Bilder, manchmal sogar der Syntax und des Gesamtstils.«[75] Überlegungen, die auf eine ›Typologie der Exilliteratur‹ zielen, sind auf diesem Hintergrund nicht völlig von der Hand zu weisen.[76] Sätze wie: »Die Sprache des Exilierten, man hört es, kennt zwei äußerste Möglichkeiten, die sich bedingen: das Verstummen und das Pathos.«[77] oder: »Der historische Roman verliert im Exil den Charakter eines unterhaltenden Kostümstücks, wird beispielhaft, rettet Überlieferung.«[78] deuten auf Konstanten hin, die über die spezifische Situation hinaus Geltung haben könnten. Mag auch eine Schlußfolgerung wie die: »Die Tyrannen werden zur Muse für die Weltliteratur; was sie zu zerstören trachten, rufen sie hervor«[79] unzulässig harmonisieren, auf die innerliterarische Geschichte des Exilphänomens, die von Ovid über Dante, Voltaire, Heine bis in die Moderne reicht, haben nicht erst Werner Vordtriede und Jost Hermand aufmerksam gemacht, sondern bereits der Exulant Arnold Zweig in seinem 1937 im *Wort* erschienenen Dialog »Emigranten-Literatur«. Typologische Konstanten, die literarische Vergleichbarkeit und dadurch präzisere Erfassung der Emigrantenarbeiten ermöglichen, sind nicht von vornherein abwegig.

Die literarische Emigration war nicht nur in ihrer lokalen, politischen und ideologischen Aufsplitterung ein höchst heterogenes Phänomen, aus Emigrantenperspektive hat man zudem die gewisse Einheitlichkeit ihrer schriftstellerischen Arbeit angesichts der Entstehungssituation und der politischen Kampfstellung gegen den Nationalsozialismus häufig bestritten. Das Resümee eines der ersten Chronisten der Emigration, Wolf Francks[80]: »[...] man trug das deutsche Erbübel lächerlichster Partikularität mit einem Hochmut ohnegleichen zur Schau [...]« entspricht der skeptischen Bestandsaufnahme Ludwig Marcuses[81]: »Das Gebilde, das man ›Emigranten-Literatur‹ nennt, ist [...] nichts weiter als die Summe aller Bücher deutschschreibender Autoren, die seit Hitlers Krönung nicht mehr in Deutschland erscheinen können. [...] Diese gesellschaftliche Situation, die einer Reihe deutscher Schriftsteller gemeinsam ist, entspricht aber nicht der geringsten literarischen Gemeinsamkeit. Auch außerliterarisch besteht eine solche Gemeinsamkeit nicht, nicht einmal in einem politisch gleichgearteten Wollen.« Zugleich darf man sich nicht der nüchternen

Erkenntnis verschließen: »The myth that exile produces Dantes, Marxes, Bartoks and Avicennas certainly is not justified. More often exile destroys talent [...].«[82] Doch eine literaturwissenschaftliche Beschäftigung kann eine solche Heterogenität nicht einfach akzeptieren,[83] sondern muß aus der historischen Distanz den Blick auf mögliche Gemeinsamkeiten richten und, sosehr sie die Texte im historischen Kontext erblickt, die ästhetische Verarbeitung dieses Kontextes in den literarischen Arbeiten analysieren, wobei die moralische Intentionalität der Texte nicht von vornherein die Möglichkeit zur Kritik ausschließen sollte. Die folgenden Untersuchungen, die sämtlich für diesen Band geschrieben wurden, bemühen sich um eine solche Balance von historischer Faktenanalyse und literarischer Deutung und versuchen, in einem exemplarischen Überblick das Gesamtphänomen ›deutschsprachige Exilliteratur‹ zu beleuchten, ein Panorama zu entwerfen, dessen Details nicht selten noch von der Spezialforschung zu erhellen sind. Damit soll auch der Versuch unternommen werden, jener Rezeptionshemmung entgegenzuwirken, die die Exilliteratur bis in die jüngste Gegenwart belastet hat und die das Postulat einer allumfassenden Quellenforschung als Voraussetzung jeder Deutung[84] bis ins Unabsehbare zu verlängern scheint. Die »Materialschlachten« der Historiker auf dem Kopenhagener Symposium wurden von einer Teilnehmerin nicht zu Unrecht mit dem Seufzer quittiert: »Exilforschung darf kein Glasperlenspiel der Beteiligten werden.«[85]

Es versteht sich, daß hier nicht der Anspruch erhoben wird, die immensen methodischen Schwierigkeiten, die skizziert wurden, lösen zu wollen. Die hier vorgelegten Untersuchungen präsentieren nicht die Ergebnisse eines aufeinander eingearbeiteten Forschungsteams, sondern einer Gruppe von Sachkennern, die zum Teil aus Vertretern des literarischen Exils, aus Politologen, Literaturwissenschaftlern und Literaturkritikern besteht. Der Band will Perspektiven auftun, Wege zeigen, Lösungsmöglichkeiten skizzieren, und er unterscheidet sich von einer weiter gefaßten Exilforschung darin, daß er vordringlich an den im Exil entstandenen Texten orientiert ist, also sich bewußt begrenzt. Die Absicht ist, ein wichtiges Kapitel verschütteter Tradition in der deutschsprachigen Literatur unserer Zeit aufzuarbeiten.

Eine solche Betonung des literarischen Exils mag, wie gesagt, auf dem Hintergrund der anderen im Exil entstandenen Leistungen nun der Literatur eine unzulässige Schlüsselstellung zusprechen. Aber seit der Aufklärung ist die Sache der bürgerlichen Emanzipation zugleich immer die Sache des Schriftstellers gewesen. Als Emanzipationsträger wurde er, ob er wollte oder nicht, in seinen besten Vertretern repräsentativ für den gesellschaftlichen und geistigen Fortschritt, und diese ihm historisch zugewachsene Repräsentationsrolle hat er auch vor den meisten anderen Emigranten im Exil gespielt.

Anmerkungen

1. Hans-Dietrich Sander: »Triste Belletristik«, S. 77. In: »Die politische Meinung« 127 (1969) S. 74–82.
2. Bei der terminologischen Bezeichnung dieser Literatur werden verschiedene Begriffe wie ›Emigrantenliteratur‹, ›Literatur der Flüchtlinge‹ oder ›Exilliteratur‹ weitgehend synonym gebraucht, obwohl sich besonders Berendsohn für eine Präzisierung dieser Begriffe eingesetzt hat und so beispielsweise den Begriff ›Flüchtlingsliteratur‹ dem der ›Exilliteratur‹ vorzieht (vgl. seine Aus-

führungen in: »Ist der Begriff ›Exilliteratur‹ literaturwissenschaftlich auf die Dauer brauchbar?«,
in: Protokoll [s. Lit.], S. 513 ff.), weil er auch die nach 1945 im Ausland entstandene deutsch-
sprachige Literatur erfasse. Dennoch ist H.-A. Walter zuzustimmen, daß sich die Bezeichnung
›Exilliteratur‹ »allgemein durchgesetzt hat« (Dt. Exill. I [s. Lit.], S. 29). Die terminologischen
Schwankungen im Selbstverständnis der Exilautoren und in der Forschungsgeschichte hat Helmut
Müssener im fünften Abschnitt »Exulant – Emigrant – Flüchtling. Zur Terminologie und ihrer
Geschichte« seines Buches »Die deutschsprachige Emigration in Schweden nach 1933« (s. Lit.),
S. 71–106 eingehend dargestellt. Obwohl Müssener Restriktionen beim Gebrauch der Bezeichnung
›Exilliteratur‹ zu bedenken gibt, kommt auch er zu dem Schluß: »Der Begriff ›Exil-Literatur
1933–1945‹ wird sich durchsetzen [. . .]« (S. 106). Eberhard Hilscher hat deshalb in seiner Rezension von Müsseners Buch (in: »Weimarer Beiträge« 11 [1972] S. 188–191) gemeint: »Etwas fragwürdig bleibt auch der riesige Aufwand um eine Begriffsbestimmung [. . .]. Müssener selbst verwendet [. . .] die Vokabeln wieder als Synonyme« (S. 188). Auch über die zeitliche Begrenzung
der Exilliteratur hat sich eine Diskussion entwickelt. Werner Berthold legt in seiner grundlegenden Ausstellungsdokumentation (s. Lit.) den Zeitraum auf 1933 bis 1945 fest, Hildegard Brenner
(s. Lit.) dehnt ihn bis 1947 aus, Walter läßt ihn in seiner Exilliteratur-Geschichte (s. Lit.) bis
1950 reichen. Guy Stern berief sich auf dem zweiten Exilliteratur-Symposium 1972 in Kopenhagen im Hinweis auf ein Zitat aus Oskar Maria Grafs Roman »Die Flucht ins Mittelmäßige«:
»Unsere Emigration fängt doch jetzt erst an, nachdem der Krieg vorüber ist. Bis jetzt war's doch
nur eine Wartezeit [. . .]« auf die psychologische Trennungslinie, die mit 1945 einsetzt, und plädiert für eine Unterscheidung »von Exil- und Emigrationsliteratur« (Protokoll, S. 471). Auch
der von Berendsohn in die Debatte gebrachte Begriff ›Flüchtlingsliteratur‹ plädiert für eine zeitliche Ausdehnung des Begriffs über 1945 hinaus: »Mein Hauptgrund für diese Begriffsänderung
ist, daß mit dem Begriff Exilliteratur, da das Exil 1945 aufhörte, die Beschränkung auf die Zeit
1933–45 verbunden ist« (»Dt. Lit. der Flüchtlinge. Probleme u. Aufgaben«, nach dem Ms. zitiert,
S. 1; vgl. auch Berendsohns Ausführungen zum »Zeitraum« in: »Die dt. Lit. der Flüchtlinge aus
dem Dritten Reich u. ihre Hintergründe« [s. Lit.], S. 1 f.). Aber auch in diesem Punkt dürfte
letztlich Müssener zuzustimmen sein, daß sich der Begriff ›Exilliteratur‹ mit der zeitlichen Begrenzung 1933 bis 1945 durchsetzen wird.

3. Diese Forschungsgeschichte wird bei Walter (vgl. Dt. Exill. I [s. Lit.], S. 16 ff.) nur sehr kurso-
risch abgehandelt. Wesentlich ausführlicher ist Matthias Wegner im ersten Kapitel »Gegenstand
der Untersuchung und Forschungslage« seiner Dissertation »Exil und Literatur« ([s. Lit.], vgl.
S. 15–30). Die detaillierteste Dokumentation der Forschungslage findet sich wiederum bei Müssener im zweiten Kapitel »Der Stand der Emigrationsforschung« seiner »Deutschsprachigen Emigration in Schweden« ([s. Lit.], vgl. S. 20–60). Es ist dabei relativ unergiebig, sich gegenseitig faktische Irrtümer vorzurechnen, wie es Wegner bei Berendsohn (vgl. S. 18) und Brenner (vgl. S. 27)
tut und Walter wiederum bei Wegner (vgl. Dt. Exill. I [s. Lit.], S. 18). Trotz umfangreicher
Vorarbeiten und vieler detaillierter dokumentierter Sachzusammenhänge gelingt es auch Walter
nicht immer, »solche Mängel in den ›Facts‹« (Dt. Exill. I, S. 8) auszuschalten, was sich beispielsweise im zweiten Band seiner Exilliteratur-Geschichte »Asylpraxis und Lebensbedingungen in
Europa« (s. Lit.) bei der Darstellung der in der Sowjetunion gehandhabten Asylpraxis zeigt.
Hier kann auch er lediglich konstatieren: »Auch kritischen und mit der Materie vertrauten Lesern
fällt es ungemein schwer, aus dem Wust subjektiver Behauptungen den harten Kern objektiver
Tatbestände herauszulösen« (S. 132).

4. Unter den zahlreichen Arbeiten von Berendsohn, auf dessen Initiative die Arbeit der Stockholmer
Koordinationsstelle für Exilforschung zurückgeht und den sein schwedischer Kollege Gustav
Korlén kürzlich nicht zu Unrecht »die Vaterfigur der deutschsprachigen Exilforschung« (Protokoll
[s. Lit.], S. 250) genannt hat, sind vor allem zu erwähnen: »Die Humanistische Front. Einführung in die deutsche Emigranten-Literatur. Erster Teil« (s. Lit.); der zweite Band ist als Xerokopie des Manuskriptes von 1953 u. a. in der Deutschen Bibliothek in Frankfurt a. M. zugänglich; auf diesen beiden Bänden baut die Darstellung »Emigranten-Literatur 1933–1947« im »Reallexikon der deutschen Literaturgeschichte« (s. Lit.) auf.

5. »German Literature in Exile. The Concern of the Poets« (s. Lit.). Zu Pfeiler vgl. die Ausführungen von Hans Mayer in: »Deutsche Literaturzeitung« 80/6 (1959) S. 514 f. und von Wegner
(s. Lit.), S. 23 f.; Walter erwähnt Pfeiler in seiner Dt. Exill. I u. II (s. Lit.) nicht.

6. Zu den Gründen dieser verzögerten Beschäftigung der Germanistik vgl. auch die nüchternen Darlegungen von Siegfried Sudhof (s. Lit.).

7. Neben den Büchern von Odd Eidem (s. Lit.), Wolf Franck (s. Lit.), Erich Stern (s. Lit.), Alfred Döblin (s. Lit.), die bereits während der Emigration erschienen, der kurz nach Kriegsschluß publizierten Darstellung von F. C. Weiskopf (s. Lit.), der von Richard Drews und Alfred Kantorowicz herausgegebenen Dokumentation »Verboten und verbrannt« (s. Lit.), die in einer Auflage von 60 000 Exemplaren verbreitet war, sind auch erste germanistische Arbeiten nicht zu vergessen: ein früher Aufsatz von Fritz Martini (s. Lit.) und vor allem einige Dissertationen: Paul Dickson (s. Lit.), Hans Baumgart (s. Lit.), Heinz D. Osterle (s. Lit.).

8. »Deutsche Schriftsteller im Exil« (s. Lit.), S. 47.

9. Vgl. Berendsohn, Humanistische Front I (s. Lit.), S. 151.

10. Vgl. Weiskopf (s. Lit.), S. 69.

11. »Die Literatur der deutschen Emigration« (s. Lit.), S. 18.

12. Vgl. dazu die Ausführungen von Kurt Tucholsky in seinem Beitrag »Juden und Deutsche« für die Prager »Neue Weltbühne« (32/6 [1936] S. 161 ff.): »Und hier ist das, was mich an der deutschen Emigration so abstößt: es geht alles weiter, wie wenn gar nichts geschehen wäre ... sie schreiben dieselben Bücher, sie halten dieselben Reden, sie machen dieselben Gesten ... Sehn Sie sich Lenin in der Emigration an: Stahl und äußerste Gedankenreinheit. Und die da? ... Doitsche Kultur. Das Weltgewissen ... Gute Nacht.« Hermann Kesten führte zwei Jahre später in seinem Resümee »Fünf Jahre nach unserer Abreise ...« im »Neuen Tage-Buch« (VI/5 [1938] S. 114 f.) aus: »Zusammen mit Genies und Charakteren sind auch Schufte und Dilettanten ins Exil gegangen. Neben Kettenhunden und Speichelleckern sind auch unbeugsame Patrioten und liebenswürdige Talente im Reich geblieben.« Und Döblin hat noch 1947 im Rückblick postuliert: »Brandmarken Sie ruhig die Inzucht der Emigration, und den Schaden, den hier Kritiklosigkeit angerichtet hat [...]« (»Dt. Literatur im Exil«, hrsg. von H. K. [s. Lit.], S. 294). Auch Klaus Mann, der noch über die erste Exilphase geäußert hat: »Besonders während der ersten Jahre des Exils, von 1936–37, war dieses Gefühl der Zusammengehörigkeit stark und echt. Ja, die verbannten Literaten bildeten so etwas wie eine homogene Elite, eine wirkliche Gemeinschaft innerhalb der diffusen amorphen Gesamtemigration« (»Der Wendepunkt«, Frankfurt a. M. 1952, S. 311), hat dennoch im Rückblick gemeint: »Die Majorität unserer Emigration bestand eben doch aus braven Bürgern, die sich in erster Linie als ›gute Deutsche‹, erst in zweiter als Juden und zu allerletzt oder überhaupt nicht als Antifaschisten empfanden.« (Zitiert nach »Verbannung. Aufzeichnungen deutscher Schriftsteller im Exil« [s. Lit.], S. 280.)

13. Protokoll (s. Lit.), S. 183.

14. Vgl. ebd., S. 19–26.

15. ebd., S. 34.

16. Berendsohn, Protokoll, S. 15.

17. Müssener, »Die deutschsprachige Emigration in Schweden« (s. Lit.), S. 1.

18. Dieser wichtige Teilaspekt ist bisher noch nicht umfassend untersucht worden. Wichtige Ansätze finden sich bei Lion Feuchtwanger: »Die Arbeitsprobleme des Schriftstellers im Exil« (s. Lit.), bei Hans Mayer: »Lion Feuchtwanger, oder die Folgen des Exils« (in: »Neue Rundschau« 76/1 [1965] S. 120–129), bei F. C. Weiskopf: »Sprache im Exil« ([s. Lit.], S. 36–40), bei Lotte Dieter: »Sprache und Emigration« (s. Lit.), in einem Diskussionsbeitrag von Volker Klotz zur Sprachproblematik bei Erich Arendt auf dem Stockholmer Symposium (s. masch. Protokoll) und vor allem in einem Aufsatz von Peter Weiss: »Laokoon oder Über die Grenzen der Sprache« (in: »Rapporte«, Frankfurt a. M. 1968, S. 170–187).

19. Fritz Lang, Lubitsch, Dieterle, Wilder, Siodmak in Hollywood seien erwähnt.

20. Bruno Walters großer Erfolg in den USA ist ein Beispiel, wie Helge Pross in »Die deutsche Akademische Emigration nach den Vereinigten Staaten: 1933–1941« (Berlin 1955) überhaupt auf die nachhaltige Wirkung der Musikwissenschaftler in den USA aufmerksam gemacht hat (vgl. S. 62).

21. Vgl. dazu u. a. Louise W. Holborn: »Deutsche Wissenschaftler in den Vereinigten Staaten in den Jahren nach 1933«, in: »Jahrbuch für Amerika-Studien« X (1965) S. 15–26; Gerald Stourzh: »Die deutschsprachige Emigration in den Vereinigten Staaten: Geschichtswissenschaft und Politische Wissenschaft«, in: »Jahrbuch für Amerika-Studien« X (1965) S. 59–77; Albert Wellek: »Der Einfluß der deutschen Emigration auf die Entwicklung der nordamerikanischen Psychologie«, in: »Jahrbuch für Amerika-Studien« X (1965) S. 34–58.

22. Berendsohn: »Die dt. Lit. der Flüchtlinge« (s. Lit.), S. 2.

23. Müssener: »Die dt.sprachige Emigration nach 1933« (s. Lit.), S. 1.

24. ebd., S. 2.
25. ebd.
26. Berthold, Protokoll (s. Lit.), S. 33.
27. Vgl. dazu Kantorowicz' auf die Forschungssituation in der DDR zielende Bemerkung, die er auf dem Symposium in Kopenhagen machte: »Es geht nun darum, daß es nicht nur Quellen aufzudecken gibt, sondern daß Quellen doch verschüttet werden, Quellen, die unzugänglich gemacht werden, und da gibt es viele Beispiele [. . .]« (Protokoll, S. 103). Vgl. auch den Hinweis von Heinz Boberach: »Beispielsweise hat man neulich festgestellt, daß etwa die kantonalen Behörden von Zürich fast sämtliche Akten über die deutsche Emigration in Zürich vernichtet haben« (Protokoll, S. 16). Daß dennoch immer wieder wichtige Materialfunde gemacht werden, hob Berthold in einem Diskussionsbeitrag in Kopenhagen hervor: »Während man noch vor wenigen Jahren annahm, daß es etwa knapp 200 Zeitungen und Zeitschriften der Emigration gegeben habe, erfaßt sie jetzt bereits 350 Titel. [. . .] Immer wieder kommt es zu neuen Entdeckungen« (Protokoll, S. 32).
28. Müssener: »Die deutschsprachige Emigration in Schweden« (s. Lit.), S. 12.
29. Marta Mierendorff sprach in ihrem Kopenhagener Vortrag »Über die Notwendigkeit zweigleisiger Exilforschung« (in: Protokoll, S. 445–462) zu Recht schon jetzt von einem »für den einzelnen fast unübersehbar gewordenen Gebiet [. . .]« (S. 449).
30. Protokoll, S. 35.
31. Mierendorff, Protokoll, S. 38.
32. Berendsohn wies in Kopenhagen als Beispiel auf die Tagebücher von Thomas Mann hin, vgl. Protokoll, S. 43; ähnliches gilt für große Teile der Korrespondenz von Broch; die Tagebücher von Brecht werden erst jetzt zugänglich gemacht.
33. Berendsohn, Protokoll, S. 42.
34. zitiert im folgenden nach dem maschinenschriftlichen Diskussionsprotokoll der Stockholmer Koordinationsstelle.
35. Herbert A. Strauss, Protokoll, S. 347.
36. Vgl. dazu den Abschnitt »Eine Literatur in der Schublade« in Weiskopfs Darstellung (s. Lit.), S. 29 f.
37. Viktor Suchy, Protokoll, S. 40.
38. Vgl. dazu den Hinweis von Hans Mayer: »Ein gut dokumentierter Bericht über Maßnahmen der französischen Fremdenpolizei, insbesondere der Pariser Préfecture de Police, kann niemals die Qualität eines Exilerlebnisses in jenen dunklen Gängen des Polizei-Gebäudes auf der Seine-Insel rekonstruieren« ([s. Lit.], S. 76).
39. Bezeichnend ist auch, daß für die Darstellung der Exilsituation in der Sowjetunion im vorliegenden Band kein deutscher Sachkenner gefunden werden konnte. Glücklicherweise bot sich die Mitarbeit einer polnischen Germanistin an, die selbstverständlich manche Zusammenhänge aus anderer politischer Perspektive darstellt als ihre westlichen Kollegen.
40. Vgl. Heinz Boberach: »Dokumentationsmethoden«, in: Protokoll, S. 366–370; Anton Hoch: »Methodenprobleme der ›Dokumentation zur Emigration 1933–1945‹«, in: Protokoll, S. 371–394.
41. Boberach, Protokoll, S. 366.
42. Vgl. die Diskussionsausführungen von Herbert Steiner, Protokoll, S. 395 f.
43. Walter: »Noch immer: Draußen vor der Tür« (s. Lit.).
44. Vgl. dazu die Darstellung des Hrsg.s »Die deutsche Literatur«, in: »Moderne Weltliteratur. Die Gegenwartsliteraturen Europas und Amerikas«, hrsg. von Gero v. Wilpert u. Ivar Ivask, Stuttgart 1972, S. 542–641, bes. S. 547 ff.
45. Auf die polemische Frontenziehung zwischen der inneren und äußeren Emigration in der Nachkriegszeit, entfacht durch eine Auseinandersetzung zwischen Thomas Mann und Frank Thiess, kann hier nicht eingegangen werden, vgl. dazu die Dokumentation von J. F. G. Grosser: »Die große Kontroverse. Ein Briefwechsel um Deutschland«, Hamburg 1963; Charles W. Hoffmann: »Opposition Poetry in Nazi Germany«, Berkeley 1962; Wolfgang Brekle: »Die antifaschistische Literatur in Deutschland (1933–1945). Probleme der inneren Emigration am Beispiel deutscher Erzähler«, in: »Weimarer Beiträge« 16/6 (1970) S. 67–128, und Reinhold Grimm: »Innere Emigration als Lebensform«, in: »Exil und innere Emigration« (s. Lit.), S. 31–73. Bemerkenswert ist immerhin, daß die Emigranten diesen Sachverhalt weit weniger polemisch gesehen haben. So führte Döblin beispielsweise 1938 aus: »Es ist, wie wir noch sehen werden, näherliegend, die im Lande verbliebene Produktion Emigrationsliteratur zu nennen« ([s. Lit.], S. 5). Und auch Kan-

torowicz gestand 1947 ein, »daß die Not derer, die hier im Lande blieben, ohne sich durch Kompromisse mit den Widergeistigen zu beflecken, vielleicht noch grausiger und noch tragischer war« (»Dt. Schriftsteller im Exil« [s. Lit.], S. 42).

46. Böll hat in seinem Werkstattgespräch mit Bienek immerhin hervorgehoben: »In Deutschland nach 1945 war es, glaube ich, besonders schwierig, weil keine rechte Tradition da war, das heißt eigentlich drei Traditionen: die Literatur der Emigration, dann die der sogenannten inneren Emigration und als dritte die Literatur, die den Zensoren genehm war [. . .]« (»Werkstattgespräche mit Schriftstellern«, München 1965, S. 178). Aber bezeichnenderweise hat Böll im Mai 1963 in einem Brief an den damals nach wie vor im New Yorker Exil lebenden Oskar Maria Graf geschrieben: »Ich habe es immer als besonders tragisch empfunden, daß es zwischen dem, was man die ›deutsche Nachkriegsliteratur‹ nennt und den Schriftstellern der Emigration so wenig, fast gar keine Verbindung gibt« (zitiert nach »Nachwort« von »Exil und innere Emigration« [s. Lit.], S. 200).

47. Walter, Dt. Exill. I (s. Lit.), S. 12.

48. Trommler: »Emigration und Nachkriegsliteratur« (s. Lit.), S. 197.

49. Trommler, ebd., S. 185.

49a. Vgl dazu auch die Diskussion dieses Sachverhaltes in der Studie Herbert Wiesners: »›Innere Emigration‹. Die innerdeutsche Literatur im Widerstand 1933–45«, in: »Handbuch der deutschen Gegenwartsliteratur« Bd. II, München ²1970, S. 383–408, bes. S. 386.

49b. »Schriftsteller unter der Hitler-Diktatur«, in: »Ost und West« 4 (1947) S. 36–41; das folgende Loerke-Zitat S. 37.

50. Trommler (s. Lit.), S. 189.

51. Walter, Dt. Exill. I (s. Lit.), S. 15.

52. Walter: »Dt. Lit. im Exil« (s. Lit.), S. 84.

53. Walter: »Noch immer: Draußen vor der Tür« (s. Lit.).

54. Uwe H. Peters, Protokoll, S. 440.

55. Vgl. Berthold, Protokoll, S. 33, und Walter, Dt. Exill. I (s. Lit.), S. 15.

56. Vgl. dazu den zutreffenden Diskussionseinwurf von Guy Stern, Protokoll, S. 180.

57. Sander L. Gilman, Protokoll, S. 188.

58. So lautet der Untertitel von Walters Aufsatz in der »Frankfurter Rundschau« (s. Lit.).

59. Walter, ebd.

60. Walter: »Dt. Lit. im Exil« (s. Lit.), S. 84.

61. Vgl. dazu Jarmatz (s. Lit.), S. 6.

62. Vgl. Sigrid Bock: »Einheits- und Volksfront und Literatur«, S. 310, in: Protokoll, S. 301–328.

63. Jarmatz, Protokoll, S. 426.

64. Berthold, Protokoll, S. 39.

65. Jarmatz, Protokoll, S. 427.

66. Jarmatz, ebd., S. 429.

67. Bock, Protokoll, S. 321.

68. Protokoll, S. 437 f.

69. Walter: »Dt. Lit. im Exil« (s. Lit.), S. 82.

70. »Die Exilzeitschrift ›Das Wort‹«, in: »Basis« 3 (1972) S. 7–60.

71. Gisela Berglund (s. Lit.), S. 8.

72. Radkau: »Die deutsche Emigration in den USA«, Düsseldorf 1971, S. 116.

73. Walter: Dt. Exill. I (s. Lit.), S. 7.

74. ebd., S. 28.

75. Guy Stern, masch. Protokoll, S. 2 u. 4.

76. Vgl. dazu die skeptischen Äußerungen von Hermand (s. Lit.), S. 8–9. Walters gegen Vordtriede gerichtete Polemik: »Solches Abstrahierenwollen auf angebliche Grunderfahrungen und vermeintlich zeitlose Seinsweisen führt nur zur Vernebelung des Gegenstandes« (»Noch immer: Draußen vor der Tür«, s. Lit.) vereinfacht unzulässig.

77. Vordtriede (s. Lit.), S. 568.

78. ebd., S. 570.

79. ebd., S. 575.

80. (s. Lit.), S. 17.

81. »Zur Debatte über die Emigranten-Literatur«, in: »Neues Tage-Buch« III/2 (1935) S. 43 ff.

82. Henry Pachter: »On Being an Exile«, S. 17, in: »The Legacy of the German Refugee Intellectuals«, hrsg. von R. Boyers (s. Lit.), S. 12–51.
83. In diesem Sinne wird hier bewußt über die Position Pfeilers hinausgegangen, der noch in seiner Untersuchung von dem Satz ausging: »The present study does not assign to the German literature in exile qualities of integration which it does not have. The time has not come to say anything about it with a claim for finality« (»German Literature in Exile« [s. Lit.], S. 23).
84. Vgl. dazu auch den Kommentar von Walter zu seiner im Erscheinen begriffenen Exilliteratur-Geschichte: »In der BRD gehöre ich zu den stärksten Anhängern der Grundforschung, und es mag daher etwas paradox erscheinen, daß ich nun [...] die Ergebnisse dieser Grundforschung [...] nicht berücksichtigen kann« (Protokoll, S. 479).
85. Mierendorff, Protokoll, S. 444.

Literaturhinweise

Hans Baumgart: Der Kampf der sozialistischen deutschen Schriftsteller gegen den Faschismus 1933–35. Diss. Berlin [Ost] 1962.

Walter A. Berendsohn: Die Humanistische Front. Bd. I. Zürich 1946. [Bd. II als Xerokopie des Manuskriptes von 1953 in der Deutschen Bibliothek, Frankfurt a. M.]

– Emigranten-Literatur 1933–1947. In: Reallexikon der deutschen Literaturgeschichte. Hrsg. von P. Merker u. W. Stammler. Berlin ²1968. S. 336–343.

– Die deutsche Literatur der Flüchtlinge aus dem Dritten Reich. 1. Bericht. Stockholm 1967.
2. Bericht. Stockholm 1967.
3. Bericht. Stockholm 1968.
4. Bericht. Stockholm 1969.
[Als maschinengeschriebene Manuskripte vervielfältigt.]

– Die deutsche Literatur der Flüchtlinge aus dem Dritten Reich und ihre Hintergründe. In: Colloquia Germanica I/2 (1971) S. 1–156.

Gisela Berglund: Deutsche Opposition gegen Hitler in Presse und Roman des Exils. Eine Darstellung und ein Vergleich mit der historischen Wirklichkeit. Stockholm 1972.

Werner Berthold [Hrsg.]: Exil-Literatur 1933–1945. Eine Ausstellung. Katalog. Frankfurt a. M. ³1967.

Lutz Besch [Hrsg.]: Auszug des Geistes. Bericht über eine Sendereihe. Bremen 1962.

Arvid de Bodisco: Emigrationen und ihre tiefere Wirkung. In: Deutsche Rundschau 78/4 (1952) S. 381 bis 386.

Robert Boyers [Hrsg.]: The Legacy of the German Refugee Intellectuals. New York 1972.

Hildegard Brenner: Deutsche Literatur im Exil 1933–1947. In: Handbuch der deutschen Gegenwartsliteratur. Hrsg. von Hermann Kunisch. München 1965. S. 677–694.

Maike Bruhns: Das Amerika-Bild deutscher Emigranten. Diss. Hamburg 1971.

Paul Dickson: Das Amerikabild in der deutschen Emigrantenliteratur seit 1933. Diss. München 1951.

Alfred Döblin: Die deutsche Literatur (im Ausland seit 1933). Paris 1938.

Richard Drews u. Alfred Kantorowicz [Hrsg.]: Verboten und verbrannt. Berlin u. München 1947.

Odd Eidem: Diktere i Landflyktighet. Oslo 1937.

Exil-Literatur 1933–1945 (Inter Nationes). Bad Godesberg 1968.

Lion Feuchtwanger: Die Arbeitsprobleme des Schriftstellers im Exil. In: Sinn und Form 6/3 (1954) S. 348–353.

Wolf Franck: Führer durch die deutsche Emigration. Paris 1935.

Wolfgang Frühwald: Deutsche Literatur im Exil 1933–1945. In: Beiträge zu den Fortbildungskursen des Goethe-Instituts. München 1967. S. 70–75.

O. M. Graf: Die deutsche Literatur ist unteilbar. Eine nicht gehaltene Rede. In: O. M. G., An manchen Tagen. Frankfurt a. M. 1961. S. 18–47. [Die Unteilbarkeit der deutschen Literatur. Eine nicht gehaltene Rede. In: Deutsche Beiträge 4 (1950) S. 432–448.]

Reinhold Grimm u. Jost Hermand: Exil und innere Emigration. Frankfurt a. M. 1972.

Kurt R. Grossmann: Emigration. Geschichte der Hitler-Flüchtlinge 1933–1945. Frankfurt a. M. 1969.

Horst Halfmann: Literatur des Exils. In: Neue Deutsche Literatur XVI/11 (1969) S. 183–186.

– Zeitschriften und Zeitungen des Exils 1933–1945. Bestandsverzeichnis der Deutschen Bücherei Leipzig. Leipzig 1969.

– Bibliographien und Verlage der deutschsprachigen Exil-Literatur 1933 bis 1945. In: Beiträge zur Geschichte des Buchwesens IV. Hrsg. von K.-H. Kalhöfer. Leipzig 1969. S. 189–294.

Jost Hermand: Schreiben in der Fremde. Gedanken zur deutschen Exilliteratur seit 1789. In: Exil und innere Emigration. Frankfurt a. M. 1972. S. 7–30.

Stephan Hermlin u. Hans Mayer: Die Literatur der deutschen Emigration. In: Ansichten über einige Bücher und Schriftsteller. O. O., o. J. S. 18–24.

Wieland Herzfelde: German Writers Against Hitler. In: Directions II/8 (1939) S. 1–3.

Peter Uwe Hohendahl u. Egon Schwarz [Hrsg.]: Exil und innere Emigration II. Internationale Tagung in St. Louis. Frankfurt a. M. 1973.

Helene Homeyer: Sprache der Vertriebenen. In: Deutsche Rundschau 71/1 (1948) S. 46–49.

Klaus Jarmatz: Literatur im Exil. Berlin [Ost] 1966.

Alfred Kantorowicz: Fünf Jahre Schutzverband Deutscher Schriftsteller im Exil. In: Das Wort III/12 (1938) S. 60–76.

– Deutsche Schriftsteller im Exil. In: Ost und West I/4 (1947) S. 42–51.

– Der deutsche Geist in der Diaspora. In: Moderna språk LXII/3 (1968) S. 259–284.

Hermann Kesten [Hrsg.]: Deutsche Literatur im Exil. Briefe europäischer Autoren 1933–1945. München 1964.

– [Hrsg.]: Ich lebe nicht in der Bundesrepublik. München 1964.

Rudolph S. Kieve: The Psychology of the Refugee Writer. In: Books Abroad XV/2 (1941) S. 151–155.

Egbert Krispyn: Exil als Lebensform. In: Exil und innere Emigration II. Frankfurt a. M. 1973. S. 100–118.

Emil Lengyel: German Emigré Literature. In: Books Abroad XII/1 (1938) S. 5–8.

Jonas Lesser: Die Literatur der Emigration. In: Deutschland. Kulturelle Entwicklungen seit 1945. Hrsg. von Paul Schallück. München 1969. S. 47–61.

Peter M. Lindt [Hrsg.]: Schriftsteller im Exil. New York 1944.

Golo Mann: Deutsche Literatur im Exil. Rede. In: Neue Rundschau 79/1 (1968) S. 38–49.

Klaus Mann: What We Owe to American Literature. In: Directions II/8 (1939) S. 26 ff.

Fritz Martini: Dichter der Emigration. In: Deutschland-Jahrbuch. Essen 1953. S. 601 ff.

Hans Mayer: Konfrontation der Inneren und Äußeren Emigration. In: Exil und innere Emigration. Frankfurt a. M. 1972. S. 75–87.

Marta Mierendorff: Von der Notwendigkeit zweigleisiger Exilforschung. In: Frankfurter Rundschau Nr. 122 (30. 5. 1970) S. IV.

– Immer fand ich den Namen falsch, den man uns gab: Emigranten. In: Colloquia Germanica I/2 (1971) S. 179–182.

Bayard Quincy Morgan: Literature in Exile. In: Books Abroad XVIII/3 (1944) S. 231–234.

Helmut Müssener: Bericht I. Stockholmer Koordinationsstelle zur Erforschung der deutschsprachigen Exil-Literatur. Stockholm 1970.
Bericht II. Stockholm 1970.
Bericht III. Stockholm 1971.
Bericht IV. Stockholm 1972.

– Die deutschsprachige Emigration nach 1933. Aufgaben und Probleme ihrer Erforschung. Stockholm 1970.

– Die deutschsprachige Emigration in Schweden nach 1933. Ihre Geschichte und kulturelle Leistung. Stockholm 1971.

– [Hrsg.]: Protokoll des II. Internationalen Symposiums zur Erforschung des deutschsprachigen Exils nach 1933 in Kopenhagen 1972. Stockholm 1972. (Zitiert als: Protokoll.)

Heinz D. Osterle: Die Deutschen im Spiegel des sozialistischen Romans der Emigration 1933–50. Diss. Brown University 1964.

– The Other Germany: Resistance to the Third Reich in German Literature. In: German Quarterly XLI/1 (1968) S. 1–22.

Lotte Paepcke: Sprache und Emigration. In: Frankfurter Hefte 18 (1963) S. 185–192.

Karl Otto Paetel: Die Presse des deutschen Exils 1933–1945. In: Publizistik 6 (1959) S. 241–252.

– Die deutsche Emigration in der Hitler-Zeit. In: Neue Politische Literatur V/6 (1960) S. 466–482.

William K. Pfeiler: German Literature in Exile. The Concern of the Poets. Lincoln (Nebraska) 1957.

Ernest Reinhold: German Exile Literature: Problems and Proposals. In: Western Canadian Studies in Modern Languages and Literature 2 (1970) S. 75–87.

Werner Röder: Zur Situation der Exilforschung in der Bundesrepublik Deutschland. In: Exil und innere Emigration II. Frankfurt a. M. 1973. S. 141–153.

Will Schaber [Hrsg.]: Aufbau. Reconstruction. Dokumente einer Kultur im Exil. Köln 1971.

Bodo Scheurig: Freies Deutschland. München 1960.

Ernst Scheyn: Geistiges Leben in der Emigration. In: Jahrb. d. Schles. Wilh. Univ. zu Breslau 5 (1960) S. 271–295.

Klaus Schröter: Der historische Roman. Zur Kritik seiner spätbürgerlichen Erscheinung. In: Exil und innere Emigration. Frankfurt a. M. 1972. S. 111–151.

Egon Schwarz u. Matthias Wegner: Verbannung. Aufzeichnungen deutscher Schriftsteller im Exil. Hamburg 1964.

Egon Schwarz: Was ist und zu welchem Ende studieren wir Exilliteratur? In: Exil und innere Emigration II. Frankfurt a. M. 1973. S. 155–164.

Günther Soffke: Deutsches Schrifttum im Exil (1933–1950). Ein Bestandsverzeichnis. Bonn 1965.

Dietrich Sommer: Deutsche Literatur während der Zeit des Faschismus und des zweiten Weltkrieges. In: Deutschsprachige Literatur im Überblick. Hrsg. von Hans-Georg Werner u. a. Leipzig 1971. S. 237–266.

Leo Spitzer: Erlebnisse mit der Adoptivmuttersprache. In: Wandlung 3 (1948) S. 167–171.

Desider Stern: Werke jüdischer Autoren deutscher Sprache. Eine Bio-Bibliographie. Wien ³1970.

Erich Stern: Die Emigration als psychologisches Problem. Boulogne-sur-Seine 1937.

Guy Stern: Exile Literature: Sub-Division or Misnomer? In: Colloquia Germanica I/2 (1971) S. 167 bis 178.

– Hinweise und Anregungen zur Erforschung der Exilliteratur. In: Exil und innere Emigration II. Frankfurt a. M. 1973. S. 9–17.

Wilhelm Sternfeld: Die Emigranten-Presse. In: Deutsche Rundschau 76 (1950) S. 250–259.

Wilhelm Sternfeld u. Eva Tiedemann: Deutsche Exil-Literatur 1933–1945. Eine Bio-Bibliographie. Heidelberg ²1970.

Siegfried Sudhof: Germanistik und Exilliteratur. In: Akzente 19 (1972) S. 130–139.

Frank Trommler: Emigration und Nachkriegsliteratur. Zum Problem der geschichtlichen Kontinuität. In: Exil und innere Emigration. Frankfurt a. M. 1972. S. 173–197.

Werner Türk: Dichter im Exil. In: Das Wort III/5 (1938) S. 122–125.

Werner Vordtriede: Vorläufige Gedanken zu einer Typologie der Exilliteratur. In: Akzente 15 (1968) S. 556–575.

Hans-Albert Walter: Das Bild Deutschlands im Exilroman. In: Neue Rundschau 77/3 (1966) S. 437–458.

– Noch immer: Draußen vor der Tür. In: Frankfurter Rundschau (17. 10. 1970) S. IV. U. d. T. »Emigrantenliteratur und deutsche Germanistik« in: Colloquia Germanica I/3 (1971) S. 313–320.

– Deutsche Literatur im Exil. Ein Modellfall für die Zusammenhänge von Literatur und Politik. In: Merkur 273 (1971) S. 77–84.

– Bedrohung und Verfolgung bis 1933. Deutsche Exilliteratur 1933–1950. Bd. 1. Neuwied 1972. (Zitiert als: Dt. Exill. I.)

– Asylpraxis und Lebensbedingungen in Europa. Deutsche Exilliteratur 1933–1950. Bd. 2. Neuwied 1972. (Zitiert als: Dt. Exill. II.)

Matthias Wegner: Exil und Literatur. Deutsche Schriftsteller im Ausland 1933–1945. Frankfurt a. M. ²1968.

Franz C. Weiskopf: Unter fremden Himmeln. Ein Abriß der deutschen Literatur im Exil 1933–1947. Berlin [Ost] 1948.

– Sprache im Exil. In: Über Literatur und Sprache (Gesammelte Werke Bd. VIII). Berlin 1960. S. 483 bis 493.

Josef Wulf: Literatur und Dichtung im Dritten Reich. Hamburg 1960.

Edith Zenker: Veröffentlichungen deutscher sozialistischer Schriftsteller in der revolutionären und demokratischen Presse 1918–1945. Bibliographie. Berlin [Ost] 1966.

Theodore Ziolkowski: Form als Protest. Das Sonett in der Literatur des Exils und der Inneren Emigration. In: Exil und innere Emigration. Frankfurt a. M. 1972. S. 153–172.

Arnold Zweig: Emigranten-Literatur. Ein Dialog. In: Das Wort II/4,5 (1937) S. 18–26.

I

HANS-HELMUTH KNÜTTER

Zur Vorgeschichte der Exilsituation

Trotz einer unübersehbaren Fülle von Veröffentlichungen steht die wissenschaftliche Erforschung der Emigration aus dem nationalsozialistischen Deutschland erst am Anfang. Gefühle, Ressentiments und Rechtfertigungsversuche überwucherten sachliche Aussagen über Entstehung, Bedeutung und tatsächliche Leistung der Emigration, wofür die folgende Äußerung von Heinrich Mann als Beleg dienen möge, der 1934 schrieb, das Exil enthalte »menschliche Werte von höherem Lebenswert als alles, was in dem niedergeworfenen Land sich breitmachen darf. [...] Die Emigration wird darauf bestehen, daß mit ihr die größten Deutschen waren und sind, das heißt zugleich: das beste Deutschland.«[1]
Im Rahmen einer weitgehend moralisch gefärbten Betrachtung blieb bisher auch kaum Platz für die Untersuchung der ökonomischen, politischen und ideologischen Entstehungsbedingungen der Emigration und ihres Strukturwandels in der Anfangsphase des ›Dritten Reiches‹.
Kein historischer Abschnitt ist ohne den vorhergehenden verständlich. Was sich nach 1933 ereignete, war in der Weimarer Republik bereits angelegt. Das ist in der »Bewältigungspublizistik« zum Teil verdrängt worden.
Eine einseitige Darstellung hat das Bild der ›goldenen zwanziger Jahre‹ gezeichnet, die von der ›finstersten Zeit der deutschen Geschichte‹ abgelöst wurden. In Wirklichkeit ist es so, daß die geistige und politische Situation der Schlußphase der Weimarer Republik von zunehmenden antiliberalen, antidemokratischen und nationalistischen Tendenzen[2] geprägt wurde, denen gegenüber die Demokraten in die Defensive gerieten. Diese Entwicklung wurde durch die Auswirkungen der Weltwirtschaftskrise verschärft, die in Deutschland im Gegensatz zu anderen westlichen Ländern zum Nationalsozialismus führte. Arthur Rosenberg sieht mit dem Bruch der großen Koalition im März 1930 das Ende der Weimarer Demokratie gekommen. Mit den Präsidialkabinetten Brünings, Papens und Schleichers wird die Gefährdung der Demokratie deutlich, und die Verschärfung der politischen Auseinandersetzung bis zum latenten Bürgerkrieg läßt die Ereignisse ahnen, die viele Demokraten wenig später in die Emigration treiben sollten. Die großen Hoffnungen, mit denen die liberale Republik 1918 als Beginn eines neueren, besseren Zeitalters, als »Morgenröte einer neuen Menschheit«[3] begrüßt worden war, waren unter dem Eindruck der Misere der Nachkriegszeit bald einer tiefen Ernüchterung gewichen.
Linke wie Rechte betrachteten die Republik lediglich als Durchgangsstadium zum Sozialismus oder zur nationalen Diktatur. So kam das Wort von der ›Republik

ohne Republikaner‹ auf. Bereits im Augenblick des vermeintlichen Sieges der demokratisch-republikanischen Kräfte im November 1918 begann die Defensive der Republikaner. In den folgenden Jahren wechselten Versuche, das Gesetz des Handelns zurückzugewinnen, mit Gesten der Resignation. Kurt Tucholsky rief die Linken 1926 dazu auf, sich dem allgemeinen Rechtstrend nicht anzupassen und sich dem Militarismus fernzuhalten.[4] Drei Jahre später resignierte er und lehnte es ab, sich für ›diese‹ Republik einzusetzen, die nicht wollte, daß man für sie kämpft: »Was soll ich tun? Für die Republik kämpfen? Für welche? Für diese da? Die will das ja offenbar gar nicht. Die deckt ja ihre Anhänger nicht einmal.« Er sieht zwischen der Monarchie und der Republik keinen Unterschied mehr und zieht sich verbittert und resigniert aus dem politischen Geschehen zurück.[5] Vor der nationalistischen Welle wichen die Demokraten zurück, sie versuchten sich anzupassen. So vermied es die Berliner sozialdemokratische Stadtverwaltung 1930, das Amt des Stadtbankdirektors mit dem ursprünglich dafür vorgesehenen jüdischen Kandidaten Bern Meyer zu besetzen. Der antisemitischen Strömung der Zeit nachgebend, vergab man das Amt an einen nicht-jüdischen Sozialdemokraten.[6] Sogar im demokratischen Baden vermieden die Sozialdemokraten es bereits 1930, ein hohes Verwaltungsamt mit einem Juden zu besetzen.[7] Auch Presse und Publizistik paßten sich dem nationalistischen antiliberalen Trend an. Selbst das jüdische Pressehaus Ullstein verschloß sich dieser Tendenz nicht und »reinigte« sich von Juden und Radikalen.[8] Erbittert verspottete Kurt Tucholsky eine solche Anpassung:

> »Der Zeitungsverleger Mülvos, als welcher ein krummer Jid
> sprach: Wissen Se, ich bin nämlich Antisemit!
> Sie haben eben keinen Sinn für Wehrhaftigkeit!
> Ich und mein Blatt, wir gehen mit unserer Zeit!
> Mit der Zeit muß man mitgehen!
> [...]
> Aber denkt denn der Druckereibesitzer von solchem Blatt
> daß der Adolf Hitler so ein kurzes Gedächtnis hat?
> Und nimmt nichts mehr krumm?
> Dumm ist er ja. Aber so dumm...!
> Und das ist das Beschämende an diesem Gesindel, das den Faschismus stützt:
> Daß ihm der Umfall auch nicht das Geringste nützt
> mit der Zeit werden sie eingehen.«[9]

Um 1930, unter den Auswirkungen der Weltwirtschaftskrise, begann der Stil der politischen Auseinandersetzung sich zu verändern. Ähnlich wie in den Anfangsjahren der Republik schufen Diffamierungen, Straßenschlachten und Terrorakte ein bürgerkriegsähnliches Klima. Nun aber begann die Staatsgewalt zurückzuweichen. 1930 gelang es den Nationalsozialisten, die Vorführung des Films *Im Westen nichts Neues* zu verhindern. Die republikanischen Behörden aber schritten nicht gegen die Störer ein, sondern verboten den Film. Carl von Ossietzky kritisierte die Schwäche der Republikaner, die sich mit der »besonders schönen Formel« auf den Boden der Tatsachen stellten, der Film sei ja in der Tat so schlecht, daß man sich nicht für ihn einsetzen könne. Ästhetische Argumente wurden vorgeschoben, um ein politisches Versagen zu verhüllen.[10]

In der Rückschau aus der Emigration beurteilt Alfred Kerr die Wirksamkeit der republikanischen Kräfte folgendermaßen: »Der Hitlerschaft standen die deutschen Linksparteien gegenüber [...] besaßen sie mehr Ethik? Vielleicht. Auch Schwäche? Wahrscheinlich. War es ein Gemisch von Ethik und Schwäche? Offenbar. Weniger Ethik als Schwäche? Todsicher.«[11]
Stellt man die Frage nach den Gründen, so muß die Antwort in erster Linie auf die geistige Situation der Zeit verweisen. Die Linke war durch Aufklärung und Wissenschaftsgläubigkeit des 19. Jahrhunderts groß geworden und geistig geprägt. Seit der Jahrhundertwende verstärkten sich irrationale Tendenzen, die ihre Wurzeln ebenfalls im 19. Jahrhundert hatten, nun aber wuchsen und insbesondere nach 1918 hervorbrachen. Vitalismus und Voluntarismus wie auch der Expressionismus wirkten dem Rationalismus entgegen.[12] Der neoromantische Protest gegen Technik, Zivilisation und Verstädterung blieb keineswegs auf die völkischen, nationalistischen Kreise beschränkt, sondern ergriff auch die Linke. Dieser Kulturpessimismus war eine regressive Ermüdungserscheinung gegenüber den Anforderungen der modernen arbeitsteiligen Industriegesellschaft. Die Übergänge zwischen der völkisch-nationalistischen und der sozialistischen Richtung waren fließend, auf beiden Seiten fand sich eine kulturpessimistische Ablehnung der modernen Zivilisation.[13]
Derartige Auffassungen waren bereits 1919 keineswegs selten. Der den Unabhängigen Sozialdemokraten nahestehende Dr. Friedrich Muckle schrieb: »Von der Warte einer Kultur aus betrachtet, in der sich die deutsche Seele als zaubervoller, sonst nirgends anzutreffender Klang ausströmt, bedeutet die kapitalistische Entwicklung eine unerhörte seelische Verflachung. [...] In ganz einseitiger Weise wurde der Verstand gezüchtet, während das Gefühl, ohne das wir keinen Zugang zu den höchsten Offenbarungen des Menschengeistes, der Kunst und Religion gewinnen, förmlich verkümmert. [...] Zerspalten war das Volk in unzählige Gruppen und Grüppchen, die sich, von gegensätzlichen wirtschaftlichen Interessen bewegt, leidenschaftlich bekämpften; eine große Klasse, das Proletariat, bäumte sich, angetrieben durch den Druck der Not und die Schmach der Entrechtung, gegen die Herrschenden auf; so daß das Ergebnis ein Chaos, eine Verwirrung, auf fast allen Gebieten des Lebens eine Friedlosigkeit war, und nicht eine Kultur, die wie ein gewaltiger majestätischer Dom die Menschen überwölbt und der Seele das beglückende Gefühl des Geborgenseins einflößt.«[14] Auch im Hofgeismar-Kreis der Jungsozialisten waren ähnliche Auffassungen lebendig. Die Reinheit und Klarheit der Natur wurde dem Erkünstelten der technisch-zivilisatorischen Umwelt gegenübergestellt. Karl Bröger stellte in seiner Rede auf dem Hofgeismar-Treffen 1923 Natur, Geschichte, Kunst – insbesondere die Musik – und die deutsche Landschaft als charakterformende Momente heraus. Er prägte die Formel: »[...] deutsche Art ist im Kern die Natur selbst; wie die Natur im Auf und Ab einen steten Wechsel und Wandel von Formen hervorbringt, jetzt gestaltend, dann zerstörend, so ist auch deutsches Wesen«.[15] Konsequent sollte die sozialistische Theorie revidiert werden: »Wir stellen die einseitige rationale Einstellung des historischen Materialismus bewußt in Frage, denn er ist wissenschaftlicher Wegweiser, nicht aber leitende Weltanschauung. Nach unserer Überzeugung haben die Begründer des Sozialismus ihre Kraft nicht nur aus den Quellen der verstandesmäßigen Erkenntnis, sondern ebenso stark aus den innersten Quellen des Menschlichen geschöpft. Dahin wollen wir heute wieder, um die Mechanisierung zu

überwinden, die der machtpolitische Aufstieg und der täglich harte Kampf mit sich bringen mußte.«[16]

Um die Lösung dieses Problems rangen viele sozialistische Schriftsteller, und sie bemühten sich, über die traditionellen Antworten des Marxismus hinauszukommen. Kurt Hiller wendet sich gegen die Verachtung der Vernunft als eine Zeitkrankheit, die zu neuen Triumphen der Barbarei führen könne. Allerdings seien die theoretischen Grundlagen des Sozialismus falsch. Den Sozialisten fehle der aktive Impetus, sie beschränkten sich nur auf die Theorie, Betrachtung, Gedanken, hingegen komme es vielmehr auf Aktivität, Bewegung an.[17] Der kommunistische Schriftsteller Béla Balázs verspottete Intellektuelle, die aus falscher Angst vor der Mechanisierung des Lebens zu Maschinenstürmern würden, die sich in ihrer dampfgeheizten und elektrisch beleuchteten Wohnung in irgendein vorindustrielles Paradies zurückträumten. Die Industrialisierung sei ein unaufhaltsamer und auch notwendiger Prozeß, und es frage sich nur, ob er sich für oder gegen das Proletariat auswirke. Die Maschine werde in der sozialistischen Gesellschaft dazu da sein, den Menschen genügend Zeit und Kraftüberschuß für ihre persönliche Kultur zu lassen. Nur der Sozialismus könne die Technik bändigen und dafür sorgen, daß nicht die Technik sich den Menschen, sondern der Mensch sich die Technik zu eigen mache.[18]

Der linke Kulturpessimismus hatte viele Berührungspunkte mit der extremen Rechten. Eine Reihe linker Publizisten hat sich infolgedessen auch in späteren Jahren der Rechten angenähert oder offen angeschlossen. Hierzu gehören Henrik de Man, F. O. H. Schulz, Karl Bröger, August Winnig. Der mitreißende Aktivismus, die Jugend, stand auf Seiten der radikalen Rechten, insbesondere in den Reihen der Völkischen und Nationalsozialisten. In dieser geistigen Situation der Zeit liegt die tiefere Ursache für die defensive Haltung der Linken.

Diese geistigen Traditionen, verschärft durch die katastrophale wirtschaftliche und soziale Lage, führten 1932 zu einer politischen Situation, in der alle Seiten der Meinung waren, daß ein Wandel unerläßlich sei, daß Liberalismus und Demokratie abgewirtschaftet hätten. Auch die Demokraten waren desillusioniert und ratlos, immer stärker wurde die Neigung, sich auf einen Sieg der Nationalsozialisten einzurichten.[19] Die Geistesverfassung der deutschen Intellektuellen habe schon lange vor 1933 aus Skepsis und Verzweiflung bestanden, schrieb Franz Leopold Neumann in der Emigration.[20] »Das also war 1932 die Weimarer Republik: klare Einsicht und politische Ohnmacht, Angst, Mißtrauen und Augenblicke voll irrationaler Hoffnung; bei den Politikern der Mitte macht man weiter, aber überall sonst fühlte man sich bedroht.« – So charakterisiert Peter Gay die Zeit unmittelbar vor der nationalsozialistischen Machtergreifung.[21]

Die gemeinsame Bedrohung durch den Nationalsozialismus führte dabei keineswegs zu einer Aktionseinheit. Im Gegenteil, gegenseitige Beschuldigungen, die »faschistische Gefahr« durch Nachgiebigkeit oder durch Radikalismus zu fördern, gehörten bei den großen sozialistischen Parteien zur Tagesordnung.

Dennoch war der Wille zur Verteidigung der Republik keineswegs erloschen. Nach dem nationalsozialistischen Wahlerfolg vom 14. September 1930 machte sich insbesondere in der sozialdemokratischen Anhängerschaft ein starker Unmut gegen die eigene Führerschaft bemerkbar, jüngere aktive Kräfte drängten zum Handeln.[22] Träger des Widerstandswillens war vor allem das 1924 gegründete ›Reichsbanner‹, das im Februar 1931 besondere ›Schutzformationen‹ aufstellte. Im gleichen Jahre schlossen sich Sozialdemokraten, freie Gewerkschaften und Arbeitersportbünde zur ›Eisernen Front‹ unter Führung des ›Reichsbanners‹ zusammen. Nach zeitgenössischen Berichten hat dieser Wille zur Aktion bei den schon resignierenden Anhängermassen der Sozialdemokratie große Begeisterung ausgelöst, obwohl die Führung der Partei diesen Bemühungen skeptisch gegenüberstand, da sie von der Nutzlosigkeit eines Widerstandes überzeugt war, wenn im Falle eines Bürgerkrieges nicht mit der Reichswehr zu rechnen war. Diese Mischung aus sachlicher Einschätzung der eigenen geringen Möglichkeiten und dem lähmenden Gefühl, eine historisch überholte Sache zu vertreten, hat dann dazu geführt, daß am 20. Juli 1932 dem Staatsstreich Papens, mit dem Preußen der Reichsregierung unmittelbar unterstellt wurde, kein Widerstand entgegengesetzt wurde, obwohl die Anhänger der Arbeiterorganisationen auf einen Appell der Führung warteten und zumindest teilweise auch auf Widerstand vorbereitet waren. Infolge dieses Versagens setzte nun allerdings eine Resignation ein, die die Sozialdemokratie als ernstzunehmenden politischen Faktor ausschaltete.[23] Der Quietismus nach dem 20. Juli 1932 erklärt auch, warum am 30. Januar 1933 mit Widerstandsaktionen nicht mehr zu rechnen war.

Diese mangelnde Kampfbereitschaft mag auf den ersten Blick um so erstaunlicher erscheinen, als nationalsozialistische Äußerungen keinen Zweifel daran ließen, welches Geschick den politischen Gegnern zugedacht war. Im September 1930 hatte Adolf Hitler zwar als Zeuge im Hochverratsprozeß gegen die Ulmer Reichswehroffiziere Scheringer, Ludin und Wendt den Legalitätskurs seiner Partei betont, jedoch keinen Zweifel daran gelassen, daß nach seiner Machtübernahme »Köpfe rollen würden«. Die im Laufe des Jahres 1931 ständig wiederholten Legalitätsbeteuerungen wurden durch das sogenannte ›Boxheimer Dokument‹, das am 25. November 1931 durch einen übergelaufenen nationalsozialistischen Funktionär enthüllt wurde, in Frage gestellt. In diesem Schriftstück, das Pläne für den Fall einer nationalsozialistischen Machtergreifung enthielt, hatte der hessische Gerichtsassessor Dr. Werner Best die Absicht geäußert, mit Hilfe der SA und anderer bewaffneter Gruppen politische Gegner durch rücksichtsloses Durchgreifen niederzuhalten und jeden Widerstand gegen die nationalsozialistischen Machthaber mit dem Tode zu bestrafen, notfalls durch Erschießung »ohne Verfahren auf der Stelle«. Ablieferungszwang für Lebensmittel war ebenso vorgesehen wie Kollektivspeisung, Lebensmittelrationierung, Arbeitszwang für die öffentlich Bediensteten und Verfügungsgewalt des Staates über alles Eigentum.[24] Die Behörden der Republik behandelten dieses hochverräterische Unternehmen mit äußerster Milde, der Autor wurde nach einjährigen Ermittlungen aus Mangel an Beweisen außer Verfolgung gesetzt.

Auch Joseph Goebbels hat als Chefpropagandist der NSDAP die antidemokratischen und terroristischen Absichten unverhüllt angekündigt. Bereits 1928 sprach er der Republik offen die Mißachtung aus und betonte nach seiner Wahl in den Reichstag, er sei kein MdR, sondern ein ›IdI‹ und ›IdF‹, ein Inhaber der Immunität und Inhaber der Freifahrkarte. Wenn das ›System‹ so dumm sei, seinen geschworenen Gegnern die Möglichkeiten zu seiner Vernichtung in die Hand zu geben, dann würden die Nationalsozialisten im Sinne ihrer Wähler gegen das ›System‹ kämpfen. Das bekräftigte er nach der Machtergreifung noch einmal: »Wir haben offen erklärt, daß wir uns demokratischer Mittel nur bedienten, um die Macht zu gewinnen, und daß wir nach der Machteroberung unseren Gegnern rücksichtslos alle die Mittel versagen würden, die man uns in Zeiten der Opposition zugebilligt hatte.«[25] Vor 1933 scheute er sich nicht, politischen Gegnern wie Alfred Kerr, Hellmut von Gerlach, Heinrich Mann, Arnold Zweig, General a. D. von Schoenaich anzukündigen, daß sie nach der Machtergreifung »an die Wand zu stellen seien«.[26]

Daß diese Äußerungen kaum beachtet und ungeahndet blieben, kann nicht allein daran liegen, daß die Nationalsozialisten nicht ernst genommen wurden. Nach dem September 1930 bestand zur Unterschätzung trotz gelegentlicher Rückschläge keine Veranlassung mehr. Vielmehr waren die Formen der politischen Auseinandersetzung so verroht, die Autoritätsauflösung des demokratischen Staates war so weit fortgeschritten, daß der nationalsozialistischen Angriffslust Resignation und die Überzeugung von der Lebensunfähigkeit des bestehenden Systems gegenüberstanden.

Daneben hat es jedoch bis zur Machtergreifung Hoffnungen gegeben, die Katastrophe doch noch abwenden zu können. Das mag uns heute unverständlich erscheinen. Trotz allem war es aber damals einfach unvorstellbar, daß die rechtsstaatlichen Barrieren sich als so unwirksam erweisen könnten, wie es dann tatsächlich der Fall war.

Es gilt hier die Legende zu zerstören, die Gegner des Nationalsozialismus, insbesondere Schriftsteller, hätten hellsichtig das Unheil heraufziehen sehen und eine unwillige blinde Welt vergeblich zu warnen versucht. Tatsächlich war, von wenigen Ausnahmen abgesehen, von dieser Hellsichtigkeit wenig zu spüren. Als nach dem Wahlerfolg der NSDAP vom 14. September 1930 die erste Welle der Befürchtungen aufschäumte, suchte Carl von Ossietzky zu beruhigen: »Gibt es denn einen Verständigen unter uns, der glaubt, daß die Nazi-Sozis Deutschland morgen in der Tasche haben und à la Horthy regieren werden?«[27] Und Kurt Hiller setzte gar seine Hoffnungen auf die preußische Verwaltung: »Kaltes Blut! Die Verwaltung ist preußisch. Solange sie nicht erobert ward von jenem rohen Dilettantismus, der sich Nationalsozialismus nennt, besteht keine Gefahr einer Wandlung ins Katastrophale. Erfolgt ist die Eroberung nicht, und sie wird sich verhindern lassen. (Es sei denn, daß die Dummheit jener Schlauen siegt, die Herrn Hitler in den Sattel setzen möchten, damit er sich durchreitet.)« Im gleichen Atemzuge riet Hiller aber – und das ist für den Geist jener Zeit bezeichnend –, die Nationalsozialisten doch in die Verantwortung einzubeziehen: »Ich weiß, daß der ›Sozialismus‹ der Nationalsozialisten keiner ist; gleichwohl kann ihnen eine antikapitalistische Tendenz nicht abgesprochen werden. Sie bereitet mir mehr Freude, offengesagt, als die antisemitische Schmerz. Der Nationalsozialismus steht im Solde von Industriellen [...] und er ist also im Kampf gegen die Besitzbürger leicht gehandikapt. Ist das aus etwas anderen Ursachen die Sozialdemokratie nicht auch? [...] Steinigt mich – aber daß dieser Reichstag (wenn er will, wenn er will) sich als Zange auftun kann, die mit 107 plus 143 plus 76 gleich 326 Nazi-Sozi- und Sowjetmandaten die 250 Kapitalsvertreter in die Mitte nimmt und kneift, zwackt, quetscht, das gewährt mir Genugtuung. Wir haben eine soziale Abwehrmehrheit von 76 Stimmen.«[28]

Das Verständnis für die Gefährdung der Demokratie durch außerlegale Maßnahmen, mittels Durchdringung des Staatsapparats unter Umgehung der Gesetze war angesichts eines auch bei den Linken weitverbreiteten Vertrauens auf den Rechtsstaat unterentwickelt. So meinte ein jüdischer Autor, die Gefährdung der Juden werde so lange dauern, bis die Nationalsozialisten in den Parlamenten entscheidend geworden seien. Dann würden sie auf dem Wege der Gesetzgebung versuchen, Juden zu benachteiligen.[29] Die Möglichkeit einer Verbindung von Brachialgewalt und staatlichem Terror sah dieser Autor ebensowenig wie ein anderer, der mit dem Argument zu beruhigen suchte, man müsse erst die Verfassung ändern, bevor man den Juden schaden könne. Die dazu nötige Zweidrittelmehrheit hätten die Nationalsozialisten aber nicht. Da Hitler nie die ganze Gewalt bekäme, würden seine Mitdiktatoren schon aus wirtschaftlichen Interessen antisemitische Exzesse verhindern.[30] Diese Ansicht ist ein Zeugnis für die auch bei der Reichswehr und den Deutschnationalen weitverbreitete Meinung, man müsse Hitler in der Regierungsverantwortung ›abwirtschaften‹ lassen. Das Verständnis für die Dynamik des Nationalsozialismus war allgemein unterentwickelt, was auch mangels historischer Erfahrungen nicht anders zu erwarten war.

Andererseits sahen die Behörden der Republik in ihrer Schwäche das Wirken von antifaschistischen Kampfbünden nicht einmal gerne, da der Eindruck entstand, Polizei und Justiz seien nicht mehr Herr der Lage, so daß die ohnehin geschwächte Staatsautorität weiter zersetzt wurde. In diesem Sinne hat Carl Severing dem ›Reichsbanner‹ gegenüber gehandelt, was von ehemaligen Mitgliedern in der Emigration erbittert festgestellt wurde.[31]

Während also die Dynamik des Nationalsozialismus nicht erkannt oder aber bagatellisiert wurde, um die eigene Schwäche zu bemänteln, gab es auch realistische Einschätzungen der nationalsozialistischen Gefahr. Insbesondere zeigten jüdische Organisationen bereits frühzeitig ein Gespür für die Bedrohung durch die antisemitische Bewegung. Bereits 1928, als die NSDAP noch eine einflußlose Sekte war, trugen sie ihre Bedenken vor, ohne allerdings ernst genommen zu werden.[32] Obgleich es auch auf jüdischer Seite in reichem Maße Illusionen gegeben hat, war bei manchem jedoch schon 1931 die Überzeugung verbreitet, die jüdische Emanzipation sei zu Ende, mit einer Machtergreifung des Nationalsozialismus sei zu rechnen.[33] Diese Auffassung zeigt zugleich, was von einer nationalsozialistischen Machtergreifung erwartet wurde: nämlich Aufhebung der Emanzipation, Einführung des Numerus clausus an Universitäten und in intellektuellen Berufen, Ausweisung der nach 1918 eingewanderten Juden, im übrigen aber werde es zu keinen weiteren Verfolgungsmaßnahmen kommen, insbesondere mit den wohlhabenden Juden würden sich die Nationalsozialisten im eigenen Interesse bald arrangieren. Bereits in den frühen zwanziger Jahren hatte der Wiener jüdische Schriftsteller Hugo Bettauer in einem später auch verfilmten Roman *Die Stadt ohne Juden* Entstehen und Zusammenbruch einer antisemitischen Diktatur gezeigt. Die vertriebenen Juden werden reumütig zurückgeholt, da mit ihrer Vertreibung die Schäden, die sie angeblich angerichtet haben, nicht behoben, sondern nur noch schlimmer werden. Im Oktober 1930 schilderte Kurt Tucholsky in seiner Kurzgeschichte *Herr Wendriner steht unter der Diktatur*, wie ein jüdischer Bourgeois sich nach einer nationalsozialistischen Machtergreifung verhält. Da er schon zwanzig Jahre in Berlin wohnt, wird er von den neuen Machthabern geduldet, ängstlich paßt er sich an, Schlimmes erwartend. Da aber die Nationalsozialisten den reichen Juden nichts zuleide tun, stellt er fest: »[...] ich habe gewisse Sachen im September genauso erwartet wie Sie. Na ja, und seit ich sehe, daß das eben nicht ist, sehe ich, daß dieses System auch seine guten Seiten hat.«[34] Mit dieser Darstellung kam Tucholsky einer weit verbreiteten Überzeugung entgegen, Antisemitismus und Sozialismus, wie überhaupt der ganze Radikalismus der Nationalsozialisten, seien nur vorgetäuscht, um die Massen zu betrügen. Nach der Machtübernahme werde sich wenig ändern, weil die Nationalsozialisten ihre eigenen Prinzipien verraten.

Obwohl die Nationalsozialisten ihre Absichten offen angekündigt hatten, wurden sie nur in Ausnahmefällen ernst genommen. In einem für den Zeitgeist bezeichnenden Dokument beklagt der Anarchist Erich Mühsam, daß niemand die Frage stelle, was eigentlich geschehen solle, wenn die Arbeiterorganisationen aufgelöst werden und die standrechtlichen Erschießungen, Pogrome und Plünderungen beginnen. Während die Faschisten für den Fall der Machtergreifung Listen angelegt hätten, seien die Sozialisten völlig unvorbereitet. Nur bei rechtzeitiger Planung des Generalstreiks wie seinerzeit beim Kapp-Putsch könne man den Nationalsozialismus abwehren.[35] Die Sozialdemokraten hingegen erwarteten von einer nationalsozialistischen Machtergreifung allenfalls eine Neuauflage des Sozialistengesetzes, sie befürchteten wohl Verfolgung, Aufhebung von Grundrechten und Beseitigung liberaler und demokratischer Errungenschaften der Novemberrevolution, auch Einschränkung der Arbeiterrechte – einen Terror, der nicht nur ihre Organisationen zerschlagen, sondern auch die Funktionäre an Leib und Leben gefährden und viele von ihnen in die Emigration treiben könnte, befürchtete man ernsthaft nicht.[36] In der Sozialdemokratie war die Erinnerung an die Emigration nach 1848 und an Emigranten aus der Zeit des Sozialistengesetzes durchaus lebendig. Man hatte nach 1917 mit russischen Emigranten Erfahrungen gesammelt und auch Flüchtlinge aus den diktatorisch regierten Ländern – dem Ungarn Horthys, dem Polen Pilsudskis und vor allem aus dem faschistischen Italien – finanziell und propagandistisch unterstützt.[37] Alle diese Erfahrungen aber waren offenbar so peripher, das Vertrauen in rechtsstaatliche Sicherungen so groß und die Unterschätzung der Dynamik des Nationalsozialismus so allgemein, daß man von den Ereignissen nach der nationalsozialistischen Machtergreifung überrascht und von der Notwendigkeit der Emigration ziemlich unvorbereitet getroffen wurde.

In den ersten Wochen der Kanzlerschaft Hitlers vermochten die Nationalsozialisten noch keineswegs uneingeschränkt mit staatlichen Mitteln ihren Terror auszuüben, sie mußten sich vielmehr vornehmlich der nationalsozialistischen Hilfsorganisationen, vor allem der SA, bedienen. Erst mit der Verordnung des Reichspräsidenten zum Schutz von Volk und Staat vom 28. Februar 1933 wurden Grundrechte außer Kraft gesetzt, so daß nunmehr zunehmend der nationalsozialistische Terror zu einem staatlichen wurde. Trotzdem gab es in erheblichem Umfange Vorbereitungen für einen bewaffneten Widerstand. Vor allem ›Reichsbanner‹ und Sozialdemokraten konnten an Vorbereitungen der vergangenen zwei Jahre anknüpfen, wenngleich nach dem 20. Juli 1932 die letzte Chance vertan worden war, im Falle eines Bürgerkrieges die als zuverlässig geltende preußische Polizei in den antinationalsozialistischen Widerstandskampf einzubeziehen. Sosehr man sich auch bemüht hatte, das ›Reichsbanner‹ und Teile der Sozialdemokratie zu bewaffnen, verglichen mit den staatlichen Machtmitteln und der Stärke der SA, war ein bewaffneter Widerstand aussichtslos. Während auf der unteren Ebene der Funktionäre echter Widerstandswille vorhanden war und auf einer Konferenz der Partei- und Gewerkschaftsführung am 30. und 31. Januar 1933 in Berlin über Widerstandsaktionen beraten wurde, so daß angeblich bei vielen regionalen Funktionären der Eindruck entstand, die Spitzenfunktionäre würden zu einem geeigneten Zeitpunkt das Signal zur Großaktion geben, verhielt sich die Führung aber weiter ruhig.[38] Einem Generalstreik waren die Gewerkschaften nicht bloß deswegen abgeneigt, weil die politische und wirtschaftliche Situation eine ganz andere als zur Zeit des Kapp-Putsches war, sondern man hoffte auch durch einen ausgeprägten Legalitätskurs die Nationalsozialisten zu besänftigen und die Organisation zu erhalten.

Sozialdemokraten und Gewerkschaften hielten an ihrem Legalitätskurs auch dann noch fest, als während des Reichstagswahlkampfes im Februar und insbesondere nach dem Reichstagsbrand am 27. Februar 1933 die Verfolgungsmaßnahmen immer härter wurden. Bereits jetzt mußte eine große Anzahl von republikanischen Politikern und Publizisten in die Emigration gehen, nach der Zerschlagung der Gewerkschaften beschloß der Parteivorstand der SPD am 4. Mai 1933, einen Teil der Vorstandsmitglieder ins Ausland zu schicken. Aber auch damals hoffte man noch, daß es sich um eine vorübergehende Maßnahme handeln könne. Alsbald kam es allerdings zu einem Konflikt zwischen der in Saarbrücken befindlichen Mehrheit des Parteivorstandes und den in Berlin verbliebenen Reichstagsfraktions- und Vorstandsmitgliedern. Die emigrierten Mitglieder verlangten, daß die Fraktionsmitglieder der Reichstagssitzung vom 17. Mai demonstrativ fernbleiben sollten. Die im Reiche verbliebenen Mitglieder hingegen vertraten unter Führung des ehemaligen Reichstagspräsidenten Löbe die Auffassung, es sei nötig, die Partei zusammenzuhalten und die enttäuschten Mitglieder an die Partei zu binden. Paul Löbe verhandelte im März 1933 mit Göring über die Freigabe des *Vorwärts* und distanzierte sich dabei von den Deutschlandberichten ausländischer sozialistischer Zeitungen. Derartige Beschwichtigungsmethoden hatten aber auf die Nationalsozialisten keinen Einfluß. Noch am 19. Juni 1933 distanzierte sich der Berliner Vorstand von allen Äußerungen der Emigranten, für die er jede Verantwortung ausdrücklich ablehnte. Drei Tage später wurde die SPD aufgelöst, eine neue Terrorwelle trieb viele ihrer Mitglieder in die Emigration oder brachte sie in die Konzentrationslager.[39]

In Einzelfällen hatte es eine Emigration schon vor 1933 gegeben. Kurt Tucholsky war aus Widerwillen gegen die politische Entwicklung im Deutschen Reich bereits seit 1929 fast ununterbrochen im Ausland gewesen, Furcht vor Verfolgung in der Bürgerkriegssituation der dreißiger Jahre hat bei ihm zweifellos ebenfalls eine Rolle gespielt.[40] Viele Schriftsteller, die sich als Kosmopoliten fühlten, hielten sich ohnehin viel im Auslande auf. Daß sie nach der nationalsozialistischen Machtergreifung zunächst nicht nach Deutschland zurückkamen, war kein politisch bewußter Schritt ins Exil, sondern zunächst nur ein verlängerter Auslandsaufenthalt, ein Abwarten, keine Flucht, die Rückkehr blieb vorbehalten, man wollte die Entwicklung abwarten. Andere hingegen mußten unter Gefahr für Leib und Leben fliehen. So hat der von Goebbels im *Angriff* öffentlich angeprangerte Alfred Kerr nach einer Warnung, die aus dem Berliner Polizeipräsidium kam, am 15. Februar 1933 Hals über Kopf unter Zurücklassung seines gesamten Besitzes flüchten müssen.[41]

Die Motive der 53 000 Emigranten (darunter 37 000 Juden), die 1933 Deutschland verließen, waren sehr unterschiedlich. Bei denjenigen, die politisch gefährdet waren, erfolgte der Entschluß zur Emigration nicht nur aus Furcht vor Verfolgung, sondern auch aus dem Wunsch, die politischen Verhältnisse zu beeinflussen, was nur von außen geschehen konnte. In vielen Fällen – insbesondere bei Juden und Freiberuflichen, die von öffentlichen Aufträgen lebten – bedeutete die nationalsozialistische Machtergreifung Fortfall der Lebensgrundlage. Ähnliche Motive bewogen auch viele Wissenschaftler, Künstler und Schriftsteller, da sie nur im Ausland die Möglichkeit sahen, »die schriftstellerische Arbeit ohne wert- und gesinnungsmäßige Einschränkungen fortzuführen«.[42] Bei manchen ursprünglich unpolitischen Emigranten erfolgte unter dem Eindruck der Entwicklung des nationalsozialistischen Herrschaftssystems ein Wandel zum Politischen. Hier ist das Beispiel Thomas Mann zu nennen, der sich am Anfang durchaus die Möglichkeit einer Rückkehr ins ›Dritte Reich‹ offenhielt und erst nach mehreren Monaten des Schweigens, ja sogar nach einer Distanzierung von einer Emigrationszeitschrift, die Klaus Mann herausgab, sich öffentlich gegen den Nationalsozialismus stellte. Wieder andere Emigranten sind nicht der politischen Emigration zuzurechnen, da sie sich im Ausland völlig passiv verhielten, ja zum Teil weiterhin mit Deutschland in Verbindung blieben, das sie in den Friedensjahren bis 1939 auch wiederholt besuchten. Hierzu gehören der ehemalige preußische Ministerialdirektor Arnold Brecht, ein enger Mitarbeiter Severings, und der frühere Reichsinnen- und Justizminister Erich Koch-Weser, der nach Brasilien emigrierte und als Exportkaufmann mit Deutschland in Verbindung blieb.[43] Im Gegensatz zur großen Zahl der politisch passiven Emigranten versuchten die Organisationen den Widerstand vom Ausland aus zu organisieren. Dabei erwiesen sich allerdings unterschiedliche Auffassungen als hinderlich.

Flucht und Verbannung wirkten keineswegs einigend. Vielmehr wurden die Auseinandersetzungen der Voremigrationszeit mit verändertem Akzent fortgesetzt. Unter dem Eindruck der Niederlage und der Vertreibung setzte zunächst die Suche nach den Schuldigen ein. Es lag nahe, daß innerhalb der Sozialdemokratischen Partei diese Auseinandersetzungen am stärksten waren, hatte die Partei doch unter Zurückstellung der sozialistischen Komponente in den letzten Jahren der Weimarer Republik eine Tolerierungspolitik getrieben, die nun desavouiert schien. Von zwei linkssozialistischen Gruppen, der Gruppe ›Neubeginnen‹ und den ›Revolutionären Sozialisten Deutschlands‹ um Karl Böchel und Siegfried Aufhäuser wurde dem Sopade-Exilvorstand das Mandat bestritten, den SPD-Widerstand anzuführen. Die Opposition forderte eine Rückbesinnung auf den Sozialismus und befürwortete ein Zusammengehen mit den Kommunisten.[44] Die spätere Zusammenarbeit in der ›Volksfront‹ endete aber bereits wieder 1937.[45]

Ein weiteres Zeichen für die innere Zerrissenheit der Emigration waren die gegenseitigen Beschuldigungen, einst Nazis gewesen zu sein oder dem Nazismus zu nützen.[46]

Zweifellos hat es nicht *die* einheitliche Emigration gegeben. Die Aufspaltung und die daraus resultierende Einflußlosigkeit ist sicherlich ein konstitutives Merkmal aller Emigrationen, es handelt sich um einen Kreis von Geschlagenen, die beim Versuch, die Vergangenheit zu bewältigen, um so mehr zur Zersplitterung neigen, als sie nun in einem machtpolitischen Vakuum leben und keinen unmittelbaren Einfluß ausüben können. Die schlechte wirtschaftliche Lage der Emigranten, die durch die weltwirtschaftliche Situation der dreißiger Jahre verstärkt wurde, verminderte ihre Wirkungsmöglichkeit noch weiter. Hinzu kam, daß die Emigranten politisch bestenfalls geduldet waren. Die Zurückhaltung war keineswegs auf pronationalsozialistische Sympathien bei den Behörden der Aufnahmeländer zurückzuführen, wie manchmal behauptet wird. Vielmehr veranlaßten die Durchsetzung mit Spitzeln, die Atmosphäre des Untergrundkampfes, Abenteurertum und Kriminalität, bestimmt von wirtschaftlicher Not, das Mißtrauen der Aufnahmeländer. Deshalb wurden nach Kriegsausbruch in Frankreich und England die Emigranten längere Zeit interniert.[47]

Diese ökonomisch und politisch bedingte restriktive Politik der Aufnahmeländer wirkte auf viele potentielle Emigranten abschreckend. Andere Emigrationshindernisse wie Arbeitslosigkeit, die Mittellosigkeit der Verfolgten, die zu erwartende wirtschaftliche Not im Ausland und schließlich Sprachschwierigkeiten kamen hinzu. Nicht nur bei Arbeitern, sondern auch bei Intellektuellen war damals die Kenntnis moderner Sprachen weitaus weniger verbreitet als heute.

Mancher Oppositionelle, der aus allen diesen Gründen nicht auswandern konnte und wollte, zog sich aus dem öffentlichen Leben zurück. Das Phänomen der später so genannten ›inneren Emigration‹ entstand. Bald nach Kriegsende forderte Walter von Molo Thomas Mann zur Rückkehr nach Deutschland auf, was dieser ablehnte. Frank Thiess stellte darauf in einem offenen Brief neben die äußere die ›innere‹ Emigration, die er genauso hoch bewertete: »Wir erwarten dafür keine Belohnung, daß wir unsere kranke Mutter Deutschland nicht verließen. Es war für uns natürlich, daß wir bei ihr blieben.«[48] Bereits früher hatte Gottfried Benn seinen Eintritt in die Wehrmacht, mit dem er sich dem Nationalsozialismus entziehen wollte, als »aristokratische Form der Emigration« dargestellt.[49] Ernst Jüngers *Auf den Marmorklippen* wurde als ein wesentliches Zeugnis dieser Art von Emigration hingestellt. Emigrationsschriftsteller haben die Berechtigung der Bezeichnung bestritten.[50] Zweifellos hat in der ›Bewältigungsphase‹ nach 1945 mancher, dem das nicht zukam, versucht, sich durch die Zurechnung zur ›inneren Emigration‹ ein moralisches Alibi zu verschaffen. Dennoch bleibt richtig, daß mancher Oppositionelle unter dem Druck wirtschaftlicher Not von der Emigration Abstand nahm. Der Terminus ›innere Emigration‹ mag unangemessen hochtrabend sein, das Faktum hat es gegeben.

Die Beobachtungen abwägend, kommen wir zu dem Ergebnis, daß die politische Situation, die zur Emigration führte, lange vor 1933 entstand. Da sich bereits bald nach der Novemberrevolution die antiliberalen, antidemokratischen, nationalistischen Tendenzen verstärkten und die demokratischen und sozialistischen Kräfte in die Defensive gerieten, ergab sich zwangsläufig, daß sich die Emigration vor allem aus der Linken rekrutieren mußte. Darunter sind nicht nur Angehörige der Arbeiterorganisationen zu verstehen, sondern eben auch organisatorisch nicht gebundene Intellektuelle und Sozialwissenschaftler, deren Disziplinen als Oppositionswissenschaften galten. Der Anteil bürgerlicher Demokraten, Konservativer und abgefallener Nationalsozialisten war demgegenüber weitaus geringer.

Die Demokraten aber waren trotz aller Befürchtungen auf die nationalsozialistische Diktatur – zumindest in dieser Form – nicht vorbereitet und wurden von der Notwendigkeit zur Emigration überrascht. Daraus folgt, daß es auch keine Konzeption für die Auslandsarbeit gab. Erst in der Emigration kamen viele Gegner der Nationalsozialisten, die vor 1933 vor allem in der Defensive verharrt hatten, vom Reagieren zum Agieren.

Anmerkungen

1. Plum (s. Lit.), S. 410.
2. Bracher (s. Lit.). – Sontheimer (s. Lit.).
3. Rubiner (s. Lit.).
4. Tucholsky: »Wo waren Sie im Kriege, Herr?« (s. Lit.), S. 491.
5. Wrobel [Kurt Tucholsky] (s. Lit.), S. 666 f.
6. Knütter (s. Lit.), S. 212.
7. Hugo Marx (s. Lit.), S. 222.
8. Gay (s. Lit.), S. 181.
9. Tiger [Kurt Tucholsky] (s. Lit.), S. 239.
10. Gay (s. Lit.), S. 180.
11. Kerr (s. Lit.), S. 48.
12. Doerfel (s. Lit.), S. 199.
13. Koch-Dieffenbach (s. Lit.), S. 8.
14. Friedrich Muckle: »Hoffnung in Tagen der Trauer«. In: »Die Neue Zeitung«, München (21. 5. 1919).
15. Schulz (s. Lit.), S. 181 ff.
16. Resolution einer Hamburger Gruppe zur 1. Reichskonferenz im Juni 1921 in Bielefeld, zitiert nach Osterroth (s. Lit.), S. 532.
17. Hiller (s. Lit.), S. 200.
18. Balázs (s. Lit.), S. 131.
19. Erich Koch-Weser: »Tagebuch« (Bundesarchiv, Nachlaß Koch-Weser Nr. 37). Eintragung vom 7. Dezember 1931.
20. Gay (s. Lit.), S. 179.
21. ebd., S. 188.
22. Matthias (s. Lit.); auch in: Jasper (s. Lit.), S. 285 f.
23. ebd., S. 287.
24. Bracher (s. Lit.), S. 381 f.
25. Joseph Goebbels in einer Rede 1934, zitiert nach: »Exilliteratur 1933–1945« (s. Lit. d. Einl.), S. 18.
26. Alfred Kerr: »Ich kam nach England« (unveröffentlichtes Manuskript im Nachlaß Kerr, Akademie der Künste, Berlin-West) und ders. (s. Lit.), S. 13.
27. Ossietzky (s. Lit.), S. 294.
28. Hiller (s. Lit.), S. 466 u. 468.
29. Waldmann (s. Lit.), S. 503 f.
30. Quietus (s. Lit.), S. 480.
31. Prinz Löwenstein (s. Lit.), S. 69 u. 78 f.
32. Paucker: »Der jüdische Abwehrkampf« (Hamburg 1968) und ders.: »Der jüdische Abwehrkampf« (s. Lit.), S. 405–499.
33. Hugo Marx (s. Lit.), S. 222.
34. Hauser (s. Lit.), S. 559 ff.
35. Mühsam (s. Lit.), S. 880.
36. Matthias (s. Lit.), S. 292.
37. Esters / Pelger (s. Lit.), S. 26 ff.
38. Matthias (s. Lit.), S. 289.
39. ebd., S. 296 f., 301 ff.
40. Tucholsky: »Ausgewählte Briefe . . .« (s. Lit.), S. 310 (Brief an Fritz Tucholsky vom 18. Januar 1931) u. S. 297 (Brief an Walter Hasenclever vom 10. Februar 1935).
41. Siehe Anm. 26.
42. Wegner (s. Lit. d. Einl.), S. 32.
43. Arnold Brecht (s. Lit.), S. 339 ff. – Lemmer (s. Lit.), S. 214 f.
44. Plum (s. Lit.), S. 416 ff.
45. ebd., S. 428 ff.
46. Briefwechsel zwischen Heinrich Fraenkel und Alfred Kerr zwischen dem 3. September und 26. September 1942 (Nachlaß Alfred Kerr, Akademie der Künste, Berlin-West). – Kurt Hiller: »Leben gegen die Zeit«. Hamburg 1969. S. 346.

47. Kennzeichnend für die Atmosphäre in Prag 1933/34 ist der Roman von Fritz Erpenbeck: »Emigranten« (s. Lit.), ferner Kurt R. Grossmann: »Emigration . . .« (s. Lit. d. Einl.), S. 72 ff. (zur Durchsetzung mit Spitzeln) und Kurt Hiller (s. Anm. 46), S. 337 f. (Internierung).
48. Schröter (s. Lit.), S. 143.
49. Benn (s. Lit.), S. 94.
50. Berendsohn: »Die deutsche Literatur der Flüchtlinge . . . 3. Bericht« (s. Lit. d. Einl.), S. 100.

Literaturhinweise

Béla Balázs: Die Furcht der Intellektuellen vor dem Sozialismus. In: Die Weltbühne 28/4 (26. 1. 1932).
Gottfried Benn: Doppelleben. In: Gesammelte Werke. Bd. 4. Wiesbaden 1961.
Karl Dietrich Bracher: Die Auflösung der Weimarer Republik. Villingen u. Stuttgart ⁵1971.
Arnold Brecht: Mit der Kraft des Geistes. Lebenserinnerungen 2. Hälfte 1927–1967. Stuttgart 1967.
Marianne Doerfel: Kurt Tucholsky als Politiker. Diss. Berlin. Mainz 1971.
Fritz Erpenbeck: Emigranten. Berlin [Ost] 1955.
Helmut Esters u. Hans Pelger: Gewerkschafter im Widerstand. Hannover 1967.
Peter Gay: Die Republik der Außenseiter. Geist und Kultur in der Weimarer Zeit 1918–1933. Frankfurt a. M. 1970.
Kaspar Hauser [Kurt Tucholsky]: Herr Wendriner steht unter der Diktatur. In: Die Weltbühne 26/41 (7. 10. 1930).
Kurt Hiller: Realistischer Pazifismus. In: Die Weltbühne 21/6 (10. 2. 1925).
– Warnung vor Koalitionen. In: Die Weltbühne 26/39 (23. 9. 1930).
Gotthard Jasper [Hrsg.]: Von Weimar zu Hitler 1930–1933. Köln u. Berlin 1968. (Neue Wissenschaftl. Bibliothek.)
Alfred Kerr: Die Diktatur des Hausknechts. Brüssel 1934.
Hans-Helmuth Knütter: Die Juden und die deutsche Linke in der Weimarer Republik. Düsseldorf 1971.
Hans Koch-Dieffenbach: Der Weg zum Bolschewismus. O. O., o. J. [München 1919.]
Ernst Lemmer: Manches war doch anders. Frankfurt a. M. 1968.
Hubertus Prinz Löwenstein: Die Tragödie eines Volkes. Deutschland 1918–1934. Amsterdam 1934.
Hugo Marx: Werdegang eines jüdischen Staatsanwaltes und Richters in Baden 1892–1933. Villingen 1965.
Erich Matthias: Der Untergang der alten Sozialdemokratie 1933. In: Vierteljahrshefte für Zeitgeschichte 4 (1956) S. 181–223.
Erich Mühsam: Aktive Abwehr. In: Die Weltbühne 26/50 (5. 12. 1931).
Carl von Ossietzky: Wahlkampf, CV und Staatspartei. In: Die Weltbühne 26/35 (28. 8. 1930).
Franz Osterroth: Der Hofgeismar-Kreis der Jungsozialisten. In: Archiv für Sozialgeschichte. Bd. IV. Hannover 1964.
Arnold Paucker: Der jüdische Abwehrkampf. Hamburg 1968.
– Der jüdische Abwehrkampf. In: Entscheidungsjahr 1932. Hrsg. von Werner E. Mosse u. Arnold Paucker. Tübingen ²1966.
Günter Plum: Volksfront, Konzentration und Mandatsfrage – ein Beitrag zur Geschichte der SPD im Exil 1933–1939. In: Vierteljahrshefte für Zeitgeschichte 18 (1970) H. 4, S. 410–442.
Quietus: Die Zukunft des Nationalsozialismus. In: Die Weltbühne 26/39 (23. 9. 1930).
Ludwig Rubiner [Hrsg.]: Kameraden der Menschheit. Potsdam 1919.
Klaus Schröter: Thomas Mann. Reinbek 1964.
Friedrich Otto Hermann Schulz: Der Untergang des Marxismus. Stuttgart 1933.
Kurt Sontheimer: Antidemokratisches Denken in der Weimarer Republik. Die politischen Ideen des deutschen Nationalismus zwischen 1918 und 1933. München 1962.
Theobald Tiger [Kurt Tucholsky]: Dreh Dich hin, dreh Dich her, kleine Wetterfahne. In: Die Weltbühne 28/7 (16. 2. 1932).
Kurt Tucholsky: Ausgewählte Briefe 1913–1935. Hamburg 1962. (Gesammelte Werke 4.)
– Wo waren Sie im Kriege, Herr? In: Die Weltbühne 22/13 (30. 3. 1926).
Moses Waldmann: Pogromangst. In: Jüdische Rundschau (1. 10. 1930).
Ignaz Wrobel [Kurt Tucholsky]: Die Frau mit den Fähnchen. In: Die Weltbühne 25/18 (30. 4. 1928).

MANFRED DURZAK

Literarische Diaspora. Stationen des Exils

»Es gibt fast kein Land auf der Welt, in das deutsche Schriftsteller nicht verschlagen wurden. Von Frankreich bis zur Sowjetunion, von der Schweiz bis China, von Finnland bis Südafrika, von Brasilien bis Island, über den Globus zerstreut, versuchten sie überall, ihre Arbeiten und Gedanken zu verbreiten [...].«[1] Wie sehr diese Feststellung Wieland Herzfeldes berechtigt ist, läßt sich an den biographischen Auskünften in der wichtigen Bibliographie *Deutsche Exil-Literatur 1933–1945* von Sternfeld und Tiedemann ablesen, wo in der zweiten Auflage annähernd 2000 Autoren erfaßt wurden, ein Viertel mehr als in der Erstauflage.[2] Die Exilstationen dieser Autoren reichen in der Tat von allen europäischen Ländern bis nach Indien und in die Dominikanische Republik.

Eine Forschungsgruppe an der »Deutschen Akademie der Künste« in Ost-Berlin, die sich in erster Linie auf die Situation der exilierten Dramatiker, Regisseure und Schauspieler konzentriert, ermittelte bei 420 Exildramatikern, die während der Jahre der Vertreibung 724 Theaterstücke, 108 Hörspiele, 398 Filmmanuskripte und Drehbücher schrieben,[3] 41 verschiedene Asylländer: Frankreich, Tschechoslowakei, Österreich, Polen, Luxemburg, Holland, Schweiz, Belgien, Großbritannien, Dänemark, Norwegen, Schweden, Finnland, Sowjetunion, Bulgarien, Türkei, Rumänien, Jugoslawien, Italien, Spanien, Portugal, Palästina, Südafrika, Indien, Niederländisch-Indien, China, Indochina, Australien, Japan, USA, Kanada, Mexiko, Kuba, Brasilien, Bolivien, Chile, Argentinien, Uruguay, Paraguay, Venezuela und Ecuador.

Daß diesen verschiedenen Asylländern nicht jeweils die gleiche Bedeutung zukommt, bedarf keines ausführlichen Beweises. Es leuchtet auch aus methodischen Gründen ein, daß es zu positivistischem Purismus führen würde, wenn man all diese Länder als Exilländer ansprechen würde. Daß die Exulanten in alle möglichen Länder verschlagen wurden, ist nicht selten eine Folge des Zufalls, der sich über die Wünsche und die Situation des einzelnen eigenmächtig hinwegsetzte und so Karl Wolfskehl bis nach Neuseeland oder Paul Zech bis nach Argentinien trieb. Daß Wolfskehl in Neuseeland in ein geistiges und kulturelles Vakuum eintauchte, das ihm das Schicksal des ›exul poeta‹ besonders bitter werden ließ, Paul Zech hingegen in Argentinien auf andere Exilierte und Gleichgesinnte stieß, durch seine Mitarbeit am *Argentinischen Tageblatt* und an den in Chile erscheinenden *Deutschen Blättern* die Isolation zum Teil überwand und produktiv weiterwirkte, ist auch eine Folge bestimmter äußerlicher Bedingungen, die in den Asylländern gegeben waren.

Sofern sich in einer Gruppe von Schicksalsgenossen politische Solidarität und eine ähnliche künstlerische Interessenlage abzeichneten, ließ sich die Passivität, die der Zufall der Geschichte dem einzelnen abverlangte, leichter überwinden. Das Asyl wandelte sich zum Exilland, in dem man sein Leben unter Gleichgesinnten neu bestimmte, mit dem man sich produktiv auseinandersetzte. Aus der erduldeten Vertreibung wurde das Exil, d. h., man begriff das von der Mechanik der Geschichte zudiktierte Schicksal in der Fremde als politische und künstlerische Aufgabe. Man reflektierte die politische Kausalität, die hinter der Vertreibung stand. Das Ergebnis war, daß man seine individuelle Vereinzelung überwand und sich in der Kritik am faschistisch gewordenen Deutschland zu einer bewußten politischen Haltung bekannte. Man sah sich zur künstlerischen Produktion, soweit es möglich war, aufgerufen, um die Kontinuität einer kulturellen Tradition aufrechtzuerhalten, die der Nationalsozialismus zu vernichten drohte und für deren Fortbestand man mit den eigenen, im Exil entstandenen Werken zeugte.

Es wäre also auf einem solchen Hintergrund zwischen Asylländern und Exilländern zu unterscheiden, zwischen Ländern, in die Vereinzelte versprengt wurden und isoliert und ohne wesentlichen Kontakt mit anderen zu überleben versuchten, und Ländern, in denen sich bestimmte Kontakt- und Kommunikationsmöglichkeiten für die Exilierten ergaben: die Anteilnahme von Schicksalsgenossen, die Möglichkeit zu einer Neubestimmung der politischen Reflexion und künstlerischen Produktion unter Gleichgesinnten. Das äußerliche Kriterium, das die Exilländer dabei von den Asylländern unterscheidet, ist nicht nur die Zahl der in einem bestimmten Land lebenden Exulanten, sondern es sind auch Indikatoren, die auf eine Fortführung der politischen und künstlerischen Arbeit hindeuten: politische und künstlerische Zeitschriften, Exilverlage, bestimmte, sich als Gruppen konstituierende Gemeinschaften, politische und künstlerische Zirkel.

Wenn Autoren wie Walter Hasenclever, der 1934 für kurze Zeit nach Jugoslawien ging, desgleichen Rudolf Pannwitz, Louis Fürnberg und Franz Csokor, die, bevor sie nach Rumänien bzw. Palästina weiterreisten, ebenfalls Jugoslawien vorher berührten, und ein Autor wie Albert Drach noch nach 1938 dort untertauchen konnten, so läßt sich Jugoslawien dennoch am ehesten als Asylland einstufen. Das trifft auch auf eine Reihe von anderen Exilstationen zu, etwa die Dominikanische Republik, wo Hilde Domin seit 1940 lebte, Indien, wohin sich 1939 der Kritiker Willy Haas zurückzog, Kolumbien, wo seit 1942 der Lyriker Erich Arendt lebte.

Auf einem solchen Hintergrund ergibt sich eine bestimmte Staffelung der einzelnen Länder. Es ist ebenso evident, daß besonders jene Länder Aufmerksamkeit verdienen, die als Exilländer im hier beschriebenen Sinne anzusprechen sind. Aber selbst diese Exilländer unterscheiden sich untereinander wiederum aufs stärkste. Das gilt einmal in bezug auf die verschiedenartigen politischen Systeme, auf die die Exilierten trafen. Während in Frankreich beispielsweise noch ein breites Spektrum politischer Schattierungen vertreten war, läßt sich nach dem Ausbruch des Zweiten Weltkrieges bereits eine bestimmte politische Selektion erkennen. Repräsentanten konservativer Richtungen suchten sehr viel stärker in Nordamerika Zuflucht, während die sozialistisch eingestellten Autoren, soweit sie nicht schon in der Sowjetunion waren, Mexiko als Exilland bevorzugten. Obwohl die Vereinigten Staaten zahlenmäßig wohl die meisten Exilierten aufnahmen und daher als wichtigstes Exilland eingestuft werden könnten, läßt sich das freilich kaum unter dem Aspekt der künstlerischen Kommunikationsmöglichkeiten und der literarischen Produktivität vertreten. Die großen literarischen Zeitschriften des Exils sind in Amsterdam, Paris, Moskau und Santiago de Chile erschienen, nicht in den USA. Während das ansonsten nicht sehr entscheidende Exilland Holland über zwei wichtige Exilverlage verfügte, gibt es in den USA kaum einen Verlag, der ein wichtiges Publikationsforum für die deutschsprachige Exilliteratur geworden wäre.

Der rein quantitative Maßstab, der die Rangordnung der einzelnen Exilländer bestimmen könnte, ist also nur mit Einschränkungen zuverlässig. Zudem läßt es sich nicht leugnen, daß die Einschätzung der einzelnen Exilländer auch von der rückblickenden Bewertung der im Exil entstandenen Literatur abhängig ist. Aus der Sicht der DDR-Forschung ist die antifaschistische Kampfrichtung der Exilliteratur zentral, und diese mit dem Programm der Volksfront umschriebene Richtung, die als wichtiges historisches Glied der eigenen literarischen Entwicklung nach 1945 eingeordnet wurde, muß folgerichtig Exilländern wie der Sowjetunion und Mexiko verstärkte Bedeutung zubilligen. Die Ausführungen von Herzfelde weisen in diese Richtung: »Aber die moralisch-politische Zersetzung der Emigration, die bereits in Europa eingesetzt hatte, steigerte sich in Amerika [...] zu einer denunziatorischen Hetze [...] Bedeutender als in New York war während des Krieges die literarische Tätigkeit der deutschen Emigration in Mexiko.«[4] Auf der gleichen Ebene liegt seine Feststellung: »Es gab auch einzelne und Gruppen von Emigranten, die versuchten, die antifaschistische Front und ihr Vertrauen auf das verbündete Sowjet-Volk zu unterwühlen.«[5] Dahinter kommen freilich Phänomene zum Vorschein wie die Moskauer Prozesse und der russisch-deutsche Nichtangriffspakt. Die antifaschistische Front der Exilliteratur war aus dieser Sicht alles andere als unproblematisch.

Aber ebenso bezeichnend ist es für die Phase der wiedereinsetzenden Beschäftigung mit der Exilliteratur, wofür das erste Stockholmer Symposium von 1969 den zeitlichen Fixpunkt bildet, daß man die aus vielfältigen Gründen vergessene Integration der Exilliteratur in die junge westdeutsche Literatur nach 1945 nun dadurch wettzumachen versuchte, daß man einen grenzenlosen Positivismus[6], der sich als Grundforschung deklarierte, forderte, der aber im Grunde nur das Komplementärphänomen zu der versäumten Beschäftigung darstellt und eigentlich auf die gleiche Unsicherheit gegenüber dem Phänomen Exilliteratur aufmerksam macht. Indem man alles für gleich wichtig erklärte, wollte man alles gleichgewichtig behandelt sehen und steuerte damit diese Literatur in eine neue Art von Exil, diesmal methodischer Art: ein Exil der Zettelkästen und Materialwuste, ein Quellenlabyrinth, in dem man sich vermutlich ohne den Ariadnefaden von Spezialkenntnissen bald nicht mehr zurechtfindet.

Das Prinzip der Selektion ist also eine methodische Notwendigkeit. Bezogen auf die Staffelung der einzelnen Exilländer, geht man am besten von der Chronologie der historischen Ereignisse aus, die schubweise die Vertreibung der Autoren aus Deutschland auslösten. Die im Jahr 1933 einsetzende erste Emigrationswelle[6a] wurde vor allem von europäischen Staaten aufgefangen und betraf kaum überseeische Länder, wenn man von der palästinensischen Einwanderung absieht, die sich in ihrem Selbstverständnis zu dieser Zeit jedoch großenteils nicht unter dem Aspekt des Exils, sondern der ›Heimkehr ins Land der Väter‹ begreift. Österreich, die Tschechoslowakei, Holland, Belgien, Luxemburg und vor allem Frankreich waren die Länder, in die sich die Exilierten zurückzogen, nach wie vor im Glauben, daß es sich um einen vorübergehenden Zustand in Deutschland handeln würde und sie bald nach Deutschland zurückkehren könnten. Als es am 30. Juni 1934 zum sogenannten Röhm-Putsch kam, schöpften in der Tat viele Exilierte die Hoffnung, es handle sich hier um ein Signal, das bereits das Ende der Hitler-Ära anzeige. Das Gegenteil war der Fall.

Holland, Belgien, Österreich und auch Dänemark und Norwegen waren zu dieser Zeit deutlich Durchgangsstationen. Politisches und literarisches Leben in der Diaspora entfaltete sich vor allem in den räumlichen Zentren Prag und Paris. Als im Sommer 1936 der Bürgerkrieg in Spanien ausbrach, begann Spanien als Exilstation eine wichtige Rolle zu spielen, freilich nicht im Sinne der anderen Exilländer, sondern als Austragungsort eines sichtbar gewordenen antifaschistischen Kampfes, an dem sich viele der politisch profilierten Exilautoren aktiv beteiligten.

1938 zeichnete sich nach dem Zusammenschluß von Hitler-Deutschland mit Österreich, nach der Besetzung des Sudetengebietes und der Tschechoslowakei im Jahre 1939 eine neue Zäsur ab. Die November-Ereignisse von 1938 in Deutschland und der aller Welt sichtbar gewordene militante Antisemitismus des NS-Regimes hatten die kurze Euphorie nach dem Münchener Abkommen rasch verfliegen lassen und den Zeitgenossen in einem Land wie Großbritannien die Augen geöffnet. England, Palästina, die Schweiz, Schweden, die Türkei, Rußland, die USA und selbst China nahmen die Vertriebenen auf, die jetzt nicht nur aus Deutschland, sondern auch aus der Tschechoslowakei und Österreich flohen. Zugleich begannen kleine Länder wie Holland, Belgien, Dänemark und vor allem die Schweiz, die um ihren Neutralitätsstatus besorgt und um diplomatische Koexistenz mit NS-Deutschland bemüht war, den Machtdruck Hitlers zu befürchten und die Anwesenheit der Exulanten als außenpolitische Belastung zu empfinden.

Mit dem Ausbruch des Krieges, mit dem Fall von Holland, Dänemark und Frankreich im Sommer 1940 setzte die dritte große Flüchtlingswelle ein, die diesmal besonders von den USA und Südamerika, vor allem Mexiko, aufgefangen wurde und auch Länder wie Kanada, Neuseeland und Australien erreichte.

Die Situation, mit der sich die Vertriebenen konfrontiert sahen, die Probleme, denen sie sich als Schriftsteller zu stellen hatten, und die Lösungen, die sie zu finden versuchten, werden im folgenden mit dem Blick auf die wichtigsten Exilländer in Einzelkapiteln dargestellt: Österreich, die Tschechoslowakei, Frankreich, Spanien, die Schweiz, Skandinavien, England, Rußland, die Vereinigten Staaten, Mexiko. Die Verhältnisse in einer Reihe von Exilländern, die sich mit den soeben genannten Beispielen zwar an Bedeutung nicht vergleichen lassen, die aber im historischen Kontext der deutschsprachigen Exilliteratur ebenfalls wichtig sind, sollen in den folgenden Abschnitten kurz skizziert werden. Diese Hinweise sind als Ergänzung zu dem Bild gedacht, das sich aus den Einzeldarstellungen der anderen Exilstationen ergibt.

Holland

»Das kleine Nachbarland Holland beherbergte 30 000 deutsche Emigranten, darunter etwa 100 Künstler.«[7] Bei den meisten dieser Flüchtlinge handelte es sich um rassisch Verfolgte, denen es dann nach der Okkupation der Niederlande zum Teil nicht mehr gelang, sich dem Machtgriff des NS-Regimes zu entziehen. Angesehene Schauspieler und Kabarettisten wie Rudolf Nelson, Kurt Gerron, Otto Wallburg und Max Ehrlich veranstalteten selbst noch nach ihrer Einlieferung in das Konzentrationslager Westerbrock, das nach der Besetzung Hollands für die jüdischen Flüchtlinge eingerichtet worden war, Kabarettabende, die unter Titeln wie »Total

verrückt« oder mit der Opernsatire »Ludmilla oder die Leichen am laufenden Band« den Schrecken zu überwinden versuchten, an dessen Ende für viele von ihnen der Tod in den Gaskammern von Auschwitz stand.[8]
Für das literarische Exil war Holland vor allem kurz nach 1933 eine wichtige Station. Nicht so sehr deshalb, weil sich hier viele der exilierten Schriftsteller niedergelassen hätten. Autoren wie Max Herrmann-Neiße, Joseph Roth, Klaus Mann, Walter Kolbenhoff, Irmgard Keun, der Dramatiker und Regisseur Ludwig Berger, der Völkerkundler Wolfgang Cordan haben Holland zumeist nur als Durchgangsstation benutzt[9] und sind in andere Länder weitergereist. In der ersten Phase der Emigration war Frankreich das bei weitem bevorzugte Exilland.
Dennoch spielt Holland im Anfangskapitel der Geschichte der literarischen Emigration eine zentrale Rolle, weil zwei wichtige Exilverlage – und mit dem Querido Verlag vielleicht der wichtigste Exilverlag überhaupt – in den ersten Jahren nach 1933 in Holland ihren Sitz hatten und weil zugleich unter der Leitung von Klaus Mann im Querido Verlag in Amsterdam von September 1933 bis August 1935 die literarische Monatsschrift *Die Sammlung* erschien, deren Patronat Autoren wie André Gide, Aldous Huxley und Heinrich Mann übernommen hatten und die man im Rückblick als »beste Literaturzeitschrift«[10] des Exils bezeichnet hat.
Es ist im Rückblick erstaunlich festzustellen, in wie kurzer Zeit das nach der Machtergreifung Hitlers und den Bücherverbrennungen vom Mai 1933 auf breiter Front unterdrückte literarische Leben Deutschlands die Attacke Hitlers parierte und durch die Gründung von zwei bedeutenden Exilverlagen in Holland die Unterdrückung der demokratischen, emanzipatorischen deutschsprachigen Literatur wenigstens für einige Jahre ungeschehen machte. Die Initiative ging dabei von dem holländischen Verleger Emanuel Querido aus, für den nach einem Wort Klaus Manns »die Betreuung der antifaschistischen deutschen Literatur eine Herzenssache« war und der den gelegentlichen kommerziellen Erfolg seines Engagements vermutlich nicht vorausgesehen hat. Über die Gründung des Querido Verlages hat Fritz Landshoff, der bis 1933 in führender Stellung im Kiepenheuer Verlag in Berlin tätig gewesen war, berichtet: »Bald nach Hitlers Machtergreifung besuchte mich in Berlin Nico Rost, der holländische Übersetzer von Anna Seghers. Er kam im Auftrag des Verlegers Emanuel Querido, der seinem eigenen Haus einen Verlag für Exilliteratur angliedern wollte und mich fragen ließ, ob ich diesen Verlag leiten wolle.« Landshoff griff zu, und bereits im Herbst 1933 erschienen neun Bücher in deutscher Sprache, darunter Titel von Heinrich Mann, Alfred Döblin, Arnold Zweig und Lion Feuchtwanger, denen bis 1938 eine Fülle von Werken anderer namhafter Exilautoren folgte, wobei das von Landshoff zugrundegelegte Programm nicht nur ein breites künstlerisches, sondern auch politisches Spektrum begünstigte.[11] Die Durchschnittsauflage der Bücher lag etwa bei dreitausend Exemplaren. Durch eine in monatliche Zuschüsse aufgegliederte Honorierung leistete der Querido Verlag Wesentliches, um die materielle Not der Exilautoren zu mildern. Alfred Döblin, Anna Seghers, Arnold Zweig und vor allem Heinrich Mann, der zu dieser Zeit am *Henri Quatre* arbeitete, wurden so unterstützt.
Der Exilverlag, der dem Amsterdamer Verlagshaus Allert de Lange angegliedert wurde, erreichte weder organisatorisch in der Ausdehnung des Verlagsprogramms noch in der Breitenwirkung die Größe des Querido Verlages, aber entwickelte sich

dennoch, vor allem im Vergleich zu späteren Verlagen des literarischen Exils, zu einem der bedeutenden Exilunternehmen. Ursprünglich hatte der holländische Verleger Gerard de Lange Hermann Kesten damit betraut, eine Anthologie vertriebener deutscher Autoren zu edieren, aber da dem Verleger nach dem Bericht Hermann Kestens »die Vorstellung unerträglich [war], daß treffliche Schriftsteller nur um ihres Werkes, nur um der Freiheit ihres Wortes, nur um ihrer Kunst willen verfolgt würden«, entstand daraus der Plan eines speziellen Verlagsprogramms für die deutschsprachige Literatur des Exils. Walter Landauer, der ebenfalls vom Kiepenheuer Verlag kam, übernahm die Verlagsleitung. Hermann Kesten betreute das Lektorat, und ein bedeutendes Segment der vertriebenen deutschen Literatur begann in den folgenden Jahren im Allert de Lange Verlag zu erscheinen.

Ein Projekt des Querido Verlages war *Die Sammlung*, die Klaus Mann für zwei Jahre zu einem der wichtigsten Sprachrohre der ersten Phase des literarischen Exils machte. Autoren wie Günther Anders, Johannes R. Becher, Ernst Bloch, Bertolt Brecht, Bruno Frank, Ferdinand Hardekopf, Max Herrmann-Neiße, Else Lasker-Schüler, Rudolf Leonhard, Ernst Weiß, Arnold Zweig[12] haben hier Beiträge veröffentlicht. Bezeichnenderweise fehlt der Name von Thomas Mann – er taucht nur einmal in der *Sammlung* auf –, der sich seiner Rolle im Exil damals noch keineswegs sicher war, den Gedanken an eine mögliche Rückkehr noch nicht entschieden von sich wies und erst in den folgenden Jahren jene Repräsentanzfunktion des literarischen Exils akzeptierte, die ihm im Rückblick immer wieder zugesprochen wird.

Der Titel der Zeitschrift stand für ihr Programm. In dem redaktionellen Vorspann zur ersten Nummer[13] hatte Klaus Mann erklärt: »Die wir sammeln wollen, sind unter unseren Kameraden jene, deren Herzen noch nicht vergiftet sind von den Zwangsvorstellungen einer Ideologie, die sich selber ›die neue‹ nennt [...].« Zugleich war seine Zeitschrift als ein Forum für die eigentliche deutsche Literatur gedacht, die aus Deutschlands Grenzen zum Teil bereits vertrieben worden war. Es ist charakteristisch für diese frühe Phase des Exils, daß die Zielsetzung noch überwiegend literarisch bestimmt ist und eine politische Aufgabe der Zeitschrift nur im abstrakten Sinn umschrieben wird: »In dieser Lage ist nun die wahre, die gültige deutsche Literatur: jene nämlich, die nicht schweigen kann zur Entwürdigung ihres Volkes und zu der Schmach, die ihr selber geschieht. Der Widergeist selbst zwingt sie zum Kampf [...] Eine literarische Zeitschrift ist keine politische [...] Trotzdem wird sie heute eine politische Sendung haben.«

Es ist in der Retrospektive schwer verständlich, daß bereits dieses zurückhaltende politische Engagement in der Anfangsphase des Exils eine große Wirkung auslöste und zur Polarisierung der Fronten im Exil führte. Die in einigen Beiträgen des ersten Heftes, nicht zuletzt in Klaus Manns redaktionellem Vorspann, laut gewordene Kritik am Dritten Reich führte im Oktober 1933 zu einer Reaktion der ›Reichsstelle zur Förderung deutschen Schrifttums‹, die im *Börsenblatt für den deutschen Buchhandel* eine Warnung vor Exilzeitschriften erscheinen ließ und damit eine Drohung gegen im Reich verbliebene Verlage verband, die noch Bücher von Mitarbeitern der *Sammlung* veröffentlichten. Das betraf vor allem zwei Verlage, den S. Fischer und den Insel Verlag, deren Autoren René Schickele, Alfred Döblin, Thomas Mann und Stefan Zweig u. a. auf der Mitarbeiterliste der ersten Nummer der *Sammlung* erwähnt wurden. Der von den Verlagen aus taktischen Gründen geforderten Distanzierung der Autoren von der *Sammlung* wurde auch prompt, allzu prompt Folge geleistet.

Thomas Mann konstatierte einen Widerspruch zwischen ursprünglichem Programm und Ausführung der Zeitschrift und ließ sein Telegramm mit dem Satz schließen, seinen Namen aus der Liste der Mitarbeiter zu tilgen. Schickele betonte, von dem politischen Charakter der *Sammlung* peinlich überrascht worden zu sein, und Stefan Zweig berief sich auf das Versprechen der Redaktion, »daß das Blatt ein rein literarisches [sein] und keinerlei politischen Charakter tragen würde«. Döblin distanzierte sich zwar auch, aber arbeitete weiter an der *Sammlung* mit und ließ auch kurze Zeit später seine *Babylonische Wandrung* bei Querido erscheinen, d. h., seine Distanzierung war lediglich eine Geste der Gefälligkeit gegenüber dem Verleger S. Fischer. Anders bei Thomas Mann und Schickele. Während Manns Reaktion seine Unsicherheit in der Anfangsphase des Exils unterstreicht, bringt Schickeles Reaktion einen Konservatismus zum Ausdruck, dem politische Betätigung generell suspekt war und der sich wie übrigens nicht wenige andere Exulanten auf eine illusionäre Position zurückzuziehen versuchte, die in der folgenden Tagebuchaufzeichnung Schickeles vom Mai 1934 zum Ausdruck kommt: »Ich wünschte ein ästhetisches Deutschland.«[14]

Dieses fatale Ereignis, das manchem bereits vom Literaturbetrieb in Deutschland abgeschnittenen Autor als Ausdruck eines Opportunismus von Kollegen vorkommen mußte, die bemüht waren, ihren innerdeutschen Literaturmarkt nicht zu verlieren, hat begreiflicherweise zur Kritik bei vielen exilierten Autoren geführt. Darüber hinaus hatte es symptomatische Bedeutung, indem es Diskrepanzen anschaulich machte, die zwischen den einzelnen Emigranten bestanden. Die Attitüde des bürgerlich-liberalen Autors, der seine Innerlichkeit aus den Geschäften der Politik heraushalten wollte, war nicht zuletzt ursächlich daran beteiligt, daß sich die Korruption des geistigen Lebens nach 1933 so erfolgreich in Deutschland durchzusetzen vermochte.

Klaus Mann hat in der *Sammlung* die ersten zaghaften Schritte in Richtung auf ein Ziel gemacht, an dem sich auch sein Vater später immer stärker orientierte, ohne daß freilich beide je den Punkt erreicht hätten, wo sie, im Unterschied zu Heinrich Mann, die bürgerliche Vergangenheit gänzlich abgeschüttelt und sich zu einer politisch-agitatorischen Literatur bekannt hätten. Als Klaus Mann 1934 den Moskauer Schriftsteller-Kongreß besuchte und hier mit einer politisch-agitatorischen Zielsetzung der Literatur konfrontiert wurde, distanzierte er sich bezeichnenderweise im Oktoberheft desselben Jahres von einer so umfassenden Politisierung und stellte die rhetorische Frage: »Ist die Einsamkeit der Individuation, das gnadenlose Getrenntsein des Menschen vom Nächsten, der immer zugleich der Fernste ist, wegzuschaffen durch die sozialistische Umorganisation?« Trotz der zunehmenden Politisierung seiner Anschauungen, die mit der Auseinandersetzung »Gottfried Benn oder die Entwürdigung des Geistes« beginnt und deren Entwicklung sich in den einzelnen Heften der *Sammlung* verfolgen läßt, blieb er letztlich seinem bürgerlichen Liberalismus treu, dem er im amerikanischen Exil dann erneut in seiner 1941 und 1942 erscheinenden Zeitschrift *Decision* Ausdruck verlieh.

Hollands Nachbarländer, Belgien und Luxemburg, haben keine den Niederlanden vergleichbare Rolle im literarischen Exil gespielt. Zwar fanden einzelne Autoren, so

Annette Kolb und Karl Schnog, in Luxemburg Asyl, der politische Journalist Max Sievers fand in Belgien Unterschlupf, wo bereits der expressionistische Dramatiker Carl Sternheim lebte, freilich nicht im eigentlichen Sinne als Emigrant. Er hatte schon die Jahre von 1914 bis 1918 auf seinem Besitz La Hulpe in der Nähe von Brüssel verbracht, allerdings sein Eigentum nach dem Ende des Ersten Weltkrieges dort eingebüßt und war nach Deutschland zurückgekehrt. Aber er ließ sich dann erneut in Belgien, in Brüssel-Ixelles, nieder. Immerhin erschien Sternheims Autobiographie *Vorkriegseuropa im Gleichnis meines Lebens* 1936 im Querido Verlag. Die 1940 erfolgte Okkupation der Benelux-Staaten haben Walter Landauer und Emanuel Querido ebenso mit dem Leben bezahlen müssen wie Sievers, der verhaftet und ins Konzentrationslager gebracht wurde. Dem Fortleben der exilierten deutschsprachigen Literatur war damit in diesen Ländern ein Ende gesetzt.

Palästina

Walter Berendsohn hat darauf aufmerksam gemacht: »Viele Israeli lehnen den Begriff ›Flüchtlinge aus dem Dritten Reich‹ entrüstet ab (obwohl man sie umgebracht hätte, wenn sie nicht ausgewandert wären), weil sie sich ›als Heimkehrer ins Land der Väter aus der Verbannung‹ betrachten.«[15] Nicht nur das Selbstverständnis vieler in Palästina eingewanderter Juden unterstreicht die Sonderrolle Palästinas unter den Exilländern, sondern auch die Probleme, mit denen sich die exilierten Autoren in Palästina konfrontiert sahen, waren zum Teil anders. Dennoch ist es berechtigt, Palästina, damals noch unter britischer Mandatsverwaltung stehend, unter die Exilländer einzureihen. Die Emigranten, die in der Zeit von 1933 bis 1936 und selbst noch zwischen 1936 und 1938 nach Palästina kamen, hatten die Möglichkeit, ihre Einwanderung vorzubereiten und ihren Besitz zum Teil nach Palästina zu überführen, so daß sich hier in der Tat sehr viel eher von einer national (zionistisch) motivierten Zuwanderung sprechen läßt. 70 000 deutschsprachige Juden haben so zwischen 1933 und 1939 Palästina als neue Heimat gewählt.[16] Die Zuwanderer jedoch, die nach 1938 kamen, waren unter Lebensgefahr aus NS-Deutschland geflohen und gegen ihren Willen mit der Notwendigkeit des Exils konfrontiert worden, auch wenn ihnen in dieser Situation Palästina als das bevorzugte Exilland erschien.

Palästina war selbst an inneren politischen Spannungen reich. Auf der einen Seite stand die britische Mandatsverwaltung, die an der Ausbreitung einer spezifisch jüdischen Kultur gar nicht interessiert war,[17] auf der anderen Seite standen die seit 1936 sich verschärfenden Spannungen zwischen den Arabern und Juden. Die deutschen Exulanten wurden zudem noch mit speziellen Schwierigkeiten konfrontiert. Das Land befand sich in einer Aufbauphase, und es trat ein großer kultureller Abstand zwischen dem Ende der dreißiger Jahre in Palästina erreichten Entwicklungsstand und dem kulturellen Niveau der Flüchtlinge hervor, die aus Deutschland kamen. Zudem war die Sprache, in der sich ihr kulturelles Bewußtsein bisher artikuliert hatte, aus naheliegenden politischen Gründen in Palästina verpönt. Ein Zustand der geistigen Atemnot entstand, der noch dadurch verschärft wurde, daß sich nicht wenige Exulanten in einem Alter befanden, in dem ihnen die sprachliche Assimilation ans Hebräische nur noch unvollkommen, wenn überhaupt gelang.

Wormann hebt zu Recht hervor: »[...] for a large number of Palestinian Jews everything German at that time was identical with ›Hitler's language‹.«[18] Die ›Jeckes‹, wie der Spitzname für die deutschstämmigen Juden in Palästina lautete, sahen sich nach dem Zeugnis des alteingesessenen jüdischen Autors Ascher Beilin in jenen Jahren »a new brand of ›Jewish antisemitism‹ directed against immigrants from Germany«[19] gegenüber.

Zwar sind diese Ressentiments in der Nachkriegszeit abgeklungen, und nach dem »Wiedergutmachungsvertrag sind etwa 350 000 deutschsprachige und deutschkundige Juden«[20] eingewandert. Die Konstituierung des ›Council of Jews from Germany‹ im Jahre 1945 und die auf Initiative des Councils 1955 zustande gekommene Gründung des Leo Baeck Instituts haben mit dazu beigetragen, die Situation zu normalisieren. 1968 wurden in Tel Aviv/Jerusalem und in Haifa zwei große Buchausstellungen gezeigt, die Zeichen der Bemühung sind, das deutsche Kulturerbe zu integrieren. Die beiden Ausstellungen waren den Themen »The New German Book« und »Exile Literature 1933–1945« gewidmet, und auch die Jerusalemer Kafka-Ausstellung von 1969 weist in die gleiche Richtung. Dennoch gibt es auch heute noch keine Professur für deutsche Literatur an einer israelischen Universität, und die literarischen Dokumente der Zeit von 1933 bis 1945 werden nur unter speziell jüdischen Aspekten gesammelt.[21]

Die speziellen Schwierigkeiten der Exilsituation in Palästina haben auch die Reflexion der nach Israel geflüchteten deutschen Autoren geprägt. Der bedeutendste unter ihnen ist Arnold Zweig, der Palästina 1932 zum erstenmal als Tourist besuchte und so beeindruckt war, daß er 1934 mit seiner Familie nach Palästina kam und sich in Haifa niederließ. Zweig identifizierte sich jedoch kaum mit dem zionistischen Nationalismus, verleugnete seine kosmopolitische Geisteshaltung nicht und beharrte in seinem Briefwechsel mit Freud darauf, ein deutscher Schriftsteller und ein deutscher Europäer zu sein. Die Kluft zwischen ihm und Palästina wurde nicht überbrückt, vielleicht nicht zuletzt auf Grund seiner Haltung, wie Wormann nahelegt: »He made not effort to learn Hebrew, he did not go out to the people but waited for them to come to him.«[22]

In der von ihm herausgegebenen Zeitschrift *Orient* hat sich Zweig im September 1942 darüber beklagt, daß keines seiner Stücke von einer hebräischen Bühne aufgeführt worden sei, daß innerhalb eines Jahrzehnts keines seiner Bücher einen Zugang zum hebräischen Buchmarkt gefunden habe. Allerdings erschien dann 1943 eine hebräische Übersetzung seines Romans *Das Beil von Wandsbek*. In jenen Jahren des öffentlichen Schweigens wurden jedoch bedeutende Arbeiten abgeschlossen. Die Romane *Erziehung vor Verdun* (1935), *Einsetzung eines Königs* (1937), *Versunkene Tage* (1938) wurden fertig, desgleichen ein Theaterstück, *Bonaparte in Jaffa* (1939).

Zweig kehrte 1948 desillusioniert nach Ost-Berlin zurück und brach damit aus einer Isolation aus, bei der nicht ganz sicher ist, ob die Gründe dafür tatsächlich dort zu finden sind, wo man sie sucht: »Zweig himself must bear the chief blame for the failure of his attempt to settle in Palestine.«[23] Auch der bedeutende jüdische Religionsphilosoph Martin Buber hat in den Jahren zwischen 1938 und 1945 eine ähnliche Isolation in Palästina erfahren, und der Schriftsteller und Kritiker Werner Kraft, der seit 1934 in Israel lebt, sieht diesen Graben, der auch ihn von der kulturellen Öffentlichkeit trennt, noch heute nicht ganz überwunden.

Freilich gibt es Gegenbeispiele, die für eine gelungene kulturelle Integration sprechen. Von dem Dramatiker Sammy Gronemann wurden drei Dramen, von Max Brod sogar fünf Dramen am wichtigsten Theater Israels, dem Habimah-Theater, auf hebräisch aufgeführt, wo Brod als Dramaturg allerdings auch die Möglichkeit besaß, die Wirkung von Exildramatikern zu lenken. Brod, der in Israel eine Symbiose europäischen und jüdischen Humanismus' verwirklicht sah, wurde auch von der israelischen Öffentlichkeit als eine Bereicherung des intellektuellen Lebens empfunden und hat die desillusionierende Erfahrung Arnold Zweigs kaum gekannt.

Eine ähnlich erfolgreiche Eingliederung gelang Brods Freund Felix Weltsch, der seine philosophische Arbeit in Israel fortsetzte und als Bibliothekar an der Jüdischen National- und Universitätsbibliothek ein fruchtbares Aufgabengebiet fand. Auch der Schriftsteller Ludwig Strauss, der in der Nachbarschaft von Autoren wie Hans Carossa und Albrecht Schaeffer in Deutschland bekannt geworden war und sich seit der ersten Begegnung mit Martin Buber im Jahre 1912 für jiddische Dichtung und jüdische Kultur interessierte, ist ein Beispiel für gelungene kulturelle Assimilation im Exil. Strauss hat sein literarisches Werk in beiden Sprachen, Deutsch und Hebräisch, fortgeführt, nachdem er 1935 mit seiner Familie in Palästina eingewandert war und zeitweise im Kibbuz Hasorea gearbeitet hatte. Er hat später als Lehrer, dann als Universitätsprofessor am kulturellen Aufbau Israels teilgenommen und literarische Arbeit und praktische Betätigung vereinen können. 1941 erschien seine Sammlung *Fünfzig Gedichte aus den Jahren 1934–1940*. Seine hebräischen Gedichte wurden 1951 in dem Band *Shaot wa-dor* in Tel Aviv vorgelegt.

Noch eine Reihe anderer Autoren, Jenny Aloni, Werner Bukofzer, Alice Schwarz, Georg Strauss, Manfred Sturmann, Max Zweig, ist mit dem Exilland Palästina verbunden. Der neben Arnold Zweig berühmteste literarische Exulant in Palästina war die Lyrikerin Else Lasker-Schüler, die 1934 und 1937 besuchsweise nach Palästina gekommen war und 1939 bei einem dritten Besuch, nach dem sie eigentlich in die Schweiz zurückkehren wollte, in Jerusalem bis zu ihrem Tod im Januar 1945 blieb. Die jüdische Geschichte und Tradition, die Vorstellungswelt der Bibel haben in ihrer Lyrik schon immer eine so dominierende Funktion gehabt, daß ihre Antwort an den jüdischen Dichter Kariv, der ihre 1913 erschienenen *Hebräischen Balladen* ins Hebräische übertragen wollte, mehr als ein Bonmot ist: »Aber sie sind doch auf Hebräisch!« Obwohl sie die hebräische Sprache nicht beherrschte, hat sie, in einem Zirkel von Freunden lebend, dem sogenannten ›Kraal‹, wo es literarische und wissenschaftliche Aussprachen gab, die Erfahrung der Vereinsamung nur mitunter gekannt. Sie gab häufig öffentliche Lesungen ihrer Gedichte, sie war befreundet mit jüdischen Autoren, die deutsche Abteilung der ›Jewish Agency‹ und der Verleger Salman Schocken unterstützten sie finanziell. In der Zeitung *Haaretz* erschienen Gedichte von ihr in hebräischer Übersetzung. Moritz Spitzer veröffentlichte 1943 in einer Auflage von 330 numerierten Exemplaren ihren Lyrik-Band *Mein blaues Klavier*. Aber dennoch bleibt es wichtig festzuhalten, daß auch ihr die Zweifel Arnold Zweigs am Gelobten Land nicht ganz fremd waren, daß die Rückkehr nach Deutschland auch für sie eine Wunschvorstellung blieb, die sich von nicht erfüllten Erwartungen in Palästina nährte.[24]

Die besonderen Schwierigkeiten, denen sich die deutschsprachigen Exulanten in Palästina gegenübergestellt sahen, spiegeln sich in den verschiedenen Ansätzen zu einem literarischen Leben in der Diaspora wider. Der von Arnold Zweig initiierten unabhängigen Wochenschrift *Orient*, die er zusammen mit Wolfgang Yourgrau herausgab, dem Ossietzkys *Weltbühne* als Vorbild vorschwebte, war kein langes Erscheinen gegönnt. In den wenigen Nummern, die von 1942 bis 1943 erschienen, waren Beiträge von Ernst Fischer, Louis Fürnberg, Franz Goldstein, Else Lasker-Schüler, Paul Riesenfeld, Hermann Vallentin und Walter Zadek vertreten. Die betont antifaschistische, ja linke Ausrichtung dieser Beiträge löste eine Protestwelle in Israel aus. Yourgrau hat in einem Brief an Berendsohn darüber berichtet: »Man boykottierte uns, schrieb gegen uns und entfaltete sehr rasch eine wüste Hetze. Man nannte uns Kommunisten, Verräter am Zionismus, Caféhausliteraten, warf uns zersetzenden Einfluß vor [...].«[25] Diese so irritierend an die Agitation der Nationalsozialisten erinnernde Diffamierung, die 1943 in einem Bombenattentat auf das Haus des Orient Verlages ihren folgerichtigen Ausdruck fand, ging dabei paradoxerweise, wie Yourgrau berichtet, von den »weiten Kreisen der europäischen Neueinwanderer« aus, die selbst erst gerade dem Nationalsozialismus entronnen waren.

Der weitverbreitete Widerstand gegen deutschsprachige Publikationen führte auch zum Scheitern eines zweiten Versuches. Die *Jüdische Rundschau*, die, in Berlin gedruckt, auch in Palästina vertrieben wurde und dann von den Nazis verboten worden war, sollte 1939 in der *Jüdischen Weltrundschau*, die Robert Weltsch und Gustav Krojanker herausgaben, eine Nachfolge finden, gedieh aber kaum über einige Nummern hinaus.

Ähnliche Schwierigkeiten widerfuhren Bestrebungen, deutschsprachige Bücher in Israel zu verlegen. Zwar haben einige aus Deutschland geflohene jüdische Verleger Anstrengungen unternommen, Salman Schocken, Rubin Mass, Siegmund Kaznelson, Moritz Spitzer und Willi Verkauf, aber es blieb bei Privatdrucken, ja selbst bei hektographierten Vervielfältigungen, wie überhaupt nur wenige Arbeiten in Palästina lebender Exilautoren veröffentlicht wurden. Von Werner Kraft erschienen 1937 die Gedichte *Wort aus der Leere*, von Else Lasker-Schüler, wie erwähnt, 1943 der Band *Mein blaues Klavier*, von Heinz Politzer 1941 der Band *Gedichte*, von Louis Fürnberg 1943 die Kantate *Im Namen der ewigen Menschlichkeit*.

Türkei, China

Auf der Landkarte des literarischen Exils sind die Türkei und Shanghai nur Randstationen. Sie sind wichtig im Kontext der Vertreibung von Wissenschaftlern und Theaterkünstlern. Als 1933 die Vertreibung der jüdischen Wissenschaftler aus den deutschen Universitäten einsetzte, hatte Mustafa Kemal, der Präsident der damals gerade zehnjährigen türkischen Republik, eine Reform des türkischen Bildungswesens in Angriff genommen, eine Neuordnung der Universitäten beschlossen, eine Reform der aufbauenden Schulen. Wichtiges Indiz dieser Bildungsreform, die den Anschluß der Türkei an das moderne Europa bringen sollte, war nicht zuletzt die versuchte Einführung der lateinischen Schrift statt der arabischen. Die in der Schweiz unmittelbar nach der Vertreibung gegründete ›Notgemeinschaft Deutscher Wissenschaftler im Ausland‹, die vertriebene Wissenschaftler registrierte,[26] wurde im Auftrag der türkischen Regierung von dem Genfer Pädagogikprofessor A. Malche informiert, ob sie an der Universitätsreform in der Türkei mitarbeiten wolle: »30 bis 40 Lehrstühle können sofort besetzt werden [...]«[27] Darüber hinaus bestanden Pläne für »ein Programm der Erneuerung des Mittelschulunterrichts, in welchem 150 bis 200 ausländische Lehrer nötig sein werden; die Errichtung von Hochschulen für bildende Künste und Musik«.[28]

Diese Paradoxie der Geschichte, die die Zerstörung der deutschen Universität und den Aufbau der türkischen synchronisierte, wurde in der Tat für viele deutschsprachige jüdische Wissenschaftler aller Fachrichtungen zur Rettung, und eine große Zahl von ihnen, vor allem Naturwissenschaftler, Mediziner, Juristen, aber auch die Philosophen Hans Reichenbach und Fritz Heinemann und die bedeutenden Romanisten Leo Spitzer und Erich Auerbach[29] wählten die Türkei zum Exil und halfen an der kulturellen Reform des Landes mit.

Einen ähnlichen Sonderfall bildet China oder vielmehr Shanghai als Exilland, da sich die chinesische Regierung 1938 bereit erklärte, »eine Großzahl von in Deutschland rechtlos lebenden Juden ohne Visum aufzunehmen, sofern für die Einzelnen die Reisegelder aufgebracht werden konnten«[30]. Ungefähr 20 000 jüdische Flüchtlinge suchten daraufhin in Shanghai Zuflucht, darunter allein 200 Theaterkünstler, Dramatiker, Schauspieler, die in Deutschland vor allem in den »ghetto-artigen Kulturbund-Theatern«[31] tätig gewesen waren.

In der völligen Abgeschnittenheit von der europäischen Kulturentwicklung, während des Krieges zudem unter dem Druck der japanischen Verwaltung, entfaltete sich nun in Shanghai ein intensives Theaterleben in der Verbannung, eine theatralische Binnenkultur, deren organisatorische Plattform die ›European Jewish Artist Society‹ war. Man erhielt mit Aufführungen von Lessings *Nathan der Weise* und Hofmannsthals *Ödipus*, von Stücken Brechts, Bruckners, Bruno Franks, Hasenclevers und Molnars im Lyceum- und Broadway-Theater in Shanghai nicht nur die deutschsprachige Theatertradition lebendig, sondern führte auch zahlreiche erst in der Emigration geschriebene Stücke von Exulanten auf. Von Autoren wie Brün, Brandt/Bukofzer, Breuer, Krämer, Engel, Matis, Siegelberg, Harry Friedländer, Klein, Alt Sapiro und Morgenstern wurden Stücke wie *Shanghai und wir, Ohne Permit nach Schuschan, Urlaub vom Jenseits* und *Fremde Erde* inszeniert. Im Laufe von sieben Jahren fanden 37 Premieren von 20 Exildramatikern statt. Besonders erfolgreich war der Dramatiker Mark Siegelberg, dessen antifaschistisches Stück *Die Masken fallen*, das die Politik des NS-Regimes attackierte, auf Intervention der NS-Botschaft in Shanghai abgesetzt werden mußte.

Daneben existierte noch eine zweite Exiltheaterbewegung in Shanghai, die von Ostjuden getragen wurde und die jiddische Theatertradition pflegte. Dieser überwiegend jüdischen Exilparzelle waren zugleich nicht jene Probleme fremd, die für die Exilsituation in Palästina charakteristisch sind. So wurde in der in Shanghai von 1941 bis 1943 erscheinenden Exilwochenschrift *Die Tribüne* intensiv diskutiert, ob es überhaupt noch vertretbar sei, daß jüdische Flüchtlingsschauspieler weiterhin deutschsprachiges Theater spielten. Aber da es sich hier um Binnenprobleme handelte, die – anders als in Palästina – nicht von dem Exilland selbst intensiviert wurden, blieb dieses deutschsprachige Kulturleben in der chinesischen Diaspora erhalten und löste sich erst nach dem Krieg auf, als einige Exilierte nach Nordamerika und Australien, aber die meisten nach Europa gingen.

Südamerika

Neben Mexiko, das in Mittelamerika zum wichtigsten Exilland wurde, haben in Südamerika besonders Argentinien und Chile in der dritten Phase der Vertreibung als Exilländer eine Rolle gespielt. Die Schriftsteller Werner Bock und Paul Zech haben in Buenos Aires Zuflucht gefunden und sind auch im argentinischen Exil nicht als Autoren verstummt. Da Buenos Aires bereits von früheren Einwanderungswellen her eine große deutschsprachige Kolonie besaß, die nicht mit dem NS-Regime in Deutschland sympathisierte, wurden Tausende von Flüchtlingen aufgenommen und später auch naturalisiert. Es entfaltete sich, besonders auf dem Theatersektor, ein intensives kulturelles Leben[31a], das in erster Linie von Exilierten getragen wurde. Man hat nicht zu Unrecht gesagt: »Die analoge Emigrationstheatermetropole zu New York war auf dem südamerikanischen Kontinent Buenos Aires mit dem ›Teatro Colón‹ und der ›Freien Deutschen Bühne‹.«[32] Wichtige Persönlichkeiten des deutschen Musiktheaters wie Fritz Busch, Carl Ebert, Otto Erhardt und Josef Gielen haben am ›Teatro Colón‹ Opernaufführungen inszeniert. Unter der Leitung des Schauspielers und Regisseurs Paul Walter Jacob entfaltete sich am 1940 gegründeten Theater der ›Freien Deutschen Bühne‹ ein reges Theaterleben. Im Verlauf von sieben Jahren wurden 65 Inszenierungen herausgebracht mit insgesamt 550 Aufführungen, und in der Zeit von 1940 bis 1946 wurden Stücke von 21 Exildramatikern aufgeführt, darunter Stefan Zweigs *Das Lamm des Armen*, Rehfisch-Herzogs *Affaire Dreyfus*, Kaisers *Oktobertag* und Werfels *Jacobowsky und der Oberst*.[33] Auch Paul Zechs den Faschismus behandelndes Drama *Nur ein Judenweib* wurde 1936 auf deutsch in Buenos Aires uraufgeführt, obwohl die NS-Botschaft eine spanische Aufführung erfolgreich verhindern konnte. Ein weiteres Exildrama Zechs, *Heuschrecken*, hatte erst 1938 in Basel seine Premiere.

Als ein wichtiges Publikationsforum für die exilierten Schriftsteller erwies sich die von August Siemsen von 1937 bis 1949 herausgegebene Zeitschrift *Das Andere Deutschland*, die Aufklärung gegen den Faschismus betrieb und viele Exildramatiker und Kulturpolitiker zu Wort kommen ließ.[34]

Brasilien, wo Stefan Zweig, der 1941 nach Rio de Janeiro gegangen war, kurze Zeit lebte, wo sich auch der Schriftsteller Frank Arnau 1939 niedergelassen hatte und u. a. Autoren wie Benno A. Aust, Luise Breslau-Hoff, Carl Fried und Ricardo Sanders Zuflucht gefunden hatten, war als Asylland bei weitem nicht so profiliert, obwohl es nicht an Versuchen gefehlt hat, deutschsprachige Zeitschriften und Zeitungen zu gründen. Von 1932 bis 1941 erschien in São Paulo der *Deutsche Morgen*, in Porto Alegre kamen 1937 für kurze Zeit *Das deutsche Buch* und *Alarm. Mitteilungsblatt der Liga für Menschenrechte* heraus. Aber es fehlte nach dem Tod von Stefan Zweig im Februar 1942 die überragende Figur, die eine Integrationskraft für die relativ kleine Gruppe von Exilautoren besessen hätte.

Ähnlich war die Situation in Uruguay, wo Balder Olden und Fred Heller am Sender Montevideo arbeiteten und die Chance hatten, deutschsprachige Hörspiele und literarische Programme zu senden. Das war durch den Exulanten Hermann P. Gebhardt ermöglicht worden, der 1938 in Montevideo seine deutschsprachige Rundfunkstunde »La Voz de Dia« (Die Stimme des Tages), die einzige längere deutschsprachige Programmeinheit in ganz Südamerika, begründet hatte.[35] Der exilierte

Theatermann Albert Maurer gründete zudem in Montevideo ein kleines deutschsprachiges Kammertheater, ›Die Komödie‹, wo u. a. Brechts *Dreigroschenoper,* Werfels *Jacobowsky und der Oberst,* Kaisers *Soldat Tanaka* und Molnars *Liliom* aufgeführt wurden. Ähnliche Splittergruppen fanden sich in Bolivien, Venezuela, Paraguay und Ecuador.³⁶ Lediglich Chile nimmt eine Sonderstellung ein.
In Santiago de Chile erschien von 1933 bis 1944 die *Freie Deutsche Zeitung,* ein liberales Forum vor allem politischer Meinungsbildung unter den Exilierten. Aber wichtiger sind die *Deutschen Blätter,* die mit einer klaren politischen Linie und einer bewußt literarischen Zielsetzung das bedeutendste Exilorgan auf dem amerikanischen Kontinent waren und auch in den USA viel gelesen wurden. Die von 1943 bis 1946 erschienene Zeitschrift, mitbegründet von Paul Zech, herausgegeben von Udo Rukser und Albert Theile, bekannte sich im Untertitel »Für ein europäisches Deutschland, gegen ein deutsches Europa«. Sie wurde mit Beiträgen der Exulanten Werner Bock, Albert Ehrenstein, Hermann Broch, Oskar Maria Graf, Erich Kahler, Hermann Kesten, Thomas Mann, Gustav Regler, F. C. Weiskopf, Paul Zech, Carl Zuckmayer, Stefan Zweig u. a., aber auch von in Deutschland verbliebenen Autoren wie Ernst Wiechert und Stefan Andres, der, kein eigentlicher Emigrant, von 1937 bis 1949 im faschistischen Italien untertauchte, zur Verkörperung des literarischen Gewissens des besseren Deutschlands und verdient es, als eine der wichtigsten Zeitschriften in der letzten Phase des literarischen Exils der Vergessenheit entrissen zu werden.³⁷

Anmerkungen

1. Wieland Herzfelde: »Die deutsche Literatur im Exil« (Text der Antrittsvorlesung vom 2. 11. 1949 an der Universität Leipzig), zit. nach dem Ms., S. 4. Das Ms. wurde den Teilnehmern des Kopenhagener Symposiums zugänglich gemacht.
2. Vgl. dazu die Zahlenangaben der Herausgeber im »Vorwort zur zweiten Auflage«, S. 13.
3. Ich beziehe mich hier auf die Angaben in der Dokumentation von Trepte (s. Lit.), S. 4. Das Ms. wurde den Teilnehmern des Kopenhagener Symposiums zugänglich gemacht.
4. Wieland Herzfelde, a. a. O., S. 16 f.
5. ebd., S. 15.
6. Vgl. dazu den Aufgabenkatalog, den Helmut Müssener in seinem Stockholmer Vortrag »Die deutschsprachige Emigration nach 1933 – Aufgaben und Probleme ihrer Erforschung« (Language Monographs 10), Stockholm 1970, aufgestellt hat, besonders S. 4 ff.
6a. Für die literarische Emigration handelt es sich hier um die wichtigste Fluchtwelle. Vgl. dazu auch die Feststellung von H.-A. Walter, daß die in den Jahren nach 1933 einsetzende Fluchtbewegung »auch nicht entfernt mit der Massenflucht von Schriftstellern im Jahr 1933 verglichen werden kann« (Dt. Exill. I [s. Lit. d. Einl.], S. 247).
7. Trepte (s. Lit.), S. 11.
8. Vgl. dazu die Ausführungen von Trepte (s. Lit.), S. 11.
9. Allerdings hat die Erforschung Hollands als Exilland nicht einmal begonnen, wie der dem Kopenhagener Exilliteratur-Symposium 1972 vorgelegte Bericht von Ursula Langkau-Alex: »Kurzer Bericht über Quellenlage, Forschungsstand und Forschungsplanung über die deutsche Emigration in den Niederlanden« (nach dem Ms. zit.) sichtbar machte. Bezeichnend ist die Feststellung: »An der Universität Amsterdam wurde dieses Thema bisher nicht berührt, weder im Fachbereich Germanistik noch in den Fachbereichen Geschichte und Politik« (S. 11).
10. Hans-Albert Walter: »Klaus Mann und ›Die Sammlung‹ . . .« (s. Lit.), S. 58.
11. Zu den im einzelnen erschienenen Büchern vgl. den Titelkatalog bei Hildegard Brenner (s. Lit. d. Einl.), S. 371 f., desgleichen die Ausführungen und Hinweise bei Horst Halfmann: »Bibliogra-

phien und Verlage der deutschsprachigen Exil-Literatur 1933 bis 1945«, S. 189 ff., in: »Beiträge zur Geschichte des Buchwesens« IV, hrsg. von K.-H. Kalhöfer, Leipzig 1969, S. 189–294.

12. Vgl. die Aufzählung der einzelnen Beiträger in Werner Bertholds Ausstellungskatalog (s. Lit. d. Einl.), S. 194.

13. I/1 (Sept. 1933) S. 1 f.

14. »Gesammelte Werke« Bd. 3, Köln 1959, S. 1117.

15. »Die deutsche Literatur der Flüchtlinge . . .« (s. Lit. d. Einl.), S. 106.

16. Vgl. Curt D. Wormann: »German Jews in Israel . . .« (s. Lit.), S. 74.

17. Vgl. ebd., S. 76.

18. ebd., S. 83.

19. zitiert nach Wormann: »German Jews in Israel . . .« (s. Lit.), S. 83.

20. Berendsohn: »Die deutsche Literatur der Flüchtlinge . . .« (s. Lit. d. Einl.), S. 106.

21. Ich beziehe mich hier auf die Ausführungen von Berendsohn: »Die deutsche Literatur der Flüchtlinge . . .« (s. Lit. d. Einl.), S. 106 f.

22. Wormann: »German Jews in Israel . . .« (s. Lit.), S. 90.

23. so Wormann: »German Jews in Israel . . .« (s. Lit.), S. 91.

24. Vgl. hierzu die Ausführungen von Wormann: »German Jews in Israel . . .« (s. Lit.), S. 95.

25. zitiert nach Berthold (s. Lit. d. Einl.), S. 303.

26. Vgl. dazu den im Ms. vervielfältigten Bericht »Notgemeinschaft« von Philipp Schwartz (s. Lit.). Der Bericht wurde den Teilnehmern des Kopenhagener Symposiums zugänglich gemacht.

27. Schwartz (s. Lit.), S. 5.

28. ebd., S. 10.

29. Vgl. die faksimilierte Liste im Anhang von Schwartz' Bericht (s. Lit.), S. 52 ff.

30. Trepte (s. Lit.), S. 18. Zur Exilsituation in Shanghai liegen bisher so gut wie keine Zeugnisse vor. Der »Aufbau« veröffentlichte zwei Berichte darüber, »Ein Leben in Rattenlöchern« von einer anonymen Autorin Z. Z. und »Gerettet aus Shanghai« von Peter Fabrizius. Beide Berichte sind abgedruckt in der kürzlich erschienenen, von Will Schaber herausgegebenen Dokumentation »Aufbau. Reconstruction. Dokumente einer Kultur im Exil« (Köln 1972), vgl. S. 157–160 u. S. 160–165.

31. ebd., S. 18.

31a. Über die in südamerikanischen Verlagen erschienene Exilliteratur informiert Susi Eisenberg-Bach in ihrem Aufsatz »Deutsche Exil-Literatur in Südamerika«, in: »Börsenblatt für den Deutschen Buchhandel« Nr. 103 (29. 12. 72), Beilage: »Aus dem Antiquariat«, S. A437–A439.

32. Trepte (s. Lit.), S. 25.

33. Ich beziehe mich hier auf die Informationen von Trepte, ebd., S. 25 f.

34. Zur Wirkung von »Das Andere Deutschland«, das auch anderenorts in Südamerika Mittelpunkt freiheitlicher deutschsprachiger Gruppen wurde, vgl. Berendsohn: »Die humanistische Front« II (s. Lit. d. Einl.), S. 251 ff. Zu weiteren in Argentinien erscheinenden deutschsprachigen Zeitschriften vgl. die Aufzählung bei Berendsohn: »Die deutsche Literatur der Flüchtlinge . . .« (s. Lit. d. Einl.), S. 86.

35. Vgl. Berendsohn: »Die deutsche Literatur der Flüchtlinge . . .« (s. Lit. d. Einl.), S. 152.

36. Zu Ansätzen eines Theaterlebens in der Emigration in Quito, der Hauptstadt von Ecuador, vgl. den Bericht von Leopold Lindemann in: »Stockholmer Koordinationsstelle zur Erforschung der deutschsprachigen Exil-Literatur. Bericht« III, Stockholm 1971, S. 77 f.

37. Diese Tradition ist freilich in der Zwischenzeit in Chile selbst erloschen. Darauf deutet der Brief des 1971 verstorbenen Herausgebers Udo Rukser an Berendsohn hin: »Hier in Chile jemanden zu finden, der sich um Sammlung und Bewertung von Material bekümmert, ist aussichtslos.« (Zit. nach Berendsohn: »Die deutsche Literatur der Flüchtlinge . . .« [s. Lit. d. Einl.], S. 88.) Zur Charakteristik der »Deutschen Blätter« vgl. auch Berendsohn: »Die Humanistische Front« II (s. Lit. d. Einl.), S. 271–276.

Literaturhinweise

Eva Beling: Die gesellschaftliche Eingliederung der deutschen Einwanderer in Israel. Eine soziologische Untersuchung der Einwanderung zwischen 1933 und 1945. Frankfurt a. M. 1967.

Philipp Schwartz: Notgemeinschaft [als Ms. vervielf., 55 S.]. Kopenhagen 1972.

Curt Trepte: Deutsches Theater im Exil der Welt [als Ms. vervielf., 30 S.]. Kopenhagen 1972.

Hans-Albert Walter: Der Streit um die »Sammlung«: Porträt einer Literaturzeitschrift im Exil. In: Frankfurter Hefte XXI/12 (1966) S. 850–860.

– Klaus Mann und die »Sammlung«: Porträt einer Literaturzeitschrift im Exil. In: Frankfurter Hefte XXII/1 (1967) S. 49–58.

Curt D. Wormann: Kulturelle Probleme und Aufgaben der Juden aus Deutschland in Israel seit 1933. In: In Zwei Welten. Siegfried Moses zum fünfundsiebzigsten Geburtstag. Hrsg. von Hans Tramer. Tel Aviv 1962. S. 280–329.

– German Jews in Israel: Their Cultural Situation since 1933. In: Leo Baeck Institute Yearbook XV (1970) S. 73–103.

PAUL MICHAEL LÜTZELER

Die Exilsituation in Österreich

Ähnlich wie in den beiden Nachbarstaaten Deutschland und Italien verlief die politische Entwicklung vor 1933 in Österreich. Auch hier gaben die Rechtskreise den Ton an, auch hier erscholl der Ruf nach dem Führer, nach dem »starken Mann«.[1] Wie Hitler im März 1933, so schaltete auch Dollfuß zur gleichen Zeit mit dubiosen Mitteln das Parlament aus. Indem er das faschistische ›Korneuburger Programm‹ von 1930 zum Staatsprogramm erklärte, hob er die demokratische Verfassung in Österreich auf. Der Kernsatz des Programms lautete: »Wir verwerfen den westlichen demokratischen Parlamentarismus und den Parteienstaat! [...] Jeder Kamerad [...] kenne die drei Gewalten: den Gottesglauben, seinen eigenen harten Willen, das Wort seiner Führer.«[2]

Für die demokratisch engagierten, links-liberalen und sozialistischen Schriftsteller unter den rassisch und politisch Verfolgten aus Hitler-Deutschland war das Österreich der Jahre von 1933 bis 1938 also kein attraktives Gastland. Sie mieden weitgehend den Alpenstaat, um nicht vom Regen der tödlichen Nazigefahren in die Traufe der austro-faschistischen Drangsalierungen zu geraten. Die unpolitischen jüdischen Intellektuellen hatten zwar nicht wie im deutschen Reich mit Verfolgung und Konzentrationslager zu rechnen, doch gerieten sie – besonders nach dem deutsch-österreichischen Juli-Abkommen von 1936 – in immer stärkere Isolation, wie Stefan Zweig und Hermann Broch schildern[3]. Man wich vor allem aus in die angrenzenden Demokratien, in die Tschechoslowakei, nach Frankreich, in die Schweiz, nach England und schließlich nach Übersee in die USA. Während sich in all diesen Staaten sehr rasch Hilfskomitees für Flüchtlinge etablierten, sich Exilzentren bildeten und Emigrantenzeitschriften gegründet wurden, gab es all das in Österreich nicht. In Zürich erschien *Maß und Wert*, in Paris *Das Neue Tage-Buch*, in Amsterdam *Die Sammlung*, in Moskau *Das Wort*, in Prag die *Neuen Deutschen Blätter*, in New York der *Aufbau*, und nur Wien, das sich äußerlich prononciert antinationalsozialistisch gab (am 19. Juni 1933 wurde die NS-Partei verboten), duldete kein antifaschistisches Emigrantenblatt: Die für kurze Zeit anfänglich in Wien erscheinende links-sozialistische Exilzeitschrift *Die Neue Weltbühne* mußte auf Grund der Pressionen des Dollfuß-Regimes ihre Redaktion in das emigrantenfreundliche Prag verlegen. Die Kollegen der geflüchteten deutschen Schriftsteller im Österreichischen PEN-Club gaben sich nicht gerade nazifeindlich. Als im Mai 1933 auf dem internationalen PEN-Kongreß in Dubrovnik gegen die Bücherverbrennungen in Nazi-Deutschland protestiert wurde, gab es gegen diese Demonstration eine Protestaktion im Österreichischen PEN-Club. Eine Reihe von Mitgliedern, die es sich mit den Nationalsozialisten nicht vorschnell verderben wollten, unter ihnen Paul Zsolnay, dem es um die Bewahrung seines Verlages ging, und Felix Salten, der bis dahin Präsident des Österreichischen PEN gewesen war, trat aus dem Club aus. Robert Neumann berichtet darüber:

»Die Nicht-Vorsichtigen, über den Opportunismus der anderen Erbitterten, berie-

ten [...], wie man den Österreichischen P.E.N. noch am Leben erhalten könne. [...]
Wir beschlossen, trotz all der Gegenaktionen weiterzumachen, aber die Austritte
Eingeschüchterter mehrten sich. [...] Darüber wurde es Februar 1934, Bürgerkrieg,
›Sieg‹ der Austrofaschisten, und nun waren es wir ›linken‹ Protestierer, die im P.E.N.
nichts mehr zu bestellen hatten, er war fest in der Hand der neuen Herren. Guido
Zernatto wurde Präsident – wer ihn gewählt hat, weiß ich nicht. [...]«[4]
Was aber bewog trotz dieser politisch und kulturell wenig verlockenden Situation
in Österreich doch viele Autoren, die keineswegs als Reaktionäre eingestuft werden
können, von Hitler-Deutschland nach Österreich auszuweichen? In erster Linie handelte es sich bei diesen Emigranten um Schriftsteller österreichischer Herkunft, die
– vor allem in Wien – einen Bekanntenkreis hatten, der ihnen aus der gegebenen
Notsituation zu helfen vermochte. Eine große Zahl aus dem österreichischen Kulturkreis stammender Intellektueller, die im Berlin und München der zwanziger und der
ersten dreißiger Jahre einen größeren und angemesseneren Aktionsraum gefunden
hatten, kehrte gleich nach der ›Machtergreifung‹ nach Wien zurück. Darunter waren
Franz Blei, Ferdinand Bruckner, Albert Ehrenstein, Julius Hay, Ödön von Horváth,
Fritz Kortner, Peter de Mendelssohn, Hans Müller-Einigen, Robert Musil, Her-
mynia zur Mühlen, Hertha Pauli, Alfred Polgar, Max Reinhardt, Alexander Roda-
Roda, Paul Roubiczek, Siegfried Trebitsch, Billy Wilder, Victor Wittner und Otto
Zoff. Hinzu kam eine Reihe deutscher Schriftsteller, die in Österreich Bekannte,
Freunde oder Förderer hatten, wie Ulrich Becher, Mischa Boljansky, Bruno Frank,
Paul Frischauer, Robert Gilbert, Oskar Maria Graf, Stephan Hermlin, Wieland
Herzfelde, Hans Leifhelm, Mechtilde Lichnowsky, Walter Mehring, Hans José
Rehfisch, Walter Reisch, Curt Riess, Jesse Thoor, Friedrich Wolf, Hedda Zinner und
Carl Zuckmayer[5].
Für niemanden dieser Rückkehrer oder Emigranten bedeutete Österreich die End-
station der Flucht vor dem Faschismus. Die Konfrontation mit den neuen politischen
Wirklichkeiten in der Heimat einerseits und die jährlich zunehmende Gefahr des
›Anschlusses‹ Österreichs an Hitler-Deutschland andererseits bewog die meisten von
ihnen, das Land nur als Durchgangsstation ihres Exils zu betrachten: Franz Blei
setzte sich noch 1933 nach Mallorca ab, Ferdinand Bruckner 1936 in die Schweiz,
Oskar Maria Graf zog die Tschechoslowakei vor, Julius Hay floh als Sozialist 1934
in die Sowjetunion, auch Ödön von Horváth reiste 1934 ab, da den Austrofaschi-
sten seine Dramen ebensowenig genehm waren wie den Nationalsozialisten, Hans
Leifhelm fand Italien erträglicher als den Donaustaat und kehrte ihm 1937 den
Rücken, im gleichen Jahr emigrierte Walter Mehring in die Schweiz und nach Frankreich, Max Reinhardt wählte schon 1933 New York zu seinem zweiten Wohnsitz,
Siegfried Trebitsch ging 1937 in die Schweiz, Peter de Mendelssohn 1936 nach England, und alle übrigen flohen im Frühjahr 1938 nach der erfolgten Annektion durch
Hitler.
Das Dollfuß-Österreich war nicht nur ein Land, das sich den Problemen der Emi-
granten gegenüber reserviert verhielt, sondern selbst Ursache einer Emigrations-
welle. Mussolini, 1933/34 von Dollfuß noch als Garant der österreichischen Unabhängigkeit angesehen, übte auf Grund dieser außenpolitischen Stellung innenpolitischen
Druck auf das austrofaschistische Regime aus. Während seiner Zusammenkunft mit
Mussolini in Riccione am 18. und 19. August 1933 mußte Dollfuß weitgehende

Verpflichtungen zur autoritär-berufsständischen Neuordnung der österreichischen Verfassung eingehen und die Zusicherung geben, einen harten Kurs gegenüber der Sozialdemokratie zu steuern.[6] Da dies auch dem offen verkündeten Programm der faschistischen Heimwehrführer Starhemberg und Fey entsprach, kam es im Februar 1934 zu der blutigen Auseinandersetzung zwischen Regierung und Sozialdemokratie. Der sozialistische ›Republikanische Schutzbund‹ war bereits im März 1933 zwangsmäßig aufgelöst worden, und so war der Kampf der Sozialdemokraten von vornherein aussichtslos. Etwa dreihundert Menschen kamen ums Leben, neun Schutzbundangehörige wurden ermordet, führende Vertreter der Sozialdemokratie, darunter Otto Bauer, Julius Deutsch[7] und Ernst Fischer[8], flohen ins Ausland. Wieder ist es die Tschechoslowakei unter ihrem Präsidenten Masaryk, die – wie im Vorjahr den deutschen Emigranten – jetzt den österreichischen Flüchtlingen Gastrecht gewährt. Ernst Fischer und Ruth von Mayenburg[9], die sich vorübergehend bei Elias Canetti in Wien verstecken konnten, gelingt die Flucht nach Prag. Von dort aus emigrieren sie nach Moskau. Otto Bauer und einige seiner Parteifreunde gehen ins Exil nach Frankreich. Im Zusammenhang mit den Februarereignissen von 1934 ist auch die Emigration von Klara Blum und Julius Hay nach Rußland, Friedrich Bruegel und Hedda Zinner in die Tschechoslowakei sowie von Stefan Zweig, Robert Neumann und Julius Braunthal nach England zu sehen.

Die bürgerlichen und unpolitischen Schriftsteller reagieren auf die Februarereignisse sehr unterschiedlich. Die Werfels suchen ihr Heil im Arrangement mit dem klerikal-faschistischen System. Politisch weiter blickende Intellektuelle wie Stefan Zweig beschließen zu emigrieren. Verantwortungsbewußte Autoren wie Elias Canetti und Hermann Broch halten Distanz zum System, entscheiden sich gegen die weitere Romanproduktion und versuchen, die Basis für politische Aufklärung zu erarbeiten, indem sie sich dem Studium des Faschismus und seinem Phänomen des Massenwahns widmen. Über den Flirt des Hauses Werfel mit dem Regime berichtet Klaus Mann:

»Die Hausfrau [...] bewegte sich triumphierend vom päpstlichen Nuntius zu Richard Strauß oder Arnold Schönberg, vom Minister zum Heldentenor. [...] In einer Ecke des Boudoirs wurde im Flüsterton über die Besetzung eines hohen Regierungspostens verhandelt, während man in einer anderen Gruppe über die Besetzung einer neuen Komödie am Burgtheater schlüssig ward.«[10]

Für Stefan Zweig dagegen stand bereits 1934 fest: »Als ich Anfang 1934 wieder nach Österreich fuhr, war ich entschlossen, nach dem mir liebgewordenen London zurückzukehren.«[11] Ein Arrangement mit dem politischen System kam für ihn nicht in Frage. Die Zerschlagung der österreichischen Sozialdemokratie nennt er den »Selbstmord der österreichischen Unabhängigkeit«.[12] Über die Februarereignisse urteilt er zusammenfassend: »Es war das letztemal vor Spanien, daß sich in Europa die Demokratie gegen den Faschismus wehrte.«[13] Während Zweig nach dem Ersten Weltkrieg, nach dem Untergang der Doppelmonarchie, noch erklärt hatte: »Emigration kommt für mich nicht in Frage, ich werde mit dem Torso weiterleben«[14], ist er nach der Zerschlagung der Demokratie »entschlossen, nun immer im Ausland zu leben«[15]. Auch Hermann Broch trägt sich mit dem Gedanken, ins Exil zu gehen,[16] doch glaubt er noch, mit Aufrufen an die europäische Intelligenz, mit Unterschriftenaktionen und politischen Pamphleten gegen einzelne Aktionen der faschistischen

Staaten wie Verfolgung und Emigrationszwang ankämpfen zu können[17]. Rückblikkend schreibt er über seine erneute politische Aktivität in diesen Jahren:
»Wer [...] noch etwas gegen Barbarei, Blutwahnsinn und Krieg tun wollte, durfte keine Umwege mehr gehen, sondern hatte sich zu bemühen, sich unmittelbar in den Dienst jener Kräfte zu stellen, welche noch in der Lage waren, sich dem kommenden Unheil zu widersetzen. Wer dies in jenen Tagen nicht tat, der setzte die Sünde der geistigen Arbeiter und Intellektuellen fort, die Sünde des ivory tower und seiner Verantwortungslosigkeit.«[18]
Aus verständlichen Gründen wurde in den Jahren 1934–1938 der Emigrantenzustrom nach Österreich immer kleiner. Dazu trug auch die durch von Papen[19] eingefädelte deutsch-österreichische Annäherung bei, die im Vertrag vom 11. Juli 1936 ihren Ausdruck fand. Dafür, daß Deutschland die ›Tausend-Mark-Sperre‹ aufhob, mußte sich die Regierung Schuschnigg verpflichten, die NSDAP in Österreich wieder zuzulassen und die Propaganda gegen den Nationalsozialismus zu unterbinden. Trotz dieser prekärer werdenden Situation siedelte ein Teil des S. Fischer Verlages unter Gottfried Bermann-Fischer noch 1936 von Berlin nach Wien um. Einer der bedeutenden Exilverlage hatte somit für zwei Jahre sein Domizil in der österreichischen Metropole. Über diese für die literarische Emigration bedeutende Zeit des Verlags heißt es in Bermann-Fischers Autobiographie:
»Von Freunden umgeben, inmitten einer alten deutschen Kultur, fühlten wir uns wieder frei und genossen den ungewohnten Frieden. Daß es ein gefährdeter, trügerischer Friede war, entschwand niemals unserem Bewußtsein. Aber wir waren berauscht von unserer neugewonnenen Freiheit und vom Tatendrang eines neuen Lebensbeginns. Der ahnungslose Optimismus unserer österreichischen Freunde war freilich beunruhigend. Man glaubte [...], daß England und vor allem Mussolini das Land vor den bedrohlichen Anschlußwünschen Hitlers und seiner österreichischen Gefolgschaft schützen würden [...].«[20]
Durch die Gründung des Bermann-Fischer-Verlags in Wien wurde es möglich, eine Reihe von Autoren weiterhin zu publizieren, deren Bücher in Deutschland verboten und verbrannt wurden. Im Juli 1936 zeigte der Verlag an, daß er die Rechte folgender Autoren vom S. Fischer Verlag in Berlin übernommen habe: Peter Altenberg, Richard Beer-Hofmann, Alice Berend, Alfred Döblin, Martin Gumpert, Moritz Heimann, Friedrich Heydenau, Hugo von Hofmannsthal, Arthur Holitscher, Marta Karlweis, Alfred Kerr, Harry Graf Kessler, Annette Kolb, Mechtilde Lichnowsky, Thomas Mann, André Malrois, Carl Rössler, Arthur Schnitzler, Bernard Shaw, Siegfried Trebitsch, Jakob Wassermann und Carl Zuckmayer. Einige dieser Autoren waren bereits Emigranten oder wurden es 1938. Die Gründung dieses Exilverlages in Wien ist auch deshalb erwähnenswert, weil sie für Thomas Mann der Anlaß dazu war, für die Exilautoren demonstrativ einzutreten, ja sich zu ihrem prominentesten Sprecher zu machen: *Das Neue Tage-Buch* hatte sich über die Emigration des S. Fischer Verlags unter Gottfried Bermann-Fischer herablassend geäußert. Thomas Mann, Hermann Hesse und Annette Kolb protestierten gegen diese Stellungnahme in der *Neuen Zürcher Zeitung* vom 18. Januar 1936. Der Disput zwischen dem *Neuen Tage-Buch* und Thomas Mann entwickelte sich weiter. Eduard Korrodi griff in ihn mit einem Artikel in der *Neuen Zürcher Zeitung* ein. In Thomas Manns Antwort an Korrodi sprach er sich eindeutig gegen das Dritte Reich und für die Emigranten aus.

»Diese Stellungnahme brachte Thomas Mann von vielen Emigranten zustimmende Briefe ein, er war nun wirklich zu einer Art ›Führer‹ im Exil geworden.«[21] So hatte der Konflikt um die Gründung des Bermann-Fischer-Verlags in Wien weit über den Anlaß hinausgeführt und zu einer stärkeren Integration der Schriftsteller im Exil beigetragen.

Stefan Zweig hatte bereits 1937 beobachtet, daß eine Anzahl von Mitgliedern der austrofaschistischen ›Vaterländischen Front‹ »das vorgeschriebene Einheitsabzeichen nur außen auf dem Rockkragen trug[en], um ihre Stellung nicht zu gefährden, gleichzeitig aber in München längst zur Vorsicht bei den Nationalsozialisten eingeschrieben war[en]«.[22] Mit einer solchen ›Opposition‹ gegen die Nationalsozialisten war der Einmarsch Hitlers am 13. März 1938 freilich nicht aufzuhalten. In einer von Schuschnigg hektisch anberaumten Volksabstimmung – keine Wahllisten, keine Alternative, keine Propaganda- und Aussprachemöglichkeit – sollten sich die ›Wähler‹ (Wahlen hatte es seit 1933 in Österreich nicht mehr gegeben) ›entscheiden‹, ob sie weiter ›frei‹ bleiben wollten. Binnen weniger Tage zerbrach jetzt das Gefüge des den Österreichern aufgepfropften klerikal-faschistischen Ständestaates. Es rächte sich, daß Schuschnigg zu kurzsichtig war, sich des Rückhalts der von Dollfuß in Emigration und Illegalität gedrängten Sozialdemokratie zu versichern. Kaum ist die »Straße frei den braunen Bataillonen«, ist die an sich vorhandene, aber nicht formierte Opposition auch schon überrannt. Die Nationalsozialisten sowie die Jubler mit der Doppelmitgliedschaft geben den Ton an und bereiten Hitler einen triumphalen Empfang. Über das Schreckensregime der Nazis in den ersten Tagen ihrer Herrschaft in Österreich ist ein Augenzeugenbericht, auf der Flucht notiert, von Franz Theodor Csokor erhalten:

»In höchster Eile zwischen zwei Zügen! Ich habe freiwillig Wien verlassen und bin auf der Fahrt nach Polen. [...] Wien wurde von Tag zu Tag grauenhafter. Menschen, von einer johlenden Plebs umringt, müssen unter Prügeln und Püffen das Pflaster schrubben, mit einer Zahnbürste Klosetts reinigen oder mit den eigenen Nägeln die Schuschniggplakate von den Wänden kratzen. [...]«[23]

»Alles«, schreibt Stefan Zweig, »was krankhaft schmutzige Haßphantasie in vielen Nächten sich orgiastisch ersonnen, tobte sich am hellen Tage aus.«[24] Und auf Grund dieser Erfahrungen bekräftigte Csokor eine Woche später in Zeilen an Ödön von Horváth: »Liebster Ödön, zu Deinem Entschluß für ein freiwilliges Exil sage ich nun, wo ich glücklich draußen bin, ›ja‹ und tausendfach ›ja‹!«[25] Die Ausschreitungen wurden von der Hitler-Regierung nachträglich ›legalisiert‹: Eine Woche nach der Besetzung erließ sie eine Verordnung, die besagte, daß »der Reichsführer SS und Chef der deutschen Polizei im Reichsministerium des Innern die zur Aufrechterhaltung der Sicherheit und Ordnung notwendigen Maßnahmen auch außerhalb der sonst hierfür bestimmten gesetzlichen Grenzen treffen kann«.[26] Zu der Verfolgung und Demütigung der jüdischen Bevölkerung kam seit dem 13. März 1938 durch eine Verhaftungswelle größten Ausmaßes die Zerschlagung des gesamten Sicherheits- und Verwaltungsapparates hinzu. Nach übereinstimmenden Schätzungen erfaßte schon die erste Verhaftungswelle in den Märztagen mehr als 70 000 Personen.[27] Etwa 60 000 österreichische Juden verloren nach der Deportation durch Vernichtungsmaßnahmen – besonders in den Lagern von Auschwitz, Lublin, Minsk, Riga und Treblinka – das Leben.[28] Einige Schriftsteller begingen, um den bevorstehenden

Drangsalen zu entgehen, nach dem erfolgten Anschluß Selbstmord. Zu ihnen zählen Hans Friedrich Enk, Alfred Grünwald und Egon Friedell. Unter den in Konzentrationslager Verschleppten befanden sich die Autoren Raoul Auernheimer, Fritz Beda-Löhner, Friedrich Bergammer, Arnold Golz, Bruno Heilig, Alfred Klahr, Emil Alphons Rheinhardt, Jura Soyfer. Auernheimer, Bergammer, Elbogen, Engel und Klahr gelang es, aus den KZs entlassen zu werden und in die USA oder nach England zu emigrieren.

Die österreichischen Emigranten versuchten, in die bestehenden europäischen Exilzentren nach Prag, Zürich, Paris, Sanary-sur-Mer, Moskau und London zu gelangen. Doch hatte sich vielerorts 1938 die Situation für ausländische Flüchtlinge gegenüber 1933 verschlechtert. War Frankreich 1933 noch das Hauptasylland der deutschen Literatur gewesen, weil die von der französischen Regierung geübte Freizügigkeit die deutschen Emigranten anzog, so war 1938, als die Gefahr des Krieges sich immer deutlicher abzeichnete, die Behandlung der Flüchtlinge wesentlich verschärft worden.[29] Ähnlich glaubten sich die Schweizer Behörden nach der Besetzung Österreichs zu außerordentlich harten Maßnahmen zur Verhinderung einer Einwanderungswelle gezwungen zu sehen. Die keineswegs gastfreundliche Fremdenpolitik der Schweiz zielte zudem darauf ab, die Beteiligung der Emigranten am geistigen Leben des Landes zu unterbinden, was die emigrierten Schriftsteller besonders hart traf. Zwar kann Bermann-Fischer feststellen:

»Zürich war damals das Hauptquartier, die erste Zuflucht der österreichischen Intellektuellen. [...] Zuckmayer hatte sich auf abenteuerliche, fast köpenickiadische Weise gerettet [...] Franz Werfel und Alma, Heinrich Schnitzler, Albert Bassermann, Max Reinhardts Dramaturg Franz Horch, Alfred Polgar – von der Flutwelle hier an Land gespült, versuchen sie alle, ins Leben zurückzufinden und Entschlüsse für die Zukunft zu fassen. [...]«[30]

Aber die Zukunft wurde ihnen häufig in der Schweiz verwehrt, und ins Leben zurückfinden mußten die meisten in anderen Ländern. Moskau bot nur Mitgliedern einer kommunistischen Partei oder Sympathisanten des Systems Gastrecht. Über die völlig veränderte Exilsituation in Prag berichtet Kurt R. Grossmann:

»Einer besonderen Belastungsprobe auf dem Gebiet des Flüchtlingswesens war die Tschechoslowakische Republik nach der Besetzung Österreichs ausgesetzt. [...] Bis zum 11. März 1938, 19 Uhr, war die Grenze normal geöffnet, um dann hermetisch geschlossen zu werden. [...] Die im August 1938 beim Innenministerium in Prag vorliegenden Einreisegesuche bezifferten sich allein auf über hunderttausend, von denen nur solche genehmigt wurden, in denen tschechoslowakische Staatsangehörige um die Einreise für ihre Eltern bzw. Kinder nachgesucht hatten.«[31]

Im *Prager Tagblatt* vom 18. September 1938 umreißt Alfred Polgar die Situation der Flüchtlinge aus Österreich, die in die Nachbarstaaten Schweiz und Tschechoslowakei ausweichen wollten, auf zutreffend sarkastische Weise: »Ein Mensch wird hinterrücks gepackt und in den Strom geworfen. Er droht zu ertrinken. Die Leute auf beiden Seiten des Stroms sehen mit wachsender Beunruhigung den verzweifelten Schwimmversuchen des ins Wasser Geworfenen zu, denkend: wenn er sich nur nicht an *unser* Ufer rettet.« Ganz anders boten sich die Verhältnisse in London dar. Die Situation dort schildert Robert Neumann, damals Vorsitzender des österreichischen Exil-PEN:

»März 1938 also – die Situation war nun klar überblickbar. Rudolf Olden machte in Oxford den Deutschen Exil-P.E.N. auf, ich in London den österreichischen – Ehrenpräsident Franz Werfel, ich Präsident, Ehrenmitglied Sigmund Freud, Sekretär Franz Kobler, später Walther Hollitscher. Die Initiative kam von den Engländern – die großartige Storm Jameson und der Generalsekretär Hermon Ould versuchten aufopferungsvoll und heroisch, den damals aus Zentraleuropa Flüchtenden Visa, Quartier, Essen, Geld zu verschaffen. [...] Den englischen Freunden gegenüber garantierten Olden und ich. Das war die Hauptaufgabe des deutschen und österreichischen P.E.N. im Londoner Exil.«[32]

In seinem »Offenen Brief an Heinrich Böll«, erschienen in der Zeit vom 8. November 1971, geht Neumann mehr auf die Praxis dieser Hilfeleistung für die Flüchtlinge ein:

»Unser Problem war, daß neben den ›wirklichen‹ Schriftstellern eine erstaunlich große Zahl Bedrängter das britische Home Office um Einreiseerlaubnis anflehten, ausgerechnet mit der Behauptung eines jeden, er sei der vordringlich gefährdete, vordringlich zu rettende berühmteste verfolgte Autor von ganz [...] Linz, Klagenfurth. Das Home Office verlangte [...] meine Bürgschaft für diese Behauptungen, und war einer uns auch vollkommen unbekannt, aber politisch oder rassisch wirklich verfolgt, so bürgten wir natürlich für ihn: ja, er war der Berühmteste. [...]«

Nicht zuletzt dank Robert Neumanns Aktivität wurde England 1938 für die flüchtenden österreichischen Schriftsteller das begehrteste Exilland in Europa. Bleibende oder vorübergehende Aufnahme fanden dort Friedrich Bloch, Fritz Brainin, Felix Braun, Käthe Braun-Prager, Hermann Broch, Elias Canetti, Hans Eichner, Sigmund Freud, Erich Fried, Hans Flesch-Brunningen, Peter Herz, Joseph Kalmer, Oskar Kokoschka, Theodor Kramer, Fritz Lampl, Joe Lederer, Friedrich Porges, Carl Rössler, Isaac Schreyer, Leo Sonnwald, Hilde Spiel, die bereits 1936 dorthin emigriert war, Johannes Urzidil, Martina Wied und Guido Zernatto. Nicht wenige von ihnen setzten sich nach dem Münchener Abkommen bzw. nach Kriegsausbruch in die USA ab. Wenn auch, wie Carl Zuckmayer zu berichten weiß[33], kaum einer von ihnen vor 1938/39 daran dachte, nach Amerika auszuwandern, so fand man in den Vereinigten Staaten jetzt das relativ gastfreundlichste Aufnahmeland. Das u. a. von Thomas Mann und Hermann Kesten unterstützte Emergency Rescue Committee stellte Bürgschaften und finanzielle Mittel zur Verfügung, und die Regierung vergab einigermaßen großzügig Aufenthaltsgenehmigungen. Von England bzw. Schottland siedelten Hermann Broch, Friedrich Bloch, Friedrich Porges, Isaac Schreyer, Johannes Urzidil und Guido Zernatto in die USA über. Direkt oder mit dem Umweg über die Tschechoslowakei, die Schweiz oder Frankreich emigrierten dorthin Helene Adolf, Vicki Baum, Oskar Baum, Gustave Beer, Richard Beer-Hofmann, Richard Berczeller, Friedrich Bergammer, Franz Blei, Emil Deutsch, Alfred Farau, Karl Farkas, Egon Frey, Elisabeth Freundlich, Franz Golffing, Mimi Grossberg, Franz Horch, Heinrich Eduard Jacob, Oskar Jellinek, Leo Katz, Gina Kaus, Lili Körber, Franz Kobler, Georg Kreisler, Anton Kuh, Leo Lania, Peter M. Lindt, Ernst Lothar[34], Josef Luitpold, Soma Morgenstern, Hertha Pauli[35], Robert Pick, Alfred Polgar, Frederic Popper, Hans Leo Reich, Alexander Roda-Roda, Max Roden, Hans Sahl, Helene Scheu-Rieß, Adrienne Thomas, Friedrich Torberg, Ludwig Ullmann, Ernst Waldinger, Franz Werfel, Alfred Werner, Hans Winge.[36] In der Schweiz dagegen glückte es nur wenigen, eine permanente Aufenthaltsgenehmigung zu erhalten. Zu ihnen zählen die Autoren Leopold von Andrian-Werburg, Anneliese Fritz, Carl Maria Hauser, Fritz Hochwälder, Rudolf Kassner, Robert Musil, Willi Reich, Felix Salten und Hans Weigel. Zu den wenigen österreichischen Autoren, denen es gelang, die deutsche Besatzung in Frankreich zu überstehen, gehören Hans Berstel, Albert Drach, Karl Hartl, Leo Schmidl, Otto Soyka und Frank Zwillinger. Ernst Weiß beging 1940 in Frankreich Selbstmord, Adolf Unger wurde von der Gestapo ermordet und Leo Lederer dort gefangengenommen. Schließlich seien noch die österreichischen Schriftsteller genannt, die in diejenigen Länder flüchteten, in denen es keine Exilzentren gab und die – zumindest vorübergehend – isoliert waren von den Kräften, die in London, Moskau, New York oder Los Angeles den aktiven geistigen Kampf gegen den Faschismus aufnehmen konnten: Nach Palästina flohen Martha Hofmann, Leo Perutz und Heinz Politzer; nach Südamerika verschlug es Egon Eis, Fred Heller, Hilmar Alfred Hellwig, Paula Ludwig, Egon Erwin Kisch und Diego Viga; Italien war die Endstation einer abenteuerlichen Odyssee von Franz Theodor Csokor und Hermann Hakel; nach Jugoslawien setzten sich u. a. Alexander Sacher-Masoch und Friederike Manner ab; Schweden[37] wurde zur neuen Heimat von Paul Baudisch, Ernst Benedikt, Gottfried Bermann-Fischer und Robert Braun[38]; China war die Endstation der Flucht von Fritz Jensen und Susanne Wantoch; in Ungarn tauchte Theodor Hellmuth Hoch unter; Uriel Birnbaum und Jakov Lind[39] lebten als ›U-Boote‹ in den Niederlanden. – Mit dem Jahr 1938 hatte für die österreichischen Autoren im Exil ein neues, für manche freieres, für viele bedrängendes Lebenskapitel begonnen.

Anmerkungen

1. Vgl. Wandruszka (s. Lit.), S. 337.
2. zitiert nach einem Originalplakat in der Österreichischen Nationalbibliothek, Wien.
3. Stefan Zweig: »Die Welt von Gestern. Erinnerungen eines Europäers«. Frankfurt a. M. 1970. S. 272 f.; ferner Hermann Broch: »Erklärung über Frank Thieß«. In: »Hamburger Akademische Rundschau« III/3 (1948) S. 267 f.
4. Robert Neumann: »Das mußte aufgeschrieben werden«. In: »Blätter des Österreichischen P.E.N.-Clubs I (1970) S. 18.
5. Carl Zuckmayer: »1934–1939. Austreibung«. In: »Als wär's ein Stück von mir. Horen der Freundschaft«. Frankfurt a. M. 1966. S. 37–124.
6. Vgl. Erich Zöllner: »Geschichte Österreichs«. Wien 1970, 4. Aufl. S. 512 ff.
7. Julius Deutsch: »Ein weiter Weg. Lebenserinnerungen«. Wien 1960. S. 214 ff.
8. Ernst Fischer: »Erinnerungen und Reflexionen«. Reinbek 1969. S. 256–287.
9. Ruth von Mayenburg: »Blaues Blut und rote Fahnen. Ein Leben unter vielen Namen«. Wien 1969.
10. Klaus Mann, zitiert nach Leopold Zahn: »Franz Werfel«. Berlin 1960. S. 45 f.
11. Stefan Zweig: »Die Welt von Gestern«, a. a. O., S. 275.
12. ebd.
13. ebd., S. 288.
14. Stefan Zweig, zitiert nach Ernst Lothar: »Das Wunder des Überlebens. Erinnerungen und Ergebnisse«. Wien 1960. S. 41.
15. Stefan Zweig: »Die Welt von Gestern«, a. a. O., S. 288.
16. Vgl. den Briefwechsel Brochs mit seinen englischen Übersetzern Edwin und Willa Muir in: »Gesammelte Werke«. Bd. 10. Zürich 1961.

17. Hermann Broch: »Völkerbund-Resolution«. Hrsg. u. eingeleitet von Paul Michael Lützeler. Salzburg 1973.
18. Hermann Broch: »Massenpsychologie«. Zürich 1959. S. 47.
19. Vgl. Franz von Papen: »Der Juli-Vertrag und seine Folgen«. In: »Der Wahrheit eine Gasse«. Innsbruck 1952. S. 416 ff.
20. Gottfried Bermann-Fischer (s. Lit.), S. 123.
21. Wegner (s. Lit. d. Einl.), S. 120.
22. Stefan Zweig: »Die Welt von Gestern«, a. a. O., S. 289.
23. Franz Theodor Csokor: »Brief vom 18. März 1938 an Karl Kunschke«. In: »Materialien zu Ödön von Horváth«. Hrsg. von Traugott Krischke. Frankfurt a. M. 1970. S. 94.
24. Stefan Zweig: »Die Welt von Gestern«, a. a. O., S. 291.
25. Franz Theodor Csokor, a. a. O., S. 96.
26. zitiert nach Jonny Moser: »Die Judenverfolgung in Österreich 1938–1945«. Wien 1966. S. 5.
27. ebd.
28. Erich Zöllner: »Geschichte Österreichs«, a. a. O., S. 543.
29. Wegner (s. Lit. d. Einl.), S. 48.
30. Gottfried Bermann-Fischer (s. Lit.), S. 149.
31. Grossmann (s. Lit. d. Einl.), S. 48.
32. Robert Neumann: »Das mußte aufgeschrieben werden«, a. a. O., S. 19.
33. Carl Zuckmayer: »Amerika ist anders. Vortrag am 10. November 1949 in der Universität Zürich«. Auszug in: »Verbannung. Aufzeichnungen deutscher Schriftsteller im Exil«. Hrsg. von Egon Schwarz u. Matthias Wegner. Hamburg 1964. S. 148–154.
34. Ernst Lothar: »Das Wunder des Überlebens«, a. a. O.
35. Hertha Pauli: »Der Riß der Zeit geht durch mein Herz. Ein Erlebnisbuch«. Wien 1970.
36. Vgl. dazu die bio-bibliographischen Angaben in: »Austrian Writers . . .« (s. Lit.), Grossberg (s. Lit.), Klusacek (s. Lit.), Rudolf Felmayer ([Hrsg.]: »Dein Herz ist deine Heimat«. Wien 1955. S. 367–387.).
37. Vgl. Helmut Müssener: »Die deutschsprachige Emigration in Schweden nach 1933. Ihre Geschichte und kulturelle Leistung«. Stockholm 1971 (bes. S. 331–343).
38. Robert Braun: »Abschied vom Wiener Wald«. Wien 1970.
39. Jakov Lind: »Selbstporträt«. Frankfurt a. M. 1969.

Literaturhinweise

Austrian Writers in the United States 1938–1968. Hrsg. vom Austrian Institute. New York 1969.
Gottfried Bermann-Fischer: Bedroht – Bewahrt. Weg eines Verlegers. Frankfurt a. M. 1967.
Mimi Grossberg: Österreichs literarische Emigration in die Vereinigten Staaten 1938. Wien 1970.
Christine Klusacek: Österreichs Wissenschaftler und Künstler unter dem NS-Regime. Wien 1966.
Jonny Moser: Die Judenverfolgung in Österreich 1938–1945. Wien 1966.
Herbert Rosenkranz: The Anschluß and the Tragedy of Austrian Jewry 1938–1945. In: Josef Fraenkel [Ed.]: The Jews of Austria. London 1970. S. 479–546.
Desider Stern: Werke jüdischer Autoren deutscher Sprache. Wien: Buchausstellung des B'nai B'rith 1967.
Adam Wandruszka: Österreichs politische Struktur. Die Entwicklung der Parteien und politischen Bewegungen. Wien o. J.

KURT R. GROSSMANN

Die Exilsituation in der Tschechoslowakei

Als Adolf Hitler am 31. Januar 1933 zur Macht kam und der Opposition, wie später auch die Juden erkannten, der ›Mut zur Feigheit‹, d. h. Flucht, als einziger Ausweg übrigblieb, um das nackte Leben zu retten, litt die Welt noch unter den Nachwirkungen des Schwarzen Freitags von 1929. In allen Ländern, ob den Vereinigten Staaten von Amerika, ob europäischen Ländern, herrschte eine starke, lang andauernde Arbeitslosigkeit. Das war auch in der Tschechoslowakei der Fall, wo es im Jahre 1933 bei einer Einwohnerzahl von etwas über 14 Millionen mehr als 700 000 Erwerbslose gab, nicht eingerechnet solche, die inzwischen zu Bettlern oder Empfängern von Wohlfahrtsunterstützung gemacht worden waren.

Unter diesen ökonomisch kritischen Umständen setzte die Fluchtwelle in die Tschechoslowakei ein, die in den ersten Monaten des Jahres 1933 in der Mehrheit politische Flüchtlinge aufnahm, während das Sozialinstitut der jüdischen Gemeinde und die Hicem (jüdische Auswanderungsorganisation) sich auf einen Ansturm, der unweigerlich kommen mußte, vorbereitete. Dieser erste jüdische Flüchtlingsstrom kam dann auch nach dem 1. April 1933, dem Boykott-Tag in Deutschland, ebbte dann wieder ab und wuchs langsam aber stetig bis zu den ›Blut und Boden‹-Gesetzen des September 1935, als Hunderte jüdischer Flüchtlinge mit ihren christlichen Partnern ins Masaryk-Asylland kamen.

Die Tschechoslowakei hatte Elemente des ›Polizeigeistes‹ in der Fremdenbehandlung von der einstigen österreichisch-ungarischen Monarchie übernommen, von der sie sich zwar politisch gelöst hatte, von der aber viele Usancen weiterherrschten: Versammlungen mußten angemeldet werden, und einem politischen Flüchtling wurde es verboten, öffentlich auf solchen Versammlungen aufzutreten. Schon sehr frühzeitig suchte man nach den Kommunisten unter den Flüchtlingen. Andererseits wurde in Prag nach dem Vorbild von Brünn und anderen Orten eine Regelung eingeführt, die für die Flüchtlinge vorteilhaft war. Jedes Komitee stellte einen Evidenz-Bogen aus, sofern es den Flüchtling in die Fürsorge aufnahm, gleichgültig, ob es ihn unterstützte oder ihm nur bei seiner Legalisierung half. Dieser Evidenz-Bogen wurde von einer Zentralstelle erneut überprüft und dann als Interims-Ausweisdokument der Polizei durch Abstempelung anerkannt, bis nach ein oder zwei Jahren das Landesamt, eine vorgesetzte Behörde des Polizeipräsidiums, dem Flüchtling eine offizielle Aufenthaltsbescheinigung gab.

Diese Regelung bedeutete nicht, daß in den ersten fünf Jahren, bis zum Münchener Abkommen, die Polizei politische Flüchtlinge, die für die Kommunisten tätig waren oder ihre Literatur vertrieben, nicht verhaftet und ausgewiesen hätte, aber die Mehrzahl der Flüchtlinge blieb von polizeilichen Schikanen unbehelligt.

Registrierte Flüchtlinge aus Deutschland gab es in Prag im Juni 1933: 801, im November 1934: 2014, im Dezember 1935: 1444, im Dezember 1936: 1594, im Dezember 1937: 1399, im August 1938: 1432. Im ganzen hat die Tschechoslowakei etwa 8000–10 000 Flüchtlinge aufgenommen, von denen aber ein großer Prozentsatz nach einiger Zeit oder sofort in andere Länder weiteremigrierte. Bindend für den politischen Flüchtling war der Leitsatz des Gesetzes für Ausländer vom 28. März 1935: »Wenn Emigranten eine umfassende politische Tätigkeit entfalten, oder sich gar in unsere inneren Verhältnisse einmischen, werden sie ausgewiesen, jedoch niemals in das Land ihrer Staatsangehörigkeit.«

Was die soziale Betreuung anbelangt, so hatten sich nach Gründung der Demokratischen Flüchtlingsfürsorge (die einer Initiative der Liga für Menschenrechte in der Tschechoslowakei entstammte und die jeden Flüchtling aufnahm, der nachweisen konnte, daß sein Leben oder seine Freiheit in Deutschland in Gefahr war) die folgenden anderen Komitees gebildet:

Das Jüdische Hilfskomitee in Zusammenarbeit mit der Hicem (Auswanderungsorganisation). Das Jüdische Hilfskomitee sorgte für die existenzielle Unterstützung, die Hicem für die Verwirklichung von Auswanderungswünschen.

Sozialdemokratische Flüchtlingshilfe, die, wie der Name sagt, Mitgliedern der Sozialdemokratischen Partei half. Hier waren Unterstützung und Auswanderungshilfe kombiniert.

Der Einheitsverband der Angestellten hatte eine Flüchtlingsunterstützungs-Abteilung, die geflüchteten freigewerkschaftlichen Angestellten des Allgemeinen freien Angestelltenbundes in Deutschland zu helfen suchte.

Die tschechoslowakischen Gewerkschaften unterstützten wenigstens für eine Zeitlang eine Anzahl nur gewerkschaftlich organisierter Flüchtlinge und übernahmen z. B. 21 Gewerkschaftsflüchtlinge von der Demokratischen Flüchtlingsfürsorge bzw. gaben für einen kurzen Zeitraum eine Subvention von nahezu 4000 Kronen für diese Flüchtlinge.

Was die Kommunisten anbelangt, so gab es ein sogenanntes Komitee der Intellektuellen, eine »bürgerliche, parteilose« Hilfsorganisation unter Führung des tschechischen Professors František X. Šalda. Das Šaldakomitee hatte wie alle anderen Komitees mit zwei Hauptproblemen zu tun: der Legalisierung der Flüchtlinge und ihrer Versorgung. Erst sehr viel später und nur sehr zögernd begann auch das Šaldakomitee, sich mit der Frage der Auswanderung und Rettung der Flüchtlinge zu beschäftigen.

Da die ›Rote Hilfe‹ im März 1932 in der Tschechoslowakei verboten worden war, bot zunächst das Šaldakomitee einen Ausweg. Mit dem zunehmenden Flüchtlingsstrom jedoch brauchten die Kommunisten eine wirklich konstruktive Ergänzung. So gründete die Partei Ende 1933 die Vereinigung zur Unterstützung der Antifaschistischen Emigranten, und als 1935 das Verbot der ›Roten Hilfe‹ aufgehoben wurde (ein Resultat des russisch-tschechoslowakischen Paktes), kam es im selben Jahr zu der »überparteilichen tschechischen und deutschen Massenorganisation ›Solidarität‹, Vereinigung zur Verteidigung des Rechts und für soziale Hilfe« mit vielen Zweigstellen im Lande, aus deren Mitteln die KP-Flüchtlingsorganisation gespeist wurde. Sie erhielt auch Geld von der Moskauer ›Internationalen Roten Hilfe‹, die – ein einziges Mal – einen Betrag von 60 000 Kronen allen Flüchtlingskomitees »im Volksfrontfrühling« zur Verfügung stellte. Nur die Sozialdemokratische Flüchtlingshilfe lehnte die Annahme des auf sie entfallenden Anteils ab.

Obwohl die soziale Unterstützung von zunächst 16 Kronen per Tag sich im Laufe der Jahre auf 8 Kronen reduzierte und eigentlich nur der Einheitsverband der Angestellten mit der geringsten Anzahl von Flüchtlingsklienten seine Unterstützungssätze durchhielt, war es evident, daß alle Komitees, besonders solche, die den Flüchtlingen zur Auswanderung verhalfen, mehr und mehr Mittel brauchten, um diesen Aufgaben gerecht zu werden. Aus den Akten des tschechoslowakischen Auswärtigen Amtes weiß man heute, daß einzelne Flüchtlinge und einige Publikationen, wie die von Leopold Schwarzschild, unterstützt wurden. Gelder flossen für Fürsorgezwecke an die Demokratische Flüchtlingsfürsorge und an das Šaldakomitee. Die erste empfing in den Jahren von 1933 bis 1939 monatlich etwa 10 000 Kronen. Das Restaurant »Deutsches Haus« stellte jede Woche einige hundert Mittagessen zur Verfügung, im Winter rollten aus Aussig von Kohlen-Petscheks einige Waggons Kohle nach Prag, oder der berühmte Optiker Moritz Deutsch gab für Jahre alle Brillen an Flüchtlinge gratis, und im Handumdrehen war es möglich, für die Flüchtlinge einen Gesundheitsdienst mit sich solidarisierenden Ärzten zu schaffen. So überlebten die Flüchtlinge bis zur Tragödie von München schlecht und recht die Prager Emigration, und mancher von ihnen liebte Prag, die Wälder von Böhmen und die berühmte, durch Schlamperei gemilderte Ordnung.

Dabei lebten die Flüchtlinge in der Tschechoslowakei nicht ungefährlich, denn der ›Braune Arm‹ griff in den verschiedensten Formen über die Grenze. Zwar hatte Adolf Hitler am 1. November 1933, als der Strom nichtjüdischer und jüdischer Flüchtlinge erst bescheidenen Umfang erreicht hatte, im Deutschen Reichstag erklärt: »Die Welt möge sich mit ihren eigenen Problemen beschäftigen! Die Emigranten vergiften die Quellen unter den Nationen, für Deutschland ist ihr Verschwinden eine große Entlastung.« Diese Auffassung änderte sich, und bereits im September 1935, als in Kopenhagen die Sechste Internationale Konferenz für die Vereinheitlichung des Strafrechts stattfand, auf der das erstemal das nationalsozialistische Deutschland durch seine »Rechtsexperten« vertreten war, schlugen diese vor, »daß Personen, die aus Gründen der Sicherheit von einem Zufluchtslande angefordert werden, und dies schließe selbstverständlich auch politische Flüchtlinge ein, ohne ein langwieriges Auslieferungsverfahren den Behörden des Dritten Reiches übergeben werden sollen«. Die Internationale Konferenz akzeptierte diesen Vorschlag nicht, weil er das Asylrecht, wenn es auch nur ein Gewohnheitsrecht war, illusorisch gemacht hätte.

Bevor die Nazi-Rechtsexperten in Kopenhagen ihre Vorschläge machten, war am 14. Juli 1933 (Reichsgesetzblatt I, Seite 480) das Gesetz über den Widerruf von Einbürgerungen und Aberkennungen der Staatsangehörigkeit[1] erlassen worden, das ein Ächtungsgesetz war gegen die nach dem Ausland Geflüchteten, »die trotz Aufforderung der deutschen Behörden nicht zurückgekehrt waren«, und sich gegen den Personenkreis richtete, »der sich gegen die Pflichten zur Treue gegen Volk und Reich vergangen hatte«. Auf Grund dieses Gesetzes wurden Tausende von Flüchtlingen ausgebürgert. Die erste Ausbürgerungsliste vom 23. August 1933 wurde am 25. August desselben Jahres im Reichsanzeiger Nr. 198 veröffentlicht. Die Ausbürgerung erstreckte sich auch auf die Familienmitglieder, und mit ihr war die Beschlagnahme in Deutschland verbliebenen Vermögens von jedem verbunden.

Die Flüchtlinge oder Emigranten wurden von der Gestapo und ihren Agenten dauernd überwacht. Die Tschechoslowakei war für die deutschen Nazi-Behörden, mit dem Zentralbüro in Dresden, ein relativ leicht bewachbares Gebiet; denn zwischen

den beiden Ländern gab es keinen Visumzwang, und die Grenzen waren so ausgedehnt, daß es keine große Mühe kostete, diese ›illegal‹ zu überqueren. Prag war zeitweilig von Spitzeln übersät.
Die entscheidende Flüchtlingskrise in der Tschechoslowakei und die Erkenntnis der notwendigen Evakuierung der Flüchtlinge setzte am 21. Mai 1938 ein, als die Tschechoslowakei wegen deutscher Truppenkonzentrationen in Sachsen eine teilweise Mobilmachung anordnete. Von diesem Datum an war es klar, daß kein ›appeasement‹ helfen würde, die Tschechoslowakei zu retten. Während Lord Runciman vom 3. August 1938 an seine, wie wir heute wissen, unheilvolle Rolle in der Tragödie der Tschechoslowakischen Republik zu spielen begann, mußten die Flüchtlingskomitees Mittel und Wege finden, ihre Schützlinge aus dem Krisengebiet herauszubringen. Das geschah jedoch nur teilweise. Die Demokratische Flüchtlingsfürsorge z. B. suchte für alle Flüchtlinge mit Überseevisen die notwendigen Finanzmittel aufzubringen, was ihr gelang. Ähnliches erfolgte seitens der Hicem und der Sozialdemokratischen Flüchtlingsfürsorge. Bis zum 28. September, dem Münchener Abkommen, verließ nur ein Teil der Flüchtlinge die Tschechoslowakei, und als das Münchener Abkommen unterzeichnet wurde, entstanden neue, beinahe unlösbare Probleme, weil nun plötzlich alle Flüchtlingskomitees von Auswanderungswünschen – nicht nur solcher Personen, die schon registriert und unterstützt worden waren, sondern auch vieler, die im Sudetengebiet gelebt hatten – überschwemmt wurden. Nach dem ›Frieden von München‹ haben die einzelnen Komitees folgerichtig Hilferufe an die internationale Freundesgemeinde ergehen lassen und dringend gebeten, alles zu tun, um die in der Tschechoslowakei verbliebenen deutschen Flüchtlinge – schätzungsweise 1180 politische und 4000 jüdische – so schnell wie möglich aus dem Lande zu bringen. Keiner wußte, wieviel Zeit dafür noch zur Verfügung stand, bis Hitler die Tschechoslowakei vollkommen besetzen würde. So entstand die dreifache Aufgabe der Besorgung von Mitteln für die Ausreise, die Visenbeschaffung und für eine Koordination der gemeinsamen Anstrengungen, was am wenigsten gelang.
Als am 15. März 1939 dann Hitler in Prag mit seinen Truppen einzog, also Böhmen und Mähren vollkommen besetzt wurden, flüchteten die noch nicht Geretteten nach Polen, einige fanden in der französischen Botschaft für ein paar Wochen Unterkunft. Von Polen gingen die meisten Flüchtlinge aus der Tschechoslowakei entweder in die skandinavischen Länder oder nach England, wenige nach Frankreich.
Die Tragik des Rettungswerkes der Emigration aus der Tschechoslowakei läßt sich, wie folgt, summieren: Man hatte das Furchtbare kommen sehen, es war von allen Seiten appelliert und alarmiert worden. Trotzdem geschah von den Verantwortlichen aus zu wenig – oder nichts –, um diese gefährdeten Menschen aus ihrer gefährlichen Lage zu befreien.

Für die deutsche Literatur nahm die Tschechoslowakei in der Zeit von 1933 bis 1938 unter den Exilländern eine Sonderstellung ein (wenn man einmal von Österreich absieht). Wieland Herzfelde, der als Leiter des Malik-Verlages und Mitherausgeber der Exilzeitschrift *Neue Deutsche Blätter* an wichtiger Stelle im tschechischen Exil tätig war, hat diese Besonderheit im Rückblick zu Recht so charakterisiert: »[...] die Tschechoslowakei war für uns nicht so sehr ein Exilland, wie ein Ortswechsel. Und wir haben uns dort weitgehend wohlgefühlt und nicht in der Fremde«.[2]

Auch Heinrich Mann hat im Rückblick auf seine erste Exilstation in *Ein Zeitalter wird besichtigt* bekannt: »Wir – das ganze verfolgte Deutschland, das intellektuelle, das freiheitliche, waren in dem einzigen Lande nicht nur teilnahmslos geduldet. Prag empfing uns als Verwandte.«

In der Tat existierte in Prag eine deutsche Binnenliteratur, die, von dem knapp 10 % der Gesamtbevölkerung umfassenden deutschsprachigen Bürgertum der Stadt getragen, in den Jahren zwischen 1894 und 1933 weit mehr als regionale, ja mit den Namen von Kafka, Rilke, Werfel, Meyrink, Kisch weltliterarische Bedeutung gewann. Autoren wie Friedrich Adler, Robert M. Austerlitz, Franz Herold, Alfred Klaar, Hans Liebstöckl, Laska von Oestéren, Hugo Salus, Richard Schubert, Josef Willomitzer und unter den jüngeren Paul Leppin, Paul Adler, Oskar Wiener, Oskar Baum, Max Brod, Ernst Weiß, Willy Haas, Ludwig Winder, Ernst Sommer, Peter Pont, Paul Kornfeld, Rudolf Fuchs, Otto Pick, Viktor Hadwiger, Johannes Urzidil, Hermann Ungar, Franz und Hans Janowitz, Camill Hoffmann, Emil Faktor, Leo Perutz, Otto Roeld, Walter Seidl, Franz Carl Weiskopf, Bruno Frei und Louis Fürnberg ergänzen dieses Spektrum und deuten schon allein quantitativ auf eine erstaunliche Kontinuität dieser Prager deutschen Literatur.

Die nach der Machtergreifung Hitlers bedrohten und in die Tschechoslowakei emigrierenden deutschen Autoren, unter denen Bertolt Brecht (der allerdings kurz darauf nach Skandinavien weiterreiste), Heinrich Mann, Oskar Maria Graf, Rudolf Olden, Franz Höllering, Peter Kast, Kurt Hiller, Heinz Pol, Theodor Balk, Ludwig Turek, Max Zimmering, Ernst Ottwalt, Peter Nickl (oder Johannes Wüsten), Werner Ilberg, Albin Stübs, Fritz Erpenbeck, Alfred Wolfenstein und Ernst Bloch zu nennen sind, sahen sich also keineswegs von der deutschen Kultur isoliert, sondern versuchten, unter veränderten Bedingungen ihre literarische Tätigkeit fortzusetzen, und erblickten besonders in der politischen Aufklärungsarbeit gegen den Faschismus in Deutschland ein gemeinsames Ziel.

Prag wurde für ein halbes Jahrzehnt neben Amsterdam, wo die Verlage Querido und Allert de Lange Entscheidendes zur Förderung der im Exil entstehenden deutschen Literatur beitrugen, und vor Paris, das erst später diese Geltung gewann, zu einem der Zentren der Exilliteratur. Im Zusammenspiel zwischen Prager deutschen Autoren und exilierten deutschen Schriftstellern entfaltete sich ein reges kulturelles Leben von einer Intensität, die später in kaum einem der andern Exilzentren annähernd erreicht wurde. Man fand sich zu Vorträgen, Gedenkfeiern, Kundgebungen und Diskussionen zusammen. Besonders aktiv war der Bert Brecht-Klub, der eine Reihe von Feiern und Lesungen, jeweils orientiert an dem Namen eines Autors, z. B. Erich Mühsams, Heinrich und Thomas Manns, Lion Feuchtwangers, Johannes R. Bechers, Egon Erwin Kischs, organisierte und u. a. Ernst Bloch Gelegenheit gab, aus seinen Studien zur Geschichte der sozialen Utopien vorzutragen.

Ein aus deutschen und tschechischen Autoren bestehendes Schriftsteller-Team initiierte die deutsche Uraufführung von Brechts *Heilige Johanna der Schlachthöfe* unter der Regie von Hanus Burger. In dem Theater D 35, das E. F. Burian leitete, wurden deutsche Aufführungen der *Dreigroschenoper* und des Friedrich-Wolf-Stückes *John D. erobert die Welt* einstudiert. Eine von tschechischen und deutschen Schriftstellern, Wissenschaftlern und Intellektuellen zustande gebrachte zweisprachige Kundgebung, die unter dem Thema »Der Hitlerfaschismus und wir« stand, versuchte im Winter

1935, auch erste politische Lehren aus der Exilsituation zu ziehen und die Öffentlichkeit auf die beängstigenden politischen Entwicklungen in Deutschland aufmerksam zu machen. Im Mai 1934 vorausgegangene Solidaritätskundgebungen für Ossietzky, Renn und Mühsam hatten bereits in die gleiche Richtung gewiesen.

Eine beachtliche Resonanz in der Öffentlichkeit fand eine deutsch-tschechische Gemeinschaftsveranstaltung, deren Betreuung der tschechische Künstlerverein Mánes übernommen hatte: In einer Karikaturen-Ausstellung wurden im Frühjahr 1934 Arbeiten von George Grosz, Thomas Theodor Heine und John Heartfield vorgestellt. Die politische Sprengkraft ihrer Zeichnungen und Graphiken blieb auch der deutschen Gesandtschaft nicht verborgen, die zweimal (schließlich mit Erfolg) intervenierte.

Eine Reihe von wichtigen Zeitschriften entstand, unter denen besonders den *Neuen Deutschen Blättern – Monatshefte für Literatur und Kritik* eine große Bedeutung zukam, auf Grund der weiten Verbreitung – die Anfangsauflage betrug immerhin 7000 – und des weiten Spektrums der Beiträge. Die Zeitschrift erschien, herausgegeben von Oskar Maria Graf, Wieland Herzfelde, Anna Seghers und dem noch illegal in Berlin verbliebenen Jan Petersen, von September 1933 bis August 1935 und versuchte, vor allem auch eine gemeinsame politische Linie der Emigranten zu erarbeiten, indem man sich am Begriff einer ›antifaschistischen Literatur‹ orientierte, deren emanzipatorische Zielsetzung gegen die Wirkung des Nationalsozialismus in Deutschland (nicht nur auf kulturellem Gebiet) gerichtet war. Ästhetische Fragestellungen waren nur in bezug auf dieses politische Ziel wichtig. Zugleich bemühte man sich, in einem besonderen, »Die Stimme Deutschlands« betitelten Teil jeder Nummer auch so etwas wie ein Forum der gesamten deutschsprachigen Opposition zu bilden, indem man zum Teil illegal übermittelte Beiträge (auch des in Deutschland verbliebenen literarischen Widerstandes) aus andern Ländern aufnahm. Rudolf Fuchs, Theodor Balk, Egon Erwin Kisch, Louis Fürnberg veröffentlichten hier neben Bertolt Brecht, Johannes R. Becher, Willi Bredel, Stefan Heym, Arnold Zweig, Lion Feuchtwanger, Franz C. Weiskopf und Hermann Kesten.

Als antifaschistisches Exilforum verstand sich auch die von Weiskopf, Herzfelde und Frei initiierte Zeitschrift *Gegenangriff*, deren erste Nummer im April 1933 erschien und nach anfänglich vierzehntägigem Erscheinen ab Oktober wöchentlich herauskam. »Der *Gegenangriff* wurde das verbreitetste Organ der deutschen antifaschistischen Emigration«,[3] nicht zuletzt auf Grund der Tatsache, daß zwei parallele Ausgaben (gleichzeitig in Prag und Paris) herausgebracht wurden. Im März 1936 ging die Zeitschrift in der *Deutschen Volkszeitung* in Prag auf, die von Lex Breuer geleitet wurde und ab November 1937 ebenfalls in Paris erschien.

Louis Fürnberg, Egon Erwin Kisch, Joseph Roth, Erich Weinert, Klaus Mann veröffentlichten u. a. hier, wobei die dezidierten Stellungnahmen auch in literarischen Dingen zu Polarisierungen führten. So wurden Heinrich Mann, Alfred Döblin, Joseph Roth, Max Brod und Karl Kraus zum Teil scharf angegriffen, weniger politischer als literarischer Differenzen wegen. Die Ansätze zu politischer Profilierung waren beachtlich. So druckte man einen vielbeachteten Appell zur Sammlung der antifaschistischen Schriftsteller und versuchte, eine antifaschistische Aktion der emigrierten deutschen Autoren in der Tschechoslowakei in die Wege zu leiten, um vor allem auch jene Autoren zu erreichen, die selbst noch im Exil zur politischen Apathie tendierten.

Auch die *Neue Weltbühne*, das ehemalige Forum Ossietzkys, das für kurze Zeit Willi bzw. William S. Schlamm okkupiert hatte, aber dann von Hermann Budzislawski in Prag und vom 5. Juni 1938 an in Brüssel und später bis zum Verbot im August 1939 in Paris fortgeführt wurde, oder die *AIZ*, die spätere *Volksillustrierte*, die Weiskopf zusammen mit Hermann Leupold, Fritz Erpenbeck und John Heartfield leitete, sind unter den Organen der deutschsprachigen Emigration in Prag zu erwähnen, desgleichen die satirische Zeitschrift *Der Simplicus*, die sich, von Heinz Pol geleitet (ab September 1934 unter dem Titel *Der Simpl*), als wahre Fortsetzung des politisch gleichgeschalteten Münchener *Simplicissimus* verstand und das in der ersten, Ende Januar 1934 erschienenen Nummer auch deutlich zum Ausdruck brachte. »Die Behauptung, daß *Der Simpl* das einzige nicht gleichgeschaltete deutsche satirische Wochenblatt war, scheint nicht übertrieben zu sein.«[4] Bemerkenswert ist die scharfe Position, die man gegen in Deutschland verbliebene Autoren wie Gerhart Hauptmann und Erich Kästner bezog.

Die literarische und literaturpolitische Aktivität der Prager Zeitschriften wurde von einer Reihe von Verlagen ergänzt, die sich der Exilliteratur annahmen. Die Verlage Orbis, Rohrer, Grunow und Graphia sind zu nennen; der letztere war der Verlag der sich von 1933 bis 1938 in Prag aufhaltenden Sopade, der Exil-SPD. Der Verlag Julius Kittl in Mährisch-Ostrau, der sich bereits vorher der sudetendeutschen Regionalliteratur, die von der Prager deutschen Literatur nicht zuletzt im Rang zu unterscheiden ist, angenommen hatte, veröffentlichte Arbeiten von Ludwig Winder, Friedrich Torberg und Walter Seidl. Am wichtigsten wurde jedoch der Malik-Verlag, den Wieland Herzfelde im April 1933 von Berlin nach Prag verlegte und der als eines der wichtigsten Verlagszentren der deutschsprachigen Emigration seine Arbeit in Prag aufnahm. Bücher wie Adam Scharrers *Maulwürfe* (1933), Willi Bredels Romane *Die Prüfung* und *Dein unbekannter Bruder* (1937), Oskar Maria Grafs Romane *Der Abgrund* (1936) und *Anton Sittinger* (1937) konnten u. a. im Malik-Verlag erscheinen.

Das Münchener Abkommen setzte auch hier die Zäsur. Die Autoren der Prager deutschen Literatur, Weiskopf, Fürnberg und Kisch, dessen Stammtisch im Café Continental, wie Frei berichtet, für kurze Zeit »zum Treffpunkt von Journalisten und Schriftstellern der Prager Emigration« geworden war, hatten die deutschen Autoren gastfreundlich aufgenommen und in ihren literarischen und politischen Zielen unterstützt. Als Hitler im März 1939 Prag annektierte, teilten sie das Schicksal der deutschen Schriftsteller: Sie gingen ins Exil.

Anmerkungen

1. Vgl. »Reichsgesetzblatt« I, S. 480.
2. Vgl. »Erfahrungen im Exil zu Prag 1933–1938«, S. 374. In: »Weltfreunde . . .« (s. Lit.), S. 373 bis 378.
3. Vgl. Bruno Frei: »Die deutsche antifaschistische, literarische Emigration in Prag 1933–1936«, S. 363. In: »Weltfreunde . . .« (s. Lit.), S. 361–371.
4. Vgl. Jiři Veselý: »Zur Geschichte einer Prager Emigrantenzeitschrift«, S. 382. In: »Weltfreunde . . .« (s. Lit.), S. 379–390.

Literaturhinweise

Gertruda Albrechtová: Die Tschechoslowakei als Asyl der deutschen antifaschistischen Literatur. Diss. Prag 1960.
– Zur Frage der deutschen antifaschistischen Emigrationsliteratur im tschechoslowakischen Asyl. In: Historica VIII (1964) S. 177–233.
Max Brod: Der Prager Kreis. Stuttgart 1966.
Eduard Goldstücker [Hrsg.]: Weltfreunde. Konferenz über die Prager deutsche Literatur. Neuwied 1967.
Erich Matthias: Sozialdemokratie und Nation. Ein Beitrag zur Ideengeschichte der sozialdemokratischen Emigration in der Prager Zeit des Parteivorstandes 1933–1938. Stuttgart 1952.
Karl H. Saltzmann: Der Malik-Verlag. Verlagsgeschichte als Zeitgeschichte. In: Neue Deutsche Literatur 4/4 (1956) S. 88–92.

ERNST ERICH NOTH

Die Exilsituation in Frankreich

Über Frankreich als Gastland deutscher Exilautoren zu berichten könnte trotz des inzwischen gewonnenen historischen und inneren Abstandes noch heute alte Wunden aufreißen und neue Kontroversen entfachen. Für die Überlebenden und damals im Guten wie im Bösen Mitbetroffenen bleibt das Thema emotional belastet und kontrovers. Sie sind legitime Zeugen und willkommene Stoffzulieferer. Wieweit sie dadurch schon auch zu Chronisten einer komplexen Gesamtsituation oder auch nur zu Berichterstattern über einen immerhin verzweigten Teilsektor berufen sind, bleibt dahingestellt. Simultan Miterlebender und zugleich beobachtender Kommentator, wenn nicht gar »Geschichtsschreiber« zu sein ist ebenso nahezu unmöglich, wie (gewisser Theorien zum modernen Theater ohngeachtet) am gleichen Drama gleichzeitig als Protagonist und Zuschauer, wenn nicht noch dazu gar als Kritiker teilzunehmen. Im besten Falle setzte dies die erfolgreiche Überwindung oder Transponierung einer Art von Schizophrenie voraus, vor allem seitens solcher Autoren, die über bloße Stoffvermittlung und Informationsausbreitung hinaus nicht auf das unabdingbare Recht zur (eigenen) Deutung verzichten können. Jeder Rückschluß von persönlicher Erfahrung und Haltung auf allgemeine Zustände oder die Verhaltensweise anderer könnte jedoch einen Trugschluß enthalten oder suggerieren. Solche Zeugnisse Beteiligter sind also lediglich Beiträge unter Beiträgen, Bausteine in einem Mosaik, die nicht einmal mehr vollständig verfügbar sind, zumal viele einfach verlorengegangen sind und offenbar nie wieder aufzutreiben sein werden. Dies begrenzt die »wissenschaftliche« Gültigkeit solcher individueller Aussagen, selbst in der anspruchsloseren Darstellungsweise einer »Übersicht«. Hier sind Vorbehalte geboten, zumindest Einschränkungen hinsichtlich eines Anspruches auf mehr als Teilstellenwert, Vorbehalte und Einschränkungen, von denen sich der Verfasser, und gerade er in seiner zugestandenen früheren Rolle als »Einzelgänger« auch innerhalb der Emigration, nicht ausgeschlossen wissen will oder darf.

In der einschlägigen Literatur, insbesondere in den nun schon recht zahlreich vorliegenden und einander gerade im Widerspruch ergänzenden Zeugenschaften und Selbstdarstellungen von Exilautoren, halten sich Apologie und Verteufelung des Zufluchtslandes Frankreich nicht einmal die Waage: Das Klischee vom »klassischen Asylland Europas« ist zwar mitunter – und gewiß nicht zu Unrecht – bemüht, das Zerrbild vom »unholden Frankreich«[1] jedoch – und auch dies nicht ohne Grund – strapaziert worden. In der Bio-Bibliographie *Deutsche Exil-Literatur 1933–1945* von Sternfeld/Tiedemann, deren Angaben, wie man weiß, in den allermeisten Fällen von den Verzeichneten selbst vermittelt wurden oder doch deren ausdrückliche Billigung hatten, erscheint bezeichnenderweise unter der Sparte »Weg« bei fast allen, die einen wesentlichen Teil ihres Exils in Frankreich verbrachten, in beredter Eintönigkeit der lakonische und dennoch demonstrative Eintrag »In Frankreich interniert« oder »Internierung in Frankreich«. Das Trauma der zweimaligen (September 1939 und Mai 1940, also bei Kriegsausbruch und zu Beginn der deutschen Westoffensive) fast ausnahms- und unterschiedslosen Internierung aller im kriegspflichtigen Alter (und auch darüber hinaus) stehenden Hitlergegner, Hitlerverfolgten und Hitleropfer deutscher und österreichischer Abkunft als ›feindliche Ausländer‹ *(ressortissants de pays ennemis)* hat vielen der Betroffenen zweifellos tiefe seelische Wunden geschlagen und schwer abbaubare Ressentiments hinterlassen. Es hat darüber hinaus, trotz gegenteiliger Bemühungen um eine gerechtere, zumindest abgewogenere Verteilung von Licht und Schatten (wie etwa kürzlich in Alfred Kantorowicz' *Exil in Frankreich*), ein vornehmlich negatives Gastlandbild geschaffen und überliefert. Diese Reaktion beruhte nicht zuletzt auf der maßlosen Enttäuschung von einem Lande, dessen Traditionen der politischen Asylgewährung fest gegründet und über ein Jahrhundert lang bewährt waren, einem Lande, »an das man ganz selbstverständlich dachte, wenn man ›Freiheit‹ sagte und suchte« – und gerade dieses Land schien nun, gleichsam über Nacht und für die meisten völlig unerwartet, im Sinne der Feuchtwangerschen Titelsuggestionen für Asylheischende und bis dahin auch als Asylanten Anerkannte zum »Unhold«, zum »Teufel«[2] geworden zu sein. Walter Mehring hat dieser schockartigen Enttäuschung in seinen späteren Verszeilen, die sich diesem leidvollen und nicht nur leidigen Komplex durchaus als Motto voranstellen ließen, Ausdruck gegeben: »Die Fessel, die zu Nîmes ich trug / zählt' doppelt, da sie Frankreich schlug.«[3]

Aber an dieser Wunde ›Lager‹ hat auch das Gastland selber, das in einem noch heute schwer zu bestimmenden Gemisch aus politischer Unkenntnis oder Überforderung (vor allem, was ein klares Freund-Feind-Bild anbetraf), administrativer Hilflosigkeit, kriegspsychologischer Kurzsichtigkeit und zynischer oder ressentimenthafter Demagogie diese Fesseln schlug, nicht minder zu tragen (obwohl es auch da mit der ›Vergangenheitsbewältigung‹ oder gar mit der moralischen ›Wiedergutmachung‹ hapert). Die einschlägigen Akten über Internierungsmaßnahmen und Auslieferungsverfahren sind noch immer ›Geheime Staatssache‹ und – oft unter der Begründung, die Vorgänge seien verschwunden oder von der Gestapo entführt worden – bisher auch der interessierten französischen Forschung nicht zugänglich. Schließlich geriet Frankreich, durch einen zunächst »total« siegreichen Gegner, der gegen alle Einwände in der Emigrantenfrage seinen Willen buchstäblich diktieren konnte, an den Rand der politischen und moralischen Entehrung, als es sich im Artikel 19 des Waffenstillstandes vom Juni 1940 verpflichten mußte, jeden von der Gegenseite benannten deutschen Flüchtling in Frankreich und dessen überseeischen Hoheitsgebieten an die Nationalsozialisten auszuliefern. Wir wissen nun zwar, daß alle in Frankreich lebenden mehr oder weniger namhaften Exilautoren dieser Drohung entgehen konnten (vor allem fielen ihr Politiker und politische Journalisten zum Opfer, wie Breitscheid, Hilferding, Theodor Wolff, Helmut Klotz), soweit sie nicht in einer unter den damaligen Verhältnissen mehr als begreiflichen Panik vor der Ergreifung den Freitod wählten (Benjamin, Hasenclever, Ernst Weiß). Aber diese Verschonung lag keineswegs an der Gutartigkeit oder einem systematisch obstruktiven »schlechten Willen« der weitgehend kollaborationistischen Vichy-Behörden, sondern zumeist, nebst Begabung und Härte der Betroffenen zur Illegalität, an amerikanischen Initiativen und Interventionen (Emergency Rescue Committee) sowie an der schon verhältnismäßig früh auf den Plan tretenden, obwohl längst noch nicht straff durchorganisierten französischen Widerstandsbewegung, der sich in vielen Fällen zur Rettung einzelner deutscher Exilautoren namhafte französische Schriftsteller (wie etwa Louis Gillet von der Académie Française), Kirchenmänner (insbesondere Dominikaner wie der wagemutige Pater Raymond Léopold Bruckberger) und Politiker (so Henri Pierre Teitgen) zugesellten. Diese Betreuung, eher individuell improvisiert als gruppenmäßig organisiert, erstreckte sich auf alle anfallenden Bereiche: Beschaffung von Verstecken und falschen Papieren, Versorgung mit Geld und Lebensmitteln, Schleusendienste von Flucht- zu Weiterfluchtetappe, Kontakte mit Vertrauenspersonen in Verwaltungs- und Polizeibehörden, Vorbereitung der oft nur illegal möglichen Weiterfahrt durch das fast unvermeidliche Spanien, dessen faschistische Behörden oft, aber nicht immer mit der Gestapo zusammenarbeiteten. Sehr bald gab es im sogenannten »unbesetzten« Frankreich (das Flüchtlinge aus der besetzten Zone überhaupt erst einmal erreichen mußten) ein Netz von einheimischen Vichy- und damit Nazigegnern, die sich insgeheim zu dem in London erstehenden ›Freien Frankreich‹ bekannten, »einfache Franzosen«, die an Flüchtlingen ihre Menschenpflicht erfüllten, und auch – dies sollte einmal betont werden – Priester, Mönche und Nonnen, die durch Versteck- und Unterhaltsgewährung ihre Christenpflicht zur Rettung Gefährdeter taten, mit denen sie in den meisten Fällen nicht einmal Religion und politische Meinungen gemein hatten. Es hat lange genug gedauert, bis man durch Alfred Kantorowicz erfuhr, wieviel französischer Mithilfe es bedurfte, um aus der »Mausefalle Marseille« zu entrinnen, jener letzten ›Transit‹-Etappe heilloser Verwirrung und panischer Verzweiflung, zynischer Hartherzigkeit und tätiger Solidarität, und daß die französischen Internierungslager *(camps de rassemblement)* – so unerfreulich und ungerechtfertigt sie der Mehrzahl der hier »Versammelten« gegenüber gewesen sein mögen – bestimmt keine nazistischen Konzentrations- oder gar Vernichtungslager waren. Aber daß fast jedes ›Exil in Frankreich‹ in jene Lager mündete und der Weg aus ihnen heraus, wenn er gelang, nur noch und für immer auch ganz aus Frankreich führen sollte, hat mehr als symbolische Beweiskraft für Ohnmacht und Scheitern der deutschen Emigration in diesem paradoxerweise dennoch »wichtigsten« Gastland.

Dies alles scheint ein negatives Fazit vorzubereiten, das sich an dem bösen Ende ablesen ließe, mit dem wir begonnen haben, weil es alles Vorausgegangene überschattet und durch grelle Pointierung gleichsam auslöscht. Von Ohnmacht und Scheitern der deutschen Emigration in Frankreich (und nicht nur dort) zu reden ließe sich aber nur dann, und auch dann nur begrenzt, rechtfertigen, wenn wir, politische Kategorien über literarische stellend (die wir sonst durchaus für wechselwirkend zusammengehörig halten), von einem spezifisch bestimmbaren eigenständigen Gesamtphänomen mit klar erkennbaren Konturen und einer wenigstens im Tragenden gemeinsamen Willensrichtung sprechen könnten. Um so etwas hat es sich aber bei dieser Emigration nicht gehandelt – und es hätte sich auch ihrer konstituierenden Divergenzen und Diskrepanzen wegen gar nicht darum handeln können. Während die erste Welle der Flüchtlinge vor dem Hitlerterror mehr oder weniger auf die dem Regime wegen ihrer früheren Tätigkeit in der Weimarer Republik besonders verhaßten und gefährlich scheinenden ›linken‹ Politiker, ›zersetzenden‹ Literaten und ›artfremden‹ jüdischen Schriftsteller beschränkt blieb, war etwa zwei Jahre nach Hitlers Machtergreifung die politische und im weiteren Sinne gesinnungsmäßige Zusammensetzung der deutschen Emigration so allumfassend wie eben der Terror der totalitären Naziherrschaft, die nach dem Grundsatz: »Wer nicht für mich ist, ist wider mich« jedwede Regung einer praktischen oder auch nur potentiellen Opposition durch Verbot, Verhaftung und Vertreibung rücksichtslos ausschaltete. Die Emigration umfaßte also seitdem wie die deutschen Konzentrationslager alle und alles: Kommunisten, Sozialdemokraten, Vertreter der Weimarer Mittelparteien; Konservative und sogar ehemalige Nationalsozialisten wie Otto Strasser und später Hermann Rauschning; Juden, Katholiken, Protestanten und Atheisten, dazu (außer in der Ablehnung der Hakenkreuzherrschaft) betont ›unpolitische‹ Einzelgänger, und später gesellten sich dieser Fülle (die natürlich auch zur »Überfüllung« der Gastländer beitrug und hie und da schon zu drakonischen Einwanderungserschwerungen führte) die ›linken‹ wie die ›rechten‹ Flüchtlinge aus dem »angeschlossenen« Österreich und der vergewaltigten Tschechoslowakei hinzu. Aber diese nach Zahl und Persönlichkeiten eindrucksvolle äußere Schicksalsgemeinschaft setzte sich nicht in politisches Gewicht um. Die vielschichtige, erzwungene Zusammenführung auf fremder Erde gebar keine politische Einheit, sondern perpetuierte eher ihr Gegenteil: die aus der Weimarer Republik mit ihren zahllosen Parteien und Splittergruppen ins Exil mitgenommene und dort fortdauernde deutsche Spaltungsmisere. Der Rest – die ›große Sache‹ mit der ›Einheitsfront‹ – war *wishful thinking* und im Sinne des geflügelten Wortes Literatur, dazu noch die schwächste, die im Exil geschrieben wurde.

Bei den Autoren, die dieser Emigration angehörten – ohne sie dadurch notwendigerweise nach außen zu repräsentieren –, kann von einer ideologischen oder gar etwa schulmäßig literarischen Geschlossenheit (zum Glück im Unglück, wie man im Sinne der schöpferischen Vielfalt sagen möchte) ebenfalls keine Rede sein. Zu ihnen gehörten sehr unterschiedliche und mitunter auch sehr ausgeprägte, ja sogar eigenbrötlerische Persönlichkeiten; die literarisch bedeutenderen waren und blieben trotz anderweitiger Kontaktfreudigkeit und elementarer Solidaritätsbemühungen letzten Endes ausgesprochene Einzelgänger. Schon deshalb hat es die heute vielberufene, von Partei(ange)hörigen als positiver Beitrag der Pariser Exilierten zur (damals notorisch nicht vorhandenen) »weltweiten Abwehrfront gegen Hitler« hochgejubelte »Einheitsfront der deutschen Emigration« (auf fremdem Boden, ohne Mittel und ohne geschlossene, auch für Innerdeutschland repräsentative Gefolgschaft!) nie geben können. Und sie knickte auch trotz des unermüdlichen und selbstlosen Einsatzes eines Heinrich Mann schon vor dem Hitler-Stalin-Pakt vom August 1939 zusammen und wäre selbst bei einem etwaigen überzeugenden organisatorischen Erfolg praktisch, d. h. in der Beeinflussungsmöglichkeit der deutschen Dinge und des politischen Ganges der Welt, utopisch und illusionistisch geblieben, denn auch im Falle der besten Bücher war damals die Feder gewiß nicht mächtiger als das Schwert. Die durch Vertreibung und Verfolgung erzwungene Gemeinsamkeit eines äußeren Schicksals machte längst noch keine Gemeinschaft, so daß jeder, der damals oder gar heute noch das Wort »*Wir* Emigranten« mit frontalen Ansprüchen in den Mund nahm oder nimmt, es unnützlich führte oder führt.

Auch so etwas wie einen von allen anerkannten »berufenen Wortführer« der Emigration hat es letztlich nicht gegeben. Der Titel, soweit er verliehen wurde, blieb übrigens in der Familie Mann: erst, in Frankreich, bei Heinrich – von innerster geistiger Berufung her tatsächlich am ehesten dazu bestimmt –, dann, in Amerika, bei Thomas – mit dem ihm eigenen Sinn für äußerliche persönliche Repräsentanz. Hinter dem Aushängeschild solcher Prominenz verbarg sich trotz manchen guten Willens zum Gegenteil keine irgendwie einflußreiche »Sammlung« der Kräfte eines »anderen« und damit, so lautete ja der Anspruch, eines »besseren« Deutschland. Kurt Tucholsky, der diese Zusammenhänge früh durchschaute und ihre Folgen erstaunlich prophetisch deutete, hat in seinem bekannten Brief an Arnold Zweig vom 15. Dezember 1935 dieses »gespenstische« Getriebe schonungslos entlarvt und den Besiegten, die weder ihre faktisch dauerhafte Niederlage noch deren Gründe oder Folgen und am wenigsten die eigene Mitschuld zumindest durch Weimarer Unterlassungssünden anerkennen wollten, vorwegnehmend das *vae victis!* zugerufen. In der Tat vermischte man während der Anfangsjahre des Exils »draußen« unvereinbare politische und kulturelle Kategorien, wozu oft ein Stück peinliche Arroganz kam, wenn man erklärte, die Hitlerei bedeute die Vertreibung und Versklavung der Mehrheit der guten Deutschen durch eine barbarische Minderheit, und wenn man zur Rechtfertigung »unausgepackter Koffer« zunächst naiv meinte, dieser betriebsunfallähnliche Vorgang würde in Bälde »von innen her«, vom »versklavten« oder »belogenen« deutschen Volk selbst, rückgängig gemacht werden – wobei man, notabene, der ohnehin in mannigfachen Wahnvorstellungen über Wesen und Ziele des Dritten Reichs befangenen noch freien, aber bereits bedrohten Welt, und damit auch dem Gastland, einen gewaltigen Bären aufband und fremde Illusionen durch die eigenen nähren half. Was an diesen Repräsentanzansprüchen wirklich stimmte (und eigentlich weniger betont wurde), war lediglich, daß draußen die »besseren« deutschen Autoren waren – und die meisten ganz bestimmt.

Viele davon, die Mehrzahl sogar, zunächst in Frankreich. Für etliche, wenn auch längst nicht in dem gleich starken Maße, war es, wie für Heinrich Mann, der sich da nun wirklich legitimieren konnte, physische Rückkehr in eine geistige Heimat. Für alle war jedoch zuerst einmal der Weg nach Frankreich Hals über Kopf angetretene Flucht vor unmittelbarer Bedrohung, das Überschreiten der gerade nächsterreichbaren Grenze gewesen, nicht aber eine ›freie Wahl‹, die es auch für den Exilierten nie mehr gab noch geben konnte. Andererseits sprach, zumal für einen deutschen Schriftsteller, mehr für Frankreich als nur die Tatsache, daß es zu den nächstbest erreichbaren Ländern gehörte. Es hatte als Zufluchtsland für den in Deutschland verfolgten und geächteten Geist »Tradition« seit Forster, Heine oder Börne. Dennoch war auch dieses scheinbar so »vorherbestimmte« Gastland im großen und ganzen kein ›Wahlland‹ im Sinne einer bewußten geistig-politischen oder ideologischen Option (wenn nicht gar einer innerlichen Identifizierung, die weder erwartens- noch wünschenswert gewesen wäre). Das »Weg wovon« stand bei dieser Flucht klarer, weil zwingender fest als das »Wohin«. Für die ersten und schon damit politisch profiliertesten der vom Zugriff der Naziverfolger bedrohten Flüchtlinge gab es weder freie Wahl noch Zielstrebigkeit noch wägende »Besichtigung« des jeweiligen Gastlandes, sondern einfach das Diktat des Zwanges und die Peitsche der Furcht. Es war dies alles, dem Ursprung nach, höchst unfreiwillig (abgesehen von den selteneren und späteren Fällen der Gewissensemigration zwecks Verweigerung der Gleichschaltung), war geprägt und bestimmt von Initiativen eines Verfolgers und von Konstellationen in einem Gastland, dem man zumindest nach Ausbürgerung und

Verlust oder Ungültigkeitserklärung seiner Reisepapiere auf Gnade und Ungnade ausgeliefert war.

Auch das Wort ›Gastland‹ kann in der Exilforschung nur als arbeitsvereinfachender Oberbegriff zu elementaren Katalogisierungszwecken Verwendung finden. Wörtlich darf es nicht genommen werden: So manches Zufluchtsland war keineswegs gastlich und konnte mitunter höchst ungnädig sein. Es wäre auch mit dem Verlangen nach uneingeschränkter Gastlichkeit in jener Zeit der noch nicht vollends abgeklungenen Weltwirtschaftskrise und erheblichen Arbeitslosigkeit für die Einheimischen spätestens in dem Augenblick überfordert worden, als im Zuge der Hitlerverfolgungen und Hitlereroberungen das Exil nicht mehr das Einzelschicksal verhältnismäßig weniger Schriftsteller, Künstler und exponierter Politiker war, sondern ein ausgesprochenes Massenschicksal wurde. Die meisten Asylländer waren lediglich Durchgangsländer, fast jeder Aufenthalt in ihnen war begrenzter und damit provisorischer Natur. Festen Fuß, im Sinne einer festen Existenz oder gar einer wahlverwandten geistigen Behausung, hat, von wenigen, aus mannigfachen Gründen atypischen Einzelfällen abgesehen, draußen kaum jemand gefunden, auch jene wenigen nicht, die nicht nur aus ihrem Vaterlande, sondern im Anschluß daran auch aus ihrer Sprache »gefallen« waren. (Eine gewisse Ausnahme bot sich allenfalls in den Vereinigten Staaten, die ihrer Struktur und Konzeption nach eher ein Immigrations- als ein Emigrationsland sind.) Auch verhinderte das Tempo der territorialen und ideologischen Naziexpansion die Gründung und Entwicklung gefügter Auslandsenklaven der deutschen Emigration. Dazu verblieb aber paradoxerweise auch bei einer relativ langen Exildauer den Betroffenen keine Zeit. Die Kräfte wurden in den meisten Fällen von einem aufreibenden Alltagskampf um die bloße Daseinsfristung und nicht zuletzt von dem nervenzermürbenden Geplänkel mit den Behörden um Aufenthaltserlaubnis und Aufenthaltsverlängerung verzehrt. Auch »mental« war für viele in der Einstellung zum Exil kostbare Zeit unter dem verständlichen, aber verstiegenen Wunschtraum vom nahe bevorstehenden Ende der Herrschaft Hitlers und der damit »ohnehin« verbundenen Rückkehr oder gar triumphalen Heimholung ins Vaterland verronnen. Jede ›Seßhaftigkeit‹ (per Definition gehört dieser Begriff nicht ins Exilvokabular) war also bestenfalls provisorisch und immer prekär.

Selbstverständlich bildeten sich dennoch im Laufe der Zeit in Frankreich bestimmte Gruppen- oder Siedlungszentren der literarischen Emigration heraus, die in regem, wenn auch oft nur losem Zusammenhang miteinander standen und naturgemäß höchst ungleichartige Persönlichkeiten umfaßten. Dasjenige von Paris, soweit es als Gruppe fungierte, das sich vor allem um den von Alfred Kantorowicz betreuten Schutzverband Deutscher Schriftsteller im Exil und die vom gleichen Mentor gegründete Deutsche Freiheitsbibliothek sowie um die weniger weit links stehenden Redaktionen des *Neuen Tage-Buchs* und der *Pariser Tageszeitung* bzw. des *Pariser Tageblatts* scharte, war politisch-publizistisch das aktivste, aber rein literarisch wohl doch das weniger prominente, im Vergleich etwa zu den beiden Wohnsitzzentren an der Côte d'Azur: Nizza mit der Vater- und Vorbildgestalt Heinrich Mann, mit dem früh in die deutsche Sprache eingewanderten und aus Solidarität mit seinen deutschen Kollegen aus Deutschland ausgewanderten Franzosen René Schickele, mit dem expressionistischen Pazifisten und »Sohn des Generals« Fritz von Unruh, vorübergehend mit Hermann Kesten, der überall und mittendrin dabei war, und auch mit Schalom Asch, der im strengeren Sinne kein ›deutscher Exilautor‹ war; und Sanary (von mißtrauischen Einheimischen, die dem deutschen Idiom gram waren, bald hämisch ›Sanary-la-Boche‹ genannt) mit dem Platzhalter und Mittelpunkt Lion Feuchtwanger, der dort eine herrliche Villa hatte, dem mit seinem Konservatismus kokettierenden aufrechten Gesinnungsemigranten Balder Olden, mit dem streitfreudigen Pendler Ludwig Marcuse und vielen anderen mehr oder weniger ›Transitären‹ wie Klaus Mann. Allerdings lebten und wirkten gerade in Paris, damals noch »literarische Hauptstadt Europas«, zahlreiche deutsche Schriftsteller von Rang auch abseits vom politischen Getriebe, und trotz aller pekuniären und sonstigen Schwierigkeiten unbeirrbar vor allem der Fortführung ihres Werkes zugewandt, so der früh naturalisierte und höchst eigenwillige Alfred Döblin oder Joseph Roth, treusorgender Emigrantenbeichtvater nicht nur für seine vertriebenen österreichischen Landsleute, verfallen aber schon dem selbstmörderischen heiligen Trinkertum, sowie Walter Benjamin, im Exil unbekannter und verkannter als heute nach seiner geistigen Heimholung, Siegfried Kracauer, der Begründer der modernen Filmkritik und Kinotheorie, und später Ernst Weiß.

Gleichwohl kann Paris nur mit Einschränkungen als ein wesentliches Zentrum der deutschen Exilliteratur in Frankreich in Anspruch genommen werden: ein zunächst erstaunliches Phänomen in einem so stark zentralisierten Lande, wo alle Wege in oder doch über die Hauptstadt führen, für Schriftsteller allzumal. Wenig günstig für ihre Direktkontakte mit Verlegern war für die in Frankreich lebenden Autoren wohl auch der Umstand, daß sich die großen Exilverlage (die nach ihren Mitteln dennoch eher kleine waren und längst nicht das Angebot an Manuskripten bewältigen konnten) nicht in Paris befanden (nur ein paar kleinere, politisch oder »rassisch«-konfessionell ziemlich eng gebundene wie Carrefour, Phoenix, ENI standen dort – nicht allen – zur Verfügung), sondern in Holland, in der Schweiz und später in Stockholm. Wichtiger für Paris waren natürlich die bereits erwähnten Zeitungen und Zeitschriften, die keineswegs ›Käseblätter‹ waren, wie ein verzweifelnder Tucholsky sie abfällig genannt hatte (was leider im Dritten Reich zitatwürdig wurde), aber doch ohne beträchtliche Auflagenhöhe und mehr noch ohne nennenswerte Auslandswirkung blieben, bestenfalls trotz mancher authentischen »Enthüllung« und wesentlicher Kommentare doch nur Missionsliteratur für längst Bekehrte, nämlich für Emigranten, die selber oft zu mittellos, um diese Blätter überhaupt zu erstehen, und von der Bösartigkeit des Naziregimes ohnehin hinreichend überzeugt waren. Die »solideren«, literarisch gewichtigeren Zeitschriften – die kurzlebige *Sammlung*, das verhältnismäßig kurzlebige *Wort* und, auf exklusiv Literarisch-Kulturelles bedacht, *Maß und Wert* – erschienen außerhalb Frankreichs und wurden hauptsächlich auch im Ausland redigiert: Amsterdam, Moskau, Zürich. Abgesehen von den etablierten, naturgemäß schon älteren Erfolgsautoren, deren Ruf und Ruhm auch im Ausland bereits vor ihrem Exil begründet waren und die auf eine angemessene Fortdauer ihrer Übersetzungserfolge rechnen durften, so etwa Thomas Mann, Stefan Zweig, Lion Feuchtwanger, konnten die deutschen Exilautoren kaum erwarten, bei einem zuerst durch Verbot im Reich und dann durch die Besetzung und Einverleibung deutschsprachiger Gebiete wie Österreich und das Sudetenland drastisch zusammengeschrumpften Markt von ihren Büchern oder überhaupt »von ihrer

Feder« zu leben. Der Anschluß aber an den literarischen Markt des Gastlandes war schwer zu finden. Er stellte auch im günstigsten Falle nur eine sehr beschränkte Einnahmequelle dar, da die französischen Verlage und Zeitschriften auch für einheimische Autoren notorisch geringfügige Honorare auswarfen. Auf einen anderen Beruf »umstellen« konnte man sich wegen der ausländerfeindlichen Arbeitsgesetze ohnehin meistens nicht; auch wäre dies nur durch den Verzicht auf das eigene Werk möglich gewesen.

Von ihrem eigenen Publikum, dem deutschen, jäh abgeschnitten und für ihre deutschsprachigen Werke auf eine Schrumpfleserschaft im Ausland beschränkt, mußte den Exilautoren naturgemäß sehr viel an einer Verbreitung ihrer Schriften in fremdsprachiger Übersetzung gelegen sein. Man kann nicht sagen, daß sie in dieser Hinsicht in Frankreich den Anschluß verpaßt hätten; sie haben sich jedoch auch anfänglich nicht sonderlich darum bemüht, weil, wie bereits mehrfach gesagt, ihre optimistische und kraß verfehlte Einschätzung der Lage und Entwicklung in Deutschland, vor allem im Hinblick auf Bestand und Dauer des Dritten Reiches, ihnen eine längerfristige Einschätzung der Exildauer verwehrte. Und selbst bei weiterer Perspektive lag ihnen als vornehmste Aufgabe die »Pflege des deutschen Sprachwerks«, die Erhaltung und Rufrettung der Muttersprache im Ausland am Herzen: es galt, der ›Sprache des Unmenschen‹ (der Begriff war damals noch nicht geprägt) das unvergängliche Erbe deutscher Geisteskultur entgegenzuhalten, als dessen berufene und alleinige Wahrer sich einige der Exilautoren in unbefangener Selbsteinschätzung empfanden. Diese auf »geistigem« Gebiet etwas forciert ›patriotische‹ Grundhaltung der Anfangsjahre war eigentlich nicht vorbildlich ›kosmopolitisch‹: Es ging da vor allem, mit einer oft schrillen Betontheit, um die »deutschen Dinge« (die das Nachbarland zunächst weniger interessierten, als zu vermuten gewesen wäre), nicht nur um deutsche Tagespolitik, sondern – sehr großgeschrieben – um Deutschen Geist und Deutsche Kultur, als Gegenbild zur braunen Barbarei. Diese zögernd und wie bedauernd nur langsam revidierte Ausrichtung führte zu einer Art sprachlicher Abkapselung, weil sie einseitige Prioritäten setzte und realistischere, vielleicht auch nur opportunistischere Alternativen der Direktkommunikation mit dem Publikum des Gastlandes verkannte, solange man sich mentaliter auch »draußen« immer noch »drinnen« wähnte. So gab es tatsächlich innerhalb der deutschen Emigration eine teils selbstgewählte, teils durch Umweltverhältnisse und Gastlandmentalität – z. B. eine in weiten Kreisen noch akute Deutschfeindlichkeit und einen mehr als latenten Antisemitismus, die hier paradoxerweise zusammenfielen – bedingte Isolierung vor der französischen *ambiance* (und damit auch eine gewisse Unwissenheit über deren *res publica*), die mitunter, vielleicht schon in der äußeren Form der »Kolonien« am Mittelmeer, zu einer Art von ungewollter Gettoisierung führte, obwohl es an Kontakten und an Kontaktmöglichkeiten vor allem mit der französischen Intelligenz nicht fehlte. Es ist später seitens etlicher von diesem Gastland enttäuschter Exilautoren, auf die sich wenig beschlagene deutsche Nachkriegskommentatoren dann beriefen, die Klage, ja fast die Anklage lautgeworden, man habe ihnen den Zugang zur literarischen Öffentlichkeit Frankreichs, vor allem in der Form von Übersetzungen und Mitarbeit, schwergemacht, wenn nicht gar verwehrt. Das trifft einfach nicht zu. Man braucht nur die einschlägigen Verlagskataloge, Verlagsanzeigen und Literaturblätter aus jenen Jahren zu befragen, um festzustellen, daß der französischsprachige Anteil an Übersetzungen von Büchern deutscher Exilautoren durchaus stattlich ist – eher über als unter der früheren »gesamtdeutschen« Quote und bei weitem höher als der Anteil von Werken »daheimgebliebener« Autoren, die es allerdings auch qualitätsmäßig mit den besseren Veröffentlichungen der Exulanten nicht aufnehmen konnten – und daß sich ebenfalls die zuständige, in jenen Zeiten noch für das Wohl und Wehe eines literarischen Werkes lebenswichtige Literaturkritik ernsthaft und ehrlich und sogar über das Maß des Üblichen hinaus um diese Exilliteratur bemühte. Die angesehene ›linke‹ Revue *Europe* und die Wochenschrift *Vendredi*, das kulturpolitische Organ des *Front Populaire*, hatten eigens eine Sonderrubrik eingerichtet, in der Werke von Exilautoren in der Originalsprache vorgestellt wurden, um Verleger und Publikum auf sie aufmerksam zu machen, und die angesehene Zeitschrift *Le Point* veröffentlichte eine Sondernummer über den deutschen Roman, der fast ausschließlich dem Schaffen exilierter deutscher Schriftsteller gewidmet war. Dieses positive und tätige Interesse für die deutsche Exilliteratur gilt auch und zumal für die damals angesehensten Pariser Verlage Gallimard, Plon, Stock und Grasset, für die wichtigsten Literaturblätter, etwa die *Nouvelles Littéraires*, heute eine wahre Fundgrube für Würdigungen und Interviews deutscher Exilautoren, die in Frankreich lebten oder Paris besuchten – und die *Cahiers du Sud*, wo ein Emigrant im Redaktionskomitee saß und u. a. Walter Benjamin mitarbeitete, sowie für die Feuilletonspalten führender Tageszeitungen, unter ihnen auch durchaus ›rechts‹ eingestellte, wie *Le Temps*, *Le Journal des Débats* und *L'Ordre*. Namhafte, ja die namhaftesten französischen Schriftsteller, die vielfach als Verlagslektoren, Betreuer von Bücherreihen, Herausgeber von Zeitschriften oder Literaturkritiker tätig waren und den Exilautoren mit den Türen ihres eigenen Hauses auch den Zugang zu Verlagshäusern und Redaktionen geöffnet hatten, setzten sich nachhaltig und erfolgreich für ihre exilierten Kollegen ein. Gabriel Marcel, der die Auslandsreihe »Feux Croisés« bei Plon leitete, hat sich um die verlegerische – und damit auch die materielle – Betreuung literarischer Flüchtlinge ganz besonders verdient gemacht, desgleichen André Gide als einflußreiche Graue Eminenz des Großverlags NRF (Gallimard), Jean Guéhenno als Lektor von Grasset und Riéder; André Malraux, Louis Gillet, Charles Du Bos waren unermüdliche Fürsprecher und Förderer; die Universitätsprofessoren Félix Bertaux und Robert Minder betreuten Werk und Person von Heinrich Mann und Joseph Roth und auch Alfred Döblin.

Übersetzt wurde natürlich zunächst und vor allem – wie das im Verlagswesen aller Länder seit langem üblich ist – das ›Gängige‹, das ›Bewährte‹ mit erwiesen guten Verkaufsaussichten oder gar mit Bestseller-Möglichkeiten, so die längst eingeführten Renommeeautoren Thomas Mann, Stefan Zweig (immer und überall ein ›Verkaufsschlager‹) und Jakob Wassermann (damals noch nicht im Fegefeuer der posthumen Halbvergessenheit). Ebenfalls schon vor dem Exil ein erfolgreicher Autor in Frankreich war Joseph Roth, und »zugkräftig« wegen der positiven Aufnahme seines Romans *Jahrgang 1902* war Ernst Glaeser, der noch in Paris *Der letzte Zivilist* und seinen »Heimwehroman« *Das Unvergängliche* herausbrachte, ehe er von Zürich aus – wie er sagte: »aus Heimweh« – ins Dritte Reich zurückkehrte, das ihm den Abfall von der Emigration zu lohnen wußte. Für die etwas bedächtigen und zähflüssigen Pariser Verlagsverhältnisse haben Ödön von Horváth und Bernard von

Brentano verhältnismäßig rasch bekannte Verlage gefunden, ebenso Siegfried Kracauer, dessen *Offenbach und das Paris seiner Zeit* vorübergehend guten Widerhall fand. Zur Abrundung des Bildes muß erwähnt werden, daß der Verfasser dieser Zeilen mit allen seinen deutschsprachigen Werken in die französische Sprache übersetzt wurde, ehe er als Autor in sie »umstieg«. Heinrich Mann hingegen – und hier besteht nun wirklich Grund zum Stirnrunzeln – gehörte mit viel weniger Titeln seiner bedeutenden Werke, als man hätte vermeinen müssen, zu den übersetzten Autoren, und seine echte Prominenz stand in keinem Verhältnis zu Auflageziffern und Publikumsgunst: gerade in seinem Falle, und für Frankreich, dem er so viel dankte und so viel gab, eine erstaunliche Verkennung. Publikumsgunst und Verlegerinitiative, sowie kritische Sachkenntnis, denn er wurde fast ausnahmslos »gut« rezensiert, entsprechen einander nicht immer. Auch Alfred Döblin, einer der großen deutschen Romanciers, dessen *Berlin Alexanderplatz* seinerzeit bei der französischen Kritik bemerkenswerten Anklang gefunden hatte – wobei es an berechtigt schmeichelhaften Vergleichen des Berliner Kassenarztes mit dem Pariser Armenarzt Louis-Ferdinand Céline nicht gefehlt hatte – zählte zu den damals in Frankreich Verkannten. Ebenso, und besonders bedauerlicherweise, da der Schaden für Frankreichs eigene Literatur bis auf den heutigen Tag nicht repariert ist, René Schickele, von dem lediglich der im Exil entstandene Roman *Die Witwe Bosca* in einem verhältnismäßig obskuren Verlag trotz des Vorwortes von Thomas Mann ohne sonderlichen Erfolg herausgebracht wurde und dessen französisch geschriebener Kurzroman elsässischer Kindheitserinnerungen, *Le Retour*, der Schickeles »Rückkehr« in seine Muttersprache einleitete, nicht einmal einen »ordentlichen« Verleger fand: er erschien, mit Arbeiten anderer Autoren, in der revueähnlichen Vorabdruckssammlung *Œuvres Libres.*
Diese Akzentsetzungen von Licht und Schatten sind insofern wesentlich, als die Rezeption der deutschen Exilliteratur im Gastland Frankreich – außer bei Germanisten und nur begrenzt zahlreichen Deutschkennern – mit der Auswahl, Anzahl und Verbreitung von Übersetzungen steht und fällt, was sich wiederum in der Wirkungsgeschichte reflektiert und vor allem von Belang für die Frage wird, welches Deutschlandbild (und welches Exilbild) den Franzosen vermittelt worden ist.
Wenig Anklang und damit wenig Veröffentlichungsfreudigkeit bei den französischen Verlegern fanden die besonders in der Frühzeit der Emigration grassierenden und bald in geradezu inflationären Proportionen herausgebrachten ›Geschichtsromane‹, auf die sich zahlreiche Exilautoren, unter ihnen durchaus namhafte, geradezu warfen. Diese historischen Romane brachten, oft verbrämt und verfremdet, Zeitbezüge auf Hitlerdeutschland in exotischer Verkleidung, in mehr oder weniger wuchtigen Anspielungen, die einem nicht intim mit diesen Zusammenhängen vertrauten ausländischen Leser jedoch allzu leicht entgehen und ihn auch nicht sonderlich fesseln konnten. ›Geschichtsromane‹ oder romanhaft aufgemöbelte Biographien waren schon vor dem Exil in Europa und Amerika »Mode« – man denke z. B. an Emil Ludwig und André Maurois – und standen an sich wegen ihres Anklangs beim Publikum für Verleger hoch im Kurs. So stand eben hinter dieser selbstzerstörerischen Überfülle von Geschichtsromanen im Exilschrifttum verständlicherweise auch bei vielen in akute Existenzschwierigkeiten geratenen Autoren die Erwartung fortdauernd hoher Verkaufsziffern selbst auf einem beschränkten deutschen Markt und vor allem durch Übersetzungsrechte. Dies erwies sich in den meisten Fällen aller-

dings als eine Fehlspekulation: Das Genre rannte sich durch Überproduktion selber zu Tode und kam besonders in Frankreich nicht recht an. Die Querele um diesen ›Geschichtsroman‹ der Exilliteratur ist eigentlich seit ihrem Ausbruch schon zugunsten seiner Kritiker abgeschlossen, also seit der Polemik Kurt Hillers in *Profile* gegen diese »Flucht vor der Forderung des Tages«[4], die auch Lukács[5] nicht entkräften konnte, und seit derjenigen zwischen dem holländischen Schriftsteller und Journalisten Menno ter Braak (übrigens ein besonders tätiger Emigrantenfreund), der beim Einmarsch der Nazitruppen in Den Haag Selbstmord verübte, und seinen exilierten Kontrahenten im *Neuen Tage-Buch*.[6] Aber Tucholskys bitterböses Wort dazu, »sie schreiben dieselben Bücher« [»als sei nichts geschehen«][7] ist weniger bedrückend als ter Braaks nicht eingelöste Forderung, aus einer drastisch neuen Lage und damit aus drastisch neuen Erkenntnissen heraus endlich den Exilroman des Exils zu schreiben – denn diesen, der *Exil*autoren auch zu *Exils*autoren gemacht hätte, gibt es ganz erstaunlicherweise nicht, trotz Anna Seghers' starker Kapitel in *Transit*, die aber nur das »böse Ende« der »Mausefalle Marseille« mit einer nicht überzeugenden »Pflicht zum Dableiben« beinhalten; und man wird, sei es auch nur aus Mangel an Masse und wirklicher Qualität, doch wohl nicht ernsthaft Klaus Manns *Der Vulkan* mit seiner pathetischen Wirrnis und seinen exzentrischen und untypischen Einzelschicksalen für *den* Roman des Exils halten oder gar behaupten wollen, Remarque habe mit seinem billigen und schlechthin verlogenen Kolportageroman *Arc de Triomphe* das letzte Wort in dieser Sache gesprochen.

Wenig interessierten die einflußreicheren französischen Verleger die notwendigerweise polemisch gehaltenen politischen Geißelungen des Dritten Reiches in Essayform, die oft zu eng parteibezogen waren und allzu leicht als *querelles d'Allemand* abgetan werden konnten. Natürlich gab es auch da, wenn der Stoff von übergreifenderen Bezügen war, oder in dem Maße, wie die hitlerische Kriegsdrohung sich verdichtete, eindrucksvolle Ausnahmen: So wurden etwa, nach dem *Braunbuch über den Reichstagsbrand*, der ersten Erfolgsveröffentlichung der deutschen politischen Emigration, Hermann Rauschnings *Gespräche mit Hitler* ein Bestseller.

Eine publizistische Wirkung auf die Leser des Gastlandes, soweit sie gezielt angestrebt wurde, war naturgemäß einzig durch Übersetzung möglich. Nur wenige der in Frankreich lebenden Exilautoren beherrschten die Landessprache hinreichend oder gar ausgezeichnet genug, um sich direkt in diesem Medium an ein breiteres Publikum wenden zu können. Auch hier war Heinrich Mann eine Ausnahme. Er sprach und schrieb das Französische fließend, mit Verve und Eleganz, und war mit der Kultur, der Geschichte und – was unter jenen Umständen wichtig genug war – mit den politischen Verhältnissen des Landes intim vertraut. Zahlreiche französische Politiker zählten zu seinen Freunden, insbesondere führende Mitglieder des *Front Populaire*, an dessen Entstehung er als Beobachter und Berater inoffiziell beteiligt gewesen war und unter dessen allzu kurzlebiger Regierung zum ersten und letzten Mal in diesem Frankreich ein ausgesprochen emigrantenfreundlicher Kurs gesteuert wurde. Das bestätigte sich u. a. in den französischen Initiativen auf der Internationalen Flüchtlingskonferenz von Evian, die wenigstens für die einwandfrei als politisch oder rassisch Verfolgten zur Erlangung des begehrten Ersatzreisepasses *Titre d'identité et de voyage pour refugiés provenant d'Allemagne* führte, welcher übrigens bei den Internierungen eine Art von Schutzbrief darstellte, da die Inhaber dieses Papieres bevorzugt »gesiebt« und am raschesten wieder entlassen wurden. Im übrigen konnte sich dieses Dokument aber bei jedem Grenzübertritt, den die meisten europäischen Länder Flüchtlingen lieber verwehrten als gewährten, auch als eine Art heimlicher Steckbrief entpuppen, der dem Träger fast automatisch strenge Verhöre, peinliche Gepäckdurchsuchungen und scharfe Devisenkontrollen garantierte: So war auch diese völkerrechtliche Legitimierung keineswegs ein Freibrief gegen Willkür und Verfemung. Auf jeden Fall war die Regierung Léon Blums, nach oder mit der tschechoslowakischen von Benesch, in Europa die den Emigranten wohlgesonnenste. Es wurde unter ihrer Amtszeit auch schon ein *loi sur la prestation des étrangers en temps de guerre* zur Verbriefung der Rechte und Pflichten der Ausländer einschließlich der deutschen Flüchtlinge in Kriegszeiten angestrebt. Von den Nachfolgerinnen der Volksfrontregierung ließ sich so Gutes nicht mehr sagen, vor allem nicht mehr nach dem Abkommen von München; und spätestens von diesem Zeitpunkt an hätte man eigentlich schon erkennen können, wie (und wohin: ins Lager nämlich) der Wind wehte; denn im Zuge der neuen deutsch-französischen Verständigungspolitik – so nannte sich diese Ausgeburt von Erpressung und Nachgiebigkeit tatsächlich – war man sichtlich nicht mehr willens, die vermeintliche »Wahrung des Friedens« dem vollgültigen völkerrechtlich verbrieften Schutz eines lästigen Haufens hilfloser und einflußloser Emigranten zu opfern. Schon vor und, ungestümer, gleich nach München erhoben sich Stimmen, besonders in einer nicht gerade von französischen Geldern inspirierten Presse, denen zufolge jeder Flüchtling – der auch und gerade dem Gastland gegenüber nur seine Pflicht tat, wenn er vor Hitlers Kriegsplänen und Kriegszielen warnte, wie es natürlich auch Heinrich Mann in der *Dépêche de Toulouse* tat – ein ›Kriegshetzer‹ sei. Und nach dem Waffenstillstand von 1940 wurde es in der Vichy-Presse zur demagogischen Gewohnheit, die ›Emigranten‹ sowohl für den Ausbruch wie für den Ausgang des Krieges verantwortlich zu machen. Kurz vorher, unter der letzten »demokratischen« Regierung Paul Reynauds hatte man sie zur Begründung ihrer erneuten Inhaftierung als Mitglieder der ›Fünften Kolonne‹, also praktisch als Hitler-Agenten, diffamiert. Die zunächst in einem Radrennstadion der Hauptstadt Internierten wurden nach einer Bombardierung von Paris, durch die die Bevölkerung höchst erregt war, zum Abtransport in die Provinz durch die von tobenden Mengen umsäumten Straßen eskortiert. Dabei wurde behauptet, sie seien Kriegsgefangene – da man wohl keine echten vorzuweisen hatte. Gegen solche verhängnisvolle Degradierung hat auch die beschwörende Feder eines Heinrich Mann oder anderer nichts ausrichten können. Übrigens sind die Beiträge Heinrich Manns in der *Dépêche de Toulouse* in ihrer politischen Wirkung auf die öffentliche Meinung in Frankreich von der Exilforschung stark überschätzt worden. Er schrieb verhältnismäßig häufig, aber eben doch nur einmal monatlich. Das Provinzblatt gehörte zweifellos zu den angesehensten, war, von den Brüdern Sarraut geleitet, ein Organ der gemäßigt republikanischen Radikal-Sozialistischen Partei; aber sein Einfluß auf eine massenmäßig erfaßbare Leserschaft konnte sich naturgemäß nicht mit demjenigen der großen Pariser Tageszeitungen messen; denn im politischen und literarischen Frankreich hatte nun eben einmal nur die Hauptstadt Gewicht und Stimme.

Das Schicksal der deutschen Emigration war und blieb politisch bedingt und politisch bestimmt. Der »Zwang zur Politik«, von Thomas Mann etwas verspätet aner-

kannt, beherrschte eine Stunde, die den längst und lange Geschlagenen nie im geschichtlichen Sinne positiv schlagen sollte; denn diese Emigration ist bei Ablauf ihrer
Verbannung als »geistige Gegenkraft« auf den Gang der Dinge in Deutschland
ebenso einflußlos geblieben wie später auf eine von einigen erhoffte »Neugestaltung« Deutschlands im Sinne des unübertragbaren und keineswegs bewährten Modells einer ›Volksfront‹. Die politisch zerrissene und in eine Vielzahl von Gastländern versprengte Emigration war nur äußerlich schicksalsmäßig ein Ganzes von
Vielen, und dazu von unendlich viel Divergentem. Daß die Exilliteratur zwangsläufig im Banne der Politik stand, ist unbestreitbar: Es hätte gar nicht anders sein
können. Daß sie sich im großen und ganzen der ›Forderung des Tages‹, derjenigen
des politischen Tageskampfes gestellt hat, ist nicht zu bezweifeln. Mit welcher Wirkung und Fortune und mit welchen oft pathetisch-unzulänglichen Mitteln und Perspektiven sie es tat, bleibt umstritten, obwohl die Dokumente eigentlich vorliegen.
Vieles von dem, was ohnehin nur dem Tage gehörte, hat sich in und mit diesen
dunklen Tagen verloren. Vieles erhob auch nie den Anspruch des Bleibenden. Nach
dem aber, was bleibt, was literarisch relevant ist und bleibt, muß gefragt werden.
Ob man dieser Fragestellung gerecht werden kann, wenn man sich auf die literarische Leistung in einem Sektor, ›Gastland‹ genannt, beschränkt, ist zweifelhaft. Die
Aufspaltung eines literarischen Gesamtphänomens wie ›Deutsche Exilliteratur 1933
bis 1945‹ in nicht völlig legitime Teilabschnitte, die faktisch oft eng verflochten
sind – denken wir nur an das Irren von Land zu Land – und auch schon durch das
gemeinsame Band von Sprache und Schicksal untrennbar bleiben, könnte wenig angemessen erscheinen. Schon die chronologische Begrenzung der Exilliteratur auf 1933
bis 1945 ist strittig: Es gibt eine legitime, da unerläßliche Vorgeschichte des Exils in
den letzten Jahren der Weimarer Republik. Es gibt eine Nachgeschichte des Exils
weit über 1945 hinaus, so in Einzelfällen seine Fortdauer, manchmal zeitlebens. Es
gibt eine Rezeptions- und Wirkungsgeschichte der Exilliteratur vornehmlich im
deutschen Sprachraum, aber in beschränkterem Maße auch in den Gastländern. Es
gibt, und das ist schließlich bekannt, gerade literarisch besonders relevante Werke,
deren Konzeptions-, Kompositions- und Rezeptionsgeschichte den enggezogenen
Rahmen von Exilchronologie und Ortszuordnung nach Gastland, selbst nach Gastländern, sprengt. Manche wurden schon vor der Flucht oder Verbannung oder vor
Hitlers Machtergreifung in Deutschland ersonnen oder begonnen und im Exil, und
auch nicht immer in ein und demselben Land, zu Ende geführt, andere in einem
Gastland konzipiert oder begonnen und im nächsten Gastland abgeschlossen (veröffentlicht, wenn überhaupt, wurden sie dann oft noch dazu ganz woanders), wieder andere im Exil begonnen und nach einer Rückkehr nach Deutschland – oder
auch einer Nichtrückkehr oder »Halbrückkehr« – vollendet. Diese Hinweise beziehen sich z. B. auf Thomas Manns *Joseph*-Trilogie, sogar auf Heinrich Manns doch so
tief und echt in Frankreich verwurzelte *Henri Quatre*-Romane, auf Franz Werfels
Das Lied von Bernadette, auf Robert Musils *Der Mann ohne Eigenschaften*, auf
Carl Zuckmayers *Des Teufels General* oder auf Alfred Döblins *Hamlet oder Die
lange Nacht nimmt ein Ende* (sowie auf seine *November 1918*-Trilogie).
Berechtigter läßt sich fragen: Welches Deutschlandbild haben die Exilautoren einem
Lande gegeben und hinterlassen? Welche Selbstdarstellung etwa ihres französischen
Exils haben die Autoren erarbeitet? Und nicht zuletzt, da sehr wesentlich: Welche

Stoff- und Ideenkreise des Gastlandes haben sie zum Vorwurf und Inhalt oder gar zur »Botschaft« ihrer Werke gemacht? Hier beginnt die Geschichte der Wechselwirkung von Einflüssen, Anregungen, Beziehungen und »Befruchtungen«, die die Exilforschung zu einer legitimen Sparte auch und gerade der Vergleichenden Literaturgeschichte macht. Nun, man weiß, daß der politische Tagesroman, der Roman über Deutschland oder zur deutschen Frage, von einigen Ausnahmen abgesehen, zugunsten des (sich jedoch keineswegs ›unpolitisch‹ verstehenden) Geschichtsromans vernachlässigt worden ist und daß sich beim besten Willen in der Produktion der in Frankreich lebenden Exilschriftsteller (außer in den erwähnten Kapiteln von Anna Seghers' *Transit*) kein literarisch, gesellschaftlich, psychologisch oder intellektuell wertvoller oder auch nur aufschlußreicher ›Wirklichkeitsroman‹ über das französische Exil finden läßt. Bleibt die Befruchtung durch Frankreich in Geist oder Thematik. Hier steht rangmäßig ein Werk hoch über allen: Heinrich Manns *Henri Quatre*, sein »reifstes Werk« nicht nur der Exilzeit, sondern vielleicht seines Gesamtschaffens. Obwohl diese beiden Henri-Romane vom Thema her schon in Deutschland vorbereitet waren und dann möglicherweise anderswo, wenn auch nicht *so* exilbezogen hätten geschrieben werden können, ist das Exilerlebnis, reflektiert am Beispiel des an Verfolgungen und Heimsuchungen nicht gerade armen Lebens des ›Volkskönigs‹, untrennbar vom Ganzen, und ebenfalls die nie ins Demagogische ausartende, stets künstlerisch gebändigte humane und humanistische Militanz des Autors, der hier nebst gezielten Bezügen zu Hitler und zur Hitlerzeit sein Wunschmodell für ein an solchem ›Volkskönigtum‹ orientiertes Deutschland der ›Volksdemokratie‹ einbaut. Schon um dieses Meisterwerkes willen hatte sich trotz aller späteren Unbill (Verhaftungsbedrohung und Pyrenäenflucht des Autors) die erzwungene und keineswegs unfruchtbare Kohabitation deutschen und französischen Geistes für beide Länder gelohnt. An dieses Renommierstück (im besten Sinne des Wortes) des Exilschrifttums in Frankreich reicht sonst nichts heran. Was folgt, folgt mit Abstand. Joseph Roth, der das Exil sehr intensiv erlebt und erlitten hatte, blieb den Zeitgenossen und der Nachwelt den großen Exilroman vom Exil schuldig. Er fühlte sich trotz seiner Anteilnahme nie zu einem solchen zeitgebundenen Werk aufgerufen und blieb in seiner Themenwahl seiner galizischen Herkunft und seinem Habsburg-Mythos treu. Sein einziger Griff nach einem (geschichtlichen) französischen Thema erwies sich trotz aller auch in diesem Buch erwiesenen Könnerschaft als Mißgriff: *Die hundert Tage*, ein Napoleon-Roman, oder besser eine Napoleon-Phantasie *en miniature*. Er hat selber nie viel von diesem Gelegenheitswerk gehalten und sich einige Vorwürfe gemacht, sich aus Geldmangel und gegen seine bessere literarische Einsicht auf den bei seinen Kollegen en vogue stehenden Geschichtsroman eingelassen zu haben. Wie wenig René Schickele in der französischen Presse und beim französischen Publikum seine Bemühungen um ein spezifisch deutsch-französisches Thema gelohnt wurde, ist bereits vermerkt worden. Er hatte es, seiner literarischen Karriere nach, in seinem Geburtsland noch schwerer als so mancher deutsche Exilautor: Die Vernachlässigung dieses deutschsprachigen Autors, der nie seine französische Staatsangehörigkeit aufgegeben oder gar die französische Geisteswelt, aus der er sich im Sinne eines guten Europäers weiterhin mitnährte, verleugnet hatte, scheint um so skandalöser, als noch heute der Verdacht bestehen könnte, man habe seine betonte Elsaß-Problematik als suspekt und seine frühe Option für die Sprache des Nachbarlandes als anstößig empfunden. Auch Kracauers Offenbach-Buch hat in Frankreich einen kurzlebigen Achtungserfolg nicht überdauert. Im Zusammenhang mit einer französischen Stoffinspiration muß der heute etwas in Vergessenheit geratene Roman Franz Werfels *Das Lied von Bernadette* erwähnt werden. Seine Ursprungsgeschichte ist zutiefst dem Exil und seinen Gefährdungen verwurzelt: Er verdankt sein Entstehen dem in Lourdes abgelegten Gelöbnis des insgeheim schon zum Katholizismus konvertierten Autors, im Falle des Gelingens seiner Flucht über die Pyrenäen und bei Erreichen des bergenden Amerika der »kleinen Heiligen« ein Werk zu weihen.

Obwohl sie ein Meisterwerk enthält, mag diese sehr knappe Liste des lokal und geistig exilbezogenen und gastlandbefruchteten Emigrantenromans etwas dürftig scheinen. Es wäre aber eine unzumutbare Überforderung der Autoren des deutschen Exils, mehr von ihnen verlangen zu wollen, und das noch hinterher, als das ohnehin Beträchtliche, das sie unter den materiell, psychologisch und politisch werkfeindlichen Umständen, in denen sie leben, darben und – nicht nur vor dem ursprünglichen und hauptsächlichen Verfolger – bangen mußten, hervorgebracht haben, ohne daß sie sich übrigens dabei, in ihrer Werktreue zu den ihnen schon vor dem Exil eigensten Themen, der Thematik und Problematik der Emigration verschlossen hätten. Es kann nicht genug betont werden, daß gerade die bekanntesten und bedeutendsten unter ihnen schon vor ihrem Exil in Schaffen und Werk individuell profiliert und »geprägt« waren und daß sie es auch nach ihrem Exil (soweit sie es überlebten) in eigenständiger Weise blieben. Sie nur und einzig als ›Exilautoren‹ zu würdigen müßte eine unzumutbare Eingrenzung ihrer Zielsetzungen und Potenzen darstellen, die Kette ihres langen Wirkens auf »bloß« ein paar, wenn auch noch so markante Glieder, die Exiljahre, beschränken. Diese Autoren waren *auch*, in einer schmerzlich-wichtigen Phase ihres Lebens und Schaffens, aber sie waren *nicht nur* ›Exilautoren‹. Ihre Gesamtlaufbahn und kaum einmal notwendigerweise ihre spätere Entwicklung müssen von diesem langen und schlimmen Zwischenspiel nicht schlechthin und ausschließlich bestimmt worden sein. Wenn sie, durchaus zum Wohle, auf jeden Fall zur größeren Bereicherung der zeitgenössischen deutschen Literatur, als Schriftsteller und Dichter »draußen« ihr eigenstes und nun einmal eigentliches Werk weiterführten, kann man es ihnen nicht mit dem Vorwurf danken, sie hätten, mit und nebst so vielem anderen, auch noch auf dies ihr Werk und ihre Werkausrichtung verzichten sollen.

Aber hier stoßen wir auf ein Dilemma, das die Exilforschung in ihrer jetzigen Form problematisch macht: Sie zieht sich selber chronologisch, lokal und thematisch leicht zu enge Grenzen und schränkt mit der Reichweite ihrer Investigationen auch diejenige bestimmter Autoren ein. Dieses Dilemma entstammt natürlich den Unterlassungssünden und Renitenzen einer auf diesem Gebiet in den ersten Jahrzehnten nach Kriegsende wenig forschungsfreudigen Fachgermanistik. Auf jeden Fall läuft die Exilforschung damit Gefahr, den Gegenstand ihrer Aufmerksamkeit aus dem trotz einschneidender politischer Zäsuren kontinuierlichen Gefüge der gesamtdeutschen Literatur herauszulösen, statt ihn dieser, zwar an seinem spezifischen und besonderen, aber nicht isolierten Standort, rang- und stellenmäßig einzuordnen. Es könnte dabei passieren, daß die Exilliteratur durch eine plötzliche und unverhältnismäßig überbetonte Spezialbehandlung innerhalb der deutschen Literaturgeschichte wie in einer Sonderenklave »im Exil bleibt«, daß ihr an sich deutlicher Sonderfall auch wissenschaftlich zu einer Aus- und Absonderung statt zu einer echten Heimholung im Sinne einer kompletten Reintegration wird. Dies würde, von Wohlmeinenden zwar unbeabsichtigt, die Perpetuierung eines ›Ausnahmezustandes‹ und ein neues ›Getto‹ bedeuten, sei es noch so hymnisch-apologetisch verbrämt und kritischlobpreisend überzuckert. Dies wäre, der Wirkung nach, das Gegenteil der einzig legitimen ›Wiedergutmachung‹, die eine Rückgewinnung und Bestätigung der wahren Identität der Exilliteratur sein müßte, nämlich als vornehmlicher, integrierender Bestandteil einer trotz aller Erschütterungen, Spaltungen und Trennungen kontinuierlichen deutschsprachigen Gesamtliteratur, denn dieser gehörte und gehört sie an. Dem Erbübel der ›Traditionslosigkeit‹ der deutschen Geschichte und insbesondere der deutschen Literaturgeschichte könnte nur durch eine solche Art der Rezeption begegnet werden.

Anmerkungen

1. Lion Feuchtwanger in seinem Erinnerungsbuch: »Unholdes Frankreich«. Mexiko 1942; später u. d. T. »Der Teufel in Frankreich« (Rudolstadt 1954).
2. ebd.
3. in: »No Road Back«. New York 1944.
4. »Profile«. Paris 1938. S. 236 ff.
5. Siehe Georg Lukács: »Der Kampf zwischen Liberalismus und Demokratie im Spiegel des historischen Romans der deutschen Antifaschisten«. In: »Internationale Literatur, Deutsche Blätter«, Moskau, 8 (1938) H. 5, S. 63 ff.
6. Siehe Menno ter Braak: »Emigranten Literatur« (in: »Das Neue Tage-Buch«. 2, H. 52) und die Stellungnahme von Erich Andermann, Ludwig Marcuse und erneut Menno ter Braak sowie das Schlußwort von Leo Matthias in den Heften 1, 2, 3 u. 4 des 3. Jahrgangs des »Neuen Tage-Buch«.
7. aus Kurt Tucholskys Brief an Arnold Zweig vom 15. Dezember 1935 in: K. T., »Politische Briefe«, zusammengestellt von Fritz J. Raddatz, Reinbek bei Hamburg 1969.

Literaturhinweise

Florimont Bonte: Les antifascistes allemands dans la Résistance française. Paris 1969.
Alfred Döblin: Briefe. Hrsg. von Heinz Graber. Olten 1970.
H. Emmerich u. John Rothschild: Die Rechtslage deutscher Staatsangehöriger im Ausland. Haarlem 1937.
Wolf Franck: Führer durch die deutsche Emigration. Paris 1935.
George W. F. Hallgarten: Als die Schatten fielen. Berlin 1969.
Alfred Kantorowicz: Exil in Frankreich. Merkwürdigkeiten und Denkwürdigkeiten. Bremen 1971. (Reihe Geschichte im Buch.)
Hermann Kesten [Hrsg.]: Deutsche Literatur im Exil. Briefe europäischer Autoren 1933–1949. München 1964.
Heinrich Mann: Ein Zeitalter wird besichtigt. Stockholm 1946.
Klaus Mann: Der Wendepunkt. Ein Lebensbericht. Frankfurt a. M. 1958.
Ludwig Marcuse: Mein zwanzigstes Jahrhundert. München 1960.
Gustav Regler: Das Ohr des Malchus. Eine Lebensgeschichte. Frankfurt a. M. 1960.
Joseph Roth: Briefe 1911–1939. Hrsg. von Hermann Kesten. Köln 1970.
Maximilian Scheer: So war es in Paris. Berlin 1964.
Franz Schoenberner: Erinnerungen. 3 Bde. München [1964, 1965, 1966].

Egon Schwarz u. Matthias Wegner [Hrsg.]: Verbannung. Aufzeichnungen deutscher Schriftsteller im Exil. Hamburg 1964.

Lucien Steinberg: The Scum of the Earth. Ein Beitrag zur Situation der deutschsprachigen Emigration in Frankreich zu Beginn des 2. Weltkrieges. In: Widerstand, Verfolgung und Emigration. Hrsg. von der Friedrich-Ebert-Stiftung. Bad Godesberg 1967.

Hans-Albert Walter: Deutsche Exilliteratur 1933–1950. Bd. 2: Asylpraxis und Lebensbedingungen in Europa. Darmstadt u. Neuwied 1972.

ALFRED KANTOROWICZ

Die Exilsituation in Spanien

In Spanien haben nur wenige deutsche Exilierte Asyl gefunden. Vor Beginn des Bürgerkrieges haben einige Schriftsteller aus Deutschland dort zeitweilig Wohnsitz genommen. Von ihnen sind namhaft der 1889 bei Aachen geborene und 1963 im Exil in Locarno gestorbene Erzähler und Essayist Karl Otten, der 1933 Deutschland verlassen hatte und von Spanien 1936 nach England übersiedelte; Reflexe der Exiljahre in Spanien hält sein 1938 im Bermann-Fischer Verlag in Stockholm erschienener Roman *Torquemadas Schatten* fest. Harry Graf Kessler, der vermögende Mäzen, Diplomat, Paneuropäer, dessen Tagebücher die Zeitgeschichte erhellen,[1] hatte im Alter von 65 Jahren, gleich nach Anbruch der Hitler-Herrschaft, das Exil gewählt und arbeitete in Palma auf Mallorca an seinen Memoiren. Er verließ Spanien aber bereits wieder im Sommer 1935. Nach Aufenthalten in Paris, Zürich und London starb er im Dezember 1937 in Lyon. Vorübergehend lebte auch der ihm nahe befreundete Philosoph Hermann Graf Keyserling in Palma. Der vormalige Leiter der ›Schule der Weisheit‹ in Darmstadt verabscheute die Nationalsozialisten noch erbitterter als Kessler, erlitt Verfolgungen und Unterdrückung seiner Lehren durch sie, kehrte aber nach Deutschland zurück – einer der Grenzfälle des Exils. Ein ähnlicher Grenzfall war der des damals jungen (1906 in Berlin geborenen) Erzählers Herbert Schlüter, der 1933 nach Spanien emigrierte, später in Italien lebte und dort von der Wehrmacht als Dolmetscher eingezogen wurde. Der jetzt als angesehener Drehbuchautor in der Schweiz ansässige Werner Rings und der – mit Zwischenstation in Frankfurt am Main – nach Ost-Berlin heimgekehrte Dr. Walther Pollatschek, Kinderbuchautor und Theaterkritiker, begannen ebenfalls ihre Exilzeit in Spanien.
Jedoch von diesen und einigen weiteren Einzelfällen abgesehen, entspricht die Dauer des Aufenthalts deutschsprachiger Exilschriftsteller in Spanien der des Spanischen Bürgerkriegs vom Sommer 1936 bis zum Fall von Madrid im März 1939.
Da das Hitler-Regime von Beginn an den von General Franco befehligten Kampf gegen die republikanische spanische Regierung unterstützte, war es zwangsläufig, daß die exilierten deutschen Schriftsteller auf der Seite der Republik standen, teils als Kombattanten in den Internationalen Brigaden oder anderen Einheiten der republikanischen Streitkräfte, teils als Mitstreiter in Zivil, die sich monatelang in Spanien aufhielten, Kampflieder dichteten, komponierten, Mitarbeiter von deutschsprachigen Brigadezeitungen oder Frontberichterstatter waren. Dieser Gruppe sind weiter die deutschen Schriftsteller zuzugesellen, die am zweiten ›Internationalen Schriftstellerkongreß zur Verteidigung der Kultur‹ in Valencia und Madrid im Juli 1937 teilnahmen und anschließend kämpfende Einheiten bei Madrid oder im Aragon besuchten. Noch nicht annähernd zu übersehen sind beim gegenwärtigen Stande der Erforschung der deutschsprachigen Exilliteratur die nach Hunderten zählenden Dichtungen, Erzählungen, Essays, Aufrufe, Reportagen, szenischen Werke zum Bürgerkrieg in Spanien, die in Hunderten noch nicht katalogisierten deutschsprachigen Zeitungen und Zeitschriften (oder teilweise auch in andere Sprachen über-

setzt) seit 1936 erschienen sind. Ohnehin können im folgenden aus dieser Unzahl nur einige stellvertretende Beispiele genannt werden.

Von den rund zwanzig deutschsprachigen Schriftstellern, die als Soldaten, Offiziere, Kommissare oder Frontärzte in Uniform auf der Seite der Republik gekämpft haben, waren zwei durch ihre Bücher bereits vorher international bekannt geworden: Ludwig Renn (das ist: Arnold Vieth von Golßenau), 1889 in Dresden geboren, Page am sächsischen Königshof, Fahnenjunker, Offizier im Ersten Weltkrieg, dessen Roman *Krieg* fast zugleich mit Remarques *Im Westen nichts Neues* (1928/29) ein Welterfolg wurde, ist zuerst zu nennen. Renn, der sich in diesem seinem besten Buch zum einfachen Mann aus dem Volk bekannt hatte, konvertierte zum Kommunismus, wurde in der Nacht des Reichstagsbrandes verhaftet und zu Gefängnis verurteilt. Nach seiner Entlassung floh er 1936 in die Schweiz, und von dort kam er im Oktober 1936 nach Spanien, wo er sich als erster Kommandant des Bataillons Thälmann, später als Stabschef der XI. Internationalen Brigade und Leiter der Kriegsschule militärisch hervortat. Sein Buch *Der Spanische Krieg* erschien erst nach langer Verzögerung und in stark verstümmelter Form 1956 in Ost-Berlin.

Der andere über die Grenzen Deutschlands hinaus bekannt gewordene Schriftsteller, der dann als Kriegskommissar der XII. Internationalen Brigade schwer verwundet wurde, war der 1898 im Saarland geborene und in katholischem Milieu aufgewachsene Gustav Regler, seit 1931 Mitglied der Kommunistischen Partei Deutschlands, nach dem Hitler-Stalin-Pakt im August 1939 engagierter Antikommunist. Mit dem sozial-anklägerischen Roman *Wasser, Brot und Blaue Bohnen* hatte er sich in linken Kreisen Deutschlands vor 1933 einen Namen gemacht. Im Exil in Frankreich folgten mehrere ins Französische, Spanische und Russische übersetzte Romane über den deutschen Bauernkrieg, eine im Saargebiet handelnde Erzählung, ein Kapitel im *Braunbuch über Reichstagsbrand und Hitlerterror*[2], bevor Regler als einer der ersten deutschen Freiwilligen nach Spanien ging. Sein Spanienbuch *The great Crusade*[3] ist nur in Englisch erschienen; es entspricht nicht der vor Reglers Abkehr vom Kommunismus in Frankreich beendeten deutschen Erstfassung, verleugnet aber das antifaschistische Engagement in Spanien ebensowenig wie die gleichfalls zu entschiedenen Antikommunisten gewordenen »Rotspanienkämpfer« George Orwell, André Malraux, Arthur Koestler, Stephen Spender und viele andere, die ihre Teilnahme am Kampf für die spanische Republik niemals als Irrtum erklärt haben. Die Spanienkapitel in Reglers Autobiographie *Das Ohr des Malchus*[4], die 1958 in der Bundesrepublik erschien, sind dafür zeugniskräftig.

Von den Kombattanten hatten sich als Schriftsteller im engeren (überwiegend kommunistischen) Kreise schon einen Namen gemacht: der 1901 in Hamburg geborene Willi Bredel mit seinen frühen Romanen aus der Arbeiterwelt und dem 1935 erschienenen weitverbreiteten Roman über seine Erlebnisse im Konzentrationslager Fuhlsbüttel: *Die Prüfung*. Er kam im Sommer 1937 aus dem Exil in Moskau nach Spanien, wurde Kommissar des Bataillons Thälmann und veröffentlichte die Reportage *Begegnung am Ebro*[5]. Seinen Plan, die Geschichte des Bataillons Thälmann zu schreiben, hat er nicht verwirklicht. Der 1890 in Schlesien geborene Bergarbeiter Hans Marchwitza war 1930 mit der Erzählung *Sturm auf Essen* und 1931 mit *Schlacht vor Kohle* hervorgetreten. Er exilierte 1933 in die Schweiz, meldete sich 1936 als Freiwilliger für die Internationalen Brigaden und machte im Bataillon

Tschapaiew der XIII. Brigade im Herbst 1936 die ersten Stürme auf die befestigte Stadt Teruel mit. Leicht verwundet, blieb der fast Fünfzigjährige, zum Leutnant befördert, bei der Intendantur der Brigade bis zu ihrer Auflösung nach der Schlacht von Brunete im Juli 1937. Er hat einen in dem Sammelband *Tschapaiew, das Bataillon der 21 Nationen*[6] erschienenen Nachruf auf den in der Schlacht von Brunete gefallenen Kameraden Fritz Giga veröffentlicht; zwei Erzählungen, die Bezug auf Spanien nehmen, sind 1939 in einem russischen Verlag publiziert worden, in der DDR jedoch nicht zur Geltung gekommen.

Bodo Uhse, 1904 als Offizierssohn in Rastatt geboren, zeitweilig Mitglied rechtsradikaler Verbände, in führender Position auch bei der Hitler-Jugend, hatte sich unter dem Einfluß der oppositionellen, anti-Hitlerischen Nationalsozialisten unter Führung der Brüder Strasser sowie der antifaschistischen norddeutschen Bauernbewegung unter Claus Heim nach links entwickelt und 1932 Anschluß bei den Kommunisten gefunden. Er exilierte 1933 nach Paris. Sein dort 1935 veröffentlichter Roman *Söldner und Soldat* legt Zeugnis von seiner Wandlung ab. In Spanien war er seit dem Frühjahr 1937 dem Stab des Kommandeurs der ersten internationalen Einheit attachiert, dem Oberst Hans Kahle, der mit seinem Stabschef Ludwig Renn die XI. Internationale Brigade formierte, die in den entscheidenden Novembertagen 1936 Madrid verteidigte, später nach seinem entscheidenden Anteil am Sieg über die Divisionen Mussolinis bei Guadalajara im März 1937 selber Divisionskommandeur wurde und als glänzendste Waffentat mit seiner 45. Division im Juli 1938 den Übergang über den Ebro vollbrachte, die letzte erfolgreiche Offensive der republikanischen Truppen. Kahle selbst, Jahrgang 1899, Offizier im Ersten Weltkrieg, in den zwanziger Jahren journalistisch tätig, war unter den deutschen Freiwilligen auf republikanischer Seite die hervorragendste militärische Begabung. Er starb frühzeitig nach dem Ende des Krieges in halber Verbannung in Mecklenburg, Oktober 1947. Seinem Wunsch gemäß übergab mir seine Witwe seinen schriftlichen Nachlaß, Manuskripte, Notizen, Briefe. Vieles ist vertraulich und soll erst nach dem Tode der Korrespondenzpartner (z. B. Ludwig Renn) bekannt werden. Seine literarischen Versuche sind schwach; sie würden dem, was er war, nicht gerecht werden. Sein Kommissar Bodo Uhse hat nach den verfügbaren Dokumenten, Brigadebefehlen, Tagesrapporten der Bataillone, Tagebüchern und Erzählungen von Kameraden die zuerst 1938 in Straßburg erschienene 50seitige Reportage *Die erste Schlacht*[7] geschrieben, den Einsatz des ersten internationalen Bataillons am 7. November 1936 vor Madrid, das ich den Namen des kurz zuvor hingerichteten Hamburger Kommunisten Edgar André gegeben hatte.

Weiter befanden sich unter den deutschen Freiwilligen der 1903 in Neuruppin geborene Lyriker und Übersetzer Erich Arendt, der das Erlebnis des Spanienkampfes in dem 1952 in Ost-Berlin veröffentlichten Lyrikband *Bergwindballade*[8] verdichtet hat, vor allem aber durch seine Nachdichtungen der Lyrik von Pablo Neruda sich auszeichnete. Mit ihren ersten literarischen Arbeiten traten während des Spanienkrieges hervor der 1911 bei Gelsenkirchen geborene Eduard Schmidt, der unter seinem Schriftstellernamen Eduard Claudius bekannt wurde und 1945 in Zürich den Roman *Grüne Oliven und nackte Berge*[9] veröffentlichte, sowie der 1909 in Wuppertal geborene Stukkateur Walter Kaiser, von dem unter dem Pseudonym Walter Gorrisch 1946 in Ost-Berlin der Roman *Um Spaniens Freiheit*[10] (später umbenannt in *Mich dürstet*) erschien. Zur Besonderheit des Schicksals von Gorrisch gehört, daß er 1940 aus einem französischen Internierungslager nach Deutschland ausgeliefert und nach mehrjähriger Zuchthaushaft in das Strafbataillon 999 der Wehrmacht eingereiht wurde, von wo er so bald wie möglich entlief; Teile seines Spanienromans sind damals verborgen in der Sowjetunion notiert worden.

Zu den Mitgliedern des ›Schutzverbandes Deutscher Schriftsteller‹ im Exil in Paris gehörte auch der 1903 in Rheinbach bei Bonn geborene Dr. Albert Gerhard Müller, der als gläubiger Katholik 1926 die theologische Abschlußprüfung und 1927 mit seiner Dissertation *Weltanschauung und Pädagogik Adalbert Stifters*[11] die philosophische Doktorprüfung bestanden hatte. Er war Mitarbeiter katholischer Zeitungen und Zeitschriften gewesen, bevor er sich aus christlicher Gewissensentscheidung sehr weit nach links hin entwickelte, 1933 das Exil wählte und sich 1936 unter den ersten freiwillig zu den Internationalen Brigaden meldete. Er fiel als stellvertretender Kompanieführer der ersten Kompanie des Bataillons Thälmann am 6. Januar 1937 vor Madrid. (Ein Teil seines Nachlasses ist in meiner Hand; über den Kampf in Spanien hat er nichts veröffentlichen können, jedoch mündlich die gleichnishaften Ereignisse bei der Verteidigung des Philosophischen Seminars der Madrider Universitätsstadt überliefert.[12])

Der 1907 in Berlin geborene Publizist und Redakteur Kurt Stern diente längere Zeit im Kriegskommissariat der XI. Internationalen Brigade, später bei anderen, spanischen Einheiten; er ist 1946 aus dem Exil in Mexiko nach Ost-Berlin zurückgekehrt und hat dort das Drehbuch zu dem Film *Unbändiges Spanien* geschrieben. Der vormalige Berliner Rechtsanwalt Hans Schaul (ungefähr Jahrgang 1905) ging als rassisch Verfolgter ins Exil. Er wurde erst 1937 als Soldat des Bataillons Tschapaiew der XIII. Internationalen Brigade Mitglied der Kommunistischen Partei. Als Mitarbeiter und Redakteur verschiedener Brigadezeitschriften schrieb er Artikel über die Kämpfe der XIII. Brigade. Er wurde in Frankreich interniert, nach Afrika deportiert und als Arbeiter am Bau der Saharabahn von den Alliierten befreit. Jetzt lehrt er als Professor an einer Parteihochschule in der DDR. Hanns Maassen, ungefähr 1910 in Kiel geboren, diente ebenfalls im Bataillon Tschapaiew, arbeitete später als Redakteur und in den Archiven des Hauses der Internationalen Brigaden in Madrid, geriet dort bei der Einnahme Madrids durch die Franco-Truppen in Gefangenschaft, aus der er erst nach dem Ende des Weltkrieges auf Intervention aus den USA hin freigelassen wurde. Er hat in der DDR 1960 ein mit literarischen Maßstäben nicht zu messendes Buch unter dem Titel *Die Söhne des Tschapajew*[13] veröffentlicht.

Der Rundfunksprecher, Redakteur und Publizist Alexander Maaß hat sich nach dem Zeugnis überlebender Teilnehmer der ersten Abwehrkämpfe der Internationalen vor Madrid durch besondere Kühnheit ausgezeichnet. Er wurde sehr bald zum Hauptmann befördert, schwer verwundet, geriet bei seiner Wiederverwendung in ideologische Konflikte mit den Parteifunktionären, entkam nach Frankreich, von dort 1941 auf abenteuerlichen Wegen nach England, wo er am Rundfunk mitarbeitete. Nach dem Kriege wurde er einer der Mitbegründer des Nordwestdeutschen Rundfunks, zog sich aber mit etwa 60 Jahren in Hamburg ins Privatleben zurück und starb bald nach seiner Übersiedlung 1971 in Homburg vor der Höhe. Sein geringer literarischer Nachlaß ist noch nicht erschlossen.

Völlig unabhängig von den Internationalen Brigaden und ohne Kontakte mit der Kommunistischen Partei kämpfte der 1897 in München geborene sozialdemokratische Redakteur Rolf Reventlow (der Sohn der berühmten Gräfin Franziska zu Reventlow) in spanischen Einheiten, zeitweilig als Adjutant des vormaligen österreichischen Heeresministers Julius Deutsch, der im Rang eines Generals die spanische Küstenverteidigung organisieren sollte. Reventlow, der nach dem Ende des Bürgerkrieges in Algerien interniert wurde und erst 1953 nach München zurückkehrte, hat 1968 im Europa Verlag das informative Buch *Spanien in diesem Jahrhundert – Bürgerkrieg, Vorgeschichte und Auswirkungen*[14] veröffentlicht. Der 1884 in einem österreichischen Dorf geborene und 1968 in Wien gestorbene Dr. Julius Deutsch hat in seinen 1960 in Wien erschienenen Lebenserinnerungen *Ein weiter Weg*[15] seinen Anteil am Kampf in Spanien vorwiegend in Gemeinschaft mit spanischen Sozialdemokraten dargestellt.

Denkwürdig bleibt das Schicksal des (um 1905 geborenen) Wiener Schriftstellers und Chefarztes der XIII. Brigade Dr. Fritz Jensen, der mehrere Artikel für die Frontzeitschriften und für das *Tschapaiew*-Buch (die 1938 von mir in Madrid herausgegebene und redigierte Gemeinschaftsarbeit der Offiziere und Soldaten des Bataillons Tschapaiew) schrieb; nach dem Ende des Krieges in Spanien gelang es ihm – wie übrigens mehreren anderen Ärzten der Internationalen Brigaden – als Feldchirurg in der chinesischen Armee unterzukommen, anfänglich bei einer Division Tschiang Kai-scheks, nach dem Bruch zwischen Tschiang und den Kommunisten ging er zu den Partisanen über, also zu Mao Tse-tung. Nach dem Ende des Zweiten Weltkrieges blieb er in China, heiratete ein sehr schönes, kluges chinesisches Mädchen, Wu An, lebte als chinesischer Staatsbürger in Peking und veröffentlichte 1949 in Wien das Buch *China siegt.* Im Frühjahr 1955 flog er als Delegierter zur afroasiatischen Konferenz nach Bandung; das Flugzeug explodierte in der Luft, mit allen Passagieren und Besatzungsmitgliedern fand auch er den Tod.[16]

Als Frontarzt nahm auch der 1894 geborene Berliner Stadtarzt und Schriftsteller Max Hodann am Spanienkrieg teil, der in den zwanziger Jahren als Sexualpädagoge eine achtbare Rolle gespielt hatte. Über den Spanienkrieg schrieb er in seinem Exilland Schweden, wo er 1946 in Stockholm starb, die Broschüre *Sädant är Spanien* (So ist Spanien). Chefarzt der (französischen) XIV. Brigade war Dr. Fodor Dragutin. Der 1900 in Jugoslawien Geborene ging frühzeitig ins Exil nach Berlin, wo er unter dem Namen Theodor Balk in deutscher Sprache schrieb, Redakteur der kommunistischen Literaturzeitschrift *Die Linkskurve* war, nach 1933 in Frankreich im Rahmen der deutschen Exilgruppe blieb, mehrere deutschsprachige Bücher (Reportagen) veröffentlichte, im Zweiten Weltkrieg im Lager Vernet interniert wurde und nach Mexiko entkam, wo er gleichfalls der kommunistischen deutschen Exilgruppe angehörte. 1945 kehrte er zunächst nach Jugoslawien heim, exilierte aber nach Titos Bruch mit Stalin abermals in die Tschechoslowakei, wo er vermutlich jetzt noch lebt. Sein Spanienbuch ist in französischer Sprache unter dem Titel *La Quatorzième* bereits 1937 in Madrid erschienen.

Ein ähnlicher Grenzfall ist der des 1904 in Belgrad geborenen Oto Bihalji, der unter dem Namen Peter Merin ebenfalls in Berlin und nach 1933 in Paris der deutschsprachigen kommunistischen Schriftstellergruppe angehörte, zeitweilig in Spanien kämpfte, jedoch 1940 nach Jugoslawien zurückkehrte, als Offizier der jugoslawischen Armee in deutsche Gefangenschaft geriet und seit Kriegsende in Jugoslawien Kunstbücher herausgibt und Kunstzeitschriften leitet, die auch in der Bundesrepublik erfolgreich sind; ihm ist das Große Verdienstkreuz des Verdienstordens der Bundesrepublik Deutschland verliehen worden. Sein Spanienbuch erschien 1937 in Zürich unter dem Titel *Spanien zwischen Tod und Geburt*.[17]

Ferner bleiben noch der 1894 in Barmen geborene und 1959 in Ost-Berlin gestorbene Karl Preissner und der 1892 in einem Dorf in Baden geborene Albert Schreiner zu erwähnen. Preissner, der unter dem Namen Peter Kast Kurzgeschichten schrieb und Redakteur der *Roten Fahne* war, tat in Spanien als Journalist und Archivar in Uniform Dienste. Albert Schreiner war im Range eines Majors Stabschef der XIII. Brigade, Verfasser militärwissenschaftlicher Schriften, nach 1945 zeitweilig Historiker an der Humboldt-Universität in Ost-Berlin und Mitarbeiter des Instituts für Marxismus-Leninismus beim ZK der SED. Ein Buch über den Spanienkrieg hat er nicht geschrieben, hingegen mehrfach Vorträge über die von ihm geführte Centuria Thälmann gehalten, eine Hundertschaft schlechtbewaffneter und zumeist unausgebildeter, zusammengewürfelter Freiwilliger, die bereits im September 1936 erfolglos trotz schwerer Verluste an der Aragon-Front kämpfte und als Vorläuferin des etwa sechs Wochen später formierten Bataillons Thälmann gilt.

Den Lyriker Ludwig Detsiny, der öfter (in meiner Erinnerung begabte) Gedichte für die Brigadezeitungen schrieb und vortrug, habe ich nicht mehr ausfindig machen können; keines der verfügbaren Literaturlexika gibt Auskunft über seinen Verbleib.

Da fast alle wesentlichen Quellen über die Kämpfe und die weiteren Schicksale der rund fünftausend deutschsprachigen Interbrigadisten (also zur Zeit des ›Großdeutschen Reiches‹ Österreicher und Sudetendeutsche einbezogen und die Deutsch-Schweizer hinzugezählt) in der DDR verwahrt sind, ist die Nachforschung schwierig. Selbst wenn Auskünfte gegeben werden, so sind sie parteiisch. Das betrifft nicht nur die schlechthin zu ›Unpersonen‹ gemachten Spanienkämpfer, wie von den bereits erwähnten z. B. Gustav Regler, Rolf Reventlow, Alexander Maaß. Auch Arthur Koestler, George Orwell, André Malraux, Stephen Spender sind ›inexistent‹. Gravierender noch ist die anbefohlene Rangordnung, die Maßstäbe nur nach Funktionärsmacht und Funktionärsgunst setzt, so daß in dem repräsentativen riesigen Sammelband *Pasaremos*[18] Walter Ulbricht auf 21 Seiten gerühmt wird, während ein so verdienter Truppenführer wie Wilhelm Zaisser (unter dem Nom de guerre General Gomez Kommandeur der XIII. Brigade) nur zweimal beiläufig erwähnt wird. Ähnliche Relationen finden sich in anderen ›offiziellen‹ Spanienbüchern der DDR, wie z. B. dem Band *Interbrigadisten*[19] in Hinsicht auf genehme und unerwünschte Schriftsteller. Übermäßig viel Raum und Ruhm erhält da der Parteipoet Nr. 1 Johannes R. Becher, der sich während der ganzen Dauer des Spanienkrieges in Moskau aufhielt, während andere, deren Verdienste im Spanienkrieg weltbekannt geworden sind, überhaupt nicht genannt werden.

Diese Maxime gilt ebenso für die Kombattanten in Zivil, für die Besucher der Interbrigaden und für die Nennung und Wertung der über den Spanienkampf geschriebenen Bücher. Von den Kombattanten in Zivil wäre der Zeitfolge nach an erster Stelle Arthur Koestler zu nennen, der seit seinem antikommunistischen Engagement natürlich in keinem der Spanienbücher des östlichen Orbits erwähnt wird. Er war

– vermutlich in Absprache mit dem bald darauf aus der Kommunistischen Partei ausgeschlossenen Organisator und Propagandisten Willi Münzenberg[20] – mit einem alten Presseausweis schon im August 1936 über Portugal in das von den Aufständischen beherrschte Gebiet Südspaniens eingereist, hatte sich ein Interview mit dem in Sevilla residierenden Kommandeur der Südfront, dem General Queipo de Llano verschafft, Beobachtungen über die Intervention der portugiesischen Regierung und Armee zugunsten der Frondeure sowie über den Nachschub der Fremdenlegionäre und marokkanischen Truppen, die mit deutscher und italienischer Hilfe aus Afrika transportiert wurden, auch über den Terror gegen Anhänger der Republik notiert, was schon einige Monate später in seinem Buch *Menschenopfer unerhört – Ein Schwarzbuch über Spanien*[21] in Paris erschien. Nach diesem Handstreich beauftragte ihn die Redaktion der liberalen englischen Zeitung *News Chronicle*, als ihr Korrespondent im republikanischen Spanien über die Kämpfe an der Südfront zu berichten. Nach kurzem Aufenthalt in Valencia fuhr er in die bereits bedrohte Hafenstadt Malaga weiter und wurde dort nach der fast kampflosen Kapitulation der Stadt am 9. Februar 1937 von Offizieren des Generals Queipo de Llano, den er düpiert hatte, wiedererkannt. Er saß einige Monate in den Todeszellen Francos, bis er auf sehr massive Interventionen der Engländer hin in einem Austauschverfahren freigelassen wurde. Der Bericht über diese Erlebnisse, der 1938 unter dem Titel *Ein spanisches Testament*[22] erschien, wurde der erste widerhallende internationale Erfolg des Schriftstellers Arthur Koestler.

Weiter gehörten zu den Kombattanten in Zivil der seinerzeit weltbekannte Prager Reporter Egon Erwin Kisch (1885–1948), Verfasser zahlreicher Bücher über Ereignisse und Schicksale in der österreich-ungarischen Monarchie, der Republik von Weimar (in der er als deutschsprachiger Schriftsteller nach dem Ende des Ersten Weltkrieges lebte), Rußland, China, USA, Australien, Mexiko; der 1890 in Magdeburg geborene sehr volkstümliche revolutionäre Lyriker Erich Weinert, der Kampflieder für die Internationalen Brigaden dichtete und an den Fronten vortrug; der Sänger und Schauspieler Ernst Busch, 1900 in Kiel geboren, der die Kampflieder der Interbrigaden und der Spanier tatsächlich in der ganzen Welt bekannt machte, wenn er sie beim Vortrag vor den Einheiten der republikanischen Armee erprobt hatte; der Komponist mancher dieser Lieder war ebenfalls längere Zeit in Spanien anwesend: Hanns Eisler, 1898 in Leipzig geboren, Schönberg-Schüler, einer der vertrautesten Freunde und Mitarbeiter Brechts; die Journalistin Maria Greshöner, die unter dem Namen Maria Osten schrieb und später gemeinsam mit ihrem Lebensgefährten, dem russischen Korrespondenten Michail Kolzov[23], in der Sowjetunion von der stalinistischen Justiz ›liquidiert‹ wurde; Ruth Rewald, Journalistin und Kinderbuchautorin, die nach der Besetzung Frankreichs von der Gestapo gefangen wurde und seither verschollen ist; der vormalige sozialdemokratische Fraktionsvorsitzende im Preußischen Landtag und Kunsthistoriker Erich Kuttner, der bei der Besetzung Hollands gefaßt wurde und 1942 im Lager Mauthausen umkam; Otto Katz (Pseudonym André Simone), Mitarbeiter Willi Münzenbergs, Leiter der *Spanischen Nachrichtenagentur*, Verfasser zahlreicher politischer Schriften, der nach dem Ende des Weltkrieges aus dem Exil in Mexiko nach Prag zurückkehrte und dort, in dem monströsen Schauprozeß gegen Slanský 1952 mitangeklagt, zu ›Geständnissen‹ gezwungen, zum Tode verurteilt und hingerichtet wurde[24]. Der 1895 geborene sozialdemokratische Korrespondent Victor Schiff, der 1936/37 von Spanien aus Berichte an sozial-demokratische und liberale Blätter sandte, starb 1953 in Rom, wo er sich nach dem Kriege angesiedelt hatte. Es bleibt noch Augustin Souchy zu erwähnen, der bereits seit 1919 mit den spanischen Anarcho-Syndikalisten Fühlung hatte, die jede Diktatur ablehnten und somit sehr bald in einen unüberbrückbaren Gegensatz zum sowjetischen Kommunismus gerieten; selbst im Spanischen Bürgerkrieg wurden ihre politischen und geistigen Führer auf Anweisung Moskaus unbarmherzig verfolgt (ebenso wie Trotzkisten, von denen sie sich jedoch ebenfalls grundsätzlich unterschieden). Souchy, der in Ratibor geboren wurde und jetzt in München lebt, hat vom ersten Tage an bis Ende Januar 1939 in ihren Reihen am Kampf sowohl gegen die Faschisten als auch die Kommunisten teilgenommen. Sein 1969 in Darmstadt erschienenes Buch *Anarcho-Syndikalisten über Bürgerkrieg und Revolution in Spanien*[25] macht diesen für einen großen Teil der spanischen Arbeiter und Bauern sehr typischen Kampf anschaulich.

Unter den deutschen Schriftstellern, die besuchsweise im republikanischen Spanien waren, sind am bekanntesten: Anna Seghers, Ernst Toller, Erika Mann, Klaus Mann, Rudolf Leonhard und Hubertus Prinz zu Löwenstein. Über ihre Eindrücke und Begegnungen haben sie Beiträge für deutschsprachige Exilzeitschriften geschrieben. So publizierte Rudolf Leonhard außer Gedichten und Tagebuchblättern 1938 in Zürich das zweibändige Werk *Der Tod des Don Quichote (Geschichten aus dem spanischen Bürgerkrieg)*[26], später (1951/52) in Ost-Berlin gesondert die Erzählung *El Hel*. Prinz zu Löwensteins Reportage *Als Katholik im republikanischen Spanien* erschien in Broschürenform ebenfalls 1938 in Zürich (die englische Ausgabe war schon 1937 in London erschienen).[27]

Daß die Aufzählung der Romane, Erzählungen, Dichtungen, dramatischen Arbeiten (Schauspiele, Einakter, Szenen), politischen Schriften, Essays, Reportagen, Artikel, Aufrufe, Manifeste deutschsprachiger Exilschriftsteller zum Spanienkrieg jetzt noch nicht möglich ist und daß sie auch in Jahren noch unvollständig sein wird, wurde eingangs gesagt. Die Bibliographie würde vollständig eher eine vierstellige als eine dreistellige Titelzahl ergeben, und eine Sammlung dieser Arbeiten würde schätzungsweise mindestens zwanzig Bände im Lexikonformat füllen. Übrigens beschränkt sich die überwältigende Quantität der Arbeiten zu diesem Themenkomplex nicht nur auf die deutschsprachige Exilliteratur. Auch in England, USA, Frankreich, den lateinamerikanischen Ländern, in Polen, der Sowjetunion, der Tschechoslowakei sind – bislang ungezählte – Bücher und Schriften mit unterschiedlicher Tendenz und unterschiedlichem Niveau erschienen. Frederick R. Benson, Dozent für Vergleichende Literaturwissenschaft an der Universität New York, schreibt in der Einleitung der deutschen Ausgabe seines 1969 in Zürich erschienenen Buches *Schriftsteller in Waffen. Die Literatur und der Spanische Bürgerkrieg*[28]: »Weder der Erste noch der Zweite Weltkrieg haben die Gefühle der Menschen so sehr aufgewühlt wie die Ereignisse in Spanien von 1936 bis 1939 [...].«

Diese Feststellung wird heute noch bei der Mehrheit der Bürger der Bundesrepublik Erstaunen erregen. Bis zur Mitte der sechziger Jahre galt – soweit überhaupt, selten genug und unerwünschterweise, an das Tabu gerührt wurde – vorherrschend die Meinung, 1936 habe in Spanien ein kommunistischer Aufstand stattgefunden, der von den Ordnungskräften des Abendlandes trotz der sowjetischen Hilfe für die

Aufständischen niedergeschlagen worden sei. Daß die deutsche Legion Condor und italienische Truppen die von General Franco geführten Ordnungskräfte gegen den Bolschewismus unterstützt hätten, war auch im Rückblick ein Aktivsaldo aus jener Zeit, an die man sonst nicht gern erinnert wurde. Wer diese Version in Frage stellte, der galt hierzulande als Agent, zumindest jedoch als Bazillenträger der kommunistischen Propaganda, mochte er seinen Antikommunismus auch so weltweit bekannt gemacht haben wie George Orwell oder Arthur Koestler, mochte er so berühmt sein wie Ernest Hemingway oder André Malraux, Picasso oder Pablo Casals, Thomas Mann oder Albert Einstein, mochte er als Politiker so respektabel sein wie der britische Premier Attlee, der das Bataillon der englischen Freiwilligen in Spanien auf seinen Namen weihte, oder der pragmatische Staatsmann Nehru, der im Bürgerkriege die spanische Republik aufsuchte und in seiner Autobiographie[29] der tiefen Erschütterung über den Sieg des Faschismus und die Preisgabe der Demokratie in Spanien Ausdruck gab. Denn darum ging es in Spanien, das bei den Wahlen am 16. Februar 1936 eine fast Zwei-Drittel-Mehrheit von liberalen, demokratischen, sozialdemokratischen und unabhängigen Abgeordneten gewählt hatte. Die Kommunisten, dem spanischen Nationalcharakter nicht leicht zu integrieren, hatten knapp vier Prozent der Stimmen gewonnen und waren selbstverständlich in der republikanischen Regierung, gegen die die Frondeure putschten, nicht vertreten. Erst im Verlauf des Bürgerkrieges, als die westlichen Demokratien trotz der massiven Intervention Deutschlands und Italiens der bedrohten Republik Hilfe verweigerten und nur durch die sowjetischen Waffenlieferungen und Lebensmitteltransporte Verteidigung möglich war, wuchs der kommunistische Einfluß sprunghaft und überwucherte seinerseits spätestens vom Frühjahr 1937 an die demokratischen Abwehrkräfte.

Der Klassiker des Antikommunismus, der Visionär einer grauenhaft entmenschlichten, stalinistischen Welt im Jahre ›1984‹, George Orwell, der ja auch ein ›Rotspanienkämpfer‹ war, sah es nicht anders. In seinem 26 Jahre nach der englischen Erstveröffentlichung unter dem Titel *Mein Katalonien* deutsch erschienenen Spanienbuch[30], das hier kaum Beachtung gefunden hat, schreibt er: »Als die Kämpfe am 18. Juli 1936 begannen, spürte wahrscheinlich jeder Antifaschist in Europa eine erregende Hoffnung, denn hier stand anscheinend endlich die Demokratie gegen den Faschismus. [...] Es schien – vielleicht war es sogar – die Wende der Flut.«[31] Auch nachdem er bei den ›Säuberungen‹ in Barcelona im Mai 1937 seine schrecklichen Einsichten in die Rabulistik, die mörderische Zielstrebigkeit, die gnadenlose Gewalttätigkeit des Stalinismus gemacht hatte, beharrte er darauf, daß erst der Krieg »gegen den Faschismus« gewonnen werden müsse, bevor andere politische und soziale Probleme gelöst werden könnten. Dieser Zwiespalt zieht sich durch sein Buch. Für ihn – und nicht nur für ihn – war der Bürgerkrieg in Spanien ein ›Dreieckskampf‹. Später hat er die ganze Verzweiflung über die Schlammflut der Lügen von beiden Seiten in einem Nachruf auf einen gefallenen ›Rotspanienkämpfer‹ ausgedrückt:

> »Your name and your deeds were forgotten
> Before your bones were dry,
> And the lie that slew you is buried
> Under a deeper lie.«[32]

Dieser Aufschrei hallte auch wider in dem Buch des gläubigen Katholiken und patriotischen Franzosen Georges Bernanos *Die großen Friedhöfe unter dem Mond*[33], eine der erschütterndsten Anklagen gegen die Greueltaten des Faschismus in Spanien. Nur aus solcher, heute vergessener Weltuntergangsstimmung läßt sich erklären, daß auch Thomas Mann aufschrie, wie man es von einem so maßvollen Schriftsteller nie erwartet hätte. Ihm geben wir stellvertretend für viele andere deutschsprachige Exilschriftsteller das Wort. Im *Sonderheft Spanien*[34], das der Schutzverband Deutscher Schriftsteller im Exil Juli 1937 herausgab, finden wir sein Bekenntnis zum republikanischen Spanien, in dem es heißt: »Tatsächlich gehört, was sich seit vielen Monaten in Spanien abspielt, zum Schändlichsten und Skandalösesten, was die Geschichte aufzuweisen hat. [...] Hat man denn kein Herz, keinen Verstand? Will man sich durch das Interesse, das immer an die schlechtesten Instinkte, wenn auch unter Namen verlogenen Wohlanstandes wie Kultur, Gott, Ordnung, Vaterland, appelliert, widerstandslos um den letzten Rest eines freien menschlichen Urteils bringen lassen? Ein niedergehaltenes, im überlebtesten, rückständigsten Stile ausgebeutetes Volk trachtet nach einem helleren, menschenwürdigeren Dasein, nach einer sozialen Ordnung, mit der es besser als bisher vor dem Angesicht der Gesittung zu bestehen gedenkt [...]. Es gibt sich eine Regierung [in anderen Fassungen: Es bildet sich eine Regierung], die mit aller durch die besonderen Umstände gebotenen Vorsicht die gröbsten Mißstände zu beheben, die notwendigsten Verbesserungen durchzuführen unternimmt.

Was geschieht? Eine Generals-Emeute, im Dienst der alten Ausbeuter- und Unterdrückungsmächte unternommen und im übrigen mit dem spekulierenden Ausland abgekartet, flammt auf und mißlingt, ist schon so gut wie niedergeschlagen, wird aber von den fremden, freiheitsfeindlichen Regierungen gegen das Versprechen ökonomischer und strategischer Vorteile für den Fall des Sieges der Insurgenten unterstützt, mit Geld, Menschen und Kriegsmaterial genährt und hingefristet, so daß des Blutvergießens, der trostlosen, verbissenen, auf beiden Seiten immer schonungslosere Grausamkeit zeugenden Selbstzerfleischung des Landes kein Ende ist. Gegen das um seine Freiheit, sein Menschenrecht verzweifelt kämpfende Volk werden die Truppen seiner eigenen Kolonialgebiete in den Kampf geführt. Von den Bombenflugzeugen des Auslandes werden seine Städte demoliert, seine Frauen und Kinder niedergemetzelt – und das alles heißt ›national‹, all diese himmelschreiende Schurkerei heißt Gott, Ordnung und Schönheit [...]. Es ist gar zu empörend, verbrecherisch und widerwärtig.«[35]

Anmerkungen

1. Harry Graf Kessler: »Tagebücher 1918–1937«. Hrsg. von Wolfgang Pfeiffer-Belli. Frankfurt a. M. 1961.
2. »Braunbuch über Reichstagsbrand und Hitler-Terror«. Basel 1933.
3. Gustav Regler: »The great Crusade«. New York u. London 1940.
4. Gustav Regler: »Das Ohr des Malchus«. Köln 1958.
5. Willi Bredel: »Begegnung am Ebro«. Paris 1939.
6. »Tschapaiew. Das Bataillon der 21 Nationen«. Dargestellt in Aufzeichnungen seiner Mitkämpfer, redig. von Alfred Kantorowicz. Madrid 1938.

7. Bodo Uhse: »Die erste Schlacht. Vom Werden und von den ersten Kämpfen des Bataillons Edgar André«. Strasbourg 1938.
8. Erich Arendt: »Bergwindballade. Gedichte des spanischen Freiheitskampfes«. Berlin [Ost] 1952.
9. Eduard Claudius: »Grüne Oliven und nackte Berge«. Zürich 1945; Berlin [Ost] 1947.
10. Walter Gorrisch: »Um Spaniens Freiheit«. Berlin [Ost] 1946.
11. Albert Gerhard Müller: »Weltanschauung und Pädagogik Adalbert Stifters«. Bonn 1930.
12. nacherzählt in Alfred Kantorowicz: »Spanisches Kriegstagebuch« (s. Lit.), S. 59 f.
13. Hanns Maassen: »Die Söhne des Tschapajew«. Berlin [Ost] 1960.
14. »Spanien in diesem Jahrhundert«. Wien 1968.
15. Julius Deutsch: »Ein weiter Weg. Lebenserinnerungen«. Wien 1960.
16. ausgeführt in Alfred Kantorowicz: »Deutsches Tagebuch«. Bd. 2. München 1961. S. 494 ff. und S. 501.
17. Bihalji-Merin: »Spanien zwischen Tod und Geburt«. Zürich 1937.
18. »Pasaremos. Deutsche Antifaschisten im National-Revolutionären Krieg des Spanischen Volkes«. Berlin [Ost] (o. J.).
19. »Interbrigadisten. Protokoll einer wissenschaftlichen Konferenz an der Militärakademie ›Friedrich Engels‹«. Berlin [Ost] 1966.
20. Babette Gross: »Willi Münzenberg«. Stuttgart 1967. S. 299.
21. Arthur Koestler: »Menschenopfer unerhört. Ein Schwarzbuch über Spanien«. Paris 1937.
22. Arthur Koestler: »Ein spanisches Testament«. Zürich 1938.
23. Michail Kolzow: »Die Rote Schlacht«. Berlin [Ost] 1960.
24. dazu Artur London: »Ich gestehe«. Hamburg 1970.
25. Augustin Souchy: »Anarcho-Syndikalisten über Bürgerkrieg und Revolution in Spanien«. Darmstadt 1969.
26. Rudolf Leonhard: »Der Tod des Don Quichote«. Zürich 1938. [Geschichten aus dem spanischen Bürgerkrieg.]
27. Hubertus Friedrich Prinz zu Löwenstein: »A Catholic in Republican Spain«. London 1937. [Deutsche Ausgabe: Zürich 1938.]
28. Benson s. Lit.
29. J. Nehru: »Summe meines Denkens«. München 1962. S. 122.
30. George Orwell: »Mein Katalonien«. München 1964.
31. ebd., S. 82.
32. George Orwell: »Homage to Catalonia – and looking back on the Spanish war«. London 1966. S. 246.
33. Georges Bernanos: »Die großen Friedhöfe unter dem Mond«. Köln u. Olten 1959.
34. »Der deutsche Schriftsteller. Sonderheft Spanien«. Berlin [in Wirklichkeit Paris] Juli 1937.
35. Thomas Mann: »Spanien«. In: »Politische Schriften und Reden« 2. Frankfurt a. M. 1968. (Fischer Bücherei.)

Literaturhinweise

Frederick R. Benson: Schriftsteller in Waffen. Die Literatur und der Spanische Bürgerkrieg. Zürich 1969.

Franz Borkenau: The Spanish cockpit. An eye-witness account of the political and social conflicts of the Spanish war. London 1937.

Alfred Kantorowicz: Spanisches Kriegstagebuch. Köln 1966.

Hans Christian Kirsch: Der Spanische Bürgerkrieg in Augenzeugenberichten. Düsseldorf 1967.

Rolf Reventlow [Hsg.]: Spanien in diesem Jahrhundert. Bürgerkrieg, Vorgeschichte und Auswirkungen. Wien 1968.

Schutzverband deutscher Schriftsteller im Exil [Hrsg.]: Der deutsche Schriftsteller. Sonderheft Spanien. Berlin bzw. Paris 1937.

Die Exilsituation in der Schweiz

»Die Schweiz ist ein Land, das berühmt dafür ist, daß sie dort frei sein können. Sie müssen aber Tourist sein«, heißt es im neunten der *Flüchtlingsgespräche* von Bert Brecht. »Der historische Freiheitsdurst der Schweizer kommt daher, daß die Schweiz ungünstig liegt. Sie ist umgeben von lauter Mächten, die gern was erobern. Infolgedessen müssen die Schweizer immerfort auf dem Quivive sein. Wenns anders wäre, bräuchten sie keinen Freiheitsdurst. Man hat nie was von einem Freiheitsdurst bei den Eskimos gehört. Sie liegen günstiger. [...] Wenn Sie meine Meinung wissen wollen: raus aus jedem Land, wo Sie einen starken Freiheitsdurst finden. In einem günstiger gelegenen Land ist er überflüssig.«

Wenn für viele, die aus Deutschland flüchten mußten, auch der Weg ins Exil für kürzere oder längere Zeit über Zürich und überhaupt die Schweiz geführt hat, ist doch der Großteil von ihnen alsbald weiter in ›günstiger gelegene‹ Länder gezogen. Von einzelnen Exilierten, am heftigsten wohl von Max Brusto[1], ist die Flüchtlingspolitik der Schweiz nachträglich kritisiert worden. Die Schweizer selbst standen in dieser Bewältigung ihrer Vergangenheit nicht nach, und dank der beiden großen amtlichen Dokumentationen, des *Ludwig-Berichtes* über die Flüchtlingspolitik und des sechsbändigen *Bonjour-Berichtes* über die Neutralitätsfrage, ergänzt durch eine große Zahl weiterer gründlicher, nichts beschönigender Untersuchungen freier Autoren, ist dies Problem heute in der Schweiz wohl so gut geklärt wie in kaum einem anderen Land.

Allein während des letzten Krieges haben 295 381 Flüchtlinge in die Schweiz kommen können. Wie viele an den Grenzen abgewiesen oder wegen illegalen Grenzübertritts wieder ausgewiesen wurden, ist nicht mehr festzustellen. Obwohl die Schweiz damals auf allen Seiten von den Achsenmächten eingeschlossen war, konnte eine beträchtliche Zahl der Flüchtlinge auch noch während des Krieges in andere Staaten gebracht werden. Am 8. Mai 1945, dem Tag des Waffenstillstandes, hielten sich noch immer rund 115 000 Flüchtlinge innerhalb der Schweizer Grenzen auf, unter denen Italien, Frankreich, Polen und an vierter Stelle Deutschland als Herkunftsländer an der Spitze standen. Die Zahl der Aufgenommenen entsprach fast der Anzahl der eigenen Arbeitslosen, die die Schweiz 1936 auf dem Höhepunkt ihrer Wirtschaftskrise aufzuweisen hatte. Die Frage, ob das Schweizer ›Rettungsboot‹, von dem Bundesrat Eduard von Steiger damals bei einer Tagung der ›Jungen Kirche‹ in Zürich gesprochen hatte, nun voll oder gar überfüllt gewesen sei oder nicht, ist wohl nur in Beziehung zu den – in der Exilliteraturforschung bisher meist übersehenen – wirtschaftlichen Fragen und Notständen jener Zeit zu beantworten.

Während in der deutschen Wirtschaftskrise sich bereits vor der Machtübernahme Hitlers eine gewisse Wende abzuzeichnen begann, während dann durch das spektakuläre Arbeitsbeschaffungsprogramm der neuen Regierung mit Autobahnbau, Aufrüstung und nicht zuletzt der Ausschaltung jener, die angeblich »nicht deutscher Volkszugehörigkeit« seien, aus dem Berufsleben die Zahl der Arbeitslosen tatsächlich immer mehr sank, verstärkte sich der wirtschaftliche Druck auf die Schweiz. Das deutsche Autarkiestreben drosselte den Export, die deutsche Devisenbewirtschaftung den Tourismus, und statt dessen kamen nicht nur bisherige Auslandsschweizer zurück, die Arbeitsplätze in ihrer Heimat erwarteten. Die Zahl der Arbeitslosen in der Schweiz war von Hitlers Machtantritt bis zum Januar 1936 um mehr als 170 Prozent, seit 1929 gar um rund 1500 Prozent gestiegen. Im September 1936 mußte der Bundesrat den letzten Versuch einer wirtschaftlichen Radikalkur unternehmen: der Schweizerfranken wurde um 30 Prozent abgewertet. Den Flüchtlingen aus Deutschland brachte das eine spürbare Erleichterung, da sie mit dem Geld, falls sie welches hatten mitbringen können, länger auskamen. Dadurch jedoch war die Schweiz, bisher den meisten zu teuer, als Exilland wieder begehrter geworden. Am 18. August 1937 wies das Eidgenössische Justiz- und Polizei-Departement in einem Rundschreiben die Kantone an, die Schweiz könne aus Gründen der Überfremdung nur Durchgangsland für Flüchtlinge sein und »Würdigen« den Aufenthalt für einige Monate gewähren.

Die aus Deutschland kommenden Flüchtlinge boten ein völlig anderes Berufsbild, als es der wirtschaftlichen Infrastruktur der Schweiz entsprach. Fast 20 Prozent waren Kaufleute oder Beamte, nicht ganz 16 Prozent Akademiker oder Künstler, aber nur 1,3 Prozent kamen aus der Landwirtschaft.[2] Vor allem für die Schriftsteller und Schauspieler war das Weiterwandern ein schwerer, gleichsam in die Bodenlosigkeit führender Entschluß, da der sie tragende Grund der Sprache verlorenging. Die Schweiz war fast das letzte deutschsprechende Land auf dem Wege durch das Exil. Aber selbst in der deutschen Schweiz gab es eine Sprachbarriere, die nicht zu nehmen war. Auch in der geschriebenen Sprache bleibt jeder Nichtschweizer sofort als solcher erkennbar, selbst wenn er sich bei einzelnen Ausdrücken um Helvetismen bemüht, da die Wahl des Vergangenheitstempus, das den Schweizern ungewohnte Präteritum anstelle des allein üblichen Perfekts[3], all jene als Ausländer verrät, die etwa unter Pseudonymen oder unkenntlich machenden Signaturen in der Schweiz zu veröffentlichen suchen.

Auf seiner Generalversammlung vom 14. Mai 1933 hatte sich der Schweizerische Schriftstellerverein mit dem Problem der schriftstellerisch oder journalistisch tätigen Flüchtlinge beschäftigt und seine Auffassung mit Schreiben vom 21. Mai der Eidgenössischen Fremdenpolizei unterbreitet. In der Folge verhärtete sich diese Auffassung noch, da es schweizerischen Autoren, von den ganz wenigen sich ›gleichschaltenden‹ abgesehen, immer schwerer fiel, ihre Arbeiten in der reichsdeutschen Presse unterzubringen oder gar Bücher in deutschen Verlagen zu veröffentlichen. Auch für die in schweizerischen Verlagen erschienenen Bücher fiel Deutschland, nach dem ›Anschluß‹ auch das bisherige Österreich, immer mehr als Absatzgebiet aus. Immerhin haben einzelne schweizerische Autoren auch in NS-Deutschland noch gute Erfolge gehabt: So hat Schünemann 1936/37 allein sechs Titel von Cécile Lauber verlegt, und bei Callwey ist 1934 der *Richelieu* von Carl J. Burckhardt in 51 500, gar noch 1943 seine *Kleinasiatische Reise* mit 21 000 Exemplaren erschienen.[4] Wie der Schweizerische Schriftstellerverein in jenem Schreiben vom 21. Mai 1933 erklärte, bedeute »der Aufenthalt jedes ausländischen Schriftstellers [...] daher für den schweizerischen Autor eine Konkurrenz. Die meisten Ausländer kommen mittellos in die Schweiz und sind darauf angewiesen, hier durch Journalistik ihr Brot zu verdienen.«[5] Während Journalisten keine Aufenthaltsgenehmigung erhielten oder – wie Alfred Polgar – mit einem strikten Arbeitsverbot belegt wurden, herrschte gegenüber bekannten Schriftstellern, vornehmlich Lyrikern, eine großzügigere Praxis, etwa in den Fällen von Albert Ehrenstein oder von Else Lasker-Schüler.

Seit der Reformation und der Gegenreformation, als wegen ihres Glaubens Verfolgte in die Schweiz flohen, gilt diese als sozusagen klassisches Asylland. Diese Bereitschaft, Schutz zu gewähren, hat sie allerdings mehrfach in politische Schwierigkeiten und Verwicklungen gebracht, wenn die Emigranten hier nicht nur Zuflucht suchten, sondern von der Schweiz aus politische Aktivitäten gegen ihr Heimatland zu entwickeln begannen. Als in und kurz nach der Französischen Revolution die Schweiz zu einem Hauptquartier der Königstreuen geworden war, stellte Frankreich 1796 an die Eidgenossenschaft ein – von dieser dann befolgtes – Ultimatum, alle Emigranten auszuweisen, und nach dem Einmarsch der Franzosen 1798 mußte in den Hauptvertrag der Helvetischen Republik ein Artikel aufgenommen werden, der Asylgewährung grundsätzlich untersagte. Noch 1889 war es wegen sozialdemokratischer Emigrantenvereinigungen zu einer schweren schweizerisch-deutschen Krise gekommen, in der Bismarck drohte, die schweizerische Neutralität nicht mehr respektieren zu wollen, falls von dort weiterhin angeblich gegen die Sicherheit des Reiches gearbeitet werde. Zu den Aufgaben der noch im gleichen Jahr 1889 gegründeten Bundesanwaltschaft in Bern zählt auch die Überwachung der eventuellen politischen Aktivitäten von Ausländern. Das von allen Ländern anerkannte Neutralitätsprinzip der Schweiz legt ihr auch die Pflicht auf, nicht als Stützpunkt für Bestrebungen zu dienen, die sich gegen irgendeine ausländische Macht oder das in ihr herrschende Regime richten.

Die Schweiz kennt in ihrer Verfassung kein Recht des Flüchtlings auf Asylgewährung, sondern es bleibt ein Vorrecht der Staatsbehörden, auf Antrag in begründeten Fällen, die überprüft werden, ein solches Asyl zu geben. Als Bedingung ist jedem, der es erhält, die Verpflichtung auferlegt, sich jeglicher politischer Tätigkeit zu enthalten, sei es innenpolitisch in der Schweiz oder außenpolitisch gegenüber einem anderen Staat. Im Zweiten Weltkrieg wurde in der Schweiz zwar keine Vorzensur eingeführt, aber durch die Abteilung Presse und Funkspruch im Armeestab eine Nachzensur, die »jede Störung der Geschlossenheit des Schweizervolkes in seinem Willen zur Verteidigung des Landes und zur Aufrechterhaltung der Neutralität«[6] zu verhindern hatte. Seit 1933 war es wiederholt zu diplomatischen Pressionen seitens der Deutschen Botschaft gekommen, durch die die schweizerischen Behörden immer wieder auf die Wahrung ihrer Neutralitätspflicht verwiesen wurden. Im Krieg, besonders nach der Niederwerfung Frankreichs, mußten weitere Rücksichten genommen werden. Am 5. Juli 1940 wurden sämtliche im Verlagshaus Oprecht noch lagernden Exemplare des Gedichtbandes *Lied am Grenzpfahl* von Hans Reinow (d. i. Hans J. Reinowski) durch die Zürcher Kantonspolizei beschlagnahmt, später wurde auch die Neuauflage der *Gespräche mit Hitler* von Hermann Rauschning verboten. Als die Kaiserlich-Japanische Botschaft gegen die angekündigte Uraufführung von Georg Kaisers Schauspiel *Der Soldat Tanaka* (1940) in Zürich protestierte, überließen die Behörden jedoch den Entscheid, das Stück zu spielen oder nicht, der Direktion des Schauspielhauses – und Oskar Wälterlin führte es auf.

Der Widerstand gegen die Emigranten wurde gleich seit 1933 von den Rechtsextremisten geschürt, den sogenannten ›Frontisten‹, die zwar bei keiner der Wahlen zu größeren Erfolgen gelangten, aber durch ihre lautstarke und rüde Propaganda den Anschein erweckten, als käme eine einflußreiche Stimme zu Wort. Der *Volksbund*, Zeitschrift einer Interessengemeinschaft für ›Schweizerische Nationale und Soziale Erneuerung‹, unterschied sich schwerlich von gewissen Skandalblättern im Reich. Auf einer einzigen Seite[7] fanden sich einmal das dreifach in Fettsatz und großen Lettern wiederholte Schlagwort »Juda verrecke!«, der sattsam bekannte Ausdruck »Systempresse« und solche mit dem speziellen Goebbels-»Witz« erfolgte Verballhornungen wie der des Titels der *Basler National-Zeitung* zu »Zional-Zeitung«. Gegen das von Erika Mann geleitete Kabarett ›Die Pfeffermühle‹ und gegen die Uraufführung des *Professor Mannheim* (später *Professor Mamlock* betitelt) von Friedrich Wolf im Schauspielhaus Zürich wurden Straßendemonstrationen veranstaltet, von der Zeitung *Die Front* mit dem Schlagwort »Gegen die Wühlerei der Emigranten« angekündigt, die zu Schlägereien führten. Schließlich wurde gegen das Gastspiel einer Prager Avantgardebühne mit Brechts *Dreigroschenoper* im Juni 1936 mit Tränen- und Stinkbomben zu Felde gezogen.

Die aus Deutschland kommenden Parolen fanden auch im bürgerlichen Lager ihr Echo. Als die Kunsthalle Bern eine große Ausstellung mit Werken von Max Beckmann veranstaltete, hieß es am 4. März 1938 in der Rezension des *Berner Tagblatts*: »Es gibt Leute, die Zeter und Mordio schreien, weil eine Kunst, wie Max Beckmann sie betreibt, im neuen Deutschland zur Strecke gebracht wurde. Wir sehen darin keinen Verlust.« Andererseits fehlte es auch nicht an Stimmen klarer Entschlossenheit, wie sie sich etwa in einem ausdrücklich als »Erklärung« überschriebenen Artikel der *Berner Tagwacht* vom 29. Januar 1936 zu einer offiziellen deutschen Ausstellung »Deutsche Malerei im 19. Jahrhundert« dokumentiert: »Nach einer ersten Ankündigung hätten auch Corinth, Slevogt und Max Liebermann in die Ausstellung miteinbezogen werden sollen. Sie fehlen jedoch, und wie nun laut wird, waren es deutsche Museumsleiter, die ihre Leihgaben vom Ausschluß des Juden Liebermann abhängig machten. [...] Aus diesem Grunde verzichten wir auf eine Besprechung dieser Ausstellung. Redaktion der Berner Tagwacht.«

Bedrohlich war der direkte Zugriff über die Grenzen. Wie Theodor Lessing im tschechischen Karlsbad, so wurde in dem eng mit der Schweiz verbundenen Fürstentum Liechtenstein der frühere Berliner Theaterdirektor Alfred Rotter durch nationalsozialistische Attentäter ermordet. Am 10. März 1935 wurde der aus Straßburg nach Basel gelockte Journalist Berthold Jacob im Auto bei Kleinhüningen über die Grenze, an der bereits der deutsche Schlagbaum hochgezogen war, ins Reich verschleppt und dann in Berlin eingekerkert. Auf den schweizerischen Protest hin leugnete das Auswärtige Amt zunächst jede Beteiligung deutscher Stellen, doch als die Schweiz ihre Untersuchungsergebnisse vorlegte und mit einer Klage vor dem Internationalen Schiedsgerichtshof in Den Haag drohte, wurde Jacob schließlich wieder in die Schweiz zurückgeschafft. In diesem Fall hatte der Bundesrat angesichts eines Völkerrechtsbruches, der die Souveränität der Schweiz betraf, eine überaus harte Haltung eingenommen. Sie hatte allerdings nichts mit der Person von Jacob oder überhaupt dem Schutz der politischen Flüchtlinge, sondern nur mit der Verletzung schweizerischer Hoheitsrechte durch kriminelle nationalsozialistische Agenten zu tun. Jedes Anzeichen von Schwäche oder Resignation, so hatte Bundesrat Motta damals erklärt, werde das weitere Schicksal der Schweiz belasten. Das Verhalten im Fall Jacob beweist, daß die schweizerische Politik gegenüber NS-Deutschland nicht ›anpasserisch‹ war, sondern dort, wo die Grundrechte eines freien Staates berührt wurden, die Herausforderung annahm und erwiderte.

Umstritten ist bis heute die schweizerische Flüchtlingspolitik gegenüber den Juden. Der im Auftrag des Bundesrats erstellte sogenannte *Ludwig-Bericht* über die Politik, die die schweizerischen Behörden in der Flüchtlingsfrage seit dem Jahre 1933 befolgt haben, erklärt dazu: »Einerseits dürfen der Helferwille und die vom Bund zur Betreuung der Aufgenommenen erbrachten sehr erheblichen finanziellen Leistungen nicht übersehen werden und geht es, wie der gegenwärtige Vorsteher des Eidgenössischen Justiz- und Polizeidepartements bei der Beantwortung der Interpellation von Nationalrat Dr. Oprecht am 8. Juni 1954 sicherlich zutreffend erklärte, nicht an, Maßnahmen der Landesregierung, die in einer kritischen Zeit unter den damals ganz besonders schwierigen Verhältnissen getroffen worden waren, aus der wesentlich einfacheren Situation der Gegenwart heraus zu beurteilen. Auf der anderen Seite aber kann kein Zweifel darüber bestehen, daß eine weniger zurückhaltende Zulassungspolitik unzählige Verfolgte vor der Vernichtung bewahrt hätte.«[8]

Ein einziges Beispiel, beim Durchblättern eines Zeitungsbandes[9] zufällig herausgegriffen, mag für viele andere, in der Zahl nicht feststellbare Schicksale stehen: Dr. Martin Friedländer, langjähriger Handelsredakteur am *Berliner Tageblatt*, war nach Kriegsausbruch ›schwarz‹ aus Italien in die Schweiz gekommen. Er lebte von der Familie getrennt; seine Frau war in Belgien, der Sohn in Canada. Als die Polizei ihn nach Deutschland abschieben wollte, hat er sich am 16. März 1942 in Engelberg erschossen. Damals waren gerade die ersten Meldungen über die Massenvernichtung des osteuropäischen Judentums in der Schweiz veröffentlicht worden. Als – soweit der Schreibende hat feststellen können – erste Zeitung brachte das *Israelitische Wochenblatt* am 20. März 1942 einen detaillierten Bericht über die Todeslager und speziell über Auschwitz, worin es hieß, in Oświęcim »ist die Sterblichkeitsquote besonders groß«. Trifft der Titel des vornehmlich die Vereinigten Staaten behandelnden Buches von Arthur D. Morse, *Die Wasser teilten sich nicht,* auch auf die Situation in der Schweiz zu?

Liest man die bisher veröffentlichten oder auch nur im Manuskript vorhandenen Autobiographien der Flüchtlinge, spricht man mit jenen, die offiziell in die Schweiz einreisen durften oder die sich heimlich über die Grenze schlichen, erweist es sich, daß im Grunde bald jedes Schicksal anders verlief und man keineswegs ›die‹ Schweiz verallgemeinernd beschuldigen darf, als das Land von Henri Dunant ihre humanitären Verpflichtungen versäumt zu haben. Es gab die ›harte‹ Politik amtlicher Stellen, verkörpert vor allem durch Dr. Heinrich Rothmund, den Chef der Eidgenössischen Polizeiabteilung, und es gab jene kleinen Kreise auf der äußersten politischen Rechten, die mit rassistischen und anderen faschistoiden Theorien sympathisierten. Es gab Ängstliche und Böswillige, Neider, Egoisten und Gleichgültige wie überall unter den Menschen. Aber es hat Behördenvertreter und ganze Kantone gegeben, wo unter und hinter den rigorosen Bestimmungen doch noch ein Bereich des Mitgefühls und der Hilfsbereitschaft verblieb. Es gab Beamte, die wegschauten, wenn Flüchtlinge vorbeikamen, und sogar solche, die Gott mehr gehorchten als den Menschen und entgegen den Gesetzen für Schutz und Weiterkommen sorgten. Und vor allem gab es die vielen selbstlosen Helfer, von den ›Flüchtlingsmüttern‹ Gertrud Kurz-Hohl und Regina Kaegi-Fuchsmann über den Pfarrer Paul Vogt, den Verleger Emil Oprecht und die Schwester Anny Pflüger bis zu der Unzahl bekannter und unbekannter Schweizer, die »sich der Menschenrettung schuldig«[10] gemacht haben.

Zwischen der allgemeinen und der literarischen Emigration aus Deutschland und Österreich bestehen einige Unterschiede. Die geflüchteten Schriftsteller lassen sich schwer in ›rassische‹ und ›politische‹ Fälle aufteilen, da so gut wie alle Schriftsteller, Journalisten und Wissenschaftler, die unter die nationalsozialistische ›Rasse‹-Gesetzgebung fielen, gleich welcher Parteirichtung sie sich auch zugehörig fühlten, in der politischen Ablehnung jenes Regimes übereinstimmten und – in Anspielung an Berendsohns Buchtitel[11] – eher als eine humanistische Emigration zu bezeichnen wären. Während der große Flüchtlingsstrom aus Deutschland mit dieser oder jener Schwankung von 1933 bis 1939/40 anhielt, ist das literarische Deutschland weitgehend bereits im Jahre 1933 in das Exil gegangen. Wer 1934/35 ging, war nur mehr Nachzügler, und wohl von 1936 an setzte bereits die Flucht der besonders Vor- oder Weitsichtigen aus Österreich ein, die 1938 zur zweiten großen Welle anwuchs. Wenn die Zahl der ankommenden Schriftsteller in der Schweiz anders ausschaut, erklärt sich dies durch die Exil-›Binnenwanderung‹. Die Ankömmlinge von 1933 waren direkt aus dem Reich geflohen, die von 1934 und später reisten auf der Suche nach einer bleibenden Heimstätte aus anderen Exilländern an.

Die ersten Ankömmlinge von 1933 hatten es noch am relativ leichtesten, in der Schweiz aufgenommen zu werden. Die politisch Linksstehenden profitierten dazu von der internationalen Solidarität der Arbeiterorganisationen und fanden zum Teil noch Anstellungen in sozialistischen Verlagen der Schweiz. Ernst Preczang, Mitbegründer und langjähriger Cheflektor der Büchergilde Gutenberg in Berlin, konnte alsbald eine ihrer Zweigstellen in der Schweiz übernehmen und sich später ganz seinem schriftstellerischen Schaffen widmen, unter anderem als Mitarbeiter am *Nebelspalter*. Selbst wer striktes Publikationsverbot hatte wie Carl Paeschke, konnte unter Pseudonym in der sozialdemokratischen Presse veröffentlichen. Daß jemand wegen Übertretung des Publikationsverbotes in Haft gesteckt wurde, ist nur von dem Lyriker Jakob Haringer bekannt. Aber auch bürgerliche Blätter, die *Neue Zürcher Zeitung*, die *Basler National-Zeitung* und einige andere, haben Artikel und literarische Texte von Exilautoren gedruckt, die nicht die Arbeitsgenehmigung besaßen.

Für das literarische Exil deutscher Sprache ist Zürich das Zentrum gewesen, vornehmlich wieder um das Schauspielhaus und um den Verlag Oprecht gruppiert. Zwar war das Zürcher Schauspielhaus nicht, wie heute in Deutschland oft zu lesen ist[12], die »damals einzige freie deutschsprachige Bühne«, denn auch die Stadttheater von Basel und Bern sind wahrlich nicht als NS-Theater zu bezeichnen. Lediglich das Stadttheater St. Gallen, das sich jeder Beziehung zu Exilautoren enthielt, ging politisch andere Wege und mußte im Sommer 1945 einer Art von ›Entnazifizierung‹ unterzogen werden. Schon 1937 war durch das Reichspropagandaministerium ein Boykott über das Stadttheater Basel und das Schauspielhaus Zürich verhängt worden. Kein Mitglied der Fachschaft Bühne in der NS-Reichstheaterkammer durfte dort ein Engagement annehmen oder auch nur ein Gastspiel geben, und wer im Basler oder Zürcher Engagement verblieb, konnte nicht mehr zurück. Während der Boykott über Zürich vorübergehend aufgehoben wurde, als der aus Frankfurt kommende und von den Frontisten zunächst wohlwollend begrüßte Oskar Wälterlin im Jahre 1938 die Direktion des Schauspielhauses übernahm[13], blieb der Boykott über Basel bis 1945 bestehen. Neben Zürich müssen Basel, wo erst Gustav Hartung als Regisseur und dann Kurt Horwitz als Schauspieldirektor wirkten, und ebenso Bern, wo Fritz Jessner, der frühere Intendant des Königsberger Neuen Schauspielhauses und dann Hausregisseur des Jüdischen Kulturbundtheaters in Berlin, für mehrere Jahre engagiert war, ebenso als Zentren des deutschen Exiltheaters genannt werden.

Jene engverbundene Kollegialität, wie sie bei den Bühnenkünstlern auch durch das Zusammenspiel in einem aufeinander angewiesenen Ensemble entstand, gab es unter den Schriftstellern nicht. Sie hatten oft einander zuvor noch nie gesehen, mitunter nicht einmal die Bücher des andern gelesen, gehörten verschiedenen literarischen Richtungen an und hatten divergierende politische Anschauungen. Zu dem Individualismus des Schriftstellers trat hier noch die Sorge, die jeder einzelne hatte, sich entweder in der Schweiz eine gewisse Existenzmöglichkeit zu schaffen oder aber die Weiterreise in ein anderes Land vorzubereiten. Der nach seiner Gleichschaltung und anschließenden Auflösung durch die NS-Behörden in Paris wiederbegründete Schutzverband deutscher Schriftsteller, der Exil-SDS, bot mit seinen Querelen zwischen dem bürgerlichen und dem kommunistischen Flügel nicht unbedingt jene Anziehungskraft, eine entsprechende Verbandstätigkeit in der Schweiz zu aktivieren. Die Sammelpunkte der Exilschriftsteller waren das Schauspielhaus und der Verlag von Emil Oprecht, die Wohnungen einiger schweizerischer Schriftsteller, Journalisten und Gelehrter wie R. J. Humm, Carl Seelig, Professor Robert Faesi, Pfarrer Robert Lejeune. Und Treffpunkte waren vor allem das Hôtel Urban in der Stadelhoferstraße, dicht beim Verlagshaus Oprecht, wohin meist die Flüchtlinge gewiesen wurden, da die Zimmer dort gut und (damals) billig waren, das Café Odeon am Bellevue, auf dessen marmornen Tischplatten einige Werke geschrieben wurden, die den Ruhm des deutschen literarischen Exils ausmachen, und schließlich die Lesesäle der öffentlichen Bibliotheken, in denen all jene zusammenkamen, die nicht das Geld besaßen, sich Zeitungen oder gar Bücher zu kaufen. Das Hôtel Urban ist heute abgerissen, das Café Odeon umgebaut, und in ganz Zürich erinnert keine Gedenkstätte oder -tafel an jene, die in den Jahren der deutschen Unfreiheit hier den freien deutschen Geist bewahrt haben.

Die einzige wesentliche Exilzeitschrift, die in der Schweiz erschien, war *Maß und Wert,* von Thomas Mann und Konrad Falke herausgegeben und von Oprecht verlegt. Von 1937 bis 1940 konnten drei Jahrgänge veröffentlicht werden. In dem Vorwort des ersten Heftes vom September/Oktober 1937 warf Thomas Mann selbst dem Zeitschriftentitel gegenüber die Frage »So artig? So konservativ?« auf, beantwortete sie dann aber mit der Überlegung, »daß sehr bald kein Hund mehr vom Ofen zu locken sein wird mit den Fanfaren einer verlogenen Sieghaftigkeit und Zukünftigkeit«. Die gestellte Aufgabe heiße, so Thomas Mann weiter, »Durchdringung des Stoffes mit Menschlichem, Vermenschlichung des Lebens in vergeistigender Gestaltung«. Zum Mitarbeiterkreis gehörte auch der damals noch fast unbekannte Jean-Paul Sartre, gehörten die Schweizer R. J. Humm und Carl Seelig, die Italiener

Ignazio Silone und G. A. Borgese, schon vor der NS-Machtübernahme Ausgewanderte wie Hermann Hesse und Joseph Breitbach, vor allem aber die besten Köpfe des Exils von Walter Benjamin, Ernst Bloch, Leo Spitzer, Karl Mannheim und Alfred Einstein über die Schriftsteller Ödön von Horváth, Alfred Döblin, Jakob Wassermann, Bruno Frank, Robert Musil und Georg Kaiser bis zum kommunistischen Graphiker und Dramatiker Johannes Wüsten – Bruder Heinrich und Sohn Klaus Mann natürlich eingeschlossen. Als Sonderheft von *Maß und Wert* erschien Ende 1938 der (etwas überarbeitete) Text des Vortrages *Vom künftigen Sieg der Demokratie*, den Thomas Mann während des Frühjahrs 1938 in mehreren amerikanischen Städten gehalten hatte, und 1939 brachte *Maß und Wert* in Fortsetzungen die Erstveröffentlichung von *Lotte in Weimar*. Damals hatte Thomas Mann seinen Wohnsitz bereits in die Vereinigten Staaten verlegt, der bisherige Redakteur Ferdinand Lion war ausgeschieden, dessen Nachfolger Golo Mann war Ende Mai 1940 in das zusammenbrechende Frankreich gegangen, und Joseph Breitbach, der bis dahin immer finanzielle Helfer vermittelt oder selber geholfen hatte, war seit Juni 1940, aller Möglichkeiten beraubt, auf der Flucht – »wie das Reh im Wald zur Jagdzeit«[14]. Als letztes Heft, von Hans Mayer redaktionell betreut, war mit einiger Verspätung eines erschienen, das das Datum September/Oktober 1940 trug.

War gegen *Maß und Wert* von Anfang an von deutscher Seite diplomatischer Druck ausgeübt worden, so mußte 1940, als Frankreich von der Wehrmacht überrannt und die militärische Gefährdung der Schweiz noch mehr gestiegen war, schließlich der bisherige Untertitel einer Zweimonatsschrift »für freie deutsche Kultur« fortfallen, der schon 1938 dem deutschen Gesandten in der Schweiz als »gegen das heutige Deutschland zu wirken bestimmt«[15] schien. Dabei ist es *Maß und Wert* niemals um den politischen Tageskampf gegangen, schon das nur zweimonatige Erscheinen und die lange Vorbereitungszeit jedes Heftes schlossen Stellungnahmen zum aktuellen Geschehen aus. Während die Berner Parteikonferenz der KPD, die Ende Januar und Anfang Februar 1939 getagt hatte, ein »Programm der neuen deutschen demokratischen Republik« entwarf, das von 1945 an in der damaligen Sowjetischen Besatzungszone konsequent zu verwirklichen gesucht wurde, sah Thomas Mann bei Kriegsausbruch ein neues Europa voraus, in dem die unbedingte Souveränität der Nationalstaaten zugunsten einer Deutschland einschließenden europäischen Föderation eingeschränkt sein werde: »War es denn notwendig, daß dieser Krieg kam, so muß seine Frucht eine Staatendemokratie sein, in welcher Freiheit und Gleichheit, nationales Eigenleben und internationale Verantwortung einen neuen schöpferischen Ausgleich gefunden haben.«[16]

Ein Breiten- und Massenecho haben die 17 Hefte von *Maß und Wert* natürlich nicht gehabt. Aber sie hatten ein geistiges Niveau, das von keiner der damaligen reichsdeutschen und wohl nicht einmal von den anderen schweizerischen Zeitschriften erreicht wurde. Gewiß war der »künftige Sieg der Demokratie« nicht mit schöngeistigen Erörterungen herbeizuführen, doch hatte Oprecht mit den Theatertexten *Die Rassen* von Ferdinand Bruckner und *Professor Mamlock* von Friedrich Wolf, mit der Hitler-Satire *Die Nacht des Tyrannen* von Walter Mehring und mit Hans Reinows (d. i. Hans J. Reinowski) Gedichtband *Lied am Grenzpfahl*, mit den Hitler-Büchern von Konrad Heiden und Hermann Rauschning, mit der in manchen Vermutungen geradezu prophetischen Streitschrift *Diktatur der Lüge* von Willi

Schlamm gegen Stalins Schauprozesse oder auf der anderen Seite mit Friedrich Wolfs Illegalen-Roman *Zwei an der Grenze* auch genug Werke in seinem Verlagsprogramm, die aus dem Tagesgeschehen stammten oder aber – aufklärend und warnend – in es eingriffen. Wenn Zürich trotz Oprecht auch nicht die Bedeutung als Verlagsstadt des Exils besaß, wie etwa Amsterdam sie dank Emanuel Querido und Allert de Lange erreicht hat, nimmt Oprecht mit der Vielseitigkeit und dem Niveau seiner Exilliteraturproduktion, etwa einem Drittel der gesamten Verlagsarbeit jener zwölf Jahre, doch einen Ehrenplatz ein.

Einen der größten Bucherfolge ergab der Bericht *Die Moorsoldaten* von Wolfgang Langhoff, mit dem der Schweizer Spiegel Verlag in Zürich sich 1935 der Exilliteratur zuzuwenden begann. Ein Jahr später folgte der Roman *Der Einzelgänger* von Ernst Erich Noth. Die Liste der außerhalb des Reichsgebietes erschienenen Bücher deutscher Sprache im ersten Halbjahr 1936[17] ergibt bei den schweizerischen Verlagen einen beträchtlichen Anteil der Exilliteratur. Der Humanitas-Verlag in Zürich legte den *Nachlaß zu Lebzeiten* von Robert Musil, *Kolonialware macht Weltgeschichte* von Will Schaber, *Jahr im Schatten* der Hermynia zur Mühlen und drei weitere Titel vor, der Zürcher Reso-Verlag ein Kunstbuch über den ins Exil gegangenen Malervagabunden Hans Tombrock, der Zürcher Rotapfel-Verlag das Lebensgestaltungsbuch *Die seelische Situation der Gegenwart* von Alexander Maria Fraenkel, und eines der interessantesten Unternehmen war der Vita Nova-Verlag in Luzern, den der nach dem Krieg als Spion verurteilte Rudolf Rössler gegründet hatte, der frühere Geschäftsführer des christlich-konservativen Bühnenvolksbundes in Berlin. Der nationalsozialistische Reichsverband Deutsche Bühne, dessen Reichsleiter damals Dr. Walter Stang und dessen Pressechef Wilhelm Ritter von Schramm waren, hatte im Frühjahr und Sommer 1933 mit Korruptionsvorwürfen, die sich später als unberechtigt herausstellten, die Gleichschaltung des Bühnenvolksbundes erzwungen. Des rechtskonservativen Rössler »Erfahrungen mit dem wahren Charakter des Nationalsozialismus«[18] ließen ihn einen politisch engagierten Verlag gründen und später auch zu einem der erfolgreichsten Spione für den schweizerischen und den sowjetischen Nachrichtendienst werden. Sein Verlagsprogramm reichte von Walter Benjamins Briefauswahl *Deutsche Menschen* bis zu den Reden des Marschalls Tschiang Kai-schek, von dem unter Beteiligung Nikolaj Berdjaevs und Sigrid Undsets erstellten Sammelband *Die Gefährdung des Christentums durch Rassenwahn und Judenverfolgung* (1935) bis zu Berdjaevs *Von der Würde des Christentums und der Unwürde der Christen*, von Waldemar Gurians beiden Büchern *Der Kampf um die Kirche im Dritten Reich* und *Bolschewismus als Weltgefahr* (beide 1935) bis zu einem Werk über die Weisheit der alten Völker, Erich Sylvesters *Vom Wesen des Menschen* (1937), zwischen denen dann auch ein Autor aus NS-Deutschland, Gert H. Theunissen mit *Revolution und Jugend* (1935), und das in der Verfasserschaft bis heute umstrittene militärwissenschaftliche Werk *Die Kriegsschauplätze und die Bedingungen der Kriegführung* von R. A. Hermes (1941) standen. Auch *Das neue Amerika* von Franklin D. Roosevelt hatte Rössler sich für seinen Vita Nova-Verlag sichern können, mit dem er eine christlich-demokratisch-antikommunistische Linie verfolgte. Wenn auch Exilautoren nicht die beherrschende Rolle spielten, so ist Rösslers Vita Nova in seiner geistigen Konzeption doch ein typischer und wichtiger Verlag des deutschen Exils gewesen, eines der ganz wenigen Zentren eines bekennerhaft christlichen Widerstandes gegen das NS-Regime. Da weder die verlegerische Tätigkeit Rösslers noch ihre weltanschaulich-religiöse Position bis heute untersucht sind, fehlt auch den Darstellungen seiner späteren Tätigkeit als »Spion« eine entscheidende Komponente.

In Zürich haben Thomas Mann an seinem *Joseph*-Roman, Lion Feuchtwanger an den *Geschwistern Oppenheim*, René Schickele an der *Witwe Bosca* gearbeitet. Unter den Flüchtlingen gab es Reisende der Luxusklasse und solche der vierten Klasse. Die einen wohnten in den großen Hotels oder in Villen am Zürchersee, die anderen in Dachkammern oder Flüchtlingslagern und holten sich ihr Essen an den Armenküchen der Caritas. Emil Ludwig, bereits 1906 in die Schweiz übergesiedelt und längst in ihr Bürgerrecht aufgenommen, wurde nach dem Krieg heftig angegriffen mit dem Vorwurf, er habe in seiner Besitzung am Lago Maggiore ein Feinschmeckerleben geführt, während Europas Kinder hungerten.[19] Aber es war auch Emil Ludwig, dessen leidenschaftliche Anklagerede auf dem PEN-Kongreß in Buenos Aires 1936, in der er feststellte, daß nicht nur Juden und Kommunisten, sondern Deutsche aller Richtungen in den Konzentrationslagern säßen, zur einstimmigen Annahme eines Protestes gegen die Behandlung Carl von Ossietzkys und gegen die Verhaftung von Schriftstellern in NS-Deutschland führte.[20]

Fraglich bleibt (und von Sternfeld/Tiedemann sogar verneint), ob man Hermann Hesse zum Exil rechnen könne. Auch in NS-Deutschland haben Neuauflagen und Erstausgaben seiner Bücher noch die Zahl von fast 500 000 Exemplaren erreicht, darunter 250 000 allein für *In der alten Sonne*. Die letzte Auflage von *Siddharta* war 1942, von *Knulp* 1943, von *Demian* 1942, von *Narziß und Goldmund* 1941 und vom *Steppenwolf* 1940 erschienen, und durch Vermittlung von Korrespondenzbüros wurden auch unter dem NS-Regime zahlreiche seiner Skizzen und Gedichte in deutschen Zeitungen veröffentlicht.[21]

Als eines unter den Exilschicksalen sei das von Robert Musil herausgegriffen. Er hatte eigentlich mit seiner Frau über die Schweiz nach Italien reisen wollen, war aber an der schweizerisch-italienischen Grenze angehalten worden. So war das Ehepaar im Herbst 1938 in Zürich, Musil bereits durch einen Schlaganfall behindert, und der bescheidene, weltfremde, in allen praktischen Dingen hilflose Schriftsteller begann seinen Weg durch die Ämter, um eine Aufenthaltserlaubnis zu erhalten. »Er durfte weder an Zeitschriften und Zeitungen mitarbeiten, noch Vorträge am Radio oder in Gesellschaften halten, noch eine Stelle als Literat (Lektor, Verlagsleiter, Redaktor usw.) annehmen.«[22] Vor allem der Zürcher Pfarrer Robert Lejeune, dann auch der selbst als Flüchtling aus Wien gekommene Bildhauer Fritz Wotruba und andere unterstützten ihn, damit er überhaupt leben konnte. Im Jahre 1939 siedelten die Musils nach Genf über, wo nicht einmal die Intellektuellen und Literaten seinen Namen kannten und die völlige Nichtbeachtung, die er erfuhr, noch niederdrückender wirkte. Am 24. September 1939 schrieb er an Lejeune: »Man ist solide im Urteil und hält den Toten die Treue, ob sie nun Keller, Meyer, Rilke oder Hofmannsthal heißen; auch ich fühle mich einigermaßen sicher, daß man einst meinen Schweizer Aufenthalt wohlgefällig buchen wird, aber erst auf meinen Tod warten zu müssen, um leben zu dürfen, ist doch ein rechtes ontologisches Kunststück.« Zweieinhalb Jahre später verstarb Musil in Genf, in einer jetzt von der Polizeiabteilung des Eidgenössischen Justiz- und Polizeidepartements vorgelegten Liste der »bekannten Persönlichkeiten, die in den Jahren 1933 bis 1945 vorübergehend oder für immer Zuflucht vor dem Nationalsozialismus« gefunden haben, ist auch sein Name genannt. Nicht aber der von Hanns Henny Jahnn, der immerhin auch 1933/34 in der Schweiz gewesen war.

Erst während des Krieges, als für die in der Schweiz befindlichen Flüchtlinge keine Möglichkeit des Weiterwanderns mehr bestand, begann eine Kulturarbeit unter ihnen: Vortragsabende, Aufführungen und ähnliches, bei denen Eintrittsgelder für wohltätige Zwecke erhoben wurden, etwa für Bedürftige in Polen oder in südfranzösischen Lagern. Eine Kulturgemeinschaft Zürcher Emigranten veranstaltete musikalisch-literarische Nachmittage, an denen u. a. Leopold Lindtberg, Therese Giehse, Wolfgang Langhoff, Maria von Ostfelden, Jo Mihaly und Dr. Rudolf Frank beteiligt waren. Dort wies Frank dann »witzig auf Adam und Eva hin, die ohne Paß und Aufenthaltsbewilligung das Paradies verlassen mußten«.[23] Die Basler Emigranten spielten 1942 im Festsaal des Kaufmännischen Vereins den *Paracelsus* von Arthur Schnitzler mit Gina Petruschka vom früheren Theater des Jüdischen Kulturbunds in Berlin. Der Zürcher Perez-Verein veranstaltete Autorenlesungen in der Pension Kalikstein, so konnte etwa Awrum Halbert dort sein noch unveröffentlichtes chassidisches Drama *Das Wunderkind des Wunderrabbi* vortragen.

Das Kriegsende erst befreite aus Not, Verzagtheit und Angst. Am 25. Mai 1945 trafen sich Exilschriftsteller aus der ganzen Schweiz, soweit ihnen nicht fremdenpolizeilich das Verlassen ihrer Aufenthaltsorte verboten war, und gründeten den alten SDS als (zunächst) Schutzverband deutscher Schriftsteller in der Schweiz von neuem. Zum Ehrenpräsidenten wurde Georg Kaiser gewählt, der jedoch zehn Tage später verstarb. Obwohl die Flüchtlinge meist ihre Bibliotheken hatten in Deutschland zurücklassen müssen und kaum in der Lage waren, sich neue aufzubauen, wurde bereits im Juni zu einer Materialsammlung für Bibliotheken und Lesehallen im kriegszerstörten Deutschland aufgerufen. Schon im Juli 1945 konnte ein erster Transport von 3500 Bänden nach Singen, Stuttgart und München geleitet werden. Im Herbst ging Jo Mihaly als erste nach Deutschland zurück, um die Leitung der Freideutschen Kulturvereinigung in Frankfurt zu übernehmen. In einer Resolution an die Eidgenössische Fremdenpolizei vom 24. Februar 1946 sprach der Schweizerische Schriftstellerverein sich für eine generelle Arbeitsbewilligung zugunsten aller in der Schweiz befindlichen Schriftsteller und Journalisten aus, besonders auch der Emigranten und Flüchtlinge. Und in seinem Mitteilungsblatt vom Juli 1946 konnte der Schutzverband melden, das Emigrantenbüro der Eidgenössischen Fremdenpolizei habe ihm mitgeteilt, eine eventuelle Mitarbeit an der ausländischen Presse sei ab sofort gestattet und es bleibe jedem selbst überlassen, zu entscheiden, ob es sich um eine gelegentliche freie Mitarbeit handle, die erlaubt, oder eine regelmäßige, die weiterhin bewilligungspflichtig sei. Das war ein salomonischer Entscheid, der zwar den Buchstaben des Gesetzes wahrte, aber doch genug Spielraum ließ, um fortan jede Möglichkeit einer Veröffentlichung im Ausland nützen zu können. Aus geduldeten Flüchtlingen waren wieder in zumindest relativer Freiheit arbeitende Schriftsteller geworden.

Anmerkungen

1. »Im Schweizer Rettungsboot«. München 1967.
2. Zahlen während des Krieges, lt. Oscar Schürch: »Das Flüchtlingswesen in der Schweiz während des Zweiten Weltkrieges und in der unmittelbaren Nachkriegszeit«. Bericht des Eidgenössischen Justiz- und Polizei-Departements. Bern 1950 (hekt.). S. 85.
3. Vgl. »Der Schriftsteller und sein Verhältnis zur Sprache«. Hrsg. von Peter André Bloch. Bern 1971. Unter den 23 interviewten Schriftstellern befindet sich allerdings kein Exilautor.
4. »Prisma«. München (1948) H. 17, S. 39.
5. zitiert nach Häsler (s. Lit.), S. 275.
6. Erlaß des Bundesrates vom 8. September 1939, zitiert nach Stahlberger (s. Lit.), S. 277.
7. Reproduktion einer Frontseite (Datum nicht erkennbar) bei Häsler (s. Lit.), S. 361.
8. Ludwig (s. Lit.), S. 372.
9. »Israelitisches Wochenblatt«, Zürich, Nr. 18 (1. 5. 1942).
10. Häsler (s. Lit.), S. 303.
11. »Die humanistische Front« (s. Lit. d. Einl.).
12. so in »Theater der Zeit«, Berlin, 21 (1966) H. 18, S. 25.
13. Fred Ritter: »Theater und Landesverteidigung«. In: »Jahrbuch X. und XI. der Gesellschaft für Schweizerische Theaterkultur«. Bern 1939. S. 116.
14. Brief Breitbachs vom 16. Oktober 1940 aus Grenoble an Hermann Kesten, zitiert bei Kesten (s. Lit. d. Einl.), S. 158.
15. zitiert nach Stahlberger (s. Lit.), S. 261, dort Nachweis.
16. »Vorwort III«. In: »Werke« Bd. 17. Fischer Bücherei. S. 364.
17. »Das Wort«, Moskau (Sept. 1936) H. 3, S. 107 ff.
18. Klaus Urner: »Spion wider Willen? Ein Beitrag zur Diskussion um Rudolf Rössler«. In: »Neue Zürcher Zeitung« (Morgenausgabe vom 17. 12. 1966). Gegenüber einer Fülle unwissenschaftlicher und hypothetischer Darstellungen die erste fundierte Analyse des »Falles« Rössler und seiner Ursachen.
19. »Europe«, Paris (décembre 1946/janvier 1947).
20. vollständig abgedruckt bei Lionel Richard (s. Lit.), S. 185 ff.
21. alle Angaben über Hermann Hesse aus: »Prisma«, München (1948) H. 17, S. 41.
22. Häsler (s. Lit.), S. 285.
23. »Israelitisches Wochenblatt«, Zürich (23. 1. 1942).

Literaturhinweise

Edgar Bonjour: Geschichte der schweizerischen Neutralität. Vier Jahrhunderte eidgenössischer Außenpolitik. 6 Bde. Basel 1965 ff.

Lee van Dovski: Schweizer Tagebuch eines Internierten. Utrecht 1946.

Oskar F. Fritschi: Geistige Landesverteidigung während des Zweiten Weltkrieges. Dietikon–Zürich 1972.

Beat Glaus: Die Nationale Front. Eine Schweizer faschistische Bewegung 1930–1940. Einsiedeln 1969.

Alfred A. Häsler: Das Boot ist voll. Die Schweiz und die Flüchtlinge 1933–1945. Zürich 1967.

Kunz von Kauffungen: Ohne Maulkorb. Erlebnisse eines Nonkonformisten. Bern 1964.

Carl Ludwig: Die Flüchtlingspolitik der Schweiz seit 1933 bis zur Gegenwart. Bern 1957.

Klaus Mann: Der Wendepunkt. Ein Lebensbericht. Frankfurt 1953.

Julius Marx: Georg Kaiser, ich und die anderen. Ein Bericht in Tagebuchform. Gütersloh 1970.

Alice Meyer: Anpassung oder Widerstand. Die Schweiz zur Zeit des deutschen Nationalsozialismus. Frauenfeld 1966.

Ernst Erich Noth: Mémoires d'un Allemand. Paris 1970. Deutsch: Erinnerungen eines Deutschen. Hamburg u. Düsseldorf 1971.

Lionel Richard: Nazisme et littérature. Paris 1971.

Peter Stahlberger: Der Zürcher Verleger Emil Oprecht und die deutsche politische Emigration 1933 bis 1945. Zürich 1970.

Max Syfrig u. Christian Defay: L'extrême-droite en Suisse. Lausanne 1967.

Sigmund Widmer: Illustrierte Geschichte der Schweiz. Zürich 1965.

Jost Nikolaus Willi: Der Fall Jacob-Wesemann (1935/36), ein Beitrag zur Geschichte der Schweiz in der Zwischenkriegszeit. Bern 1972.

Victor I. Willi: Überfremdung. Schlagwort oder bittere Wahrheit? Bern 1970.

HELMUT MÜSSENER

Die Exilsituation in Skandinavien

Die drei skandinavischen Königreiche Dänemark, Norwegen und Schweden hatten
seit etwa 1870 im ›Windschatten der Weltpolitik‹ gelegen, sich geschickt aus allen
kriegerischen Verwicklungen herausgehalten und ihre inneren Probleme ohne Gewaltanwendung gelöst. Zwar wurden auch sie Ende der zwanziger, Anfang der
dreißiger Jahre von der Weltwirtschaftskrise und der mit ihr verbundenen Arbeitslosigkeit betroffen, aber ihre vorwiegend agrare Wirtschaftsstruktur und eine ›moderne‹ Wirtschaftspolitik im Sinne der Theorien von Keynes machten sie, verglichen
mit dem industrialisierten Mitteleuropa, gegen die zunehmende ideologische Radikalisierung weitgehend immun. Als ›gewachsene Demokratien‹ waren sie zudem
für Faschismus und Kommunismus weniger anfällig, und so glichen die drei Staaten
friedlichen Inseln am Rande Europas. Die äußerste Rechte blieb völlig bedeutungs-
los und war nur ausnahmsweise in den skandinavischen Parlamenten repräsentiert,
und zwar in Norwegen durch die ›Nasjonal Samling‹ (Nationale Sammlung) unter
ihrem später so berüchtigten ›Führer‹ Vidkun Quisling. Kommunisten und links-
sozialistische Splittergruppen machten zwar wesentlich mehr von sich reden, aber
die Zahl ihrer Wähler blieb prozentual gering, und das gleiche galt auch für ihre
Bedeutung in Parlament und Öffentlichkeit. Die stärkste Partei blieben während
aller Wahlen der dreißiger Jahre die Sozialdemokraten. Sie betrieben, vorwiegend
in Regierungsstellung, wie die Liberalen, die Bauern-, aber auch die konservativen
Parteien eine pragmatische Politik, die sich am Allgemeinwohl orientierte. Das
Schlagwort der schwedischen sozialdemokratischen Arbeiterpartei vom ›folkhem‹
(Volksheim) war mit gewissen Modifikationen auch für die Parteien anderer Cou-
leur und anderer Länder verbindlich.
Außenpolitisch hegte man ein fast naiv zu nennendes Vertrauen zur Idee und
Macht des Völkerbundes. Seit seiner Gründung hatte man weitgehend abgerüstet,
war keinerlei Bündnisverpflichtungen eingegangen und führte, neutralistisch in ihrer
Grundkonzeption, eine Politik, deren erstes Ziel es war, in Frieden gelassen zu werden. Von der Machtpolitik Hitlers distanzierte man sich vornehmlich inoffiziell,
und die Öffentlichkeit der drei Länder verurteilte im allgemeinen seine Gewalt-
methoden gegenüber der politischen Opposition. Sie hatte aber in ihren bürgerlichen
Kreisen gewisses Verständnis für seine Warnung vor der bolschewistischen Gefahr
und für seine ›großdeutschen‹ Bestrebungen. Ab 1936 etwa verlegte man sich mehr
und mehr auf eine Art ›Vogel-Strauß‹-Politik, um nicht aufzufallen und um auf
diese Weise dem großen Nachbarn im Süden keine Angriffsfläche zu bieten, der
seinerseits fieberhaft aufrüstete. So wurde man denn auch weniger vom Kriegsausbruch überrascht als von dem plötzlichen Überfall Hitlers auf Dänemark und Norwegen am 9./10. April 1940.[1]
Von der Massenflucht aus dem Machtbereich des Nationalsozialismus wurden die
skandinavischen Länder nur wenig berührt.[2] Sie erreichte diese nur in Ausläufern,
und insgesamt haben wohl kaum mehr als 6000–6500 Personen, etwa 1 Prozent

der Gesamtzahl, hier ihre Zuflucht gefunden, obwohl die offizielle Flüchtlingspolitik vergleichsweise liberal war. Für die Inhaber eines gültigen Passes war eine Einreise jederzeit möglich, da der Visumzwang seit den zwanziger Jahren abgeschafft war. Es war allerdings schwieriger, Aufenthalts- und Arbeitsgenehmigung zu erhalten. Die Emigranten mußten sich verpflichten, im Aufnahmeland keine politische Tätigkeit auszuüben – eine Bestimmung, deren Einhaltung in den dreißiger Jahren vor allem in Dänemark immer schärfer kontrolliert wurde –, und durften der Öffentlichkeit nicht zur Last fallen, d. h. sie waren gezwungen, sich selbst zu versorgen. Verstöße gegen diese Verordnungen wurden mit Ausweisung bestraft. Die ›öffentliche Meinung‹ nahm die Flüchtlinge zur Kenntnis, empfand sie aber eher als Belastung denn als Verpflichtung. Weite Kreise des Bürgertums verstanden zudem häufig nicht, wie man ›freiwillig‹ das Land verlassen konnte, das für sie immer noch den kulturellen Mittelpunkt Europas bildete.

Politischen Flüchtlingen wurde im allgemeinen das Asylrecht gewährt, und für sie setzte sich auch eine Reihe von Hilfskomitees ein. Generell gesehen war am besten für SPD- und Gewerkschaftsmitglieder gesorgt. Sie wurden in Schweden von ›Arbetarrörelsens flyktingshjälp‹ (Flüchtlingshilfe der Arbeiterbewegung) und in Dänemark vom Matteotti-Komitee unterstützt, eine ähnliche Organisation gab es in Norwegen. Um Kommunisten und RGO-Angehörige[2a], die von der Sicherheitspolizei der drei Staaten streng beaufsichtigt wurden und bei den Behörden nicht gern gesehen waren, bemühte sich die ›Rote Hilfe‹. Aber diese Komitees und Organisationen vermochten mit ihren stets unzureichenden Mitteln nur das Überleben zu gewährleisten.

Für die ›Wirtschaftsflüchtlinge‹, wie die von der NS-Rassengesetzgebung Betroffenen von ihren politischen Schicksalsgenossen teilweise abwertend genannt wurden, war Skandinavien als Einwanderungsgebiet denkbar ungeeignet, und nur wenige von ihnen gelangten, meist auf Grund persönlicher oder geschäftlicher Beziehungen, in diese Länder. Sie wurden im allgemeinen von den Hilfskomitees der jüdischen Gemeinden unterstützt, sofern sie nicht konvertiert oder mit einem nichtjüdischen Partner verheiratet waren, was sie von der Hilfe ausschließen konnte. Ihre skandinavischen Glaubensgenossen waren häufig nicht daran interessiert, den vorhandenen, latenten Antisemitismus in ihren Ländern zu wecken oder eine Assimilation zu ermöglichen. Statt dessen versuchten sie lieber, die Weiterwanderung nach Übersee zu erleichtern.

Am schwierigsten war die Lage für Angehörige der verschiedenen sozialistischen Splittergruppen und für ›Intellektuelle‹, d. h. für diejenigen Wissenschaftler, Juristen, Künstler, Schriftsteller und Journalisten, die entweder völlig apolitisch waren oder wider den Stachel einer Partei, einer Religion gelöckt hatten oder sich gar, als ›Intellektuelle‹ eben, nie mit einer solchen identifiziert hatten. Zwar nahmen sich auch ihrer verschiedene Hilfskomitees mit wechselnder Zusammensetzung aus kirchlichen, liberalen und wissenschaftlichen Kreisen an, aber für diese galt allgemein, daß sie mehr von Idealismus als von finanziellen Mitteln getragen wurden.

Für alle Gruppen gemeinsam aber bestand das Problem der Arbeitsbeschaffung. Skandinavische Arbeiter und Wissenschaftler bewachten argwöhnisch ihre ›Futterkrippen‹, und die Emigranten konnten zunächst bestenfalls als Landarbeiter, Hausmädchen, Sprachlehrer oder als wissenschaftliche Hilfsarbeiter ihr Auskommen finden.

Die genaue Zahl der Flüchtlinge läßt sich nicht feststellen, da die statistischen Angaben sehr ungenau sind und vermutlich auch eine nicht unerhebliche illegale Einwanderung stattfand. Nach Dänemark dürften bis Mitte 1938 etwa 1200–1300 Emigranten (Familienangehörige jeweils einberechnet) eingereist sein, nach Norwegen 400–500, nach Schweden etwa 2500–2800. Die Zahl der politischen Flüchtlinge ist dabei mit etwa 30–40 Prozent vergleichsweise hoch anzusetzen.

Gleichzeitig mit der zweiten Auswanderungswelle nach der Besetzung Österreichs und nach dem Abschluß des Münchener Abkommens, als manche ›Reichsdeutsche‹ zum zweitenmal und Sudetendeutsche erstmalig ins Exil mußten, führten die skandinavischen Länder Restriktionen durch, die sich in erster Linie gegen die ab Oktober 1938 durch den ›J‹-Stempel leicht erkennbare jüdische Einwanderung richtete.[3] Bis zum Kriegsausbruch dürfte Dänemark insgesamt etwa 1500 und Norwegen etwa 700 Emigranten aufgenommen haben, während sich in Schweden etwa 4000 bis 4200 befanden. Danach fand nur noch eine vereinzelte Einwanderung nach den skandinavischen Ländern statt, die bekannteste Emigrantin dieser Jahre war Nelly Sachs, die 1940 als eine der letzten nach Schweden entkommen konnte.

Zu größeren ›Verschiebungen‹ innerhalb der drei Staaten kam es dann erstmals 1940, als nach dem Überfall auf Dänemark und Norwegen die Flüchtlinge erneut vor Gestapo und SS fliehen mußten. Zwar gerieten manche von ihnen in Dänemark in ihre Fänge, aber durch die Versenkung des Kreuzers Blücher im Oslo-Fjord, dem Fahndungsakten und -beamte mit in die Tiefe folgten, erhielten die Emigranten in Norwegen eine Galgenfrist, die fast alle zu nützen wußten. Die Jagd galt zunächst den politischen Flüchtlingen, während die von der NS-Rassengesetzgebung verfolgten vorerst noch etwas großzügiger behandelt wurden. So galt ja Dänemark lange als des »Diktators Kanarienvogel im goldenen Käfig«, das eine eigene Regierung behalten durfte, und auch das ›nordische‹ Norwegen genoß zunächst eine Vorzugsbehandlung. Erst im Herbst 1942 wurden dort Vorbereitungen für den Abtransport der Juden in die Vernichtungslager des Kontinents getroffen, aber mit Hilfe der Widerstandsbewegung konnten viele deutschsprachige und norwegische Juden nach Schweden entkommen, und im Oktober 1943 gelang es der dänischen, in einer einzigartigen Aktion fast alle dort ihres Glaubens oder ihrer ›Rasse‹ wegen Gefährdeten über den Sund nach Schweden zu retten. Auf diese Weise stieg die Zahl der deutschsprachigen Flüchtlinge in Schweden auf 5700 bis 6000 an, die auch bis zum Kriegsende ›überwintern‹ konnten. Bestenfalls 25 Prozent von ihnen kehrten nach 1945 in ihre alte Heimat zurück, während die meisten resigniert, verbittert oder haß- und leiderfüllt in Schweden ansässig blieben und kleinere Gruppen nach Israel oder den USA weiterwanderten. Geschlossen transportierte lediglich die KPD ihre Angehörigen und mit ihr sympathisierende Sozialdemokraten in die damalige sowjetische Besatzungszone zurück, wo sie im allgemeinen auch schnell integriert wurden und teilweise an führender Stelle am Aufbau der heutigen DDR mitarbeiteten. Auch die Österreicher konnten, soweit sie politisch organisiert waren, in verschiedenen Gruppen zurückkehren, während man sich von seiten der westlichen Besatzungsbehörden und der von ihnen eingesetzten deutschen Stellen allen diesbezüglichen Versuchen sehr abgeneigt zeigte. So gelang es eigentlich nur einer geringen

Anzahl von SPD-Funktionären und Journalisten, ›angefordert‹ zu werden oder ›auf eigene Faust‹ vornehmlich in die britische Besatzungszone zu gelangen. Die Mehrheit der politischen Flüchtlinge bemühte sich dagegen vergeblich um die Rückkehr und resignierte um 1948/49 endgültig.

Innerhalb der jüdischen Emigration bestand allerdings weitgehend Abneigung dagegen, in ein Land zurückzukehren, das »mir meine gesamte Familie getötet hatte und das mich offiziell ausgebürgert hat«. Man war »nicht nach Deutschland zurückgekehrt, weil man ungern ein Haus wieder aufsucht, aus dem man einmal mit Schimpf und Schande hinausgeworfen worden ist«.

Obwohl die deutschsprachige Emigration in allen drei Ländern von der Sicherheitspolizei beobachtet wurde und alle radikalen Gruppen links von der Sozialdemokratie ständig ihre Ausweisung befürchten mußten, existierte dennoch ein reges politisches und kulturelles Leben. Erst mit dem Kriegsausbruch fand es ein jähes Ende, blühte aber in Schweden nach den Niederlagen der deutschen Streitkräfte bei Stalingrad und El Alamein wieder auf.[4]

Die größte politische Gruppe der Emigration in D ä n e m a r k war die sozialdemokratische, die mit stillschweigender dänischer Duldung auch eine ziemlich regelmäßige Parteiarbeit durchführen konnte und der eine Reihe bekannter Politiker und ›Parteiarbeiter‹, vornehmlich des rechten Flügels, angehörte. In ihr spielte der Gewerkschaftsführer Fritz Tarnow eine führende Rolle. 1938 hatte er als Nachfolger Schliestedts die Leitung der Auslandsvertretung der deutschen Gewerkschaften übernommen und unterhielt gute Verbindungen zur sozialdemokratischen und gewerkschaftlichen Emigration in Großbritannien, Frankreich und den USA, aber auch zu bürgerlichen Gruppen wie der Deutschen Freiheitspartei (DFP). Er bemühte sich darum, die nichtkommunistische Opposition gegen Hitler im Ausland zu einigen, und stand in engem Kontakt mit der Widerstandsbewegung im Inland, den er teilweise auch von Schweden aus noch aufrechterhalten konnte. Tarnow hatte nach seiner Flucht nach Schweden (1940) auch große Bedeutung innerhalb der dortigen politischen Emigration, obwohl er nach außen hin nur selten in Erscheinung trat. 1946 kehrte er nach Deutschland zurück, wo er jedoch in der Gewerkschaftsbewegung der westlichen Besatzungszonen, dem späteren DGB, wenig in Erscheinung trat. »Es ist ein Jammer, daß Fritz Tarnow nicht mehr ernsthaft auf die deutsche Nachkriegsentwicklung einwirken konnte.«[5] Der ehemalige SPD-Parteisekretär in Braunschweig und Journalist Johannes Reinowski, alias Hans Reinow, wirkte in dänischen Zeitungen mit, gab als »Der rote Hans« mit seinen Gedichten in zahlreichen Emigrationszeitschriften dem Heimweh der Emigranten nach dem ›anderen Deutschland‹ Ausdruck und griff mit bitterer Satire die Gewaltherrschaft des Dritten Reiches an. Sein Gedichtband *Lied am Grenzpfahl*, der 1940 im Europa-Verlag in Zürich erschien, provozierte dessen Machthaber derart, daß die Schweizer Regierung sich auf Grund geharnischter Proteste gezwungen sah, die Gedichte zu verbieten und einzuziehen. In Schweden, wohin Reinowski 1940 in demselben Ruderboot wie Tarnow geflohen war, lebte er sehr zurückgezogen und trat nur mit einigen Lesungen in Erscheinung. Er verfaßte den autobiographischen Roman *Jakob Tugemüt hißt eine Fahne* und die politisch-satirische Versdichtung *Deutscher Alptraum in Schweden*, die aber unveröffentlicht blieben. 1945 kehrte er nach Dänemark zurück, wo er in die Redaktion der *Deutschen Nachrichten* eintrat, die er ab Mitte 1945 auch de facto leitete. An der ›Umerziehung‹ der mehr als 250 000 deutschen Flüchtlinge aus Ost- und Westpreußen, die in dänischen Lagern lebten, war er maßgeblich beteiligt. *Die traurige Geschichte des hochedlen Grafen von Itzenblitz, in munteren Verslein erzählt* (1947) ist eine zunächst in dieser Zeitung veröffentlichte Abrechnung mit der deutschen Geschichte. 1947 kehrte er in die amerikanische Besatzungszone zurück, wo er seither Chefredakteur und Herausgeber des *Darmstädter Echos* ist. Der ehemalige Reichsbannerführer und MdR, Karl Raloff, veröffentlichte unter dem Pseudonym Karl Ehrlich in Dänemark u. a. *Fra Ebert til Hitler* (1933; Von Ebert zu Hitler) und *To aars nazistyre* (1935; Zwei Jahre Naziherrschaft). Diese Bücher sind kennzeichnend für die Arbeit der Emigration vor 1939. Sie versuchen, vor dem Machthunger des Nationalsozialismus zu warnen, seine Geschichte zu schildern und über die Verhältnisse im Dritten Reich aufzuklären. Raloff arbeitete ferner unter verschiedenen Pseudonymen an der Presse des Aufnahmelandes mit. 1940 entkam er über den Sund nach Schweden, wo er innerhalb der Emigration nur wenig in Erscheinung trat, allerdings auf der 1. Landeskonferenz der SoPaDe im Dezember 1944 in Stockholm eines der Grundsatzreferate hielt. 1945 ging er nach Dänemark zurück und wirkte auf Wunsch der dänischen Regierung an führender Stelle bei der Betreuung und Rückführung der Flüchtlinge aus den deutschen Ostgebieten mit. Er wurde anschließend erster Korrespondent der (west-) Deutschen Presse-Agentur und war lange Jahre Presseattaché der diplomatischen Vertretung der Bundesrepublik in Kopenhagen. In dieser Eigenschaft hatte er einen nicht unbeträchtlichen Anteil an der Wiederherstellung des Vertrauensverhältnisses zwischen Dänemark und der Bundesrepublik. Bedeutung im Parteiapparat der SoPaDe in Dänemark hatten auch Karl Rowold, später Botschaftsrat in Schweden und heute Botschafter auf Island, sowie der ›Grenzsekretär‹ Richard Hansen, der für die Verbindungen mit dem ›Reich‹ verantwortlich war. Sie waren auf Grund der gemeinsamen Grenze verhältnismäßig leicht aufrechtzuerhalten und hatten vor allem in den ersten Jahren der Nazidiktatur große Bedeutung für die Widerstandsarbeit. 1940 gelang es ihm, über Schweden nach den USA zu entkommen, von wo er 1946 nach Schleswig-Holstein zurückkehrte und dort lange Jahre den Posten des Parteisekretärs bekleidete. Kurt Heinig, MdR, später Beauftragter des Parteivorstandes in Schweden und als solcher sehr umstritten, hielt sich zurück und widmete sich seinen finanzwissenschaftlichen Studien, da er auf Grund eines Stipendiums der Rockefeller-Stiftung finanziell unabhängig war. Philipp Scheidemann, der 1918 die deutsche Republik ausgerufen hatte, lebte sehr zurückgezogen und beteiligte sich bis zu seinem Tode im Jahre 1939 kaum an der illegalen Arbeit oder an den Auseinandersetzungen innerhalb der Emigration. Seine Memoiren, die er in Kopenhagen schrieb, sind bisher unveröffentlicht. Otto Buchwitz dagegen, auch er MdR, war die treibende Kraft bei den Versuchen, die gesamte Opposition gegen den Nationalsozialismus in der Volksfront zu einigen, und arbeitete dabei mit den Vertretern der verschiedensten Gruppen, so vor allem den Kommunisten, aber auch mit dem Vertreter der Schwarzen Front Otto Strassers in Dänemark, Richard Schapke, zusammen. 1940 wurde er verhaftet und überlebte in den Zuchthäusern Brandenburg und Sonneberg das Kriegsende. Er befürwortete den Zusammenschluß der beiden Arbeiterparteien in der SED und gehörte lange Jahre ihrem ZK an.

Die KPD, deren Arbeit nur im geheimen stattfinden konnte, sah ihre Hauptaufgabe darin, den Kontakt mit der Widerstandsbewegung im norddeutschen Raum aufrechtzuerhalten und ihren Kampf vom Ausland her zu unterstützen. Die Kuriertätigkeit war sehr groß und teilweise auch erfolgreich. Ihre bekanntesten Vertreter waren Heinrich Wiatrek, Kandidat des ZK, Herbert Warnke, der bereits 1938/39 nach Schweden ging, und Waldemar Verner, heute Stellvertretender Verteidigungsminister der DDR. 1940 gingen die meisten KPD-Mitglieder vollends in den Untergrund, verbündeten sich mit der dänischen Widerstandsbewegung und leisteten vor allem Aufklärungsarbeit unter den deutschen Soldaten. Den meisten von ihnen gelang es auch, sich den Nachstellungen der deutschen und dänischen Polizei zu entziehen, und von den hier genannten geriet nur Heinrich Wiatrek in ihre Hände. Er wurde 1941 verhaftet und nach einem Prozeß, in dem er umfangreiche Aussagen machte, hingerichtet. Ab 1944 gab die KPD in unregelmäßigen Abständen die *Deutschen Nachrichten* heraus, die über die wahre Lage orientieren, zum Widerstand und zur Desertion auffordern und die Ziele der Bewegung ›Freies Deutschland‹ propagieren sollten. Nach der Kapitulation wurde die Zeitung unter dänischer Oberaufsicht Organ für die Umerziehung der Flüchtlinge aus den deutschen Ostgebieten. Ihre Leitung wurde durch Sozialdemokraten wie Reinowski ergänzt, dem es gelang, den kommunistischen Einfluß erst einzudämmen und dann völlig auszuschalten.
Die kleineren politischen Splittergruppen auf der Linken spielten keine Rolle. Zu erwähnen wäre hier nur noch die Gruppe um den Psychoanalytiker Wilhelm Reich und seinen Verlag für Sexualpolitik, der in Kopenhagen u. a. die jüngst wiederentdeckten Schriften *Massenpsychologie des Faschismus* (1933) und *Was ist Klassenbewußtsein* (1934) sowie die *Zeitschrift für politische Psychologie und Sexualökonomie* (1934–38) herausgab. Er wurde 1938 ausgewiesen und lebte danach bis zu seiner Übersiedlung nach den USA (1940) in Norwegen. Als ›Einzelkämpfer‹ agierte der Verleger (Fackelreiter-Verlag) und Schriftsteller Walter Hammer, der in der Jugendbewegung eine führende Rolle gespielt hatte. Er stellte zahlreiche Flugschriften her, die er an deutsche Touristen verteilte. 1940 wurde er wie Otto Buchwitz verhaftet und ins Zuchthaus Brandenburg eingeliefert, wo er das Kriegsende überlebte. Er ging 1946 in die damalige britische Besatzungszone zurück.
›Stätte der Begegnung‹ und Treffpunkt der politisch interessierten Emigration war das »Emigranthjem« (Emigrantenheim), das mitten in Kopenhagen am Rathausplatz lag und in dem es oft zu harten Auseinandersetzungen über den ›richtigen Weg‹ kam. Das Emigrantenheim war auch Zentrum des kulturellen Lebens mit Vorträgen, gelegentlichen Theateraufführungen und sogar einer Buchausstellung ›Der deutsche Kulturkampf‹, die 1937 aus Protest gegen eine gleichzeitig stattfindende offizielle Propagandaschau ›Das deutsche Buch‹ arrangiert wurde. Auch der Plan einer Volkshochschule für deutsche Emigranten wurde diskutiert, und diese nahm auch 1937 für ein Semester ihre Tätigkeit auf, mußte aber noch im gleichen Jahr auf die Intervention der dänischen Behörden hin ihre Tätigkeit einstellen. Auf dem Programm standen so verschiedenartige Themen wie »Geld- und Valutaprobleme der Gegenwart«, über die der Wirtschaftsjournalist Helmuth Gottschalk sprach, »Einführung in die moderne Musik«, durch den jungen Komponisten Werner Wolf Glaser, für den 1943 Schweden die zweite Heimat wurde, sowie Museumsführungen durch Bildhauer Harald Isenstein, der 1943 bis 1945 in Schweden lebte

und das offizielle Mahnmal zur Erinnerung an die Rettungsaktion im Oktober 1943 in Hälsingborg schuf. Der Kieler Volkshochschuldozent und Philosoph Walter Schirren, der bereits 1940 nach Schweden flüchtete, sprach über »Die logischen Grundlagen der modernen Weltauffassung«. Professor Walter A. Berendsohn las über literaturwissenschaftliche Themen. Von ihm war auch die Initiative zu der Volkshochschulgründung ausgegangen. Er hatte 1933 aus Hamburg fliehen müssen und stand auf einer der ersten Ausbürgerungslisten. In Dänemark entfaltete er eine rege wissenschaftliche Tätigkeit, von der Bücher wie *Der lebendige Heine im germanischen Norden* (1935), *Zur Vorgeschichte des Beowulf* (1935) und *Humanisme i det 20. Aarhundrade* (1937; Humanismus im 20. Jahrhundert) zeugen. Er war aber auch unermüdlich als Redner im Rundfunk und auf kulturellen Veranstaltungen in allen drei skandinavischen Staaten tätig und schrieb zahlreiche Artikel für die ausländische, die dänische und die Exilpresse.[6] 1940 blieb er unbehelligt, da ihn die Gestapo verstorben wähnte, und 1943 konnte er in letzter Minute über den Sund nach Schweden entkommen. Seither lebt er in diesem Land, da nie eine Aufforderung zur Rückkehr an ihn erging. Er nahm aktiv an der Arbeit der politischen Emigranten teil und war Mitbegründer des Freien Deutschen Kulturbundes (FDKB). Sein 1946 erschienenes Buch *Die Humanistische Front. Eine Einführung in die Emigrantenliteratur Band 1* war die erste Veröffentlichung, die auf die publizistische und literarische Bedeutung der Emigration hinwies und mit der er eine auch heute noch gültige Grundlage für die weitere Forschung schuf. Da das Echo auf diese Arbeit weitgehend ausblieb und der Band 2 nicht mehr erschien, widmete er sich in den folgenden Jahren vorwiegend literaturwissenschaftlichen Arbeiten, vor allem über August Strindberg, aber auch über Heinrich Heine, Thomas Mann und Nelly Sachs, für die er sich schon sehr früh einsetzte. Mitte der sechziger Jahre kehrte er zur Exilliteraturforschung zurück, als deren Nestor er zu gelten hat. In mehreren »Berichten«, die von Stockholm aus versandt wurden, orientierte er über ihren Stand, ihre Probleme und Aufgaben und erlebte den vorläufigen Höhepunkt dieser Arbeit 1969 auf dem ersten internationalen Symposium der Exilliteraturforschung in Stockholm.

Weitere namhafte Wissenschaftler in Dänemark waren der Soziologe Theodor Geiger, ordentlicher Professor an der Universität Aarhus und von 1943 bis 1945 in Schweden, der marxistische Philosoph Karl Korsch (1936 in die USA weitergewandert), der Religionswissenschaftler Günther Zuntz (von 1935 bis 1939 in Dänemark), der Numismatiker Fritz Schwabacher und der spätere Generalstaatsanwalt von Hessen, Fritz Bauer. Die beiden letzteren konnten 1943 nach Schweden entkommen, wo Schwabacher bis Ende 1972 als Dozent der Universität Stockholm und Mitarbeiter des Königlichen Münzkabinetts lebte. Fritz Bauer, der bereits 1941 in Dänemark ein populärwissenschaftliches Buch über das Bank- und Finanzwesen, *Penge* (Geld), veröffentlicht hatte, das auch in Schweden erschien, schrieb in Stockholm 1944 sein wohl wichtigstes Buch *Krigsförbrytarna inför domstol* (Kriegsverbrecher vor Gericht; deutsch 1945), in dem er sein Programm für eine unerbittliche Verfolgung der Kriegsverbrecher skizzierte und begründete. Er kehrte 1945 über Dänemark in die damalige amerikanische Besatzungszone zurück, nachdem er in Schweden u. a. an der Gründung des FDKB beteiligt war und eine wichtige Rolle innerhalb der SoPaDe gespielt hatte, zu deren linkem Flügel er gehörte.

Die Vertreter der literarischen Emigration in Dänemark, von denen der Lyriker und Satiriker Johannes Reinowski bereits erwähnt wurde, sind dagegen schnell genannt. Wolf Harten veröffentlichte unter dem Pseudonym Jonny G. Rieger zwei Bücher, *Feuer im Osten* und *Fahr zur Hölle, Jonny* in der Büchergilde Gutenberg in der Schweiz, und in Schweden 1938 *Shanghai saknar all rättfärdighet* (Shanghai kennt keine Gerechtigkeit). Er wurde 1940 von der deutschen Besatzung überrascht und zur Wehrmacht eingezogen. Über sein Schicksal seit 1945 ist nichts bekannt. Auch Walter Kolbenhoff war 1940 ›überrollt‹ worden. Er hatte 1933 nach seiner Emigration mit einem Roman *Untermenschen* (1933) einen ersten Protest gegen den beginnenden Terror des Nationalsozialismus verfaßt. In amerikanische Kriegsgefangenschaft geraten, gehörte er zum Kreis um die Zeitschrift *Der Ruf* und war einer der Mitbegründer der ›Gruppe 47‹. 1946 sollte er mit *Von unserem Fleisch und Blut* eine der ersten und bis heute noch gültigen Kriegsschilderungen erbringen, die übrigens zuerst im damals noch in Stockholm ansässigen Bermann-Fischer-Verlag erschien. Der Hamburger Dramatiker und Romancier, Orgelbauer und Pferdezüchter Hans Henny Jahnn war bereits 1933 nach Dänemark ausgewandert, wo er bis zum Ende des Krieges unbehelligt auf der Insel Bornholm lebte. Er veröffentlichte in dieser Zeit nichts, schrieb aber eine Reihe von Werken wie *Fluß ohne Ufer*, *Die Nacht aus Blei* und *Die Spur des dunklen Engels*, die erst nach 1949 in der Bundesrepublik erschienen. Der bekannteste Name des Exils in Dänemark war Bertolt Brecht, der nach kurzem Aufenthalt in der Schweiz und Frankreich durch Vermittlung der Dichterin Karin Michaelis bei Svendborg eine Heimstatt gefunden hatte. Dort entstanden u. a. die Dramen *Der gute Mensch von Sezuan, Die Gewehre der Frau Carrar, Furcht und Elend des Dritten Reiches* und *Das Leben des Galileo Galilei* sowie die *Svendborger Gedichte*. Im April 1939 floh er nach Schweden weiter und schrieb hier auf Lidingö bei Stockholm die *Mutter Courage und ihre Kinder*, deren Hauptrolle er für die schwedische Schauspielerin Naima Wifstrand konzipierte, und die beiden Einakter *Dansen* (Der Däne; eigentlich: Der Tanz) und *Järnet* (Das Eisen), in denen er das Verhalten Dänemarks und Schwedens gegenüber Hitlerdeutschland geißelte. Eine Episode der völligen menschlichen Erniedrigung aus dem Leben eines Flüchtlings in Schweden, die einen authentischen Hintergrund haben dürfte und die blitzartig die Daseinsbedingungen emigrierter Wissenschaftler in diesem Lande erhellt, schilderte er schließlich in *Flüchtlingsgespräche*. Sie spielen im Wartesaal des Bahnhofs in Helsinki/Finnland, wo Brecht im April 1940, »öfter als die Schuh die Länder wechselnd«, seine nächste Zuflucht gefunden hatte. Zusammen mit der finnischen Dramatikerin Hella Wuolijoki verfaßte er hier das Lustspiel *Herr Puntila und sein Knecht Matti*. Im Mai 1941 reiste er dann durch die Sowjetunion nach den USA weiter.

Die deutschsprachige Emigration in N o r w e g e n war gegenüber der in Dänemark nicht nur kleiner, sondern auch bedeutungsloser. Die politischen Flüchtlinge dominierten auch hier nach außen hin, während andere Gruppen kaum in Erscheinung traten. Auffällig ist, wie stark Linkssozialisten und ›linke‹ Sozialdemokraten vertreten waren. Sie wurden begünstigt durch die radikale Politik der Norwegischen Arbeiterpartei und durch die bedeutende Rolle der linkssozialistischen Mot-Dag-Gruppe, die sich vornehmlich aus Intellektuellen zusammensetzte und deren Ziele

denen der deutschen SAP und KP (O)[6a] ähnelten. Zu ihr hatte u. a. Willy Brandt
Verbindung, der in Norwegen eine große journalistische Arbeit leistete, während er
gleichzeitig stets gute Kontakte mit der deutschen Emigration, vornehmlich der
linkssozialistischen, in Frankreich, Spanien und Schweden unterhielt. Er unterstützte
in Norwegen durch eine geschickte Pressekampagne und intensive private Kontaktaufnahme mit Behörden und Parteien die Bemühungen um die Verleihung des
Friedens-Nobelpreises an Carl von Ossietzky. Neben seinen Zeitungsartikeln schrieb
er Bücher, u. a. *Hvorfor kom Hitler til Makten?* (1933; Warum kam Hitler an die
Macht?), und nach 1945 setzte er sich mit *Forbrytere og andre Tyskere* (1946; Verbrecher und andere Deutsche) für eine gerechte Behandlung des deutschen Volkes
durch die Siegermächte ein. Nach dem Überfall auf Norwegen konnte er 1940 nach
Schweden entkommen, wo er das Schwedisch-Norwegische Pressebüro leitete und
allein acht Bücher über den Krieg in Norwegen veröffentlichte. Er schrieb ferner
über die Friedensziele der Alliierten, die USA und verfaßte eine Geschichte des Zweiten Weltkrieges. Dabei verlor er aber nie den Kontakt mit der deutschsprachigen
Emigration, in der er ganz im Gegenteil eine bedeutende Rolle spielte. Das galt vor
allem für die SAP-Gruppe in Stockholm, deren politisches Testament *Zur Nach-
kriegspolitik der deutschen Sozialisten* (1944) er größtenteils mitverfaßte, und für
die ›Kleine Internationale‹, eine Vereinigung nach Schweden emigrierter Sozialisten
aus verschiedenen europäischen Ländern, zu der u. a. Bruno Kreisky, Ernst Paul,
Stefan Szende und die Schweden Alva und Gunnar Myrdal gehörten. Bereits 1945
konnte er, noch als norwegischer Presseoffizier, erstmalig nach Deutschland zurückkehren, bis er sich in Berlin für die Wiederannahme der deutschen Staatsangehörigkeit entschied. Aus der SAP, die aber als Gruppe in Norwegen nie in Erscheinung
trat, ist ferner O. F. Meyer zu nennen. Er war 1937 nach illegaler Widerstandsarbeit
in Deutschland nach Norwegen geflohen und betätigte sich dort publizistisch. 1940
nach Schweden entkommen, veröffentlichte er hier 1943 *Den tyska totaliteten och
den engelska ordningen. Bidrag till världspolitiken och den kommande freden* (Die
deutsche Totalität und die englische Ordnung. Beiträge zur Weltpolitik und dem
kommenden Frieden), eine Auseinandersetzung mit der Frage »Was soll aus
Deutschland und Europa werden?«, in der er für eine weitgehende Dezentralisie-
rung und für die Wiederbelebung der christlich-humanistischen Ideale eintrat. Er
wurde später u. a. Generalkonsul der Bundesrepublik in Malmö. Nur knappe zwei
Jahre lebten andere Sozialdemokraten und Sozialisten wie Otto Friedländer, Max
Seydewitz und Willy Strzelewicz in Norwegen. Sie waren 1938 aus der Tschechoslowakei über Frankreich und die Niederlande bzw. über Estland und Island (Willy
Strzelewicz) geflohen und mußten 1940 weiter nach Schweden.

Die SoPaDe trat als Gruppe nach außen hin kaum in Erscheinung, und auch die
KPD war nur mit einer kleinen Parteigruppe vertreten, die teilweise aus ehemaligen
Spanienkämpfern bestand. Ihr wichtigster Name war Hermann Matern, damals
Mitglied der Auslandsleitung der Partei. Er lebte 1940 für kurze Zeit in Schweden,
konnte aber bald in die Sowjetunion weiterreisen.[7]

Als Publizisten und Journalisten, die in der norwegischen Presse mitarbeiteten, sind
noch zu nennen der 1970 verstorbene Pazifist Max Barth, der hier seine zweite
Heimat gefunden zu haben glaubte und bereits um einen norwegischen Paß einge-
kommen war, ehe er 1940 über die Sowjetunion nach den USA reiste, ferner der

Linkssozialist Joachim Joesten, der 1941 in die USA gelangte, wo er *Stalwart Sweden*, eine bittere Abrechnung mit der schwedischen Neutralität, verfaßte, und schließlich noch Erwin Lessner, der ebenfalls auf dem gleichen Wege in die USA gelangte. Aus dem tschechischen Exil kam der weltbekannte Münchener Karikaturist und Mitbegründer des *Simplicissimus* Th. Th. Heine nach Norwegen, wo er an den Zeitungen *Dagbladet* und *Verdens Gang* mitwirkte. 1942 gelang es ihm, mit Hilfe des schwedischen Außenministers Günther vor der beginnenden Judenverfolgung nach Schweden zu entkommen. Er war hier Mitarbeiter verschiedener Zeitungen und veröffentlichte 1945 seinen autobiographischen Roman *Ich warte auf Wunder* (schwedisch 1944). Es ist ein Schlüsselroman, nur dem zugänglich, der mit dem München des *Simplicissimus* um die Jahrhundertwende bis 1933 vertraut ist, eine zeitgeschichtliche Quelle für den bereits Eingeweihten, ein humorvoller und zum Nachdenken stimmender Torso für den normalen Leser.
Der Roman erschien im Neuen Verlag in Stockholm, den Max Tau 1944 mit Hilfe des schwedischen Druckereikonzerns Esselte, in dem er deutsche und norwegische Bücher lektorierte, gegründet hatte. In diesem Verlag, der bis 1948 existierte, brachte er bis 1946, dem Jahre seiner Rückkehr nach Norwegen, etwas mehr als zwanzig Bücher heraus. Als ehemaliger Lektor des Bruno-Cassirer-Verlages in Berlin und Entdecker von Walter Bauer, Marie Luise Kaschnitz, Wolfgang Koeppen u. a. hinreichend ausgewiesen, hatte er durch die Fürsprache Sigrid Undsets und anderer norwegischer Schriftsteller, für die er sich eingesetzt hatte, die Aufenthaltserlaubnis für Norwegen erhalten. Seine Bedeutung für die Aufnahme der deutschen Kultur und Literatur in Norwegen vor und vor allem nach dem Krieg ist kaum zu überschätzen, und wohl auch dafür, vor allem aber für seine allgemeine humanistische Haltung wurde er 1950 als erster mit dem Friedenspreis des Deutschen Buchhandels ausgezeichnet. Erwähnenswert sind ferner der ehemalige Leiter des Rütten & Loening-Verlages, Adolf Neumann, der in Oslo ab 1938 Literatursoziologie lehrte und nach seiner Flucht 1942 nach Schweden Berater des Norstedt-Verlages war, sowie der Maler Kurt Schwitters. Er lebte von 1935 bis 1940 in Norwegen und wanderte nach England weiter. Genannt sei abschließend auch noch der Pazifist und Pädagoge Wolfgang Sonntag, der sich ständig um die Propagierung der internationalen Arbeitslager bemühte und in Schweden, wohin auch er 1940 geflohen war, mit pazifistischen Organisationen zusammenarbeitete. 1942 veröffentlichte er eine Biographie Fridtjof Nansens, die 1943 auch auf Deutsch in der Büchergilde Gutenberg in Zürich unter dem bezeichnenden Titel *Fridtjof Nansen. Ein Held des Friedens* erschien. Der Plan eines großen ›Bücherrings der Jugend‹, der kurz vor seiner Verwirklichung stand, scheiterte 1947 am Widerstand der amerikanischen Besatzungsbehörden.

Bereits vor der Aufnahme der Flüchtlinge aus seinen Nachbarländern war S c h w e d e n das Zentrum der deutschsprachigen Emigration in Skandinavien, und es sollte, ähnlich wie die Schweiz, während des gesamten Krieges, als neutrales Land inmitten der Kriegswirren eine Sonderstellung einnehmen. Allerdings war ihm und seinen Einwohnern nicht an einer Assimilation der Emigranten gelegen, deren geistige Kapazität es nicht auszunutzen verstand. Die ›typisch schwedische‹ Reserviertheit Fremdem und Fremden gegenüber schaffte ganz allgemein keine gute

Atmosphäre. Es fehlte eben sehr oft die Phantasie, sich in die Situation derjenigen hineinzuversetzen, die alles verlassen mußten, nur um ihre Existenz zu retten. Die offizielle Politik navigierte sehr vorsichtig, und nach der Okkupation Dänemarks und Norwegens wurden Internierungslager eingerichtet, in die vornehmlich Kommunisten, unter ihnen die gesamte ›Prominenz‹ der KPD, eingeliefert wurden.

Bis 1939 konnten die Flüchtlinge allerdings mit einer relativ großen politischen Bewegungsfreiheit rechnen. Es existierte eine Gewerkschaftsgruppe, deren Mitglieder auch die Mehrheit der SoPaDe-Ortsgruppe in Stockholm bildeten. In ihr kam es häufig zu Auseinandersetzungen, die sich meist an der Frage der Zusammenarbeit mit den Kommunisten entzündeten. Die SAP-Gruppe spielte gewissermaßen die Rolle des ›Sauerteigs‹ bei allen Einheitsversuchen und versuchte zwischen den einzelnen Gruppen der Arbeiterbewegung zu vermitteln. Ihr gehörten u. a. an das Ehepaar Irmgard und August Enderle, das bereits im August 1945 mit Hilfe der Internationalen Transportarbeitergewerkschaft nach Bremen zurückkehren konnte und dort eine führende Rolle beim Wiederaufbau der Gewerkschaften spielte, ferner der spätere SPD- und DFU-Bundestagsabgeordnete Arno Behrisch sowie Stefan Szende. Die KPD, die sich in Schweden sehr gesprächsbereit gab, stand unter Leitung von Karl Mewis und Herbert Warnke. Der erstere war für die eigentliche Parteiarbeit verantwortlich und schrieb u. a. Leitartikel in dem Komintern-Organ *Die Welt* und später in der *Politischen Information*. Er veröffentlichte ferner als K. A. bzw. K. M. zwei wichtige ideologische Broschüren *Wer herrscht in Deutschland?* (1945) und *Über Schuld und Verantwortung* (1945). Nach seiner Rückkehr war er u. a. SED-Bezirkssekretär in Rostock und Botschafter in Polen. Herbert Warnke, heute FDGB-Vorsitzender in der DDR, engagierte sich nach seiner Entlassung aus dem Internierungslager sehr in der Gewerkschaftsarbeit und im FDKB. Im Auftrag dieser Organisation betreute er vor allem die nach Schweden geflohenen Soldaten der Wehrmacht, die eine eigene Organisation ›Der Weg ins Leben‹ gegründet hatten.[8] Zur ›Prominenz‹ gehörten ferner der Propagandaspezialist und Journalist Erich Glückauf, der jetzige Botschafter der DDR in Nordkorea Georg Henke, der derzeitige Stellvertreter Honeckers im SED-Parteiapparat Paul Verner und der Sprachwissenschaftler und spätere Professor an der Humboldt-Universität Wolfgang Steinitz, der sich bei den Bemühungen um eine Einheitsfront um die nichtpolitischen Flüchtlinge zu kümmern hatte und zu den führenden Persönlichkeiten des FDKB gehörte. Max Seydewitz schließlich arbeitete in Schweden unter den Pseudonymen Michael Kraft, M. Kolbe und M. Schönerer an der *Welt* sowie ab 1943 an der *Politischen Information* mit. 1944 veröffentlichte er unter dem Pseudonym Peter Michel *Den tyska hemmafronten* (Die deutsche Heimatfront), eine der gediegensten und wichtigsten Darstellungen des Lebens in Deutschland, die während des Krieges erschienen. Zu erwähnen ist auch noch Herbert Wehner, der 1940 im Auftrag der KPD und des Komintern aus der Sowjetunion nach Schweden kam, um die illegale Arbeit zu reorganisieren und seine eigene Einreise ins ›Reich‹ vorzubereiten. Er schrieb unter den Pseudonymen Funk, Wegner und Friedemann in der *Welt*. 1941 wurde er in Stockholm verhaftet und saß in verschiedenen Gefängnissen und Lagern ein, ehe er 1945 freigelassen wurde und schon Ende des Jahres in die britische Besatzungszone zurückkehren konnte, wo er innerhalb der SPD zu führenden Stellungen aufrücken sollte.

Als ihre Hauptaufgabe betrachtete die politische Emigration vor 1939 einmal die Unterstützung der Widerstandsarbeit im ›Reich‹, die vornehmlich im Druck illegalen Materials und seiner Verbreitung sowie in der Kontaktaufnahme durch Kuriere bestand. Zum anderen versuchte man durch eine Art Pressedienst über die Entwicklung in Deutschland zu informieren und auf die schwedische Presse, vornehmlich die der Arbeiterbewegung, einzuwirken. In dieser Zeit brachte der Journalist und Schriftsteller Kurt Deutsch alias Kurt Singer allein zehn Bücher über das Terrorsystem des Nationalsozialismus, seine Konsequenzen für einzelne Individuen und über die internen Machtverhältnisse heraus, die aber wie andere Meldungen der Emigration von der bürgerlichen schwedischen Presse häufig als Greuelpropaganda abgetan wurden oder unbeachtet blieben.

Die organisierte Tätigkeit innerhalb der politischen Emigration, die nach 1939 völlig eingestellt werden mußte, lebte nach der Niederlage Rommels bei El Alamein und vor allem nach der Vernichtung der 6. Armee in der Schlacht bei Stalingrad wieder auf. Die Insassen der Internierungslager wurden freigelassen, und sehr schnell kristallisierten sich wieder die alten Gruppen heraus. Trotz aller Einheitsbestrebungen gab es auch in Schweden keine einheitliche deutschsprachige Emigration, worüber auch nicht die Einsetzung eines Arbeitsausschusses deutscher antinazistischer Organisationen in Schweden, dem SoPaDe, KPD, Gewerkschaftsgruppe und FDKB angehörten, hinwegtäuschen konnte. Seine Tätigkeit beschränkte sich auf einige Versammlungen, die Resolutionen verabschiedeten, und er versuchte gegen Kriegsende die gemeinsame Heimkehr der politischen Emigranten in die Wege zu leiten, die aber vornehmlich am Widerstand der westlichen Besatzungsmächte scheiterte. Der Arbeitsausschuß ist aber als einziges Beispiel eines Kartells aller Parteien der Arbeiterbewegung unter Einschluß der KPD innerhalb der Emigration beachtenswert.

Unter den ›überparteilichen‹ Gruppierungen ist auch der Arbeitskreis demokratischer Deutscher zu nennen, der 1945 die Broschüre *Die Menschenrechte in einem neuen Deutschland* vorlegte. Sie ist zu den heute noch gültigen Leistungen des ›anderen Deutschland‹ in der schwedischen Emigration zu zählen, in der die Grundrechte des Bonner Grundgesetzes von 1949 vorwegformuliert werden. Die kleine Schrift zeugt von einer Debatte, die sich nicht in utopischen Vorschlägen und Resolutionen erschöpfte, sondern reale Bedeutung erlangen sollte. Mittelpunkt des Arbeitskreises war Willy Strzelewicz. 1943 veröffentlichte er *Kampen om de mänskliga rättigheterna. Från den amerikanska oavhängighetsdeklarationen till Atlantdeklarationen* (Der Kampf um die Menschenrechte. Von der amerikanischen Unabhängigkeitserklärung zur Atlantik-Charta), ein Führer durch die Entwicklung und ideologischen Grundlagen der menschlichen Grundrechte. Die bedeutendste Organisation der deutschen Emigration in Schweden war ansonsten der ›Freie Deutsche Kulturbund‹ (Januar 1944 – Mai 1946), der im Gegensatz zu ähnlichen Bünden in anderen Ländern wie in Großbritannien und den USA durch sein Programm und die politische Herkunft seiner Mitglieder eine Sonderstellung einnahm. Er war zumindest in seiner Anfangszeit ein Sammelbecken fast aller deutschen Flüchtlinge ungeachtet ihrer politischen und weltanschaulichen Herkunft und hatte noch am ehesten den Charakter einer Einheitsorganisation, da sich nur die ›rechten‹ Sozialdemokraten von ihm distanzierten. Seine Hauptaufgabe sah er darin, in den finstersten Zeiten der deutschen Kultur das ›kulturelle Erbe‹ zu wahren, das Erbe Lessings, Goethes, Schillers, Heines, Thomas und Heinrich Manns. Erst nach Kriegsende machte sich eine immer stärker werdende kommunistische Dominanz bemerkbar, die zur Folge hatte, daß sich zunächst die Vertreter der nichtkommunistischen Arbeiterbewegung, dann aber auch die des Bürgertums immer mehr zurückzogen. Er war, wie einer seiner Gründer, der sozialdemokratische Publizist Otto Friedländer, meinte, der letzte Versuch einer »friedlich-schiedlichen« Auseinandersetzung zwischen dem demokratischen und dem totalitären Sozialismus und scheiterte letzten Endes an außerdeutschen Realitäten, am Gegensatz zwischen den Siegermächten, der zur Spaltung Deutschlands und zur endgültigen Spaltung der Emigration in Schweden führte. Die ›Freie Bühne‹ schließlich, eine Vereinigung emigrierter Schauspieler und Regisseure, hatte bereits Ende der dreißiger Jahre, allerdings noch nicht unter diesem Namen, bei kulturellen Veranstaltungen der jüdischen ›Emigrantenselbsthilfe‹ mitgewirkt. 1943 trat sie erstmalig unter dieser Bezeichnung mit dem Lustspiel *Der zerbrochne Krug* von Kleist an die Öffentlichkeit und veranstaltete in den folgenden Jahren mehrere Theaterabende. Sie wirkte ferner bei den Veranstaltungen des FDKB mit, und der Schwedische Rundfunk übernahm für sein deutsches Programm von Mitte 1945 bis Mitte 1946 einmal wöchentlich Darbietungen aus ihrem Repertoire. Ihre führenden Persönlichkeiten waren die Regisseure und Schauspieler Curt Trepte, heute Mitarbeiter der ›Deutschen Akademie der Künste‹ in Ost-Berlin, Verner Arpe und Hermann Greid. Verner Arpe hat sich einen Namen als Theaterhistoriker und Übersetzer geschaffen, und Hermann Greid gilt zu Recht als ›Vater des Kirchenspiels‹ in Schweden. Anfang der vierziger Jahre bekehrte sich der Kommunist Hermann Greid, der während Brechts Aufenthalt in Schweden und Finnland eng mit diesem zusammengearbeitet hatte, zum Christentum und versuchte in seinem Buch *Kristus och Arbetarrörelsen* (Christus und die Arbeiterbewegung), Christentum und Arbeiterbewegung miteinander zu versöhnen.

Die wissenschaftliche Emigration in Schweden übertrifft die Dänemarks und Norwegens nicht nur zahlenmäßig, sondern auch an Bedeutung. Im folgenden können nur einige Wissenschaftler genannt werden, die jeweils ihre Disziplinen repräsentieren sollen. Lise Meitner, die Mitarbeiterin Otto Hahns bei der Entdeckung der Kernspaltung, erhielt nach Jahren erniedrigender wissenschaftlicher Hilfsarbeit ein eigenes Institut an der Technischen Hochschule in Stockholm. Der Bauhaus-Architekt Fred Forbat gilt als einer der Klassiker der modernen Stadtplanung in Schweden, und Kurt Heinig wurde für seine bedeutenden volkswirtschaftlichen Arbeiten, vornehmlich auf dem Gebiet des Budgetwesens, zum Ehrendoktor der Stockholmer Hochschule ernannt.[9] Auch der Jurist Gerhard Simson erhielt für seine Arbeiten auf dem Gebiet der vergleichenden Rechtswissenschaften die Ehrendoktorwürde der Universität Uppsala. Durch seine Vorträge und Schriften hat er in der Bundesrepublik nicht wenig zur Reform des Strafrechts in ›schwedischer Richtung‹ beigetragen. Fritz Croner, Soziologieprofessor, hat als einer der Begründer dieses Wissenschaftszweiges in Schweden zu gelten. Er schildert in seiner Autobiographie *Ein Leben in unserer Zeit* (1968) u. a. die Schwierigkeiten eines Emigranten, in Schweden akzeptiert zu werden, aber auch seine Gefühle, ein neues Heimatland gefunden zu haben. Der Philosoph Ernst Cassirer hatte mehrere Jahre einen Lehrstuhl an der Hochschule in Göteborg (1935–40) inne, während der Germanistin Käte Hamburger an der gleichen Lehranstalt sogar bescheidene Lehraufträge verweigert wurden, eines der traurigsten Kapitel der schwedischen Germanistik. Sie schrieb in Schweden mehrere Werke, u. a. über Thomas Mann, Friedrich Schiller und Rainer Maria Rilke. Erwähnenswert ist auch ihr Eintreten für die deutsche Literatur während des Krieges, als sie in der liberalen Göteborger Zeitung *Göteborgs Handels- och sjöfartstidning* u. a. mehrfach über die Literatur des Exils orientierte. Zu erwähnen wären auch die beiden Musikhistoriker, Professor Ernst Emsheimer, Leiter des Musikhistorischen Museums in Stockholm, und Professor Richard Engländer in Uppsala, der sich durch seine fach- wie populärwissenschaftlichen Arbeiten gleichermaßen einen Namen gemacht hat. Nicht zuletzt auf seinen Einsatz dürfte auch die Renaissance der Barockmusik in Schweden zurückzuführen sein. Der Psychologe und Pädagoge David Katz wurde 1937 auf den ersten Lehrstuhl für Pädagogik an der Hochschule Stockholm berufen, und Franz Mockrauer schließlich dürfte in der Geschichte der Erwachsenenbildung in Deutschland und Schweden einen hervorragenden Platz beanspruchen. Durch seine Vorlesungstätigkeit hat er großen Anteil daran gehabt, daß die Kenntnis der deutschen Geistesgeschichte in Schweden nicht abriß, und wichtig war auch sein Einsatz für das westdeutsche Heimvolkshochschulwesen nach dem Kriege. Auf seinen Einfluß ist mit zurückzuführen, daß die schwedischen Volkshochschulen bereits 1946 wieder offiziellen Kontakt zu den entsprechenden westdeutschen Institutionen aufnahmen und sie bei ihrem Wiederaufbau unterstützten.

Aus dem Bereich der Musik und Kunst sind die beiden Komponisten Hans Holewa und Werner Wolf Glaser zu erwähnen. Die Bilder des Malers und Vagabunden Hans Tombrock hängen in manchen Häusern der Arbeiterbewegung, und auch Peter Weiss machte sich Anfang der vierziger Jahre einen Namen als Maler, einer der wenigen ausländischen Künstler, die auch von der schwedischen Kritik akzeptiert wurden.

Erstaunlich hoch aber ist in Schweden der Anteil der Publizisten und Schriftsteller. Von 1933 bis 1970 haben mit dem Schwergewicht in den Jahren 1940 bis 1948 etwa 70 in Schweden ansässige oder ansässig gewesene deutschsprachige Emigranten etwas über 400 Werke auf schwedisch veröffentlicht. Unter ihnen dominieren die Journalisten und Politologen. Ihre Arbeit umspannte ein weites Feld, das von der Mitarbeit an der Tages- und Wochenpresse bis zu populärwissenschaftlichen Themen reichte. Ihre wichtigste Aufgabe war die der Aufklärung über deutsche, aber auch russische und osteuropäische Verhältnisse. Sie waren darum bemüht zu zeigen, wie es in Deutschland hinter der Propagandafassade eigentlich aussah, aber auch darum, für das ›andere Deutschland‹ einzutreten und ein neues Deutschland vorausdenkend zu planen. Fast ebenso viele Bücher wie über diese Themen erschienen über Rußland und Osteuropa, das bis Ende der dreißiger Jahre in Schweden bestenfalls Gegenstand von Reiseberichten gewesen war und dessen große politische und wirtschaftliche Veränderungen zwar registriert, aber nur selten analysiert worden waren.

Zu nennen sind vor allem Kurt Stechert mit *Hur kunde det hända? Tredje rikets uppkomst i historisk och sociologisk belysning* (1943; Wie konnte es geschehen? Die Entstehung des Dritten Reichs in geschichtlicher und soziologischer Beleuchtung), eine heute noch gültige Darstellung der Geschichte Deutschlands von 1848 bis 1933, mit *Tysklands marsch mot öster* (1941; Deutschlands Marsch gen Osten), ein Buch, das fünf Auflagen erreichte, und *Tre gånger mot England* (1942; Dreimal gegen

England), in dem er am Beispiel der mißglückten Kontinentalsperre Napoleons und der Niederlage Deutschlands im Ersten Weltkrieg zu zeigen versuchte, daß auch der dritte Versuch zum Scheitern verurteilt sei, was 1942 noch eine ziemlich kühne Prophezeiung war. Von Fritz Rück, einem ehemaligen KPD-Mitglied und späteren Sozialdemokraten, sind neben dem Buch über die Entwicklung nach dem Versailler Friedensvertrag *Fred utan säkerhet* (1942; Frieden ohne Sicherheit) vor allem die mit dem späteren IG-Metall-Funktionär Siegmund Neumann verfaßte großangelegte wirtschaftspolitische Darstellung der Sowjetunion *Kolossen på stålfötter* (1945; Der Koloß auf Stahlfüßen) zu nennen. *Tyskland efter Hitler* (1944; Deutschland nach Hitler) hieß ein Buch Otto Friedländers, in dem er versuchte, einen Beitrag zur Frage des deutschen Wiederaufbaus und eine Analyse der psychologischen, politischen und sozialen Voraussetzungen für diesen zu geben. Er glaubte an ein ›anderes Deutschland‹, und sein Buch war ein eklatantes Beispiel für den Optimismus in vielen Flüchtlingskreisen und für die Überschätzung der eigenen Möglichkeiten, in die Nachkriegsentwicklung eingreifen zu können. Er spielte eine große Rolle innerhalb der ›linken‹ sozialdemokratischen Gruppe und verfaßte ferner sozialwissenschaftliche Arbeiten wie *Individ, klass och nation* (1943; Individuum, Klasse und Nation). Mit dem Buch *Die schwedische Demokratie* (1948) war er maßgeblich an der Darstellung Schwedens als Musterland demokratischen Aufbaus beteiligt. Es schließt mit dem Satz: »Eine Einführung in die schwedische Demokratie ist [...] eine Einführung in den Friedensbezirk einer Gesetzlichkeit aus Passion in einem Land, in dem der Mensch noch Seltenheitswert hat und seinen Anspruch auf Menschenwürde erfolgreich geltend machen kann.«[10] Seine hinterlassene, unveröffentlichte Autobiographie *Zwischen zwei Zeiten* enthält erschütternde Beispiele für das Heimweh eines Ausgestoßenen und seine vergeblichen Versuche, wieder zurückzukehren. Stefan Szende schließlich veröffentlichte zahlreiche Bücher über Osteuropa und den Donauraum und wohl die erste Darstellung über die Judenverfolgung in Polen überhaupt: *Den sista juden från Polen* (1944; Der letzte Jude aus Polen). Sein Buch *Europeisk revolution* (1944; Europäische Revolution) analysiert die Begriffe Nation und Nationalismus und bezieht dabei auch die gesellschaftliche Revolution mit ein, die Europa umzugestalten im Begriff war. Sein Buch ist einer der wertvollsten Beiträge der deutschsprachigen Emigration zur Diskussion der Probleme, denen sich Europa nach Kriegsende gegenübersah. Es ist ein gelungener Versuch, die engen nationalen Grenzen zu überwinden, zu dem der geborene Ungar, seit 1919 in Wien und von 1929 bis 1934 in Berlin lebende ehemalige Kommunist und Linkssozialist Stefan Szende wie kaum ein anderer geeignet war.

Die Tätigkeit der deutschen Publizisten, die hier nur kurz angedeutet werden konnte, ist wohl der größte Aktivposten der deutschsprachigen Emigration in Schweden. Sie beginnt mit der Aufklärung über die Verhältnisse im Dritten Reich und mit der Beantwortung der Frage: »Wie konnte es eigentlich geschehen?« und reicht von der Darstellung der Probleme Osteuropas sowie der des Antisemitismus durch die hier nur zu nennenden Heinz Caspari und Kurt Stillschweig bis hin zu Szendes *Europäischer Revolution* und *Federalism* (1947; Föderalismus) des Syndikalisten Helmut Rüdigers, zwei Büchern, deren wissenschaftlicher Wert ihre Zeit überdauern dürfte. Ihre Tätigkeit schließt mit der angelegenen Aufgabe, dem neuen (West-)Deutschland das Bild einer funktionierenden Demokratie als Vorbild für den Neuaufbau, der eigentlich kein Wiederaufbau sein sollte, darzustellen. Ihrer Arbeit, auch ihrer journalistischen, ist es zu danken, daß die politischen und kulturellen Verbindungen zwischen Schweden und dem deutschsprachigen Raum nicht gänzlich abrissen, und ihrem Einsatz ist es zuzuschreiben, wenn die Erinnerung an ein ›anderes Deutschland‹ erhalten blieb.

Verglichen damit war die Leistung der etwa 20 belletristischen Schriftsteller quantitativ und oft auch qualitativ geringer, aber ihre Schwierigkeiten, sich in einem fremden Land, in einer fremden Sprache durchzusetzen, waren auch größer. Fast alle von ihnen waren noch unbekannt, als sie Deutschland, Österreich, die Tschechoslowakei verließen, und die beiden deutschen Verlage, die in Schweden ansässig waren, Bermann-Fischer von 1938 bis 1947 und der Neue Verlag 1944 bis 1948, hatten weder das Kapital noch ein präsumptives Publikum, ›junge Talente‹ zu fördern. Für die schwedischen Verlage, die an einheimischen Begabungen keinen Mangel litten, waren sie ebenfalls ohne Namen, und ein Manuskript über die Verhältnisse im Dritten Reich interessierte mehr und versprach größere Einnahmen als Romane oder Lyrikbände, deren sprachliche Eigenheiten in der Übersetzung verlorengingen oder die sich indirekt an ein nicht mehr vorhandenes deutsches Publikum wandten. Dem Ansinnen aber, sich doch direkt in der fremden Sprache auszudrücken, kann ein Schriftsteller nicht leicht Folge leisten, der dadurch gezwungen wird, sein Handwerkszeug, seine Sprache aufzugeben. Als nach Kriegsende aber, und das auch nicht direkt, sondern erst nach einigen Jahren, eine Verbindung nach Deutschland und Österreich wieder möglich wurde, als man, zumindest theoretisch, sich wieder an ein Publikum wenden konnte, da interessierte sich dieses nicht für das Werk von ›Emigranten‹, von ›Namenlosen‹, die aus dem Ausland kamen und die ihrerseits ebenfalls alle Kontakte mit der deutschen Wirklichkeit, der alten Heimat verloren hatten. Man glaubte dort, vergessen zu können und vergessen zu haben, man wollte aber auch nicht erinnert werden, und man hatte einander zunächst nichts mehr zu sagen. In der Belletristik in Schweden nehmen die Probleme der Emigranten, des durch sie hervorgerufenen Außenseitertums und der Sprachlosigkeit einen großen Raum ein wie auch die Auseinandersetzung mit dem fremden Land und der fremden Sprache. Häufig wendet man auch den Blick rückwärts auf das, was gewesen ist, weil man es kennt und ausdrücken kann, wie auch auf das, was auf den Nägeln brennt. Die Vergangenheit und das eigene Schicksal stehen im Mittelpunkt; Autobiographien und autobiographische Romane versuchen, auf ihre Art die Frage: »Wie konnte es geschehen?« zu beantworten. In der Lyrik entsteht Heimatdichtung in der Fremde, meist eine nostalgische Rückschau, seltener eine haßerfüllte, eine ständige Reflexion der eigenen Probleme im Spiegel des als feindlich, aber manchmal auch als freundlich empfundenen Aufnahmelandes. Prosa und Lyrik überwiegen bei weitem, während dramatische Werke seltener geschrieben, noch weniger gedruckt und fast kaum aufgeführt wurden. Die meisten Manuskripte sind auf deutsch geschrieben worden und mußten erst ins Schwedische übersetzt werden, und nur wenige Schriftsteller bedienten sich direkt der fremden Sprache oder haben sich wie Peter Weiss ihrer zu bedienen versucht.

Die folgende Aufzählung soll wiederum nur die Spannweite der deutschsprachigen Emigration in Schweden aufzeigen von Kurt Tucholsky bis Nelly Sachs. Der erstere hatte bereits seit 1929 seinen Wohnsitz in Schweden. Nach 1933 veröffentlichte er nichts mehr und schrieb an Arnold Zweig über Deutschland die bitteren Worte: »Ich habe mit diesem Land, dessen Sprache ich so wenig wie möglich spreche, nichts mehr zu schaffen.«[11] Im Dezember 1935 beging er Selbstmord. Er liegt in Mariefred begraben, in der Nähe seines Ferienschlosses Gripsholm, und sein Grab ist heute ein beliebtes Ziel deutscher Touristen aus Ost und West, gesamtdeutsches Symbol in Schweden. Auf Bertolt Brecht, den anderen ›Großen‹, ist bereits hingewiesen worden. Aus der Arbeiterbewegung stammte Hilde Rubinstein, die heute noch in Schweden lebt, einem Land, das sie eigentlich nie aufgenommen hat und das ihrer Mutter und ihrem Bruder die Einreise verweigerte, so daß sie beide im Konzentrationslager umkamen. Sie schrieb Lyrik, Dramen und Romane, von denen *Atomskymning* (Atomdämmerung) 1952 den Romanpreis des Verlages Folket i Bild erhielt. Heute verfaßt sie vornehmlich Reiseschilderungen und Features und veröffentlicht gelegentlich Gedichte in literarischen Zeitschriften der Bundesrepublik. Von Kurt Friedländer dürften vielen Schweden sein *Mästerverk inom berättarkonsten* (1970; Meisterwerke der Erzählkunst) oder seine Čechov- und Belinskij-Biographien bekannt sein. Er schilderte in seinem Buch *En resa till Springistan* (1948; Eine Reise nach Springistan) im Swiftschen Stil satirisch das Dritte Reich und unternahm nach dem Krieg eine Reise nach Deutschland, die er unter dem Titel *Tyskland, som jag återfann det. Efter 20 år som emigrant i Sverige* (1953; Deutschland, wie ich es wiederfand. Eine Reise nach 20 Jahren als Emigrant in Schweden) beschrieb. Der Roman *Tjuren* (1963; Der Stier) behandelt in Form eines Dorfromans ein Emigrantenschicksal. Der Österreicher Robert Braun, der im April 1972 in Schweden verstarb, vertrat, vom Judentum zum Katholizismus konvertiert, einen kulturkonservativen Standpunkt christlicher Prägung. Er war Journalist, Romancier, Übersetzer und Lyriker und schilderte in seinem Roman *Die Mutter der Flüchtlinge* (1961) das Emigrantendasein und -milieu in Schweden, während seine Autobiographie *Im Schatten des Wienerwaldes* (1970) seine Entwicklung bis zur Flucht nach Schweden behandelt. Als Journalist warnte er immer wieder vor den Gefahren einer Entchristlichung Schwedens und beschwor geradezu eine ›Kulturdämmerung‹ herauf, so auch in seinem Buch *Was geht in Schweden eigentlich vor? Analyse und Kritik einer Entchristlichung* (1967). Als Übersetzer schwedischer Lyrik und als Kulturjournalist mit Beiträgen über die deutschsprachige Kultur in der schwedischen und über schwedische Kultur in der deutschen Presse war er auch einer derjenigen Emigranten, die eine wichtige Mittlerstellung zwischen zwei Kulturen einnahmen. Werner Lansburgh hatte erste schriftstellerische Versuche auf spanisch, englisch und in den vierziger Jahren auch auf schwedisch hinter sich, als er 1969 zur Sprache seiner einstigen und, wie er sie selbst, 1933 emigriert, auch heute noch bezeichnet, »einzigen« Heimat zurückkehrte. Das Buch *J* ist die Schilderung einer, im ironischen Untertitel so genannten *Europäischen Vergnügungsreise*, wobei »J« auf den Stempel anspielt, der seit Oktober 1938 in jüdische Reisepässe eingestempelt wurde. Der Grundgedanke des Buches ist, um mit dem Verfasser selbst zu sprechen: »Ein Mann des Wortes, dem man das Wort mit der Heimat geraubt hat, sucht seine Sprache.« Es ist eine Sammlung von siebzig stets auf einer Doppelseite beginnenden und endenden Miniaturgeschichten, die zeitlich und örtlich unzusammenhängend sich nach und nach geradezu musikalisch zu einem Exilmosaik zusammenfügen. Seine Bücher (1971 erschien *Schloß Buchenwald*) sind »ein Zeugnis des Kampfes, im Vakuum des Exils überhaupt erst ein Schriftsteller zu werden« und »geradezu Dichtungen über den verhinderten Verfasser«.[12] Er wurde erst im Exil zum Schriftsteller wie auch Peter Weiss. Dieser kam als tschechoslowakischer Staatsangehöriger 1939 nach Schweden, wo er sich zunächst als bildender Künstler versuchte, aber der Durchbruch gelang ihm nicht. Auch die ersehnte Position als schwedischer Schriftsteller erreichte er trotz positiver Kritik nicht. So kehrte er dann am Anfang der sechziger Jahre zur deutschen Sprache zurück. Die Romane *Abschied von den Eltern* und *Fluchtpunkt*, kaum verhohlene Autobiographien, sind der Versuch eines Mannes, mit sich selbst ins reine zu kommen, der von sich sagt: »Nur für meine Flucht, für meine Feigheit wollte ich eintreten. Keinem Volk, keinem Ideal, keiner Stadt, keiner Sprache angehören und nur in meiner Losgelöstheit eine Stärke sehen.«[13] Aber diese Losgelöstheit konnte ihn nicht befreien, es war eine eingebildete Stärke. Selbst die Emigration hatte ihn nichts gelehrt, obwohl er all ihr äußeres Schicksal durchlitten, ihre Heimatlosigkeit erlebt hatte. Die Schwierigkeit, sich in der fremden Sprache zu artikulieren, formuliert er deutlich stellvertretend für alle anderen Schriftsteller des Exils, wenn er sagt: »Gleich entstanden Schwierigkeiten bei der Wortwahl, auch war ich nicht sicher beim Buchstabieren und im grammatischen Aufbau des Satzes. Ausdrücke fehlten mir, und ich mußte im Lexikon nachschlagen. Doch es schien mir, daß dieses Stottern und Radebrechen meiner Situation besser entspräche als das gewohnheitsmäßige Hinschreiben einer allzu bekannten Sprache.«[14] Erst nach langen Jahren sollte Peter Weiss zu seiner Muttersprache zurückfinden, und erst nach vielen inneren Kämpfen gelang es ihm, einen sicheren Standpunkt im Marxismus zu finden. Es ist ein Marxismus, der sich keiner Partei verpflichtet weiß und von dem er in seinen späteren Dramen auch ausgeht, nachdem noch im berühmten *Marat* die Auseinandersetzung zwischen Marquis de Sade und Marat, eine Auseinandersetzung zwischen Peter Weiss und Peter Weiss, den Kampf um einen festen Standpunkt erkennen läßt. Für alle hier genannten, aber auch die nicht namentlich erwähnten deutschsprachigen Schriftsteller in Schweden gilt der Satz Hilde Rubinsteins: »Emigration, eine Widrigkeit, die mehr ist als vorübergehende Flucht, nämlich endlos. Weil man im neuen Lande zu spät anlangte, um Wurzeln fassen zu können, und dem alten zu sehr entfremdet ist, um sich auch nur entschließen zu können, dort wieder Wurzeln zu fassen.«[15] Sie alle lebten und leben zum großen Teil noch immer, jetzt über 25 Jahre nach Kriegsende, im Exil. Und über all ihren Werken steht die Dichtung der Nelly Sachs, der Nobelpreisträgerin des Jahres 1966. 1940 schmählich aus der Heimat vertrieben, ihrer Angehörigen beraubt, starb sie, mit Ehrungen überhäuft, und dennoch nicht ›heimgekehrt‹, in Schweden, in der ›Fremde‹. Auch sie Vertreterin eines ›anderen Deutschlands‹, das es in der Tat gegeben hat, keine Einheit zwar, aber eine Vielfalt, humanistisch in ihrer Grundtendenz, marxistisch oder bürgerlich. Ihr Gedicht *Kommt einer* ist die erschütternde Bitte, sich der Vertriebenen, der Verbannten, der Heimatlosen anzunehmen:

> »Kommt einer
> von ferne
> mit einer Sprache
> die vielleicht die Laute
> verschließt

mit dem Wiehern der Stute
oder
dem Piepen
junger Schwarzamseln
oder
auch wie eine knirschende Säge
die alle Nähe zerschneidet –

Kommt einer
von ferne
mit Bewegung des Hundes
oder
vielleicht der Ratte
und es ist Winter
so kleide ihn warm
kann auch sein
er hat Feuer unter den Sohlen
(vielleicht ritt er
auf einem Meteor)
so schilt ihn nicht
falls dein Teppich durchlöchert schreit –

Ein Fremder hat immer
seine Heimat im Arm
wie eine Waise
für die er vielleicht nichts
als ein Grab sucht.«[16]

Nelly Sachs, Peter Weiss, Werner Lansburgh und alle die anderen lassen durch ihr Werk erkennen, daß das Exil nicht 1945 und nicht 1949 zu Ende gegangen ist, sondern fortdauert und daß im Ausland deutschsprachige Literatur entstanden ist und noch entsteht. Diese Schriftsteller sind, fast ausnahmslos Deutsch schreibend, Zeugen einer deutschsprachigen Kultur, die ihre Zuflucht über die ganze Welt suchen mußte. Sie haben, ein kleiner Splitter nur, in Schweden Asyl gefunden, in einem Land, das den politischen und politisch interessierten unter ihnen oft zur zweiten Heimat wurde und deren Lob sie gerne und ausführlich singen, während ›Intellektuelle‹ unter ihnen sich von der Kälte und der Kontaktarmut abgestoßen fühlen, so wie es Hilde Rubinstein in ihrem Feature *West Side Story* beim Anblick unzähliger in Eis gepackter Fische in der Fischhalle von Göteborg formulierte: »In Eis gebettet komme ich mir selber vor: starr, aber ruhevoll, kalt, aber bequem.«[17]

Anmerkungen

1. Über die Vorgeschichte des Zweiten Weltkrieges sind bisher von skandinavischer Seite nur wenige Arbeiten vorgelegt worden. Mit den Problemen während des Krieges beschäftigen sich offizielle Forschungsvorhaben in Schweden und Norwegen, in Dänemark sind einzelne Voruntersuchungen im Gang.
2. Über die deutschsprachige Emigration nach Norwegen liegt bisher keine Arbeit vor. Für sie sei nur auf die autobiographischen Schriften von Willy Brandt und Max Tau sowie auf die unvollständigen Angaben im bio-bibliographischen Lexikon von Sternfeld/Tiedemann verwiesen. In Dänemark arbeitet ein größeres Team unter Professor Steffen Steffensen vom Germanistischen Institut der Universität Kopenhagen an einer Gesamtdarstellung der Emigration in Dänemark. Nach Fertigstellung des Manuskripts (Februar 1972) erschien November 1972 Carl Madsen: »Flygtning 1933. Strejflys over Hitlers Danmark«. Kopenhagen 1972. (Flüchtling 1933. Streiflichter über Hitlers Dänemark.) Für Schweden schließlich existiert die umfangreiche Arbeit des Verfassers. In ihr finden sich auch weiterführende Literaturhinweise, u. a. auf einzelne Spezialarbeiten über Personen der Emigration in Schweden.
2a. RGO = Revolutionäre Gewerkschaftsopposition.
3. Das nicht zu Skandinavien zu rechnende Finnland nahm dagegen nach der Okkupation Österreichs eine überraschend liberale Haltung ein. Wie aus einem Bericht der ›Reichsvereinigung der Juden in Deutschland‹ und der Israelitischen Kultusgemeinde in Wien von November 1941 an das Reichssicherheitshauptamt (abgedruckt bei Werner Röder: »Die deutschen sozialistischen Exilgruppen in Großbritannien 1940–1945«, Hannover 1968) hervorgeht, nahm es zwar nur 42 Juden aus dem Reich, dagegen aber 1681 aus Österreich auf. Die entsprechenden Ziffern für Norwegen waren 251 bzw. 33, für Dänemark 1024 bzw. 519, für Schweden 1329 bzw. 725. Die Gründe für diese plötzliche Großzügigkeit sind mir unbekannt. Finnland spielt sonst keine Rolle in der Geschichte der deutschsprachigen Emigration. Sternfeld/Tiedemann nennt lediglich die Namen von zwei Wissenschaftlern, Ege und Wolf, die dort Fuß gefaßt zu haben scheinen.
4. In der folgenden Zusammenstellung werden Personen, die sich nur bis zu zwei Jahren in Skandinavien aufgehalten haben, nicht erwähnt.
5. Willy Brandt in: W. B., »Draußen. Schriften während der Emigration«. Hrsg. von Gunter Struve. München 1966. S. 284.
6. Einen Überblick über seine Produktion während dieser Jahre gibt eine Bibliographie von Brita von Garaguly (Seminaraufsatz), Stockholm 1972.
6a. KP (O) = Kommunistische Partei Deutschlands (Opposition).
7. Seit 1935 existierten in Oslo ferner ein ›Klub österreichischer Sozialisten‹ und eine Gruppe der KPÖ, die auf norwegisch eine Art Pressedienst herausgab und in ihm über die Lage in Österreich orientierte.
8. Im Internierungslager hatte Warnke u. a. Gedichte und eine umfangreiche deutsche Geschichte verfaßt, die aber nicht veröffentlicht worden sind. 1945 erschien von ihm, ein Kuriosum, das Kinderbuch »Pelles djur. En berättelse om sparven Kalle Johansson, den glada ekorren Joppe, snigeln Krypa, grodan Sumpa, Fanny, Budde och den mallige Jakob« (Pelles Tiere. Eine Erzählung vom Spatzen Kalle Johansson, dem fröhlichen Eichhörnchen Joppe, der Schnecke Kriech, der Kröte Sumpf, Fanny, Buddy und dem Hagestolz Jakob).
9. Als Volkswirtschaftler machte sich auch Rudolf Meidner einen großen Namen. Er ist heute einer der führenden Wirtschaftsexperten der schwedischen Gewerkschaften und maßgeblich an der Ausformung der schwedischen Arbeitsmarktpolitik beteiligt. Aber er ist auch ein Repräsentant der Generation, die in jungen Jahren nach Schweden kam, hier ihre wissenschaftliche Ausbildung erhielt und sich heute nur noch als Schwede fühlt. Ihr gehören ferner an die Professoren Joachim Israel (Soziologie), Manfred Moritz (Philosophie), Rudolf Zeitler (Kunstgeschichte), der Publizist Ulrich Herz und Harry Schein, der an der Gestaltung der schwedischen Kulturpolitik führend beteiligt ist. Der Journalist Erwin Leiser dagegen, lange Jahre Leiter des Feuilletons der sozialdemokratischen Zeitung »Morgon-Tidningen« und Übersetzer Brechts und Nelly Sachs', kehrte durch seine Übersiedlung in die Schweiz wieder in den deutschen Sprachbereich zurück. In Schweden gab er die autobiographischen Skizzen »Samtal i Berlin« (1969; Gespräche in Berlin) heraus. Er stellte ferner den Dokumentarfilm »Blodiga Tider« (Blutige Zeiten) zusammen, der im deutschen Sprachbereich unter dem Titel »Mein Kampf« bekannt geworden ist.
10. Otto Friedländer: »Die schwedische Demokratie«. Offenbach 1948. S. 133.

11. in einem Brief an Arnold Zweig vom 15. Dezember 1935. In: Kurt Tucholsky: »Gesammelte Werke« 4 (Ausgewählte Briefe 1913–1935). Hamburg 1962. S. 338.
12. Anita Kretz: »Werner Lansburgh – ein Autor im Exil« (Seminaraufsatz). Stockholm 1971. S. 17.
13. Peter Weiss: »Abschied von den Eltern. Der Fluchtpunkt«. Darmstadt 1967. S. 178.
14. ebd., S. 211.
15. Hilde Rubinstein in: Anneliese Mehlmann: »Künstler und Mensch – Hilde Rubinstein. Eine Bio-Bibliographie« (Seminaraufsatz). Stockholm 1969. S. 7.
16. Nelly Sachs: »Späte Gedichte«. Frankfurt a. M. 1966. S. 55 f.
17. Hilde Rubinstein in: Anneliese Mehlmann, a. a. O., S. 14.

Literaturhinweise

Willy Brandt: Draußen. Schriften während der Emigration. Hrsg. von Günter Struve. München 1966.

Carl Madsen: Flygtning 1933. Strejflys over Hitlers Danmark. Kopenhagen 1972.

Helmut Müssener: Von Bert Brecht bis Peter Weiss. Die kulturelle deutschsprachige Emigration nach Schweden 1933–1945. Stockholm 1971.

– Die deutschsprachige Emigration in Schweden nach 1933. Ihre Geschichte und kulturelle Leistung. [800 Seiten; enthält ausführliche bibliographische Hinweise und vollständige biographische Angaben über die genannten Personen.] Stockholm 1971.

Max Tau: Ein Flüchtling findet sein Land. Hamburg 1964.

GABRIELE TERGIT

Die Exilsituation in England

Obwohl England in der Geschichte der politischen Emigration als Asylland eine besondere Rolle spielt und nach dem Scheitern der achtundvierziger Revolution oder nach der Einführung der Sozialistengesetze Männer wie Karl Marx, Ludwig Bamberger oder Eduard Bernstein aufnahm,[1] ist es nach 1933 keineswegs spontan zum bevorzugten Exilland der Hitler-Flüchtlinge geworden. Werner Rosenstock weist darauf hin: »Until 1938, German Jews mainly emigrated either to Western European countries or to Israel and overseas. Only after November 1938 did Great Britain become the foremost country of reception.«[2] Diese auf die rassisch Verfolgten bezogene Aussage trifft auch auf die im weiteren Sinne politisch Verfolgten zu. Die Hauptgründe dafür liegen in der damaligen innenpolitischen Situation Englands: »When in 1933 the first refugees from Germany began to arrive in Great Britain, unemployment – the legacy of an economic crisis the whole world was experiencing during those years – stalked the land.«[3] Die wirtschaftlichen Probleme, mit denen sich England in den ersten Jahren nach der Machtübernahme Hitlers in Deutschland konfrontiert sah, haben die Asylbereitschaft des Landes eingeschränkt. Abgesehen von international angesehenen Wissenschaftlern[4] und Künstlern[5], deren Name alle Widerstände überwand, sah sich die Majorität der Flüchtlinge anfänglich nach anderen Exilländern um: Tschechoslowakei, Frankreich, USA. Bis Ende 1937 kamen lediglich 4500 Flüchtlinge nach England, vor allem Industrielle, technische Fachleute.[6] Die englischen Universitäten gaben etwa 1000 Studenten Stipendien, nahmen 1550 Gelehrte auf, von Göttingen, dem Kaiser-Wilhelm-Institut, der Berliner Technischen Hochschule, namhafte Wissenschaftler wie Max Born, Erwin Schrödinger und Otto Robert Frisch.[7] Erst unter der Einwirkung des Novemberpogroms von 1938 änderte sich die Haltung Englands gegenüber den Flüchtlingen: »In the fateful years 1938 and 1939, Great Britain, true to her tradition, gave sanctuary to persecutees and admitted more than 60,000 Jews from Germany and Austria. In the period which followed the November pogroms this island thus saved more Jewish lives than any other country in the world.«[8] Die nach England emigrierenden Schriftsteller sahen sich dabei einer besonderen Schwierigkeit gegenüber. Die literarischen Bindungen zwischen Deutschland und dem Inselstaat waren nie besonders eng gewesen oder waren so spezifischer Natur, daß sie kaum einer breiteren Öffentlichkeit in beiden Ländern bewußt waren. Während unter den drei Millionen Ausländern in Frankreich allein 54 000 Deutsche lebten, während in anderen Exilländern, wie der Tschechoslowakei, Holland, Frankreich, Verlage existierten oder gegründet wurden, die sich der deutschsprachigen Exilliteratur annahmen, fehlten in England diese Voraussetzungen für eine Wirkungsmöglichkeit. Wer in England literarisch Fuß zu fassen versuchte, mußte sich der englischen Sprache bedienen, da es ein deutsch lesendes Publikum kaum gab. Nur wenigen deutschen Autoren war es in den Jahren vorher gelungen, durch Übersetzungen bekannt zu werden.

Um so erstaunlicher ist es, daß von den vier Autoren, die unter Hunderten von ausgewanderten Schriftstellern erst in den Exiljahren berühmt wurden, drei in England lebten. Stefan Lorant, in Budapest geboren, der Chefredakteur der *Münchener Illustrierten*, veröffentlichte 1934/35 einen Bestseller, ein Penguin-Bändchen *I was Hitler's Prisoner* (das ebenfalls in New York und Paris erschien) und gründete zwei bemerkenswerte Zeitschriften mit Massenauflagen, *Picture Post* und *Lilliput*, die ohne Vorbild waren. Arthur Koestler, ebenfalls in Budapest geboren, wurde Korrespondent des Londoner *News Chronicle* im Spanischen Bürgerkrieg. Er erregte 1937 großes Aufsehen mit der Veröffentlichung seines *Spanish Testament* im Gollancz Verlag. Hans Habe, der dritte bekannt gewordene Ungar, hat hingegen nie in England gelebt. Sebastian Haffner, der einzige Deutsche, ein Berliner, machte sich sofort einen Namen mit *Germany, Jekyll and Hyde* (bei Secker and Warburg 1940) und wurde Leitartikler des *Observer*.

Die meisten Schriftsteller erreichten die Exilstation England auf Umwegen. PEM (d. i. Paul Marcus), vom Berliner *12 Uhr Blatt*, der vor allem der deutschen Sprache wegen 1933 nach Wien gegangen war, hatte, als ihm die Korrespondenz mit Kollegen, die wissen wollten, wer wo was war, über den Kopf wuchs, schon in Wien mit einem selbstvervielfältigten Nachrichtenblatt geantwortet, *PEMS Private Berichte*, die er in London auf englisch als *PEMS Personal Bulletin* fortsetzte, bis er einundsiebzigjährig 1972 verstarb. Er veröffentlichte 1939 bei John Lane *Strangers everywhere*, eine der besten Dokumentationen zur Lage der Hitler-Flüchtlinge. Der berühmteste Theaterkritiker der Weimarer Zeit, Alfred Kerr, kam nach zwei Jahren Aufenthalt in Paris nach London, weil seine Kinder in England zur Schule gingen. Rudolf Olden, der Leitartikler des *Berliner Tageblatts*, ging, obwohl sein Buch über *Stresemann* 1930 auch auf englisch erschienen war und er zudem mit einer halbenglischen Frau verheiratet war, nach Prag und Paris, bis er als Dozent nach Oxford kam. Er veröffentlichte 1935 in Paris *Hindenburg oder Der Geist der preußischen Armee* und im gleichen Jahr im Querido Verlag *Hitler*. Olden, Kerr und PEM hielten jede Woche im Londoner Mount Royal Hotel eine Redaktionskonferenz für das *Pariser Tageblatt* ab.

In London lebte Max Herrmann-Neiße, und bei diesem Dichter sind alle Gefühle des Vertriebenseins aufbewahrt. Die junge Lilo Linke gab Roman auf Roman bei Constable auf englisch heraus, schrieb in vielen Zeitschriften und wanderte weiter. Der Berliner Egon Jameson (Jacobsohn) schrieb in London *1000 Curiosities of Britain* (1937), *Heroes of British Lifeboats* (1938), *10 Downing Street* (1945) usw., nachdem die Einwanderungsbehörden 1934 erst gezögert hatten, ihn ins Land zu lassen.

Aus dem Spanischen Bürgerkrieg kam der expressionistische Lyriker Karl Otten nach England und veröffentlichte 1938 bei Bermann-Fischer *Torquemadas Schatten* und 1942 bei Allen and Unwin *A Combine of Aggression. Masses, Elite, and Dictatorship in Germany*. Unveröffentlicht blieben sein Roman *Die Reise nach Deutschland* und vorerst alle seine Gedichte. Ruth Feiner, 1909 geboren, publizierte ungeachtet des Krieges ihre erfolgreichen Romane in ganz Europa, nicht zuletzt in Spanien, wo einige auch verfilmt wurden. Julius Berstl und Friedrich Feld schrieben Kinderbücher, ebenso die frühere Ullstein-Redakteurin Grete Fischer.

Otto Zarek kam über Ungarn, die Heimat seines Vaters. Er war 1918 als Zwanzigjähriger mit seinem Drama *Kaiser Karl V.* als neuer Schiller begrüßt worden, war dann Dramaturg bei Saltenburg und hatte 1931 einen aufsehenerregenden Roman *Theater um Maria Thul* bei Zsolnay veröffentlicht. In Ungarn schrieb er eine *Geschichte Ungarns* (1938), eine Biographie Kossuths (beide Bücher erschienen auch auf englisch), und *Ludwig II. von Bayern* (1937). Von 1940 bis 1942 brachte er jährlich ein neues Buch in englischer Sprache heraus, u. a. über Moses Mendelsohn und über *German Kultur*, ohne jedoch vom Schreiben wirtschaftlich existieren zu können. In den fünfziger Jahren kehrte er als Dramaturg nach Berlin zurück.

Der Wiener Robert Neumann, der sich *Mit fremden Federn* (1927) einen Namen gemacht hatte, kam direkt von Berlin nach London und schrieb schon bald auf englisch oder besser, wie er selbst sagte, »in einer Sprache, die Nichtengländer für Englisch halten«. Der Wiener Karl Federn, 1938 über Dänemark eingewandert, veröffentlichte 1939 bei Macmillan sein Werk *The Materialist Conception of History*.

Stefan Zweig, der einzige deutsche Schriftsteller, der damals weltberühmt war und zugleich Bestseller schrieb, lebte in Bath und, obwohl er ein wohlhabender Mann war und der ihm nahestehende Richard Friedenthal nach England kam, ging er im August 1941 nach Brasilien, wo er sich im hoffnungslosen Jahr 1942 das Leben nahm.

Die einzige Organisation der emigrierten Schriftsteller, das PEN-Zentrum deutschsprachiger Autoren im Ausland, entstand in London, wo auch der Sitz des Internationalen PEN-Clubs ist. Eine energische englische Schriftstellerin, C. A. Dawson-Scott, hatte 1921 vierzig ihr bekannte englische Autoren in ein Londoner Restaurant eingeladen, die dort den PEN-Club gründeten, Galsworthy zum Präsidenten und sie selbst zur Sekretärin wählten. Ein deutsches PEN-Zentrum war 1925 eingerichtet worden. Alfred Kerr, der letzte Präsident, floh 1933. Die in Deutschland verbliebene Sektion ließ sich politisch gleichschalten, und als 1933 auf dem Kongreß in Dubrovnik H. G. Wells die deutsche Delegation nach der Verbrennung der Bücher und dem Ausschluß ihrer Verfasser fragte, verließ sie schweigend den Kongreß, und der deutsche PEN trat am 8. November 1933 aus dem internationalen PEN aus.

Zur gleichen Zeit brachten Lion Feuchtwanger, Ernst Toller, Rudolf Olden, Max Herrmann-Neiße, Hermon Ould den Wunsch der emigrierten Schriftsteller zum Ausdruck, »ein Zentrum der freien deutschen Literatur« zu bilden. Dieser Wunsch wurde 1934 auf dem Kongreß in Edinburgh Wirklichkeit. Heinrich Mann wurde Präsident, Rudolf Olden Sekretär. Da man keinen Mitgliedsbeitrag erhob und keine Mitgliedslisten publizierte, wurde der Hauptzweck des PEN, die Isolation der Schriftsteller aufzuheben, nicht erfüllt. Kurt Hiller schlug deshalb schon im Februar 1939 vor, einen Klub zu organisieren, um das bewegte Emigrantenleben von Paris und Prag in das sehr viel einsamer machende London zu verpflanzen. Oldens Antwort ist charakteristisch: »Ich weiß nicht, ob es nicht wenigstens für einen Teil der emigrierten Schriftsteller weit wichtiger wäre, sich in die englische Sprache einzuleben.«[9] Auf der anderen Seite teilte Olden mit Heinrich Mann die idealistische Überzeugung, daß es einem Schriftsteller möglich sei, durch sein beschwörendes Wort die Welt aufzuklären. Viel nüchterner war dagegen die Haltung von Ould, dem englischen PEN-Sekretär, der 1939 an Olden schrieb: »Emil Ludwig fand, daß im Kriegsfall die PEN-Zentren zusammengerufen werden sollten, um sofort etwas zu tun. Diese Idee schien mir nicht nur unpraktisch, sondern offenbarte einen rührenden Glauben an die Macht von uns Schriftstellern, mit einer wirklichen politischen Krise fertig zu werden. An solche Kleinigkeiten wie Visen und Transport, wenn ein Krieg ausbricht, scheint er nicht gedacht zu haben.«[10]

Veit Valentin und Fritz Demuth gründeten einen Luncheon Club, eine Art von poetischer Tafelrunde, wo sich Karl Federn, Monty Jacobs, Max Herrmann-Neiße, Karl Otten einfanden.[11]

Noch vor dem Krieg kamen drei große Bibliotheken nach England. Alfred Wiener, der Sekretär des ›Centralvereins deutscher Staatsbürger jüdischen Glaubens‹ hatte 1933 mit Unterstützung der Universität Amsterdam ein Forschungsinstitut gegründet, die sogenannte ›Wiener Library‹, die, schon bald über einen Bestand von 40 000 Büchern und Broschüren verfügend, wichtiges Material zur Erforschung der Nazibewegung, des Antisemitismus und des Faschismus sammelte. 1939 wurde die ›Wiener Library‹ nach London transferiert und begann sowohl in Verbindung mit der BBC als auch in Verbindung mit dem Ministerium für Information eine wichtige Rolle zu spielen. Die ›Paul Hirsch Music Library‹, jetzt ein Teil der Musik-Bibliothek des Britischen Museums, war gegen Ende des vergangenen Jahrhunderts von dem Musikmäzen Paul Hirsch in Frankfurt gegründet worden und wurde zu einer der umfangreichsten Sammelstellen von Originalpartituren und musikgeschichtlichen Werken. 1936 wurde sie von Frankfurt an die Universität Cambridge verlegt. Bereits zwei Jahre vorher war das Warburg Institut, das sich der Erforschung der Geschichte der Zivilisation widmete und 1902 von Aby Warburg in Hamburg begründet worden war, nach England gelangt. Diese Forschungsstätte, die bereits damals über einen Buchbestand von 100 000 Titeln verfügte, fand in London eine neue Heimat und wurde zukunftweisend für die interdisziplinäre Forschung auf dem Gebiet der Kulturgeschichte und Geisteswissenschaften.

Die Dominanz der englischen Sprache und der damit verbundene sprachliche Assimilationsdruck auf die Exulanten verhinderten die Gründung von speziellen Emigrationsverlagen. Nur wenige Verlagshäuser sind in diesem Zusammenhang zu erwähnen, so die von B. Horovitz gegründete ›East and West Library‹, die in Oxford und London ansässig war. Der Verlag hatte freilich keine literarischen Zielsetzungen, sondern widmete sich vor allem der Geschichte und Literatur des jüdischen Volkes und gehört nur unter diesem Aspekt zur Geschichte der deutschsprachigen Exilliteratur in England. Ein anderes Beispiel ist der Imago Verlag, der Ende 1938 nach England verlegt wurde, als Sigmund Freud nach der Besetzung Wiens Österreich verließ und ins englische Exil ging. Im Unterschied zu anderen österreichischen Emigranten wie dem bekannten Schauspieler Fritz Schrecker oder dem Schriftsteller Carl Rössler, die erst nach Überwindung großer Schwierigkeiten in England einwandern konnten, wurde Freud mit offenen Armen aufgenommen. Er war noch nicht einen Monat in London, als ihn Abgesandte der ›Royal Society‹ besuchten, damit er seinen Namen in ihr »Heiliges Buch« setze, das Unterschriften von Newton bis Darwin enthielt. »Gute Gesellschaft«, schrieb er, eine von vielen Ehrungen, auf die er in Wien vergeblich gewartet hatte. Trotzdem nennt er England in einem Brief an Arnold Zweig »im ganzen ein absonderliches Land« und betont im Vergleich zu Amerika: »England ist zwar in den meisten Hinsichten besser, aber man fügt sich hier sehr schwer ein [...] Amerika scheint mir ein Anti-Paradies, aber es hat so viel Raum und Möglichkeiten, und am Ende gehört man dazu.« Dennoch arbeitete Freud »mit Lust« am dritten Teil seines *Moses*, der noch 1939 bei Allert de Lange auf deutsch und auf englisch bei Hogarth erschien. Der Imago Verlag, der sich an den Forschungen Freuds orientierte, brachte im Exil zum Teil auch deutsche Publikationen heraus, so beispielsweise die Arbeit von Theodor Reik, *Aus Leiden Freuden*, die 1940 erschien. Der österreichische Hofrat Friedrich Hertz veröffentlichte hier *Nationality in history and politics: A study of the psychology and sociology of national sentiment and character* (1944) und *Economic problem of the Danubian states* (1947).

Nach der Besetzung Wiens kam Hermann Broch 1938 nach London und verbrachte einige Monate in Schottland, bevor er nach Amerika weiteremigrierte. Elias Canetti, dessen dichterische Vision der kommenden Katastrophe, der Roman *Die Blendung* (1936), kurz vorher erschienen war und 1946 in der Übersetzung der englischen Historikerin Veronica Wedgwood auch auf englisch publiziert wurde, lebt heute noch in London. Er wurde bereits im Exil von der englischen Literaturkritik als einer der wichtigsten deutschsprachigen Romanciers eingeschätzt, lange bevor ihm diese Geltung im Nachkriegsösterreich und -deutschland zuteil wurde.

Von den Wiener Sozialisten kam Stefan Pollatschek, der mit der *Wiener Arbeiterzeitung* verbunden war, desgleichen Julius Braunthal. Bruno Heilig veröffentlichte 1941 *Men Crucified* über Dachau und Buchenwald, Hermynia zur Mühlen, die 1935 in Wien *Unsre Töchter, die Nazinen* veröffentlicht hatte, schrieb ihre Erzählungen weiter in England. Auch der Jurist Franz Kobler, der eine Reihe von Anthologien, z. B. *Gewalt und Gewaltlosigkeit. Handbuch des aktiven Pazifismus* (1928) und *Juden und Judentum in deutschen Briefen aus 3 Jahrhunderten* (1935), herausgegeben hatte, fand in England Zuflucht und veröffentlichte auch in englischer Sprache Sammlungen jüdischer Briefe.

Mit den außenpolitischen Illusionen, die auf einen vernünftigen Hitler vertrauten, räumten erst die Ereignisse vom November 1938 auf, als der Antisemitismus in Deutschland die Formen eines offenen Pogroms annahm und Hitler seine militante Rassenpolitik nicht mehr länger verbarg. Diese Demaskierung Hitlers führte zu einer Wende im Verhalten Englands gegenüber den Exilierten. Lord Baldwin, der ehemalige Premierminister, erklärte damals in einer Rundfunkansprache: »Ich spreche heute für einen guten Zweck. Ich muß Ihre Hilfe in Anspruch nehmen, nicht für die Opfer einer Naturkatastrophe, eines Erdbebens oder einer Hungersnot, sondern eines Ausbruchs der Unmenschlichkeit von Menschen gegen Menschen. Tausende von Männern, Frauen und Kindern wurden ihrer Habe beraubt, aus ihren Wohnungen vertrieben, suchen ein Asyl, einen Schutz vor dem Sturm. Ich spreche heute nicht als Politiker zu Ihnen. Ich spreche als Privatmann, als Engländer, der empört und erschüttert ist angesichts der Not dieser Ausgestoßenen und ihrer unschuldigen Kinder. Sie mögen nicht unsere Landsleute sein, aber sie sind unsere Nächsten. Tausende sind, ungeachtet ihrer Bildung, ihres Besitzes, ihrer Stellung, jetzt gleich elend. Die Ehre unseres Landes wird herausgefordert, unser christliches Gewissen wird herausgefordert, und wir müssen dieser Herausforderung die Stirn bieten.«[12]

In den folgenden Wochen wurde eine Baldwin-Sammlung in die Wege geleitet. Norman Angell, der das Buch *Die falsche Rechnung* über den Ersten Weltkrieg verfaßt hatte, und John Hope Simpson plädierten für die Zulassung von immer mehr Flüchtlingen. Die Quäker halfen, der Bischof von Chichester, Reverend Carter, desgleichen Eleanor Rathbone. 11 000 Flüchtlinge erreichten bis Ende 1938 England und verbrachten den Winter 1938/39 mit der Suche nach ›Garantien‹. Die Situation der in die Tschechoslowakei geflüchteten Schriftsteller, die nun ebenfalls wieder auf der Flucht waren, machte zusätzliche Hilfe nötig. Das englische Parlament bewilligte eine Anleihe von sechs Millionen für die Sudetendeutschen, die Hitler geopfert worden waren, den sogenannten Czech-Trust-Fund, von dem Wohnungen für die Flüchtlinge gekauft und Unterstützungen verteilt werden konnten.

Aus Karlsbad kamen Ernst Sommer, dessen *Revolte der Heiligen* Treblinka vorausahnte, Heinrich Fischer, der sich der Interpretation von Karl Kraus widmete, und Bruno Adler, den Rowohlt unter dem deutschtümelnden Pseudonym Urban Roedl über Claudius und Stifter hatte schreiben lassen. Die Dichter Ludwig Winder und Justin Steinfeld wurden auf dem Lande untergebracht. Für die Deutschen, die im November in die KZs verschleppt und nur nach Vorlage gültiger Einreiseerlaubnisse freigelassen worden waren, richtete man ein Lager in Richborough ein, das 10 000 Menschen eine Bleibe schuf.

Aus Berlin kamen Friedrich Koffka, dessen *Kain* von Reinhardt aufgeführt worden war, Richard Friedenthal und der Feuilletonchef der *Vossischen Zeitung* Monty Jacobs, desgleichen Martin Beheim-Schwarzbach (bzw. Christian Corty), der 1940 Gedichte und Erzählungen bei Bermann-Fischer in Stockholm veröffentlichte. Und auch Emigranten, die bisher in Italien Zuflucht gefunden hatten, waren jetzt gefährdet und sahen sich nach einem neuen Exilland um. Philipp Hergesell und Moritz Goldstein kamen.

Die Eingewöhnung war besonders für die Schriftsteller nicht leicht. Es gab viele Assimilationsschwierigkeiten zu überwinden. Der Wiener Theodor Kramer beschrieb 1943 das Leben im englischen Exil in seinem Gedicht »Verbannt aus Österreich«:

»In London, dieser Riesenstadt, die viele kleine Städte hat,
Du zweite Heimat, alter Square, ich kenn hier fremd, mich selbst nicht mehr.
Zur Untergrundbahn geh ich aus, wie alle, komm zur Zeit nach Haus
Und koch wie alle ohne Zahl mir auf dem Gasring still mein Mahl.
Nur manchmal, nur am Wochenend, wenn dürr das Laub vom Baum sich trennt,
Wenn sacht im Kessel summt der Tee, tut in der Brust mir dumpf was weh.
Der Mörtel, der vom Stein sich löst, ist schuld dran, daß dein Freund so döst;
Für dieses Schluchzen, alter Square, lieb ich dich zweite Heimat sehr.«

Bei Kriegsausbruch besserte sich die Lage der Exilierten, da immer mehr von ihnen eine Arbeitserlaubnis erhielten. Die BBC brauchte Übersetzer, die ›Wiener Library‹, die zu einer Art Abteilung des Informationsministeriums geworden war, suchte Mitarbeiter, die Telegraphenagenturen brauchten Personal. Hergesell arbeitete bei Reuter, Peter de Mendelssohn beim Telegraph Exchange.

Im Sommer 1940 bereitete sich der Umschwung vor. England wurde von einer möglichen Invasion Hitlers geschreckt. Zu einer Zeit, als sich ungefähr 90 000 deutschsprachige Flüchtlinge, der größte Teil Juden, in England befanden, befahl ein schlechtberatener Minister, alle Flüchtlinge zu internieren, obwohl sie alle registriert

und als Antinazis eingestuft worden waren. Natürlich, von Bordeaux bis Stavanger hatten die Menschen die Schiffe nach England gestürmt. Unter ihnen konnten Spione sein. Aber diese Ankömmlinge wurden sofort verhört. Bezeichnend für die Wirkung der Internierung auf die Bevölkerung ist die Äußerung des Kommandanten eines Interniertenlagers: »Ich hätte nie geglaubt, daß so viele Juden Nazis sind.« Internierte wurden deportiert. Die ›Arandora Star‹ nach Kanada wurde torpediert, und fast alle Internierten ertranken, auf der ›Dunera‹ nach Australien wurden sie ausgeplündert. Die öffentliche Meinung war empört. Mitten unter Bomben verhandelte das Parlament zwei Tage über die Internierung. Lord Wedgwood sagte: »Die einzigen Fremden sind die Leute, die an die Nazireligion glauben. Und außerdem sprechen die Flüchtlinge ein Englisch, daß ich sie nicht verstehe. Selbst wenn Hitler die Juden lieben würde, könnte er so unfähige Spione nicht beschäftigen.«[13]
Mit dem Schiff aus Frankreich kam Friedrich Walter, dessen Romane *Kassandra* (1939) und *Tobias* (1940) in Amsterdam erschienen waren.
Es stellte sich heraus, daß die Internierung auf der Isle of Man nicht das Schlechteste war. Man traf alte Freunde überraschend wieder, organisierte Vorträge, Konzerte, eine Art Lageruniversität. Alfred Lomnitz schrieb ein heiteres Buch über die Isle of Man: *Never mind, Mr. Lom or The Uses of Adversity* (1941), Richard Friedenthal seinen Roman über dasselbe Thema: *Die Welt in der Nußschale* (1956). Die Jungen, unter ihnen einige Schriftsteller, traten dem Pionierkorps bei, erhielten Pässe, die auf englische Namen ausgestellt waren, und wurden Soldaten.
Nach der Aufhebung der mehrmonatigen Internierung boten sich Betätigungsmöglichkeiten. Die BBC erweiterte ihren Mitarbeiterstab. Hans Flesch-Brunningen, der in hellsichtiger Vorahnung 1933 das Buch *Vertriebene von Ovid bis Gorguloff* und eine Reihe von Romanen veröffentlicht hatte, brachte 1940 sein Buch *Untimely Ulysses* heraus und schrieb eine große Zahl von Hörspielen für die BBC, wo der österreichische Kritiker Martin Esslin eine wichtige Position einnahm. Auch Friedenthal arbeitete dort. Robert Lucas, der ehemalige Korrespondent der Wiener *Neuen Freien Presse* in London, erfand *Die Briefe des Gefreiten Adolf Hirnschal an seine Frau in Zwieselsdorf. Teure Amalie, vielgeliebtes Weib!* (1946). Friedrich Burschell, Egon Larsen, Fritz Beer, die Castonier, Kerr, Carl Brinitzer und Edmund Wolf, die beiden letzten in leitenden Stellungen, arbeiteten bei der BBC. Die Kellerkantine im Buschhaus der BBC wurde eine Art Literatencafé.
1941 wurde die erste deutsche Zeitung gegründet, die eigentlich keine war, sondern ein englisches Propagandablatt, das über Deutschland abgeworfen wurde, aber im ganzen nicht das schlechteste deutsch bedruckte Papier war. Diese *Zeitung*, wie ihr offizieller Titel lautete, wurde dankbar auch von den älteren Emigranten gelesen, die bisher auf die stets einige Wochen alten Schweizer Zeitungen angewiesen waren. Ruth Feiner und Hilde Spiel veröffentlichten hier in Fortsetzungen Romane. Einzelne emigrierte Verleger wagten es sogar, das eine oder andere deutsche Buch zu drucken. So brachte der emigrierte Verleger Prager *Die deutsche Walpurgisnacht* (1941) von Dosio Koffler heraus, die später auch auf englisch bei Hutchinson erschien, wo Robert Neumann arbeitete und auch Kofflers *Vansittartitis* (1943) publizierte. 1943 veröffentlichte der emigrierte Jakob Hegner Richard Friedenthals Gedichtsammlung *Brot und Salz*, die deutsche, übersetzte englische Gedichte und auch eigene englische Gedichte enthielt. Arnold Hahn, der ehemalige Mitarbeiter der

Jugend und des *Simplicissimus*, publizierte 1943 bei Gollancz einen Gedichtband *Das Volk Messias. Siebenmal sieben Sonette zum Ruhme der Juden,* nachdem er seine Broschüre *Vor den Augen der Welt* über Stephan Lux veröffentlicht hatte, der bei einer Sitzung des Völkerbunds Selbstmord begangen hatte, um die Welt vor Hitler zu warnen.

Die Wiener hatten in London ein eigenes Kabarett gegründet, für das u. a. Hugo Koenigsgarten arbeitete. Der ›Freie Deutsche Kulturbund‹, 1939 gegründet, organisierte Ausstellungen, Konzerte, Kabarett, für das Fritz Gottfurcht, der 1919 zusammen mit Heinrich Eduard Jacob den *Feuerreiter* gegründet hatte, eine expressionistische Zeitschrift, und Egon Larsen Texte schrieben. Schauspieler, die tagsüber in Restaurants oder in den ›Lehrwerkstätten für Metallarbeiter‹, die die Regierung eingerichtet hatte, arbeiteten, u. a. Martin Miller, Annemarie Hase, Fritz Schrecker, Arnold Marlé, spielten hier abends Theater und machten Kabarett, Sibylle Binder las die *Bäder von Lucca* und Gerhard Kempinski Tucholsky. Der ›Freie Deutsche Kulturbund‹ veranstaltete als einzige Organisation am 10. November 1943 einen Erinnerungsabend an die Kristallnacht vor fünf Jahren. Zwei Lehrstücke von Brecht mit Marlé wurden gespielt, und Fladung gab das feierliche Versprechen, daß die künftige kommunistische Regierung Deutschlands allen Verfolgten ihre Habe zurückgeben würde.

Der Dramatiker Hans José Rehfisch gründete nun zusammen mit Hermann Friedmann, dem Dresdner Dramaturgen Carl Wolff, Grete Fischer, Hans Flesch-Brunningen, dem Theaterdirektor Hellmer, Alfred und Wilhelm Unger, Monty Jacobs, der Russin Alexandra Wechsler – alle kannten sich zumeist von der Isle of Man her – den ›Club 43‹. Der Klub hat während seines Bestehens etwa 5000 Menschen erreicht. Jede Woche war ein Vortrag angesetzt. Carl Wolff sprach über »Das Geheimnis des Lebens«, Hans Jaeger über politische Schizophrenie, Alexandra Wechsler über das Werk von Aleksandr Blok, Monty Jacobs über Romain Rolland. Mechtilde Lichnowsky las hier aus ihrem Buch *Gespräche in Sybaris,* die Theaterdirektoren Bernauer und Hellmer, desgleichen Ernst J. Stern, Reinhardts ehemaliger Bühnenbildner, lasen Auszüge aus ihren Erinnerungen. Otto Lehmann-Rußbüldt, der große alte Mann der Liga für Menschenrechte, sprach. Hans Jaeger, ein ehemaliges Mitglied des Moskauer Marx-Engels-Instituts, brachte im kosmopolitischen London Politiker aus aller Welt zusammen, den Griechen Argyris, den Portugiesen Cabra, die Inder Gangulee und Gosh, den Ungarn Ignotus, Solly Sachs von Südafrika. Die Witwe von Gundolf, der Dramatiker Felix Langer sprachen im ›Club 43‹. Hans Flesch-Brunningen und Wilhelm Unger organisierten Schiller- und Heine-Gedächtnisfeiern, an denen Hunderte teilnahmen. Dieses kulturelle Leben blieb auf die Exilierten beschränkt bis auf einen englischen Freund Joseph Conrads. Viele Autoren wurden aufgefordert, vor deutschen Kriegsgefangenen zu sprechen und damit zu jener politischen Aufklärung Deutschlands beizutragen, der sich schon vorher die BBC mit verstärkter Aufmerksamkeit gewidmet hatte. Hans Jaeger, Felix Langer, Bernhard Reichenbach kamen solchen Aufforderungen nach. Bruno Adler gab *Die neue Auslese* für Kriegsgefangene heraus.

Als der Krieg zu Ende war, fuhren die kommunistischen Schriftsteller und die Jugend vom Kulturbund mit glühenden Erwartungen nach Ostdeutschland und der Tschechoslowakei. Manche kehrten dann still nach England zurück. Es kamen ein paar Überlebende, Jakov Lind, H. G. Adler, der Buch auf Buch herausgab, zuletzt den großen Roman *Panorama* (1968). Hans Flesch, Robert Neumann, Wilhelm Unger, Hilde Spiel kehrten auf den Kontinent zurück. Die meisten blieben, Kinder und Enkel – zum Teil mit großen Karrieren – sind verwurzelt, sie selber werkeln weiter. Fritz Gottfurcht wurde Script-Direktor der ›Associated British Pictures‹. Egon Larsen veröffentlichte drei Dutzend populäre Sachbücher, meist über Wissenschaft und Technik, die in sechzehn Sprachen übersetzt wurden. Zwölf seiner englisch geschriebenen Bücher wurden auf deutsch publiziert. Esslin leitet die Hörspielabteilung der BBC. Robert Lucas hat 1971 eine Biographie Frieda von Richthofens, der Gattin von D. H. Lawrence, in London und New York veröffentlicht. Alfred Unger hat jahrelang Rattigan für die deutschen Bühnen übersetzt. Richard Friedenthal schreibt seine Geschichtswerke auf deutsch mit Blick auf seinen stillen Londoner Garten.

Anmerkungen

1. Vgl. Hans Reichmann: »Tribute to Britain«, S. 8. In: »Britain's New Citizens . . .« (s. Lit.), S. 7 ff.
2. Werner Rosenstock: »The Jewish Refugees. Some Facts«, S. 15. In: »Britain's New Citizens . . .« (s. Lit.), S. 15–19.
3. Leon Zeitlin: »They Came to England. The Newcomers in Trade and Industry«, S. 25. In: »Britain's New Citizens . . .« (s. Lit.), S. 25–33.
4. Vgl. Z. M. Reid: »Contributions to Science and Arts«, S. 35 ff. In: »Britain's New Citizens . . .« (s. Lit.), S. 35–41.
5. Vgl. Lutz Weltmann: »The Author's Dilemma«, S. 49 ff. In: »Britain's New Citizens . . .« (s. Lit.), S. 48–51; F. Berend: »Music«, ebd., S. 52–55; PEM (= Paul Marcus): »Stage and Film«, ebd., S. 55 ff.; Arthur Galliner: »The Refugee Artists«, ebd., S. 58 f.
6. Vgl. dazu im einzelnen die Ausführungen bei Zeitlin, a. a. O., S. 25 ff.
7. Vgl. dazu Reid, a. a. O., S. 39 f.
8. A. Schoyer: »Ten Years A. J. R.«. In: »Britain's New Citizens . . .« (s. Lit.), S. 10.
9. zitiert aus den Akten des PEN-Zentrums deutschsprachiger Autoren im Ausland, d. h. zitiert nach Oldens Korrespondenz mit den Mitgliedern, dem Vorstand des Internationalen PEN und englischen Autoren. Die Akten befinden sich bei mir als der langjährigen Sekretärin der Organisation.
10. ebd.
11. Vgl. dazu ebenfalls Weltmann: »The Author's Dilemma«, a. a. O., S. 49 ff. Auf die politischen Gruppierungen im englischen Exil wird hier nicht eingegangen, da die Dissertation von Werner Röder dazu vorliegt (s. Lit.).
12. Die Baldwin-Rede wird zitiert nach Hans Reichmann: »Tribute to Britain«, a. a. O., S. 8.
13. *The Penguin Hansard*. Vol. III, p. 175. In diesen Bänden werden die Parlamentsberichte in toto veröffentlicht.

Literaturhinweise

Association of Jewish Refugees in Great Britain [Ed.]: Britain's New Citizens. London 1951.
Norman Bentwich: The Refugees from Germany April 1933 to December 1935. London 1936.
– I Understand the Risks. The Story of the Refugees from Nazi Oppression who Fought in the British Forces in the World War. London 1950.

– They Found Refuge. An Account of British Jewry's Work for Victims of Nazi Oppression. London 1956.

Werner Röder: Die deutschen sozialistischen Exilgruppen in Großbritannien 1940–1945. Hannover 1968.

William Rose: German Literary Exiles in England. In: German Life and Letters I/3 (1948) S. 175–185.

Gabriele Tergit [Hrsg.]: Internationales P.E.N. Zentrum deutschsprachiger Autoren im Ausland. Autobiographien. London 1970.

MANFRED DURZAK

Die Exilsituation in USA

Die bei weitem stärkste Gruppierung der exilierten deutschsprachigen Schriftsteller, Wissenschaftler, Politiker, Künstler, der politisch, wirtschaftlich und rassisch Verfolgten läßt sich in den Vereinigten Staaten antreffen. Das scheint konsequent, nicht nur angesichts des räumlichen Potentials der USA, sondern auch angesichts einer Tradition, die dieses Land zum klassischen Asylland macht. Die Worte von Thomas Jefferson in seiner Präsidentenbotschaft vom 8. Dezember 1801 deuten in die entsprechende Richtung und sind oft variiert worden: »Sollen wir den unglücklichen Flüchtlingen in ihrer Bedrängnis die Gastfreundschaft versagen, welche die Wilden des unentwickelten Landes, als unsere Vorväter hier ankamen, geübt haben?«

In der Tat läßt sich die Geschichte des amerikanischen Volkes unter diesem Aspekt so charakterisieren, wie es Earl G. Harrison, der philanthropische, liberale Kommissar für Einwanderung und Naturalisierung, am 19. Februar 1944 getan hat: »Es ist schwierig, das Wort Flüchtling zu definieren, denn unsere ganze Nation, wie man wohl sagen kann, besteht aus Flüchtlingen und deren Nachkommen.«[1] Aber diese Tradition war bereits damals Legende geworden. Viel charakteristischer für die damalige Einstellung Amerikas ist die Äußerung des Texaners Martin Dies, langjähriger Vorsitzender des berüchtigten ›Committee for Unamerican Activities‹, in dem sich die kommunistische Hexenjagd der McCarthy-Ära institutionalisierte: »Wir müssen die Tränen, das Schluchzen der Sentimentalen ignorieren und die Tore unseres Landes für alle Zeiten verriegeln und verschließen gegenüber einer neuen Einwanderungswelle, und wenn wir das getan haben, sollten wir die Schlüssel fortwerfen.«[2] Das war keineswegs eine vereinzelte Stimme, sondern spiegelt eine gewisse Fremdenfeindlichkeit maßgeblicher amerikanischer Kreise[3], die in dem Assistant Secretary Breckenridge Long[4], dem das Flüchtlingsressort im ›State Department‹ seit 1940 zugeteilt war, ihr verhängnisvolles Werkzeug fand. Long drosselte nach Möglichkeit die Einwanderung deutschsprachiger Exilierter.

Daß diese problematische Einwanderungspolitik der Zustimmung der breiten Bevölkerung sicher sein konnte, beweist eine Meinungsumfrage, die von der amerikanischen Monatszeitschrift *Fortune* 1939 veranstaltet wurde. Auf die Frage: »Wenn Sie Mitglied des Kongresses wären, würden Sie zu einem Gesetz, das die Tore der Vereinigten Staaten für eine größere Anzahl europäischer Flüchtlinge über die gesetzliche Quote hinaus öffnet, Ja oder Nein sagen?« antworteten 83 Prozent der Befragten mit Nein, 8,7 Prozent mit Ja und 8,3 Prozent äußerten keine Meinung. Die Signifikanz dieser Statistik nimmt noch erheblich zu, wenn man die Antworten nach der Religionszugehörigkeit der Befragten aufschlüsselt. Demnach antworteten 6,3 Prozent der Protestanten und 8,3 Prozent der Katholiken mit Ja gegenüber 69,9 Prozent unter den Juden. Die mit den aus ihrer Heimat vertriebenen Einwanderern sympathisierten, waren also jene Amerikaner, die sich der Volksgruppe zurechneten, die von der nationalsozialistischen Verfolgung am stärksten betroffen war. Der Durchschnittsamerikaner hingegen, der einem Slogan zufolge nicht zu

Unrecht als weiß, protestantisch und angelsächsisch bezeichnet wird, verhielt sich reserviert.

Die Haltung, die den Durchschnittsamerikaner charakterisierte, war auch dem damaligen obersten politischen Repräsentanten Amerikas nicht fremd. Als im November 1938 mit der Kristallnacht die massive Verfolgung der Juden durch die Nationalsozialisten einsetzte und die ausländische Öffentlichkeit mit den ungeheuerlichen Fakten konfrontiert wurde, nahm Präsident Franklin D. Roosevelt fünf Tage später auf einer Pressekonferenz dazu Stellung. Auf die Frage: »Würden Sie eine Erleichterung unserer Einwanderungsbeschränkungen empfehlen, damit jüdische Flüchtlinge in dieses Land kommen können?« gab er die lakonische Antwort: »In dieser Angelegenheit gibt es keinerlei neue Überlegungen. Wir haben das Quotensystem.«[5]

Dieses Quotensystem, auf das sich der Präsident herausredete und das die administrative Regelung der Zuwanderungen gewährleisten sollte, stellte jedoch eine restriktive Maßnahme dar, die bereits mit der Tradition gebrochen hatte, die in dem zitierten Wort Thomas Jeffersons zum Ausdruck kommt. 1921 bzw. 1924 eingeführt, spiegelt die Quotengesetzgebung die innenpolitischen Schwierigkeiten, mit denen sich die Vereinigten Staaten im Zuge der Weltwirtschaftskrise und der Rezession im eigenen Lande konfrontiert sahen. 1917 war zwar die Vorlage eines Gesundheitsattestes zur Bedingung der Einwanderung gemacht worden, aber bis Anfang der zwanziger Jahre waltete das Prinzip einer uneingeschränkten Liberalität gegenüber allen Einwanderern. Die Festsetzung einer jährlichen Maximalquote von 156 000 Einwanderern war Anfang der zwanziger Jahre nicht die einzige Einschränkung. Man teilte darüber hinaus den einzelnen Nationalitäten bestimmte Zahlenkontingente zu. Mit einer Quote von 65 000 wurden die Engländer vor allen andern Einwanderern begünstigt. Den Deutschen wurde eine jährliche Quote von 25 000 zugebilligt, während sich die Italiener bereits mit 5000 zufriedengeben mußten und die Quoten für asiatische Nationalitäten noch weit darunter lagen.

Diese gezielte Einwanderungspolitik mag sich aus der inneramerikanischen Perspektive begründen lassen, auf dem Hintergrund der verbal beschworenen amerikanischen Tradition stellte sie einen deutlichen Bruch dar. Die Folgen dieser restriktiven Einwanderungspolitik lassen sich deutlich an den Statistiken ablesen, die der ›U. S. Immigration and Naturalization Service‹ 1946 in seinem jährlichen Bericht veröffentlichte. In den beiden ersten Jahrzehnten dieses Jahrhunderts lag die Zahl der Einwanderer bei gut 14,5 Millionen. In der Zeit von 1921 bis 1930, also nach Einführung der Quotengesetzgebung, wurde immerhin noch die Einwandererzahl von 4 107 209 erreicht. In der Zeit von 1931 bis 1940 schrumpfte diese Ziffer jedoch auf 528 431 und im Zeitraum von 1941 bis 1946 sogar auf 279 673. Die erlaubte jährliche Maximalquote von 156 000 insgesamt wurde also deutlich unterschritten, und das zu einer Zeit, als die militante Agitation der Nationalsozialisten ihren Höhepunkt erreichte und vielen Emigranten Amerika das einzige noch mögliche Asylland schien. Ein Land, das freilich damals von Armut und Arbeitslosigkeit geplagt war.

Was diese Situation noch verschärft, ist die Tatsache, daß die USA in jenen Jahren über ein Einwanderungsdefizit verfügten, d. h. daß mehr Menschen auswanderten als zuzogen. Unter diesen waren nicht zuletzt viele Deutschamerikaner, die mit dem Großdeutschland Hitlers sympathisierten und den Weg heim ins Reich antraten.

1931/32 lag das Einwanderungsdefizit bei 67 719 und ging in den folgenden Jahren erst allmählich zurück. 1935/36 zeigte sich zum erstenmal wieder eine positive Bilanz: ein Einwanderungsplus von – 512. Wären selbst innerhalb der verordneten Quote alle Möglichkeiten ausgeschöpft worden, wäre wenigen Hitler-Flüchtlingen die Einwanderung verwehrt worden. Die Wirklichkeit sah jedoch ganz anders aus. Im Zeitraum vom 1. Juli 1932 bis zum 15. November 1939 wanderten lediglich 80 693 Personen ein. Zur gleichen Zeit wanderten 20 445 Personen zurück nach Deutschland, so daß faktisch rund 60 000 zuzogen; diese Absicht hatten weitaus mehr gehabt. Viele, die sich um ein Visum bewarben, wurden enttäuscht. Welche Gründe waren an dieser merkwürdigen Situation beteiligt? Auf ein unterschwelliges Motiv macht die in *Fortune* veröffentlichte Umfrage aufmerksam, nämlich auf eine gewisse Reserviertheit gegenüber den vorwiegend jüdischen Einwanderern. Das Komplementärphänomen dazu stellt die anfänglich kaum verhüllte Sympathie für die nationalsozialistische Renaissance Deutschlands dar. Besonders der konservative Mittelwesten, in dem sich viele deutsche Zuwanderer niedergelassen hatten, machte gelegentlich aus seiner hitlerfreundlichen Einstellung kein Hehl. Symptomatisch dafür ist, daß noch 1947 in der *St. Louis Deutsche Wochenschrift* Hans Grimms Roman *Volk ohne Raum*, eines der Erfolgsbücher des Dritten Reiches, gepriesen wurde.[6] Ebenso aufschlußreich ist die Feststellung, die sich in der Untersuchung des Publizisten Edward Carlton Breitenkamp über *The U. S. Information Control and the Effects on German Publishers and Writers 1945 to 1949*[7] findet. Die in Deutschland verbliebenen Autoren der sogenannten ›Inneren Emigration‹ mit den Exilierten vergleichend, kommt er zu dem bezeichnenden Schluß: »Since the writers of the Inner Emigration were most frequently Christian inspired, as opposed to the Communist character of the true emigration, their influence has grown with rift between the West and the Communist World.« Diese Bemerkung ist nicht nur typisch für die Situation des Kalten Krieges in der Nachkriegszeit, sondern deutet zugleich auf ein Ressentiment gegenüber den Exilautoren zurück, das viele Amerikaner schon vorher teilten: Die Emigranten wurden kommunistischer Sympathien verdächtigt, ja als Kryptokommunisten angesehen.

Es kann kein Zweifel daran bestehen, daß diese unterschwelligen Prädispositionen nicht nur die Einstellung vieler Amerikaner gegenüber den Emigranten bestimmten, sondern daß sie sich auch in den einzelnen Schritten der Einwanderungspolitik während der kritischen Jahre der nationalsozialistischen Verfolgung zeigten. Bis Herbst 1939, also zu Beginn des Zweiten Weltkrieges, war es Deutschen möglich gewesen, ohne weiteres bei den amerikanischen Konsulaten reguläre Einwanderungs- oder Besuchervisen zu beantragen. Als das ›State Department‹ jedoch aus Furcht vor eingeschleusten deutschen Agenten im Juni 1941 alle deutschen Konsulate in Amerika schließen ließ, reagierte Hitler am 30. Juni 1941 prompt mit der Schließung aller amerikanischen Konsulate auf deutschem Boden. Die vor Hitler Flüchtenden wurden von dieser Situation auf doppelte Weise getroffen. Die bisherige Möglichkeit, ein Visum zu beantragen, war ihnen damit entzogen, zugleich traf sie, wenn sie nun über den Umweg Kuba in Amerika einreisen wollten, die Verdächtigung der Amerikaner, möglicherweise politische Spione Hitlers zu sein. Der Assistant Secretary Breckenridge Long war mit seiner Einwanderungspolitik die sichtbarste Verkörperung dieser Haltung. Das 1941 eingesetzte Prüfungskomitee, das die Anträge der Zuwanderer behandelte, recherchierte und traf seine Entscheidung, ohne daß die Möglichkeit einer öffentlichen Kontrolle oder des Einspruchs von seiten der Betroffenen bestanden hätte. Nach dem Angriff der Japaner auf Pearl Harbor im Dezember 1941 verschärfte sich die Lage noch: Alle Japaner, Deutschen und Italiener wurden zu »feindlichen Ausländern« erklärt. Die Konsequenzen waren Restriktionen verschiedenster Art. Die Bewegungsfreiheit der Emigranten wurde eingeschränkt. Für Reisen innerhalb der Vereinigten Staaten mußten Genehmigungen eingeholt werden. In Kalifornien wurde ein von abends 6 Uhr bis morgens um 8 Uhr während des Ausgehverbot für »feindliche Ausländer« verhängt, das erst im April 1944 aufgehoben wurde. Das »Land der unbegrenzten Möglichkeiten« wies also selbst aus der Perspektive jener Glücklichen, die nach vielen Mühen einwandern durften, eine Fülle von Begrenzungen auf, die bei der Beurteilung der Situation der Exilierten, ihrem Leben in und ihrer Haltung gegenüber den USA, ihrer Assimilationsbereitschaft und -verweigerung, ihrer beruflichen Integration, mit zu berücksichtigen sind.

Daß sich die meisten Emigranten nicht zu enthusiastischen Verfechtern des ›american way of life‹ und der amerikanischen Demokratie entwickelten, ist auf diesem Hintergrund nicht völlig unverständlich und kann ihnen nicht von vornherein als Assimilationsverweigerung zur Last gelegt werden. Umgekehrt ist es auf diesem Hintergrund ebenso plausibel, daß die Wirkung der Exilierten auf Amerika schwer abzuschätzen ist und im ganzen wohl in bescheidenen Grenzen blieb. Einem Bericht von Edward J. Ennis zufolge, der in den vierziger Jahren die Fremdenkontrollabteilung im amerikanischen Justizministerium leitete, liegt der zahlenmäßige Zuwachs der amerikanischen Bevölkerung durch die Hitler-Flüchtlinge während der kritischen Zeit bei 0,2 Prozent.[8] Ennis' Überzeugung, daß die kulturelle Bereicherung diese Zahlenrelation weit übersteige, wird von vielen in Frage gestellt. Einer der prominentesten Emigranten, der Theologe Paul Tillich, der auch nach 1945 in Amerika blieb, akzentuiert diesen möglichen Einfluß sogar negativ, indem er eine Allianz zwischen konservativen Exulanten und konservativen amerikanischen Strömungen als greifbarste Wirkung sieht.[9] Auch eine 1945 vom New Yorker ›Jewish Club of 1933‹ angeregte Rekapitulation der Wirkung, die die Emigranten in der Umgebung Hollywoods auf ihre amerikanische Umwelt hatten, gelangt zu einem mehr als bescheidenen Resultat, nämlich zur Feststellung einer gewissen, kaum reflektierten Wirkung, die daher schwer taxierbar sei.[10]

So wirkt es denn durchaus überzeugend, wenn Helge Pross in einer Untersuchung über die akademische Emigration in den Vereinigten Staaten die nachhaltigste Wirkung auf Randgebieten zustandegekommen sieht, nämlich in Kunstgeschichte und Musikwissenschaft.[11] Zwar wird einzelnen Wissenschaftlern, vor allem an der University of Chicago, die von ihrem Präsidenten Robert M. Hutchins zeitweise zu einem Zentrum der akademischen Emigration ausgebaut wurde, eine gewisse dauerhafte Wirkung im akademischen Rahmen nachgesagt. Das gilt z. B. für den Philosophen Leo Strauss und die Politologen Hans J. Morgenthau und Ernst Fraenkel.[12] Aber es handelt sich um Wirkung auf eine intellektuelle Minorität. Das Bewußtsein der breiten amerikanischen Öffentlichkeit wurde davon nicht berührt, wie es überhaupt charakteristisch ist, daß die Versuche, die Rezeption der Emigranten in Amerika zu bestimmen, von ehemaligen Emigranten ausgingen, während die Amerikaner Assimilation als ganz selbstverständlich voraussetzen und deshalb die Wirkung der Emigranten auf ihr Land kaum reflektieren.

Dieses Bild wird kaum korrigiert, sondern vielmehr indirekt bestätigt, wenn einigen wenigen Emigranten, den Galionsfiguren des Exils, überschwengliche Aufmerksamkeit zuteil wurde: Das trifft in der amerikanischen Situation auf Albert Einstein und Thomas Mann zu. Die Akklamation der Großen und das Schweigen, mit dem man die vielen andern umgab, sind jedoch sich ergänzende Phänomene.

Die Gründe für diese Situation lassen sich zwar zum Teil aus der offiziellen Einwanderungspolitik der USA und der Haltung der Bevölkerung den Emigranten gegenüber ableiten, aber sie haben ebenso mit der spezifischen Beschaffenheit dieser Emigration zu tun. Im Unterschied zu Exilzentren wie Prag und Paris, wo von vornherein eine räumliche Konzentrierung vorhanden war, in der die Exulanten auch als Gruppe in Erscheinung traten und eher Aufmerksamkeit fanden, ist für das amerikanische Exil eine räumliche Zersplitterung charakteristisch, die von vornherein Homogenität verhinderte. Je nach den Lebens- und Arbeitsmöglichkeiten, die den Exilierten offenstanden – und für die meisten waren damit häufig unlösbare Probleme verbunden –, verteilte man sich auf die einzelnen Staaten.

Gewisse räumliche Zentren bildeten sich lediglich Mitte der dreißiger Jahre in New York und Ende der dreißiger Jahre im Bereich von Los Angeles, in der Nachbarschaft von Hollywood. Die Metropolenrolle New Yorks, nicht zuletzt in künstlerischer und kultureller Hinsicht, hat zu dieser Zentrierung ebenso beigetragen wie der große Anteil der Juden an der Bevölkerung – man hat ironisch vom »Vierten Reich« in New York gesprochen – und, damit verbunden, das Vorhandensein zahlreicher, auf jüdische Initiativen zurückgehender Hilfsorganisationen.[13] Daß Los Angeles an der Westküste eine New York vergleichbare Bedeutung errang, hat zum Teil mit der Filmindustrie Hollywoods zu tun, in der einige exilierte deutsche Regisseure erfolgreich Fuß faßten, und mit den von ihnen eingeleiteten Hilfsmaßnahmen für zahlreiche Autoren, die als Drehbuchschreiber (u. a. Alfred Döblin, Heinrich Mann, Alfred Polgar und Bertolt Brecht) eine provisorische Anstellung fanden. Auch die Anstellungspolitik der University of Southern California in Los Angeles, die vielen exilierten Wissenschaftlern eine Lehrmöglichkeit bot, wirkte sich positiv aus. Nicht zuletzt zogen die günstigen klimatischen Bedingungen manchen Emigranten (so Thomas Mann) an, der das feuchte subtropische Klima an der Ostküste nicht vertrug.

Als Exilzentren zweiter Ordnung lassen sich einige Institutionen bezeichnen, die Emigranten Betätigungsmöglichkeiten boten und daher, zumeist nur vorübergehend und ohne daß die entsprechende amerikanische Umwelt davon tangiert worden wäre, eine größere Zahl von Emigranten anzogen. Die schon erwähnte University of Southern California hat in Los Angeles eine solche Rolle gespielt. Ludwig und Herbert Marcuse haben dort neben vielen anderen Exilwissenschaftlern gelehrt. In New York hat die 1919 als private Abendschule für Berufstätige gegründete und ab 1933 von ihrem Präsidenten Alvin Johnson als »Universität im Exil« ausgebaute sozial- und wirtschaftswissenschaftliche Forschungsstätte ›New School for Social Research‹ eine ähnliche Rolle gespielt. Hier waren 1940 nicht weniger als sechzig Exilwissenschaftler tätig, und man hat die ›New School‹ nicht zu Unrecht den »zahlenmäßig bedeutendsten Sammelpunkt emigrierter Wissenschaftler in den USA«[14]

genannt. Der Soziologe Albert Salomon, der Nationalökonom Emil Lederer haben neben vielen andern dort gelehrt.

Zwar hat auch die Columbia University in New York dem 1933 wegen »staatsfeindlicher Tendenzen« verbannten ›Institut für Sozialforschung‹ der Frankfurter Universität Asyl gewährt, aber die unter Max Horkheimer und Theodor W. Adorno weitergeleitete Arbeit des Instituts hat kaum eine ähnliche Bedeutung als Sammelstelle des Exils besessen wie die ›New School‹. Einen esoterischen Anstrich hat gleichfalls das ›Institute of Advanced Study‹ in Princeton gehabt und bewahrt, das, 1930 gegründet, ab 1933 zahlreichen exilierten Wissenschaftlern eine Forschungsstätte bot. Einstein, die Mathematiker Johann von Neumann und Kurt Gödel, die Kunsthistoriker Erwin Panofsky und Paul Frankl waren Mitglieder. Da Thomas Mann sich ab 1938 für kurze Zeit als Gastdozent an der Princeton University ebenfalls in Princeton aufhielt, Erich Kahler hier lebte und den exilierten Hermann Broch für einige Monate aufnahm, läßt sich auch Princeton als gewisses Exilzentrum bezeichnen.

Eine der ›New School‹ vergleichbare Bedeutung gewann jedoch die University of Chicago, da ihr Präsident Hutchins ähnlich wie Alvin Johnson von der ›New School‹ seine Institution den exilierten Wissenschaftlern öffnete. Der Historiker Rothfels, der Philosoph Leo Strauss, der Nationalökonom Friedrich von Hayek, der Theologe Paul Tillich, der Politologe Hans J. Morgenthau, der Sozialwissenschaftler Arnold Bergstraesser lehrten hier. Im Rahmen von Vorlesungsreihen haben zudem Hannah Arendt, Eric Voegelin und Hans Simons in Chicago gelesen.

Aber nicht nur diese räumliche Parzellierung der Emigration verhinderte in den USA die Entstehung von Homogenität, die den Exilierten als einheitlicher Gruppe mehr Aufmerksamkeit in der amerikanischen Öffentlichkeit verschafft hätte. Auch immanente Schwierigkeiten waren daran beteiligt. Bereits aus dem Überblick der einzelnen Zentren des Exils läßt sich erschließen, daß die Emigrantenwelle, die in den dreißiger Jahren von Deutschland aus die Vereinigten Staaten erreichte, sich aus vielfältigen Bestandteilen zusammensetzte und schwerlich unter bestimmten Aspekten typisiert oder unter generellen Kategorien subsumiert werden kann. Die verschiedensten sozialen Gruppen, die schon in Deutschland getrennt nebeneinander existiert hatten und auch aus dem gemeinsamen Verbanntenschicksal heraus selten ein Bewußtsein von Solidarität entwickelten, waren von der Exilierung betroffen.

Neben der sehr umfangreichen Gruppe der rassisch Verfolgten, deren Vertreter sich aus allen sozialen Schichten des Judentums zusammensetzten, ist die Gruppe der politischen Emigranten zu nennen, die wiederum so unterschiedliche Vertreter vereint wie den NS-Renegaten Otto Strasser und seinen Kreis, den ehemaligen Kanzler Heinrich Brüning, der, ohne irgendeine Aktivität zu entfalten, im Mittelpunkt einer Gruppe konservativer Katholiken stand, ferner zahlreiche kommunistische Splittergruppen und die Vertreter der exilierten SPD:[15] u. a. die New Yorker Sozialisten, deren Organ die *Neue Volkszeitung* war, mit dem ehemaligen preußischen Justizminister Kurt Rosenfeld, Gerhart Seger und Friedrich Stampfer, Paul Hagens Gruppe ›Neu Beginnen‹ mit Richard Loewenthal, Fritz Erler und Waldemar von Knoeringen, das – auf der kommunistischen Seite – ›Council for a Democratic Germany‹ mit dem von Stefan Heym geleiteten *Deutschen Volksecho* als publizistischer Plattform, der ›Deutschamerikanische Kulturverband‹ unter Otto Sattler.

Eine Sondergruppe stellt auch die akademische Emigration dar, die sich wiederum in die verschiedensten Disziplinen und politischen Färbungen auffächern und sich ebenfalls nur abstrakt als Einheit fassen läßt. Die emigrierten Künstler, Filmregisseure wie Fritz Lang, Ernst Lubitsch, Wilhelm Dieterle, Billy Wilder und Robert Siodmak, die durchweg auch in Hollywood erfolgreich waren, oder Dirigenten wie Bruno Walter, Schauspieler wie Ernst Deutsch, von Marlene Dietrich ganz zu schweigen, lassen sich gleichfalls als Sondergruppe bezeichnen, die, was Popularität und Breitenwirkung betrifft, vielleicht in der glücklichsten Lage in Amerika war. Das gilt allerdings kaum mehr für die Theaterregisseure. Max Reinhardt blieb in Hollywood erfolglos, und selbst Erwin Piscator, der in seinem ›Dramatic Workshop‹ in New York mit einer Gruppe von jungen, durchweg amerikanischen Schauspielern und Theaterenthusiasten intensiv arbeitete,[16] erreichte selten ein größeres Publikum. Als Sondergruppierung innerhalb der Künstler sind die Schriftsteller anzusehen, die über ganz Amerika verstreut lebten und mit Ausnahme von Thomas Mann, Franz Werfel und Lion Feuchtwanger, die auch in den USA erfolgreich waren und viel gelesen wurden, nur die Schattenseiten des Exils kennenlernten.

Wenn man also von den Vertretern der Exilliteratur in den USA spricht, so operiert man mit einer abstrakten Größe, die sich, auf ihre konkrete Bedeutung hin befragt, in die verschiedensten Einzelbestandteile auflöst, die sich nicht nur nach künstlerischen Gesichtspunkten unterscheiden, sondern auch nach Affinitäten zu den einzelnen politischen Lagern im Exil. Die Integrationskraft[17], die man Thomas Mann zusprach, der, wie Ludwig Marcuse[18] im Rückblick berichtete, als »Kaiser aller deutschen Emigranten, ganz besonders [als] Schutzherr des Stamms der Schriftsteller« residierte, blieb äußerlich. Daß nicht Brecht, sondern Thomas Mann, der sich auch im amerikanischen Exil erst allmählich und unter Zögern zum Sprecher der Exilierten gegen Hitler-Deutschland entwickelte, zur Schlüsselfigur der deutschen Autoren im Exil geworden ist, hat nicht nur damit zu tun, daß das Zentrum der meisten linksorientierten Autoren Mexiko war, sondern ist, wie man zu Recht gesagt hat, auch ein Symptom der überwiegend »bürgerlichen Mentalität der USA-Emigration«.[19] Der gebildete Autor großbürgerlichen Anstrichs war und blieb die Wunschprojektion auch der meisten Autoren im Exil.

Wenn im folgenden dennoch die schriftstellerische Emigration dargestellt wird, so wird methodisch ein schwer abgrenzbares Phänomen aus dem allgemeinen Kontext der Zeitgeschichte und der umfassenden Flüchtlingssituation herausgenommen und isoliert, das nur im Rahmen der damaligen amerikanischen Zeitgeschichte und der gesamten Exilbewegung plausibel wird. Was um der Überschaubarkeit willen vereinfacht wird, bedarf also ständig der kontextuellen Ergänzung.

Die Emigrationsbewegung deutschsprachiger Autoren setzte bereits 1931 ein. Die erfolgreiche Unterhaltungsschriftstellerin Vicki Baum war eine der ersten, die sich in Hollywood niederließen. Später kamen nach Südkalifornien, in die Nähe von Los Angeles, die folgenden Autoren: Bruno Frank 1937, Curt Goetz, Raoul Auernheimer und Ludwig Marcuse 1939; Thomas Mann, der bereits 1938 eingereist war, aber sich zuerst in Princeton aufhielt, ließ sich 1941 ebenfalls in Südkalifornien nieder; Alfred Döblin, Lion Feuchtwanger, Hans Habe, Franz Molnar, Heinrich Mann, Alfred Neumann, Franz Werfel, Alfred Polgar, Erich Maria Remarque, Leonhard Frank folgten 1940, im Jahr darauf Bertolt Brecht, Friedrich Torberg und Oskar Jellinek, der seit 1940 in New York lebte, aber 1943 nach Los Angeles zog.

In New York oder der näheren Umgebung ließen sich die bei weitem meisten Autoren nieder. Bereits 1935 kam Stefan Heym, im Jahr darauf Klaus und Erika Mann, desgleichen Ferdinand Bruckner und Richard Huelsenbeck; Ernst Toller, Heinz Liepman und Kurt Pinthus folgten im Jahr darauf; 1938 kamen Manfred George, Oskar Maria Graf, Joseph Wechsberg, Ernst Waldinger (in Saratoga Springs im Staate New York), Hermann Broch (in Princeton, später in New Haven, Connecticut), 1939 Wieland Herzfelde, Richard Beer-Hofmann, Berthold Viertel, Albrecht Schaeffer, Carl Zuckmayer (in Vermont), 1940 Fritz von Unruh, Hermann Kesten, Emil Ludwig, Alexander Roda-Roda, Leopold Schwarzschild, 1941 Walter Mehring, Leo Lania, Albert Ehrenstein, Hans Marchwitza und Johannes Urzidil.

Welche Möglichkeiten zur Fortsetzung eines literarischen Lebens in der Diaspora waren diesen Autoren gegeben? Welche Möglichkeiten schufen sie sich selbst? Welche Zeitungen und Zeitschriften standen ihnen als Sprachrohr zur Verfügung? Welche Verlage druckten ihre Bücher? Welches Publikum las sie? In welchen Körperschaften lassen sich Ansätze zu einem institutionalisierten selbständigen literarischen Leben im Exil erkennen?

Die Schwierigkeiten, die mit der Beantwortung dieser Fragen verbunden sind, lassen sich an der buntscheckigen Vielfalt dieser Gruppe von Emigranten ablesen. Erfolgreichen Autoren des salonfähigen Unterhaltungsromans wie Vicki Baum, Remarque und Habe stehen vielgelesene Romanciers wie Feuchtwanger und Werfel ebenso gegenüber wie einst gefeierte expressionistische Dramatiker, Toller, von Unruh und Bruckner, Volksschriftsteller wie Graf und Marchwitza, alerte Literaturproduzenten wie Ludwig und Kesten, Journalisten verschiedenen Kalibers wie Schwarzschild und George, Literaturbetrachter und -kritiker wie Pinthus und Ludwig Marcuse und schließlich die relativ schmale Gruppe jener Autoren, die aus heutiger Sicht zu den führenden dieses Jahrhunderts zählen: Brecht, Döblin, Broch, Heinrich und Thomas Mann. Nicht nur die aus der innerliterarischen Perspektive skizzierten Unterschiede lassen die Homogenität einer spezifischen Gruppe zur Fiktion werden, auch die verschiedenartigen politischen und weltanschaulichen Orientierungen weisen die Autoren unterschiedlichen Lagern zu. Kriterien wie die Erfahrung der Vertreibung aus Deutschland und des bewußten Kampfes gegen das Hitler-Regime bleiben zu abstrakt, um Gemeinsamkeiten zu ergeben. Das Gefühl von Solidarität[20], die aus dem gemeinsamen Kampf gegen den Faschismus hätte erwachsen können, verflüchtigte sich zu rasch, da es konkrete Kommunikation nur innerhalb kleinster Gruppen gab und »antifaschistisch« von bürgerlichen Autoren wie Thomas Mann, Zuckmayer, Werfel und von Unruh ganz anders definiert wurde als von dezidierten linken Autoren wie Brecht, Feuchtwanger, Herzfelde und Graf. Welche Unvereinbarkeiten sich dabei im einzelnen ergeben konnten, verdeutlicht gleichsam modellhaft die Familie Mann: Der Riß ging unmittelbar durch die Familie. Der konservativ bürgerlichen Haltung Thomas Manns steht die sehr linksorientierte seines Bruders Heinrich gegenüber, der sich auch durch die Moskauer Schauprozesse Stalins nicht in seiner politischen Sympathie irritieren ließ, während sich Klaus Mann allmählich von seinem anfänglichen Linksenthusiasmus zu einem abwartenden Skeptizismus bekehrte und gleichsam zwischen den Lagern stand.

Wie sollten sich hier Gemeinsamkeiten verwirklichen? Die innere Zersplitterung der exilierten Autoren wurde zudem noch durch eine von vornherein fehlende Resonanz auf dem amerikanischen Literaturmarkt verstärkt. Zwar hat eine Aktion der Nationalsozialisten gegen die exilierten Autoren und ihre Literatur das größte Echo in den USA ausgelöst: nämlich die am 10. Mai 1933 von den Nationalsozialisten inszenierte Bücherverbrennung. Thomas Mann hat 1943 in einer Rundfunkrede darauf hingewiesen: »Es ist merkwürdig genug, daß unter allen Schandtaten des Nationalsozialismus, die sich in so langer, blutiger Kette daran reihten, diese blödsinnige Feierlichkeit der Welt am meisten Eindruck gemacht hat und wahrscheinlich am allerlängsten im Gedächtnis der Menschen fortleben wird. Das Hitlerregime ist das Regime der Bücherverbrennungen und wird es bleiben.«[21]
Diese nachhaltige Wirkung hat freilich kaum mit einem besonderen Verhältnis des amerikanischen Lesepublikums zur deutschen Literatur zu tun, sondern bezeugt viel eher das sichere Gespür der Nationalsozialisten für wirksame Propagandarituale. Um die Kenntnis der deutschen Literatur war es in den dreißiger Jahren in den USA bescheiden bestellt. Die Buchhändlerin Helen Gottschalk hat sicherlich nicht übertrieben, wenn sie das damalige Interesse des breiten amerikanischen Lesepublikums an deutscher Literatur auf die lapidare Formel bringt: »The German-language authors most in demand are Ganghofer, Karl May and the Courths-Mahlers.«[22] Bezeichnenderweise führt auch auf der von Berendsohn erstellten Liste von englischen Übersetzungen deutscher Autoren in der Zeit von 1933 bis 1938 Hedwig Courths-Mahler mit 134 Übersetzungen die Aufzählung an.[23] Autoren wie Vicki Baum, Thomas Mann, Franz Werfel und Lion Feuchtwanger, die unter dem Aspekt des Leserfolgs in dieselbe Kategorie gehören, blieben die großen Ausnahmen, desgleichen Anna Seghers, deren in englischer Übersetzung erschienener Roman *Das siebte Kreuz* in 600 000 Exemplaren in den USA verbreitet war.[24]
Das Gros der exilierten Autoren war und blieb dem amerikanischen Publikum unbekannt, obwohl die Vertreter des amerikanischen Literaturbetriebs zum Teil Anstrengungen unternahmen, den Exulanten zu helfen, und die angesehene *New York Herald Tribune* in einer speziellen Kolumne unter dem Titel »Where Are They?« über das Schicksal der namhaften Autoren informierte. Das amerikanische PEN-Zentrum formte ein ›Foreign Writers' Committee‹, und die links ausgerichtete ›League of American Writers‹ ein ›Exiled Writers' Committee‹. Beide Komitees hatten die Aufgabe, finanzielle Mittel zu beschaffen und an die Exilautoren weiterzuleiten. Der amerikanische PEN-Club organisierte darüber hinaus einen ›European P.E.N. Club in America‹, der, von Jules Romains und Sigrid Undset geleitet, sich ebenfalls der Exulanten annahm. Die amerikanischen Schriftsteller gründeten darüber hinaus unter Frank Kingdon das ›Emergency Rescue Committee‹, das bei der Beschaffung von Visen für Exulanten eine erhebliche Rolle spielte.
Auch Ansätze zu Formen eigener Organisation begannen sich unter den Exilautoren abzuzeichnen. In Los Angeles entstand der ›Jewish Club of 1933‹, der zum Kommunikationszentrum vieler in Kalifornien lebender Emigranten wurde. Der ›Deutschamerikanische Kulturverband‹ konstituierte sich, mit den Exilpolitikern Gerhart Seger und Otto Sattler als zeitweiligen Präsidenten und Thomas Mann als Ehrenpräsidenten. Im Oktober 1938 wurde in New York die ›German American Writers' Association‹ (= ›Schutzverband deutschamerikanischer Schriftsteller‹) gegründet, mit

Thomas Mann als Ehrenpräsidenten und Oskar Maria Graf und Ferdinand Bruckner als Vorsitzenden. Die Marxisten spielten in diesem Verband eine wichtige Rolle, drängten auf eine politische Profilierung der andern Autoren und versuchten vor allem, die Kriegssituation von einer ökonomischen Basis aus zu entmythologisieren. Als Nachfolgeorganisation dieser beiden linksorientierten Verbände läßt sich die im Frühjahr 1942 entstandene ›German American Emergency Conference‹ bezeichnen, in der Otto Sattler, Oskar Maria Graf, Lion Feuchtwanger und Alfred Kantorowicz zusammenarbeiteten, während Thomas Mann sich distanziert verhielt. Seine Protektion galt dem im Juni 1940 gegründeten ›German American Congress for Democracy‹, der von den exilierten Politikern Gerhart Seger und Max Brauer geleitet wurde.

Im März 1944, acht Monate nachdem sich in Moskau das ›Nationalkomitee Freies Deutschland‹ konstituiert hatte, entstand das ›Council for a Democratic Germany‹, das man in Verbindung zu dem Moskauer Komitee gebracht hat, obwohl der Vorsitz des Theologen Paul Tillich eine solche Deutung mit Einschränkungen versieht. Nicht Thomas Mann, in dessen Haus die Vorbesprechungen zum ›Council‹ zum Teil stattgefunden hatten und der mit den Intentionen des ›Councils‹, Ansätze zu einer »Regierung im Exil« zu entwickeln, sympathisierte, aber dann doch wohl eine zu enge Gleichsetzung der Arbeit des ›Councils‹ mit seinem Namen befürchtete und daher absagte, sondern Brecht hat unter den Schriftstellern an der Arbeit des ›Councils‹ intensiver teilgenommen.

Eine vergleichbare Organisation auf der konservativen Seite war bereits viel früher, nämlich 1936, von dem katholischen Publizisten und Politiker Hubertus Prinz zu Löwenstein initiiert worden: die ›American Guild for German Cultural Freedom‹, die sich, mit den Worten zu Löwensteins, das idealistische Ziel gesetzt hatte: »We believe that our present duty is to cultivate a German territory of the spirit.«[25] Einflußreiche Persönlichkeiten der amerikanischen Öffentlichkeit, so der Gouverneur des Bundesstaates Connecticut Wilbur L. Cross und der Präsident der ›New School‹ Alvin Johnson, arbeiteten im sogenannten ›amerikanischen Senat‹ der Organisation zusammen, während Thomas Mann an der Spitze des ›europäischen Senats‹ stand, der 28 Repräsentanten umfaßte. Die wissenschaftliche Sektion wurde von Sigmund Freud im englischen Exil geleitet. Zwar teilte die Gilde eine Reihe von Stipendien an Emigranten aus und initiierte in Zusammenarbeit mit dem amerikanischen Verlag Little & Brown in New York ein Romanpreisausschreiben für Exilautoren, zu dem 177 Manuskripte eingingen, ohne daß jedoch das Manuskript Arnold Benders, des Gewinners[26], veröffentlicht worden wäre. Die reale Wirksamkeit der Gilde blieb also in bescheidenen Grenzen.

Das gilt cum grano salis auch für die anderen Institutionen und Verbände – trotz der hektischen Aktivität, die zu so vielfältigen, aber zumeist nur kurzlebigen Organisationen führte. Weder erlebte die unrühmlich gleichgeschaltete Preußische Akademie der Künste ihre Wiederauferstehung im amerikanischen Exil, noch gelang es den einzelnen politisch differierenden Gruppen, ihre Meinungszersplitterung zu überwinden und das Konzept einer »Regierung im Exil« überzeugend zu entwickeln. Der deutsche Partikularismus blieb auch im Exil erhalten.

Dieses Bild zerfahrener, die amerikanische Öffentlichkeit selten erreichender Aktivität wird im Grunde wenig verändert, wenn man den Blick auf jene Medien,

Publikationsorgane und Verlage, richtet, die auf die Initiative von Exilautoren zurückgingen oder mit ihrer Arbeit liiert waren. Wirksame Vermittlungsinstanzen standen ihrer literarischen Betätigung nicht zur Verfügung. Zeitschriften wie die *Neue Weltbühne* in Prag, *Maß und Wert* in der Schweiz, *Das Wort* in Moskau gab es in den USA nicht. Bezeichnenderweise gedieh die ambitiöse Zeitschrift *Decision* Klaus Manns, der bereits im französischen Exil die im Querido Verlag erscheinende *Die Sammlung* (1933–35) begründet hatte, nicht über einen Jahrgang – von Januar 1941 bis Januar/Februar 1942 – hinaus, obwohl die Konzeption bewußt eine Einengung auf Exilautoren vermied und im Herausgebergremium Autoren wie Thomas Mann und Stefan Zweig mit Sherwood Anderson und W. H. Auden vereinte. Die auch in den USA bei weitem erfolgreichste literarische Zeitschrift wurde auf dem südamerikanischen Kontinent redigiert: die von Udo Rukser und Albert Theile in Santiago de Chile herausgegebenen *Deutsche Blätter*, die von Januar 1943 bis Juni 1946 erschienen und vielen namhaften Exilautoren eine Stimme liehen.

Natürlich gab es auch in den USA eine Fülle von Emigrantenblättern, die Cazden in vier Gruppen einteilt, in sozialistische, kommunistische, deutschjüdische und freie österreichische Organe[27] – das *Bulletin* (1927–33) der jüdischen Kultusgemeinde in New York, *Jüdischer Zeitgeist* (1930–37), *Jüdisches Familienblatt* (1937–39), *Österreichische Rundschau* (1942–45), *Austro-American Tribune* (1942–49) und (bereits am Ausgang des Exils) Karl O. Paetels *Deutsche Gegenwart* (1947/48) sind u. a. zu nennen –, aber die wenigsten von ihnen hatten eine größere Zirkulation oder sind als Publikationsorgane für Exilautoren wichtig geworden. Die große Ausnahme stellt die New Yorker Zeitschrift *Aufbau* dar, die in literarischer und politischer Hinsicht zum führenden deutschsprachigen Blatt im amerikanischen Exil wurde.

Der *Aufbau* war 1924 als Vereinsblatt des ›Deutsch-Jüdischen Clubs‹ begründet worden, hatte noch bis 1936 finanzielle Schwierigkeiten und blieb in seiner Zirkulation auf den Klub beschränkt. Die Zeitschrift erschien ursprünglich als Monatsschrift, begann dann ab Februar 1939 im Abstand von zwei Wochen herauszukommen und wurde schließlich ein Wochenblatt. Die Verbreitung nahm zugleich sprunghaft zu. 1939 lag die Auflage noch bei 3000, 1940 hatte sie sich bereits mehr als vervierfacht, 1941 schnellte sie auf 14 000, 1942 auf 26 000, 1944 lag sie nach weiterem verblüffenden Anstieg schließlich sogar bei 850 000.

Die Gründe für diesen unglaublichen Erfolg sind vielfältig. Zur weiten Verbreitung unter den Emigranten und deutschstämmigen Amerikanern hat sicherlich mit beigetragen, daß die Zeitung ab 1941 mit einer speziellen kalifornischen Beilage, *Westküste* betitelt, erschien, einer Fortführung der ursprünglich separaten Zeitschrift des ›Jewish Club of Los Angeles‹, die *Neue Welt*, die 1933 begründet worden war. Ein weiterer interner Grund liegt in der redaktionellen Leitung des Blattes. Mit Rudolf Brandl hatte im Mai 1937 erstmalig ein Berufsjournalist die Leitung des Blattes übernommen, im April 1939 folgte ihm der ehemalige Feuilletonchef des Berliner *Tempo*, Manfred George, in der Chefredaktion, und unter seiner Ägide vollzog sich der spektakuläre Aufstieg des Blattes. Indem George den *Aufbau* zum publizistischen Organ der deutschsprachigen Emigration machte, gelang ihm ein publizistischer Durchbruch, der von keiner anderen Zeitschrift annähernd erreicht wurde. Er ließ im *Aufbau*, extremen Stimmen abgeneigt und bestrebt, eine mittlere Linie einzuhalten, nicht nur eine große Zahl von Emigranten zu Wort kommen und dokumentierte ihre Probleme, sondern nahm sich auch in zahlreichen Erstveröffentlichungen von Autoren wie Thomas Mann, Stefan Zweig, Brecht, Werfel, Broch und in regelmäßigen Buchbesprechungen der Exilliteratur an. Es war George gelungen, Persönlichkeiten wie Albert Einstein, Thomas Mann, Lion Feuchtwanger, Bruno Frank, Franz Werfel, Fritz von Unruh, Emil Ludwig für den ›Advisory Board‹ seiner Zeitung zu gewinnen. Es ist sicherlich nicht übertrieben zu sagen, daß George auf Grund seiner publizistischen Schlüsselstellung zeitweise in die »Rolle eines verantwortlichen Oberhauptes der Emigration«[28] hineinwuchs, eine Rolle, die Thomas Mann oder Einstein von ihrem geistigen Format her vielleicht eher auszufüllen imstande gewesen wären, die sich aber bei ihnen auf ornamentale Repräsentanz beschränkte, während sie bei George mit meinungskanalisierender publizistischer Macht verbunden war.

Das Gegenstück zur Schlüsselposition des *Aufbau* auf dem Verlagssektor fehlt. Obwohl die Deutschen nach den Engländern zeitweise das stärkste Kontingent in der Einwanderungsquote der USA gestellt haben, ist es bezeichnend für die lockere kulturelle Verbindung zwischen beiden Ländern, daß es in den USA keinen speziellen Verlag für deutschsprachige Literatur gab und gibt. Lediglich Wieland Herzfelde, der seinen Malik-Verlag (1917–39) schon im tschechischen Exil weiterzuführen versuchte, dann nach London auswich, unternahm 1944 zusammen mit einem Gremium von angesehenen Exilautoren, O. M. Graf, Bruckner, Bloch, Brecht, Döblin, Feuchtwanger, Heinrich Mann, Waldinger, Viertel, Broch, Weiskopf, den Versuch, einen rein deutschen Verlag zu gründen, der zum Forum der Exilliteratur werden sollte. Aber nur wenige Bücher erschienen im Aurora Verlag, wenn auch zumeist in der beachtlichen Auflage von 2000 Exemplaren, so die von Heinrich Mann eingeleitete Anthologie *Morgenröte* (1947), die auch Erstveröffentlichungen zahlreicher Exilautoren enthält, Weiskopfs *Die Unbesiegbaren* (1945) und Viertels Gedichtband *Der Lebenslauf* (1946). Eine Reihe von interessanten Projekten, so ein Buch von Broch über *Die Bücherverbrennung*, wurde angezeigt, aber nie ausgeführt, da der Verlag von Herzfelde, der bei Kriegsende nach Mitteldeutschland zurückkehrte, aufgelöst wurde.

Andere Verlage, zum Teil von Emigranten initiiert, aber nicht auf Exilautoren und deutschsprachige Veröffentlichungen beschränkt, spielten eine untergeordnete Rolle. Gottfried Bermann-Fischer, der mit seinem Verlag bereits nach Stockholm emigriert war und im Juni 1940 nach New York weiteremigrierte, gründete 1941 mit Unterstützung des Verlegers Alfred Hartcourt und des ehemaligen Direktors des Kiepenheuer Verlages Fritz H. Landshoff (der von 1933 bis 1940 den Querido Verlag in Amsterdam geleitet hatte) die L. B. Fischer Publishing Corporation und nahm sich besonders der Werke Thomas Manns und Franz Werfels an.

Kurt Wolff, der namhafte Verleger der expressionistischen Generation, gründete 1941 seinen Verlag Pantheon Books, der u. a. eine zweisprachige Stefan-George-Ausgabe und Brochs *Tod des Vergil* 1945 herausbrachte und später in dem amerikanischen Verlagshaus Hartcourt & Brace aufging. Die Frederick Ungar Publishing Company, 1940 von einem Wiener Emigranten begründet, veröffentlichte eine Fülle zumeist traditioneller deutscher Literatur[29] und hatte besonders mit einer vierzehnbändigen Rilke-Ausgabe nachhaltigen Erfolg. Die Parallele zu diesem Erfolg stellt bei dem Verlag Schocken Books, der sich allerdings erst 1946 konstituierte, die erfolgreiche Kafka-Ausgabe dar.

Mit kleinen Verlagsunternehmen, die auch hier und da originale Exilliteratur druckten, waren die Buchhandlungen von Mary Rosenberg, die später den Aurora Verlag finanziell unterstützte, gekoppelt, desgleichen von Friedrich Krause, Paul Mueller und Ernst Willard. Zu erwähnen sind ferner die Druckereien Johannespresse, die Pazifische Presse in Los Angeles und die Victor Hammer Presse in Aurora im Staate New York,[30] nicht zu vergessen die verlegerische Eigeninitiative einzelner Autoren, so O. M. Grafs, auf die Cazden detailliert hinweist[31].
Im ganzen war die Bedeutung dieser Verlage für die Veröffentlichung deutschsprachiger Exilliteratur in den Vereinigten Staaten gering. Die Idee, die Thomas Mann 1939 hatte, nämlich pro Jahr 24 Paperback-Bände von repräsentativer deutscher Literatur, und das meint Exilliteratur, in den USA zu veröffentlichen,[32] hat sich nie verwirklicht. Einen Allert de Lange, einen Querido, einen Malik-, einen El Libro libre Verlag, der, in Mexico City ansässig, auch zahlreiche deutschsprachige Bücher in den USA vertrieb, hat es in Nordamerika nicht gegeben. Die im Namen des Aurora Verlages bildlich beschworene Morgenröte blieb eine Wunschvorstellung im amerikanischen Exil – nicht nur auf verlegerischem Gebiet.

Anmerkungen

1. zitiert nach Grossmann (s. Lit. d. Einl.), S. 267.
2. zitiert nach Grossmann (s. Lit. d. Einl.), S. 258.
3. Vgl. dazu David S. Wyman: »Paper Walls. America and the Refugee Crisis 1938–1941«. Cambridge, Mass. 1968.
4. Vgl. dazu ausführlich Grossmann (s. Lit. d. Einl.), S. 266 ff.
5. Vgl. Grossmann (s. Lit. d. Einl.), S. 259.
6. Vgl. Cazden (s. Lit.), S. 94.
7. Grand Forks, N. D. 1953.
8. Vgl. Grossmann (s. Lit. d. Einl.), S. 274.
9. Vgl. Tillichs Äußerung in dem Sammelband »The Cultural Migration. The European Scholar in America«, hrsg. von W. Rex Crawford, Philadelphia 1953: »Im Kampf gegen die Utopie vom Fortschritt haben sich die Europäer, die hierher kamen, mit den antiutopistischen Kräften, die latent in echt amerikanischen Gruppen und Persönlichkeiten vorhanden waren, verbündet und ihre Reihe verstärkt [. . .]« (S. 155).
10. Vgl. dazu den im »Aufbau« erschienenen Bericht »Beitrag unserer Immigration zum amerikanischen Geistesleben«: »Diese Gruppen haben, ohne es zu wollen, einen gewissen Einfluß, und ohne daß es ihnen selbst oder den anderen recht zum Bewußtsein kommt« (Nr. vom 2. 3. 1945, S. 16).
11. Vgl. »Die Deutsche Akademische Emigration nach den Vereinigten Staaten: 1933–1941«. Berlin 1955. S. 62.
12. Vgl. Fritz Fischer: »Objektivität und Subjektivität – ein Prinzipienstreit in der amerikanischen Geschichtsschreibung«, S. 182, in: »Aus Geschichte und Politik. Festschrift zum 70. Geburtstag von Ludwig Bergstraesser«, Düsseldorf 1954, S. 167–182. Vgl. ebenso Joachim Radkau: »Die deutsche Emigration in den USA«, Düsseldorf 1971, S. 218 ff.
13. Zu erwähnen sind der ›German Jewish Club‹ mit seinem einflußreichen publizistischen Forum, der Zeitschrift »Aufbau«, das ›American Jewish Committee‹ (obwohl beide Gruppen keineswegs zusammenarbeiteten), die ›American Federation of German Jews‹ (ab 1940), das ›Jewish Labor Committee‹, ferner das ›Emergency Rescue Committee‹.
14. Vgl. Radkau (s. Lit.), S. 36.
15. Vgl. dazu die sehr ausführlichen Darlegungen bei Radkau, ebd. (s. Lit.), S. 169 und passim.
16. Vgl. dazu Maria Ley-Piscator: »The Piscator Experiment. The Political Theatre«. New York 1967. S. 99 ff.

17. Zu anderen Integrationsversuchen etwa von Paul Tillich und Manfred George vgl. Radkau (s. Lit.), S. 43 ff. u. S. 140 ff.
18. Vgl. »Mein zwanzigstes Jahrhundert«. Frankfurt a. M. 1968.
19. Radkau (s. Lit.), S. 125.
20. Wolf Francks auf die Exilliteratur in Frankreich bezogene Feststellung trifft auch auf die entsprechende Literatur in Amerika zu: »[. . .] jede Solidarität, voran die vielberufene jüdische, versagte, man trug das deutsche Erbübel lächerlicher Partikularität mit einem Hochmut ohnegleichen zur Schau [. . .]« (»Führer durch die deutsche Emigration«. Paris 1935. S. 17).
21. »Deutsche Hörer! Eine Auswahl aus den Rundfunkbotschaften an das deutsche Volk«. London 1944. S. 16.
22. zitiert nach Cazden (s. Lit.), S. 84.
23. Vgl. »Die humanistische Front« (s. Lit. d. Einl.), S. 155.
24. Vgl. Cazden (s. Lit.), S. 144.
25. »After Hitler's Fall: Germany's Coming Reich«. London 1934. S. 66.
26. Vgl. Cazden (s. Lit.), S. 141 f.
27. Vgl. ebd., S. 56.
28. Radkau (s. Lit.), S. 141.
29. Vgl. Cazden (s. Lit.), S. 102.
30. Vgl. zu diesen Verlagen die detaillierten Ausführungen bei Cazden (s. Lit.), S. 106 ff.
31. Vgl. das Kapitel »The Selbstverlag« in Cazdens Buch, ebd., S. 113 ff.
32. Vgl. »Briefe 1937–1947«. Frankfurt a. M. 1963. S. 94 ff.

Literaturhinweise

Robert E. Cazden: German Exile Literature in America 1933–1950. Chicago 1970.

W. Rex Crawford [Hrsg.]: The Cultural Migration. The European Scholar in America. Philadelphia 1953.

Mimi Grossberg: Österreichs literarische Emigration in den Vereinigten Staaten 1938. Wien 1970.

Donald P. Kent: The Refugee Intellectual. The Americanization of the Immigrants 1933–1941. New York 1953.

Peter M. Lindt: Schriftsteller im Exil: Zwei Jahre deutsche literarische Sendung am Rundfunk in New York. New York 1944.

Helge Pross: Die Deutsche Akademische Emigration nach den Vereinigten Staaten: 1933–1941. Berlin 1955.

Joachim Radkau: Die deutsche Emigration in den USA. Düsseldorf 1971.

John M. Spalek: Exilliteratur und Exilliteraturforschung in den USA. In: Colloquia Germanica 1/2 (1971) S. 157–166.

KRYSTYNA KUDLINSKA

Die Exilsituation in der UdSSR

Der Sieg der Oktoberrevolution und die Gründung der UdSSR weckten ein großes Interesse für den neuen Staat in ganz Europa. Man verfolgte mit wohlwollender Sympathie, aber auch mit Verärgerung die Schritte der neuen Sowjetregierung. Nach den anfänglichen Schwierigkeiten, durch den jahrhundertelangen Rückstand, den Welt- und Interventionskrieg mitbedingt, konnte der sowjetische Staat Ende der zwanziger Jahre zur Planwirtschaft übergehen. Der erste Fünfjahrplan (1928–32) hatte zum Ziel, den Aufbau der Wirtschaft durchzuführen und die Basis für die Industrialisierung des Landes zu schaffen. Man hat damals mit den wichtigsten Bauten der Schwerindustrie begonnen und diese auch größtenteils abgeschlossen und die Kollektivierung der Landwirtschaft eingeleitet. Im zweiten Fünfjahrplan (1933 bis 1937) wurde der technische Umbau der gesamten Wirtschaft abgeschlossen und die neue Gesellschaftsordnung endgültig etabliert, was dann in der neuen Verfassung vom Jahre 1936 seinen Ausdruck fand. Der dritte Fünfjahrplan (1938–42) stellte weitere Aufgaben für Industrie und Landwirtschaft und setzte eine Erhöhung der Pro-Kopf-Konsumtion voraus. Angesichts des drohenden Krieges mußte im Ural- und Wolgagebiet wie in Sibirien eine neue Basis der Wirtschaft geschaffen und die ganze Wirtschaft auf den Kriegsfall hin umgestellt werden. Da die Versuche zur Herstellung eines Systems der kollektiven Sicherheit gegen den deutschen Faschismus scheiterten, wurde am 23. August 1939 ein Nichtangriffspakt zwischen Deutschland und der UdSSR unterzeichnet. Mit dem Überfall der Hitler-Armeen am 22. Juni 1941 begann auch für die UdSSR der Krieg, der als der Große Vaterländische Krieg bezeichnet wird, in dem die Sowjetunion eine Hauptlast des Kampfes gegen das faschistische Deutschland trug. Nach den Rückzügen der Roten Armee in der ersten Etappe des Krieges wurden nun die deutschen Truppen angehalten. Nach dem ersten sowjetischen Sieg vor Moskau im Dezember 1941 und der kriegsentscheidenden Stalingrader Schlacht (Juli 1942 bis 2. Februar 1943) begann 1944 die Offensive gegen die faschistischen Armeen, die am 8. Mai 1945 mit der Kapitulation Deutschlands endete.

Für die Entwicklung der sowjetischen Kultur war die Zeit des zweiten Fünfjahrplanes von besonderer Bedeutung, denn damals wurde das Hauptaugenmerk auf die Frage der Umerziehung der Menschen gerichtet: es ging darum, das neue Bewußtsein zu bilden, den neuen Menschen zu erziehen, was in der Stachanovbewegung[1], in der Herausbildung der neuen Intelligenz aus den Bauern- und Arbeiterschichten stufenweise verwirklicht wurde. Die ökonomische Sicherheit und die Kulturpolitik der sowjetischen Regierung bedeuteten zugleich eine tiefgehende kulturelle Revolution, die nicht wenige westliche Intellektuelle faszinierte: dem Analphabetentum wurde ein Ende gesetzt, der Entwicklung des Schulwesens aller Grade eine große Bedeutung zugesprochen, der Leserkreis vergrößerte sich um Millionen neue wissensdurstige Menschen, der Kunst und Literatur wurde eine wichtige Funktion in der Gesellschaft zuerkannt. Sie stellten wichtige Waffen im ideologischen Kampf dar, der nicht nachgelassen hatte, wie die Ermordung Kirovs im Dezember 1934 und die Moskauer Prozesse 1936 zur Genüge dokumentieren.

Mit der wachsenden Konsolidierung der politischen und wirtschaftlichen Sphäre wurde für den sowjetischen Staat die Notwendigkeit offensichtlich, die bis zum Beginn der dreißiger Jahre uneinheitlichen, zahlreichen Gruppierungen der Kunstschaffenden und Schriftsteller neu zu organisieren. Die Tatsache, daß die Mehrheit der Schriftsteller für den Kommunismus gewonnen wurde und die Methode des sozialistischen Realismus vorherrschte, ließ das ZK der KPdSU(B) am 23. April 1932 den Beschluß »Über die Umgestaltung der Organisationen für Literatur und Kunst« fassen, der die Vereinigung aller Schriftsteller, die die Plattform der Sowjetmacht unterstützen und bestrebt sind, am sozialistischen Aufbau teilzunehmen, in einem einheitlichen Sowjetischen Schriftstellerverband mit einer kommunistischen Fraktion in ihm vorsah.[2] Dieser Verband wurde auf dem I. Unionskongreß der Schriftsteller im August 1934 gegründet, an dem auch ausländische Schriftsteller, darunter deutsche, teilnahmen. Man diskutierte Gor'kijs Referat über Stand und Aufgaben der Sowjetliteratur und beschloß daraufhin das Statut des Schriftstellerverbandes, in dem es hieß, daß nur der Schriftsteller Mitglied des Verbandes sein könne, der auf dem Boden der Sowjetmacht stehe und aktiv am Aufbau des Sozialismus teilnehme; in ihrem Schaffen ließen sich die Sowjetschriftsteller von der Politik der Kommunistischen Partei und des Sowjetstaates leiten, stellten sich in den Dienst des Kommunismus und halfen der Partei bei der Erziehung des Volkes im Geiste des Kommunismus; zur Hauptmethode im künstlerischen Schaffen wurde der sozialistische Realismus.

Es ist überaus verständlich, daß unter den emigrierten deutschen Schriftstellern hauptsächlich jene ihr Asyl in der Sowjetunion suchten, die selbst KP-Mitglieder waren oder aber der kommunistischen Partei nahestanden. Nicht selten waren sie schon vorher mit der sowjetischen Wirklichkeit bekannt geworden und hatten ein lebendiges Verhältnis zu den politischen und kulturellen Problemen der UdSSR, worauf sie von den sowjetischen Behörden als Kampfgenossen empfangen worden sind. Die gegenseitigen Beziehungen hatten schon eine reiche Vorgeschichte, von denen einige Aspekte hier noch genannt werden sollen.

Eine nicht geringe Rolle spielte die Tatsache, daß die KPD die stärkste kommunistische Partei im Westen Europas war. Für ihre Mitglieder und Anhänger bedeutete die Sowjetrepublik die verwirklichte Idee der jahrhundertelangen Bestrebungen der Menschheit nach einer gerechten, humanen Gesellschaftsordnung. In der Parteipresse wurde die gegenwärtige aktuelle politische und ökonomische Lage in der UdSSR erklärt, die Erscheinungen des geistig-kulturellen Lebens wurden geschildert und beurteilt. Die Korrespondenten und Kulturfunktionäre berichteten über ihre persönlichen Eindrücke in der Sowjetunion, die sehr viel von den Deutschen bereist wurde.[3] Ausgedehnte Sowjetreisen unternahmen auch bürgerliche Schriftsteller, um sich selbst davon zu überzeugen, was in der UdSSR getan wurde. Als Frucht dieser Reisen und Besuche entstand eine umfangreiche Reportageliteratur, die teils in Buchausgaben, teils in der sozialdemokratischen und kommunistischen Presse erschien. In den Reportagen von Arthur Holitscher, *3 Monate in Sowjetrußland* (1921); *Stromab die Hungerwolga* (1922); Kurt Kersten, *Moskau – Leningrad. Eine Winterfahrt* (1924); Berta Lask, *Wie Franz und Grete nach Rußland kamen* (1926); Egon Erwin

Kisch, *Zaren, Popen, Bolschewiken* (1927) und *Asien gründlich verändert* (1932); F. C. Weiskopf, *Umsteigen ins 21. Jahrhundert* (1927) und *Zukunft im Rohbau* (1932); von Bruno Frei, *Im Lande der roten Macht* (1929); Hans Lorbeer, *Erinnerungen an Kiew* (1929), und Ludwig Renn, *Rußlandfahrt* (1932); von Otto Heller, Frida Rubiner, Franz Jung und Lenka von Koerber wurden die großen Umwandlungen in der UdSSR mit Sympathie dargestellt, das Neue in den zwischenmenschlichen Beziehungen begrüßt und das Aufblühen des kulturellen Lebens mit Begeisterung aufgenommen. Somit hatten diese Reportagen nicht nur eine informatorische Funktion, sondern auch eine weitgehend agitatorische. Es fehlte natürlich nicht an den der Sowjetunion feindlichen Äußerungen,[4] sie bildeten jedoch nicht den Tenor jener Jahre. Ein Zeugnis von dem sozialistischen Aufbau in Sowjetrußland abzulegen machte sich zur Hauptaufgabe die illustrierte Zeitschrift *Das neue Rußland* (1924–32), deren Herausgeber Erich Baron seit 1922 Generalsekretär der Gesellschaft der Freunde des neuen Rußland war, der u. a. Walden, Jung, Holitscher, Paquet, Goldschmidt, Kurella angehörten; Alfred Kurella war in den Jahren 1929 bis 1932 Vorsitzender der Gesellschaft. Als Mittler zwischen dem Sowjetland und Westeuropa wirkten auch andere Presseorgane der Arbeiterbewegung *(AIZ, Linkskurve, Rote Fahne)* und der linksbürgerlichen Opposition *(Aktion)*. Im Verlagswesen hat sich der Leiter des Malik-Verlages, Wieland Herzfelde, um die Verbreitung der Sowjetliteratur verdient gemacht, die als Beispiel für die sich entwickelnde proletarisch-revolutionäre Literatur fungierte. Die Gründung des Bundes proletarisch-revolutionärer Schriftsteller Deutschlands (BPRS) 1928 hat diesen Prozeß entscheidend gefördert und ihm einen organisatorischen Rahmen gegeben. Als bedeutende Impulse wirkten ferner die Beschlüsse der Kommunistischen Internationale, die zur Gründung des Büros der Internationalen Vereinigung revolutionärer Schriftsteller (IVRS) führten, die Parteitage der KPD und der I. und II. Kongreß der IVRS in Moskau 1927 und in Charkow 1930, an denen auch deutsche Schriftsteller maßgeblich beteiligt waren (u. a. Becher, Seghers, Weiskopf, Kisch). Die Festigung der marxistischen Weltanschauung, Überwindung des Vulgärmaterialismus, des Proletkults wie auch des anarchistischen Denkens und Annahme der Methode des sozialistischen Realismus bedeuteten für diese Literatur Anfang der dreißiger Jahre eine neue Qualitätsstufe. Die Einheit von Kunst und Politik äußerte sich am prägnantesten in den Formen der Agitprop-Dichtung, die einen Anstoß vom Theater Erwin Piscators erhalten hat. Die Anregung ging gleichzeitig vom sowjetischen Theater aus, von dem z. B. Gustav von Wangenheim berührt wurde. Einen starken Eindruck machten ebenfalls die sowjetischen Filme von Eisenstein und Pudovkin, es sei hier nur die Propagandaschrift von Slang *Panzerkreuzer Potemkin. Der Matrosenaufstand von Odessa 1905* (1926) erwähnt. Nach seinen Theaterstudien in der UdSSR schuf 1932 Slatan Dudov in Zusammenarbeit mit Hanns Eisler und Bertolt Brecht den ersten sozialistischen Tonfilm *Kuhle Wampe*, womit sich die proletarisch-revolutionäre Kunst auch in dieser agitatorisch wirksamen Kunstgattung bewährt hatte.

Wenn hier vor allem die Einflüsse und die Bedeutung der sowjetischen Kunst und Literatur betont wurden, bedeutet das keineswegs, daß sich die Einwirkung nur einseitig geltend machte. Daß die gegenseitigen Einwirkungen und Beziehungen ein kompliziertes Geflecht darstellen, daß die deutsche Kultur der sowjetischen wichtige Impulse gegeben hat, sollen die folgenden wenigen Fakten andeuten: In der UdSSR wurden in hohen Auflagen die Bücher fortschrittlicher deutscher Schriftsteller der Gegenwart und der Vergangenheit gedruckt; an den sowjetischen Schulen hat das Studium fremder Sprachen und Literaturen in einem gewaltigen Ausmaß begonnen; die akademische Forschungsarbeit trug zur Klärung literaturhistorischer und theoretischer Probleme bei; viele Deutsche nahmen einen unmittelbaren Anteil an dem kulturellen Leben der Sowjetunion, so verfaßte z. B. Walter Benjamin den Goethe-Artikel für die *Große Sowjet-Enzyklopädie*; 1928 folgte Stefan Zweig einer Einladung zu den Feierlichkeiten anläßlich des 100. Geburtstages von Lev Tolstoj, in dieser Zeit erschien auch die russische Gesamtausgabe seiner Werke; 1928 bis 1932 arbeitete Hugo Huppert im Marx-Engels-Lenin-Institut an der Gesamtausgabe der Werke von Marx und Engels.

Die Errichtung einer faschistischen Diktatur in Deutschland 1933 zwang viele Schriftsteller und Kulturträger, ihre Heimat zu verlassen. Ein Teil von ihnen emigrierte in die UdSSR. Daß es nicht ohne Gefahr möglich war, beweist der Fall Werner Steinberg, der 1933 bei dem Versuch, in die Sowjetunion zu emigrieren, in Lettland verhaftet und ausgewiesen wurde.
Die ersten deutschen Emigranten kamen schon in den Jahren der Weimarer Republik in die UdSSR, wie der in Deutschland zum Tode verurteilte Josef Schneider. Angesichts der fortschreitenden Faschisierung Deutschlands folgten einige deutsche Künstler der sowjetischen Einladung: 1930 Frida Rubiner, 1931 Helmut Damerius und Béla Balázs, 1932 der in die deutsche Sektion der IVRS berufene Hans Günther, Georg Lukács und Herwarth Walden. In Moskau lebte bereits der österreichische Erzähler und Lyriker Hugo Huppert. In einigen Fällen lagen politische Gründe der Umsiedlung zugrunde, die meisten Autoren jedoch gingen in die Sowjetunion als Vertreter der proletarisch-revolutionären Kunst, und erst die Machtübernahme durch Hitler entschied endgültig über ihren Wohnort. Das Jahr 1933 löste eine gewaltige Welle von Emigranten aus, die teils direkt – Berta Lask, Ernst Ottwalt, Erwin Piscator –, teils auf Umwegen in die Sowjetunion gelangten. Für die meisten war Prag eine Übergangsstation, von dort aus kamen Peter Kast, Franz Leschnitzer, Maxim Vallentin und Dora Wentscher; Edwin Hoernle kam über die Schweiz, Gustav von Wangenheim und seine Frau Inge kamen über Frankreich, Friedrich Wolf machte all diese Stationen durch, bis er Ende 1933 in Moskau erschien. Auch Theodor Plievier zog ein Jahr lang von einem Land ins andere, um schließlich in Moskau anzukommen. 1934 kam von Prag die nächste Gruppe, in der sich Willi Bredel, Andor Gábor und Alfred Durus-Keményi befanden; nach dem gescheiterten Versuch, in Deutschland weiterhin illegal zu arbeiten, trafen Helmut Weiß, Albert Hotopp, Gregor Gog und Klara Blum in Moskau ein; 1935 kamen aus Prag Fritz Erpenbeck, Hedda Zinner und Adam Scharrer, aus Paris Alfred Kurella und Johannes R. Becher, die dort an der Volksfrontbewegung mitgearbeitet hatten, aus Zürich Heinrich Greif, sodann Erich Weinert nach dem Abschluß seiner propagandistischen Tätigkeit im Saargebiet. Nach der Annexion der Tschechoslowakei 1939 fand der Österreicher Ernst Fischer Anschluß an die Moskauer Gruppe der deutschen Emigranten.[5] Die Gruppe zählte etwa 35 Schriftsteller, die ihren ständigen Exilsitz in der UdSSR hatten; es waren deutsche, österreichische und deutschschreibende ungarische Schriftsteller, Kritiker und Publizisten. Für einige war das sowjetische Exil

eine Etappe ihrer Emigrationszeit, nach der sie nach England (Fritz Brügel) oder in die USA (Oskar Maria Graf, Brecht, Piscator) weitergingen. Nach dem Besuch der Sowjetunion schrieben Lion Feuchtwanger und Klaus Mann ihre Eindrücke und Überlegungen nieder, die ein tiefes Erlebnis bezeugen. In der Sowjetunion lebten auch andere Kulturschaffende, Intellektuelle, Theaterschaffende (Curt Trepte, Schauspieler), bildende Künstler (Heinrich Vogeler) und viele KP-Funktionäre, darunter der Vorsitzende Wilhelm Pieck, Walter Ulbricht, Klara Zetkin.

Die im sowjetischen Exil lebenden Schriftsteller zeichneten sich durch einen relativ einheitlichen ideologischen Standpunkt aus. Mit wenigen Ausnahmen (Plievier, Walden) waren sie KPD- bzw. KPÖ-Mitglieder und Mitbegründer oder Angehörige des BPRS. Die meisten sind ihrem politischen Standpunkt treu geblieben, nur Plievier hat nach 1945 eine betont antikommunistische Position eingenommen. In der Emigration hatten die Schriftsteller unmittelbaren Anschluß zu den leitenden Parteiorganen, was ihnen ermöglichte, sich mit den Dokumenten des VII. Kongresses der Kommunistischen Internationale 1935 und der Brüsseler (1935) und Berner (1939) Parteikonferenz vertraut zu machen. Sie stellten ihr Schaffen in den Dienst der kommunistischen Idee, die sie als Ausdruck eines neuen Humanismus sahen, der nur durch die Partei verwirklicht werden kann. Die Ziele der KPD und der internationalen Arbeiterbewegung – gegen Faschismus und Krieg und für revolutionäre Umwandlungen auf dem Gebiet des politischen, sozialen und kulturellen Lebens zu kämpfen – nahmen sie nun in ihre künstlerische, publizistische und direkt politische Arbeit auf.

Die Einheit von Wort und Tat belegten Erich Weinert, Willi Bredel und Peter Kast, als sie 1937 nach Madrid zum Internationalen Schriftstellerkongreß kamen und danach geblieben sind, um für die spanische Republik zu kämpfen, als Dichter und Soldat. Nach dem bitteren Ende 1939 wurden sie interniert, Kast blieb bis zum Kriegsende in verschiedenen Lagern Frankreichs und der Schweiz, Weinert und Bredel kehrten nach Moskau zurück. Friedrich Wolf wurde gleich bei seinem Versuch, nach Spanien zu kommen, als ›gefährlicher Ausländer‹ 1938 in Frankreich verhaftet und im KZ Vernet interniert, bis er 1941, auf Verlangen der Sowjetunion, in sein Moskauer Asyl zurückkehren durfte.

Für die meisten war die Sowjetunion kein zufälliges Gastland, vielmehr resultierte die Entscheidung, in die UdSSR zu emigrieren, aus ihrer Einstellung zu den tagespolitischen und weltanschaulichen Fragen wie auch aus ihrer bisherigen politischen und künstlerischen Entwicklung. Kennzeichnend sind in dieser Hinsicht die Worte Friedrich Wolfs: »Die SU ist nicht ein Asyl aus Notbehelf, sondern eine neue Menschheitswiege.«[6] Diese Zuversicht und ›Gewißheit des Sieges‹ erlaubte den deutschen Emigranten, selbst in den schwersten Stunden mit Optimismus in die Zukunft zu blicken.

Im Zusammenhang mit dem Personenkult um Stalin kam es in der UdSSR dazu, daß die innerparteiliche Demokratie und die Sowjetdemokratie verletzt wurden, die Folgen bekamen auch einige deutsche Schriftsteller zu spüren. Auf Grund falscher Anschuldigungen wurden Hans Günther und Ernst Ottwalt verurteilt. Sie wurden nach dem XX. Parteitag der KPdSU (1953) rehabilitiert. Hugo Huppert gelang es, seine Unschuld zu beweisen, er wurde 1939 nach einer zweijährigen Gefängnishaft freigelassen und nahm die Lehrtätigkeit am Gor'kij-Institut in Moskau auf. Diese Einzelfälle vermochten natürlich nicht, die deutschen Schriftsteller in der Sowjetunion in ihrer Position wankend zu machen. Das Gefühl, ›als Freund unter Freunden‹ zu leben, half über die Schwierigkeiten und Probleme der Exilsituation hinweg; die Sowjetunion bedeutete für sie eine gesellschaftliche Wirklichkeit, die für Deutschland erst erkämpft werden mußte. »Der aus seiner Heimat vertriebene Dichter, der in den westlichen Gastländern nur als lästiger Metöke behandelt, von der Polizei beaufsichtigt, aller Erwerbsmöglichkeiten beraubt und täglich mit der Entziehung des Asylrechts bedroht wurde, wird hier als Bruder und Freund empfangen, erhält die gleichen Rechte wie die Bürger des Landes und darf sich wie in einer neuen Heimat fühlen. Das ganze Riesenland steht ihm offen; er kann sich niederlassen, wo er wünscht. Der Schriftsteller ist hochgeachtet. [...] Seine Arbeitsenergie wird von keinen Alltagssorgen mehr absorbiert. Er fühlt sich vor allem nicht mehr als Emigrant.«[7] So schrieb Erich Weinert über das Besondere des sowjetischen Exils, die Gegensätze zu den anderen Ländern stark unterstreichend. In der UdSSR hatten die kommunistischen Schriftsteller, die in allen Aufnahmeländern eine rege Tätigkeit entfalteten, tatsächlich besonders günstige Bedingungen. Ihr Tun und Wirken wurde von der sowjetischen Regierung unterstützt und als ein wichtiges Glied im ideologischen Kampf gegen den Faschismus angesehen. Die kommunistischen Schriftsteller, die davon ausgingen, daß die Literatur eine gesellschaftliche Funktion erfüllen soll, mußten im Exil besonders große Schwierigkeiten überwinden. Von der unmittelbaren Berührung mit den deutschen Lesern abgeschnitten, versuchten sie ihre gesellschaftlich-kulturelle Aktivität auf neue Art und Weise fortzusetzen. Damit ist zu erklären, daß viele von ihnen sich fast ausschließlich der propagandistischen und agitatorischen Arbeit zuwandten und ihr Schaffen diesen Zielen unterordneten. Die emigrierten deutschen Kulturschaffenden in der UdSSR – wie auch die Emigranten aus anderen Ländern[8] – hatten die Möglichkeit, in ihrem Gastland an dem wirtschaftlichen und kulturellen Aufbau mitzuwirken, darüber hinaus auch eigene politische und künstlerische Ziele zu verfolgen. Von seiten der Sowjetbürger bestand ein lebhaftes Interesse an der literarischen Produktion der Exilierten, was die Massenauflagen der in Russisch erscheinenden Bücher genügend beweisen. Die Sowjetunion gewährte auch ihre Unterstützung bei der Herausgabe von Büchern in deutscher Sprache und Gründung deutscher Presseorgane.

Während die emigrierten Autoren in den westlichen Ländern versuchten, eigene Verlage zu gründen oder die bereits existierenden unter neuen Bedingungen fortzuführen, konnten die deutschen Schriftsteller in der UdSSR ihre Werke in den sowjetischen Verlagen erscheinen lassen. Bereits vor 1933 hatten sowjetische Verlage die Drucklegung deutscher sozialistischer Literatur übernommen. Neben den Übersetzungen im Staatsverlag wurde eine größere Anzahl Bücher in deutscher Sprache in der Verlagsgenossenschaft ausländischer Arbeiter in der UdSSR, Moskau, herausgegeben. In manchen Fällen, wie z. B. bei der russischen Ausgabe des Romans *Der Eigentumsparagraph* von Willi Bredel, ist nur diese sowjetische Ausgabe überliefert worden, da die deutsche 1933 von den Nationalsozialisten vernichtet wurde.[9] In der Zeit der faschistischen Diktatur in Deutschland vergrößerte sich der Umfang der in den sowjetischen Verlagen gedruckten deutschen Literatur wesentlich, wobei nicht nur Bücher von den im sowjetischen Exil lebenden Autoren publiziert wurden.[10] Die Arbeiten deutscher Autoren erschienen in der Verlagsgenossenschaft ausländischer Arbeiter (später Das Internationale Buch, Moskau), im Verlag für nationale Minderheiten, Kiew, im Verlag für fremdsprachige Literatur, Moskau. Die hohen Auflagen und oft billigen Reihen ermöglichten eine relativ große Wirkung dieser Bücher, nicht nur im Kreise der Wolgadeutschen oder der deutschsprachigen Emigranten aus verschiedenen Ländern, sondern auch bei dem literarisch interessierten sowjetischen Publikum.

Es wurde oft die gemeinsame Arbeit an Sammelbänden und Anthologien aufgenommen, um eine repräsentative Auswahl deutscher antifaschistischer Schriftsteller darzubieten. Bereits 1933 erschien in Moskau das Buch *Hundert Tage illegaler Kampf. Die illegale Presse der KPD im Bild und Wort, im Kampfe gegen die faschistische Diktatur* mit zahlreichen Bild- und Textdokumenten, das in Deutschland illegal als ›Radioreklame‹ verbreitet wurde. Die Bände *Kampf. Deutsche revolutionäre Dichter gegen den Faschismus* (Charkow 1935), ein Kinderbuch mit Illustrationen von Vogeler und Beiträgen von Becher, Seghers u. a., *Zeit der Entscheidung* (Moskau 1942) mit Erzählungen und Gedichten von Becher, Bredel, Plievier, Weinert und Wolf bewiesen, daß es trotz der Hitler-Diktatur ein anderes Deutschland gab, das lebte und kämpfte.

Der aktuellen Orientierung unter den Emigranten dienten außer persönlichen Zusammenkünften die in der Sowjetunion erscheinenden deutschen Zeitschriften. Sie boten den schon bekannten Autoren größere Publikationsmöglichkeiten, vor allem für Gedichte, Reportagen und kurze epische Formen, ermöglichten literarische Debüts, waren Forum der heftigen politischen und literarischen Auseinandersetzung und repräsentierten schließlich eine bestimmte Linie im Kampf gegen den Faschismus.

Eine der bedeutendsten Emigrantenzeitschriften war *Internationale Literatur*, die von Juni 1931 bis Dezember 1945 in Moskau in russischer, deutscher, englischer und französischer Ausgabe erschien. Bis zur Auflösung der ›Internationalen Vereinigung Revolutionärer Schriftsteller‹ (IVRS) im Jahr 1935 war sie das Zentralorgan dieser Organisation. Im ersten Jahrgang erschien sie unregelmäßig unter dem Titel *Literatur der Weltrevolution* und enthielt das Sonderheft über den Gründungskongreß der IVRS in Charkow. Ab 1933 erschien die IL zweimonatlich und ab 1935 monatlich; ab 1937 trug die deutsche Ausgabe den Untertitel »Deutsche Blätter«. Im ersten Erscheinungsjahr war der polnische revolutionäre Dichter Bruno Jasieński Chefredakteur, der Redaktionsrat und der literarische Beirat setzten sich aus bekannten sowjetischen und ausländischen Schriftstellern zusammen, von deutscher Seite waren Becher, Renn und Weinert beteiligt. 1932 wurde Dimamov Chefredakteur und Hans Günther Redakteur der deutschen Ausgabe; mit dem Heft 3/1933 übernahm Becher die Redaktion, der dann zum Chefredakteur der *Internationalen Literatur. Deutsche Blätter* wurde. Zum Redaktionskollegium gehörten über kürzere oder längere Zeit: Barta, Bredel, Gábor, Günther, Huppert, Lukács, Ottwalt, Tret'jakov, Weinert, Wolf. Der Mitarbeiterkreis war sehr groß und wurde mit der Entwicklung der Volksfrontpolitik, die von der IL unterstützt wurde, stets erweitert. An der Gestaltung der Zeitschrift waren sowohl sowjetische Schriftsteller und Literaturwissenschaftler (Gor'kij, Šolochov, Lunačarskij), fortschrittliche Schriftsteller der Weltliteratur (Barbusse, Rolland) als auch bedeutende deutsche Schriftsteller beteiligt. Neben den Vertretern der sozialistischen Literatur schrieben für die IL bürger-

liche Verfechter der Demokratie und des Humanismus, u. a. Heinrich Mann, Feuchtwanger, Thomas Mann, Arnold Zweig, Graf.

Als Organ der IVRS informierte die IL über das Kulturleben in verschiedenen Ländern, vor allem in der UdSSR, untersuchte vom marxistischen Standpunkt die kulturellen Erscheinungen in allen Ländern, wobei den ästhetisch-theoretischen Fragen
eine besondere Bedeutung beigemessen wurde. Dieser internationale Ansatz ging
auch 1937 nicht verloren, als die IL den Untertitel »Deutsche Blätter« trug. Sie war
international »ihrem Mitarbeiter- und Leserkreis nach, international auch durch die
grundsätzlich angestrebte Weite des Horizonts, international endlich im Sinne der
neuen Humanität, die getragen ist vom Lebens- und Friedenswillen der werktätigen
Schichten aller Völker«.[11]

Der deutschen Problematik wurde jedoch Vorrang gewährt, eben aus dem Grunde,
da sie international relevant war und ihre Wichtigkeit sich mit der Entwicklung der
politischen Situation in Europa immer mehr offenbarte. Die Rubrik »Wir rechnen
ab« (später durch »Glossen« ersetzt) diente der Auseinandersetzung mit der deutschen Vergangenheit, mit dem faschistischen Deutschland und dessen Literatur. Es
erschienen auch größere Aufsätze und Essays, in denen man die Hintergründe der
faschistischen Kulturpolitik aufzudecken bestrebt war, wie z. B. Andor Gábors *Das
Kulturprogramm des Faschismus* (3/1933), Friedrich Wolfs *Die Dramatik des deutschen Faschismus* (8/1936) oder Johannes R. Bechers *Deutsche Lehre* (4/1943). Im
Kampf gegen den Faschismus als geistige und politische Macht förderte die IL im
Rahmen der Volksfrontstrategie eine gemeinsame Aktion der deutschen sozialistischen Literatur und der bürgerlich-demokratischen antifaschistischen Literatur, indem sie »die Mitarbeit von keinerlei Parteibekenntnis abhängig« machte. Während
sie ganz oder auszugsweise poetische, theoretische und publizistische Werke brachte,[12] setzte sie die Waffe gestalterischen, kritischen und theoretischen Schaffens gegen
Faschismus und Krieg ein. Die Zeitschrift hat demzufolge über die Internationalen
Schriftstellerkongresse zur Verteidigung der Kultur ausführlich berichtet (9/1935,
1/1936, 10/1937), über die Verwirklichung der Volksfrontidee unter den deutschen
Emigranten Rechenschaft gegeben. In zahlreichen Artikeln – u. a. von Gábor, Lukács, Leschnitzer, Becher, Kurella – wurde das Bemühen sichtbar, die ästhetischen
Probleme des sozialistischen Realismus zu klären und die theoretischen Grundlagen
einer marxistischen Ästhetik auszuarbeiten, wie auch das Problem des Humanismus
neu zu lösen. In diesem Zusammenhang wurde die Frage der kulturellen Tradition
von neuem aufgeworfen, dem nationalen Kulturerbe eine bedeutende Aufgabe in
den Kämpfen der Gegenwart zugesprochen. Indem literarische Werke der Vergangenheit regelmäßig gedruckt wurden, strebte die IL als Organ der sozialistischen
Schriftsteller nach »Besitznahme all dessen, was wahrhaftigen heutigen Nachfahren
gehört; denn auch der Fortschritt hat seine stolze geistige Ahnenreihe«.[13] Die IL
nahm auch an den aktuellen Diskussionen in den Emigrantenkreisen und in der
Sowjetunion einen regen Anteil.

Als deutsches Pendant zu den internationalen Zielsetzungen der IL war die von
Juli 1936 bis März 1939 im Jorgaz-Verlag, Moskau, erscheinende »literarische Monatsschrift« *Das Wort* ganz von der Volksfrontidee der deutschen Antifaschisten
getragen, deren repräsentatives Organ sie wurde.[14] Zu ihrer Linie gehörte es, mit
allen antifaschistischen Schriftstellern auf der Grundlage der Volksfrontpolitik zu-

sammenzuarbeiten, worüber allein schon der Mitarbeiterkreis Auskunft gibt, in dem man sowohl sozialistische deutsche Schriftsteller – u. a. Becher, Balázs, Erpenbeck, Gábor, Kurella, Leschnitzer, Renn, Scharrer, Seghers, Weinert, Wolf – als auch linksbürgerliche und demokratische Autoren wie Döblin, Graf, Kisch, Heinrich Mann, Thomas Mann, Klaus Mann, Arnold Zweig, Stefan Zweig findet. Der Volksfrontgedanke wird ebenfalls durch die Zusammensetzung der Herausgeber der Zeitschrift (Brecht, Feuchtwanger, Bredel) evident. Da aber alle drei Herausgeber nur während einer kurzen Zeitspanne der Existenz der Zeitschrift in Moskau lebten, leitete Fritz Erpenbeck die wesentliche redaktionelle Arbeit.

Im Vorwort der Redaktion zur ersten Nummer findet das programmatische Bekenntnis zum Volksfrontgedanken seinen Ausdruck: »Und so haben viele [...] die Notwendigkeit erkannt, ihre Kräfte mit allen, die verwandten Willens sind, zu verbinden, den Frieden und den Bestand der großen Kulturerrungenschaften des eigenen Volkes und aller übrigen Völker zu sichern. In gemeinsamer Liebe zu ihrem Volk, zu ihrem Vaterland und zur Menschheit haben sie sich gefunden, in hohem Ernst und nach Klarheit ringend in der Front des kämpferischen Humanismus.«[15] Somit sah die Redaktion ihre zentrale Aufgabe darin, zur Bildung der Volksfront beizutragen und sich für deren Ziele auf dem Gebiet der Literatur einzusetzen.

Eine breite literarisch-antifaschistische Aktionsfront wurde durch die Veröffentlichung von Beiträgen des literarischen Erbes wesentlich mit gefördert. Die Aneignung des humanistischen Erbes erschien gleichzeitig in vielen literaturhistorischen Arbeiten als Forderung des Kampfes gegen die faschistische Barbarei. Neben den Diskussionen über allgemeine ästhetische und theoretische Probleme und Fragen des künstlerischen Schaffensprozesses, die von einem hohen Niveau waren, brachte *Das Wort* auch literarische und publizistische Arbeiten über die aktuellen Probleme des antifaschistischen Kampfes in Deutschland und Spanien, berichtete über die Tätigkeit antifaschistischer Schriftsteller in verschiedenen Ländern und veröffentlichte eine Bibliographie der antifaschistischen Publizistik.

Nach dem Abschluß des Nichtangriffspaktes zwischen der UdSSR und Hitler-Deutschland mußte *Das Wort* sein Erscheinen einstellen. Da es aber keine prinzipiellen Differenzen zwischen *Dem Wort* und der *Internationalen Literatur. Deutsche Blätter* in ihrer Zielstellung gab, verschmolz *Das Wort* mit der *Internationalen Literatur*.

Außer den beiden literarischen Zeitschriften erschien 1926 bis 1938 in Moskau *Die Deutsche Zentral-Zeitung* (DZZ), die seit 1933 (1934 übernahm Hugo Huppert die Kulturredaktion) auch sehr viele Arbeiten deutscher Emigranten publizierte, darunter vor allem Beiträge zu aktuellen politischen und kulturellen Ereignissen. Es wurde die faschistische Literatur scharf kritisiert und Hitler-Deutschland angeprangert (Hans Günther, *Schriftsteller des Dritten Reiches*, DZZ vom 9. Juni 1933; Franz Leschnitzer, *Der Blick ins Leere. Nationalsozialisten über ihre eigene Literatur*, DZZ vom 4. August 1933; W. Bredel, *Ein Ruf aus faschistischen Folterkammern*, DZZ vom 28. August 1934), die Aufgaben und Wege des antifaschistischen Kampfes leidenschaftlich diskutiert (u. a. Willi Bredel, *Bereichert schöpferisch den antifaschistischen Kampf*, DZZ vom 17. August 1934; Gustav Regler, *Wir glauben an die Kraft des Proletariats*, DZZ vom 17. August 1934; Heinrich Mann, *Nur das Proletariat verteidigt Kultur und Menschlichkeit*, DZZ vom 10. August 1935), Berichte über die Kongresse der Sowjetschriftsteller abgegeben und die Internationalen Kongresse zur Verteidigung der Kultur[16] wie auch einige Aspekte der marxistischen Ästhetik besprochen, u. a. in den Arbeiten von Georg Lukács, *Marx und die Literatur*, DZZ vom 17. August 1933, und von Karl Schmückle, *Marx und Engels über die Literatur*, DZZ vom 21. Mai 1933.

Das gedruckte Wort war nicht der einzige Weg zum Selbstverständnis der Emigranten, zur Aufklärung und zur Verbreitung ihres Schrifttums. Viele Schriftsteller zählten zu den ständigen Mitarbeitern des Moskauer Rundfunks, wie die Sprecher Maxim Vallentin und Heinrich Greif, der Kommentator Ernst Fischer und Erich Weinert, Peter Kast, Hedda Zinner, Adam Scharrer, Berta Lask, Dora Wentscher, die Ansprachen hielten und eigene Sendungen, Hörspiele u. ä. schrieben. Die Theater- und Filmschaffenden fanden ebenfalls Anschluß an die sowjetischen Theater und Filmstudios, so Maxim Vallentin, Curt Trepte, Gustav und Inge von Wangenheim, Heinrich Greif, Béla Balázs. In diesem Zusammenhang sei hier nur an Erwin Piscator erinnert, der schon 1932 Anna Seghers' *Der Aufstand der Fischer von St. Barbara* in Moskau verfilmte, an den Film *Kämpfer* von Gustav von Wangenheim und Alfred Kurella über den Reichstagsbrandprozeß (Urauff. 1936) und an den 1938 im Leningrader Studio gedrehten Film *Professor Mamlock* nach dem gleichnamigen Schauspiel von Friedrich Wolf, der nach seiner Uraufführung in Moskau in vielen Städten Westeuropas und Amerikas gezeigt wurde. Interessant ist auch der Fall Helmut Weiß', der sich nach den ersten poetischen und publizistischen Arbeiten in Deutschland nun der Musik widmete und als Orchestermusiker, Konzertmeister der Philharmonie und Musikpädagoge betätigte.

Eine beträchtliche Gruppe von Schriftstellern (Huppert, Walden, Hotopp, Leschnitzer, Blum, Wentscher, Rubiner) arbeitete an verschiedenen Instituten und Hochschulen, wo sie meistens als Lektoren für deutsche Sprache und Literatur angestellt waren. Nicht selten übernahmen sie wichtige Funktionen, wie Kurella (Leiter der Bibliographischen Abteilung der Moskauer Staatsbibliothek für Auslandsliteratur), Edwin Hoernle (Mitarbeiter am Internationalen Agrarinstitut, später am Weltwirtschaftsinstitut in Moskau), Alfred Durus-Keményi (verantwortlicher Sekretär im Moskauer Komitee des Verbandes bildender Künstler der UdSSR), Béla Balázs (Professor an der Moskauer Filmakademie).

Betont werden muß, daß die emigrierten deutschen Schriftsteller und Kulturschaffenden stets eine Arbeit fanden, die ihren Interessen und ihrer Ausbildung entsprach. Demzufolge waren sie nicht gezwungen – wie oft in anderen Ländern –, fremde Berufe zu ergreifen, um sich den Lebensunterhalt zu sichern. Daraus wäre zu erklären, daß sie selbst in schwierigen Momenten nicht verzweifelten und sich dessen bewußt blieben, was ihr Schaffen im Kampf gegen die faschistische Barbarei bedeutete. Alle Formen ihrer Tätigkeit waren stets politisch orientiert, dienten der Propaganda der kommunistischen Ideen, waren Mittel der Agitation und Aufklärung über das Wesen des Faschismus. Seit der Aggression Hitler-Deutschlands auf die UdSSR im Juni 1941 trat der politische Aspekt ihrer Wirksamkeit in den Vordergrund. Die neue politische Situation und der aufgezwungene Waffenkampf verlangten eine volle Einsatzbereitschaft. Gleich in den ersten Kriegstagen stellten sich Weinert, Bredel, Wolf, Huppert u. a. der Roten Armee zur Verfügung. Sie wurden als Propagandisten und Arbeiter des Informationsbüros eingesetzt: ihre Hauptaufgabe war, für den Rundfunk, für Flugblätter und Lautsprecherpropaganda zu schreiben. In kurzen Artikeln, Aufrufen, Dialogen oder satirischen Gedichten wandten sie sich an die deutschen Soldaten, denen sie über die Greueltaten des Faschismus berichteten, über die aktuelle militärische Lage Auskunft gaben und eine Überzeugungsarbeit leisteten, indem sie deutlich machten, daß für Hitler Krieg zu führen hieß, gegen das deutsche Volk Krieg zu führen. In dem weitverbreiteten Flugblatt *Ich klage an!* verurteilte Erich Weinert Hitler im Namen der »toten Millionen«:

> »[. . .] Der seine Herrschaft mit Blut begann,
> Der eine entmenschte Unterwelt
> Zu Henkern an unserem Volk bestellt,
> *IHN KLAGE ICH AN!*
> Ich klage ihn an vor aller Welt,
> Der uns statt Frieden, Freiheit und Brot
> Nichts brachte als Krieg und Schande und Not!
> Ich klage an!
> *DER SPRUCH IST GEFÄLLT!*
> Er heißt:
> *DEN TOD!*
> *IM NAMEN DEUTSCHLANDS! RICHTET IHN!*
> *IHR SEID DIE VOLLSTRECKER! VERNICHTET IHN!*«[17]

Einen besonderen Platz nahmen in diesem Zusammenhang die Entlarvung der faschistischen Phrasen und die Aufklärung über die politischen und ökonomischen Hintergründe des Faschismus ein. In vielen Agitationsschriften und Flugblättern wurde zur Waffenniederlegung aufgerufen, manchen war noch ein Passierschein angefügt, mit dem sich die Überläufer bei der Roten Armee auszuweisen hatten. Selbstverständlich konnte da von künstlerischer Reife keine Rede sein, diese wurde auch bewußt nicht als das Wichtigste angestrebt. Diese Propagandaliteratur entstand unter schwierigsten Verhältnissen an der Front, wohin vor allem während der Stalingrader Schlacht deutsche Autoren gegangen sind, so Weinert, Bredel, Wolf, um durch Lautsprecher in den Schützengräben die deutschen Soldaten zu erreichen.

Mit der zahlenmäßigen Zunahme deutscher Kriegsgefangener in der UdSSR, durch Niederlagen der deutschen Wehrmacht und agitatorische Arbeit der Emigranten wesentlich gefördert, entfaltete sich hier eine antihitlerische Bewegung, die bald nach der Stalingrader Wende in organisatorische Formen gebracht wurde. Am 13. Juli 1943 wurde auf Initiative des ZK der KPD mit sowjetischer Genehmigung und Unterstützung von antifaschistisch eingestellten Vertretern aller Schichten, Soldaten und Offizieren der Wehrmacht, die in Kriegsgefangenschaft geraten waren, ehemaligen Reichstagsabgeordneten der KPD, Gewerkschaftsfunktionären und deutschen Schriftstellern in Krasnogorsk bei Moskau das Nationalkomitee »Freies Deutschland« (NKFD) gegründet.[18] An seiner Vorbereitung, Gründung und Leitung hatten die emigrierten Schriftsteller bedeutenden Anteil, Erich Weinert wurde zum Präsidenten gewählt, Mitbegründer waren Johannes R. Becher, Willi Bredel, Friedrich Wolf. »Die Gründung des Nationalkomitees im Juli 1943 war ein Schritt von großer Bedeutung für ein künftiges Deutschland. Der Zusammenschluß von Deutschen verschiedener Weltanschauungen und aller sozialen Schichten, die sich auf ein nationales Programm einigten, war ein in der deutschen Geschichte unerhörtes Ereignis. Der Wille zu dieser Einigung kam aus der Erkenntnis, daß weltanschauliche Differenzen von untergeordneter Bedeutung sind, wenn Volk und Nation, ihr Bestand, ihre Freiheit und ihre Ehre auf dem Spiel stehen. Die Gefahr, die für unser Volk herandrohte, forderte die Sammlung aller, die von dieser Erkenntnis ergriffen waren. In dieser Kampfgemeinschaft wurde nicht nach der sozialen oder politischen Herkunft gefragt, sondern nur nach der ehrlichen und kompromißlosen Bereitschaft, sich einzusetzen für die Rettung unseres Volkes vor einer Katastrophe.«[19]

Das Nationalkomitee setzte sich das Ziel, den Krieg durch den Sturz der Hitler-Regierung zu beenden, den Friedensschluß durch die vereinigte Kraft der Arbeiterklasse, der bürgerlichen Hitler-Gegner und der Opposition in der Wehrmacht herbeizuführen und die Leidenszeit des deutschen Volkes zu verkürzen. Zugleich bereitete es sich auf den Neuaufbau eines antifaschistischen, demokratischen Deutschlands vor. Dieses Programm war bereits im »Manifest des Nationalkomitees ›Freies Deutschland‹ an die Wehrmacht und an das deutsche Volk« enthalten, das in mehreren Auflagen in vielen Millionen Exemplaren an der Front, in den deutschbesetzten Gebieten, in Deutschland selbst und in den Kriegsgefangenenlagern in der Sowjetunion verbreitet wurde. Das NKFD gab ab 19./21. Juli 1943 die wöchentlich erscheinende vierseitige Zeitung *Freies Deutschland* heraus, die alle offiziellen Dokumente des NKFD veröffentlichte, und die seit Dezember 1943 monatlich erscheinende zweiseitige illustrierte Zeitung *Freies Deutschland im Bild,* die vor allem unter den kämpfenden deutschen Truppen und unter den Kriegsgefangenen in den Lagern verbreitet wurde. Das Nationalkomitee verfügte auch über einen gleichnamigen Radiosender, der seit dem 18./20. Juli 1943 zuerst dreimal, dann viermal, später achtmal täglich auf Kurz-, Mittel- und Langwelle sendete. Das NKFD leitete die Propagandatätigkeit unter den deutschen Fronttruppen und in den Lagern, wo es seine Bevollmächtigten eingesetzt hatte. Die Vertreter des Komitees an der Front machten die deutschen Wehrmachtsangehörigen mit den Zielen und Aufgaben des NKFD bekannt, führten die Verhöre der Kriegsgefangenen, verbreiteten Flugschriften, entfalteten die Lautsprecherpropaganda und führten die Schulungsarbeit.

Bald nach der Gründung des NKFD wurde eine Werbung unter den kriegsgefangenen Offizieren unternommen, die jedoch auf weit größere Schwierigkeiten stieß als bei den Soldaten. Um den Offizieren den Anschluß an die Bewegung zu erleichtern, wurde am 11. und 12. September 1943 in der Nähe von Moskau der »Bund Deutscher Offiziere« gegründet, der sich dann unter Präsidentschaft von General von Seydlitz an das NKFD anschloß.

Die Aufgabe der Bevollmächtigten des NKFD in den Kriegsgefangenenlagern bestand vor allem darin, die Ideen der Bewegung zu propagieren sowie die politische und kulturelle Arbeit zu leiten.

Die Bewegung »Freies Deutschland« breitete sich auch unter den deutschen antifaschistischen Emigranten in anderen Ländern Westeuropas (Harald Hauser, Sekretär des NKFD für den Westen) und Amerikas (Ludwig Renn, Präsident der Bewegung in Mexiko) aus.

Eine weitere Aufgabe sahen die deutschen Schriftsteller darin, als Vermittler zwischen den beiden Kulturkreisen zu wirken. Ihre literaturhistorischen und -theoretischen Schriften dienten eigener ästhetischer Klärung, Gewinnung neuer Positionen und Aneignung des kulturellen Erbes und waren darüber hinaus eine wichtige Informationsquelle für die sowjetischen Bürger. Die literarischen und publizistischen Arbeiten sind oft mit dem Ziel entstanden, die sowjetischen Leser mit der deutschen literarischen Tradition und Gegenwart bekannt, sie auf die progressiven Elemente in der deutschen Kultur aufmerksam zu machen. Als Landsleute von Marx und Engels leisteten sie wichtige Arbeit bei der Herausgabe und Kommentierung von deren Schriften. Bedeutende Verdienste um die Vermittlung der deutschen Kultur hatten Günther, Huppert, Gábor, Lukács, Leschnitzer, Kurella, Walden u. a. Leschnitzer gab zudem Lesebücher heraus, Walden edierte Literaturtexte für Schulen – von deutschen und russischen Autoren, von Lessing, Goethe, Schiller, Heine, Kisch usw.

Die deutschen Schriftsteller hegten ein lebhaftes Interesse für die Kulturtraditionen der Sowjetunion, wie sich in zahlreichen Übersetzungen und Nachdichtungen aus dem Russischen und anderen Sprachen der Völker der UdSSR zeigte. Nachdichtungen aus dem Russischen schufen u. a. Klara Blum, Heinrich Greif, Alfred Kurella, Franz Leschnitzer, Herwarth Walden, Erich Weinert, Hedda Zinner. 1939 ist in Kiew der Gedichtband *Freie Völker – freie Lieder* von Zinner erschienen, in dem eine »Auswahl alter und neuer Volkslieder« aus der Sowjetunion präsentiert wurde, 1941 gab Leschnitzer *Ausgewählte Gedichte* von Majakowski heraus, dessen Werk auch von anderen deutschen Dichtern (Weinert, Walden, Huppert) nachgedichtet wurde. Kurella übersetzte kritische und literarische Werke des 19. Jahrhunderts von Herzen, Belinskij, Černyševskij und Dobroljubov und leitete das Unternehmen des Verlags für nationale Minderheiten in Kiew, die ukrainischen Dichter, Taras Ševčenko und Ivan Franko, deutsch herauszugeben. An der geplanten Ausgabe haben neben Kurella Weinert, Huppert, Zinner, Leschnitzer mitgearbeitet, der Kriegsausbruch im Juni 1941 verhinderte aber die Drucklegung. Zweifellos ist Weinerts Nachdichtung der *Haidamaken* von Ševčenko wie auch seine Übersetzung des *Dämon* von Lermontov eine große künstlerische Leistung.

Der Kontakt mit der sowjetischen Kultur und Wirklichkeit hat schließlich auch im eigenen Schaffen der deutschen Emigranten tiefe Spuren hinterlassen. Das Erlebnis der Emigration wurde auf Grund der hier skizzierten Bedingungen anders bewältigt als in der sonstigen Exilliteratur. Das Bewußtsein, in einer Kampfgemeinschaft der Gleichgesinnten zu leben und zu arbeiten, ließ im Schaffen der Exilierten einen geschichtsbewußten Optimismus aufkommen, der selbst in solchen Werken immanent vorhanden ist, die das Grausame des Faschismus darstellen. Die Auseinandersetzung mit dem Faschismus bildete das Grundthema, das in drei großen Themenkreisen je nach der geschichtlichen Situation zur Darstellung gelangte. In Willi Bredels *Dein unbekannter Bruder* (1936), Ernst Ottwalts *Der Unmensch* (1936), Albert Hotopps *Die Unbesiegbaren* (1935) u. a. wurde dem antifaschistischen Widerstandskampf in Deutschland ein Denkmal gesetzt; in zahlreichen Gedichten und Erzählungen (u. a. Bredels *Begegnung am Ebro*, Weinerts *Camaradas*) wurde der Kampf des spanischen Volkes besungen und die Bedeutung der internationalen Solidarität für den Kampf gegen den Faschismus hervorgehoben; ferner führte der Zweite Weltkrieg zu einer künstlerischen Auseinandersetzung, die sich stofflich bei allen deutschen Autoren nachweisen läßt: in Erzählungen Bredels, *Das Vermächtnis des Frontsoldaten* (1942), *Der Sonderführer* (1943), in dem dramatischen Gedicht Bechers, *Winterschlacht* (1942), in Weinerts Frontnotizbuch *Memento Stalingrad*, in Plieviers Roman *Stalingrad* fanden die Erlebnisse und Vorgänge der Kriegsjahre ihren literarischen Niederschlag. Daneben wurden Romane geschrieben (Bechers *Abschied*, 1940; Erpenbecks *Gründer*, 1940; Bredels *Die Väter*, 1941; Scharrers *Hirt von Rauhweiler*, 1942), die in epischer Breite unmittelbare Vorgeschichte aufhellen, nach den geschichtlichen Zusammenhängen und den gesellschaftlichen Ursachen des Faschismus fragen. Die patriotische Gesinnung, die tiefempfundene Liebe zu Deutschland, die ihren schönsten Ausdruck in den lyrischen Dichtungen Bechers (*Tränen des Vaterlandes Anno 1937*; *Der Glücksucher und die sieben Lasten*, 1938; *Die hohe Warte. Deutschland-Dichtung*, 1944; u. a.) findet, verband sich mit aufrichtiger Dankbarkeit gegenüber der Sowjetunion. Die Begeisterung für die UdSSR als Heimat des Sozialismus bestimmt das poetische Bild in vielfacher Weise, am deutlichsten in Bechers Gedichtbüchern *Gewißheit des Siegs und Sicht auf große Tage*, 1939; *Dank an Stalingrad*, 1943, und in der Sammlung Weinerts: *Kapitel II der Weltgeschichte. Gedichte über das Land des Sozialismus*.

Mit der Aufnahme klassischer Traditionen war das Bemühen der Schriftsteller verbunden, der deutschen Kultur eine fortschrittliche Kontinuität zu schaffen. Von diesem Standpunkt aus erschien es notwendig, neue Maßstäbe zu setzen und neue Positionen auch auf diesem Gebiet zu beziehen. Die Klärung der wichtigsten Fragen erfolgte in den Diskussionen der dreißiger Jahre. An den literaturtheoretischen Diskussionen in der Sowjetunion, in denen man den Begriff des sozialistischen Realismus und andere Kategorien der marxistischen Ästhetik allmählich ausarbeitete, haben auch deutsche Schriftsteller und Literaturtheoretiker teilgenommen. Sie nahmen Stellung zu den Auseinandersetzungen um Formalismus und Naturalismus (IL 11 und 12/1936) und zur Debatte über die politische Dichtung und das Prinzip der Parteilichkeit (IL 10/1937, 2/1938). Eine wichtige Rolle in den geführten Diskussionen spielten zahlreiche Arbeiten von Lukács, der, von dem Realismus-Begriff des 19. Jahrhunderts ausgehend, die ›Tendenzdichtung‹ und den ›Vulgär-Antifaschismus‹ (hier etwa Kampfdichtung Weinerts gemeint) ablehnte und für die ›Perspektive des unmittelbar nächsten Schrittes‹ eintrat.[20] Lukács beteiligte sich neben Balázs, Durus, Kurella, Leschnitzer, Vogeler, Gustav von Wangenheim u. a. an der Debatte über die Erscheinungen des Expressionismus, die durch einen im *Wort* abgedruckten Artikel von Klaus Mann über Gottfried Benn ausgelöst und durch die sowjetischen Diskussionen um Realismus und Formalismus beeinflußt wurde. In den Aufsätzen Kurellas zum Expressionismusproblem und zum Humanismus (*Der Mensch als Schöpfer seiner selbst*) erfolgte die marxistische Stellungnahme zur Tradition und zu ihrer Fortführung in der Gegenwart.

Resümierend muß festgestellt werden, daß die UdSSR zu einem wichtigen Zentrum der deutschen Exilliteratur in den Jahren 1933 bis 1945 wurde, das durch die politische und künstlerische Einheit der dort lebenden Schriftsteller und ihre engagierte Haltung im Kampf gegen den Faschismus einen wesentlichen Anteil an der Entwicklung der deutschen Literatur, zumal an der Herausbildung einer neuen Konzeption sozialistischer Literatur, hatte.

Anmerkungen

1. Bewegung zur Steigerung der Arbeitsproduktivität, der ein Bergmann den Namen gegeben hat.
2. »Zur Tradition der sozialistischen Literatur in Deutschland«, (s. Lit.), S. 491 u. 791 f.
3. J. R. Becher, W. Benjamin, W. Bredel, A. Ehrenstein, B. Frei, A. Goldschmidt, O. Gosche, K. Grünberg, H. Hauser, H. Huppert, B. Kellermann, P. Kast, K. Kersten, K. Klaeber, L. v. Koerber, A. Kurella, B. Lask, E. Lasker-Schüler, F. Leschnitzer, K. Neukrantz, E. Piscator, J. Ponten, L. Renn, E. Toller, L. Turek, E. Weinert, F. C. Weiskopf, F. Wolf, St. Zweig und andere machten Reisen in die Sowjetunion, oft mit einem längeren Aufenthalt verbunden.
4. Es seien hier nur Edwin Erich Dwinger und Josef Ponten genannt; Dwinger schrieb haßerfüllt seine Trilogie »Die deutsche Passion« (1929/32), in der er seine Erlebnisse aus dem Interventionskrieg gegen die Sowjetmacht auf weißgardistische Seite verdichtete; Ponten gestaltete von einem ›völkischen‹ Standpunkt aus in dem Romanzyklus »Volk auf dem Wege. Roman der deutschen Unruhe« (1930/42) das ›Auslandsdeutschtum‹ an der Wolga.
5. Im Moskauer Exil soll auch Julius Hay gelebt haben, es ist mir aber nicht gelungen, genaue Angaben über seinen Aufenthalt zu ermitteln; sein Drama »Haben« ist in Moskau 1938 uraufgeführt worden, ein anderes Drama, »Begegnung«, ist russisch publiziert.
6. Brief Friedrich Wolfs an seine erste Frau Käthe Wolf vom 5. Mai 1936, zit. nach: Friedrich Wolf, »Briefe« (s. Lit.), S. 41.
7. Erich Weinert: »Rufe . . .« (s. Lit.), S. 20.
8. In der UdSSR lebten neben den deutschen auch ungarische (mit der Zeitschrift »Uj hang«), bulgarische, französische (Jean Richard Bloch), polnische (Bruno Jasieński, Wanda Wasilewska) und andere Emigranten.
9. Die deutsche Neuauflage erfolgte dann als Rückübersetzung aus dem Russischen.
10. 1935 erschienen in der Verlagsgenossenschaft ausländischer Arbeiter u. a.: Egon Erwin Kisch: »Abenteuer in fünf Kontinenten«, Anna Seghers: »Der Weg durch den Februar«, Bodo Uhse: »Söldner und Soldat«, wobei die zwei letzten in der Zusammenarbeit mit dem Pariser Verlag Edition du Carrefour herausgegeben wurden; 1936 erschien O. M. Graf: »Der Abgrund. Ein Zeitroman«, der, in Moskau gedruckt, auch vom Malik-Verlag, London, vertrieben wurde. Außerdem erschienen dort die Arbeiten von Becher, Weinert, Erpenbeck, Scharrer u. a.
    Der Verlag für nationale Minderheiten, Kiew, gab z. B. 1938 »Die Vollendung des Königs Henri Quatre« heraus, zusammen mit dem Querido Verlag, Amsterdam.
11. »Internationale Literatur. Deutsche Blätter« 1/1937. Redaktionelle Bemerkung.
12. u. a. J. R. Becher, »Das Holzhaus« 3/1938, »Schlacht um Moskau« 1/2, 3/4, 5/6/1942; W. Bredel, »Der Spitzel« 2/1935, »Die Väter« 6/1941–7/8/1942; B. Brecht, »Kinderlieder für proletarische Mütter« 4/1933, »Die Horatier und die Kuriatier« 1/1936; A. Scharrer, »Familie Schuhmann« 3/1938; A. Seghers, »Die Rettung« 2/1938, »Das siebte Kreuz« 6, 7 u. 8/1939; E. Weinert, Gedichte in vielen Nummern; F. Wolf, »Zwei an der Grenze« 5/1938, »Das trojanische Pferd« 2/1937, »Beaumarchais« 11/1941; L. Feuchtwanger, »Exil« 8/1938 – 8/1939; H. Mann, »Der Weg der deutschen Arbeiter« 11/1936, »Die Vollendung des Königs Henri Quatre« 1/1937 – 4/1939, »Gestaltung und Lehre« 6/1939; Th. Mann, »Joseph in Ägypten« 6/1936, »Vom zukünftigen Sieg der Demokratie« 12/1938; A. Zweig, »Glückwunsch an die UdSSR« 3/1938.
13. »Internationale Literatur. Deutsche Blätter« 1/1937. Redaktionelle Bemerkung.
14. Den Thesen der Volksfrontbewegung wurden u. a. folgende Nummern gewidmet: II/1, II/4,5, II/9, II/10, III/9.
15. »Das Wort« I/1 (Juli 1936).
16. DZZ vom 21., 23., 24., 26. Juni 1935.
17. Erich Weinert: »Memento . . .« (s. Lit.), S. 104.
18. Die Gründung des NKFD war ein Ereignis von besonderer politischer Tragweite, da sich das Komitee zu einer Keimzelle der Aktivisten und Funktionäre in der späteren sowjetischen Besatzungszone und der DDR entwickelt hatte, weswegen es wohl auch zum Gegenstand wissenschaftlicher Untersuchungen sowohl in den beiden deutschen Staaten als auch in der UdSSR wurde.
19. Erich Weinert: »Das Nationalkomitee . . .« (s. Lit.), S. 131.
20. Daß man in jenen Jahren den revisionistischen Charakter der Lukácsschen Konzeption nicht wahrgenommen hat, mag verwundern, da sie bereits 1937 in seinem »Historischen Roman« fixiert wurde.

Literaturhinweise

I. B. Berchin: Istorja SSSR (1917–1964gg). **Moskau** 1966. Deutsch: Geschichte der UdSSR 1917–70. Berlin 1971. [Ergänzt und bearbeitet.]
Grundriß der Geschichte der deutschen Arbeiterbewegung. Berlin 1963.
Lexikon sozialistischer deutscher Literatur. Von den Anfängen bis 1945. Leipzig 1964.
Zur Tradition der sozialistischen Literatur in Deutschland. Eine Auswahl von Dokumenten. Berlin u. Weimar 1967.

A. Blank: Nazionalnyi komitet »Swobodnaja Germanija« – zentr antifaschistskoj borby nemezkich patriotow (1943–1945gg). Wologda 1963.
A. Blank u. B. Pevel: Nascha zel – swobodna Germanija. Moskwa 1969.
Sie kämpften für Deutschland. Zur Geschichte des Kampfes der Bewegung »Freies Deutschland« bei der 1. Ukrainischen Front der Sowjetarmee. Berlin 1959.
Bodo Scheurig: »Freies Deutschland«. Das Nationalkomitee und der Bund deutscher Offiziere in der Sowjetunion 1943 bis 1945. München 1960.
Damir K. Sebrow: Deutsche Schriftsteller im Kampf gegen den Faschismus 1941/42. In: Weimarer Beiträge (1968) Sonderheft 2, S. 160–181.
Hans-Albert Walter: Die Exilzeitschrift Das Wort. In: Basis. Jb. für deutsche Gegenwartsliteratur. Bd. 3. Frankfurt a. M. 1972. S. 7–60.
Erich Weinert: Das Nationalkomitee »Freies Deutschland« 1943–1945. Bericht über seine Tätigkeit und seine Auswirkung. Berlin 1957.

Johannes R. Becher: Sterne unendliches Glühen. Die Sowjetunion im Dichten und Denken der Deutschen. Berlin 1960.
Willi Bredel: Dokumente seines Lebens. Berlin 1961.
Alfred Kurella: Ich lebe in Moskau. Berlin 1947.
– Zwischendurch. Verstreute Essays 1934–1940. Berlin 1961.
– Der Mensch als Schöpfer seiner selbst. Beiträge zum sozialistischen Humanismus. Berlin 1961.
Franz Leschnitzer: Wahlheimat Sowjetunion. Halle 1963.
Erich Weinert: Rufe in die Nacht. Gedichte aus der Fremde 1933–1943. Berlin 1947.
– Nachdichtungen. Berlin 1959.
– Memento Stalingrad. Berlin 1961.
Friedrich Wolf: Briefe. Eine Auswahl. Berlin 1958.
– Aufsätze. Berlin 1960.

Internationale Literatur. 1931–45. Moskau.
Das Wort. 1936–39. Moskau.

Aus der umfangreichen Primärliteratur sind nur jene Werke genannt worden, die autobiographisch angelegt sind bzw. wichtige Aufschlüsse über die Exilsituation in der UdSSR verschaffen können.

MARIANNE O. DE BOPP

Die Exilsituation in Mexiko

Das geistige Leben in der deutschen Kolonie Mexikos vor 1933 war trotz gelegentlicher Ansätze von seiten der wenigen Intellektuellen und trotz der Vielfalt bestehender Vereinigungen mit gesellschaftlichen und sozialen Zielen recht spärlich. Die ›Mexikanistische Vereinigung‹ mit der Zeitschrift *El México Antiguo*, die eine und die andere kurzlebige Zeitschrift, eine *Deutsche Zeitung* – Lokalblatt von geringem Niveau, das sich 1933 sofort gleichschaltete –, dazu eine Theatervereinigung, der übliche Gesangverein, ein Chor und eine Kulturgruppe des Frauenvereins mit einer Leihbibliothek befriedigten die geringen kulturellen Bedürfnisse. Weder die Deutsche Schule noch die Gesandtschaft bildeten damals ein geistiges Zentrum. Die Flüchtlinge aus Franco-Spanien – Intellektuelle, Universitätsprofessoren und Philosophen – brachten dann neue Impulse ins geistige Leben Mexikos; die Exulanten aus Deutschland – unter ihnen viele aus geistigen Berufen – trugen neues, allerdings vorwiegend politisch ausgerichtetes Leben in die Kreise der Deutschsprachigen.
Die meisten Mexiko-Einwanderer hatten die üblichen Fluchtstationen erlebt: die Tschechoslowakei, Rußland und Asien, Frankreich mit den Konzentrationslagern der Vichy-Regierung, Nordafrika, Spanien, Kuba und Amerika – das Flüchtlingsdasein mit seiner täglichen Angst und Existenznot. Einige kamen, weil sie Angehörige im Lande hatten, andere durch politische Verbindungen schon in den frühen dreißiger Jahren. Nach den Ereignissen von 1939 erhielten die Teilnehmer am Spanienkriege eine generelle Einreiseerlaubnis nach Mexiko, wobei die Regierung Cardenas' in großzügigster Weise den Spaniern – und alle Kämpfer der republikanischen Armee galten als Spanier – politisches Asyl gewährte und ihre Einbürgerung erleichterte. Mit ihnen kam eine erste Gruppe deutscher Emigranten. Nach der Niederlage Frankreichs, im Juni 1940, folgte eine zweite Emigrationswelle, die sich mit dem Kriegseintritt der Vereinigten Staaten noch verstärkte. Mexikos Situation als Zufluchtsland war aber insofern untypisch, als ein großer Teil der Flüchtlinge – teils weil sie über Spanien kamen und deshalb das Visum für Mexiko erhielten, teils weil die Vereinigten Staaten ihnen ihrer Parteizugehörigkeit oder ihrer politischen Vergangenheit wegen die Einreise verweigerten – zunächst in Mexiko nur mit der Hoffnung Station machte, von hier aus nach den USA weiterreisen zu können.
Die Schiffe mit völlig mittellosen jüdischen und politischen Flüchtlingen aus Portugal und aus französischen Afrikalagern fanden kaum einen Hafen, der bereit war, sie aufzunehmen, und landeten so in Mexiko. Dort durften die Ankömmlinge im Gegensatz zu den meisten anderen Gastländern wenigstens arbeiten. Aber der Existenzkampf der Staaten- und Besitzlosen, die oft mit ungültigen Papieren eintrafen, war auch in Mexiko hart, besonders für diejenigen, die nicht lange von fremder Hilfe leben wollten. Wie überall fanden die Exilierten wenig Interesse und Verständnis, und ihre äußere Situation blieb sehr schwierig. Parteikommunisten erhielten Parteigelder, arbeiteten sogar in Regierungsstellen, die übrigen lebten von Verwandten und von Unterstützungen der Hilfskomitees; Frauen wurden Kosmeti-

kerinnen, Photographinnen, nähten Wachstuchschürzen oder übernahmen Pflege-
stellen, während der frühere Rechtsanwalt, Schriftsteller oder Lektor mit einem
Bücherköfferchen hausieren ging, in kleinen Bürostellungen arbeitete, Restaurants
eröffnete oder Kuchen backte. Das Erstaunliche war, wie bürgerlich und deutsch die
meisten trotz allem dabei blieben.

Die Exilsituation, die mit einem unausweichlichen »Zwang zur Politik«, wie Thomas Mann 1939 sagte, verbunden war, förderte eine Gruppenbildung, die bei den
radikal marxistisch Eingestellten ihrer aktivistischen Parteihaltung entsprach, aber
für die Unpolitischen zu einem unlösbaren Konflikt wurde. Kaum einer, der sich
nicht der zahlenmäßig stärksten und aktivsten Gruppe, eben den Kommunisten, anschloß, konnte unter den Flüchtlingen irgendwelchen Einfluß gewinnen. Er mußte
nicht nur als Emigrant Außenseiter bleiben, sondern erschien auch als politischer
oder unpolitischer Einzelgänger.

Die Aufsplitterung in Gruppen und Grüppchen verhinderte ebenso ein gemeinsames
politisches Verhalten wie eine einheitliche kulturelle Leistung. Auch die literarische
Produktion der Emigranten in Mexiko blieb trotz aller Mühe, Arbeit und Opfer
einzelner nicht nur quantitativ, sondern auch qualitativ unbedeutend. Die Intellektuellen, die nach Mexiko kamen, waren plötzlich Politiker ohne Gefolgschaft und
Schriftsteller ohne Leser, selbst wenn ihr Name in Europa einigen Klang gehabt
hatte. Die alteingesessene deutschsprachige Kolonie kannte und las sie nicht, ein
Echo fanden sie nur im kleinen Kreis ihrer Leidensgenossen. Ihre Arbeit und Entwicklung waren unterbrochen, ihre Kommunikationsmittel vernichtet. Die wenigsten fanden eine Möglichkeit, etwas im neuen Land zu veröffentlichen. In einem so
fremden Sprachbereich wie dem der lateinamerikanischen Länder hatte ein Autor
nicht nur Schwierigkeiten bei der Übersetzung seiner Arbeiten zu überwinden, sondern mußte vor allem mit dem völligen Unverständnis für seine politischen wie
persönlichen Probleme rechnen. Umgekehrt blieben die wesentlichen ökonomisch-
politisch-geistigen Probleme des Gastlandes auch wieder den meisten Einwanderern
fremd; denn abgesehen vom Kampf um die Sprache war die komplizierte Vielfalt
der Kulturen, entstanden durch verschiedenartige Mischungen indianischer und europäischer Völker und die geschichtlichen Ereignisse, für den Europäer nicht so schnell
zu begreifen. Niemals war den Emigranten das Gastland ihr wirkliches Anliegen,
auch wenn sie, wie die kommunistische Gruppe behauptete, für die mexikanische
Politik arbeiteten. Auch ihre kulturellen Bestrebungen wurden durchweg von einer
politisch-kämpferischen Einstellung zu Europa bestimmt.

Das wurde selbst bei den Außenseitern sichtbar, die ohne Teilnahme an politischen
Gruppen und oft im Gegensatz zu ihnen sich einzuleben suchten. Otto Rühle zum
Beispiel, sozialdemokratischer Abgeordneter des Reichstags, der als pazifistischer
Sozialist im Kaiserreich die Kriegskredite verweigert, später die gefangene Rosa
Luxemburg unterstützt, auch seiner Partei gegenüber seine Unabhängigkeit bewahrt
hatte, floh bald nach der Machtergreifung Hitlers. Er ging zunächst in die Tschechoslowakei, wo er eine Zeitlang Asyl fand, bis er eingeladen wurde, zusammen mit
seiner Frau Alice Rühle-Gerstel, einer bekannten Schriftstellerin auf psychoanalytischem Gebiet, nach Mexiko zu kommen, um im Erziehungsministerium des Präsidenten Cardenas bei der Ausarbeitung der Grundlagen einer neuen sozialistischen
Erziehung zu helfen. Fern von aktiver Politik, aber angefeindet als ›Trotzkist‹ – er

war in der Tat ein Freund Trockijs, der damals in Mexiko lebte –, setzte er seine wissenschaftlichen ökonomisch-politischen Arbeiten fort. In Mexiko veröffentlichte er *La escuela del trabajo* (1938; Die Arbeitsschule) und andere pädagogische Arbeiten. Als er nach kurzer Krankheit, mit 69 Jahren, im Jahre 1943 starb, beging seine Frau Selbstmord.

Bereits Ende 1937 war die ›Liga pro Cultura alemana‹ mit Hilfe der mexikanischen Kommunisten (Comité Nacional Antisinarquista) gegründet worden, »einig im Kampf um Demokratie und Freiheit«, zu deren aktiven Mitgliedern auch einige deutschsprachige Kommunisten gehörten. Unter ihnen war der Schriftsteller Bodo Uhse. Ursprünglich aktives Mitglied der Nationalsozialisten, war er wegen seiner Verbindung mit der revolutionären Bauernbewegung aus der NSDAP ausgeschlossen und 1934 ausgebürgert worden. Er kämpfte in Spanien und kam 1940 nach Mexiko. Das Ziel der ›Liga‹ war ursprünglich die Bildung einer überparteilichen Organisation aller Antinationalsozialisten. Unter ihren Gründern war der mit einer Mexikanerin verheiratete Berliner Journalist Enrique (Heini) Gutmann, der politisch aktiv seine Ideen vertrat und dessen Eltern eine Reihe von literarischen Abenden und Lesungen deutscher Dichter veranstalteten. Sein Vater schrieb in Mexiko ein auf spanisch veröffentlichtes und von der Wiener Ärztin Else Volk übersetztes Buch: *El Retorno del Hombre de las Cavernas* (Die Rückkehr des Höhlenmenschen). Da die jüdischen Hilfskomitees sich bevorzugt der Juden annahmen, bemühte sich die ›Liga‹ vor allem um die nichtjüdischen Flüchtlinge. Sie besaß sogar einen kleinen Verlag, der einige politische Bücher herausbrachte, darunter aber auch das Goethe-Buch des Führers der mexikanischen Kommunisten, Lombardo Toledano. Gutmann, der in Mexiko starb, gründete noch einen Verlag mexikanischer Bücher, der später zu dem heute noch bestehenden Verlag E.D.I.A.P.S.A. umgewandelt wurde.

Mit dem Hitler-Stalin-Pakt stellten die mexikanischen Kommunisten ihre Anti-Hitler-Propaganda ein, und auch die ›Liga‹ nahm erst nach Hitlers Überfall auf die UdSSR, Ende 1941, ihre Arbeit wieder auf. In dieser Zeit kamen aus Europa die politisch aktivsten Emigranten, schon in zwei Parteien, Kommunisten und Antikommunisten, gespalten, die beide sofort versuchten, sich der ›Liga‹ zu bemächtigen. Zunächst bemühte sich eine dezidiert antikommunistische Gruppe mit Victor Serge an der Spitze um die Führung, der Spanienkämpfer und saarländische Schriftsteller Gustav Regler engagierte sich, dann folgten die Parteikommunisten, während die Gründer der ›Liga‹ noch weiter versuchten, jede Festlegung auf eine politische Richtung zu verhindern: Der antifaschistische Kampf sei kein Monopol einer einzigen Gruppe, bei der es um egoistische Parteimanöver gehe. Gustav Regler, der durch politische Verbindungen zu einflußreichen Nordamerikanern nach dem Spanienkrieg nach Mexiko kam und zunächst im Vorort Coyoacan, dann in Tepoztlan in der Nähe von Cuernavaca – am Ende völlig zerstritten mit der stalinistischen Gruppe – lebte, versuchte sein Haus, dem Marie-Louise Vogeler, die Tochter des Worpsweder Malers, bis zu ihrem frühen Tode vorstand, zu einem Mittelpunkt des kulturellen Lebens zu machen. Er schrieb ein Mexikobuch *Vulkanisches Land*, Artikel über Mexiko: *Amimitl*, ein Epos *The Bottomless Pit* und war als ehemaliger Mitarbeiter am *Berliner Tageblatt* ein eifriger Förderer der chilenischen *Deutschen Blätter*.

Nach der heftigen Auseinandersetzung um die Führung der ›Liga‹ gründeten die deutschen Kommunisten ihre eigene Organisation, das ›Freie Deutschland‹. Diese ›Bewegung Freies Deutschland für Mexiko‹, wie sie genau hieß, umfaßte eine Reihe von Untergruppen: eine ›Federación Antifascista‹, der die ›Accion Republicana‹ der Österreicher beitrat (ihr Präsident Neuhaus eröffnete gerade damals eine Buchhandlung mit fremdsprachigen, vor allem auch deutschen Büchern), die ›Menorah‹, die deutsch-jüdische Vereinigung, der ›Heinrich-Heine-Club‹ und das ›Lateinamerikanische Comité der Freien Deutschen‹, das für ein demokratisches Deutschland eintrat und gegen ›Das andere Deutschland‹ in Buenos Aires polemisierte, das die Verwirklichung des Sozialismus in Deutschland anstrebte. Aber die gesamte politische wie kulturelle Tätigkeit der Emigranten, die nun einsetzte, wurde mit dem Blick auf Europa unternommen und stand im Zeichen politischer Machtgruppierungen. Man verteilte damals bereits die künftigen Ministerportefeuilles eines sozialistischen Deutschland unter sich: Ludwig Renn sollte in der von Mexiko aus organisierten deutschen Regierung Kriegsminister werden, Anna Seghers Kultusminister, der frühere kommunistische Reichstagsabgeordnete Paul Merker Präsident; nur Alexander Abusch übernahm in der Tat später wirklich ein Ministeramt in der DDR. Die kommunistischen Antifaschisten wirkten in Mexiko gleichsam weniger als Emigranten, denn als militante Parteifunktionäre, und keiner von ihnen hatte auch die Absicht, im Lande zu bleiben. Mit verschieden etikettierten Organisationen versuchten sie, die sich mißtrauisch abseits haltenden jüdischen Vereinigungen und die deutsche Kolonie, die sich immer stärker von ihnen zurückzog, ebenso wie die mexikanische Öffentlichkeit zu gewinnen. So schlossen sie sich nicht nur wie die ›Liga‹ »der nationalen Trauer« an, als ein mexikanisches Schiff von deutschen U-Booten versenkt wurde, sondern stellten sich auch für den eigentlich Ausländern verbotenen Militärdienst zur Verfügung, da sie »über militärische Experten, Ärzte, medizinisches Personal, Techniker und Propagandisten mit militärischer Ausbildung oder direkter Kriegserfahrung« verfügten.

Haupt der kommunistischen Gruppe war zunächst Ludwig Renn, der Autor von *Krieg* (1928), neben dem Schriftsteller Bodo Uhse einer der aktivsten politischen Kämpfer, sowohl im Spanischen Bürgerkrieg wie in Mexiko. Anfangs erklärte er die ›Liga pro Cultura alemana‹ für die elfte Brigade der Spanienkämpfer, der jeder angehören müsse. Er lebte noch eine Zeitlang sozusagen weiter im Spanienkrieg, der allerdings in Mexiko für niemanden die ungeheure Bedeutung hatte wie für ihn, und fand sich in der uneuropäischen Umgebung nur schwer zurecht. Als ›Spanier‹ ins Land gekommen, gab er Unterricht an der Militärschule, hielt 1940/41 Vorlesungen über europäische Geschichte an der lateinamerikanischen Universität in Morelia und wohnte in einer Art kommunistischer Kolonie von Emigranten und Amerikanern in einer Vorstadt.

Neben ihm waren die prominentesten literarischen Namen Anna Seghers und Egon Erwin Kisch. Es gingen damals Gerüchte um, daß auch Leonhard Frank, Franz Werfel, Friedrich Wolf und etwa zwanzig deutsche Intellektuelle mit bekannten Namen nach Mexiko kommen würden, aber trotz angeblich erteilter Einreiseerlaubnis landeten die meisten von ihnen in den Vereinigten Staaten.

Die Zwietracht zwischen den antifaschistischen Gruppen, dem Hilfsverein emigrierter Schriftsteller – der nur Namen der kommunistischen Autoren umfaßte – und den anderen Vereinen und Schriftstellern, entzündete sich an der Parteipropaganda. Die

Einflußnahme geschah zunächst durch die von ihnen herausgegebenen Zeitungen und Zeitschriften, voll von kämpferischer Literatur mit vorherrschender sozialistischer oder getarnt kommunistischer Tendenz. Im Oktober 1941 wurde die Monatsschrift *Das Freie Deutschland* gegründet, eine literarisch-politische Zeitschrift, die zwar keine Honorare bezahlen konnte, aber in ständigem Kontakt mit deutschen Dichtern und Schriftstellern in der Sowjetunion und den Vereinigten Staaten stand und als Mitarbeiter Heinrich und Thomas Mann, Lion Feuchtwanger, Bruno Frank, Ferdinand Bruckner, Hubertus Prinz zu Löwenstein, F. C. Weiskopf, Bruno Frei, Karl Barth und Paul Tillich auswies. Ihre prominenten Mitarbeiter in Mexiko waren u. a. Ludwig Renn, Anna Seghers, Egon Erwin Kisch, Bodo Uhse, Paul Mayer, Paul Westheim, Rudolf Fuerth, Theodor Balk, Margarita Nelken (eine spanische Kritikerin deutscher Abkunft), Hannes Meyer (Architekt), Alexander Abusch, Dr. Leo Katz, Gertrud Dueby (Erforscherin der Lacandonen in Chiapas, verheiratet mit dem Archäologen Blom), Erich Jungmann und Prof. Wilhelm Reich. Die Zeitschrift bestand bis 1946 und behauptete, etwa 20 000 Menschen in Nord- und Lateinamerika, England, Rußland, Palästina und Afrika zu erreichen. *Alemania Libre*, in spanischer Sprache, war gleichzeitig das Kampforgan für die mexikanische Öffentlichkeit. Der *Deutsch-Mexikaner*, seit April 1943, war die deutschsprachige Beilage von *Alemania Libre*, die politische, kulturelle und juristische Fragen der Deutschen in Mexiko behandeln sollte und später zu der Zeitung *Demokratische Post* ausgebaut wurde, dem »Organ der deutschen Demokraten in Mexico und Mittelamerika« (1943–46). Daneben existierte noch *Europa bajo el Fascismo*, die Zeitung der ›Liga pro Cultura alemana‹, eine *Sozialistische Tribüne* der sozialdemokratischen Gruppe, eine *Tribuna israelita*, ein *Freier Deutscher Pressedienst* und 1943 die kurzlebige, recht luxuriöse Zeitschrift *DYN*, die der Maler Wolfgang Paalen herausgab. Nach Mexiko kamen auch der New Yorker *Aufbau*, die Londoner *Zeitung* und vor allem die chilenischen *Deutschen Blätter* – von einem ungleich höheren Niveau als das *Freie Deutschland* –, für deren Verbreitung Philipp Berlin und seine Frau eine eigene Gruppe in Mexiko zu bilden suchten.

Die meisten dieser Publikationen waren literarisch erweiterte politische Kampfblätter. Egon Erwin Kisch berichtet in seinen Erinnerungen, wie man ohne richtige Druckerei und Setzmaschinen, mit einer zu geringen Menge Blei, das nach jeder gedruckten Seite wieder eingeschmolzen werden mußte, ohne deutschen Setzer und ohne mehr als hundert Dollar Kapital an die Gründung des *Freien Deutschland* ging – aber mit so viel anerkannten Mitarbeitern, wie sie keine deutsche Zeitschrift der Friedenszeit kannte. Alle diese Zeitungen und Zeitschriften verschwanden unmittelbar nach dem Kriege, als der größte Teil der kommunistischen Emigranten nach Ostdeutschland zurückkehrte. Die ältere deutsche Kolonie hatten sie nie erreicht.

Das ›Freie Deutschland‹ hatte 1942 die Absicht verbreitet, Mexiko zu einem literarischen Zentrum für Exilliteratur zu machen. Der Anfang wurde gemacht mit der Gründung eines deutschsprachigen Buchverlages ›El Libro libre‹ (Das freie Buch), der, ebenfalls ohne Kapital, gemeinsam mit deutschsprachigen Schriftstellern anderer Nationen unterhalten werden sollte. Lektor des Verlages war Paul Mayer, früher in gleicher Funktion beim Rowohlt-Verlag und mit Ernst Rowohlt befreundet. Er selbst veröffentlichte in dem Verlag einen Gedichtband *Exil* (1944), die einzige

Lyrik der Mexiko-Emigranten. Am Jahrestag der Bücherverbrennung, 1942, konnte der Verlag bereits sieben Bücher ankündigen, die mit einer Auflage von je 500 Exemplaren herauskamen. Egon Erwin Kischs *Marktplatz der Sensationen* eröffnete die Reihe. Kisch, der über Paris, den Spanischen Bürgerkrieg und New York 1940 nach Mexiko gekommen war, schrieb später die journalistischen – auch spanisch publizierten – *Entdeckungen in Mexico* (1945). 1945, zu Ehren seines 60. Geburtstags, wurde eine Festschrift des Internationalen Schriftstellerkomitees in Mexiko herausgegeben. In ›El Libro libre‹ folgten *Unholdes Frankreich* (1942) von Lion Feuchtwanger, über seine Emigrationserlebnisse, und die erste deutsche Ausgabe von *Das siebte Kreuz* (1942) von Anna Seghers, der Roman, in dem sie den in der Diktatur gefangenen, hilflosen Menschen Deutschlands zeichnet. Anna Seghers lebte von 1941 bis 1947 in Mexiko, das für einige ihrer Erzählungen wie *Der Ausflug der toten Mädchen* (1946) und *Crisanta* (1950) unmittelbar Schauplatz wurde.

Ludwig Renn veröffentlichte im Verlag ›El Libro libre‹ *Adel im Untergang* (1944), einen Teil seiner Erinnerungen, Bodo Uhse *Leutnant Bertram* (1943), einen Roman über den Einsatz der Legion Condor im Kampf gegen die spanische Republik, Theodor Balk einen *Führer durch Sowjet-Krieg und Frieden* (1942) und den Roman *Das verlorene Manuskript* (1943), Leo Katz *Totenjäger* (1944); Paul Merker, der frühere Reichstagsabgeordnete, publizierte Politisches: *Was wird aus Deutschland?* (1943) und *Deutschland Sein oder Nichtsein* (1944/45). Heinrich Mann, in Kalifornien lebend, gab dem Verlag sein Buch *Lidice* (1943), Bruno Frank, ebenfalls in Kalifornien, den Roman *Die Tochter* (1943), Ernst Sommer, nach London emigriert, *Revolte der Heiligen* (1944), und F. C. Weiskopf, in Rußland, *Vor einem neuen Tag* (1947). Dazu kamen noch einige spanische Veröffentlichungen wie *El Libro Negro del terror Nazi en Europa* oder von André Simone (Otto Katz): *La batalla de Rusia* (1943) und das Kongreß-Protokoll: *Unser Kampf gegen Hitler* (1943). Eine Reihe geplanter Bücher kam nicht mehr heraus, darunter waren ein Roman von Il'ja Ehrenburg *La caída de Paris* (Der Fall von Paris), eine Biographie des mexikanischen Kommunistenführers Vicente Lombardo Toledano von André Simone, *Die Verpreußung Deutschlands* von Bruno Frei und *Steckbrief gegen die deutschen Kriegsverbrecher* von Rudolf Fuerth. Mangel an Kapital, der auch eine unregelmäßige Auslieferung der Bücher bewirkte, und vor allem die wieder einsetzende Veröffentlichung deutscher Anti-Hitler-Literatur in Europa nach dem Kriege beendeten das Unternehmen.

Erster Präsident des im November 1941 gegründeten Heinrich-Heine-Clubs, der vor allem die kulturellen Interessen übernehmen und lenken sollte, war der Dirigent Dr. Ernst Roemer, später Anna Seghers und Egon Erwin Kisch mit Dr. Roemer als Vizepräsidenten. Im Vorstand saßen Dr. Paul Mayer, Dr. Leo Deutsch, Dr. Rudolf Feistmann (Fuerth) und Bodo Uhse, neben einigen Mexikanern und Demokraten der alten Kolonie. Sie nannten sich ›Asociación de Intelectuales Antinazis de habla alemana‹ (Verein antinazistischer Intellektueller deutscher Sprache) und veranstalteten Vorträge, Vorlesungen ihrer Werke, Kurse – wie z. B. 1942 »Noch sind nicht alle Märzen vorbei. März in der deutschen Literatur von Büchner bis Heine« –, Konzerte – wie Schönbergs *Pierrot Lunaire* – und Theateraufführungen, die Berufsschauspieler unter den Flüchtlingen in deutscher Sprache und spanischer Übersetzung, auch als Regisseure, allerdings ohne viel Erfolg, organisierten. Mit ihnen spielte Ernst Deutsch, auf Besuch von den Vereinigten Staaten, Ibsens *Gespenster*; und im Mai 1945, zu Kischs 60. Geburtstag, wurde *Der Fall des Generalstabschefs Redl* aufgeführt, wobei sämtliche Rollen von Kischs Schriftsteller-Freunden besetzt waren; Einakter von Schnitzler und Courteline – mit Charles und Luise Rooner, Stefanie Spira, Brigitte Chatel, Albrecht Victor Blum u. a. – kamen auf die Bühne. Am 10. Mai 1942 organisierte der Club eine Kundgebung zum Gedächtnis der nationalsozialistischen Bücherverbrennung.

Die ›Bewegung Freies Deutschland‹ wurde im Mai 1943, als der erste Landeskongreß – der, wie die mexikanischen Zeitungen schrieben, mit Ausnahme einiger sympathisierender Mexikaner nichts Lateinamerikanisches an sich hatte – mit einigem propagandistischen Aufwand veranstaltet wurde, von der mexikanischen Regierung zunächst anerkannt; Regierungsvertreter und Politiker nahmen teil, aber die Warnungen vor einer offen stalinistischen Vereinigung, die über ein lateinamerikanisches Komitee alle antifaschistischen Bewegungen kontrollieren wolle, häuften sich; und als Roosevelt ebenso wie Churchill und de Gaulle die Ernennung zu Ehrenpräsidenten ablehnten, war die Bewegung diskreditiert, und den Mitgliedern wurde sogar die Einreiseerlaubnis an der amerikanischen Grenze verweigert. Die meisten kulturellen oder politischen Vereinigungen rückten von ihnen ab, seit die anfängliche Unsicherheit über die Ziele des ›Freien Deutschland‹, die zu abwartender Haltung oder sogar vorsichtiger Annäherung geführt hatte, beseitigt war. Das Ansehen der ›Freien Deutschen‹ in der mexikanischen Öffentlichkeit und ihre Anerkennung bei den mexikanischen Behörden schwand; die alteingesessenen Deutschen wiesen sie ab, vor allem als sie mit Denunziationen und Repressalien nach dem Krieg zu drohen begannen und die Vertretung aller demokratischen Deutschen monopolisieren wollten. Die Mitglieder des ›Freien Deutschland‹ kehrten mit wenigen Ausnahmen unmittelbar nach Kriegsende nach Ostdeutschland zurück, eigentlich fast ohne eine Spur zu hinterlassen, nicht anders als die meisten Außenseiter.

Von diesen sind noch einige Namen zu erwähnen. So Otto Klepper, preußischer Finanzminister vor 1933, der mit seiner Frau Babette Gross nach dem vergeblichen Kampf gegen die Nazis über Frankreich nach Mexiko kam und Mitte 1947 zurück nach Deutschland ging, wo er sich in Frankfurt a. M. niederließ. Er publizierte Artikel über Wirtschafts- und Finanzfragen, wie *Vorfragen des Friedens*, geschrieben 1946 in Cuernavaca (México), die er in den chilenischen *Deutschen Blättern* veröffentlichte. – Paul Westheim, der bekannte Kunstkritiker, kam Ende 1941 mit einem der Flüchtlingsschiffe. Sein Studiengebiet im Exil wurde die altmexikanische wie die zeitgenössische mexikanische Kunst; er veröffentlichte bis zu seinem Tode auf einer Deutschlandreise Bücher und Artikel (*Die Kunst im alten Mexico*), die ihn durch die hervorragenden Übersetzungen seiner Frau in mexikanischen Intellektuellenkreisen bekannt machten. Er war einer der wenigen, die in Mexiko ihre Heimat fanden, stand jeder Politik fern, war aber mit einzelnen Mitgliedern des ›Freien Deutschland‹ befreundet oder auch verfeindet. – Auch Franz Pfemfert, einst Herausgeber der im Expressionismus führenden Berliner revolutionären Wochenschrift *Aktion*, blieb in Mexiko, ließ sich, fern aller Politik, als Photograph nieder und starb im Mai 1954.

Selbstverständlich gab es Beziehungen zu den andern Ländern Lateinamerikas, vor allem zu den Emigranten in Argentinien, Brasilien und Chile. In Argentinien existierte das von einem Schweizer gegründete *Argentinische Tageblatt* und der Verlag einer Gruppe von Antinazis. In Chile sind vor allem *Die Deutschen Blätter* (1943 bis 1946) zu nennen, eine Zeitschrift von hohem Niveau, die sich zur Idee der Humanität bekannte und für das ›andere Deutschland‹ eintrat, mitgegründet von Paul Zech, herausgegeben von Udo Rukser, der 1971 starb, und Albert Theile, der heute die Zeitschrift *Humboldt* herausgibt. Die *Deutschen Blätter*, die den Untertitel »Für ein europäisches Deutschland, gegen ein deutsches Europa« trugen, wurden viel gelesen, auch von deutschen Kriegsgefangenen in USA.

Literaturhinweise

Marianne O. de Bopp: Die deutsche Presse in Mexico. Entwicklung und gegenwärtiger Stand der deutsch-mexikanischen Zeitungen und Zeitschriften. In: Publizistik (Mai/Juni 1961) S. 145–164.

Wolfgang Kießling: Das Werden und Wachsen der Bewegung ›Freies Deutschland‹ in Mexico und des Lateinamerikanischen Komitees der Freien Deutschen unter Führung der Parteiorganisation der KPD in Mexico (1941–1943). Diss. Berlin [Ost] 1968 (masch.).

HUGO KUNOFF

Literaturbetrieb in der Vertreibung: Die Exilverlage

Die kulturpolitischen Maßnahmen der Nationalsozialisten erstreckten sich außer auf Autoren auch auf Verleger und Buchhändler; den ins Exil gezwungenen Autoren folgten ihre Verleger und Lektoren und, im Laufe der Jahre, auch ein Teil ihrer Leser. Schon unmittelbar nach der Machtergreifung verließen die ersten Verleger und Verlagsangestellten Deutschland und nahmen in Exilländern ihre Arbeit in neugegründeten Verlagen oder bei ausländischen Häusern auf. Die ersten Exilverlage wurden im Frühjahr 1933 gegründet, ihre Produktion lief schnell an. Zwei Jahre später erschien bereits die erste Zusammenstellung deutscher Exilliteratur.[1] Doch fand die Arbeit der Exilverlage, abgesehen von denen der Sowjetunion, natürlich unter sehr erschwerten Bedingungen statt. Die wirtschaftliche Situation im Gefolge der Weltwirtschaftskrise bot eine wenig günstige Voraussetzung für neue Unternehmen. Das Risiko einer Neugründung war größer, der Absatz der Produktion problematischer und der Widerstand der einheimischen Buchindustrie gegen die konkurrierenden Emigranten stärker. Von deutscher Seite wurden die Asylländer bedrängt, die Exilverlage entweder zu verbieten oder wenigstens in ihrer Tätigkeit zu beschränken. Die diplomatischen Vorstellungen und der politische Druck hatten auch öfters die erwünschten Resultate, besonders in den kleineren Staaten, die, von ihren eigenen Parteigängern des Dritten Reiches bedrängt und darauf bedacht, Konflikten mit Deutschland aus dem Wege zu gehen, auch von sich aus Anstalten trafen, die Exilverlage zu kontrollieren und ihre Produktion der Zensur zu unterwerfen. Wirtschaftlich unerwünscht und politisch schutzlos waren die Exilverlage diesen Maßnahmen ausgesetzt. Im Rahmen der wirtschaftlichen Bekämpfung der Exilverlage versuchten deutsche Stellen, einzelne Verlage durch Ankauf zu neutralisieren. Das ›Dumping‹ von deutschen Büchern und selbst von beschlagnahmter verbotener Literatur im Ausland, vorgenommen hauptsächlich zur Beschaffung von Devisen, richtete sich auch gegen die wirtschaftlichen Interessen der Emigranten. Ein ernster geschäftlicher Nachteil für die Exilverlage war der Wegfall der Leipziger Buchvertriebseinrichtungen. Der Verlust zentraler Kommissionslager und die Unmöglichkeit des Versands von Sammelsendungen schmälerten den Verdienst der Buchhändler an Exilliteratur und verkleinerten daher auch den geschäftlichen Anreiz, solche Bücher zu führen.

Zu den äußeren Schwierigkeiten der Exilverlage traten die internen, zuvörderst der Mangel an Betriebskapital. Das Fehlen finanzieller Reserven machte eine langfristige Verlagsplanung unmöglich; große Projekte und Spezialvorhaben waren kaum zu realisieren. Schon eine einzige Fehldisposition oder ein buchhändlerischer Mißerfolg konnte das Ende eines Verlags bedeuten. Die Knappheit der Geldmittel zwang zur Improvisation, zur schnellen und billigen Lösung, zur sparsamen Buchherstellung und zur Einschränkung des Personals. Verleger und manchmal sogar die Autoren und ihre Familienmitglieder mußten beim Bestellen, Abrechnen und Versand der Bücher mithelfen. Die Arbeit der Verlage wurde ferner durch die Sprachschwierigkeiten der Setzer und Drucker kompliziert, die Druckereien lieferten Texte, die das übliche Maß an Druckfehlern weit überschritten. Oder die Herstellung eines Buches wurde dadurch erschwert, daß die einzelnen Arbeitsphasen auf mehrere Länder verteilt waren. So wurden z. B., nachdem Bermann-Fischer Schweden verlassen hatte, die Manuskripte seines Stockholmer Verlages in New York bearbeitet und dann – mitten im Kriege – per Schiff nach Stockholm zum Druck geschickt. In Anbetracht der Transportschwierigkeiten und Kriegsgefahren war dann an den Versand von Korrekturen nicht zu denken.

Das Hauptproblem und der eigentliche Grund der finanziellen Schwierigkeiten der Exilverlage war jedoch der Mangel an Buchkäufern. Die Verlage befanden sich in einem Teufelskreis: Der Abnehmermangel bedingte kleine Auflagen, die zu erhöhten Preisen führten, welche dann wiederum die Zahl der Abnehmer reduzierten. Abgeschnitten von den Lesern in Deutschland, blieben den Exilverlagen zunächst nur die deutschsprachige Schweiz, Österreich und die deutschen Sprachinseln der anderen Länder als Markt. Es gelang auch, den Vertrieb außerhalb Deutschlands zu vergrößern, bis 1938 wiederum eine retrograde Entwicklung einsetzte. Durch den Verlust des Saarlandes, den Anschluß Österreichs, das Münchner Abkommen, die Aufteilung der Tschechoslowakei und den darauffolgenden Krieg wurde der Absatz deutscher Exilliteratur erneut eingeschränkt. Nach der Kapitulation Frankreichs ließ sich deutsche Exilliteratur dann hauptsächlich nur in der Schweiz, der Sowjetunion und Amerika verkaufen.

Die besten Chancen zur Überwindung der Schwierigkeiten hatten Exilverlage, die als Nebenabteilungen schon bestehender Verlage geführt wurden, so die Häuser Querido und Allert de Lange in Amsterdam. Ihren Erfolg und die relative Dauerhaftigkeit verdanken diese von deutschen Emigranten geleiteten Verlage – neben der Zugkraft ihrer Autoren – in großem Maße den Hilfeleistungen der holländischen Mutterfirmen, deren Marktkenntnissen, finanzieller Teilnahme und Vertriebseinrichtungen.

Von ähnlicher Stabilität waren nur noch die Verlage der verbotenen deutschen Parteien wie z. B. die Verlagsanstalt Graphia, Karlsstadt (SPD); die Editions du Carrefour, Paris (KPD); und der Ring Verlag, Zürich, eine Zweigstelle der Verlagsgenossenschaft ausländischer Arbeiter in der UdSSR, Moskau/Leningrad. Bei diesen Verlagen leisteten natürlich die Parteikassen finanzielle Hilfe, die Parteipresse trug zur Propagierung der Verlagsproduktion bei und die Parteigenossen zu ihrer Abnahme.

Zu den wichtigsten Exilverlagen gehörten die in der Emigration weitergeführten verbotenen Verlage Deutschlands. So gelang es z. B. Wieland Herzfelde, gestützt auf Auslandsguthaben und die Hilfe von Freunden, seinen Malik-Verlag in Prag zu reetablieren. Bermann-Fischer, dem es von nationalsozialistischer Seite erlaubt worden war, einen großen Teil des S. Fischer Verlags in die Emigration mitzunehmen, setzte seine Arbeit in Wien und später in Stockholm fort.

Eine besondere Form von Exilverlagen entstand mit den Gemeinschaftsunternehmen emigrierter Autoren, die meist der politischen Linken angehörten. Diese Verlage begannen während des Krieges zu arbeiten, als die europäischen Exilverlage dezimiert und die Vereinigten Staaten zum Hauptasylland wurden. Beispielhaft war hier die Editorial El Libro libre in Mexico City, eher eine Selbsthilfeorganisation als ein regelrechtes Verlagshaus. Schließlich gab es Verlage, die sich nur der Werke einzelner Autoren annahmen, der Imago Verlag in London, der Schriften von Sigmund Freud und Theodor Reik brachte, und der Verlag für Sexualpolitik, Oslo/Kopenhagen, der Arbeiten von Wilhelm Reich publizierte.

Die Mehrzahl der Emigranten fand natürlich nicht im entferntesten solche verlegerische Betreuung. Für viele Autoren war es überhaupt unmöglich, ihre Bücher bei einem Verlag unterzubringen, und sie waren zur Selbsthilfe gezwungen. Sogar bekannte Autoren, darunter Paul Zech, Kurt Hiller, Else Lasker-Schüler, Emil Ludwig, Oskar Maria Graf und Hans Marchwitza, ließen hin und wieder Bücher im Selbstverlag drucken.

Ein beträchtlicher Teil freilich der deutschen Exilliteratur erschien in ausländischen Verlagen. An erster Stelle muß hier der Züricher Verleger Emil Oprecht genannt werden, der sich in so breitem Umfang der deutschen Emigranten annahm, daß seine Häuser durchaus als Exilverlage anzusehen sind. In der Sowjetunion, in der es keine Neugründungen von Exilverlagen gab, erschien die deutsche Literatur in den bestehenden Verlagen. Zu den Verlagen Westeuropas, in denen Bücher deutscher Emigranten erschienen, obwohl in viel kleinerem Umfang als bei Oprecht und den sowjetischen Häusern, zählen Munksgaard in Kopenhagen, Les Belles Lettres in Paris, Blackwell und Gollancz in Oxford und London, Brill und Sijthoff in Leiden, Elsevier in Amsterdam, Almquist & Wiksell in Stockholm, Artemis, Atlantis und Orell Füssli in Zürich. Die Verlage Farrar & Rinehart und Harper in New York nahmen sich ebenfalls hin und wieder deutscher Exilautoren an.

Viele Exilverleger boten ihren Autoren nicht nur Veröffentlichungsmöglichkeiten, sondern auch, neben den Honoraren, persönliche Hilfe und Schutz. Sie waren unermüdliche Helfer bei der Beschaffung von Aufenthaltsgenehmigungen und Reisepapieren, Beschützer vor Fremdenpolizei und politischen Feinden. Mancher Autor verdankt seine Rettung aus den französischen Lagern der Intervention seines Verlegers. Die verbotenen Autoren, die in Deutschland nicht nur ihre Leser, sondern auch die Verlagsrechte verloren hatten, verließen die Heimat meist mittellos und blieben es auch im Exil. Während dieser Zeit waren die Honorare der Exilverleger für die Autoren die einzig sichere, obwohl in den meisten Fällen recht kleine Einnahme. Beiträge für Zeitungen und Zeitschriften wurden gar nicht oder nur schlecht bezahlt. Für die im Ausland bekannten Autoren blieben die Übersetzungshonorare, die unter normalen Umständen oft nur Nebeneinnahmen sind, eine entscheidende Hilfe. Die Exilverleger suchten, so gut es ging, die materielle Not ihrer Autoren zu lindern. Emanuel Querido z. B. verzichtete zugunsten der Autoren auf seinen Anteil an Übersetzungseinnahmen. Der Verlag zahlte seinen Autoren eine monatliche Rente, um ihnen einige materielle Sicherheit zu geben. Allerdings waren diese Renten recht gering bemessen, meistens nicht mehr als zweihundert Mark im Monat.

Zu Beginn der Emigration glaubte mancher Beobachter, daß die Schwierigkeiten des Vertriebs deutscher Exilliteratur unüberwindbar seien. Die weitere Entwicklung zeigt, daß hier vielleicht zuviel Pessimismus geherrscht hatte. Gewiß, viele Verlage unterlagen, die Mehrheit konnte während ihres ganzen Bestehens nur ein oder zwei Bücher herausbringen, für andere wiederum ist das einzige Zeugnis ihres einstigen Bestehens das Impressum einiger Bücher. Es gab umgekehrt bei prominenten Vertretern der Emigranten aber auch die Meinung, daß im Exil zu viele Verlage existierten, zu viele Bücher geschrieben und zu viele Zeitschriften herausgegeben würden.[2] In den größten Exilverlagen betrug die Jahresproduktion manchmal 20 oder 30 Titel. Darunter war sogar hin und wieder ein Buch, das auch in normalen Zeiten ein geschäftliches Risiko gewesen wäre. Verlage wie Querido, Allert de Lange und Oprecht erzielten zwar keine nennenswerten finanziellen Gewinne, sie hatten aber auch keine untragbaren Verluste. Die Zeitschriften der Emigranten mußten allerdings in der Regel subsidiert werden. Zu den positiven Seiten der Verlagsarbeit im Exil gehörte, daß außer in den Vereinigten Staaten die Herstellungskosten im Ausland meist niedriger waren als in Deutschland. Die Umstände führten ferner zur Verminderung schädlicher Konkurrenz und zur Vermehrung fruchtbarer Kooperation. Ein Beispiel verlegerischer Zusammenarbeit war das gemeinsame Amsterdamer Buchlager der Verlage Querido, Allert de Lange und Bermann-Fischer. Es wurde kurz nach Ausbruch des Krieges gegründet, um den Ausfall der Leipziger Vertriebsorganisationen einigermaßen zu kompensieren.

Fritz Landshoff vom Querido Verlag berichtet, daß er immer wieder staunen mußte, wieviel an Exilliteratur verkauft wurde.[3] Nach den Angaben von Wieland Herzfelde war eine Durchschnittsauflage von 5000 Exemplaren in Deutschland durchaus annehmbar gewesen.[4] Die Durchschnittsauflage bei den größeren Exilverlagen betrug nach den neuesten Ermittlungen ungefähr 3000 Stück, also eine den Umständen entsprechend beachtliche Höhe. Die Auflagen der Übersetzungen deutscher Exilliteratur erreichten sogar im Durchschnitt etwa 5000 Stück. Dagegen lagen die Auflagenziffern bei den kleineren Verlagen weit unter dem Durchschnitt, oft nur bei einigen Hundert. Gewöhnlich wurden zwei bis drei Viertel einer Auflage verkauft. Sehr hohe Absatzzahlen erzielten natürlich die Erfolgsautoren. Zu einer Auflage von 20 000 Stück kam es z. B. bei Lion Feuchtwangers *Geschwister Oppenheim* (Querido) und Thomas Manns *Briefwechsel* mit der Universität Bonn (Oprecht). Bermann-Fischer schätzte, daß die bei ihm erschienenen Bücher von Thomas Mann, Stefan Zweig und Franz Werfel auch Durchschnittsauflagen von 20 000 Stück hatten. Hermann Rauschnings *Gespräche mit Hitler* erzielten eine Auflage von 33 000 Exemplaren und wurden so zum größten buchhändlerischen Erfolg Oprechts. Die Gesamtauflage der Münzenberg-Braunbücher wird bis auf über eine halbe Million geschätzt.

Querido und Allert de Lange, Amsterdam

Mit seiner großen Asyltradition und seinem hochentwickelten graphischen Gewerbe wurde Holland zu einem bedeutenden Verlagszentrum deutscher Exilliteratur. Bekannte niederländische Verlage – Brill, Elsevier, Hertzberger, Sijthoff – nahmen sich der Flüchtlinge an und veröffentlichten eine Anzahl wichtiger wissenschaftlicher Werke der Emigranten. So verlegte z. B. das Haus Sijthoff (Leiden) Bücher von Albert Einstein, Theodor Reik und Karl Mannheim. Entscheidend für die verlegerische Bedeutung Hollands blieben jedoch die Amsterdamer Verlage Querido und Allert de Lange. Die Verlagsinhaber, Emanuel Querido und Gerard de Lange, entschiedene Gegner des Faschismus, gliederten schon im Jahr 1933 ihren holländischen Verlagen deutsche Abteilungen an. In beiden Fällen war das Hauptmotiv der Verlagsgründung nicht geschäftlicher Profit, sondern das Bestreben, den vertriebenen Autoren eine Veröffentlichungsmöglichkeit zu schaffen. Die Direktion der deutschen Abteilungen war in den Händen ehemaliger Mitglieder des Berliner Kiepenheuer Verlages: Fritz Landshoff leitete Querido, Walter Landauer Allert de Lange. Hermann Kesten, ebenfalls bis Anfang 1933 bei Kiepenheuer, betreute das Lektorat bei Allert de Lange. Bei Querido war Klaus Mann mit dieser Arbeit beauftragt. Die beiden holländischen Verleger bemühten sich, als Konkurrenten aufzutreten, während die deutschen Leiter sich eher als »freundschaftliche Rivalen« sahen. Die Deutschen wohnten im selben Haus und besprachen in gemeinschaftlichen Konferenzen die Vorhaben beider Verlage.

Laut Gründungsvertrag war es Landshoffs Aufgabe, Autoren für den Querido Verlag zu beschaffen, eine Verpflichtung, die in jener Zeit ohne große Schwierigkeiten zu erfüllen war, weil schon viele Autoren Deutschland verlassen hatten und »verlegerisch heimatlos« geworden waren. Landshoff reiste nach Frankreich und warb für seinen neuen Verlag ehemalige Autoren von Kiepenheuer, Ullstein, Rowohlt, Zsolnay und der Insel an. Als erstes Buch des Querido Verlags erschien Ernst Tollers *Eine Jugend in Deutschland*. Es folgten Alfred Döblins *Jüdische Erneuerung*, Lion Feuchtwangers *Geschwister Oppenheim* und Heinrich Manns *Der Haß*. Viele andere namhafte Autoren gaben ihre Manuskripte zu Querido, darunter Vicki Baum, Bernard von Brentano, Albert Einstein, Oskar Maria Graf, Georg Kaiser, Alfred Kerr, Irmgard Keun, Emil Ludwig, Klaus und Thomas Mann, Ludwig Marcuse, Robert Neumann, Erich Maria Remarque, Joseph Roth, Carl Sternheim, Anna Seghers, Jakob Wassermann und Arnold Zweig. Die Mehrzahl dieser Autoren schrieb auch für Klaus Manns Zeitschrift *Die Sammlung*, die ebenfalls bei Querido verlegt wurde. In der Reihe *Forum-Bücher* – einem Gemeinschaftsunternehmen der Verlage Bermann-Fischer (Stockholm), Allert de Lange und Querido – erschienen Neudrucke von bedeutenden Romanen und einige Anthologien. Einheitlich broschiert und niedrig im Preis, fand die Reihe in kurzer Zeit eine breite Aufnahme; von mehreren Nummern wurden 10 000 Stück gedruckt.

Nach Ausbruch des Krieges zwischen Deutschland und Holland wurde entschieden, den Sitz des Querido Verlages nach Batavia zu verlegen. Da aber bald darauf diese Stadt von den Japanern bedroht war, erschien nur ein Buch mit der Ortsangabe »Batavia«, Erich Maria Remarques *Liebe deinen Nächsten*. Zu Beginn des Krieges war Landshoff zufällig in London und entging so dem Schicksal Emanuel Queridos und Walter Landauers. Etliche Autoren des stillgelegten Verlages wurden von Bermann-Fischer aufgenommen. Landshoff konnte 1947 seine Tätigkeit in Amsterdam wiederaufnehmen. Zwei Jahre später vereinigte sich Querido mit Bermann-Fischer, der von Stockholm nach Amsterdam umsiedelte.

Die Gesamtproduktion des Allert de Lange Verlags war mit 70 Titeln nicht ganz so umfangreich wie die Queridos mit etwa 110 Titeln. Allert de Lange interessierte sich allerdings mehr als Querido für Geschichte, Politik und Wirtschaft. Er brachte Bücher von Sigmund Freud und Siegfried Kracauer, Franz Blei, Bertolt Brecht, Max Brod, Ferdinand Bruckner, Ödön von Horváth, Hermann Kesten, Irmgard Keun, Egon Erwin Kisch, Theodor Plievier, René Schickele und Stefan Zweig heraus. Nach dem Kriege konnte sich Allert de Lange ebenfalls reetablieren und verlegte in der ersten Zeit Bücher von Bertolt Brecht, Joseph Roth und Alfred Neumann.

Oprecht, Zürich/New York

Im Gegensatz zu den Holländern Emanuel Querido und Gerard de Lange richtete Emil Oprecht[5] nicht Nebenabteilungen für Exilliteratur ein, sondern nahm sie einfach in sein Haus auf. Der Verlag Dr. Oprecht & Helbling, gegründet 1925 in Zürich, begann schon 1933 mit der Heraugabe von Arbeiten deutscher Emigranten. Im selben Jahr organisierte Oprecht, zusammen mit zwei anderen Gesellschaftern, die Europa Verlags-Aktiengesellschaft. Der neue Verlag stellte sich die Aufgabe, wie Oprecht 1948 erklärte, »durch wertvolle Bücher die Öffentlichkeit über die politischen Ziele Deutschlands und Italiens aufzuklären«.[6] Eine weitere Aufgabe des Unternehmens war der Vertrieb der Buchproduktion der Büchergilde Gutenberg in der Schweiz. Zwei Jahre später wurde der Verlag umorganisiert, und Kapital und Leitung gingen ganz an Oprecht über. Danach wurden dem Verlag zwei Unterabteilungen angegliedert: der Verlag Der Aufbruch und der Verlag Die Gestaltung. Eine Zweigstelle des Europa Verlags wurde 1938 in New York eingerichtet. Sie ermöglichte es Oprecht, Bücher, die wegen der Schweizer Zensur nicht in Zürich verlegt werden konnten, in New York herauszubringen. Die Zweigstelle hatte außerdem die Aufgabe, Oprechts Züricher Produktion und Titel anderer Verlage deutscher Exilliteratur in den Vereinigten Staaten zu vertreiben. Oprecht fühlte sich mit den meisten Exilverlagen eng verbunden und unterstützte den Absatz ihrer Bücher in der Schweiz. Als Sozialdemokrat arbeitete er besonders eng mit der Verlagsanstalt Graphia, dem Exilunternehmen der SPD in Karlsstadt, zusammen.

Das Programm der Oprechtschen Verlage war breit und vielgestaltig. Nur ein Teil aller Bücher, weniger als die Hälfte, war von deutschen Emigranten verfaßt. Neben politischen Schriften brachten die Verlage Gedichte und Romane, Literaturgeschichte und Kunst, Geschichte und Volkswirtschaft. Der Schwerpunkt der Produktion war jedoch vom politischen Buch und Schriften zum Zeitgeschehen bestimmt, und der Anteil der politischen Schriften an der Gesamtproduktion verstärkte sich noch in den Kriegsjahren. Hinzu kam, daß ein verhältnismäßig großer Teil der bei Oprecht verlegten Belletristik politisch orientiert war. In der Meinung Oprechts war die von ihm verlegte Zeitschrift Thomas Manns *Maß und Wert* viel zu vermittelnd und literarisch; er plädierte für einen größeren politischen Gehalt und eine härtere Linie. Oprecht war Mitglied der Sozialdemokratischen Partei der Schweiz, und viele seiner Bücher reflektieren seine politische Weltanschauung, er ließ aber auch Autoren anderer politischer Richtungen zu Wort kommen. Die allgemeine Tendenz seiner politischen Buchproduktion war links-reformatorisch, ihr Hauptgegenstand das Thema Deutschland. Die Weltwirtschaftskrise, der Vertrag von Versailles, die Angst vor Moskau wurden als Voraussetzungen für Hitlers Erfolge untersucht. Die Theorie und Praxis des nationalsozialistischen Systems wurden erklärt, um die Welt vor ihm zu warnen. Während des Krieges wurden dann die Zukunft Deutschlands und die Reorganisation Europas zum häufigen Thema Oprechtscher Autoren.

Selbstverständlich konnte Oprecht die Mehrzahl seiner Bücher nur in kleinen Auflagen herausbringen. Er hatte aber auch einzelne große Erfolge. In hohen Auflagen erschienen, neben Ignazio Silones *Fontamara*, Hermann Rauschnings *Gespräche mit Hitler* und *Die Revolution des Nihilismus* und Konrad Heidens Hitler-Biographie. Weitere namhafte Autoren, deren Bücher bei Oprecht erschienen, waren Ernst Bloch,

Willy Brandt, Bernard von Brentano, Ferdinand Bruckner, Louis Fürnberg, Hans Habe, Max Herrmann-Neiße, Georg Kaiser, Arthur Koestler, Else Lasker-Schüler, Emil Ludwig, Heinrich und Thomas Mann, Walter Mehring, Alfred Polgar, Ludwig Renn, Friedrich Wolf und Theodor Wolff.

Oprechts materieller Verdienst an der deutschen Exilliteratur war schwankend und oft sehr gering. Im Vergleich mit Querido und Allert de Lange waren die Autoren Oprechts im allgemeinen nicht ganz so zugkräftig. Bei vielen Verlagsobjekten wurde auch nicht erwartet, daß sie mehr als die Selbstkosten einbringen würden. Die Zeitschrift *Maß und Wert*, ein Lieblingsunternehmen Oprechts, war finanziell ein Verlustgeschäft. Die wenigen großen Erfolge mußten das ganze Unternehmen tragen helfen. Gelegentlich suchte Oprecht auch die Unterstützung wohlwollender Geldgeber, um das Verlegen von besonders wertvollen, aber finanziell wenig versprechenden Büchern zu ermöglichen.

Letztlich ging Oprechts Förderung der deutschen Exilliteratur weit über das Verlegen hinaus. Sein Buchladen und seine Wohnung wurden zum Treffpunkt der deutschen Emigranten in Zürich. »Opi, der Hilfsbereite« setzte sich für die Belange der Emigranten bei den Schweizer Behörden ein, nahm Partei für die deutsche Opposition im Ausland und verteidigte sie gegen die Angriffe der Schweizer »Fronten«, versteckte einzelne Emigranten vor der Schweizer Polizei, druckte Flugblätter gegen Hitler und ließ sie nach Deutschland schaffen. Durch seine außergewöhnlichen Beziehungen und sein beträchtliches Verhandlungstalent erhielten manche in Frankreich internierten Autoren die lebenswichtigen Reisepapiere. Oprechts Förderung der Emigranten setzte ihn dem Druck der Schweizer Regierung und den Gegenangriffen Deutschlands aus. Die Bücher des Europa-Verlages wurden generell in Deutschland verboten, und im Sommer 1938 beschloß der Börsenverein des Deutschen Buchhandels in Leipzig, die Firma Oprecht & Helbling aus seinen Reihen auszuschließen. Dies hatte für Oprecht einige Unannehmlichkeiten, steigerte aber sein Ansehen in der Schweiz und im Ausland, und mit Hilfe guter Freunde konnte er auf Umwegen weiter Bücher aus Deutschland beziehen.

Bermann-Fischer, Wien/Stockholm

Der S. Fischer Verlag, Ende des neunzehnten Jahrhunderts gegründet, war 1933 einer der wichtigsten bürgerlichen Verlage Europas. Unter seinen Autoren waren viele von Weltrang: Fedor Dostoevskij und Lev Tolstoj, Bernard Shaw und Joseph Conrad, Gerhart Hauptmann und Thomas Mann, Henrik Ibsen, Emile Zola und Gabriele d'Annunzio. Daneben brachte der Verlag Bücher von Arthur Schnitzler, Hugo von Hofmannsthal, Jakob Wassermann, Richard Dehmel, Hermann Hesse, Robert Musil, Alfred Döblin und Knut Hamsun. Obwohl der Verlag in jüdischer Hand war und viele seiner Autoren von den Nationalsozialisten verboten wurden, blieb das Unternehmen in den ersten Jahren nach 1933, von einigen Zwischenfällen abgesehen, relativ unbehelligt. Diese ungewöhnliche Toleranz erregte Erstaunen in Emigrantenkreisen. Man befürchtete, daß der nationalsozialistische Staat seine Nachsicht dem renommierten Verlag gegenüber propagandistisch verwerten würde, und fand es befremdend, daß der Verlag anscheinend bereit war, sich für diese

Zwecke mißbrauchen zu lassen. Samuel Fischer seinerseits glaubte, wie viele andere auch, daß die nationalsozialistische Herrschaft von kurzer Dauer sein würde, und war deshalb bestrebt, seinen Verlag sicher durch das vermutete Interregnum zu bringen. Er weigerte sich kategorisch, Deutschland zu verlassen, und war auch zu Kompromissen mit den Machthabern bereit.

Tiefgehende Änderungen im Verlag bahnten sich jedoch bereits 1934 an: Samuel Fischer starb, und die Verlagsleitung ging an Gottfried Bermann-Fischer über. Im Gegensatz zu seinem Schwiegervater war Bermann-Fischer fest entschlossen, Deutschland zu verlassen, und fand im Jahre 1936 die richtige Gelegenheit, seinen Entschluß auszuführen. Zum Erstaunen ausländischer Beobachter emigrierte Bermann-Fischer nicht nur mit seiner Familie, sondern auch mit einem großen Teil seines Verlages. Das Propagandaministerium und andere deutsche Regierungsstellen hatten ihm erlaubt, unerwünschte und verbotene Autoren im Ausland zu publizieren und ein sehr umfangreiches Buchlager dorthin zu verlegen. Außerdem wurden ihm 80 Prozent seiner ausländischen Guthaben freigegeben. Eine Kommanditgesellschaft unter der Leitung Peter Suhrkamps übernahm den in Deutschland verbliebenen Teil des Hauses. Die Zustimmung der Nationalsozialisten zu der Auswanderung löste eine lebhafte Diskussion in der Emigrantenpresse aus. Hinter der Großzügigkeit der deutschen Stellen vermutete man die Absicht, die Exilverlage zu schädigen. Diese Vermutung wurde auch von dem Schweizer Verlagsbuchhandel geteilt, dessen Organisation aus Gründen der Konkurrenz und der »Überfremdung« sich gegen eine Niederlassung des S. Fischer Verlags in der Schweiz, Bermann-Fischers erstes Ziel, aussprach. Bermann-Fischer erhielt keine Aufenthaltsgenehmigung.

Österreich erteilte dagegen die Niederlassungsgenehmigung ohne viele Umstände. Dank seiner berühmten Autoren und der umfangreichen Buchlager konnte sich der Verlag Bermann-Fischer (Wien) schnell etablieren. Die Geschäfte gingen gut. Die Bücher der nicht namentlich verbotenen Schriftsteller konnten noch nach Deutschland eingeführt werden, und der Absatz in den übrigen Ländern wurde gesteigert. Unter den bedeutenden Büchern der Wiener Periode Bermann-Fischers waren Romane von Thomas Mann, Julien Green und Jean Giono, Erzählungen von Carl Zuckmayer und Schauspiele von Jean Giraudoux und Bernard Shaw. Mit der Biographie Madame Curies gelang dem Verlag ein großer Bestseller. Schriften von Thomas Mann, Paul Claudel, Robert Musil und Paul Valéry erschienen in der 1937 gegründeten Reihe *Ausblicke*. Im Ganzen verlegte Bermann-Fischer an die 40 Titel in Wien und wurde somit innerhalb zweier Jahre neben Reichner (Wien/Leipzig/ Zürich) zu dem größten Exilverleger Österreichs. Unter den anderen österreichischen Verlagen deutscher Exilliteratur waren Lanyi, Löwit, Phaidon, Pustet, Saturn, Tal und Zsolnay.

Die Tätigkeit der österreichischen Exilverlage fand 1938 ein jähes Ende durch den Anschluß an Deutschland. Bermann-Fischer flüchtete in die Schweiz. Sein Vermögen ging verloren, das Buchlager wurde beschlagnahmt. Jedoch kaum zwei Monate nach seiner Flucht konnte Bermann-Fischer, mit Unterstützung des schwedischen Verlags Bonnier, seine Arbeit in Stockholm wieder fortsetzen, allerdings unter viel ungünstigeren Bedingungen als in Wien. Eine Anzahl deutscher Autoren, die ihre Verlage verloren hatten, fand Aufnahme bei Bermann-Fischer. Hauptergebnisse von Bermann-Fischers Arbeit in Stockholm waren die Gesamtausgaben Thomas Manns und

Franz Werfels, der Neudruck vernichteter Bücher und die deutschen Übersetzungen bedeutender Schriftsteller Europas und Amerikas: Es erschienen Romane von Stefan Zweig, Alfred Döblin, Jean Giono, Ernest Hemingway und Franz Werfel, Essays von Thomas Mann, Carl Zuckmayer und Stefan Zweig und Gedichte von Franz Werfel. In der Reihe *Bücher zur Weltpolitik* kamen Reden von Franklin D. Roosevelt und Josef Stalin heraus.

1940 wurde Bermann-Fischer wegen angeblicher politischer Betätigungen des Landes verwiesen. Er ging in die Vereinigten Staaten und leitete von dort aus sein Stockholmer Unternehmen, dem erlaubt worden war, seine Arbeit fortzusetzen. Bis 1948, als er sich mit Querido vereinigte, erschienen bei Bermann-Fischer (Stockholm) etwa 120 Bücher.[7] Somit wurde er auch zum größten Exilverlag Schwedens. Das einzige andere Unternehmen von Bedeutung in Schweden war der Neue Verlag, der 1944 von Max Tau als Unterabteilung des Ljus Verlags gegründet wurde. Im Neuen Verlag kamen bis 1951 27 Titel deutscher Exilliteratur heraus, darunter Bücher von Lion Feuchtwanger, Th. Th. Heine, Johannes R. Becher und Alfred Neumann. In New York gründete Bermann-Fischer zusammen mit Fritz Landshoff den L. B. Fischer Verlag, in dem aber nur Bücher in englischer Sprache erschienen. Nach Kriegsende wurde der Verlag Bermann-Fischer (Wien) reetabliert und brachte Lizenzausgaben der Stockholmer Zweigstelle. Der 1942 zwangsweise umbenannte Suhrkamp Verlag vormals S. Fischer (Berlin) kam 1950 wieder in den Besitz der Fischers zurück und wurde, unter seinem alten Namen »S. Fischer«, zur Hauptfirma der Familie. Die Zweigstellen in Wien und Amsterdam wurden der deutschen Zentrale unterstellt und später aufgelöst.

Tschechoslowakei, Frankreich, England

Wieland Herzfeldes Malik-Verlag in Berlin war einer der ersten Verlage, die 1933 verboten wurden. Während der Weimarer Republik war Malik der »repräsentative Verlag der deutschen Linken« und die Malik-Buchhandlung der Treffpunkt kommunistischer Intellektueller Berlins. Herzfeldes erstes Verlagsobjekt war die Zeitschrift *Neue Jugend* gewesen. Andere Zeitschriften – *Jedermann sein eigner Fußball*, *Die Pleite*, *Der Gegner* – folgten in späteren Jahren. Unter den Autoren des Verlags waren Maksim Gor'kij, Il'ja Ehrenburg, Vladimir Majakovskij; Upton Sinclair und John Dos Passos; Johannes R. Becher, Oskar Maria Graf und Theodor Plievier. Außerdem verlegte Herzfelde das künstlerische Werk George Grosz'. Nach der Machtergreifung Hitlers wurden die meisten dieser Autoren in Deutschland verboten, und Herzfelde flüchtete in die Tschechoslowakei.

Bald nach seiner Ankunft in Prag konnte Herzfelde, mit der Hilfe F. C. Weiskopfs und gestützt auf Auslandsguthaben des Malik-Verlags, seine Arbeit wiederaufnehmen. Aus »formaljuristischen Gründen« wurde der Malik-Verlag in England registriert: London wurde der rechtliche Sitz des Verlags, die Verlagsleitung blieb aber in Prag. Ein größeres Unternehmen im tschechoslowakischen Exil war die Zeitschrift *Neue Deutsche Blätter*, die von Oskar Maria Graf, Anna Seghers, Jan Petersen und Wieland Herzfelde selbst redigiert wurde. In Prag verlegte Herzfelde an die 40 Bücher, davon ungefähr ein Viertel Übersetzungen sowjetischer Autoren.

Unter den deutschen Schriftstellern befanden sich Willi Bredel, Oskar Maria Graf, Johannes R. Becher, Bertolt Brecht und F. C. Weiskopf. Upton Sinclair gehörte nach wie vor zu den populären Autoren des Verlags. Herzfeldes Prager Exil kam durch die Ereignisse des Jahres 1938 zum Abschluß. Nach dem Münchner Abkommen wurden seine Bücher nur noch in Skandinavien gedruckt. Das letzte Buch, Bertolt Brechts *Svendborger Gedichte*, wurde 1939 von einer dänischen Firma hergestellt. Herzfelde hatte schon Ende 1938 Prag verlassen und ging über London in die Vereinigten Staaten. Sein Buchlager in Prag fiel den Nationalsozialisten in die Hände.

Eine beträchtliche Zahl von Schriften deutscher Emigranten erschien in anderen tschechoslowakischen Verlagen. In Mährisch-Ostrau brachte der Verlag Julius Kittls Nachfolger über 20 Titel deutscher Exilliteratur heraus. Bei der Verlagsanstalt Graphia erschienen fast 30 Schriften sozialdemokratischer Orientierung. Derselben politischen Richtung diente der Verlag Prager in Bratislava. Otto Strassers Zeitschrift *Die deutsche Revolution* und eine Anzahl seiner Bücher erschienen im Verlag Grunov. Der Kacha Verlag (Prag) veröffentlichte außer dem *Almanach für das freie deutsche Buch* Titel von Bruno Adler und Julius Epstein.

Wie der Malik-Verlag und die Verlagsanstalt Graphia waren auch die Exilverlage Frankreichs hauptsächlich durch ihre linke Linie und durch ihr kämpferisches Programm bekannt. Paris war die Zentrale von Willi Münzenbergs Nachrichtenimperium. Dazu gehörten neben Zeitungen, Zeitschriften, Filmverleih und Buchvertrieb als Nachfolgerinnen des Berliner Neuen Deutschen Verlags die Editions du Carrefour, die vor allem durch ihre Braun- und Weißbücher und anderen Dokumentensammlungen bekannt wurden. Das *Braunbuch über Reichstagsbrand und Hitlerterror*, geschrieben von einer Autorengruppe, erschien im Herbst 1933 und wurde zu einem der größten Bucherfolge der Emigration. Der zweite Band der Schrift, *Dimitroff contra Göring: Enthüllungen über die wahren Brandstifter*, folgte im nächsten Jahr. Unter den weiteren antinazistischen Schriften des Verlags waren *Naziführer sehen Dich an, Weißbuch über die Erschießungen des 30. Juni, Das braune Netz, Der gelbe Fleck, Christ und Antichrist im Dritten Reich, Das neue deutsche Heer und seine Führer, Hitlers Luftwaffe startbereit* und *Hitler treibt zum Krieg*. Nach Beginn des Bürgerkrieges in Spanien bekämpfte der Verlag auch die iberischen Faschisten. In den fünf Jahren seines Bestehens veröffentlichte der Verlag an die 50 Titel in deutscher Sprache. Unter den bekannteren Autoren waren Louis Aragon und André Malraux, Johannes R. Becher, Bertolt Brecht, Egon Erwin Kisch, Anna Seghers und Bodo Uhse. Der Ausschluß Münzenbergs aus der KPD im Jahre 1937 bedeutete auch das Ende der Editions du Carrefour. Im nächsten Jahr gründete er in Straßburg die Editions Sebastian Brant, in denen bis zu seinem Tode im Sommer 1940, außer seiner Zeitung *Die Zukunft*, über 10 Bücher linksgerichteter Emigranten erschienen.

Ausgesprochen antinationalsozialistische Schriften erschienen auch in den Editions Prométhée und den Editions Nouvelles Internationales, dem Verlagshaus des ›Internationalen Sozialistischen Kampfbundes‹. Unter den Autoren der Editions Prométhée waren Willi Bredel, Ernst Fischer, Fritz Heckert, Wilhelm Pieck und Walter Ulbricht. Bei den Editions Nouvelles Internationales erschienen Anna Siemsens *Spanisches Bilderbuch*, Prosa von Kurt Hiller und eine Artikelsammlung von Wilhelm Herzog. Von 1938 bis 1940 erschien im selben Verlag *Das Buch, Zeitschrift für die unabhängige deutsche Literatur*, die, neben Artikeln zur Literatur und Buchbesprechungen, eine laufende Bibliographie der Exilschriften veröffentlichte. Bücher von Lion Feuchtwanger, Rudolf Olden, Heinrich Mann und Alfred Neumann erschienen im Verlag Europäischer Merkur. In der Reihe *Phoenix-Bücher* der Editions du Phénix kamen kleine Schriften zur Literatur, Wissenschaft und Kunst heraus. Die ersten zwei Nummern der Reihe waren von Mynona und Rudolf Leonhard geschrieben, die dritte war Wolf Francks *Führer durch die deutsche Emigration*.

Die Exilverlage Englands waren im Vergleich zu Frankreich weniger bedeutend. Charakteristisch für England war die rege publizistische Aktivität vieler deutscher und österreichischer Emigrantenorganisationen. Unter den größeren Unternehmungen dieser Organisationen waren der Verlag »Jugend Voran« und der »Freie deutsche Kulturbund«, der kleinere Schriften antinazistischer Literatur von Thomas Mann, Georg Lukács, Theodor Plievier und anderen Exilautoren herausgab. Zu den weiteren Exilverlagen Englands gehörten noch außer Malik, der ja nur seinen juristischen Sitz in London hatte, der Imago Verlag, in dem, neben den Schriften Sigmund Freuds und Theodor Reiks, die *Internationale Zeitschrift für Psychoanalyse und Imago* herauskamen, und der Verlag Hamish Hamilton, bei dem die Reihe *Deutsche Bücher* erschien.

Amerika

In den ersten Jahren nach 1933 erschien nur wenig Exilliteratur in den Vereinigten Staaten. Hohe Kosten belasteten die Buchherstellung dort, und die vorzüglichen öffentlichen Bibliotheken des Landes, die auch deutsche Bücher führten, erschwerten – so glaubte man – den Buchabsatz der Verlage. Die Exilverlage Westeuropas und der Sowjetunion belieferten den amerikanischen Markt, und selbst während der dunkelsten Jahre des Krieges kamen die Sendungen fast nie ganz ins Stocken. Der Vertrieb deutscher Exilliteratur in den Vereinigten Staaten war von deutschen und österreichischen Emigranten organisiert worden.[8] Heinrich Günther Koppel, der ehemalige Leiter der ›Deutschen Buchgemeinschaft‹, gründete die ›Alliance Book Corporation‹, um den amerikanischen Buchhandel mit den Büchern aller Exilverlage zu beliefern. Ein ähnliches Vertriebsunternehmen war Friedrich Krauses ›Zentrale Freier Deutscher Bücher‹. Unter den Buchhändlern, die sich besonders der Exilliteratur angenommen haben, waren Mary S. Rosenberg in New York und Paul Mueller in Cambridge und Boston. Die ›Alliance Book Corporation‹ und die ›Zentrale Freier Deutscher Bücher‹ vertrieben nicht nur Bücher, sondern verlegten sie auch. Die Verlage Pantheon, Ungar, Schocken und L. B. Fischer wurden in USA von Emigranten gegründet und geleitet. Allerdings befaßten sich diese Verlage, von einzelnen Büchern abgesehen, kaum mit Exilliteratur. Der bekannteste Exilverlag der Vereinigten Staaten war der Aurora Verlag, eine Reinkarnation von Wieland Herzfeldes Malik-Verlag. Herzfelde kam im Sommer 1939 in die Vereinigten Staaten, mit der Absicht, seine Verlagsarbeit fortzusetzen.[9] Im Unterschied zu Prag konnte er jedoch in New York nicht sofort seine Pläne verwirklichen und mußte bis gegen Ende des Krieges auf die richtige Gelegenheit warten. Die ersten Bücher des

Aurora Verlags erschienen 1945 unter dem Beifall der amerikanischen Exilpresse. Mitbegründer des Verlags waren zehn Schriftsteller: Ernst Bloch, Bertolt Brecht, Ferdinand Bruckner, Alfred Döblin, Lion Feuchtwanger, Oskar Maria Graf, Heinrich Mann, Berthold Viertel, Ernst Waldinger und F. C. Weiskopf. Ein großer Teil des Gründungskapitals wurde von Mary Rosenberg beigesteuert; Herzfeldes Buchhandlung – Seven Seas – trug zur finanziellen Unterstützung des Verlags bei. Die Verlagsgründer waren auch die Verlagsautoren: Nur ein Buch des Verlages stammte von einem Außenseiter, Anna Seghers' *Ausflug der toten Mädchen*. Abgesehen von Wieland Herzfelde und Heinrich Mann, brachte der Verlag nur je ein Buch seiner Autoren. Von Graf wurde noch ein zweiter Titel verlegt. Heinrich Mann schrieb für den Verlag nur die Einleitung zu *Die Morgenröte. Ein Lesebuch*. Es erschien 1947 als letzte Schrift des Verlags. Einige der geplanten Bücher, obwohl schon angezeigt, erschienen entweder gar nicht oder erst 1949 in der *Aurora* Reihe des Berliner Aufbau Verlags.

Ein anderer wichtiger Exilverlag Amerikas war die Editorial el Libro libre in Mexico City. Sie wurde 1942 von einer Gruppe nach Mexiko verschlagener Emigranten gegründet: Alexander Abusch, Theodor Balk, Leo Katz, Egon Erwin Kisch, Paul Meyer, Paul Merker, Ludwig Renn, Anna Seghers und Bodo Uhse. Während seines dreieinhalbjährigen Bestehens brachte der Verlag über 20 Bücher in deutscher und spanischer Sprache heraus. Die ersten Titel des Verlags waren Egon Erwin Kischs *Marktplatz der Sensationen*, Lion Feuchtwangers *Unholdes Frankreich* und Anna Seghers' *Das siebte Kreuz*. Es folgten ein weiterer Titel von Egon Erwin Kisch und Bücher von Heinrich Mann, Ludwig Renn, Alexander Abusch, Theodor Balk, Bruno Frank, Paul Merker, Gustav Regler, Ernst Sommer, Bodo Uhse und F. C. Weiskopf. Großen Erfolg in Lateinamerika hatte der Verlag mit seinem *El libro Negro del terror Nazi en Europa*, einer Dokumentensammlung nationalsozialistischer Verbrechen. 2000 Stück der Sammlung wurden von der Regierung der Vereinigten Staaten gekauft und im südamerikanischen Propagandakrieg gegen Deutschland eingesetzt. Die Autoren des Verlags waren sehr aktive Mitglieder des Heinrich-Heine-Klubs und des Lateinamerikanischen Komitees der Freien Deutschen, das auch Herausgeber etlicher antinazistischer Schriften war. Ferner waren die Autoren Mitarbeiter der 1941 gegründeten Zeitschrift *Alemania Libre – Freies Deutschland* (später *Neues Deutschland*), die erst von Bruno Frei und dann von Alexander Abusch redigiert wurde. Das Hauptabsatzgebiet der Zeitschrift und der Verlagsproduktion von der Editorial el Libro libre waren die Vereinigten Staaten. Den amerikanischen Vertrieb der mexikanischen Publikationen besorgten die kommunistische Zeitung *The German American* (New York) und die Firma Friedrich Krauses. Die ersten Bücher des mexikanischen Verlags wurden in den Vereinigten Staaten auch durch Zeitungsanzeigen zur Subskription gestellt.

Deutsche Exilliteratur wurde in den Vereinigten Staaten auch von südamerikanischen Buchhändlern durch Inserate in Zeitungen angeboten. Besonders aktiv war die Firma Alejandro Barna y Hijos, Buenos Aires, die sich als die größte antifaschistische Buchhandlung Südamerikas betrachtete. Buenos Aires, der Verlagsort mehrerer Exilzeitungen, darunter auch August Siemsens *Das andere Deutschland*, hatte sich schon vor dem Kriege zu einem bedeutenden Zentrum der Emigration entwickelt. Die Emigranten der argentinischen Metropole unterhielten Schulen, Bibliotheken,

Theater und gründeten eine Anzahl Exilverlage. Der größte dieser Verlage, La Editorial Cosmopolita, wurde von James Friedemann im Auftrag einiger Emigranten organisiert und geleitet. Die Verlagsgründer beschafften auch die nötigen Betriebsmittel (durch Sammlungen unter den Emigranten), besorgten Manuskripte und halfen beim Vertrieb der Bücher. Bis 1945 erschienen 15 Bücher, ein Ergebnis, das durchaus dem von El Libro libre und Aurora vergleichbar ist, obwohl die beiden zuletzt genannten Verlage zweifellos die bekannteren Autoren hatten. Bei Cosmopolita erschienen Bücher von Günther Ballin, Adolf Borstendoerfer, Doris Dauber, Juan George Geisinger, Fred Heller, Paul Walter Jacob, Hans Jahn, Karl Kost, Johann Luzian, Livia Neumann und August Siemsen. Unter den anderen Verlagen Argentiniens, die mehr als ein Buch deutscher Exilliteratur veröffentlicht haben, waren Aleman y Cíe., El Lago, Estrellas und Quadriga.[10] Zusammen haben diese Verlage weniger Bücher als die Editorial Cosmopolita produziert, dafür aber hatten sie mindestens zwei Autoren von Rang: Franz Werfel und Paul Zech.

Die Sowjetunion

Der überwiegende Teil der in der Sowjetunion verlegten deutschen Exilliteratur erschien bei fünf sowjetischen Verlagshäusern: Deutscher Staatsverlag, Engels; Das internationale Buch, Moskau; Staatsverlag der nationalen Minderheiten der UdSSR, Kiew/Charkow; Verlag für fremdsprachige Literatur, Moskau; und Verlagsgenossenschaft ausländischer Arbeiter in der UdSSR, Moskau/Leningrad. Die sowjetischen Verlage hatten beträchtliche Erfahrung in der Herstellung fremdsprachiger Bücher und konnten anscheinend die Schriften der deutschen Emigranten ohne Schwierigkeiten in ihr Programm aufnehmen. Über die Interna der Programmplanung, Buchherstellung, Honorarregelung und Verwaltungsangelegenheiten läßt sich bis jetzt wenig in Erfahrung bringen. Lediglich über die Titel und Auflagenzahlen der deutschen Exilschriften liegen verläßliche Angaben vor.[11] Andere Verlage der Sowjetunion beteiligten sich an der Verbreitung der Schriften der deutschen Emigranten innerhalb des Landes. Die russischen Übersetzungen deutscher Exilliteratur erreichten teilweise sehr große Auflagen. In 50 000 Exemplaren waren Karl Billingers *Schutzhäftling Nr. 880*, Lion Feuchtwangers *Die Geschwister Oppenheim* und *Jud Süß*, Wolfgang Langhoffs *Die Moorsoldaten*, Heinrich Manns *Der Haß* und Anna Seghers' *Der Weg durch den Februar* verbreitet. Von Willi Bredels *Die Prüfung* wurden 100 000 Stück gedruckt und von seiner *Maschinenfabrik N. und K.* sogar doppelt soviel.[12]

Der Deutsche Staatsverlag in Engels, der für die deutschen Minderheiten des Landes arbeitete, begann schon 1933 deutsche Exilliteratur zu verlegen. Als erste Titel dieser Literatur kamen Albert Hotopps *Fischkutter H. F. 13* und *Stürme überm Meer* und Josef Schneiders *Gehetztes Freiwild* heraus. Danach erschienen Bücher von Johannes R. Becher und Willi Bredel, Julius Hay, Heinrich Mann, Herwarth Walden, Erich Weinert und Friedrich Wolf. Zur Produktion des Verlags gehörten auch einige ausgesprochen »kämpferische Schriften«: Rudolf Gräts *Im Kampf gegen den Faschismus*, L. Hoffmanns *Die Bestialitäten des deutschen Faschismus* und

A. Rohrs *Der Antifaschistische Kampf.* Bis 1938 wurden über 25 Titel deutscher Exilliteratur in diesem Haus veröffentlicht.

Ungefähr doppelt so groß war die Produktion des Verlags Das internationale Buch, der erst 1938 mit der Herausgabe deutscher Exilliteratur begann. Der Verlag brachte je 5 Bücher von Willi Bredel und Johannes R. Becher, 4 von Fritz Erpenbeck, je 3 von Adam Scharrer und Theodor Plievier und je 2 von Erich Weinert und Friedrich Wolf heraus. Mit einem Buch waren Bertolt Brecht, Lion Feuchtwanger, Oskar Maria Graf, Julius Hay, Rudolf Leonhard, Hans Marchwitza und Anna Seghers vertreten.

Im Staatsverlag der nationalen Minderheiten erschienen zwischen 1933 und 1940 fast 40 Bücher deutscher Exilliteratur. Darunter waren 3 Gedichtsammlungen von Johannes R. Becher, Heinrich Manns *Die Jugend des Königs Henri Quatre* und *Die Vollendung des Königs Henri Quatre* und Georg Lukács' *Gottfried Keller.* Erich Weinerts *Rot Front* wurde ein Riesenerfolg; es wurden 120 000 Stück gedruckt. Andere bekannte Schriftsteller, von denen Bücher in diesem Verlag erschienen, waren Alfred Kurella, Theodor Plievier, Anna Seghers, Friedrich Wolf und Arnold Zweig.

Von den annähernd 50 Titeln des Verlags für fremdsprachige Literatur stammten 5 von Johannes R. Becher und 6 von Willi Bredel. Erich Weinert veröffentlichte 4 Bücher in diesem Verlag, Adam Scharrer und Friedrich Wolf je 3 und Heinrich Mann 2. Von Bertolt Brecht, Lion Feuchtwanger, Theodor Plievier, Ludwig Renn und Bodo Uhse sowie Wilhelm Pieck und Walter Ulbricht wurde je ein Buch verlegt. Sehr erfolgreich war der Verlag mit einigen Nummern der Reihe *Schritt für Schritt*, an der auch der Verlag ausländischer Arbeiter beteiligt war. Die Nummern 4 und 7, Bertolt Brechts *Der Spitzel* und Heinrich Manns *Heydrich in Lidice*, wurden in über 50 000 Exemplaren gedruckt. Einen ähnlichen Erfolg hatte die vierte Auflage von Maria Leitners *Eine Frau reist durch die Welt.*

Eine frühere Ausgabe dieses Buches erschien in der Verlagsgenossenschaft ausländischer Arbeiter in der UdSSR, die mit über 100 Titeln alle anderen sowjetischen Verlage deutscher Exilliteratur weit übertraf. Johannes R. Becher und Willi Bredel mit je 7 Büchern gehörten zu den Spitzenautoren auch dieses Verlags. Von Friedrich Wolf wurden ebensoviel Titel verlegt und von Egon Erwin Kisch 3. Daneben erschienen Bücher von Bertolt Brecht, Lion Feuchtwanger, Oskar Maria Graf, Julius Hay, Hans Marchwitza, Wilhelm Pieck, Theodor Plievier, Ludwig Renn, Anna Seghers, Bodo Uhse, Walter Ulbricht, Erich Weinert und F. C. Weiskopf.

Anmerkungen

1. »Almanach für das freie deutsche Buch« (s. Lit.). Es wurden die Bücher von 15 deutschen Exilverlagen aufgeführt.
2. Vgl. Wieland Herzfelde: »German Writers Against Hitler«, in: Direction (December 1939) S. 1; Hermann Kesten: »Lauter Literaten«, München 1963, S. 436; Kurt Tucholsky: »Ausgewählte Briefe 1913–1935«, Hamburg 1962, S. 230.
3. Stahlberger (s. Lit.), S. 116.
4. Wieland Herzfelde: »David . . .« (s. Lit.), S. 57.

5. Die folgenden Ausführungen über Oprecht gründen sich hauptsächlich auf die Monographie Peter Stahlbergers (Nummer 3 dieser Anmerkungen).
6. »Emil Oprecht: [Nachruf] von seinen Freunden«. Zürich 1953. S. 91.
7. Johann (s. Lit.), S. 62–73.
8. Cazden (s. Lit.), S. 80–85.
9. Herzfelde: »Der Malik Verlag . . .« (s. Lit.), S. 151.
10. Nach Ermittlung der Deutschen Bücherei, Leipzig, erschienen bis 1945 bei Aleman y Cíe. 6, bei El Lago 2, bei Estrellas 4 und bei Quadriga 2 Bücher. Vgl. Horst Halfmann: »Bibliographien . . .« (s. Lit.), S. 268–269.
11. ebd., S. 286–294.
12. ebd., S. 222.

Literaturhinweise

Gertruda Albrechtová: Zur Frage der deutschen antifaschistischen Emigrationsliteratur im tschechoslowakischen Asyl. In: Historica 8 (1964) S. 177–233.

Almanach für das freie deutsche Buch. Prag 1935.

Gottfried Bermann-Fischer: Bedroht – Bewahrt. Weg eines Verlegers. Frankfurt 1967.

Robert E. Cazden: German Exile Literature in America, 1933–1950. A History of the Free German Press and Book Trade. Chicago 1970.

Deutsche Bibliothek, Frankfurt am Main: Exil-Literatur, 1933–1945. Eine Ausstellung aus Beständen der Deutschen Bibliothek. Ausstellung und Katalog von Werner Berthold. Frankfurt ³1967.

Deutsche Bücherei, Leipzig: Zeitschriften und Zeitungen des Exils, 1933–1945. Leipzig 1969.

Deutsche Nationalbibliographie; Ergänzung I: Verzeichnis der Schriften, die nicht angezeigt werden durften. Leipzig 1949.

Helmut Dressler: Werden und Wirken der Büchergilde Gutenberg. Zürich 1947.

Exiled German Writers. [Sondernummer der amerikanischen Zeitschrift] Direction. December 1939.

Fünf Jahre freies deutsches Buch. Paris 1938.

Babette Gross: Willi Münzenberg. Stuttgart 1967.

Horst Halfmann: Das Schrifttum der Emigranten in der Deutschen Bücherei. In: Deutsche Bücherei, 1912–1962. Festschrift zum fünfzigjährigen Bestehen der Deutschen Nationalbibliothek. Leipzig 1962. S. 197–217.

– Bibliographien und Verlage der deutschsprachigen Exil-Literatur, 1933 bis 1945. In: Beiträge zur Geschichte des Buchwesens 4 (1969) S. 189–309.

Wieland Herzfelde: David gegen Goliath. Vier Jahre deutsche Emigrationsverlage. In: Das Wort 2 (1937) H. 4/5, S. 55–58.

– Der Malik Verlag, 1916–1947. Ausstellungskatalog. Berlin 1967.

Ernst Johann: S. Fischer Verlag. Vollständiges Verzeichnis aller Werke, Buchserien und Gesamtausgaben mit Anmerkungen zur Verlagsgeschichte, 1886–1956. Frankfurt a. M. 1956.

Hermann Kesten [Hrsg.]: Deutsche Literatur im Exil. Briefe europäischer Autoren, 1933–1949. München 1964.

Günther Soffke: Deutsches Schrifttum im Exil, 1933–1950: Ein Bestandsverzeichnis. Bonner Beiträge zur Bibliotheks- und Bücherkunde, Bd. 11. Bonn 1965.

Peter Stahlberger: Der Zürcher Verleger Emil Oprecht und die deutsche politische Emigration, 1933 bis 1945. Zürich 1970.

Wilhelm Sternfeld und Eva Tiedemann: Deutsche Exil-Literatur, 1933–1945. Eine Bio-Bibliographie. Heidelberg ²1970.

Dietrich Strothmann: Nationalsozialistische Literaturpolitik. Bonn 1960.

Hans-Albert Walter: Die Helfer im Hintergrund: Zur Situation der deutschen Exilverlage, 1933 bis 1945. In: Frankfurter Hefte 20 (1965) S. 121–132.

Matthias Wegner: Exil und Literatur. Deutsche Schriftsteller im Ausland, 1933–1945. Frankfurt 1967.

Franz Carl Weiskopf: Respectable Development. Free Book Publishing House El Libro Libre. In: Saturday Review of Literature, February 5, 1944. S. 18.

– Unter fremden Himmeln: Ein Abriß der deutschen Literatur im Exil, 1933–1947. Berlin 1948.

ANDRÉ BANULS

Vom süßen Exil zur Arche Noah. Das Beispiel Heinrich Mann

Selbst dem in deutschem Leben und Denken stark verwurzelten Bruder Thomas kam bereits in den zwanziger Jahren der Gedanke eines möglichen und definitiven Schweizer oder sonstigen Zauberbergs nicht ganz unwahrscheinlich vor: eine Vorahnung ließ ihn während seiner Pariser Reise 1926 (ein Jahr zuvor hatte Heinrich in Pau den Plan des *Henri Quatre* konzipiert) mit Ivan Bunin »Sympathie, Solidarität, – eine Art von Eventualkameradschaft« empfinden: »Wir sind in Deutschland ja noch nicht so weit, daß ein Schriftsteller vom ungefähren Charakter Bunins den Staub des Vaterlandes von den Füßen schütteln und das Brot des Westens essen muß. Aber ich habe gar nicht zu zweifeln, daß unter Umständen mein Schicksal das seine wäre.«[1]

Das Erlebnis der Fremde hatte von Anfang an für Heinrich durch seine langen, oft beinah definitiv anmutenden Aufenthalte im Ausland jedoch ein ganz anderes Gewicht. Romantisches Heimweh selbst im eigenen Lande war seine Stärke nicht gewesen, wenn man etwa von einigen Stellen im ersten Roman, *In einer Familie*, absieht. München hätte dem Hanseaten Exil sein können. Er ging aber gleich weiter nach Süden, »heim nach Italien«, wo er eine Zeitlang »zu Hause zu sein« glaubte.[2] Man kann getrost überall nach neuen Heimaten suchen, wenn die immer mögliche schnelle Rückkehr diesem Suchen etwas von seiner Notwendigkeit nimmt. Die Zeit um 1900 schätzte die durch die Plüschcoupés der Eisenbahn neuerdings bequem zu erreichenden »seltenen Emotionen« der Reise: es hieß die »Reize« und die »Frissons« vermehren.[3]

Nietzsche, ›peregrinus errans‹ und ›guter Europäer‹, hatte die Geister auf solche weltoffene Vision vorbereitet. Auf Wanderlust oder Sehnsucht nach dem Süden war für eine Minderheit die Reisemode, das vielfältige Bildungserlebnis, die Jagd nach Anderssein, das fröhliche Exil gefolgt: »[...] kreuz und quer durch die Welt, coureur d'univers, neugierig bei allen Völkern herum, auf Abenteuer des Geistes und der Sinne«, so bezeichnete Hermann Bahr 1897 die »irren Spiele« eines jungen Romanhelden.[4]

Daß dieses Gefühl, in dem geliebten Exil sogar eine Heimat gefunden zu haben, sich als Illusion entpuppen konnte, erfuhr Heinrich Mann selber, es steht an einer gewiß autobiographischen Stelle in *Zwischen den Rassen*: Der einsame Künstler, der bei aller Begeisterung für Kunstwerke schließlich doch nur eins erlebt hat, sich selbst, interessiere die anderen nicht mehr; »beginnt er noch von seiner Marotte, fährt man ihm über den Mund«, er »hat auf nichts eine schnelle Antwort« und muß einsehen:

»er ist wahrhaftig die große Persönlichkeit, bei der zu Hause alles drunter und drüber ging, und die übel behandelt und voll ungültiger Ansprüche in der Fremde lebt«.[5] Das hieß bei Eichendorff (aber im Grunde auch bei Heinrich Mann: »Das kunstlose Träumen meiner Kindheit verlockt mich wieder«[6]) Heimweh:

> »Wer in die Fremde will wandern,
> Der muß mit der Liebsten gehn,
> Es jubeln und lassen die andern
> Den Fremden alleine stehn.«

Kurz nach *Zwischen den Rassen* begann Heinrich Mann die Dokumentation für den *Untertan* zu sammeln, und nicht nur dieses Buch, auch manche Briefäußerung zeigt eine wachsende, politisch und wohl auch durch relativen Mißerfolg bedingte Abkehr von Deutschland, in der keine Spur mehr von jener zeitweiligen Sehnsucht vorhanden ist. Etwa Flaubert, Platen und Nietzsche vergleichbar, fühlte sich Heinrich Mann exiliert: der einsamste Opponent bleibt jedoch auch und gerade durch die heftigste Kritik mit seinem Volke verbunden, der liebend entrüstete, der enttäuschte satirische Künstler hofft auf ein Idealpublikum gleicher Sprache und gleicher Denkart. Teilweise fand er es, mit dem Wohlstand verbunden, in der Weimarer Zeit: »die hohen Einnahmen, das behütete Arbeitszimmer mit den angesammelten Büchern und Möbeln«[7], dem »unantastbaren Schreibtisch« der »Intellektuellen« (während, wie er es mit bewundernswerter Selbstironie in späten Tagen sagte, »im Namen ihrer Vernunft alles drunter und drüber« geht).[8]

Dann kam 1933. Er zog nach Nizza, wo er schon einigemal gewesen war (seine einzigen Aufenthalte in Frankreich vor dem Ersten Weltkrieg). Später machte er großzügig gute Miene zum bösen Spiel: »Die acht Jahre meines ›Exils‹ in Frankreich waren ein etwas ausgedehnter Aufenthalt in einem Land, wo ich ohnehin meine Gewohnheiten, auch Freunde und einen besten Freund hatte.«[9] Französische Freunde hatte er in Nizza jedoch keine; der »beste Freund«, Félix Bertaux, wohnte bei Paris, und wie ausgedehnt der Aufenthalt sein sollte, konnte er nicht voraussehen. Als er 1940 weiter fliehen mußte, hätte er ihn sich wohl länger gewünscht. Zu Anfang hoffte er auf baldige Beendigung des Spuks (ein Ausdruck von Thomas Mann), und vielleicht erklärt sich sein (gegen widersprüchliche eigene Aussagen sehr wahrscheinliches[10]) Verweilen in Berlin nach dem Reichstagsbrand durch die hartnäckige Hoffnung, die Dinge könnten sich trotzdem zum Guten wenden. Als Verbannter hätte er sich eher in die Lage Zolas versetzt gefühlt, die er selbst ehedem geschildert hatte: »Er ging in einer dunklen Nacht, sah die Lichter seines Vaterlandes verlöschen, und erwog, daß er nun fliehen mußte, weil er es ehrenhaft und gerecht gewollt hatte«, ein Unglücklicher, »der die Nachrichten der Heimat nur noch vernimmt wie den Widerhall von Wahnsinn und Entsetzen« und »auf das unbekannte Ereignis, das ihn zurückruft«, wartet.[11] (Die damals verbreitete Hoffnung auf ein Wunder erhellt z. B. aus der Tatsache, daß Lion Feuchtwanger in seinem 1933 erschienenen Roman einen der Brüder Oppenheim heimlich nach Deutschland zurückkehren läßt.)

Von der Furcht vor der Armut, von den Ängsten um die bare Existenz abgesehen – der Schriftsteller war von seinem Publikum ganz und gar abgeschnitten, und wenn er sich auch nonchalant ironisch mit der Feststellung trösten konnte, er habe ohnehin sonst bei »fremden Völkern«, den Bayern und den Preußen, gelebt[12], die Franzosen und später die Amerikaner mußten ihm hinsichtlich seiner dichterischen Arbeit viel fremder sein. Über seine wirklichen Gefühle war er sich später nicht ganz im klaren: »Man nennt es Exil, es soll sehr hart sein, ist es wohl auch. Wer vor dem Hunger bewahrt bleibt, kann wieder, wie Heinrich Heine, vor Heimweh nicht schlafen. Gern gestehe ich, daß die sinnlose Sehnsucht nach einem zugrunde gegangenen Deutschland mich in der Verbannung nie belästigt hat.«[13] Aber in Deutschland publizieren, das Wichtigste, das täte er gern, wenn er könnte, sagte er 1934 zu René Schickele.[14] Noch im Oktober 1933 war der Fischer Verlag z. B. nicht emigriert, und Thomas Manns Bücher wurden in Deutschland weiter verkauft: auf diesen Tatsachen die Hoffnung zu gründen, es könne vielleicht so weitergehen, scheint zu zeigen, daß die Leute sich nicht immer ein richtiges Bild vom kommenden Totalitarismus machten.[15] Heinrich Mann saß indes bis zu seinem Tod in der Arche Noah[16] der deutschen Emigration und blieb als Dichter auf die Mitinsassen angewiesen.

Gemäß seiner von jeher gepflegten Gewohnheit, deutsche und fremde Themen wechseln zu lassen, hatte sich Heinrich Mann 1925 nach der Vollendung des *Kopfes* mit dem Plan, die Geschichte eines Königs von Frankreich zu schreiben, in doppelter Weise von einer deutschen Wirklichkeit zu entfernen entschlossen, an der er immerhin noch jahrelang durch politische Essayistik und »moralische« Romane wie nur wenig andere kritisch und dienend Anteil nehmen sollte: er wählte zum erstenmal einen geschichtlichen Stoff – und zwar einen französischen, also zeitlich, aber auch (wenn man die damals existierende nationale Verhärtung in Europa in Betracht zieht[17]) räumlich gesehen, beinahe ein geistiges Exil; dennoch konnte er selbst in dieser Distanzierung gegenüber der deutschen Aktualität ein Mittel der Belehrung, also doch etwas Aktuelles sehen.
Seinen *Henri Quatre* bezeichnete er später als »wahres Gleichnis« und hätte sich genau wie Feuchtwanger gegen den Vorwurf gewehrt, vor dem Gebot der Stunde in die Geschichte geflohen zu sein. Im Jahre 1937 polemisierte Kurt Hiller (sonst ein Bewunderer Heinrich Manns) gegen das »Belletristengezücht«, das »mit Büchern über Katharina von Rußland, Christine von Schweden, Josephine von Frankreich« usw. »dem Publikum Kleister ins Gehirn schmiert und uns Verantwortungsschriftstellern, uns Denkmännern, uns Vorbereitern des Morgen die Luft nimmt«.[18] Feuchtwanger erwiderte, er habe in seinen historischen Romanen »die gleichen aktuellen Inhalte« geben wollen wie in den zeitgenössischen.[19]
In seinem wichtigen *Henri-Quatre*-Aufsatz sieht Ernst Hinrichs in Heinrich Manns Henri-Kult und in den Vergleichen mit Ludwig XIV. und Napoleon einen Widerspruch zu den hyperdemokratischen Deklarationen des Zola-Essays gegen große Männer, »Schicksalsmenschen und Genies«.[20] Doch Zola selbst war damals als »großer Mann« dargestellt worden, wie überhaupt in Heinrich Manns Perspektive der Künstler eine Art König und die Geschichte die Verwirklichung des »Traums eines Dichters« sein sollten. Der König von Frankreich konnte bereits 1925 als eine Persönlichkeit erscheinen, welche beispielhaft die von Mann 1919 als höchstes Ziel erwünschte Vereinigung von Weisheit und Macht[21] zu verwirklichen getrachtet hatte.
Dichter und König waren beide gleichermaßen bedroht übrigens, gutwillig und von

Mördern umgeben, ob diese jeweils wirklich oder nur wahrscheinlich waren (»un prince si bien né ne semblait pas destiné à être comblé par l'adversité«[22]). Pierre Bertaux hat auf einen wichtigen biographischen Faktor aufmerksam gemacht: die Angst, ermordet zu werden, quälte Heinrich Mann, der ihm (gerade 1925) den eisernen Vorhang an seinem Hause zeigte und behauptete, er verdanke ihm das Leben[23], – also schon eine Art Exil im eigenen Land für den ›recken‹, den Verfolgten und Verbannten. Wieviel mehr mag er sich nach 1933 vor einem Attentat gefürchtet haben: »quand, malgré tout, on me tirera dessus, j'aurai peut-être le temps de penser: c'est bien fait, de quoi me mêlais-je.«[24] Nicht nur Ravaillac und seine weniger erfolgreichen Vorgänger, nicht nur das Gemetzel der Bartholomäusnacht dürften aus diesem Grund für ihn eine finstere Anziehungskraft besessen haben, auch die dumpf wühlende, irre, kreischende Schar der Dämonen, Gestikulation und Erstarrung, die meine Untersuchung des Vokabulars[25] (vor allem, aber nicht ausschließlich seit den *Armen*, also der Zeit der großen Isolierung inmitten des Ersten Weltkriegs) zum Vorschein kommen läßt, kann in jener Angst ihre Ursache gehabt haben.

Lion Feuchtwanger hatte seit 1923 mit seinen historischen Stoffen einen Welterfolg, dies mag Heinrich Mann bei der Themenwahl 1925 beeinflußt haben. Trotzdem ließ er sich damit Zeit. Durch den großen Nachkriegserfolg seiner Werke angespornt, warb er damals, glücklich und von vielen anerkannt, wie noch nie um die Gunst des Publikums. Seine unzähligen Artikel, Essays, Proklamationen, seine Versuche, durch das Theater ein anderes Publikum zu erreichen, standen nach der halbfiktiven, oft der Phantastik nahen Darstellung der jüngsten Geschichte in dem Roman *Der Kopf* der Verfertigung kürzerer Romane nicht im Wege. Nur der große Plan mußte warten: erst 1932 begann er am Henri-Roman zu schreiben, und bald entriß ihn die Flucht den Berliner Wirbeln. Das unerwünscht enge, ruhige Leben in Nizza war geeignet, die Arbeit am Riesenteppich zu fördern. Außerdem brachten gerade das Exil und die allgemeine Situation neue Elemente: »Vor der Abreise aus Berlin 1933 fing ich zu schreiben an. Jetzt kamen die Zeitereignisse und das Selbsterlebte wie gerufen. Sonst hätte ich 50 % des Buches, Quantität und Qualität, nicht machen können.«[26]

Feuchtwanger war durch seine historischen Romane reich geworden, und auch das Exil brachte für ihn – da er noch mehr ausländische als deutsche Leser hatte – keine materielle Gefährdung.

Heinrich Mann dagegen kam spät. *Die Jugend des Königs Henri Quatre* erschien 1935, die *Vollendung* 1938. Beide Bände wurden fast sofort ins Englische übersetzt und erschienen 1937 und 1939 in London und New York, der erste Band erschien 1937 in Italien, 1938 in Frankreich[27], 1938 in Kiew[28] – dies alles zu einem denkbar ungünstigen Zeitpunkt. Die Welt erlebte damals Hitler leibhaftig und konnte sich wohl wenig (man nehme es als Tadel oder als mögliche Erklärung) für die historischen Konterfeie interessieren, die ihn und seinesgleichen in den 1400 Seiten als Duc de Guise, Mayenne, Boucher darstellten. In der Gestalt Henris, des ›Humanisten‹, ›Geistigen‹, des Wohltäters des Volkes, hätte ein Teil der Franzosen vielleicht Léon Blum wiedererkennen können, aber selbst Heinrich Mann tat es nicht. Weltweit ragte für die suchende Sehnsucht des ohne Publikum, ohne Wirkung im leeren Raum schwebenden, ausgelieferten »tschechoslowakischen« Schriftstellers zur Zeit Neville Chamberlains, lange vor dem deutsch-sowjetischen Krieg, auf dem

großen Welttheater lediglich die Gestalt des Generalissimus Josef Stalin empor als Pendant zum »zuschlagenden« Humanisten Henri.
Dabei war der historische Roman für viele die einzig mögliche Ausdrucksform im Exil, weshalb er auch in der Emigration kräftig blühte. Wer realistische Absichten hatte, konnte mit einer Schilderung des »neuen« Deutschlands kaum mehr glücklich werden. Anna Seghers' *Siebtes Kreuz* vielleicht ausgenommen, mußten die meisten an der verwirrenden Entfernung vom Geschehen scheitern.[29] Die nicht einmal komischen und leider verleumderischen Possen des *Hasses* (1933) zeigen, wie phantastisch verzerrt und somit wenig überzeugend – wo sie gerade diese Wirkung angestrebt hätten – solche Werke bei Heinrich Mann ausgefallen wären: ohnehin neigte er seit den *Armen,* dem *Kopf* und der *Großen Sache* spätexpressionistisch-modernistisch zu solchen Verzeichnungen und Manierismen und bekannte sich auch theoretisch – bei allem Anspruch auf scharfsinnige Prophetie – zum »Überwirklichen« und »Übersteigerten«.[30] Seine Informationen für einen Roman über deutsche Zustände wären diejenigen gewesen, die er in seinen Artikeln in der *Dépêche de Toulouse* und in der *Weltbühne* preisgab: widersprüchliche Gerüchte, die oft die Wachsamkeit des Auslands gegenüber dem teils als gefährlicher, teils als ohnmächtiger Popanz dargestellten Hitler nur vermindern konnten.[31] Aktuelle und ewige Probleme ohne Verpflichtung zu konkreten, verifizierbaren Darstellungen zu illustrieren und zu kommentieren, dazu bot allein der historische Roman die Möglichkeit; er wurde, meinte Georg Lukács, für den Autor »eine Fortsetzung seiner publizistischen Propaganda der Popularisierung der französischen Demokratie für die deutsche Intelligenz«,[32] er erlaubte jedenfalls die dichterische Umwandlung einer geschichtlichen Gestalt, die der Dichter anstandslos lieben und preisen durfte.
Aus denselben Gründen ist sein letzter Held auch eine historische Figur gewesen, jedoch diesmal mit Friedrich dem Großen eine negative. Nicht daß Heinrich Mann den Preußenkönig unbedingt in dieser Perspektive sehen mußte; er hatte bereits Widersprüchliches, auch Gutes, über ihn geschrieben, seine Humanität gerühmt.[33] Er war überhaupt ehrlich bemüht, in der deutschen Geschichte, wenn er sie auch einmal unglücklich nannte,[34] für die Zukunft Vorbilder zu finden, die er nach dem Krieg seinen fernen Landsleuten empfahl,[35] unter ihnen Bismarck, von dem man sich vorstellen könnte, er hätte ebensogut eine negative Figur abgegeben, wenn er nicht für Heinrich Mann seit der Kindheit als Archetyp väterlicher Größe und Mäßigung gegolten hätte. Friedrich II. seinerseits hätte unter anderen Umständen zu einem leuchtenden Romanhelden werden können. So aber schrieb Heinrich Mann seit 1942 an der *Traurigen Geschichte von Friedrich dem Großen*, die Fragment blieb.
Man weiß nicht, ob der Autor des *Henri Quatre* jene Voltaire-Ausgabe gekannt hat, deren *Henriade*-Band das Vorwort enthält, das der preußische Kronprinz 1736 für eine von ihm besorgte Sonderausgabe des Gedichts geschrieben hatte und in dem Voltaire Homer und Vergil gegenüber als »infiniment supérieur« bezeichnet wird.[36] Am Anfang des V. Gesangs steht ein Kupferstich des Moreau le Jeune, von Patas gestochen, der den triumphierenden Henri auf einer Wolke darstellt – wie in Manns letzter Schluß-›Allocution‹ – zur Illustrierung der Verse: »Au milieu de ces feux, Henri, brillant de gloire, / Apparaît à leurs yeux sur un char de victoire.« Die *Préface du Roi de Prusse*, in der von »la sombre politique de Philippe II« die Rede ist, enthält z. B. die Sätze:

»La valeur prudente de Henri IV, jointe à sa générosité & à son humanité devraient servir d'exemple à tous les rois & à tous les héros qui se piquent quelquefois mal-à-propos de dureté & de brutalité envers ceux que le destin des Etats ou le sort de la guerre a soumis à leur puissance; qu'il leur soit dit en passant que ce n'est point dans l'inflexibilité ni dans la tyrannie que consiste la vraie grandeur [...]. La Henriade ne respire que l'humanité: cette vertu si nécessaire aux princes, ou plutôt leur unique vertu, est relevée par M. de Voltaire; il montre un roi victorieux qui pardonne aux vaincus« etc.[37]

Dies ganz im Einklang mit den Versen am Anfang des II. Gesangs der *Henriade* (Henri spricht):

> »Et périsse à jamais l'affreuse politique
> Qui prétend sur les cœurs un pouvoir despotique,
> Qui veut le fer en main convertir les mortels,
> Qui du sang hérétique arrose les autels,
> Et suivant un faux zèle ou l'intérêt pour guides,
> Ne sert un Dieu de paix que par des homicides!«

Ganz nach dem Sinne Manns (Macht und Geist) konnte auch die Definition der göttlichen Dreifaltigkeit im X. Gesang sein:

> »La Puissance, l'Amour, avec l'Intelligence,
> Unis et divisés, composent son essence.«

Ein zweiter Henri zu sein war Friedrich jedoch nicht vergönnt; selbst aus dem möglichen Thema der Korrumpierung eines idealistisch gesinnten Prinzen durch die Macht ist nichts geworden; dabei hätte gerade der ausgeführte Teil, die Jugend des Königs, eine Parallele abgegeben: Friedrich seinem Vater gegenüber wie Henri bei Madame Catherine. Die Stilisierung ging ins Negative, wohl weil »sieben Jahre vermeidbarer und vergeblicher Verwüstungen«[38] einen Vergleich nahelegten mit zwölf Jahren kriegerischer Begeisterung: man suchte nach historischen Zusammenhängen, nach Erklärungen für das Unfaßbare, und in dem, was 1937 »die unglückliche Geschichte Deutschlands« hieß,[39] bot sich, über die sattsam hervorgehobene *Untertan*-Ideologie hinaus, die Gestalt des Königs an, den Thomas Mann 1915 mit verständnisvoller Akribie als politischen ›Realisten‹ porträtiert hatte. Eine geheime Sympathie mag der fast Achtzigjährige für den zuletzt ganz einsamen, »wunderlichen« König empfunden haben, der, wie es im »Outline des Werkes« heißt, »Besucher« empfing, »unsichtbare, die nur ihm erschienen, und waren fast alle schon tot«. Trotzdem: »Roheit, Rachsucht und Falschheit, die seine Handlungen lebenslang kennzeichnen«, machen, daß niemand wie er »die böse Seite des Zeitalters« in den Augen Manns repräsentiert[40] — aber nicht nur seines Zeitalters: es stand bereits in der *Dépêche de Toulouse* vom 30. März 1938: »Les commencements du national-socialisme [...] se retrouvent dans l'ancienne petite Prusse du roi Frédéric.« Selbst seine Treue zu Voltaire, der Person, »die er keinen Augenblick seines Lebens vergessen«, dem Geist, »den er immer für das höhere Vorbild seines eigenen gehalten hat«,[41] rettet den König nicht davor, daß seine Geschichte, im Einklang mit der »un-

glücklichen« Geschichte der Nation, eine »traurige« und keine tragische, geschweige
denn begeisternde genannt wird.

Die Übertragung auch einer nahen Wirklichkeit ins Fiktiv-Phantastische war Heinrich Mann nicht fremd; ein historischer Roman erhebt hingegen paradoxerweise und
der zeitlichen Entfernung zum Trotz, ob man es will oder nicht, einen gewissen
Anspruch auf Wirklichkeitsnähe, Eigennamen und Fakten schränken die Freiheit
des Autors etwas ein. Die zusätzliche Schwierigkeit, Menschen der Vergangenheit in
einem Idiom sich ausdrücken zu lassen, das nicht ihres war, wird meist problemlos
überwunden, indem man sie alle durchweg die glatte Sprache des Autors sprechen
läßt, welche auch bei Helden derselben Nation wie übersetzt klingt, als würde der
modern gekleidete Erzähler jeweils nur diskret durch Mimik oder Requisit, Hut,
Schwert oder Bart, die zeitlichen und räumlichen Eigentümlichkeiten andeuten. Und
wenn die Personen des Romans ohnehin, wie bei Feuchtwanger, die Gedanken des
Autors zum besten geben, ist die Konvention perfekt und die Darstellung unproblematisch.[42]
Für Heinrich Mann lagen die Dinge anders.[43] So ganz »von selbst« erzählte sich die
Geschichte nicht. Henri und Frankreich waren nicht, wie etwa Spanien im *Mariage
de Figaro* oder die Antike bei Racine und Goethe, bloßer Hintergrund. Außerdem
lag, z. T. wegen der fehlenden Stilisierung durch den Vers, die Frage nah: Wie sprachen diese Leute? Bei aller uneingestandenen Liebe zur deutschen Sprache, bei allem
Stolz, auch und gerade in der Opposition das »Vaterland« vertreten zu haben[44],
hatte Heinrich Mann sich schon lange im Deutschen gleichsam exiliert gefühlt. Seine
von Jugend auf intensive Beschäftigung mit französischen Autoren, die Vorstellung,
er hätte in der Sprache und in der Nachfolge von Flaubert, George Sand, Maupas-
sant, Zola ein geneigteres Publikum gefunden, ließen ihn schon früh den unerfüll-
baren Wunsch empfinden, französisch zu schreiben: »Meine wirkliche Tragik [...]
ist eben, daß ich Deutsch schreiben muß. Welche Wirkungen verfehle ich, in
Frankreich möglich gewesen wären.«[45] Und er riet René Schickele, den Schritt doch
zu wagen.[46] Um dieselbe Zeit entstand der Roman *Die kleine Stadt,* dessen Verfasser
keine nachweisbaren Zweifel am gepflegten Deutsch seiner italienischen Provinzler
empfand. Ebenso unmittelbar mag ihm der deutsche Dialog in seinen französischen
Theaterproduktionen (*Madame Legros, Der Weg zur Macht*) aus der Feder geflos-
sen sein: »Wenn die Szenenfolge feststeht, hat man das Stück«, kommentiert er
später, »der Autor schreibt nach, was die Personen reden und selbst antworten mögen.«[47] Als er in Nizza lebte, scheint er es sich dagegen nicht so leicht gemacht zu
haben, und etwas ungebührlich mußte es ihm vorkommen, seinen Henri nicht französisch sprechen zu lassen; er tat es auch, begrenzt, in den ›moralités‹; in der letzten
steht sowohl: »La France m'est bien obligée, car j'ai bien travaillé pour elle«, wie
auch: »Le français est ma langue d'inclination.«[48]
Nicht nur die Gefahren des herkömmlichen glatten Erzählens, sondern die schon
lang vorhandene, durch das tatsächliche Exil verschärfte sprachliche Situation des
Autors machte sein Verhältnis zu seinem Werk schwierig. Potenzierte Distanzierung
ist im *Henri Quatre* das ästhetische Mittel, die unvermeidbare, unerwünschte
Distanz zu überwinden.
Ob dies schon vom Stofflichen her durch Zuflucht ins Poetische und mangelnde

Dokumentation geschieht, sei hier dahingestellt: Feuchtwanger behauptet, er habe Mann niemals bei einem wirklichen Quellenstudium angetroffen;[49] übrigens saß er öfter – auch eine indirekte Folge des Exils – im Café Monnot als in der Bibliothèque Nationale; »nur flüchtige Weisheit, keine Wissenschaft« sei in diesem Werk zu finden, meint Hermann Kesten.[50] Andererseits kann man seine große Kenntnis der Geschichte und der Legende um Heinrich IV. wiederum nicht abstreiten,[51] selbst wenn er oft willkürlich symbolisch und grandios verfälschend damit umgeht, wie es Hinrichs an einigen Beispielen zeigt[52].

Die eigentliche Distanzierung und Originalität ist aber in der Erzähltechnik zu suchen. So, wie bei Thomas Mann (vielleicht nicht zufällig gerade in den Werken der Exilzeit) der Erzähler sich immer mehr vom Autor löst und selbst zu einer durch Komik, Banausentum oder Skurrilität verfremdeten Figur wird, deren Sprache der Autor, gleichsam sprachlos geworden, spricht, so tritt der zwar ungenannte und oft schillernd-spielende Erzähler im *Henri Quatre* als eine Art Rhapsode, Tänzer, Troubadour und Genius auf, »confident«, »valet«, Bauer, Page, Soldat, Schlüssellochgucker, Leibgardist, Menschenkenner (Henri dachte: Mörderin), heut Memoirenschreiber, Jahrmarktschreier, Komödiant. »Hereinspaziert in die Menagerie! [...] das *wahre* Tier, das *wilde, schöne* Tier / Das – meine Damen! – sehn Sie nur bei mir«, ruft im Prolog von Wedekinds *Erdgeist* der Tierbändiger; nur vielgestaltiger und überall anwesend ist bei Heinrich Mann der Erzähler, den man eher Vorführer nennen möchte, oder ›montreur‹ (Littré: »montreur de lanterne magique, de bêtes féroces ou de marionnettes«). Kein ›Realismus‹ wird zwar dadurch unmöglich, auch keine alleraktuellste Nutzanwendung und lehrhafte Absicht, wenn der montreur gelegentlich dem Autor Platz macht, aber jede Irrealität, das »Wunderbare« wird zulässig, worauf ein eleganter Erzähler mit der glatten Sprache im Namen der honetten Wahrscheinlichkeit hätte verzichten müssen. Übrigens: »Le merveilleux n'est jamais coupé du réel; il s'appuie sur lui, il se présente comme réel«.[53] Eventuelle Insuffizienzen in der Realitätsbezogenheit (die laut Lukács von der für jede Heldenbiographie charakteristischen Vernachlässigung des »Volksschicksals« herrühren und somit den Roman »abstrakt« wirken lassen)[54] werden dadurch wettgemacht, daß nicht zuletzt die Phantasie des Erzählers und gar die irrealsten Pirouetten ihrerseits einen Anspruch auf Realität erheben. Stilbruch, nicht als beiläufige, ungewollte Erscheinung, sondern als bewußtes »Stilprinzip des ganzen Romans«, wie Ernst Hinrichs sagt,[55] wird aufgehoben durch die wechselnde Wirklichkeit des vortragenden Mediums.

Heinrich Mann hat seinen Roman »eine lange Reihe von Bildern und Szenen« genannt, »bunt zu lesen und anzusehen«.[56] Falls man hohe Vergleiche nicht scheut: im Roman ist von einem Bericht eines englischen Gesandten die Rede, der sich »wie eine Posse von Shakespeare« anhört. Hermann Kesten spricht von »witzigen Schattenspielen«: »Das Jahrhundert wird zur Romanze, zum Balladenbuch und zur Bildergalerie.«[57] Bedeutsame Kennzeichnungen: Und wer singt die Romanze, wer zeigt die Bilder in dieser riesigen Edelmoritat höchsten Niveaus und Anspruchs? Der ›montreur‹ schreitet die Bühne ab, an den teils naiv, teils raffiniert bemalten, träumerisch verweilenden oder traumhaft schnell wechselnden Kulissen mit den bunten Szenen zeigt er mit seiner Lampe Figuren und Taten. Er ruft: »Hier sitzt er, seht her! Ist seiner Freunde beraubt [...].«[58] Er präsentiert: »Hier ist der kleine geschlossene

Garten des Schlosses Fontainebleau, ein Garten der Prüfungen: der Geprüfte spricht mit seinem Gewissen. Niemand mag ihn stören, obwohl man von weitem zusieht, die Königin und der Minister aus den Fenstern, und ebenso heimlich spähen Neugierige durch die Hecken.«⁵⁹ Der Erzähler fährt auf: »Oh! Wieder stürmisch dies Erschrecken.«⁶⁰ Er fragt sich oder das Publikum: »Ersehnte sie diese?«, »Wen mahnte ihre Verdunkelung gleich auch an ihren Untergang und Ende?«⁶¹, »Was fühlte sie da? Alle Lustigkeit verging ihr«; er wird schier zum Büttenredner: »Was tut eine unbeholfene Frau in geschlossenem schwarzen Kleid und mit Witwenhaube, wenn ein gar zu stürmischer junger Herr ihre Nase rühmt, die doch auffallend dick ist?«⁶²
Die Antwort mag barsch oder freundlich sein – er ist allwissend, dies aber auf sichtbare, spontane, akzeptablere Weise als der herkömmliche, diskretere Erzähler.
Nach einer mit Befehl (»Dies ist der Augenblick! Musik!«) und ironisch emphatischem Staunen beginnenden Schilderung (»Oh, Klänge der Erhabenheit und thronenden Allmacht!«⁶³) zeigt er, in einer dunklen Ecke wie auf einem Triptychon, die (böse) Stifterin der dargestellten Ereignisse: »Aber die Veranstalterin [ein glatt modernes, verfremdendes Wort, um den Sprecher nicht auf eine zeitliche, realistische Dimension zu fixieren] dort hinten, unsichtbar und schlau in ihrem Zimmer [. . .]«⁶⁴: unsichtbar bisher für das Publikum, jetzt zeigt er sie mit seiner Laterne.
Durch das Fürwort ›man‹ versetzt der ›montreur‹ seine neugierigen Zuhörer in die Lage der Agierenden: »Man war versucht, hinauszusehen aus dieser Tür: [suspense] wahrscheinlich geschah in Wirklichkeit nichts.«⁶⁵ Das anbiedernde ›wir‹ läßt alles mit den *états d'âme* des Helden sympathisieren: »Den ganzen Abend hatte er sich beherrscht [. . .]. Das geht nicht unbegrenzt: wir sind kein Philosoph [. . .]«⁶⁶, Margot wird »unsere Margot« genannt⁶⁷. Dem Publikum muß man helfen, es versteht nicht alles: »Es waren etwas zu geringschätzige Worte, als daß ein König sie hätte hören dürfen.«⁶⁸ Der Allwisser vermutet vieles, worüber sich die Handelnden nicht im klaren sind: »Daher nahm er seine Schwester beiseite und flüsterte ihr zu, aber die anderen konnten es sicherlich hören [. . .].«⁶⁹ Er hütet sich in komisch-vorsichtiger Weise, Hypothesen, die nur seine sind, den dargestellten Personen zu unterschieben: »Sie mochte lange und kräftige Beine haben, falls eine so waghalsige Vermutung jemandem beifiel.«⁷⁰
Der ›montreur‹ detailliert lakonisch und mit Kennerblick eine Frauengestalt: »Kecke Nase [. . .], die Stirn zu hoch, die Glieder zerbrechlich« – er weiß es jedoch besser und fügt hinzu: »aber das letzte war nur Schein.«⁷¹ Etwas hätte er in dieser Szene beinahe vergessen, es stand gerade nicht im Lichte der Laterne: »Übrigens artete gerade jetzt die Meinungsverschiedenheit der beiden königlichen Prinzen in Tätlichkeiten aus: sie mußten getrennt werden.«⁷² Er resümiert: »Dies die Meinung der Leute, die [. . .].«⁷³
Ein andermal wird er ernst, entrüstet sich in aufgelöster Syntax: »[. . .] stände es für diesmal erträglich, dann keine Zeit verloren, dann wirft sich zwischen ihn und sein Gelingen der Verrat, [und weil Bilder für den Verstand eine Hilfe sind:] ein geiferndes Tier von kaltem Blut, [um ganz deutlich zu sein:] man möchte es nicht anfassen.«⁷⁴
Wie im mittelalterlichen Epos sorgt hier der Sänger für Spannung durch Vorankündigung ergreifender Vorgänge (»dar umbe muosen degene / vil verliesen den lîp«)⁷⁵: »Noch sehr lange sollte es dauern bis [. . .]. Sogar seine Glaubensgenossen werden

ihn verachten, wenn er ihr Bekenntnis abgeschworen haben wird, und das soll nicht ausbleiben!«[76]

Nur der eigenen Lust gehorchend, flicht er eine Anspielung auf einen Liebermannschen Witz ein: »[...] der Mund unbedeutend als hätte sie keinen«[77], oder legt Heinrich III. einen Vers von Baudelaire in den Mund: »[...] ich hasse die Bewegung, sie stört die Linien.«[78] Groteskestes wird möglich, weil dem ausgelassenen ›montreur‹ manches nachgesehen wird: Henri hat die »auffallend dicke Nase« von Madame Catherine »gerühmt«, und »seine Lippen haschen nach ihr, er will sie auf die Nase küssen. Schließlich trifft sie ihn mit dem Stock«, »er springt bellend um sie her auf allen vieren«[79]; Henri im Louvre beißt in ohnmächtiger Wut seinen Nachbarn in die Wange, man erlebt es im Zeitlupentempo: » – was ihm wieder einfiel, als er selbst die Zähne aus der Wange zog. Ihm blieben davon sowohl Ekel als Genugtuung.«[80] Zwischen Alp und Ulk schwankend fragt der Leser, der Zuschauer, nicht mehr nach Wahrscheinlichkeit: Die Szene *ist* wahr, sofern sie ihm erzählt wird (»uns ist in alten mæren wunders vil geseit«), wahr, sofern das Geschehnis vor seinen Augen abgebildet steht und ihm mit dem Stock des beredten Komödianten gezeigt wird.

Die starke, lustige, proteushafte Persönlichkeit des ›montreur‹ rechtfertigt alle formalen Sonderbarkeiten. Er verleiht dem Manierismus eine Art Natürlichkeit. Da Kommentare, Dialoge und innere Monologe weder in normalem Autorendeutsch noch in Neufranzösisch, auch nicht in der Sprache Henris erwünscht oder möglich sind, so meint es der ›montreur‹ gut und wirft mit nicht ernstgenommenen, oft willkürlichen deutschen Archaismen um sich, vermischt mit modernem Gerede, um Liebhaber einer doch unerreichbaren historischen Authentizität zu ernüchtern.

Die impressionistische Parataxe wird bevorzugt (der gute Mann kann nicht alles auf einmal zeigen und sagen): »Sie setzte selbst die Füße und diese waren groß«[81], »obwohl sie die geizigste Schloßfrau war, und ihren Leuten ging es elend«[82]. Man geht oft vom Präteritum ins Präsens über, wenn der ›montreur‹ ein besonders lebhaftes Bild zeigt.[83] Der Satzbau verrät die Stufen der Apperzeption: »Henri mit seinem Vetter erstieg [...]«[84] (Ihr seht da Henri; er ist mit seinem Vetter; sie ersteigen [...]).

Es fehlt wenig, der Vorführer würde sich seinem Publikum zu Ehren die Mühe machen, die Geschichte in Versen zu erzählen, und zwar meist im vierhebigen Trochäus von Herders *Cid* und von manchem Gedicht in Heines *Romanzero*; auf jeder Seite lassen sich solche Rhythmen entdecken (bei leichten Korrekturen wären es ganze Abschnitte): »herzzerreißend wie die Sehnsucht«, »als bedeckten sie ein Nichts«, »was ihr alles einst gewesen«, »Ihr kennt mich wohl gar nicht mehr? – Obwohl Ihr zu vieles wißt [...]«[85]; »[befahl er ihnen,] ihren Glauben abzuschwören: [nur so] könnten sie ihr Leben retten. [Condé rief sofort,] daran wäre kein Gedanke, / und der Glaube zählte höher, / als das Leben. Henri winkte [...] [er aber bliebe] dennoch treu der Religion. / Henri schloß das Fenster wieder [...].«[86]

Aus der Not einer vielfachen Aporie (durch den historischen Stoff und durch das Exil doppelt unmöglich gewordener thematischer Realismus; aus denselben Gründen doppelt unpraktikabler sprachlicher Realismus, ob deutsch oder französisch) entsteht die Tugend der Originalität: im Vordergrund die schillernd phantastische Realität des ›montreur‹, das historische Gerüst von Fakten im Hintergrund, und dazwischen buntes Spiel, Traumvisionen und Theater, bewußt oder unbewußt an alte

Erzähltraditionen und gar -rhythmen, an Epos, Marionetten, Commedia dell'arte anknüpfend, vermischt mit kecken Modernismen, von der »großen Liebe« beseelt, ohne die »das Wunderbare« (Titel einer bedeutsamen Jugendnovelle) nicht lebt.[87]

Das Henri-Gedicht war ein Werk der Einsamkeit und der Sehnsucht. Das Theater ist groß, es könnten viele kommen, nur war der redselige, tänzelnde, prustende, geißelnde, moralisierende ›montreur‹ vorläufig allein, sprachlos trotz so vielen Sprechens.

Bei allem Glauben an die Kraft der Vernunft ist deshalb die finstere Masse des Absurden und Grausigen nicht zu übersehen, jenes »abîme ouvert«, von dem eine ›moralité‹ spricht;[88] »der Tod ist immer zugegen«,[89] Gipfel des Optimismus scheint manchmal das Lob der Vergänglichkeit zu sein, die Bejahung, »daß alles kurz und gerade darum schön ist«[90]. Der ›montreur‹ sagt es selbst: »Sinnbildlich aufgefaßt werden konnte« die Szene im Kapitel »Der Haß«: Elisabeth, Erzherzogin, des römischen Kaisers eigene Tochter, schreitet stumm, selbst als Mensch fast unsichtbar vor all dem schweren Gold der Krone, der Geschmeide und Gewänder, langsam »wankend« herein, und (schopenhauerisch genug) »jeder ihrer Schritte war ein gerade noch aufgehaltener Fall«; dann kommt – höchste Stufe der Verzweiflung, die schweigen muß – der Biß in die Wange, dann kommt »Nacht«. Der junge Karl IX. prangt in Weiß, während der Knabe Henri, noch nicht mundtot gemacht, die Füße in die schwarze Erde des Gartens wühlt, Zwiebeln, Lattich und Lauch schmeckt und nach Melonen fragt.[91] Das Böse ist aber lange stärker als er, sein Exil im Louvre, seine Höllenfahrt zwang ihn zur Verstellung und Erniedrigung, am Ende siegt der Mörder doch.

Nach einem verfehlten Versuch, in *Lidice* (1943) moderne Greuel zu schildern, behandelte Heinrich Mann zwei Themen, die weder historisch noch ›realistisch‹ waren: in einer oft (zuerst von Thomas Mann) evozierten irrealen Atmosphäre flimmert die Auflösung, man sollte nicht sagen einer oder der Gesellschaft, sondern der Welt, in der Heinrich Mann gelebt hatte, der Vorstellungen und Ziele, die er mit ihr verband. Auf die sozialpolitischen Aspekte, vor allem in *Atem*, hat die Forschung hingewiesen[92]: Frankreich 1939, durch eine Verschwörung unterminiert und dem baldigen Angreifer ausgeliefert, übrigens ist die Szene a posteriori und entgegen manchen leider zu optimistischen Behauptungen Heinrich Manns in seinen politischen Artikeln zwischen 1933 und 1939 geschrieben. Der Mythos des Mittelstandes ist hier – wie Michael Nerlich mich mit Recht in diesem Punkte korrigiert – weitgehend verschwunden: den deutschen Mittelstand hat, als vermeintlichen Träger des Nationalsozialismus, Heinrich Mann aus den Augen verloren, es bleiben nur noch Aristokratie (der Künstler als König, hieß es früher, jetzt in Verbannung) und Proletariat, in Personalunion vertreten durch die verarmte und von Mordanschlag bedrohte alte Gräfin aus dem Hause Traun-Montéformoso (d. h. beinahe Traum und Zauberberg, österreichisch-italienisch mit Accent aigu; außerdem heißt sie Marie-Thérèse, Dolorès und Kovalsky). Henri IV. sagte schon in seiner Schluß-›Allocution‹: »J'ai été prince du sang et peuple. Ventre saint gris, il faut être l'un et l'autre, sous peine de rester un médiocre amasseur d'inutiles deniers.«

Mit der gewohnten Freundlichkeit hat Thomas Mann geschrieben, man erfahre durch die Lektüre des *Atems*: »Über den Sprachen ist die Sprache.« Diese übergeordnete

Sprache ist besonderer Art, ein seltsames, manchmal faszinierendes Gespenst. Der alte Heinrich Mann wußte nicht mehr, für wen er schrieb. Er nannte das: »produire à vide«[93]. Wenn Sprache Kommunikation bedeutet, so war er sprachlos (und dies nicht zuletzt in Anbetracht so vieler Niederträchtigkeit des Schicksals).

Diesen sprachlichen Entfremdungsprozeß hat Hans Mayer bei Feuchtwanger[94] und Manfred Durzak bei Heinrich Mann[95] beschrieben. Man könnte sich zwar fragen, ob Feuchtwanger, den beide in dieser Frage zitieren, der Tatsache, daß der Schriftsteller »vom lebendigen Strom der Muttersprache« abgespalten ist,[96] nicht zu große Bedeutung beimißt; man könnte einwenden, Rivarol, Heine, Thomas Mann hätten ihre Muttersprache in der Fremde keineswegs vergessen, bei Heinrich Mann sei eine Neigung zur Irrealität (in den *Armen* z. B.) und manieristische Eigenwilligkeit schon vor dem Exil vorhanden gewesen. Wahr bleibt trotzdem, daß die durch das Exil, vor allem in Amerika, entstandene Publikumsunabhängigkeit solche Tendenzen nur verstärken konnte; Deutschland war aus Heinrich Manns Perspektive zu einer fremden, braunen Masse geworden, als Nachwelt für sein Werk sah er die Sowjetunion an, bedachte aber nicht – ganz abgesehen vom Sprachunterschied –, daß gerade die Art seiner Spätwerke am wenigsten dort zu begeistern vermochte. Das Exil machte ihn zugleich zum unglücklichsten und zum freiesten Schriftsteller. Nach *Henri Quatre* war er nicht einmal mehr durch den historischen Stoff einigermaßen gebunden. Thematisch, stilistisch konnte er tun, was er wollte; diese Freiheit verleiht allerdings einigen früheren autobiographischen Stellen, die seine Kindheit betreffen, einen tragischen Beiklang: »stehst in der Luft«, »quäle dich nicht mit vergeblichen Ansprüchen, warte einfach ab, bis du stirbst«, »die Wirklichen gingen über ihn hinweg, wie Lebende über einen Schatten«.[97] Heinrich Mann, schreibt Heinrich Vormweg, »stellte sich dem Unwirklichen als seiner Wirklichkeit, nahm sie an als Stoff, als Thema und als Struktur für sein Schreiben. Tatsächlich war es nur so möglich, ein Realist zu bleiben.«[98]

Wahr ist auch, was die Sprache betrifft, daß nach dem Krieg manche der Betroffenen, unter ihnen kein geringerer als Leo Spitzer, ihr Leid über den sprachlichen Notstand geklagt haben. Helene Homeyer hat es an Ovid gezeigt:

»Ich, ein römischer Dichter – oh, übet Nachsicht, ihr Musen –
spreche Sarmatisch meist, denn mir bleibt keine Wahl.
Nur mit Beschämung gesteh' ich, daß in der lateinischen Rede
Mir, der selten sie braucht, oft an Worten gebricht.«

(Tristia V, 7)

»Selbst Homer wäre hier ein Geter geworden!«

(Ex Ponto IV, 1)[99]

Für Heinrich Mann war natürlich Französisch kein Sarmatisch gewesen, sondern seine »langue d'inclination«. In seiner Jugend schrieb er Eindrücke und Reflexionen in Französisch nieder, übersetzte selbst seine Novelle *Ist sie's*. Gelegentliche Unbeholfenheiten in diesen Texten fallen dadurch weniger auf, daß das Sprachniveau immer das gleiche ist; es ist eine in Büchern gelernte, schon talentvoll gehandhabte literarische Sprache.

Der dauernde Frankreichaufenthalt brachte andere Maßstäbe. »Es ist meine Erfahrung«, schrieb Leo Spitzer 1948, »daß die Sprachmasse, die man im reifen Alter gleichzeitig bewältigen kann, eine konstante bleibt: jeder Zuwachs bedingt auch einen Verlust (wie auch sonst im Leben)«.[100] Es hat nicht den Anschein, als hätte das Deutsche im *Henri Quatre* unter der Koexistenz mit dem Französischen Schaden gelitten: die meisten stilistischen Eigenwilligkeiten haben mit französischem Einfluß nicht viel zu tun, höchstens, falls man sie für ungewollt halten möchte, mit einer Entfremdung von der Muttersprache. Überhaupt konnten die Errungenschaften der zwanziger und dreißiger Jahre, will sagen: die Kenntnisse der Umgangssprache, kaum in den historischen Roman eindringen, wohl aber, durch Verkennung der Sprachebenen und in Ermangelung eines gewissen Geschicks in der Einfädelung von Vulgarismen, das Französische Heinrich Manns korrumpieren.

Bereits der erste Artikel in der *Dépêche de Toulouse*, vom 27. April 1933, war eine Mischung von gutem Stil, Solözismen (»le pauvre diable ne savait que hausser les épaules. Ignare et inculte, c'était trop facile de lui rendre haïssable la République«) und Argot: »en faisant avaler aux gens tant de bourdes«, »tous avaient éventé le truc«; nichts dergleichen im deutschen Urtext[101]: »der erbitterte Haß, den man [...] bloß mit Lügen in den Leuten erzeugte«; auch: »hätten sie alle den Schwindel gerochen« fügt sich viel besser in seinen Kontext. Solche lustigen Ausdrücke sind überall in diesen Artikeln verstreut: crâner, estomaqué, crier comme des putois, débarrasser le plancher, de bien bonnes, empocher [sic] l'insulte, qu'est-ce qu'ils prendront!, descendre [niederknallen], engueulade, bonnes poires, se tourner les pouces, [l'Allemagne] a dégringolé, il s'en bat les flancs éperdument [Amalgamierung plus Mißverständnis], d'une bêtise à faire pleurer un veau usw.

Leo Spitzer schrieb, in einer Hinsicht werde die Adoptivmuttersprache »ihren Zögling immer stiefmütterlich behandeln: in bezug auf die spontane Sinnlichkeit des Ausdrucks«, und eine schwierige Abstraktion sei leichter wiederzugeben als der einfache Satz: »Der Schüler N. setzte seinem Mitschüler zum Scherz den Hut verkehrt auf.«[102] Ein Teil dieser konkreten Sprache ist der Schatz an schnoddrig-familiären Ausdrücken, die Heinrich Mann im Nizzaer Alltag wohl mit wachsendem Ergötzen entdeckte. Von dem »lebendigen Strom der Muttersprache« abgeschnitten, gerät er in einen anderen lebendigen Strom. Als er dann in Amerika lebte, wo das Englische ihm ziemlich sarmatisch geklungen haben mag, verfügte er als Schriftsteller über keine bzw. über zwei Sprachen: seine Muttersprache, entfernt, entfremdet, als Sprache Hitlers degradiert und trotzdem unersetzbar, das Französische, Objekt der Sehnsucht, Erinnerung nicht nur an die Dichter, sondern auch an das Leben mit Nelly, Wiederbelebung »einer Zeitspanne, die glücklich war dank ihr (und dank Henri Quatre)«[103]: la boulangère, l'épicier, le bistrot, les clients du Café Monnot, – kreativ unverwertbar und trotzdem als lebendes Gebilde unumstößlich präsent.

So entstand die Sprachmischung in *Empfang bei der Welt* und im *Atem*, auch im *Friedrich*, wo sie durch die Historie gegeben ist, – allerdings nur zum Teil: die Königin sagt: »C'est crevant«, wenn sie etwas lustig findet. Ohne die relative Zurückhaltung, die ihm das Interesse der vertretenen Sache und die Thematik in seiner polemischen Journalistik auferlegte, nimmt Heinrich Mann mit knarrendem Greisenhumor (ein Aspekt, den man in *Atem* hervorheben sollte) ungehindert alles auf, was der »Schatz seines Wissens«[104] ihm zuflüstert und die wirre Traumatmosphäre seiner Erzählung ihm großzügig gestattet: Mado, Popol sind auch dabei, sogar etwas Englisch und Italienisch schleicht sich zur Abwechslung ein. Besonders der *Atem* (»›Tu ne serais pas maboul?‹, schlug sie vor«[105]) ist ein Repertorium interessanter familiärer Redensarten, das als frühes Vorzeichen von Handkes *Weissagung* gelten könnte, wenn hier nicht statt Sprachekel verzweifelte Sprachbegeisterung vorwaltete.

Soll man dies deswegen Sprache über den Sprachen nennen? Wie ergreifend dieser kalte hektische Überschwang auch sei, man muß fragen, wie es Durzak tut, »ob sich hier nicht viel mehr die sprachliche Unsicherheit des exilierten und isolierten Autors spiegelt« und ob es diesem Roman gelungen ist, »die geistige Atemnot der Exilsituation zu überwinden« (was er verneint).[106]

Mit Genauigkeit beschrieben hat Heinrich Mann seine Exilsituation bereits 1904, zur Zeit der süßen Verbannung, als er sich nach glücklichen Jahren in der Fremde ebenso einsam in Italien fühlte wie in Deutschland und diese Empfindung auf »das Alleinstehen zwischen zwei Rassen« zurückführte – schon eine »geistige Atemnot«; er schilderte sich als »rücksichtslos, schwer beeinflußbar, versessen darauf, sich selbst eine kleine Welt und auch eine Heimat hinzubauen, die er sonst nicht fände«.

»Da nirgends Volksverwandte sind, entzieht man sich achselzuckend der üblichen Kontrolle. Da man nirgends eine Öffentlichkeit weiß mit völlig gleichen Instinkten, gelangt man dahin, sein Wirkungsbedürfnis einzuengen, es an einem Einzigen auszulassen; wodurch es gewinnt an Heftigkeit. Man geht grelle Wege, legt das Viehische neben das Verträumte, Enthusiasmen neben Satiren, koppelt Zärtlichkeit an Menschenfeindschaft. Nicht der Kitzel der anderen ist das Ziel: wo wären denn andere. Sondern man schafft Sensationen für einen Einzigen. Man ist darauf aus, das eigene Erleben reicher zu fühlen, die eigene Einsamkeit gewürzter zu schmekken.«[107]

Welchen Wert er später auf die sozialpolitische Wirkung seines Werkes legte, ist oft hervorgehoben worden. Mit seiner ausdrücklichen Erlaubnis[108] darf man auf eine psychologische und ästhetische Komponente hinweisen, die eng verbunden ist mit einer gleichsam angeborenen und später durch politische Ereignisse bestätigten Exilsituation: den Traum, »das Verträumte«, wie er selbst sagte – seine neuromantische Jugendlyrik war voll davon (»Traum von Schönheit«, »Du träumtest Leben und Du lebtest Mythen«). Er pries »das Wunderbare«, das man nicht zu dem Alltäglichen machen solle; er schuf die Träume der Herzogin von Assy, und auch die französische Revolution nannte er den »Traum eines Dichters«. Träume sind erst recht, lebensrettend, die Werke und Taten des Exils: Traum von der Volksfront, Traum vom »zuschlagenden Humanisten« Henri, Traum vom »grand dessein«, Träume ›de cape et d'épée‹, Halluzinationen, dieses Wort Vormwegs gilt nicht nur für die beiden letzten Werke des siebzehnjährigen Exils, geträumte grelle Szenen, vom ›montreur‹ beleuchtet und gedeutet, Traum des Überlebenden zuletzt, »über den Sprachen«, des Scheintoten, wie Balthasar im *Empfang*. Er lobte Berendsohn, den *Atem* richtig verstanden zu haben: »Sie haben dennoch recht, wenn Sie das Märchenhafte empfinden. Die Gestalt der Gräfin Traun sammelt es, wie sie ist, aus den Dingen, wie sie sind. Dafür wird sie geliebt. Der menschliche Rest, wenn alles dahingeht, ist das Wunderbare.«[109]

Anmerkungen

1. »Pariser Rechenschaft«. In: Thomas Mann: »Das essayistische Werk«. Fischer-Taschenbuchausgabe in acht Bänden. S. 146 (Bd. 119).
2. »Albert Langens Verlagskatalog 1894–1904«. S. 92.
3. Hermann Bahr: »Essays«. Leipzig 1921. S. 199.
4. »Dora«. Berlin 1893. S. 12.
5. »Zwischen den Rassen«. In: »Ausgewählte Werke«. Hrsg. von Alfred Kantorowicz. Bd. II. Berlin 1954. S. 155.
6. ebd.
7. »Ein Zeitalter wird besichtigt«, S. 340.
8. ebd., S. 192.
9. Brief an Alfred Kantorowicz vom 3. März 1943.
10. Vgl. Banuls: »Heinrich Mann« (s. Lit.), S. 18 f.
11. »Zola«. In: »Essays«, Aufbau 1954, Bd. I, S. 219. (Claassen, Hamburg, 1960, S. 222.) Mehr Biographisches in meinen Heinrich-Mann-Büchern (z. B.: »Heinrich Mann« [s. Lit.], S. 18 ff.)
12. Brief an Arnold Zweig vom 26. Dezember 1935 (Heinrich-Mann-Archiv, Berlin).
13. »Ein Zeitalter wird besichtigt«, S. 191.
14. René Schickele (s. Lit.), Bd. III, Briefe, S. 1195.
15. [Es] »verließen auch die jüdischen Schriftsteller Deutschland in den Monaten nach der Machtergreifung nicht, weil sie Juden, sondern weil sie Schriftsteller waren. Die allermeisten Juden anderer Berufszweige blieben zuhaus, blieben zu lange dort zu ihrem Unglück, weil sie nicht glauben konnten, was ihnen bevorstand, so wenig Europa begriff, was ihm bevorstand« (Golo Mann [s. Lit. d. Einl.], S. 39 f.). Noch am 27. Mai 1940 mußte Hermann Kesten feststellen: »Befangen in unseren zivilisatorischen Vorurteilen vom 19. Jahrhundert her weigern wir uns, wider besseres Wissen, zu glauben, die deutschen Gewalthaber würden nicht vor gewissen Greueln haltmachen« (In: H. K., »Deutsche Literatur im Exil. Briefe . . .« [s. Lit. d. Einl.], S. 135).
16. Der Ausdruck stammt von Aleks Rogalski: »Pasażerowie arki Noego. O niektórych antyhitlerowskich pisarzach niemieckich«. Poznan 1965 [Passagiere in der Arche Noah. Über einige hitlerfeindliche deutsche Schriftsteller].
17. »Welche Enge damals, welche Armut, welche Düsternis überall in Europa. Noch zehn Jahre nach dem Ende des ersten Weltkriegs war es für einen jungen Deutschen ein melancholisches, bedenkliches Abenteuer, etwa eine Reise nach Frankreich zu machen« (Golo Mann [s. Lit. d. Einl.], S. 46).
18. Kurt Hiller: »Profile. Prosa aus einem Jahrzehnt«. Paris 1937. S. 160 (zitiert von Wegner [s. Lit. d. Einl.], S. 141 f.).
19. Lion Feuchtwanger: »Vom Sinn und Unsinn des historischen Romans«. In: »Internationale Literatur« 5 (1935) Nr. 9.
20. Hinrichs (s. Lit.), S. 119. Darin bestand bei aller Bewunderung auch die oft wiederholte Hauptkritik Lukács' (s. Anm. 54).
21. »Kaiserreich und Republik«, letzte Zeile.
22. »Die Jugend des Königs Henri Quatre«. Berlin: Aufbau 1951, S. 378 (Hamburg: Claassen 1959, S. 414).
23. Bertaux (s. Lit.), S. 289 f. Über den eisernen Vorhang vgl. auch Félix Bertaux: »Heinrich Mann et les lettres françaises«. In: »Europe« Nr. 37 (15. 1. 1926) S. 58.
24. Brief an Félix Bertaux vom 7. Oktober 1934 (zitiert von P. Bertaux, a. a. O., S. 290).
25. Vgl. Banuls: »Heinrich Mann« (s. Lit.), S. 192 ff.
26. Brief an Carl Sternheim vom 29. Mai 1937. In: »Heinrich Mann. 1871–1950« (s. Lit.), S. 262.
27. Albert Kohn hat unter dem Titel »Le roman d'Henri IV« eine neue Übersetzung besorgt, die Gallimard herausgibt. Der erste Band, »La jeunesse du roi«, ist 1972 erschienen. Zwei weitere Bände für den 2. deutschen Band folgen demnächst: »Le métier de roi« und »Le guerrier pacifique«.
28. Auszüge aus beiden Bänden erschienen 1935 und 1937–39 in »Internationale Literatur«.
29. Vgl. Hans-Albert Walter: »Das Bild Deutschlands im Exilroman«. In: »Neue Rundschau« 72 (1966) S. 437–458.
30. Vgl. Banuls: »Heinrich Mann« (s. Lit.), S. 189.

31. »Le dénommé Hitler Adolphe, qui, à la vérité, ne comprend pas grand chose aux aventures abracadabrantes qui lui arrivent« (»Dépêche de Toulouse«, 2. September 1936). »Des grèves éclatent, chose inouïe dans un Etat terroriste: et même on voit fléchir ce monstre de force et de violence devant quelques milliers d'ouvriers« (ebd., 2. September 1935).

32. Lukács (s. Lit.), S. 331.

33. »Das geistige Erbe«. In: »Neue Weltbühne« (2. 9. 1937).

34. »Die deutsche Lebenslüge«. In: »Neue Weltbühne« (27. 9. 1936).

35. Vgl. Banuls: »Heinrich Mann. Le poète . . .« (s. Lit.), S. 411 f.

36. Voltaire: »Œuvres complètes«. 72 Bde. (Bd. 1–70: o. O. 1785). Bd. 10: »Henriade« (Préface du Roi de Prusse, S. 3–16, Préface de M. Marmontel S. 17–36). »M. de Voltaire [. . .] m'a toujours paru mériter une part à la gratitude du public, & d'autant plus qu'il ne vit & ne travaille que pour le bien de l'humanité. Cette réflexion jointe à l'envie que j'ai eue toute ma vie de rendre hommage à la vérité, m'a déterminé à procurer au public cette édition, que j'ai rendue aussi digne qu'il me l'a été possible de M. de Voltaire & de ses lecteurs« (Préface du Roi de Prusse, S. 15 f.). »En 1736 le roi de Prusse, alors prince royal, avait chargé M. Algarotti, qui était à Londres, d'y faire graver ce poëme avec des vignettes à chaque page. Ce prince, ami des arts qu'il daigne cultiver [. . .] daigna en composer la préface [. . .]« (Préface de M. Marmontel, S. 21 f.).

37. S. 9 f.

38. »Die traurige Geschichte von Friedrich dem Großen«. Hamburg 1962. S. 138.

39. Siehe Anm. 34.

40. »Die traurige Geschichte . . .«, S. 138 f.

41. ebd., S. 139.

42. Vgl. z. B.: wie Josephus den Marxismus bei Feuchtwanger entdeckt (Zitat bei Jürgen Rühle [s. Lit.], S. 212 f.). Darüber s. auch Hans Mayer: »Zur deutschen Literatur der Zeit« (Reinbek 1967), S. 291 f. – Höchst problematisch dagegen, ja ganz und gar unmöglich und dem Anschein zum Trotz antihistorisch ist nach Lukács, der sich auf Puškin und auf Hebbels Kritik von Meinholds »Bernsteinhexe« stützt, die historisierende und archaisierende Sprache (s. Lit.), S. 236 bis 241.

43. Im folgenden muß ich Hans Mayer (ebd.) und mir selbst (»Heinrich Mann. Le poète . . .« [s. Lit.], S. 395 f.) in einigem widersprechen.

44. »Zola« rief: »Ich ein Abtrünniger? Ob ich das Vaterland liebe oder nicht: ich bin es selbst« (»Zola«. In: »Essays«, Berlin 1954, Bd. 1, S. 221 f.; Hamburg 1960, S. 225).

45. an Maximilian Brantl, 11. Januar 1910. (Darüber s. Banuls: »Heinrich Mann« [s. Lit.], S. 95.)

46. ebd.

47. »Ein Zeitalter wird besichtigt«, S. 248.

48. Henris eigentliche Muttersprache war das »béarnais« gewesen.

49. Vgl. Hinrichs (s. Lit.), S. 105.

50. Hermann Kesten: »Meine Freunde die Poeten«. München 1959. S. 36 (zitiert von Hinrichs, ebd.).

51. Vgl. Hinrichs, ebd.

52. Zu diesem Thema wird Ekkehard Blattmann – über die Arbeit von Hadwig Kirchner-Klemperer hinaus – Gewichtiges beitragen (s. Lit.).

53. Victor-Henri Debidour: »Saveur des Lettres. Problèmes littéraires«. Paris 1946. S. 37.

54. Lukács (s. Lit.), S. 351. Vgl. auch S. 366, 386 ff., 389–393, 401 (Rollands »Colas Breugnon« als volkstümlicher historischer Roman gegen »Henri Quatre« ausgespielt), 407, 409, 428.

55. Hinrichs (s. Lit.), S. 103.

56. »Internationale Literatur«. Moskau 1936. Nr. 1 / »Jugend«, S. 81 (S. 89).

57. Hermann Kesten: »Meine Freunde die Poeten«, a. a. O., S. 37. Nach Beendigung dieser Arbeit las ich übrigens Kestens Essay wieder, der sie in diesem Punkt erfreulicherweise bestätigt: »ein farbenstarkes, barockes Theater, mit der fortdauernden Gegenwart des Sprechers, mit Komödienszenen und Bühnenpomp, mit reifen Regiekünsten und grell gemalten Kulissen, mit zornigen Deklamationen für die Galerie und tiefsinnigen Monologen für das Stehparterre, mit fremdsprachigen Theaterzetteln, knallenden Aktschlüssen und buntem Scheinwerferlicht, mit behendem Witz und leichtem Genie, mit rundem Tiefsinn, mit Possen und Poesie. Romantisches Theater – neues Barock!« (S. 28); »eine Riesenconférence des Dichters«, »die Erzählung hüpft von Aktion zu Aktion, von Bild zu Bild, in der Anekdotentechnik, Schaukastentechnik der Opernbühne, und die strömende, reißende, forensisch berauschende Beredsamkeit des Dichters ist Musik. Die Bilder kommen wie im Flug [. . .]« (S. 31).

58. »Jugend«, S. 328 (Hamburg 1959: S. 360).
59. »Vollendung«, S. 690 (S. 751).
60. »Jugend«, S. 192 (S. 211).
61. S. 331 (S. 362).
62. S. 348 (S. 381).
63. S. 330 (S. 362).
64. S. 331 (S. 363).
65. S. 285 (S. 313).
66. S. 332 (S. 364).
67. S. 334 (S. 366).
68. S. 17 (S. 20).
69. S. 20 (S. 24).
70. S. 330 f. (S. 362).
71. S. 174 (S. 192).
72. ebd.
73. »Vollendung«, S. 678 (S. 739).
74. ebd., S. 684 f. (S. 745).
75. »Nibelungenlied« 1. Aventiure. Vgl. auch: »wie sêre si daz rach – an ir næhsten mâgen, / die in sluogen sint! – durch sîn eines sterben / starp vil maneger muoter kint.« – »sît sturbens jâmerlîche / von zweier edelen frouwen nît«, usw. Auch in der »Chanson de Roland«: »Nes poet guarder que mals ne l'i ateignet« (Strophe 1); »Nes poet que alques ne l'engignent« (7); »Des ore cumencet le cunseil que mal prist« (12).
76. »Jugend«, S. 328, vgl. auch S. 136 (S. 359 f., auch S. 149).
77. »Vollendung«, S. 467 (S. 509). Max Liebermann porträtierte eine Dame, die den Mund einzog, um ihn nicht zu groß erscheinen zu lassen: »'nä Frau, wenn Se wollen, kann ik ihn janz weglassen.«
78. »Jugend«, S. 595 (S. 654). Im »Zeitalter« schreibt Heinrich Mann diesen Vers mehrmals Anatole France zu.
79. S. 348 (S. 381 f.).
80. S. 333 (S. 365).
81. S. 330 (S. 362).
82. »Vollendung«, S. 468 (S. 510).
83. z. B. »Jugend«, S. 348 (S. 381), »Vollendung«, S. 887 (S. 967).
84. »Jugend«, S. 136 (S. 149).
85. S. 122 (S. 135).
86. S. 287 (S. 315).
87. »Le merveilleux, lui, veut un grand amour« (V.-H. Debidour [s. Anm. 53], S. 42).
88. »Jugend«, S. 196 (S. 215).
89. »Vollendung«, S. 477 (S. 520).
90. ebd., S. 475 f. (S. 518).
91. »Jugend«, S. 17 ff. (S. 19–22).
92. u. a. (chronologisch, Nummern beziehen sich auf die Bibliographie meines deutschen H.-M.-Buchs): U. Weisstein (451), K. Schröter (475), Banuls (478), K. Schröter (489), M. Durzak und M. Nerlich (Lübecker Vorträge, 1971).
93. Brief an Klaus Pinkus vom 5. April 1942.
94. Hans Mayer: »Die Folgen des Exils«. In: »Zur deutschen Literatur der Zeit«. Reinbek 1967. S. 290–300.
95. Durzak (s. Lit.).
96. Lion Feuchtwanger: »Die Arbeitsprobleme des Schriftstellers im Exil«. In: »Das goldene Tor« 2 (1947) S. 142–147.
97. »Der Unbekannte« (1906). In: »Novellen«, Berlin 1953, Bd. II, S. 74 u. 79 (Hamburg 1963, S. 516 u. 520).
98. Vormweg (s. Lit.), S. 410.
99. Homeyer (s. Lit. d. Einl.), S. 46–49.
100. Spitzer (s. Lit. d. Einl.), S. 171.
101. »Auch eine Revolution« (franz.: »Cette espèce de révolution allemande«). In: »Der Haß«. Querido: Amsterdam 1933. S. 66.

102. Spitzer (s. Lit. d. Einl.), S. 170.
103. Brief an Klaus Pinkus vom 12. August 1949.
104. »Empfang bei der Welt«, Aufbau 1956, S. 151 (Claassen 1962, S. 163).
105. »Der Atem«, Querido 1949, S. 263 (Claassen 1962, S. 740).
106. Durzak (s. Lit.). Wilfried F. Schoeller sagt vom »Empfang bei der Welt«: »kühn mißlungen« (Kindlers Literatur Lexikon).
107. »Albert Langens Verlagskatalog 1894–1904«, S. 92.
108. »Es war Zeit zu erinnern, daß ich Romane geschrieben habe. Der Teil Deutschland, wo ich genannt werde, meint fast immer nur den ›Untertan‹ und, soweit bekannt, die Aufsätze. Die Gründe, moralische und wirtschaftliche, weshalb ein Autor nicht an Ruf, aber an Bekanntheit verliert, gehen bis ins Allgemeine. Meinen Umfang als Schriftsteller berichtigen, ist dankenswert« (Brief an Walther A. Berendsohn [über den »Atem«] vom 29. September 1949 [Deutsche Bibliothek, Frankfurt a. M., Abt. Exil-Literatur, Briefsammlung Berendsohn, Signatur: EB 54 b/7]).
109. ebd. Ohne diesen Brief zu kennen, hat Vormweg (s. Lit.) in bezug auf »Empfang bei der Welt« auch von Märchen gesprochen: »Das Spektakel endet als Märchen« (S. 412). Im Jahre 1934 schrieb Heinrich Mann über seinen »Henri Quatre« (Brief an R. T. House, Editor of »Books Abroad«): »Da giebt es Scenen und Bilder in Fülle, abwechselnd wird der Bericht märchenhaft, bunt, wild, schönheitstrunken oder sonderbar« (in: »Heinrich Mann 1871–1950« [s. Lit.], S. 257).

Werke

Der Haß. Deutsche Zeitgeschichte. Amsterdam: Querido 1933.
Die Jugend des Königs Henri Quatre. Roman. Amsterdam: Querido 1935. (Zitiert als: Jugend.)
Es kommt der Tag. Deutsches Lesebuch. Zürich: Europa-Verlag 1936.
Die Vollendung des Königs Henri Quatre. Amsterdam: Querido 1938. (Zitiert als: Vollendung.)
Mut. Paris: Edition du 10 mai, 1939.
Nietzsche. In: Maß und Wert 2 (1939).
Lidice. Mexiko: Editorial El Libro libre 1943.
Ein Zeitalter wird besichtigt. Stockholm: Neuer Verlag 1946.
Morgenröte. Ein Lesebuch. Einführung von Heinrich Mann. Hrsg. von den Gründern des Aurora Verlages. New York: Aurora Verlag 1947.
Der Atem. Amsterdam: Querido 1949.
Empfang bei der Welt. Berlin: Aufbau-Verlag 1956.
Die traurige Geschichte von Friedrich dem Großen. Fragment. Berlin: Aufbau-Verlag 1960; Hamburg: Claassen 1962.

Zahlreiche politische Artikel, u. a. in Dépêche de Toulouse und Neue Weltbühne.

Ausgewählte Werke in Einzelausgaben. Hrsg. im Auftrag der Deutschen Akademie der Künste zu Berlin von Alfred Kantorowicz (Bd. 13 hrsg. von der Dt. Akad. d. Künste, besorgt von Heinz Kamnitzer). 13 Bde. Berlin: Aufbau-Verlag 1951–62. – Ausgewählte Werke in Einzelausgaben. 10 Bde. Hamburg: Claassen 1958 ff.
Thomas Mann – Heinrich Mann: Briefwechsel 1900–1949. Hrsg. von Hans Wysling. Frankfurt a. M.: Fischer 1968.

Literaturhinweise

André Banuls: Heinrich Mann. Le poète et la politique. Paris 1966.
– Thomas Mann und sein Bruder Heinrich. Stuttgart 1968. (Sprache und Literatur Bd. 44.)
– Heinrich Mann. Stuttgart 1970. (Sprache und Literatur, Bd. 62.)
– Heinrich Mann, der »Romantiker«. Bonn-Bad Godesberg 1971. [Frz. ebd.]
– Heinrich Mann und Frankreich. In: Heinrich Mann 1871–1971, a. a. O.

– A propos de Heinrich Mann et Benn (Complément à l'article [»Heinrich Mann et Gottfried Benn«] paru dans le n° 103 en 1971). In: Etudes Germaniques 107 (1972) S. 482 f.

Pierre Bertaux: Heinrich Mann en Béarn. In: Etudes Germaniques 103 (1971) S. 281–292.

Ekkehard Blattmann: Henri Quatre Salvator. Studien und Quellen zu Heinrich Manns »Henri Quatre«. Bd. 1: Heinrich Mann als homo religiosus – Die Henri-Legende – Die Hauptquelle des Romans. Freiburg 1972. – Bd. 2: Neue Nebenquellen. Freiburg 1972. – Bd. 3: Agrippa d'Aubigné – Coligny – Henri IV – Montaigne. In Vorbereitung. – Bd. 4: Gemälde und Zeichnungen als Vorlagen des Romans. In Vorbereitung.

– Heinrich Mann und der Materialismus. In Vorbereitung.

Günter Blöcker: Die Jugend des Königs Henri Quatre. Die Vollendung des Königs Henri Quatre. In: Kritisches Lesebuch. Hamburg 1962. S. 22–28.

Pieter Evert Boonstra: Heinrich Mann als politischer Schriftsteller. Diss. Utrecht 1945.

Ulrich Dietzel: Nachwort zu: Thomas Mann – Heinrich Mann – Briefwechsel 1900–1949. Berlin 1965.

Edgar Dirksen: Autobiographische Züge in Romanen Heinrich Manns. In: Orbis Litterarum 21 (1966) S. 321–332.

Eberhardt Dreher: Les éditoriaux de Heinrich Mann dans la Dépêche de Toulouse. In: Etudes Germaniques 103 (1971) S. 349 ff.

Manfred Durzak: Exil-Motive im Spätwerk Heinrich Manns. In: Heinrich Mann 1871–1971, a. a. O.

Ein Abgesang: Auch ein Heinrich vor dem uns graute . . . Leben und Taten des Akademie-Präsidenten Mann. In: Der Völkische Beobachter (18./19. 2. 1933).

Lion Feuchtwanger: Anläßlich des Henri Quatre von Heinrich Mann. In: Das Neue Tage-Buch (18. 1. 1936).

– Heinrich Manns Henri Quatre. In: Neue Weltbühne (25. 5. 1939).

– Heinrich Mann. In: Aufbau 2 (1946) S. 325 ff.

Andreas Fischer: Heinrich Mann: Der König von Preußen. In: A. F., Studien zum historischen Essay und zur historischen Portraitkunst an ausgewählten Beispielen. Berlin 1968.

Freiheit, die sie meinten . . . Ein Rütli der November-»Intelligenz«. In: Der Völkische Beobachter (25./26. 2. 1933).

Werner Herden: Aufruf und Bekenntnis. Zu den essayistischen Bemühungen Heinrich Manns im französischen Exil. In: Weimarer Beiträge 11 (1965) S. 323–349.

– Der Weg Heinrich Manns an der Seite der deutschen Arbeiterklasse im Spiegel seiner essayistischen Bemühungen von 1933–39. Diss. Berlin 1965 [masch.].

– Geist und Macht. Heinrich Manns Weg an die Seite der Arbeiterklasse. Berlin u. Weimar 1970.

Wilhelm Herzog: Menschen, denen ich begegnete. Bern u. München 1959. S. 227–267.

Kurt Hiller: Köpfe und Tröpfe. Hamburg 1950.

Ernst Hinrichs: Die Legende als Gleichnis. Zu Heinrich Manns Henri-Quatre-Romanen. In: Text + Kritik. Sonderband: Heinrich Mann. Stuttgart 1971. S. 100–114.

Karl-August Horst: Die traurige Geschichte von Friedrich dem Großen. In: Merkur 16 (1962) S. 697 bis 700.

Georg Hünert: Zu Heinrich Manns ›Henri Quatre‹. Ein Bericht. In: Colloquia Germanica (1971) H. 3, S. 299–312.

Herbert Ihering: Heinrich Mann. Berlin 1951.

Alfred Kantorowicz: Heinrich Manns Henri-Quatre-Romane. In: Sinn und Form 3 (1951) H. 5, S. 31–42.

– Heinrich Mann, Vorkämpfer der deutsch-französischen Verständigung. Berlin 1954.

– Heinrich Manns Beitrag zur deutsch-französischen Verständigung. In: Wissenschaftliche Zeitschrift der Humboldt-Universität zu Berlin. 1956/57. Gesellschafts- und Sprachwissenschaftliche Reihe.

– Das letzte Jahrzehnt Heinrich Manns. In: Das Schönste (1960) Nr. 3, S. 48–56. Dazu: Ludwig Marcuse: Das sonderbare Ehepaar Nelly und Heinrich Mann. In: Die Zeit (25. 3. 1960) S. 7; Alfred Kantorowicz: Heinrich Mann in Amerika. In: Das Schönste (1960) Nr. 5, S. 42; Golo Mann: Heinrich Mann. Ebd., S. 14.

– Heinrich Mann als Vorkämpfer der deutsch-französischen Verständigung. Bonn-Bad Godesberg 1971. [Frz.: ebd.]

– Unser natürlicher Freund. Heinrich Mann als Wegbereiter der deutsch-französischen Verständigung. (Senat der Hansestadt Lübeck. Amt für Kultur. Veröffentlichung V) 1972.

Hermann Kesten: Heinrich Mann und Thomas Mann. In: Der Geist der Unruhe. Köln u. Berlin 1959. S. 310–329.

– Heinrich Mann. In: Meine Freunde die Poeten. München 1959. S. 19–56.

Hadwig Kirchner-Klemperer: Heinrich Manns Roman »Jugend und Vollendung des Königs Henri Quatre« im Verhältnis zu seinen Quellen und Vorlagen. Ein Beitrag zum Thema »Historischer Roman«. Diss. Berlin 1957 [masch.].

E. Kirsch: Heinrich Manns historischer Roman »Jugend und Vollendung des Königs Henri Quatre«. In: Wissenschaftliche Zeitschrift der Martin-Luther-Universität. Halle-Wittenberg 1955/56. Gesellschafts- und Sprachwissenschaftliche Reihe. S. 623–636 u. 1161–1205.

Hanno König: Heinrich Mann. Dichter und Moralist. Tübingen 1972.

Karl Lemke: Heinrich Mann. Zu seinem 75. Geburtstag. Berlin 1946.

Edgar Lohner: Heinrich Mann. In: Deutsche Literatur im zwanzigsten Jahrhundert. Heidelberg 1961. S. 80–100.

Georg Lukács: Der historische Roman. In: Werke, Bd. 6: Probleme des Realismus. Neuwied 1965.

Heinrich Mann. Verteidigung der Kultur. Berlin u. Weimar 1971.

Heinrich Mann 1871–1950. Werk und Leben in Dokumenten und Bildern. Berlin u. Weimar 1971.

Heinrich Mann am Wendepunkt der deutschen Geschichte. Internationale wissenschaftliche Konferenz aus Anlaß des 100. Geburtstags von Heinrich Mann. März 1971. Arbeitshefte der Deutschen Akademie der Künste zu Berlin. H. 8. März 1971.

Heinrich Mann 1871–1971. Bestandsaufnahme und Untersuchung. Die Beiträge der Heinrich Mann-Tagung in Lübeck. Hrsg. von Klaus Matthias. München 1973.

Klaus Mann: In zweierlei Sprachen. In: Prager Tagblatt (22. 9. 1935); in: Prüfungen. München 1968. S. 227–230.

– [Heinrich Mann im Exil.] In: Escape to Life. Engl.: Boston 1939. Deutsch: In: Prüfungen, a. a. O., S. 231–241.

Thomas Mann: [Heinrich Mann]. In: Reden und Aufsätze. I. S. 261 f. [mit Bemerkungen über Henri Quatre].

– Bericht über meinen Bruder. In: Freies Deutschland. Mexico. März 1946; Aufbau 6 (1950) H. 4, S. 305–308.

– Brief über das Hinscheiden meines Bruders Heinrich. In: Germanic Review 25 (1950) S. 243 f.; in: Altes und Neues.

Viktor Mann: Wir waren fünf. Konstanz 1949.

Ludwig Marcuse: Mein zwanzigstes Jahrhundert. München 1960. S. 206–276.

Hans Mayer: Heinrich Mann und Stefan Zweig. Die Welt von gestern zweimal besichtigt. In: Literatur der Übergangszeit. Berlin 1949. S. 182–187.

– Heinrich Manns »Henri IV«. [1952.] In: Deutsche Literatur und Weltliteratur. Berlin 1957. S. 682 bis 689.

Michael Nerlich: Kunst, Politik und Schelmerei. Frankfurt a. M. 1969.

– Warum Henri Quatre? In: Heinrich Mann 1871–1971, a. a. O.

E. D. O'Bear: The Significance of France in the Writings of Heinrich Mann. Diss. Ohio State Univ. Columbus/O. 1953.

Monika Plessner: Identifikation und Utopie. Versuch über Heinrich und Thomas Mann als politische Schriftsteller. In: Frankfurter Hefte 16 (1961) S. 812–826.

David Roberts: Artistic consciousness and political conscience. The Novels of Heinrich Mann 1900 –1938. Bern u. Frankfurt a. M. 1971.

Jürgen Rühle: Die Geschichte als Gleichnis [bei L. Feuchtwanger und H. M.]. In: J. R., Literatur und Revolution. Köln u. Berlin 1960. S. 207–221.

René Schickele: Werke in drei Bänden. Köln 1959. [Tagebücher und Briefe in Bd. III.]

Marleen Schmeisser: Friedrich der Große und die Brüder Mann. In: Neue Deutsche Hefte 9 (1962) H. 90, S. 97–106.

Klaus Schröter: »Der Atem«. Anmerkungen zu Heinrich Manns letztem Roman. In: Grüße. Hans Wolffheim zum 60. Geburtstag. Frankfurt a. M. 1965. S. 133–144.

– Heinrich Mann in Selbstzeugnissen und Bilddokumenten. Reinbek bei Hamburg 1967. (rowohlts monographien 125.)

– »Ein Zeitalter wird besichtigt«. Zu Heinrich Manns Memoiren. In: Akzente 16 (1969) H. 5, S. 416 bis 433.

– »Ein Zeitalter wird besichtigt«. Zu Heinrich Manns Memoiren. In: K. S., Heinrich Mann: »Untertan« – »Zeitalter« – Wirkung. Drei Aufsätze. Stuttgart 1971. S. 39–59.

Kurt Sontheimer: Thomas Mann und die Deutschen. München 1961.

Robert M. Stanford: The Patriot in Exile. A study of Heinrich Mann's political activity from 1933–1950. Diss. Univ. of Southern California 1971.

Siegfried Sudhof: Heinrich Mann. In: Deutsche Dichter der Moderne. Hrsg. von Benno von Wiese. Berlin 1966. S. 92–111.

– Heinrich Mann und der europäische Gedanke. In: Heinrich Mann 1871–1971, a. a. O.

Bodo Uhse: Fragmentarische Bemerkungen zum »Friedrich«-Fragment Heinrich Manns. In: Sinn und Form 10 (1958) S. 238–245.

Heinrich Vormweg: Eine sterbende Welt. Heinrich Manns Altersromane. In: Akzente 16 (1969) H. 5, S. 408–415.

Hans-Albert Walter: Heinrich Mann im französischen Exil. In: Text + Kritik. Sonderband: Heinrich Mann. Stuttgart 1972. S. 115–140.

Henri Robert Warder: The Writer and his Country: Heinrich Mann's Response to Events in Germany (1894–1949). Diss. Queens Univ., Kingston, Ontario, Canada, 1971 [masch.].

Ulrich Weisstein: An introduction to Heinrich Manns »Henri Quatre«. In: Monatsheft 51 (1959) S. 13–24.

– Heinrich Mann in America. A critical Survey. In: Books Abroad XXXIII (1959) S. 281–284.

– Heinrich Mann. Eine historisch-kritische Einführung in sein dichterisches Werk. Tübingen 1962.

– Heinrich Mann, Montaigne und Henri IV. In: Revue de littérature comparée 36 (1962) S. 71–83.

Lorenz Winter: Heinrich Mann und sein Publikum. Köln u. Opladen 1965.

Hans Wysling: Einführung zu: Thomas Mann – Heinrich Mann. Briefwechsel 1900–1949. Frankfurt a. M. 1968. S. VII–LXII.

FRITZ HACKERT

Kaddisch und Miserere. Untergangsweisen eines jüdischen Katholiken. Joseph Roth im Exil

Der galizische Jude Joseph Roth hatte keine Wahl. Konzentrationslager und Gaskammer hätten ihn selbst dann erwartet, wenn er kein publizistischer Gegner der Nazis gewesen wäre.

Dieses Grauen der konkreten geschichtlichen Situation zu verdrängen, war lange Zeit eine bewußte oder unbewußte Handlungsmaxime in der Bundesrepublik. In die ästhetisch-stilistische Interpretation geflüchtet, konnte die Literaturwissenschaft während der Nachkriegszeit begründet leugnen, daß sich die politische und rassische Verfolgung im Werk der Emigranten spürbar manifestiert hatte.[1]

Im Falle Roths sperrt jedoch auch der positivistische Aufbruch der Exilforschung nicht den bequemen Ausweg. Denn im Lauf der zwanziger Jahre hielt sich der aus Österreich stammende berühmte Reisereporter deutscher Zeitungen in den verschiedensten Ländern des europäischen Kontinents auf, schrieb seine Romane unterwegs in Hotels und hätte sich am liebsten als Korrespondent der *Frankfurter Zeitung* in Paris niedergelassen.[2] Mit wachsendem Entsetzen beobachtete Roth die nationalistische Radikalisierung in der Weimarer Republik und sträubte sich nach Auslandsreisen immer mehr vor Kontakten mit der deutschen Szene. »Ich kann nicht, ich kann nicht nach Deutschland!« heißt es 1925 in einem Brief aus Marseille. Richtig scheint daher die Behauptung: »Joseph Roth war schon ein Exilierter, noch ehe Hitler ihn endgültig in die Verbannung trieb.«[3] So geneigt man aber ist, dem als psychologischer Metapher zuzustimmen, so nachdrücklich muß der Unterschied zur politischen Exilierung hervorgehoben werden. Denn 1931 noch versuchte es Roth in der *Frankfurter Zeitung* mit einem bewegenden *Bekenntnis zu Deutschland*, das als »Quellen seines geistigen Lebens« Deutschlands Kulturtradition und vor allem die deutsche Sprache nennt. Die Bewunderung deutscher Dichtung hatte den Gymnasiasten aus der k. u. k. Provinz zum Germanistikstudium in Wien geführt. Dort entnahmen die Kulturkritiker des angebrochenen 20. Jahrhunderts ihre Maßstäbe der Sprache und dem Menschenbild der deutschen Klassik[4], und auf dieser Grundlage beruhte auch Roths idealistischer Konservatismus, der ihn klagen ließ: »Es gab eine Zeit in Deutschland, wo die stille Würde des Gelehrten, die behutsame Scheu des Dichters, die staatsmännische Vernunft des Politikers und alle einfachen Herzen der privaten Menschen mit natürlicher Selbstverständlichkeit die Liebe zum Vaterland gestanden [...].« Ein verklärtes Biedermeier dient hier als Gegenbild zur Weimarer Republik, in welcher der Patriotismus durch völkische Ideologie und chauvinistische Hetze entstellt und verdrängt worden war. »Das Bekenntnis«, so schließt der Artikel, »erstirbt auf den Lippen, weil es von andern in den Straßen gebrüllt wird.« Ihre Machtübernahme aber ließ das seelische Schwanken zwischen Abneigung und Zuneigung, verglichen mit dem Horror vor der physischen Brutalität, fast wie ein Luxusgefühl erscheinen. Das Schicksal Ossietzkys vor Augen, weiß später auch Roth, was das Vaterland für ihn bereithält.[5] Was immer nämlich seine politischen Positionen während der zwanziger Jahre waren, ob anfänglich ein Gefühlssozialismus und allmählich ein ständestaatlicher Monarchismus, stets behielt der Haß auf den Nationalsozialismus dieselbe Schärfe und Eindringlichkeit. Die sofortige, eindeutige und offene Distanzierung vom Regime Hitlers mußte denn auch, anders als bei unentschiedeneren Kollegen, gleichzeitig das Bewußtsein vom Elend der veränderten materiellen Situation auslösen. Von Deutschland abgesperrt und bedroht, ohne deutsche Leser und Käufer, sahen die Exilierten ihre Meinung und Moral in den dreißiger Jahren der geschichtlichen Faktizität unterliegen. Das Hakenkreuz, 1923 in Roths erstem Roman[6] noch terroristisches Abzeichen, wird nun zum Staatsemblem. »Unterwerfung fordert der Große, der Naive, Ungebildete, im Rausch der Begeisterung Lebende«[7] zukünftig von den Völkern Europas.

In welcher Rolle war unter diesen Umständen Schutz zu finden? Joseph Roth, der in seinen Zeitromanen das Lebensgefühl der Heimkehrer aus dem Ersten Weltkrieg, der ›Verlorenen Generation‹, ausgesprochen hatte, unternahm mit dem Roman *Zipper und sein Vater* 1928 den »Versuch, an zwei Menschen die Verschiedenheiten und die Ähnlichkeiten zweier Generationen so darzustellen, daß diese Darstellung nicht mehr als der private Bericht über zwei private Leben gelten kann«. Bei der Gestaltung der kleinbürgerlichen Vaterfigur tastete er sich in den Schein von heiler Vorkriegswelt zurück, den die Söhne gehaßt hatten, der aber nach dem expressionistischen Aufbegehren wie ein Abglanz von bürgerlicher Ordnung in die nächste sich anbahnende Katastrophe Europas hinüberschimmerte. Das falsche Selbstbewußtsein, welches Vater Zipper seinen Illusionen abgewinnt, nimmt bei der Hauptfigur des *Hiob* (1930) den Ernst subjektiv-religiöser Gewißheit an. Der »Roman eines einfachen Mannes« (Untertitel) handelt von persönlicher Selbstbehauptung auf der Stufe verbohrter Einfalt. Anders als in den *Juden auf Wanderschaft* (1927), wo Roth mehr als Beobachter und Analytiker das ethnische Kollektiv im Auge hat, lebt er sich im Roman in seine Figuren ein und versenkt sich in Atmosphäre und Lebensdetails des ostjüdischen Milieus, dem er entstammte. Jüdische Kritiker wie auch Freunde und Verwandte wiesen Roth auf manche Irrtümer bei der Schilderung jüdischer Sitten und Überlieferungen hin.[8] Der Roman bildet aber keine realistische Studie, sondern eine poetisch-imaginäre Identifizierung mit dem Judentum. So ist auch die Emigration des Helden eher noch ein gruppentypisches Schicksal als die Konsequenz persönlicher Entschlüsse und Handlungen. Doch im Gegensatz zu den ziellos Flüchtigen und Desorientierten vorhergehender Romane bieten sich den Personen nun bestimmte Kulturräume und Traditionen als Orte der Heimat und Geborgenheit an. Obwohl Mendel Singer »beinahe heimisch in Amerika« war, sagt er beim ungewohnten Blick auf das Meer plötzlich: »Bei uns zu Hause [...] ist die Erde so weit, wie in Amerika das Wasser.« Es ist kein Zufall, daß der Leutnant Carl Joseph von Trotta, Zentralfigur im *Radetzkymarsch* (1932), in die Verlorenheit dieser Landschaft, zu den ruthenischen Bauern und jüdischen Händlern, versetzt wird. Sein Heimweh jedoch gilt nicht entbehrten einstigen Lebensumständen, sondern der entrückten Geschichtsepoche, in welcher seine Vorfahren am Glanz eines mächtigen Staates und seines Repräsentanten teilhatten. Wie sich Roth in die Vorstellungswelt der österreichisch-ungarischen Monarchie hineinarbeitet, zeigt der im Erscheinungsjahr des *Zipper* veröffentlichte Artikel über *Seine k. und k. Apostolische Majestät*:

»Es war einmal ein Kaiser [...]«. Hier schon wird die Doppeldeutigkeit notiert, mit welcher später Reich und Kaiser auch im Roman gezeichnet sind. »Die Sinnlosigkeit seiner letzten Jahre«, schreibt Roth über Franz Joseph, »erkannte ich klar, aber nicht zu leugnen war, daß eben diese Sinnlosigkeit ein Stück meiner Kindheit bedeutete. Die kalte Sonne der Habsburger erlosch, aber es war eine Sonne gewesen.« Von solchen Vorbehalten bei geschichtlicher Würdigung wollten und wollen schlichtere Anhänger des Hauses Habsburg nichts wissen. »Er hält meinen *Radetzkymarsch* [...] für eine Beleidigung des Franz Joseph!« mußte Roth von dem ihm befreundeten österreichischen Monarchistenführer Wiesner feststellen.[9] Und die Entrüstung der österreichischen Zuschauer über die Charakterisierung Franz Josephs im Fernsehfilm *Radetzkymarsch* bestätigt gerade, daß der Rothsche Text kongenial ins Bild übertragen war. Mit Recht sucht Hans-Albert Walter eine Quelle für die beklemmend zwingende Gestaltung des Untergangs Österreichs in dem Eindruck, den die Zeitgeschichte auf die Autoren machen mußte.[10] Die Verzweiflung am Niedergang der Weimarer Republik gab dem Verfall Österreichs im *Radetzkymarsch* einen Teil seiner Intensität. Als Roth dieses Thema zum zweitenmal aufgreift und, aus Deutschland verbannt, *Die Büste des Kaisers* verfaßt (1934)[11], steht im Mittelpunkt der Erzählung ein Emigrant. Sein Beschluß lautet wie Roths dichterisches Programm: »Da meine Welt endgültig besiegt zu sein scheint, habe ich keine ganze Heimat mehr. Und es ist besser, ich suche noch die Trümmer meiner alten Heimat auf!« Unabweisbar dringt in die Darstellung der Historie die Gegenwart des Erzählers ein:

»Man hatte im neunzehnten Jahrhundert bekanntlich entdeckt, daß jedes Individuum einer bestimmten Nation oder Rasse angehören müsse, wollte es wirklich als bürgerliches Individuum anerkannt werden. ›Von der Humanität durch Nationalität zur Bestialität‹ – hatte der österreichische Dichter Grillparzer gesagt. Man begann just damals mit der ›Nationalität‹, der Vorstufe zu jener Bestialität, die wir heute erleben. Nationale Gesinnung: man sah um jene Zeit deutlich, daß sie der vulgären Gemütsart all jener entsprang und entsprach, die den vulgärsten Stand einer neuzeitlichen Nation ausmachen. Es waren [...] sogenannte Kunstmaler, die aus Mangel an Talent in der Akademie der bildenden Künste keine Heimat gefunden hatten und infolgedessen Schildermaler oder Tapezierer geworden waren [...].« Der ›Anstreicher‹, wie Brecht ihn nannte, Hitler und seine geistigen wie sozialen Voraussetzungen hatten geschichtsbestimmende Bedeutung erlangt.

Der Schwachsinn eines primitiven Biologismus wurde von den Nazi-Propagandisten der deutschen Mitwelt durch die modernsten Medien eingehämmert. In einer ätzenden Satire griff Roth noch 1932 im *Tagebuch* (Berlin) einen Radiovortrag Baldur von Schirachs an, der die Blut-und-Boden-Phrasen zugunsten eines völkisch-rassischen Kunstbegriffs eingesetzt hatte: »Keine Kunst ohne Bodenständigkeit.«[12] Eine von Intellektuellen geschaffene Kunst ist nach Schirach »eine Erfindung von Köpfen, die den Boden unter den Füßen verloren haben«. Der Dümmlichkeit solcher Metaphern mußte ihr Urheber nur allzu leicht zum Opfer fallen. »Wir glauben gern«, gab Roth zurück, »daß die ›Köpfe, die den Boden unter den Füßen verloren haben‹, in den Senderäumen nichts mehr zu sagen haben; daß sie von anderen Fabelwesen abgelöst wurden: nämlich von Füßen, die zwar unter sich den Boden nicht verloren

haben, wohl aber über sich die Köpfe!« So mühelos indessen die verbale und geistige Zurückweisung gelang, so schwer war zu begreifen, weshalb der Umbruch zur Diktatur sich glatt und unaufhaltbar vollzog. Für Roth handelte es sich um einen absoluten Geschichtseinschnitt. Im März 1933 schrieb er an Stefan Zweig:
»Es ist Ihnen klar: in dem Maße, in dem sich etwa ein krankes Tier vom Typ Goering von dem immer noch im Bereich des Menschlichen verbliebenen Wilhelm II. unterscheidet: in dem Maße ungefähr unterscheidet sich 1933 von 1914. Es ist klar, daß Trottel Dummheiten begehen, Bestien Bestialitäten, Verrückte wahnsinnige Handlungen: alles selbstmörderisch. Aber es ist nicht klar, wann die ebenfalls kranke und verworrene Umgebung die Dummheit, die Bestialität, den Wahnsinn *erkennt*.«[13]
Dem Drang zur Anprangerung des metaphysischen Einbruchs entstammt die Essay-Sammlung *Der Antichrist* (1934). Für das Buch, dessen Planung bis ins Jahr 1931 zurückreicht, war zunächst der Titel »Gespenster der Gegenwart« vorgesehen.[14] Aber diese Denunzierung mußte angesichts der veränderten, massiven politischen Realität ihre Wirkung verlieren, so daß eine stärkere Formel an ihre Stelle trat. »Die Hölle regiert.«, schließt ein Brief unmittelbar nach der Machtübernahme.[15] Aus dem Ingrimm des historisch-politischen Moments ist die Wahl billiger Allegorien und Wortspiele im *Antichrist* zu verstehen (»Hollywood« heißt »Hölle-Wut«). Der Erfolg des Faschismus trieb zu einer apokalyptischen Vision, in der die ganze Moderne dem Prinzip des Bösen verfallen scheint. Roth schloß sich mit dieser Deutung der konservativen Wiener Kulturkritik an, die um die Jahrhundertwende das Stichwort vom ›Antichrist‹ aus der Philosophie Nietzsches übernommen hatte. Er stellte eine Serie von früher geschriebenen Feuilletons zusammen, arbeitete sie um und ergänzte sie zu »einer Warnung und Mahnung, damit man den Antichrist erkenne, in allen Gestalten, in denen er sich zeigt« (Vorspruch). Inmitten der biblischen Metaphorik hält der soziologische Ansatz rationalen Kriterien durchaus stand. Der Antichrist bedient sich keiner neuen, sondern der schon herrschenden Ideologie:
»Im alltäglichen, bescheidenen Gewand des Kleinbürgers ist er angekommen, ja sogar ausgestattet mit allen Abzeichen der kleinen Gottesfurcht des kleinen Bürgers, seiner niedrigen Frömmigkeit, seiner ungefährlich scheinenden gemeinen Gewinnsucht und seiner großartig, sogar erhaben dünkenden Liebe für bestimmte Ideale der Menschheit: wie zum Beispiel: Treue bis zum Tode, Liebe zum Vaterland, heroische Bereitschaft zum Opfer für die Gesamtheit, Keuschheit und Tugend, Ehrfurcht vor der Überlieferung der Väter und der Vergangenheit, Zuversicht für die Zukunft, Achtung vor sämtlichen Paraden der Phrasen, von denen der durchschnittliche Europäer zu leben gewohnt und sogar genötigt ist.«
Gerade jedoch, weil hier auch Roths eigene Wertwelt betroffen und in Phrasen ausgemünzt ist[16], fiel der Faschismus-Verdacht im *Antichrist* so total aus, richtete sich gegen die Zivilisation des 20. Jahrhunderts überhaupt und sämtliche Institutionen, die ihr Tribut zollten: »Ich sehe in Frankreich oft Pfarrer auf Motorrädern. Zum Kotzen. Der Vatikan glaubt, naiv, damit könne er den Teufel besiegen. Siehe Konkordate. Goldene Telephone. Kino! Im Vatikan! ›Neue Zeit‹! Dummköpfe, Esel! Der Antichrist!!!«[17] Die mythologische Abrechnung, die ein breites Lesepublikum ansprechen sollte und für ein Exilwerk tatsächlich gut verkauft wurde, besaß ohne Zweifel kaum den Wert von politischer Aufklärung. Weshalb aber Roth, entgegen

den damaligen und heutigen Ansichten der Kritiker, den *Antichrist* viel höher einschätzte als die Erzählwerke, die er um dieselbe Zeit schrieb, das geht klar aus folgenden Zeilen an Stefan Zweig hervor: »Es ist eine Stunde her, daß ich den *Antichrist* beendet habe. Endlich, zum ersten Mal in meinem Leben, bin ich mit einem Buch zufrieden. Auch Sie, ich weiß es, werden zufrieden sein. Es ist tausendmal besser, als *Tarabas*. Ich habe Tag für Tag 10–12 Stunden gearbeitet, 8 geschrieben, 2–4 das zu Schreibende *vorbereitet*. Ich bin ganz am Ende meiner Kraft, aber sehr glücklich.«[18]

Das Verdammungsurteil über seine Zeit, in Summe und Formel gefaßt, brachte ihm selbst das Gefühl der Entlastung.

Von der Bedrückung des Exils zeugen am besten die Umstände der Hauptfiguren in den Romanen und Erzählungen, die um diese Zeit entstanden. Emigriert ist Graf Morstin in der *Büste des Kaisers*; »vom Teufel verführt«, zugrunde gerichtet und ausgewandert der Korallenhändler Nissen Piczenik im *Leviathan*[19] (1940); »Der junge Tarabas verließ die Heimat [...] Allein schon zwei Monate nach seiner Ankunft in der großen steinernen Stadt erwachte das Heimweh in ihm. [...] Er haßte New York [...].«

Der legendenhafte Roman *Tarabas. Ein Gast auf dieser Erde* (1934) wurde unter den Eindrücken des Jahres 1933 verfaßt. »Glänzender Stoff«, so berichtet Roth an Stefan Zweig, »fern von Dtschl., aber mit deutlicher Beziehung dazu, spielt im östlichen Grenzland. PAR DISCRETION: St. Julien l'hospitalier auf modern, statt der Tiere: Juden, ... Sehr katholisch.«[20] Der Hinweis auf die Legende Flauberts als inhaltliche Grundlage[21] wird noch um die Mitteilung ergänzt: »Ich habe den ganzen Stoff in einer ukrainischen Zeitung gefunden. Er ist ganz vollendet.«

Heimgekehrt überläßt sich Nikolaus Tarabas als russischer Offizier im Ersten Weltkrieg dem Rausch des Mordens: »Der Krieg wurde seine große, blutige Heimat.« Danach verliert er, unfähig zu Verwaltungsarbeit und Garnisonsroutine, als Ortskommandant eines Tages seine Soldateska aus der Gewalt. Der Saufkumpanei in einer jüdischen Schenke schlägt »ein gewisser Ramsin« vor, »ein bißchen« zu schießen.

»Er war ein geschickter Mann, der Ramsin. Er hatte immer allerlei Kunststücke verstanden, Zauberwerk und Taschenspielerei. Seine große, hagere Gestalt, seine schwarzen Augen im gelblichen Gesicht, seine lange, schiefe, seitwärts gebogene Nase, ein pechschwarzes Haarbüschel, das er nicht ohne Eitelkeit in die Stirn fallen ließ, und seine knochigen langen Hände mit den leicht gekrümmten Fingern hatten in seinen Kameraden längst den Verdacht geweckt, daß Ramsin niemals wirklich heimisch unter ihnen gewesen sein konnte. Einige kannten ihn zwei Jahre und länger, noch vom Felde her.«[22]

Die Szene, die Roth nun entwickelt, weist Ramsin als Typus des demagogischen Verführers aus, wie er später einmal im *Neuen Tage-Buch* (Paris) unter dem Titel *Die Macht des Charlatans* (29. Januar 1938) charakterisiert ist. Ramsin ist mit seiner schwarzen Stirnlocke deutlich genug eine Konfiguration Hitlers. Vollends offensichtlich wird dies, als er sich zum Schnellmaler (!) aufschwingt. Pornographische Bilder entstehen an der Wand des Schankraums, als »teuflische Aufgabe« und Zielscheiben für die betrunkenen und sexuell nun aufgereizten Männer. Doch keiner trifft die »verhexten« und »verteufelten« Ziele außer Ramsin, der, »getrieben von irgendeinem höllischen Befehl«, die allgemeine »gierige Lust, zu vernichten«, anstachelt, dem Publikum seine »verborgenen Wünsche« entlockt und die verlangten »Körperteile der nackten, immer nackter werdenden drei Frauen« Schuß um Schuß zerschmettert. Als Zuschauer haben sich dabei ukrainische Bauern eingefunden, die erleben, wie unter dem von der Wand abfallenden Verputz ein Madonnenbild hervortritt. Ramsin nützt die von Sexualität und Aggression aufgeladene Atmosphäre zur Auslösung eines Pogroms:

»›Halt! Rührt es nicht an, das Bild! Dieser Raum hier ist eine Kirche. Dort an der Wand, wo ihr das Bild seht, stand einmal der Altar! Der jüdische Gastwirt hat ihn entfernt. Die Kirche hat er beschmutzt. [...]‹ [... Erzählerkommentar:] Der Jude! – Uraltes Gespenst, in tausendfacher Gestalt über das Land gesät, schwärender Feind im Fleisch, unverständlich, schlau, blutdürstig und sanft zugleich, tausendmal erschlagen und auferstanden, grausam und unnachgiebig, schrecklicher als alle Schrecken des eben überstandenen Krieges: der Jude.«

Die Beschwörung eines antisemitischen Feindbilds ist nicht mehr bloß aus Kindheitserinnerungen und dem Jugendmilieu Roths gespeist. In ihr gellen die Tiraden von Goebbels, und ihre optische Version bilden für den Zeitgenossen die Karikaturen im *Stürmer*. Sadismus, Brutalität, Marter und Qual erfüllen die anschließenden Romanszenen, die Sequenz typischer Stationen eines Pogroms. Als Deutscher liest man sie heute zwangsläufig im Blick auf die Ereignisse zwischen ›Kristallnacht‹ und ›Endlösung‹.

Mit zwei Hauptproblemen knüpft Roth in seinem nächsten Roman an den *Tarabas* an. *Die Hundert Tage* (1936) sollen mit Napoleon dem verbrecherischen Scharlatan, der faschistischen Führergestalt im 20. Jahrhundert, eine Figur von echter historischer Größe entgegensetzen. Und deren Integrität besteht nach dem Willen Roths wie beim büßenden Tarabas – sehr katholisch – in einer religiösen Selbstbesinnung. Aus Roths Briefen geht hervor, daß er zusammen mit den österreichischen Monarchisten eine Zeitlang Hoffnungen auf den Widerstand des katholischen Klerus gegen das Nazi-Regime setzte. So unterwirft er seinen Napoleon einem fiktiven, von der Geschichte abweichenden privat-legendären Schicksal und läßt eine innere Stimme zu ihm sprechen: »Ich halte ein Szepter, und ich wünsche mir ein Kreuz – ja, ich wünsche mir ein Kreuz!« Napoleons Abdankung nach der Niederlage von Waterloo deutet Roth als Einsicht des Diktators in seine menschliche Schwäche und als freiwilligen Verzicht auf Macht und Herrschaft. Seiner Übersetzerin erläutert er die Thematik folgendermaßen:

»Il m'interesse, ce pauvre Napoléon – il s'agit pour moi de le *transformer*: un Dieu redevenant un homme – la seule phase de sa vie, où il est ›homme‹ et malheureux. C'est la seule fois dans l'histoire où on voit qu'un ›incroyant‹ devient *visiblement* petit. Et c'est ça qui m'attire. Je voudrais faire un ›humble‹ d'un ›grand‹. C'est visiblement la *punition de Dieu*, la première fois dans l'histoire moderne.«[23]

»Es ist in unserer Natur begründet, daß wir Götter werden wollen.« So lautete ein Jahr zuvor die Warnung: »Der Antichrist aber sagt uns, wir seien schon Götter.« Überwältigend und niederdrückend mußte auf die Emigranten der Pomp wirken, mit dem sich die Machthaber in Deutschland feiern lassen konnten.[24] Wie unverbindlich und privat der strafende Eingriff Gottes in der Massenpolitik blieb, die nach der Französischen Revolution immer mehr die Geschichte beherrschte, dies führt der Romanschluß vor. Kaum ist der Kaiser abgetreten, tönt es aus »tausend

Kehlen: ›Es lebe der König!‹«. Napoleons Wandlung verändert nichts an der politischen Öffentlichkeit. In einer Puppe aus Stofflappen wird sein Andenken auf einer Demonstration verhöhnt. Und wer ihn liebte und in menschlicher Schwäche noch an ihm hing, wurde – wie die schwächlichen Juden im *Tarabas* – durch die Luft gewirbelt und zerschlagen. »[...] und unendlich marschierte die Menge weiter.« Roth wußte um deren richtungslose Idolsucht und ihre Manipulierbarkeit. Die marschierenden Massen seiner Zeit drängten ihn zum Glauben an das Herrscherindividuum, das nicht durch sie, sondern durch Gottes Gnade berufen schien. Die Tradition des Hauses Habsburg war ihm dafür eine Bürgschaft, und so drückt sich indirekt im fromm gewordenen Kaiser der Franzosen die Einstellung des österreichischen Monarchisten aus.

Ein weiterer Grund dafür, Herrschaft aus der Tradition und metaphysisch zu legitimieren, war die verbitternde Erfahrung, daß der Nationalsozialismus unter Wahrung von formaler Legitimität seine Diktatur errichten konnte. »Ja, meine Freunde«, betont der Erzähler in der *Beichte eines Mörders* (1936), »die Gesetze schützen vor der Willkür nicht, denn die Gesetze werden nach Willkür ausgelegt.« Und er spielt gegen die Kleinleuteherrschaft den monarchischen Gedanken aus: »Die Launen eines kleinen Richters kenne ich nicht. Sie sind schlimmer als gewöhnliche Launen. Sie sind einfach miserable Gehässigkeiten. Die Launen eines großen Herrn aber kenne ich. Sie sind sogar zuverlässiger als Gesetze. Ein großer, ein echter Herr, der strafen kann und Gnade üben, ist durch ein einziges Wort böse zu machen, aber manchmal auch durch ein einziges Wort wieder gut. Und wie viele große Herren hat es schon gegeben, die gar niemals böse geworden waren. Ihre Launen waren immer gütige Launen.«

Unter diesem Gesichtspunkt ist das Schicksal des Romanhelden eine einzige Strafe dafür, daß er sein Leben nicht der Laune eines großen Herrn verdanken, sondern von diesem als legitimes Kind anerkannt werden wollte. Und so erscheint es ihm auch im Rückblick: »Damals wollte ich noch die Hölle auf Erden, das heißt, ich dürstete nach Gerechtigkeit. Und wer die absolute Gerechtigkeit will, der ist der Rachsucht verfallen.« Solcher Motive aber bedient sich der Sendbote der Hölle, um die Menschen ins Verderben zu locken. Den Bösen selbst erhebt Roth in der *Beichte eines Mörders* zu einer wichtigeren Figur als je zuvor. Im *Leviathan* ein Korallenhändler, im *Triumph der Schönheit*[25] ein Advokat und in der *Beichte* ein ungarischer Hopfenhändler, ist Jenö Lakatos, »der zudem noch dezent hinken muß«, eine deutliche allegorische »Personifikation des Teufels«.[26] Das teuflische Element indessen beherrscht auch die Gegenspieler von Tarabas, und zwar nicht nur Ramsin, sondern auch den inspizierenden General Lakubeit, der nicht nur den Namensanklang mit Lakatos teilt, sondern wie dieser einmal »Advokat gewesen« ist, ja in dessen »Äuglein« seine Untergebenen »kleine Höllenfeuerchen« glimmen sehen. Allgegenwärtig dann ist das Böse, wenn im Pariser Emigrantenmilieu der vermeintliche Mörder seine Beichte von Flucht und Verfolgung, Spitzelwesen und Verrat ablegt und im abschließenden Rahmenkapitel der nacherzählende Autor seine persönliche Begegnung mit dem Bösen schildert, dem Lakatos »mit seinen straff in der Mitte gescheitelten Haaren, die so aussahen, als ob nicht ein Kamm, sondern eine Zunge sie geglättet hätte«. Roth spielt damit auf einen zweiten religiösen Bedeutungskomplex an, der leitmotivisch alle in diesem Kapitel besprochenen Werke durchzieht, nämlich die züngelnde Schlange des Sündenfalls. »Welche Harmonie!« denkt Napoleon, als der opportunistische Fouché ihm gegenübersteht und sich die Lippen »mit der schmalen blassen Zungenspitze« benetzt. »Er läßt nicht die geringsten Bewegungen aus, die man an der Schlange kennt. Wie wahr ist sie, die banale Symbolik!« Während jedoch der Kaiser – wie Tarabas – in einem Gewissenswandel den Fluch des Bösen abschütteln und büßend Erlösung finden darf, zerrinnt das Leben von Golubtschik aus der *Beichte eines Mörders* als »Tragödie der Banalität«.

Mord, Selbstmord und Trinkertod beenden das Leben von drei der vier Hauptfiguren in Joseph Roths vier letzten Erzählwerken. In eine feindselige fremde Umwelt versetzt, aus dem Beruf verstoßen oder vor der Polizei ins Ausland geflohen, hängen sie ihren Träumen nach, die das armselige Dasein übertäuben.[27] Vor dem übermächtigen Druck der Zeitereignisse weicht der Erzähler historischer Sujets wie einst der Zeitkritiker mit dem *Hiob* (»Vor vielen Jahren lebte [...]«) in die Welt rein erfundener, die Fiktion hervorkehrender Geschichten zurück. Sie beginnen mit »Es war einmal [...]« (*Das falsche Gewicht*, 1937), nehmen Märchenform an (*Die Geschichte von der 1002. Nacht*, 1939) oder finden in seliger Unwirklichkeit statt (*Die Legende vom heiligen Trinker*, 1939). Aber Erzähl- und Gattungsstil kontrastieren scharf mit den realistischen Details des Inhalts, die nicht selten direkt auf die Emigrantenmisere verweisen.
Der obsiegende Widerpart des Eichmeisters im *Falschen Gewicht*, ein aus dem zaristischen Rußland in die k. u. k. Monarchie geflohener Mörder und »Urheber aller Verbrechen im ganzen Bezirk«, beteiligt sich auch am Menschenhandel mit Flüchtlingen.
»Dreimal in der Woche lud selbst der berüchtigte russische Agent für die American-Line die Deserteure der russischen Armee in der Grenzschenke Jadlowkers ab, damit sie von da aus weiter nach Holland, nach Kanada, nach Südamerika kämen. [...] Österreichische Deserteure, die nach Rußland, russische, die nach Österreich flüchteten, tauschte er gewissermaßen aus. Jene, die ihn nicht bezahlten, ließ er – so hieß es – wahrscheinlich erschießen, von den österreichischen oder von den russischen Grenzposten: je nachdem!«
In der *Geschichte von der 1002. Nacht* durchbricht die politische Aktualität des drohenden Anschlusses von Österreich die Fiktion eines Schah-Besuchs im Wien des 19. Jahrhunderts:
»Weit schrecklicher noch als einst die Türken bedrohten jetzt die Preußen das alte Österreich – und obwohl sie fast ungläubiger waren als die Mohammedaner – denn sie waren ja Protestanten –, tat Gott gegen sie keine Wunder. Es gab keinen Grund mehr, die Söhne Mohammeds mehr zu fürchten als die Protestanten. Jetzt brach eine andere, schrecklichere Epoche an, die Zeit der Preußen, die Zeit der Janitscharen Luthers und Bismarcks. Auf ihren schwarz-weißen Fahnen [...] war zwar kein Halbmond zu sehn, sondern ein Kreuz; aber es war eben ein Eisernes Kreuz. Auch ihre christlichen Symbole noch waren tödliche Waffen.«
Im *Antichrist* hatte Roth, an keine historische Situation gebunden, die Linie durchgezogen und dem eisernen Kreuz des »eisernen Gottes« das Hakenkreuz nachfolgen lassen: »[...] es war kein gewöhnliches, sondern ein Kreuz, das rechts und links und am oberen und am unteren Ende gebrochen und geknickt war.«

Liest man *Die Legende vom heiligen Trinker* als Selbstpersiflage, wie Roths Freunde gleich bei der Veröffentlichung, dann nötigt die selbstkritische Scharfsicht des Dichters hohen Respekt ab. Seine Ironie verschonte die eigene Person nicht im mindesten. Er sah, wie lächerlich es wirkte, wenn man »verwahrlost und erbarmungswürdig« nur noch auf die »Ehre« pochen konnte. Sie zu wahren bildete ein Anliegen, das Roth fast monoman in seinen Briefen an Stefan Zweig verfocht. So liegt es denn auch nahe, den unermüdlichen Spender in der *Legende* mit dem Mäzen und Freund zu vergleichen, der ebenfalls den guten Willen gelten lassen mußte, weil der seinerseits hilfsbereite und ausgebefreudige Roth zu schwach war, um die Schulden wirklich zu begleichen. Kein Zweifel, auch was Roth »betrifft, so war er ein Trinker, geradezu ein Säufer«, und wie sein ärmlicher Held im Schoß der Kirche in seliger Trance zu sterben, das wünscht sich der Erzähler am Schluß: »Gebe Gott uns allen, uns Trinkern, einen so leichten und so schönen Tod.«

Angeklungen war dieser Todeswunsch schon in dem vorhergehenden Werk. Als Roth *Die Kapuzinergruft* (1938) endgültig zum Abschluß brachte, wünscht sich der Ich-Erzähler am Ende: »Ich will den Sarg meines Kaisers Franz Joseph besuchen [...]«. Aber die Gruft ist geschlossen, denn »eine neue deutsche Volksregierung« will nach dem Anschluß Österreichs die Erinnerungen an seine Geschichte verwischen, die nun mit den Kaisern tot und »begraben in steinernen Särgen« ist. Roth hatte dieses Schlußkapitel für den Roman keineswegs geplant, vielmehr mit ihm auf das politische Ereignis reagiert, das auch die Habsburger Monarchisten nicht hatten verhindern können.[28] Die sich steigernde Vereinsamung der Hauptfigur zeichnet bis zur Ausweglosigkeit genau den Verlust persönlicher Bindungen und politischer Hoffnungen des Autors nach.[29] Körperlich und seelisch ruiniert, kündigt er in jämmerlicher Verkennung seiner Kräfte dennoch die Verteidigung jenes Fleckens Welt an, der dem selbstmörderischen Trinker und hellsichtigen Poeten so lange ein Obdach geboten hatte. »Ich gedenke, Frankreich zu dienen, das Sie anzugreifen gedenken [...]«, schreibt Roth 1938 im *Neuen Tage-Buch* (Paris), an den national-sozialistischen »Statthalter« Österreichs, Seyß-Inquart, gewendet. Die Unterstellung hat sich, wie wir wissen, vollauf bestätigt.

Als Hitler 1939 seine Angriffskriege auf die Länder Europas vorbereitet, besitzt der Dichter im Exil nur noch das Mittel des ohnmächtigen Fluchs. Zum *Wiegenfest* (1939) des Diktators wünscht er ihn zur Hölle: »Nicht älter soll er werden! Ich wünsche ihm einen natürlichen Tod – freilich –, aber keinen schnellen und keinen leichten. Tausende, was sage ich: Zehntausende, vielleicht mehr, sind seinetwegen, auf seine Veranlassung unter langsamen Qualen gestorben.« Es war, gemessen an den Todesziffern des Krieges und der Vernichtungslager, erst die kleine Zahl der innenpolitischen Gegner und der Verfolgten in den Gebieten, die sich Deutschland mit Hilfe europäischer Appeasement-Politiker angeeignet hatte. Den Untergang, der bevorstand, erfaßten keine dichterischen Visionen.

Auf die Grundthemen von Roths Exiljahren antworteten die Gebete an seinem Grab. Dem Dichter, der seine Helden sterben und im Tod zum Leviathan oder ins Gnadenreich einer Heiligen heimkehren ließ, sprach ein Freund das jüdische Totengebet, und dem Kaddisch fügte ein katholischer Geistlicher die Bitte um Gnade für des Verstorbenen Seele hinzu.[30]

Anmerkungen

1. Vgl. Hans-Albert Walter: »Emigrantenliteratur . . .« (s. Lit. d. Einl.).
2. Vgl. Joseph Roth: »Briefe 1911–1939«. Köln u. Berlin 1970. S. 82–90.
3. Uwe Schweikert: »Flucht ohne Ende. Joseph Roth in seinen Briefen«. In: Neue Rundschau 82 (1971) H. 2, S. 337.
4. Vgl. dazu über »Karl Kraus: Ursprünglichkeit und Klassische Form als Folien der Zeitkritik«. In: Fritz Hackert: »Kulturpessimismus . . .« (s. Lit.), S. 27 ff.
5. Die »fatalen Sätze« über Ossietzky in einem Brief Roths sollte man im Rahmen der privaten Äußerung und momentanen Stimmung belassen (vgl. Karl Heinz Bohrer: »Der Zeuge des Verfalls«. In: FAZ Nr. 298 (24. 12. 1970). Öffentlich ist Roth im Pariser »Neuen Tage-Buch« mit dem Artikel »Kriminalaffäre Nobelpreis« (1937) für eine Hilfsaktion zugunsten Ossietzkys eingetreten.
6. »Das Spinnennetz«. In der »Arbeiterzeitung«, Wien, vom 7. Oktober bis 6. November 1923 in Fortsetzungen erschienen (unvollendet); zitiert wird hier die Ausgabe von Kiepenheuer & Witsch, Köln u. Berlin 1967.
7. ebd., S. 72.
8. Vgl. z. B. Joseph Roth: »Briefe . . .«, S. 197 (An Jenny Reichler, 9. April 1931).
9. ebd., S. 391.
10. Walter: »Emigrantenliteratur . . .« (s. Lit. d. Einl.), S. 317.
11. Im Juni 1934 meldet Manga Bell die Fertigstellung der Erzählung an Blanche Gidon; s. »Briefe . . .«, S. 344.
12. Joseph Roth: »Die Nationale Kurzwelle«. In: Werke III, S. 592–596.
13. »Briefe . . .«, S. 259.
14. »Briefe . . .«, S. 191 (An Friedrich Traugott Gubler, 31. Januar 1931). Auf den »Antichrist« deutet die Bemerkung hin, daß Zitate aus Max Picards »Menschengesicht« verwendet werden sollen. Vgl. dazu Roths Werke III, S. 745.
15. »Briefe . . .«, S. 249.
16. Über diese Beziehung zwischen konservativer Ideologie und ihrer faschistischen Perversion verspricht die Arbeit von Wolfgang Marchand (s. Lit.) weiteren Aufschluß zu geben.
17. »Briefe . . .«, S. 391 (An Ernst Krenek, 31. Oktober 1934).
18. ebd., S. 320 (An Stefan Zweig, 26. März 1934).
19. Zur Datierung der Entstehung vgl. »Briefe . . .«, S. 589: Anm. 3 zum Brief an F. H. Landshoff vom 26. Mai 1934.
20. »Briefe . . .«, S. 265 (An Stefan Zweig, 22. Mai 1933). Die Beendigung des Romans wird am 30. November 1933 angezeigt (»Briefe . . .«, S. 295).
21. Hartmut Scheible (s. Lit.) läßt diese Beziehung und den Roman außer acht, da ihm ein Stilvergleich zwischen den Autoren wesentlicher erscheint.
22. Werke II, S. 407.
23. »Briefe . . .«, S. 394 f. (An Blanche Gidon, 17. November 1934).
24. Das eindrucksvollste Dokument aus dieser Zeit dürfte Leni Riefenstahls Film über den Reichsparteitag 1935 darstellen (»Triumph des Willens«). – Bezeichnenderweise eröffnet Klaus Mann den »Mephisto« mit einer Feier von Görings Geburtstag.
25. Das deutsche Typoskript, das sich im Leo-Baeck-Institut (New York) befindet, blieb bis jetzt ungedruckt. Eine französische Übersetzung erschien 1934 in »Les Nouvelles Littéraires«, Paris, und ist in der Werkausgabe enthalten (Bd. III, S. 201 ff.).
26. Scheible (s. Lit.), S. 83.
27. Ich beziehe mich der Reihenfolge nach auf: »Das falsche Gewicht. Die Geschichte eines Eichmeisters« (1937), »Die Geschichte von der 1002. Nacht« (1939), »Die Legende vom Heiligen Trinker« (1939).
28. Vgl. zu diesen Zusammenhängen: Fritz Hackert, »Joseph Roth. Zur Biographie«. In: DVjs. 43 (1969) H. 1, S. 175–179.
29. Insofern bleibt es eine müßige terminologische Streitfrage, ob »Die Kapuzinergruft« ein politischer oder ein »*nicht-politischer* Roman« ist (Scheible [s. Lit.], S. 165). – Die Entstehungsgeschichte des Romans versuchte ich weiter aufzuklären in einem Aufsatz über »Joseph Roths Nachlaß im Leo-Baeck-Institut« (New York); er wird zusammen mit Arbeiten anderer Roth-Forscher in einem Essay-Band des Athenäum-Verlags, Frankfurt a. M., erscheinen.
30. Vgl. Hackert (Anm. 28), S. 185 f.

Werke

Stationschef Fallmerayer. In: Novellen deutscher Dichter der Gegenwart. Hrsg. von Hermann Kesten. Amsterdam: de Lange 1933.
Tarabas. Amsterdam: Querido 1934.
Der Antichrist. Amsterdam: de Lange 1934.
Le triomphe de la beauté. In: Nouvelles Littéraires. Paris 1934.
Le buste de l'empereur. In: 1934. Paris 1934 (deutscher Erstdruck: Die Büste des Kaisers. In: Joseph Roth: Romane. Erzählungen. Aufsätze. Köln u. Berlin 1964).
Die hundert Tage. Amsterdam: de Lange 1936.
Beichte eines Mörders. Amsterdam: de Lange 1936.
Das falsche Gewicht. Amsterdam: Querido 1937.
Die Geschichte von der 1002. Nacht. Warschau: Rój 1937 (polnisch); deutsch: Bilthoven: De Gemeenschap 1939.
Die Kapuzinergruft. Bilthoven: De Gemeenschap 1938.
Die Legende vom heiligen Trinker. Amsterdam: de Lange 1939.
Der Leviathan. Amsterdam: Querido 1940 [wegen der deutschen Besetzung Hollands erst nach dem Kriege ausgeliefert].

Mitarbeiter bei folgenden Zeitschriften und Zeitungen: Das Neue Tage-Buch (Paris), Der christliche Ständestaat (Wien), Österreichische Post (Paris), Prager Tageblatt, National-Zeitung (Basel), Die Sammlung (von Klaus Mann hrsg. Emigrantenzeitschrift), Neue Deutsche Blätter (Prag), Pariser Tageszeitung.

Werke in drei Bänden. Köln u. Berlin: Kiepenheuer & Witsch 1956.
Romane. Erzählungen. Aufsätze. Köln u. Berlin: Kiepenheuer & Witsch 1964.
Der stumme Prophet. Köln u. Berlin: Kiepenheuer & Witsch 1966.
Das Spinnennetz. Köln u. Berlin: Kiepenheuer & Witsch 1967.
Der neue Tag. Unbekannte politische Arbeiten 1919 bis 1927. Wien. Berlin. Moskau. – Köln u. Berlin: Kiepenheuer & Witsch 1970.
Briefe 1911–1939. Köln u. Berlin: Kiepenheuer & Witsch 1970.

Literaturhinweise

Hans-Otto Außerhofer: Joseph Roth und das Judentum. Ein Beitrag zum Verständnis der deutsch-jüdischen Symbiose im 20. Jahrhundert. Diss. Bonn 1971 [Publikation voraussichtlich 1973].
Hansjürgen Böning: Joseph Roths ›Radetzkymarsch‹. Thematik. Struktur. Sprache. München 1968.
David Bronsen: Joseph Roth. Eine Biographie. Köln u. Berlin 1973.
Rolf Eckart: Die Kommunikationslosigkeit des Menschen im Romanwerk von Joseph Roth. Diss. München 1959.
Helmut Famira-Parcsetich: Die Erzählsituation in den Romanen Joseph Roths. Bern u. Frankfurt a. M. 1971.
Fritz Hackert: Kulturpessimismus und Erzählform. Studien zu Joseph Roths Leben und Werk. Bern 1967.
Peter W. Jansen: Weltbezug und Erzählhaltung. Eine Untersuchung zum Erzählwerk und zur dichterischen Existenz Joseph Roths. Diss. Freiburg i. Br. 1958 [masch.].
Claudio Magris: Lontano da dove. Joseph Roth e la tradizione ebraico-orientale. Torino 1971.
Wolfgang Marchand: Joseph Roth und völkisch-nationalistische Wertbegriffe. Untersuchungen zur politisch-weltanschaulichen Entwicklung Roths und ihrer Auswirkung auf sein Werk. Diss. 1970 [Publikation voraussichtlich 1973].
Ilse Plank: Joseph Roth als Feuilletonist. Eine Untersuchung von Themen, Stil und Aufbau seines Feuilletons. Diss. Erlangen u. Nürnberg 1967.
Ward H. Powell: The Problem of Primitivism in the Novels of Joseph Roth. Diss. Colorado 1956.
Sidney Rosenfeld: Raumgestaltung und Raumsymbolik im Romanwerk Joseph Roths. Diss. Urbana (Ill.) 1964.

Curt Sanger: The Decadence of Austrian Society in the Novels of Joseph Roth. Diss. Cincinnati 1966.
Hartmut Scheible: Joseph Roth. Mit einem Essay über Gustave Flaubert. Stuttgart 1971.
Ingeborg Sültemeyer: Studien zum Frühwerk Joseph Roths. Mit einem Anhang: Bisher unbekannte Arbeiten aus dem Zeitraum 1915–1926. Diss. Frankfurt a. M. 1969.
Erika Wegner: Die Gestaltung innerer Vorgänge in den Dichtungen Joseph Roths. Diss. Bonn 1963.

WALTHER HUDER

Ödön von Horváth. Existenz und Produktion im Exil

Es wäre falsch, den Beginn der Emigration Horváths mit dem 13. März 1938 zu datieren, also mit dem Tag seiner Flucht aus Wien nach der Okkupation Österreichs durch die deutsch-faschistischen Truppen. Als der von den Nationalsozialisten Verfemte 1933 zum erstenmal Berlin und Deutschland bei Nacht und Nebel verließ, waren es die gleichen Ursachen, die ihn über die Grenze eines Landes trieben, in dem er jahrelang gelebt, gearbeitet, ja sich als ein dort Ansässiger betrachtet hatte. Horváth war kein österreichischer Staatsbürger. Er war ein zumeist deutsch schreibender Schriftsteller ungarischer Herkunft. Daß er auch Ungarn verließ, wo er sich zuletzt 1938 aufhielt, hatte indessen keinerlei Exil-Motive. Seine Emigration begann de facto 1933 als Folge der faschistischen Machtergreifung in Deutschland.

Die Emigration des am 9. Dezember 1901 in Susak, einem Vorort von Fiume, geborenen Diplomatensohnes Ödön v. Horváth hatte nicht rassische, sondern politische Gründe. Daß es nach einer Machtergreifung Hitlers in Deutschland dazu kommen würde, war seit dem Beginn seiner schriftstellerischen Produktion evident. So hatte er bereits 1928 mit dem Stück *Sladek oder Die schwarze Armee* den militanten Vortrupp der späteren Machthaber und 1929 im Roman *Der ewige Spießer* den deutschen Mittelstand als tragende Gesellschaftsschicht des deutschen Faschismus entlarvt. Mit dem Stück *Italienische Nacht*, das 1931 in Berlin uraufgeführt wurde, war schließlich den Nationalsozialisten ein offenes Motiv in die Hand gegeben, gegen den unbequemen Dramatiker Horváth vorzugehen. Und so heißt es dann auch in der Schmähschrift, die der spätere Reichsdramaturg Rainer Schlösser im *Völkischen Beobachter* vom 14. Februar 1933 unter dem Titel *Die Sünden des Systemtheaters! Eine Kunst, die nichts mit deutschem Blut zu tun hat und die nicht aus unserer Seele kam* veröffentlichte: »Ödön von Horváth besaß die Frechheit, die Nationalsozialisten anzupöbeln. Seine ›Italienische Nacht‹ zeichnet uns als Feiglinge. Wird sich der Ödön noch wundern!« Der Autor selbst kommentierte dieses Stück in der *Wiener Allgemeinen Zeitung* vom 5. Juli 1931 folgendermaßen: »Es geht nicht gegen die Politik, aber gegen die Masse der Politisierenden, gegen die vor allem in Deutschland sichtbare Versumpfung, den Gebrauch politischer Schlagworte.«

Aber auch außerhalb des Werkes, das noch dazu von dem jüdischen Theaterkritiker Alfred Kerr progressiv beurteilt und von dem jüdischen Schriftsteller Carl Zuckmayer mit dem so bedeutenden Kleist-Preis honoriert worden war, fanden die deutschen Faschisten reichlich Gründe, Horváth zu ächten und aus dem Land zu treiben. Noch bevor er 1924 aus Murnau, wo er im Landhaus seiner Eltern gewohnt und Freunde gefunden hatte, nach Berlin kam, war er bereits den Nationalsozialisten auf Wahlversammlungen nicht nur begegnet, sondern mit ihnen auch handgreiflich aneinandergeraten. R. A. Stemmle schreibt: »Ich lernte Ödön von Horváth 1928/29 in Berlin kennen. Er [...] berichtete uns – eigentlich als Erster – über Hitlers Persönlichkeit. Er hatte ihn nicht nur bei Großkundgebungen gesehen, sondern ihn auch im kleineren Kreis kennengelernt. Was er über diesen ›kommenden Mann‹ damals schon klargesichtig prophezeite, ging in Erfüllung.« Im Juli 1931 wurde Horváth in einem sogenannten Saalschlachtprozeß vor Gericht zitiert, als Zeuge vernommen und von den Nationalsozialisten beschimpft.

Mit seinen Stücken *Kasimir und Karoline* (1932) und *Glaube Liebe Hoffnung* (1933) lieferte Horváth den Nationalsozialisten zusätzlichen Zündstoff, gegen ihn zu agitieren. Nach dem 30. Januar 1933 war ihnen die Macht gegeben, nunmehr rigoros gegen ihn und seine Sippe vorzugehen. Erstes Signal: SA durchstöberte das Haus der Eltern in Murnau, die aber vorher die Schriften ihres Sohnes in einem Safe in München deponiert hatten. So kam es, daß ausgerechnet in der ›Hauptstadt der Bewegung‹ jener Teil des Horváthschen Nachlasses die Bewegung überwinterte. Horváth selbst floh von Berlin nach Salzburg. Von dort reiste er über Zillertal, Innsbruck und Schärding weiter nach Wien, wo er mit Hertha Pauli zusammentraf. Bei allem Wohlbefinden in den dortigen Prater-Cafés und Heurigen-Lokalen blieb die Tendenz, auch weiterhin politisch und gesellschaftskritisch zu schreiben. Sie wurde zum Motor einer raschen Entscheidung, die sich aber als ebenso spontan wie weltfremd erwies. Noch während der Niederschrift der Komödie *Die Unbekannte aus der Seine* (1933) plante Horváth ein Stück über die SA, sozusagen einen zweiten Teil zur *Italienischen Nacht*. Dafür wollte er Studien in Deutschland selbst, insbesondere in Berlin treiben, wo er sich bestens auskannte. Er wollte die Aufmärsche von Hitlers brauner Landsknechtsgarde beobachten, sich Notizen der Parolen, aber auch über die Reaktion des Publikums während der Großkundgebungen machen. Als ungarischem Staatsbürger könne man ihm ja doch nichts anhaben. So meinte er. Da sein ungarischer Paß abgelaufen war, reiste er zur Erledigung der erforderlichen Formalitäten nach Budapest.

1934 unternahm Horváth die geplante Forschungsreise in die Hauptstadt des Dritten Reiches. Den Unterhalt verdiente er sich durch Arbeiten für die Filmindustrie. Darüber schreibt er in einem Brief vom 16. September an Hans Geiringer: »Du machst Dir ja keine Ahnung, mit welchen Schwierigkeiten hier gefilmt wird, Zensur und dergl. – so daß alle Leut den Kopf ständig mit Zores voll haben.«[1] Von seinen Freunden Walter Mehring und Franz Theodor Csokor bestürmt, verließ er zusammen mit der Schauspielerin Wera Liessem ein zweites Mal fluchtartig Deutschland, wo die Nationalsozialisten inzwischen ein erneutes Kesseltreiben gegen ihn begonnen hatten.

Zürich, Wien, Prag, Rom, Amsterdam und vor allem Henndorf zählten zu den Aufenthaltsorten der beiden nächsten Jahre, die von Arbeitsfieber und Unrast, von Depressionen und finanziellen Sorgen gekennzeichnet waren. Aus dieser Zeit stammt Horváths Notiz: »Ich sitze auf meinem Zimmer und bin abgeschnitten von der Welt. Vielleicht wissen aber auch die Spitzen des Geistes nicht, was ich weiß. Denn sie leben nicht so, wie ich, in geistiger Not und Angst.«[2] Als er im Sommer 1936 wagte, seine Eltern in Possenhofen zu besuchen, wurde ihm noch einmal verdeutlicht, was man in Deutschland von ihm hielt. Er mußte nach Entzug der Aufenthaltserlaubnis binnen vierundzwanzig Stunden über die Grenze.

Nach der Okkupation Österreichs verlor Horváth seine letzten Freunde in Salzburg und Wien. Zuckmayer floh wie Mehring in die Schweiz, Hertha Pauli nach Frankreich und Csokor nach Polen. Die letzte Etappe der Horváthschen Emigrationsodyssee begann. Nach Aufenthalten in Budapest (März 1938) und in Teplitz-Schönau

(April 1938) schrieb er am 7. Mai 1938 aus Zürich, wohin er über Budapest, Triest, Venedig und Mailand gelangt war, an Csokor Zeilen von satirischer Melancholie: »Hier, in der Schweiz, ist es sehr still und freundlich, kaum vorstellbar für unsereinen. Die Villen der Millionäre liegen in wunderschönen Gärten, und lieblich lächelt der See – wie lange, wie lange noch?«[3]

Von Brüssel und Amsterdam kommend, wo ihm eine Wahrsagerin in bekannter Pythia-Verschlüsselung das bevorstehende Ende prophezeit haben soll, traf er am 28. Mai 1938 in Paris ein. Hertha Pauli hatte ihm ein Zimmer im Hôtel de l'Univers reservieren lassen. Am 30. Mai schrieb er noch an Frau von Hatvany nach Budapest, daß er das Pfingstfest in der Schweiz verleben möchte. Am 1. Juni war er im Café Mathieu unweit des Panthéon mit Robert Siodmak verabredet, um neue Theater-, vor allem wohl Filmpläne zu schmieden. Eines der typischen Junigewitter von Paris zog auf. Gegen 19.30 Uhr, wenige Minuten nach dieser Begegnung, wurde Horváth durch einen vom Unwetter getroffenen Baum gegenüber dem Théâtre Marigny getötet. Mehring berichtet, Horváth sei in die Arme des ihn fällenden Todes gelaufen wie ein Verliebter. Das Grab des Sechsunddreißigjährigen befindet sich auf dem Friedhof St-Ouen im Pariser Norden. Die Beisetzung erfolgte am 7. Juni 1938. Nekrologe verfaßten Klaus Mann, Walter Mehring, Franz Werfel und Carl Zuckmayer. Soweit das Protokoll über die Existenz Horváths im Exil! Und seine damalige Produktion?

Das erste Stück, das der zunächst nach Österreich ausgewichene Schriftsteller 1933 schrieb, *Die Unbekannte aus der Seine*, reflektiert weniger in der Thematik als vielmehr durch Situationen und Verhaltensweisen der Akteure, der Gesellschaft, die letzten Erfahrungen des Autors in Deutschland, seine damalige Gemütslage, die sich mehr und mehr metaphysisch einzufärben begann, ja das Existenzniveau eines Geflüchteten, dessen Emigrationsschicksal unvermeidbar zu werden schien. Viele Parallelen zwischen der titeltragenden Figur des Stückes, der »Unbekannten«, und dem aus Berlin geflüchteten Autor sind feststellbar. Sie kommt wie er aus einem anderen Reich, aus dem sie gewissermaßen verschlagen wurde. Sie ist wie er besitzlos, heimatlos, hilflos, der Welt nicht gewachsen, wiewohl an ihr Anteil nehmend, andererseits von einer geradezu gelassenen Toleranz ihr gegenüber, indem sie das Böse mit Horváths eigenen Worten kommentiert: »So ist's nun einmal.«

Man wird an Dürrenmatts Stück *Ein Engel kommt nach Babylon* (1954, 1958) erinnert. Auch Horváths »Engel« ist in die Hände der Menschen gefallen, hat sich in ein Babylon verirrt, das »jede Stadt sein kann«. Auch er wird mit Spießern und Unverbesserlichen konfrontiert, bis er sich schließlich wieder zurücknimmt. Der von Natur her unschuldige, aber in die Zeugenschaft des Verbrechens verstrickte Bote aus dem Nirgendwo will, nachdem er Zeuge der Tatsache war, nicht auch noch Zeuge ihrer Anklage werden. Die Gesellschaft treibt ihn in den Freitod, zwingt gleichsam diese Undine in die Tiefe der Existenzströmung zurück, an deren Ufern die Menschen wie Treibsand liegen.

Muschlers gleichnamige Bestseller-Schönheit fand hier eine ungleich größere Schwester, letztlich voll ätzender Poesie, einen »Engel« als Menschen, der aber so unter den Menschen nicht zu leben vermag. Was die »Unbekannte« ihrer Umgebung zurückläßt, die Maske ihres Gesichts – ausgerechnet die Maske, durch die bekanntlich nach antiker Vorstellung die Wahrheit des Spiels tönt –, entlarvt die Gesellschaft. Denn die aufs Kommerzielle ausgerichtete Gesellschaft vermarktet das Lächeln der Wasserleiche zum kitschigen Dekorationsobjekt ihres kolportierenden Geschmacks. Dieses »ins Wasser geschriebene«, erst 1949 uraufgeführte Stück erinnert aber auch mit seinem den Existentialismus persiflierenden Fluidum an Giraudoux, an dessen *Ondine* (1939). Es ist ein die Gesellschaft – nicht nur von 1933 – dekuvrierendes Kriminalstück. Zwischen Blumenladen und Uhrmachergeschäft, zwischen den beiden ökonomischen Miniaturpolen des blühenden, dekorativen, lieblichen Lebens und der Zeitmesser-Technik, der organischen und der technischen Existenzsubstanz, geschehen Mord und Selbstmord. Und sie bleiben unaufgeklärt und lassen teilnahmslos. Der Mörder avanciert zum biederen Familienvater mit einem herzigen Sprößling seiner Zeugungskraft. Sein die Gesellschaft erhaltendes Gemüt erweist sich als ordinär. Ein »realistisches Wunderspiel« in finsterer Zeit läuft ab, metaphysisch interpretiert als eine mit den bewährten drei S (Sensation, Sentimentalität und Sexualität) garnierte Demonstration der Tatsache, daß die Welt schlecht ist und schlecht bleibt, auch wenn gelegentlich Wunder geschehen, banale zwar, wiewohl auch solche, die sogar das Verbrechen decken.

Vergleicht man *Die Unbekannte aus der Seine* mit den zwei Jahre vorher entstandenen *Geschichten aus dem Wiener Wald*, deren skizzenhaft gearbeitetes, nahezu aquarelliertes Pendant sie sein könnte, dann wird das inzwischen eingetretene Emigrationsgefälle im Leben und Werk Horváths deutlich, und zwar trotz der geradezu poetischen, märchenhaften Verfremdung, mit der das Stück die Wirklichkeit vorstellt. Die Grenze des Absurden liegt nicht weit. Die peinliche Entfernung jener Gesellschaft, die hier getroffen werden sollte, nämlich der deutschen, aus dem Salon der Welt, ihr geschmackloses Inferioritätsgefühl, ihre Verbindung von Zynismus und Banalität, das alles spiegelt sich in den Figuren des Spiels. Wie sich zum Beispiel die »Herumsteher vor dem Mordhaus« verhalten, das charakterisiert nicht nur die Reaktion der unpolitischen Volksgenossen von 1933, das Reservoir der Mitläufer in Deutschland nach der Machtübernahme, sondern auch das Verhalten des demokratischen Auslands, das einen Hitler nicht nur duldete, sondern sogar sanktionierte, bis er auch ihm zur unmittelbaren Bedrohung wurde.

War es von Horváth als sarkastische Aufklärung gedacht, daß am Ende des Spiels nicht wie bei Dante die Bösen in der Hölle und die Guten im Himmel, sondern die einzige Gute im Nichts und alle Bösen bei der etablierten Alltagsordnung landen? Friedrich Heer hat das Stück eine »Commedia humana« genannt. Er hatte recht. Denn es ist ein Stück der Angst und der Brutalität, der Hilflosigkeit und der Gewalt, der Verzweiflung und der Distanz, alles jedoch mit Banalität gezuckert. Persiflage der damaligen Ufa-Filme?

Und es ist ein Stück des Vergessens, wie später die Wohlstandsgesellschaft nichts mehr davon wissen wollte, was historisch vorausgegangen war; wie sich kein Schuldiger mehr seiner Schuld zu entsinnen vermochte, jeder ein Bruder des Albert aus dem Horváthschen Stück, der, kaum Vater geworden und in bestem Auskommen, den Ort des »guten Ruhekissens« mit dem Porträtsouvenir jener dekorierte, die er in den Tod getrieben hatte. Mag sie lächeln wie Mona Lisa, so doch unter anderen Umständen. Es ist nicht das Lächeln eines Renaissancebildes aus dem Louvre, sondern einer Gipsmaske aus den Ramschläden der dreißiger Jahre.

Noch im gleichen Jahr begann Horváth, der inzwischen von Wien nach Budapest gereist war, um sich dort seine ungarische Staatsbürgerschaft bestätigen zu lassen, ein weiteres Stück, in dem das Schicksal des Staatenlosen nicht mehr lediglich mit entlarvender Melancholie, sondern als grotesker Fall dargestellt werden sollte. Hatte er sich mit dem Stück *Die Unbekannte aus der Seine* in eine Komödie geflüchtet, um »das Komische und Groteske der Tragik« des Fremdlings in einer teilnahmslosen Gesellschaft zu vermitteln, in ein »Experiment«, das nach seiner Meinung »in der Form« bestand, so griff er jetzt mit dem Stück *Hin und her* bewußt zur deftiger wirkenden Posse und nach einem echten Emigrantenstoff. War in dem Stück *Die Unbekannte aus der Seine* eine Frau die Zentralfigur, eine Schwester der Elisabeth aus *Glaube Liebe Hoffnung*, nur recht anders emanzipiert als diese, die ja zuletzt der Gesellschaft mit einem letalen Protest aufsässig widerspricht, während die »Unbekannte« mit geradezu sentimentaler Abneigung in den Tod geht, so ist es diesmal ein männliches Wesen, das den armen Haupthelden zu spielen hat.

In dem Stück *Hin und her*, das 1934 in Anwesenheit des Autors in Zürich uraufgeführt wurde, geht es um das Thema des Menschen im Niemandsland, des Staatenlosen zwischen den Staatsbestimmungen, des Emigranten, der aus dem einen Land ausgewiesen und in das andere Land nicht hineingelassen wird. Als amtlich, ja sozusagen legal getretene Kreatur, Opfer der Bürokratie, Anonymus durch die Macht der Paragraphen, die sich auch in Staaten mit unterschiedlicher Ideologie nahezu gleichermaßen inhuman anwenden lassen, irrt er auf der Brücke, dem uralten Symbol der Verbindung, hilf- und ratlos zwischen den da wie dort ihm verschlossenen Grenzen hin und her. Daß unter derart unorganischen Bedingungen selbst die Erfinder dieses Antagonismus, die Potentaten aus den beiden Nachbarstaaten, sich auf der gleichen Brücke verirren und dabei verwechselt werden können, ist eine ironische Episode im Spiel, bei dessen Niederschrift zweifellos Brecht, Polgar und Tucholsky dem Autor über die Schulter blickten. Allein schon die rettende Ironie der sogenannten Sondergenehmigungen spricht dafür, die bei all ihrer Ambivalenz und ihrem parteiischen Selektionscharakter ja eben auch etwas Positives haben können, was dem Hinweis gleichkommt, derartige Sondergenehmigungen doch unter humanitären Aspekten zur Dauerregel werden zu lassen. Warum sollen sich bürokratische Eskapaden nicht einmal auch als Retter bewähren können?

Horváths Stück demonstriert einen ganzen Katalog an Nuancen und Schattierungen der Grenzfrage als Sache menschlicher Not und Unzulänglichkeit. Die Hintergründe für die Ausweisung bzw. Einreiseverweigerung haben im gegebenen Fall weniger ein politisches als vielmehr ein ökonomisches, soziales Motiv. Dabei ist der Betroffene nicht ganz unschuldig. Er geriet in die Schlinge der Paragraphen, weil er sich über die Gesetze, Verfügungen, ja über die gesamte Entwicklung des einen wie des anderen Staates nie orientiert hatte. Dieser Held der Geschichte las in den Zeitungen immer nur die Todesanzeigen, nie aber das, was für seine Existenz von Wichtigkeit war. Und legt er nicht eigentlich auch später als Ausgestoßener auf der Brücke reichlich viel politische Inkonsequenz an den Tag? Warum zum Beispiel hat er die beiden ihm ausgelieferten Staatsmänner wenn schon nicht umgelegt, dann doch wenigstens als Geiseln benutzt? Warum macht er sich gegenüber den Schmugglern zum Helfershelfer jener gesetzgebenden Kräfte, die auch ihn getroffen haben? Warum verharmlost er als Postillon d'amour zwischen den Grenzhäuschen die Konfrontation der

Staaten zu einer familiären Rivalität zwischen Dörfern? Er ist halt nur ein Mensch, kein Staatsbürger!

Der Ausgestoßene, zwischen den Peripherien der Staaten Kampierende, nimmt zwar bei all seinem privaten Elend an allem teil, was zwischen den Grenzen, was an den Fronten stattfindet, weit mehr als jene, die im Lande wohnen und behütet sind, vermag aber in kein Geschehen aktiv einzugreifen. Er sieht mehr, erlebt mehr, wird in mehr verstrickt, ist aber stets zur Passivität verurteilt. Nur gelegentliche Handlangerdienste bleiben ihm überlassen, die sich jedoch im Endeffekt als nützlich für alle, für die Allgemeinheit, erweisen, als Vorteil und Möglichkeit dessen, der eine neutrale Position einnimmt, während sich immer erneut die Tatsache bestätigt, daß der Grenzschutz da wie dort, also bei beiden Gegenparteien, durchaus nicht in generell verläßlichen Händen liegt.

Bei Horváth heißt es: »Alle meine Stücke sind Tragödien – sie werden nur komisch, weil sie unheimlich sind. Das Unheimliche muß da sein.«[4] Gerade auch deshalb wird das zwielichtige Niemandsland, das Thomas Mann ein »Waidrevier des Teufels« genannt hat, für den Ausgestoßenen zur erlittenen Heimat der Heimatlosigkeit und für die Grenzorgane, für die Amtlichen, zum Tummelplatz ihrer Sturheit, Laune und Polizeimacht. Die unheimliche Groteske dessen, was Völkerrecht und Rechtsstaat genannt wird, die Austauschbarkeit der Rechtspositionen, das Geflecht der Dienstleistungen, das Fehlen der Zuständigkeit im Staatsbürokratismus und der Automatismus der Staatenlosigkeit lassen im Verhältnis zum Betroffenen die politische Problematik zu einer existentiellen werden. Demgegenüber charakterisieren Ohnmacht und zunehmende Vereinsamung den ausgewiesenen kleinen Mann, der zwar aufbegehrt, aber höflich bleibt, nur leise klagt, bis er sich in sein Schicksal ergibt, wo er sich improvisierend einzurichten versucht. Horváth steht hier als kritischer Romantiker zwischen Kafka und Nestroy, also zwischen Unheimlichkeit und Galle.

Das 1934 geschriebene Stück *Himmelwärts*, als Märchen in zwei Teilen deklariert und in bearbeiteter Fassung 1937 als Matineevorstellung in Wien uraufgeführt, steuert im Kampf der gegensätzlichen Mächte des Weltspiels trotz seiner im Titel genannten Himmelsrichtung auf einen Kompromiß zu. Flucht ins Märchen, noch dazu mit den dialektisch gestaffelten Schauplätzen: Himmel, Erde, Hölle, Pakt mit dem Teufel, zumeist wie auch hier aus Karrieregründen unterschrieben, das zählte schon immer zum Themenrepertoire der Literatur, nicht nur in historischen Notzeiten.

Horváths Stück erinnert an die Komödie *Ehen werden im Himmel geschlossen* (1928) von Walter Hasenclever. Doch es besitzt auch zeitkritischen Lehrspielcharakter. Es demonstriert die logische Alternative zum kleinbürgerlichen, sich jovial und unverbindlich gebenden Tingeltangel einer Invasion des Himmels auf Erden, die ihrem Metier entsprechend nicht ernst genommen wird, so etwas wie ein leichtgeschürztes Konterfei der sogenannten Goldenen Zwanziger Jahre. Diese Alternative ist die Inflation der Hölle, übrigens ein gesellschaftliches Phänomen, ja eine gesellschaftliche Tatsächlichkeit. Denn dort herrschen die Gewalten des Dritten Reiches: militärischer Drill, ständiger Großeinsatz und Ordnung der Brutalität. Dort wird Nazideutsch gesprochen, und ein Führer diktiert die nicht mehr artfremde oder entartete Lebensart, sondern die Existenznormen des »Übermenschen«. Den Führer umgeben allerorts und immer Büttel und Scharfrichter.

Durch die angespitzte Lebensphilosophie für besondere Umstände, wie sie Horváths Stück im burlesken Stil der Wiener Pawlatschenkomödie des 18. Jahrhunderts präsentiert, dringt an vielen Stellen bitterster Galgenhumor. Selbst in den freundlichen Passagen, die zunächst wie in den »pièces roses« klingen, steckt, so entdeckt man bei deutlicherem Zuhören, fast apokalyptischer Bodensatz, riecht es nach Schwefel. Man gewinnt den Eindruck, als tauchten in den Figuren des Stückes Vorstellungen von George Grosz und Max Ernst ineinander. Schließlich fällt das Charakteristikum auf, daß gerade der besessene Mensch, der Radikalist, besonders anfällig für ein Paktieren mit dem Teufel ist, ein typisch deutsches Phänomen, das auch von Thomas Mann im *Doktor Faustus* (1947) literarisch aktualisiert wurde. Die Conclusio des Stückes versucht mit lehrhaften Meriten überzeugend vorzutragen, daß ein friedvolles Erdendasein nur das Ergebnis eines Kompromisses zwischen Himmel und Hölle zu sein vermag, zumal ja jeglicher Erfolg nur möglich ist, wenn er vorher dem Teufel abgehandelt wurde.

Sein 1935 im Auftrag des Max Pfeffer Verlags in Wien geschriebenes Stück *Mit dem Kopf durch die Wand* nennt der Autor selbst »einen Sündenfall«. Er verwarf es nach der Uraufführung, die noch im gleichen Jahr in Wien erfolgte. Horváth schreibt: »ich machte Kompromisse, verdorben durch den neupreußischen Einfluß und wollte ein Geschäft machen. Es wurde gespielt und fiel durch. Eine gerechte Strafe.«[5] Als Teil der Emigrationsproduktion ist diese Komödie vom Inhalt her kaum interessant, dafür aber unter entstehungsgeschichtlichem Aspekt. Es zeigt sich, zu welchem literarischen Fauxpas die Existenznot einen Emigranten bringen kann. Der gesteigerte Drang nach immer neuer Selbstbestätigung, die finanzielle Misere und die Angst, einen endlich gefundenen Verlag nicht wieder zu verlieren, verführten zu Produktionshast, Stilbruch und falschen Zugeständnissen. Dementsprechend entstand ein Kolportagestück aus Geschichten und Tratsch jener Theater- und Filmwelt, wie sie Horváth noch vor seiner Flucht im Jahre 1933 in Berlin erlebt hatte. Aus Propagandagründen, vielleicht auch mit Selbstironie, baute er sein zwei Jahre vorher verfaßtes Stück *Die Unbekannte aus der Seine* als Inszenierungsobjekt in die Handlung ein. Auch sein zunehmender Hang zum Spiritismus färbt auf so manche Passage des Stückes reichlich ab. Die vom Autor bei einem Interview vor der Uraufführung eingestreuten Bemerkungen unter der Apostrophierung »Wer kennt Ödön v. Horváth?« und »Abwarten, was das Publikum sagt!« werfen nicht nur bezeichnende Schlaglichter auf die Lebenssituation des Emigranten, sondern erhärten auch die verhältnisbedingten Mißleitungen seines Geschmacks bei der Entstehung des Stückes *Mit dem Kopf durch die Wand*, dessen Titel entsprechend wie ein Offenbarungseid klingt.

Das Jahr 1936 ist durch Produktionshektik gekennzeichnet. Horváth selbst gesteht: »Es ist vielleicht grotesk, in einer Zeit, die wie die, in der ich lebe, unruhig ist, und wo niemand weiß, was morgen sein wird, sich ein Programm im Stückeschreiben zu stellen. Trotzdem wage ich es, obwohl ich nicht weiß, was ich morgen essen werde ...«[6] Zunächst gelang es, das Stück *Der jüngste Tag* abzuschließen, das ein Jahr später in Mährisch-Ostrau uraufgeführt wurde.

Von einem unmittelbaren Bezug der Thematik des Stückes zur Emigration des Autors kann nicht die Rede sein, wiewohl sich andererseits eine Reihe von Anspielungen auf Tendenzen und Verhaltensweisen während der Zeit des deutschen Faschismus finden läßt. Allein schon der Titel ist dafür bezeichnend. Horváth lebte damals teils in Wien, teils in Henndorf. Es war eine verhältnismäßig beruhigte Zeit, ein Atemholen innerhalb der Odyssee zwischen 1933 und 1938. Das Stück *Der jüngste Tag* ist als Schauspiel in sieben Bildern deklariert. Die Siebenzahl beschwört einen schlimmen Ausgang. Und so handelt es sich tatsächlich um ein Katastrophenstück in mehrfachem Sinne, für den Schuldigen wie für die Betroffenen, um einen Kriminalfall, in dem sich zuletzt der Mörder angesichts des Jüngsten Gerichts selbst stellt. Die Szenerie ist in den shakespearehaft angelegten Geisterszenen wie von Kubin erfunden.

Vermochten sich im Stück *Glaube Liebe Hoffnung* lumpige hundertfünfzig Reichsmark zu einer Todesursache aufzublähen, so ist es hier ein flüchtiger, nicht ernst zu nehmender Kuß, eine kindische Provokation, der ein Zugunglück mit vielen Toten und Verletzten, einen Mord und die Zerstörung einer bisher grundehrlichen Existenz zur Folge hat. Bekanntlich aber war schon in Goethes *Tasso* auch ein Kuß die folgenschwerste Sache. Ein balladeskes Spiel von Schuld und Sühne, von letzter Erkenntnis unterdrückter Schuld läuft ab. Wollte Horváth lehrstückhaft über die Grenze nach Deutschland weisen, als er den Antihelden seines Stückes, diesen »Mann ohne Eigenschaften«, entwarf, dessen Flucht vor der Ehrlichkeit, dessen Mangel an Selbstkontrolle durch die Gesellschaft unterstützt, ja geschürt werden, der die Stimme des Gewissens durch Mord ersticken will, bis er im Provinzpanoptikum seiner bösartigen Umgebung die wechselnde Volksgunst, den durch Sensationslust bedingten raschen Umschwung von Achtung in Verachtung, von Hosianna in Crucifige kennenlernen muß, weil die Eskalation der Schuld, die Kettenlogik der Geburt eines Verbrechens aus dem andern, unaufhaltsam ist, solange die Sühne nicht dazwischentritt. Dort, wo Mord geschieht, wo Schuld verdrängt wird, haben die Stunden und Minuten, hat die Zeit, ja die Geschichte eine andere Gangart. Traf das nicht bereits 1936 auf Deutschland zu? Ob jedoch die Frage: »Was sagt deine innere Stimme?« einen Menschen, der mit Versuchung und Schuld konfrontiert wird, die seine Fassungskraft übersteigen, der blind ist und durch Blindheit zum Verbrecher wird, zur Besinnung bringen kann, bleibt dahingestellt, zumal er in einer Gesellschaft lebt, von der es heißt: »Traurige Leut gibt's auf der Welt – Leut, die gar nichts mehr rührt. Radikal nichts – es rührt sie nicht, ob einer verurteilt wird oder freigesprochen, schuldig oder unschuldig – sie denken nur an ihr Bier.«[7]

Im Stück *Figaro läßt sich scheiden*, das 1936 entstand und 1937 in Prag uraufgeführt wurde, ist die Emigration ein offensichtliches Kernmotiv. Bereits im Vorwort wird ihre Thematik angeschnitten. Dort heißt es: »Die Komödie *Figaro läßt sich scheiden* beginnt einige Jahre nach Beaumarchais' *Hochzeit des Figaro*. Trotzdem habe ich es mir erlaubt, das Stück in unserer Zeit spielen zu lassen; denn die Probleme der Revolution und der Emigration sind erstens: zeitlos und zweitens: in unserer Zeit besonders aktuell. Unter der in dieser Komödie stattfindenden Revolution ist jegliche Revolution gemeint; denn jeder gewaltsame Umsturz läßt sich in seinem Verhältnis zu dem Begriff, den wir als Menschlichkeit achten und mißachten, auf den gleichen Nenner bringen.«[8]

Interessant ist, wie vielschichtig Horváth hier differenziert, indem er Revolution und Emigration zwar als historische Fakten sieht, ihre Probleme jedoch für »zeitlos«, also für etwas von der Geschichte Unabhängiges und somit trotz historischer Entwicklung Unveränderliches erklärt, um schließlich mit seinem Spiel eine dramatisierte Subsumtion »jeglicher Revolution« vorzustellen. An dieser Inkonsequenz mögen zwei Motive beteiligt gewesen sein: einmal die mit Benn gemeinsame Skepsis des Autors gegenüber einer »Vernunft der Geschichte« und dann der seit 1933 zunehmende Trend Horváths zur Metaphysik. Daß gezielt auf das angespielt wird, was die deutschen Faschisten ihre Revolution nannten, und außerdem die 1933 ausgelöste Emigrationswelle gemeint ist, dafür spricht die Tatsache, daß hier das Schloß Almavivas nicht bei Sevilla, sondern nahe der deutschen Grenze liegt und daß es sich um eine Revolution handelt, bei der faschistische Verhaltensweisen auftauchen, weshalb man dortzulande nicht die Marseillaise oder Internationale, sondern das Horst-Wessel-Lied erwartet.

Wie klassenbedingt, ja geschlechtsbedingt die soziologische Umschichtung der Emigranten im Asylland erfolgt, wird an konkreten Beispielen demonstriert. Der Graf Almaviva läßt sich von der verbohrten Überzeugung nicht abbringen, daß die Revolution kaum mehr als ein Strohfeuer sei, weshalb mit einer baldigen Rückkehr gerechnet werden könne. Er will seine adligen Allüren auch im Exil nicht aufgeben, verpraßt oder verspielt sein Restvermögen, bis er wegen geschäftlicher Unkorrektheiten im Gefängnis landet. Cherubin, einstmals Page, also Mittelklasse, wird in der Emigration zum Playboy, zum verfetteten Hedonisten und Inhaber des Emigranten-Nachtlokals »Chez Chérubin«, wo die emanzipierte Susanne nach ihrem Seitensprung so lange kellnert, bis der »Hergelaufenen« die erforderliche Arbeitsgenehmigung verweigert wird. Figaro, der dem Proletariat entstammt, bleibt Realist und handelt den Verhältnissen entsprechend. Er versucht sich zu akklimatisieren. Er, der übrigens nicht aus politischen Gründen, sondern »aus Liebe« emigrierte, macht sich selbständig und nützt seine handwerklichen Fähigkeiten in bezug auf die veränderten gesellschaftlichen Bedingungen. Doch da ihm jetzt die gewohnte Herrschaft fehlt, sackt er vom einstigen Revolutionär zum Opportunisten und Spießer ab.

Und was finden die Emigranten in ihrem Asylland vor? Dort gibt es zwar einen »Internationalen Hilfsbund für Emigranten«, doch er ist nichts als eine Farce. Die Emigranten werden von den Einheimischen immer wieder übers Ohr gehauen. Die Hauptthemen des Emigrantendaseins sind eben: Untätigkeit, Schwund der mitgebrachten Finanzen, charakterlicher Verfall, Enttäuschung, Lethargie und Tod oder gezwungenermaßen Rückkehr. Gerade auch deshalb hatte Horváth wohl aus Rücksicht auf eines der damals immer noch kulantesten Asylländer für die Prager Uraufführung von 1937 sein Stück entschärft. Die bittere Originalfassung wurde erst 1967, basierend auf Originaltexten aus dem Berliner Ödön v. Horváth-Archiv, in Wien uraufgeführt.

Die Remigration der Überlebenden ins Land, aus dem sie bei Nacht und Nebel fliehen mußten, wo aber indessen das Feuer der Phraseologen und Ideologen verglüht ist und die Revolution zur Korruption wurde, so daß »sie es nicht mehr nötig hat, Menschen in den Keller zu sperren, die nichts dafür können, ihre Feinde zu sein«, wird in Horváths Stück als sarkastische Idylle geboten, als eklatante Komödie vom »Sieg der Menschlichkeit«. Im Schlußteil des Stückes gibt es eine Szene, die, denkt man an den Tod Horváths zwei Jahre darauf in Paris, fast schockiert. Der vergrämte und verarmte Remigrant Almaviva will wissen, wo ein besonders schöner Baum seines Parkes geblieben sei. Der Blitz habe ihn getroffen, erfährt er. »Dann bin ich beruhigt«, sagt daraufhin der Graf.

An Mozart erinnert noch ein zweites Stück, das Horváth 1936 schrieb. Es ist das Schauspiel *Don Juan kommt aus dem Krieg*. Erst 1952 wurde es unter dem Titel *Don Juan kommt zurück* in Wien uraufgeführt. Der Kommentar zum Stück verdeutlicht, wie sich Horváth damals immer mehr einzuigeln begann. Sein zu politischem Bewußtsein drängender Instinkt der Zeit vor 1933 zog sich in einen nahezu praktizierten Fatalismus zurück. So spricht er zum Beispiel hinsichtlich der politischen Zeitverhältnisse um 1936 von »Katastrophen, die die Allgemeinheit betreffen«, also nicht von Ergebnissen einer falschen gesellschaftlichen Entwicklung. Und die Wirkung der »Katastrophen«, womit bekanntlich von Menschen unabwendbare Naturereignisse gemeint sind, besteht in der Tatsache, daß »sich jeder einzelne in seinem innersten Wesen ändert«. Das klingt wie eine Anerkennung des naturwissenschaftlichen Kausalprinzips auf schicksalhaft apostrophierter Ebene. Bedeutet das eine Wiedergeburt Gerhart Hauptmanns noch vor dessen Tod?

In dem Stück *Don Juan kommt aus dem Krieg* griff Horváth nach zusätzlichen historischen und gesellschaftlichen Erfahrungen während der Emigration noch einmal sein Grundthema von der Inflation als Existenzform auf. Er schreibt: »Ich habe es mir also erlaubt, einen Don Juan unserer Zeit zu schildern, weil uns die eigene Zeit immer näher liegt. Scheinbar gehört zwar auch dieser Don Juan bereits der Vergangenheit an; denn er starb während der großen Inflation 1919–23, also in einer Zeit, in der sich, auch im banalsten Sinne des Wortes, alle Werte verschoben haben. Es ist aber, wie gesagt, nur eine scheinbar vergangene Zeit; denn von einer etwas höheren Warte aus gesehen leben wir noch immer in der Inflation, und es ist nicht abzusehen, wann sie zu Ende gehen wird.«[9]

Als nützliches Demonstrationsobjekt für sein geradezu resignativ vermitteltes Bekenntnis zur Hegelschen These von der Penetranz der historischen Phasen, daß eben auch der Hitler-Faschismus auf seine Weise nichts als eine Inflationszeit ist, wählte Horváth das bewährte Prägemuster Don Juan. Er projizierte die verpaßte Chance der Katastrophengeneration von 1933 auf die historisch richtige Vorform von 1918, als sich nach dem Ersten Weltkrieg den Vätern noch einmal die Möglichkeit zu moralischer Umkehr anbot, ohne jedoch genutzt zu werden. Der angesichts des Zusammenbruchs seiner Welt zu moralischer Umkehr entschlossene Heimkehrer bleibt der alte Don Juan der Existenz, ohne Mythos und Dämonie, nichts als ein versagender Exponent seiner Gesellschaft. Er betäubt sein Gewissen durch Steigerung der alten Fehler unter neuen Bedingungen, bis er zuletzt an dem Wirtschaftswunder seines Sexualkonsums scheitert. Die Generation der Söhne und Töchter überrollt die schuldig gewordene und unverbesserliche Vätergeneration, die »draußen vor der Tür« bleibt. Mehr noch! Sie zertrümmert sie wie einen Schneemann. Csokor war es, der seinem Freunde Horváth bescheinigte, daß er »vorausgesehen« habe.

Horváths Don Juan ist nicht mehr der Liebesheld des Tirso de Molina und des Molière. Er ist von Anfang an vom Tod gezeichnet, hinsichtlich seiner Potenz kaum mehr als ein genutzter Anlaß für andere, für eine Kunstgewerblerin, einen Blaustrumpf, eine Witwe im letzten Frühling und für Huren aller Schattierungen, ein hilfloser Odysseus, ein »möblierter Herr«, ein maskuliner Metaphysiker der Dekadenz in einer ausschließlich diesseitsbezogenen Weiberwelt. Nicht unähnlich dem Don Juan des Max Frisch, wie dieser in eine Idee verrannt, ein Miniaturfaust ohne Mephisto, weil er beides zugleich sein will, sozusagen ein kleindeutsches Format mit großdeutschen Ansprüchen, ein Hinkemann des Triebs nach Selbstbestätigung, wird er von einer Besitzergreifung automatisch zur andern getrieben, bis er sich übernommen hat. Und so werden aus Faustens Müttern hier Don Juans Hexen, jene Alten, die ihn nicht zur Apotheose emporheben, sondern zum Friedhof weisen, wo er einschneit und in Kälte erstarrt, Frustration statt Nietzsche-Pathos. Die Solveig dieses deutschen Peer Gynt ist der Tod im Schnee. Und wie war es mit Hitler, mit dessen Gier, ein Land nach dem andern zu erobern, bis der russische Winter ihn ereilte?

Das fünfte Stück, das Horváth 1936 beendete, ist das Lustspiel *Ein Dorf ohne Männer*, geschrieben nach dem 1901 entstandenen Roman von Koloman von Mikszáth, uraufgeführt 1937 in Prag. Shakespeare, Boccaccio und Kleist standen sozusagen Pate. Besser wäre es gewesen, der Autor wäre diesmal bei Sardou, Gogol' und Čechov in die Lehre gegangen. Man hat das Stück, in dem sämtliche Frauen eines Dorfes in Siebenbürgen zu Kriegerwitwen werden, worauf sie sich, entsprechend der patriarchalischen Zeit, direkt an den König um Abhilfe ihres Notstandes wenden, als Antikriegsdrama interpretiert. Horváth selbst hat mit einigen in die Dialoge eingestreuten Sentenzen dieser Art eine solche Einordnung unterstützt. Wovon das Stück tatsächlich bestimmt wird, sind Heiterkeit, deftiger Spaß und bizarres Arrangement. Politisch ist es harmlos, auch wenn es um eine Korruptionsaffäre auf Staatsebene geht und der König das pointierte Resümee spricht: »Es kommt nicht darauf an, ob man einer verfluchten Rasse angehört; es kommt darauf an, ob man Rasse hat.« Die Politologie, die in diesem Stück zur Anwendung kam, scheint eher Kaiser Franz Joseph als Karl Marx verfaßt zu haben, selbst wenn die Frau Gräfin recht emanzipatorisch an den Gittern des Ehegefängnisses rüttelt. Hans-Sachs-Spiel aus der Pußta, Kabale und Liebe mit Happy-End an der Donau! Ist es nur ein buntes Bilderbuch von der letzten Endes also doch heilen Welt oder die ironische Verkleidung gerade des Gegenteils? Einem ›märchenhaften‹ Märchenstil Horváths ist nicht zu trauen.

Sein dramatisches Œuvre beschloß Horváth 1937 mit dem Stück *Pompeji*, uraufgeführt 1959 in Wien. Ist es eine letzte Abrechnung mit dem Land, das ihn vertrieb, oder ein vordeutendes Lehrstück? Es trägt die Deklaration »Komödie eines Erdbebens« und wirkt schon insofern als eine vorwegnehmende ironische Paraphrase auf den zwangsläufig kommenden Untergang des Dritten Reiches. Mit dem bekannten historischen Beispiel aus der römischen Antike werden die acht Jahre später eintretende Katastrophe Hitler-Deutschlands als Vergeltung für den Übermut einer sich deplazierenden Gesellschaft und die dem Untergang vorausgehenden Jahre als »Tanz auf dem Vulkan« anvisiert. Um z. B. den Ausverkauf der Kultur im Dritten Reich zu glossieren, gibt Horváth der überdrehten Frau des ruhmsüchtigen Feldherrn Gloriosus, die Ideengespinsten nachläuft, den bezeichnenden Namen Idiotima, dies nicht ohne reziproke Anspielung auf Hölderlins Diotima. In Pompeji alias Drittem Reich gibt es Ausbeuter und Ausgebeutete, herrschen Käuflichkeit der Freiheit und eine Moral, die gar keine mehr ist. Nur drei dem Christentum, der rettenden Lehre der Nächstenliebe, nahestehende Sklaven überleben in den Katakomben, also im Untergrund, den Feuerregen des strafenden Himmels. Wie allerdings die neue Lehre des Proletariats sich konkretisieren wird, bleibt ungewiß; denn Paulus geht nur vorbei.

Nach dem Abschluß des Stückes *Pompeji* begann Horváth 1937 in Henndorf die Arbeit an dem Roman *Jugend ohne Gott*. Bereits ein Jahr später wurde der Text in Amsterdam publiziert. Der Autor selbst berichtet, daß er in diesem Buch »ohne Absicht, auch zum erstenmal den sozusagen faschistischen Menschen (in Person des Lehrers) geschildert habe, an dem die Zweifel nagen – oder besser gesagt: den Menschen im faschistischen Staate.«[10] Das Thema betrifft also nicht die Emigration. Doch das Buch zählt zur Emigrationsproduktion Horváths. Und gerade von dorther wird mit ihm ein für die Gattung spezifisches Moment akzentuiert. Für den Epiker ist bekanntlich die Position der Distanz zum Stoff, ist seine Möglichkeit der Überschau von besonderer Bedeutung. Denn derjenige, der mitten im Trubel der Ereignisse steht, vermag kaum die Dinge objektiv zu sehen. Vor allem aber erkennt er stets weniger als jener, der mit Abstand die Vorgänge betrachtet. Denn nur diesem ist die Möglichkeit der so notwendigen Reflexion und des erforderlichen Vergleichs geboten. Und so sieht und erkennt auch hier der Romancier Horváth von seiner exterritorialen Warte des Beobachters her, aber auch kraft seiner Erinnerung viel mehr als jene, die es unmittelbar anging, ja angehen mußte.

Die Jugend Deutschlands, für Hitler einer der wichtigsten Substanzspeicher zur Durchsetzung seiner Ziele, wird im Roman Horváths zum Paradebeispiel für die Jugend jedes autoritär verwalteten und ideologisch verseuchten Staatsgebildes. Faschisierung der Jugend durch Konkretisierung der Idee vom »Übermenschen« muß konsequenterweise Folgen haben, wie sie hier mit Einzelbeispielen verdeutlicht werden: Rassismus, Gewissenlosigkeit, Brutalität und Mord. Doch diese »gottlose Jugend«, wie Horváth sie nennt, kommt nicht von ungefähr, ist nicht erst das Ergebnis ihrer Zeit. Die Hauptschuld tragen die Eltern, die Generation des Wilhelminischen Zeitalters. In Horváths Parabel von den Folgen autoritärer Erziehung spielen der für das Abendland typische abstrakte Humanismus und unpolitische Idealismus in der Figur des beamteten Lehrers eine peinliche Rolle. Mehr als Feigheit, Hilflosigkeit und Resignation hat der Pädagoge alter Schule nicht zu bieten. Und außerdem: »Was vermag ein Einzelner gegen alle?«

Noch während der Niederschrift des Textes *Jugend ohne Gott* begann Horváth mit den Arbeiten an dem Roman *Ein Kind unserer Zeit*, der ebenfalls bereits im darauffolgenden Jahr 1938 in Amsterdam erschien und sehr bald in viele Sprachen übersetzt wurde. Stoff und Tendenz charakterisiert am trefflichsten der Titel der chinesischen Ausgabe. Er lautet: *Soldat des Dritten Reiches*. Horváth notierte damals: »Ich muß dies Buch schreiben. Es eilt, es eilt! Ich habe keine Zeit dicke Bücher zu lesen; denn ich bin arm und muß arbeiten, um Geld zu verdienen, um essen zu können, zu schlafen. Auch ich bin nur ein Kind meiner Zeit.«[11] Bei aller Distanz zu den »Helden« seines Romans erkannte der Autor das Gemeinsame der damaligen Generation, das Csokor ein »Leben ohne Geländer« genannt hat.

Anmerkungen

1. GW IV, S. 675.
2. Materialien, S. 194.
3. GW IV, S. 682.
4. ebd., S. 664.
5. GW II, S. 6*.
6. Materialien, S. 192.
7. GW I, S. 555.
8. GW II, S. 7*.
9. GW I, S. 591.
10. GW III, S. 6*.
11. Materialien, S. 193.

Werke

Die Unbekannte aus der Seine. Komödie in drei Akten und einem Epilog. München: Sessler o. J.

Hin und her. Posse in zwei Teilen. München: Sessler o. J.

Himmelwärts. Ein Märchen in zwei Teilen. Berlin: Der Neue Bühnenverlag 1934.

Mit dem Kopf durch die Wand. Komödie in einem Vorspiel und vier Akten. Wien u. Berlin: Pfeffer 1935.

Der jüngste Tag. Schauspiel in sieben Bildern. Wien: Marton 1937.

Figaro läßt sich scheiden. Komödie in drei Akten. Wien u. London: Pfeffer 1937.

Don Juan kommt aus dem Krieg. Schauspiel in drei Akten. Wien u. Berlin: Pfeffer 1937.

Ein Dorf ohne Männer. Lustspiel in sieben Bildern. Wien: Marton 1937.

Pompeji. Komödie eines Erdbebens in sechs Bildern. Wien: Marton 1937.

Jugend ohne Gott. Roman. Amsterdam: de Lange 1938. Übersetzt ins Dänische: Kopenhagen 1939; ins Englische: London 1938 u. 1939, New York 1939; ins Französische: Paris 1939; ins Holländische: Amsterdam 1938; ins Polnische: Lwów 1938; ins Schwedische: Stockholm 1939; ins Serbisch-Kroatische: Zagreb 1939; ins Tschechische: Prag 1938.

Ein Kind unserer Zeit. Roman. Amsterdam: de Lange 1938. Übersetzt ins Chinesische: Shanghai 1941; ins Englische: London 1938 u. 1939, New York 1939; ins Französische: Paris 1940; ins Spanische: Montevideo 1941.

Gesammelte Werke. 4 Bde. Frankfurt a. M.: Suhrkamp 1970/71. (Zitiert als: GW.)

Literaturhinweise

Franz Theodor Csokor: Zeuge einer Zeit. Briefe aus dem Exil 1933–1950. München 1964.

Dorota Cyron-Hawryluk: Ödön v. Horváth und seine Dramen mit besonderer Berücksichtigung der sozialen Problematik. Diss. Warschau 1971.

Susanne Feigl: Das Thema der menschlichen Wandlung in den Romanen Ödön v. Horváths. Diss. Wien 1970.

Axel Fritz: Ödön von Horváth als Kritiker seiner Zeit. 2 Teile. Diss. Stockholm 1971.

Walther Huder: Inflation als Lebensform. Kulturamt Gütersloh 1972.

Materialien zu Ödön v. Horváth. Hrsg. von Traugott Krischke. Frankfurt a. M. 1970. (Zitiert als: Materialien.)

Hertha Pauli: Der Riß der Zeit geht durch mein Herz. Wien u. Hamburg 1970.

WOLFGANG WENDLER

Privatisierung des Exils. Die Romane von Ernst Weiß

Als Ernst Weiß im Frühjahr 1939 in Paris seinen letzten Roman, *Der Augenzeuge*[1], beendete, erschien im *Neuen Tage-Buch* ein Aufsatz von Thomas Mann: *Bruder Hitler*, »ein Werk meines Schmerzes und Hasses und Spottes«, wie er an Gottfried Bermann-Fischer schrieb. Thomas Mann, von seinem Lieblingsthema, der Künstlerproblematik, ausgehend, entwarf ein Bild Hitlers als pervertierten Künstlers und rückte ihn damit in die Nähe zu seiner eigenen Existenz. Es war ein Versuch der Bewältigung, des Begreifenwollens dieser damals noch kaum einzuordnenden Gestalt.

Ernst Weiß versucht ähnliches, wenn er Hitler in Beziehung zu wiederkehrenden Themen seiner Romane setzt. Bei ihm ist Hitler das Werk eines Arztes, der ihn im Lazarett Pasewalk von seiner hysterischen Blindheit heilt und ihm nach München zum entscheidenden Beginn seines Aufstiegs verhilft. Hitler bleibt die historische Erscheinung und wird zugleich eine Figur von Weiß, vom Arzt mit psychoanalytischem wissenschaftlichen Interesse, aber auch mit Anteilnahme, analysiert als Mischung aus bemitleidenswertem Opfer und haßerfülltem Fanatiker.[2] Bei Thomas Mann heißt es: »das arme, wenn auch verhängnisvolle Geschöpf.«

Der zweite Teil des Romans, nach Schilderung der Jugend und Entwicklung des Arztes, mit den für Weiß typischen Familienkonflikten, Geldnöten, der Willensanstrengung und Selbstbehauptung, ist von den Folgen der Begegnung mit Hitler bestimmt. Der Arzt verwahrt Aufzeichnungen über die Behandlung und Gespräche mit ihm und weigert sich, sie herauszugeben, als Hitler an die Macht kommt. Schon in die Schweiz geflohen, fährt er zurück, da er seine jüdische Frau, die er bei ihrer Ankunft in Bern durch einen Zufall verfehlt hatte, und seine Kinder gefährdet glaubt, wird in ein KZ gebracht und gefoltert. Sie liefert die Papiere aus. Daraufhin läßt man ihn, der davon nichts weiß, fliehen. Seelisch und körperlich gebrochen lebt er mit seiner Frau erst in Bern, dann in Paris.

Das Opfer ist Schöpfer der eigenen Not, eine für Weiß bezeichnende Konstellation. Der eigentlich Überlegene ist der Genarrte, dem seine Handlungen zum Verderben ausschlagen. Das eigentümlich private Spannungsverhältnis des Arztes zu Hitler, die unausgesprochene, aber stets gegenwärtige Tatsache, daß der Held sozusagen die gesamte Emigration verursacht hat, machen den untergründigen Reiz des Buches aus. Untrennbar sind Ironie des Schicksals und Verantwortlichkeit gemischt, eine Ambivalenz, die der Weltauffassung von Weiß entspricht. Schon der erste Satz des Romans schlägt das Thema an: »Das Schicksal hat mich dazu bestimmt, im Leben eines der seltenen Menschen, welche nach dem Weltkrieg gewaltige Veränderungen und unermeßliche Leiden in Europa hervorrufen sollten, eine gewisse Rolle zu spielen. Oft habe ich mich nachher gefragt, was mich damals im Herbst 1918 zu jenem Eingriff bewogen hat, ob es Wißbegierde, die Haupteigenschaft eines in der ärztlichen Wissenschaft tätigen Forschers, war oder eine Art Gottähnlichkeit, der Wunsch, auch einmal das Schicksal zu spielen.« Später sieht er: »Ich war dem Schicksal

unterlegen, während ich es in meiner Gottähnlichkeit hatte kommandieren wollen.«
»Gottähnlichkeitstrieb« erkennt der Arzt auch in Hitler. Er heilt ihn, indem er ihm
den Glauben an seine Gottähnlichkeit gibt und ihn mit seinem stärkeren Willen
zwingt, dem eigenen Willen zu vertrauen.

Damit setzt Weiß ihn mit einem Teil seines Wesens den gottähnlichen Ärzten seiner
Romane gleich. Thomas Mann, der Künstler, sah in Hitler Eigenschaften des Künstlers. Weiß, der Arzt, verleiht ihm Züge seiner Problemwelt. Beides sind Versuche,
des durch seine äußerste Minderwertigkeit Beschämenden, dem man ausgeliefert ist,
Herr zu werden, als Opfer wenigstens intellektuell überlegen zu sein.

Die Richtung von Hitlers, durch den Arzt verhängnisvoll freigesetztem Machttrieb
wird durch seinen Judenhaß bestimmt. Er ist der »geheimnisvolle Kern seiner Seele«,
aus einem für Hitler beschämenden Erlebnis, so wird es angedeutet, mit einer jüdischen Frau entstanden. Mit dem großen Thema aller seiner Romane, der Abhängigkeit aus Liebe, verbindet Weiß ihn negativ. Der Liebende besitzt keine Freiheit
mehr, er wird beherrscht. Hitler, unfähig zu menschlicher Teilnahme, »ja auch nur
das Minimum an Lebensrecht eines andern zu begreifen«, ist das extreme Beispiel
eines Mannes, der nicht lieben kann. Dafür beherrscht er in ebenso extremer Weise
andere und wird, vor allem von Frauen, angebetet.

Bei einer Rede des Massenverführers erliegt auch der Held für Augenblicke seiner
Wirkung: »[...] er zermalmte uns mit seinem sklavischen Wollustglück, gehorchen,
sich auslöschen, unten sein, nichts mehr sein. Zum erstenmal habe ich begriffen, was
es heißt, Weib sein und dem Mann [...] unterliegen [...] Ist Liebe also nur
Knechtschaft, Knechtseligkeit?«

Machttrieb und Hingabe schlagen im Typus Hitlers und seiner Anhänger ins
Schreckliche um. Die sonst bei Weiß zwischen zwei Menschen bestehende Konstellation wird zur Haltung eines Volkes. Politische Ursachen, soziale, nationale Interessen spielen in diesem Verhältnis kaum eine Rolle. Zur Herrschaft gelangt ist die
»Unterseele«, die der Held in den Grabenkämpfen des Krieges auch in sich rauschhaft hatte aufsteigen fühlen.

»Er stand dort oben, schluchzte, er schrie, gurgelnd brach etwas Unerklärliches, Ur-
haftes, Nacktes, Blutiges aus ihm heraus, er konnte es nicht halten, es waren keine
fest gebauten Sätze mehr, keine artikulierten Worte, die Unterseele, die immer
verhüllte, der schwarze heiße Ort der Mütter war nach oben gedrungen, und niemand
konnte widerstehen. ›Deutschland! Deutschland! Deutschland!‹ Was war die kläg-
liche Übermacht des im Kampf gegen den Tod hilflosen Arztes gegen die seine?«

Nach dem Erlebnis der hypnotisierten Masse und ihres Gottes erkennt der Held die
Notwendigkeit, politisch zu handeln. »[...] es war mir bei der Rede des H. aufge-
gangen, es sei nicht mehr die Zeit für den wissenschaftlichen Beobachter des Welt-
untergangs, für den objektiven Augenzeugen.« Er tritt wieder der »Demokratischen
Partei« bei, hält selbst Reden. Aber die Beschaffenheit der Menschen läßt Vernunft
nicht zu. »Mit Wahrheit gewann man sie schwer.«

Seine Aktivität ist nur vorübergehend. In der Emigration reagiert er nur noch als
leidender einzelner. Er sucht keine Gemeinschaft mit anderen Emigranten, weder
als Halt, noch als Solidarisierung. Nach den Mißhandlungen im KZ und dem Verlust der Aufzeichnungen über Hitler, seiner einzigen schwachen Waffe, hat er Angst
vor Menschen. Sein Verlangen ist, »Frieden zu finden«. »Ich trennte mich von der

Zeit, ich versuchte es, indem ich den Verkehr mit anderen Ausgewanderten, Ausgestoßenen, Friedlosen mied. Ich hörte auf, die Zeitung zu lesen.« Er geht nicht mehr in die Emigrantenküche, wo er als Tellerwäscher gearbeitet hat. »Ich konnte die Nähe meiner Leidensgenossen nicht ertragen. Ich wollte Deutschland vergessen, aber nicht immer daran erinnert sein.« Als die Not größer geworden ist, fängt er unter schlechteren Bedingungen wieder als Tellerwäscher an und lernt, »was ich früher niemals gekonnt hatte: ich hörte die Menschen wohl reden, aber versperrte mich dagegen mit solcher Kraft, daß es mir war, als schwiegen sie oder es rollte ein Automobil vorbei oder es zischte der Gasherd. Ich war nicht blind geworden wie *er*, sondern taub.«

Hitler hatte sich vor dem ihm unfaßlichen Niedergang Deutschlands in Blindheit gerettet, der Held flieht aus der doppelten Enttäuschung, versagt zu haben und vom Schicksal, vom Zufall, zwischen denen man »keinen grundlegenden Unterschied machen konnte«, hereingelegt worden zu sein. Ob er sich verantwortlich fühlt oder schuldlos, er ist unterlegen. Haß und Ekel gegenüber Deutschland, Scham, selbst Deutscher zu sein, werden durch Existenzsorgen und das Gefühl verzweifelter Hilflosigkeit bis zu Selbstmordgedanken gesteigert.

Die von vielen Emigranten, vor allem Schriftstellern, bedrückend erfahrene Isolierung von ihrer Sprache wird vom Helden in der Weiß eigenen Ambivalenz empfunden. Er klagt, daß ihn die Sprache noch als Fremden kenntlich macht, daß sie anderseits das einzige ist, was an eigenem Leben blieb. »Es war nicht unsere Sprache, die man dort sprach [...] Nie war es unsereinem möglich, unerkannt bei den vier Millionen hier unterzutauchen. Die deutsche Sprache aber, in der unsereins eben dachte, hoffte, fürchtete, rechnete, sich erinnerte und träumte (war es denn nicht das ganze Leben und alles, was uns blieb?), das war eigentlich die verbotene Sprache, etwas, das uns nicht mehr gehörte und das uns hätte fremd geworden sein müssen.«

Sprache ist hier in doppeltem Sinne verstanden, als Kommunikationsmittel und als Lebensgrund. Im einen Fall hat sie ihren Sinn verloren, ist jetzt sogar schädlich und lebensbehindernd, im zweiten mehr denn je lebensnotwendig. So stehen die Emigranten vor dem Dilemma, ihre Sprache nicht aufgeben zu können, ohne ihr Leben aufzugeben, sie aber aufgeben zu müssen, um zu überleben.

Das ganze Elend der Emigration faßt eine kurze Szene zusammen. Sein Vater und dessen junge, zweite Frau mit den beiden Kindern des Helden kommen aus Deutschland: »Heidi hatte einen ganzen Laib Bauernbrot mitgebracht. Als ich ihn auf den Arm nahm wie ein kleines Kind und ihn befühlte, ging mir die verlassene Heimat auf. Ich legte das Brot schnell weg und stürzte auf die Straße, wo ich heulend, weinend, die Zähne zusammengepreßt, die Hände vor den Augen, in einer abgelegenen kleinen Straße hin und her lief, bis ich mich beruhigt hatte.« Die Sprache und der Laib Brot bedeuten die Heimat, den zum Leben notwendigen Boden. Exil als Verlust der Heimat, ohne viel Worte wird es von Weiß in diesen kurzen Abschnitten eindringlich beschworen.

Die Kinder sind von der nazistischen Erziehung in der Schule verseucht. Sie kritisieren die Zustände in Paris, grüßen mit ›deutschem Gruß‹, fühlen sich als Besseres. Vor allem ihre jüdische Mutter ist davon bedrückt und gereizt, so daß es zu schweren Spannungen kommt. Durch eine schweigende Demonstration bringt sie der Arzt zur

Besinnung. »Nun zog ich den Jungen ins Nebenzimmer, sperrte ab und entkleidete mich [...] Ich behielt nichts an. Ich sprach kein Wort [...] Ich zeigte ihm, mich langsam im Kreise drehend, meinen Rücken, meine Lenden, meine Beine bis zu den Fersen. Ich nahm seine Hand und ließ ihn die noch feuchten, bei jeder Erregung rot und dick anschwellenden Striemen befühlen [...] Von jetzt an ließen sie sich besser erziehen. Kein deutscher Gruß mehr. Sie spotteten nicht mehr über das schöne Gastland. Es hat aber lange Zeit gedauert, bis sie die lateinischen Lettern schreiben gelernt haben.«

Sieht man von seiner Frau ab, sind es Anhänger Hitlers, zu denen der Arzt die engsten Beziehungen hat. Vor seiner Ehe mit Veronika Kaiser, der Tochter des »Judenkaisers«, des Hausarztes seiner Kinderzeit, lebte er mit der Hausdame des Geheimrats v. Kaiser, des »Narrenkaisers« zusammen, eines Psychiaters, der seit dem Studium sein Förderer ist und von ihm mehr als Vater empfunden wird als der eigene. An ihr, die ihre Lust in demütiger Unterwerfung findet, Eigenschaft zahlreicher Frauen bei Weiß, demonstriert er die Faszination Hitlers. Auch sein Vater und dessen zweite Frau glauben an Hitler. Sein einziger Freund ist Helmut, der Sohn des Narrenkaisers, ein labiler Homosexueller, der zur Umgebung von Röhm gehört und dem er Hitler aus dem Lazarett empfohlen hatte. Nach Röhms Ermordung flieht Helmut nach Paris, ist aber immer noch »weniger der Sohn seines göttergleichen Vaters als vielmehr der Jünger seines Heilands H.«.

Zwischen den beiden Männern gibt es keine politische Diskussion. Die privaten Beziehungen bleiben wichtiger als die politische Gegnerschaft, ohne daß einer der beiden seine Position aufgibt. Helmut Kaiser hat dem Helden aus dem KZ geholfen. In Paris findet er zunächst Zuflucht bei ihm. Das schwierige Problem, wie man sich Freunden gegenüber unter veränderten politischen Verhältnissen, als politischer Gegner und in Situationen der Gefährdung, verhält, wird hier abgehandelt.

Was Weiß also beschreibt, sind die privaten Probleme der Emigration. Andere Emigranten treten nur am Rande auf, als Leute etwa, die wie der Held und seine Frau beim Schuster warten, bis ihr einziges Paar Schuhe besohlt ist, und man merkt, daß sie in deutscher Sprache ihr geringes Geld nachrechnen. Gegner des Nationalsozialismus, die politischen Bemühungen der Emigranten, doch gerade in Paris in diesen Jahren beträchtlich, bleiben beiseite. Weiß interessieren die persönlichen, allgemeinmenschlichen Aspekte, wie er zuvor Hitler als psychopathologischen Fall und das Phänomen seiner Macht über Menschen stärker herausgearbeitet hatte als die politischen Hintergründe und Kämpfe, von denen er nur die notwendigen Daten gab. Das trägt zur Geschlossenheit des Buches bei, deutet aber vor allem auf seine Einstellung zu Politik und Geschichte.

Weiß sieht die Welt unhistorisch. Gesellschaftliche Bedingungen, politische Kämpfe haben geringe Bedeutung, da sie die Welt nicht ändern, den Menschen nicht bessern. Er teilt ein wenig die Meinung des alten Psychiaters und Irrenhausdirektors aus dem *Armen Verschwender* (1936), den er nach dem Ende des Ersten Weltkrieges sagen läßt: »Ich lese seit viereinhalb Jahren keine Zeitung. Mich interessiert die Politik keinen Deut. Die Weltgeschichte wird von manischen Irren für Idioten gemacht. Beides haben wir hier, in reicher Fülle [...].« Im *Augenzeugen* wird dieser Gedanke variiert mit dem Satz, »daß die wahrhaft aufrüttelnden und siegreichen Führer der Menschen immer Irre gewesen sind«.

Die scheinbar fatalistische Auffassung, fern von Aufklärungsoptimismus, Vernunft-glauben, Weltveränderungselan – auch in der Gleichsetzung von Schicksal und Zufall ist das sichtbar –, bedeutet nicht Gleichgültigkeit. Von Anfang an setzt Weiß sich mit dem Bösen und dem Leiden auseinander. Vor allem im Roman *Mensch gegen Mensch*, wo er Kriegserfahrungen verarbeitet, geht es ihm, expressionistisch, um »Erschütterbarkeit«.

Weltanschauungen, Religionen rechtfertigen das Leiden durch ein Ziel, und sei es im Jenseits. Für Weiß gilt dieser Trost nicht. Leiden und Krieg sind mit keinem Ziel zu rechtfertigen. Auch den billigsten Trost, daß Leid reifer mache, weist er zurück. »Man hat Leiden auf sich genommen. Sie haben nicht erhebend gewirkt«, heißt es im *Armen Verschwender*.

Daß der Mensch nach dem Grauen des Ersten Weltkrieges sich nicht gewandelt hat, scheint ihm das Bezeichnende und Schreckliche. »Wir haben das letzte, das zu fassen, zu begreifen, auszudenken war, erlebt – und nichts hat sich geändert. Gerade das ist das Fürchterliche.« So schreibt er in einem Essay in den zwanziger Jahren. Nach dem größeren Grauen, dessen Anfang Weiß noch miterlebte, dem er sich durch Selbstmord entzog, hätte er nicht anders gesprochen.

Er glaubte auch nicht an das Verbindende gemeinsamen Schicksals, was zunächst bei vielen Emigranten zum Bemühen um Solidarität führte. Der Arzt des *Augenzeugen* schließt aus dem gestörten Verhältnis zu seiner Frau, »daß das gemeinsame Unglück die Menschen nicht zu-, sondern voneinander treibt«. Rückzug auf sich selbst, Verschlossenheit, Selbstbeherrschung und schweigendes Handeln bleiben Grundzüge seiner Helden mit ihrem »wortarmen, aber willenskräftigen Wesen«, eine Formulierung aus *Georg Letham*. Thomas Mann schreibt in einem Brief an Weiß über den ihm gewidmeten Roman *Der Verführer* (1938): »Dabei diese Einsamkeit – bis zur Kälte.«

Besonders deutlich wird diese Einstellung am Verhalten des Helden im ersten während der Emigration erschienenen Roman *Der Gefängnisarzt oder die Vaterlosen* (1934), der in für Weiß ungewöhnlichem Maß politisch-weltanschauliche Standpunkte wiedergibt.

Es geht in verschiedenen Variationen um das alte Thema: Abhängigkeit durch Liebe. »Du liebst zuviel«, wirft der Vater im *Armen Verschwender* dem Helden vor, der wie fast immer bei Weiß den Vater am meisten liebt. Im *Gefängnisarzt* liebt der Held seinen jüngeren Bruder. Er verteidigt den rauschgiftsüchtigen, wegen Mordes angeklagten Außenseiter, einen Vertreter der gefährdeten, ›vaterlosen‹ Generation der Nachkriegszeit. Ausführlich sind Angehörige der Gesellschaft der frühen zwanziger Jahre geschildert mit ihrer Kritik an der Weimarer Republik. Schwiegervater des katholischen Helden ist ein von der Kanzel donnernder Konsistorialrat. Reaktionäre Juristen, der genießende Großschieber, der Rauschgifthändler und Spielsalonbesitzer, der gleichzeitig für die Polizei arbeitet, Freikorpsangehörige, ein alter, sozial denkender Gefängniskaplan, der von den Insassen verspottet wird, sind weitere Figuren.

Am irritierendsten jedoch wirkt Flossie, die Frau des Helden, Idealbild einer deutschnationalen jungen Frau. Ihre Reden sind von penetranter Tüchtigkeit, Fröhlichkeit, Gesundheit und Inhumanität. Mit dem taktlosen Stolz der bürgerlich-protestantisch-nationalen Familie sieht sie auf die katholische ihres Mannes herab, was sie trotz aller schmeichelnden Bemühung um ihn nicht verbergen kann. Ihr Mann soll den Bruder verleugnen, von dem sie wünscht, daß er unzurechnungsfähig wäre, »dann käme er doch auch nach ›Waldfrieden‹ wie deine Mutti, nicht? Und siehst du, dort ist es gar nicht so schlimm, die Leute können sich nur gegenseitig was antun, und das ist doch nicht so schade, nicht?«

Den Armen, Kranken, an sich Wertlosen gegenüber ist man zwar als Christ zu einer Opfergeste verpflichtet, aber: »Human sind nur die Krüppel.« »Wer nicht hassen kann, der ist kein ganzer Mann«, sagt sie mit Berufung auf Bismarck und rechtfertigt das männliche Töten im Krieg mit Worten ihres Vaters: »[...] im Kriege [...] da ist es etwas Heiliges, ein Psalm mit roter Schrift, auf dem braunen Erdengrund, sagt Papi, schön! Nicht?« Nach ihrer Version des alten Motivs von Weiß: »Genug! Genug geliebt! Bist du denn eine Knechtsseele!« folgt die Kernfrage: »Bist du ein Deutscher oder nicht?«

Mit ihren inhumanen, nationalistischen Überzeugungen ist sie Beispiel privater Tüchtigkeit und Lebenskraft. Sie verkörpert die Einheit von ungerechtem positiven Denken und schwungvollem Handeln, Gegenbild zu Weiß. Der Held setzt den inhumanen Thesen keine Argumentation entgegen. Mit wenigen Erwiderungen unterläuft er die naiven Unmenschlichkeiten seiner Frau. Sie stellen sich von selbst bloß. Er begegnet seiner Umwelt allein mit selbstverständlichem humanen Handeln. Dem entspricht die schweigende Demonstration im *Augenzeugen*, wo der Held meint: »Man kann ohne Worte auf Menschen oft viel besser wirken. Die wortreichen Lehren sind oft Betrüger.« Dieses Verfahren irritiert zunächst. Man erwartet Widerspruch, zumindest gedankliche Auseinandersetzung. Aber jede Reflexion, auch der reaktionären Ansichten der Juristen, unterbleibt. Das ist in den anderen Werken von Weiß ebenso, aber hier, wo die politisch-weltanschaulichen Standpunkte der Personen stärker demonstriert werden als sonst, um so verwirrender.

Diese Zurückhaltung ist es, die den scheinbar nur auf das Private gerichteten Charakter der Romane von Weiß bewirkt. Sie bilden eine hermetische Welt. Umstände der Zeitgeschichte werden zwar nicht ausgeschlossen, das Leben der Personen jedoch beeinflussen sie nur im äußeren Ablauf. Die Bedrohungen, aber auch Gegenkräfte des Inneren sind von größerem Gewicht als die gesellschaftlichen Verhältnisse. Das zeigt sich, wenn Weiß im *Augenzeugen* leitmotivisch vom »Zermalmenden« oder von der »Unterseele« spricht, in seiner expressionistischen Zeit die Erde zum »Stern der Dämonen« wird.

Seinen grundlegenden Pessimismus bringt er in *Georg Letham, Arzt und Mörder* auf die Formel: »Ewige Not des einzelnen, vergeblich durch rücksichtslosen Kampf aller gegen alle bekämpft«.

Mit einer Summierung pessimistischer Aspekte beginnt der Roman: »Es bleibt uns unvollkommenen Menschen nicht erspart, entweder als Angeklagte oder als Zeugen dem noch viel unvollkommeneren Weltprozeß beizuwohnen.« Als Mensch ist man Angeklagter, d. h. durch Handeln schuldig, oder Betrachter, ›Augenzeuge‹. Der Arzt Georg Letham, Mörder seiner ihm demütig ergebenen Frau, findet aus der Verzweiflung dieser Lage zu sinnvollem, selbstlosen Wirken. In der Tatsache, daß der Mensch zwar unvollkommen, aber angesichts der noch unvollkommeneren Weltordnung doch einen Schritt in eine andere Möglichkeit bedeutet, liegt der Ausweg. Das »Fürchterliche« und das »Göttliche« sind für Weiß, wie er im *Augenzeugen* sagt, zugleich im Menschen. Im Ersten Weltkrieg sieht er hinter den Grausamkeiten der Soldaten noch die hellere Schicht des Guten. Im *Augenzeugen* urteilt er nicht anders über folternde KZ-Wärter.

Weiß beschwört nicht in jedem tierliebenden Kleinbürger den potentiellen KZ-Aufseher, vielmehr sieht er, trotz der Erfahrung, daß es so ist, in diesem die mögliche Güte. Die pessimistisch-düstere Verschlossenheit seiner Romanwelt wird von einem ebenso entschiedenen Glauben an die mögliche Überwindung des Ausgeliefertseins an eine sinnlose Weltordnung aufgehoben.

Wie Selbstbeherrschung und das Verlangen nach Macht über andere das Lieben ausschließen und doch damit als Gegenpol verknüpft sind, so scheinen sich »Erschütterbarkeit« und der Status des unbestechlichen, wissenschaftlichen Beobachters zu widersprechen. Aber gerade die Vereinigung beider Haltungen macht den unverwechselbaren Charakter des Werkes von Weiß aus. Verschlossene Innerlichkeit steht neben exakter Schilderung äußerer Vorgänge und Phänomene. Die Schwere der Empfindungen teilt sich als Unterton der präzisen, ohne Beimischung von Urteil sachlichen Darstellung mit. Diese sachlich-kühle Berichterstattung gibt anderseits der Empfindungswelt den Charakter klarer Analyse. Im Helden des *Augenzeugen* hat Weiß die beiden Haltungen, die konstituierend für sein Werk sind, gegeneinandergesetzt. Erschütterbarkeit schließlich führt ihn aus seiner Isolierung.

Unter Photographien vom Spanischen Bürgerkrieg sieht er die eines »vierjährigen oder fünfjährigen armen Kindes, das von einer Fliegerbombe zerschmettert worden war und zerfetzt in seinem Blute lag«. Ergriffen davon, entschließt er sich, nach Spanien zu gehen. Helmut Kaiser und er entscheiden sich, jeder auf seine Weise, gegen die Position des ›Augenzeugen‹. Der eine schließt sich der Armee Francos an, der andere geht als Arzt zu den Republikanern. Sie folgen nicht dem Geheimrat von Kaiser, der sie als Helfer bei einer psychiatrischen Dokumentation zur Zeitgeschichte nach Rom mitnehmen wollte und von dem der Held sagt: »Ich hatte der Augenzeuge sein wollen, er war es. Denn er liebte nicht.«

Aus Ekel, Haß und Abkapselung hat er einen neuen Anfang gefunden. Weder resigniert er, noch will er gottähnlich das Schicksal herausfordern. Er sieht ein: »Hilf anderen [...], dann hilfst du dir selbst, Gott laß beiseite.« Es ist die Gegenposition zu Hitler, den er mit dem Satz geheilt hatte: »Hilf dir selbst, so hilft dir Gott.«

Die Grundmöglichkeiten des Menschen bei Weiß: der Liebende, d. h. auch Blinde und Sklave, in seiner Pervertierung bis zur Hitlerhörigkeit, der Herrschende mit Gottähnlichkeits- und Machttrieb, der Wissenschaftler, kühle Beobachter und ›Augenzeuge‹, der vorurteilslos Mitfühlende, der allen gerecht werden will, darum meist »auf beiden Achseln« trägt, dessen gute Taten schlimme Folgen haben, alle Spielarten zwischen Leiden und Herrschen, Gerechtem und Bösem, Kühle und Leidenschaftlichkeit werden aufgehoben in einer befreiten menschlichen Haltung, die im Werk von Weiß seit den frühen zwanziger Jahren, seit der Beschäftigung mit chinesischen Lehren als Gegenwelt gegen die Verzweiflung, die »zu leicht, zu billig« ist, auftritt. Die Alternative zur ›Unterseele‹ ist weder kühle Distanzierung noch kämpferischer Moralismus. Es ist von aller Anstrengung entfernte innere Freiheit.

Während die anderen Romane von Weiß nach 1933, *Der Gefängnisarzt oder die Vaterlosen*, *Der arme Verschwender*, *Der Verführer*, ohne die Erfahrung der Emigration denkbar sind, vor allem die beiden letzteren eher als Abwendung von der

Zeitgeschichte wirken, setzt sich *Der Augenzeuge* mit seiner Zeit und der Erfahrung des Exils auseinander. Wie Weiß es allerdings tut, bestätigt seine für alle Werke gültige Haltung.

Wie spiegeln sich bei einem Autor, dessen Eigenschaft es ist, immer beide Seiten eines Menschen, einer Sache zu sehen, Gerechtigkeit suchender Beobachter, nicht Parteigänger zu sein, politische Erscheinungen wider, die ihn selbst in seiner Existenz treffen, deren Opfer er schließlich wird? Wie wird er als Autor Menschen gerecht, die seinem humanen Denken barbarisch oder reaktionär entgegengesetzt sind? Die Romane *Der Gefängnisarzt* und vor allem *Der Augenzeuge* sind Beispiele.

Anmerkungen

1. Der Roman, von Weiß zu einem Preisausschreiben nach New York geschickt, erschien erst 1963 als »Ich – Der Augenzeuge«. Dieser Titel wurde gewählt, weil inzwischen in Deutschland der Roman »Der Augenzeuge« von Alain Robbe-Grillet herausgekommen war.
2. Für die Darstellung Hitlers hat Weiß offenbar die Biographie von Konrad Heiden, »Adolf Hitler, Das Zeitalter der Verantwortungslosigkeit«, Zürich 1936, benutzt. Darauf weist auch Schoeller (s. Lit.) hin.

Werke

Der Gefängnisarzt oder Die Vaterlosen. Roman. Leipzig u. Mährisch-Ostrau: Julius Kittls Nachf. 1934; Hamburg u. Düsseldorf: Claassen 1969.
Der arme Verschwender. Roman. Amsterdam: Querido 1936; Hamburg: Claassen 1965.
Der Verführer. Roman. Zürich: Humanitas 1938; Zürich: Diana 1967 (Aufl. von 1938).
Der Augenzeuge. Roman (entstanden 1938/39). Aus wettbewerbsrechtlichen Gründen erschienen als: Ich – Der Augenzeuge. Icking u. München: Kreisselmeier 1963.
Einige Beiträge in: Maß und Wert, Die Sammlung, Das Wort, Pariser Tageszeitung.

Literaturhinweise

Jan Chytil: Einige Bemerkungen zum Werk von Ernst Weiß. In: Weltfreunde. Konferenz über die Prager deutsche Literatur. Prag 1967. S. 271–278.
Hans-Jürgen Fröhlich: Arzt und Dichter: Ernst Weiß. In: Literatur und Kritik 1 (1966) S. 50–53.
Hermann Kesten: Ernst Weiß. In: H. K., Meine Freunde die Poeten. Wien u. München 1953.
– Vorwort zu »Ich – Der Augenzeuge«. Icking u. München 1963.
Dieter Lattmann: Posthume Wiederkehr: Ernst Weiß – Arzt und Schriftsteller. In: D. L., Zwischenrufe und andere Texte. München 1967.
Heinz Liepman: Kampf zwischen Schicksal und Gewissen. Der Arzt des »Falles A. H.«. In: Die Welt (28. 9. 1963).
– Der arme Verschwender Ernst Weiß. In: Die Welt (15. 5. 1965).
Walter Mehring: in: W. M., Die verlorene Bibliothek. Icking u. München 1964.
Hans Rochelt: Die Ohnmacht des Augenzeugen. Über den Schriftsteller Ernst Weiß. In: Literatur und Kritik 4 (1969) S. 552–556.
Wilfried F. Schoeller: Ich – Der Augenzeuge. In: Kindlers Literatur Lexikon. Bd. III. Zürich 1967.
Wolfgang Wendler: Ernst Weiß. In: Expressionismus als Literatur. Hrsg. von Wolfgang Rothe. Bern u. München 1969.
Mona Wollheim: Begegnung mit Ernst Weiß, Paris 1936–1940. Icking u. München 1970.
Eduard Wondrák: Einiges über den Arzt und Schriftsteller Ernst Weiß (mit einer autobiographischen Skizze von 1927 und Bibliographie). Icking u. München 1968.

KARL CORINO

Reflexionen im Vakuum. Musils Schweizer Exil

Robert Musil ist auch als Exulant ein Außenseiter. Ausdrücklich wollte er nicht zu den »deutschen Ausgewanderten« gehören, »die diesen Namen von Goethe haben, aber sonst nichts, obwohl sie tun, als ob sie seine vertriebenen legitimen Nachfolger wären«. Er neigte dazu, das sogenannte »kämpfende Exil« als »international gewordene deutsche Verwirrung« zu bezeichnen, und war es gleichzeitig überdrüssig, »in einem Chemin des Grangettes oder des Clochettes zu sitzen und sich seine Gedanken selbst zu erzählen«. Ihn bewegte der Wunsch, »irgendwie auch äußerlich in die Literatur zurückzukehren«, was aber nicht gelang, »denn man muß eigentlich tot sein, um über sich selbst zu sprechen, wenigstens als einen Dichter, und das ist noch nicht das Widerspruchsvollste an dieser schwierigen Sendung«. Recht eigentlich ein »ontologisches Kunststück«, diese Art von posthumer Konfession und Selbstanalyse, und nicht minder diffizil als die Aufgabe, dichterisch von sich selbst als Privatperson zu reden.[1]

Korrespondenz, Tagebücher/Arbeitshefte, Handmaterial zum *Mann ohne Eigenschaften* und der Roman selbst: dies sind die konzentrischen Kreise von Musils schriftstellerischem Schaffen im Schweizer Exil. *Der Mann ohne Eigenschaften* selbstverständlich im Mittelpunkt; an der äußersten Peripherie, wenngleich wichtig, die Geschäftsbriefe. Dazwischen, zentripetal, die persönlicheren Schreiben und das Diarium – Sammelbecken von Erinnerungen und Plänen, von Beobachtungen und Reflexionen, es dient der Kontrolle und speichert Impulse. Zahlreiche Querverweise zwischen diesen Heften und dem Handmaterial des *Mann ohne Eigenschaften* dokumentieren den engeren Konnex mit dem ›work in progress‹. Dieses Modell veranschaulicht auch den Abstraktionsprozeß: Brief und Tagebuch beschäftigen sich zunächst mit dem, was das empirische Ich des Autors tangiert, sekkiert. Ins Zentrum fortschreitend, werden allgemeine Fragen und die Probleme des transzendentalen Ich reflektiert (um eine idealistische Terminologie zu gebrauchen, der sich Musil nie ganz entfremdet hat). Die Briefe, deren Konzepte seit kurzem der Forschung zugänglich sind, befassen sich auf weite Strecken mit Organisatorischem, mit der Beschaffung des Lebensunterhalts; es sind Bittschreiben, Mahnungen, Danksagungen, manchmal dürr, dem Kanzleistil nahe, literarisch unergiebig. Martha Musil (oder der Autor selbst?) wollte das ganze Konvolut verbrannt wissen, aber wohl eher deswegen, weil es Aufschluß gibt über jene »soziologische Neurose des gehobenen Bürgertums«, von der George Saiko im Hinblick auf Musil sprach.[2] In den außerordentlich komplizierten Handschriften spiegeln sich die Komplikationen der Lage; den Varianten des Ausdrucks entspricht die Eintönigkeit der finanziellen Misere. Ohne Zweifel sind Musils Schweizer Briefe als Teile einer »finanzielle[n] Autobiophie ein Stückchen Kulturgeschichte«.[3] Insgesamt sind sie eher biographisch und literatursoziologisch als literarisch-interpretatorisch wichtig.[4]

Was die Tagebücher betrifft, so sind sie selbst eine hinlängliche Widerlegung der Thesen Ignazio Silones, Musil habe der Politik vollkommen indifferent gegenübergestanden, »der wirkliche Sinn für die Geschichte und für die wahre Komplexität des gesellschaftlichen Lebens« sei ihm abgegangen, die »Bedeutung der Klassenkämpfe unserer Zeit« habe er nicht erfaßt:[5] Vorwürfe eines sozialistischen Schriftstellers, der kurz vor der Begegnung mit Musil *Fontamara* geschrieben hatte, die Geschichte eines Abruzzendorfes unter dem italienischen Faschismus, die Geschichte unvorstellbarer Armut, rücksichtsloser Ausbeutung, brutaler Unterdrückung. Direktes, wenn auch ratloses Engagement auf der einen Seite (»Was tun?« als die Schlußfrage von *Fontamara*), öffentliche Parteinahme im ›Klassenkampf‹ und eine allzu simple Gleichsetzung von Faschismus und Kapitalismus (der Unternehmer als Statthalter Mussolinis), auf der anderen Seite eine ideologisch nicht gebundene, mit Karl Mannheims Ausdruck »freischwebende Intelligenz«, die im privaten Gespräch ihre Abneigung gegen den Nationalsozialismus bekennt, ihn gleichzeitig als »Sintflut«[6], als metaphysisches Verhängnis, begreift, das den einzelnen zur Ohnmacht verurteilt. Simultan jedoch wird jeder geschichtliche Determinismus abgelehnt, waltet historisches Möglichkeitsdenken, das die Imponderabilien einkalkuliert, werden totalitäre und offene Systeme leidenschaftslos miteinander verglichen, um den Preis, daß es keine Ablehnung a priori, sondern nur a posteriori gibt. Musils Tagebuch-Hefte, etwa das 32. (mit den Alternativtiteln »Die öffentliche Aufgabe des Dichters«, »Der Dichter in dieser Zeit«, »Der freie Geist und die Politik«, »Schwierigkeiten eines Satirikers (Das zerrissene Gemüt eines Satirikers)« usw.), nicht minder als die engverwandten Aufzeichnungen »Aus einem Rapial« sind erregende Dokumente historischer nicht-materialistischer Dialektik, fern von jedem mechanistischen Klipp-Klapp-Spiel. Ihre Widersprüche sind nur zum geringeren Teil Ausfluß einer privaten Neurose und weit mehr Indizien »für die wahre Komplexität des gesellschaftlichen Lebens«.

Musils gesellschaftliche und politische Vorstellungen sind geprägt von seiner statistischen Schulung und der experimentellen Gesinnung, die Silone eine »edle und vergebliche Ambition, seine persönliche Utopie« nennt: »Musil glaubte an die Wissenschaft; er glaubte, durch intensive geistige Anstrengung werde sich der Kreis des Erkennbaren bereichern und bis zu jenem Punkt erweitern lassen, da die Lösung der hauptsächlichen Widersprüche des menschlichen Zusammenlebens möglich werden würde.«[7] Das impliziert, daß Musil vom »verschärften Kollektivismus« seines Zeitalters, von dem er in seiner Pariser Rede spricht, nicht automatisch die gesellschaftlichen Widersprüche beseitigt sieht, deren Erlöschen marxistische Propaganda mit dem Ende des Kapitalismus gleichsetzt. Höchst ketzerisch hält er Bolschewismus und Faschismus als zwei »stark autoritäre Staatsformen« nebeneinander, erklärt sie zu zwei Stationen »einer vielwegigen Geschichtsentwicklung in kollektivistischer Richtung«. Er sieht keinen prinzipiellen Unterschied darin, daß »deutsche Privatdozenten und Professoren in den Geländesportlagern von 25jährigen SA-Männern weltanschaulich ausgebildet werden« und daß Lenin der »gewaltigste Theoretiker« genannt werden kann: beides ist »geistverderblich«. Er schätzt an Rußland die »Stabilität des Rahmens«; er akzeptiert das »Recht des Ganzen und die Pflicht des einzelnen zur Einordnung«, aber er befürchtet, das Individuum könne vom Rahmen zu stark eingeengt oder erdrückt werden. Er empfindet das »entsetzlich Dünne« am klassischen Liberalismus des 19. Jahrhunderts, aber er billigt als »oberste regulative Idee« den »Gleichgewichtszustand der verschiedenen Freiheiten und Interessen«.

Innovation, die schöpferische Freiheit des einzelnen bleibt ihm unerläßlich. Angesichts eines Funktionärsurteils über Pavlov, er sei politisch reaktionär, als Wissenschaftler revolutionär, scheint ihm, »daß jede wirkliche Leistung revolutionär sei oder daß der Unterschied von bewußter Evolution und Revolution wenig Sinn habe«. Der Geist ist ihm insofern demokratisch, als jeder neue Gedanke, jede neue Erfahrung ihn umstürzen könne, aber zwischen den Gedanken gebe es ein z. T. konservatives System und nicht gleiches Recht für alle. Die Konzeption, im individuellen wie im sozialen Bereich, ist eine komplizierte Synthese, die am ehesten Evolution heißen könnte, jähe Umstrukturierungen, Qualitätssprünge nicht ausschließt. Konkret:

»Was ich im Grunde hasse, ist das Revolutionäre? Ich mag es nicht in der einen und anderen Form. Sein Inhalt scheint mir gleich zu sein; ich mag die Art seiner Äußerungen nicht, das In Revolution Sein der Menschheit mit seinen typischen geistigen Konsequenzen. Ich mag aber auch das Stationäre, das Konservative nicht. Die Schweizer Bürgerlichkeit z. B., mit ihren Friedhöfen für bestimmte Steuerklassen, mit ihrem Haß gegen den Sozialismus, mit ihrem Städtebau für Autobesitzer. [...] Die Diktatur der alten Parteien in der Schweiz. Ein Mittelding zwischen Faschismus und Präsident Roosevelt. Der ›General‹ als Symbolrolle.«[8]

Aus solchen Erfahrungen resultiert Musils Konzept der kontrollierten Entwicklung. Er spricht auch von der Utopie der induktiven Gesinnung, wobei er sich über das nötige Wechselspiel, die Notwendigkeit deduktiver Momente, über die Kombination von Hypothesenbildung und Verifikation völlig im klaren ist. Obwohl abgeschnitten vom unmittelbaren politischen Handeln, braucht er die politische Perspektive. »Ohne solche Weite ersticke« er im Roman.

Damit nun ist die heikelste Frage berührt: Waren die Erfahrungen des Exils, des Zweiten Weltkriegs, der ganzen Epoche in ein Buch zu integrieren, das mit dem Ausbruch des Ersten Weltkriegs enden sollte? Obwohl kein historischer Roman, war *Der Mann ohne Eigenschaften* zeitlich fixiert. Obwohl »ein aus der Vergangenheit entwickelter Gegenwartsroman«, konnte er nicht unvermittelt auf aktuelle Tendenzen reagieren. Musil, Gefangener seiner Fabel, des gewählten Schauplatzes, konnte nicht daran denken, die österreichische Szenerie eidgenössisch zu überformen, der Borniertheit Kakaniens den Kantönli-Ungeist aufzupfropfen, das Personal der Parallelaktion durch Schweizer Typen (den Professor, den General) zu erweitern. Mit Grund und Absicht blieb er bei den »alten Beispielen«, weil er glaubte, »daß die Untersuchung dieser Beispiele das gleiche Ergebnis haben« müsse.[9]

Zu Beginn der sechziger Jahre glaubte man, Musils Interessen hätten in der letzten Lebenszeit »so gut wie ausschließlich der mystischen Idee vom Tausendjährigen Reich« gegolten, das auch »das Reich der Liebe« genannt werde oder »das Reich Gottes auf Erden«, und sein »nahe bevorstehender Anbruch« sei »in völlig wirklicher Bedeutung« gemeint gewesen. Man glaubte, die Stille der Genfer Gärten sei diesem Quietismus förderlich gewesen, betrachtete die Gartengespräche der Geschwister und die Naturpassagen als den schönsten Ertrag von Musils Schweizer Jahren, wobei man übersah, daß z. B. der berühmte Natur-Eingang zu den »Atemzügen eines Sommertags« schon in Entwürfen des Jahres 1938 fixiert war. Man vermutete ferner, alle Gestalten der Parallelaktion, ausgenommen Professor Lindner, seien mit dem 38. Kapitel des zweiten Bandes definitiv aus dem Roman verschwunden und sollten nicht wieder auftauchen.[10] Diese Ansichten wurden z. T. noch durch Wilhelm Bausinger[11] und durch Elisabeth Albertsen revidiert. Aus Musils letzter (provisorischer) Kapitelaufstellung ging hervor, daß schon das zweite auf die »Atemzüge« folgende Kapitel wieder zur Parallelaktion zurücklenken sollte, und vier Kapitel später sollte mit »Durchschnitt und Durchschnittsmensch« die »Endführung« des ersten Bandes beginnen. Die Rückkehr zur explizit gesellschaftlichen Thematik war eingeleitet.[12]

Neuerdings gibt es wieder kritische Stimmen, die rügen, die späten Kapitel des *Mann ohne Eigenschaften* zeigten – als Reflex auf die persönliche Isolation des Autors – »Flucht aus der Gesellschaft«, »Rückzug ins Private«, »konsequenten Individualismus«. Die spiritualistischen Elemente der Mystik im »anderen Zustand« gewännen ein Übergewicht gegenüber dem aufklärerischen Experimentiergedanken. Die Experimente der Geschwister seien ohne soziale Bindung und Funktion, die Perspektive sei verengt auf das persönliche Vereinigungserlebnis; dabei sei es nebensächlich, ob die Liebe Ulrichs und Agathes tatsächlich zum Inzest führe oder nicht.[13]

Solcher Tadel wird den Intentionen Musils nicht gerecht. Es gibt noch eine Reihe unpublizierter (z. T. schon von Wilhelm Bausinger transkribierter) Notizen im Handmaterial, die derartige Vorwürfe entkräften können. Hatte der Autor einst, etwa zu Beginn der dreißiger Jahre notiert: »Es stand von vornherein fest, daß sie [= die Geschwister] einander gehören werden. Merkwürdig war – u[nd] ist das eigentlich zu Erzählende – daß es zunächst nicht möglich war«,[14] so hält er auch zu Beginn der vierziger Jahre an der körperlichen Liebe seiner Protagonisten fest; kein Wort davon, daß ihre Beziehung seraphisch, himmlisch geworden sei. Auf einem späten Korrekturblatt ist fixiert:

a. Inzest (Spitz)

b. Nicht persönliche Affäre, sondern historische u[nd] allgemeine Bedeutung (Jung)

Das wäre der Leitgedanke. Und aus dem gleichen, woraus auch das Inzestoide entsteht, entsteht auch »Gott« u[nd] entstehen die kritischen Stellen der persönlichen u[nd] sozialen Moral bis zur Auseinandersetzung mit »Krieg«.[15]

Spätestens hier sollte deutlich werden, daß der Inzest nicht nebensächlich und kein simpler Komplex des Autors, sondern ein psychoanalytisch durchleuchtetes Problem von großer Tragweite war. Musil hatte ein Trauma seiner eigenen Vita längst ›rationalisiert‹ und die verschiedenen Theorien des mit ihm befreundeten Freudianers René A. Spitz und C. G. Jungs (den er nachweislich noch in der Schweiz las) zur Kenntnis genommen. Die Entwicklung der Gottesidee aus dem »Inzestoiden« ist plausibel: schon in der »Versuchung der stillen Veronika« erscheint Gott, in Hypostasierung des Mutterbildes, als eine »böse dicke Frau«, die einen »zwingt, ihre Brüste zu küssen«. Da, nach Jung, der Inzest mit Todesfurcht verwandt war, lag auch die Assoziation ›Krieg‹ nahe. Vielleicht ist dies als egozentrische, ja pathologische Konstruktion zu mißverstehen, so als ob der Ausbruch des Ersten Weltkrieges ursächlich mit dem Sexualleben der Geschwister zusammenhinge. Es ging Musil nur um die fatale Bereitschaft seiner Figuren, aus der privaten Katastrophe in die allgemeine zu fliehen. Ihre Harmonie mit dem Kollektiv, so Musil mit dem »Blick auf den Schluß der Erzählung«, erwächst paradoxerweise aus der »Abneigung gegen die sie umgebende Kultur«, zu der sie die Verbindung (offenbar durch das Verbrechen der Testamentsfälschung und den Inzest) »per nefas abschneiden«.[16] Bevor sich der Romanheld (nach den frühen Plänen zumindest) an die russische Front in Galizien begibt, ist sein Verhalten anscheinend am russischen Vorbild orientiert. In zwei eng zusammengehörenden Notizen heißt es:

»Das menschl.[iche] Leben auf die Triebe baun ist nicht westlich. s. das heutige Rußland. Es ist: auf die Tätigkeit bauen. vgl. Goethes Denken um zu tun u[nd] umgekehrt. Vgl. die moderne Psychologie u[nd] das T[age]b[uch]. Im Gegensatz dazu der Versuch der Geschwister, den sie wohl nicht für aussichtsreich halten.«[17]

»Arete mémore: Die russ.[ische] Soldatin, der russ.[ische] Zögl.[ing], Strachow usw. Das zum Vorbild genommene Volk ist triebstark (todesverachtend, auch brutal) u.[nd] kultiviert (religiös, den Nächsten liebend, überzeugt ›sein Wort‹ zu sprechen, die ruhig überlegenden Köpfe) (u.[nd] ihre Probleme) D. i. Wirklichkeit.

Als Gegensatz dazu sind U.[lrich] u[nd] Ag.[athe] gezeichnet. Sind es. Die Wirkl.[ichkeit] entsteht aus ›Trieb u[nd] Pause‹ [...] U.[lrich] u.[nd] Ag.[athe] ist, was ›dazwischen liegt‹ egal.

m. a. W. es interessiert sie das ganz app.[etit]hafte u.[nd] das ganz nicht-app.[etit]hafte. Sie neigen zu den Extremen. (Darum war die Rehabilitierung der Triebe ein persönliches Bedürfnis für sie [...].)«[18]

Solche Notizen sind durch die Unzahl ihrer Implikationen so erhellend wie apokryph. Das Geflecht der Anspielungen ist sehr dicht und vorderhand kaum aufzulösen: Erinnerungen an Dostoevskij und Zeitungsberichte über die Sowjetunion während des Zweiten Weltkriegs scheinen miteinander verquickt. Von der in der Forschungsliteratur so häufig gepredigten Synthese zwischen den Gegensätzen ist hier keine Rede. Musil, dessen Tagebuchkapitel über Gefühlspsychologie einst eine Absage an die Triebe enthielten, kommt nun, durch die innere Dialektik des Textes, wieder zu einer »Veneration der starken Triebe«. Schon Achilles, Ulrichs Vorgänger von 1920, tendierte zu den Extremen des ganz Appetitiven und des radikal Nicht-Appetitiven: z. B. nach Rußland zu fahren und an einem Pogrom teilzunehmen. »Später sollte er, der alle Verbrechen hinter sich hatte und noch ihre Banalisierung miterlebte, geradezu ein Heiliger werden.« Ulrich und Agathe identifizieren sich mit dem russischen Volk, dem als ganzem, wenig realistisch, die Tendenz zu solchen Extremen unterstellt wird. Der hauptsächliche Unterschied, der auch in den Schlußsätzen der »Atemzüge« betont wird, besteht darin, daß sie *keine* Realisten sind. An welches Kollektiv auch immer Ulrich und Agathe sich anschließen, es bleibt eine spezifische Differenz. Ihre abstrakte Behauptung gehört vielleicht zu Musils bleibenden Leistungen. Er ahnte es selbst: »Dantes enorme Wirkung: Vergil als Führer genommen = Vorgriff auf Renaissance. Aber in D.[ante] auch Ideenkreis der Scholastik od.[er] ähnl.[iches.] Diese zwei Ideenfluten kommen zu einander. Dadurch seine führende Stellung.

Nach diesem Wirkungstypus wäre heute zu erwägen: Individualismus – Kollektivismus. Politisch eklatant. Kulturell, von der christlichen Auffassung zu den Denkschwierigkeiten der Atomistik. Das kann MoE rechtfertigen.«[19]

Der Autor hoffte demnach, sein Roman als Sammelbecken der »Ideenfluten« des Individualismus wie des Kollektivismus könnte ihm einen ähnlichen Rang sichern wie Dante. Vorausblickend auf das Kapitel »Durchschnitt und Durchschnittsmensch« fragt er sich: »Geburt u[nd] Tod (Heldentod, falls G[e]n.[eral Stumm von Bordwehr] spricht) sind sehr persönlich u.[nd] sehr individuell. Wie gleicht man sich damit aus?«[20] Es ist möglich, daß Musil in diesem Zusammenhang auf seine Erfahrungen aus dem Ersten Weltkrieg zurückgegriffen hätte. Schon Ende 1933 erinnerte er sich unter dem Stichwort »Kriegsmoral« daran, wie eine »tapfere Truppe im Augenblick allgemeinen Nachlassens stürmisch davonlief; sie mußte aufgefangen werden und war dann wieder tapfer. Dieses Abstehn von der individuellen Helden-Lektion (mit gewissen Ausnahmen, deren Bedeutung neu bestimmt werden muß!), dieses aus individuellem Teils-Teils (Mut und Feigheit) gemischte kollektive Tapfersein, hat schon der Krieg ausgebildet.« So schien der Nationalsozialismus die Fortsetzung des Krieges und der Krieg die Konsequenz des Nationalsozialismus: der Dichter war legitimiert, bei den alten Beispielen zu bleiben.

Mitte Januar 1942 formuliert Musil zum ersten- und einzigenmal den gelinden Zweifel, ob es ihm gelingen würde, das Buch nach den alten Plänen zu beenden. Es war weniger das Mißtrauen gegen die eigene Arbeitskraft (obgleich auch dies mitgespielt haben mag) als das Bedenken, den Forderungen der Zeit, den Erwartungen des Lesers trotz aller Mühe nicht gerecht zu werden. Mußte die Mimikry des historischen Romans um jeden Preis durchgehalten werden? So entstand der Einfall zu »Ulrichs Nachwort. Schlußwort«:

»Gedacht an weltpolitische Situation. Das große gelb-weiße Problem. Der kommende neue Abschnitt der Kulturgeschichte. Die eventuelle Rolle Chinas. In kleinerem Rahmen die russisch-westliche Auseinandersetzung. Hexners Frage: wie denken Sie es sich in Wirklichkeit? wird unaufschiebbar. – Auch der Mann ohne Eigenschaften kann daran nicht vorbeisehn. [...] Auf diese Art dazu gekommen, irgendwie abzuschließen und (statt oder nach Eine Art Ende) ein Nachwort, Schlußwort, Ulrichs zu schreiben.

Der gealterte Ulrich von heute, der den zweiten Krieg miterlebt, und auf Grund dieser Erfahrungen seine Geschichte, und mein Buch epilogisiert. Das ermöglicht, die Pläne ca. der Aphorismen mit dem aktuellen Buch zu vereinigen. Es ermöglicht auch, die Geschichte und ihren Wert für die gegenwärtige Wirklichkeit und Zukunft zu betrachten.«[21]

Die heutigen Mißverständnisse hätten nicht aufkommen können, wäre diese Selbsterläuterung noch geschrieben worden. Der Verdacht des Autors, seine »letzte Liebesgeschichte« könne selbst dem intelligenten Publikum anachronistisch vorkommen, war allzu berechtigt. Es soll hier nicht in den entgegengesetzten Fehler verfallen werden, die politische Relevanz des *Mann ohne Eigenschaften* zu überschätzen. Schon die statistische Häufigkeit des Wortes Gott signalisiert das metaphysische Interesse des späten Musil. Problematisch scheint es mir, die ›Sozialtheorie‹ zum ›Nebeninteresse‹ Musils zu erklären und den »anderen Zustand« (mit Faust) zum »einzigen Begehren«. Eine Zeitlang herrschte der irrige Eindruck, der Roman hätte auf der mystischen Ebene enden sollen. Daß dem nicht so ist, beweist definitiv ein Briefentwurf an Henry Church, wahrscheinlich auf den 12. April 1942 zu datieren (drei Tage vor Musils Tod!). Der Autor schreibt seinem Gönner, der Schlußband des *Mann ohne Eigenschaften* werde »im ganzen doppelt so groß sein wie der seinerzeit vorschnell veröffentlichte erste Teil des zweiten Bandes und aus einer Unzahl von Ideen die Geschichte einer unpersönlichen Leidenschaft ableiten, deren schließlicher Zusammenbruch mit dem der Kultur übereinfällt, der anno 1914 bescheiden begonnen hat und sich jetzt wohl vollenden wird, wenn nicht die Chirurgen Glück haben, und auch die Nachkur von guten Internisten übernommen werden wird. Es ist schwer, diese Geschichte gut zu erzählen und dabei weder dem Sein noch dem Sinn, nicht den Ursprüngen noch der Zukunft etwas schuldig zu bleiben. Sie werden verstehen, daß es mich Zeit u.[nd] zuweilen viel Verzweiflung kostet; aber ich glaube doch, daß [ich] auf rechtem Wege bin. Was damals in Vulpera fertig und gedruckt war, habe ich gründlich umgearbeitet[,] und was ich weitergeschrieben habe, ist wohl schon das beste Stück des Ganzen und dürfte bis zur Spitze aufsteigend weitergehen.«[22]

Sein und Sinn, Ursprünge und Zukunft, dies ist die Formel des Buches. Und, wenn man Ignazio Silones Formel verneinend gebrauchen will, es ist kein Mosaik ohne Rahmen, sondern eines, das den Blick freigibt auf ein darunterliegendes, und die Elemente des einen gehen mit den Linien des anderen immer neue Konfigurationen ein. Von ferne erinnert dieses Verfahren, zwei Zeitebenen übereinanderzulegen, an Thomas Manns Mythisierung des New Deal in *Joseph dem Ernährer* und an Brochs allegorischen *Tod des Vergil*.

An Handfestem, Praktikablem bieten die Schweizer Jahre Musils wenig. Die Utopien des »anderen Lebens in Liebe« und des »anderen Zustands« wollte er mit der »Reise ins Paradies« erledigen. Blieb noch die »Utopie der induktiven Gesinnung«, die er auch den »Geist der Notdurft« nennt. Ihre Funktion: »Nahrung, Kleidung, Schutz, Ordnung« zu produzieren.[23] In der niedrigsten Form vom braven kakanischen Prinzip des Fortwurstelns kaum zu unterscheiden, verdiente sie auf höherem Niveau wohl den (von Hans Albert geprägten) Namen »soziale Stückwerks-Technologie«.

Als vierte Utopie kreiert Musil die der Höflichkeit.[24] »Er war früher k. u. k. Offizier, seine Manieren stammten ganz intakt aus dieser zerstörten Provinz des alten Europa. Es war an ihm rein nichts von dieser fatalen deutschen Mimik des als Künstler prätendierenden Menschen.«[25] So Carl Jacob Burckhardt. Ähnlich äußern sich Barbara von Borsinger, Robert Lejeune:[26] liebenswürdig-altmodische Courtoisie, distanzierte Noblesse. Deutlich hypostasiert der Mann ohne Eigenschaften seine persönliche Eigenschaft in einer Zeit, in der Rücksicht, Takt, Respekt, die Humanität überhaupt auf den Hund gekommen sind. Es bestehen wenig Aussichten, diese Utopie der Höflichkeit könnte in den Tagen der ›konkreten Utopien‹ dem Vorwurf entgehen, sie sei leer und/oder reaktionär wie seine übrigen Vorstellungen. Es spricht für Musils rührende Unzeitgemäßheit, daß man kürzlich das »Ende der Höflichkeit« gefordert und »Anstandsapostel« schlankweg als faschistoid bezeichnet hat.[27] Zumindest also in diesem Punkt haben sich die Vorzeichen gewandelt.

Anmerkungen

1. Briefentwurf an Henry und Barbara Church vom 16. Juni 1941 (unveröffentlicht).
2. Siehe Adolf Frisé: »Fragen nach Robert Musil. Stichworte zu seiner Biographie«. In: »Robert Musil. Studien zu seinem Werk« (s. Lit.), S. 323.
3. Briefentwurf an Henry und Barbara Church vom 9. September 1941. In: »Robert Musil. Prosa, Dramen, späte Briefe« (s. Lit.), S. 799.
4. Das gleiche gilt von dem einzigen fiktiven Text, in dem Musil sehr direkt seine Exilsituation

schildert. Es ist, man könnte sagen, ein ›Minuten-Trauerspiel‹, das sich als Entwurf und als Rein-schrift im Nachlaß erhalten hat und möglicherweise maschinenschriftlich an jemanden aus Musils Bekanntenkreis geschickt worden ist (Marian und Fritz Wotruba?). Der Aufbau ist simpel rei-hend, die Stilmittel gehen über Anapher und Parellelismus kaum hinaus. Das Ganze erinnert an die frühen szenischen Entwürfe (s. Elisabeth Albertsen: »Jugendsünden? Die literarischen An-fänge Musils«. In: Musil. Studien zu seinem Werk [s. Lit.], S. 9–25).

Ein Säulenheiliger: Früher haben sich in meiner Nähe Liebespaare getroffen. Vorbeieilende haben einen Schauer in der Brust gefühlt! Jetzt sind es nur noch die Hunde, die sich um die Säulen kümmern!
Die junge Frau: Hier, lieber Alter! (Wirft etwas in seine Reisschale.)

(Nach einem Monat:)
Die junge Frau / der junge Herr: Entschuldige, lieber Säulenheiliger! Wir haben soviel zu tun. Hier!

(Nach einem Monat:)
Die junge Frau: Entschuldige, lieber Säulenheiliger, ich bin jetzt in Eile; übermorgen komme ich nochmals vorbei!

(Nach acht statt zwei Tagen:)
Die junge Frau: Hier, lieber Alter! Halte mich nicht für schlecht oder vergeßlich. Ich weiß ja alles! Aber ich kann manchmal nicht anders!
Der Säulenheilige: Gewiß, gewiß! Ich vermag ja auch nicht zu sagen, daß du eine Verpflichtung hättest!

(Nach sechs statt vier Wochen:)
Die junge Frau: Oh, ich weiß es sehr gut! Ich suche dich diesmal in wenigen Tagen wieder auf! Laß mich genau sein, höchstens in drei Tagen! Tu mir nicht weh und erwidere nichts!

(Diesmal ist viel Zeit vergangen:)
Der Säulenheilige: Was soll ich ihr sagen? Die Tage sind schon wieder in die Wochen gekommen, und die Wochen werden noch eine Endlosigkeit gebären. Der junge Herr macht sich nichts wissen, und die junge Frau macht sich alles vergessen. Dabei muß mein irdisches Postament von Zeit zu Zeit neu gekalkt werden, und dergleichen mehr. (Überlegt.) Was soll ich tun? Religiosität in der Brust dieser Menschen wecken, die Zerstreuungen im Kopf haben, und nichts weniger als meine Höhe? Klappern und Schaumschlagen, oder das lächerliche Schauspiel eines steinernen Heiligen darbieten, der herabsteigt u.[nd] einem nachläuft? (Ärgerlich:) Es ist wenig zartfühlend, mich vor eine solche Entscheidung zu stellen!
(Der Säulenheilige schreibt schließlich einen Brief. Es ist ein etwas beschämendes Schauspiel. Der Schöpfer im Himmel lacht über seine vorzügliche Welt.)
Gott: Schämst du dich nicht, alter Säulenheiliger!
Der Säulenheilige: Doch, doch! Aber warum ernährst du deinen Heiligen eigentlich nicht selbst!
(Gott zuckt die Achseln u[nd] lacht; und der Säulenheilige möchte über ihn lachen, wenn er sich nicht vor ihm fürchtete.)

5. Ignazio Silone: »Begegnungen mit Musil«. In: »Robert Musil. Studien zu seinem Werk« (s. Lit.), S. 350 ff.
6. ebd., S. 351. Vgl. dazu auch Armin Kesser (s. Lit.), S. 184. Kesser überliefert folgende Äußerung Musils: »Gegen die Sintflut kann man nicht protestieren, wohl aber gegen die unauffälligen Weichenstellungen und Vorurteile, die sie notwendig herbeizwingen. Ihr nächstes unmittelbares Ergebnis ist ja für die meisten Menschen positiv: Man wirft die letzten Hemmungen, die uns Anstand und Menschenwürde auferlegen, großsprecherisch ab, unter Berufung darauf, daß eben Sintflut ist!« Dies zeigt, daß Musil, im Gegensatz zum sogenannten ›kämpfenden Exil‹ die Möglichkeiten des Schriftstellers skeptischer beurteilte. Seine Aufgabe: beschreiben, analysieren, die bösen Ahnungen verdichten, diejenigen warnen, die dem Zug der Zeit die Signale und Wei-chen stellen, dabei nicht sehen, daß er einer Katastrophe entgegenjagt.
7. ebd., S. 356 f.
8. »Tagebücher, Aphorismen, Essays und Reden«. Hamburg 1955. S. 512 f. u. 520.
9. Vgl. Kesser (s. Lit.), S. 184: »Er erkannte in der faschistischen Ideologie nur die Vergrößerungs-

form, das Ins-bösartig-Voluminöse-geraten von Kultursymptomen, die sich seinen Augen schon in der vorhitlerischen Ära aufgedrängt hatten: Die Etablierung eines Geniebegriffs, der auf Sportplätzen gewonnen war; die Verklärung der Dummheit als schöpferisches Prinzip; die Kontaminierung von Geist und Geschäft, sichtbar geworden im Tonfilm und in der Figur des ›Großschriftstellers‹.«

10. Kaiser/Wilkins (s. Lit.), S. 290–297.
11. Bausinger (s. Lit.), S. 66–111.
12. Albertsen (s. Lit.), S. 111–122.
13. Hüppauf (s. Lit.), S. 163 ff.
14. Ms. II/1, 254.
15. Korrekturblatt IX, S. 7.
16. Die ganze Notiz hat folgenden Wortlaut (Korrekturblatt X, S. 1): »Sie neigen zu den Extremen; was dazwischen liegt, verschmähen sie: Aber – s. die russische Soldatin – sie haben viell.[eicht] Unrecht. (Dh. es ist bloß die Abneigung gegen die sie umgebende Kultur) Und ihr Zögern gilt den darin enthaltenen Zukunftsmöglichkeiten, die sie nicht erfüllen werden. Das liegt auch noch im lebenden Stilleben nach Aufstehn u.[nd] in der ungenügenden Ironie gegen die (in der) Forts.[etzung] des Gesprächs! (Die vor ihnen liegende Ewigkeit der Kultur, der Menschheit; die sie per nefas abschneiden! Es ist schon ein Blick auf den Schluß der Erzählung) (Theologisch: Gott weiß besser, wie er sich den Menschen, als der Mensch, wie er sich Gott vorstellen soll!)«
17. Korrekturblatt X, S. 13.
18. Korrekturblatt XIII, S. 5. Die Entzifferung der Lesart »Arete mémore« ist unsicher.
19. ebd.
20. Korrekturblatt XI, S. 8.
21. »Der Mann ohne Eigenschaften«. Hamburg 1952. S. 1651.
22. zitiert nach Karl Dinklage: »Musils Definition . . .« (s. Lit.), S. 116.
    Bei allen Unklarheiten geht aus dem Brief hervor, daß die »unpersönliche Leidenschaft« der Geschwister in die persönliche Katastrophe und in den Ausbruch des Ersten Weltkriegs münden sollte. Wie die epische Realisation aussehen könnte, verrät der Text nicht. Für eine wesentliche Änderung der Linienführung gibt es allerdings keine Anhaltspunkte.
    Skepsis empfiehlt sich freilich im Hinblick auf die von Musil aufgestellte Zeitrechnung, wie immer, wenn er Mäzenen gegenüber Termine fixiert: der Schlußband des »Mann ohne Eigenschaften« (II₂) soll doppelt so groß sein wie der Band II₁ mit seinen 38 Kapiteln. Musil will die erste Hälfte des Schlußbandes quasi fertig haben, also rund 38 Kapitel. In Wirklichkeit hatte er erst 14 Kapitel ins reine geschrieben, in einem Zeitraum von knapp vier Jahren. Bei gleichbleibendem Arbeitstempo hätte er für die Vollendung des Romans demnach genau jene zwanzig Jahre gebraucht, die er sich noch arbeitsfähig glaubte.
23. »Der Mann ohne Eigenschaften«, a. a. O., S. 1622.
24. Auf dem Ms. v/5, 15 notiert er dazu: »Wie Papa in einem Kuvert 20 Fl. oder Kronen bei Prof. F. hinterließ. Verzeihen Sie, daß ich ihre gelehrten Hände (die in den Popo gefahren sind) mit Geld beschmutze. Dagegen heute natürlich zu fragen: Was bin ich schuldig? Die Utopie war also z. T. Wirklichkeit. Und doch erschien uns damals das 18. Jahrh. als ein ebenso unerreichbares Ideal der Höflichkeit wie heute das 19.te. Die Schauspieler, u.[nd] zumal die Burgschauspieler, als bewunderte Muster.«
25. »Carl Jacob Burckhardt u. Max Rychner. Briefe 1926–1965«. Hrsg. von Claudia Mertz-Rychner. Frankfurt ³1971. S. 75.
26. mündliche Äußerungen gegenüber dem Verfasser.
27. Siehe Kerbs/Müller/Krumteich/Drechsel/Tietgens/Heine: »Das Ende der Höflichkeit. Für eine Revision der Anstandserziehung«. München 1970.

Werke

Der Mann ohne Eigenschaften. Bd. 1. Berlin: Rowohlt 1930. 8. Aufl. Wien: Bermann-Fischer 1938. – Bd. 2 (Buch 2, Teil 1). Berlin: Rowohlt 1933. – Bd. 3 (Buch 2, Teil 2). Aus dem Nachlaß hrsg. v. Martha Musil. Lausanne: Imprimerie centrale 1943.

Gesammelte Werke in Einzelausgaben. Hrsg. von Adolf Frisé. Hamburg: Rowohlt: 1952–57. (1.) Der Mann ohne Eigenschaften. 1952. – (2.) Tagebücher, Aphorismen, Essays und Reden. 1955. – (3.) Prosa, Dramen, späte Briefe. 1957.

Literaturhinweise

Elisabeth Albertsen: Ratio und ›Mystik‹ im Werk Robert Musils. München 1968.

Wilhelm Bausinger: Studien zu einer historisch-kritischen Ausgabe von Robert Musils Roman »Der Mann ohne Eigenschaften«. Hamburg 1964.

Heribert Brosthaus: Zur Struktur und Entwicklung des ›anderen Zustands‹ in Robert Musils Roman »Der Mann ohne Eigenschaften«. In: DVjs. 39 (1965) S. 388–440.

Karl Corino: Der Förderer Musils. In memoriam Robert Lejeune. In: Frankfurter Allgemeine Zeitung (11. 1. 1971) S. 2.

Karl Dinklage [Hrsg.]: Robert Musil. Leben, Werk, Wirkung. Im Auftrag des Landes Kärnten und der Stadt Klagenfurt herausgegeben von Karl Dinklage. Zürich, Leipzig u. Wien 1960.

– Musils Herkunft und Lebensgeschichte. In: Robert Musil. Leben . . ., a. a. O., S. 187–264.

– [Hrsg.]: Robert Musil. Studien zu seinem Werk. Im Auftrag der Vereinigung Robert-Musil-Archiv Klagenfurt hrsg. von Karl Dinklage zusammen mit Elisabeth Albertsen und Karl Corino. Reinbek bei Hamburg 1970.

– Musils Definition des Mannes ohne Eigenschaften und das Ende seines Romans. In: Robert Musil. Studien . . ., a. a. O., S. 112–123.

Bernd-Rüdiger Hüppauf: Von sozialer Utopie zur Mystik. Zu Robert Musils »Der Mann ohne Eigenschaften«. München 1971.

Ernst Kaiser u. Eithne Wilkins: Robert Musil. Eine Einführung in das Werk. Stuttgart 1962.

Armin Kesser: Begegnung mit Robert Musil. Gespräche und Aufzeichnungen. In: Robert Musil. Leben . . ., a. a. O., S. 183–186.

Robert Lejeune: Gedenkrede für Robert Musil. In: Robert Musil. Leben . . ., a. a. O., S. 409–424.

– Robert Musils Schweizer Jahre. Erinnerungen. In: Robert Musil. Studien zu seinem Werk. S. 359 bis 370.

Ignazio Silone: Begegnungen mit Musil. In: Robert Musil. Studien . . ., a. a. O., S. 349–358.

Fritz Wotruba: Erinnerung an Musil. In: Robert Musil. Leben . . ., a. a. O., S. 400–404.

ERNST SCHÜRER

Verinnerlichung, Protest und Resignation. Georg Kaisers Exil

Im Mai 1933 wurde im Rahmen der ›Reinigung und Säuberung‹ der deutschen Kunst auch Georg Kaiser auf Veranlassung des Reichskommissars und Kultusministers Bernhard Rust aus der Sektion für Dichtkunst der Preußischen Akademie der Künste ausgeschlossen. Kaiser war weder ein reges Mitglied der Akademie gewesen, noch hatte er sich durch direkte politische Gegnerschaft bei den Nationalsozialisten unbeliebt gemacht. Die von der Sektionsführung geforderte Loyalitätserklärung hatte er sogar mit »ja« unterschrieben. Sein Humanismus, Internationalismus und besonders sein Pazifismus jedoch machten ihn der neuen Regierung unbequem. Bereits am 18. Februar 1933 hatten SA-Männer im Alten Theater in Leipzig die Uraufführung seines Stückes *Der Silbersee* zu stören versucht. Der dadurch verursachte Skandal war Anlaß genug für den Reichsminister für ›Volksaufklärung und Propaganda‹, Joseph Goebbels, die Aufführung aller Stücke Georg Kaisers auf den Bühnen im Reichsgebiet zu verbieten. Georg Kaiser und Kurt Weill, der die Musik zu diesem »deutschen Wintermärchen« geschrieben hatte, waren bei der Aufführung zugegen und erkannten die Gefahr, in der sie schwebten. Kurt Weill, durch seine Zusammenarbeit mit Brecht und als Jude stärker gefährdet als Kaiser, floh in den nächsten Tagen nach Paris. Kaiser, der Angriffen aus rechten Kreisen schon seit den ersten Jahren der Weimarer Republik ausgesetzt gewesen war, glaubte, wie viele seiner Leidensgenossen, den Sturm überdauern zu können, und zog sich in seine Villa in Grünheide bei Berlin zurück.

Da die Dolchstoßlegende ein fester Bestandteil der nationalsozialistischen Ideologie war, gehörte Kaiser in den Augen der neuen Herrscher zu den Kulturbolschewisten, die für die Niederlage Deutschlands im Ersten Weltkrieg und für die erlittene Schmach verantwortlich waren. Sie hatten nicht vergessen, daß sein – schon 1914 kurz vor dem Krieg veröffentlichtes und damals vollkommen unbeachtet gebliebenes – pazifistisches Drama *Die Bürger von Calais* bei der Erstaufführung am 29. Januar 1917 in Frankfurt von dem kriegsmüden Theaterpublikum als Appell zum Frieden verstanden und begrüßt worden war. In der *Gas*-Trilogie hatte Kaiser nach dem Waffenstillstand zur Weltverbrüderung aufgerufen und warnend auf die Folgen der technischen Aufrüstung hingewiesen: Gelb- und Blaukreuz zeigten die Möglichkeit der Entwicklung von Vernichtungswaffen, die zur vollkommenen Ausrottung der Menschheit und zur Zerstörung des Planeten führen konnten. Den militaristischen Nationalisten paßten diese düsteren Prophezeiungen nicht in ihre kriegerischen Pläne. 1920 wurde Kaiser in der Wochenschrift *Die Republik* als Jude angeprangert; auf den Einwand eines Freundes, daß die Behauptung unwahr sei, schrieb die Schriftleitung: »Angenommen, Georg Kaiser sei kein Jude, so hindert das nicht, daß er sich in seinen Arbeiten geistig vollkommen verjudet zeigt, und das ist das Entscheidende.«[1] Schon damals also wurden seine Werke als undeutsch und zersetzend angesehen. Kaisers frühe Freundschaft mit den Führern der Münchner Räterepublik, Ernst Toller und Gustav Landauer, wurde von der rechten Presse 1921 bei dem wegen Unterschlagung gegen ihn geführten Prozeß als besonders belastend angesehen. In den zwanziger Jahren war es allgemein bekannt, daß Kaiser mit linksgerichteten Künstlern verkehrte, obgleich er sich selber an kein bestimmtes soziales Programm und an keine Partei band, sondern als bürgerlicher Individualist einen liberalen Humanismus vertrat.

Noch vor der Weltwirtschaftskrise und dem Erstarken der nationalsozialistischen Partei hatte Kaiser dann in den *Lederköpfen* (1928) vor einem Führer gewarnt, der das Volk nur als williges Werkzeug für seine verbrecherischen Pläne gebraucht. Besonders verhaßt machte er sich aber im folgenden Jahr durch einen dramatischen Dialog, dessen Titel die »Ächtung des Kriegers« fordert, nicht nur die 1928 im Kellogg-Pakt geforderte Verdammung des Krieges. Der Hauptsprecher Sokrates deckt den Widerspruch auf, der in der Ehrung und Verherrlichung der Soldaten – die mit klingendem Spiel, flatternden Fahnen und blitzenden Waffen die Jugend und das ganze Volk begeistern – und der Ächtung des Krieges als Verbrechen besteht. Er fordert alle auf, auch die Krieger ›Verbrecher‹ zu nennen und sie wie Aussätzige durch schwarze Pestmarken zu kennzeichnen. Der Dialog wurde für das Programmheft einer Sondervorstellung zugunsten des Roten Kreuzes von Robert Cedric Sheriffs *Die andere Seite (Journey's End)* geschrieben, zu deren Schutzherren Gustav Stresemann, der noch vor der Aufführung starb, Albert Einstein und Thomas Mann gehörten, die als Gegner des Nationalsozialismus bekannt waren. Zudem stellt Sheriffs Antikriegsstück das Leben der Soldaten in den Materialschlachten in einer einfachen und menschlichen Weise dar, die den auf Verherrlichung, Glorifizierung, Mystifizierung und Mythisierung des Fronterlebnisses bedachten Nationalsozialisten besonders gefährlich erscheinen mußte. Kaisers Schauspiel *Mississippi* wurde bei seiner Aufführung im Oldenburger Staatstheater 1930 ebenfalls von den Nationalsozialisten boykottiert. Herbert Ihering meint in seiner Rezension, daß die Störenfriede das Stück mit Brechts *Mahagonny* verwechselt hätten,[2] aber Kaisers Drama selbst mit seiner pazifistischen und christlich-kommunistischen Grundtendenz war für die Nationalsozialisten unannehmbar. Kaisers zeitkritisches Engagement erreichte seinen Höhepunkt im *Silbersee*; schon der Untertitel dieses Stückes »Ein Wintermärchen in drei Akten« erinnert an Heines Kritik der deutschen Zustände. Die Lösung aller Probleme wird jedoch noch in expressionistischer Weise von der Veränderung des einzelnen, nicht der Gesellschaft wie bei Brecht, abhängig gemacht. Kaiser spielt gleich zu Beginn des Dramas auf die durch die Weltwirtschaftskrise verursachte Arbeitslosigkeit und den latenten Bürgerkrieg zwischen Kommunisten und Nationalsozialisten an. Die Ballade von »Cäsars Tod« ist als Warnung für Hitler gedacht, und im Lied vom »Schlaraffenland« machen sich zwei dekadente Adlige lustig über die Behauptung, daß eine ›Zeitenwende‹ vor der Tür stünde: Ganz das Gegenteil wird eintreten: die alte Ordnung wird nur wiederhergestellt. Die Nationalsozialisten fühlten sich zu Recht angegriffen und sandten ihre Stoßtrupps in die Theater, um diese geistige Kritik durch handfeste Schlägereien zum Schweigen zu bringen, was ihnen mit Hilfe der Regierung auch gelang.

Kaiser gehört im wahrsten Sinne des Wortes zu den von Thomas Mann in seinem Aufsatz *Dieser Friede* angesprochenen »Deutschen der inneren und äußeren Emigration«. Die innere Emigration begann mit dem Verbot seiner Werke im Februar 1933.

Sein Leben und seine Werke wurden nun durch den Ausschluß aus dem politischen und kulturellen Leben der Gesellschaft und durch die drohende Gefahr, in der er persönlich schwebte, bestimmt. Außerdem hatte er es niemals verstanden, mit Geld umzugehen, und besaß deshalb keine großen finanziellen Reserven. Der gehobene Lebensstandard, den er als unbedingte Voraussetzung für sein geistiges Schaffen betrachtete, war jetzt nicht mehr gegeben. Vielmehr brauchte er Einkünfte aus Theateraufführungen zum Lebensunterhalt für sich und seine Familie und suchte deshalb zunächst noch nach Möglichkeiten, seinen Stücken zur Aufführung zu verhelfen. Natürlich war ihm bekannt, daß die jetzt vom preußischen Ministerpräsidenten Göring und vom Propagandaminister Goebbels beherrschten Theater seine bekannten expressionistischen Stücke als dekadent ablehnen würden. Gefragt war jedoch Alltagsware wie leichte, naturalistische Komödien. Kaiser war nach seiner expressionistischen Periode seit 1924 neue Wege gegangen und hatte mit Komödien, Revuestücken und Musicals stilistische, strukturelle und bühnentechnische Experimente angestellt. Er besann sich jetzt auf seine dramatischen Anfänge und schrieb das Lustspiel *Das Los des Ossian Balvesen* (1934), das strukturell und thematisch auf die über zwanzig Jahre früher verfaßten Komödien *Der mutige Seefahrer* (1913) und *Großbürger Möller* (1914) zurückweist. Das vollkommen unpolitische Stück verwirft den leichten Geldgewinn durch ein Lotterielos und verherrlicht die Arbeitsethik und ein gesundes, natürliches Leben. Die wenig differenzierten Charaktere verkünden alle im gleichen Tonfall dieselben gutbürgerlichen, einprägsamen Weisheiten; nämlich, daß jeder seines eigenen Glückes Schmied ist und sich sein Leben selbst aufbauen muß. Das Stück schließt mit einer mächtigen Musik vom Klang der Silbermünzen, die Kaiser in seiner Leichtgläubigkeit wahrscheinlich auch schon auf sich herabregnen sah. Jedenfalls versuchte er, Gustaf Gründgens, der zu jener Zeit Intendant des Preußischen Staatlichen Schauspielhauses in Berlin war, zur Aufführung des Stückes zu bewegen. Gründgens zeigte sich dem Projekt gegenüber auch aufgeschlossen, der Plan scheiterte jedoch, da die offizielle Aufführungserlaubnis infolge der »unwandelbaren Ablehnung [Kaisers] durch das Propagandaministerium«[3] unter Goebbels verweigert wurde, wie Alfred Mühr berichtet. Auch Heinz Hilpert, der Intendant des Deutschen Theaters in Berlin, wollte das Stück annehmen, aber »die Behörde«[4], wie Kaiser sich vorsichtig ausdrückt, verbot die Aufführung. Es wurde dann am 26. November 1936 außerhalb Deutschlands am Wiener Burgtheater uraufgeführt.

Kaiser mußte sich mit dem Erstarken der nationalsozialistischen Diktatur allmählich immer klarer darüber werden, daß seine Stücke in Deutschland nicht mehr gespielt werden würden. Er machte auch keine weiteren Versuche, mit Theatern in Verbindung zu treten, beschäftigte sich vielmehr ganz mit seiner Produktion. Dabei wandte er sich wieder einem Thema zu, das er schon öfter behandelt hatte, wenn er sich von der Gesellschaft mißverstanden und verstoßen fühlte: dem Heroismus und dem Selbstopfer der Frau. Frühere Beispiele dieser für Kaiser typischen Thematik sind *Das Frauenopfer* (1918), *Der Brand im Opernhaus* (1919) und *Oktobertag* (1928); die wenigen Charaktere in diesen Kammerspielen sind verinnerlicht und versuchen die sie bedrohende Wirklichkeit durch ein illusionäres Wunschdenken auszuschalten. Die Ächtung durch das neue Regime und Kaisers Notlage verschärften seine Tendenz, sich mit Alleingängern zu identifizieren und über sie zu schreiben. Seine innere

Haltung drückt sich in den Dramen durch eine zunehmend antisoziale Tendenz aus. Die Kritiker sprachen anläßlich der Uraufführung von *Oktobertag* (1928) von einer Flucht in die Romantik, »einer abseitigen Psychologie«, von »mystische[r] Mathematik.«[5] Vielleicht war es Kaisers Absicht, der lauten, kämpferischen und unkritischen Heldenverehrung der Nationalsozialisten durch die Darstellung eines stillen, leidenden Heldentums entgegenzuwirken. Leider schlägt diese bei Kaiser jedoch oft wieder um in eine solipsistische Ichvergottung, die ebenso extrem ist wie die Vergottung des Volkes bei seinen Gegnern.

Kaisers zwischen 1934 und 1940 verfaßte Dramen *Adrienne Ambrossat* (1935), *Agnete* (1936), *Rosamunde Floris* (1937), *Alain und Elise* (1938), *Pferdewechsel* (1938) und *Der Gärtner von Toulouse* (1938)[6] sind, wie schon die früheren Stücke, alle mit Ausnahme des letzten »Schauspiele in drei Akten«. Kaiser selbst nennt die mittleren »vier Stückwerke« einmal in einem Atem. Die Handlung spielt in Frankreich, und die Struktur ist die des ›pièce bien fait‹. Von der Welt der Wirklichkeit abgetrennt, ist der Schauplatz dieser Stücke das Innere eines Hauses und sogar einmal ein Palmenpavillon oder Wintergarten. Auch die Charaktere leben abseits der Gesellschaft in ihrer eigenen Traumwelt, die nur von einem Gedanken oder einer Idee beherrscht wird. Diese innere Wirklichkeit verteidigen sie mit allen ihnen zur Verfügung stehenden Mitteln, auch vor einem Mord nicht zurückschreckend. Adrienne Ambrossat leidet und wird bestraft, weil sie ihrem geliebten Mann Sorgen ersparen möchte. Auch Agnete tut alles, um ihren Mitmenschen zu helfen. Rosamunde Floris dagegen begeht mehrere Morde, sie tötet sogar ihr eigenes Kind, um die Reinheit ihrer Liebe zu William, die durch einen Kontakt mit der Außenwelt beschmutzt würde, zu schützen. Wenn Rosamundes Liebe über allen menschlichen Gesetzen stünde, wäre diese Haltung zu verstehen, aber die Heldin bekennt am Ende selbst: »Der Feinde mußte ich mich erwehren, die mich angriffen – und kein Streit ist redlicher – – nur darf man keinen Schuldlosen verletzen.«[7] Sie will für den Tod von Erwin sühnen, den sie für unschuldig hält. Aber auch ihre anderen Opfer, Bruno, Wanda und das Kind, sind unschuldig, denn sie verteidigen sich nur gegen die Angriffe Rosamundes. Da sich Rosamunde den moralischen Gesetzen dieser Welt verpflichtet fühlt, muß sie auch nach diesen be- und verurteilt werden. Im *Gärtner von Toulouse* und in *Alain und Elise* zwingen die Hauptcharaktere ihre Opfer, Schuld und Sühne für einen Mord auf sich zu nehmen, den sie selber begangen haben. Der Gärtner François läßt seine unschuldige Frau Janine im Gefängnis verschwinden, während er sich wieder seiner Arbeit zuwendet, um die Pflanzen vor einem heraufziehenden Sturm zu schützen. Er fühlt sich nicht verantwortlich für den Zustand der Welt: »Kann ich bestimmen – wann die Sonne scheint und wann der Regen fällt? Ich ordne nicht das Weltall. Es ist noch undurchsichtig, wie alles sich verhält. Bis andere Befehle kommen, gehorch' ich diesem: Gräben graben, bis sich die Flut verlaufen.«[8] Wie dieser François vergrub sich Kaiser in seine Arbeit, die Konstruktion seiner Dramen, und hoffte, daß sich die braune Flut verlaufen würde.

Die Ablehnung jeglicher moralischen Verantwortung, von Kaiser als »konsequente, unerbittliche Dramatik« bezeichnet, wird in *Alain und Elise* jedoch eingeschränkt: Auch Alain läßt sich durch Elises Manipulationen für einen Mord, den sie beging, auf die Teufelsinsel verbannen. Seine Handlungsweise erklärt sich aber nicht aus

Liebe zu ihr, sondern weil er die Welt vor einer neuen Eiszeit bewahren möchte. Die chaotische Natur muß neu gestaltet werden, damit die Schöpfung vollendet werden kann. Selbst als Künstler könnte Alain dieser Aufgabe nicht gerecht werden, erst sein neues Gefühl, das nur durch die Leiden und den Schmerz der Verbannung wachgehalten werden kann, wird die Welt erlösen: »Dort stehe ich als Wächter, der niemals schläfrig werden kann. Der Hornruf der Entbehrung wird ihn immer wecken. Er wacht, daß sein Gefühl nicht schlafe. Dies schaffende Gefühl, das namenlos und grenzenlos sich weitet – und mächtiger widerströmt zu uns, die es entsandten.«[9] Dachte Kaiser schon an sein Exil in den Bergen der Schweiz, als er diese Worte niederschrieb? Jedenfalls versucht er verzweifelt mit Hilfe von Schopenhauers Philosophie, seine Isolation zu überwinden und sich einzureden, daß sein Leiden auch eine soziale Funktion habe. Aber die komplizierten und irrationalen Gedankengänge des Dramas sind für den Leser schwer nachvollziehbar. Er fragt sich mit Recht, wie solch ein hohes Gefühl aus einem unmenschlichen Verbrechen erwachsen kann und wie es überhaupt die Welt erreichen wird.

Eine ähnliche Rolle wie Alain erhält auch Napoleon in dem Stück *Pferdewechsel*, das Kaiser anschließend schrieb. Die Fabel zu diesem historischen Schauspiel fand er wahrscheinlich in Emil Ludwigs *Napoleon* (1925). Der geschlagene Kaiser denkt auf dem Weg nach Elba an Selbstmord, weil er den Glauben an seine Sendung verloren hat und von Zweifeln gequält wird. Erst die Witwe eines seiner gefallenen Soldaten, Marie Roux, gibt ihm seine Selbstgewißheit wieder. Sie überzeugt ihn davon, daß es nicht der Schlachtenruhm ist, der ihn unsterblich machen wird, sondern die Größe und der Mut, die er noch als Unterlegener zeigt. Dann werden auch ihr Mann und seine Kameraden nicht umsonst gefallen sein, denn sie haben an der Schöpfung eines neuen Mythos mitgewirkt, der aus einer Mischung von neutestamentlicher Heilsgeschichte und Nietzsches Zarathustra-Botschaft besteht: »Er war doch stärker als der Widerstand. Er brach ihn in der eignen Brust. Nun weiß er nichts von Schwindel oder Schwäche. Sein Tod ist überwunden – und das Leben aller erglüht von neuem. Ein Stern auf Bergesspitze strahlt Licht und Wärme in Unvergänglichkeit.«[10]

Kaiser sieht Napoleon in diesem Stück nicht als militärischen Helden, sondern im Sinne Nietzsches als den großen Genius an sich, der nach seinen eigenen Gesetzen lebt, »das in der Geschichte einmalig sichtbar gewordene schöpferische Prinzip, den Übermenschen aus Fleisch und Blut.«[11] Anderseits versucht er ihm eine soziale Rolle zu geben, ihn als Führer zu zeigen, der von den Massen abgelehnt wird. Dieser Tanz auf dem Drahtseil zwischen Führerkult und Menschheitserneuerung gelang Kaiser nicht immer, da Nietzsches Ideen eine zu große Anziehungskraft hatten und sich stärker als die expressionistischen Parolen erwiesen. Dann nimmt Kaisers Sprache totalitäre Züge an wie in Maries Bewunderung von Napoleons Abenteuer: »Der Adler hob die Schwingen wieder. Wohin. flog er jetzt? Nach welchem Ziel? Wie sollte einer fragen, wenn diese Flügel rauschten? Da verstummte der bange Laut auf allen Lippen.«[12] Die Haltung ihres toten Gatten Gaspard gegenüber dem Kaiser charakterisiert Marie auf eine Weise, die zur Verherrlichung jedes genialen Führers und totalitären Staates dienen könnte: »Denn er [Gaspard] redete von seinem Kaiser so, daß man zuerst mit Leib und Seele ihm gehöre. Nach dem Gesetz, das keiner buchstabiert – und wortlos ihn vereidigt bis zum Tode. Wer das nicht fühlt, der soll auch sonst nichts gelten: im Hause nicht – im Hofe nicht – bei seinem eigenen Weibe nicht.«[13] Es war das Exil, das Kaiser Gelegenheit gab, über die Rolle des messianischen Führers nachzudenken und zu dem Entschluß zu kommen, den Führermythos der Nationalsozialisten zu entlarven. Deshalb stellt er in seinem Stück dem verhaßten Verführer Hitler einen, wie er glaubte, wirklichen Führer wie Napoleon gegenüber. Dieser geht in die Verbannung, um dort als einzelner für das Wohl der Menschheit zu wirken. In diesem Sinne ist Napoleon auch ein Sinnbild für den expressionistischen Dichter, der den Menschen auf dem Weg zur Erneuerung vorangeht.

Diese Dramen zeigen, wie der schon in den ersten Stücken geringe Realismus im Laufe der Jahre der inneren Emigration einem immer tieferen Mystizismus und größerer Abstraktheit weicht. Obgleich sich also kaum ein direkter Einfluß der Emigration nachweisen läßt, so kann man doch mit Bestimmtheit sagen, daß die Schauspiele indirekt in zunehmendem Maße von Kaisers Situation beeinflußt wurden. Während Kaisers frühere Dramen ihre Bedeutung dadurch erlangen, daß sie den einzelnen innerhalb seiner sozialen Umgebung zeigen, wie es im Titel seines *Nebeneinander* (1923) zum Ausdruck kommt, so kapseln sich die Charaktere dieser Stücke immer mehr ab. Außerdem wiederholt sich Kaiser immer öfter; gleiche Handlungsgerüste wie Satzkonstruktionen fallen dem Leser auf. Es läßt sich kaum abstreiten, daß eine gewisse Künstlichkeit bemerkbar wird, die den Wert der Dramen beeinträchtigt. Einer politischen Kontrolle durch die Nationalsozialisten wären diese Stücke jedoch unverfänglich erschienen.

Dasselbe kann nicht im gleichen Maße von einer Gruppe von vier Dramen, *Vincent verkauft ein Bild* (1938), *Der Schuß in die Öffentlichkeit* (1938), *Das gordische Ei* (1939) und *Klawitter* (1940), gesagt werden, die das Schicksal des Künstlers in einer feindlichen Umwelt zum Thema haben. In allen Stücken sind es finanzielle Schwierigkeiten, die den Künstler davon abhalten, seiner Aufgabe gerecht zu werden. Daß Kaiser aus eigenem Erleben schrieb, ist offensichtlich: Nicht nur erhielt er infolge des Aufführungsverbots keine Tantiemen mehr, auch der Verkauf einzelner seiner Werke war nach dem Verbotsverzeichnis des Propagandaministeriums von 1938 untersagt; schon der frühe und wirksamere Polizeiindex von 1933/34 hatte sein Gesamtwerk zum verbotenen Schrifttum gerechnet.[14] 1937 wurde dann auch noch die Zahlung eines Monatsgeldes, die der Verleger Kaiser bis dahin gewährt hatte, eingestellt. Die Lage sah also immer trostloser aus, und die Klagen häufen sich in den Briefen Kaisers. Daß der Autor sich zunehmend mit dem Hauptcharakter seiner Stücke identifizierte, läßt sich auch daran ablesen, daß dieser im ersten Drama noch ein Maler ist, im zweiten ein Schriftsteller und in den beiden letzten dann ein Dramatiker. Die drei ersten Stücke unterscheiden sich auch strukturell und thematisch von seinen früheren Werken; wahrscheinlich hat Kaiser sie als mögliche Filmstoffe konzipiert. Obgleich Kaiser sich noch 1929 gegen eine Mitarbeit in der Filmindustrie ausgesprochen hatte, zeigte er stets ein großes Interesse für den Film als künstlerisches Ausdrucksmittel. Schon Anfang der zwanziger Jahre verkaufte er die Filmrechte für viele seiner Dramen. Jetzt zwang ihn die Not, sich wieder dem Film zuzuwenden. In seinen Briefen aus Grünheide an den Direktor Richard Révy berichtet Kaiser, daß er Verbindungen mit den großen deutschen Filmfirmen, mit der von der Hugenberg-Gruppe kontrollierten Ufa und der Tobis Filmgesellschaft, aufgenommen hätte.

1935 konnte er noch die Filmrechte zu seiner Komödie *Kolportage* verkaufen, die unter dem Titel *Familienparade* verfilmt wurde, ohne daß Kaisers Name in den Anzeigen erschien. Jedoch schon 1936 gelang es Carl Froelich, dem einflußreichen Mitglied und späteren Präsidenten der Reichsfilmkammer, nicht mehr, Kaisers *Adrienne Ambrossat* durchzusetzen. 1937 richteten sich Kaisers Hoffnungen auf Bernhard Diebold, der ihn zu Anfang seiner Karriere unterstützt und sein Werk interpretiert hatte. Diebold hatte in Zürich, zusammen mit Julius Marx, den Filmstoffvertrieb ›Thema‹ gegründet, um »Dramenstoffen deutscher Emigranten, denen aufgrund der faschistischen Diktatur und Kulturdemagogie die Bühnen und Filmproduktionen in Deutschland verschlossen waren, ein neues Absatzgebiet zu erschließen«.[15] Die größten Möglichkeiten boten die Studios in Hollywood, und aus diesem Grunde spielen die Dramen Kaisers und auch die Filmexposés, die er in diesen Jahren schrieb,[16] in ausländischen, hauptsächlich englischen und amerikanischen, Milieus, und die Charaktere tragen englische Namen.

Das erste dieser Dramen, *Vincent verkauft ein Bild,* wurde von Diebold in ein *Die Fälschung* betiteltes Filmexposé umgearbeitet. Das wichtigste und symbolträchtige Requisit in diesem Stück ist das Selbstporträt van Goghs von 1888. Dieser Vorläufer der expressionistischen Maler wurde nicht nur von Kaiser als einer der großen Künstler und sozialen Apostel angesehen, die durch die Lauheit und Feindseligkeit der Gesellschaft in den Tod getrieben wurden. In Kaisers Sketsch »Eine Art ›Faust‹« zieht der Dichter eine Verbindungslinie von Jesus Christus über van Gogh zu sich selbst: als Opfer der Gesellschaft. Der Held des Dramas, Abel Parr, kopiert das bekannte Bild, das im Besitz eines reichen Freundes ist, der es weder versteht noch zu würdigen weiß. Parr vertauscht die Kopie mit dem Original, das er teuer zu verkaufen gedenkt, um dann ohne finanzielle Sorgen ganz der Kunst leben zu können. Seine Frau ist jedoch von seinem Plan so entsetzt, daß sie ihn verlassen will. Doch Abel braucht auch sie, um seiner Berufung folgen zu können, denn ohne sie würde er von der Einsamkeit erdrückt. Nur nach mehreren geschickten Schachzügen gelingt es ihm, das Bild zu verkaufen und gleichzeitig seine Frau zu überzeugen, daß durch einen glücklichen Zufall gleich beim ersten Versuch nicht das Original, sondern die Kopie in seine Hände geriet. Kaiser vergleicht in diesem Stück den leidenden und schaffenden Künstler mit dem reichen und untätigen Bürger, der nur an Pferderennen und schönen Mädchen interessiert ist. Technisch ist das Drama mißlungen, da der Bildertausch sowohl gezeigt als auch mehrfach erzählt wird. Es hat Ansätze zu einem Detektivstück, einem Genre, dem sich Kaiser dann in *Der Schuß in die Öffentlichkeit* zuwandte.

In diesem Drama geht es um die Aufdeckung eines Mordes, dem ein früher berühmter, jetzt beinahe vergessener Schriftsteller zum Opfer gefallen ist. Infolge des Skandals lassen sich seine Bücher wieder verkaufen, und der Verdacht fällt auf den Verleger, auf dessen junge Frau der Schriftsteller außerdem ein Auge geworfen hatte. Am Ende stellt es sich jedoch heraus, daß der Buchhalter des Verlegers die Tat beging, um seiner kranken Frau zu helfen und den Verlag, der durch die vertraglich festgelegten hohen Zahlungen an jenen Schriftsteller an den Rand des Ruins gebracht worden wäre, zu retten. Das Stück ist interessant, aber Kaiser kann den wirklichen Könnern auf dem Gebiet des Kriminal- und Detektivstückes kaum Konkurrenz machen.

Das nächste Stück, *Das gordische Ei*, wurde von Kaiser nicht abgeschlossen. Es befaßt sich ebenfalls mit dem Schicksal eines alternden, unproduktiv gewordenen Dramatikers in London, der vor dem Zorn seines Verlegers nach Schottland flieht. Bei seiner Rückkehr erfährt er zu seinem Erstaunen, daß sein neues, ihm selbst unbekanntes Stück ein Riesenerfolg ist. Es gelingt ihm, die wirklichen Autoren zu finden, zwei selbstlose Studenten, die es nur schrieben, um sich einen Jux zu machen. Sie gebrauchten seinen Namen, um dem Stück zur Annahme zu verhelfen, und gönnen ihm durchaus den Geldsegen. Da die Töchter des Autors und des Verlegers eine wichtige Rolle spielen, ist anzunehmen, daß die beiden selbstlosen jungen Männer durch deren Liebe am Ende reichlich belohnt werden. Dieses ›Happy-End‹ hätte sich für die Traumfabrik Hollywood vortrefflich geeignet.

Klawitter schrieb Kaiser dann wahrscheinlich im Ausland, da er plötzlich das ausländische Milieu fallenläßt: Das Stück spielt im künstlerisch gleichgeschalteten Deutschland. Die Lage Kaisers in Grünheide war immer unhaltbarer geworden. Er hatte sich schon lange mit Fluchtplänen getragen, aber die Sorge um die Familie und seine Liebe für die Heimat hatten ihn zurückgehalten. Daß er das Gefühl hatte, zum inneren Widerstand gegen das Regime beizutragen, läßt sich aus einer brieflichen Bemerkung an Richard Révy direkt vor der Flucht im Juli 1938 erschließen: »Die Festung Grünheide hat kapituliert: ich ziehe ab.« Seine finanziellen Mittel waren jetzt vollkommen erschöpft, und mit der Besetzung Österreichs im März 1938 war es auch unmöglich geworden, dort seine Stücke aufführen zu lassen. In einem Brief an Hugo F. Koenigsgarten, einen anderen Kritiker und Freund, bemerkt Kaiser lakonisch: »Mir blieb in Grünheide nur noch die Wahl: Hungertod oder Selbstmord.« Kaiser fühlte sich auch bedroht – er erwähnt das KZ Buchenwald in einem Brief –, und in einem früheren Brief an Richard Révy schreibt er ziemlich sarkastisch: »Es darf Sie dann nicht weiter überraschen, wenn man mich eines Tages mit einer Pistolenkugel im Dichterkopf auffindet. Tief im Forst. Schon von Ungeziefer benagt. Krähen auf mir. [...] Nein – es wird kein gutes Ende nehmen.« Die militärischen Aktionen der Nationalsozialisten ließen auch wenig Zweifel daran aufkommen, daß sie über kurz oder lang einen Krieg vom Zaun brechen würden und daß es dann für ihn kaum noch die Möglichkeit geben würde, aus Deutschland zu entkommen. Wichtig war auch, daß Kaiser sich seinem Werk verpflichtet fühlte und hoffte, in der Freiheit besser arbeiten und seine Dramen in den Emigrantenverlagen veröffentlichen zu können. Sein Fluchtweg führte ihn über Holland in die Schweiz. In Amsterdam trat er in Verbindung mit Fritz Landshoff, den er vom Kiepenheuer Verlag in Berlin her gut kannte und der die dem Querido-Verlag angeschlossene Abteilung für deutsche Emigrantenliteratur zusammen mit dem Besitzer gegründet hatte und leitete. Die Schauspiele *Der Gärtner von Toulouse, Der Schuß in die Öffentlichkeit* und der Roman *Villa Aurea* (1940) wurden zur Veröffentlichung angenommen. In der Schweiz, wo Kaiser dann von August 1938 bis zu seinem Tode lebte, kümmerten sich vor allem seine Freunde Julius Marx, Caesar von Arx und Frida Haller um ihn. Es gelang ihm auch, weitere Stücke, *Rosamunde Floris* und *Alain und Elise*, beim Züricher Verleger Emil Oprecht unterzubringen. Dennoch litt er sehr darunter, von anderen abhängig zu sein; wenn er Geld erhielt, kompensierte er dieses Gefühl, indem er den Betrag freigebig und auch aus echter Hilfsbereitschaft an andere bedürftige Schriftsteller wie Fritz Hochwälder weiterverschenkte, dem er auch die Idee zu seinem Schauspiel *Der Flüchtling* vermittelte und bei der Ausarbeitung des Stückes half. Die dauernden Schwierigkeiten mit den Behörden und der niemals endende Kampf um kantonale Zuzugs- und Aufenthaltsbewilligungen veranlaßten ihn zu bitteren Bemerkungen über das Land, das ihm das Asylrecht nur so widerstrebend zugestand. In seinem Todesjahr 1945 schrieb er an Hochwälder die verzweifelten und prophetischen Sätze: »Der Krieg währte zu lange – zu seinen Opfern werde auch ich zählen. Ich hätte sieben Jahre in Amerika leben müssen und nicht in der Schweiz. In diesem Kleinland geschah mein Untergang.« In diesen sieben Jahren zog er rastlos von Engelberg nach Männedorf, von dort nach Zürich, dann nach Montana Vermala und Morcote, nach St. Moritz und Coppet, immer auf der Suche nach einem Ort, »wo es besser zu leben ist«, bis er in Ascona starb. Noch 1945 versuchte er mit Hilfe seines alten Freundes Fritz Stiedry, ein Visum für die USA zu bekommen. In den früheren Jahren des Exils war es ihm trotz des Einsatzes von Thomas Mann und Albert Einstein nicht gelungen, ein Visum zu erhalten, da er sich im Gegensatz zu vielen Flüchtlingen und Verfolgten in Frankreich nicht in unmittelbarer Gefahr befand.

Zunächst jedoch, nach seiner Flucht aus Deutschland, atmete Kaiser befreit auf. Daß er sich den Druck und Ärger von der Seele schreiben mußte, ersieht man daraus, daß er gleich in Scheveningen, kaum hatte er den Fuß auf freien Boden gesetzt, ein neues »Napoleonstück«, eine »Komödie des Dichters« *(Klawitter)* und das pazifistische Drama *Der Soldat Tanaka* konzipierte. *Klawitter* ist ein Zeugnis seiner Schwierigkeiten in Deutschland; in diesem Sinne kann es als Schlüsselstück bezeichnet werden. Namen wie Jost, Suhrke und Koepfer sind nur so leicht verändert, daß sich ihre Träger leicht feststellen lassen. Kaiser selbst berichtet über die biographische Grundlage des Dramas nach der Ablehnung des *Ossian Balvesen* in einem Brief an Richard Révy, den Kaiser dazu überreden wollte, sich als Autor seiner neuen Stücke auszugeben:

»Das Stückwerk war gut – aber es war von mir. Es wurde also nicht aufgeführt. Da sagte einer der Theaterleute jammernd zu mir: warum haben Sie nicht Ihren Namen verschwiegen und August Schulze hingesetzt. Man hätte den Schulze gespielt – den Kaiser spielt man nicht. Nun will ich den Schulze schreiben lassen – die neue Komödie, die ich entworfen habe. Denn ich brauche die Erträge aus Aufführungen. [...] Es muß sich sehr lohnen – es muß sich rasch lohnen. Denn diese Zustände sind kaum noch auszuhalten. Mein äußeres Elend ist zu groß, als daß ich es lange noch ertragen könnte. Ich kann mir selbst helfen – ich will mir selbst helfen, indem ich die neue Komödie unter fremdem Namen veröffentliche. Daß sie an der richtigen Stelle und mit dem nötigen Nachdruck eingereicht wird, dafür werde ich auch sorgen.«

Auch andere Autoren, wie Günther Weisenborn und Erich Kästner, schrieben damals unter Pseudonymen. Im Drama verläuft alles nach Plan. Der Dramatiker Hoff übergibt sein neues Stück *Bogen und Pfeile* einem Mann namens Klawitter, den er auf gut Glück im Adreßbuch gefunden hat. Das Stück wird angenommen und ist ein Riesenerfolg. Klawitter jedoch stellt sich als Schuft heraus, der sich nicht nur weigert, dem wirklichen Autor seinen Anteil zu geben, sondern auch noch seine junge Frau verführt und an sich bindet. Verzweifelt sabotiert Hoff die Rede des Ministers und wird verhaftet. Das Stück gibt Kaiser die Gelegenheit, die vergiftete Atmosphäre in Deutschland zu schildern, die Denunzianten und Opportunisten an den Pranger zu stellen und die Kunstpolitik der Nazis zu verdammen. Nicht das Können des Künstlers ist ausschlaggebend, sondern sein Rassezeugnis. Die Annahme des Stückes wird vom Minister (Göring) entschieden, der seine Freundin (Emmy Sonnemann) in der Starrolle sehen möchte.

Kaiser betrachtete *Klawitter* als den ersten Teil einer Darstellung der Partei, »NSDAP in zwei Stücken«, und schrieb triumphierend nach der Fertigstellung: »Erst nach der Schreibung dieser Komödie ist eine gewisse Ruhe in mich eingezogen. Während die Burschen mit den Waffen siegen, habe ich ihnen die furchtbarste Niederlage bereitet. Wenn von allem nichts mehr übrig ist, wird Klawitter dauern.« Kaiser hatte recht, denn als Dokument der Zeit ist *Klawitter* immer noch lesenswert; künstlerisch jedoch läßt es viel zu wünschen übrig. Der Hauptkonflikt besteht im Grunde nicht zwischen dem Dramatiker und der Partei, sondern zwischen Hoff und Klawitter, der nicht einmal ein Parteimitglied ist. Hoffs Frau Elli spielt eine wichtige Rolle, und sie weist im Stück auf die Bedeutung des Geldes hin; als sie Klawitters schöne Wohnung bewundert und von ihm hört, daß er sie von einem übernommen hat, »der froh war, nicht alles zu verlieren«, bemerkt sie bitter: »Auf sowas läuft es immer aus: das Geld wechselt die Taschen. Und das wird so gelobt als Aufbruch und Erhebung?«[17] Der Leser erfährt auch nie die politischen Ansichten Hoffs und warum er gegen die Partei Stellung bezieht. Sogar seine künstlerische Haltung ist zweideutig: Einerseits behauptet er, daß er die deutsche Kunst beschützen und bewahren und nicht die offiziell verlangten Stücke schreiben will, andererseits tut er alles, um seinem neuen Stück, das nach den neuen Richtlinien verfaßt ist, zur Aufführung zu verhelfen. Erst der Verlust seiner Frau zwingt ihn zu einer eindeutigen Tat.

Das zweite Stück des Diptychons NSDAP, *Der englische Sender* (1942), ist noch weniger gelungen. Kaisers Gestaltungskraft wurde offenbar von Wut und Zorn überwältigt, wenn er an die Partei und die Vorgänge in Deutschland dachte, und das Drama geriet ihm zur Karikatur. Die Charaktere sind so gezeichnet, daß es jedem, der die politischen und gesellschaftlichen Verhältnisse der Zeit nicht kennt, unverständlich erscheinen muß, wie auch nur ein einziger Deutscher seine Stimme für die NSDAP abgeben konnte. Die Darstellung des Ortsgruppenleiters Schmutz, der wie der Richter Adam in Kleists *Zerbrochnem Krug* seine Stellung dazu benutzt, unschuldige Mädchen zu verführen, ist so grotesk, daß niemand ihn und seine Parteigenossen ernst nehmen kann. Wenn alle Nazis so gewesen wären wie der lüsterne Schmutz, wäre es sicher nicht schwer gewesen, die Bevölkerung davon zu überzeugen, daß man sie aus ihren Stellungen vertreiben sollte. Mit diesem verharmlosten Bonzen können sogar die Dorfleute kurzen Prozeß machen. Jedenfalls fühlte sich Kaiser erleichtert und befreit nach der Niederschrift dieser Dramen.

Als überzeugender dagegen erweisen sich Kaisers Stücke, wenn er seinen Pazifismus nicht innerhalb der deutschen Verhältnisse darstellt, wo er selbst zu sehr betroffen war, sondern sie auf andere Zeiten und Länder überträgt: *Napoleon in New Orleans* (1938), *Der Soldat Tanaka* (1940) und *Die Spieldose* (1942) sind überzeugende Werke. In der Tragikomödie über Napoleon, in der der Imperator gar nicht auftritt, geißelt Kaiser die falsche Heldenverehrung. In *Pferdewechsel* erkennt Napoleon, daß es nicht auf die Uniform ankommt, sondern auf den Menschen, der sie trägt. Der in New Orleans wohnende Baron Dergan dagegen verehrt die ruhmrei-

chen Requisiten des Krieges; er sammelt alles, was angeblich aus Napoleons Feld-
zügen stammt, und wird von einer Gaunerbande betrogen, die diese Erinnerungs-
stücke herstellt. Es gelingt ihnen sogar, den leichtgläubigen Dergan zu überreden,
eine fiktive Flucht seines Idols von Sankt Helena und einen geplanten Feldzug in
Amerika zu finanzieren. Alles, sogar seine geliebte Tochter mit dem sprechenden
Namen Gloria, opfert er auf dem Altar seines Gottes, bis er ruiniert ist und von
der hohnlachenden Bande aufgeklärt wird. Da erkennt er sein Verbrechen und
büßt, indem er mit seiner Tochter im Feuer seines Hauses untergeht. Dieser »Don
Quichote des totalen Krieges, [...] der im Krieg und Schlachtfeld den Sinn der
Menschenerde findet«, wie es Kaiser Julius Marx erläuterte, kommt zur Erkenntnis,
daß er sich von dem Ruhm so blenden ließ, daß er die wirklichen Werte des Menschen und des Lebens nicht mehr sehen konnte.

Das Napoleonbild Kaisers hat sich mit diesem Stück im Grunde nicht gewandelt,
denn es ist ein falscher Napoleon, der von einem Verbrecher dargestellt wird und
von Verbrechern umgeben ist. Daß Kaiser hier an Hitler dachte, ergibt sich aus
der Charakterisierung dieser Figur und ihres Gefolges:
»Das ist eine Rolle, die dem jämmerlichsten Komödianten gelingt. [...] Sie setzt
sich aus den minderwertigsten Bestandteilen zusammen. Roheit, Gemeinheit, Wort-
bruch, die Niedertracht in jeder Form, Neid, Haß, Verrat, Mord offen und geheim
– ich will nicht mehr aufzählen. Es sind die Neigungen, die der menschlichen Natur
beigemischt sind und durch Entwicklung mehr und mehr unterdrückt werden, bis sie
gänzlich entschlummern. Der Imperator weckt sie wieder. Er setzt seinen Willen
durch, indem er jedem anderen das Maul verbietet. Er nur darf es aufreißen und er
tut es mit Gebrüll, das keine Gelegenheit ausläßt, um die Völker zu bevormunden.
Schließlich den ganzen Erdball.«[18]

Kaiser geißelt auch die Verschwendung der öffentlichen Mittel für Rüstungszwecke,
während die sozialen Aufgaben vernachlässigt werden. Natürlich dachte er auch an
seine eigene prekäre finanzielle Lage. Er hoffte noch immer ein Visum für die USA
zu erhalten, um dort für die Aufführung und Verfilmung seiner Stücke wirken zu
können. Aus dieser Situation heraus läßt sich der Schluß des Dramas verstehen, das
mit einer Hymne auf Amerika als Hort der Freiheit und Wiege einer glücklichen
Zukunft für die Menschheit endet:
»Ich sehe sehr weit und was ich unterscheide – aus Nebel sich näher rückend – das ist
Amerika. – – – Entsinnst du dich der Sage, als sie den Turm von Babel errichten
wollten? Die Völker aber verstanden einander nicht und nie gelang der Turm. Hier
wird ein Volk sein, das mit einer Sprache die Fremdheit überbrückt und Bauten
fügt – so hoch wie nie vorher erstanden. Es wird das Werkzeug mehr gelten als die
Waffe. Doch wehe, wer eine Hand am Werk verhindern will – es würde diese Hand
die Waffe furchtbarer schwingen als jede Hand vorher, um ihn, der blutig angriff,
blutig zu vernichten. – – – – Soll ich nicht glücklich sein, daß ich dies sehe? Die neue
Erde für ein neues Menschentum, das sich vom Blutstrom aller Völker speist:
Amerika!«[19]

Aus den zitierten Stellen wird ersichtlich, daß die Sprache Kaisers nur noch wenige
seiner expressionistischen Eigenarten aufweist. Dieser Realismus wird noch stärker
im *Soldaten Tanaka*, wo es Kaiser gelingt, die ökonomische Grundlage der Kriegs-
rüstung und ihre Auswirkungen auf das Volk in gedrängter und überzeugender

Form darzustellen. Der einfache Bauernsohn Tanaka hat als vorbildlicher Soldat sich nie Gedanken darüber gemacht, woher das Geld für die Uniformen und den Lebensunterhalt der Soldaten kommt. Zu Hause läßt er sich mit seinem Freund von seinen Eltern als Vertreter des Kaisers feiern, der für alle ein Gott ist und von dem, wie Tanaka leichtgläubig meint, alles bezahlt wird. Erst als er seine Schwester in einem Bordell findet, hört er, woher die armen Eltern das Geld hatten: Sie hatten ihre Tochter, seine Schwester, verkauft, um Zinsen und Steuern für Land und Haus bezahlen zu können; den Rest des Geldes hatten sie für die Feier verbraucht. Und er erfährt auch, daß die Steuern zum größten Teil für die Finanzierung des Heeres gebraucht werden. Das Geld, das er und seine Kameraden hier ausgeben, wird mit dem Schweiße der Reisbauern und mit dem Leben ihrer Töchter bezahlt! Eine innere Wandlung geht in Tanaka vor: Er ersticht seine Schwester und den Unteroffizier, der nach ihr verlangt. Als er vor Gericht angeklagt wird, sprechen diese Umstände für ihn, und er könnte begnadigt werden, wenn er den Tenno um Entschuldigung bäte. Doch da reckt sich Tanaka auf, jetzt sieht er den Kaiser auch nur noch als Mitmenschen, und er schleudert seine Anklage in den Saal: Nicht er, sondern der Kaiser ist schuldig und soll *ihn* um Verzeihung bitten. Diese ungeheure Forderung an den Sohn des Himmels verschlägt den Richtern zuerst die Sprache, doch dann fällen sie ohne Zögern das Todesurteil. Während Tanaka abgeführt wird und man die Exekution akustisch vernimmt, beherrscht das Kaiserbild die Bühne. Jedoch ist Tanakas Opfer nicht umsonst; er zeigt, daß sich der einzelne, selbst um den Preis seines eigenen Lebens, gegen das System auflehnen muß. Aus ihm bricht »die Anklage der Menschheit« hervor, wie Kaiser es in seinem Entwurf formulierte, gegen den Militarismus und gegen die Unterdrückung und Ausbeutung des einzelnen durch den Staat. Daß es Kaiser auf die politische Botschaft des Stückes ankam, läßt sich schon daraus ersehen, daß er Erwin Piscator in New York für das Stück interessieren wollte. Piscator war in den zwanziger Jahren durch sein ›politisches Theater‹ in Berlin berühmt geworden, und Kaiser meinte, daß er »der richtige Mann« für die Inszenierung wäre, da ihn das Theaterstück »reizen« würde. Kaiser war glücklich, als das Schauspiel am 2. November 1940 im Zürcher Schauspielhaus, eines der wenigen Theater, die noch Stücke von deutschen Emigranten annahmen, unter der Leitung von Kurt Hirschfeld uraufgeführt wurde. Da der japanische Gesandte jedoch Einspruch erhob, wurde das Stück auf Geheiß der auf ihre Neutralität bedachten Schweizer Regierung vom Spielplan abgesetzt. Dabei hatte Kaiser gewiß nicht japanische Zustände im Sinn, sondern es als allgemeingültigen Protest gegen Militarismus und Aggression geschrieben.

Ein Opfer des Krieges wird auch Paul Chaudraz in *Die Spieldose* (1942). In diesem Schauspiel wird die Wirkung des Krieges auf eine einfache bretonische Bauernfamilie gezeigt. Der jungverheiratete Paul wird als gefallen gemeldet, und in ihrer Verzweiflung heiratet seine Frau Noelle ihren Schwiegervater Pierre. Ein Kind wird geboren, und beide sind glücklich. Da kommt der totgeglaubte Paul zurück: Bei einer nächtlichen Patrouille hatte sein Spähtrupp einen Artillerievolltreffer erhalten, und die wenigen Überlebenden hatten die Erkennungsmarken der toten Kameraden, auch die Pauls, zurückgebracht. Er war jedoch nur ohnmächtig gewesen und geriet in Gefangenschaft. Durch den Schock hatte er jedoch sein Gedächtnis vollständig verloren. Von einem Kameraden erkannt, wird er nach dem Waffenstillstand in seine Heimat zurückgebracht. Aber selbst als er seinem Vater und seiner früheren Frau gegenübersteht, erinnert er sich an nichts. Er arbeitet auf dem Hofe, bis er durch Zufall seine alte Spieldose findet. Als er sie hört, kommt plötzlich sein Gedächtnis wieder und mit ihm die Erkenntnis seiner Lage. Voll Haß und Eifersucht tötet er seinen Vater. Doch Noelle scheut vor dem Mörder zurück und will ihn verlassen. Paul begreift sein Verbrechen und seine Schuld. Als der Bürgermeister die Tötung eines Besatzungssoldaten meldet, für den zehn Geiseln sterben sollen, wenn sich der Mörder nicht findet, stellt sich Paul, um für den Vatermord zu sühnen und die unschuldigen Männer zu retten. Bevor er geht, verdammt er den Krieg als Schändung der Erde und bittet Noelle, das Kind für eine bessere Zukunft zu erziehen: »Lass' Nacht es sein – für einen schöneren Morgen deines Kindes: der Erde würdig werden – sag' ihm das.«[20] Menschliche Liebe und die Erzeugnisse der Erde sind Früchte des Friedens, während in Kriegszeiten nur Haß und Brutalität gedeihen und alles vorher mühsam Erreichte zerstören. Dieses Stück wurde vom Stadttheater Basel am 12. Oktober 1943 uraufgeführt.

Das optimistische Ende könnte den Eindruck erwecken, daß mit der Wende des Kriegsglückes auch Kaiser optimistischer in die Zukunft sah. Das Gegenteil war jedoch der Fall: sein Pessimismus wurde stärker und schlug sich in seinem nächsten Drama nieder. Die Gründe für diese negative Einstellung waren seine sich ständig verschlechternde Gesundheit und seine katastrophale finanzielle Lage. Außerdem machte er sich Sorgen um seine Familie, die sich immer noch in Deutschland befand. Seine Frau und Tochter waren den Bombenangriffen ausgesetzt, und seine zwei Söhne waren eingezogen worden und kämpften in der Wehrmacht. Laurent war verwundet worden, und wer Kaisers Liebe für seine Kinder kennt, die sich in so vielen seiner Dramen bemerkbar macht, versteht, daß er mit Entsetzen zusah, wie seine Familie in den deutschen Untergang hineingezogen wurde. Sosehr er das Ende der Hitler-Diktatur und die Befreiung Deutschlands herbeisehnte, konnte er jedoch nur höchst zwiespältig von der Schweiz aus dem immer klarer sich abzeichnenden Zusammenbruch zuschauen. Auch hatte er wenig Hoffnung, daß die westlichen Demokratien, die so kläglich in München versagt hatten, eine bessere Welt aufbauen würden. Wieder schloß er sich mehr vom Leben ab. Als er im September 1940 in der Zeitung über die Torpedierung eines Dampfers, der ›City of Benares‹, las, die Flüchtlinge aus den englischen Städten nach Kanada brachte, konzipierte er das Stück *Das Floß der Medusa*.[21] Im Briefentwurf von 1940 klagen die Kinder im Rettungsboot die Erwachsenen der Kriegsverbrechen an, während im 1943 vollendeten Drama selbst die Kinder als verdorben, als Mitläufer, gezeigt werden. Als sie schließlich gerettet werden, weigert sich der Held, Allan, ins Leben zurückzukehren. Er kann nicht mehr an eine Erneuerung des Menschen und der menschlichen Verhältnisse glauben, wenn die Kinder sich schon wie Erwachsene benehmen und kindliche Unschuld in Mord umschlägt. Im sinkenden Boot treibt der erschossene und wie gekreuzigt auf einer Bank liegende Allan auf einer Blutflut dem Untergang entgegen: ein einprägsames Bild einer Zeit, die in Blut und Eisen die höchsten Werte erblickte und in der selbst das Christentum pervertiert wurde. Es gibt keinen Ausweg mehr aus dem Aberglauben, dem Barbarismus und der Unmenschlichkeit der Gegenwart. In einem Brief drei Monate vor seinem Tod bekennt Kaiser: »Ich bin Allan – in ihm schildere ich mich – in ihm vernichte ich mich – ihn beneide ich um seinen jungen

Tod. Ich mußte lange leben und jede Scheußlichkeit des Lebens erleiden. Ich war nicht Allan im Boot – ich wurde Allan auf der Folter des Lebens. Ich litt furchtbar und leide weiter mit dem täglichen Adler nach meiner Leber.« Die Uraufführung des Stückes am Stadttheater Basel am 24. Februar 1945 in der Inszenierung von Robert Pirk fand zugunsten der Flüchtlingshilfe statt.

Nach diesem realistischen Stück holte Kaiser in seinen drei letzten 1943/44 geschriebenen Schauspielen seine Gestalten aus der Antike und hüllte seine Themen in Stoffe aus der griechischen Mythologie. Die Prosa weicht dem Blankvers. *Zweimal Amphitryon* war allerdings zunächst noch in Prosa geschrieben, wurde dann aber in Verse umgedichtet. Es ist sein letztes pazifistisches Stück, das auch als Ehrung für sein großes Vorbild, Heinrich von Kleist, gedacht ist. Der Feldherr Amphitryon verliebt sich so in seine ihm zur Hochzeit geschenkte Rüstung, seine Uniform, daß er Alkmene vor der Nacht verläßt, um den Panzer durch einen Kriegszug einzuweihen. Aus dem Menschen wird eine Kriegsmaschine, die über die brennende Nachbarstadt und über den Leichengeruch jubelt und nach weiteren Eroberungen und Schlachten giert. Den Göttern ist das zuviel, und nur durch die Liebe Alkmenes läßt sich Zeus davon abhalten, die Menschheit zu vernichten. Um Amphitryon zu bestrafen und Alkmene zu prüfen, erscheint ihr Zeus in der Gestalt ihres Mannes, aber in ein schmutziges Ziegenfell gehüllt wie ein armer und verachteter Hirte. Alkmene empfängt ihn auch als niedrigsten aller Menschen mit offenen Armen. Später wird Amphitryon als Staatsverräter unter der Anklage verhaftet, daß er eine Diktatur habe aufrichten wollen; Zeus hatte in seiner Gestalt einen Staatsstreich vorbereitet. Alkmene muß bezeugen, daß er in der Stadt war, da sie ein Kind von ihm erwartet. Erst Zeus als Deus ex machina kann das Rätsel lösen: Er verkündigt, daß Alkmene einen göttlichen Sohn, Herakles, gebären wird, der die Erde reinigen und die Olympischen Spiele gründen wird, in denen die Krieger in friedlichen Wettkämpfen ihre Stärke zeigen können. Amphitryon aber muß als Ziegenhirte arbeiten, bis er für seine Untaten gesühnt hat und der Sohn des Zeus geboren ist. In diesem Stück vereinigt Kaiser noch einmal Lieblingsthemen, die auch in anderen Stücken der Exilzeit eine große Rolle spielen: sein Protest gegen Militarismus und Krieg, die der Sportfanatiker durch die Olympischen Spiele ersetzen möchte, die Rettung der Welt durch eine reine Frau und die Geburt eines zukünftigen Erlösers.[22]

In seinen zwei letzten Stücken, *Pygmalion* und *Bellerophon*, beschäftigt er sich wieder ganz mit dem Schicksal des Künstlers. Die Wirkungs- und Lebensmöglichkeit des Künstlers in der modernen Gesellschaft war ein Thema, das ihn sein Leben lang quälte und zu immer neuen Gestaltungen trieb. Zeiten, in denen er sich und sein Werk überschätzte, werden von anderen abgelöst, in denen der Selbstzweifel überhandnahm. Gerade die Exilsituation, die nur Entbehrungen brachte und ihm kaum Gelegenheit gab, sich in der Öffentlichkeit als Dichter zu zeigen, zwang ihn dazu, seine Existenz selbstkritisch zu untersuchen. *Pygmalion* ist so trotz der klassischen Form ein Dokument der Zeit und ein Angstschrei des gequälten Künstlers. Abhängig von der reichen Witwe, die seine künstlerische Laufbahn und sein Studio finanzierte, ausgebeutet von dem Kaufmann, der das Rohmaterial lieferte, und beschimpft von dem reichen Adligen, wird er zuletzt auf offenem Markte vom Volk ausgelacht, als er von seiner Schöpfung erzählt. Vollkommen verzweifelt will er sich töten und wird nur von Athene daran gehindert, die ihm versichert, daß nur durch die Kunst die Welt vom Untergang gerettet wird und daß Pygmalion, trotz Einsamkeit und Leiden, weiterhin seiner Berufung folgen muß. Die Welt der Kunst und der Realität können nie vereinigt werden.

Während Pygmalion noch auf der Welt bleibt, entzieht sich ihr Bellerophon ganz. Er wird mit seiner Geliebten von Apollo gerettet, der ihn unter die Sterne versetzt, wo er die Götter mit seiner Musik erfreut. Obgleich er auf der Welt von allen Seiten angegriffen und verfolgt wird, kommt ihm dieses gar nicht zum Bewußtsein, denn er übersteht wie ein reiner Tor alle Gefahren, ohne sie überhaupt zu bemerken. Kaiser schrieb nach der Fertigstellung: »Gestern habe ich das dritte hellenische Stück vollendet. Bellerophon. Mein Schwanengesang. Ich habe mich selbst in die Sterne versetzt.« In diesen Stücken greift Kaiser nicht mehr das nationalsozialistische Deutschland an, sondern die Welt an sich. Verursacht durch das Exil, erreicht Kaisers Pessimismus seinen Höhepunkt. Er glaubt nicht mehr an eine Rettung durch Menschen – nur die Götter können helfen, indem sie den einzelnen aus der Welt auf die Insel der Einsamkeit versetzen, ihn in den Himmel erheben. Auf diese Stücke trifft Peter von Wieses Bemerkung zu: »Kaisers Dramen entwickeln sich hier zur reinen Heilsdichtung.«[23] Nur die Tatsache, daß Kaiser nicht Selbstmord beging wie so viele andere Emigranten, beweist, daß er doch noch für seine Ideen und sein Werk kämpfen wollte. Ein Jahr vor seinem Tode, am 2. Mai 1944, bekannte Kaiser: »Wenn ich in letzter Zeit so viele Werke geschrieben habe, so geschah es nicht, um nicht wahnsinnig zu werden, sondern um wahnsinnig zu werden. Diese Art des Selbstmordes schien mir die würdigste. Doch ich überstand die Schöpfung meiner Werke.«

Bis jetzt ist nur Kaisers Exildramatik behandelt worden, nicht das epische Werk. Seinen ersten Roman, *Es ist genug* (1932), hatte Kaiser zwischen 1929 und 1932 geschrieben, als die dramatische Produktion ins Stocken kam und er nach neuen Formen suchte. Obgleich der Roman gute Rezensionen erhielt, blieb er das einzige Werk dieser Gattung bis in die späteren dreißiger Jahre. Zu dieser Zeit konnten seine Stücke nicht mehr aufgeführt werden, aber er brauchte Geld, und ausländische Verleger hatten sich nach Romanen erkundigt, die sich leichter übersetzen und verkaufen ließen. Später, in einem Brief an Julius Marx im Jahre 1941, bemerkt Kaiser voller Hoffnung: »Dramen bleiben in unseren Schubladen liegen. Romane finden die Öffentlichkeit.«

Den Briefroman *Villa Aurea* begann Kaiser in Sizilien; er setzte die Arbeit an ihm in Grünheide fort. In einem langen Monolog beichtet Boris Tscherski seiner früheren Frau Vera seine Vergehen. Als junger, aber armer Leutnant hatte er sie, die Tochter einer alten aristokratischen Familie, geheiratet. Als der Erste Weltkrieg ausbricht, ist er überglücklich, denn jetzt kann er beweisen, daß er ihrer wert ist. Ruhm und Sieg und Ehre warten auf ihn in der Schlacht. Dann kommt Tannenberg, und ehe er überhaupt sein Regiment in die Schlacht führen kann, wird er von der fliehenden Armee überrannt. Tscherski wird mitgerissen, hat aber nicht den Mut, sich wie sein Vorgesetzter nach der Flucht zu erschießen. Da er als Offizier auch nicht gefangengenommen werden will, zieht er die Uniform eines gefallenen Soldaten an und marschiert als Stepan Gar in die Gefangenschaft.

Diese erste Verwandlung Tscherskis bleibt nicht die einzige; durch jede neue bringt er Unglück über sich und seine Mitmenschen. Er möchte der Wirklichkeit entkommen und wird doch immer wieder von ihr eingeholt. Zuletzt trifft er seine Frau wieder, aber sie erkennt ihn nicht, denn auch sie lebt in einer Welt des Scheins, in der sie Boris als strahlenden Sieger im leuchtenden Sonnenglanz sieht. Durch seinen Bericht wird auch sie aus ihren Illusionen gerissen. Alle Charaktere im Roman büßen so für ihren Versuch, aus der Wirklichkeit in eine Scheinwelt zu entkommen; Boris selbst wird als Heizer in der Hölle des Maschinenraums eines Schiffes sühnen. Wie Paul in der *Spieldose* kommt er zu einem besseren Selbstverständnis, er erkennt seine Verbrechen und ist willig, die Strafe zu erdulden. Der Roman läßt erkennen, daß Kaiser sich aus der aufgezwungenen Einsamkeit der Exilsituation hinaussehnte und nach Taten und Erlebnissen dürstete. Eine beispielhafte Figur für diesen aktiven Typ des Menschen ist Veras zweiter Mann, ein kühner Flieger.

Ein Flieger ist auch die Hauptfigur in der unvollendeten Erzählung *Leutnant Welzeck*. Auch er liebt ein junges Mädchen und sehnt sich nach Sieg und Ruhm. Er sieht sich als Retter des Vaterlandes; Kampf ist für ihn die höchste Lebensäußerung, und der Tod in der Schlacht verheißt Unsterblichkeit. Man darf annehmen, daß Kaiser im zweiten Teil zeigen wollte, wie Welzeck durch das Kriegserlebnis seine Menschlichkeit wiederfindet. Auch in seinen Skizzen, Entwürfen und Romanplänen verdammt Kaiser die Brutalität und die Umkehrung der moralischen und ethischen Maßstäbe, die Rüstung und Krieg mit sich bringen, er ruft den Menschen zur persönlichen Verantwortung und Entscheidung auf, selbst wenn es gegen seine ökonomischen Interessen geht, und er befaßt sich mit der Zukunft Deutschlands und Europas. Kaisers Prosa ist kurz und knapp; durch Wiederholung von Phrasen werden seine Gedanken dem Leser vertraut gemacht.

Während der zwölf Jahre der Ächtung gab es für Kaiser drei Faktoren, die sich nicht grundlegend änderten: Erstens seine schlechte finanzielle Lage und die sich daraus ergebende Not und der dauernde Druck, dem er ausgesetzt war und der ihn zu kompromittierenden Handlungen und Ansichten verleitete, die in den Dramen ihren Niederschlag finden. Wenn Kaisers Haltung auch nicht immer unsere Zustimmung finden mag, so müssen wir sie aus dieser Situation heraus zu verstehen suchen. Zweitens waren es sein Pazifismus und Antimilitarismus, die er immer wieder neu in seinen künstlerischen Arbeiten ausdrückte. Und drittens hielt er fest an seiner Ansicht von der außerordentlichen Stellung des Dichters, der sich über alle Schwierigkeiten der Realität und des Exils erhebt und seine eigene Welt in seinen Werken gründet.

Chronologisch lassen sich die zwölf Jahre auch in drei Perioden unterteilen: Die fünf Jahre der inneren Emigration 1933–38 in Grünheide sind gekennzeichnet durch Stücke, deren Helden die oft beschworene ›Flucht aus der Wirklichkeit‹ antreten und sich in einem utopischen Reich der Ideen und Ideale vor der Kälte der Welt zu schützen suchen. Aber trotzdem versuchen sie noch auf die menschliche Gesellschaft einzuwirken und glauben eine soziale Aufgabe zu haben. Was Kaiser durch die äußeren Umstände, durch die Überwachung von seiten des Regimes aufgezwungen wurde – Einsamkeit und Isolierung von der Gesellschaft –, versuchen sie aus freien Stücken zu tun und machen so aus der Not eine Tugend. Stilistisch und strukturell meidet Kaiser in diesen ersten Jahren Experimente und zieht sich auf früher erreichte Positionen zurück.

In den ersten fünf Jahren des Exils in der Schweiz von 1938 bis 1943 zeigt sich Kaisers soziales und politisches Engagement, das sich besonders in seinen Antikriegsstücken ausdrückt. Er plante und schrieb Stücke, in denen er sein eigenes Schicksal in Hitler-Deutschland schilderte und sich seinen Zorn von der Seele schrieb; künstlerisch gelungener sind die Dramen, in denen er die Tyrannei, Versklavung und den nationalsozialistischen Führerkult durch die bewährte Technik der historischen Parallelenziehung aufdeckt und anklagt. Die Beschäftigung mit den Problemen der Gegenwart führte auch in der Form zu einem größeren Realismus und zu überzeugenderen Personendarstellungen.

Im Gegensatz zu dem Optimismus des mittleren Zeitabschnitts werden die letzten Jahre der Emigration durch einen wachsenden Pessimismus verdüstert. Die sich abzeichnende Niederlage des politischen Gegners, an die Kaiser nicht recht glaubte, da er die Fähigkeiten und das Macht- und Rüstungspotential der Alliierten völlig unterschätzte, brachte dem Emigranten keine unmittelbare Verbesserung seiner Lage, sondern verschlechterte sie paradoxerweise eher. Die Anklage des Dichters richtet sich jetzt nicht mehr gegen seine politischen Feinde oder gegen ein bestimmtes System, sondern gegen die Menschheit an sich und gegen die ganze verfehlte Geschichte des Abendlandes. Jetzt entwickelt Kaiser in seinen Dramen einen neuen Mythos, dessen Helden – im Gegensatz zu den Charakteren der ersten Periode – die menschliche Gesellschaft vollkommen ablehnen und sich in Traum- und Visionsszenen in ein Paradies der Weltlosigkeit versetzen. Es sind Künstler, die beteuern, daß die Erde, die Schöpfung eines Wahnsinnigen, nur durch die Kunst gerettet werden kann. Aber zuletzt verlassen sie die versklavte Menschheit, um in der reinen Welt der Sterne ganz einer abstrakten Kunst anzuhängen. Auch formal kehrt Kaiser zu den Anfängen zurück – zum Versdrama seiner Frühzeit und zum Blankvers der deutschen Klassik.

In den letzten Monaten seines Lebens allerdings geht in Kaiser nochmals eine Veränderung vor, die aber in den Werken keinen Niederschlag mehr findet. 1943 hatte er sein dramatisches und Ende 1944 sein »Werk Gedichte« abgeschlossen. Es ist, als hätte er seinen Tod vorausgeahnt. Die Kapitulation Deutschlands hatte ihn jetzt doch mit neuer Hoffnung erfüllt, und zusammen mit seinem Freund Julius Marx, dem Schweizer Dichter Caesar von Arx und dem zwanzig Jahre jüngeren Bertolt Brecht plante er die Gründung eines Verlages mit dem hoffnungsvollen Namen »Lenz«. Im Mai wurde er bei der Gründung der Zweigstelle Zürich des ›Schutzverbandes deutscher Schriftsteller‹ zum Ehrenpräsidenten gewählt. Er sah jetzt wieder eine Aufgabe vor sich, die ihm neue Energien gab. Doch ehe es zum Aufbruch kam, starb der Sechsundsechzigjährige am 6. Juni 1945. Kaiser kehrte nie aus dem Exil zurück.

Anmerkungen

Unveröffentlichte Dramen werden nach den Akt- und Seitenzahlen der Bühnenskripte (s. Werkverzeichnis) zitiert. (Zitiert als: BM.)

1. Alle Briefzitate in diesem Aufsatz sind aus unveröffentlichten Briefen Kaisers, an Kaiser oder über Kaiser, die sich im Georg Kaiser-Archiv der Akademie der Künste in Berlin befinden. Viele der Briefe Kaisers sind undatiert; die Daten wurden erschlossen.

2. Herbert Ihering: »Von Reinhardt bis Brecht«. 3 Bde. Berlin 1959/60. Bd. 3. S. 113.
3. Alfred Mühr: »Rund um den Gendarmenmarkt«. Oldenburg u. Hamburg 1965. S. 318 f.
4. in einem undatierten Brief an Richard Révy aus Grünheide.
5. Vgl. Günther Rühle: »Theater für die Republik 1917–1933«. Frankfurt a. M. 1967. S. 867–873.
6. Die angegebenen Jahreszahlen bezeichnen die Entstehungszeit dieser Stücke, die sich jedoch nicht immer genau ermitteln läßt.
7. Werke, Bd. 3, S. 428.
8. ebd., S. 561.
9. ebd., S. 506.
10. BM, III. Akt, S. 72.
11. Paulsen (s. Lit.), S. 107.
12. BM, II. Akt, S. 51.
13. ebd., I. Akt, S. 8.
14. Dietrich Strothmann: »Nationalsozialistische Literaturpolitik«. Bonn ²1963. S. 218–240.
15. Julius Marx: »Georg Kaiser, ich und die anderen«. Gütersloh 1970. S. 33.
16. Vgl. Werke, Bd. 4, S. 11–107.
17. BM, IV. Akt, S. 58.
18. Werke, Bd. 3, S. 594.
19. ebd., S. 633 f.
20. ebd., S. 870.
21. Zu diesem Stück vgl. Armin Arnold: »Die Literatur des Expressionismus. Sprachliche und thematische Quellen«. Stuttgart 1966. S. 124–134.
22. »Zweimal Amphitryon« wurde in der Inszenierung von Leopold Lindtberg am 29. April 1944 im Schauspielhaus Zürich uraufgeführt.
23. Peter von Wiese (s. Lit.), S. 333.

Werke

Das Los des Ossian Balvesen. Komödie in fünf Akten (1934). Bühnenskript von Felix Bloch Erben, Berlin, o. J. Urauff. am 26. 11. 1936 im Burgtheater, Wien.

Adrienne Ambrossat. Schauspiel in drei Akten (1934/35). Werke, Bd. 3. Urauff. am 5. 2. 1935 im Theater in der Josefstadt, Wien.

Agnete. Schauspiel in drei Akten (1935/36). Bühnenskript von Felix Bloch Erben, Berlin, o. J. Urauff. am 16. 12. 1949 im Nationaltheater, Mannheim.

Der Gärtner von Toulouse. Schauspiel in fünf Akten. Amsterdam: Querido 1938. Urauff. am 22. 12. 1945 im Nationaltheater, Mannheim.

Rosamunde Floris. Schauspiel in drei Akten (1937). Zürich u. New York: Oprecht 1940. Urauff. am 6. 2. 1953 im Kammertheater (Württ. Staatstheater), Stuttgart.

Napoleon in New Orleans. Tragikomödie in neun Bildern (1937/38). In: Stücke. Erzählungen. Aufsätze. Gedichte. Köln u. Berlin: Kiepenheuer & Witsch 1966. Urauff. am 28. 1. 1950 im Badischen Staatstheater, Karlsruhe.

Vincent verkauft ein Bild. Neun Szenen (1937/38). Bühnenskript von Felix Bloch Erben, Berlin, o. J.

Alain und Elise. Schauspiel in drei Akten (1938). Zürich u. New York: Oprecht 1940. Urauff. am 1. 9. 1954 im Kleinen Haus im Börsensaal (Städt. Bühnen), Frankfurt a. M.

Pferdewechsel. (1938) Bühnenskript von Felix Bloch Erben, Berlin, o. J.

Der Schuß in die Öffentlichkeit. Vier Akte (1938). Amsterdam: Querido 1939. Urauff. am 10. 12. 1949 im Stadttheater (Städt. Bühnen), Magdeburg.

Leutnant Welzeck. (Romanfragment, 1938.) In: Stücke. Erzählungen. Aufsätze. Gedichte. Köln u. Berlin: Kiepenheuer & Witsch 1966.

Das gordische Ei. (1938/39) Bühnenskript von Felix Bloch Erben, Berlin, o. J. Urauff. am 21. 11. 1958 im Marburger Schauspiel.

Villa Aurea. Roman. Amsterdam: Querido 1940. Veröffentlicht in den USA in der Übersetzung von R. Wills Thomas unter dem Titel »Vera«. New York: Alliance Book Corporation, Longmans, Green & Co. 1939. In England erschien das Buch unter dem Titel »A Villa in Sicily«. London:

A. Dakers 1939. Auch veröffentlicht in Argentinien in der Übersetzung von Maria R. Bengolea unter dem Titel »Una Carta a Vera« (Buenos Aires 1946).
Klawitter. Komödie in fünf Akten (1939/40). Bühnenskript von Felix Bloch Erben, Berlin, o. J. Urauff. am 19. 9. 1949 durch die Städtischen Bühnen, Brandenburg.
Der Soldat Tanaka. Schauspiel in drei Akten. Zürich u. New York: Oprecht 1940. Urauff. am 2. 11. 1940 im Schauspielhaus Zürich.
Das Floß der Medusa. (1940/43) Köln u. Berlin: Kiepenheuer & Witsch 1963. Urauff. am 24. 2. 1945 im Stadttheater, Basel.
Der englische Sender. (1942) Bühnenskript von Felix Bloch Erben, Berlin, o. J.
Die Spieldose. Schauspiel in fünf Akten (1942). In: Stücke. Erzählungen. Aufsätze. Gedichte. Köln u. Berlin: Kiepenheuer & Witsch 1966. Urauff. am 12. 10. 1943 im Stadttheater, Basel. (Bühnenskript beim Bühnenvertrieb Reiß, Basel, 1943).
Zweimal Amphitryon. In fünf Akten (1943). In: Griechische Dramen. Zürich: Artemis 1948. Urauff. am 29. 4. 1944 im Schauspielhaus, Zürich.
Pygmalion. In fünf Akten (1943/44). In: Griechische Dramen. Zürich: Artemis 1948. Urauff. am 16. 12. 1953 im Studio Fink, München.
Bellerophon. In fünf Akten (1944). In: Griechische Dramen. Zürich: Artemis 1948. Urauff. am 21. 11. 1953 im Großen Haus des Stadttheaters Saarbrücken.

Werke. Hrsg. von Walther Huder. 5 Bde. Frankfurt a. M., Berlin u. Wien: Propyläen 1970/71. (Zitiert als: Werke.)
Stücke. Erzählungen. Aufsätze. Gedichte. Hrsg. von Walther Huder. Köln u. Berlin: Kiepenheuer & Witsch 1966.
Griechische Dramen. Zürich: Artemis 1948.

Literaturhinweise

Rudolf Adolph: Das Exilschaffen Georg Kaisers. In: Die Quelle 2 (1948) H. 5, S. 55–62.
– Georg Kaisers letzte Jahre. In: Frankfurter Hefte 8 (1953) H. 5, S. 380–384.
Armin Arnold: Georg Kaiser in der Schweiz. Seine letzten Jahre nach den Briefen an Caesar von Arx. In: Schweizerische Rundschau 58 (1958/59) S. 514–530.
Walther Huder: Vorstoß ins Religiöse. Zu Fragmenten Georg Kaisers aus dem Exil. In: Welt und Wort 12 (1957) S. 295 f.
– Der Epiker Georg Kaiser. In: Sinn und Form 12 (1960) H. 5/6, S. 897–908.
– Die politischen und sozialen Themen der Exil-Dramatik Georg Kaisers. In: Sinn und Form 13 (1961) H. 4–6, S. 596–614.
– ›Jede Spur ist siebenfach ein Siegel‹: Die späte Lyrik Georg Kaisers. In: Akzente 9 (1962) H. 2, S. 130–143.
Marianne R. Jetter: Some Thoughts on Kleist's ›Amphitryon‹ and Kaiser's ›Zweimal Amphitryon‹. In: German Life and Letters XIII/3 (1960) S. 178–189.
Margaret Kober-Merzbach: Die Wandlungen des Doppelgängermotivs in Georg Kaisers letzten Werken. In: The German Quarterly XVIII/2 (1955) S. 101–105.
Ian C. Loram: Georg Kaiser's Der Soldat Tanaka ›Vollendeter Woyzeck‹? In: German Life and Letters X/1 (1956) S. 43–48.
– Georg Kaiser's Swan Song: ›Griechische Dramen‹. In: Monatshefte 49 (1957) H. 1, S. 23–30.
Hans Mayer: Drei Schauspiele von Georg Kaiser. In: Stephan Hermlin u. Hans Mayer: Ansichten über einige Bücher und Schriftsteller. O. O., o. J. S. 25–30.
Wolfgang Paulsen: Georg Kaiser. Die Perspektiven seines Werkes. Tübingen 1960.
Ernst Schürer: Georg Kaiser. New York 1971.
Adolf M. Schütz: Georg Kaisers Nachlaß. Diss. Bern 1949.
Peter von Wiese: Georg Kaiser: ›Pygmalion‹. In: Das deutsche Drama. Hrsg. von Benno von Wiese. Düsseldorf 1958. Bd. 2. S. 325–337.

Exil in Permanenz.
Elias Canetti und der unbedingte Primat des Lebens

An den Beginn dieses Versuches über den Dichter und Denker Elias Canetti, dessen geistige Wurzeln noch in den Kulturraum der längst versunkenen Doppelmonarchie der Casa d'Austria reichen, seien zwei Zitate gestellt, die als Pole des geistigen Spannbogens, der sein Werk überwölbt, aufgefaßt werden können. Im November 1936 hielt Canetti, dessen Roman *Die Blendung* vor Jahresfrist erschienen war, seinem Freunde Hermann Broch zum fünfzigsten Geburtstag jene berühmte Rede, die nicht nur vom »Atemraum« des schöpferischen Menschen handelt, sondern darüber hinaus von den Forderungen, die an den Dichter in unserer Zeit gestellt werden. Eine der wesentlichsten sah Canetti darin, als »niedrigster Knecht der Zeit«, mehr noch als ihr »Hund« immer wieder gegen sie aufzustehen, gegen sich selbst aufzustehen. Diesen Widerspruch auszutragen »ist eine grausame Forderung [...] eine radikale Forderung; sie ist so grausam und radikal wie der Tod selbst. – Denn aus der Tatsache des Todes leitet sich diese Forderung her. Der Tod ist die erste und älteste, ja man wäre versucht zu sagen: die einzige Tatsache [...] Solange es den Tod gibt, ist jeder Spruch ein Widerspruch gegen ihn [...] Die Versuche, sich mit ihm abzufinden, und was sind die Religionen sonst, sind gescheitert. Die Erkenntnis, daß es nichts nach dem Tode gibt, eine fürchterliche und nie ganz auszuschöpfende Erkenntnis, hat eine neue und verzweifelte Heiligkeit auf das Leben geworfen.«[1]
Drei Jahrzehnte später lesen wir in den Reiseaufzeichnungen *Die Stimmen von Marrakesch* die kleine Skizze »Der Unsichtbare«, die von jenem armseligen Bündel Mensch erzählt, das nur einen einzigen Laut von sich zu geben vermag, der wie das Surren eines Insekts klingt: »ä-ä-ä-ä-ä-ä-ä-ä-.« Und diese Skizze schließt mit jenen Sätzen, die man geradezu als die Schlüsselsätze des gesamten Denkens und Dichtens Elias Canetti bezeichnen müßte: »Ich war stolz auf das Bündel, weil es lebte. Was es sich dachte, während es hier tief unter den anderen Menschen atmete, werde ich nie wissen. Der Sinn seines Rufes blieb mir so dunkel wie sein ganzes Dasein: Aber es lebte [...] und mit einem Fleiß und einer Beharrlichkeit ohnegleichen sagte es seinen einzigen Laut, sagte ihn Stunden und Stunden, bis es auf dem ganzen weiten Platz der einzige Laut geworden war, der Laut, der alle anderen Laute überlebte.«[2]
Die ewige Dialektik von Leben und Tod ist der geistige Motor, der Canettis dichterisches und denkerisches Werk von seinen Anfängen her bewegt.

Das Emigrantenschicksal Elias Canettis – er lebt seit 1938 und auch heute noch in London – ist älter als er selbst. Mitten im Morden des Zweiten Weltkrieges notierte Elias Canetti den Satz: »Erst im Exil kommt man darauf, zu einem wie wichtigen Teil die Welt schon immer eine Welt von Verbannten war.«[3] Er, der 1938 Österreich verlassen mußte, weil er sonst verhaftet und in eines der berüchtigten Todeslager eingeliefert worden wäre, trug die »Verbannung« schon seit mehr als zweitausend

Jahren in sich, und die Zahl seiner Vorfahren, die von feindlichen »Hetzmeuten« gejagt worden ist, dürfte Legion sein. Seine Eltern waren spaniolische Juden, die vor dem Ersten Weltkrieg in Rustschuk in Bulgarien lebten. Dort wurde Canetti am 25. Juli 1905 geboren. In seiner Kindheit sprach er das Spanisch des 15. Jahrhunderts, das sich damals noch in der Türkei und in manchen Teilen des ehemaligen Großreiches der ›Goldenen Pforte‹ erhalten hatte. Das spätmittelalterliche Spanisch auf dem Balkan war eine Sprache von Verbannten und Exulanten, eine Frucht spanischer »christlicher Nächstenliebe«, die jüdische Menschen ins Exil getrieben hatte. Der österreichische Dichter Erich Fried, dem wir eine instruktive Auswahl aus dem Werke Elias Canettis danken, berichtet:

»[...] wenn die Eltern etwas vor dem Kinde geheim halten wollten, sprachen sie Deutsch; so war ihm der Klang dieser Sprache vertraut, lange bevor er ein Wort von ihr verstand. Vater und Mutter waren nach Österreich in die Schule geschickt worden. Das Wiener Burgtheater war das große Jugenderlebnis der Mutter, von dem sie zum Kind oft sprach. Deutsch Wiener Färbung war die Bildungssprache aller Menschen auf dem Balkan, die etwas auf sich hielten.«[4]

Wie sehr das Werk Elias Canettis einmal aus der Substanz Wiens, besonders aus seiner sprachkritischen und theatralischen, leben sollte, das war damals noch nicht abzusehen. Bevor er noch Deutsch lernte, lernte er die englische Sprache, denn die Familie Canetti übersiedelte nach England und lebte bis zum Tode des Vaters in Manchester. Und hier erlebte der siebenjährige Elias Canetti jenen Schock, der sein künftiges Leben und Denken vorausbestimmen sollte. In einer Tonbandaufzeichnung vom Jahre 1966 für die ›Dokumentationsstelle für neuere österreichische Literatur‹ berichtet er darüber:

»Ich habe im Alter von sieben Jahren meinen Vater verloren, mit dem ich als Kind noch wenige Minuten vor seinem Tode spielte. Mein Vater fiel plötzlich tot zu Boden. Er ist an einem Herzschlag gestorben. Dieses Erlebnis hat natürlich mein ganzes Leben bestimmt, weil ich meinen Vater sehr liebte und noch jetzt liebe. Und was ich später erfuhr, hat dann diesem Erlebnis noch eine besondere Färbung gegeben. Als mein Vater starb, las er gerade zuvor im ›Manchester Guardian‹ die Überschrift von der Kriegserklärung des ersten Balkankrieges. Sie müssen also bedenken, daß mein Leben sehr früh schon dieses unglaubliche Zusammenspiel von persönlichem Todeserlebnis mit dem allgemeinen des Krieges gekannt hat. Später kam ich nach Wien und habe dort den Ausbruch des ersten Weltkrieges erlebt. Und was dann später geschehen ist in diesem Jahrhundert, das ist uns allen klar. Wenn also überhaupt noch irgend etwas ganz persönlich vom Anfang an in mir da war, so war es ein wilder Haß gegen den Tod. Ich kann es leider nicht gelinder oder konzilianter ausdrücken.«[5]

So wurde der Kampf gegen den Tod, der Kampf gegen den Krieg, der Widerstand gegen eine Gesinnung, die den Tod in allen seinen Formen willig annahm, zunächst unbewußt und dann immer bewußter zum geistigen Leitmotiv des Dichters und Denkers Elias Canetti. Er hat sich während seines ganzen Lebens nie mehr von diesem Zentralthema, das eng mit den Phänomenen seiner eigenwilligen Untersuchung *Masse und Macht* (1960) verflochten, ja vielleicht nur aus ihnen erklärbar ist, ablenken lassen. Auch nicht durch die Lockungen der »Kultur«. 1943 notiert der einsame Emigrant in London: »Die ›Kultur‹ wird aus den Eitelkeiten ihrer Förderer zusammengebraut. Sie ist ein gefährlicher Liebestrank, der vom Tode ablenkt. Der reinste Ausdruck der Kultur ist ein ägyptisches Grab, wo alles vergeblich herumsteht, Geräte, Schmuck, Nahrung, Bilder, Skulptur, Gebete, und der Tote ist doch nicht am Leben.«[6]

Der achtjährige Canetti kam also 1913 nach Wien. Hier lernte er erst in einer Art »Gewaltkur« von seiner Mutter so gut Deutsch, daß er gleich in die seinem Alter entsprechende Volksschulklasse aufgenommen wurde. Hier wurde auch schon das Interesse des Kindes für das Drama durch seine Mutter geweckt, die dem Zehnjährigen den ganzen Shakespeare vorlas.[7] Canetti, der dann Schulen in Zürich und Frankfurt am Main besuchte, wuchs in jene Jahre hinein, in denen sich Europa vollständig zu wandeln begann: geistig durch den Aufbruch der modernen Kunst- und Literaturbewegungen des Futurismus, Expressionismus und Surrealismus; politisch durch die Neuordnung des Erdteils nach dem Zusammenbruch der Mittelmächte und die russische Revolution; wirtschaftlich durch die Inflation in Deutschland und Österreich sowie durch die große Weltwirtschaftskrise der dreißiger Jahre. Canetti erzählt über jene Zeit:

»Als Sechzehnjähriger kam ich von Zürich, wo ich einige paradiesische und geistig wesentliche Jahre meiner Jugend verlebt hatte, nach Frankfurt. Beinahe drei Jahre, bis zum Abitur, besuchte ich hier das Realgymnasium. Es war die turbulente Zeit der deutschen Inflation, 1921–1924. Ich sah eine alte Frau, die vor Hunger auf der Straße zusammenfiel. Ich sah nach der Ermordung Rathenaus auf der Zeil die erste große Demonstration. Das Bild der Masse hat mich von diesem Augenblick nicht mehr verlassen. Ich ging ihr nach, wo ich konnte, und so heftig ich sie am eigenen Leib empfand, so blieb doch immer ein scheinbar unbeteiligter Rest in mir, der sich fragte, was denn diese Masse eigentlich sei. 1924 bezog ich die Universität Wien. Die Abende verbrachte ich mit Schreiben. Ich war etwas über zwanzig Jahre alt, als mir eines Tages auf der Straße der erste Gedanke zu einem Werk über die Masse kam. Es war wie eine Erleuchtung. Ich beschloß, mein Leben der Erforschung der Masse zu widmen. Ich war von diesem Gedanken wie besessen, nichts vermochte mich davon abzubringen. Mit List und Zähigkeit, gegen den Widerstand aller, die anderes von mir erwarteten, hielt ich daran fest. Das größte äußere Erlebnis in dieser Richtung war der 15. Juli 1927, der Tag, an dem der Wiener Justizpalast in Flammen aufging.«[8]

Dieses Wien der Ersten Republik hat aber nicht nur den späteren Erforscher von *Masse und Macht* erweckt, sondern auch den Dichter Elias Canetti. Schon mit seinen ersten Dramen *Hochzeit* (1932) und *Komödie der Eitelkeit* (1934) und dem Roman *Die Blendung,* dessen erste Auflage 1935 erschien, fand er bei literarischen Autoritäten wie Thomas Mann, Hermann Broch und Robert Musil Anerkennung, erregte er bei einer kleinen Schar von »Eingeweihten« Aufsehen. Als dieser junge Student von Frankfurt nach Wien zurückkehrte, im Todesjahr Franz Kafkas, klang der Expressionismus soeben aus. Wenn man Elias Canetti, der 1929 auf Grund einer Dissertation aus dem Fachgebiet Chemie das Doktorat der Philosophie erwarb, heute befragt, wie jene Zeit damals auf den Studenten der Naturwissenschaften gewirkt habe, welche Bücher und Menschen ihn damals am meisten beeindruckt hätten, so verweist er neben Aristophanes und den antiken Autoren zunächst auf Gogol' und Stendhal und fährt dann fort: »Nun war es aber doch so, daß ich, als ich mit neun-

zehn wieder nach Wien kam und auf die Universität ging, unter einen sehr starken
Einfluß geriet, den von Karl Kraus.«[9]
Vier Jahrzehnte später hat Elias Canetti den Einfluß, den der große Sprachkritiker
und Polemiker auf ihn ausgeübt hat, in einem Aufsatz analysiert, der nun allerdings
den distanzierenden Titel trägt: *Warum ich nicht wie Karl Kraus schreibe.* Entscheidend für diese mit großem Respekt vor Karl Kraus geführte Auseinandersetzung
erscheint uns die – von dem Studenten noch dumpf gefühlte, von dem reifen Psychologen klar formulierte – Charakterisierung jener »Masse«, die das Publikum und die
bedingungslose Anhängerschaft des Wiener Satirikers bildete. »Es hat Jahrzehnte
gedauert, bis ich begriff, daß es Karl Kraus gelungen war, eine Hetzmasse aus Intellektuellen zu bilden, die sich bei jeder Lesung zusammenfand und so lange akut bestand, bis das Opfer zur Strecke gebracht war. Sobald das Opfer verstummte, war
diese Jagd erschöpft. Dann konnte eine andere beginnen.«[10]
Der Kenner des Buches *Masse und Macht*, dem Elias Canetti fünfundzwanzig Jahre
seines Lebens gewidmet hat und an dessen Fortsetzung er noch immer arbeitet, wird
verstehen, was mit dieser überaus scharfen Pointierung gemeint ist, die sich weniger
gegen Karl Kraus, aber um so mehr gegen die unduldsame »Masse« seiner Anhänger
richtet, wiewohl sie sich mit Einsichten trifft, die Ludwig Hänsel schon in den dreißiger Jahren im *Hochland* geäußert hat, als er dem verehrten Satiriker Mangel an
Liebe in seinen Urteilssprüchen vorwarf. Dieses Mangels an Liebe – unter dem Einfluß von Karl Kraus – klagt sich Canetti später selbst an: »Ich möchte tolerant
werden, ohne etwas zu übersehen; niemand verfolgen, auch wenn alle mich verfolgen; besser werden, ohne es zu merken; trauriger werden, aber gerne leben; heiterer
werden, in anderen glücklich sein; niemand gehören, in jedem wachsen; das Beste
lieben, das Schlechteste trösten; nicht einmal mich mehr hassen.«[11]
In den zwanziger Jahren ging der Student und werdende Dichter bei Karl Kraus
unmittelbar in die Schule und noch Jahrzehnte später dankt er ihm auch für all das,
was er bei ihm gelernt hat: zunächst das Gefühl absoluter Verantwortlichkeit gegenüber dem Wort, jener Verantwortlichkeit, die »um 100 Grad schwerer« ist als das
sogenannte »Engagement«, »denn sie ist souverän und bestimmt sich selbst«.[12] Dann
hat ihm Karl Kraus den »akustischen Star« gestochen und ihm das Ohr aufgetan für
das, was Canetti später als »akustische Maske« bezeichnen wird. Er versteht darunter die »sprachliche Gestalt eines Menschen, das Gleichbleibende seines Sprechens,
diese Sprache, die mit ihm entstanden ist, die er für sich allein hat, die mit ihm vergehen wird«.[13]

In einer der frühen Nachkriegsstudien über Elias Canetti – zu einer Zeit, als ihn der
Ruhm noch nicht »eingeholt« hatte[14] – unterschied Hans Daiber vier Problemkreise,
deren Darstellung und womöglicher Lösung seine Arbeiten dienen: »dem der Masse,
der Macht, des Todes und der Verwandlung«.[15] Wir beschränken uns auf jene unter
dem Exilaspekt zentrale Problematik, die Elias Canetti mit seinem älteren Freunde
Hermann Broch gemeinsam hat: die Problematik des Todes, die für beide Dichter-
Denker der »Unwert an sich« (Hermann Broch) ist. Beide sind nicht nur »Bedenker
des Todes«, sondern auch Erforscher der massenpsychologischen Phänomene unserer
Zeit. Beide wissen um den Zerfall der Werte und den Absturz des Menschen in die
Höllen des Nihilismus und diktatorischen Machtwahns. Aber sie unterscheiden sich

auch grundsätzlich in der Darstellung und Bewältigung des Todes – wie des Massenproblems. In der schon zitierten Tonbandaufzeichnung konstatierte der Verfasser, daß Broch den Tod als den »großen Verwandler« im großartigen Schlußkapitel seines Romans *Der Tod des Vergil* dann doch annahm, weil er am Ende wieder an den sich ins völlig Abstrakte verbergenden Schöpfergott, den uralten ›deus absconditus‹ der Juden, glaubte. Elias Canetti dagegen näherte sich vom Naturwissenschaftlichen, vom Biologischen, dem Problem des Todes und kämpfte wie ein Arzt leidenschaftlich gegen das Aufhören des Lebens. In seiner Erwiderung auf diese Interpretation[16] hielt Canetti fest, daß er schon wegen seines wilden Hasses gegen den Tod nicht daran glaube, in irgendeiner Weise mit Broch verwandt zu sein: »Ich habe mit Broch oft über diese Dinge gesprochen, der Tod hat ihn natürlich sehr beschäftigt. Aber ich erinnere mich, daß er oft meine Haltung als überscharf empfand, und Sie haben ja selbst erwähnt, daß er später im *Vergil* doch zu einer versöhnlicheren Haltung gelangt ist. Ich bin heute bald 61 Jahre alt und meine Haltung hierzu hat sich in nichts geändert. Und wenn sich vielleicht etwas, was Sie mit Recht als ärztliche Haltung bezeichnen, hineinmischt, so muß ich sagen, daß Sie einen sehr tiefen Blick bewiesen haben, denn es war eigentlich meine Absicht, Arzt zu werden, um den Tod zu bekämpfen und ich wollte ursprünglich Medizin studieren.« Canetti stimmte der Ansicht des Fragestellers zu, daß sein Kampf gegen den Tod für ihn eine ›religio‹ sei. Auf die Frage, ob das Phänomen des Todes als solches überhaupt von der Biologie her überwindbar sei oder ob der Tod nicht schon im Leben selber angelegt wäre, antwortete er:
»Es ist mir natürlich wohlbekannt, daß alle Menschen sterben, und ich würde mich nicht so lächerlich machen, das zu leugnen. Aber es ist mir auch ebenso bekannt, daß eine frühere Menschheit, die viel länger gedauert hat als die, die wir aus dem geschichtlichen Tun kennen, also die primitive Menschheit, den Tod nie als etwas Natürliches empfand. Es ist Ihnen wahrscheinlich bekannt, daß die meisten primitiven Völker – eigentlich alle – jeden Tod als einen Mord bezeichnen. Es gibt keinen natürlichen Tod. Wenn ein Tod eintritt, ist irgendwer schuld daran, irgendwer hat etwas getan, das er nicht hätte tun dürfen [...]«.
Auf den Hinweis, daß diese Haltung sich schon im alten biblischen Mythos finde, nach dem der Tod durch die Ursünde in die Welt gekommen sei, fuhr Canetti fort:
»Nun will ich keineswegs behaupten, daß ich diese Auffassung teile, wohl aber bin ich davon überzeugt, daß die Annahme des Todes, die in unseren Kulturen Sitte geworden ist, sehr schädliche Wirkungen hat. Und wenn ich auch genau weiß, daß ich den Tod nicht abschaffen kann, daß niemand ihn abschaffen wird, und daß auch die Biologen, die das Leben wahrscheinlich sehr weitgehend verlängern werden, den Tod doch nicht aufheben können, wäre es mein Ziel, die Menschen mit einer konstanten Abneigung gegen den Tod zu erfüllen, sie vor allen Wegen zu behüten, auf denen er in das Leben eindringt, sie gegen das Gefühl aufzubringen, daß er notwendig ist, gegen die schreckliche Tatsache, daß Menschen manchmal auf den Tod anderer warten, weil man etwas von ihnen erbt und als Überlebender davon profitiert. Sie können also wirklich sagen, daß ich eine neue Gesinnung gegen den Tod schaffen möchte, und das als die eigentliche Aufgabe meines Lebens betrachte.«
Im weiteren Verlauf dieser gemeinsam versuchten Interpretation über Canettis und Brochs Todesauffassung wies der Verfasser darauf hin, daß man diesen »Haß gegen

den Tod« auch als eine Sublimation der Urangst des Menschen vor dem Tod ins Geistige auffassen könne. Aber es sublimiert sich dabei noch mehr: Im Alten und im Neuen Testament wird bereits ein Gedanke laut, der dann besonders von Kierkegaard fortgesponnen und akzentuiert wurde, nämlich die Warnung, nicht vor dem »ersten«, dem rein biologischen Tod Angst zu haben, sondern vielmehr vor dem »zweiten Tod«, dem geistig-seelischen, jenem Mord am Geist, an der Liebe, den der Mensch tausendmal begeht, wenn er so leichthin und ohne jede Verantwortung darüber hinweg lebt. In diesem Sinne sublimiere sich der Todeshaß im ethischen Gewissen des Moralisten Canetti. Dieser Auffassung stimmte der Dichter spontan zu: »Ja, das stimmt, und ich glaube, daß durch die Zuspitzung und Schärfung der Fragestellung viele ethische Probleme bei mir einbezogen werden, die sonst in einer zu oberflächlichen und unwirksamen Form behandelt werden.«

Die zweite Thematik und Problemstellung, die Canetti mit Broch im Exil gemeinsam hat, ist die Massenpsychologie. Sein Buch *Masse und Macht* ist das Ergebnis einer nahezu lebenslangen Beschäftigung mit dieser Problematik. Es ist schon von mehreren Seiten darauf hingewiesen worden, und der Dichter hat es selbst bestätigt, daß der Roman *Die Blendung* in Ansätzen *Masse und Macht* vorwegnimmt. Auch seine Theaterstücke sind eng mit diesem Problemkreis verbunden. Um der Bewältigung dieser Problematik willen hat sich Canetti später jede dichterische Arbeit versagt, ähnlich wie Broch, der ebenfalls seine Aufmerksamkeit den Phänomenen von »Masse und Macht« zuwandte, obwohl er anfangs dieser Thematik eher mißtraute. Während Broch, der Erkenntnistheoretiker, das Problem von der Tiefenpsychologie her in Angriff nahm, versenkte sich Canetti in die Mythengeschichte und die Frühkulturen primitiver Völker, um aus ihnen die Genese der Dialektik von »Masse und Macht« zu entwickeln. Wenn Canetti in der einzigen Lebensäußerung des hilflosen Menschenbündels von Marrakesch jenen Laut erkannte, »der alle anderen Laute überlebte«, so können wir hier auf einer anderen Ebene ebenfalls eine Parallele zu Hermann Broch finden, der im *Tod des Vergil* nach dem »Wort« sucht, »das jenseits aller Worte« ist. Bei Broch bleibt die Suche nach dem lebenspendenden Wort, dem Wort, das selbst Leben ist, auf der intellektualen Ebene des von der übergeordneten »platonischen Idee« beherrschten ›Logos‹. Canetti hingegen steigt bis in die Trieb- und Instinktschichten des »Lautes« ab und preist noch dort das Leben. Die Gemeinsamkeit der beiden Denker liegt in ihrer ›Wertphilosophie‹, die den Tod als »Unwert an sich« bekämpft. Gleich Broch ist auch Canetti ein Ethiker. Wenn man ihn nach den Möglichkeiten einer neuen Wertewelt – den Zerfall der alten hat Broch bereits in den *Schlafwandlern* beschrieben und beklagt – fragt, dann antwortet er: »Ich möchte hier auf zwei Problemkreise hinweisen: der eine ist die Haltung zum Tode. Ich glaube, sie könnte zum Zentrum einer neuen Wertlehre werden. Der zweite umfaßt alle Probleme der Verwandlung. Ich bin auf das Tiefste davon überzeugt, daß der Mensch ein Verwandlungswesen par excellence ist, das vielfach veranlagt, nur durch die Entwicklung unserer modernen Zivilisation zum Spezialisten gepreßt wird. Ich glaube, daß das Wesentlichste, das jetzt von der sozialen Ordnung her zu geschehen hätte, eine Auffindung von Wegen wäre, die zu einem kompletteren Menschen zurückführen, zu einem Menschen, der verschiedene und oft entgegengesetzte Anlagen ausbildet, sie dann in verschiedenen Berufen weiterentwickelt, so daß die auftretenden ›Spannungen‹ Spannungen seiner Tätigkeit werden.«

Die Differenz zwischen Broch und Canetti liegt vor allem im methodischen Ansatz: Broch, der den »polyhistorischen Roman« gefordert hat, zielt als Dichter wie als Denker auf eine Erkenntnistheorie, Canetti hingegen auf eine Phänomenologie. Broch kam, geistesgeschichtlich gesehen, über die österreichische Kant-Rezeption zu der für ihn wichtigen dialektischen Methode Hegels. Canetti, als Naturwissenschaftler, betrachtet sehr scharf die Phänomene der Seinsweisen des Individuums und der Masse, vor allem aber die Phänomene ihres Verhaltens zum Tod. Er ist in diesem Sinne ein Ontologe und Phänomenologe zu nennen, ein österreichischer Nachfahre einer »induktiv« arbeitenden »Seins- und Naturphilosophie«, während Broch fast als ein »idealistischer Denker« zu bezeichnen wäre, dem die voluntaristische »Tat« vor dem »Sein« steht. Beide Denker verbindet aber das hohe menschliche Ethos des Moralisten in einer Zeit des totalen »Wertvakuums«.

Es ist nun interessant zu beobachten, zu welch verschiedenen Deutungen Canettis Begriff der »Masse« geführt hat. Dies läßt sich an der exemplarisch zu nennenden Kontroverse zwischen Ernst Fischer und Wolfgang Hädecke[17] ablesen. Zwei Interpretationsmöglichkeiten der »Masse« – eine mehr positive und eine negative – stehen einander gegenüber. Selbst Manfred Durzak scheint in seinem Canetti-Essay dem furchtbaren Massenwesen noch positive Züge zuzuordnen,[18] und er trifft sich hier merkwürdigerweise mit jenen dogmatischen Auffassungen des orthodoxen Marxismus, dessen Vertreter es bedauern, daß Canetti nicht zum positiven Massen-Begriff der ›Klasse‹ gefunden hat, ja Annemarie Auer wirft ihm bei aller respektvollen Anerkennung vor: »Die Lehre von Marx, die ihn über die Eigengesetzlichkeit und die spezifisch humane Qualität hätte belehren können, blieb diesem Intellektuellen verschlossen.«[19] Auch Fischer insistiert auf dem »qualitativen Sprung« vom Animalischen zum Humanen durch den Prozeß der »Arbeit« im marxistischen Verstande. Manfred Moser hat in seiner Dissertation über Canettis *Blendung*[20] auf die tiefen Zweifel hingewiesen, die die »Massenutopie« des Irrenarztes Georg Kien, in der Durzak durchaus positive Züge entdeckt, in der *Blendung* hinterläßt. Auch Fränzi Maierhöfer sieht in Canettis vielfältigem Kampf gegen die »Waffe der Blindheit« einen Beweis, daß der Dichter den Kampf gegen die »Masse in uns« zumindest erfolgreich eingeleitet habe.[21] Zu ähnlichen Ergebnissen ist ja auch Wolfgang Hädecke unter Berufung auf die Verhaltensforschung der modernen Anthropologie gekommen.

Dieser Autor Elias Canetti, der von der empirischen Redlichkeit der Naturwissenschaft einerseits und vom Sprachethos eines Karl Kraus anderseits herkommt, hat sich als Dichter und Denker eine klare Sprache geschaffen. Zunächst will es scheinen, als behielte der kühl beobachtende Psychologe in seinen Werken die Oberhand. Aber das ist nur die Abwehr alles Gefühligen, Verschwommenen. Wer tiefer in diese auch von einer »ratioiden« taghellen Mystik erfüllte Sprache hineinhört, vernimmt das mitfühlende, mitleidende Herz eines großen Liebenden, der die Grundfragen der Menschheit erneut zu beantworten sucht. Hans Daiber hat nur eine Seite gesehen, wenn er 1957 schrieb, was nun auch für Canettis Exilsituation bezeichnend ist: »Es gibt keine Verbindung im üblichen Sinne zwischen Canettis Leben und seinem Werk. Denn seine Werke sind vollkommen objektiv, sind keine verkappten Selbstdarstellungen. Es gibt nur unbedeutende Beziehungen zwischen Leben und Werk. So bezeugt das Pandämonium der pathetischen Figuren Canettis das brennende Interesse des Autors an abnormen Menschen und Sitten. Und aus der Häufigkeit des Wiener Dialekts schließt man zu Recht auf die Stadt, zu der sich der Autor besonders hingezogen fühlt und deren Dialekt er wenigstens als Tönung in seiner Sprache bewahrt hat.«[22]

Die andere, intime Seite des Denkers und Dichters zeigte sich für den Leser 1965 und 1970, als die *Aufzeichnungen* erschienen waren. Hier offenbarte der Mann, den eine faschistische »Hetzmeute« in die Emigration gejagt hat, nicht nur den Reichtum seiner oft aphoristisch zugespitzten Gedanken, sondern auch sein mitleidendes Herz, das keinen Gedanken der Rache kennen will: »Verflucht sei die Rache, und wenn sie mir meinen geliebtesten Bruder erschlagen, ich will keine Rache, ich will andere Menschen.«[23]

In London notierte sich Canetti einen Gedanken, der auf seine Weise wiedergibt, was der paulinische Gedanke von der »Hoffnung wider alle Hoffnung« ausspricht: »Es gibt kein Ende für den schöpferischen Gedanken des Menschen. In diesem Fluch liegt die einzige Hoffnung.«[24] Und in dieser »Hoffnung« gründet Canettis unermüdlicher Kampf für den unbedingten Primat des Lebens.

Anmerkungen

1. »Rede auf Hermann Broch«. In: »Aufzeichnungen 1942–1948«. S. 194 f.
2. S. 106.
3. »Aufzeichnungen«, S. 54.
4. Elias Canetti: »Welt im Kopf«. Eingeleitet und ausgewählt von Erich Fried. Graz u. Wien 1962 (Stiasny-Bücherei Bd. 102). S. 8.
5. Tonbandprotokoll der »Dokumentationsstelle für neuere österreichische Literatur«, Nr. 13 v. 18. Mai 1966.
6. »Aufzeichnungen«, S. 44.
7. »Welt im Kopf«, S. 8, bzw. Tonbandprotokoll: »Meine Mutter hat sich sehr für das Drama interessiert und las mir, als ich zehn Jahre alt war, den ganzen Shakespeare vor. Das ist nicht vielen Kindern passiert; ich bin überzeugt davon, daß ich das Wenigste damals verstand, aber es ist nicht mehr verschwunden. Mit siebzehn, als ich in Frankfurt war, las ich zum ersten Mal Aristophanes, und das ist für mich ganz entscheidend geworden.«
8. »Welt im Kopf«, S. 18 f.
9. Tonbandprotokoll.
10. »Warum ich nicht wie Karl Kraus schreibe«. In: »Wort in der Zeit« 1 (1966) S. 41–47 (Zitat auf S. 45).
11. »Aufzeichnungen«, S. 124.
12. »Warum ich nicht wie Karl Kraus schreibe«, a. a. O., S. 44.
13. »Welt im Kopf«, S. 13.
14. Durzak (s. Lit.), S. 169.
15. Daiber (s. Lit.), S. 386.
16. Tonbandprotokoll.
17. Siehe Lit.
18. Durzak (s. Lit.), S. 187 f.
19. Auer (s. Lit.), S. 968.
20. Moser (s. Lit.), S. 169 f.
21. Maierhöfer (s. Lit.), S. 126.
22. Daiber (s. Lit.), S. 386.
23. »Aufzeichnungen«, S. 38.
24. ebd., S. 116.

Werke

Die Blendung. Wien: Reichner 1935; München: Weismann 1948; München: Hanser 1963.
Masse und Macht. Hamburg: Claassen 1960.
Dramen. München: Hanser 1964.
Aufzeichnungen 1942–1948. München: Hanser 1965.
Die Stimmen von Marrakesch. München: Hanser 1967.
Der andere Prozeß. München: Hanser 1969.
Alle vergeudete Verehrung. Aufzeichnungen 1949–1960. München: Hanser 1970.
Macht und Überleben. Drei Essays. Berlin: Literarisches Colloquium 1972. (LCB-Editionen.)
Die gespaltene Zukunft. Aufsätze und Gespräche. München: Hanser 1972. (Reihe Hanser 111.)

Literaturhinweise

Annemarie Auer: Ein Genie und sein Sonderling – Elias Canetti und die Blendung. In: Sinn und Form 21 (1969) S. 963–983.
Hans Daiber: Elias Canetti. In: Wort in der Zeit. Österreichische Literaturzeitschrift. Hrsg. von Rudolf Henz. 3 (1957) S. 385–390.
Dieter Dissinger: Elias Canettis Roman »Die Blendung« und seine Stellung im Werk des Dichters. Bonn 1971.
Manfred Durzak: Versuch über Elias Canetti. In: Akzente 17/2 (1970) S. 169–191.
Elias Canetti. Sonderheft von Text + Kritik 28 (1970), mit Beiträgen von Joachim Schickel, Wolfgang Hädecke, Dieter Dissinger, Klaus Völker und Rudolf Hartung; umfassende Bibliographie.
Ernst Fischer: Bemerkungen zu Elias Canettis »Masse und Macht«. In: Literatur und Kritik 7 (1966) S. 12–20.
Wolfgang Hädecke: Anmerkungen zu E. Fischers Aufsatz über Elias Canettis »Masse und Macht«. In: Literatur und Kritik (1967) S. 599–610.
Claus Henning-Bachmann: Katastrophe, Massenwahn und Tabu. In: Wort in der Zeit 10/12 (1964) S. 44–50.
Fränzi Maierhöfer: Wider die Waffe der Blindheit. Über Elias Canetti. In: Stimmen der Zeit 95 (1970) S. 113–126.
Manfred Moser: Elias Canetti. »Die Blendung«. Diss. Wien 1968.
Idris Parry: Elias Canetti's Novel »Die Blendung«. In: Essays in German Literature. Ed. F. Norman. London 1965. S. 145–166.

KLAUS MATTHIAS

Humanismus in der Zerreißprobe. Stefan Zweig im Exil

In seinen Erinnerungen *Die Welt von Gestern* schildert Stefan Zweig das Gefühl äußerster Einsamkeit, das ihn, den zeitlebens Reiselustigen, bei seiner ersten Nordamerikareise (1912) nach wenigen Tagen in New York ergriff und das er durch die fiktive Stellensuche seines imaginären Auswanderer-Ichs zu überwinden trachtete. In Philadelphia dann durchbrach die unerwartete Begegnung mit einem seiner Bücher in der Auslage einer Buchhandlung die »völlige Anonymität« seiner Existenz: »Ich blickte wie verzaubert hin und begann nachzudenken. Etwas von meinem Ich, das da unbekannt und scheinbar sinnlos durch diese fremden Straßen trieb, von niemandem gekannt, von niemandem beachtet, war also schon vor mir dagewesen; [...] Für einen Augenblick schwand das Gefühl der Verlassenheit, und als ich vor zwei Jahren wieder durch Philadelphia kam, suchte ich unbewußt immer wieder diese Auslage.« (WvG, 179) Die im zeitlichen Abstand einer Generation danach aufgezeichnete Episode – mag sie auch späte Stilisierung sein – deutet etwas an von der Besonderheit der Exilsituation Stefan Zweigs. Sie nimmt das Gefühl der Isolation des Emigranten um Jahrzehnte vorweg und hebt es zugleich wieder auf in dem Bewußtsein, einen geistigen Raum der Geborgenheit überall auf der Welt durch die eigene schriftstellerische Leistung zu besitzen. Dies aber entspricht einer Biographie, deren Verlauf nicht einen durch die politische Lage des Österreich von 1938 erst bestimmten Zwang zum Exil aufweist, sondern deren Emigrationsmerkmale sich viel früher schon und in mehreren Zeitphasen abzeichnen.

Der Untertitel des späten Memoirenwerks markiert dieses als Erinnerungen eines Europäers. Zweig war das seit seiner Frühzeit gewesen, vielleicht schon durch die Herkunft aus der Habsburger Monarchie mit ihrem Vielvölkergemisch und einer viele Nationalkulturen überwölbenden höheren Einheit[1], gewiß durch die private Herkunft von seiten der Mutter aus einer Familie, die sich zu einer internationalen Dynastie aus Geld und Geist emporentwickelt hatte und in der das Polyglotte zur Verkehrssprache geworden war (WvG, 20/21). Zweig war früh schon als geistiger Vermittler westeuropäischer Literatur tätig gewesen, hatte darin geradezu eine »Rechtfertigung« seiner Existenz gefunden (WvG, 116). 1904/05 hatte er in Paris als einer zweiten Heimat gelebt, inmitten der Zeugnisse aus Geschichte und Literatur, die geistige Atmosphäre um den schöpferischen Alltag des Mannes schufen, der mit frühem Balzac-Essay und später Balzac-Monographie, mit den Biographien über Verlaine, Marceline Desbordes-Valmore und Rolland und dem Stendhal-Essay, mit den Marseillaise- und Waterloo-Miniaturen in den *Sternstunden der Menschheit* und der Napoleon-Tragikomödie *Das Lamm des Armen*, mit den Werken über Joseph Fouché und Marie Antoinette und dem späten Montaigne-Essay sowie einer Vielzahl kleinerer Arbeiten[2] seine dauernde Verbundenheit mit Frankreich im Werk bezeugte. Das Europa der Vorkriegszeit war diesem unermüdlich Reisenden[3] auch in anderer Gestalt vielfach schon begegnet – in der Bretagne und Belgien, in England, Italien, Spanien und Holland. Er hatte andere Kontinente betreten mit Reisen nach

Algier, Indien, Nord- und Mittelamerika. Zwischen den Kriegen dann weiteten noch das Gesichtsfeld Besuche in Rußland, in Nord- und Südamerika (Brasilien, Argentinien) und immer erneut in den europäischen Ländern (nun auch in der Schweiz und Portugal), in Paris und London, dem Refugium seit Oktober 1933. Auch solchen Routen und Stationen entspricht vieles in dem umfangreichen Werk Stefan Zweigs – seine Verhaeren-Biographie, die Dostojewski- und Tolstoi-Essays, der Epilog zum Tolstoi-Drama wie die Dostojewski- und Lenin-Kapitel in den *Sternstunden,* die Casanova-, Mary Baker-Eddy- und Dickens-Essays und die Maria Stuart-Biographie, die Bücher über Erasmus und Castellio, über Magellan und Amerigo Vespucci, denen sich die Balboa-Miniatur der *Sternstunden* zuordnet, das Buch schließlich über Brasilien[4] zu einer Zeit, als der Vielerfahrene und Umgetriebene im Exil seine letzte Stätte auf dem südamerikanischen Kontinent gefunden, von dem ihm Reisen auch noch Uruguay, Chile und Venezuela nahegebracht hatten.

Stefan Zweig dachte bei so vielfältigen Erfahrungen und eigenen Leistungen nicht vaterländisch, sondern kosmopolitisch, in den Kategorien der Menschenliebe und der geistigen Unabhängigkeit. Darum stand er als bewußter, in die vielgestaltigen Denkformen der geistigen Welt eingeübter Europäer allein, als 1914 der Weltkrieg die Geister in die Parteiungen und feindlichen Lager fortriß.[5] Damals begann sein erstes »Exil«, eines innerhalb der Grenzen seines Landes. Im Rückblick aus den dreißiger und vierziger Jahren meinte er, »selbst im Exil« sei »es nicht so schlimm zu leben wie *allein* im Vaterlande« (WvG, 218). Zweig sah es fortan als seine Aufgabe an, »mitten im Kriege« seinen »persönlichen Krieg zu beginnen: den Kampf gegen den Verrat der Vernunft an die aktuelle Massenleidenschaft« (WvG, 219). So schrieb er seinen Aufsatz *An die Freunde im Fremdland*[6], der die europäische kulturelle Gemeinsamkeit über die mörderische Entzweiung der Völker hinweg zu retten unternahm, so fand er sich mit Romain Rolland im gemeinsamen Streben nach Versöhnlichkeit und Gerechtigkeit zwischen den Nationen, so wirkte der Publizist Stefan Zweig mitten im Kriege mit den unzensierten Aufsätzen für die Wiener *Neue Freie Presse*[7], die die Angst einer durch den Krieg schlaflos gewordenen Welt, den moralischen Zwiespalt zwischen Teilhabe an der Zeittragik und dem Streben nach Menschenglück angesichts der gedankenlos Sorglosen in St. Moritz beschworen, das verhängnisvoll echolose Friedenswerk der Bertha von Suttner, die tätige Menschenliebe im Zentrum des Roten Kreuzes in Genf, das erschütternde Denkmal der kollektiven Front-Passion in Barbusses *Le Feu* im Wort aufzeigten. – Zweigs Unabhängigkeit bewährte sich ebenso angesichts des Todes von Emile Verhaeren (1916), dem er als sein Freund und Übersetzer inmitten der »Haßatmosphäre der Zeit« seine nur in einem Privatdruck (1917) erschienenen Erinnerungen widmete.[8] Dort ist – wie in dem mythosgetränkten Aufruf zur Überwindung der europäischen Zerrissenheit *Der Turm zu Babel* (1916)[9] – die Rede von dem »unsinnigen und unseligen Geschick einer Zeit, da die Sprache mit einemmal zwischen den Völkern eine Grenze ward und die Heimat ein Gefängnis« (B, 9). Zweig erwartet nicht einmal Anteil für Verhaeren »von einer Nation, als deren Feind er sich in den entscheidenden Stunden seines Lebens empfand, sondern einzig von jener klaren Gemeinschaft des Geistes, für die Feindschaft ein Gefühl der Verirrung, für die Haß ein unsinniges Empfinden bedeutet« (B, 10).

Für Zweig war es in den Kriegsjahren gegenüber der Öffentlichkeit zur Maxime geworden, »in einer Welt von Gedrückten und Geknechteten mit verbissenen Zähnen zu schweigen« (B, 57). Das meinte das Verhalten des Publizisten zu Kontroversen der Zeit. Der Dichter aber schrieb von 1915 bis 1917 das Drama um den biblischen Jeremias, der vergebens seine prophetischen Visionen von der Vernichtung Jerusalems gegen die wilde Kriegslust Israels stellt und sein Volk dann als religiöser Führer und Tröster in die babylonische Gefangenschaft geleitet. In diesem Werk, das sich an den entscheidenden Verkündigungsstellen oratorienhaft erhöht, gestaltet Zweig im anonymen Stimmengebrodel der Massenszenen (in den Bildern II. *Die Warnung*, III. *Das Gerücht*, VII. *Die letzte Not*) jene kollektive Hysterie und Verblendung, die die willenlose Menge auf demagogische Parolen hin rauschhaft aus sich hervortreibt. Mit der Einsicht in die gefährlich schwankenden Massenleidenschaften – »Wankelmütig sind eure Herzen und schwanker denn Rohr. [...] Wehe, du Volk! Doppelzüngig ist deine Seele, und jeder Wind wendet deine Meinung!« (Dr, 465) – verbindet sich das Bewußtsein von der Einsamkeit, dem Kraftbedürfnis jeder Tat für den Frieden (»Stark müssen die Sanftmütigen sein, und die den Frieden wollen, stehen im ewigen Streit.« – Dr, 388). Die visionäre Kraft dieser Bühnendichtung, die als Gleichnis der aufgewühlten Zeit wie ihres nüchtern und friedliebend gebliebenen Autors Stationen der deutschen Verblendung vom Kriegsbeginn über eine ausgeschlagene Verständigung bis zum Verhängnis wie die Teilhabe Zweigs am Schicksal seines Volkes nach der Niederlage umschloß, reichte hinüber bis in die Katastrophe des Zweiten Weltkriegs, ohne daß ihre monumentale Mahnung erfaßt wurde. Sie weist jenseits des Dramengeschehens mit den sublimierenden Schluß-Hymnen, die Jerusalem in eine seelische Gewißheit umschaffen (Dr, bes. 505), auf ein Leidensschicksal dieses Volkes, das sich noch einmal eine Generation später grauenhaft erfüllen sollte. Zweigs Verse finden ihre späte Entsprechung in der Prosa der *Welt von Gestern* (385–388), wo Zweig in England das Judentum auf der Flucht, im ewigen Exil, aber nun ohne die Geborgenheit im Glauben zeigt. Und Jeremias wurde zur Chiffre für Zweigs Haltung auch in den dreißiger Jahren.[10]

Der Schweizaufenthalt vom November 1917 bis zum März 1919, als Zweig aus Solidarität mit seinem Land in dessen Nachkriegselend freiwillig zurückkehrte, ist nur die äußere Besiegelung der gedichteten Jeremias-Situation und das erste wirkliche Exil im Leben des Pazifisten und Kosmopoliten. Nur Rolland und Hesse vergleichbar ist Zweigs demonstrativer Austritt aus dem Völkerhader, hinüber in das Land der gelebten europäischen Verständigung, in einer Epoche, die dem Bekenntnis für den Frieden und der souveränen geistigen Solidarität mit den Repräsentanten anderer Nationen wie Rolland, Masereel oder Jouve feind war.

Der *Jeremias*-Dichter hatte aus der Erfahrung geschrieben, daß der Gang der Geschichte nicht von einzelnen Geistern gesteuert, sondern durch irrationale Kollektivgewalten vorangetrieben werde. Daß der von Rolland initiierte Versuch bei Kriegsbeginn, über eine internationale Konferenz geistiger Repräsentanten eine moralisch-politische Verständigung zu erreichen, am nationalen Gegeneinander gescheitert war (WvG, 224 f.), hatte gewiß entscheidend zu Zweigs Einsichten beigetragen. Gleichwohl hielt er auch künftig an der Konzeption fest, durch eine Verbindung der Geistigen das Weltgeschick zu beeinflussen. Die Grenze lag für Zweig jedoch da, wo Solidarität in Parteigängertum umschlagen sollte. Das erwies sich bei dem Versuch von Henri Barbusse, aus der von ihm angeregten, ›Clarté‹ genannten Vereinigung aller europäischen Intellektuellen, die für die Verständigung wirken sollte, eine dem Kommunismus hörige Organisation zu machen. Dem versagte sich Zweig wie René Schickele, die für die Leitung der deutschen Gruppe vorgesehen waren (WvG, 277 f.). Zweig strebte nach objektiver Erkenntnis – das beweist sein Verzicht auf ein zeitübliches großes Reisebuch nach seiner Rußlandreise 1928 zugunsten der Wiedergabe des tatsächlich Gesehenen angesichts der undurchdringlichen Komplexität des Landes wie seiner politischen Lage.[11] Zweigs konziliant bereite Bewunderung für eine ungeheure, erweckende Umwälzung verdeckte damals die Skepsis, die erst *Die Welt von Gestern* nachträgt.[12] Inzwischen hatte der geistig unabhängige Zweig im Weltverlauf auch diesen ideologischen Machtanspruch ganz wahrgenommen.[13] Im Montaigne-Essay (1941/42) wird darum der Gegenwart als der Zeit »tyrannischer Ideologien« gedacht, gegen die es die Freiheit zu wahren gilt.[14] Was Zweig ideologisch-totalitären Ansprüchen entgegenzusetzen hatte, war die Besinnung auf die gemeinsamen Kulturleistungen der Menschheit, die der Versöhnung und geistigen Läuterung der Jugend zugedachte Forderung, die herkömmliche national betonte Geschichtsschreibung mit ihrer Kriegsthematik durch eine universale abzulösen, die primär dem humanisierenden Fortschritt in der Entwicklung des menschlichen Erkenntnisvermögens, der zivilisatorischen und künstlerischen Leistungen gelten sollte.[15]

Nur auf diesem breiten Hintergrund lassen sich die Motivationen für die Exilentscheidungen Stefan Zweigs seit 1933 wirklich erfassen. Zweig wählte, vorerst im Oktober 1933, dann definitiv Anfang 1934 London als seine Zuflucht, weil ihm die persönliche Freiheit, die Unverletzlichkeit seines Daseins schon damals in den innerösterreichischen Konflikten nicht mehr gewährleistet schien.[16] Er wählte England, weil er hier jener politischen Haßatmosphäre entging, die ihm das Leben in der Heimat vergiftet hatte, weil er hier »endlich wieder eine zivile, höfliche, unerregte, haßlose Atmosphäre«, ein »höheres Maß von Rechtlichkeit und Anständigkeit« vorfand (WvG, 346). Er hatte »in Österreich nichts ausrichten können gegen die Torheit der führenden Kreise« (WvG, 356), er wußte als historisch Geschulter, »daß die große Masse immer sofort zu der Seite hinüberrollt, wo die Schwerkraft der momentanen Macht liegt« (WvG, 366), und die Skepsis gegen tätige Abwehr der Massenleidenschaften durch den einzelnen verwies den Schriftsteller auf seine künstlerische Arbeit, darauf, »seine Jahre in Werk zu verwandeln« (WvG, 389). Zweig hatte sich dieses Recht zum Unpolitischen – einer nach seinem Zeugnis typischen Wiener Haltung im übrigen[17] –, zur Behauptung der freien Persönlichkeit erworben durch sein unermüdliches Eintreten für die Einigung Europas seit seiner Isolation im Ersten Weltkrieg, durch die viereinhalb Jahre seines häuslich eingeschränkten »Halbexils« (WvG, 356) vor jenem 13. März 1938, der ihn mit dem Erlöschen Österreichs zum wirklich Exilierten machte. Es ist keine Paradoxie, sondern nur der höchste moralische Ausdruck eines freien Menschen (der »lieber in Zelten und Hotels leben und frei sein« wollte – BrEm, 55), daß er dann im Exil den nachströmenden Emigranten und dem allgemeinen Schicksal in tätiger Hilfe mehr verbunden war als eigenen Neigungen.[18] Der Mann, der durch persönliche Intervention bei Mussolini einst einen Verurteilten gerettet hatte (WvG, 313–315)[19], sah auch jetzt seine erste Pflicht in der Hilfe für die Verfolgten. Das hatte für ihn höheren Rang als das Verfassen ohnmächtiger Manifeste – ein Unterfangen, »ein Blatt Papier vor eine rennende

Lokomotive zu werfen«[20] –, sosehr ihn das tragische Ausbleiben eines kollektiven geistigen Widerstandes auch dialektisch verstrickte.

Dialektik ist auch in Zweigs Selbstverständnis vom Exildasein. Seltsam genug, daß schon der *Joseph Fouché* (1929) dieser Thematik inmitten der psychologisch nachspürenden Biographie eine hymnische Note gibt mit dem einleitenden Absatz des 4. Kapitels, wo des Exils als der»schicksalsschöpferischen Macht« gedacht wird, »die im Sturz den Menschen erhöht, im harten Zwange der Einsamkeit neu und in anderer Ordnung die erschütterten Kräfte der Seele sammelt« (AW II, 619). Zweig pries damals die regenerierende, auslösende Gewalt des Exils in all seinen Formen für große Gestalter der Menschheit: »Harte Lehre, aber Lehre und Lernen ist jedes Exil: dem Weichlichen knetet es den Willen neu zusammen, den Zögernden macht es entschlossen, den Harten noch härter. Immer ist dem wahrhaft Starken das Exil keine Minderung, sondern nur Kräftigung seiner Kraft.« (AW II, 620)

Im Exilwerk *Die Welt von Gestern* dringt in den Rückblick auf den 50. Geburtstag (1931), auf das Gesicherte, die weltweite Anerkennung von Zweigs Existenz ebendieser Gedanke ein, als etwas damals Angewehtes, aus dem Unbewußten Aufgestiegenes: daß in der geheimen Dialektik des Künstlerdaseins zwischen Umgetriebensein und Ruhe der Punkt für einen grundstürzenden neuen Anfang erreicht war (WvG, 324 f.). Schon früher hatte Zweig Benedetto Croces heroisches Exil inmitten Italiens, seine »hermetische Isolierung« beschrieben (die für ihn »etwas Gespenstisches und Großartiges« besaß), aber mit dem Wissen des selbst Exilierten kommentiert: »Noch wußte ich nicht, daß dies noch immer eine bedeutend mildere Form der geistigen Abtötung bedeutete, als sie später uns selber zuteil werden sollte« – dennoch folgt dem die Bekräftigung, »daß Prüfung herausfordert, Verfolgung bestärkt und Vereinsamung steigert« (WvG, 312). Geistige Zuflucht schien der Südamerikareisende 1936 dann im Erlebnis Argentiniens und Brasiliens zu finden. Der Kontrast zur Agonie des Friedens im Europa dieser Jahre erweckte in Zweig die Vorstellung vom Wandern der Kulturen, von der Weltstunde des unermeßlichen Kontinents. Ihm schien es geboten, »nicht mehr bloß europäisch zu denken, sondern über Europa hinaus«, er sah hier das verlorengegebene Europa abgelöst durch eine zukunftsträchtige Welt (WvG, 361 f.).[21] Trotzdem erwies sich all dies als bloß Gedachtes, als mit der nun definitiven Exilierung im März 1938 der Zwang der Pässe und eines notgedrungen registrierten Daseins begann: »Jede Form von Emigration verursacht an sich schon unvermeidlicherweise eine Art von Gleichgewichtsstörung. Man verliert [...] von seiner geraden Haltung, wenn man nicht die eigene Erde unter sich hat, man wird unsicherer, gegen sich selbst mißtrauischer. [...] Etwas von der natürlichen Identität mit meinem ursprünglichen und eigentlichen Ich blieb für immer zerstört. Ich bin zurückhaltender geworden, als meiner Natur eigentlich gemäß wäre, und habe – ich, der einstige Kosmopolit – heute unablässig das Gefühl, als müßte ich jetzt für jeden Atemzug Luft besonders danken, den ich einem fremden Volke wegtrinke. [...] Es hat mir nicht geholfen, daß ich fast durch ein halbes Jahrhundert mein Herz erzogen, weltbürgerlich als das eines ›citoyen du monde‹ zu schlagen. Nein, am Tage, da ich meinen Paß verlor, entdeckte ich mit achtundfünfzig Jahren, daß man mit seiner Heimat mehr verliert als einen Fleck umgrenzter Erde.« (WvG, 373 f.)

Hier liegt wohl die eine entscheidende Ursache für Zweigs Lebensende. Erst 1939

hatte sich Zweig von London nach Bath, und erst dann in ein eigenes Haus, zurückgezogen, noch von seinen Amerikareisen aus (1940) voller Hoffnung, dort sein
»Leben still zu Ende zu leben [...] Es ist kein Genuß in meinem Alter durch die
Welt nomadisch zu gondeln –« (BrEm, 64). Schon 1938 hatte er die Voraussicht gehabt: »[...] unserer Generation werden radicale Umstellungen in keinem Sinn mehr
gelingen« (BrEm, 52). Die Briefe aus den letzten 15 Monaten an Friderike Zweig
häufen dann die auslösenden Momente für den radikalen Entschluß, aus dem Leben
zu gehen. Zweig sah sich in seiner Existenz durch die deutsche Besetzung Europas
immer mehr eingeschnürt (»es hatte doch kaum einer solche internationale Wirkung
aufgebaut neben der deutschen und all das vernichtet ein wahnsinniger Mensch«
Brw, 327). Er befürchtete inmitten der überwältigenden Gastlichkeit und literarischen Begeisterung in Südamerika auch hier eine schlimme Zukunft (»alle wollen,
daß ich hinkomme, aber das kann sich ebenso rapid ändern wie in Frankreich, wo
ich auch vor 4 Monaten noch ein großer Herr war und heute geächtet bin mit allen
meinen Büchern« Brw, 328). Das vorgestellte Kriegsgrauen blockierte seine Hoffnung auf Rückkehr nach England, zu den Büchern, zu seinem Werk, zum *Balzac*,
und die Diskrepanz allen Schreibens zum millionenfachen Sterben dieser Jahre erklärt seine Skepsis: »Die Leute, die heute ›Literatur‹ machen oder reden können, sind
mir nicht ganz verständlich; es scheint mir eher ein humaner Defekt als eine Tugend
(aber vielleicht ist Kunst wirklich immer durch Defekte bedingt).« (Brw,. 331)[22]
Aus den USA trieb ihn, den als Besucher Registrierten, im August 1941 der um
4 Monate nur verfrühte »Gedanke, dort nochmals als Ausländer einen Krieg mitzu-
machen [...] Der Zustand der dauernden Rechtlosigkeit ist schwer zu erlernen, obwohl wir seit 25 Jahren immer neue Lektionen bekommen haben« (Brw, 338). In
Petropolis/Brasilien fand er den »Schatten einer Seßhaftigkeit« (Brw, 339) – er, der
auf der Überfahrt gestanden hatte: »[...] ach, ich bin des Wanderns müde« (BrEm,
71) – und entschloß sich zum konsequent privaten Leben in der Natur, aus »Selbst-
erhaltung im physischen wie im seelischen Sinn. Wir können nicht ein Leben lang
büßen für die Torheiten der Politik, die uns nie etwas gegeben und immer nur genommen hat, und ich bin bereit, mich auf den engsten Raum zu beschränken, wenn
er mir nur Arbeitsruhe läßt.« (Brw, 341) Trotzdem läßt sich das »Grauen über die
Zeit« nicht verdrängen (Brw, 343), nicht der peinigende Gedanke an die Zahl der
Opfer (Brw, 347), an das Weltweite des Krieges (Brw, 351), an dessen Sog auch für
Brasilien (Brw, 349). Das Bewußtsein, »to remain everywhere but a travelling
guest« (Brw, 351), reichte inzwischen vom Geographischen auch ins Geistig-Kultu-
relle des Europäers: »Ich fühle mich gehemmt in meinem Wirken in jedem Sinne – in
dem Original werden die Bücher vermutlich kaum mehr erscheinen und mein ganzes
Denken und Betrachten ist an europäische, ja sogar lateinische Mentalität gebunden;
außerdem fehlt mir überall Material. [...] Aber ich fühle immer Sorge um die Produktion, die ohne Zufuhr auslöschen muß, wie ein Licht ohne Sauerstoff.« (Brw,
343 f.)
Der Abschiedsbrief vom 22. Februar 1942 faßt die Ursachen für den Entschluß des
unter Depressionen Leidenden zu seinem endgültigen Exil zusammen: die voraus-
sehbare lange Kriegsdauer, ein Leben ohne sein Heim, ohne seine Bücher, die nieder-
drückende Einsamkeit, das Bewußtsein, das zentrale, in England im Werdezustand
hinterlassene Werk *(Balzac)* nicht beenden zu können (Brw, 357).

Stefan Zweigs Freitod am 23. Februar 1942 hinterließ bei den Emigranten Verwirrung und Ratlosigkeit, Rätseln um einen unbegreiflichen Entschluß, Empörung über den Bruch der Solidarität. Die Zeugnisse und Nachrufe von Freunden wurden dem sensiblen Europäer, der seine Not hinter einer Maske verbarg (wie Klaus Mann es im *Wendepunkt* von einer Begegnung berichtet hat[23]), besser gerecht: von Hermann Kesten, der ihn als einen »Ausländer des Lebens« verstand (ZF, 135); von Berthold Viertel, der ihn als »europäische Institution« beschwor, als ein Opfer des Untergangs ebendieses in ihm zuerst als Kultureinheit existierenden Europa (ZF, 197); von Joachim Maass, der das Subjektive, die Krise des Alterns bei einem auf »Versinnlichung von Erlebtem und Erfahrenem« Angewiesenen (ZF, 169), über die objektive politische Begründung stellte; von Franz Werfel, der sich über das Geheimnis dieses Todes mit analytischer Schärfe wie metaphysischem Schauer beugte und die »heimliche Größe« dieser Tat darin begriff, daß Zweig, der optimistische Humanist, in göttlichem Mitleid mit der »eisigen, unlösbaren Tragik des Menschen auf der Erde«, mit dem Millionenleid des Krieges zerbrochen war (ZF, 213, 215). Carl Zuckmayer setzte seinen Selbstbehauptungswillen gegen eine schwer einsehbare Tat; aber ihn verband mit Zweig, daß auch er Literatur angesichts des Krieges als ungemäß empfand.[24] – Thomas Mann aber bietet das Beispiel der Wandlung in einer schwierigen Gewissensfrage: Sein Brief an Friderike Zweig im Todesjahr (15. September 1942) trägt anklägerische, harte Züge gegen die Abdankung eines zum Aushalten moralisch Verpflichteten, dessen Motive er damals z. T. falsch sah, gegen den er als im Krieg Engagierter stritt.[25] Sein Gedenken dann zum 10. Todestag löst das frühere rigorose Diktum in skeptischem Zweifel wegen der Unlösbarkeit des moralischen Problems auf, selbst mit einem »guten« Krieg das Böse nicht vermeiden zu können.[26]

Nur doktrinärer Einseitigkeit und modischer marxistischer Ideologie mochte es gelingen, ein seelisch beladenes Exilschicksal wie das Stefan Zweigs lehrbuchgerecht und ohne Rest aufzulösen.[27] – Richard Friedenthal hatte schon 1943 die tiefe, geheime Bindung Zweigs an Wien betont[28], an diese »weltoffene Stadt, die ihm zugleich die Heimat und die Verbindung mit Europa, der abendländischen Kultur und den Freunden in aller Welt bedeutete. An diesem Heimweh ist er zugrundegegangen. Ein sehr einfacher Vorgang; darum nicht weniger schrecklich. Es ist kennzeichnend für die grenzenlose Verwirrung in unserer Zeit, daß man versucht, selbst an so elementaren Dingen noch zu deuten.«[29] Friedenthal sah damals gewiß nicht voraus, daß die Scholastik jener zweiten von Zweig als tyrannisch und fanatisch abgelehnten Ideologie Jahrzehnte später in einer neuen, künstlich hochgeputschten Verwirrung sein Schicksal und sein Werk noch einmal inquisitorisch aburteilen würde.

Zweigs Exilsituation datierte von weiter her als von 1938 oder 1933: darum ist sie in ihrer politisch aktualisierten, zugespitzten Form auch nur von ihren Grundlagen her darstellbar. Zweigs Entschluß, die Welt inmitten des Kriegsgrauens zu verlassen, galt bei der weltweiten Bedeutung dieses exilierten Autors nicht eigentlich als eine private Entscheidung, sondern als ein Politikum: um so mehr besteht Veranlassung, ihre persönlichen Motivationen aus den Briefen zu erfahren, ihre Wirkung an den Reflexen anderer exilierter Schriftsteller abzulesen. Sosehr Zweig das Persönliche hinter einem objektivierenden Werk abzuschatten trachtete – es spielt als Gesinnung, als Haltung eines gegen Krieg und Gewaltherrschaft streitenden Weltbürgers überall hinein. Das Exil als Erfahrung weniger zwar des privaten Existenzverlustes, aber doch der zunehmend bedrückenden geistigen Atemnot ist darum auch an verschiedenen späten Werken abzulesen. *Die Welt von Gestern* als Resümee eines Lebens, das sich in einem weltbürgerlichen liberalen Humanismus entfaltet hatte, ist aus der Perspektive des Exils gesehen – freilich ist bei jenen der Arbeit an diesem Buch (1941) zeitlich parallel laufenden, zunehmend entmutigten, verzweifelten persönlichen Bekenntnissen die Distanz zur ihn katastrophenhaft überfallenden Gegenwart bemerkenswert: das Buch schließt mit dem Kriegsausbruch 1939. Die Erfahrung des Exils durchwirkt und schärft jedoch auch frühere Stationen im Miterleben der Epoche, bis zurück vor den Ersten Weltkrieg.

Ebenso wie sein Lebenslauf zeigt nun aber auch Zweigs Werk eine bruchlose Kontinuität, die das Exil nicht mit einer scharfen, klaren Zäsur einreißt. Erst den *Jeremias* hatte sein Autor unter den bis dahin entstandenen Büchern wegen der Übereinstimmung dieses »persönlichsten, privatesten Werkes« mit einer vorausgefühlten Zeitstimmung vor sich gelten lassen (WvG, 233 f.). Die zwanziger Jahre hatten seit der Trilogie *Drei Meister* mit den Balzac-, Dickens- und Dostojewski-Essays (1920), mit den Folgesammlungen *Kampf mit dem Dämon* (Hölderlin, Kleist, Nietzsche) von 1925 und *Drei Dichter ihres Lebens* (Casanova, Stendhal, Tolstoi) von 1928, dazu mit der ersten (vorerst fünf Miniaturen umfassenden) Sammlung der *Sternstunden* (1927) und der Reihe psychologisch in extreme Gefühlslagen eindringender Novellen den Durchbruch zu einem Erfolg gebracht, der nach dem Abflauen der aktivistischen Literatur auch den »Geduldigen und Beharrlichen« Popularität sicherte (WvG, 291). Zweig analysiert diesen Erfolg nach einer bereits sieben Jahre andauernden künstlichen Abdrosselung seines Werkes durch Hitlers Kulturpolitik in Deutschland und im besetzten Europa nur, um »die Einmaligkeit und Konsequenz dieser Ausrottung unserer ganzen literarischen Generation« aufzuzeigen, »für die ich eigentlich in der Geschichte kein zweites Beispiel weiß« (WvG, 290). Zweig selbst schlüsselt die Wirkung seiner Bücher primär von der Darlegung seiner künstlerischen Arbeitsweise her auf, die auf Ausmerzung alles »Weitschweifigen und Langwierigen«, auf »Kondensierung und damit Dramatisierung« bedacht war (WvG, 292 f.). Die Bedeutung, die literarische Eigenart von Zweigs Schaffen nun beruht auf dem Ineinander von essayistischer Abstraktionskraft, die (wie etwa im Balzac-Essay) definitorische Sätze von unvergleichlicher Sättigung mit Anschauung reiht, und einem psychologischen Spürsinn, einer detektivischen Leidenschaft für das seelisch Abgründige und Geheimnisvolle im Menschen, die sich in der Novellistik noch im privaten Einzelschicksal auslebt. Wo diese Leidenschaft des Psychologen auf den geschichtlich wie künstlerisch exemplarischen Fall traf, hatte Zweig die Chance seiner besonderen Begabung gefunden. Daher stellen die literarischen Essays wie die mit dem *Joseph Fouché* (1929) anhebende Reihe der künstlerischen historischen Biographien *Marie Antoinette* (1932), *Erasmus* (1934), *Maria Stuart* (1935), *Castellio* (1936), *Magellan* (1938), *Balzac* (posth. 1946) einen besonderen, sonst nicht geleisteten Beitrag zur modernen Literatur dar. Den Dichtungen Zweigs läßt sich eine ähnliche Bedeutung wegen ihrer konventionellen Artung nicht nachsagen, wenn auch die Legende *Der begrabene Leuchter* (1936), der Roman *Ungeduld des Herzens* (1939) und die *Schachnovelle* (1942) für die zeitgeschichtliche und Exil-Thematik eigenartig und bedeutungsvoll sind.

Nun ist der Zusammenhang zwischen allen biographisch-kulturgeschichtlichen Leistungen Zweigs in diesem Lebensabschnitt dadurch gegeben, daß sie sich auf die zwei ihm besonders wesentlichen Zeitalter beziehen: auf die Epoche der Reformation und Gegenreformation wie der Entdeckungen und auf die Ära der Französischen Revolution und Napoleons.[30] Beide Zeitalter beschäftigten Zweig wegen ihrer geistigen und politischen Umwälzungen, die gerade den merkwürdigen, komplizierten Charakter, seine Vorzüge und Leistungen wie seine Verfehlungen profilierten. Das charakterologisch-kriminologische Interesse heftete sich so an Fouché, auch an Marie Antoinette und Maria Stuart (bei denen freilich die Rehabilitierung der historischen Wahrheit und Wahrscheinlichkeit dominierte); bei Erasmus wie Castellio, deren in sich geschlossene Charaktere einfacher zu zeichnen waren, ging es eher um die Analyse der chaotischen, gewalttätigen Zeitströmungen und geistigen Fanatismen, gegen die sich die Lauteren stemmten. Die Fortsetzung des Napoleonischen in Balzacs zum Werk gewordenem Leben, in seiner Transponierung in die bürgerliche Sphäre der Comédie humaine sollte – wie schon im frühen Essay skizziert – in der Monographie monumental gezeigt werden. Anders die Motivation für das Magellan-Buch: die Ungeduld des erstmals zu Schiff nach Südamerika Reisenden wurde von Beschämung eingeholt, als er an das Wagnis der ersten Fahrten dachte und sich das vielfach Unerklärliche schreibend, gestaltend zu erklären suchte – der Antrieb noch für den *Amerigo*, wo der Prozeß der Geschichte gegen diesen mittelmäßig Redlichen, Unschuldigen zu seinem Freispruch in Zweigs Traktat führt. (Prozeß-Charakter hat ja vieles in dieser Werkreihe.) Gerade diese beiden Fälle aber erweisen, wie ambivalent es um die Exilbedingtheit bei der Stoffwahl stehen kann: die Tatsache des *Magellan* konnte Spiegelung einer Exil-Odyssee sein – sie konnte sich indessen genauso aus der Reiselust Zweigs wie in früheren normalen Zeiten ergeben und tat dies auch. Den Amerigo-Stoff wählte sich Zweig gegen »das fürchterlichste Jahr der Geschichte« und seinen Andrang als »ganz abseitige, kleine Arbeit (beinahe wissenschaftlich)« mit der Erklärung: »[...] das isoliert gut« (Brw, 334 – 3. März 1941) – aber dann sickert in den zeitabgewandten, scheinbar neutralen Stoff plötzlich die motivierende Analogie ein, der Hinweis: »Wie natürlich darum, daß die Schilderung jener von Vesputius erschauten Unschuldswelt, die sonderbar der Welt vor dem Sündenfall gleicht, eine Zeit erregt, die ähnlich wie die unsere inmitten von Katastrophen lebt.« (19) Und man begreift das aus der Broschüre Vespuccis aufleuchtende Utopia – das als ›mundus novus‹ von dem Seefahrer betretene heutige Brasilien, das zur Verkündung (und Benennung) des neuen Kontinents veranlaßte – als Zweigs eigene Exil-Gegenwelt, seine Schrift als vom Exil bedingte Huldigung an das Gastland.

Zeitflucht definiert so das ganz Persönliche am Exil. Sie war Zweig selbst sogar als Mangel bewußt bei seinen Vespucci- und Montaigne-Arbeiten – er schrieb (so im Todesmonat) »all this with the lack of real intensity – when one does not feel like once the response inmidst the thunder of the guns one has not the right passion«. (Brw, 354). Eine Anspielung dies offenbar auf den *Jeremias*, vielleicht auch (in metaphorischem Sinn) auf den *Erasmus* oder jedenfalls *Castellio*. Aber die Fluchthaltung reichte als psychische Komponente des Autors tiefer zurück – man hat sie (in ihrem extremen Sinn der Selbstauslöschung) sogar schon in Zweigs Kleist-Essay aufspüren wollen[31], der ja mit der Nachzeichnung der Zickzackkurve des durchs

Leben Gejagten anhebt und mit der Darstellung seiner dionysisch aufbrandenden Todesleidenschaft schließt. Die Analogie setzte Prophetie voraus (wie für die höchste Einsamkeitsstufe am Lebensende), sie wirkt gemildert in den Worten von Zweigs Abschiedsbrief: »[...] you cannot imagine how glad I feel since I have taken the decision. [...] do not complain me – remember the good Josef Roth and Rieger, how glad I always was for them, that they had not to go through these ordeals« (Brw, 357). Sie ist dennoch unstatthaft bei der objektiven Leidenschaft des Essayisten für das Dämonische, bei dem Unvorhersehbaren eines politischen Schicksals, das eine zarte, aber nicht seit je todessüchtige Seele zerbrach. Anders stand es mit jener Resignationshaltung gegenüber den Mächtigen in der Welt, denen ihre Stärke Recht schafft und jene »erbärmliche Macht«, deren Sklaven sie sind und über die sich der Freie souverän und ironisch erheben könnte: dies die (1929) im *Lamm des Armen* (Dr, 758) anklingende politische Philosophie des Schriftstellers, der programmatisch die »Heilung durch den Geist« auch über die von Mesmer, Baker-Eddy und Freud angegangenen Krankheitsphänomene hinaus als Methode zur Bewältigung der historischen Krisen anwendete.[32]

Es ist deutlich, daß Zweig sich damit von Zeittendenzen isolierte, die sein Exil schon vor der politischen Zwangsläufigkeit besiegelten. In einem Zeitalter revolutionärer und heroischer Anstrengungen wie Posen schuf Zweig bewußt Gegenbilder. Schon der *Fouché* war gegen den Wunsch der Zeit nach »heroischen Biographien« gerichtet (AW II, 534), eben hier spricht Zweig sein Urteil gegen jene heroische Napoleon-Legende, die das unendliche Elend der Opfer mit der Mentalität eines »geistigen Hinterlandes der Geschichte« gar nicht wahrnehmen will (AW II, 735) – nur einmal, in der Waterloo-Miniatur der *Sternstunden*, war Zweig solcher heroischen Emphase nahezu selbst erlegen. Entsprechend seine Haltung zu Revolutionen: der *Fouché* deckt schonungslos ihre Bestialitäten auf, die in der Vernichtung Lyons gipfeln (2. Kapitel), er zeigt die konsequente Umsetzung blutiger Worte in blutige Taten (AW II, 575). In *Marie Antoinette* werden die idealistischen Antriebe in ihrem Verhältnis zur Roheit ihrer Durchführung analysiert (AW II, 248–251), die »Revolutionäre aus Idealität und die aus Ressentiment« (AW II, 416) als wiederkehrende Typen gesehen. Aber je länger Zweig das Geschehen betrachtet, um so schärfer wird sein Urteil über die Revolution (wie im *Fouché* über Napoleon). Die politische Welt als ein Feld wahnhafter Macht – diese zeitweilige Auffassung Fouchés, den der Tod seiner Frau existentiell zutiefst trifft, nimmt Zweig überdies als »wahrhaft klug« auf (AW II, 711). Die Byzanz-Miniatur der *Sternstunden* zeigt die »Augenblicke der Vernunft und der Versöhnung in der Geschichte« als »kurz und vergänglich« (AW II, 814). Dies das resignative Resümee eines Autors, der in seiner Geschichtsbetrachtung dagegen das Mitleid mit dem Menschen, mit dem Opfer (wie in *Marie Antoinette*) über die Abstraktionen politischer Ideen stellt. Solche humane, auf den Einzelfall bezogene Optik erweist, wie fundamental sich Zweig von Schriftstellern (wie etwa Heinrich Mann[33]) unterschied, die über der abstrakten Verherrlichung der Revolution die konkreten leidenden Menschen der Epoche mitunter vergaßen.

Mit solchen seit langem im Werk angelegten Überzeugungen mußte Zweig sich in Widerspruch zur brutalen Zeit setzen. Sein Widerstand gegen die politische Gewalt vollzieht sich in Stufen in einem vorerst noch freigewählten Exil, das nun aber als bedingend für die Werke zutage tritt: im *Erasmus* gibt Zweig seine geistig-politische

Standortbestimmung, im *Castellio* geht er zum Angriff gegen die Gewaltherrschaft der Zeit über. Im Montaigne-Essay zuletzt bleibt der Skeptizismus gegen alle einseitigen Forderungen von außen zur Bewahrung des freien Ich übrig.

Daß Zweig solche Abgrenzungen und Angriffe durch das Medium gestalteter Geschichte und ihrer geistigen Schlüsselfiguren leistet, hängt mit seiner seit den zwanziger Jahren erkannten eigentlichen Begabung zusammen. Literarisch aktualisierte historische Stoffe geben Analogien her für die Gegenwart. Das war schon so gewesen in *Marie Antoinette,* wo gezeigt wird, wie vor den Revolutionskriegen die internationalen Egoismen »durch dieses ständige Paktieren und Irreführen eine Atmosphäre von Mißtrauen (ähnlich jener, die heute die Welt vergiftet)« schaffen (AW II, 370). Das zeigt in der Byzanz-Miniatur der *Sternstunden* die ganz aktuell verstehbare Sentenz anläßlich Mahomets und seiner Verträge mit Drittstaaten: »Gewaltherrscher, wenn sie einen Krieg vorbereiten, sprechen, solange sie nicht völlig gerüstet sind, ausgiebigst vom Frieden.« (AW II, 815)[34] *Maria Stuart* enthüllt die makabre Verwandtschaft des 16. mit dem 20. Jahrhundert in der ihnen gemeinsamen »Taschenspielertechnik des doppelten Bodens« (290), in der Relativität der Moral für die Politik und der Nachsicht »gegen politischen Mord« (297 f.).

Es scheint gewiß, daß weder *Erasmus* noch *Castellio* ohne die Exilsituation ihres Autors entstanden oder zumindest in dieser Form der eigenen Rechtfertigung wie des Angriffs auf die Gewalt konzipiert worden wären. Dabei brauchte noch nicht auffällig zu sein, daß Zweig im lebenslangen Nomadentum des auf unbedingte Freiheit bedachten Erasmus (48) wie in Castellios Vertreibung durch Calvin und dem Leben ohne Stellung, in Armut (105 ff.) Exilmomente aufdeckte. Denn schon im *Fouché* hatte Zweig einen vierfach Exilierten porträtiert, der die verschiedenen Formen des Exils von der inländischen Verbannung mit äußeren Ehren bis zum nur geduldeten Verbleib im Ausland erfuhr.[35] Er hatte in *Marie Antoinette* die Stationen bis vor dem vereitelten Exil in der Flucht des Königspaares erregend dramatisiert. Und am ewig ruhelosen Leben der Maria Stuart, die immer reist und flieht (27), deren englisches Exil ein goldener Käfig ist (309 ff.), fand er eine neue historische Variante dieses politischen Schicksals. Gerade diese Analogie zu Zweigs eigenem vergoldetem Exil aber trügt: es ist eine Analogie von Symptomen, nicht von Ursachen.

Der Zusammenhang von Zweigs Exilsituation mit der Erasmus' und Castellios dagegen ist durch Geistiges gegeben. Es gibt dafür sogar noch in der Darstellungsweise beider Bücher Indizien. Denn sie sind im Gegensatz zu den anderen historisch-biographischen Werken vom *Fouché* bis zum *Balzac* weit weniger den erwähnten Kunstmaximen Zweigs, seiner Eigenart der dramatischen Konzentration bei praller Anschaulichkeit, verpflichtet als den Gesetzen des gedanklichen Traktats, der in die politische Bekenntnis- und Kampfschrift hinüberreicht. Das hing gewiß auch mit Quellenlage wie mehr geistig-abstrakter Materie zusammen. Aber das gedankliche Insistieren auf gewissen Grundüberzeugungen verrät auch etwas von der Überredungsfunktion politischer Rhetorik in einem hohen Sinn.

Der *Erasmus* galt Zweig neben dem *Jeremias* als sein »persönlichstes, privatestes Werk« (WvG, 234), als »verschleierte Selbstdarstellung« (WvG, 347). Man würde dem damit Gemeinten jedoch nicht gerecht, übersähe man Entstehungszeit wie kritische Einschläge im Werk. Der *Erasmus* verkörpert Grundüberzeugungen Zweigs seit seiner Frühzeit: das Maß der Mitte, die Hoffnung auf Fortschritt durch Aufklärung, die Überzeugung von der Lösbarkeit aller Konflikte durch die Vernunft, den Willen zur Verständigung, bewußtes Europäertum und Kosmopolitismus; die Ablehnung aller Fanatismen, aller ausschließenden, einseitigen religiösen oder politischen Bekenntnisse. Gegen dies »Erasmische« stehen Kräfte des Irrationalen, der Haß der von eingängigen Parolen »gegen eine andere Klasse, eine andere Rasse, eine andere Religion« (18) aufgeputschten »Parteigeister« (19). Und in den »apokalyptischen Weltstunden des Massenwahnes« bedarf der meisten »moralischen Entschlossenheit [...] der Mann der Mitte, der sich keinem Rottenwahn, keiner Denkeinseitigkeit unterwerfen will« (21). Aber die Geschichte hatte Zweig gelehrt, daß jeder Fanatismus »sich selbst überspielt«, daß die Zeit der Vernunft immer wiederkehrt (26).

Nun hat Zweig häufig die Parallelität des 16. Jahrhunderts, des Zeitalters der Religionskriege (mit ihrer Fanatisierung und Barbarisierung der Menschen) mit der eigenen Zeit betont. Das reicht bis in letzte Briefzeugnisse wie dieses: »[...] there is no more security in our time than in those of the Reformation or the fall of Rome« (Brw, 353. – 4. Februar 1942). Als er den *Erasmus* konzipierte und schrieb (1933/34), hatte er die Erfahrung des Ersten Weltkriegs, der Weg in die zweite Weltkatastrophe bahnte sich erst an. Er hatte erlebt, wie vergeblich der Kampf des Schriftstellers gegen die Bewegung des Massenwahns geblieben war – obwohl damals seiner Beobachtung nach die moralische Autorität der europäischen Schriftsteller noch intakt gewesen war, im Gegensatz zum Mißbrauch des Wortes durch die Propaganda seither (WvG, 222 ff.). Zweig war überdies mit Grund skeptisch gegen die Wirksamkeit direkter literarisch-politischer Manifeste auf den Gang der Politik. Sein Dickens-Essay weist im letzten Absatz dagegen nach, wie die aus dem Mitleiden mit den Armen und Unglücklichen geschaffene, durch Humor geläuterte und beglänzte Welt der Dickens-Romane eine andere Gefühlstemperatur und soziale Aufgeschlossenheit bei den Reichen wie der Regierung bewirkte – was Satiren und gesellschaftskritische Proklamationen wohl nicht erreicht hätten. – Was Zweig später angesichts des parteilich verzerrten Bildes der Maria Stuart für den Vorzug des unparteiischen, außenstehenden Künstlers hielt, die »reinere und vorurteilslosere Möglichkeit zur Objektivität« (8), galt auf seine Art auch für den Humanisten Erasmus. Zweig konnte damals in ihm sein Vorbild sehen, weil er selbst sich aus geistigem Freiheitswillen den beiden totalitären Ideologien verschloß, die den gewaltsamen Gegensatz der Epoche akzentuierten. Hier liegt die Analogie zu den dogmatisch-religiösen Ideologien und Fanatismen des 16. Jahrhunderts, aus denen sich Erasmus heraushielt wie Zweig aus den politischen Heilslehren seiner Zeit. Damit ist keineswegs gesagt, daß er sie schweigend billigte. Im Gegenteil: er stellte gerade im Erasmus-Gleichnis das Ideal der mäßigenden Vernunft, des humanen Ausgleichs dagegen, er proklamierte Toleranz für alle Ideen, wenn sie nicht intolerant seien – und damit den überparteilichen Verständigungswillen (116 f.).

Zum andern ist nicht zu übersehen, daß Zweig sich von Erasmus, von dessen Kleintiermentalität in Gefahren (»sich totstellen oder die Farbe verändern«), von seinem Pendeln »zwischen Ja und Nein« (71) kritisch distanzierte, daß er das Taktieren zwischen den Parteien als »unsympathisches Ränkespiel« (177) geißelte, daß er sein Ausbleiben als Vermittler in Worms und Augsburg als »tragische«, als »historische

Schuld« (162, 221) verurteilte. Und kritisch sah Zweig auch den an Massenhaß und Menschheitspsychosen vorbeisehenden Kulturoptimismus der Humanisten, ihren Adelshochmut (118 f.), den Humanismus selbst als »platonisches Menschheitsreich«, das – Hesses erst noch zu schaffendem Kastalien gleich – als »reines Gebilde des schaffenden Geistes« (123) nicht in der Zeit dauern konnte. In dem Vortrag *Der europäische Gedanke in seiner historischen Entwicklung* (1932) hatte Zweig dagegen den Humanismus noch ohne solche Kritik, nur in seiner die europäische Idee gestaltenden Kraft gesehen (ZuW, 309 ff.).

Erasmus war also keineswegs bloßes Spiegelbild für Zweig, der zum andern in Luther Analogien zu Hitler andeutete (135, 154 f.), der mit der Ablösung des Erasmischen durch das Machiavellistische (231), mit der Überwältigung der Idee des Humanismus auch die Mittlerrolle des Erasmus ausgespielt wußte.

Zweig teilte eine so differenzierte »erasmische« Haltung mit anderen führenden Schriftstellern dieser Epoche, mit Hesse[36], vor allem (nach dessen unmittelbarem Zeugnis) mit dem Prominentesten des literarischen Exils: mit Thomas Mann. Dieser nämlich bestätigte dem am *Erasmus* Tätigen aus der Schweiz am 8. November 1933: »Und Ihre Arbeit ist wohl das Glücklichste, was man sich jetzt zur Beschäftigung aussuchen könnte: Sie schreiben damit gewissermaßen den Mythus unserer Existenz (denn alles immer wiederkehrend Typische ist mythisch) und auch die Rechtfertigung der scheinbaren Zweideutigkeit, unter der wir leiden, und die wenigstens mich unter Emigranten schon beinahe so verhaßt gemacht hat wie bei denen ›drinnen‹.«[37] Noch zwei Jahre später hat Thomas Mann diese erasmische »scheinbare Zweideutigkeit« seines Exil-Verhaltens gerechtfertigt:

»Ich habe zwei Drittel meiner irdischen Habe geopfert, um außerhalb der deutschen Grenzen in Freiheit leben zu können und demonstriere durch dieses Außensein, auch ohne polemisch gegen das Dritte Reich zu wüten, unaufhörlich gegen das, was heute in Deutschland und an Deutschland geschieht.« Nur um den Kontakt mit dem deutschen Lesepublikum zu wahren, übte Thomas Mann seine »bewußte und überlegte Zurückhaltung und Selbstbeherrschung« – aber daraus zu folgern, so schließt er, »ich hätte nicht das sittliche Vermögen, das Gemeine gemein zu nennen und das Verworfene zu verwerfen, bedeutet eine kritische Kränkung für mich«.[38]

Ebendies gilt auch für Zweig, dem zwar die Verbindung mit deutschen Lesern schon 1933 durch die Bücherverbrennungen abgeschnitten war, der aber als Österreicher in einer anderen Lage war und – von der Nutzlosigkeit von Protesten gegen die herrschende Gewalt überzeugt – lieber den Gegensatz in der historisch-literarischen Konfiguration des *Erasmus* für die Dauer herausstellte.[39] Wie sehr dieses Buch im übrigen auf Thomas Mann gewirkt hat, sieht man aus seinen Luther-Plänen der Spätzeit, in denen der Novellenplan von 1925 *Luther und Erasmus* aufgenommen und von Zweigs Figuren-Konstellation geleitet ist.[40]

Zweig ist aber bei der *Erasmus*-Mentalität nicht stehengeblieben, sondern mit dem *Castellio* bald in eine Position vorgerückt, die in der humanistischen Front gegen den Totalitarismus noch weiter vorn lag als Heinrich Manns *Henri Quatre* oder Thomas Manns *Lotte in Weimar* mit der Goethe-Kritik an den Deutschen. Sie war auch sichtbarer, deutlicher auf die Gegenwart bezogen (schon plakativ im Buchtitel *Ein Gewissen gegen die Gewalt*) – und Thomas Mann hat das gleich so empfunden: »[...] so eifrig und ganz in Banden geschlagen von der Materie und ihrer Gestaltung habe ich lange kein Buch mehr gelesen wie Ihren Castellio! Es ist eine Sensation, tief erregend, allen Abscheu und alle Sympathie des Tages auf ein historisches Objekt sammelnd, welches lehrt: Es ist immer dasselbe. Das ist trostlos und tröstlich zugleich.«[41]

In Calvins theokratischer Terrordiktatur in Genf ergab sich dem Zeitgenossen des modernen ideologischen Totalitarismus ein Modell für seinen aus dem Exil allein noch möglichen Angriff gegen die Gewalt. Der ganze Castellio ist doppelsinnig gemeint, von der Kapitelüberschrift Die Machtergreifung Calvins an: so, wenn Calvins Wegbereiter Farel »aus Straßenjungen ein Jungvolk« formiert (24), so die Formel vom »Subordinationsfanatiker« für Calvin (30), die Unwissenheit der Calvin berufenden Genfer Ratsherren, die in seiner Institutio schon die theokratische Diktatur entworfen gefunden hätten (32 f.). Calvins »Exil«, das den Nimbus des Volksführers erhöht, deutet auch auf den hier (neben Cäsar, Napoleon, Garibaldi und Lenin) nicht genannten Hitler und seine Haftzeit (45). Von der »völligen Gleichschaltung eines ganzen Volkes [...] im Namen einer Idee« (50) ist die Rede, von der »drakonischen Entrechtung der Persönlichkeit« (65). Die tägliche Zermürbung durch den jede private Regung reglementierenden »religiösen Terror«, der zur »Massenangst« führt, wird gezeigt (75–78), der für jeden Diktator psychologisch unentbehrliche »Unfehlbarkeitsglaube« (85), die jeden geistigen Widerstand lähmende Rolle der allmächtigen, mit ideologischer Rabulistik begründeten Zensur (169, 219). Und Calvins brutale Etappen zur »totalen Vernichtung jedweder Opposition« – Manipulation der Wahlordnung, Staatsstreich, Hinrichtungen, Diktatur einer Partei (223 f.) – wirken sogar eher wie eine historische Maskerade der gemeinten blutigen Gegenwart.

Drei Wege sah Zweig, der Gewissensvergewaltigung durch ein totalitäres System zu entgehen: den offenen Kampf bis zum Märtyrertum, die Tarnung durch Gelehrsamkeit oder Narrentum (Erasmus, Rabelais), die Emigration (90). Castellio hatte diesen »friedlichsten Weg« gewählt wie sein Biograph. Was ihn jedoch über Erasmus erhebt (und was Zweig auf der Stufe seines Castellio im Werk gegen die Zeit nachvollzieht), ist der Eintritt in den geistigen Kampf nach langem Zögern (174 f.), wofür Calvins Inquisitionsmord an Servet auslösendes Moment wurde. Daß die Machtüberlegenheit der staatlichen Organisation den einzelnen dann unterliegen läßt (220), hat als ephemere Erscheinung kein Gewicht. Denn unabhängig vom Erfolg muß der Kampf der Geistigen gegen jede Form von Gewalt in jedem Zeitalter erneuert werden (191 f.) – dies ist Zweigs Erkenntnis um 1935. Castellio wurde ihm dafür zur Schlüsselfigur, sein einsamer geistiger Kampf »gegen die Übermacht einer geharnischten und gepanzerten Diktatur« (7) zum Gleichnis für die Zeit. Daher stellt die Einleitung des Buches eher noch einen in die Gegenwart gesprochenen politischen Traktat als eine Einführung in die historische Lage dar. Unschwer erkennt man in dem »einsamen Idealisten« und »zweifachen Emigranten« Castellio (9), der das Schweigen gegen die Unmenschlichkeit bricht, der trotz seines Wissens um die Aussichtslosigkeit seines Kampfes »Protest gegen einen Weltterror« erhob (11), auch Züge des mit diesem Buch protestierenden Autors. Denn hinter dem Kampf zwischen Castellio und Calvin sieht Zweig einen ewigen »unüberwindbaren Gegensatz« vieler polarer Haltungen, der Freiheit und der Despotie, der Humanität und des Fanatismus. Zweig zeigt hier den »Urwahn« aller Ideologien auf, den endgültigen

Frieden zu bringen, der sich in der Suggestionskraft der »Volkserlöser oder Welterlöser« (13) verdichtet. Daß am Ende Brutalität und Terror stehen, war nicht bloßes Wissen, sondern neue Erfahrung geworden. Gegen sie stellt Zweig die unbesiegbare Freiheit des Geistes. In Castellio erneuert er das Andenken an einen Menschen[42], der – anders als die aus Vorsicht, Skepsis, Resignation nur mehr beobachtenden, erkennenden Humanisten seiner Zeit – mit seinem Leben für seinen mutigen Kampf eintritt. Zweig sieht ihn darum moralisch ungleich höher stehen als Voltaire oder Zola mit ihren gesicherten Protesten für Calas oder Dreyfus. Und er sieht auch tiefer in die Realität der Geschichte[43] als jene Theoretiker einer aktivistischen Exilliteratur, die Manifesten Kraft gegen Diktaturen zutrauen, wenn er in Castellio, dem »Verkünder der Gewaltlosigkeit« (19), der das »Prinzip jeder geistigen Diktatur« bekämpfte (20), den von rigoroser Zensur unterdrückten Wehrlosen schildert, dem durch solche totale Abwürgung fast noch der Prioritätsanspruch für die Idee der Toleranz in der Geistesgeschichte streitig zu machen war. Es gehört zu Zweigs geschichtsphilosophischen Überzeugungen, daß die im »Kampf um die Freiheit des Geistes und um die endliche Herankunft der Humanität auf Erden« der Gewalt Unterliegenden die »wahrhaften Helden der Menschheit« sind (22). Um des Gleichnisgehalts willen (»immer wieder wird ein Castellio aufstehen gegen jeden Calvin« – 275) hat Zweig 1936 aus dem Exil dieses Buch in die Welt gestellt.

Sie hatte sich in das lange vorhergesehene Kriegschaos gewandelt, als Zweig fünf Jahre später sein essayistisches Vermächtnis mit dem *Montaigne* begann. Auf Montaigne als den Erben des Humanitätsgedankens hatten sich schon der *Erasmus* (235) wie der *Castellio* (17, 106) bezogen. Dieser Essay nun nennt alle drei Bekenner der »Klarheit und Menschlichkeit« (60). Hatte Zweig aber Erasmus kritisch gebrochen porträtiert, hatte er Castellio als unerschrockenen Kämpfer zum Vorbild gemacht, so findet er in Montaigne nun, wo der Geist erneut vor der Gewalt resignieren mußte, den Weisen, dessen Haltung er restlos gutheißt. Montaigne ist vollkommenes Spiegelbild des Exilierten, sein Rückzug in die »Zitadelle« (41) des Ich, in die Turm-Existenz des rein gedanklichen, des Bücher-Daseins inmitten einer von der Vernunft nicht mehr beeinflußbaren Grauenswelt der Gewalt, entspricht Zweigs letzter Lebenszeit, freilich nur bis vor seinem Scheitern im Mitleid mit millionenfachem Leid. Hier war die Grenze, wo Zweig Montaignes absolutem Freiheitsbegriff psychisch nicht mehr zu folgen vermochte – wenn er auch bei dem Gestalter der »Autopsychologie« (52) auf die Bestimmung des freien Willens zum Tode – »La plus volontaire mort est la plus belle« (58) –, auf Selbstmordgedanken aus konkretem Leidensanlaß (72 f.) gestoßen war. Im zentralen 7. Essay-Kapitel *(Die Verteidigung der Zitadelle)* systematisiert Zweig in restloser Identifikation Montaignes Haltung des Freiseins von allen psychischen und ideologischen Zuständen, die den Menschen abhängig machen (Maxime: sich nicht hergeben, nur »herleihen« – 57) – es ist jene Freiheit, die auch Hesses *Siddhartha* im souveränen Abstreifen von Daseinsformen zeigt. Aber im Exil erfuhr Zweig stärker wohl aus sich als aus Montaigne, daß Isolation letztlich doch illusionär bleibt (»Durch Turm und Fenster spüren wir die Schwingung der Zeit« – 62), daß der Satz: »Nur äußere Distanz gibt die innere« (63) in der moralischen Mitverantwortung für das Ganze nicht gilt. Das 16. Jahrhundert hat die Exilliteratur mehrfach angezogen (Heinrich Mann vor allem, im *Henri Quatre*, oder Kesten) – Zweig stellt seinen »fanatischen Gegensätzen der Ideologien«, denen die modernen

»sozialen und nationalen Fanatismen« entsprechen (12), in Montaigne (profilierter als Heinrich Mann) den »Erzvater« jedes »homme libre«, den Lehrer der konsequenten Selbstbewahrung entgegen, dem Zweig im Exil ganz nachzuleben suchte.

Der Einfluß des Exils auf Zweigs erzählende Prosa ist weniger evident als auf die essayistische Biographik. Seine psychische wie politische Komponente war dem Autor des nach Indien entwichenen Amokläufers wie des in Bücherkataloge versponnenen Buchmendel geläufig. In der Erzählung *Der Zwang* verdichtete sich die Exilsituation der Schweizer Zeit im Ersten Weltkrieg zu einem Geschehen, das beides – Politisches wie Psychisches – in einem bietet: ein pazifistisches Europäertum, das im Exil durch den Zugriff der Militärbehörde der Heimat im zwanghaften Sog des anonym maschinenhaften Befehls zu scheitern droht und erst angesichts der von der Grenze markierten Trennungslinie zwischen Frieden und Krieg und im Anblick von Kriegsverwundeten wiedergewonnen wird. Damals war das Exil Ort der Rebellion gegen den kollektiven Anschlag auf den Lebenswillen des einzelnen. Später, im eigentlichen Exil, spiegelt Zweig seine Situation in Legende, Roman und Novelle anders.

Der begrabene Leuchter beschwört die kollektive Exilsituation des jüdischen Volkes durch die Zeiten in der Spanne vom Einfall der Vandalen in Rom (455) bis zu deren Bezwingung durch den byzantinischen Belisar (535) im Gleichnis der heiligen Menorah, die, aus dem Tempel geraubt, dem Auf und Ab der Völkerschicksale folgt, zum Sinnbild für das ruhelose Wandern der Juden, aber auch für die Verheißung der Rückkehr und Einheit wird. Der eingelöste, in Israel vergrabene Leuchter bleibt verborgen bis zur Aufhebung des Exils in einem umfassenden Sinne: »[...] solange die Gewalt noch gilt über den Völkern, hat das Heilige nirgends Frieden auf Erden. Nur unter der Erde ist Friede.« (197) – Das hier erst anklingende Todesmotiv weitet sich in der *Ungeduld des Herzens* zum Thema einer ganzen Epoche. Hinter der Realistik des Romans werden symbolhaltige Verweise und Prophetien sichtbar, die nur aus der Exilsituation Zweigs zu verstehen sind. Der 1938 geschriebene Roman parallelisiert den als Flucht nach vorn gedeuteten Aufbruch der mechanisierten Massen in den neuen Weltkrieg (AW I, 492 ff.) mit dem thematischen Zielpunkt des Romangeschehens, mit dem Ausbruch des Ersten Weltkriegs, in dem das Habsburgerreich zugrunde geht wie die gelähmte Edith in ihrem Todessprung. Denn das psychologisch durchleuchtete Problem einer vom Mitleid erpreßten Liebe kann nicht verdecken, daß der Autor mit der bewußt herausgestellten Parallele vom Sarajewo-Mord und dem Verrat aus Schwäche, den Hofmiller an seiner Verlobten begeht (AW I, 889), die Gelähmte mit ihrer Verzweiflungstat als Sinnbild des sterbenden Österreich meinte (– ein Verfahren der Spiegelung des Weltgeschichtlichen im Privaten, das auch Heinrich Mann im *Kopf* sporadisch versuchte, im *Atem* durchführte). Aber das Krankendasein einer Gelähmten und der in der durchdachten Romankomposition strukturell lange vorbereitete Sprung von der Turmterrasse assoziieren zugleich Persönliches in prophetischem Vorgriff: die Lähmung und Einschnürung des Exilierten, seine (später in Montaigne gespiegelte) Turm-Existenz, seinen Sprung in die Freiheit des Jenseits.

Rein äußerlich hat die *Schachnovelle* den größten Zeit- und Exilsituationsbezug. Die Schiffsreise eines aus Österreich Exilierten von New York nach Südamerika entspricht Zweigs eigener Route. Aber sie bietet zuerst den realen Rahmen für eine

Erzählung, die hinter das Exil zurückführt in die bedrohliche Phase von Gestapo-haft und -verhören. Die Ambivalenz des abstrakten Schachtrainings, das geistig regeneriert und den Widerstand stärkt, zugleich aber über die Ich-Spaltung in frei erfundenen Partien zur Nervenfieberkrise führt, bleibt als gleichnishafte Gefähr-dung des Exilierten auch in der Freiheit bestehen. Unverkennbar will Zweig dann den tödlichen Weltgegensatz von inhumaner, brutaler Enge und dem schöpferischen, freiheitlichen Willen noch im Schachturnier auf dem Schiff aufweisen: in der an reale Anschauung gebundenen Spielweise eines Weltmeisters, der als egozentrischer Spezialist die Welt auf sein Schachbrett reduziert, und der Abstraktionskraft des existentiell bedrohten »Dilettanten«, dem seine Konzentration auf das Schachbrett die Welt öffnete. Der Ausgang des weltpolitischen »Schachspiels« bleibt für den von der Gewalt eingeholten und drangsalierten freien Geist ungewiß. Auch nach der Befreiung aus dem politischen Gefängnis trägt der Exilierte dessen beengende Maße in der neu aufbrechenden Krise mit sich (AW I, 955). In das Spiel drängt sich der Haß zweier unversöhnlicher Prinzipe (AW I, 957). Der Schluß ist indifferent, im Blick auf die Lebenskrise des Autors vielleicht sogar pessimistisch.

Trotzdem bedeutet der Verzicht des in seiner Epoche gepeinigten freien Geistes keine Kapitulation vor der Zukunft – Zweig schied aus dem Leben mit der Trö-stung: »I am sure you will see still the better time« (Brw, 375), mit der Hoffnung für die Freunde: »Mögen sie die Morgenröte noch sehen nach der langen Nacht! Ich, allzu Ungeduldiger, gehe ihnen voraus.«[44] Die moderne Welt, in der marxistische Eiferer das Werk Stefan Zweigs in einem geistigen Dauerexil einzugittern versuchen, hat allen Grund, sich zur Wahrung ihrer Freiheit auf diesen freien, unabhängigen Geist zu besinnen.[45]

Anmerkungen

Benutzte Abkürzungen

AW   = Ausgewählte Werke
B   = Begegnungen mit Menschen, Büchern, Städten
BrEm = Unbekannte Briefe aus der Emigration
Brw   = Briefwechsel Stefan–Friderike Zweig
Dr   = Die Dramen
EuE   = Europäisches Erbe
GWiE = Gesammelte Werke in Einzelausgaben
WvG = Die Welt von Gestern
ZuW   = Zeit und Welt
ZF   = Stefan Zweig. Im Zeugnis seiner Freunde. Hrsg. von Hanns Arens.

1. Im Pariser Vortrag »Das Wien von gestern« (1940) – in ZuW, 127–150 – stellt Zweig diese Ein-heit dar (S. 131 ff.).
2. Siehe die Essaybände B, ZuW, EuE.
3. Zu Zweigs Reisen s. die Zeittafel in Friderike Zweigs Zweig-Bildbiographie, S. 129–134.
4. Vgl. hierzu ferner den Aufsatz »Kleine Reise nach Brasilien« (1936) in B, 274–305.
5. Vgl. in WvG das Kapitel »Die ersten Stunden des Krieges von 1914«, bes. S. 211–219.
6. abgedruckt bei Rieger (s. Lit.), S. 63–70.
7. abgedruckt in B, 175–218, unter dem Titel »Worte während des Weltkrieges«. Titel der Aufsätze: »Die schlaflose Welt« (1914), »Bei den Sorglosen« (1916), »Berta von Suttner« (1917), »Das Herz Europas« (1917), »Das Feuer« (1918).

8. »Erinnerungen an Emile Verhaeren«. In: B, 9–58. Zitat: S. 9.

9. Zweig nennt im Verhaeren-Aufsatz (B, 57) dieses Jahr für den Druck in der westschweizerischen Monatsschrift »Carmel«. Die bibliographische Angabe für den Abdruck in EuE, 274–279, nennt nur den Neudruck im »Pester Lloyd« (London) 1930. In der Bibliographie von Klawiter (Nr. 1361) ist für den Erstdruck die »Vossische Zeitung« (Berlin) genannt (8. 5. 1916). Den Turmbau-Mythos wiederholt Zweig im Vortrag »Der europäische Gedanke in seiner historischen Entwicklung« (1932), in ZuW, 303 f.

10. Vgl. Brw, 285: »[...] mein jeremiadisches Gefühl behält leider wieder einmal recht in dieser wahnwitzigen Zeit.« (2. 10. 1935) – WvG, 366: »[...] ich sei noch immer der alte ›Jeremias‹, spotteten sie« (Reaktion der Freunde bei Zweigs letztem Besuch in Wien Ende 1937).

11. Vgl. in ZuW den Abschnitt »Reise nach Rußland« (1928), S. 202–245.

12. Siehe im Kapitel »Sonnenuntergang« bes. S. 299–308. Dort auch der anonyme Brief (über die Freiheitsbeschränkung und die Überwachungsmethoden) sowie die Bemerkung über die »rapiden Wandlungen«, die ein Buch bald widerlegt hätten (S. 308).

13. Vgl. WvG, 360, über den Spanien-Krieg: »[...] schon das vorbereitende Manöver der beiden ideologischen Machtgruppen für ihren künftigen Zusammenstoß.«

14. »Montaigne«. In: EuE, 7–81, bes. 7 ff.

15. Siehe die Vorträge »Die moralische Entgiftung Europas« (1932), in B, 223–236, und »Geschichtsschreibung von morgen« (1939), in ZuW, 275–298.

16. Siehe WvG, 345 ff. u. 351–355.

17. »Das Wien von gestern« (1940), in ZuW, 137 f. u. 141 f. Der Vortrag ist zur Erklärung von Zweigs Wesen besonders erhellend.

18. Vgl. dazu Brw, 290, 328, 338, u. BrEm, 46, 53, 59, 65, 67.

19. Vgl. dazu auch Brw, 267.

20. »1914 und heute« (1936), in ZuW, 327–336, Zitat: S. 335.

21. Vgl. Brw, 297–301 u. 325–329.

22. Brief vom 7. Dezember 1940. Siehe auch den bei Matthias Wegner (s. Lit. d. Einl.), S. 94 f., zitierten Interviewsatz (1940): »I no longer possessed the courage to deal with private psychological facts, every ›story‹ appeared to me totally irrelevant when seen in contrast to history.« Das isolierte Zitat läßt freilich offen, ob damit nicht fiktive Literatur gemeint ist (die Zweig schon lange durch seine historischen Biographien abgelöst hatte; s. zur künstlerisch-psychologischen Gestaltung vieldeutiger Geschichtsstoffe auch den programmatischen Aufsatz »Die Geschichte als Dichterin« von 1939, in ZuW, 337–360); sein moralischer Antrieb (der ebenso bei Zuckmayer wirkte, vgl. Anm. 24) wurde von Kommunisten (J. R. Becher) ideologisch verkannt (s. Wegner, S. 95) – entsprechende Reaktion noch in Walters Aufsatz (s. Lit.), S. 433.

23. Klaus Mann: »Der Wendepunkt«. München 1969. S. 431; auch ZF, 162 f.

24. »Ich konnte nicht schreiben. Der Krieg, und das wachsende Unheil in unserer Heimat, zersetzte die Phantasie. In einem Krieg wird das Wort machtlos. Man macht ihn mit, oder man schweigt« (ZF, 190).

25. Thomas Mann: »Briefe 1937–1947« (1963), S. 280 f. – Wegner (s. Lit. d. Einl.), S. 100, kommentiert Thomas Manns »kühle Distanz«, die Zweigs »Situation nicht gerecht wird. Der Selbstmord so vieler Emigranten läßt sich nicht mit der normativen Forderung nach dem Durchhaltevermögen des einzelnen bemessen.«

26. »Stefan Zweig zum zehnten Todestag«. In: Thomas Mann: »Gesammelte Werke« (1960). Bd. X, S. 524 f. – Auch in ZF, 270 ff.

27. so Hans-Albert Walter (s. Lit.), S. 427–437. – Der Vorwurf gegen Zweig, sich nicht »mit der konkreten gesellschaftlichen Situation« befaßt und daher »den Faschismus nicht begriffen« zu haben (S. 432), ist verbunden mit der Feststellung: »Der humanistische Gehalt der Literatur erwies sich daran, ob und wie sie gegen den Faschismus Partei nahm. Seine humanistisch-aufklärerische Denkweise mußte einen Schriftsteller zwangsläufig zum Antifaschisten machen.« (S. 433) Die hypothetisch von Zweig geforderten Konsequenzen weisen bei dem ideologischen Ansatz Walters eindeutig in die marxistische Richtung. Zweigs Tod ist nach diesem Denkschema eine bloße Folge des falschen Bewußtseins (»Stefan Zweig hat nach langem Ausweichen stellvertretend für eine antiquierte geistige Haltung kapituliert.« [S. 434]). Walter wirft Zweig aber darüber hinaus geradezu »Anbiederung an den Faschismus« vor (S. 431). Er begründet das mit einer Reihe von Vorgängen, die er halb konstruiert, unvollständig wiedergibt oder ganz verfälscht. So zitiert er aus einem Zweig-Brief an R. Strauss (3. 4. 33) das Dementi wegen eines »infamen« Arnold-Zweig-Zitats in

einer Goebbels-Rede (das Zweig zugeschrieben war), ohne Zitat und Rede zu kennen; aber er folgert daraus eine Desavouierung »aller bedrohten Schriftsteller«. Im Konflikt um die »Sammlung« erwähnt Walter nur Zweigs Absagebrief (Oktober 33), nicht die entsprechenden Texte von Thomas Mann, René Schickele und Döblin, nicht die wahren Hintergründe (die Forderung der Verlage), nicht Zweigs Widerruf (9. 11. 33) – vgl. dazu bei Wegner (s. Lit. d. Einl.), S. 67–71; zu Th. Mann (Brief an Schickele) s. H. Lehnert, »Thomas-Mann-Forschung«, Stuttgart 1969, S. 8. Die Formulierung zur Opern-Uraufführung der »Schweigsamen Frau« (Dresden, 24. 6. 35) auf Zweigs Libretto »mit ausdrücklicher Billigung von Goebbels und Hitler« suggeriert ein politisch suspektes Verhalten Zweigs. Dessen eigene Version aber (WvG, 338–343) – absolute Zurückhaltung zugunsten von Strauss, dessen Alter und dreijährige Arbeit an der Oper er respektierte – wird durch den Brw Strauss – Zweig bestätigt. Daß es Zweig einzig um Strauss ging, nie um das Regime, zeigen seine ständigen Angebote, andere Textdichter für Strauss zu vermitteln und ihre Arbeit still zu fördern. Zu Zweigs integrer Haltung s. bes. die Briefe vom 18. Februar 1935 (S. 92 f.), 12. April (S. 104) und 19. Mai 1935 (S. 132 f.), s. ferner S. 158 (Strauss über Zweig, »der sich nun definitiv weigert, offen und geheim für mich zu arbeiten, da er im dritten Reich keine ›Spezialduldung‹ beansprucht« Aufzeichnung vom 3. Juli 1935) und S. 171. – Friderike Zweig (»Stefan Zweig. Wie ich ihn erlebte«) spricht sogar von Zweigs Weigerung, in die Aufführung einzuwilligen, weil Strauss »sich dem Naziregime gebeugt hatte« (S. 175). Vgl. auch Brw, 278. Nach Karl Böhms Autobiographie (»Ich erinnere mich ganz genau«, Zürich 1968, S. 110 ff.) drohte Strauss selbst bei einem Plakat ohne Zweigs Namen mit dem Premierenboykott; die Regierungsmitglieder blieben der Premiere fern, die Oper wurde bald darauf abgesetzt. – Entsprechend sehen Walters literarische Kriterien aus: »Castellio« setzt lediglich die Linie des »Erasmus« fort (»dasselbe Thema, an einer anderen Materie dargestellt« [S. 433]). Thomas Manns Briefäußerungen zu beiden Büchern bleiben unerwähnt. In Zweigs Werk im ganzen sieht Walter mehr Feuilletonismus als Literatur (S. 434). – Der ganze Aufsatz ist ein Musterbeispiel marxistischer Auffassung von Wahrheit und Objektivität. Er bestimmt inzwischen mit seinen Thesen ein ideologisch verfälschtes Zweig-Bild, das selbst in Lexikonartikel eingedrungen ist; s. Peter Glaser über WvG in »Kindlers Literatur Lexikon« VII (1972), Sp. 1055 ff. mit der tendenziösen Behauptung: »Das langjährige mißliche Lavieren in der Konfrontation mit dem Faschismus wird vom Autor in seiner Lebensdarstellung ganz unterschlagen und ist in der Studie von Walter nachgetragen.« (Sp. 1057)

28. Vgl. dazu Zweigs Vortrag »Das Wien von gestern« (1940), in ZuW, 127–150.

29. Nachwort des Herausgebers in ZuW, 371.

30. Vgl. auch »Die Geschichte als Dichterin« (ZuW, 337–360), S. 344 ff.

31. Friderike Zweig: »Zweig-Bildbiographie«, S. 124 f. – Siehe auch bei Ernst Feder (»Stefan Zweigs letzte Tage«) das in Zweigs Kleist-Essay gebrachte Zitat von Kleists wunder Seele (ZF, 180).

32. Siehe »Geschichtsschreibung von morgen«, in ZuW, 275–298.

33. schon in den Essays »Geist und Tat« oder »Voltaire – Goethe« (1910), vor allem aber in »Ein Zeitalter wird besichtigt« (1946).

34. Die Entstehung der Byzanz-Miniatur ist nicht zu ermitteln. Die Bibliographie von Klawiter nennt sie in deutschsprachigen Sammlungen erstmals im Band »Kaleidoskop« von 1936 (Bibliogr. Nr. 165), in Übersetzungen zuerst im französischen Band von 1939, der einen Neudruck der »Sternstunden«-Ausgabe von 1928 darstellen soll (Bibliogr. Nr. 911). Die Identität der Band-Inhalte ist aber unwahrscheinlich, zumal auch die dort aufgeführte Händel-Miniatur sonst nicht vor 1935 erscheint (Bibliogr. Nr. 917). Im Brw erwähnt Zweig unter dem 30. Juli 1936 (Brw, 295) eine neue »Sternstunde« – die zeitgeschichtliche Anspielung also paßte, das Druckdatum nur schlecht.

35. Siehe »Fouché« (AW II, 620, 658–663, 706–711, 773–780).

36. Am deutlichsten zeigt sich Hesses Haltung in seinen Briefen, s. in der erw. Ausgabe der Briefe (Frankfurt a. M. 1964) bes. S. 100 ff., 107 ff., 114, 151 f., 155 ff., 159 f., 165 ff., 174, 179 f., 187.

37. Thomas Mann: »Briefe 1889–1936« (1962), S. 338.

38. ebd., S. 399: Brief an H. Slochower vom 1. September 1935.

39. Vgl. auch Friderike Zweigs Brief vom 23. Mai 1933 mit dem Satz: »Dein Erasmus wird auch ein Wort zu reden haben.« (Brw, 271)

40. Vgl. Herbert Lehnert: »Thomas Mann – Fiktion, Mythos, Religion«. Stuttgart 1965. S. 146, 151 f., 167–170, 205.

41. Thomas Mann: »Briefe 1889–1936«, S. 417.
42. Zweigs »Castellio« wurde allzu wenig beachtet. Das Buch fehlt im Castellio-Artikel der neuen Brockhaus-Enzyklopädie (wie der »Erasmus« im entsprechenden Artikel), es hat nicht auf den dortigen Calvin-Artikel eingewirkt; es fehlt auch im Zweig-Artikel von Wilperts »Deutschem Dichterlexikon«, Stuttgart 1963. »Kindlers Literatur Lexikon« verzichtet überhaupt auf Artikel über Zweigs sieben große Biographien vom »Fouché« bis zum »Balzac«.
43. Dazu gehört für Zweig auch die skeptische Einsicht, daß der Geschichtsverlauf sich nicht nach der Vernunft reguliert; s. in »Der europäische Gedanke in seiner historischen Entwicklung« die nüchterne Einschätzung der Gewalt des Nationalismus, die 1932 der Forderung nach europäischer Einheit entgegensteht (ZuW, 324 f.).
44. aus der »Declaración« für die Öffentlichkeit in Brasilien, zitiert in Friderike Zweigs Zweig-Bildbiographie, S. 125.
45. Vgl. Richard Friedenthals Charakterisierung Zweigs im Nachwort von ZuW, 373, mit dem erneut aktuellen Satz: »Aber wir können uns schwerlich eine sinnvolle Zukunft denken, in der nicht diese besten Eigenschaften des abendländischen Kulturerbes wieder in ihr Recht eingesetzt werden.«

Werke

Triumph und Tragik des Erasmus von Rotterdam. Wien, Leipzig u. Zürich: Reichner 1934; GWiE 1950. (Engl.: New York: Viking 1934; ndl.: Maastricht u. Brüssel: Stols 1934; dän.: København: Jespersen and Pio 1934.)

Maria Stuart. Wien, Leipzig u. Zürich: Reichner 1935; GWiE 1951. (Engl.: New York: Viking 1935; ndl.: Amsterdam: de Lange 1935.)

Castellio gegen Calvin oder Ein Gewissen gegen die Gewalt. Wien, Leipzig u. Zürich: Reichner 1936; GWiE 1954. (Engl.: New York: Viking 1936; ndl.: Amsterdam: de Lange 1936.)

Kaleidoskop. Wien, Leipzig u. Zürich: Reichner 1936. [Enthält außer 6 älteren Erzählungen erstmals alle Legenden und die 2. Sammlung der »Sternstunden« mit 7 Miniaturen, nach der 1. Sammlung von 1927 mit 5 Miniaturen.]

Begegnungen mit Menschen, Büchern, Städten. Wien, Leipzig u. Zürich: Reichner 1937; GWiE 1955. (Zitiert als: B.)

Magellan. Der Mann und seine Tat. Wien, Leipzig u. Zürich: Reichner 1938; GWiE 1953. (Engl.: New York: Viking 1938; frz.: Paris: Grasset 1938; ital.: Milano u. Verona: Mondadori 1938.)

Ungeduld des Herzens. Stockholm: Bermann-Fischer 1939; Amsterdam: de Lange 1939; New York u. Toronto: Longmans, Green, Alliance Book Corp. 1939. (Engl.: New York: Viking 1939; London: Cassell 1939; frz.: Paris: Grasset 1939.)

Sternstunden der Menschheit. Zwölf historische Miniaturen. Stockholm: Bermann-Fischer 1945. [Zuerst engl.: New York: Viking 1940, jedoch ohne »Heroischer Augenblick« und »Die Flucht zu Gott«, dafür mit zwei sonst nicht gedruckten Miniaturen: »The Head Upon the Rostrum, Cicero's Death. Dec. 7, 43 BC« und »Wilson's Failure. Mar. 15, 1919«. Frühere Teilsammlung mit 9 Miniaturen: frz.: Paris: Grasset 1928, Neudruck 1939.]

Brasilien. Ein Land der Zukunft. Stockholm: Bermann-Fischer 1941. (Engl.: New York: Viking 1941; port.: Rio de Janeiro: Guanabara 1941; span.: Buenos Aires: Espasa Calpe Argentina 1941.)

Amerigo, die Geschichte eines historischen Irrtums. Stockholm: Bermann-Fischer 1944. (Zuerst engl.: New York: Viking 1942; span.: Buenos Aires: Claridad 1942.)

Schachnovelle. Buenos Aires: Pigmalion 1942. Stockholm: Bermann-Fischer 1943.

Die Welt von Gestern. Erinnerungen eines Europäers. Stockholm: Bermann-Fischer 1944; GWiE 1955. (Zuerst span.: Buenos Aires: Claridad 1942; engl.: New York: Viking 1943; port.: Rio de Janeiro: Guanabara 1943.) (Zitiert als: WvG.)

Zeit und Welt. Stockholm: Bermann-Fischer 1943; GWiE 1946. (Zitiert als: ZuW.)

Balzac. Der Roman seines Lebens. Stockholm: Bermann-Fischer 1946. (Engl.: New York: Viking 1946.)

Europäisches Erbe. GWiE 1960. [Enthält die Erstveröffentlichung des »Montaigne«-Essays von 1941/42.] (Zitiert als: EuE.)

Legenden. GWiE 1959.
Die Dramen. GWiE 1964. (Zitiert als: Dr.)

Gesammelte Werke in Einzelausgaben. Frankfurt a. M.: S. Fischer 1946 ff. (Zitiert als: GWiE.)
Ausgewählte Werke. 2 Bde. Düsseldorf: Deutscher Bücherbund 1960. (Zitiert als: AW.)
Stefan Zweig – Friderike Zweig: Briefwechsel. Bern: Scherz 1951. (Zitiert als: Brw.)
Richard Strauss – Stefan Zweig: Briefwechsel. Frankfurt a. M.: S. Fischer 1957.
Unbekannte Briefe aus der Emigration an eine Freundin. Wien: Deutsch 1964. (Zitiert als: BrEm.)

Literaturhinweise

Hanns Arens [Hrsg.]: Stefan Zweig. Im Zeugnis seiner Freunde. München 1968. (Zitiert als: ZF.)
Arnold Bauer: Stefan Zweig. Berlin ²1963.
Hans Hellwig: Stefan Zweig. Ein Lebensbild. Lübeck 1948.
Randolph J. Klawiter: Stefan Zweig. A Bibliography. Chapel Hill 1964.
D. A. Prater: European of Yesterday. A Biography of Stefan Zweig. London 1972.
Erwin Rieger: Stefan Zweig. Der Mann und das Werk. Berlin 1928.
Hans-Albert Walter: Vom Liberalismus zum Eskapismus. Stefan Zweig im Exil. In: Frankfurter
  Hefte 25 (1970) S. 427–437.
Friderike Zweig: Stefan Zweig. Wie ich ihn erlebte. Berlin 1948.
– Stefan Zweig. Eine Bildbiographie. München 1961.
– Spiegelungen des Lebens. Wien 1964.

JÖRG B. BILKE

Sturz aus der Geschichte? Anna Seghers' Roman »Transit«

Im Sommer 1971 veröffentlichte Anna Seghers im Ostberliner Aufbau-Verlag eine Erzählung mit dem Titel *Überfahrt,* worin auf eigenartige Weise an Motive zweier Exilromane aus den vierziger Jahren angeknüpft wird.

Zunächst geht es darum, in dieser »Liebesgeschichte« (Untertitel) zwei in einer Reihe von Prosastücken, die nach 1945 entstanden, bisher getrennt behandelte Themenbereiche, lateinamerikanische Exotik und ostdeutschen ›Aufbau des Sozialismus‹, miteinander zu verbinden und aufeinander zu beziehen: mit einem polnischen Schiff fährt der DDR-Arzt Ernst Triebel von Bahia, wo er an einem tropenmedizinischen Kongreß teilnahm, zurück nach Rostock und eröffnet sich während der dreiwöchigen Überfahrt einem Mitreisenden, da ihn zwei Begegnungen jetzt und früher in Brasilien beunruhigen. Als Kind von Emigranten kam er schon 1938 in dieses Land, wo er in der Schule die aus Thüringen stammende, aber schon wie eine einheimische Schönheit auftretende Maria Luisa Wiegand kennenlernte. Aus dieser Kinderfreundschaft entstand Liebe, die sich bewähren sollte, als Triebel mit seinem Vater in die spätere DDR heimkehrte, um dort Medizin zu studieren; Maria Luisa sollte in einigen Jahren folgen.

Indes ergaben sich Schwierigkeiten. Briefe von Ost-Berlin nach Rio machten deutlich, wie schwer es Triebel fiel, Lebens- und Denkgewohnheiten des früheren Exillandes abzulegen: ›Heimatfindung‹ in einer neuen Gesellschaftsordnung ist eins der Motive dieses Buches. Von Maria Luisa, die die Korrespondenz schließlich abbrach, erfährt man nur, daß sie in Europa nicht hätte leben können und deshalb immer auf Triebels Rückkehr gehofft hatte. Erst Jahre später führten Triebel zwei Reisen wieder nach Brasilien, sie stürzten ihn in neue Verwirrung: auf der ersten erfuhr er, Maria Luisa hätte in der Zwischenzeit ihren Mitschüler Rodolfo geheiratet, wäre dann aber beim Baden ertrunken; auf der zweiten aber glaubte er, ihr in Bahia wiederbegegnet zu sein, freilich hätte sie ihn nicht erkannt oder erkennen wollen.

In diesem zweiten Motiv ›Identitätsverlust‹, nicht nur in der Ähnlichkeit der Buchtitel[1], liegt der Berührungspunkt zum Exilroman *Transit* (1943), wo ein Emigrant mit dem Paß eines Toten weiterlebt und dessen Rolle übernimmt. Es gibt aber auch eine, für das bisherige Werk der Kommunistin Anna Seghers befremdlich wirkende Beziehung zum Exilroman *Das siebte Kreuz* (1942), dessen humanistisches Credo lautet: »Ein kleiner Triumph, gewiß, gemessen an unserer Ohnmacht, an unseren Sträflingskleidern. Und doch ein Triumph, der einen die eigene Kraft plötzlich fühlen ließ nach wer weiß wie langer Zeit, jene Kraft, die lang genug taxiert worden war, sogar von uns selbst, als sei sie bloß eine der vielen gewöhnlichen Kräfte der Erde, die man nach Maßen und Zahlen abtaxiert, wo sie doch die einzige Kraft ist, die plötzlich ins Maßlose wachsen kann, ins Unberechenbare. [...] Wir ahnten, was für Nächte uns jetzt bevorstanden. Die nasse Herbstkälte drang durch die Decken, durch unsere Hemden, durch die Haut. Wir fühlten alle, wie tief und furchtbar die äußeren Mächte in den Menschen hineingreifen können, bis in sein Innerstes, aber wir fühlten auch, daß es im Innersten etwas gab, was unangreifbar war und unverletzbar.«

So sicher wie die 1937 im Konzentrationslager Westhofen zurückbleibenden Gefangenen ist sich der Arzt Triebel zwanzig Jahre später nicht mehr, mit seinen Worten klingt es fordernder und verzweifelter: »Es muß aber im Innern des Menschen einen unverwüstlichen, zwar manchmal im Dunst, sogar im Schlamm verborgenen, dann aber wieder in seinem ursprünglichen Glanz aufleuchtenden Kern geben. Es muß ihn geben.«

Als Anna Seghers Anfang des Jahres 1933 aus Deutschland emigrierte, nachdem ihr letzter Roman *Die Gefährten* (1932) eben verboten worden, sie selbst in Berlin kurze Zeit verhaftet gewesen war und dann unter polizeilicher Aufsicht gestanden hatte, und über die Schweiz, wo ihr der Gedenkstein für Georg Büchner zur »schneidenden Begrüßung«[2] wurde, nach Paris ging, war sie seit fünf Jahren Mitglied der Kommunistischen Partei und gehörte dem ›Bund Proletarisch-Revolutionärer Schriftsteller‹ seit vier Jahren an.

Es ist zu beobachten, daß ihre schriftstellerischen Fähigkeiten durch die Entscheidung für den Kommunismus nicht verengt, sondern erweitert und gesteigert wurden. Fiel an der Erzählung *Der Aufstand der Fischer von St. Barbara* (1928), die noch den bürgerlichen Anfängen der Autorin zuzurechnen ist, auf, daß Ort und Zeit des Geschehens nicht benannt werden, so ist die Tendenz zum Dokumentarischen in den folgenden Prosatexten, besonders in den sechs Exilromanen, die als Teile einer »deutschen Chronik der Jahre zwischen 1919 und 1945«[3] anzusehen sind, unverkennbar. Das Buch *Der Kopflohn* (1933) trägt den Untertitel »Roman aus einem deutschen Dorf im Spätsommer 1932«. Bekannt ist weiterhin, daß Anna Seghers von Paris aus 1934 nach Österreich fuhr, um den Spuren des bewaffneten Arbeiteraufstands vom Februar 1934 in Graz und Wien nachzugehen, den sie dann in der Erzählung *Der letzte Weg des Koloman Wallisch* (1934) und im Roman *Der Weg durch den Februar* (1935) beschrieb. Als sie den Bergarbeiterroman *Die Rettung* (1937) konzipierte, trieb sie Studien vor Ort im belgischen Kohlenrevier von Borinage. Die Handlung des Widerstandsromans *Das siebte Kreuz* (1942), den sie 1937 bis 1940 in Paris schrieb, verlegte sie folgerichtig in die Gegend, die ihr von Kindheit an vertraut war, in die rheinhessische Landschaft zwischen Worms, Mainz und Frankfurt; die Kenntnisse vom Leben innerhalb Deutschlands nach 1933, besonders von den Zuständen in den Konzentrationslagern, die der Exilschriftstellerin nicht vertraut sein konnten, gewann sie, wie sie selbst bestätigte, durch Flüchtlingsbefragungen.

Auch die politischen Aktivitäten der kommunistischen Erzählerin Anna Seghers während ihres französischen Exils 1933–41 ließen keinen Zweifel an ihrer ideologisch eindeutigen Position aufkommen. Schon im Sommer 1933 war sie an der Neugründung des ›Schutzverbandes Deutscher Schriftsteller‹ in Paris beteiligt und wurde Mitherausgeberin der in Prag erscheinenden Exilzeitschrift *Neue Deutsche Blätter* (1933–35). Auf den drei ›Internationalen Schriftstellerkongressen zur Verteidigung der Kultur‹ (Paris 1935; Valencia, Madrid, Barcelona, Paris 1937; Paris 1938) hielt sie weithin beachtete Reden oder sandte zumindest Grußschreiben. Ihre zahlreichen politischen Artikel und literarischen Aufsätze[4], besonders der Briefwechsel mit Georg Lukács 1938/39, zeigen eine Autorin, die mit ihrem literarischen Werk weniger auf ästhetische als auf politische Wirkung bedacht war. Diese Wirkung schien ihr am gründlichsten dadurch erreicht werden zu können, daß sie fast alle ihre Romane und Erzählungen in der Form des objektiven Berichts anlegte, so daß das epische Subjekt hinter dem Erzählten verschwand und vor allem autobiographische Daten der Erzählerin selbst ausgespart werden konnten; ein Merkmal ihrer Prosa, das den dokumentarischen Zug noch unterstreicht. Das persönliche Schicksal ihrer literarischen Helden nämlich ist immer verbunden mit dem Schicksal der Klasse, der sie entstammen, es hat exemplarischen Wert und gibt sich historisch verbindlich: »Nichts geschieht für sich allein: das ist die epische Botschaft aller Bücher der Anna Seghers.«[5]

Es gibt freilich eine Ausnahme: in der Erzählung *Der Ausflug der toten Mädchen* (entstanden 1943, veröffentlicht 1946) ist der Erzähler unverkennbar Anna Seghers selbst. Diese Erzählung unterscheidet sich derart von allen anderen ihrer bis dahin bekannt gewordenen Veröffentlichungen, daß auf eine besondere Situation im Leben der Autorin geschlossen werden kann. So berichtet Christa Wolf, daß Anna Seghers, nachdem sie aus Deutschland die Nachricht von der Ermordung ihrer Mutter und der Zerstörung ihrer Heimatstadt Mainz durch einen Bombenangriff empfangen habe, infolge eines Autounfalls in Mexiko schwer erkrankt sei, in Lebensgefahr geschwebt und das Erinnerungsvermögen verloren habe.[6]

Als die deutschen Truppen im Mai 1940 einen Teil Frankreichs besetzten, hatte Anna Seghers gerade den Roman *Das siebte Kreuz* beendet, dessen Manuskript sie aus Sicherheitsgründen wieder vernichtete.[7] Der erste Fluchtversuch mit ihren beiden Kindern in den unbesetzten Teil Frankreichs mißlang, sie kehrte nach Paris zurück und konnte sich dort, während ihr Name auf den Fahndungslisten der Gestapo stand, für kurze Zeit verborgen halten. Später halfen ihr französische Freunde, in das unbesetzte Städtchen Pamiers zu entkommen, in dessen Nähe das Lager Vernet lag, wo ihr Mann Laszlo Radvanyi interniert war. Dort begann sie auch an einer Erzählung zu schreiben, die sie *Weiße Hochzeit* nannte und deren Manuskript verlorenging: »eine jener vorgetäuschten Hochzeiten, die, nicht so selten, zum Schein geschlossen wurden; zum Beispiel kann die Braut bestimmte Papiere brauchen, um zu ihrem richtigen Bräutigam zu kommen, Papiere, die sie allerdings nur als verheiratete Frau bekommt. Die geplante, wirkliche Hochzeit aber wird niemals begangen, dagegen erweist sich die falsche als ernst und dauerhaft.«[8]

Im Herbst 1940 schließlich kam Anna Seghers nach Marseille, wo sie den Winter verbrachte, um 1941 über die Antillen und Ellis Island den mittelamerikanischen Staat Mexiko zu erreichen, dessen Regierung politischen Flüchtlingen aus Europa Asyl zugesichert hatte.

Auch den Roman *Transit*[9] wird man, was Erzählform, Mentalität des Berichtenden und überhaupt die politische Tendenz angeht, aus einer Ausnahmesituation im Leben der Verfasserin interpretieren müssen. Auf die Sonderstellung dieses Romans innerhalb des Gesamtwerks von Anna Seghers ist öfters verwiesen worden, man bezeichnete ihn zum Beispiel als »Zwischenspiel im exemplarischen Realismus«[10] oder als »existenzialistische Abweichung«[11], während Werner Welzig ihn nur als

Ausdruck der »Unentrinnbarkeit der menschlichen Situation«[12] überhaupt interpretiert sehen möchte.

Während es sich bei den anderen Exilromanen (1933–42) um, was nicht gegen ihren realistischen Zuschnitt spricht, Literatur ›aus zweiter Hand‹ handelt, deren Rohstoff sich Anna Seghers erst erfragen mußte, und bei der Erzählung vom Schulausflug vor 1914 um ein authentisches Stück Autobiographie, steht der Flüchtlingsroman, worin die französischen Exilerfahrungen der Schriftstellerin verarbeitet sind, zwischen beiden Möglichkeiten epischen Berichtens. Daß Anna Seghers sich dessen bewußt war, zeigt ein Brief aus dem Jahr 1960 an einen russischen Germanisten, worin auch auf literarische Vorbilder eingegangen wird: »Erstens (das ist zum Teil leicht erkennbar), ich habe fast alles, was darin vorkommt, miterlebt. Ich habe aber [...] niemals so etwas unmittelbar im Erlebnis Steckende geschrieben. Das Buch ist in Marseille entstanden, in den erwähnten Cafés, wahrscheinlich sogar, wenn ich zu lange warten mußte, in Wartezimmern von Konsulaten [...]. Zweitens, meine Lehrer sind daran schuld, daß das Buch in all diesem Wirrwarr (für mich wenigstens) an eine einfache, klare Handlung geknüpft ist. Jetzt werden Sie erstaunt sein. Ich spreche von den Lehrern Balzac und Racine. [...] Was mit dieser Frau und ihren zwei Freunden und ihrem toten Geliebten passiert, das gleicht der Handlung von Andromaque: Zwei Männer kämpfen um eine Frau, aber die Frau liebt in Wirklichkeit einen dritten Mann, der schon tot ist.«[13]

Aber auch diesen Roman wird man, trotz seiner Singularität nicht nur in der Abfolge der Romane von Anna Seghers, sondern auch innerhalb der Exilepik überhaupt[14], nicht isoliert betrachten können, sondern den politischen Standort der Autorin wie auch die Tendenz zum zyklischen Schaffen in ihrem Werk in Rechnung stellen müssen. Immer wieder nämlich werden Handlungsfäden aus längst abgeschlossenen Geschichten aufgenommen und weitergeführt.[15] Markantestes Beispiel dafür sind die beiden 1948 erschienenen Erzählungen *Die Hochzeit von Haiti* und *Wiedereinführung der Sklaverei in Guadeloupe*, die den Auswirkungen der Französischen Revolution von 1789 auf den Karibischen Inseln nachgehen; zwölf Jahre später wurde dieser offenbar als fragmentarisch empfundene Komplex durch die Erzählung *Das Licht auf dem Galgen* (1960) abgerundet.

Auch im Umkreis des Romans *Das siebte Kreuz* entstanden (abgesehen von der Gestalt des ›Zillich‹, die aus dem Roman *Der Kopflohn* von 1933 übernommen wird) drei Erzählungen, die die Entwicklung von Nebenfiguren weiterverfolgen: *Das Ende* (1945), *Die Saboteure* (1946) und *Vierzig Jahre der Margarete Wolf* (1958). Es liegt nahe, den 1940/41 verfaßten Roman *Transit* diesem Themenbereich zuzuordnen, wenn nicht als direkte Fortführung bisher unvollendet gebliebener Partien, so doch als Ergänzung, als Aufzeigen anderer Reaktionsmöglichkeiten auf die Vorgänge innerhalb Deutschlands, als Beleuchtung des Geschichtsprozesses aus einem anderen Blickwinkel. Schon der aus dem Konzentrationslager Westhofen bei Worms fliehende Kommunist Georg Heisler war nicht mehr der vom künftigen Sieg des Proletariats überzeugte Revolutionär, sondern ein fast zu Tode gehetzter Flüchtling, der nur noch sein Leben retten will und schließlich ins noch nicht besetzte Ausland entkommen kann, wo sich seine Spur in der Geschichte verliert.

Freilich ist seine gelungene Flucht, die die zurückbleibenden Lagerhäftlinge neue Hoffnung schöpfen und die Gestapo als nicht allmächtig erscheinen läßt, auch Zeugnis für die Überlebensfähigkeit der Kommunistischen Partei, der Georg Heisler angehört, mag ihn auch Anna Seghers nicht gerade mit überragendem Intellekt ausgestattet haben: ›jene Kraft‹, die er zu spüren bekommt in der Illegalität, die ›Solidarität‹ der ›Arbeiterklasse‹ oder, wie es 1965 heißen wird, die ›Kraft der Schwachen‹, macht ihn in einem fast metaphysischen Sinn ›unverwundbar‹, die Revolution lebt weiter.

Die Arbeit am Manuskript dieses Romans wurde begonnen (1937) und vermutlich auch abgeschlossen (1940), bevor deutsche Truppen den Rhein überschritten und einen Teil Frankreichs besetzten. Bis 1939/40 konnte man den ›Aufstieg‹ des Dritten Reichs noch als Scheinkonjunktur erklären, sein Untergang würde durch einen Expansionskrieg nur beschleunigt werden können. Ganz anders mußte die politische Lage den deutschen Emigranten erscheinen, nachdem eine Reihe mittel- und nordeuropäischer Staaten, schließlich auch die Niederlande, Belgien und Frankreich gefallen waren. Für eine dem revolutionären Marxismus verpflichtete Schriftstellerin wie Anna Seghers konnte kommunistisches Geschichtsverständnis erst dann wieder volle Gültigkeit bekommen, als russische Truppen an der Ostfront zur Offensive angetreten waren. Auch der junge Arbeiter des Romans *Transit*, dessen wirklicher Name nie genannt wird, floh aus einem deutschen Konzentrationslager, schwamm über den Rhein nach Frankreich, wird dort während der deutschen Invasion interniert, flieht ohne Ausweispapiere nach Paris und von dort nach Marseille. Seine Einstellung zu den Nationalsozialisten wird durch seine persönlichen Erfahrungen bestimmt; er haßt sie, weil er vor ihnen fliehen muß, gibt jedoch auch zu erkennen, daß er auf politische Parteien überhaupt, auch oppositionelle, schlecht zu sprechen sei: auch ohne Partei sei er verfolgt worden.

In Paris, wo er bei der befreundeten Familie Binnet wohnt, weil die Flucht über die Loire nach Süden mißglückte, trifft er auf einen anderen Emigranten, der ihn bittet, dem in einem Pariser Hotel wohnenden Schriftsteller Weidel einen Brief zu übergeben. Weidel freilich, der sich von Frau und Freunden verlassen glaubte, hat sich inzwischen das Leben genommen, so daß der Bote nur noch einen Handkoffer mit Habseligkeiten vorfindet, den er an sich nimmt.[16] Der an den Toten gerichtete Brief enthält ein Schreiben vom mexikanischen Konsulat in Marseille, worin ihm mitgeteilt wird, daß Visum und Reisegeld bereitlägen sowie einige Zeilen von seiner Frau, die ihn beschwört, sofort nach Marseille zu fahren.

Der unbekannte Arbeiter, ungeübt im Lesen, der Literatur überhaupt fremd und mißtrauisch gegenüberstehend, findet im Koffer ein unvollendetes Romanmanuskript, dessen Lektüre ihm eine eigenartig zwiespältige Begegnung mit dem toten Schriftsteller verschafft: »Aus lauter Langeweile fing ich zu lesen an. Ich las und las. Vielleicht, weil ich bisher noch nie ein Buch zu Ende gelesen hatte. Ich war verzaubert. [...] Ich meine aber, der Mann, der das geschrieben hat, der hat seine Kunst verstanden. [...] Ich vergaß meine tödliche Langeweile. Und hätte ich tödliche Wunden gehabt, ich hätte auch sie im Lesen vergessen. [...] Und plötzlich, so in den dreihundert Seiten, brach alles für mich ab. Ich erfuhr den Ausgang nie. Die Deutschen waren nach Paris gekommen, der Mann hatte alles zusammengepackt, seine paar Klamotten, sein Schreibpapier. Und mich vor dem fast leeren Bogen allein gelassen. Mich überfiel von neuem die grenzenlose Trauer, die tödliche Langeweile. Warum hat er sich das Leben genommen? Er hätte mich nicht allein lassen dürfen.

Er hätte seine Geschichte zu Ende schreiben sollen. Ich hätte bis zum Morgengrauen lesen können. Er hätte noch weiterschreiben sollen, zahllose Geschichten, die mich bewahrt hätten vor dem Übel. Wenn er mich rechtzeitig gekannt hätte! [...] Ich hätte ihn angefleht, am Leben zu bleiben. Ich hätte ihm ein Versteck gefunden. Ich hätte ihm Essen und Trinken gebracht. Jetzt aber war er tot. Zwei Schreibmaschinenzeilen auf dem letzten großen Bogen. Und ich allein! So elend wie zuvor.«

Die pädagogische Funktion dieses literarischen Textes, wie ihn Anna Seghers zumindest verstanden wissen möchte: einen namenlosen Arbeiter aus »grenzenloser Trauer« und »tödlicher Langeweile« zu befreien, ihn von den subjektiven Bedingungen seiner Exilexistenz zu ›erlösen‹, vielleicht auch Orientierungshilfe zu geben für den politischen Kampf, wird nicht erfüllt; der Absender dieser ›Botschaft‹ vermag den Empfänger nur zu beunruhigen, nicht aber »vor dem Übel zu bewahren«.

In seiner Besprechung *Gefahr unter falschen Brüdern*[17] hat Heinrich Böll auf die chiliastische Komponente des Romans aufmerksam gemacht: hier wie im zweiten Brief an die Korinther wird von den zahllosen Gefahren gesprochen, denen sich aussetzt, wer eine ›Botschaft‹ zu verkünden hat. Nur: Der namenlose Arbeiter, der den Deutschen immer noch entkommen konnte, muß sich selbst raten und helfen lassen. Seine Fluchtgründe sind legitim, ohne daß aber der Einzelfall politisch objektiviert würde, seine Situation in Paris wird kaum von ihm selbst, sondern von seinen französischen Freunden bestimmt, entsprechend vage sind seine Zukunftspläne. Unter diesen Aspekten gerät er in Südfrankreich in eine Lage, die er einmal ein »Spiel um den irdischen Aufenthalt« nennt. Gewinnen wird der tote Schriftsteller Weidel.

Trotz aller Bemühungen nämlich gelingt es dem Flüchtling weder in Paris noch auch später in Marseille, Weidels Koffer samt Brief den mexikanischen Konsulaten zu überstellen, vielmehr wird er, nachdem er in einem Dorf einen »überzähligen Flüchtlingsschein« erhalten hat, der auf den Namen ›Seidler‹ lautet, von den Behörden als deutscher Schriftsteller registriert, der ›Seidler‹ heißt, aber unter dem Pseudonym ›Weidel‹ reist, so daß er sich schließlich selbst in diese Rolle schickt. In Marseille erhält ›Seidler‹ nacheinander mehrere befristete Aufenthaltsgenehmigungen, als er erklärt, baldmöglichst abreisen zu wollen, was in Wirklichkeit nicht seine Absicht ist, jedenfalls nicht bis zu dem Zeitpunkt, wo er Marie, die Frau Weidels, durch einen Zufall kennenlernt, die die Stadt nach dem Schriftsteller Weidel absucht, da sie überall, auf Fremdenämtern und Ausreisebüros, Spuren seiner Anwesenheit festzustellen glaubt, ohne zu ahnen, daß ›Seidler‹ auf Weidels Paß nach Marseille gekommen ist. Als ihm schließlich spielend gelingt, was der Masse der Flüchtlinge versagt bleibt, sämtliche Reisepapiere ausgestellt und noch dazu die Schiffspassage bezahlt zu bekommen, weil Weidel offensichtlich einflußreiche Freunde im Asylland Mexiko hat, gibt er seinen Plan auf, weil Marie nicht ihn, sondern immer noch nur den toten Schriftsteller lieben kann, den sie in Amerika wiederzufinden hofft. ›Seidler‹ gibt sein Flüchtlingsdasein auf, wird Arbeiter auf einer Pfirsichfarm und hofft, den Krieg als assimilierter Franzose überstehen zu können. Das Ignorieren seiner deutschen Herkunft und das Aufgehen in der fremden Umgebung sollen ihm dazu verhelfen, dort eine Heimat zu finden, wo er geduldet und anerkannt wird: »Die Nazis werden mich keinesfalls mehr als ihren Landsmann erkennen. Ich will jetzt Gutes und Böses hier mit meinen Leuten teilen, Zuflucht und Verfolgung. Ich werde, sobald es zum Widerstand kommt, mit Marcel eine Knarre nehmen.

Selbst wenn man mich dann zusammenknallt, kommt es mir vor, man könne mich nicht restlos zum Sterben bringen. Es kommt mir vor, ich kennte das Land zu gut, seine Arbeit und seine Menschen, seine Berge und seine Pfirsiche und seine Trauben. Wenn man auf einem vertrauten Boden verblutet, wächst etwas dort von einem weiter wie von den Sträuchern und Bäumen, die man zu roden versucht.«

Die Romanhandlung beginnt, was Spezifikum fast aller Arbeiten von Anna Seghers bis 1945 ist, mit einem ›Lagebericht‹, nachdem die Entscheidung bereits gefallen ist. So finden sich in den Romanen und Erzählungen, die proletarische Niederlagen schildern, epische Anfänge wie: »Der Aufstand der Fischer zu St. Barbara endete mit der verspäteten Ausfahrt zu den Bedingungen der vergangenen vier Jahre« oder: »Alles war zu Ende. Das Dorf war eingekreist, die Dorfausgänge waren besetzt, die Luft war bitter, die Herzen hämmerten«, selbst noch im Roman *Das siebte Kreuz* ist ein Nullkapitel vorgeschaltet, worin ein anonym bleibender Häftling die gelungene Flucht Georg Heislers kommentiert. Hier, im Roman *Transit*, ist der Ich-Erzähler gleichzeitig der Held des Geschehens, der mit einem anonymen Gegenüber ein Scheingespräch führt. Er hat zwar eine Entscheidung gefällt, die seiner ausweglosen Situation als Emigrant einen Sinn gibt, ist aber unschlüssig, ob es die richtige war; bezeichnend für den Roman ist, daß der Bericht auf einem Gerücht aufbaut: »Die ›Montreal‹ soll untergegangen sein zwischen Dakar und Martinique. Auf eine Mine gelaufen. Die Schiffahrtsgesellschaft gibt keine Auskunft. Vielleicht ist auch alles nur ein Gerücht [. . .]. Ich möchte gern wissen, ob die ›Montreal‹ wirklich unterging [. . .]. Ich hatte nämlich durchaus die Möglichkeit mitzufahren. Ich hatte eine bezahlte Karte, ich hatte ein Visum, ich hatte ein Transit. Doch zog ich es plötzlich vor, zu bleiben.«
Aber auch der Erzählvorgang selbst ist in den autobiographischen Bericht einbezogen. Während im bisherigen Werk der Anna Seghers von politischen Aktionen erzählt wurde, deren Sinn von ihren Trägern nicht mehr erörtert zu werden brauchte, weil er schon darin beschlossen lag, daß sie Kommunisten waren, erzwingt nun die psychische Verfassung des Flüchtlings in Marseille, der kein Kommunist ist, die Reflexion des Erlebten, die Aussprache, wozu er, wie Ernst Triebel in der Erzählung *Überfahrt*, einen Zuhörer braucht, dem er sich anvertrauen kann: »Ich möchte gern einmal alles erzählen, von Anfang bis zu Ende [. . .]. Denn abgeschlossen ist, was erzählt wird.«
Als ›Seidler‹ im Herbst 1940 nach Marseille kommt, gerät er in eine sich ›kafkaesk‹ gebärdende Stadt, in der die Gesetze des wirklichen Lebens keine Gültigkeit mehr besitzen. Schon auf dem Weg dorthin trifft er auf Anzeichen von Tod und Untergang. Im Bahnhof von Toulouse zum Beispiel entdeckt er Kinder, denen keine Erfahrung mehr fremd zu sein scheint: »Alt sah der Säugling aus, grau war das Haar der stillenden Mutter, und die Gesichter der beiden kleinen Brüder, die über die Schultern der Frau sahen, waren frech, alt und traurig.« Die Flüchtlingsmassen, die der Hafenstadt Marseille als dem Sammelbecken europäischer Emigranten zustreben, um von dort nach Übersee zu gelangen, erscheinen ihm als »Schattenschwärme« und »Zug abgeschiedener Seelen«, die den unbesetzten Teil Frankreichs in ein apokalyptisches Chaos verwandeln. Schließlich empfindet er auch sich selbst als schattenhaft, als aus einem Stoff gemacht, der sich verflüchtigt, was er mit dem

toten Schriftsteller Weidel in Verbindung bringt: »Mir wurde bang wie im Schlaf, wenn ein Traum sich der Wirklichkeit ähnlich gebärdet und gleichwohl etwas Unfaßbares, etwas Unmerkliches einen belehrt, daß das, was glücklich macht oder traurig, niemals die Wirklichkeit sein kann.« Es kommt ihm vor, daß alle Städte in Südfrankreich von »einer Art Stadtbann« beherrscht werden, daß »eine unermüdliche Schar von Beamten« verdächtige Flüchtlinge einfängt, sie in Gefängnisse und Lager verschleppt, weshalb sie »um ihre Pässe wie um ihr Seelenheil« fürchten müssen: »Für Abgeschiedene hielt ich sie, die ihre wirklichen Leben in ihren verlorenen Ländern gelassen hatten, hinter den Stacheldrähten von Gurs und Vernet, auf spanischen Schlachtfeldern, in faschistischen Kerkern und in den verbrannten Städten des Nordens. Sie mochten sich noch so lebendig stellen mit ihren verwegenen Plänen, mit ihren bunten Drapierungen, mit ihren Visa auf seltsame Länder, mit ihren Transitstempeln. Mich konnte nichts täuschen über die Art ihrer Überfahrt.«[18]
Bei seiner Ankunft in Marseille ist ›Seidler‹ fest entschlossen, sich dem »Sog einer panischen Fluchtpsychose«[19] zu entziehen. Beim Anblick der südwärts strömenden Flüchtlingsmassen fühlt nur er sich »noch am Leben [...] durchaus zum Bleiben gewillt«; gerade weil ihm der Zerfall der bisher gültigen Ordnung ein globaler Vorgang zu sein scheint, sieht er im Gegensatz zu den anderen Flüchtlingen keinen Sinn darin, »eine brennende Stadt mit einer anderen brennenden Stadt zu vertauschen, das Umsteigen von einem Rettungsboot auf das andere, auf dem bodenlosen Meer«. Auf die Frage eines Mitemigranten, in welches Land er zu reisen gedenke, erklärt er, er habe überhaupt nicht die Absicht, irgendwohin zu fahren. Er sei »längst aller Ratgeber ledig« und von »tödlicher Langeweile« befallen, gründlich satt habe er diese »spannenden Erzählungen von knapp überstandener Todesgefahr, von atemloser Flucht«. Was er sich von Marseille erhofft, ist das »gewöhnliche Leben«, das er entbehre wie »Brot und Wasser«. Als Arbeiter, der er ist, erregt ihn nur noch »der Bericht eines Eisendrehers, wieviel Meter Draht er schon in seinem langen Leben gedreht hat, mit welchen Werkzeugen, oder das runde Licht, an dem ein paar Kinder Schulaufgaben machen«.
Anfangs scheint ihm die Stadt diese Wünsche auch gewähren zu können: »Die große Ruhe kam über mich, die dann immer über mich kommt, wenn mir etwas sehr gut gefällt. Ich glaubte beinah, ich sei am Ziel. In dieser Stadt, glaubte ich, müßte endlich alles zu finden sein, was ich suchte, was ich immer gesucht hatte. [...] Ich hab nur den einen Wunsch: eine Zeitlang hier in Ruhe zu bleiben. [...] Ich fühlte mich schon ganz eingemeindet. Ich hatte ein Zimmer, einen Freund, eine Geliebte.«
Von nun an lauscht er den Gesprächen der anderen Emigranten, »halb gelähmt vor Langeweile«, und verfolgt ihre Bemühungen um Ausreise, »halb belustigt [...] halb gelangweilt«, spricht aber selbst immer wieder bei den Flüchtlingsämtern vor, um dort Geld für seinen Lebensunterhalt zu bekommen: »Ich aber fing jetzt gleich an zu erzählen, daß ich alles aufgeben wolle und abreisen. Das begriffen alle. Hätte ich sie um Geld gebeten für eine Hacke, damit ich noch mal mein Glück versuchte auf einem Rübenacker, irgendwo auf der alten Erde, sie hätten mir bestimmt keine fünf Francs für die Hacke gegeben. Sie belohnten allein die Abfahrtsbereiten, die alles aufgaben. Also stellte ich mich von nun an abfahrtssüchtig, worauf ich Geld genug bekam für die Wartezeit auf das Schiff.« Wochenlang sitzt er nun in den Hafenkneipen und verhält sich den Abfahrtsvorbereitungen der anderen Flüchtlinge

gegenüber so teilnahmslos, daß für ihn die Wahl des Sitzplatzes mit der schönsten Aussicht zum wichtigsten Problem wird. Dort stellt er geschichtsphilosophische Betrachtungen an über Hafenstädte als Fluchtpunkt aller Jahrhunderte: »Ich fühlte mich uralt, jahrtausendealt, weil ich alles schon einmal erlebt hatte, und ich fühlte mich blutjung, begierig auf alles, was jetzt noch kam, ich fühlte mich unsterblich.«

Doch die Ruhe und Ausgeglichenheit ›Seidlers‹ täuschen. Von einem Arzt, den er, was er sich eingestehen muß, um seinen Entschluß, abzufahren, beneidet, muß er sich sagen lassen, er habe sich diese scheinbar indifferente Haltung nur zugelegt, um von nichts und niemand überrascht zu werden. Daß er freilich immer noch erreichbar ist für Furcht und Schrecken seines tatsächlichen Emigrantendaseins, zeigt seine Reaktion auf dem Fremdenamt, als ihm die Aufenthaltsfrist nicht verlängert werden soll und dadurch die Brüchigkeit seiner Existenz augenfällig wird: »Da fing ich an zu zittern. Ich zitterte vielleicht im tiefsten Innern, weil der Beamte recht hatte. Ich war gar nicht eingemeindet. Mein Dach war fragwürdig in der Rue de la Providence.«

Selbst die Art und Weise, wie ihm je nach seiner Gemütsverfassung das Wappen des mexikanischen Konsulats, das ihm als dem Schriftsteller Weidel das Visum ausstellt, Verheißung oder Enttäuschung eingibt, zeigt, daß er endgültige Entscheidungen noch nicht getroffen hat: »Über der inneren Tür hing ein Wappenschild. Ich konnte nicht recht klug daraus werden, obwohl es frisch und neu war. Ich unterschied einen Adler auf einem Gestrüpp von Kakteen. Die Haustür unterschied sich durch nichts von anderen Türen, bis auf das Wappen, das aber kaum sichtbar war für die achtlos Vorübergehenden, nur für unsere Augen nicht, die es unruhig suchten. Es war stark nachgedunkelt, seit ich in Paris versucht hatte, es zu entziffern. Kaum, daß ich den Adler noch unterschied auf dem Gestrüpp von Kakteen. Bei seinem Anblick zog sich mein Herz zusammen in einem Gefühl von schmerzlich freudigem Fernweh, eine Art von Hoffnung, doch wußte ich nicht, worauf. Vielleicht auf die Weite der Erde, auf unbekanntes gelobtes Land [...]. Die Menschen drängten sich vor dem trüben Haus, in dem sich das mexikanische Konsulat verbarg. Das Wappen über der Tür war fast erloschen, unkenntlich war der Adler. [...] Ich sah an dem hohen Portal hinauf zu dem großen Wappenschild. Zu meinem Erstaunen glänzte es frisch, der Staub war von ihm abgefallen. Ich konnte jetzt sogar eine Schlange erkennen im Schnabel eines Adlers. [...] Da stand ich auch schon im Portal. Der Türhüter sprang auf mich zu, als hätte er mich erwartet [...]. Die Bank stand gegenüber dem mexikanischen Konsulat. Ich erkannte das große ovale Wappenschild, den Adler auf den Kakteen, in der Dunkelheit nur, weil ich es kannte.«

Auch das Konsulat der Vereinigten Staaten sieht er, dem ein Reisebüro wie die »Verwaltung des Jüngsten Gerichts« vorkommt, unter fast religiösen Aspekten, die wartenden Kinder dort sind gekleidet wie »zur ersten Kommunion«, der Portier[20] hat die Allmacht eines Erzengels: »Der Türhüter der Kanzlei des Konsulats der Vereinigten Staaten stand, stark wie ein Boxer, hinter dem aktenbeladenen Tisch, der den Aufgang der Treppe versperrte. Er hätte mit einer kleinen Bewegung seines mächtigen Brustkorbs den ganzen dürren Schwarm Abfahrtsbesessener hinausschieben können, die an diesem Morgen ein eisiger Windstoß auf den Platz Saint-Ferréol trieb. Wie Kalk lag der Puder auf den von Kälte gesteiften Gesichtern der Frauen, die nicht bloß sich und die Kinder, sondern auch ihre Männer geputzt hatten, um Gnade bereits vor den Augen des Türhüters zu erlangen. Er drehte zuweilen mit seiner gewaltigen Hüfte den aktenbeladenen Tisch, so daß ein Spalt frei wurde, ein Nadelöhr, durch das ein bevorzugter Transitär nach oben steigen konnte.«

Vor allem aber sind es Begegnungen mit drei oder vier anderen Emigranten, in deren Schicksal sich ›Seidlers‹ Existenz in Marseille spiegelt. Bestimmend für sein Flüchtlingsdasein wurde zuerst, noch in Paris, das ›Vermächtnis‹ des toten Schriftstellers Weidel, dessen Romanfragment und Ausweispapiere er an sich nahm und dessen er »in Ehrfurcht und Trauer« gedenkt. Freilich gewinnt nun auch Weidels Vergangenheit, unter positiven und negativen Vorzeichen, Macht über sein Leben. Für den Schriftsteller Weidel sind die Wege ins Ausland geebnet, einflußreiche Freunde in Mexiko scheinen die Schiffspassage bezahlt zu haben, das Visum liegt gleichfalls vor. Daß ›Seidler‹ allein vom Tod Weidels Kenntnis hat, macht ihn der Bürokratie in Marseille überlegen, die den lebenden Schriftsteller vor sich zu sehen glaubt. Gegenüber dem Arzt, der sich auch um Marie Weidel bemüht, fühlt er sich sogar mit dem Toten im Bunde: »Wir werden sie ihm bald wegnehmen. Sei ruhig, er wird sie nicht lange behalten.« Dann allerdings wird ihm ein spanisches Transitvisum verweigert, weil Weidel noch in Paris ein Buch über den Spanischen Bürgerkrieg veröffentlichte, das den jetzigen Machthabern nicht gefällt. Obwohl der namenlose Arbeiter in der Rolle Weidels die negativen Folgen dieser postumen Wirkung von Literatur zu tragen hat, ist er zugleich beglückt darüber, daß Weidel als Schriftsteller nicht tot ist: »Es bleibt noch etwas zurück, das genug gefürchtet wird, damit man die Grenzen vor ihm sperrt, damit man ihm Länder verschließt.«

Schließlich scheitert der unbekannte Flüchtling daran, daß es ihm nicht gelingt, die Liebe, die Marie dem von ihr noch lebend geglaubten Weidel entgegenbringt, auf sich zu lenken. Für die Konsulatsbeamten hat er Weidel zu sein, um die baldige Abreise glaubhaft zu machen, von Marie möchte er aber nur um seiner selbst willen geliebt werden. Als das mißglückt, beschließt er, für immer in Frankreich zu bleiben: »Da gab ich es auf. Der Tote war uneinholbar. Er hielt in der Ewigkeit fest, was ihm zustand. Er war stärker als ich. Mir blieb nichts anderes übrig, als fortzugehen. Was hätte ich auch entgegensetzen können? Womit sie überzeugen? Wozu überzeugen?«

Neben dem Arzt ist es der Lagerkamerad und Spanienkämpfer Heinz, auch er aus einem deutschen Konzentrationslager nach Paris geflohen, der in ›Seidlers‹ Leben wichtig wird, als sie sich in Marseille wiedertreffen. Heinz ist Kommunist, er wurde 1935 von den Nationalsozialisten fast erschlagen, verlor dann im Spanischen Bürgerkrieg ein Bein, ist aber seiner politischen Überzeugung treu geblieben, da er selbst in der ausweglosesten Situation immer mit der Solidarität seiner Genossen rechnen kann. In ihm ist jene »Kraft der Schwachen« wirksam, die auch ›Seidler‹ manchmal in sich zu fühlen glaubt, jedoch nur dann, wenn Heinz sich mit ihm beschäftigt. Wieder allein gelassen, versinkt er in Verzweiflung, obwohl er ahnt, daß er früher auch über diese Kraft verfügte: »[...] so gründlich war es verlorengegangen in all dem Durcheinander. Eines dieser alten Gesichter aber, das wußte ich, würde es mir doch wenigstens ins Gedächtnis zurückbringen.«

Heinz, der nach Fluchtmöglichkeiten sucht, ist in Marseille auf die Hilfe ›Seidlers‹ angewiesen. Die Flucht gelingt, durch einen Mittelsmann läßt er später ausrichten,

›Seidler‹ möge in Frankreich auf ihn warten, wodurch er ihn als zugehörig betrachtet, wenn auch dieser Akt der Solidarität nur angedeutet wird. Am 28. November 1940, das Datum ist angegeben, sieht ›Seidler‹ zum erstenmal Marie, wie sie in Marseille nach Weidel sucht. Später, nachdem er sie öfters beobachten konnte, bezieht er ihr Suchen auf sich. Jetzt erst erwacht in ihm der Wunsch, doch von Marseille abzufahren, aber nur mit Marie Weidel, die ihm von dem Arzt vorgestellt wird. Von jetzt an betreibt er seine Abreise ernsthaft, es gelingt ihm, sowohl für sich als auch für Marie sämtliche Papiere bei den Behörden zu beschaffen, einem amerikanischen Pfarrer vertraut er an, daß sein Glück ohne diese Frau fragwürdig sei; er ist jetzt bereit, sich von der »Abfahrtskrankheit« anstecken zu lassen und »jenen Schattenschwärmen«, wie er die Abfahrtswilligen immer bezeichnete, zu folgen: »Ich war abfahrtbereit [...]. Ich ging den Quai entlang, und plötzlich schüttelte mich wie ein Fieber der Wunsch, rasch abzufahren. Jetzt konnte ich abfahren. Nur jetzt [...]. Nur jetzt konnte ich abfahren. Dann nie mehr.«
Die Resignation stellt sich erst dann ein, als er erfährt, daß Marie nicht ihn, sondern immer noch Weidel liebt.

Die Angst, die ›Seidler‹ nach Marseille trieb, ist durchaus real. Es sind keine anonymen Mächte, die ihn in Furcht und Schrecken versetzen, sondern die deutschen Truppen, bei deren Einfall in Frankreich er zum erstenmal Todesangst verspürt: »Manche weinten, manche beteten, mancher versuchte, sich das Leben zu nehmen, manchem gelang es. Manche beschlossen, sich aus dem Staub zu machen, aus dem Staub vor dem Jüngsten Gericht!« Zuweilen packt ihn »mit Wucht die Furcht zurückzubleiben«, weil er dann allein wäre mit der »vierarmigen Riesenkrabbe, dem Hakenkreuz«. Er weiß genau, was es zu bedeuten hat, wenn deutsche Offiziere in Marseille auftauchen, um mit den Behörden dort um die Auslieferung politischer Gegner zu feilschen: »Und war die Verhandlung zu Ende, dann würden wieder um einen den Herren gewährten Preis ein paar tausend Menschen mehr hinter Stacheldraht zugrunde gehen, ein paar tausend Menschen mehr mit zerfetzten Gliedern in den Gassen der Städte herumliegen.«
Trotz dieser zeitgeschichtlichen Bezüge bleibt der Roman *Transit* insgesamt seltsam unhistorisch, was an der Figur des unbekannten Arbeiters selbst liegen mag, der noch kein Geschichtsbewußtsein entwickelt hat, dessen eigene Vergangenheit fast ausgelöscht (sie wird nur bruchstückhaft mitgeteilt) und dessen Zukunft, wie er selbst sagt, nebelhaft ist. Erzählt wird aus der Sicht eines namenlosen Flüchtlings, der in der Folge von Lagerhaft, Flucht und Krieg seine Identität verloren hat und sich in dieser Lebenskrise wechselnden Stimmungen überläßt. In dieser Verfassung ist er auch nicht fähig, sein Schicksal als Emigrant anzunehmen, er verharrt in der Position des angeblich unbeteiligten Beobachters, der das Leben im Exil als »Spiel um den irdischen Aufenthalt« versteht. Mit ähnlich religiös gefärbten Begriffen versucht er, die Bedingungen des Exils zu erklären, ohne sich ihnen, wie er meint, stellen zu müssen: »Ich habe damals zum ersten Mal alles ernst bedacht: Vergangenheit und Zukunft, einander gleich und ebenbürtig an Undurchsichtigkeit, und auch an den Zustand, den man auf Konsulaten Transit nennt und in der gewöhnlichen Sprache Gegenwart. Und das Ergebnis: nur eine Ahnung – wenn diese Ahnung verdient, ein Ergebnis genannt zu werden – von meiner eigenen Unversehrbarkeit.«

Erst, als er sich von Marie gelöst hat und ihm von einer französischen Beamtin geholfen wird, die nicht an Weidels oder Seidlers, sondern seinem eigenen Schicksal Anteil nimmt, findet er seine Identität wieder: »Zum erstenmal half mir hier jemand, weil ich der war, der ich war, und doch traf diese Hilfe den Falschen.«
Damit gelingt ihm auch, was ihm früher versagt geblieben war: eingemeindet zu werden in Marseille. Mit dem Entschluß, endgültig zu bleiben und auf der Pfirsichfarm zu arbeiten, bietet sich ihm die Stadt ganz anders dar: »Die Netze waren zum Trocknen gelegt. Ein paar Frauen, die ganz verloren aussahen auf dem riesigen Platz, flickten an den Netzen. Das hatte ich noch nie gesehen. Um das zu sehen, worauf es ankommt, muß man bleiben wollen. Unmerklich verhüllen sich alle Städte für die, die sie nur zum Durchziehen brauchen. Ich sprang vorsichtig über die Netze weg. Die ersten Läden wurden geöffnet, die ersten Zeitungsjungen schrien.«
Aus dieser Sicht erscheint ihm alles früher Erlebte wie ein böser Traum. Diesen Schluß des Romans mag man versöhnlich nennen.
Anna Seghers selbst ist dem Schicksal ihres Helden entgangen. Ihr gelang es, auf Umwegen Mexiko zu erreichen, wo sie den Roman *Die Toten bleiben jung* (1949) schrieb, der sich wieder als das Buch einer eindeutig kommunistischen Autorin auswies, für die das Ziel der Geschichte in der klassenlosen Gesellschaft liegt. Für sie und viele Mitemigranten schien die Flucht nach Übersee nicht sinnlos zu sein. Welche Verzweiflungen freilich dabei auf der Zwischenstation Marseille zu überwinden waren, läßt sich für die Schriftstellerin Anna Seghers heute nur noch aus dem Bericht ihres namenlosen Flüchtlings erschließen.

Anmerkungen

1. Vgl. »Interview mit Günter Caspar«. In: »Sonntag« (Berlin [Ost]) Nr. 26 (1971).
2. Christa Wolf (s. Lit.), S. 374 (Nachwort).
3. Hans-Albert Walter: »Keine Schriftstellerin für kalte Krieger. Aus der deutschen Chronik der Anna Seghers. Zu ihren Romanen in den Jahren des Exils«. In: »Frankfurter Rundschau« (21. 11. 1970).
4. Vgl. Anna Seghers: »Glauben an Irdisches« und »Über Kunstwerk und Wirklichkeit«.
5. Rilla (s. Lit.), S. 140.
6. Christa Wolf (s. Lit.), S. 383 (Nachwort).
7. Es gab mehrere Exemplare des Manuskripts: Eins wurde von einem französischen Lehrer aufbewahrt und später übersetzt, ein anderes kam auf Umwegen in die Vereinigten Staaten und wurde dort 1942 veröffentlicht.
8. Christa Wolf (s. Lit.), S. 381 (Nachwort).
9. Die russische Übersetzung erschien, nach einem Brief des russischen Germanisten Lev Kopelev aus dem Jahr 1960 an die Verfasserin, erst achtzehn Jahre nach der Erstveröffentlichung.
10. Merklin (s. Lit.).
11. Reich-Ranicki (s. Lit.), S. 237.
12. Werner Welzig: »Der deutsche Roman im 20. Jahrhundert«. Stuttgart 1967. S. 166.
13. »Briefe an Leser«, S. 43 ff.
14. Vgl. Wegner (s. Lit. d. Einl.).
15. Vgl. Mayer (s. Lit.).
16. Anna Seghers teilt in einem Brief vom 21. Februar 1962 mit, daß das Vorbild für den Schriftsteller Weidel der ihr in Paris bekannt gewordene Autor Ernst Weiß gewesen sei. Vgl. auch Alfred Kantorowicz: »Exil in Frankreich. Merkwürdigkeiten und Denkwürdigkeiten«. Bremen 1971. S. 155.

17. Böll (s. Lit.).
18. Paul Rilla hat in seinem Seghers-Essay (s. Lit.) auf die Affinität des Romans »Transit« zu den Romanen Franz Kafkas aufmerksam gemacht.
19. Wegner (s. Lit. d. Einl.), S. 217.
20. Er heißt hier Türhüter wie bei Franz Kafka.

Werke

Der Kopflohn. Roman aus einem deutschen Dorf im Spätsommer 1932. Amsterdam: Querido 1933.
Der letzte Weg des Koloman Wallisch. Erzählung. In: Neue deutsche Blätter 10 (1934) S. 585–595. Moskau: Verlagsgenossenschaft ausländischer Arbeiter 1936.
Der Weg durch den Februar. Roman. Paris: Edition du Carrefour 1935; Moskau: Verlagsgenossenschaft ausländischer Arbeiter 1935.
Die Rettung. Roman. Amsterdam: Querido 1937.
Das siebte Kreuz. Roman. Mexiko: El Libro libre 1942. (Engl.: Boston: Little, Brown 1942.) Teilvorabdruck in: Internationale Literatur (1939) H. 6, S. 6–34; H. 7, S. 49–65; H. 8, S. 8–25.
Transit. Roman. (Span.: Mexiko: Ed. Nuevo Mundo 1944; engl.: Boston: Little, Brown 1944; deutsch: Konstanz: Weller 1948.)
Der Ausflug der toten Mädchen und andere Erzählungen. New York: Aurora 1946.
Die Hochzeit von Haiti. Zwei Novellen. Berlin [Ost]: Aufbau-Verlag 1949.
Die Toten bleiben jung. Roman. Berlin [Ost]: Aufbau-Verlag 1949.
Überfahrt. Eine Liebesgeschichte. Berlin [Ost] u. Weimar: Aufbau-Verlag 1971.

Glauben an Irdisches. Essays aus vier Jahrzehnten. Hrsg. von Christa Wolf. Leipzig: Reclam 1969.
Briefe an Leser. Berlin [Ost] u. Weimar: Aufbau-Verlag 1970.
Über Kunstwerk und Wirklichkeit. Theoretische Schriften in drei Bänden. Bearbeitet und eingeleitet von Sigrid Bock. Berlin [Ost]: Akademie Verlag 1970/71.

Neue Deutsche Blätter. Monatsschrift f. Literatur u. Kritik. Red. O. M. Graf, W. Herzfelde, Anna Seghers. Wien, Zürich, Paris, Amsterdam: Faust-Verlag Sept. 1933 bis Aug. 1935.

Gesammelte Werke in Einzelausgaben. Berlin [Ost]: Aufbau-Verlag 1951/53 und 1961.
Werke. Neuwied u. Berlin: Luchterhand 1963 ff.

Literaturhinweise

Friedrich Albrecht: Die Erzählerin Anna Seghers 1926–1932. Berlin [Ost] 1965.
– Das Bild des Arbeiters und seine Wandlungen im Werk von Anna Seghers. In: Deutsche Schriftsteller in der Entscheidung. Wege zur Arbeiterklasse 1918–1933. Berlin [Ost] u. Weimar 1970. S. 380–453.
Annemarie Auer: Was wir an ihr haben. In: Standorte – Erkundungen. Halle 1968. S. 22–33.
Kurt Batt: Unmittelbarkeit und Praxis. Zur ästhetischen Position von Anna Seghers. In: Positionen. Beiträge zur marxistischen Literaturtheorie in der DDR. Leipzig 1969. S. 134–177.
– Anna Seghers. Materialien zu einer Biographie. Frankfurt a. M. 1973.
Jörg B. Bilke: Anna Seghers: Von der Klassenkampf- zur Staatsliteratur. Zu ihrem 70. Geburtstag am 19. November. In: Deutsche Studien (1970) H. 32, S. 357–375.
Heinrich Böll: Gefahr unter falschen Brüdern. In: Literatur im Spiegel. Reinbek 1969. S. 39–42.
Brunella Ciocchini: Die Romane Anna Seghers' in ihrer Entwicklung betrachtet. Diss. Venedig 1958 bis 1959.
Günter Cwojdrak: Über einige frühe Werke von Anna Seghers. In: Aufbau 8 (1952) H. 12, S. 1113 bis 1118.
Inge Diersen: Seghers-Studien. Berlin [Ost] 1965.
Walter Großmann: Die Zeit in Anna Seghers' »Ausflug der toten Mädchen«. In: Sinn und Form 14 (1962) H. 1, S. 126–131.

Gerhard Haas: Veränderung und Dauer. In: Der Deutschunterricht 20 (1968) H. 1, S. 69–78.

Rudolf Hartung: Anna Seghers, Erzählungen. In: Neue Rundschau 75 (1964) S. 498–502.

Stephan Hermlin: Das Werk der Anna Seghers. In: Stephan Hermlin u. Hans Mayer: Ansichten über einige Bücher und Schriftsteller. Berlin [Ost] u. Wiesbaden 1947. S. 143–147.

Ilse Hörning: Gespräch mit Anna Seghers. In: Weimarer Beiträge 16 (1970) H. 11, S. 10–17.

Hans Mayer: Anmerkung zu einer Erzählung von Anna Seghers. In: Ansichten. Reinbek 1962. S. 85 bis 92.

Werner Merklin: Zwischenspiel im exemplarischen Realismus. In: Frankfurter Hefte 7 (1952) H. 2, S. 149 ff.

Tamara Motyljowa: Unangreifbar und unverletzbar. In: Weimarer Beiträge 17 (1971) H. 9, S. 153 bis 168.

Heinz Neugebauer: Anna Seghers. Berlin [Ost] 1970.

Marcel Reich-Ranicki: Die kommunistische Erzählerin Anna Seghers. In: Deutsche Literatur in West und Ost. Reinbek 1970. S. 222–244.

Paul Rilla: Die Erzählerin Anna Seghers. In: Vom bürgerlichen zum sozialistischen Realismus. Leipzig 1967. S. 131–167.

Jürgen Rühle: Gefährten am Kreuzweg. In: Die Schriftsteller und der Kommunismus in Deutschland. Köln 1960. S. 74–86.

Hans Schaul: Beruf und Berufung des Schriftstellers. Ein Gespräch mit Anna Seghers. In: Einheit 21 (1966) H. 9, S. 1115–1118.

Siegfried Streller: Geschichte und Aktualität in Anna Seghers' Erzählung »Das Licht auf dem Galgen«. In: Weimarer Beiträge 8 (1962) H. 4, S. 740–751.

Helena Szépe: The problem of Identity in Anna Seghers' »Transit«. In: Orbis Litterarum 2 (1972) S. 145–152.

Frank Wagner: »Transit«-Lektüre im Jahre 1969. In: Weimarer Beiträge 15 (1969) Sonderheft, S. 149–167.

Hans-Albert Walter: Glanz und Verfall. In: Frankfurter Hefte 19 (1964) H. 8, S. 583–586.

Matthias Wegner: Das Exil als Bedrohung der menschlichen Ordnung. Anna Seghers: Transit. In: Exil und Literatur (s. Lit. d. Einl.), S. 214–225.

Franz Carl Weiskopf: Die Erzählerin Anna Seghers. In: Kritik in der Zeit. Halle 1970. S. 313–318.

Christa Wolf: Nachwort in: Anna Seghers: Glauben an Irdisches. Leipzig 1969. S. 371–393.

– Anmerkungen zu Geschichten. In: Anna Seghers: Aufstellen eines Maschinengewehrs im Wohnzimmer der Frau Kamptschik. Neuwied u. Berlin 1970. S. 156–163.

HEINRICH VORMWEG

Gerechtigkeit über sich fühlend.
Arnold Zweigs Roman »Das Beil von Wandsbek«

»Wie immer die Wurzeln der Hitlerei in den Gegebenheiten des wilhelminischen Kaiserreiches verborgen oder zutage lagen: ihnen mußte unmittelbar nachgespürt werden, dieser schrecklichen, in noch furchtbarere Niederlagen führenden Wiederaufnahme des imperialistischen deutschen Krieges mittels des verheerenden Nazitums.« Mit diesem Satz hat Arnold Zweig 1953 – »am fünften Jahrestag meiner Rückkehr« – in einem Nachwort für die erste innerdeutsche Ausgabe im Ostberliner Aufbau-Verlag die Haltung und Stimmung charakterisiert, aus der sein Roman *Das Beil von Wandsbek* entstanden sei. Er habe sich »in die Front der Kämpfer gegen das Dritte Reich« direkter einreihen wollen, als es »durch Romane aus dem ersten Weltkrieg und Aufsatzbücher geschehen konnte«. Dies zunächst sehr allgemeine Vorhaben, mit dem Arnold Zweig nach der Beendigung des Romans *Einsetzung eines Königs* im Jahr 1936 umging, konkretisierte sich laut seiner Rückschau, als er 1937 einen kurzen Bericht der damals in Prag erscheinenden *Deutschen Volkszeitung* unter dem Titel *Selbstmord eines Henkers* in die Hand bekam. »Wie genau zwanzig Jahre vorher beim *Streit um den Sergeanten Grischa* durchblitzte mich die Vision, dies sei der Kern einer Fabel, um im Aufstieg des Dritten Reiches seinen Untergang schon mitzugeben.« Die Niederschrift begann 1940. 1943 erschien zunächst eine Übersetzung ins Hebräische. Die deutsche Erstausgabe kam 1947 im Neuen Verlag, Stockholm, heraus.

Als er den Plan für *Das Beil von Wandsbek* faßte, wohnte Arnold Zweig schon einige Jahre in Haifa. 1933 war er über die Tschechoslowakei, die Schweiz und Frankreich nach Palästina emigriert, wo er bis 1948 blieb, weil er hier »im deutschen Milieu« leben konnte.[1] Während der ersten Jahre im Exil entstanden die dem Grischa-Zyklus zugehörigen Romane *Erziehung vor Verdun* (1935) und *Einsetzung eines Königs* (1937) – Arbeiten, die noch im Ersten Weltkrieg spielen und sich einem anderthalb Jahrzehnte vor der Emigration imaginierten Grundkonzept zuordnen. *Das Beil von Wandsbek* ist der einzige groß angelegte Roman Arnold Zweigs, der ganz und gar in die Jahre des Exils zu datieren ist.

»[...] der Versuch einer psychologischen Analyse des Verhaltens einzelner Gestalten auf die Auswirkungen des faschistischen Machtapparats« – so lautet die sehr karge Charakteristik des mehr als 500 Seiten starken Romans im *Deutschen Schriftstellerlexikon* der DDR. Sie entspricht indirekt der Kritik von Georg Lukács[2], der in *Das Beil von Wandsbek* einen unumschränkt positiven Helden vermißt, einen Helden, der nach Lage der Dinge nur ein Kommunist hätte sein können. Bezieht man diese Forderung auf Arnold Zweigs persönliche und literarische Entwicklung bis zu dem Zeitpunkt, da er *Das Beil von Wandsbek* schrieb, klingt sie allerdings kaum realistisch. »Der preußische Jude Arnold Zweig«, als den Marcel Reich-Ranicki den Autor in einem so betitelten Aufsatz seines Buches *Deutsche Literatur in West und Ost* (1963) überzeugend charakterisiert hat, der kulturkonservative, gleichermaßen jüdischer und idealistisch-klassischer deutscher Tradition verpflichtete Pazifist und Zionist, der vor allem von Fontane geprägte Erzähler, der Bewunderer Sigmund Freuds und der Psychoanalyse wäre unfähig gewesen, einem Helden dieses Zuschnitts einleuchtend Figur zu geben. Er sah zu deutlich und zu differenziert die psychischen und geschichtlichen Bedingtheiten einer jeden einzelnen Existenz, ihre Verwurzelung und Verflochtenheit in den Hintergründen ihrer Herkunft, die Grenzen ihres Sichtbereichs, als daß er einen Helden hätte konzipieren können, der im hier geforderten Ausmaß über dies alles hinauswies. Und die Gründe reichen sogar noch tiefer.

Der Romancier Arnold Zweig wollte die Gesellschaft, in der er heimisch war, der er sich auch im Exil noch zugehörig fühlte, er wollte die preußisch bestimmte deutsche Gesellschaft auch jetzt noch nicht ganz und gar anders – seine Absicht war, das Böse in ihr und ihre Anfälligkeiten für das Böse, Falsche, Irrige zu diagnostizieren, um sie auf ihre Recht stiftende geschichtliche Wahrheit zu verweisen. Zweig blieb auch im Exil, der er gewesen war. Marcel Reich-Ranicki hat in seinem schon genannten Aufsatz darauf hingewiesen, daß in *Das Beil von Wandsbek* die deutschen Verhältnisse zwar kritisch und anklagend, aber zugleich wohlwollend und verteidigend dargestellt seien. Und Jürgen Rühle, der andere Interpret Arnold Zweigs zu einer Zeit, da dieser Schriftsteller in der Bundesrepublik längst nahezu unbeachtet blieb und fast vergessen war, charakterisiert den »bleibenden Wert des Werkes« so: »Es ist nicht einfach ein Plädoyer zur Entnazifizierung, sondern ein Dokument der furchtbaren menschlichen Tragödie, die Schuldige und Unschuldige im Mechanismus der Diktatur erfaßt. Nicht der SS-Mann Teetjen sitzt auf der Anklagebank, sondern die Diktatur schlechthin.«[3]

Noch und gerade für *Das Beil von Wandsbek* gilt – und es ließe sich eine ganze Reihe entsprechender anderer Passagen aus Zweigs früheren Werken aufführen – der folgende Satz des Oberleutnants Winfried aus dem *Streit um den Sergeanten Grischa*: »Um Deutschland geht es uns [...], daß in dem Land, dessen Rock wir tragen und für dessen Sache wir in Dreck und Elend zu verrecken bereit sind, Recht richtig und Gerechtigkeit der Ordnung nach gewogen werde. Daß dies geliebte Land nicht verkomme, während es zu steigen glaubt. Daß unsere Mutter Deutschland nicht auf die falsche Seite der Welt gerate. Denn wer das Recht verläßt, der ist erledigt.« Der preußische Jude Arnold Zweig beharrt als Schriftsteller auch im Exil, auch im direkten Kampf gegen die Hitlerei, auch im literarischen Verfahren gegen einen SS-Mann und Nazi-Henker auf den differenzierten Grundsätzen von Rechtlichkeit und Gerechtigkeit, die seinen zuvor erschienenen Romanen ihre Unverwechselbarkeit gaben, die er in ihnen erzählerisch konkretisiert hatte. Dieser Befund liegt so unmißverständlich auf der Hand, daß er jeder einlässigeren Interpretation vorausgeschickt werden kann. Er bezeichnet Zweigs Parteilichkeit. Diese sich zu bewahren, sie auch in einer Situation, in der Recht und Unrecht so eindeutig wie nie zuvor aufgeteilt zu sein schienen auf die beiden gegnerischen Lager, zu begründen, ist ebenso deutlich Inhalt des bewußt dem Kampf gegen das Dritte Reich zugeordneten Romans *Das Beil von Wandsbek* wie des Kampfes selbst. Und wie Arnold Zweig seine Geschichte erzählt, nach seinen eigenen Worten die Geschichte »zweier typischer Mitläufer aus der Millionenschar derer, die Gewalt ausüben, weil sie seit Menschengedenken an ihrer Klasse ausgeübt worden ist«, das erhellt nicht zuletzt in der Darstellung von Schuldigen als Opfer die infernalische Automatik eines Systems, das sich auf die Anfälligkeit jedes einzelnen für Unrecht stützte, das nicht die Kraft, sondern Unwissen, Schwäche und Bosheit der Menschen für sich aktivierte.

Der Mann, der das Beil von Wandsbek schwingt, um vier zum Tode verurteilte ›Rote‹, die unschuldig sind, zu richten, ist unwissend, schwach und trotz seiner Bereitschaft, sich immer den Stärkeren anzuschließen, in Not. August 1937. Der selbständige Hamburger Schlächtermeister Albert Teetjen, dessen Geschäft in Schwierigkeiten geraten ist, obwohl er sich als überzeugter Volksgenosse und SS-Mann darstellt, bittet in einem Brief, den er mit Hilfe seiner hübschen Frau Stine schreibt, den ehemaligen Kriegskameraden Hans Peter Footh, einen kleinen, jedoch nach oben strebenden Reeder, um Hilfe. Footh hat eine Freundin, Annette Koldewey, und sie ist die Tochter des Direktors des Hamburger Zentralgefängnisses. Dort warten schon längere Zeit vier angebliche Staatsverbrecher auf die Hinrichtung. Sie verzögert sich immer wieder, weil der Henker erkrankt ist. Footh nun hat ein gewisses Interesse daran, daß die Urteile endlich vollstreckt werden. Er weiß, daß Herr Koldewey unter Druck steht. Hitler will nach Hamburg kommen, aber vorher müssen die Hinrichtungen erledigt sein. Footh möchte dem Vater der Freundin einen Gefallen tun. Und zugleich rechnet er sich direkte Vorteile für sich selbst von einem baldigen Auftritt Hitlers aus. Er hat die Idee, den Schlächtermeister als Ersatzhenker zu dingen. Mit den 2000 Mark Entgelt, die er bekäme, wäre auch Teetjen geholfen.

Damit ist die Ausgangslage skizziert, und mit der Zustimmung Teetjens ist der springende Punkt der Geschichte gegeben. Der erste, umfangreichere Teil des zweiteiligen Romans beschäftigt sich nun insgesamt weniger mit Teetjen (der bald in vermeintlicher Anonymität und, da er ja in höchstem Auftrag handelt, vorerst ohne besondere Schuldgefühle – nur etwas unbehaglich ist ihm – vier Köpfe abhackt) – als mit den übrigen direkt und indirekt an der Sache Beteiligten.

Herr Koldewey, schon über 60, ist ein Mann von Kultur, ein Barlach- und Nietzsche-Verehrer. Aus einem Selbstgespräch Koldeweys sei zitiert. »Es gehört jedenfalls«, meditiert er, »zu den Pflichten des Kulturmenschen, weder alles wissen zu wollen, noch sich in die Karten gucken zu lassen. Sich umzukrempeln wie ein Handschuh vor dem Feldwebel, dem Steuereinnehmer und dem Herrn Pastor war protestantische Ethik, das Geschenk Luthers an seine Fürsten. Kehren Sie gefälligst Ihr Innerstes nach außen, damit wir sehen können, daß auch Sie nichts als Teig. Das verlangt heute die Partei. Bitte sehr, meine Herren. Als der Kaiser noch regierte, war ich bismarckisch; während der Republik ein konservativer Hamburger. Und jetzt soll ich vor dem Müll kapitulieren, dem uns diese Schwerindustrie verkauft hat? Das dürfte sich Lebenslinie nennen! Nein, meine Herrschaften.« Dabei läßt es Herr Koldewey natürlich auf einen direkten Konflikt nicht ankommen. Er nimmt seine Pflichten genau, doch er identifiziert sich nicht mit ihnen. Er denkt nach über den Lauf der Welt. Er hält die Verurteilten für mehr oder weniger unschuldig, und er hat nichts getan, um die Vollstreckung der Urteile zu beschleunigen, im Gegenteil. Aber er sieht auch keine Möglichkeit, sich ihr in den Weg zu stellen, das widerspräche ebenso seiner Skepsis und Weisheit.

Eine weitere Hauptrolle spielt eine ungemein respektable Ärztin. Frau Dr. Käte Neumeier »war aufrichtigen Gemütes von den Sozialdemokraten, die ihr Programm Programm sein ließen, zu den Nationalsozialisten übergegangen«, weil sie hoffte, daß diese »den Großgrundbesitz in staatliches Siedlungseigentum verwandeln würden«, was nach ihrer Überzeugung schon 1918 hätte geschehen müssen. Inzwischen glaubt sie nicht mehr daran. Sie tut als Ärztin ihr Bestes, um »in ihrem Umkreis die Folgen des Unheils zu heilen oder wenigstens zu lindern, das über Deutschland zu bringen sie mitgeholfen hatte«. Diese Freundin Herrn Koldeweys, die ihn später heiratet, ist eine verantwortungsbewußte, kultivierte, sympathische Vierzigerin, und sie setzt sich mit Koldeweys Hilfe für die im sogenannten Reeperbahnprozeß zum Tode verurteilten »vier kommunistischen Staatsverbrecher« ein, von denen einer, der erklärte Kommunist Friedrich Timme, ihr Jugendfreund war. Sie hofft auf den Erfolg von Gnadengesuchen. Auf Timmes Aufforderung, ihm zur Flucht zu verhelfen, weiß sie nur zu antworten: »[. . .] das kann ich nicht.« Und muß dann einsehen, daß dies die einzig reelle Chance für Timme gewesen wäre, dem Beil zu entkommen.

Herr Koldewey, Käte Neumeier und der Oberstleutnant Lintze, der zwar entschieden für die Hinrichtung eintritt, aber bald erfahren muß, daß Hitler sich auch die Wehrmacht gefügig zu machen weiß, und darüber entsetzt ist, proben endlich sogar die Konspiration. Aber es wird nichts daraus. Obwohl sie zu begreifen versuchen, was um sie herum geschieht, sogar mittels Freud- und Marx-Studien, überholt die sich beschleunigende Entwicklung auf den Abgrund hin unablässig ihr Vorstellungsvermögen. Und so leben sie kultiviert, in Sorge und respektabel weiter dahin, tun ihre Pflicht und etwas mehr, können aber eben nichts bewirken. Ihnen ordnet sich eine ganze Anzahl von Figuren zu: lauter redliche, respektable, nachdenkliche Mitmenschen. Abgesehen von den vier Verurteilten und einzelnen besonders starrköpfig-rechtlichen Leuten, wie dem in einem KZ ums Leben gebrachten Pastor Stavenhagen, sind alle, ob sie es nun wünschen oder nicht, Mitläufer. Sie alle wagen sich nicht aus der gewohnten Ordnung hinaus und passen sich schon damit der Ordnung Hitlers an. Selbst jene, denen direkte Verfolgung bestimmt ist, sehen durchweg erst, wenn alle Stillhalte- und Anpassungsversuche erschöpft sind, was ihnen blüht, und sie begreifen es häufig auch dann nicht. Arnold Zweig läßt bei alldem keinen Zweifel, daß er fähig ist, das Verhalten der Mitläufer zu verstehen. Er sieht da offensichtlich weniger individuelle Schuld als eine Art Fehlkonditionierung in der allgemeinen Moralstruktur, die schon weit früher angelegt worden ist und sich nunmehr schicksalhaft auswirkt. Er versteht z. B. auch den mit fast uneingeschränkter Sympathie gezeichneten jungen SA-Mann Bert Boje (Neffe der Dr. Neumeier), der sich in Annette Koldewey verliebt. Boje sei »eines von den Opfern des deutschen Idealismus« – das ist so ungefähr die härteste direkte Kritik an dem aufstrebenden jungen Mann, und sie wird geäußert von der Mutter eines der Hingerichteten, Frau Mengers, als Boje mit anderen SA-Leuten die beschlagnahmte Bibliothek ihres ermordeten Sohnes abtransportieren hilft. Der Nachsatz verschärft das Urteil nur wenig: »›Ja‹ sagte Frau Mengers, ›eines von den Opfern des deutschen Idealismus. Zweiter oder dritter Reihe; aber auch sie werden drankommen, was ich noch zu erleben hoffe.‹«

Ein Opfer also auch der junge SA-Mann. Mehr Opfer als Schuldiger. Wie könnte es anders sein, wenn sogar Stine und Albert Teetjen anders nicht dargestellt sind. Selbst die ausgemachten Nazis erscheinen, befaßt sich der Erzähler genauer mit ihnen, eher als gierig, unverantwortlich, blind, denn als böswillige Verbrecher. Oft haben sie sogar liebenswürdige Züge. Footh z. B., der Gewinnler, oder der junge Funkautor Vierkant, der seinen Weizen blühen sieht. Und es teilt sich dem Leser mit, daß der Erzähler auch die aus einiger Entfernung geschilderten übrigen Männer des SS-Sturms Preester, zu dem Teetjen und Vierkant gehören, wenn er sich individuell mit ihnen befaßt, nicht einfach schwarz in schwarz zu schildern vermag. Sie alle sind nicht Herr über das, was sie tun, was mit ihnen geschieht. Sie wissen es nicht, daß sie einen immer steileren Abhang hinunterstürmen und schließlich abstürzen werden. Auch sie alle zwar mitschuldig, doch vor allem Betrogene und Ausgebeutete einer Machtkonzentration, die ihrem Wahrnehmungsvermögen entzogen ist.

Stine und Albert Teetjen, objektiv durch ein Verbrechen gezeichnet, subjektiv auf ihnen selbst unbegreifliche, nur in Ahnungen und Traumgesichten sich andeutende Weise immer weiter hinausgeraten aus ihren kleinen Sicherheiten, werden zu Beispielfiguren eines Untergangs, der sich scheinbar als Aufstieg darstellt. Teetjen hat nur an die 2000 Mark gedacht, die ihm die Henkersarbeit brachte, Geld, das er dringend brauchte. Im übrigen war er jedenfalls sicher, in höherem Auftrag nach dem Recht zu handeln. Und zunächst scheint sich auch alles zum Guten zu wenden. Es gibt unerwartete und festliche Höhepunkte. Doch die Maske, hinter der sich Teetjen während der Hinrichtungen verborgen hat, ist schon gelüftet. Frau Dr. Neumeier hat den Zeitzünder schon angebracht, schon dafür gesorgt, daß alle den Henker in ihm sehen werden.

Im zweiten Teil des Romans treten die Teetjens immer deutlicher in den Vordergrund. Von fast allen Kunden boykottiert, auch von den SS-Leuten im Stich gelassen, können sie ihr Geschäft nicht halten. Schließlich bringen sie sich um. Hier vor allem hat die Kritik an Zweigs Roman eingesetzt. Marcel Reich-Ranicki schreibt: »[...] diese Geschichte ist eine originelle Fabel, deren Voraussetzungen allerdings prinzipielle Irrtümer des Verfassers erkennen lassen. Das ›Dritte Reich‹ sah anders aus, als der Emigrant Zweig es sich vorstellte. Ein anspruchsloser Fleischermeister, der überdies Mitglied der SS war, brauchte in Deutschland im Jahre 1937 wahrlich keine Not zu leiden. Ferner hatte sich Zweig gründlich getäuscht, als er meinte, es sei für das Regime sehr schwierig gewesen, in Deutschland Henker zu finden. Geradezu abwegig ist die Vorstellung, die gesamte Bevölkerung eines Stadtteils hätte sich von einem Mann wie dem Helden des Romans solidarisch abgewandt. Auch mutet die geschilderte Welt in vielen Kapiteln eher wilhelminisch als nationalsozialistisch an.« Reich-Ranicki folgert, man dürfe Das Beil von Wandsbek »nicht als realistisches Zeitdokument« betrachten, sondern müsse den Roman »als episches Kunstwerk und Schöpfung der Einbildungskraft« sehen. »Obwohl es Zweig nicht gelungen ist, das wirkliche Leben im ›Dritten Reich‹ mit den Mitteln des Romanciers darzustellen, geht dennoch von seinem Buch eine tiefe Wahrhaftigkeit aus.«[4]

Die Einwendungen lassen sich gewiß nicht ohne weiteres zurückweisen. Und doch sind Arnold Zweigs »prinzipielle Irrtümer«, auch von heute aus gesehen, vielleicht sehr viel geringer, als Reich-Ranicki annimmt. Es ist ganz offensichtlich, daß Zweig die im Beil von Wandsbek geschilderte Welt von seiner Kenntnis Deutschlands vor der Emigration her entworfen hat. Aber das ermöglicht – da der Roman ja 1937/38, also noch vor Kriegsbeginn spielt – vielleicht mehr Realismus, als wenn man – wie das offenbar bei Reich-Ranicki der Fall ist – diese Welt aus der Perspektive der vollendeten Greuel sieht. Die »nationalsozialistische Welt« beruhte ja tatsächlich durchaus auf der wilhelminischen, deren Untertanengesinnung sie voraussetzte. Und 1937 wußten die allermeisten von denen, die als Henker enden sollten, noch nicht, was aus ihnen werden würde: der Untergang trug ja noch, aller Welt sichtbar, das Kostüm des triumphalen Aufstiegs. Arnold Zweigs Imagination war im übrigen differenziert genug, um den Boykott Teetjens keineswegs völlig oder auch nur primär aus antifaschistischer Solidarität zu motivieren. Im Roman selbst sieht das anders aus als etwa im Klappentext der Ausgabe des Aufbau-Verlags, der – wie auch andere Nacherzählungen – die Sache allzusehr vereinfacht. Aus dem Roman geht unmißverständlich hervor, daß z. B. auch der SS-Sturm Preester, dem Teetjen angehört, den Boykott stützt. Das geschieht nicht aus antifaschistischer Gesinnung, versteht sich, sondern weil Teetjen sich nach Ansicht der Führer unkameradschaftlich verhalten hat. Er hat nämlich von seiner Extraeinnahme als Henker nichts in die allgemeine Unterstützungskasse gezahlt, wie es üblich ist bei Extraeinnahmen. Dafür läßt man ihn schwitzen. Und als er den Fehler wiedergutzumachen versucht, sind die SS-Leute keineswegs bereit, ihn sofort zu vergessen. Weiteres mehr kommt hinzu, das sich gegen die Teetjens auswirkt. Stine ist z. B. hübsch genug, um andere Frauen eifersüchtig zu machen; die Folge ist, daß diese ihre Männer abschirmen. Teetjen selbst schließlich gerät, hilfloser und ehrpusseliger Kleinbürger, der er ist, in eine Art Trance, die ihn blind macht für wirkliche Rettungsmöglichkeiten. In dieser Phase des Romans beruft Zweig, und das aus seiner Erzählkonzeption heraus ganz legitim, traumatische, schicksalhafte, phantasmagorische Vorgänge, die bei den Teetjens das Gefühl der Ausweglosigkeit überstark werden lassen.

Das Beil von Wandsbek ist so realistisch, wie ein Werk des bürgerlichen Realismus eben realistisch sein kann. Der Roman stellt »das wirkliche Leben im ›Dritten Reich‹« so dar, wie dieser Realismus wirkliches Leben darzustellen vermag. Der Grundeinfall, der Kern der Fabel ist nicht weniger überzeugend als jener des *Grischa*, allerdings sind seine Implikationen unübersichtlicher, unabsehbarer. Die Entfernung, aus der der Emigrant Arnold Zweig das Leben im Dritten Reich schildert, kommt dieser Wirklichkeitsdarstellung vielleicht sogar eher zugute; jedenfalls akzentuiert – das sei noch einmal betont – die relative Fixierung auf unmittelbare Wirklichkeitskenntnis aus der Zeit vor 1933 Zusammenhänge, die geschichtlich schwerer wiegen als jene, die sich erst im nachhinein verdeutlichen konnten. Verblüffend wirklichkeitsnah, wie Zweig die mystagogischen Tendenzen jener Zeit schildert, die Hingabe an Astrologie und Weissagung, Spukglauben und Rutengängerei. Eine grundsätzliche Kritik des Romans könnte nur ausgehen von einer Kritik des sogenannten realistischen Erzählens selbst, das schon in den dreißiger Jahren an die gesellschaftliche und politische Wirklichkeit nur noch bedingt herankam. Die Auseinandersetzung allein mit inhaltlichen Momenten, Momenten vor allem der psychischen Eigenart und des Verhaltens der Figuren, wie sie in einer Kritik üblich ist, die das realistische Erzählen als optimal ansieht, spricht ausschließlich für Arnold Zweig. Er hat die Inhalte erstaunlich vieldimensional dargestellt, und seine bildliche Vision stimmt in allen Einzelheiten sehr genau.

Das bestätigt sich nicht zuletzt auch, wenn man nach dem positiven Helden forscht, den Georg Lukács vermißte. Zweig hat solcher Forderung post festum auf verschiedene Weise zu entsprechen versucht. Einmal mittels eines nachträglich verfaßten, ein Bekenntnis zum Kommunismus enthaltenden Epilogs, der »Auferstehung« überschrieben ist. Darin unterhalten sich im Herbst 1945 zwei englische Offiziere, Emigranten aus Hamburg-Wandsbek, von denen einer einmal mit einer Koldewey-Tochter fest versprochen war. Der eine erzählt vom Besuch einiger sowjetischer Schiffe im Hamburger Hafen, die die Namen der von Teetjen hingerichteten ›Roten‹ führten. Das habe einigen Tumult erzeugt. Auch in Zweigs Nachbemerkung von 1953 klingt die Frage an. Und von dieser her ist noch zu berichten von einer Figur, die im Roman eine genauer nur schwer bestimmbare Rolle spielt: von Tom Barfey, dem verkrüppelten Sohn der Waschfrau Geesche Barfey. Weiterdichtend an den »Schicksalslinien« der erfundenen Personen seines Romans, sie versuchsweise bis Anfang der fünfziger Jahre verlängernd, schreibt Arnold Zweig: »Tom Barfey aber, dieser kluge Krüppel, arbeitete heute, jenseits der Dreißig, unermüdlich weiter am Einheitsbewußtsein der Arbeiterklasse und ihrer Eingliederung in die Weltfront des Friedens.«

In der Tat ist, von den Hingerichteten abgesehen, Tom Barfey wohl die einzige Figur in *Das Beil von Wandsbek,* die innerhalb der »nationalsozialistischen Welt« unbelastet dasteht und positiv in die Zukunft weist. Obwohl nicht ungefährdet, denn er ist ein beinloser Krüppel und könnte deshalb der Euthanasie anheimfallen, ist er nicht so direkt ausgesetzt wie die Juden. Aber die relative Gefahr, in der er lebt, reicht hin, um ihn den Nazi-Staat hassen zu lehren. Er ist ungewöhnlich intelligent und ein Vertrauter Käte Neumeiers. Er wohnt in unmittelbarer Nachbarschaft der Teetjens, die ihm und seiner Mutter immer wieder helfen, etwa mit Nahrungsmitteln. Er ist offensichtlich verliebt in Stine Teetjen. Er ist es zugleich, der – bewußt dosierend – auf Dr. Neumeiers Information hin das Gerücht von Teetjens Henkertätigkeit in Umlauf bringt. Dabei zielt er nicht auf Vernichtung, sondern eher – wie auch Käte Neumeier – auf Bestrafung und Erziehung. Bei alledem ist Tom Barfey nicht eindeutig konditioniert. Er hält eben nur seine Augen auf, und die Methoden der Verdummung ziehen bei ihm nicht. Am Ende des Romans scheint klar, daß er sich behaupten und durchkommen wird. Und daß etwas aus ihm werden wird.

Dieser Tom Barfey, den Teetjens so nahe und so fern, hat zweifellos die ganze Sympathie des Autors und alle Qualitäten eines Kämpfers für eine bessere Welt, der einen Autor wie Arnold Zweig zu überzeugen vermochte. Wenn er aber auch schon genau weiß, wofür er einzutreten hat, so ist er ideologisch doch keineswegs eindeutig festgelegt. So wenig wie Zweig selbst es zur Zeit der Entstehung des Romans war. Zweigs Berufungen auf Freud wie auf Marx sind zwar im Roman mehrmals deutlich ausgesprochen. Während aber die Berufung auf Sigmund Freud sich in der psychologischen Sensibilität der Figurenzeichnung, die auch Widersprüche in einer einzigen Figur höchst lebensnah zu integrieren versteht, immer neu verwirklicht, bleiben die Hinweise auf die Wirtschaftsverhältnisse als Bedingungen der Zustände im Faschismus äußerlich. Sie werden höchstens einmal anekdotisch ausgemalt. Hier behält Marcel Reich-Ranicki uneingeschränkt recht: auch in diesem Roman sind nur Ornamente, nicht die Fundamente marxistisch. Arnold Zweigs Sozialismus entspricht hier trotz mancher Anstöße gerade im Exil noch in etwa dem Sigmund Freuds, der Sozialismus ebenfalls für eine der Idee nach grundsätzlich erstrebenswerte Basis gesellschaftlicher Ordnung hielt, aber keineswegs Marxist-Leninist war. Es ist zuletzt immer noch die gewohnte politisch-moralische Problematik, die Frage nach Recht und Gerechtigkeit, die Zweig fesselt. Diese verlangt eine Neuorientierung der menschlichen Gesellschaft. Die neue Ordnung selbst liegt für Zweig noch keineswegs eindeutig fest, wenn so manches auch in jene Richtung weist, für die er sich entschieden hatte, als er 1948 in Ost-Berlin Wohnung nahm.

Was Zweigs Biographie betrifft, so dürfte feststehen, daß er etwa zu der Zeit, da der Roman *Das Beil von Wandsbek* abgeschlossen wurde, immer eindeutiger auf die Sowjetunion und den Kommunismus als Garanten einer besseren Zukunft für die Menschheit setzte. Das ist eine Frage der Überzeugung, die hier nicht zu diskutieren ist. Zur Diskussion steht jener Roman Zweigs, der uneingeschränkt seinem Leben im Exil der Jahre 1933 bis 1948 zugehört. Zeigt er den Autor verändert? Die Frage ist – was keine Verallgemeinerung erlaubt – wohl nur zu verneinen. So gewiß ist, daß *Das Beil von Wandsbek*, ein Roman der Deutschen unter dem Hitler-Regime, so nur im Exil geschrieben werden konnte, so gewiß auch ist, daß die in ihm entworfene Vision des Untergangs, der sich darstellt im Schein eines gewaltigen Aufstiegs, ein unmittelbarer Reflex des Lebens im Exil ist – jene Indizien, die Zweigs schriftstellerische Identität als unangetastet ausweisen, wiegen dies alles auf. Stofflich, thematisch und formal bleibt *Das Beil von Wandsbek* eindeutig im Zusammenhang eines Erzählwerks, das zum Gegenstand hat die Voraussetzungen und Folgen der imperialistischen Kriege jenes Volkes, dem der Jude Zweig sich zugehörig fühlte, den Verfall seiner Moral und den Kampf gegen diesen Verfall.

»Wer hochsteigt und ein gemischtes Wesen ist, trampelt auf seiner Seele herum und sinkt also innerlich. Deutschland an Macht geht auf wie ein Napfkuchen, Deutschland als Sittlichkeit schrumpft ein zur Fadendünne. Wen wundert das? So geht es den Staaten.« Der jüdische Kriegsgerichtsrat Posnanski antwortet im letzten Buch des *Grischa* so dem wegen geschehenen Unrechts verzweifelten Oberleutnant Winfried. Er fährt fort: »Und es macht auch nicht viel. Erst wenn der Faden risse, wenn Rechtlosigkeit als Zustand allgemeine Billigung und ein Siegerbehagen fände, sähe es etwas schlimmer aus.« Als Arnold Zweig im Exil lebte, sah es gerade so schlimm aus, und schlimmer. Aber die Folgerung hat Bestand: »Sittlichkeit ist ja kein schönes Wort, aber doch ... Die Völker dazu zu bringen, Gerechtigkeit über sich in den Sternen hängen zu fühlen, so wie der einzelne, wenn er vom Geldverdienen nicht verrückt oder verblödet ist, sie über sich in den Sternen hängen fühlt, das scheint unsere nächste Aufgabe.« Dies bleibt für Zweig zu jeder Zeit die nächste Aufgabe. Um diese Gerechtigkeit, die nicht zuletzt soziale Gerechtigkeit bewirkt, ging es Zweig auch zu der Zeit, als *Das Beil von Wandsbek* entstand. Dieser Gerechtigkeit wollte er dienen mit seinem Bekenntnis zum Kommunismus. Sie zuletzt, als das unablässig Intendierte, ist die Vision, unter deren Diktat er zwischen den Kriegen, im Exil und auch nachher die Schäden analysiert und in epischer Breite dargestellt hat, die Rechtlosigkeit in der Gesellschaft anrichtet. Mit einer sehr hellen, widerständigen Sympathie für das diesseitige Leben und seine Freuden übrigens, die ihn sogar im *Beil von Wandsbek* nicht verläßt. Und die nicht zuletzt auch den eigenartigen Widerspruch spontan glaubhaft sein läßt, den Zweig in einem Satz seiner Nachbemerkung zu diesem Roman angedeutet hat: »Mir tat es wohl, im wilden Getöse von Krieg, untergehendem Faschismus und schwieriger Neugeburt klassenloser Staaten die Gestaltung von Menschen fortzusetzen, die ich bisher betrieben und auch weiterhin zu betreiben gedenke.«

Anmerkungen

1. Arnold Zweig: »Worte an die Freunde«. In: »Aufbau« 4 (1948) H. 11, S. 931 ff. Hiernach hat Sigmund Freud Zweig mit solcher Begründung empfohlen, in Palästina zu bleiben. Er könne »nur in einem deutschen Sprachmilieu« leben, war auch Zweigs Begründung für die bald nach Kriegsende geplante Rückkehr.
2. Lukács (s. Lit.), S. 162 ff.
3. Rühle (s. Lit.), S. 267.
4. Reich-Ranicki (s. Lit.), S. 333. Reich-Ranicki übersieht allerdings, daß Zweigs Roman eine authentische Episode zugrunde liegt, die am 10. April 1937 in der »Deutschen Volkszeitung« (Zweigs Quelle) mitgeteilt wurde: »Selbstmord eines Henkers. Altona (DI) – Die Hinrichtung von Jonny Detmer und drei weiteren Antifaschisten wurde seinerzeit nicht dem Hamburger Scharfrichter, sondern dem Schlächtermeister und SS-Mann Fock aus Altona übertragen. Der Schlächtermeister hatte gehofft, daß er mit den 2000 Mark, die ihm die Hinrichtung einbrachte, sein Geschäft würde wieder in Gang bringen können. Nach und nach aber sickerte durch, daß er der Henker der vier unschuldigen Opfer des Hakenkreuzes gewesen sei. Daraufhin blieben immer mehr Kunden weg, und der finanzielle Zusammenbruch war unvermeidlich. In seiner Verzweiflung erschoß der Schlächtermeister zunächst seine Frau und beging dann Selbstmord. [. . .]« Vgl. dazu auch die Interpretation von Gisela Berglund: »Deutsche Opposition gegen Hitler . . .« (s. Lit. d. Einl.), S. 221–232.

Werke

Spielzeug der Zeit. Erzählungen. Amsterdam: Querido 1933.
Bilanz der deutschen Judenheit 1933. Ein Versuch. Amsterdam: Querido 1934.
Erziehung vor Verdun. Roman. Amsterdam: Querido 1935.
Einsetzung eines Königs. Roman. Amsterdam: Querido 1937.
Versunkene Tage. Roman aus dem Jahre 1908. Amsterdam: Querido 1938.
Das Beil von Wandsbek. Roman. Stockholm: Neuer Verlag 1947. [Deutsche Erstausgabe.] – Berlin [Ost]: Aufbau-Verlag 1953. [Nach dieser innerdeutschen Erstausgabe wird zitiert.] – [Entstanden 1940; hebr. Ausgabe 1943.]

Literaturhinweise

Arnold Zweig. In: Sinn und Form. Sonderheft (1952).
Eva Kaufmann: Arnold Zweigs Weg zum Roman. Berlin [Ost] 1967.
Georg Lukács: Schicksalswende. Beiträge zu einer neuen deutschen Ideologie. Berlin [Ost] 1956.
Marcel Reich-Ranicki: Der preußische Jude Arnold Zweig. In: M. R.-R., Deutsche Literatur in West und Ost. München 1963. S. 305–342.
Jürgen Rühle: Literatur und Revolution. Die Schriftsteller und der Kommunismus. Köln u. Berlin 1960.
Johanna Rudolph: Der Humanist Arnold Zweig. Berlin [Ost] 1955.
Hans-Albert Walter: Auf dem Wege zum Staatsroman. In: Frankfurter Hefte 23 (1968) S. 564–574.

HANS WOLFFHEIM

Von Dionysos zu Hiob. Karl Wolfskehls Spätwerk

Karl Wolfskehl ist immer noch ein unbekannter Autor, obwohl seine *Gesammelten Werke* in zwei Bänden seit 1960 vorliegen. Als unmittelbarste Quelle für das von ihm durchlittene deutsch-jüdische Schicksal muß die 1959 erschienene Sammlung *Zehn Jahre Exil. Briefe aus Neuseeland 1938–1948* gelten. Eine Ergänzung fanden die *Gesammelten Werke* durch den Band *Briefe und Aufsätze* (1966), dem sich 1968 die Publikation *Wolfskehl und Verwey / Die Dokumente ihrer Freundschaft 1897 bis 1946* anschloß.

Allein dem Umfang nach gerechnet ist sein Werk vergleichsweise leicht übersehbar. Dennoch übertreibt man nicht, wenn man sagt, daß Karl Wolfskehl ein schwieriges Werk hinterlassen hat, vor dem vielleicht schon die nächste Generation befremdet stehen wird. Erwägt man die rapiden Weltveränderungen, die wir durchleben und die sich gewiß intensivieren werden, erscheint es denkbar, daß auch sein Werk dem Bewußtsein der Lebenden entrückt wird. Das Faktum, daß Karl Wolfskehl einer der bedeutendsten deutschen Repräsentanten der geschichtlichen Epoche von 1890 bis 1950 war, ist damit freilich nicht aufgehoben. Auch sollte man nicht vergessen, daß das beginnende Atomzeitalter mit der Drohung der Vernichtung der Menschheit in sein Leben noch hineinragt.

Seine dichterische, vielleicht dennoch die Zeit überdauernde Bedeutung hat Wolfskehls Werk erst nach den Jahren seiner unmittelbaren Anhängerschaft im George-Kreis, genauer nach Georges Tod, durch die Verfolgung des deutschen, des europäischen Judentums und durch das Exil gewonnen. Man möge die These, daß eigentlich das Exil die ihm adäquate Lebensform war, nicht als Frevel auslegen. Die Vertreibung aus der hedonistischen Lebensform seiner Münchener Jahre, die schließlich von außen erzwungene Flucht in eine durch und durch unwirtliche Einsamkeit war, wie sich zeigen läßt, eine schon früh vorausgeahnte Erfahrung. Im Gegensatz zu vielen, die seit 1933 das Exil auf sich zu nehmen hatten, besaß er eine geschärfte Witterung für das heraufkommende Unheil, mag dieses Vorwissen auch durch einseitig deutschorientierte Täuschungen vorübergehend verdeckt gewesen sein.

Mehr als ein Jahrtausend war die aus Italien stammende Familie seiner Vorfahren in Deutschland ansässig, als die Brutalität der faschistischen Machthaber den Vierundsechzigjährigen veranlaßte, ins Exil zu gehen. Dennoch ist es nicht angängig, seine geistige Gestalt auf das so oft heillose jüdische Weltschicksal zu begrenzen oder seine späte Dichtung, die 1934 mit der ersten Sammlung *Die Stimme spricht* einsetzt, auf die Formel von der Rückkehr zum Gott des Alten Bundes zu beschränken.

Mehrfach hat er sich auf seine vielleicht legendäre Familienherkunft wie auf seine geistigen Ursprünge berufen, so in dem Gedicht *An die Deutschen*, dann auch, eindringlicher, in dem umfangreichen Gedicht mit dem Titel *Mittelmeer oder die fünf Fenster*:

>»Zu Lucca saß ich lang im Land Tuskan,
Seit unsres Tempels Fall. Dann zog der Ahn,
Wie einst zum Nil Ur-Jakobs Karawan
– Großkarl gebots – zum Rhein. Für ein Jahrtausend
Saß ich am Rhein, in Ried und Städten hausend,
Im Dienst des Herrn, der Herren, hoffend, grausend.

>Am Frankenrhein sog ich lateinischen Hauch,
In Rheins Wein löscht' ich, mit der Väter Brauch
Das Sabbathlicht. Den Kaisern zubehörig,
Heimlich und aufrecht, weltweis, gottestörig

>Verblieb ich, jüdisch, römisch, deutsch zugleich ...«

Dieses ›Zugleich‹ des Jüdischen, Römischen und Deutschen, das vor allem seinem Spätwerk die geistige Spannweite gibt, ist eine Summe, die nicht teilbar, nicht auflösbar ist. Es befähigte ihn, sich scheinbar divergente Bereiche anzuverwandeln, ja einzuverwandeln. Er, der Wiederentdecker von Bachofens *Mutterrecht*, der Übersetzer der *Ältesten deutschen Dichtungen* wie der Gedichte des Archipoeta, vermochte selbst noch Heinrich Mann gerecht zu werden. Er war einer der intimsten Kenner der deutschen Barockliteratur; er übertrug den *Weinschwelg* aus dem 13. Jahrhundert wie den *Ulenspiegel* von Charles de Coster. Er verdeutschte aber auch da Pontes Libretto zu Mozarts *Hochzeit des Figaro*, eine Fassung, die noch ungedruckt ist und auf deutschen Opernbühnen bisher noch keinen Eingang gefunden hat.

Ergänzt werden diese und andere Unternehmungen durch seine Tätigkeit als literarischer Leiter der Rupprecht-Presse. Die hier von ihm verantworteten Drucke bezeugen in gleicher Weise seinen immer wachen, immer angespannten Spürsinn für Überliefertes und Gegenwärtiges. Mögen diese Bemühungen in Anregung und Ausbreitung der Zeit angehören wie seine journalistischen Arbeiten, realisierbar waren sie nur dank einer geistigen Überfülle, dank seiner Witterung für alles im Geist Lebendige. In ihm stand das ›Zugleich‹ des Jüdischen, Römischen und Deutschen noch in einem Gleichgewicht. Nach der Vertreibung, nach der Ausrottung des deutschen Judentums wird dieses ›Zugleich‹ so, wie es einmal möglich gewesen ist, in keinem Geschichtsablauf je wiederkehren können. Es scheint freilich, die Deutschen sind sich noch immer nicht bewußt, wessen sie sich beraubt haben. Das Bild der vergangenen Epoche würde ärmer sein, sollte man die Gestalt Wolfskehls aus den Augen verlieren.

In seiner Schwabinger Zeit hat man ihn einen Dionysos genannt; in seinem Exil hat er sich als Hiob bezeichnet. Man darf diese Namen als Chiffren seiner Existenz nehmen, als die zwei Wesenheiten, unter denen er noch am ehesten zu fassen ist. Einer Generation, die auf unterkühlte Nüchternheit Anspruch erhebt, wird eine solche Doppeleinheit des Wesens vermutlich nur pathetisch erscheinen; allein sie weiß nichts mehr von jenen Tendenzen, wie sie im deutschen Kultur- und Sprachbereich bis zum Jahre 1933 noch lebendig waren. Will man sich seiner Ursprünge versichern, müßte man Wolfskehl eine archaisch-kretische Existenz nennen. Er war mittelmeerisch-minoisch, von phönizischem Gepräge, aber befähigt zu italischer Verwandlung. Älteste Urzeit des europäischen und voreuropäischen Menschen war in ihm gegenwärtig, die er durch sein Wort ins Deutsche einverwandelte. So ist sein Werk adäquater Ausdruck seiner Person, die zugleich das Archaische wie das Gegenwärtige repräsentiert.

Eben diese Repräsentanz befähigte ihn, alles Geistige als das Sinnliche, alles Sinnliche als das Geistige aufzufassen, also das Seltenste zu verwirklichen, das dem Menschen wie den Kulturen erreichbar ist. Mag man auch kaum mehr ermessen, was das bedeutet – Wolfskehl hat sich noch in seinen Briefen aus Neuseeland als ›ein dem Eros Geweihter‹ bezeichnet, auch das eine Chiffre, die Person und Werk zugleich umschließt.

Exul Poeta: So steht es in lateinischen Buchstaben auf seinem Grabstein in Auckland auf Neuseeland, jenem Ultima Thule, wo er als ein in Europa ›Entrechteter‹ seine letzte Zuflucht suchte und nach seinem eigenen Wort zehn Jahre im Exil ›gefrostet‹ hat – bis zu seinem Tod am 30. Juni 1948. Wolfskehl gehört zu denen, die den Reichstagsbrand als ein Signal zum Aufbruch verstanden. Am Morgen danach, am Faschingsdienstag 1933, hat er, nur mit einem kleinen Koffer ausgerüstet, Deutschland verlassen. Auch er gehört zu denen, die nicht nach Deutschland zurückgekehrt sind. Die Schweiz und dann schon bald Italien waren die ersten Stationen seiner Flucht; und wenngleich er selbst bekannt hat, daß die italienischen Jahre (1934 bis 1938) »ungestört« verliefen, so hat man seinen Aufbruch von Europa doch im wortwörtlichen Sinn als eine Flucht zu begreifen. Den Anstoß gaben ihm, wie er im Rückblick in einem Brief vom 31. Januar 1947 schreibt, die italienischen Zeitungen. Die wurden damals nach dem »München-Berliner Besuch des römischen Cäsar-Affen [...] buchstäblich von einem Tag zum andern drohend, bös, und antijüdisch. Wieder merkt ich, was unvermeidlich war. [...] Und da Italien, die Mutter der Humanität, mir von je Wahlheimat (nach der Familiensage auch Urheimat) gewesen ist, überliefs mich eiskalt und glühheiß zugleich vor Abscheu und Zorn, der Europa-Ekel erstickte mich fast, und ich beschloß, so weit weg zu gehen, als dies überhaupt auf diesem Kleinplanet möglich ist. Tatsächlich ist Neuseeland von West wie von Ost her das europafernste Landstück.«

Es entspricht der Radikalität seines »Europa-Ekels«, daß er sich das »europafernste« Land als Exil bestimmte. Und doch bleibt es merkwürdig, daß die Antriebe zu einer Flucht aus Europa schon weit vor den Schrecken des Nazi-Regimes in seinem Leben nachweisbar sind. Zwei der aufschlußreichsten Dokumente für diesen Fluchttrieb finden sich in dem Briefwechsel Wolfskehls mit dem holländischen Dichter Albert Verwey.

Unter dem 13. Dezember 1921 schreibt er hier, daß er seit zwei Jahren entschlossen sei, »jede Gelegenheit zu nutzen um fort zu kommen, irgend eine Ferne zu finden zur Gesundung, zur Ruhe«. So wendet er sich an Verwey mit der Frage, ob er im damaligen Niederländisch-Indien auf einer der Inseln unterkommen könne. Wie konkret seine Überlegungen waren, zeigen seine Worte: »Vor mehreren Monaten hörte ich, daß man für drüben deutsche Volksschullehrer suche. [...] Ich würde in irgend einer entlegnen Eingebornenschule im Innern Sumatras mit *Freuden* Dienst tun. Ja, grade so etwas würde mir besonders zusagen!« In einem weiteren Brief an Verwey vom 22. Dezember 1921 kommt er auf den gleichen Vorschlag zurück, was sowohl für seine innere Unruhe wie für seine Vitalität ein bemerkenswertes Indiz ist. Man geht kaum zu weit, wenn man sagt, daß ein dämonischer Drang in ihm wirksam war, aus allen Bindungen, auch aus denen zu Stefan George, aufzubrechen in eine Einsamkeit hinein, die ihn zu einem noch unrealisierten Werk vorzudringen zwang.

Gewiß ist überdies, alle biographischen Details beiseite gelassen, daß ihm sein Judentum früh als Problem spürbar geworden ist. Ein gewichtiges Zeugnis dafür findet sich bereits in den *Gesammelten Dichtungen* von 1903, in denen eine Reihe von Gedichten in deutlicher Anspielung *An den alten Wassern* überschrieben ist. Hier heißt es, in Vorwegnahme eines erst später durchgehaltenen Tons: »Wer hat die bürde / Mir aufgelastet / Wer hat mich getrieben / Herr in dies land / . . . Wer hieß mich fremdling / Zu sein mit euch?«

Was hier vernehmbar wird, ist ein Vorklang des später gefundenen Wortes seiner Exilzeit, das, gebunden an Wissen und an unheimlich herandrängende Erfahrungen, die dynamisch aus dem eigenen Innern hervorbrechende Rhythmik staut. Diese Rhythmik, ein Wesensmerkmal seiner Spätzeit, drängt das Metrum beiseite; sie ist analoger, ja sinfonischer Ausdruck des erschütterten, kaum mehr zu balancierenden Lebensgrundes. Die Strophe wird noch der Überlieferung gemäß gebaut; die Rhythmik, die Vers und Strophe durchdringt, scheint beide zu sprengen. Was in ihr hervortritt, sind älteste Möglichkeiten der Brechung, hinübergerissen in Wortkombinationen gegenwärtigster Erfahrung. Was dadurch entsteht, ist in Rückbesinnung wie in Vorausverkündung eine archaisch-biblisch anmutende Form, geprägt von völlig eigener Individualität. In seinen besten Stücken verdankt dieses dichterische Spätwerk seine Essenz nicht mehr der Schule Georges; hier ist Wolfskehl kein Nachahmer und Nachfolger mehr, sondern ein schöpferischer Eigenbildner.

Diese ihm eigentümliche Rhythmik steht noch vor allem nennbaren Wort. Sie ist es, die sich des Wortes bemächtigt, die es einholt und die Wortfindung vorantreibt. Rhythmik und Wort sind aber zuletzt eine Einheit von nicht mehr trennbarer Dynamik. Dieser Sachverhalt mag den zeitgenössischen Leser seiner Gedichte zunächst befremden, wobei sofort ein zweiter, damit zusammenhängender Sachverhalt zu nennen ist. Das Wort war für Wolfskehl religiösen Ursprungs, belehnt mit der Sendung, auf allen Lebensstufen, durch alle Lebenserschütterungen hindurch diesen Ursprung wieder zu erlangen. Wo es dieses Ziel verfehlt, ja wo es dieses Ziel nicht einmal mehr will, da ist es nach seiner Überzeugung tot. Damit läßt sich, nebenbei bemerkt, der Punkt bezeichnen, wo sich die jüdisch-sakrale Auffassung vom Wort und Georges Diktum von der Sendung des Wortes am engsten berühren. Bekenntnishaft hat Wolfskehl seinen Glauben an das Wort wie seine Klage über den Verlust des Wortes im dritten Stück der Gedichtfolge *Präludium* zum Ausdruck gebracht. Eingangs heißt es hier:

> »Das Wort hat seine Zeit gehabt,
> Hat alle seine Zeit gehabt,
> Das Wort ging aus und ein . . .«

Ausgangs aber heißt es:

> »Wort hat das Wort im Wort gehabt,
> Das Ewige Wort im Wort gehabt.
> Das Ewige Wort entfloh.«

Damit stellt sich, aus sakraler Sicht, nochmals die Frage: Was war für Wolfskehl das Wort? Immer ein Doppeltes in seiner Einheit; immer ging es ihm darum, daß das Wort zugleich Bild und Gesetz, daß dem Bild das Gesetz, dem Gesetz das Bild einverwandelt sei. Wie noch seine Briefe aus Neuseeland bezeugen, sah er diese Doppeleinheit im Werk Georges verwirklicht. Daraus erklärt es sich, daß er sich in seiner ganzen Lebenszeit, auch noch im Exil, zu George als dem »Vater und Herrn der gesamten deutschen Geistesgeschichte seit einem Menschenalter« bekannte.

George war in all seiner Strenge, ja selbst noch in seiner Hybris gewiß die fester gefügte, Wolfskehl jedoch in all seiner Lebensdynamik die reichere Natur. Aus dem Bedürfnis seiner divergierenden Kräfte und Antriebe, aus lebendigster Wißbegier wußte er sich das Nächste und Fernste aus vielseitigen Bereichen zu assimilieren. Sein Wort verbirgt mehr, als es dem ersten Blick verrät. Das gilt insbesondere für seine Formel ›Bild und Gesetz‹.

Eben diesen Titel führt die von ihm 1930 veranstaltete Sammlung seiner Prosa-arbeiten. Weltgeschichtlich, ja religionsgeschichtlich gesehen, intendiert diese Formel nichts Geringeres als die Aufhebung des Gegensatzes zwischen Europäertum und Judentum in einer neuen, eine andere Weltepoche einleitenden Synthese. Europa, und darin einbeschlossen Hellas, das meint die Welt des Bildhaften und des gepräg-ten Bildes; das Judentum hingegen, in seinen Ursprüngen weit älter, das meint jen-seits von Bildnis und Gleichnis die Welt des Gesetzes, die ins Spirituelle transpo-nierte Deutung der Gottes- und Menschenwelt. Heine konnte noch mit der Anti-these ›Athen und Jerusalem‹ argumentieren; eben diese Antithese hat Wolfskehl mit seiner Formel ›Bild und Gesetz‹ aufgehoben. Sie ist einerseits Ausdruck seiner eige-nen Lebenswirklichkeit; sie ist aber nicht minder Ausdruck einer überpersönlichen Forderung.

Diese Forderung zielt letztlich, als Synthese zwischen dem jüdischen und dem euro-päischen Geist, auf eine Versöhnung zweier Kulturen. So postuliert die Formel ›Bild und Gesetz‹ eine neue Geschichtswirklichkeit und damit zugleich eine neue Geist-wirklichkeit, in der das Gesetz sich versinnlicht, in der das Bild sich vergeistigt und ins Geistige steigert.

Nach Wolfskehls eigenem Bekenntnis weist das Wort in seiner Einheit von ›Bild und Gesetz‹ auf »jenes schaffend entrückte Außerhalb, das Mitte werden soll und Mitte werden will, jenes primum movens, wir nennen es Gott«.[1]

Gewiß, »Menschenwelt ist Welt des Wortes«, allein das rechte Wort, das Wort in seiner Einheit von ›Bild und Gesetz‹, ist immer zugleich auch Gottes Wort, wobei es offenbleiben mag, welchen Namen der Mensch dem einen und immer gleichen Gott gibt. Noch in allem Schrecken und Zürnen, noch in allem Gottestänzertum, das auch zu Wolfskehl gehört, hat das Wort sein eigenes, sein gleich altes wie neues Geheim-nis. Es läßt sich nur mit der von ihm selber gegebenen Bestimmung umschreiben, »daß es voller Zuversicht ist und vor aller Gottesnot, Gottesabkehr, vor aller Ver-ruchtheit dem Lichte zugeschworen bleibt und an die Verheißungen glaubt«.[2]

Niemals indes hat Wolfskehl sich einen Propheten genannt; in den Dichtungen seiner Spätzeit vergegenwärtigt er auf exemplarische Weise das jahrtausendealte jüdische Schicksal, dem das Wort über alle geschichtlichen Verworrenheiten und Nieder-brüche, über alle ›Zerstreuung‹ hinweg Zuflucht, Rettung und Gottesgewißheit war. Wie sehr diese Auffassung ihm gemäß war, dokumentiert seine Betrachtung *Das rechte Wort,* wo es heißt: »Aber steht das Wort nicht am Uranfang der Dinge und des Wesens?« Das ist aus innerster Erfahrung gegen das Faustische Bekenntnis gesprochen, daß am Anfang die Tat und nicht das Wort war.

Diese Überzeugung von der Doppeleinheit des Wortes muß man akzeptieren, will man sein Werk, insbesondere sein dichterisches Spätwerk, begreifen und würdigen. Man hat sich dabei aber auch seiner Exilerfahrung bewußt zu sein, die er am eindringlichsten wenige Monate vor seinem Tod in einem Brief aus Auckland bekannt hat:

»Zehn Jahre heimatlos, selbst der Eifer am eignen Werk von außen nicht immer gesichert. Alles erschwert, das Ökonomische bitter. Getragen hab ichs wie nur einer, und gestaltet bis in diese Letztzeit. Vieles bleibt posthum, die Spätphase im Exil, ganz aus dem Eignen, steht mir zuoberst im ganzen Lebenswerk. Was aber Einsamkeit heißt, Vereisung, wer weiß es wenn nicht ich, die tote Luft um mich entsaugt mir das Mark.«

In diesem Zusammenhang kann es nur darum gehen, mit einigen weiteren Fingerzeigen das Eindringen in sein Exilwerk zu erleichtern. Der Band *Die Stimme spricht* (erweiterte Ausgabe 1936) vereinigt die erste Sammlung jener Gedichte, die bereits dem Exil zuzurechnen sind. Kompositorisch ist diese Sammlung ein Zwiegespräch zwischen dem Gott des Alten Bundes und jenem Einen, der stellvertretend für das in Verbannung getriebene Volk seine Klage anhebt: »Wieder drängt Er uns, / Wieder verhängt Er uns / Seinen ewigen Fug: / Den Weiterzug, / Den Weiterzug.«

Zwei Strophen, verschiedenen Gedichten entnommen, mögen die Beschwörung im Gebet, aber auch die Situation der Verzweiflung in der Isolation veranschaulichen:

> »Herr! Ich will zurück zu deinem Wort.
> Herr! Ich will ausschütten meinen Wein.
> Herr! Ich will zu Dir, ich will fort.
> Herr! Ich weiß nicht aus und nicht ein!
> Ich bin allein.«

> »Herr, lasse mich nicht fallen,
> Ich kam aus dem Geheg –
> Bin ich auf Deinem Weg?
> Ists bloß, daß ich entrinn?
> Es wirft mich her und hin.
> Wer sagt mir, daß ich bin
> Und bin auf Deinem Weg?«

Strophen wie diese, Gedichte wie diese sind eine Bereicherung der deutschen Sprachmöglichkeiten; sie sind es durch die Simplizität der Wortwahl, durch den Parallelismus, durch formelhafte Wiederholungen, durch ihre rhythmische Gedrängtheit.

Das Thema des Ausgesetztseins bis an die Grenze der Sprachlosigkeit führt die Sammlung *Hiob oder Die Vier Spiegel* (zuerst 1950) weiter, wofür nachdrücklich auf die Verse hingewiesen sei:

»Wüßtet ihr was ich weiß,
Euer Lachen klänge leis,
Leis wie vertrocknetes Weinen
Über Grabsteinen,
Wo die Schrift verblich –
›Was weißt du? Sprich!‹

Wüßtet ihr was ich weiß,
Euch ränne kalter Schweiß
Über Stirn und Lider,
Euch schlotterten die Glieder
Wie vom Rutenstrich –
›Was weißt du? Sprich!‹«

Schließlich seien aus den Texten, die in den *Gesammelten Werken* unter dem Titel
Die drei Welten und das Lebenslied vereinigt sind, als weiteres dichterisches Zeugnis
jene Strophen herausgegriffen, in denen nochmals die ans Verstummen grenzende
Situation des Exilierten zusammengepreßt erscheint:

»Will nicht was ich will. Will nicht was ich muß.
Die Trän ist trocken, verstaubt der Kuß.

Weiß nicht was ich weiß. Weiß nicht was ich soll,
Und schien doch aller Gnaden voll.

[...]

Hab nicht was ich hab. Gehr nicht wes ich gehr:
Der über floß, ist leerer denn leer.

Bin nicht der ich bin. War ich der ich war?
Doch Einer lacht bald auf der Totenbahr.«

Nahezu erblindet, ohne Hoffnung auf Heimkehr, so lebte er schließlich in Auckland, »hier vor Exils barbarischer Klippenbai« dem Tode entgegen. Über sein Leben
wie über seine Dichtung darf man das Wort setzen: »Wer erfuhr, weiß«.[3] Es ist eines
seiner knappsten und umfassendsten Worte.
Schon ehe er das Exil auf sich zu nehmen hatte, stand er unter dem Druck des Vor-
auswissens. Er sah die zweitausendjährige wechselvolle Gemeinschaft zwischen Judentum und Europäertum bedroht und formulierte bereits 1931 den von inneren
Bedrängnissen eingegebenen Satz: »Ob diese Zweijahrtausende heute abdämmern,
wir wissen es nicht.« Um dieses ›Abdämmern‹ hat er gewußt und war unerschrocken
genug, die Worte niederzuschreiben: »Welcher Geschichtsablauf wäre nicht einge-
mündet in ein Ende von Blut und Entsetzen, nicht geschritten durchs ›Tor der Tränen‹?«[4] Auch dank dieser Unerschrockenheit sind wir berechtigt, ihn denkwürdig zu
nennen in einer Zeit, deren blinde Tendenzen auf Selbstzerstörung gingen.

Anmerkungen

1. »Briefe und Aufsätze«. Hamburg 1966. S. 282.
2. ebd., S. 284.
3. ebd., S. 278.
4. ebd., S. 286.

Werke

Die Stimme spricht. Berlin: Schocken Verlag 1934. – Die Stimme spricht. Erweitertes Werk. Berlin: Schocken Verlag 1936.
Hiob oder Die Vier Spiegel. Hamburg: Claassen 1950.
Dichtungen. Dramatische Dichtungen (Gesammelte Werke I). Hamburg: Claassen 1960.
Übertragungen. Prosa (Gesammelte Werke II). Hamburg: Claassen 1960.
Briefe und Aufsätze. Hamburg: Claassen 1966.
Zehn Jahre Exil. Briefe aus Neuseeland 1938–1948. Heidelberg u. Darmstadt: Schneider 1959.
Wolfskehl und Verwey / Die Dokumente ihrer Freundschaft 1897–1946. Heidelberg: Schneider 1968.

Literaturhinweise

Gunter Grimm: Karl Wolfskehl. Die Hiob-Dichtung. Bonn 1972.
Manfred Schlösser [Hrsg.]: Karl Wolfskehl 1869–1969. Leben und Werk in Dokumenten. Darmstadt 1969.
– Karl Wolfskehl. Eine Bibliographie. Darmstadt 1970.

ALBRECHT HOLSCHUH

Lyrische Mythologeme. Das Exilwerk von Nelly Sachs

Verfolgung und Auswanderung haben Nelly Sachs nicht vom geistigen Leben Deutschlands getrennt: sie hatte weder aktiv noch passiv je daran teilgenommen. Bis über ihr vierzigstes Lebensjahr hinaus lebte sie scheu im Haus ihrer wohlhabenden Eltern; die politischen, wissenschaftlichen und künstlerischen Stimmen des ersten Jahrhundertdrittels durchdrangen die Mauern nicht; ihre literarische Nahrung bezog sie aus der Romantik und deren Nachklängen. Die eigenen Schriften, soweit sie überhaupt gedruckt wurden, waren süßlicher Nippes ohne den geringsten Einfluß auf die literarische Entwicklung. Selbst das Propagandaministerium muß sie als so harmlos angesehen haben, daß bis 1938 noch einzelne Gedichte erscheinen konnten. Zweifellos ist Nelly Sachs als Jüdin und nicht als Schriftstellerin verfolgt worden. Nach des Vaters Tod und dem Amtsantritt Hitlers kam die Not auf sie zu, bis sie 1940 geängstigt und mittellos mit ihrer Mutter nach Schweden ausreisen durfte. Erst dort sind ihre heute verbreiteten Werke entstanden. Die bekannte Dichterin Nelly Sachs ist ein Kind des Exils. Sie ist es nicht dadurch geworden, daß sie mit einer neuen Kunst auf den Untergang ihrer Welt geantwortet hätte, wie allgemein geglaubt wird, sondern unter anderem gerade durch ein Festhalten am Gewohnten. Dieser exemplarische Fall verdient eine andere Art wissenschaftlicher Aufmerksamkeit, als ihm bisher zuteil geworden ist, und die Zeit der Mißverständnisse über Nelly Sachs ist noch nicht zu Ende.

Kollektive Schuld- und Leidgefühle und die westdeutsche Restauration haben eine nüchterne Betrachtung des Werkes bis jetzt verhindert; anders ausgedrückt: sie haben ein allgemeines Urteil entstehen lassen, das aus meiner Sicht nicht nüchtern wirkt. Wer nun in Ungeduld und kleinen Schritten Distanz erarbeiten möchte, muß mit Verletztheit und Widerspruch rechnen, die durch eine breite Analyse des Gesamtwerkes und der Sekundärliteratur wohl aufzufangen wären, nicht aber im hier vorgegebenen Rahmen: es geht um die Bedeutung von Nelly Sachs als Exilautorin, um die Sprecherin der Verfolgten. Es wird sich zeigen, daß ihr Ruhm zu Recht besteht, wenn auch in einem unerwarteten und nicht für jedermann befriedigenden Sinn.

Man sollte vorsichtig beginnen, etwa mit einer Aufzählung der Lieblingswörter. Über vierhundert Gedichte aus der Exilzeit liegen vor, und nach flüchtiger Zählung erscheinen in mindestens jedem zehnten davon (und manchmal mehrfach) die Inhaltswörter Abend, Atem, dunkel, Engel, Feuer, Flügel, Fuß, Geburt, Geheimnis, Gott, Hand, Herz, Himmel, Kind, Leben, Leib, Luft, Mond, Musik, Mutter, reißen, Sand, Schmerz, Schrift, schwarz, schweigen, Sonne, Sprache, Staub, Stein, sterben, Träne, Traum, Wasser, Welt, Wind, Wort, Wunde und ziehen. In mindestens jedem fünften Gedicht treten auf: Auge, Blut, Erde, Licht, Liebe, Meer, Schlaf, Sehnsucht und Zeit. In jedem zweiten Gedicht schließlich begegnet man Tod, Nacht und Stern (oder Gestirn). Auf welche geistige Provinz diese Wörter weisen, wird deutlicher, wenn man sie, statt alphabetisch, nach Affinitäten ordnet: Herz und Schmerz, Nacht und Tod, Licht und Leben, Mutter und Kind, Sonne, Mond und Sterne, Blut und Wunden, die vier Elemente usw. Die Zahl der möglichen Variationen ist groß (Licht und Luft, schwarz und schweiget, Staub und sterben...), und alle wirken sie ehrwürdig, wenn auch ein bißchen verstaubt, noch bevor man sie auf ihre spezifische Funktion innerhalb eines Gedichtes hin ansieht. Worüber Sachs auch schreibt, seien es die Schrecken des Konzentrationslagers in den frühen oder Bewußtseinszerfall und Sehnsucht in den späten Exilgedichten, immer bezieht sie ihren Wortschatz großenteils aus einer durch Alter geheiligten lyrischen Hochsprache und Scheinwelt.

Ihr Beschützer und Freund während der letzten Lebensjahre, Bengt Holmqvist, hat das zum Teil gesehen und zu einem der Königswörter, wie er sie nennt, nämlich ›Sehnsucht‹, auch festgestellt, daß es »schon in der Spätzeit der Romantik das meiste von seinem hohen Sinn [verlor]. Es wurde ein Wort des Versagens an der Wirklichkeit, ein Wort der passiven Träumerei und der hilflosen Entfremdung. [...] Heute mögen Schlagerfabrikanten von Sehnsucht reden, seufzen, ächzen. Die Dichter hüten sich. – Nelly Sachs hütet sich also nicht. Sie benutzt das Wort, als wäre es nie von Verfall und Abwertung betroffen worden.«[1] Da sie die sprachlichen Erschütterungen des 20. Jahrhunderts nicht wahrgenommen hatte und weder vor noch nach ihrer Flucht ein kritisches Publikum auf sie rückwirken konnte, blieb der Anachronismus der Königswörter erhalten. »Mitten in der Weltkatastrophe fand sie sich einsam mit einem Deutsch, das aus der Zeit vor der enormen Verwirrung stammte.«[2] Daß gerade die Königswörter in der Verwirrung eine schlimme Rolle gespielt haben, bleibt außer acht; Holmqvist hofft, sie möchten, nicht zuletzt durch die Vermittlung von Nelly Sachs, »noch einmal zurückkehren«[3].

Es ist verständlich, daß Exilierte und Daheimgebliebene seine Hoffnung teilen. Die Sprache von Nelly Sachs ist noch heil (Glück der Leidenden) und unschuldig (Glück der Schuldigen) und – ebenso wichtig – trägt den Leser aus der schwierigen Gegenwart in eine schlichtere metaphysische Vorwelt. Da die Verquickung von Christentum und Kultur auch bei Gebildeten und anderen Agnostikern erhalten geblieben ist, gilt es noch heute als schön, wenn die Dichtung die Welt vereinfachend ins Numinose transponiert. Die schwerverständlichen und beunruhigenden Erkenntnisse der Naturwissenschaft versinken, wenn man die Schöpfungsgeschichte liest oder von Sachs in ein schlicht aus vier Elementen bestehendes Universum geleitet wird. Nicht nur liegen der Dichterin die entsprechenden ›Urworte‹[4] immer zur Hand (Feuer oder Licht; Luft, Wind oder Atem; Erde, Sand, Stein oder Staub; Wasser, Meer oder Träne), sie läßt auch gerne ganze Gedichte von der Quadriga der Elemente ziehen. Wer die großen Worte spricht, vollbringt ohne weitere Gedanken die beseligende Leistung, im literarischen nicht minder als im religiösen Bereich: »Die Nennung des Irdischen in seiner auf die Elemente Wasser, Erde, Feuer und Luft reduzierten Erscheinung gibt von selbst den kosmischen, ja den transmundanen Bezug frei.«[5] In die Sprache der Kirche übertragen, heißt das auch, man müsse die Welt verleugnen, dann werde man Gott schauen.

Wie aber kam es, daß gerade eine mit solchen Königswörtern ausgestattete weltfremde Epigonin die Judenverfolgung zu ihrem Thema machte und dann sogar zum erstenmal gelesen und bejaht wurde? Der schwärmerischen Seele hatte das Berlin ihrer Zeit keinen Nährboden bieten können, sie träumte und schrieb von Rittern,

Geistern und Heiligen, von zarten Rehen und Bachstelzen und den Gestalten des Alten Testaments; Legenden ersetzten die Wirklichkeit. Die Hitlerzeit erzwang eine Wendung zum Judentum, Nelly Sachs erfuhr einiges von Sage und Mystik des ihr behördlich verordneten Volkes, und auf einem Gemisch von Thora, Sohar, Chassidismus und Gegenwartsberichten begann während des Kriegs ihre Dichtung zu blühen. Was damals in Mitteleuropa geschah, war in seiner schrecklichen epischen Größe und dem Leiden des einzelnen den literarischen Gegenständen verwandt, mit denen Sachs vertraut war. Der judäo-christlichen Tradition gemäß (man denke an die Bibel und den Geschichtenkranz um Christenverfolgung und Pogrome) verarbeitete sie die Wirklichkeit der Verfolgung kompensatorisch zur Legende und schrieb gleichzeitig mit den Gedichten ihrer ersten Sammlung eine szenische Dichtung über den Judenmord in Polen: *Eli. Ein Mysterienspiel vom Leiden Israels* (erschienen 1951). Auf *Eli* und die Lyrik der ersten Jahre in Schweden gründet sich der Ruf der Sängerin Israels; sie sind auch die einzigen Werke, die man ihrer Entstehungszeit nach zur Exilliteratur bis 1945 rechnen darf.

Eli zeigt ein Judendorf nach dem Überfall durch deutsche Soldaten. Gewöhnlich wird der Inhalt als Geschichte vom heiligen Schuhmacher Michael wiedergegeben, der den Mörder des ›Knaben‹ Eli sucht. Die Fabel um Michael füllt jedoch höchstens ein Viertel des Textes, den Rest machen die Erinnerungen von überlebenden Juden und Deutschen aus, und auf der Fülle der Einzelleiden und dem offenbar stellvertretend gemeinten Schicksal Elis und Michaels beruht der Anspruch des Titels: »vom Leiden Israels.« Der achtjährige Eli fleht, als seine Eltern weggetrieben werden, mit seiner Kinderpfeife zu Gott. Ein Soldat mißversteht den Ruf als Geheimsignal und erschlägt den Jungen mit dem Gewehrkolben. Strenggenommen handelt es sich also nicht um Mord, sondern um Totschlag oder Kriegshandlung, während rings im Dorf die Menschen mit Vorbedacht und Grausamkeit getötet werden, und strenggenommen ergibt sich für den Schuhmacher Michael kein Grund, gerade diesen Jungen zu rächen, mit dem ihn kein besonderes Verhältnis verbindet, während er zum Beispiel die Verschleppung seiner eigenen Braut hinnimmt. Man darf jedoch nicht allzu genau lesen, sondern muß bei Sachs stets damit rechnen, daß sie mehr auf Stimmung als Logizität und Realismus achtet. Ungereimter Inhalt ist keine Seltenheit, und es gibt auch kleinere Schnitzer wie kreisende Tauben[6], schlagende Sanduhren[7], ertrinkende Leichen[8] oder einen ohne Widerlager kauenden einsamen Zahn[9]. Die meisten Leser werden solche Beobachtungen als kleinlich und häßlich beiseite schieben, etwa so: wie kann man im Angesicht solchen Leidens und solcher dichterischer Größe mit kaltem Verstand reagieren?

Michael ist ein legendenmäßiger Wunderheiler, im Totenhemd des Jungen erscheint ihm das Mördergesicht als Fahndungsbild, und er macht sich auf zur deutschen Grenze. Unterwegs besteht er Abenteuer mit einem Gespenst und aus dem Boden wachsenden Mordfingern, aber Elis Pfeife führt ihn schließlich zum Ziel. Der gefundene Deutsche hat selber ein Kind, das ihm zur Strafe jetzt erkrankt und stirbt, obgleich es, wieder strenggenommen, an dem Totschlag nicht beteiligt war. Die eigentliche Rache aber ereilt den Vater im Wald, wo er Michael begegnet und vor dessen Augen unter großen Lufterscheinungen zu Sand zerfällt. Den Leser durchflutet frommes Gefühl. »Es erscheint im ersten Kreis der Embryo im Mutterleib mit dem brennenden Urlicht auf dem Kopf. [...] Ein blutender Mund wie eine niedergehende Sonne erscheint.« Verblüffenderweise ist dies der Mund von Elis Großvater. Das Urlicht heftet sich an Michaels Stirn, dann wird der Heilige von einer göttlichen Stimme gerufen und entschwindet.

Diese neue Legende wäre leicht als lächerlich und konfus zu erkennen, wenn sie nicht ein Thema behandelte, das ein Deutscher nicht lächerlich finden darf – einerseits der Schuldgefühle wegen und anderseits, weil man ja nicht wissen kann, ob in der jüdischen Religion das nicht alles einen tiefen Sinn besitzt. In der Sekundärliteratur wird das Stück denn auch durch Hinweise auf den jüdischen Glauben »erklärt«.[10] Die anfangs jüdisch gefärbte und durchweg feierliche Sprache tut ein übriges. Zwar kippen die geschilderten Leiden immer wieder vom Grausigen ins Gruselige um, aber der Gedanke an historische Tatsachen verhindert jeden Leserspott:

> »Ich sah Einen sein eigenes Fleisch benagen,
> sich wie der Mond nach einer Seite rundend,
> und magernd hin zur andern Welt –
> Ich sah ein Kind lächeln,
> bevor es in die Flammen geworfen wurde –
> Wo bleibt das?
> Mein Gott, wo bleibt das?«

Michael kann mit seinem Blick das Feuer bannen, ein Jude wird vor Trauer stumm, ein anderer rennt sich den Schädel ein, ein gestohlenes Ladenschild beginnt zu glühen, zum Schrecken des Diebs. Das Gespenst eines Juden, der im KZ vor den Öfen beschäftigt war, zeigt schreiend auf seinen Schornstein, worauf dieser anhebt wie im Kinderpuppenspiel, sich vorstellt und gleich Furcht verbreitet: »Ich bin der Lagerkommandant. / Marsch, marsch / gehen meine Gedanken aus meinem Kopf heraus!« Darauf gespenstisches Weben ringsum, dann singt »eine riesenhafte Gestalt«: »Höre Israel – / Er unser Gott – / Er, der Eine –.« Den Schornstein erschüttern diese Worte, er stürzt zusammen. Verismus und Märchen verbinden sich zu grausiger Wirkung: Als der Soldat den Knaben über den Kopf schlug, fiel ein Milchzahn heraus (dem Alter entsprechend also wohl ein Backenzahn); nun fühlt er seine Welt von Milchzähnen zerfressen, und:

> »Hilfe, Schuhmacher,
> der Milchzahn wächst aus der Erde –
> beginnt mich anzuknabbern –
> durch meine Schuhe hindurch –
> meine Füße zerfallen –
> [...] *brüllend:* [...] ich zerfalle, zerfalle –
> Ich bin ein Stumpf –
> sitze auf dem Sand,
> der soeben noch mein Fleisch war –«

Sicherlich ist das alles etwas wirr und der Rückzug ins Asyl des heiligen Bereichs billig, sicherlich stammen die Handlungsrequisiten aus kindlicher Gruselwelt und erinnern die Leidensschilderungen in ihrer mitleidfördernden Wirkung an Moritat und Groschenhefte; dennoch erfüllt *Eli* als Werk der Exilliteratur eine wichtige Funktion. Dieses Spiel klagt und klagt an, ohne den Finger auf den jeweiligen Leser zu richten, es hebt den Judenmord in die Vertrautheit und Distanz der Legende, es gestattet feierliche Versenkung und Erhebung und befreit damit vom Denken: ein hilfreicher Akt der Vergangenheitsbewältigung, der dankbar honoriert wird. Kritiker werden den Text in Zukunft wahrscheinlich als minderwertig bestaunen, aber Tausenden befangener Seelen hat er in seiner Weise wohlgetan. Seine liturgische Qualität bezeugen Hörspielfassungen und die Opern von Moses Pergament und Walter Steffens.[11] Noch aus einem anderen Grund sollte man nicht über ihn hinwegsehen: Am Fall Nelly Sachs läßt sich mit peinlicher Deutlichkeit der Zustand bestimmter Publikumsschichten und der einschlägigen Literaturwissenschaft erarbeiten. Die jüdische Exilliteratur ist noch heute – verständlicherweise – von Emotionen überspült.

> »O die Schornsteine
> Auf den sinnreich erdachten Wohnungen des Todes,
> Als Israels Leib zog aufgelöst in Rauch
> Durch die Luft –
> Als Essenkehrer ihn ein Stern empfing
> Der schwarz wurde
> Oder war es ein Sonnenstrahl?
>
> O die Schornsteine!
> Freiheitswege für Jeremias und Hiobs Staub –
> Wer erdachte euch und baute Stein auf Stein
> Den Weg für Flüchtlinge aus Rauch?
>
> O die Wohnungen des Todes,
> Einladend hergerichtet
> Für den Wirt des Hauses, der sonst Gast war –
> O ihr Finger,
> Die Eingangsschwelle legend
> Wie ein Messer zwischen Leben und Tod –
>
> O ihr Schornsteine,
> O ihr Finger,
> Und Israels Leib im Rauch durch die Luft!«

Aus diesem oft zitierten Eingangsgedicht stammen der vorläufige und der endgültige Titel der ersten Sammlung[12], Sachs muß ihm also einen gewissen Vorzug unter ihren Gedichten gegeben haben. Schon der erste Laut und dann wieder die Anfänge der Zeilen 8, 12, 15, 18 und 19 demonstrieren den vielleicht wichtigsten Grundzug des gesamten Werks, indem sie mit hymnischer Geste auf einen Gegenstand weisen oder ihn anrufen. Solche Zeilenanfänge gibt es zu Hunderten, sie schaffen traurig-feierliche Stimmung, scheinen im übrigen jedoch beliebig verwendbar zu sein. Im vorliegenden Gedicht bezieht sich das O selbstverständlich auf einen Ort des Schrekkens, auf Krematorium und Selektionsrampe eines Konzentrationslagers, aber es

kann auch andere Gegenstände, Menschen, Königswörter und gar den oder die Sprecher selber emporheben: »O wir hilflosen Trauerfalter«; »O wir Wandernde«[13].
Das Phänomen ist in der deutschen Lyrik nicht selten; bei Sachs gewinnt die ihm
zugrundeliegende Haltung eine derart überragende Bedeutung, daß sie als O-Haltung von nun an einen Namen tragen soll. Die Texte behandeln weniger, als sie
evozieren, besprechen (kultisch) mehr, als sie besagen, meiden Entscheidung und
Urteil.

Dem O am Anfang entspricht der noch häufigere Gedankenstrich am Ende von
Zeilen, Strophen und Gedichten (hier in Zeile 4, 9, 14 und 17), ein Zeichen, daß der
Text nicht zu Ende geführt wird und der Zusammenhang verschwimmt. Sachs verwendet ihn weit über tausendmal. Gleichfalls der O-Haltung entspringt die Seltenheit von Satzprädikaten; Verben erscheinen meist als Partizipien im Schatten der
den Vordergrund beherrschenden Substantive. Im Eingangsgedicht kann nur »empfing« in Zeile 5 für das Prädikat eines Aussagehauptsatzes gelten. Allerdings leistet
es als Prädikat wenig, es ist hauptsächlich eine Kopula zwischen Substantiven: Der
Schornsteinfeger, in dessen Eigenschaft der Stern ja ausdrücklich auftritt, wird kaum
jemals Rauch »empfangen«. Es ist erstaunlich, daß die Unbeholfenheit der gedanklichen und syntaktischen Konstruktion in Zeile 5–7 (gleichfalls 14), besonders die
Unentschiedenheit zwischen Stern und Sonnenstrahl, keinem Kritiker aufgefallen
ist. Die Vorstellung vom Feger, der auf oder in einem immerhin hohen und atem-
behindernden Krematoriumsschornstein schwarz wird, ist wohl durch eine weltfremde Gleichsetzung von Schlot und Berliner Hauskamin entstanden und gehört
demnach zu den erwähnten zahlreichen Schnitzern.

Zuweilen konstruiert Sachs Scheinfragen, auf die der Sprecher eine Antwort weder
gibt noch sucht. Dieses traditionelle Mittel behauptet einen Wunsch nach Erkenntnis
und Entscheidung und vermeidet die Folgen: Die Zeilen 10 und 11 fragen sicher
nicht nach Architekten und Baukolonnen.[14] Es entstehen Kulissen, die an *Eli* erinnern, mit Schloten, Mordfingern und heiligen Namen; die Handlung, nämlich
Auseinandersetzung und Bewältigung, beschränkt sich auf hymnische Gesten. Am
deutlichsten wird das unentschiedene Miteinander vom »und« der letzten Zeile belegt. Man möchte meinen, nur die überwältigende Größe des Leidens habe Sachs
diese Haltung aufgezwungen, aber das stimmt nicht. Sie kennt keine Größenunter-
schiede des lyrischen Objekts, und schon in ihren Vorkriegsgedichten geht sie die
Welt von diesem Ansatz her an: »O die seligen Gärten der reifenden Trauben, / Die
vergehenden, in Sehnsucht und Abendleid –« und »Bachstelze, kleiner Fächer, ach
dein Wippen – / Mit Seufzern stirbt das Schilf dem Weiher zu –«.[15] Die historischen
Vorgänge brachten ihr ein Thema und eine Leserschaft, durch die ihr Gestus literarischen Wert gewann.

Dem Publikum des zweiten Jahrzehnts nach 1945 war die O-Haltung sympathisch.
Wiederholt hat die Kritik gelobt, daß diese Dichterin nicht urteilt, sondern nur aus
großem Schmerz die Stimme erhebt und die Welt überwindet. Die Texte erstellen
Dekorationen aus stimmungsschwerer Königssprache, ihr Adel enthebt den Bürger
der Reflexion und Verantwortung; die überläßt er gerne höheren Mächten, etwa
einem ›Schicksal‹ des deutschen oder jüdischen Volkes. Überlebenden der Verfolgung
muß Sachs gleicherweise als legitime Sprecherin erscheinen, denn viele der Gequälten, vor allem in Deutschland, haben mit Psalmen anstatt Überlegung oder Wider-

stand reagiert. Unter dem Druck des Terrors blieb ihnen wohl oft keine andere seelische Möglichkeit. In der Nachkriegszeit hat sich aber der Glaube erhalten, solche Dichtung sei heldenhaft. »Transformation meint hier nicht Flucht ins Ästhetisch-Unverbindliche. Dichterische Transformation ist vielmehr auch hier eine der entschlossensten Weisen, in denen der Mensch den Brutalitäten des Jahrhunderts zu begegnen und das Menschliche zu bewahren vermag, sei es auch unter Opfern, die sich der Beschreibung entziehen.«[16] Von Opfern der Dichterin kann man öfter lesen, dabei entziehen sie sich der Beschreibung und müßten eigentlich als wissenschaftliches Argument ausfallen. In einem heillosen Gemisch von Biographie und Werk leben sie fort, wobei zwischen den beiden Wortbedeutungen (sakrales Opfer und Katastrophenopfer) selten unterschieden wird. Einmal heißt es, »die kosmischen Ausflüge gründen in einer konkreten Leid- und Fluchterfahrung«, allerdings wird das Konkrete sogleich mit einem »poetischen Begriff der Verwandlung« zusammengedacht.[17] Manchmal wird die Dichterin zu einer christusähnlichen Stellvertreterin, die die schriftliche Darstellung ihres Leidens selbst vollbringt. Ein Opfer des Faschismus ist jedoch nicht sakral, kaum sinnvoller als ein Verkehrsopfer, und überhaupt hat Nelly Sachs vom konkreten Ich im Exil erst später geschrieben. Der Verlust von Heimat, Haus und Besitz bleibt im Hintergrund, Deutschland wird, von der Landesgrenze in *Eli* abgesehen, nicht erwähnt. Die Fremdheit gilt für Deutschland wie für Schweden, die Angst ist ortlos. Noch dreimal erscheint der Krieg als Szene dramatischer Schriften.[18] Die einzige nahe Verwandte, die Mutter, hat bis zum Tode 1950 bei ihr gelebt. Nur einmal ist von persönlicher Armut die Rede, und dieser wirklich konkrete Hinweis ist dann prompt falsch interpretiert worden. Allemann glaubt nämlich, »der Armut Zimmer« im folgenden Gedicht sei eine Umschreibung für die »Wohnungen des Todes«, nach Sachs' eigenen Worten also für KZ-Gebäude und nicht für wolkige Räume des Geistes, »wenn sich ihr Sinn auch noch nicht entschlüsselt«.[19]

> »Die Kerze, die ich für dich entzündet habe,
> Spricht mit der Luft der Flammensprache Beben,
> Und Wasser tropft vom Auge; aus dem Grabe
> Dein Staub vernehmlich ruft zum ewgen Leben.
>
> O hoher Treffpunkt in der Armut Zimmer.
> Wenn ich nur wüßte, was die Elemente meinen;
> Sie deuten dich, denn alles deutet immer
> Auf dich; ich kann nichts tun als weinen.«

Sie sitzt in ihrem Zimmer bei einer Gedächtniskerze und weint um den gestorbenen Bräutigam. Ob es den guten Sitten widerspricht, wenn man in Gegenwart solcher Trauer auf die Gesuchtheit der Elementenkonstruktion und die Komik des Adverbs »vernehmlich« hinweist? Luft, Tränen und Feuer sind im Zimmer beisammen, die fehlende Erde kann man als biblischen Staub herbeiziehen, und obwohl die Großen Vier sich so nicht zu einem Bild fügen, da sie auf verschiedenen Ebenen bleiben, gründet auf ihnen die gewaltige und bedeutungslose Anrufung des hohen Treffpunkts. Daß die Elemente, obgleich rätselhaft, den Bräutigam deuten, wird durch die semantisch nicht ganz saubere Verschiebung von ›deuten‹ zu ›deuten auf‹ möglich. Alles deutet auf ihn, folglich auch die Elemente; da sie auf ihn deuten, deuten sie ihn; da sie ihn deuten, haben sie eine Meinung, und die ist unbekannt. Verbindung durch Gleichklang ist auch im Eingangsgedicht zu sehen, an den Homonymen in Zeile 3 und 5: »als Israels Leib zog« steht parallel zu »als Essenkehrer ihn ein Stern empfing.« Das Gedicht von der Armut Zimmer ist das erste von zehn *Gebeten für den toten Bräutigam*; diese enthalten den einzigen stärkeren Hinweis auf persönliches, durch die Naziherrschaft entstandenes Leid. Nicht alle sind Gebete im üblichen Sinn, und nicht immer beziehen sie sich auf den toten Bräutigam. Durch Assoziationen und schöne Klänge wird die Dichterin manchmal vom Thema abgelenkt. Gedeckt durch ähnliche kleine Gedankenschritte wie oben, entsteht zum Beispiel über die Brücke von Trauer, Blut und Morgenröte folgendes *non sequitur*:

> »Nacht, mein Augentrost du, ich habe meinen Geliebten verloren!
> Sonne, du trägst sein Blut in deinem Morgen- und Abendgesicht.
> O mein Gott, wird wo auf Erden ein Kind jetzt geboren,
> Laß es nicht zu, daß sein Herz vor der blutenden Sonne zerbricht.«

Die darauffolgende Zeile spricht unvermittelt wieder vom Mörder des Bräutigams; das zerbrechende Herz »wo« – und warum gerade jetzt? – hat nur gerade so schön gepaßt. Man könnte vermuten, Sachs habe den Wunsch nach einem Kind von diesem Bräutigam andeuten wollen, aber eine Kenntnis des Gesamtwerks läßt ein solches Verlangen als unwahrscheinlich erscheinen. Die metaphorische Verbindung von Morgen- und Abendrot mit Blut und Wunden, die hier als Blut des Bräutigams und Blut der Sonne gleich zweimal genutzt wird, muß Sachs für enorm dichterisch gehalten haben. Schon bei einfachem Durchblättern der Lyriksammlungen kann man über fünfzig Anwendungen zählen, und auch in *Eli* gibt es den »blutenden Mund wie eine niedergehende Sonne«. So erklärt sich die Frequenz der Königswörter: Der Gedichtbaukasten dieser Schriftstellerin ist recht klein, die Wörter und Gedanken kehren häufig wieder. Andererseits aber treten in zahlreichen Gedichten einmalige Wendungen auf, so in einer späteren Zeile des eben zitierten, in der Sachs geradezu an Friederike Kempner heranreicht: »Mörder, an deinen Händen zehnfacher Marterpfahl wächst.« Man martert an, nicht mit, Marterpfählen; Pfähle wachsen nicht; Finger, die sich mordend krümmen, sind keine Pfähle; und die Verbindung von Indianerromantik und KZ ist entweder geschmacklos oder unbewußt.
Geglückt sind diese Texte also kaum zu nennen, aber »ich kann nichts tun als weinen«: es ist wohl unfein, sie auf ihren Kunstwert hin anzusehen, gründen sie doch in wirklichem Unglück. Der Appell an die Menschlichkeit blendet die Urteilskraft, deshalb soll am Beispiel des Bräutigams gezeigt werden, wie Vorkriegszeit und Exil zusammenwachsen und aus Wirklichkeit Kunst entsteht. Die Einzelheiten sind nicht voll gesichert; ein zuverlässiger biographischer Abriß liegt noch nicht vor. Als junges Mädchen hatte Sachs sich bei einem Familienurlaub in einen älteren, verheirateten Mann verliebt, bei ihrer seelischen Konstitution sicher ein erschütterndes Ereignis.[20] Damals begann sie zu dichten. Im Laufe ihres versponnenen Lebens hat sie dieses einzige Liebeserlebnis zur Größe der vertrauten Literaturstoffe gesteigert; jener Mann wurde zum hohen Geliebten entwirklicht und, als er im KZ umgekommen war, gar zum Bräutigam. Als über Fünfzigjährige schrieb sie nun die »geistesverlore-

nen Worte, / Die eine Braut in die Luft hineinredete zu ihrem toten Bräutigam«, und noch der in ihrem fünfundsiebzigsten Jahr veröffentlichte Zyklus *Die Suchende* (1966) führt zurück zum Kurort und berichtet sogar, sie habe während des Krieges mit dem Mann in telepathischer, wiewohl durch Wahnsinn ermöglichter, Verbindung gestanden:

> »Sie sprachen einmal durch die Ferne zueinander
> zwei Gefangene
> der Henker trug die Stimmen aufgezogen
> den Sehnsuchtsweg des Wahnsinns hin und her
> Hatte Tod je schönere Geschenke auszutragen –«

Nun ist einzuwenden, daß das Erkennen der konkreten Leidensgrundlage nicht zur Abwertung der darauf errichteten Kunstwerke verleiten darf; Kunst ist, unter anderem, Imagination. Es wäre jedoch unredlich, die offenbaren künstlerischen Mängel durch Hinweise auf das Leid auszugleichen und dann im Zirkelschluß das fragwürdige Leid seinerseits durch die Kunst zu decken. Dem Menschen Nelly Sachs braucht man mit derartigen Überlegungen nicht zu nahe zu treten; eingebildetes Unglück schmerzt gewiß nicht weniger als geschehenes. Zu Lebzeiten der Autorin ist die Kritik auch bewußt zurückgehalten worden, heute steht das Bedürfnis nach Aufklärung im Vordergrund. Vom konkreten Unglück abgesehen, eignet sich Nelly Sachs insofern zum Gegenstand der Legende, als nach einer noch verbreiteten Ansicht der Mensch am Schreibtisch geheimnisvoll an unserer Statt und in Erfüllung seines Auftrags leidet: der Schreibtisch als Golgatha. Sachs, aus einer ferneren Vergangenheit in die Nachkriegszeit gelangt, hat ihren Exegeten nicht widersprochen; für sie war Exaltiertheit (Erhebung und Versenkung) ein Teil des Metiers. *Eli* »offenbarte sich in drei Nächten unter solchen Umständen, daß ich mich zerrissen glaubte«.[21] Das Wort »glaubte« zeigt, daß sie das Zerreißen nicht metaphorisch verstanden wissen wollte; sie hat es, sagt sie, geglaubt. Übrigens zählen Ziehen und Reißen unter die Lieblingswörter.

Ein anderes zur Berufsauffassung gehöriges Lieblingswort soll den Dichterruhm weiter erläutern helfen: Geheimnis. Sachs meinte, daß Dichterworte aus sich selbst gültig und damit dem Urteil entzogen seien. Ihr Leben lang hat sie Unklares im heiligen Bereich angesiedelt; damit hatte es teil am Mysterium und war mächtiger als jede Kritik. Um einen Kommentar zu einem ihrer Gedichte gebeten, schrieb sie unter anderem: »Aber dies ist ja keine wissenschaftliche Abhandlung. Dies ist ja ein Gedicht und ein Geheimnis.«[22] *Eli* trägt seinen Untertitel *Ein Mysterienspiel vom Leiden Israels* nicht, weil es den traditionellen Mysterienspielen ähnlich wäre, sondern weil er gut klingt und zur Rechtfertigung dafür, daß es im Spiel unerklärlich zugeht. Im alten Mysterienspiel wurde der schwer begreifbare Glaubensinhalt faßlich dargestellt, Sachs dagegen führt den Leser mittels geheimnisvoller Erfindung zum heiligen Schauer. Ihre Auffassung, es sei die Aufgabe des Dichters, Mysterien zu schaffen, ging so weit, daß sie bewußt Banales verschlüsselte, bis es tief und bedeutend klang. Dies läßt sich an folgendem spätem Gedicht beweisen:

> »Sie reden Schnee –
> Das Stundentuch mit allen vier Weltzipfeln

> trägt sich herein
> Krieg und Sternenflug hocken beieinander
> suchen Schutz dort wo die Nacht
> voll Muttermilch überquillt
> und mit schwarzem Finger winkt
> wo die Neuentdeckungen für die Seelenfahrer harren
> funkelnd in Finsternis
> tief unter dem Schnee –«

Der vom Schauer vernunftfreien Erkennens berührte Leser möchte vielleicht noch wissen, wer in der ersten Zeile mit ›Sie‹ gemeint ist und wie ein Tuch sich selber nicht nur tragen, sondern hereintragen könne. Ob die Erklärung ihn überraschen wird? Die Dichterin hat mir im Gespräch mitgeteilt, das »Stundentuch mit allen vier Weltzipfeln« sei das Fernsehen, ganz einfach.[23] Mit dieser Information können wir den Kode zum Teil auflösen. Der Anfang des Gedichts besagt demnach, daß der Fernsehschirm im Wohnzimmer aufleuchtet (»trägt sich herein«), es kommen der Wetterbericht mit Schneeansage und Nachrichten von Krieg und Raumfahrt. Die Zusätze und Variationen im zweiten Teil lassen vermuten, daß es sich um ein Schwarzweißgerät handelt. Die Nacht quillt dabei nicht von Milch, sondern sogar von Muttermilch über, und auch nicht von, sondern *voll*. Muttermilch ist ein schönes Wort, ähnlich wie Augentrost im zweiten *Gebet für den toten Bräutigam*. Ist es eine dichterische Leistung, wenn man von Mondfahrern zu Seelenfahrern schreitet? Jetzt müßte der Leser es wagen können, auch andere Gedichte zu enträtseln:

> »Und überall
> der Mensch in der Sonne
> den schwarzen Aderlaß Schuld
> werfend in den Sand –
> [...]
> Aber hier
> immer nur Buchstaben
> die ritzen das Auge
> sind aber lange schon
> unnütze Weisheitszähne geworden
> Reste eines entschlummerten Zeitalters.

> Jetzt aber
> der Wettercherub
> knotet
> das Vier-Winde-Tuch
> nicht um Erdbeeren zu sammeln
> in den Wäldern der Sprache
> sondern
> die Trompete veränderlich anzublasen
> im Dunkel
> denn nicht kann Sicherheit sein

> im fliegenden Staub
> und nur das Kopftuch aus Wind
> eine bewegliche Krone
> zeigt noch züngelnd
> mit Unruhgestirnen geschmückt
> den Lauf der Welt an –«

Sachs sollte weniger erhoben und fleißiger gelesen werden. Zur Anleitung: Draußen ist Sonnenschein, die Menschen werfen Schatten – da liegt die Assoziation Schuld nicht fern. Die Dichterin sitzt indessen mit ihrer stumpf gewordenen und veralteten Sprache zu Hause. Dann aber kündigt der Wetterbericht veränderliches Wetter an. Man kann sich eben auf Erden auf nichts verlassen – »fliegender Staub« bezeichnet entweder die sich drehende Erde oder aufkommenden Wind. Schließlich bringt der Flimmerschirm Nachrichten. – Insgesamt ein banaler, mit Tiefe und Geheimnis angereicherter Vorgang. Kunst erhellt die Welt. Wenn ein gutes Gedicht schwer zu verstehen ist, dann nicht, weil der Dichter absichtlich dunkel raunt, sondern weil der durchleuchtete Komplex entglitte, wollte man ihn vereinfachen. Seit jedoch unter Berufung auf Symbolisten und Hermetiker der Dichtersprache keine Kommunikation mehr abverlangt wird, fehlt manchen Kritikern die Möglichkeit, zwischen Tiefe und Unsinn zu unterscheiden. Für sie sind Dichtungen *a priori* wertvoll, die Analyse weicht der quasi-priesterlichen Exegese. Nelly Sachs waren klare Konstruktionen und Aussagen stets schwergefallen; nach dem Krieg wandte sie sich mehr und mehr der Assoziationsreihe als einer ihr gemäßen Form zu, und auch dadurch wurden ihre Schriften zeitgemäß. Kein Kritiker hat Texte wie den von den Geheimnissen, die man *für* die Fische angelt, als Gestammel ohne Erkenntniszuwachs bezeichnet:

> »Man angelt mit Blitzen
> O
> die Geheimnisse des Blutes
> O
> für die Fische
> Alles im Grab der Luft
> Opfer
> Henker
> Finger
> Finger«

Bei Erklärungsversuchen sollte man die Krankheitsgeschichte der Autorin berücksichtigen. Nelly Sachs hat offenbar ihr Leben lang unter der Labilität ihrer seelischen Gesundheit gelitten. Zu der Zeit, da ihr Ruhm sich ausbreitete, mußte sie eine Heilanstalt aufsuchen.[24] Während des mehrjährigen Aufenthalts schrieb sie weiter, und die Dichtungen aus dieser Zeit sind dem Publikum bisher ohne Warnung als Teil des Gesamtwerkes vorgelegt worden – mit einer gewissen Berechtigung, denn die Schatten des Wahnsinns hatten schon vorher über ihr gelegen und wichen wohl bis zu ihrem Lebensende nicht. Sie selber hat das nicht verhehlt, sie schrieb von Schwermut, Wahnsinn, Verfolgungsangst, Anstalt, Schwestern, Irren und der eigenen Qual.

Im Zusammenhang mit dem sogenannten Bräutigam sind wir zwei dieser Aussagen begegnet: »geistesverlorene Worte« und »Wahnsinn«.

Die Diskretion der Freunde war verständlich und ehrenwert, und daß die Kritik nichts merkte, kann man nicht der Dichterin anlasten. Nun aber müßte der Leser in der Lyrik und den szenischen Dichtungen Symptome des Bewußtseinszerfalls erkennen können. Im Fluß des halbwirren Sprechens erscheinen neben den hohen Worten Augenblickseindrücke, klangliche Assoziationen ohne Sinnbezug (»Der Adler trägt im Schnabel seinen Kinderhorst«[25]), Fetzen aus Vorkriegsgedichten und abgedroschene Redensarten (»im Geheg der Zähne«; »der Zahn der Zeit«[26]). Immer wieder hat Sachs die Bausteine aufeinandergelegt, und der Mörtel ist so schwach, daß Erich Fried ihr zu Ehren (!) aus hundert Einzelzeilen eine Montage bilden konnte, die ebenso dichterisch wirkt wie die unzerschnittenen Originaltexte.[27] Es ist auch nicht schwer, nach kurzem Textstudium Fälschungen zu verfassen, die kein Leser entlarven kann. – Als bei ernsthaften Interpretationsversuchen deutlich wurde, daß Sachs sich in Variationen dauernd wiederholt, daß die Gedichte sich nicht schließen und nicht einmal die Bedeutung der Bausteine bestimmt werden kann, entstand eine rettende Theorie. Es heißt, alle Gedichte zusammen bildeten ein einziges Kunstwerk, deshalb müsse der Einzeltext unvollständig bleiben und könne nicht zur Verantwortung gezogen werden, und außerdem bestehe die Sprache der Nelly Sachs aus Zeichen, die nur sich selbst bedeuten. Damit ist wörtlich Unsinn ein Element der Dichtung.

Das zitierte Textstück von Fischen und Fingern stammt aus dem 1961 erschienenen Gedicht *Szene aus dem Spiel Nachtwache*. Das Stück selber, mit dem bemerkenswerten Titel *Nachtwache. Ein Albtraum in neun Bildern*, das diese Szene übrigens nicht enthält, wurde 1945 begonnen, gegen 1960 vollendet[28] und gehört also nur dann in unseren Rahmen, wenn man die Exilzeit nicht mit der Möglichkeit zur Rückkehr enden läßt. Bei Sachs hat man das bisher auch nicht getan, und hierin liegt ein weiterer Grund für ihren Ruf. Als Exilschriftstellerin erlangte sie eine besondere Bedeutung auch dadurch, daß man sie, noch während sie schrieb, im inzwischen umerzogenen Deutschland feiern und in Schweden besuchen konnte. Das Thema vom Leiden Israels hat sie währenddessen schrittweise verlassen, die Gedichte wurden teils privater, handelten vom Ich oder der gestorbenen Mutter, teils griffen sie Aspekte des jüdischen Glaubens auf. Die jüdisch-religiöse Seite des Werkes wird überschätzt – soweit ein nichtjüdischer Leser ihrer Quellen das beurteilen kann. Sachs war keine Schriftgelehrte, sie hat aus ihrer Lektüre einiges aufgenommen, insbesondere Namen und kultische Begriffe und die Idee vom heiligen Alphabet; Wörter aus diesem Bereich hat sie allerdings unverhältnismäßig selten benutzt, meist nur ein- oder zweimal. Ekstatischen Aufschwung und religiöse Neigung brachte sie aus ihrer christlich-romantischen Vergangenheit mit, und als ihre Texte dann unverständlich wurden, aber immerhin das eine oder andere hebräische Wort und Glaubensgut enthielten, machte man sie zur Mystikerin. »Der mystische Atem des Buches Sohar weht durch alle Gedichte von Nelly Sachs.«[29] Im Nebel dieses Anspruchs verliert der Kritiker Weg und Ziel, es sei denn, man begänne wieder, zwischen Mystik und Zungenreden zu unterscheiden.

Nelly Sachs muß geglaubt haben, poetische Vorstellungen gewännen an Wert, wenn man ihnen Realität zuspricht. So schrieb sie Wundergeschichten, fand ihren Bräutigam, glaubte sich zerrissen, und so kam es in den Texten zu Blüten wie dem vernehmlich rufenden Grabesstaub und dem angesengten Teppich:

> »Kommt einer
> von ferne
> mit Bewegungen des Hundes
> oder
> vielleicht der Ratte
> und es ist Winter
> so kleide ihn warm
> kann auch sein
> er hat Feuer unter den Sohlen
> (vielleicht ritt er
> auf einem Meteor)
> so schilt ihn nicht
> falls dein Teppich durchlöchert schreit –«

Nur falls er schreit. Und ob sich nach einem Meteorritt das Feuer unter den Sohlen festsetzt? – Wenn man sich ein Herz faßt und alle diese Beobachtungen nicht beiseite wischt, wird man enttäuscht. Nelly Sachs erscheint als eine scheue, gefühlvolle, unter dem Wechsel ihrer Geistesklarheit leidende Dichterin von begrenzter Kritikfähigkeit. Auf die Zeitereignisse, soweit diese sie erreichten, reagierte sie mit Erschütterung und ernstem Bemühen. Das Publikum fand bei ihr die bevorzugte Verflechtung von Leid, Schuldauflösung, Religiosität, epigonaler Kunst und Moderne. Die Literaturwissenschaft versagte. In der Rezeption von Nelly Sachs dokumentieren sich Krisensymptome des restaurativen Nachkriegsdeutschland, und in diesem Sinne wird diese Dichterin zu Recht als die Stimme ihrer Zeit gerühmt. Vielleicht wird man in Zukunft in ihrem Werk etwas anderes sehen und schätzen: einzelne faszinierende Zeilen und die bewegenden Bilder der Geistesverlorenheit. Schwermut, Angst und Verwirrung bedrückten die alternde Nelly Sachs; sie war ihnen nicht nur unterworfen, so daß ihr Werk klinische Aspekte erhielt, sie hat sie auch ergreifend beschrieben.

> »Weine aus die entfesselte Schwere der Angst
> Zwei Schmetterlinge halten das Gewicht der Welten für dich
> und ich lege deine Träne in dieses Wort:
> *Deine Angst ist ins Leuchten geraten –*«

Anmerkungen

1. Buch (s. Lit.), S. 10.
2. ebd., S. 14.
3. ebd., S. 11.
4. Holmqvist: Buch, S. 9.
5. Beda Allemann: Buch, S. 293.
6. »Legenden und Erzählungen«. Berlin 1921. S. 77.

7. »Windmühlen schlagen wie Stundenuhren«: Vgl. »Fahrt ins Staublose«, S. 40. »Stundenuhr« ist offenbar ein Synonym für »Sanduhr«: »die mit ihrem Sande schon die Stundenuhr / der Mondzeit zu füllen begonnen hatte« (ebd., S. 130); »in meine Ohren gerieselt / wie in Stundenuhren, / die der Tod erst wendet« (ebd., S. 96). Desgl. ebd., S. 9, 26, 50.
8. »Fahrt ins Staublose«, S. 111.
9. »Zeichen im Sand«, S. 88 u. 98.
10. zuletzt von Eberhard Bahr in »Shoemaking as a Mystic Symbol in Nelly Sachs' Mystery Play ›Eli‹«, in: »The German Quarterly« XLV (Mai 1972) S. 480–483.
11. »Nelly Sachs zu Ehren« (s. Lit.), Fassung 1961, S. 59, und Fassung 1966, S. 177–184.
12. »Dein Leib im Rauch durch die Luft« und »In den Wohnungen des Todes«, s. Buch, S. 428 f.
13. »Fahrt ins Staublose«, S. 57 u. 53.
14. Man vergleiche die aggressive Deutlichkeit im »Neubau« von Günter Grass:
    »Beim Verlegen der Fußböden,
    bevor im November die Anstreicher kamen,
    verlagerten wir die Vergangenheit des Bauleiters Lübke
    unter die Böden.«
15. »Nelly Sachs zu Ehren« (s. Lit.), Fassung 1961, S. 93.
16. Allemann: Buch, S. 291.
17. ebd., S. 299.
18. »Nachtwache«, »Was ist ein Opfer?«, »Abschieds-Schaukel«.
19. Buch, S. 294.
20. ebd., S. 27.
21. u. a. in »Nelly Sachs zu Ehren« (s. Lit.), Fassung 1961, S. 98.
22. »Doppelinterpretationen«. Hrsg. von Hilde Domin. Frankfurt a. M. 1969 (Fischer Bücherei 1060). S. 114.
23. am 23. Juli 1967. Bengt Holmqvist hatte das Gespräch freundlicherweise vermittelt und war zugegen. Siehe Buch, S. 67. Ich bedaure, daß das Ergebnis meiner Arbeit seinen und meinen Erwartungen so wenig entspricht.
24. Buch, S. 62.
25. »Fahrt ins Staublose«, S. 297.
26. ebd., S. 375; umschrieben in »Zeichen im Sand«, S. 111.
27. »Nelly Sachs zu Ehren« (s. Lit.), Fassung 1966, S. 201–204.
28. Buch, S. 428.
29. Allemann: Buch, S. 295.

Werke

In den Wohnungen des Todes. Gedichte. Berlin: Aufbau-Verlag 1947.

Sternverdunkelung. Gedichte. Amsterdam: Bermann-Fischer 1949.

Eli. Ein Mysterienspiel vom Leiden Israels. Malmö: Forssell 1951.

Leben unter Bedrohung. Prosa. In: Ariel, H. 3. Darmstadt 1956.

Und niemand weiß weiter. Gedichte. Hamburg u. München: Ellermann 1957.

Flucht und Verwandlung. Gedichte. Stuttgart: Deutsche Verlags-Anstalt 1959.

Der magische Tänzer. Versuch eines Ausbruchs. Für zwei Menschen und zwei Marionetten. In: Hortulus. Vierteljahrsschrift für neue Dichtung. Bd. 9. St. Gallen 1959. S. 138–145.

Was ist ein Opfer? Zwei Szenen. In: Hortulus. Vierteljahrsschrift für neue Dichtung. Bd. 10. St. Gallen 1960. S. 65–72.

Fahrt ins Staublose. Die Gedichte der Nelly Sachs. Frankfurt a. M.: Suhrkamp 1961. [Enthält die bereits erschienenen und dazu die Gruppen: Fahrt ins Staublose; Noch feiert Tod das Leben.]

Vergebens an einem Scheiterhaufen. Ein Spiel von der Freiheit. In: Hortulus. Vierteljahrsschrift für neue Dichtung. Bd. 12. St. Gallen 1962. S. 1–5.

Zeichen im Sand. Die szenischen Dichtungen der Nelly Sachs. Frankfurt a. M.: Suhrkamp 1962. [Enthält die bereits erschienenen, außerdem: Abram im Salz; Nachtwache; Simson fällt durch die Jahrtausende; Versteckspiel mit Emanuel; Beryll sieht in der Nacht; Abschieds-Schaukel; Verzauberung; Viermal Galaswinte; Der Stumme und die Möwe; Eine Scheidelinie wird weiter hinausgezogen.]

Ausgewählte Gedichte. Hrsg. von Hans Magnus Enzensberger. Frankfurt a. M.: Suhrkamp 1963. [Enthält bereits erschienene, außerdem: Glühende Rätsel, Teil 1.]
Glühende Rätsel. Teil 1 und 2. Gedichte. Frankfurt a. M.: Insel 1964.
Späte Gedichte. Frankfurt a. M.: Suhrkamp 1965. [Enthält alles von 1959 an, außerdem: Glühende Rätsel, Teil 3.]
Glühende Rätsel. Teil 4. In: Jahresring 1966–67. S. 7–13.
Die Suchende. Gedichtzyklus. Frankfurt a. M.: Suhrkamp 1966.
Nur eine Weltminute. Szenenfragment. In: Aus aufgegebenen Werken. Frankfurt a. M.: Suhrkamp 1968. S. 143–147.
Teile dich Nacht. Die letzten Gedichte. Hrsg. von Margaretha u. Bengt Holmqvist. Frankfurt a. M.: Suhrkamp 1971.
Suche nach Lebenden. Die Gedichte der Nelly Sachs. Hrsg. von Margaretha u. Bengt Holmqvist. Frankfurt a. M.: Suhrkamp 1971. [Enthält nur die nach 1961 erschienenen Gedichte.]

Nahezu sämtliche Exilwerke von Nelly Sachs sind enthalten in:
Fahrt ins Staublose. Die Gedichte der Nelly Sachs.
Zeichen im Sand. Die szenischen Dichtungen der Nelly Sachs.
Suche nach Lebenden. Die Gedichte der Nelly Sachs.

Literaturhinweise

Gisela Bezzel-Dischner: Poetik des modernen Gedichts. Zur Lyrik von Nelly Sachs. Frankfurter Beiträge zur Germanistik. Bd. 10. Bad Homburg v. d. H., Berlin u. Zürich 1970.
Das Buch der Nelly Sachs. Hrsg. von Bengt Holmqvist. Frankfurt a. M. 1968. (Zitiert als: Buch.)
Paul Kersten: Die Metaphorik in der Lyrik von Nelly Sachs. Hamburg 1970. [Enthält u. a. die jüngste ausführliche Bibliographie.]
Olof Lagercrantz: Versuch über die Lyrik der Nelly Sachs. Frankfurt a. M. 1967. (edition suhrkamp 212.)
Nelly Sachs zu Ehren. Frankfurt a. M. 1961. Völlig veränderte Ausgabe: 1966.

HANS DIETER SCHÄFER

Stilgeschichtlicher Ort und historische Zeit in Johannes R. Bechers Exildichtungen

In einem Brief vom 27. Februar 1947 an Hans Carossa schrieb Johannes R. Becher: »Die zwölf Jahre, die ich außerhalb Deutschlands leben mußte, waren für mich die härtesten Prüfungen meines Lebens; ich möchte beinahe sagen: es war das Fegefeuer, wenn nicht die Hölle.«[1] Gegen diese private Äußerung lassen sich zahlreiche öffentliche Bekenntnisse stellen, die das genaue Gegenteil behaupten. Die offizielle Becher-Monographie der DDR verschweigt den Brief an Carossa und zitiert eine andere Quelle, in der es heißt: »Das Jahrzehnt meines Aufenthalts in der Sowjetunion von 1935 bis 1945 wurde mir zur fruchtbarsten Periode meines Schaffens. Fern von Deutschland und doch zugleich so nahe ihm wie noch nie, habe ich hier in der Sowjetunion die große deutsche humanistische Tradition auf allen Gebieten erst wahrhaft entdeckt und sie zum Mittelpunkt meiner Dichtung werden lassen.«[2] Diese widersprüchliche Beurteilung des Exils spiegelt sich in den Dichtungen der Jahre 1935 bis 1945 wider, die zwischen hymnischer Verklärung des Gastlandes und schmerzlicher Klage um die verlorene Heimat pendeln. Beide extreme Haltungen liegen in der Widersprüchlichkeit Bechers begründet, der in einer späten Aufzeichnung einmal notierte: »Sie waren nicht in Übereinstimmung miteinander zu bringen, der Dichter und der Funktionär, die er beide in einer Person vereinigte.«[3]
In verschiedenen Phasen wurde Becher in den zwanziger Jahren ähnlich wie einige französische Surrealisten von einer Wortrevolte hin zu einer Revolution der gesellschaftlichen Verhältnisse geführt. An die Stelle einer radikalen Innerlichkeit aus Angst rückte nach dem Zusammenbruch der expressionistischen Bewegung ein radikales Engagement für die Weltveränderung. Doch zunächst war Bechers soziales Pathos nur eine Variante des ästhetizistischen Individualisierungsprozesses. Erst gegen Ende der Weimarer Republik ordnete sich der Dichter endgültig den straffen Kadern der KPD unter und bekannte sich als Erster Sekretär des ›Bundes proletarisch-revolutionärer Schriftsteller‹ (1928), als Redakteur der *Linkskurve* (1929–32) und Feuilletonchef der *Roten Fahne* (1932) zu einer Literatur mit einem »eindeutigen, klassenkämpferischen Inhalt in einer einfachen, überzeugenden Form.«[4] Erst seit dieser Zeit läßt sich in den theoretischen und dichterischen Äußerungen Bechers eine deutliche Ausrichtung auf die gleichgeschaltete sowjetische Kulturpolitik feststellen. Schrittweise geriet er in immer stärkere Abhängigkeit zu den jeweiligen Parteirichtlinien. So verurteilte er den russischen Schriftsteller Pil'njak als »Konterrevolutionär«[5], wandte sich gemäß den Empfehlungen Bezymenskijs von den kosmisch-abstrakten Proletkult-Tendenzen seiner *Maschinenrhythmen* (1926) ab, leistete mit dem dramatischen Epos *Der große Plan* (1931) einen vielgelobten Beitrag zur sowjetischen Aufbaukampagne und schrieb didaktisch-agitatorische »Plakatverse«, die unmittelbar in die politische Auseinandersetzung der Weimarer Republik eingriffen. Als sich im Frühjahr 1932 ein entscheidender Kurswechsel in der sowjetischen Literaturpolitik zugunsten traditionalistischer Tendenzen abzeichnete, hielt sich Becher

in seinen theoretischen Äußerungen auffällig zurück. In den letzten Nummern der von ihm geleiteten *Linkskurve* ließ er Georg Lukács die Initiative zu einer umfassenden Abrechnung mit »bürgerlichen Experimenten« wie Montage, Reportage usw. ergreifen.[6] Erst im Exil verteidigte er – im Gegensatz zu Brecht, Bloch und Hanns Eisler – die Ausrichtung auf die Erzählweise des 19. Jahrhunderts, die Rückkehr zu klassischen Formen und die Aktivierung nationaler Stoffe. Die Erhärtung des Kurswechsels fällt zeitlich ungefähr mit Bechers Flucht aus Deutschland zusammen. An dem wichtigen 1. Unionskongreß der Sowjetschriftsteller im August 1934 in Charkow, der die Industrialisierungs- und Agitprop-Literatur der RAPP scharf angriff und den patriotischen, an klassischen Vorbildern ausgerichteten »sozialistischen Realismus« propagierte, nahm der Schriftsteller bereits nicht mehr als Gast, sondern als Delegierter mit beschließender Stimme teil.[7]

In seiner Rede forderte er in Analogie zu Gor'kij und Fadeev[8] »die wahrhafte Aneignung und Entwicklung des künstlerischen Erbes«[9] und korrigierte damit seine eigene frühere Position.[10] Damit machte sich Becher offiziell zum Wortführer der »rechten« an der KPdSU orientierten Gruppe deutscher Exilschriftsteller, die in der kurz darauf von Lukács ausgelösten Realismus-Debatte im Expressionismus lediglich den Wegbereiter zum Faschismus sahen. In der Tat ist im Moskauer Exil eine paradoxe Situation zu konstatieren: Das Werk des bürgerlichen Schriftstellers Thomas Mann galt in vielen Passagen als offizielles Vorbild für den neuen, sozialistischen Realismus, Bertolt Brechts experimentelle Methode wurde dagegen der formalistischen Tradition und der westlichen Dekadenz zugerechnet. Auf dem Hintergrund dieser restaurativen Literaturpolitik vollzog Becher seine Annäherung an bürgerliche Schriftsteller. Im Auftrage der ›Internationalen Organisation für Revolutionäre Schriftsteller‹ (MORP) bereiste er von 1933 bis 1935 zahlreiche west- und mitteleuropäische Länder, um die Emigranten zu einer gemeinsamen Kampffront zu aktivieren. In einem bislang unbekannten Brief an Alfred Kerr vom 5. Dezember 1933 bekannte er, wichtig sei nicht der Glaube, »daß nur Marxisten wirkliche Schriftsteller sein können«, sondern daß es darauf ankäme, »alle antifaschistischen Kräfte zusammenzuschließen« und von der geschickten Integrationsfähigkeit des Gegners zu lernen.[11] Höhepunkt von Bechers Bemühungen war der von ihm vorbereitete ›Internationale Kongreß der Schriftsteller zur Verteidigung der Kultur‹, der vom 21. bis 25. Juli 1935 in Paris tagte. Hier rechtfertigte er zum erstenmal den restaurativen Kurswechsel von 1932 mit einem Hinweis auf die Situation in Deutschland seit 1933. Er forderte, das Erbe »aus den Händen derer, die es widerrechtlich in Besitz genommen haben«, zu befreien und die Errungenschaften der humanistischen Literatur der Welt und der Nation fortzuführen.[12]

Bechers Anpassung an die offizielle Parteilinie zahlte sich aus: Im Herbst 1935 erhielt er endgültig das sowjetische Asylrecht, um von Moskau aus bis Kriegsende als Chefredakteur der Zeitschrift *Internationale Literatur. Deutsche Blätter* seine kulturpolitische Tätigkeit fortzusetzen. Er gehörte mit Friedrich Wolf, Erich Weinert, Willi Bredel und anderen zu der kleinen Gruppe deutscher Exilschriftsteller, die von der Sowjetunion für ihre Verdienste innerhalb der internationalen kommunistischen Bewegung mit einem Visum belohnt und finanziell unterstützt wurden. Im Gegensatz zu kommunistischen Darstellungen[13] war die sowjetische Asylpolitik alles andere als weitherzig und legte an die Einbürgerungsanträge noch strengere Maßstäbe als die meisten westlichen Gastländer. In einem Rundschreiben der ›Internationalen Roten Hilfe‹ von 1936 wurde ein Asylrecht nur in äußersten Notfällen in Aussicht gestellt: »Die Hauptrichtlinie ist, daß die Emigranten in den kapitalistischen Ländern untergebracht werden müssen.«[14]

Becher mußte sich auf Grund des sowjetischen Entgegenkommens und angesichts der stalinistischen Säuberungsmaßnahmen, die auch die deutsche Emigrantenkolonie dezimierten[15], in der Sowjetunion noch enger als vorher der Partei anschließen. Seine Exildichtungen gliedern sich in zwei Hauptgruppen, die jedoch nicht immer in völlige Übereinstimmung mit der jeweils herrschenden Literaturtheorie zu bringen sind. Neben der Gebrauchskunst des Funktionärs (Hymnen auf Stalin und die Sowjetunion, Agitation gegen Hitler-Deutschland, Literaturpolemiken usw.) stehen zum Teil höchst subjektive und »formelitäre« Arbeiten des Dichters wie Klage über das Abgeschnittensein, Beschwörung der verlorenen Heimat, Ringen um einen Dialog mit Deutschland. Das Gefühl der Isolation ist bei Becher seit seinen Anfängen thematisiert, durch die politischen Ereignisse bekam es 1933 plötzlich einen konkreten historischen Bezug. Becher war von seiner Gefühlsstruktur her vorbereitet, die Exilsituation stellvertretend für seine Schicksalsgefährten lyrisch auszudrücken. Die nicht für die Agitation bestimmten Gedichte der ersten Emigrationsphase (1933–35) sind mit wenigen euphorischen Ausnahmen im Ton resignativ. Becher ahnte, wie viele seiner Dichterkollegen, daß die Hoffnung auf eine baldige Rückkehr in die Heimat eine Illusion war. Im Pariser Exil dichtete er: »Was spricht die Nacht zu mir, wenn ich allein, / Ich Fremder, der die Sprache nicht versteh, / die Nacht befragend, durch die Straßen geh?! / [...] Die Nacht schweigt still.«[16] In den Paris-Dichtungen der Jahre 1933–35 knüpfte der Schriftsteller erfolgreich an die antizivilisatorischen Tendenzen der expressionistischen Lyrik an und zeichnete die Stadt als untergangsgeweihte, feindliche Welt mit den Lockungen falscher Liebe und Ware, wobei das apokalyptische Pathos stets durch eine neusachliche Konkretisierung und satirische Überzeichnung abgelöst wird wie in den Gedichten *Yvonne*[17], *Place Clichy*[18] und *Fleischhallen*[19]. Nach der Übersiedlung Bechers in die Sowjetunion setzte ein starker Wirklichkeitsschwund ein; Becher gelang es fortan nicht mehr, seine unmittelbare Umwelt derart detailliert und straff ins Wort zu ziehen. Zweifellos teilt er damit das Schicksal vieler Emigranten, die ohne Echo, von der deutschen Sprache abgeschnitten, im Ausdruck unsicher wurden und ihre Zuflucht in abstrakterer Redeweise und gelegentlichen Stilisierungen suchten. Max Herrmann-Neiße formulierte in seinem Gedicht *Dichter im Exil* diese Situation am prägnantesten: »Taub gemacht im Irrgarten der Stimmen, / hör' ich hinter einem Nebelwall / die Geräusche undeutlich verschwimmen, / und mein Wort hat keinen Widerhall.«[20]

Die Entwicklung Bechers im Moskauer Exil kann selbstverständlich nicht losgelöst von der sowjetischen Literaturpolitik und der Realismus-Diskussion der dreißiger Jahre gesehen werden. Becher hätte gegen die 1934 von Gor'kij auf dem Unionskongreß in Charkow formulierten Grundsätze verstoßen, wenn er Moskau mit den Mitteln seiner Paris-Dichtungen darstellte. Gor'kij hatte sich scharf vom kritischen Realismus der bürgerlichen Literatur distanziert, der nur brauchbar sei, »um die Überreste der Vergangenheit sichtbar zu machen, zu bekämpfen und auszurotten«.[21] Der sozialistische Realismus sei dagegen seinem Wesen nach optimistisch und bejahe das Leben. Bechers Gedichte auf Moskau wirken daher folgerichtig schattenhaft und blaß und bekommen durch Stereotype wie Springbrunnen, Park und wehende Musik kaum Konturen. Das Stilmittel der Groteske wurde aufgegeben. Trauer und Angst scheinen fast gänzlich geschwunden, das Moskauer Exil wurde ins Schöne und Weltlose umgefärbt: »Das Abendrot ist eine milde Blüte, / Die, wenn sie welkt, uns bringt den Duft von Schlaf.«[22]

Becher mußte einen neuen Stoffbereich erschließen, der in Einklang mit den Parteirichtlinien stand, aber die Möglichkeit zu einer optimalen Ausnutzung der dichterischen Freiheit ließ. Er begann zunächst, zahlreiche Personengedichte zu schreiben, unter anderem auf Walther von der Vogelweide, Luther, Riemenschneider, Bach, Gryphius, Hölderlin, Goethe, Hebbel. Sein Ziel war, das humane »andere Deutschland« sichtbar zu machen. Viele dieser Porträtgedichte wirken wie die damaligen Verse der Sowjetschriftsteller auf »Helden des Vaterlandes« gipsern. Poetische Glaubwürdigkeit dringt lediglich aus denjenigen Versen, in denen eine Verwandtschaft zur Exilsituation anklingt. In dem Hölderlin-Gedicht artikulierte Becher sein poetologisches Prinzip: »Er mußte, um zu sehn, die Augen schließen. / Er dachte dies: was ist das, Vaterland? / Und sah vor sich den Strom, den Neckar, fließen.«[23] In der Haltung des Augenschließens, dem »Hinabhorchen in Verschüttetes und Verschollenes«[24] und dem Emporheben der verlorenen Kindheitslandschaft hat sich Becher mitporträtiert. In seinen Deutschland-Gedichten um 1935 und seinem gleichzeitig konzipierten Roman *Abschied*, der die Jugend des Dichters vor 1914 schildert, liegen die bedeutendsten poetischen Leistungen der Exiljahre. Während in den Versepen und den längeren Gedichten, die sowohl die sowjetische Wirklichkeit wie auch die unmittelbaren Zustände in Deutschland zu begreifen suchen, eine ausgesprochene Abstraktheit festzustellen ist, findet man in den thematisch rückwärts gewandten Dichtungen eine gegenläufige Bewegung. Hiermit kündigt sich ein grundlegendes Phänomen der damaligen Dichtung an, das auch auf die antifaschistisch gesonnene Literatur der Daheimgebliebenen zutrifft. In den dreißiger Jahren ist allgemein eine Tendenz zu beobachten, die Konflikte der Gegenwart in die Vergangenheit zu verlegen. Bechers Roman *Abschied* hat seine Vorläufer in Hans Carossas *Verwandlung einer Jugend* (1928), Karl Jakob Hirschs *Kaiserwetter* (1932) und Elisabeth Langgässers *Proserpina. Welt einer Kindheit* (1933). Zu gleicher Zeit wie Becher gestalteten in Deutschland so unterschiedliche Autoren wie Emil Barth (*Das verlorene Haus*, 1936), Martin Raschke (*Wiederkehr. Tagebuch einer Kindheit*, 1937), Hermann Lenz (*Das stille Haus*, 1938) und Wilhelm Hausenstein (*Buch einer Kindheit*, 1936, und *Lux perpetua*, 1942–47) das Kindheitsthema mit landschaftlicher Verwebung. Lediglich bei Hirsch und zum Teil bei Hausenstein ist wie bei Becher ein starkes Eingehen auf die gesellschaftliche Wirklichkeit der Wilhelminischen Ära zu beobachten, die anderen Autoren emigrierten in die Idylle oder wählten wie Elisabeth Langgässer die mythologische Verhüllung. Zweifellos hat Ernst Fischer recht, wenn er in Bechers »Roman vom Anderswerden« eine aktive, »vorwärtsgewandte Erinnerung« konstatiert, welche die gesellschaftliche Zukunft von morgen gestalten will.[25] Das ändert jedoch nichts an der Tatsache, daß Becher mit seinem Thema aus dem Exil in die vergleichsweise noch ungetrübte Harmonie des vorfaschistischen Deutschlands zurückkehrte, wo die späteren Konflikte lediglich als Wetterleuchten am Horizont erscheinen.

Ähnlich wie in dem Roman *Abschied* heben sich in den Naturgedichten jener Jahre

scharfe und detailgesättigte Landschafts- und Kleinstadttableaus heraus, über denen zuweilen ein verklärendes Fernblau dämmert. Die Gedichte tragen die Titel *Tübingen oder die Harmonie, Jena oder die schwebende Stadt, Erinnerung an Urach, Auf der Landstraße nach Kempten, Bei Füssen, Neckar bei Nürtingen, Kufstein, Maulbronn, Bayerische Hochebene, München.* Schon auf dem Pariser Kongreß verteidigte Becher seine rückwärtsgewandte Poesie: »Man kann nicht sagen: Heimat, das gibt es nicht, wo ein Haus, ein Hof, eine Straße, ein Platz waren und wo die Murmeln gerollt sind.«[26] Becher konnte sich auf die patriotische Komponente des sozialistischen Realismus beziehen und argumentierte gegenüber seinen Kollegen, die wirklich antifaschistische Dichtung könne »Probleme wie Liebe, Tod, Natur etc.« nicht ausklammern. Es gelte zu zeigen, »daß wir Deutschland mehr lieben als die, die diese Liebe gepachtet zu haben vorgeben«.[27] Der völkischen Landschaftslyrik, welche durch ihren Blut-Mythos die Schönheit verhäßliche, müsse eine eigene gegenübergestellt werden. An die Faschisten gewandt dichtete er: »[...] den Feldweg / muß man Euch streitig machen, jeden Halm / Und jedes Käferchen.«[28] In solchen Passagen wird ein nationales Pathos deutlich, das viele Augenzeugen seinerzeit irritierte.[29] Zuweilen kommt es zu einer eigentümlichen Mischung von Idyllik und Heroismus, die schon im 19. Jahrhundert Zeichen großer Unsicherheit war.[30]
In dem Gedichtband *Der Glücksucher und die sieben Lasten* (1938) gelingen Becher jedoch einige Verse, die frei von jeglichem rhetorischen Ballast sind. Ein Gedicht wie *Oberbayerische Hochebene* zählt zu den wenigen Arbeiten, in denen das Ich gänzlich zurückgedrängt ist. Die scharf konturierten Dinge wirken wie elektrisch aufgeladen und stehen in einer magisch-reinen Zuordnung. Die vom Regen niedergedrückten Ähren scheinen sich am Himmel in gebündelten Blitzen aufzurichten:

> »Kornfelder; und ganz hinten an dem Rand
> Ziehn Pappeln hin, dort, wo die Straße schleift
> Die Ebene aufwärts. Aus dem Walde greift
> Ein Mast heraus. Draht schwingt ins Land.
>
> Dies alles menschenleer und unnahbar.
> Die Wolken, drin die Berge sich verstecken:
> Schon donnernd. Kläglich läutet die Gefahr
> Ein Kirchlein an. Die Pappeln schrecken
>
> Im Windstoß auf, schräg hingestreift vom schweren
> Gewölk. Die Straße wird gehoben
> In Säulen Staub. Und plötzlich Stille wieder.
>
> Dann rauscht's im Raum. Wie weggewischt die Ähren.
> Die Blitze hängen schon in Bündeln oben.
> Der Mohn winkt noch. Da schlägt der Hagel nieder.«[31]

Das Sonett hat alles Steife und Monumentale abgestreift, der Reim ergibt sich unmerklich und vermittelt fast den Eindruck eines freien Verses. Auffällig in dem ruhigen, ausgeglichenen Gedicht ist ein spätexpressionistischer Verbalismus, der die um 1930 weitverbreitete Gewitter-Thematik verdeutlicht. Die kalkulierte Dynamisierung der Landschaft erinnert an gewisse neusachliche Landschaften von Mangold[32] und Jansen[33], vor allem jedoch an die süddeutsche naturlyrische Schule von Britting, der in seinem Band *Der irdische Tag* (1935) zur gleichen Zeit wie Becher ähnliche Sujets kultivierte.[34] Bechers Exildichtungen wurden bislang immer isoliert gesehen und niemals in den innerdeutschen Kontext der dreißiger Jahre gestellt. Sie stehen der naturmagischen Dichtung der Daheimgebliebenen näher als der Sowjetlyrik, die damals in den von der Partei popularisierten Dichtungen Prokof'evs, Surkovs und Dolmatovskijs zum volkstümlichen Vers neigte. Bechers Interesse am Sonett hat in der russischen Literatur kaum Parallelen, sondern entspricht den Versuchen von Weinheber, Britting und vielen anderen, diese kunstvolle Form während der NS-Zeit zu beleben.[35] Die feste Form erschien den Daheimgebliebenen als zuverlässiger Kordon vor dem anstürmenden Gefühl. Krolow notierte damals im *Inneren Reich*: »Form wird Zuflucht, Rettung vor Überwältigung durch Trostlosigkeit und Überschwang.«[36] Ähnlich betrachtete Becher in Moskau das Sonett als »Rettung vor dem Chaos« und »feste Fassung und Wehr wider Verwahrlosung und Maßlosigkeit«[37]. Gleichzeitig bot diese »elitäre Form« eine »Bastion der Sprache« (Max von Brück) gegen den im Dritten Reich herrschenden Ungeist. Diese sprachkonservative Haltung, die damals vor allem vom Kreis um die *Frankfurter Zeitung* praktiziert und theoretisch vertreten wurde, erscheint auch in der Argumentation Bechers, der sich in einem Brief an Heinrich Mann vom 8. März 1938 von seinem Band ausdrücklich »eine Reinigung und Bereicherung der Sprache gegenüber der faschistischen Sprachverarmung und Sprachverlotterung« erhoffte[38] und damit auf das VI. *Holzhaus*-Gedicht anspielte, das mit den Versen beginnt: »Kämpfen ist gut, doch einer muß auch sein, / Der sie bewahrt, die Landschaft und im Lied / Sie aufhebt. Auch das Wort will weiterwachsen / Und gepflegt sein. Brücken des Erinnerns: / Laßt uns darüber retten, was uns wert / Und teuer ist, die unverlorenen Schätze / Des Volks.«[39] Dieses Bekenntnis unterscheidet sich in wesentlichen Zügen kaum von den Vorstellungen der in Deutschland dichtenden Sprach- und Naturmagiker, die von so qualitativ unterschiedlichen Dichtern wie Oskar Loerke und Friedrich Georg Jünger erhoben wurden, wenn auch Becher Wert auf einen stärkeren nationalen Akzent legte und die patriotisch-humanistischen Elemente seiner »Rettung durch Sprache« betonte. Das im *Holzhaus* apostrophierte »Hinüberretten« meint auch den reichen Formenschatz, den Becher im Exil zu aktivieren suchte. Er benutzte nicht nur das Sonett, sondern auch die verschiedenen Möglichkeiten der Ode, die Elegie sowie die Terzine. Das Schwinden der lyrischen Kraft durch eine Überbetonung des Kunstcharakters kennzeichnete damals einen großen Teil der nichtfaschistischen Lyrik und hat bei Emigranten und Nicht-Emigranten oftmals übertriebene Formen angenommen. Die Ursache lag in der gestörten Beziehung zum Leser, daher der Hang zum Althergebrachten, zum Rhetorischen, der Eindruck von Ansprache statt Zwiesprache. Diese Beobachtungen korrigieren die von Berendsohn wiederholt vertretene These, die Dichtung der Flüchtlingsliteratur stünde auf Grund ihrer angeblich immer konträren Erfahrungswelt in einem krassen Gegensatz zur Literatur der Daheimgebliebenen.[40] Becher fühlte sich – gerade weil er ähnlich wie die »Inneren Emigranten« isoliert war – von dem seit dem Symbolismus verbreiteten Glauben an die »Macht des Wortes« erfüllt: »Im Gedicht [...] Bin ich selbst für den Tod unüberwindlich«.[41]

364   *Hans Dieter Schäfer*

Eine solch aristokratisch anmutende Dichterhaltung mußte trotz aller patriotischen und marxistischen Beteuerungen im Moskauer Exil auf Widerstand stoßen. Erst durch den 1966 publizierten vierten Band der Gesamtausgabe wurde bekannt, daß sich bei der Publikation des *Glücksuchers* tatsächlich erhebliche Schwierigkeiten ergeben hatten. Nach mehreren Verhandlungen mit der Zensurbehörde und etlichen Umarbeitungen konnte der Band zwei Jahre nach der ersten Vorlage erscheinen. Ein Verlagsgutachten vom August 1936 konstatiert zwar die Befolgung des 1934 beschlossenen Kurswechsels, keine Agitprop-Literatur mehr herzustellen, doch habe sich der Autor verleiten lassen, »über das Ziel hinauszuschießen und in vielen Gedichten nun überhaupt von konkreten ökonomischen, sozialen und historischen Zusammenhängen zu ›abstrahieren‹, die Probleme auf ihren angeblich ›rein-menschlichen‹ Gehalt zu reduzieren und seinen privaten Gefühlen, Stimmungen usw. Ausdruck zu geben«.[42] Durch dieses Gutachten, das der später vom NKWD verhaftete Hans Günther[43] angefertigt hatte, gewinnen die Erinnerungen Willi Bredels an Bedeutung, in denen von »leidenschaftlichen Auseinandersetzungen« innerhalb der deutschsprachigen Emigranten über die Sonettform die Rede ist. Man sprach von einer »Flucht aus der Gegenwartsdichtung, von literarischer Verspieltheit, einer neoklassizistischen Marotte«.[44] Bechers Gedichtband wurde vermutlich in die Auseinandersetzung der »rechten« Gruppe um Lukács mit der »linken«, revolutionär-proletarischen hineingezogen, die schon vor 1933 in der *Linkskurve* zugunsten von Lukács entschieden wurde und im Exil anläßlich der Expressionismus-Kontroverse noch einmal heftig aufflammte. So kanzelte Ernst Bloch in einer Erwiderung auf Kurellas Expressionismuskritik, die 1937 im 9. Heft der Moskauer Zeitschrift *Das Wort* erschien, Becher als »roten Wildenbruch« ab.[45] Hier liegen auch die Wurzeln der Vorbehalte, die Stephan Hermlin unmittelbar nach dem Krieg noch einmal aussprach: »Becher ist in neoklassizistischer Glätte und konventioneller Verseschmiederei gelandet.«[46] Diese Kritik trifft zweifellos auf den größten Teil der Prunkreden und rhetorischen Stucktexte Bechers zu, doch nicht auf die von der Zensur inkriminierten Arbeiten des *Glücksuchers*, die im übrigen bei »Gleichgesinnten«, vor allem nicht in der Sowjetunion lebenden Emigranten, eine positive Aufnahme fanden. Heinrich Mann verglich in seiner Rezension Becher mit Platen, der im italienischen Exil zu einer ähnlichen marmornen Kühle und Glätte fand, hinter welcher er sein tragisches Empfinden verbarg.[47] Berthold Viertel spürte durch die Formstrenge eine intensive Erfahrung hindurch und bekannte am 14. Juli 1938 in der *Neuen Weltbühne*: »Ich habe nirgendwo ein solches Heimatgefühl kennengelernt, wie dieses Emigrantengefühl eines ist.«[48] Feuchtwanger erklärte, für ihn seien Becher und Brecht »die deutschen Lyriker dieser Generation«[49], und Thomas Mann sprach von dem wahrscheinlich »repräsentativen Gedichtbuch unserer Zeit und unseres schweren Erlebens«.[50] Max Herrmann-Neiße, den Becher im Zusammenhang mit dem Streit um Gottfried Benn und die *Neue Bücherschau* 1929 noch heftig attackierte, entdeckte von seinem Londoner Exil aus in den Naturgedichten wie *Neckar bei Nürtingen* und *Oberbayerische Hochebene* eine tiefe Verwandtschaft zu seiner eigenen Poesie: »Immer wieder lange ich zu Ihrem Buch [...] und bin dann nicht mehr allein und das eigne Gedicht hat ebenbürtige Gefährten.«[51]
Konnte Becher in der Sowjetunion ein neues Publikum gewinnen? Im Gegensatz zu demokratischen Gastländern, wo die öffentliche Meinung und zahlreiche, nur

schwer zu erhellende Imponderabilien über das literarische Schicksal der Exilschriftsteller entschieden, waren in einem totalitären Staat ausschließlich staatliche Organe
für die Rezeption verantwortlich. Abgesehen von einigen Schwankungen hat sich
Becher das Interesse der kommunistischen Partei auch während der Säuberungs-
prozesse erhalten können. Dennoch ist bemerkenswert, daß von ihm vor 1934 mehr
Buchausgaben in russischer Sprache erschienen als während der gesamten Exilzeit.[52]
Zwölf Erstausgaben der Jahre 1924 bis einschließlich 1934 stehen lediglich fünf für
die Zeit von 1934 bis 1945 gegenüber. Fast alle Gedichtbände erschienen in deutscher
Sprache, die Auflagenhöhe war für sowjetische Verhältnisse gering. Trotz seines
Einflusses als Chefredakteur der *Internationalen Literatur* fühlte sich Becher in
Moskau zeitweilig isoliert. Über Kontakte mit sowjetischen Schriftstellern ist bisher
wenig bekannt,[53] sie waren vermutlich nicht sehr intensiv, da Becher die russische
Sprache nicht beherrschte und auch im Exil nicht erlernte.[54] Unter den deutschen
Emigranten war seine Stellung – wie die Diskussion um den *Glücksucher* gezeigt
hatte – nicht unumstritten.

Das Gedicht *Tasso* aus dem Band *Wiedergeburt* (1940) ist ein poetisch verhülltes
Zeugnis für Bechers damalige Lage. In Tasso konnte sich der Dichter mehrfach spiegeln: Einmal fühlte er sich durch die kunstvolle und schöne Sprache des Italieners
angezogen, zum anderen sah er in der sozialen Stellung des Renaissancedichters eine
deutliche Verwandtschaft. Tasso war Hofdichter und mußte – ähnlich wie Becher –
in prunkvollen Reden die Herrscher feiern, glaubte sich jedoch ständig von Intrigen
des Hofstaates bedroht. »Geduldet zwar, wenn auch nur widerwillig, / und lau ge-
grüßt, und stets beargwöhnt / [...] Bemerkt nur ab und zu, wenn sich ein Lob / Erhob
von anderer Seite«, beginnt das Poem.[55] Wenige Strophen weiter heißt es: »Das ist
die schlimmste der Gefangenschaften / Von solchem Schweigen eingemauert, / Siech
ich dahin, und es gebührt euch noch / Als letztes Opfer, daß ich eurem Schweigen /
Mich schweigend unterwerfe, daß es heiße, / Er lebte frei mitten der Gefährten –.«[56]
Zu dem Gefühl des Eingemauertseins trat die Angst vor der Verhaftung, die während der großen Säuberung, der ›Tschistka‹, allein von 1936 bis 1938 sechs bis sieben
Millionen Menschen in die Untersuchungsgefängnisse des NKWD brachte. Ein Gedicht wie »O Nacht ist es [...]«, ebenfalls aus der Sammlung *Wiedergeburt*, spielt
auf die Situation im Moskau der dreißiger Jahre mit den nächtlichen Abholkom-
mandos an: »Und dennoch scheint das Zimmer grausam offen, / Nach allen Seiten ist
es aufgedeckt.« Das Sonett endet mit der Frage: »Wer hat die Macht / Sich in uns
einzumischen, / Und herrscht so übermächtig dieser Wahn, / Daß er uns heimsucht in
geheimsten Stunden?«[57] Boris Pasternak, der zu dieser Zeit Zuflucht in den Übertragungen von Shakespeare-Dramen und georgischen Dichtungen fand, wußte am
besten, Bechers Gedichtband einzuordnen, und bezeichnete ihn in einem Brief vom
25. September 1940 als eine »Insel im heutigen Lügenmeer«[58], eine Bemerkung, die
erst durch den politischen Kontext verständlich wird: Im September 1940, gut ein
Jahr nach dem Hitler-Stalin-Pakt, stand die sowjetische Kooperation auf außen-
politischem wie auf wirtschaftlichem Gebiet in voller Blüte. Erinnert sei an die Teilung Polens und die russischen Rohstofflieferungen für die faschistische Kriegs-
industrie. Für die Flüchtlinge aus dem Dritten Reich mußte die unvorhergesehene
Entwicklung wie ein Schock gewirkt haben. Eine weitere Folgeerscheinung des
Bündnisses war die Tatsache, daß die Zensur die Agitation gegen die Kriegspolitik

Hitler-Deutschlands einschränkte und noch stärker als bisher in die Publikationen der Exilschriftsteller eingriff. So konnten Bechers Gedichte – was Pasternak vermutlich nicht wußte – erst nach erheblichen Korrekturen erscheinen. Der Vergleich einiger von der *Internationalen Literatur* vor dem Hitler-Stalin-Pakt publizierter Fassungen mit den Texten des Gedichtbandes *Wiedergeburt* deckt die Praktiken der Zensurbehörde ebenso auf wie Bechers leichte Manipulierbarkeit. Das Gedicht *Gewißheit* besaß im Vorabdruck (Dezember 1938) noch eine zusätzliche Strophe, welche die Appeasement-Politik geißelt: »Der Krieg verkündet mit Geschmetter, / Daß er jetzt Friede heißt.«[59] Das Poem *Das Werk* erhielt durch die geänderte Überschrift 1940 plötzlich eine Renaissanceverkleidung, sechs Strophen wurden eliminiert, darunter auch die zentralen Zeilen: »Nichtssagend war das Wort, / Und kein Verlaß / War auf Versprechen, gültig nur Befehle.«[60] In dem Gedicht *Barbarenzug* (Vorabdruck Februar 1939) mußte Becher die Angriffe gegen den deutschen Militarismus tilgen, so fielen nicht nur Wendungen wie »Hunnen«, »Fememörder« und »Menschenschinder« der Retusche zum Opfer, sondern auch die folgende Strophe, die durch die neue Bündnispolitik plötzlich einen doppeldeutigen Sinn bekommen hatte: »O unersättlich ist ihr Appetit! / Und groß sind sie im Rauben und Erpressen! / Sie halten Friedensreden, nur damit / Die Völker nicht erwachen unterdessen.«[61] Es liegt nahe, daß solche Eingriffe die poetische Struktur der Gedichte empfindlich störten. Eines der eindrucksvollsten Gedichte aus der Exilzeit, Bechers *Klage um Österreich*, die nach dem Einmarsch der deutschen Truppen in Wien im März 1938 konzipiert wurde, erscheint in dem Band von 1940 verstümmelt und unter dem Titel *Tirol* zu einem impressionistischen Erinnerungsbild verharmlost. Die mahnenden Ausrufe »Salzburg«, »O Donau«, »O Wien« fehlen, die an den barocken Klageliedern ausgerichtete Diktion ist damit gebrochen. Die Verse »Du Spielgefährte meiner Kindheit, Bruder, Hör mich an! / Ich klage an mich selbst, warum durft ich für dich nicht fallen –«[62] bog Becher ins Gegengeschichtliche um: »Du Spielgefährte meiner Kindheit, Bruder, hör mich an! / Ich bin der Jodler Jubellaut und bin dein stummes Trauern.«[63]
Es ist bemerkenswert, daß Becher – soweit nachgeprüft werden konnte – die ursprünglichen Fassungen der verstümmelten Texte nicht wiederhergestellt hatte oder nicht wiederherstellen konnte. Jürgen Rühle hat recht, wenn er den entscheidenden Bruch in Bechers Dichtung auf die Exilzeit datiert,[64] da der Autor im Gegensatz zu Brecht in dieser Extremsituation nicht mehr zu einer Entscheidung für eine inhaltlich wie formal progressive Dichtung fand. Becher paßte sich in Moskau bedingungslos der Partei an und vollzog alle Schritte der kommunistischen Sprachregelung choreographisch getreu mit. Seine Anpassungsfähigkeit an die jeweils herrschende Mode und Macht, die freilich schon in seinen Anfängen zu beobachten ist,[65] ließ ihn nach der Niederlage des Faschismus zum gefeierten Kulturfunktionär und Staatsdichter der DDR werden. Die Wirkungsgeschichte seiner Exildichtungen ist daher ein Teil der genormten Wirkungsgeschichte der kommunistischen Kulturpolitik. Seine Arbeiten, die während der NS-Herrschaft aus Deutschland ausgesperrt blieben, wurden unmittelbar nach 1945 zielgerichtet in Massenauflagen verbreitet und mit Unterstützung aller Medien popularisiert. Auf der anderen Seite verhinderte die Ost-West-Spannung eine annähernd objektive Auseinandersetzung mit seinem Werk in der Nachkriegsphase der Bundesrepublik, wo für den Autor im

Unterschied zu zahlreichen anderen Emigranten gewisse Rezeptionschancen bestanden. Bechers Bestätigung bleibender Kulturwerte, wie klassisches Erbe und deutsche Heimat, entsprach in einer Periode der wirtschaftlichen Not, der Vertriebenenprobleme und allgemeiner geistiger Unsicherheit den positiven Erwartungen der Zeit. Daß seine Exildichtungen bei der antifaschistisch gesonnenen konservativen Opposition der Daheimgebliebenen eine günstige Aufnahme erreichten, deutet ein Brief Hans Carossas vom 14. Februar 1947 an. (»Der nie ermattende große Schwung des Ganzen kommt aus Ihrer schmerzerfüllten Liebe zu dem wahren Deutschland.«[66]) Ähnlich äußerte sich damals Reinhold Schneider, der in den streng bewahrten Formen Bechers den tragisch-existentiellen Auftrag der Nachkriegsliteratur gespiegelt sah.[67] Doch eine sich in Ansätzen abzeichnende gesamtdeutsche Rezeption brach spätestens seit den Prager Ereignissen und der Berlin-Blockade von 1948 ab. Becher blieb in der Bundesrepublik bis heute ein exilierter Autor. Aber auch in der DDR entrückte man ihn dem Kontakt mit dem Leser, da das positive Echo des Publikums wie das einseitig negative in der Bundesrepublik von der politischen Propaganda massiv beeinflußt wurde. Der Autor fühlte sich in Ost-Berlin ähnlich wie im Moskauer Exil zeitweilig isoliert und befürchtete zu Recht eine Verfälschung seiner individuellen Position, die er sich freilich durch den Erwerb von Ansehen und bedingter politischer Macht selbst eingehandelt hatte: »Die wenig gelungenen Stellen / Aus meinen kaum gelungenen Gedichten / Wird man auswählen, / Um zu beweisen, / Ich wäre euresgleichen. // Aber dem ist nicht so: / Denn ich bin / Meinesgleichen. // So werde ich auch im Tode / Mich zu wehren haben.« heißt es in dem Nachlaßgedicht *Auswahl*.[68] Die Staatskarriere verhinderte zwar nicht gelegentliche Attacken gegen das immer stärkere Auseinanderklaffen von gesellschaftlicher Wirklichkeit und politischer Utopie, doch seine Verse bewegten sich in der Spätzeit fast ausschließlich im antigeschichtlichen Raum eines »roten Arkadien«. Nie wieder erreichte Becher eine solche Dichte und Glaubwürdigkeit wie in einigen wenigen Werken des Exils, in denen sein zeitlebens für ihn typisches Ringen um Antwort und Dialog historisch konkretisiert und – als Welt- und Sprachnot des Ausgesperrten – ins Überpersönliche und Allgemeine gewendet wurde.

Anmerkungen

1. Brief an Hans Carossa. In: Niedermayer (s. Werke), S. 147.
2. Neugebauer (s. Lit.), S. 21.
3. Zitat bei Rühle (s. Lit.), S. 286.
4. Zitat bei Uhse (s. Lit.), S. 87.
5. Weiß (s. Lit.), S. 94. Zur sowjetischen Agitation gegen Pil'njak vgl. Gleb Struve: »Pil'njak im Kreuzfeuer«. In: G. St., »Geschichte der Sowjetliteratur«. München 1957. S. 257 ff.
6. Helga Gallas: »Marxistische Literaturtheorie. Kontroversen im Bund proletarisch-revolutionärer Schriftsteller«. Neuwied 1971, S. 68 f.
7. Motylowa (s. Lit.), S. 413.
8. Gleb Struve: »Geschichte der Sowjetliteratur«. München 1957. S. 292.
9. Neugebauer (s. Lit.), S. 66.
10. Noch 1925 hatte Becher in seinem Aufsatz »Der Dichter und die Zeit« erklärt, daß es jetzt nicht auf »edle, geschliffene, vollendete Kunstwerke« oder gar auf die Kunstschätze der Vergangenheit ankomme. In: »Die schöne Literatur« 11 (1925) S. 486.

11. Akademie der Künste West-Berlin (Kerr-Archiv).
12. in Neugebauer (s. Lit.), S. 20. Becher befand sich damit in Einklang mit der KPD, die um 1935 die Parole herausgab, »das klassische literarische Erbe sei für den Kampf gegen den Faschismus fruchtbar zu machen«. Vgl. dazu Helga Gallas: »Marxistische Literaturtheorie. Kontroversen im Bund proletarisch-revolutionärer Schriftsteller«. Neuwied u. Berlin 1971. S. 19 u. S. 184, Anm. 3.
13. Jarmatz (s. Lit. d. Einl.), S. 198 f.: »Die Sowjetunion bot den aus Deutschland vertriebenen Schriftstellern eine wahre Heimat, hier lebte und wirkte die deutsche humanistische Dichtung, die aus Deutschland verbannt war.«
14. in: Peter Stahlberger: »Der Zürcher Verleger Oprecht und die deutsche politische Emigration 1933–1945«. Zürich 1970. S. 30. – Vgl. dazu die nach Manuskriptschluß erschienene grundlegende Untersuchung von Hans-Albert Walter: »Asylpraxis und Lebensbedingungen in Europa . . .« (s. Lit. d. Einl.), S. 132–142; 343–358. »Wer auf eine demonstrative Hilfe der Sowjetunion für die Exilierten und erst recht für die in Deutschland Verfolgten und Mißhandelten gerechnet hatte, sah sich enttäuscht« (S. 134).
15. Neben prominenten deutschen Kommunisten wie Max Hölz, Hermann Remmele und Heinz Neumann wurden Kulturpolitiker und Künstler wie u. a. Hans Günther, Carola Neher, Ernst Ottwalt, Herwarth Walden verurteilt oder kamen auf ungeklärte Weise ums Leben.
16. »Nacht der Verzweiflung«. In: »Gesammelte Werke«. Bd. III. S. 643. (In der Folge zitiert als: GW.)
17. GW III, S. 633 f.
18. ebd., S. 641 f.
19. ebd., S. 667 ff.
20. Max Herrmann-Neiße: »Lied der Einsamkeit«. Gedichte von 1914–1941. Ausgew. u. hrsg. von Friedrich Grieger. München 1961. S. 192.
21. Gleb Struve: »Geschichte der Sowjetliteratur«, a. a. O., S. 292.
22. GW IV, S. 181.
23. ebd., S. 85.
24. Fischer (s. Lit.), S. 424.
25. ebd., S. 423.
26. »Im Zeichen der Menschen und der Menschheit« (Rede gehalten vor dem ›Internationalen Schriftstellerkongreß zur Verteidigung der Kultur‹ in Paris). In: »Internationale Literatur« 9 (1935) S. 34. – Die Erkenntnis, daß sich der prophezeite rasche Zusammenbruch des NS-Regimes nicht ereignete, veranlaßte den Schriftsteller damals, nach den Gründen für die Fehleinschätzung zu suchen. Als seine persönliche Schuld empfand er es dabei, daß er und seine Gefährten sich in der Weimarer Republik »in eine Protesthaltung hätten drängen« lassen, in der sie »Verkündigung und Gestaltung des Nationalen der Reaktion überantwortet« und so mit zur nationalen Katastrophe beigetragen hätten (GW IV, S. 862). Vgl. ferner das 11. Gedicht aus dem Zyklus »Das Holzhaus«: »Zu wenig haben wir geliebt, daher / Kam vieles. Habe ich vielleicht gesprochen / Mit jenem Bauern, der den Weinstock spritzte / Dort bei Kreßborn. Ich hab mich nicht gekümmert / Um seinen Weinstock. Darum muß ich jetzt / Aus weiter Ferne die Gespräche führen, / Die unterlassenen« (GW IV, S. 157).
27. GW IV, S. 863.
28. ebd., S. 155.
29. Vgl. die Erinnerungen von Erika Mann: »Becher war deutscher Patriot in einem Grade und Ausmaß, die auch nur von ferne zu begreifen mir schwerfiel. Mit großer Deutlichkeit erinnere ich mich eines einschlägigen Gesprächs im Juli 1945. Noch die schmutzigste deutsche Pfütze, erklärte er damals, sei ihm kostbar, – ja, er liebe sie zärtlicher als den blausten See, falls dieser sich ›draußen‹ befände und seine kleinen Wellen nichts zu erzählen wüßten von deutscher Art und Geschichte« (In: »Sinn und Form«. Zweites Sonderheft Johannes R. Becher [1959] S. 567). Vgl. ferner die Aufzeichnungen von Heinrich Goertz: »Im Frühsommer 45, als er [Becher] mit Friedrich Wolf aus der russischen Emigration kam, wurde ihnen eine Etage in einer Charlottenburger Villa zugewiesen. Als sie durch den Vorgarten gingen, fiel Becher auf die Knie und rief: ›Ich grüße dich, Heimaterde!‹ und küßte den Humus eines Charlottenburger Vorgartens. Am anderen Morgen, einem Sonntag, läuteten die Kirchenglocken, als Wolf Bechers Zimmer betrat. Draußen Sonnenschein, Himmelsbläue, Vogelgezwitscher und das Glockengeläut und am offenen Fenster Becher wieder auf den Knien [. . .]« (aus dem Manuskript zitiert). Dieses ekstatische Verhalten wird erklärlich, wenn man Bechers Herkunft vom Münchner Bonselskreis berücksichtigt, dessen

Grunddogma die »Heiligsprechung der Erde und des Lebens in Schmerz und Freude« war. (Vgl. Hans Brandenburg: »Und München leuchtete«. München 1953. S. 224.)

30. Erinnert sei in diesem Zusammenhang an Bechers Versuche, mit »Romeo und Julia auf dem Dorfe«, »Wiederkehr des unbekannten Soldaten«, »Urach oder der Wanderer aus Schwaben«, »Schlacht um Berlin« das Versepos des 19. Jahrhunderts zu erneuern. Anknüpfungspunkte waren Liliencrons »Poggfred« (1896) und Dehmels »Zwei Menschen« (1903), die Becher schon in seiner Münchner Zeit gelesen hatte. Über das Versepos im 19. Jahrhundert Friedrich Sengle: »Die deutsche Literatur des 19. Jahrhunderts, gesellschaftlich gesehen«. In: »Literatur. Sprache. Gesellschaft«. Hrsg. von Karl Rüdinger. München 1970. S. 83–87. (»Dialog Schule Wissenschaft. Deutsche Sprache und Literatur«. Bd. III.)

31. GW IV, S. 30.

32. Josef Mangold: »Harzlandschaft« (1924). Abbildung bei Wieland Schmied: »Neue Sachlichkeit und magischer Realismus 1918–1933«. Hannover 1969. Tafel 115.

33. F. M. Jansen: »Ahrtal bei Neuenahr« (1926). Abbildung in »Aspekte der Neuen Sachlichkeit«. Katalog der Galleria del Levante Milano, Roma. München 1968. Tafel 84. Vgl. ferner Georg Scholz: »Ansicht von Grötzingen bei Durlach« (1925). Abbildung bei Wieland Schmied, a. a. O., Tafel 117.

34. Vgl. Dietrich Bode: »Georg Britting. Geschichte seines Werkes«. Stuttgart 1962. S. 57–65.

35. Belege bei Dietrich Bode: »Georg Britting. Geschichte seines Werkes«, a. a. O., S. 91 f. u. 98 f. Nach Manuskriptschluß erschien der zu ähnlichen Ergebnissen kommende Aufsatz von Theodore Ziolkowski (s. Lit.).

36. »Das innere Reich« 10 (1943/44) S. 431.

37. GW IV, S. 879.

38. ebd., S. 890.

39. ebd., S. 154 f.

40. Berendsohn: »Die Literatur der Flüchtlinge . . .« (s. Lit. d. Einl.), S. 5.

41. GW IV, S. 315.

42. ebd., S. 873 f.

43. GW IV, S. 887; Hans Günther erwähnt bei Klaus Jarmatz (s. Lit. d. Einl.), S. 284 Anm. 66.

44. »Sinn und Form«. Zweites Sonderheft Johannes R. Becher. Berlin [Ost] 1959. S. 552 (= »Erinnerungen an Johannes R. Becher«. Leipzig 1968. S. 272).

45. »Diskussion über Expressionismus (1938)«. In: Ernst Bloch: »Erbschaft dieser Zeit«. Frankfurt a. M. 1962. S. 273.

46. Stephan Hermlin u. Hans Mayer (s. Lit.), S. 191.

47. in: »Erinnerungen an Johannes R. Becher«. Leipzig 1968. S. 47; vgl. ferner den Brief Heinrich Manns an Becher vom 20. März 1938: »Zu vergleichen wäre die Sprache Platens mit der Ihren, und der gelungene Versuch wäre festzustellen, wie die klassische Form neu erfüllt wird.« Brief bei Hilscher (s. Lit.), S. 497.

48. Viertel (s. Lit.), S. 138.

49. Brief vom 10. März 1938 bei Hilscher (s. Lit.), S. 497.

50. in: »Erinnerungen an Johannes R. Becher«. Leipzig 1968. S. 295.

51. Der Brief vom 23. Juli 1939 (in: »Sinn und Form«. Zweites Sonderheft Johannes R. Becher. Berlin [Ost] 1959. S. 267) bezieht sich auf den Band »Gewißheit des Siegs und Sicht auf große Tage. Gesammelte Sonette 1935–1938«. Schon ein Jahr vorher hatte Max Herrmann-Neiße vermutlich auf Übersendung des »Glücksuchers« Becher begeistert gedankt: »Da ist soviel echtes, im besten Sinne deutsches Dichtertum, soviel reiner Klang, vollkommene Einfachheit und gewissenhaftes, zielbewußtes Heimatgefühl, das mir sehr, sehr nahe ging. [. . .] Und so etwas gehört zu den wahren Trostereignissen und reinen Freuden unseres Emigrantendaseins [. . .]« (unveröffentlichter Brief vom 7. April 1938. Johannes-R.-Becher-Archiv, Berlin-Niederschönhausen). Ähnlich positiv reagierte Becher auf die stilgeschichtlich konservativen Verse Max Herrmanns, die 1936 mit dem bezeichnenden Titel »Um uns die Fremde« erschienen waren. Eine politische Annäherung ereignete sich trotz der literarischen nicht. Der nach England emigrierte Herrmann lehnte in einem Schreiben vom 4. Mai 1938 die Mitarbeit an Bechers »Internationaler Literatur« entschieden ab. Der bislang unpublizierte Brief kann hier nur auszugsweise wiedergegeben werden. Max Herrmann bedankt sich für die Einladung zur Mitarbeit und begründet seine Absage, »da ich nach bestem Wissen und Gewissen den von Ihrer Zeitschrift vertretenen politischen Glauben nicht bedingungslos zu teilen vermag. Ich muß nach meiner Art den Idealen der Freiheit, der Duldung,

der Gewaltlosigkeit treu bleiben und kann mich nicht dazu überwinden, sie um eines noch so guten Zweckes willen auch nur für Zeiten außer Kraft setzen zu lassen« (Johannes-R.-Becher-Archiv, Berlin-Niederschönhausen).

52. Becher war mit etwa 110 000 verkauften Exemplaren in der Zeit von 1924 bis 1932 der meistgedruckte deutsche Linksschriftsteller in der UdSSR. Über die frühe Becher-Rezeption in der Sowjetunion ausführlich Weiß (s. Lit.), S. 180–183.
53. Vgl. Motylowa (s. Lit.), S. 413 f. Die Verfasserin berichtet über enge Verbindungen zu Sergej Tret'jakov. Mit Aleksandr Fadeev und Konstantin Fedin war Becher schon vor 1933 bekannt. Vgl. Weiß (s. Lit.), S. 93.
54. »Die russische Literatur wurde mir viel später, Mitte 1925, überhaupt erst zugänglich, wobei ich nicht ohne Beschämung zugestehen muß, daß ich bis heute die russische Sprache nicht verstehe.« Brief Bechers vom 27. April 1955 an den Limes Verlag in: Niedermayer (s. Werke), S. 160.
55. GW IV, S. 531.
56. ebd., S. 531 f.
57. ebd., S. 480.
58. ebd., S. 904.
59. ebd., S. 907.
60. ebd., S. 819.
61. ebd., S. 818.
62. ebd., S. 809.
63. ebd., S. 407.
64. Rühle (s. Lit.), S. 283.
65. Für die starke Abhängigkeit Bechers von literarischen Modeströmungen gibt Norbert Hopster, »Das Frühwerk Johannes R. Bechers«, Bonn 1969, zahlreiche Belege, vgl. dazu die Rezension von Hans Dieter Schäfer in: »Die Welt der Literatur« 14 (9. 7. 1970) S. 9.
66. in: Niedermayer (s. Werke), S. XXVII.
67. ebd., S. XXXI f.
68. in: »Sinn und Form«. Zweites Sonderheft Johannes R. Becher. Berlin [Ost] 1959. S. 43.

Werke

An die Wand zu kleben. Moskau u. Leningrad: Verlagsgenossenschaft ausländischer Arbeiter in d. UdSSR 1933.
Deutscher Totentanz. 1933. Moskau u. Leningrad: Verlagsgen. ausl. Arbeiter in d. UdSSR 1933.
Es wird Zeit. Moskau u. Leningrad: Verlagsgen. ausl. Arbeiter in d. UdSSR 1933.
Das Dritte Reich. Zeichnungen von Heinrich Vogeler. Verse von Johannes R. Becher. Moskau: Zwei Welten 1934.
Neue Gedichte. Moskau u. Leningrad: Verlagsgen. ausl. Arbeiter in d. UdSSR 1933.
Deutschland. Ein Lied vom Köpferollen und von den »nützlichen Gliedern«. Moskau u. Leningrad: Verlagsgen. ausl. Arbeiter in d. UdSSR 1934.
Der verwandelte Platz. Erzählungen und Gedichte. Moskau u. Leningrad: Verlagsgen. ausl. Arbeiter in d. UdSSR 1934; Zürich: Ring-Verlag 1934.
Der Mann, der alles glaubte. Moskau u. Leningrad: Verlagsgen. ausl. Arbeiter in d. UdSSR 1935; Paris: Ed. du Carrefour 1935.
Ausgewählte Gedichte. Kiew: Staatsverlag d. nationalen Minderheiten in d. UdSSR 1935.
Der Glücksucher und die sieben Lasten. Ein Hohes Lied. Moskau: Verlagsgen. ausl. Arbeiter in d. UdSSR 1938; London: Malik 1938.
Der Welt-Entdecker. Ausgewählte Gedichte 1912–1937. Kiew: Staatsverlag d. nationalen Minderheiten in d. UdSSR 1938.
Die Bauern von Unterpeißenberg und andere Gedichte aus dem bäuerlichen Leben. Engels: Deutscher Staatsverlag 1938.
Gewißheit des Siegs und Sicht auf große Tage. Gesammelte Sonette 1935–1938. Moskau: Meshdunarodnaja Kniga 1939.
Gesammelte epische Dichtungen. Kiew: Staatsverlag d. nationalen Minderheiten in d. UdSSR 1939.
Wiedergeburt. Dichtungen. Moskau: Meshdunarodnaja Kniga 1940.

Die sieben Jahre. 25 ausgewählte Gedichte aus den Jahren 1933–1940. Moskau: Meshdunarodnaja Kniga 1940.

Abschied. Einer deutschen Tragödie erster Teil. 1900–1914. Moskau: Meshdunarodnaja Kniga 1940.

Deutschland ruft. Gedichte. Moskau: Verlag f. fremdspr. Literatur 1942; Stockholm: Neuer Verlag, [1944].

Deutsche Sendung. Ein Ruf an die deutsche Nation. Moskau: Verlag f. fremdspr. Literatur 1943.

Dank an Stalingrad. Dichtungen. Moskau: Verlag f. fremdspr. Literatur 1943.

Deutsche Lehre. London: Free German League of Culture [1944].

Die Hohe Warte. Deutschland-Dichtung. Moskau: Verlag f. fremdspr. Literatur 1944.

Dichtung. Auswahl aus den Jahren 1939–1943. Moskau: Meshdunarodnaja Kniga 1944.

Winterschlacht. Dramatische Dichtung. Berlin: Aufbau-Bühnen-Vertrieb 1945 [unverkäufliches Bühnen-Ms.]; u. d. T.: Schlacht um Moskau. In: Internationale Literatur 12 (1942) H. 1–6.

Das Führerbild. Ein deutsches Spiel in fünf Teilen. München: Zinnen-Verlag. Desch-Theaterverlag u. Bühnenvertrieb [1946]; (u. d. T.: Der Weg nach Füssen. Berlin: Rütten & Loening 1953). [In Rußland 1941 entstanden.]

Internationale Literatur. Zentralorgan der Internationalen Vereinigung Revolutionärer Schriftsteller. Hauptschriftl. J. R. Becher. Moskau: Verlag für schöne Literatur 1935–38.

Johannes R. Becher. Lyrik, Prosa, Dokumente. Hrsg. von Max Niedermayer. Wiesbaden: Limes 1965 (limes nova). (Zitiert als: Niedermayer.)

Gesammelte Werke in 18 Bänden. Hrsg. vom Becher-Archiv der Deutschen Akademie der Künste zu Berlin. Berlin u. Weimar: Aufbau-Verlag 1966 ff. (Zitiert als: GW.)

Literaturhinweise

Bibliographie in: Sinn und Form. Zweites Sonderheft Johannes R. Becher [1959] S. 603–789 (Stand 1959).

Bertolt Brecht: Wie man ein Gedicht lesen muß. [Brief an Junge Pioniere über Bechers »Heimat, meine Trauer«.] In: Bertolt Brecht: Zur Literatur und Kunst. Bd. 3. Frankfurt a. M. 1967. S. 167.

Willi Bredel: Ein »Aufklärer« unserer Epoche. In: Erinnerungen an Johannes R. Becher. Leipzig 1968. S. 272 ff.

Günter Deicke: Die Sowjetunion und die Entwicklung Johannes R. Bechers. In: Neue deutsche Literatur (1952) Sonderheft, S. 182–191.

Alexander Dejtsch: »Moskau, Lawruschinski Pereulok.« In: Erinnerungen an Johannes R. Becher. Leipzig 1968. S. 112–120.

Ernst Fischer: Stimme aus dem Exil. In: Wissenschaftliche Zeitschrift der Friedrich-Schiller-Universität Jena 10/3 (1960/61) S. 421–425.

Bruno Frei: Fünf Jahre Schutzverband deutscher Schriftsteller im Exil. In: Internationale Literatur 8/10 (1938) S. 142–148.

Horst Haase: Zu Bechers Sonettenzyklus »Das Holzhaus«. In: Wissenschaftliche Zeitschrift der Friedrich-Schiller-Universität Jena 10/3 (1960/61) S. 432–438.

– Probleme der sozialistischen Parteiliteratur in der Emigrationsdichtung Johannes R. Bechers. In: Weimarer Beiträge 2 (1961) S. 278–289.

– Johannes R. Bechers Deutschland-Dichtung. Zu dem Gedichtband »Der Glücksucher und die sieben Lasten«. Berlin [Ost] 1964.

Peter Härtling: Johannes R. Becher »Abschied«. In: Vergessene Bücher. Stuttgart 1966. S. 111–114.

Stephan Hermlin: Bemerkungen zur zeitgenössischen Lyrik. In: Stephan Hermlin u. Hans Mayer: Ansichten über einige Bücher und Schriftsteller. Erweiterte u. bearbeitete Ausgabe. Berlin [Ost] 1947. S. 186–192.

– ».. . und bauen wir die neue Welt«. Zu zwei neuen Gedichtbänden von Johannes R. Becher. In: Sonntag 39 (1958) S. 7.

Eberhard Hilscher: Johannes R. Bechers Exil-Jahre. In: Zeitschrift für deutsche Literaturgeschichte 4 (1958) S. 487–512.

Hugo Huppert: Im lyrischen Dezernat. In: Erinnerungen an Johannes R. Becher. Leipzig 1968. S. 121 bis 128.

Walter Karsch: Vergangenheit ohne Zukunft. [Zu dem Roman »Abschied«.] In: Tagesspiegel 54 (22. 12. 1945) S. 5.

Alfred Kurella: Wiedersehn in Deutschland. [Zu dem Gedichtband »Der Glücksucher und die sieben Lasten«.] In: Erinnerungen an Johannes R. Becher. Leipzig 1968. S. 149–162.

Georg Lukács: Politische Parteilichkeit und dichterische Vollendung. [Zu dem Roman »Abschied«.] In: Dem Dichter des Friedens Johannes R. Becher. Zum 60. Geburtstag. Berlin [Ost] 1951. S. 193 bis 229.

Heinrich Mann: Auf der Suche nach Deutschland. [Rezensionen der Gedichtbände »Der Mann, der alles glaubte« und »Der Glücksucher und die sieben Lasten«.] In: Erinnerungen an Johannes R. Becher. Leipzig 1968. S. 144–148.

Georg Maurer: Das klassische Erbe, die Dekadenz und Johannes R. Becher. In: Neue deutsche Literatur 11 (1960) S. 60–89.

Hans Mayer: Zur Gegenwartslage unserer Literatur. In: Sonntag 49 (1956) S. 4.

Tamara Motylowa: Die Rezeption Bechers in der Sowjetunion. In: Wissenschaftliche Zeitschrift der Friedrich-Schiller-Universität Jena 10/3 (1960/61) S. 411–416.

Heinz Neugebauer [Redaktion]: Johannes R. Becher. Leben und Werk. Hrsg. vom Kollektiv für Literaturgeschichte im Volkseigenen Verlag Volk und Wissen. Berlin [Ost] 1967. (Schriftsteller der Gegenwart 1.)

Fritz J. Raddatz: Auf der Suche nach Deutschland. Johannes R. Becher. In: Traditionen und Tendenzen. Materialien zur Literatur der DDR. Frankfurt a. M. 1972. S. 69–111.

Jürgen Rühle: Johannes R. Bechers poetische Konfession. In: J. R., Literatur und Revolution. Die Schriftsteller und der Kommunismus. Köln 1960. S. 275–296.

Bodo Uhse: Johannes R. Becher. Ein biographischer Essay. In: Johannes R. Becher. Bildchronik seines Lebens. Hrsg. von Lilly Becher u. Gert Prokop. Berlin [Ost] 1963.

Berthold Viertel: Erinnerungsblatt aus der Zeit der Verbannung. [Rezension des Gedichtbandes »Der Glücksucher und die sieben Lasten«.] In: Erinnerungen an Johannes R. Becher. Leipzig 1968. S. 135 bis 143.

Edgar Weiß: Johannes R. Becher und die sowjetische Literaturentwicklung (1917–1933). Berlin [Ost] 1971. (Veröffentlichungen des Instituts für Slawistik der Deutschen Akademie der Wissenschaften zu Berlin Nr. 53.)

Theodore Ziolkowski: Form als Protest. Das Sonett in der Literatur des Exils und der Inneren Emigration. In: Reinhold Grimm u. Jost Hermand [Hrsg.]: Exil und innere Emigration. Third Wisconsin Workshop. Frankfurt a. M. 1972. S. 154 ff., 158, 160–167, 169 ff.

ULRICH WEISSTEIN

Bertolt Brecht. Die Lehren des Exils

Die beste Schul für die Dialektik ist die Emigration.
Flüchtlingsgespräche

Am Tage nach dem Brand des Reichstages und ungefähr zwei Wochen nach seinem fünfunddreißigsten Geburtstag, genauer gesagt: am 28. Februar 1933, begab sich Bertolt Brecht mit seiner Frau Helene Weigel und seinem Sohn Stefan in Eile von Berlin nach Prag, der ersten Station auf dem langen und mühseligen Weg ins Exil, in dessen Verlauf er mit vielen, mehr oder minder gastfreundlichen Ländern kürzere oder längere Bekanntschaft schließen sollte. (Die erst zwei Jahre alte Tochter Barbara, die beim Großvater zurückgeblieben war, wurde, wie Martin Esslin mitteilt,[1] Anfang April durch eine bei einer Wiener Wohlfahrtsorganisation tätige Engländerin von Augsburg aus über die Grenze geschafft und bei den inzwischen nach Zürich weitergereisten Eltern abgeliefert.) Die Rückkehr des Exulanten in sein Vaterland erfolgte erst fünfzehn Jahre später, und zwar in zwei Etappen. Am 31. Oktober 1947, einen Tag nachdem Brecht, eine Flugkarte nach Europa in der Tasche, vor dem ›Committee of Unamerican Activities‹ des amerikanischen Kongresses in Washington erschienen war, um sich einem »hochnotpeinlichen« Verhör (das er freilich geschickt ad absurdum führte)[2] zu unterziehen, flog er nach Paris, fuhr aber schon nach wenigen Tagen in Richtung Zürich weiter. Die Frage, ob diese »hearings«, die sich sehr eingehend mit Hollywoods Filmschaffenden befaßten, die Ursache oder nur der Anlaß zur Rückkehr in die Alte Welt waren, bleibt umstritten, zumal sich Brecht zu diesem Punkt meist nur ironisch äußerte. Fest steht, daß der Dichter schon im März 1947 ein sogenanntes »exit and re-entry permit« für die Schweiz besaß.[3] Einem Bekannten gegenüber soll er jedoch erklärt haben: »Als es so weit war, daß man mir vorwarf, ich beabsichtige, das Empire State Building zu stehlen, dachte ich: es ist höchste Zeit, daß ich gehe.«[4]
Brecht lebte etwa ein Jahr lang in Zürich. Im August 1948 betrat er zum Besuch einer Aufführung von Max Frischs Traumspiel *Santa Cruz* unter Heinz Hilperts Regie am Deutschen Theater Konstanz in Begleitung des Schweizer Autors und des Schauspielers Wilfried Seifert zum ersten Mal wieder deutschen Boden. (Das theatralische Ereignis inspirierte ihn übrigens zu dem lakonischen Ausspruch: »Hier muß man ja ganz von vorne anfangen.«[5]) Aber erst am 22. Oktober des gleichen Jahres wurde die Heimkehr zur vollendeten Tatsache, als Brecht und die Weigel nach Durchquerung der Tschechoslowakei (sie durften nicht durch die amerikanische Besatzungszone reisen) an der Zonengrenze von Alexander Abusch abgeholt und kurz darauf von Johannes R. Becher im Haus des ›Kulturbundes zur demokratischen Erneuerung Deutschlands‹ offiziell im nachmaligen Hoheitsgebiet der DDR begrüßt wurden. Dem repatriierten Dichter verblieben also nur knappe acht Jahre zum Aufbau des Berliner Ensembles und zur Erstellung eines Repertoires durch Inszenierungen und Bearbeitungen.
Unter den den Nationalsozialisten besonders unbequemen Literaten hatte Brecht

neben Heinrich Mann, der sich als Präsident der Sektion Dichtkunst der Preußischen Akademie der Künste besonders unbeliebt gemacht hatte (und der, im Gegensatz zu Brecht, *vor* seiner geplanten Rückkehr im amerikanischen Exil verschied), einen Ehrenplatz eingenommen, und zwar schon vor der um 1926 erfolgten Konversion zum Marxismus/Kommunismus. Hauptursache der politisch-weltanschaulichen Verfemung durch die künftigen Machthaber war die um 1919 verfaßte und 1922 im Anhang zur Erstausgabe des Stückes *Trommeln in der Nacht* abgedruckte *Legende vom toten Soldaten*, deren pazifistisch-defätistische Botschaft ihrem Urheber Hitlers persönlichen Haß und den fünften Rang auf der im Vorgriff auf den mißglückten Münchener Putsch aufgestellten Liste der zu Verhaftenden eintrug. Seine Flucht unmittelbar nach der legalen Machtübernahme war somit unabdinglich. Ihr folgte die öffentliche Verbrennung seiner Werke – zusammen mit denen vieler Leidensgenossen – auf dem von deutschen Studenten auf Goebbels' Geheiß aufgeschichteten Scheiterhaufen am 10. Mai 1933 und zwei Jahre später, im Juni 1935, die zwangsweise Ausbürgerung: »Im zweiten Jahr meiner Flucht / Las ich in einer Zeitung, in fremder Sprache / Daß ich meine Staatsbürgerschaf⁻ verloren hätte. / Ich war nicht traurig und nicht erfreut / Als ich meinen Namen las neben vielen andern / Guten und Schlechten. / Das Los der Geflohenen schien mir nicht schlimmer als das / Der Gebliebenen.«[6]

Berücksichtigt man die oben angeführten Tatsachen, so wird verständlich, weshalb Brecht so großen Wert darauf legte, in den Augen der Welt als *Ausgestoßener* – nicht als *Ausgewanderter* – zu gelten, und warum er sich in einem der Svendborger Gedichte intensiv mit diesem semantischen Problem befaßte:

> »Immer fand ich den Namen falsch, den man uns gab: Emigranten.
> Das heißt doch Auswanderer. Aber wir
> Wanderten doch nicht aus, nach freiem Entschluß
> Wählend ein anderes Land. Wanderten wir doch auch nicht
> Ein in ein Land, dort zu bleiben, womöglich für immer.
> Sondern wir flohen. Vertriebene sind wir, Verbannte.
> Und kein Heim, ein Exil soll das Land sein, das uns aufnahm.
> [...]
> [...] Jeder von uns
> Der mit zerrissenen Schuhn durch die Menge geht
> Zeugt von der Schande, die jetzt unser Land befleckt.
> Aber keiner von uns
> Wird hier bleiben. Das letzte Wort
> Ist noch nicht gesprochen.«[7]

Erlitt Brecht, geographisch und biographisch gesehen, ein charakteristisches Emigrantenschicksal? Und war er ideologisch-literarisch ein typischer Exulant? Wir möchten dies aus mehreren, noch näher darzulegenden Gründen bezweifeln, wollen aber zunächst, der dokumentarischen Vollständigkeit halber, die wichtigsten Daten und Fakten seines Exils Revue passieren lassen.

Von Prag, wohin er sich, wie gesagt, bei seiner Flucht aus Deutschland zunächst gewandt hatte, fuhr Brecht im März 1933 nach Wien und von dort nach Zürich. Den April verbrachte er als Gast Kurt Klaebers und seiner Frau Lisa Tetzner in Carona am Luganer See. Im Mai ging es weiter nach Paris, wo er gemeinsam mit Kurt Weill das Ballett *Die sieben Todsünden der Kleinbürger* schrieb und aufführen ließ. Anschließend folgte er einer Einladung der Schriftstellerin Karin Michaelis nach Dänemark, wohin ihm seine Familie bereits vorausgereist war. Von August 1933 bis April 1939 war ein Haus in Skovsbostrand bei Svendborg auf der Insel Fünen sein ständiger Wohnsitz. Von hier aus reiste Brecht aus verschiedenen Anlässen und bei wechselnder Aufenthaltslänge nach Frankreich, England, der Sowjetunion und den Vereinigten Staaten. So war er im September 1933 in Paris und stattete bei dieser Gelegenheit seinem Freund und Mentor Lion Feuchtwanger in Sanary-sur-Mer einen Besuch ab. Von Oktober bis Dezember 1934 hielt er sich in London auf, im Frühjahr 1935 in Moskau.[8] Im Juni 1935 nahm er an einer Tagung des ›Internationalen Schriftstellerverbandes‹ in der französischen Hauptstadt teil, und von Oktober bis Dezember weilte er in New York, wo seine Bearbeitung von Gor'kijs Roman *Die Mutter* in englischer Fassung von der ›Theatre Union‹ aufgeführt wurde.[9]
Im Juli 1936 war Brecht in London, im nächsten Jahr zweimal in Paris. Dort nahm er im Sommer an einem internationalen Kongreß teil, auf dem die Stellung der Intellektuellen zum Spanischen Bürgerkrieg behandelt wurde. (Er selbst reiste übrigens nicht, wie seine Mitarbeiterin Ruth Berlau, nach Madrid, wo die Tagung fortgesetzt und abgeschlossen wurde – ein solcher Abstecher schien ihm zu gefährlich.[10])
Im September und Oktober 1937 kümmerte er sich um die Pariser Neueinstudierung der *Dreigroschenoper* mit Yvette Guilbert und bereitete die Uraufführung seines Spanienstückes *Die Gewehre der Frau Carrar* mit Helene Weigel in der Titelrolle vor. Im Mai 1938 kam er noch einmal – zum letzten Mal – nach Frankreich, um bei der Inszenierung einiger Szenen aus dem Greuelmärchen *Furcht und Elend des Dritten Reiches* mitzuwirken. Diese Fahrt setzte den Schlußstrich unter die Wanderjahre des europäischen Exils. Ende April 1939 verließ Brecht nämlich Dänemark und siedelte nach Schweden über, wo er im Haus der Bildhauerin Nina Santesson auf der bei Stockholm gelegenen Insel Lidingö Unterschlupf fand, freilich nur für ungefähr ein Jahr.
Kurz nach dem Einmarsch deutscher Truppen in Dänemark und Norwegen setzte der Dichter sich am 17. April 1940 nach Finnland ab, der letzten europäischen Station seines Exils. Nach mehrfachem Wohnungswechsel in der Hauptstadt Helsinki zog die Familie Brecht gastweise auf das Gut Marlebak in Kausala, dem Eigentum der estnisch-finnischen Dichterin Hella Wuolijoki (5. Juli bis 3. Oktober 1940). Im Herbst war Brecht wieder in Helsinki und darum bemüht, für sich und die Seinen die Genehmigung zur Einreise erst nach Mexiko und dann nach den Vereinigten Staaten zu erwerben, ein zeitraubendes und aufreibendes Unternehmen, das der Lyriker in der *Ode an einen hohen Würdenträger* sarkastisch kommentiert:

»Erhabener Vizekonsul, geruhe
Deiner zitternden Laus
Den beglückenden Stempel zu gewähren.

Hoher Geist
Nach dessen Ebenbild die Götter gemacht sind
Erlaube, daß deine unerforschlichen Gedanken
Für eine Sekunde unterbrochen werden!

Viermale
Ist es mir gelungen, bis zu dir vorzudringen.
Einige meiner Worte
Ausgedacht in schlaflosen Nächten
Hoffe ich in deine Nähe gelangt.

Ich habe mir zweimal die Haare geschnitten deinetwegen
Nie
Ging ich zu dir ohne Hut, meine schäbige Mütze
Habe ich vor dir immer versteckt.

Du weißt, deine wenigen Worte
Werden wochenlang ausgelegt von bebenden Familien
Auf finstere Andeutungen oder auch beglückende Winke:
Sind sie deshalb so grausam?

Der große Fallensteller nähert sich.
Da ist eine kleine Tür, aus der Falle
Ins Freie führend. Du
Hast den Schlüssel.
Wirst du ihn hereinwerfen?«[11]

Einen ähnlich deprimierenden Eindruck von diesen oft fruchtlosen Bemühungen vermittelt eine charakteristische Stelle aus den stark autobiographisch gefärbten *Flüchtlingsgesprächen*, dem Werk, dem das Motto unserer Arbeit entstammt und das wir in den Mittelpunkt unserer Ausführungen stellen wollen, weil es das thematisch aufschlußreichste literarische Produkt aus der Exilzeit ist. Im neunten Gespräch berichtet nämlich der Proletarier Kalle:

»Ich hab mich für Amerika begeistert, wie ich das [Gerede von Freiheit] gehört hab und hab Amerikaner werden wollen oder wenigstens hinkommen in diese Freiheit. Ich bin von Pontius zu Pilatus gelaufen. Der Pontius hat keine Zeit gehabt und der Pilatus war verhindert. Der Konsul hat verlangt, daß ich viermal um den Häuserstock kriech auf allen Vieren und mir dann von einem Doktor bestätigen laß, daß ich keine Schwielen gekriegt hab. Dann hab ich eidesstattlich versichern sollen, daß ich keine Ansichten hab. Ich hab ihm blau in die Augen geschaut und es versichert, aber er hat mich durchschaut und verlangt, daß ichs beweis, auch daß ich nie eine gehabt hab, und das hab ich nicht können. So bin ich nicht in das Land der Freiheit gelangt. Ich bin nicht sicher, daß meine Freiheitsliebe für das Land ausgereicht hätt.«[12]

Am 15. Mai konnte die Familie in Begleitung von Brechts Mitarbeiterinnen Ruth Berlau und Margarete Steffin, für deren Wohlergehen sich der Dichter jetzt mitverantwortlich fühlte, endlich das Land, in dem man so beredt in zwei Sprachen schwieg[13], verlassen. Es war höchste Zeit, standen doch deutsche Truppen schon seit geraumer Zeit in Finnland; und nur wenige Wochen später erfolgte der schlagartige Überfall auf Rußland, womit der eigentliche Höhe- und Wendepunkt des Krieges erreicht war. Man fuhr zunächst über Leningrad nach Moskau, wo Margarete Steffin, die lungenleidend war, zusammenbrach und in ein Krankenhaus geschafft werden mußte. Sie starb wenige Tage nach der Einlieferung. Brecht erfuhr von ihrem Tod auf der Fahrt im Transsibirien-Expreß nach Wladiwostok, wo sich die Flüchtlinge Mitte Juni 1941 auf der »Annie Johnson« einschifften, die nach kurzer Zwischenlandung in Manila am 21. Juli glücklich in San Pedro (Kalifornien) landete. Damit war die zweite Hauptstation des Exils erreicht.

Wie so viele emigrierte deutsche Künstler ließ sich Brecht in Santa Monica bei Los Angeles nieder, wo er bis 1947 ständig wohnte und von wo aus er aus beruflichen Gründen vier Abstecher nach New York machte (Februar–Mai 1943, November 1943–März 1944, Juni–Juli 1945 und Herbst 1946). In diesen Jahren ernährte der Dichter sich und seine Familie mehr schlecht als recht durch Auftragsarbeiten für den Film. Doch wurde nur das Projekt, das die Ermordung Reinhard Heydrichs zum Gegenstand hatte, unter dem Titel *Hangmen also Die* realisiert.[14]

Anstatt uns in die aus den Darstellungen Esslins, Ewens, Grimms, Völkers und Willets bekannten Details zu verlieren, wollen wir uns nun der eingangs gestellten Frage nach der Prototypik sowohl der Exilsituation Brechts als auch seines Exilschaffens zuwenden und damit die faktische Basis für die Darstellung der Besonderheiten dieses Falles schaffen. Schon ein flüchtiger Blick läßt erkennen, daß, chronologisch und geographisch betrachtet, das Geschick Brechts nur insofern charakteristisch ist, als der Zeitpunkt seiner Flucht aus Deutschland (unmittelbar nach der Machtergreifung bzw. dem Reichstagsbrand, der die erste große Verhaftungswelle auslöste), die Anfangsstationen des Exils (Prag, Wien, Zürich und Paris) und dessen in Kalifornien verbrachte Endphase zur Debatte stehen, nicht aber der Aufenthalt in Skandinavien.

Viele aus Deutschland vertriebene Intellektuelle und Künstler hatten zunächst in Frankreich, Österreich oder der Tschechoslowakei Wartestellung bezogen (in der Schweiz stieß man bekanntlich auf fast unüberwindliche Schwierigkeiten), um sich nach dem ›Anschluß‹, nach Kriegsbeginn oder nach der Besetzung Frankreichs entweder nach England oder – nach oft abenteuerlicher Flucht über die Pyrenäen – nach Amerika abzusetzen, soweit sie sich nicht, wie Walter Benjamin und Walter Hasenclever, der weiteren Verfolgung durch Freitod entzogen. Auch in Palästina bzw. Mexiko ließen sich Grüppchen jüdischer bzw. politisch links stehender Dichter nieder (einerseits Max Brod, Else Lasker-Schüler und Arnold Zweig, andrerseits Anna Seghers, Bodo Uhse und Alexander Abusch). Zur Gruppenbildung kam es auch in Moskau, wohin sich die deutschen kommunistischen Schriftsteller gewandt hatten, um an den Exilzeitschriften *Internationale Literatur* (hrsg. von Johannes R. Becher) und *Das Wort* (redig. von Fritz Erpenbeck im Namen des Triumvirats Brecht / Bredel / Feuchtwanger) mitzuarbeiten. Die meisten von ihnen kehrten – zum Teil als Veteranen des Spanischen Bürgerkrieges – nach dem Sieg der Alliierten in die ehemalige Reichshauptstadt zurück, um beim Wiederaufbau des Kulturlebens in der damaligen Ostzone mitzuhelfen. Im Gegensatz zu diesen Ländern aber darf Skandinavien kaum Anspruch darauf erheben, ein bedeutendes Refugium für deutsche Exulanten gewesen zu sein.

Erscheint schon von der Zeit-Raum-Koordinate her Brechts Exil als wenig repräsentativ, so verstärkt sich dieser Eindruck, wenn man die psychologischen und weltanschaulichen Faktoren samt deren Auswirkung auf seine Dichtung in Rechnung stellt. Brecht selbst war sich dieser Sonderstellung durchaus bewußt, wie folgende Aufzeichnung, die sich Walter Benjamin am 27. September 1934 machte, bezeugt:
»In einem abendlichen Gespräch, das vor einigen Tagen stattfand, entwickelte Brecht die sonderbare Unschlüssigkeit, die zur Zeit der Bestimmung seiner Pläne im Wege ist. Was zunächst dieser Unschlüssigkeit zugrunde liegt, sind – wie er selbst hervorhebt – die Vorteile, die seine persönliche Lage von der der meisten Emigranten auszeichnen. Wenn er somit im allgemeinen die Emigration als Grundlage von Unternehmungen und Plänen kaum anerkennt, so fällt die Beziehung auf sie für ihn selbst um so unwiderruflicher fort. Seine Planungen greifen weiter aus.«[15]
Dieser Hinweis des Dichters auf die Vorteile seiner persönlichen Lage im Vergleich zu den Lebensumständen der meisten Exulanten ist so zu verstehen, daß er, obwohl es ihm wirtschaftlich keineswegs glänzend ging, doch relativ sorgenfrei und ungehindert arbeiten konnte und nicht sofort darauf angewiesen war, sein tägliches Brot auf eine zweckgebundene oder für einen Dichter abseitige Weise zu verdienen. (Dieses Schicksal blieb ihm allerdings auf die Dauer nicht erspart; denn in Kalifornien war auch er einige Jahre lang nur ein Rädchen in der von der Filmindustrie fast beiläufig betriebenen Literaturmaschine.) Von einem Berufsverbot, wie es Wissenschaftler und Gelehrte betraf – indirekt auch Juristen und Ärzte, weil sie vielfach Prüfungen ablegen mußten, die eine ausgezeichnete Kenntnis der Landessprache voraussetzten –, konnte bei ihm natürlich keine Rede sein. Daß er sich dieser professionellen Begünstigung durchaus bewußt war, erhellt aus der Biologen- und Arztgeschichte, die ein Gewährsmann seiner ›persona‹ Ziffel in den *Flüchtlingsgesprächen* zum besten gibt:
»Mit Hilfe einiger nordländischer Wissenschaftler, die mich mitunter in meinem Institut besucht oder Arbeiten von mir in ihren Zeitschriften veröffentlicht hatten, bekam ich die Genehmigung zu einem Aufenthalt in Nordland. Das einzige, was von mir verlangt wurde, war, daß ich unter keinen Umständen im Nordland irgendwie wissenschaftliche oder andere Arbeit verrichten würde. [...] Die Unannehmlichkeit für mich bestand darin, daß ich mir so meinen Unterhalt nicht verdienen konnte und also auf die Güte meiner Kollegen angewiesen war. Sie mußten sich bemühen, mir dafür, daß ich nichts leistete, Stipendien zu verschaffen; sie taten, was sie konnten, so daß ich nicht hungerte.« Auf einen emigrierten Arzt, den er wegen seines Asthmas konsultierte, hinweisend, fährt der Sprecher fort: »Seine Fragen setzten mich in Erstaunen. [...] Er wollte sich nicht meines physischen Zustandes, sondern meines Charakters versichern, sagte er mir, genau wie ich selbst hatte er, um Aufenthaltserlaubnis in Nordland zu bekommen, unterschrieben, daß er seinen Beruf nicht ausüben würde. Wenn er mich ärztlich behandelte, riskierte er, aus dem Land verwiesen zu werden. Er mußte, bevor er mich untersuchte, herausbringen, ob ich ein anständiger Mensch war, der nicht ausplaudern würde, daß er mir geholfen hatte.«[16]
Man mag ferner den für Brecht als schöpferischen Menschen günstigen Umstand berücksichtigen, daß die relative Abkapselung von der Welt und den übrigen Exulanten ihm gestattete, unnötige Unterbrechungen im Arbeits-Prozeß zu vermeiden,

ohne daß es zur seelischen Vereinsamung mit depressiven Zuständen gekommen wäre, wie sie sich bei Heinrich Mann in den letzten Lebensjahren einstellten. Trotzdem beklagt er besonders in Finnland seine »Isolierung, was die Produktion betrifft«[17] und bedauert im Hinblick auf die Arbeit am *Puntila*, die ihn, wie er sagte, »fast nichts an[ging]«, die Trennung der Literatur »als Praxis« von den »Zentren der alles entscheidenden Geschehnisse.«[18]

Neben seiner engen und ständigen Zusammenarbeit mit Ruth Berlau und Margarete Steffin verkehrte Brecht im skandinavischen Exil mit vielen einheimischen Künstlern und Dichtern (darunter Karin Michaelis und Hella Wuolijoki), nahm – vor allem in Dänemark – an schauspielerischen Experimenten teil und lud Freunde und Gesinnungsgenossen wie Walter Benjamin und Hanns Eisler bei sich zu Gast. (Sein marxistischer Lehrer Karl Korsch leistete dieser Aufforderung – aus welchen Gründen immer – keine Folge.) Das Exil war für ihn also trotz des unvermeidlichen psychologischen Drucks einigermaßen erträglich und darüber hinaus literarisch unwahrscheinlich fruchtbar. Auch tröstete er sich mit dem Vorbild anderer berühmter Exulanten unter den Schriftstellern, denen er in zwei Gedichten – *Die Auswanderung der Dichter* und *Besuch bei den verbannten Dichtern* – ein Denkmal setzte.[19] Mit leiser, aber unüberhörbarer Ironie verglich er zudem an anderer Stelle das Gruppenexil der zeitgenössischen deutschen Dichter mit der alten chinesischen »Tradition« der Individualflucht:

»Unsere Literaturgeschichte zählt nicht so viele exilierte Schriftsteller auf wie etwa die chinesische; wir müssen das damit entschuldigen, daß unsere Literatur noch sehr jung ist und nicht kultiviert genug. Die chinesischen Lyriker und Philosophen pflegten, wie ich höre, ins Exil zu gehen wie die unseren in die Akademie. Es war üblich. Viele flohen mehrere Male, aber es scheint Ehrensache gewesen zu sein, so zu schreiben, daß man wenigstens einmal den Staub seines Geburtslandes von den Füßen schütteln mußte.«[20]

Daß die Verbannung, ob freiwillig oder unfreiwillig, auch und gerade schöpferisch sein kann durch die Umstände, unter denen die Flucht aus dem Vaterland erfolgt, suchte Brecht mit der berühmten *Legende von der Entstehung des Buches Taoteking auf dem Weg des Laotse in die Emigration* zu beweisen, wo bekanntlich geschildert wird, wie der wissensdurstige Zöllner dem greisen Philosophen seine Weisheit entreißt, indem er sie ihm »abverlangt«.[21]

Auch im politischen Sektor hatte die Isolation für Brecht ihr Gutes; denn in Moskau – wäre er dorthin gelangt – hätte er sich dem Druck der Genossen und der Umstände kaum entziehen können. So war er, stellt man die folgende Behauptung Matthias Wegners – der übrigens auch Johannes R. Becher zu den Ausnahmen zählt – in Rechnung, wirklich, von anderen Exulanten »durch einen Wüstenstreifen« getrennt, als halbwegs neutraler Beobachter zwischen zwei Fronten: »Während das Leben im Exil nicht-marxistische Schriftsteller zwar häufig zur Überprüfung des eigenen literarischen Schaffens veranlaßte und zur Beschäftigung mit der besonderen Situation des Schriftstellers im Exil anregte, war für die Kommunisten nicht eine geistige Bewältigung des Exils, sondern der Sieg des Sozialismus die eigentliche Aufgabe. Die Auseinandersetzung mit der spezifischen Problematik des Exils tritt daher in ihren Veröffentlichungen gegenüber dem ideologischen Kampf zurück.«[22]

Ohne seinen marxistischen Standpunkt im geringsten aufzugeben, hielt sich Brecht in der Tat soweit wie möglich von diesen ideologischen Scharmützeln fern. Dennoch sah er sich als Mitherausgeber der Zeitschrift *Das Wort* wiederholt mit der Doktrin des Sozialistischen Realismus und der Lukácsschen These vom Kritischen Realismus konfrontiert und hielt sich für verpflichtet, in (damals nicht veröffentlichten) Aufsätzen, Briefen und Gesprächen in die sogenannte Realismus-Debatte einzugreifen.[23] Seiner Entrüstung über die Attacken, die Lukács pausenlos gegen den Formalismus ritt, macht er auch in den *Flüchtlingsgesprächen* Luft.[24] Im vierten Gespräch reagiert nämlich Kalle auf die Verlesung stichwortartiger Memoiren durch seinen Partner Ziffel mit der Frage: »Wie machen Sie das, daß das zusammengeht? Schreiben Sie einfach auf, was Ihnen in den Kopf kommt?« Worauf der Befragte antwortet: »Keine Rede. Ich arrangiere. Aber mit dem Material.« Nachdem Ziffel den Inhalt eines weiteren Notizzettels mitgeteilt hat, erkundigt er sich bei seinem Zuhörer: »Meinen Sie, ich soll es doch in Kapitel bringen?« Und auf Kalles Einwand: »Wozu?« erwidert er kurz und bündig: »Es sieht zu modern aus. Modern ist veraltet.«[25] Die laufenden Debatten über die offizielle kommunistische Kulturpolitik mit einem Achselzucken abtuend, entwickelte Brecht sich im skandinavischen Exil sozusagen atavistisch zurück zum Ur-Marxisten und zum Hegelianer reinster Prägung.

Literarisch nimmt Brecht, so scheint es, gleichfalls eine Sonderstellung ein, wenn man sein Schaffen mit dem der anderen Landsleute unter den Exulanten vergleicht. Wirklich läßt sich das während der fünfzehn im Ausland verbrachten Jahre entstandene Werk nur teilweise in die von Werner Vordtriede erarbeitete Typologie der Exilliteratur einarbeiten. Um dies zu verdeutlichen, müssen wir die von Vordtriede aufgestellten Kategorien in ihrer Brechtschen Verwendung, Veränderung oder Umkehrung einzeln anvisieren. Dabei können wir es uns allerdings sparen, den von Vordtriede als entscheidend bezeichneten Begriff der Authentizität in bezug auf Brecht oder andere Exulanten heranzuziehen oder zu erläutern.[26] Dieser ist nämlich nur unter der Voraussetzung sinnvoll, daß verbannte Dichter stets wesentliche – man könnte auch sagen: existentielle – Aussagen machen und es mit dem, was sie sagen und schreiben, immer ernst meinen, selbst wenn es nicht die Wahrheit ist. Das ist aber, induktiv gesehen, ein idealistischer Fehlschluß; denn diese als zeitlos gedachte Regel gilt nur für die großen Dichter oder Werke, herrscht doch selbst bei Gestalten wie Brecht oder Heinrich Mann – ganz abgesehen von Vicki Baum und anderen emigrierten Vertretern der Trivialliteratur – kein Mangel an Exilprodukten zweiten und dritten Ranges.

Man verschaffe sich z. B. einen Überblick über den Inhalt der Zeitschrift *Das Wort*, die wir an anderer Stelle auf ihre literarkritischen Aussagen hin untersucht haben[27], um nachzuprüfen, wie liebevoll auch der Kitsch gehegt wurde und wie viele Konzessionen teils wegen der erhofften Breitenwirkung (also aus ökonomisch-soziologischen Gründen) und teils aus propagandistischer Sicht (etwa im Rahmen der Volksfrontpolitik, die sich bewußt der Jugend- und Unterhaltungsliteratur als Mittel zum Zweck bediente) an den konventionellen mittelständischen und kleinbürgerlichen Geschmack gemacht wurden!

Künstlerisch gesehen, ließe sich auf Grund des vorliegenden Materials – sogar bei Brecht – geltend machen, daß Authentizität im Exil besonders große Opfer voraussetzt, weil verbannte Künstler es sich einfach nicht leisten können, avantgardistische

Experimente anzustellen. Dafür gibt es nicht nur wirtschaftliche, sondern auch psychologische Gründe; denn gerade weil diese Menschen von ihrem Ursprungsland abgeschnitten und somit wurzellos geworden sind, wollen sie die heimatliche Überlieferung sowohl sprachlich als inhaltlich weiter pflegen, zuweilen auch nur deshalb, weil sie wissen oder glauben, daß die Usurpatoren der Macht alle Traditionen aufheben, verzerren oder verwässern. Auch die Hinwendung zu historischen Stoffen (vor allem solchen, die eine Herstellung von Gegenwartsbezügen erlauben) läßt sich u. a. als Ausdruck dieser Tendenz verstehen. Brecht folgte mit seinem Caesar-Roman diesem von vielen Theoretikern der Exilliteratur betonten Zug der Zeit.

Die Stückeschreiber, die auf das Medium der Bühne angewiesen sind und denen während des Exils nur wenige deutschsprachige Bühnen zur Verfügung standen (im Falle Brechts war es eigentlich nur das Zürcher Schauspielhaus, das sich für sein Werk einsetzte, indem es *Mutter Courage* am 19. April 1941, den *Guten Menschen von Sezuan* am 4. Februar 1943 und die Erstfassung von *Leben des Galilei* am 9. September 1943 zur Uraufführung brachte), leiden besonders unter dem Exil-Boykott, stärker jedenfalls als die Romanciers und die Lyriker, von denen allerdings manche im Ausland völlig verstummten und somit eine der beiden von Vordtriede erwähnten äußersten Möglichkeiten der dichterischen Reaktion auf das Exil ergriffen. Brecht selbst klagte Benjamin gegenüber:

»Mich haben sie auch proletarisiert. Sie haben mir nicht nur mein Haus, meinen Fischteich und meinen Wagen abgenommen, sie haben mir meine Bühne und mein Publikum auch geraubt. Von meinem Standpunkt kann ich nicht zugeben, daß Shakespeare grundsätzlich eine größere Begabung gewesen sei. Aber auf Vorrat hätte er auch nicht schreiben können.«[28]

Die Dramatiker werden also im Exil aus äußerlichen Gründen versucht sein, aristotelische Einfühlungsdramaturgie zu betreiben, falls sie nicht – wie dies Ödön von Horváth tat – resignierend in die Prosa umschwenken. So verfaßte Brecht die Szenenfolge *Furcht und Elend des Dritten Reiches*, die Georg Lukács als Zeichen dafür wertete, daß der sonst seiner Meinung nach formalistisch angekränkelte Dichter so realistisch wie der vielgepriesene Julius Hay zu schreiben verstünde. (Brecht wehrte sich mit reichlich verkrampften Argumenten gegen diese Unterstellung.[29]) Weil er sich dieses Zwiespalts bewußt war, bezeichnete der Dichter nicht nur den Einakter *Die Gewehre der Frau Carrar,* sondern auch das *Leben des Galilei* als formal opportunistisch und empfahl im Februar 1939 einem ungenannten Gesprächspartner, die unveröffentlichten Fragmente *Fatzer* und *Brotladen* zu studieren, weil nur in ihnen »der höchste Standard technisch« erreicht sei.[30] Daß man im Exil nur heimlich experimentiert, schien ihm so selbstverständlich, daß er im März 1939 in bezug auf den *Guten Menschen von Sezuan* notierte: »Es ist Scharadenarbeit schon der Umkleide- und Umschminkakte wegen. Ich kann aber dabei die epische Technik entwickeln und so endlich wieder auf den Standard kommen. Für die Schublade braucht man keine Konzessionen.«[31]

In die Schublade kamen natürlich auch die Schriften, die seine dramatischen Experimente theoretisch fundieren sollten. Aber gerade der Umstand, daß Brecht im stillen Kämmerlein dichterisch weiterbastelte und -baute, beweist, daß er kein typischer Exulant im Sinne Vordtriedes war. (Auch hier besteht eine merkwürdige Parallele zu Heinrich Mann, wobei allerdings zu fragen wäre, inwieweit dessen Exilromane

– *Lidice, Der Atem* und *Empfang bei der Welt* – auch formal ins Leere zielen und eher die Bezeichnung esoterisch oder manieriert als experimentell verdienen.) Auch eine weitere, von Vordtriede als charakteristisch bezeichnete Eigenschaft der Exildichtung tritt bei Brecht ausgesprochen in den Hintergrund: jene nostalgisch-sentimentale Stimmung, die beim Ausgewiesenen aufkommt, wenn er an »Deutschland in der Nacht« denkt, und die sich in seinen Werken – besonders natürlich in der Lyrik – als poetisch stilisiertes Heimweh niederschlägt. Brecht war diese Stimmung durchaus nicht fremd; das beweisen manche der Svendborger Gedichte. Er unterkühlte aber die emotionelle Aussage mit Vorliebe durch Lakonik oder Ironie. (Darin unterschied er sich prinzipiell von seinem gefühlsseligeren Exilkollegen Becher.) So bekämpfen sich Sehnsucht und Furcht in dem folgenden Gedicht aus der Steffinischen Sammlung:

> »Ich befinde mich auf dem Inselchen Lidingö.
> Aber neulich nachts
> Träumte ich schwer und träumte ich war in einer Stadt
> Und entdeckte, die Beschriftungen der Straßen
> Waren deutsch. In Schweiß gebadet
> Erwachte ich, und mit Erleichterung
> Sah ich die nachtschwarze Föhre vor dem Fenster und wußte:
> Ich war in der Fremde.«[32]

Aufschlußreich ist in dieser Hinsicht der Gebrauch, den Brecht in den *Flüchtlingsgesprächen* von dem gleichfalls in Skandinavien entstandenen Gedicht *Über Deutschland* macht, das mit der gefühlvollen Aufzählung der besonderen Schönheiten, die die einzelnen deutschen Landschaften auszeichnen, einsetzt (»Ihr freundlichen bayrischen Wälder, ihr Mainstädte / Fichtenbestandene Rhön, du schattiger Schwarzwald [...]«), dann in ein Lob der »geschäftigen«, »wimmelnden« und »rauchüberzogenen« Industrie- und Großstädte übergeht und dissonant mit einem agitatorisch-plakativen Fluch auf das »Geschmeiß der Ausbeuter« und mit dem Ausdruck der Überzeugung, daß dieses »nicht bleiben kann«, abschließt.[33]
In seinem zehnten Gespräch mit Ziffel, das »Frankreich oder der Patriotismus / Über Verwurzelung« betitelt ist, zitiert Kalle einige aus dem Zusammenhang gerissene beschreibende Zeilen dieses Gedichts, ohne den polemischen Schluß auch nur mit einem Wort zu erwähnen. Auch beugt er einer sentimentalen Deutung des Inhalts dadurch vor, daß er Deutschland emotionell untertreibend ein »hübsches Land« nennt, das zu »erobern« sich lohnen würde. Dabei verfällt er, seine wahren Gefühle verbergend, in einen schnoddrigen Ton:
»Sie haben sich Ihr Land von den Patrioten verekeln lassen, dies besitzen. Ich denk manchmal: was für ein hübsches Land hätten wir, wenn wir es hätten! Ich erinner mich an ein Gedicht, das ein paar Vorzüg aufzählt. Sie müssen nicht glauben, ich habs mit Gedichten, das betreffende hab ich nur aus Zufall wo gesehen, und ich kanns auch nicht mehr vollständig, vor allem weiß ich nicht, was über die Provinzen gesagt wird. Sie kommen so vor, mit Lücken [...].«[34]
Trotz der verkapselten Darbietung des Zitats ist Ziffel versucht, Kalle als Naivling abzutun, muß aber zu seiner Überraschung feststellen, daß sein Gesprächspartner

selbst in diesem Moment nichts von dem »Schafsmäßigen« an sich hat, das, seiner Meinung nach, »alle haben, die etwas Patriotisches äußern«. Brecht selbst zieht sich so ironisch aus der Affäre. Überhaupt ist die Ironie – wie die Dialektik und der Humor, der in den *Flüchtlingsgesprächen* meist als Galgenhumor auftritt[35] – die für den Exulanten Brecht symptomatische Stilhaltung, weil sie von Widersprüchen lebt:

»Die beste Schul für Dialektik ist die Emigration. Die schärfsten Dialektiker sind die Flüchtlinge. Sie sind Flüchtlinge infolge von Veränderungen und sie studieren nichts als Veränderungen. Aus den kleinsten Anzeichen schließen sie auf die größten Vorkommnisse, d. h. wenn sie Verstand haben. Wenn ihre Gegner siegen, rechnen sie aus, wieviel der Sieg gekostet hat, und für die Widersprüche haben sie ein feines Auge. Die Dialektik, sie lebe hoch!«[36]

Gänzlich fern lag Brecht, seinem ganzen persönlichen Habitus nach, das Pathetische, das Vordtriede als Alternative zum Verstummen in der Grenzsituation des Exils bezeichnet. Für ihn war Pathos schon immer *falsches* Pathos, das als Vehikel »beim Schreiben der Wahrheit« schlecht zu gebrauchen war und höchstens parodistischen Zwecken dienen mochte. Daher sein versteckter Angriff auf den Pathetiker Heinrich Mann im einundzwanzigsten Versuch:

»Wenig Mut ist dazu nötig, über die Schlechtigkeit der Welt und den Triumph der Roheit im allgemeinen zu klagen und mit dem Triumphe des Geistes zu drohen, in einem Teile der Welt, wo dies noch erlaubt ist. Da treten viele auf, als seien Kanonen auf sie gerichtet, während nur Operngläser auf sie gerichtet sind. Sie schreien ihre allgemeinen Forderungen in eine Welt von Freunden harmloser Leute. Sie verlangen eine allgemeine Gerechtigkeit, für die sie niemals etwas getan haben, und eine allgemeine Freiheit, einen Teil der Beute zu bekommen, die lange mit ihnen geteilt wurde. Sie halten für Wahrheit nur das, was schön klingt. Ist die Wahrheit etwas Zahlenmäßiges, Trockenes, Faktisches, etwas, was zu finden Mühe macht und Studium verlangt, dann ist es keine Wahrheit für sie, nichts was sie in Rausch versetzt. Sie haben nur das äußere Gehaben derer, die die Wahrheit sagen. Das Elend mit ihnen ist: *sie wissen die Wahrheit nicht.*«[37]

Selbst in der Satire, wo das Pathos zuweilen am Platze ist, verzichtete Brecht auch im Exil gern auf dessen Gebrauch, abgesehen von ausgesprochen parodistischen Stellen. Auch fehlt es bei ihm an überzeugenden Beispielen exulanter Haßdichtung, weil, wie er öfters betont, das Hassen anstrengend ist statt erlösend oder befreiend wie der Humor, durch den der Verbannte seiner Niedergeschlagenheit äußerlich Herr wird:

> »An meiner Wand hängt ein japanisches Holzwerk
> Maske eines bösen Dämons, bemalt mit Goldlack.
> Mitfühlend sehe ich
> Die geschwollenen Stirnadern, andeutend
> Wie anstrengend es ist, böse zu sein.«[38]

So spricht kein geborener Satiriker (jedenfalls kein Swift oder Voltaire), und es ist ganz gewiß kein Zufall, daß Brecht den Plan »einer kleinen epischen Arbeit *Die Befürchtungen des Herrn Keuner* nach dem Vorbild des *Candide* oder des *Gulliver*« bald wieder fallenließ.[39]

Zur Rechtfertigung unserer Wahl der *Flüchtlingsgespräche* als der »pièce de résistance« unserer Übersicht über Brechts exilbezogenes Schaffen kehren wir zu einer schon herangezogenen Aufzeichnung Walter Benjamins zurück, die wir diesmal ausführlich zitieren, weil sie entscheidende Hinweise auf die Arbeitsvorhaben des Dichters in der Verbannung (und weit darüber hinaus) enthält. Dabei fällt auf, daß weder die bedeutenden »zeitlosen« Dramen aus dem Exil *(Der gute Mensch von Sezuan, Leben des Galilei, Mutter Courage, Der kaukasische Kreidekreis)* noch die beiden Exilromane *(Dreigroschenroman* und *Die Geschäfte des Herrn Julius Caesar)* – von der Lyrik ganz abgesehen – im Vorgriff umrißhaft skizziert werden und daß von den parabolischen, satirischen und ausgesprochen aktuellen Werken *(Die Rundköpfe und die Spitzköpfe, Furcht und Elend des Dritten Reiches)* nur eines flüchtig zur Sprache kommt, weil die Betonung gänzlich auf den »Hauptgeschäften« liegt:

»Wenn [Brecht] somit im allgemeinen die Emigration als Grundlage von Unternehmungen und Plänen kaum anerkennt, so fällt die Beziehung auf sie für ihn selbst um so unwiderruflicher fort. Seine Planungen greifen weiter aus. Auf der einen Seite warten Prosaentwürfe. Der kleinere des *Ui* [...] und der große des *Tui*-Romans. Der *Tui*-Roman ist bestimmt, einen enzyklopädischen Überblick über die Torheiten der Tellektuall-Ins (der Intellektuellen) zu geben; er wird, wie es scheint, zumindest zum Teil in China spielen. Ein kleines Modell für dies Werk ist fertig. Neben diesen Prosaplänen beanspruchen ihn aber Projekte, die auf sehr alte Studien und Überlegungen zurückgehen. Während die Reflexionen, die im Umkreise des epischen Theaters entstanden sind, zur Not noch in den Anmerkungen und Einleitungen der *Versuche* eine Fixierung gefunden hatten, sind Gedankengänge, die aus den gleichen Interessen entsprangen, seitdem sie mit dem Studium des Leninismus auf der einen, mit den naturwissenschaftlichen Tendenzen auf der anderen Seite sich vereinigt haben, aus solch beschränkterem Rahmen herausgewachsen. Sie gruppieren sich schon seit Jahren bald unter diesem, bald unter jenem Stichwort, so daß abwechselnd die nicht-aristotelische Logik, die Verhaltenslehre, die neue Enzyklopädie, die Kritik der Vorstellungen in den Mittelpunkt von Brechts Bemühungen traten. Diese verschiedenen Beschäftigungen konvergieren zur Zeit im Gedanken eines philosophischen Lehrgedichts. Brechts Skrupel gehen nun von der Frage aus, ob er – seiner gesamten bisherigen Produktion nach, besonders aber angesichts ihrer satirischen Teile und zumal des *Dreigroschenromans* – für eine solche Darlegung beim Publikum den nötigen Kredit finden werde.«[40]

Die Langzeitplanung erstreckte sich in diesen Jahren bei Brecht auf vier Projekte, die wir im folgenden kurz umreißen und kommentieren wollen. Der Hinweis auf die »Reflexionen, die im Umkreise des epischen Theaters entstanden sind«, zielt auf den *Messingkauf,* einem »Viergespräch über eine neue Art, Theater zu spielen«, an dem der Dichter 1939 und 1940 in Skandinavien arbeitete und dessen unvollendete Teile im fünften Band der *Schriften zum Theater* bzw. in Band 16 der *Gesammelten Werke* veröffentlicht wurden. Bei dem gleichfalls erwähnten philosophischen Lehrgedicht handelt es sich hingegen um das politisch-naturwissenschaftliche Hauptwerk, in dem Brecht die Grundlagen seiner Weltanschauung zur Darstellung bringen wollte und an dem er besonders in den Vereinigten Staaten – zeitweise sogar recht intensiv – arbeitete. So schrieb er Ende März 1940 an Karl Korsch:

»Die amerikanischen Distanzen habe ich in den letzten Wochen besonders verflucht, da ich mich in eine Art Fleißarbeit eingelassen habe, für die Ihre Hilfe eigentlich absolut unentbehrlich ist. Ich versuche mich an einem Lehrgedicht in der respektablen Versart des Lukrez'schen *De rerum natura* über so etwas wie die Unnatur der bürgerlichen Verhältnisse. Das Kernstück bildet das *Manifest*.«[41]
Als er dies schrieb, hatte Brecht soeben die Versifizierung des marxistischen Grundtextes in Hexametern abgeschlossen. Sie sollte das wichtigste und umfangreichste Bruchstück seines didaktischen »magnum opus« bleiben.
Auch das dritte der von Brecht erwähnten Projekte gedieh nicht weit, obwohl sich der Dichter schon vor der Flucht damit beschäftigt hatte. Jedenfalls lag ihm der *Tui-Roman* – der zusammen mit dem Stück *Turandot oder der Kongreß der Weißwäscher* einen Komplex bildet – sehr am Herzen. In ihm sollte (wie aus den im zwölften Band der *Gesammelten Werke* abgedruckten Fragmenten hervorgeht) vor allem das Verhalten – und Versagen – der Intellektuellen in der Weimarer Republik, auf das in den *Flüchtlingsgesprächen* wiederholt hingewiesen wird, unter die Lupe genommen werden. Im Exil sammelte Brecht zusätzliches Material und verwertete, auf Hanns Eislers Anregung, die im persönlichen Verkehr mit den Gründern und Mitgliedern des Frankfurter Instituts für Sozialforschung gewonnenen Erfahrungen.[42] Die nach dem Vorbild des Diderotschen Unternehmens konzipierte Enzyklopädie gehörte wahrscheinlich in diesen Zusammenhang. Weder sie noch das von Brecht in Vorschlag gebrachte *Schlagwörterbuch des Faschismus* wurden ernsthaft in Angriff genommen. Dafür befaßt sich *Me Ti. Buch der Wendungen* intensiv mit dem Wortschatz der nationalsozialistischen »Erhebung«.[43]
Me Ti war von Brecht als theoretisches Kernstück des vierten Projektes ausersehen. In diesem Buch sollten vor allem ethische Probleme (d. h. die Tugenden) behandelt werden.[44] Die *Flüchtlingsgespräche* lassen sich in etwa als eine Art Ausläufer dieses Unternehmens deuten, wie aus zahlreichen Parallelstellen, die hier aus Platzmangel nicht angeführt werden können, hervorgeht; und auch zur *Mutter Courage*, der Lyrik und den *Fünf Schwierigkeiten beim Schreiben der Wahrheit* gibt es Querverbindungen.[45] Wie aber verhält sich dieser Komplex zur Exilsituation? Die Antwort auf diese Frage ist unserer Meinung nach so einfach wie einleuchtend; und Brecht würde sie etwa wie folgt formuliert haben: Obwohl die Ethik ein legitimer Zweig der Philosophie ist, also einen gewissen Anspruch auf Dauer und Beständigkeit zu machen scheint, besitzt sie in Wirklichkeit genausowenig Permanenz wie die Politik, die Soziologie oder selbst die Psychologie. Auch sie unterliegt nur einem einzigen unumstößlichen Gesetz, nämlich dem der Dialektik, dem ewigen Fluß der Dinge, Anschauungen und Begriffe.[46] Gerade der unbehauste Exulant weiß um die Relativität menschlicher – und besonders moralischer – Wertungen und erfährt immer wieder am eigenen Leibe, daß solche Urteile sowohl vom Standpunkt des Betrachtenden als auch von dem des Handelnden – wie überhaupt von den vorwaltenden Umständen – abhängen. Hier liegt der thematische Schwerpunkt der *Flüchtlingsgespräche*, gewissermaßen ihre hegelianische Basis. Denn Hegel hatte bekanntlich, um mit Ziffel zu reden, »bestritten, daß eins gleich eins« sei, »nicht nur, indem alles was existiert unaufhörlich und unermüdlich in was anderes übergeht, und zwar in sein Gegenteil, sondern weil überhaupt nichts mit sich selber identisch ist«. Was ihn beim Studium menschlicher Verhaltensweisen vor allem beschäftigte, war des-

halb »die Feigheit der Tapfern und die Tapferkeit der Feigen [...] überhaupt das, daß alles sich widerspricht, und besonders das Sprunghafte«.[47]

Wollen wir den *Flüchtlingsgesprächen* als einem ästhetisch-didaktischen Phänomen gerecht werden, so dürfen wir bei aller Betonung des dialektischen Moments, das ihnen innewohnt und sozusagen ihr philosophisch-logisches Rückgrat abgibt, nicht vergessen, daß der Hegel, der hier als Schutzherr amtiert, der *marxistisch interpretierte* Hegel ist. Anders ausgedrückt: was in Brechts Dialogen teils ernsthaft und teils ironisch bzw. humoristisch vorgetragen wird, ist die Lehre vom dialektischen *Materialismus.* Nun ist der Widerspruch von Idee und Materie aber der Art, daß er sich in der Exilsituation besonders schwer überbrücken läßt – vielleicht überhaupt nur illusorisch. Denn der dialektisch ungeschulte Exulant wird sich in neunzig von hundert Fällen je verzweifelter an das Ideal der verlorenen oder künftigen Zeit klammern, desto weiter die konkrete Wirklichkeit, der er ausgesetzt ist, hinter der Utopie zurückbleibt und desto prekärer seine materielle Lage ist. Gegen diesen Selbstbetrug des Bewußtseins wendet sich Ziffel, weil diese Art von Vernebelung seiner Meinung nach indirekt an der deutschen Misere schuld ist: »Die Deutschen haben eine schwache Begabung für den Materialismus. Wo sie ihn haben, machen sie sofort eine Idee draus, ein Materialist ist dann einer, der glaubt, daß die Ideen von den materiellen Zuständen kommen und nicht umgekehrt, und weiter kommt die Materie nicht mehr vor.«[48]

Er, der als Intelligenzbestie[49] und Vertreter des höheren Mittelstandes sozusagen selbst ein lebendes Paradox ist (wie sein Autor[50]), vertritt die Meinung des dialektischen Materialisten Brecht, daß auch die moralischen Werte ökonomischen Ursprungs sind (wie das »bessere Gewissen« der Mutter Courage). Selbst am Hungertuche nagend, lobt er den Genuß und macht den Vorschlag, man solle den Arbeitern nicht mit höheren Zwecken kommen, sondern einfach ihre Sinnenlust kitzeln:

»Ich hab mich oft gewundert, warum die linken Schriftsteller zum Aufhetzen nicht saftige Beschreibungen von den Genüssen anfertigen, die man hat, wenn man hat. Ich seh immer nur Handbücher, mit denen man sich über die Philosophie und die Moral informieren kann, die man in den besseren Kreisen hat, warum keine Handbücher übers Fressen und die anderen Annehmlichkeiten, die man unten nicht kennt, als ob man unten nur den Kant nicht kennte! [...] Eine einfache Beschreibung der Käsesorten, faßlich und anschaulich geschrieben, oder ein künstlerisch empfundenes Bild von einem echten Omelette würd unbedingt bildend wirken. [...] Die Unwissenheit über Steaks, Schuhe und Hosen ist eine doppelte. Sie wissen nicht, wie das schmeckt, und Sie wissen nicht, wie Sie das bekommen können, aber die Unwissenheit ist eine dreifache, wenn Sie nicht einmal wissen, daß es das gibt.«[51]

Die wahren Tugenden sind für den Materialisten also solche, die eine Erfüllung von Wünschen ermöglichen, nicht solche, die eine Fähigkeit zum Verzicht voraussetzen, wie der Opfersinn, der Heldenmut, der Altruismus usw. Wie Ziffel seinen Marx versteht, werden nämlich die Menschen nur aus purer Verzweiflung Idealisten oder durch Druck von oben, etwa wenn die faschistischen Machthaber von ihren Untertanen zynisch Opfer verlangen, die sie freiwillig nie auf sich nehmen würden, die aber von der Regierung als Ausdruck höchster Tugend gepriesen werden. Wo man Ideale nötig hat, sagt Ziffel, da ist immer etwas faul; denn freiheitsdurstig ist nur derjenige, der selbst nicht frei ist oder seine Freiheit bedroht sieht: »Der homo

sapiens tut nach Marx nur was, wenn er dem absoluten Ruin in die Pupille starrt. Die höheren Züge läßt er sich nur erpressen. Das Richtige macht er nur im Notfall, so ist er für Menschlichkeit nur, wenns gar nicht mehr anders geht. So kommt der Prolet zu seiner Mission, die Menschheit auf eine höhere Stufe zu heben.«[52]
Die Tugenden werden so zum Ersatzmittel (und nur zum Ersatzmittel) für die nicht zu befriedigenden oder zwangsweise unterdrückten Triebe degradiert. Daß da, wo sie echter Neigung entsprechen, ihre Ausübung oft katastrophale Folgen hat, zeigt der Handlungsverlauf der *Mutter Courage,* deren Kinder nach und nach Opfer des Mutes, der Ehrlichkeit und der Nächstenliebe werden. Im Leben – und das heißt auch im Exil – kommt man am besten ohne große Tugenden und Laster aus, d. h., wie Ziffel ohne Zögern bekennt, »mit einigen mittleren Untugenden ausgestattet und einige nicht allzu schwere Scheußlichkeiten noch erlernend«.[53]
Um einen festeren Rahmen für die schon begonnene Analyse der *Flüchtlingsgespräche* zu schaffen, wollen wir die Umstände der Entstehung sowie die literarhistorischen und biographischen Voraussetzungen dieses nur leicht maskierten LehrStückes beleuchten, um abschließend einige weitere formale und inhaltliche Aspekte des Werkes zu begutachten. Wie die in den »Regiebemerkungen« wiederholt erwähnten Schauplätze des Zwiegesprächs (zumeist das Bahnhofrestaurant von Helsinki, je einmal auch der Bahnhofsvorplatz mit dem Denkmal des finnischen Nationaldichters Aleksis Kivi und die Anlagen vor dem Außenministerium, »wo sie die Aufenthaltsbewilligung erneuern lassen mußten«[54]) vermuten lassen, schrieb Brecht die zu seinen Lebzeiten ungedruckten Dialoge größtenteils 1940/41 in Finnland. Doch beweisen gewisse interne Anhaltspunkte, daß er die Arbeit an den *Flüchtlingsgesprächen* auch im amerikanischen Exil sporadisch fortsetzte. Aus dieser Zeit stammen jedenfalls die im 14. Band der *Gesammelten Werke* (S. 1500–1514) wiedergegebenen Bruchstücke. »Terminus post quem« ist eine vom 1. Oktober 1940 datierte Eintragung im Arbeitsbuch des Dichters. Sie lautet:
»Ich las in Diderots *Jakob der Fatalist*, als mir eine neue Möglichkeit, den alten Ziffel-Plan zu verwirklichen, aufging. Die Art, Zwiegespräche einzuflechten, hatte mir schon bei Kivi gefallen. Dazu habe ich vom *Puntila* noch den Ton im Ohr. Ich schrieb probeweise 2 kleine Kapitel und nannte das Ganze *Flüchtlingsgespräche*.«[55]
Von den beiden literarischen Vorbildern, die Brecht hier erwähnt, ist das zweite nur in bezug auf die äußere Form des Endprodukts von Interesse, hatte doch Kivi (ein Pseudonym für Stenvall) in sein dichterisches Hauptwerk, den Roman *Die sieben Brüder*, lange Gesprächspartien eingestreut. Im übrigen hatte der Dichter, dessen Denkmal, Ziffels ironischer Meinung nach, als »warnendes Exempel« auf den Bahnhofsplatz der finnischen Hauptstadt zu stehen kam, nur insofern auf seinen deutschen Kollegen Einfluß, als er ihn in seiner steinernen Gestalt ständig daran erinnerte, daß der Prophet im eigenen Lande so wenig wie im Ausland gilt. Das Verhungern war also ein Schicksal, das nicht nur exilierten Dichtern blühen konnte. So macht denn Ziffel im Angesicht des Standbilds die sarkastische Bemerkung: »Der Bildhauer hat Humor, er hat [Kivi] einen träumerischen Ausdruck verliehen, als ob er von einer herrenlosen Brotkruste träumte.«[56]
Bei Diderot handelt es sich um ein viel engeres und wesentlicheres Verhältnis. Das geht schon daraus hervor, daß er einer der wenigen Autoren ist, die in den *Flüchtlingsgesprächen* namentlich genannt werden. Brecht zeichnet den ihm in vieler Hin-

sicht kongenialen Philosophen der Aufklärung ferner dadurch aus, daß er ein Zitat aus einer seiner Schriften – eben jenem Dialogroman *Jacques le Fataliste et son maître* – heranzieht, allerdings ein pornographisches. Diderot, unter dessen Patronat Brecht 1937 eine Gesellschaft gründen wollte, deren Aufgabe es gewesen wäre, »die theatralischen Konzeptionen des Zusammenlebens der Menschen wissenschaftlich zu kontrollieren«, war, wie Hegel, ein Meister im Widerspruch, wie der Titel seiner theoretischen Abhandlung *Le Paradoxe du Comédien,* der Brecht unendlich viel verdankt, genügend ausweist. In diesem Sinne war er durchaus der Klassiker, als welchen ihn Kalle ausweist. Vielleicht hätte Brecht trotzdem besser daran getan, sich auf den reinen Dialog *Le Neveu de Rameau,* wo ein wahres Feuerwerk psychologischer Paradoxe abgeschossen wird, zu berufen als auf die reichlich blasse Voltaire-Parodie, die ihm Modell steht.

Ein weiteres Vorbild für die *Flüchtlingsgespräche* hat die Brecht-Forschung in Goethes *Unterhaltungen deutscher Ausgewanderten* gesehen. Dafür gibt es manche Anhaltspunkte, aber bislang keinen stichhaltigen Beweis. Dazu hat Cesare Cases sich wie folgt geäußert:

»Von mancher Seite wurde vermutet, daß Form und Titel dieser Gespräche durch die *Unterhaltungen deutscher Ausgewanderter* [sic] von Goethe (1794) beeinflußt wurden. Wenn es so wäre, handelte es sich um einen der vielen satirischen Pfeile, die Brecht auf den Großen von Weimar abschoß: dort eine Baronin und ihre Angehörigen auf der Flucht vor den revolutionären französischen Heeren, hier ein Arbeiter und ein Intellektueller, die durch die nazistische Konterrevolution verjagt wurden. Irgendeine Analogie kann tatsächlich darin stecken: Der Auftakt zu den ›Gesprächen‹ Brechts erinnert in seiner Parodie des klassischen Stils vage an jenen der *Unterhaltungen* Goethes, zu deren Beginn große Diskussionen über jene ›Selbstbeherrschung‹ und jenen ›Opfersinn‹ geführt werden, die die ständige Zielscheibe Brechts bilden (vergleiche besonders das 13. Gespräch). Doch wenn der Einfluß bestanden hat [. . .] geht er nicht sehr weit.«[57]

Wichtiger, auch im Formalen, scheint uns die möglicherweise von den Sokratischen Dialogen Platons ausgehende Anregung. Von Sokrates wird ja mit dem Hinweis auf Hegel in den *Flüchtlingsgesprächen* behauptet, auch er habe »das Zeug zu einem der größten Humoristen unter den Philosophen« gehabt, und seine Methode habe der des Begründers der modernen Dialektik in etwa geglichen.[58] Freilich handhabt Brecht die Sokratische Ironie nicht subtil, sondern betreibt sie absichtlich so grobschlächtig, als schwinge er einen Hammer. Und auch der Umschlag logischer Argumente ins Absurde, der sich aus Brechts didaktischen Absichten herleitet und die Gesprächspartner als bloße Sprachrohre ausweist, erinnert eher an Karl Valentin.[59]

Mindestens ebensogroß ist der Unterschied zwischen der Sokratischen Mäeutik und der abrupten Art, in der der dialektisch ungeschulte Kalle im letzten Gespräch das Kind mit dem Bade ausschüttet, indem er Ziffel zumutet, im Namen des Sozialismus als einer – wie dem Leser nicht verborgen bleibt – alle Dialektik aufhebenden Lebens- und Denkweise die im Verlauf der Diskussion angeschwärzten Tugenden neu aufzupolieren: »Ich fordere Sie auf, sich zu erheben und mit mir anzustoßen auf den Sozialismus – aber in solch einer Form, daß es hier im Lokal nicht auffällt. Gleichzeitig mach ich Sie darauf aufmerksam, daß für dieses Ziel allerhand nötig sein wird. Nämlich die äußerste Tapferkeit, der tiefste Freiheitsdurst, die größte Selbstlosigkeit und der größte Egoismus.«[60]

Als eines der geeignetsten Vorbilder für die *Flüchtlingsgespräche* böte sich andrerseits ein Werk der Weltliteratur an, das wohl für den Exulanten Heinrich Mann, nicht aber für den Exulanten Brecht von nachweisbarer Bedeutung war: die *Essais* Michel de Montaignes, des größten Skeptikers unter den neueren Philosophen, die allerdings eher monologisch (man möchte fast sagen: im Stil des »monologue intérieur«) abgefaßt sind. Als Bürgermeister von Bordeaux und verschwiegener Unterhändler für den nachmaligen König Henri Quatre war Montaigne ein Mann der Tat, doch als Denker verschloß er sich vor der Welt in einer Art freiwilligen geistigen Exils. Wie für Hegel hatten auch für ihn alle Dinge ihre zwei Seiten. Und wie sein deutscher Nachfahr besaß er Humor genug, um einzusehen, daß so etwas wie Ordnung gar nicht ohne sein Gegenteil, die Unordnung, existieren könne.[61] Dabei war er zu sehr Skeptiker, um an eine Dreischrittbewegung und den darin implizierten Fortschritt zu glauben.

In der Tat ist das Sprunghafte, Assoziative eigentliches Formprinzip der *Essais*, wie der Verfasser im 3. Buch, Kapitel 9 *(De la Vanité)* selbst offenherzig gesteht:

»Cette farcisseure est un peu hors de mon theme. Je m'esgare, mais plustot par licence que par mesgarde. Mes fantasies se suyvent, mais parfois c'est de loing, et se regardent, mais d'une veue oblique. J'ay passé les yeux sur tel dialogue de Platon mi party d'une fantastique bigarrure, le devant à l'amour, tout le bas à la rhetorique. Ils ne craignent point ces nuances, et ont une merveilleuse grace à se laisser ainsi rouler au vent, ou à le sembler. Les noms de mes chapitres n'en embrassent pas tousjours la matiere; souvent ils la denotent seulement par quelque marque. [. . .] J'ayme l'alleure poetique, à sauts et à gambades. C'est une art, comme dict Platon, legere, volage, demoniacle. Il est des ouvrages en Plutarque où il oublie son theme, où le propos de son argument ne se trouve que par incident, tout estouffé en matiere estrange: voyez ses alleures au Daemon de Socrates. O Dieu, que ces gaillardes escapades, que cette variation a de beauté, et plus lors que plus elle retire au nonchalant e fortuite. C'est l'indiligent lecteur qui pert mon subject, non pas moy [. . .].«[62]

Ganz wie Montaigne widerstrebt auch Brecht jene künstliche Ordnung, mit deren Hilfe die natürliche Unordnung beseitigt werden soll. Für ihn ist diese Ordnung das grausamste Instrument der Diktatur, die Zwangsjacke, vermittels derer alles Unbotmäßige und Aufsässige unschädlich gemacht werden kann: »Ich bin im Grund für Ordnung. Aber ich hab einmal einen Film gesehen mit Charlie Chaplin. Er hat seine Kleider usw. in einen Handkoffer gepackt, d. h. hineingeschmissen und den Deckel zugeklappt, und dann war es ihm zu unordentlich, weil zu viel herausgeschaut hat, und da hat er eine Schere genommen und die Ärmel und Hosenbeine, kurz alles, was herausgehängt ist, einfach abgeschnitten. Das hat mich in Erstaunen gesetzt.«[63]

Als »Logistiker« unterminiert der Verfasser der *Flüchtlingsgespräche* die verhaßte Ordnung, indem er Argumente ad absurdum führt, und als »Semantiker« verfolgt er das gleiche Ziel mit der Zersetzung von klischeehaften Phrasen und Begriffen wie »Gemeinnutz geht vor Eigennutz«, »blutiger Ernst« und »letzte Kraft« bzw. »Volk« und »Führer«.[64] Indem er deren ideologische bzw. propagandistische Funktion darlegt, ermöglicht er es dem Leser, »sich unter die Ursachen der vorgehenden

Begriffe« einzuschalten; denn »die Begriffe, die man sich von was macht [...] sind die Griffe, mit denen man die Dinge bewegen kann«.[65] Zuletzt wurde ihm die Sprache als Kommunikationsmittel sogar so verdächtig, daß er an ihrer Stelle eine Bild- und Zeichensprache entwickelte, die als »Erfindung zweier ausgeruhter Köpfe« im Anhang zu den *Flüchtlingsgesprächen* wiedergegeben werden sollte.[66] Die Absicht mag gut gewesen sein, doch zeigt sich beim Studium der wenigen vorgelegten und vom Dichter kommentierten Ideogramme, daß Brecht auch hier auf dem besten Wege war, den Teufel mit Beelzebub auszutreiben. Ideologien kann man – auch und besonders als Flüchtling – nämlich nur dann erfolgreich zersetzen, wenn man über ihnen steht, nicht aber, wenn man sie gegeneinander ausspielt. Brecht verpaßte diese einzigartige Chance; denn die von ihm angeregte Piktographie ist ebenso undialektisch wie Kalles abschließender Lobspruch auf den Sozialismus, den Schumacher ziemlich euphorisch als »Musterbeispiel der Dialektik« apostrophiert, und zwar mit der Begründung:

»In der Aufhebung der Widersprüche, die mit der Definition des Sozialismus als eines Zustandes, in dem alle die folgenschweren Tugenden nicht mehr nötig sind, gegeben ist, wird der provozierendste, folgenschwerste aller Widersprüche sichtbar, nämlich daß zur Erreichung dieses Zustandes alle diese Tugenden in einem ganz besonders entwickelten Maße, in einer nicht zu überbietenden Vollkommenheit nötig sind.«[67]

Unerwähnt blieb bisher die sowohl inhaltlich als technisch wichtige Frage, warum Brecht die in den *Flüchtlingsgesprächen* abgehandelte Materie in der Form einer Debatte, nicht aber als Abhandlung oder Selbstgespräch à la Montaigne darbietet. Bei ihrer Beantwortung wäre zunächst zu bemerken, daß, wenn es sich – wie Helmut Motekat wohl zu Recht behauptet – bei diesem Werk wirklich um »*das* Lehrbuch der Dialektik Brechts schlechthin«[68] handelt, die ständige Pendelbewegung zwischen Für und Wider (These und Antithese) nur so augenscheinlich gemacht werden konnte, eine Synthese aber weder möglich noch erwünscht war. Dabei wäre allerdings in diesem besonderen Fall zu berücksichtigen, daß die Positionen der beiden Sprecher nicht durchwegs polar, sondern oft in sich selbst dialektisch gebrochen sind. Der assoziativ-improvisierte Verlauf ihrer Gespräche bringt es (wie auch die jeweilige Stimmung) mit sich, daß sowohl Ziffel als Kalle ihren Standort – zuweilen aus Überzeugung, zuweilen aber auch aus purer Lust am verbalen Pingpong – ändern, wobei allerdings häufig Ironie ins Spiel kommt. Für Exulanten und Emigranten ist die Gefahr des Verstummens überdies so groß, daß sie aus rein psychologischen Gründen unbedingt im Gespräch bleiben müssen, sei es auch auf die Gefahr hin, sich selbst zu widersprechen. So moniert Kalle zu Beginn des zwölften Gespräches: »Sie reden wieder gegen besseres Wissen, weils bei mir gegen den Strom schwimmen wollen.«[69]

Kalles Ausspruch läßt freilich noch andere Zusammenhänge vermuten, besonders wenn man an die persönliche und klassenmäßige Rivalität denkt, die zwischen dem Intellektuellen und dem Proletarier vorausgesetzt und in den »Regiebemerkungen« anschaulich gemacht wird.[70] Motekat irrt, wenn er annimmt, Ziffel und Kalle repräsentierten »diejenigen Teile des deutschen Volkes, die nach Brechts Auffassung vor allem für die Machtergreifung des ›Anstreichers‹ verantwortlich sind«.[71] Denkt man an die Entstehungszeit der *Flüchtlingsgespräche*, so muß auffallen, daß sie un-

gefähr mit dem Ende der Volksfrontpolitik zusammenfällt, vermittels derer von 1935 bis 1939 (d. h. bis zum Hitler-Stalin-Pakt) ein »rapprochement« der anti-faschistischen Bürger und Arbeiter erzielt werden sollte. Schumacher behauptet denn auch: »In diesem Dialog spiegelt sich die fruchtbare Auseinandersetzung wider, die in den Jahren der Emigration zwischen den Repräsentanten der deutschen Intelligenz und der deutschen Arbeiterbewegung über Weg und Ziel der deutschen Politik über das alte und ein neues Deutschland geführt wurde.«[72]
Die Tatsache, daß diese Koalitionsgespräche in dem hier zur Diskussion stehenden Werk ein Echo finden, sei nicht bestritten. Fest steht aber auch, daß Brecht der Volksfront keine Tränen nachweinte. Er hatte ja ihre Vertreter bei Gelegenheit des Ersten Internationalen Schriftstellerkongresses zur Verteidigung der Kultur öffentlich brüskiert, als er seine Ansprache mit der Ermahnung schloß: »Kameraden, sprechen wir von den Eigentumsverhältnissen!«[73], womit angedeutet war, daß mit dem bestehenden Bürgertum keine Kompromisse zu schließen seien. In den *Flüchtlingsgesprächen* wird diese Haltung durch die Tatsache exemplifiziert, daß Kalle am Ende Ziffel nicht mehr als gleichberechtigten Partner behandelt, wie das vorher ausgemacht war, sondern als einen Angestellten der von ihm begründeten (und wohl symbolisch gedachten) Wanzenvertilgungsanstalt.
Ein dritter und letzter Grund für die Aufspaltung des Sprechers in zwei fiktive Persönlichkeiten ist im persönlichen Bereich zu suchen. Wir hatten schon angedeutet, daß Ziffel und Kalle eigentlich Masken Brechts sind, unter deren Schutz der exilierte Dichter sich freier bewegen konnte. Es ist mehrfach betont worden, daß Ziffel dem Verfasser schon deshalb näherstehe, weil er es sei, der die Memoiren verfaßt, die eines der wenigen heute zugänglichen authentischen Zeugnisse aus den Augsburger Jahren darstellen.[74] (Freilich verstellen das Fragmentarische, Abrupte und Assoziative dieser stenographischen Aussagen, deren Bekenntnishaftigkeit schamhaft verhüllt wird, vielfach den Ausblick, den sie eröffnen sollten.) Äußert sich Ziffel unmittelbar autobiographisch, so zieht Kalle mit ihm gleich, indem er mehrfach aus Gedichten des »Stückeschreiber[s], mit dem [er] auf dem Gymnasium war«, zitiert. Auch er identifiziert sich also – wenigstens indirekt – mit Brecht. Schon die Tatsache, daß Kalle (der, der physischen und psychischen Konstitution nach, seinem Schöpfer näherzustehen scheint als Ziffel) Arbeiter ist und sein Partner Wissenschaftler, zeigt, wie sehr Brecht darauf bedacht war, Abstand zu halten von den Kreaturen, die er machte. Man erinnere sich daran, daß Lion Feuchtwanger in seinem Schlüsselroman *Erfolg* den Kaspar Pröckl (= B. B.) zum Ingenieur umstilisiert, der nur in der Freizeit Balladen à la Wedekind schreibt und vorträgt.[75] Übrigens geht schon dieser Held, sowohl aus privaten als auch aus politischen Gründen, ins Ausland, ein Exulant »avant la lettre«. Freilich will es der Treppenwitz der Weltgeschichte, daß er im Sowjetstaat Unterschlupf findet.
Wir sind ans Ende unserer Ausführungen gelangt, die um die *Flüchtlingsgespräche* als den Mittelpunkt eines biographisch-literarisch-politischen Netzes kreisen, von dem aus sich Fäden nach vielen anderen Werken aus Brechts Exilperiode spinnen – allerdings, mit Ausnahme der *Mutter Courage*, nicht nach den dramatischen Hauptwerken der dreißiger und frühen vierziger Jahre. In der Thematik aber und auch in der Form sind diese Konversationen, erfunden von einem Verbannten, der wußte, »that he was still alive« und wenig mehr, ein Meilenstein auf dem Wege eines Wis-

sensdurstigen, der auszog, die Dialektik zu lernen, und auf seiner Wanderschaft zur Selbsterkenntnis gelangte. So fand Brecht geistig und künstlerisch erst im Exil seine wahre Heimat.

Anmerkungen

1. Esslin (s. Lit.), S. 99 f.
2. Das Protokoll der Vernehmung ist abgedruckt in »Hearings . . .« (s. Lit.), S. 491–504. Brechts nicht in die offiziellen Protokolle aufgenommene Erklärung wurde von Gordon Kahn in seinem Buch »Hollywood on Trial« (s. Lit.), S. 121–129, veröffentlicht.
3. Diese und zahlreiche andere biographische Angaben verdanke ich der »Brecht-Chronik. Daten zu Leben und Werk«, zusammengestellt von Klaus Völker (s. Lit.).
4. zitiert bei Esslin (s. Lit.), S. 128.
5. Siehe Max Frisch (s. Lit.), S. 13 f.
6. Zitiert wird nach GW 9, S. 555.
7. ebd., S. 719.
8. Über Brechts Besuche in Moskau berichtet Bernhard Reich in seinem Erinnerungsbuch »Wettlauf mit der Zeit« (s. Lit.), S. 368–392.
9. Zum Besuch in New York und zu Brechts Anteil an der Inszenierung s. den Bericht von Lee Baxandall (s. Lit.), zur Rezeption von Brechts Werken in den USA meinen Aufsatz »Brecht in America: A Preliminary Report«, in: »Modern Language Notes« 78 (1963) S. 373–396.
10. »Der Kongreß wird in Madrid fortgesetzt. Eine Reise dorthin betrachtet Brecht als zu gefährlich. [. . .] Ruth Berlau scheint Brechts ›Vorsicht‹ übertrieben, sie schließt sich Michail Kolzov an und fliegt mit ihm nach Madrid. [. . .] In Skovsbostrand bangt der Dichter [. . .] um seine Schwester [. . .], deren Rückkehr aus Spanien er beunruhigt erwartet. [. . .] Seiner Besorgnis wegen rechnet sich Brecht ›zu den feigen Leuten‹« (Völker: »Brecht-Chronik« [s. Lit.], S. 68 f.).
11. GW 9, S. 811 f.
12. Zitiert wird nach FG, S. 94 f.
13. Das Gedicht »Finnische Landschaft« (GW 9, S. 822) endet mit den Versen: »[Der Flüchtling] fragt die Fähre, die mit Stämmen fährt: / Ist dies das Holz, ohn das kein Holzbein wäre? / Und sieht ein Volk, das in zwei Sprachen schweigt.« Und am Ende des 13. Gesprächs vertritt Kalle die Ansicht: »Ich hör allgemein, es ist ein sehr schweigsames Volk. Das gilt als eine Nationaleigentümlichkeit. Da es eine gemischte Bevölkerung mit zwei Sprachen ist, könnt man also sagen: das Volk schweigt in zwei Sprachen« (FG, S. 130). Die schneidende Kritik am Gastland ist überhaupt einer der hervorstechendsten Züge der »Flüchtlingsgespräche«.
14. Zu »Hangmen also Die« s. den Aufsatz von Grimm und Schmidt (s. Lit.).
15. Benjamin (s. Lit.), S. 125.
16. FG, S. 115 f. Klaus Völker (»Brecht-Chronik« [s. Lit.], S. 79) spricht von »Gelehrten und Ärzten, deren Emigrationserlebnisse [Brecht] später in dem Kapitel ›Schweden oder die Nächstenliebe‹ [. . .] schildert«.
17. »Im Augenblick kann ich nur diese kleinen Epigramme schreiben, Achtzeiler und jetzt nur noch Vierzeiler. Den ›Caesar‹ nehme ich nicht auf, weil der ›Gute Mensch‹ nicht beendet ist. Wenn ich zur Abwechslung den ›Messingkauf‹ aufschlage, ist es mir, als werde mir eine Staubwolke ins Gesicht geblasen. Wie kann man sich vorstellen, daß dergleichen je wieder Sinn bekommt? Das ist keine rhetorische Frage. Ich müßte es mir vorstellen können. Und es handelt sich nicht um Hitlers augenblickliche Siege, sondern ausschließlich um meine Isolierung, was die Produktion betrifft. Wenn ich morgens die Radionachrichten höre, dabei Boswells ›Leben Johnsons‹ lesend und in die Birkenlandschaft mit Nebel vom Fluß hinschielend, beginnt der unnatürliche Tag nicht mit einem Mißklang, sondern mit gar keinem Klang« (»Über Lyrik«, Frankfurt 1964, S. 89).
18. »Es wäre unglaublich schwierig, den Gemütszustand auszudrücken, in dem ich am Radio und in den schlechten finnisch-schwedischen Zeitungen der Schlacht um England folge und dann den ›Puntila‹ schreibe. Dieses geistige Phänomen erklärt gleichermaßen, daß solche Kriege sein können und daß noch immer literarische Arbeiten angefertigt werden können. Der ›Puntila‹ geht mich fast nichts an, der Krieg alles; über den ›Puntila‹ kann ich fast alles schreiben, über den Krieg

nichts. Ich meine nicht nur ›darf‹, ich meine auch wirklich ›kann‹. Es ist interessant, wie weit die Literatur, als Praxis, wegverlegt ist von den Zentren der alles entscheidenden Geschehnisse« (aus dem Tagebuch zitiert in Völkers »Brecht-Chronik« [s. Lit.], S. 84).

19. GW 9, S. 495 bzw. 663. Zur Interpretation dieser Gedichte s. den Aufsatz von Peter Paul Schwarz (s. Lit.).

20. Geburtstagsbrief an Karin Michaelis (geschrieben im März 1942) in GW 19, S. 477 f.

21. Das Gedicht, zu den Svendborger Gedichten gehörig, ist abgedruckt in GW 9, S. 660–663. Es ist mehrfach interpretiert worden.

22. Wegner (s. Lit. d. Einl.), S. 63. Zur gleichen Frage s. auch den Aufsatz von Hans-Albert Walter: »Internationale Literatur – Deutsche Blätter. Eine Exilzeitschrift in der Sowjet-Union« (in: »Frankfurter Hefte« 24 [1969]) S. 580–593 und S. 648–658. Wichtig ist eine Stelle auf S. 581.

23. Zur Realismus-Debatte s. Werner Mittenzweis Essay »Die Brecht-Lukács-Debatte« (s. Lit.) und Klaus Völkers Darstellung der gleichen Materie in seinem Aufsatz »Brecht und Lukács: Analyse einer Meinungsverschiedenheit« (s. Lit.).

24. In seiner Darstellung »Bertolt Brechts ›Flüchtlingsgespräche‹« (s. Lit.) übersieht Helmut Motekat die unterschwellige Ironie, wenn er feststellt: »Die Bemerkung Ziffels, daß diese Art des Berichts, d. h. die zusammenhanglos scheinende Reihung von Eindrucks- bzw. Erinnerungsfragmenten zu modern sei und daß ›modern‹ veraltet ist, mag Brechts Auffassung von derartigen Versuchen zeitgenössischer sprachlicher Gestaltungen von James Joyce bis Alfred Döblin spiegeln« (S. 59 f.).

25. FG, S. 45 f.

26. Vordtriede (s. Lit. d. Einl.). Auf S. 558 heißt es: »Im Exil wird jede Exilaussage authentisch. Sie braucht deshalb nicht wahr zu sein. Gerade die Unwahrheit kann die Authentizität herstellen.«

27. Siehe meinen Aufsatz »Literaturkritik in deutschen Exilzeitschriften. Der Fall ›Das Wort‹« (in: »Exil und innere Emigration«, Frankfurt a. M. 1973, S. 19–46.

28. zitiert bei Benjamin (s. Lit.), S. 135.

29. Siehe dazu die von Klaus Völker im »Kursbuch 7« (1966), S. 82, zitierte Tagebuch-Eintragung: »Lukács hat den ›Spitzel‹ bereits begrüßt, als sei ich ein in den Schoß der Heilsarmee eingegangener Sünder. Das ist doch endlich aus dem Leben gegriffen! Übersehen ist die Montage von 27 Szenen und daß es eigentlich nur eine Gestentafel ist. [. . .] Die Gestik unter der Diktatur. Das epische Theater kann damit zeigen, daß sowohl ›Interieurs‹ als auch beinahe naturalistische Elemente in ihm möglich sind, nicht den Unterschied ausmachen.«

30. Tagebucheintragung vom 25. Februar 1939. Zitiert in Völker, »Brecht-Chronik« (s. Lit.), S. 75.

31. Tagebucheintragung vom März 1939 (zitiert ebd., S. 76). Man vergleiche die Eintragung vom 30. Juni 1940 (zitiert ebd., S. 82): »Es ist unmöglich, ohne die Bühne ein Stück fertig zu machen. [. . .] Nur die Bühne entscheidet über die möglichen Varianten. Außer ›Mutter‹ und ›Rundköpfe‹ ist seit der ›Johanna‹ alles, was ich schrieb, ungetestet.«

32. GW 9, S. 818. Das Gedicht wird von Vordtriede als Beweis dafür gewertet, daß das Exil »alle Verhältnisse umkehrt«, so daß »das Süße herb und das Herbe süß« wird (a. a. O., S. 564). In den »Fünf Schwierigkeiten beim Schreiben der Wahrheit« (in: »Versuche« 9, Frankfurt a. M. 1949, S. 90) heißt es ausdrücklich: »Für die Schreibenden ist wichtig, daß sie den Ton der Wahrheit treffen. Für gewöhnlich hört man da einen sehr sanften, wehleidigen Ton, den von Leuten, die keiner Fliege weh tun können. Wer diesen Ton hört und im Elend ist, wird elender.«

33. GW 9, S. 752.

34. FG, S. 101 f.

35. »Manchmal [. . .] geh ich mir selber auf die Nerven, daß ich in einer solchen Zeit sitz und herumwitzel«, sagt Kalle ebd., S. 85.

36. ebd., S. 112.

37. »Fünf Schwierigkeiten beim Schreiben der Wahrheit« (in: »Versuche« 9, S. 86). Über Heinrich Mann mokierte Brecht sich auch bei Gelegenheit des Pariser Schriftstellerkongresses, bei dem dieser aufrechteste aller Demokraten ein Hauptreferat hielt: »Heinrich Mann reichte seinen Vortrag über die menschliche Würde und die Freiheit des Geistes [. . .] vorher der Sureté ein« (zitiert in Völker, »Brecht-Chronik« [s. Lit.], S. 63).

38. GW 10, S. 150. Von Ziffel (FG, S. 76) zitiert mit der Bemerkung: »Andrerseits habe ich ein Gedicht von einem Stückeschreiber gefunden, mit dem ich auf dem Gymnasium war, das das Gutsein nicht als etwas Heroisches bezeichnet.« Anders formuliert findet sich die gleiche Aussage im Gedicht »An die Nachgeborenen«, GW 9, S. 721.

39. zitiert von Völker in seiner »Brecht-Chronik« (s. Lit.), S. 81.

40. Benjamin (s. Lit.), S. 125 f.
41. zitiert bei Völker, »Brecht-Chronik« (s. Lit.), S. 111.
42. »Brecht und Eisler zum Lunch bei Horkheimer. Danach schlägt Eisler die Geschichte des Frankfurter Instituts als Handlung für den Tui-Roman vor: ›Ein reicher alter Mann (der Weizenspekulant Weil) stirbt, beunruhigt über das Elend in der Welt. Er stiftet in seinem Testament eine
    große Summe für die Errichtung eines Institutes, das die Quelle des Elends erforschen soll. Das
    ist natürlich er selber« (zitiert ebd., S. 94 f. aus GW 5, S. 8*). Dieser Eintragung unter dem
    12. Mai 1942 schließt sich bei Völker (s. Lit.), S. 105, eine vom 10. Oktober 1943 datierte folgenden Inhalts an: »Adorno bei Brecht. Das Frankfurter Institut und seine Mitglieder dienen ihm
    nach wie vor als ›Fundgrube‹ für den Tui-Roman.«
43. »Brecht diskutiert mit emigrierten Wissenschaftlern, die er dazu bringen möchte, ein ›Schlagwörterbuch des Faschismus‹ herzustellen« (Völker, »Brecht-Chronik« [s. Lit.], S. 77).
44. Bruchstücke aus »Me-ti. Buch der Wendungen« finden sich in GW 12, S. 421–585. Der Plan zu
    diesem umfassenden Werk, das im Benjamin-Zitat nicht erwähnt wird, geht bis ins Jahr 1934
    zurück.
45. Als einer der ersten erkannte K. Baumgärtner (s. Lit.) diesen Zusammenhang, den er auf die
    knappe Formel brachte: »So steht der Dialog z. B. in enger Berührung mit manchen Abschnitten
    aus den ›Keunergeschichten‹, aus ›Mutter Courage‹, den ›Fünf Schwierigkeiten beim Schreiben
    der Wahrheit‹ und anderen Stücken, vor allem aber den Reflexionen aus dem ›Buch der Wendungen‹« (Sp. 72). Was die Lyrik betrifft, so mag ein besonders auffälliges Beispiel genügen.
    Man vergleiche Ziffels Aussage: »Ich bin gegen geordnete Zustände in einem Schweinestall« (FG,
    S. 50) mit dem folgenden Passus aus dem Gedicht »Viele sind für Ordnung« (GW 9, S. 491):
    »Ach was nützt es / Bis zum Kinn im Schlamm, die Nägel der Finger / Rein zu halten.«
46. Vergleiche damit die folgende Stelle aus den »Fünf Schwierigkeiten beim Schreiben der Wahrheit«
    (»Versuche« 9, S. 94): »Eine Betrachtungsweise, die das Vergängliche besonders hervorhebt, ist
    ein gutes Mittel, die Unterdrückten zu ermutigen. Auch daß in jedem Ding und in jedem Zustand
    ein Widerspruch sich meldet und wächst, ist etwas, was den Siegern entgegengehalten werden
    muß. Eine solche Betrachtungsweise (wie der Dialektik, der Lehre vom Fluß der Dinge) kann bei
    der Untersuchung von Gegenständen eingeübt werden, welche den Herrschenden eine Zeitlang
    entgehen.«
47. FG, S. 109.
48. ebd., S. 20 f.
49. Als solcher bezeichnet sich Ziffel selbst abschätzig ebd., S. 52.
50. »Brecht betrachtet sich nicht als ›Dichter des Proletariats‹, er ermuntert dazu, in ihm wie in
    Hašek oder Silone einen bürgerlichen Dichter zu sehen, der für die Sache des Proletariats eintritt. ›Am sichersten geht man, wenn man uns als die Dialektiker unter den bürgerlichen Dichtern
    anführt und benutzt. Damit stehen wir in einer Reihe mit den bürgerlichen Politikern, welche
    die Sache des Proletariats zu der ihrigen gemacht haben« (Eintragung unter dem 5. August 1940 in
    Völker, »Brecht-Chronik« [s. Lit.], S. 83).
51. FG, S. 19. Auch Galilei ist ein Genießer im kulinarischen wie im geistigen Bereich.
52. »Wenn Sie meine Meinung wissen wollen: raus aus jedem Land, wo Sie einen starken Freiheitsdurst finden. In einem günstiger [als die Schweiz] gelegenen Lande ist er überflüssig« (Ziffel in
    FG, S. 88) und analog dazu: »In einem Land leben, wo es keinen Humor gibt, ist unerträglich,
    aber noch unerträglicher ist es in einem Land, wo man Humor braucht« (ebd., S. 107). Wie man
    sieht, ist Ziffel-Brecht ein gewiefter Aphoristiker.
53. FG, S. 36.
54. ebd., S. 62.
55. zitiert nach den Anmerkungen zu GW 14.
56. FG, S. 40.
57. Cesare Cases' Rezension der »Flüchtlingsgespräche« (s. Lit.), S. 201 f.
58. FG, S. 108.
59. Auch Ernst Schumacher (s. Lit.) spricht in diesem Zusammenhang von Anklängen an Karl Valentins »vertrackte Dialektik«. Im übrigen beschreibt er die erwähnte Technik wie folgt: »Eine
    höhere Form der Methode besteht darin, die gleichen Phänomene mittels der formalen Logik so
    konsequent zu verfolgen, bis die Widersprüche, die sichtbar gemacht werden, ins Absurde umschlagen« (S. 91). Besonders aufschlußreiche Beispiele finden sich im sechsten und neunten Gespräch.

60. FG, S. 162.
61. ebd., S. 108. Siehe auch im Abschnitt »Über das Reich der Gedanken« im »Buch der Wendungen« (GW 12, S. 423) den Satz: »Ein anderes Ordnen als Unterdrücken gibt es nicht.« Übrigens wäre es eine durchaus lohnende Aufgabe, das inhaltliche und stilistische Verhältnis des »Buchs der Wendungen« zu Nietzsches »Also sprach Zarathustra« zu untersuchen.
62. Montaigne, »Essais« (Paris 1953), S. 1115. Die »Flüchtlingsgespräche« unterscheiden sich von den »Essais« u. a. durch die Art der Kapitelüberschriften, die bei Montaigne bewußt neutral gehalten, bei Brecht aber, den didaktischen Intentionen entsprechend, provozierend und angriffslustig sind.
63. FG, S. 14 f.
64. Parallelen hierzu finden sich verschiedentlich in Brechts zeitgenössischen Werken. So bringt GW 20, S. 230–233 eine Abhandlung über den Satz »Gemeinnutz geht vor Eigennutz«. Das Gedicht »Da das Instrument verstimmt ist« (GW 9, S. 625) enthält den bezeichnenden Vers: »Wenn wir vor den Unteren bestehen wollen / Dürfen wir freilich nicht volkstümlich schreiben. / Das Volk / Ist nicht tümlich«, und im letzten Abschnitt des Aufsatzes »Fünf Schwierigkeiten beim Schreiben der Wahrheit« (»Versuche« 9, S. 90) stehen die programmatischen Sätze: »Wer in unserer Zeit *statt Volk Bevölkerung und statt Boden Landbesitz* sagt, unterstützt schon viele Lügen nicht. Er nimmt den Wörtern ihre faule Mystik.«
65. Zuvor hatte Ziffel die Begriffe als schlüpfrige, unstabile, verantwortungslose Existenzen bezeichnet, die »einander beschimpfen, sich mit dem Messer bekämpfen, sich dann aber wieder zusammen zum Abendessen setzen als sei nichts gewesen« (FG, S. 109).
66. GW 14, S. 1510–1515. Als Initiator des Projekts fungiert Ziffel, der Kalle seinen Plan mit den Worten unterbreitet: »Ich habe mir überlegt, ob man nicht die stupende Ungenauigkeit einiger Wörter durch eine neuartige Schrift beseitigen könnte. Es würde eine Bilderschrift sein, nach chinesischem Muster.«
67. Schumacher (s. Lit.), S. 95.
68. Motekat (s. Lit.), S. 63.
69. FG, S. 113.
70. »Der Untersetzte nickte, war aber abgestoßen durch die Spur von Ernst, die er, ein diesbezüglich sehr empfindlicher Mensch, in den letzten Sätzen spürte oder zu spüren glaubte [. . .]« (FG, S. 17). Oder: »Kalle hatte die Vorlesung mehrmals unterbrechen wollen, aber sein Respekt vor dem Geschriebenen hatte ihn abgehalten« (ebd., S. 56).
71. a. a. O., S. 53. Die von Cases versuchte Erklärung ist viel abwägender und ausgewogener: »Dennoch ist der so häufig von der sozialistischen Literatur dargestellte Zwist zwischen dem Revolutionär intellektueller Herkunft und jenem aus dem Arbeiterstand hier kaum angedeutet. In erster Linie deshalb, weil die beiden nicht tätig sind (und die Tat pflegt Meinungsverschiedenheiten zu verschärfen), sondern am Rande der Ereignisse in einer stillen nordischen Atmosphäre leben, zur Betrachtung und zur Untätigkeit gezwungen und durch die Solidarität der Emigrierten vereinigt; jedoch auch deshalb weil hier, durch diese Situation begünstigt, das Gesetz der Dialektik vorherrscht . . .« (a. a. O., S. 203).
72. Motekat (s. Lit.), S. 96.
73. »Schriften zur Literatur und Kunst«. Frankfurt a. M. 1967. Bd. 2. S. 43.
74. Das bestätigt Hans-Otto Münsterer. Siehe S. 48 und 65 seines Buches »Bert Brecht. Erinnerungen aus den Jahren 1917–1922« (Zürich 1963). Die Authentizität einzelner Anekdoten wird auch von anderer Seite, zum Teil von Brecht selbst, bekräftigt.
75. Siehe dazu meinen Aufsatz »Clio, the Muse: An Analysis of Lion Feuchtwanger's ›Erfolg‹« in dem von John Spalek edierten Sammelband »Lion Feuchtwanger. The Man, His Ideas, His Work«. Los Angeles 1972. S. 157–186.

Werke

Dreigroschenroman. Amsterdam: de Lange 1934.
Lieder, Gedichte, Chöre. Paris: Editions du Carrefour 1934.
Fünf Schwierigkeiten beim Schreiben der Wahrheit [getarnt als »Satzungen des Reichsverbandes deutscher Schriftsteller«]. Paris: Imprimerie ›Coopérative Etoile‹ 1935.
Die Gewehre der Frau Carrar. London: Malik 1937. (Sonderdruck aus Bd. 2 der Gesammelten Werke.)

Gesammelte Werke. London: Malik 1938 (in 2 Bden.). [Darin: »Die Rundköpfe und die Spitzköpfe« und »Die Horatier und die Kuriatier«].

Svendborger Gedichte. London: Malik 1939.

Furcht und Elend des Dritten Reiches. Moskau: Meshdunarodnaja Kniga 1941 [13 Szenen]; New York: Aurora Verlag 1945 [24 Szenen].

Herr Puntila und sein Knecht. München: Desch 1948. [Frühe Fassung als Bühnenmanuskript.]

Herr Puntila und sein Knecht Matti. Frankfurt a. M.: Suhrkamp 1950.

Mutter Courage und ihre Kinder. Frankfurt a. M.: Suhrkamp 1949 (in: Versuche, H. 9).

Die Geschäfte des Herrn Julius Caesar (Roman-Fragment). Berlin: Gebr. Weiss 1949.

Der kaukasische Kreidekreis. In: Sinn und Form. Sonderheft Bertolt Brecht. 1949; Buchausgabe: Frankfurt a. M.: Suhrkamp 1954 (Versuche, H. 13).

Das Verhör des Lukullus. Zürich: Ars Viva-Verlag Hermann Scherchen 1951; Berlin: Aufbau-Verlag 1951.

Der gute Mensch von Sezuan. Berlin: Suhrkamp 1953 (Versuche, H. 12).

Leben des Galilei. Berlin: Suhrkamp 1955 (Versuche, H. 14).

Die Gesichte der Simone Machard (mit Lion Feuchtwanger). In: Sinn und Form 8 (1956).

Der aufhaltsame Aufstieg des Arturo Ui. In: Sinn und Form. Sonderheft Bertolt Brecht. 1957.

Die Spitzköpfe und die Rundköpfe [frühe Fassung von »Die Rundköpfe und die Spitzköpfe«]. Frankfurt a. M.: Suhrkamp 1959 (Versuche, H. 5–8).

Die sieben Todsünden [der Kleinbürger]. Frankfurt a. M.: Suhrkamp 1959.

Schweyk im zweiten Weltkrieg. Frankfurt a. M.: Suhrkamp 1959.

Flüchtlingsgespräche. Frankfurt a. M.: Suhrkamp 1961. (Zitiert als: FG.)

Me-Ti. Buch der Wendungen. Frankfurt a. M.: Suhrkamp 1965 (in: Prosa V).

Tui-Roman. Frankfurt a. M.: Suhrkamp 1967 (in: Stücke XIV).

Arbeitsjournal (1938–1955). 3 Bde. Hrsg. von Werner Hecht. Frankfurt a. M.: Suhrkamp 1973.

Gesammelte Werke in 20 Bänden. Hrsg. in Zusammenarbeit mit Elisabeth Hauptmann. Frankfurt a. M.: Suhrkamp 1967. (Zitiert als: GW.)

Literaturhinweise

Bibliographie
Reinhold Grimm: Bertolt Brecht. Stuttgart ³1971. S. 148 f.

Biographie
Walter Benjamin: Versuche über Brecht. Frankfurt a. M. 1966. S. 117–135.

Hans Bunge: Brecht im zweiten Weltkrieg. Ein Bericht. In: Brecht damals und heute. Meinung und Gegenmeinung. München 1962. S. 7–35.

– Fragen Sie mehr über Brecht. Hanns Eisler im Gespräch. München 1970. Passim.

Martin Esslin: Brecht. Das Paradox des politischen Dichters. Frankfurt a. M. 1962. S. 97–131.

Reinhold Grimm: Bertolt Brecht. Stuttgart ³1971. S. 39–57 [mit Bibliographie].

Walter Oehme: Brecht in der Emigration. In: Neue Deutsche Literatur 11 (1963) H. 6, S. 180–185.

Klaus Völker: Brecht-Chronik. Daten zu Leben und Werk. München 1971. S. 58–127.

Brecht in Skandinavien
Harald Engberg: Brecht på Fyn. Brechts danske eksil 1933–39. Kopenhagen 1968.

Manfred Gebhardt: Fahndung nach John Kent. In: Magazin (1966) H. 2.

– Zwischen Wartesaal und weißem Gut. In: Magazin (1965) H. 1.

Ord och Bild [Stockholm]. Brecht-Sondernummer. 73 (1964) Nr. 1.

Brecht in Rußland
Bernhard Reich: Im Wettlauf mit der Zeit. Erinnerungen aus fünf Jahrzehnten deutscher Theatergeschichte. Berlin 1970. S. 368–392.

Käthe Rülicke-Weiler: Brecht in Rußland. In: Neue Deutsche Literatur 16 (1968) H. 2, S. 7–28, bes. S. 7–17.

Brecht in den Vereinigten Staaten von Amerika
Lee Baxandall: Brecht in America: 1935. In: TDR 12 (1967) H. 1, S. 69–87.
Iring Fetscher: Brecht and America. In: Salmagundi 10/11 (1969/70) S. 246–272, bes. S. 260 ff.
Hearings Regarding the Communist Infiltration of the Motion Picture Industry. Washington 1947.
S. 491–504. Deutsche Fassung im 10. Mitteilungsblatt des Brecht-Arbeitskreises, 1963.
Gordon Kahn: Hollywood on Trial. New York 1948. S. 121–129. Text von Brechts unveröffentlichter
Erklärung vor dem Washingtoner Ausschuß. Deutsche Fassung in GW 8, S. 259–262.

Brecht in der Schweiz
Max Frisch: Erinnerungen an Brecht. Berlin 1968. Ursprünglich im »Kursbuch« 7.

Zu den Exilwerken
Reinhold Grimm u. H. J. Schmidt: Bertolt Brecht and Hangmen also Die. In: Monatshefte 61 (1969)
S. 232–240.
Werner Mittenzwei: Die Brecht-Lukács-Debatte. In: Sinn und Form 19 (1967) S. 235–269.
Franz Schonauer: Expressionismus und Faschismus. Eine Diskussion aus dem Jahre 1938. In: Literatur
und Kritik 1 (1969) H. 7, S. 44.
Peter Paul Schwarz: Legende und Wirklichkeit des Exils. Zum Selbstverständnis der Emigration in
den Gedichten Brechts. In: Wirkendes Wort 19 (1969) S. 267–276.
Guy Stern: The Plight of the Exile. A Hidden Theme in Brechts Galileo Galilei. In: Brecht Heute /
Brecht Today 1 (1971) S. 110–116.
Klaus Völker: Brecht und Lukács. Analyse einer Meinungsverschiedenheit. In: Kursbuch 7 (1966)
S. 80–101.

Zu den »Flüchtlingsgesprächen«
K. Baumgärtner in: Kindlers Literatur Lexikon, Bd. 3. Sp. 71 ff.
Cesare Cases in: Stichworte zur deutschen Literatur. Kritische Notizen. Wien 1969. S. 201–210.
Helmut Motekat in: Orbis Litterarum 20 (1965) S. 52–65.
Ernst Schumacher in: Geist und Zeit 3 (1961) H. 3, S. 89–97.

Repräsentation und Zweifel.
Thomas Manns Exilwerke und der deutsche Kulturbürger

Leiden an Deutschland nannte Thomas Mann eine Sammlung von Tagebuchauszügen und Reflexionen aus dem Exil. Gewiß, das bitterste Elend so vieler anderer Exilschriftsteller blieb ihm erspart. Er brauchte niemals zu hungern; was er schrieb, wurde gedruckt; er nahm eine geachtete Stellung in Amerika, seinem zweiten Gastlande, ein. Andere Exilautoren, seiner Fürsprache und Hilfe teilhaftig oder bedürftig, verscheuchten das Bedürfnis, diesen Papst der westlichen deutschen Exilautoren von seinem Throne zu zerren, oder vertrauten höchstens ihren Tagebüchern und privaten Briefen die Erbitterung an, die sie aus dem Vergleich ihrer eigenen Einsamkeit mit dem Glanz des ewigen Villenbesitzers zogen. Freilich überschätzten sie den Wohlstand Thomas Manns. Den größten Teil seines Vermögens hatte er durch sein »Außenbleiben« verloren, und bei seiner langsamen Schreibweise waren seine Einnahmen nicht immer reichlich. Auch war er Angriffen aus deutschen Exilkreisen und aus Österreich am Anfang des Exils ausgesetzt. Im Herbst 1933 hatte Thomas Mann nämlich der Bitte seines Verlegers nachgegeben und seinen Namen von der Liste der Mitarbeiter der *Sammlung* entfernen lassen, einer deutschen Emigrantenzeitschrift, die sein eigener Sohn Klaus in Amsterdam herausgab. Diesen Rückzug hatte die nationalsozialistische Propaganda als einen Sieg über den beginnenden Exilwiderstand gefeiert. Das verursachte einige Erbitterung unter denen, die schon 1933 ausgebürgert wurden, zumal Thomas Mann sich bis Anfang 1936 von öffentlichen Angriffen auf das nationalsozialistische Regime zurückhielt. Diese Zurückhaltung war durch Rücksicht auf die Schweizer Exilgastgeber geboten, sie war aber auch der Preis dafür, daß seine Bücher 1933–36 noch im S. Fischer Verlag erscheinen und im deutschen Buchhandel verkauft werden konnten, wenn auch manchmal unter dem Ladentisch. Damit war die Verbindung mit seinen Lesern erhalten. Thomas Mann fiel diese Haltung nicht leicht, wie wir aus Briefen der Zeit wissen, auch aus jenen Tagebuchauszügen, die er unter dem Titel *Leiden an Deutschland* 1946 mit zusätzlichen Reflexionen veröffentlichte. Übrigens war der Wunsch, seine Bücher in Deutschland erscheinen zu lassen, nicht wirtschaftlich motiviert, da seine Honorare 1933 beschlagnahmt worden waren. (Erst später wurden wieder Honorare in die Schweiz überwiesen.) Aber die Verbindung mit seinen Lesern war es ihm wert, sich selbst eine Zensur aufzuerlegen. Er glaubte, er habe sich vor 1933 klar genug gegen die Nationalsozialisten ausgesprochen, so daß er nun, durch sein Exil seine Haltung anzeigend, sich auf sein Werk zurückziehen könne. Das Buch, an dem er festhielt, war der 1925/26 konzipierte Roman *Joseph und seine Brüder*, von dem die ersten beiden Bände 1933 und 1934 in Deutschland erschienen.

Man kann die Wirkung des Exils auf Thomas Mann nur auf dem Hintergrund seiner Beziehung zum deutschen Publikum verstehen, die wiederum ein Teil, vielleicht der wichtigste, seines Verhältnisses zu Deutschland überhaupt ist. Dieses Verhältnis trat mit dem Exil in eine Krise, deren Niederschlag man seit *Lotte in Weimar* (1939) auch im Werk feststellen kann.

Die Vorgeschichte seiner Beziehungen zum deutschen Bürgertum ist nicht so einfach, wie sie auf den ersten Blick erscheint. Vielmehr ist Thomas Manns Verhältnis zu seiner deutsch-bürgerlichen Umwelt, das auch das zu seinen Lesern ist, einer mehrdeutigen Entwicklung unterworfen gewesen. Thomas Mann hat, auf den Spuren Nietzsches, den Gegensatz von ›Leben‹ und ›Geist‹ immer wieder verwendet, um das Verhältnis des Künstlers zu seiner Umwelt zu beschreiben. Doch sind dies Begriffe, deren Unschärfe dazu verführt, entweder alles oder nichts in Thomas Manns Welt durch sie bezeichnet zu sehen. ›Leben‹ ist zum Beispiel in *Tonio Kröger* eine bürgerlich angepaßte Daseinsform, während es im *Tod in Venedig* dionysische Lebensmächte sind, die dem bürgerlich-disziplinierten Künstler Aschenbach seine Daseinsform zerstören. Thomas Manns eigener Eintritt in das Künstlertum war verbunden mit der Weigerung, sich auf die Übernahme der väterlichen Firma vorzubereiten. *Buddenbrooks* spiegelt seine Entschuldigung: Introspektion und Intellektualisierung werden als geradezu naturgesetzliche Entbürgerlichung dargestellt; andererseits wird diese Entbürgerlichung als »Verfall einer Familie« mit negativem Akzent versehen. Künstlerische, bewegliche Einsicht in die psychologische Vielfalt der Menschenwelt steht naiver, angepaßter bürgerlicher Solidität gegenüber.

Fühlte sich Thomas Mann eine Zeitlang selbst als künstlerischer Außenseiter, der in Schwabing wohnte und eigentlich in die Boheme gehörte, so reihte der Erfolg der *Buddenbrooks* ihn wieder in die Bürgerwelt ein. Ja, es machte ihm Spaß, in Vorträgen und Vorlesungen vor einem Publikum sich darzustellen. Die Ehe mit Katja, einer zwar ungewöhnlichen und intelligenten, aber auch reichen Frau, der Bau einer Villa und weitere literarische Erfolge legten ihm nahe, daß auch eine Vermittlung, ja eine Synthese von freier künstlerischer Geistigkeit und solider, lebenszugewandter deutscher Bürgerlichkeit möglich wäre. In den Werken, die nach der Jahrhundertwende, aber vor 1914 konzipiert wurden, wird diese Synthese- oder (was nicht dasselbe ist) Vermittlungsidee lustspielhaft (*Königliche Hoheit*), humorvoll-skeptisch (*Der Zauberberg*) oder tragisch (*Der Tod in Venedig*) umspielt. Im Ersten Weltkrieg selbst nimmt Thomas Mann das künstlerische (von Nietzsche bestätigte) Prinzip der Nicht-Festlegung als deutsche Ideologie in Anspruch. Der deutsche Bürger sei unentschieden zwischen West und Ost wie Hans Castorp im *Zauberberg*, und der Gegner sei auf die Rhetorik der Französischen Revolution und auf eine naive Fortschrittsideologie festgelegt. Ihr Vertreter, der »Zivilisationsliterat«, ist ursprünglich eine fiktive Figur, Settembrini aus dem *Zauberberg*, die jedoch in Thomas Manns Essay *Betrachtungen eines Unpolitischen* (1918) die Züge seines Bruders Heinrich annimmt, dessen anderes, aber nicht weniger kompliziertes Verhältnis zum Bürgertum ihn schon lange irritiert hatte.

Thomas Mann identifizierte sich in den *Betrachtungen* mit dem deutschen Bildungsbürger und seiner nationalen Sache, der »Kultur«, die er konservativ verstanden wissen wollte. Dies war die politische Rolle, die Thomas Mann im Ersten Weltkriege vor sich und seinem Publikum spielte. So ernst es ihm war, so ist die Festlegung auf die Nichtfestlegung als nationale Position weder in sich stimmig, noch stimmt sie zu dem Spiel der Ambivalenzen in Thomas Manns fiktiver Welt. Eine Indikation dafür ist die ironisch abgetönte, aber dennoch deutliche Freundlichkeit, mit der

der Erzähler des *Zauberberg* den Zivilisationsliteraten Settembrini behandelt, eine
Freundlichkeit, die schon in den 1913–15 geschriebenen Teilen[1] offensichtlich ist,
so daß sie in den später (1919–24) geschriebenen Partien ohne Bruch verstärkt werden konnte.

Als der Krieg mit dem Sieg des Westens und damit der rousseauistisch-demokrati-
schen Rhetorik endete, war Thomas Mann zuerst tief betroffen. Denn die deutsche
Mittelposition hatte er trotz ihres Ursprungs im Fiktiven als brauchbare Orientierung angesehen. Das Gefühl des Nichtbegreifens, das die deutschen Bürger erfüllte,
riß ihn mit. »Das große Deutschtum von Luther (spätestens Luther) bis auf Bismarck
und Nietzsche widerlegt und entehrt [...]« schreibt er in einem Brief vom 5. Juli
1919.

Aber er hat auch andere Möglichkeiten der Orientierung. Am 23. Dezember 1919
schreibt er an seinen Verleger, Samuel Fischer, zu dessen 60. Geburtstag: »Und doch,
sei man von Natur noch so wenig Revolutionär, im Grunde seines Herzens fühlt man
doch: es ist gut, daß es so kam, es ist nun doch mehr Zukunft offen, als damals.«
(Gemeint ist Fischers 50. Geburtstag 1909.) Schon vorher, am 17. Januar 1919, erschien in der Antwort auf eine Umfrage des sozialdemokratischen *Vorwärts* dieser
Satz Thomas Manns: »Täuscht mich nicht alles, so ist die Nation, der diese unver-
gleichliche Niederlage zuteil wurde, nicht nur nicht eine gebrochene Nation, sondern
sie fühlt sich auch heute noch, wie 1914, von den Kräften der Zukunft getragen.«

Es ist diese Orientierung, die ihn zur Bejahung der neuen Staatsform führt. 1922
hielt er die Rede *Von deutscher Republik*, in der er Gerhart Hauptmann (dessen
60. Geburtstag den Anlaß gab), Nietzsche, Walt Whitman und Novalis zu Zeugen
für eine deutsche Demokratie aufruft, die er jetzt mit klassischer Humanität gleich-
setzen möchte. 1925, in der Neufassung des großen Aufsatzes *Goethe und Tolstoi*,
empfiehlt er den Zusammenschluß des Sozialismus mit der Humanität, dem »höheren Deutschtum«; 1930 setzt er diesen Gedanken fort in der *Deutschen Ansprache:
Ein Appell an die Vernunft*. Diese Aufforderung an seine bürgerlichen Leser, sich an
die Sozialdemokratie anzuschließen und gegen die Nationalsozialisten Widerstand
zu leisten, wurde, als Thomas Mann die Ansprache in Berlin vortrug, von einem
SA-Sturm gestört. Sie hatte eine ebenso geringe Wirkung wie der schon fast verzweifelte Artikel *Was wir verlangen müssen*, der am 8. August 1932 im *Berliner
Tageblatt* erschien. Er bezog sich auf nationalsozialistische Morde und beginnt so:
»Werden die blutigen Schandtaten von Königsberg den Bewunderern der seelenvol-
len ›Bewegung‹, die sich Nationalsozialismus nennt, sogar den Pastoren, Professoren, Studienräten und Literaten, die ihr schwatzend nachlaufen, endlich die Augen
öffnen über die wahre Natur dieser Volkskrankheit, dieses Mischmasches aus Hysterie und vermuffter Romantik, dessen Megaphon-Deutschtum die Karikatur und
Verpöbelung alles Deutschen ist?«

In diesem Zeitungsaufsatz bekennt er sich zur »sozialen Republik« und verlangt
von der reaktionären Regierung Papen entschiedene Maßnahmen gegen den nationalsozialistischen Terror. Diese Beispiele sind nur eine Auswahl aus sehr vielen sehr
entschiedenen Äußerungen Thomas Manns. Ihre Folge war eine lebhafte und mehr
und mehr vergiftete öffentliche Polemik gegen ihn, die von seiner angeblichen Umkehr und dem Vorwurf ausging, er habe durch Kürzungen sein nationales Buch, die
Betrachtungen eines Unpolitischen, gefälscht, als das Buch in seine *Gesammelten*

Werke aufgenommen wurde. In seiner Verteidigung *Kultur und Sozialismus* (1928) spricht er über die deutsche Kulturideologie, ohne sie eigentlich zu verleugnen. Er empfiehlt ihre Umwandlung, ihre Anpassung an die Gegebenheiten durch Öffnung der Kulturidee zum Gesellschaftlichen.

Noch nach der Bildung des Präsidialkabinetts Hitler, am 10. Februar 1933, hielt Thomas Mann eine Gedenkrede zum 50. Todestag Richard Wagners. Am folgenden Tage fuhr das Ehepaar Mann nach Holland. Thomas Mann hielt den gleichen Vortrag in Amsterdam, dann in Brüssel und in Paris. Anschließend reisten beide zur Erholung in die Schweiz, nach Arosa. Nach dem Reichstagsbrand und nachdem ihre ältesten Kinder die Lage erkundet hatten, entschlossen sie sich, nicht nach Deutschland zurückzukehren. Erika hatte ihrem Vater das Manuskript des Joseph-Romanes mitgebracht. Am 22. März schreibt er an die Freundin Ida Herz, er habe begonnen, sich wieder mit dem *Joseph* zu beschäftigen.

Dieser Roman hatte schon in den politischen Stürmen der vergangenen Jahre als eine Art von Insel gedient. Das biblische Thema, der sagenhafte, ferne Schauplatz, der mit Hilfe der modernen Archäologie (und persönlicher Anschauung) dennoch dem Leser nahegerückt werden konnte, gestattete eine Wunschwelt, die dennoch nicht ins bloß Phantastische ausartete, weil Mann sich an den biblischen Hergang band. Trotz der scheinbaren Ferne des Schauplatzes handelt auch *Joseph* vom deutschen Kulturbürger. Thomas Mann deutete sich eine Bibelstelle, Jakobs Segen über Joseph, in seinem Sinne und machte sie zur strukturellen Grundlage seines Werkes. Die Lutherübersetzung (1. Mose 49, 25) lautet: »Von deines Vaters Gott ist dir geholfen, und von dem Allmächtigen bist du gesegnet mit Segen oben vom Himmel herab, mit Segen von der Tiefe, die unten liegt, mit Segen der Brüste und des Mutterleibes.« Das ist ein Fruchtbarkeitssegen, der sich metaphorisch auf Regen und Ernte bezieht. Thomas Mann ignoriert diese bäurische Symbolik und faßt den Segen metaphysisch auf. Im »Vorspiel« zum *Joseph* und in *Lotte in Weimar* zitiert er den Wortlaut entsprechend verkürzt, ohne die Brüste und den Mutterleib (während er bei der eigentlichen Segenshandlung in *Joseph der Ernährer* der Bibel etwas enger folgt, aber auch nicht genau zitiert). So wird aus dem Fruchtbarkeitssegen eine Synthese von Himmlischem und Irdischem, von Geist und Leben, von religiöser Intelligenz (Jakob) und irdischer Schönheit (Rahel), von Kunst und Natur im goetheschen Sinne. Diese Synthese hat eine strukturelle Entsprechung. Joseph nimmt einerseits am Zeitlos-Mythischen teil, am Kultus, andererseits ist er auch als bewußter Zeitgenosse dargestellt, der den religiösen Fortschritt aus der Barbarei zum Human-Gesitteten, zur Zivilisation, zum sozialen Staat vertritt und fördert. Die Konzeption von 1925/26 wurde im Exil nicht geändert. Der Roman weist im dritten und vierten Band nur Spuren des Exilserlebnisses auf, wie z. B. die Darstellung der Grenzüberschreitung in dem Kapitel »Die Feste Zel« in *Joseph in Ägypten*.

Das Spiel von Mythos und Fortschritt verbindet die fiktive Welt des *Joseph* mit Manns politischen Mahnungen an seine bürgerlichen Leser. Die neue Humanität, die er verkündete, sollte die »Tragik alles menschlichen Daseins« (also die »Kultur« der *Betrachtungen eines Unpolitischen*) bewahren und dennoch den »Bau jener besseren, glücklicheren Welt und Völkergemeinschaft« bewirken (Schluß von *Schicksal und Aufgabe*, 1943). Dies sollte unter religiösen, wenn auch undogmatischen Vorzeichen geschehen.

Die Insel des Joseph-Romans bot keine sichere Zuflucht. Schon im April 1933 bewies der »Protest der Richard-Wagner-Stadt München« gegen die gedruckte Fassung des Vortrages *Leiden und Größe Richard Wagners,* wie sogar führende Bildungsbürger sich beschränkten nationalsozialistischen Intellektuellen unterwarfen. Im August 1934 ist in Thomas Manns Briefen von dem Plan eines Buches über Deutschland die Rede, von »einer politischen Bekenntnis- und Kampfschrift«. Der Plan wird jedoch nach einigen Wochen aufgegeben. Die Schrift wäre sehr wahrscheinlich ein Ausdruck der Enttäuschung über das deutsche Kulturbürgertum gewesen, zu dem Thomas Mann selbst gehörte und doch auch von Anfang an nicht gehörte. Daß die nationalsozialistische Ideologie die deutschen Entwicklungsmöglichkeiten abschnitt, was im Sinne Thomas Manns bedeutete, daß sie Deutschland hinderte, sich im Sinne von *Joseph* sozial zu entwickeln, erbitterte ihn. Andererseits dürfte auch damals schon eine Selbsterforschung stattgefunden haben, die sowohl seine halbe Zugehörigkeit zum Kulturbürgertum betraf wie seinen künstlerischen Anspruch, sich von ihm zu distanzieren. Jedenfalls liegt hier der Kern zum *Doktor Faustus.*
Anfang 1936 gab Thomas Mann seine Zurückhaltung auf (vorangegangen war schon 1935 die Rede *Achtung Europa!,* die zunächst nur französisch gedruckt wurde.) Sein Verlag war inzwischen vertrieben worden. Der dritte Band der Joseph-Romane, *Joseph in Ägypten,* erschien 1936 in Wien. In dem zur Veröffentlichung bestimmten Brief an Eduard Korrodi vom 3. Februar 1936 bekannte Mann sich zur Emigrantenliteratur und bestritt damit, daß diese ein ausschließlich jüdisches Unternehmen sei. Der Judenhaß der Machthaber gelte vornehmlich »Europa und jedem höheren Deutschtum selbst«, er trenne das Land Goethes von dem christlich-antiken Fundament der Zivilisation und damit von der übrigen Welt. »Die tiefe, von tausend menschlichen, moralischen und ästhetischen Einzelbeobachtungen und -eindrücken täglich gestützte und genährte Überzeugung, daß aus der gegenwärtigen deutschen Herrschaft nichts Gutes kommen *kann,* für Deutschland nicht und für die Welt nicht, – diese Überzeugung hat mich das Land meiden lassen, in dessen geistiger Überlieferung ich tiefer wurzele als diejenigen, die seit drei Jahren schwanken, ob sie es wagen sollen, mir vor aller Welt mein Deutschtum abzusprechen.« Korrodi und sein Blatt, die *Neue Zürcher Zeitung,* vertraten den konservativen Flügel des Deutsch-Schweizer Kulturbürgertums, mit dessen Haltung dem Nationalsozialismus gegenüber Thomas Mann manchmal unzufrieden war. Immerhin war die *Neue Zürcher Zeitung* neutral genug, im Januar 1937 Thomas Manns Brief an den Dekan der Philosophischen Fakultät der Universität Bonn abzudrucken, mit dem er auf die offizielle Ausbürgerung (Dezember 1936) und auf die Aberkennung der Ehrendoktorwürde reagierte.
Nach dem Anschluß Österreichs (1938) fühlte Thomas Mann sich nicht mehr sicher in der Schweiz und ließ sich in Amerika nieder. Nach einem Zwischenspiel als Lektor an der Princeton University (1938–40) siedelte er sich 1941 in Südkalifornien an, wo er in Pacific Palisades, einem Stadtteil von Los Angeles, ein Haus baute, in dem er von 1942 bis 1952 wohnte.
Nach Amerika nahm er ein Manuskript mit, aus dem Vorabdrucke schon in der Zeitschrift *Maß und Wert* erschienen waren, die Thomas Mann mit Hilfe des Redakteurs Ferdinand Lion seit 1937 herausgab. (Der Mitherausgeber Konrad Falke war nötig, weil er Schweizer war, er spielt sonst kaum eine Rolle.) Die Zeitschrift

wurde von einer Luxemburger Mäzenin finanziert und endete 1940. Sie gehörte zu dem kulturbürgerlichen Rundschau-Typus. In ihr also erschienen einzelne Kapitel aus *Lotte in Weimar*.

Nach Abschluß des dritten Joseph-Bandes, 1936, hatte Thomas Mann die Goethe-Erzählung begonnen, die sich bald zum Roman auswuchs. Dieses Werk ist das erste, das ganz im Exil geschrieben wurde. Der Gedanke einer Goethe-Erzählung ist jedoch älter. Die Frage, wie weit die Würde des Künstlers reiche, die in *Tod in Venedig* gestellt wird, war ursprünglich einmal für eine Goethe-Novelle mit der Beschreibung der Werbung um ein junges Mädchen konzipiert. Hier wie dort handelt es sich um das Verhältnis des Künstlers zu seiner Gesellschaft, zu seinen Lesern und Verehrern. Ruhm und Verehrung sind im Falle des alten Goethe zweifellos. Daß Thomas Mann sich mit Goethe beim Schreiben des Romans identifizierte (was mehrere Briefstellen bezeugen), bot die träumerische Möglichkeit einer anderen Insel, auf der die gehässigen Angriffe, denen Thomas Mann zeitlebens ausgesetzt war, reduziert waren. Die unbezweifelbare Größe führt dennoch zu einem Mißverhältnis zur Umwelt. Thomas Mann konzipiert Größe im Sinne mythischer Zeitlosigkeit. Goethe spielt sein Leben mythisch, er wiederholt seine Liebeserlebnisse so, daß er einerseits eine schöpferische Regeneration gewinnt, andererseits aber eine Bindung nicht in Frage kommt. Das Recht des bürgerlichen Opfers, Friederike Brions und Lottes, bleibt unberücksichtigt. Ein ähnliches Verhältnis herrscht zu dem ausgenutzten Gelehrten Riemer, der seine fragwürdige Rolle sehr wohl erkennt, aber sie dennoch spielt. Thomas Mann läßt Goethes Sohn August, der selbst als Opfer dargestellt ist, diesem Verhältnis eine weitere Bedeutung geben:

»O, ich habe dem öfters nachgesonnen, und mein Gemüt weitete sich vor Schrecken – es gibt solche Schrecken, die die Seele erweitern –, wenn ich bedachte, daß der große Dichter ein Herrscher ist, dessen Schicksal, dessen Werk und Lebensentscheidungen weit übers Persönliche hinauswirken und die Bildung, den Charakter, die Zukunft der Nation bestimmen. Da wurde mir ängstlich-groß zu Sinn bei dem Bilde [...] wie der Abreitende dem Mädchen, das ihn von ganzer Seele liebt, und von dem sein Dämon ihm die grausame Trennung gebietet, – wie er der Tochter des Volkes noch vom Pferde herab die Hand reicht und ihre Augen voll Tränen stehen. Das sind Tränen, Madame – auch wenn mir die Seele am schreckhaft-weitesten ist, denke ich den Sinn dieser Tränen nicht aus.«

Gemeint ist der Respekt, den das Dämonische beim deutschen Kulturbürger genießt, nicht zuletzt Goethes wegen, eine Dämonie, die steile Rücksichtslosigkeit entschuldigt, so daß nur ein Schritt zur Inhumanität bleibt. Lottes Entscheidung für ihren Bürger Kestner und gegen den dämonischen Goethe erhält so etwas beinahe Vorbildliches. Sie ist nicht »verkümmert« wie Friederike Brion. Die Berührung mit dem Großen hat ihre bürgerlich-nüchterne Solidität angerührt, aber nicht umgeworfen. Das Bürgerliche soll als Gegengewicht gegen künstlerische Größe unangetastet bleiben. Unter dem Bürgerlichen ist Sinn für das Nüchterne und Wirkliche zu verstehen, auch die bindende Liebe, der sich der Große zu entziehen weiß, denn Thomas Mann dachte nicht oder selten in ökonomischen Begriffen. Die Reverenz, die Goethe, halb geisterhaft, Lotte am Schluß gewährt, sein tröstender Hinweis auf die Opferrolle des Dichters und auf die Einheit der Welt sollen die Kluft zwischen dem Dichterischen und dem Bürgerlichen ein wenig überbrücken.

Sie bleibt dennoch der vorherrschende Eindruck. Thomas Mann benutzt Riemer, um über diese Kluft in einer Weise zu sprechen, die *Joseph* und den ungeschriebenen *Doktor Faustus* mit *Lotte in Weimar* in enge Berührung bringt. Es ist eine weitläufige Reflexion, ausgehend davon, daß Goethe nicht, wie andere Menschen, »begeistert« sei. Riemer erläutert dies vor Lotte durch eine metaphysische Abschweifung, in der er monistische Gedanken ausspricht. »Der Geist der Allumfassung« könne auch »Geist des ›Nihilism‹« genannt werden. Dies übersetzt er in traditionelle religiöse Metaphorik:

»Da Gott das Ganze ist, so ist er auch der Teufel, und man nähert sich offenbar dem Göttlichen nicht, ohne sich auch dem Teuflischen zu nähern, so daß einem sozusagen aus einem Auge der Himmel und die Liebe und aus dem anderen die Hölle der eisigsten Negation und der vernichtendsten Neutralität hervorschaut. Aber zwei Augen, meine Teuerste, ob sie nun näher oder weiter beieinander liegen, ergeben *einen* Blick, und nun möchte ich Sie fragen: was für ein Blick ist es, zu dem und in dem der erschreckende Widerspruch der Augen sich aufhebt? Ich will es Ihnen sagen, Ihnen und mir. Es ist der Blick der Kunst, der absoluten Kunst, welche zugleich die absolute Liebe und die absolute Vernichtung oder Gleichgültigkeit ist und jene erschreckende Annäherung ans Göttlich-Teuflische bedeutet, welche wir ›Größe‹ nennen.«

Zur weiteren Erläuterung zieht er auch »den Jakobssegen der Schrift« heran, und zwar in der Verkürzung, wie er auch im »Vorspiel« zu Manns Josephsroman erscheint. Joseph sei gesegnet »mit Segen oben vom Himmel herab und mit Segen von der Tiefe, die unten liegt«. Dies sei der »Doppelsegen des Geistes und der Natur«, mit dem alle Menschen bedacht seien, der aber ebensogut »ein Fluch und eine Apprehension« sei, »eine halsbrecherische Stellung, deren Schwierigkeit das Christentum uns am tiefsten und lebhaftesten empfinden gelehrt hat«. Das Christentum faßt er mit Nietzsche als Sehnsucht ins rein Geistige auf. Anders sei es bei dem Großen, bei Goethe, in dem mächtige Geistesgaben und Naivität vereinigt seien, eine Segenskombination, die, wie Riemer sich einreden möchte, »jedes fluchhaften Einschlages entbehrt«. Er sei ein »Phänomen unchristlicher Harmonie und Menschengröße«. Seine Konzilianz sei keine christliche Milde, sondern fließe aus der »Einerleiheit von All und Nichts, von Allumfassung und Nihilism, von Gott und Teufel«, sie laufe »auf eine ganz eigentümliche Kälte, einen vernichtenden Gleichmut hinaus, auf die Neutralität und Indifferenz der absoluten Kunst [...] will sagen: auf umfassende Ironie«. Hier sind Gedanken aus *Goethe und Tolstoi* (1921; 1925) weiterentwickelt, aber szenisch mit einem stark fragwürdigen Akzent versehen. Riemer äußert sie mit zunehmender Erregung, er schaudert vor seiner Erkenntnis. Lotte kommt gegen Ende des Romans zurück auf das, was sie von Riemer gelernt hat, als sie *Rosamunde* von Theodor Körner beurteilt, der eine konventionelle Moral zugrunde lag: »Die Grenze der Menschheit, grübelte sie, war vielleicht nur eine, also, daß Ruchlosigkeit und Reinheit sich in ihr auf eine Weise mischten, von der die kriegerische Unerfahrenheit des Dichters [...] wenig wußte [...].«

Hinter diesen Reflexionen über die Größe steckt die gleiche Moral, die sich in der Struktur des *Doktor Faustus* niedergeschlagen hat. Es ist eine Moral, die sich nicht mehr auf dem durch die Beziehung zu Gott gesicherten Dualismus von gut und böse aufbaut, sondern die Verletzung des bürgerlichen Maßes als zugleich gut und böse auffaßt. In einer Notiz, die Thomas Mann während der Konzeption des *Faustus* niederschrieb, erscheint dieses Verhältnis aus dem Blickwinkel des grenzüberschreitenden Künstlers: »Es handelt sich um das Verlangen aus dem Bürgerlichen, Mäßigen, Klassischen, Apollinischen, Nüchternen, Fleißigen und Getreuen hinüber ins Rauschhaft-Gelöste, Kühne, Dionysische, Geniale, Überbürgerliche, ja Übermenschliche [...] ohne Rücksicht auf die Teilnahme-Fähigkeit der Mitwelt [...].«[2] Diese Moral hängt eng zusammen mit Manns Beurteilung der deutschen Dinge. Eine ganze Motivschicht in *Lotte in Weimar* befaßt sich mit den »Befreiungskriegen« gegen Napoleon und Goethes altmodisch-skeptischer Kritik am deutschen Nationalismus. Zwischen der national-begeisterten Jugend und Goethe klafft ein Generationsgegensatz, in dem Thomas Manns eigener Gegensatz zu der in der Weimarer Republik aufwachsenden Jugend gespiegelt ist.

»Daß sie den Reiz der Wahrheit nicht kennen, ist zu beklagen, – daß ihnen Dunst und Rausch und all berserkerisches Unmaß so teuer, ist widerwärtig, – daß sie sich jedem verzückten Schurken gläubig hingeben, der ihr Niedrigstes aufruft, sie in ihren Lastern bestärkt und sie lehrt, Nationalität als Isolierung und Roheit zu begreifen, – daß sie sich immer erst groß und herrlich vorkommen, wenn all ihre Würde gründlich verspielt, und mit so hämischer Galle auf die blicken, in denen die Fremden Deutschland sehn und ehren, ist miserabel. Ich will sie gar nicht versöhnen. Sie mögen mich nicht – recht so, ich mag sie auch nicht, so sind wir quitt. Ich hab mein Deutschtum für mich – mag sie mitsamt der boshaften Philisterei, die sie so nennen, der Teufel holen. Sie meinen, sie sind Deutschland, aber ich bins, und gings zugrunde mit Stumpf und Stiel, es dauerte in mir. Gebärdet euch, wie ihr wollt, das Meine abzuwehren, – ich stehe doch für euch. [...] Deutschtum ist Freiheit, Bildung, Allseitigkeit und Liebe, – daß sies nicht wissen, ändert nichts daran.«

Sosehr hier Thomas Mann in der Maske Goethes spricht, schließt diese Identifikation doch die Kritik an dem großen Mann nicht aus. Denn Goethe ist konservativ, ignoriert den Verfassungsstaat, der Sachsen-Weimar 1816 war, und rät zu polizeilicher Zensur eines unbequemen Schriftstellers. Vor allem widerspricht seine Größe, sein steifes Eingehülltsein, der verkündeten Humanität. Deshalb ist das Schlußgespräch im Wagen geisterhaft; es läßt die Deutung offen, daß es von Lotte imaginiert ist. Eine Beunruhigung über die deutsche Größe treibt das Buch vorwärts und bleibt immer bestehen neben der Liebe für die Dichtung und Humanität Goethes, die das Buch trägt. Riemers Begründung dieser Unruhe aus dem nihilistischen Monismus erinnert an Nietzsche, der Thomas Manns weltanschauliche Grundlage war und blieb, auch wenn er sehr wohl wußte, wieviel verhunzter Nietzsche in den Nationalsozialismus eingegangen war.

Im Frühjahr 1938, während der Arbeit an *Lotte in Weimar*, kurz nach dem Entschluß, in Amerika zu bleiben, entstand ein Text, der zuerst »Tagebuchblätter« hieß. Aus einer sehr persönlichen Reflexion wuchs der Aufsatz, der dann unter dem Titel *Bruder Hitler* in der Emigrantenzeitschrift *Das Neue Tage-Buch* veröffentlicht wurde. In der ursprünglichen Fassung begann er mit einem Rückblick auf die vergangenen Reisen über den Atlantik und dann, mit dem Vortrag *Vom kommenden Sieg der Demokratie*, durch Amerika, Wochen, die »von den grauenvollen Ereignissen der heimatlichen Ferne so tief beschattet« waren. Gemeint ist die Besetzung Österreichs. Nun aber schreibt er wieder:

»Was ist Heimatlosigkeit? In den Arbeiten, die ich mit mir führe, ist meine Heimat. Vertieft in sie, erfahre ich alle Traulichkeit des Zuhauseseins. Sie sind Sprache, deutsche Sprache und Gedankenform, persönlich entwickeltes Überlieferungsgut meines Landes und Volkes. Wo ich bin, ist Deutschland.«[3]

Nach Reflexionen über das Verhältnis des persönlichen Schicksals zum allgemeinen, seines eigenen Lebens zur Weltgeschichte, kommt er auf Deutschlands Rolle ewiger Halsstarrigkeit gegenüber der westlichen Zivilisation zu sprechen. Mit umgekehrten politischen Vorzeichen nimmt er Gedanken der *Betrachtungen eines Unpolitischen* wieder auf. Die Römerschlacht im Teutoburger Wald, Luthers Reformation, der Aufstand gegen Napoleon, der Krieg von 1914, schließlich der Nationalsozialismus sind für ihn Manifestationen dieser Halsstarrigkeit.

»Die Freiheitskriege lebten geistig und moralisch noch von der Gunst der Zeiten, was nicht hinderte, daß Goethe sich schon ebenso schlecht dabei befand, wie wir heute im Anblick des Hakenkreuzes und aller Zügellosigkeit der Instinkte, die es symbolisiert. Wir mußten erleben, was wir erlebt haben, um Goethes eisige Vereinsamung von damals, sein tief vergrämtes Nein zu all der völkischen Trunkenheit rings um ihn her recht zu verstehen. Er nannte 1813, dies Jahr glorreicher Erhebung, nicht anders als das »traurige, das schreckensvolle Jahr«, und, ich kann es versichern, diese umflorten Worte galten nicht sowohl den Schrecken des Krieges, den Seuchen, dem Elend, welche die Glorie begleiteten, sie meinten ein anderes, grauenhaftes Schrecknis: den gänzlich kulturwidrigen Gemütszustand des deutschen Volkes.«[4]

Thomas Mann identifiziert sich mit Goethes Haltung hier. Aus eigenem Urteil stammt, was er »versichern« kann. Trotz seines Hasses und seines Grauens traut Thomas Mann sich jedoch zu, auch dessen Ursprung, Hitler, zu verstehen, und zwar aus Bedürfnis nach Freiheit vom Haß, nach Ironie. »Denn es [das Bedürfnis] beschließt eine Neugier, eine Neigung zur Anteilnahme in sich, deren Unmoral ich bereitwilliger zugeben würde, wenn nicht eben doch ein selbst-disziplinärer Trieb, humoristisch-moralische Ansätze zum Wiedererkennen, zur Identifikation, zum Solidaritätsbekenntnis damit verbunden wären.« Diese Formulierung ist im endgültigen Text am Ende von dessen zweitem Absatz noch wiederzuerkennen. »Bruder Hitler« wird als Künstler dargestellt, tiefsten Ranges zwar, auf der Ebene der Verhunzung, aber doch mit psychologischen Ähnlichkeiten: der bohemehaften Unfähigkeit zu einem anderen Beruf, dem Zwang zur immer wieder erneuten Kompensation, dem »Drang zur Überwältigung, Unterwerfung, dem Traum, eine in Angst, Liebe, Bewunderung, Scham vergehende Welt zu den Füßen des einst Verschmähten zu sehen« (endgültiger Text). Künstler ist er aus einem neurotischen Mißverhältnis zum Bürgerlichen, von dem er ausgeschlossen und dem er doch zugleich zugehörig ist. Auf fiktiver Ebene hatte *Mario und der Zauberer* (geschrieben 1929), auf den italienischen Faschismus bezogen, schon etwas Ähnliches gesagt.

Solidarität mit dem tief gehaßten Hitler aus »Interesse«, wie es in der Neufassung der Einleitung heißt, und aus Ironie, das ist einerseits ein mit vielen »wenn« und »aber« versehener Versuch, die übermoralische Position des Ästhetizismus sogar gegenüber Hitler wiederzugewinnen, andererseits aber auch Solidarität trotz allem mit Deutschland, dessen politischer Führer in seiner üblen und so tief enttäuschenden Weise denn doch ein Exponent Deutschlands war, wie Goethe und wie Thomas Mann selber. Seine eigene Erzählung *Tod in Venedig* erwähnt er als Beweis, daß er

»mit den Hängen und Ambitionen der Zeit« schon 20 Jahre früher Kontakt gehabt habe. Auch Aschenbach habe einem Primitivismus der Form gehuldigt. Heißt das nicht zuzugeben, daß der Nationalsozialismus, wenn auch auf niedriger Stufe, eine Auswirkung war oder wenigstens eine Verwandtschaft hatte mit dem deutschen Ästhetizismus der Jahrhundertwende und der deutschen Klassik, auf die jener sich berief? Waren nicht Goethes *Wahlverwandtschaften* Stilvorbild des *Tod in Venedig*? »Auf jeden Fall bin ich dagegen«, heißt es jedoch im gedruckten Text, »daß man sich durch ein solches Vorkommen [d. i. Hitler] das Genie überhaupt, das Phänomen des großen Mannes verleiden läßt, das zwar vorwiegend immer ein ästhetisches Phänomen, nur selten auch ein moralisches war, aber, indem es die Grenzen der Menschheit zu überschreiten schien, die Menschheit einen Schauder lehrte, der trotz allem, was sie von ihm auszustehen hatte, ein Schauder des Glücks war.« Dieser Satz bezieht sich auf den Goethe in *Lotte in Weimar*. Man kann hinter der Versicherung einen Zweifel bemerken, einen verleugneten Zweifel an dem Recht des Ästhetischen, übermoralisch zu sein. Dieser Zweifel bleibt, wird nicht zur Gewißheit und treibt die Selbstanklage des Ästheten Thomas Mann als *Doktor Faustus* hervor.

Daß das Ideal der Synthese zwischen Geist und Leben, des »Doppelsegens« auf fiktiver Ebene bezweifelt werden konnte, hatte schon die tragikomische Erzählung *Die vertauschten Köpfe* bewiesen, die Thomas Mann zwischen *Lotte in Weimar* und die Wiederaufnahme des *Joseph* einschaltete (1940). Das freilich allzu körperliche Experiment der Vereinigung von Geist und Leben mißlingt und endet in gegenseitigem Opfer, fast einer Parodie des Schlusses von *Lotte in Weimar* mit dem Selbstopferthema aus Goethes *Selige Sehnsucht*.

Zwischen der Beendigung des *Joseph* (4. Januar 1943) und dem Beginn der Arbeit am *Doktor Faustus* (15. März 1943) schreibt Thomas Mann *Das Gesetz*. Hatten die eben beendeten Joseph-Romane den Mythos spielerisch ernst genommen, so verschwindet in der fiktiven Welt dieser Erzählung die Wirklichkeit Jehovas hinter der Gestalt des Volksführers und Gesetzgebers Mose. Die Wunder des Bibeltextes werden zu Wirkungen kluger Vorsorge und planender Überlegung. Der Ernst der Intention ist durch Humor gemildert. Mose selbst hat seine allzu menschlichen Seiten, auch bedarf er der praktischen Ergänzung durch Joschua. Er ist jedoch eine Geist-Figur mit entschiedener Autorität. Als Volksbildner und Steinmetz der Gesetzestafeln ist er ein nützlicher und zuletzt auch erfolgreicher Führer. Hitler, dem schlechten Volksführer, der die Moral der zehn Gebote außer Kraft setzen wollte, gilt ein Fluch am Ende der Erzählung. Da Mose sich engagiert, repräsentiert er nicht eine letztlich unverbindliche ästhetische Größe, sondern eine prägende Kraft, die dem ungeformten Leben des »Geblütes« die Moral einhämmert. In der Analogie zum Bildhauer (Michelangelo), die die Erzählung motivisch durchzieht, wird der Anschluß an Manns Künstlerfiguren hergestellt.

Dagegen ist Adrian Leverkühn, der Doktor Faustus Manns, durchaus degagiert. Sein Wille zum Rausch und zur Steigerung des Ichs in absolute Kunst führt zwar zur Größe, wie bei Goethe. Aber seine Größe ist des Teufels, nicht mehr Gottes *und* des Teufels, sondern nur des Teufels. Freilich suchte Adrian Leverkühn ursprünglich Gott, studierte Theologie, aus der er erst zur Musik und dann zum Teufel abfiel. Das Teuflische liegt in der Bedingung seines Paktes, in dem Gebot, nicht lieben zu dürfen. Der Pakt mit dem Teufel wird durch eine vergiftete Liebe geschlossen, durch die Ansteckung an der Prostituierten, die er Hetaera Esmeralda nennt. Auch der Goethe von *Lotte in Weimar* wurde durch einen Mangel an bindender gegenseitiger Liebe charakterisiert. Dieses Motiv hatte der Autor des Goetheromans durch Augusts Mund (der selber die Frucht einer fragwürdigen Liebe war) ins Metaphysische und zugleich Nationale ziehen lassen: der Abschied des Dämons von Friederike, der Tochter des Volkes, war ihm ein die Seele erweiternder Schrecken. Dieses Paradox kehrt im *Doktor Faustus* wieder als Grundhaltung des Erzählers Zeitblom gegenüber seinem Freunde Leverkühn, dessen Biographie er schreibt. Das National-Deutsche von beider Herkunft ist geradezu überbetont: das fiktive mitteldeutsche Städtchen Kaisersaschern, das in Luthers und Nietzsches Heimat liegen soll, Leverkühns ländliche Herkunft, seine Eltern und sein Onkel, deren Äußeres von Dürer-Gemälden abgelesen wurde, auch das altertümliche Haus des Onkels, das ebenfalls von Dürer stammt, die Motiv- und Sprachentlehnungen aus dem Faustbuch von 1587, die Benutzung von Vokabular aus Grimmelshausens *Simplicissimus*, schließlich die vielen Anspielungen auf Martin Luther und seine Welt sind zusammenmontiert mit Zügen aus Nietzsches und Thomas Manns eigener Biographie und schließlich kommentiert von Zeitblom, der während des Zweiten Weltkriegs in Deutschland schreibt. Der provinziell-deutschen Motivik wirken Zeitbloms äußerst schwacher Katholizismus und einige Anspielungen auf Erasmus entgegen, motivische Andeutungen, die auf die Möglichkeit universalistischer Orientierungen in Deutschland hinweisen.[5] Denn Thomas Mann bestand darauf, daß Luthers Protestantismus deutsch, der Katholizismus dagegen universal sei.

Von den Bindungen seiner deutschen Herkunft löst Leverkühn sich ab, ohne doch in die große Welt einzutreten, das heißt, er bleibt auch dem internationalen Musikbetrieb fern. Vielmehr ist Leverkühn Mitlebender und Zeuge deutscher bürgerlicher Provinz, von der er sich absetzt in die absolute Kunst. Seine Musik soll zugleich totale Organisation und expressiv sein, mit einem Wort, sie drückt sich aus und erfüllt selbstgegebene Gesetze, aber sie kommuniziert mit niemandem, erfüllt niemandes (traditionelle) Erwartungen, ist total unbürgerlich. »Nur einige Liebhaber und Gläubige des absoluten Geistes und des einsamen, anarchischen Ich können folgen oder geben vor es zu tun«, heißt es in Thomas Manns Planungsnotizen anschließend an die oben wiedergegebene Stelle über das Verlangen seines »Doktor Faustus« aus dem Bürgerlich-Nüchternen in das Rauschhaft-Gelöste. Adrian Leverkühn ist zwar ein »deutscher Tonsetzer«, worauf der Untertitel des Romans ausdrücklich hinweist, spricht aber über die Deutschen schon von Jugend auf mit Distanz. Das zeigt sich besonders eindrucksvoll beim Kriegsausbruch 1914. Leverkühn war zur Aufführung eines seiner Werke nach Paris eingeladen. Der Kriegsausbruch macht dies unmöglich. »Ihr geht statt meiner«, sagt Adrian. Der Krieg tritt an die Stelle einer kosmopolitischen Eroberung der Welt durch Kultur. Zeitblom trägt diesen Gedanken, versetzt mit denen, die sein Autor in seinen Kriegsaufsätzen und in den *Betrachtungen* geäußert hatte, vor, wobei seine aus der Distanz aufgezeichnete Rede ironisch mit paradoxen Spitzen versehen wird. Adrian läßt Zeitbloms Begeisterung kurz abfahren: »Daraus wird nichts [...]«, »Ich habe verstanden, daß Kaisersaschern Weltstadt werden möchte [...]«. Aber er selber liest Kleists Marionetten-Aufsatz, den Zeitblom »die Definition des Deutschtums geradezu« nennt, »eines Seelentums, bedroht von Versponnenheit, Einsamkeitsgift, provinzlerischer Eckensteherei, neurotischer Verstrickung, stillem Satanismus [. . .]«. Dies trifft Adrian, er wendet sich ab. Die Szene ist außerordentlich typisch für die Ambivalenz, die hier dargestellt werden soll: Adrians Abwehr und Zugehörigkeit, sein bloß angenommener, theoretischer Kosmopolitismus, aus dem keine Konsequenzen fließen (auch nicht fließen können), der nur zur Distanzierung dient von genau dem, von dem er sich nicht distanzieren kann, seinem Deutschsein. Die Ambivalenz soll ein qualvolles Verfallensein bezeichnen, das tiefer geht als naive Begeisterung.

Eine entsprechende Ambivalenz beherrscht Adrians Verhältnis zur Kunst. Schon früh redet Adrian im Anschluß an einen Vortrag seines Lehrers Kretzschmar »mit altklugen Worten von der wahrscheinlich bevorstehenden Wiederzurückführung ihrer [der Kunst] heutigen Rolle auf eine bescheidenere, glücklichere im Dienst eines höheren Verbandes, der nicht gerade, wie einst, die Kirche zu sein brauche. Was er denn sein solle, wußte er nicht zu sagen.« Und später, in einem Gespräch über die Gewinnung des Volkstümlichen in der Musik auf einem nicht-romantischen, unsentimentalen Weg führt er denselben Gedanken weiter aus:

»›Die ganze Lebensstimmung der Kunst, glauben Sie mir, wird sich ändern, und zwar ins Heiter-Bescheidenere, – es ist unvermeidlich, und es ist ein Glück. Viel melancholische Ambition wird von ihr abfallen und eine neue Unschuld, ja Harmlosigkeit ihr Teil sein. Die Zukunft wird in ihr, sie selbst wird wieder in sich die Dienerin sehen an einer Gemeinschaft, die weit mehr als „Bildung" umfassen und Kultur nicht haben, vielleicht aber eine sein wird. Wir stellen es uns nur mit Mühe vor, und doch wird es das geben und wird das Natürliche sein: eine Kunst ohne Leiden, seelisch gesund, unfeierlich, untraurig-zutraulich, eine Kunst mit der Menschheit auf du und du . . .‹

Er brach ab, und wir alle drei schwiegen erschüttert. Es ist schmerzlich und herzerhebend zugleich, die Einsamkeit von der Gemeinschaft, die Unnahbarkeit vom Zutrauen reden zu hören.«

Zeitblom ist unzufrieden mit Adrian. Er, der Kulturbürger, versteht ihn nicht. Denn Leverkühn hat nicht seine eigene Kunst beschrieben. Sie ist ganz anders, so daß Leverkühn sie an anderer Stelle mit »Nachbarschaft von Ästhetizismus und Barbarei« umschreibt. Adrians Musik gelangt nicht über die bürgerlich-individualistische Kunst, die kulturelle Kunst hinaus, führt vielmehr deren steilen Ästhetizismus so zu Ende, daß er in seiner teuflischen Einsamkeit zu primitiven und barbarischen Ausdrucksmitteln greift, um der Konvention zu entgehen und der Forderung nach Originalität zu genügen. Er kann aber über seine eigenen Grenzen hinaussehen. Sein Wissen von einer neuen, sozialen Kunstform verschärft die Verfallenheit an seine eigene. Der Gedanke erscheint darum auch in seiner Abschiedsansprache:

»Denn es heißt: Seid nüchtern und wachet! Das aber ist manches Sache nicht, sondern, statt klug zu sorgen, was vonnöten auf Erden, damit es dort besser werde, und besonnen dazu zu tun, daß unter den Menschen solche Ordnung sich herstelle, die dem schönen Werk wieder Lebensgrund und ein redlich Hineinpassen bereiten, läuft wohl der Mensch hinter die Schul und bricht aus in höllische Trunkenheit: so gibt er sein Seel daran und kommt auf den Schindwasen.«

Die Rede *Deutschland und die Deutschen* ist im Februar und März 1945 nach der Niederschrift des Teufelsgesprächs im *Doktor Faustus* entstanden. In ihr lehnt Thomas Mann die Unterscheidung eines bösen und eines guten Deutschland ab. Er zielte damit auf die im »Council for a Democratic Germany« wirkenden Emigranten. Diese Vertretung der politisch engagierten Exildeutschen in Amerika, eine Art Exil-Ersatzregierung, war im Fühjahr 1944 gebildet worden. Thomas Mann verhielt sich ihr gegenüber neutral. Er hatte eine Aufforderung, sich dem Rat anzuschließen, ebenso abgelehnt wie eine, ihn zu desavouieren.[6] »Man *hat* zu tun mit dem deutschen Schicksal und deutscher Schuld, wenn man als Deutscher geboren ist. Die kritische Distanzierung davon sollte nicht als Untreue gedeutet werden. Wahrheiten, die man über sein Volk zu sagen versucht, können nur das Produkt der Selbstprüfung sein.« Ein solches Zusammensehen des bösen und des guten Deutschland hängt eng mit dem *Doktor Faustus* zusammen. Der Vortrag selbst erklärt das deutsche Wesen als eine Kette von Ambivalenzen, von guten Eigenschaften, die ins Böse ausarten.

Hinter diesen Gedanken steht der alte Gegensatz von Bürger und Künstler, genauer gefaßt als Zwiespalt in einer Person zwischen dem Bürger als Künstler, der sozial sein will, und dem absoluten Künstler, der originell sein will und damit nicht sozial sein kann. In dem Künstler, der aus dem Bürgertum kommt, sich von ihm ablösen will und doch auf seine bürgerlichen Leser angewiesen bleibt, zeigt sich ein im Begriff des Bürgers seit der Renaissance angelegter Zwiespalt. Er ist sowohl gemeinschaftsbezogen wie human-individuell. Als die human-individuell-ästhetische bürgerliche Kunst sich anschickte, die christliche Religion zu ersetzen, geriet sie unter den Einfluß des naturwissenschaftlichen Weltbildes und versuchte sich in einer monistischen Religion. Dem Künstler des Monismus sind Alleinheit und Nihilismus dasselbe. Der Kult der Größe, auf den seine Ersatzreligion hinausläuft, ist darum moralisch ambivalent. Das ist nicht nur in Riemers Erklärung von Goethes fragwürdiger Größe so, sondern auch in der merkwürdig verstiegenen Theologie, mit deren Hilfe Adrian Leverkühn am Ende durch den Teufel zu Gott gelangen will, indem er durch extreme Sünde die Gnade herauszufordern unternimmt. Eine neue, gemeinschaftsbezogene Moral des Künstlers wird als Möglichkeit anvisiert, der aber das Originalitätsgebot hinderlich im Wege steht. In der Erzählung *Das Gesetz* wird sie metaphorisch gestaltet und durch Humor vor ideologischer Starre gesichert. Ein anderer Ausweg ist der Hinweis auf die christliche Gnade, also eine Reduktion der humanen Größe. Sie wird am Ende des *Doktor Faustus* angedeutet und in dem Roman *Der Erwählte* umspielt.

Die Grundlagen dieser Strukturen sind nicht neu. Sie waren vor dem Exil angelegt: in Nietzsche, in Thomas Manns Teilnahme an der Literatur der Jahrhundertwende, in seinem Doppelmaßstab als bürgerlicher Künstler, dem Zwiespalt von gemeinschaftsbezogener Liebesforderung und der Orientierung an originaler Größe. Die Gemeinschaft, auf die Mann angewiesen war, war die des deutschen Kulturbürgers. Sein Versuch, dessen Sache zu führen (in den *Betrachtungen eines Unpolitischen*) war zum Scheitern verurteilt. Dennoch hörte Thomas Mann in der Weimarer Republik nicht auf, sich als Repräsentant des Kulturbürgertums zu fühlen. Er wollte seine Leser zur politischen Vernunft führen, ihre Liebe zu den Mitmenschen wecken, dem Bürger ein soziales Bewußtsein predigen. Sein Hauptwerk in dieser Zeit ist *Joseph*, die erträumte Märcheninsel der effektiven Humanität. Joseph ist freilich keine tadelfreie Idealfigur. Seine Künstlereitelkeit und ästhetische Selbstliebe bringen ihn in Schwierigkeiten mit seiner Gesellschaft. Diese Prüfungen sind aber nur märchenhafter Natur. Am Ende gewinnt er sein Reich. Die Vereinigung von Geist und Leben im Raum einer Geschichte ist auch die Vereinigung von Mythos und Geschichte, Kunst und Gesellschaft. Eine Einschränkung findet sich allerdings am Ende, als der geistliche Hauptsegen Jakobs an Josephs sündigen Bruder Juda fällt.

Inzwischen war *Lotte in Weimar* geschrieben worden, wo der Glaube an den moralischen Wert der ästhetischen Größe entschieden in Zweifel gezogen, wenn auch letztlich noch bejaht wird. *Die vertauschten Köpfe* sind das humorvolle Seitenstück des Zweifels. Beide Werke wurden im Exil konzipiert und geschrieben, wenn auch Thomas Manns Wunsch, Goethe auf die Bühne seiner Erzählkunst zu bringen, älter ist. In ihnen hat sich ein Zweifel niedergeschlagen an der kulturbürgerlichen Ideologie, an der klassischen Humanität als Synthese von geistvoller Kunst mit sozialem Leben, vermittelt durch Liebe. Der Zweifel wird nicht absolut. Vielmehr verkörpert *Das Gesetz* noch einmal den Traum vom geistigen Volksbildner und Volksführer, und zwar auf nüchternere, weniger märchenhafte Weise als im *Joseph*. Auch setzen die Essays und Reden der Zeit, besonders *Schicksal und Aufgabe* (1944), die während der Arbeit am *Doktor Faustus* geschrieben wurden, die kulturbürgerliche Argumentation der Weimarer Republik nunmehr vor einem amerikanischen Publikum fort. Er will Demokratie und Sozialismus versöhnen. Die dualistische und ambivalente Struktur des *Doktor Faustus* ist dennoch der schärfste Ausdruck des Zweifels an der deutschen Spielform des ästhetischen Kulturbürgertums.

Die Konzeption des *Doktor Faustus* war ebenso wie *Lotte in Weimar* eng verbunden mit Plänen aus Thomas Manns Münchener Vorkriegszeit. Viele Einzelheiten und ganze Motivketten des geplanten Romans »Maja« sind in den *Doktor Faustus* eingegangen. Thomas Mann hat selbst auf die Notizen über den syphilitischen Künstler hingewiesen, deren zweite (von etwa 1905) diesen mit Dr. Faust identifiziert.[7] Produkt des Exils ist die Struktur, die dem Gegensatz von nüchternem Bürger und rauschhaftem Künstler eine geschichtliche Bedeutung gibt, die deutsche ästhetische Humanität am Scheitern der deutschen Politik mißt. Die Rede *Deutschland und die Deutschen* zeigt, wie Thomas Manns Deutschlandbild zum Gefangenen seiner eigenen fiktionalen Struktur wird. Der Ehrgeiz, die Deutung des Phänomens Deutschland zu liefern, ist dem *Doktor Faustus* nicht überall zugute gekommen. Der humorvoll gemeinte Gegensatz zwischen dem Genie Leverkühn und dem beschränkten Kulturbürger Zeitblom verliert seine Spannung allzuoft unter Verlust des Humors. Die beschränkte Hausfrau Helene, geborene Ölhafen, paßt nicht zu dem differenzierten Erzähler. Geradezu peinlich humorlos ist die Parodie der Lutherlegende in dem semmelwerfenden Professor Kumpf.

Thomas Mann fühlte sich im Exil mit Deutschland durch seine Kultur im Guten wie im Bösen verbunden. Seine Größe und seine Grenze liegt darin, daß er Deutschland in sich selbst suchte und fand. Wer das historisch-politische Phänomen Deutschland als ästhetisches Phänomen deutet, löst sich nicht vom Ästhetizismus. Das ändert aber nichts daran, daß *Doktor Faustus* Grenzen und Gefahren des Ästhetizismus markieren will und insofern eine bewunderungswürdige Selbstprüfung ist. Hierin liegt der Wert des Werkes, das ohne Exil so nicht und vielleicht überhaupt nicht entstanden wäre.

Anmerkungen

1. Die bei der Umarbeitung ausgeschiedenen Blätter dieses Manuskripts befinden sich in der Beinecke Library der Yale University.
2. Thomas Mann Archiv Zürich. Vollständig zitiert in H. Lehnert: »Thomas Mann: Fiktion . . .« (s. Lit.), S. 158.
3. zitiert in H. Lehnert: »Thomas Mann in Exile« (s. Lit.), S. 291, nach dem ungedruckten Typoskript in der Yale University Library.
4. Typoskript in der Yale University Library.
5. Zu den Quellen für »Doktor Faustus« s. Gunilla Bergsten (s. Lit.). Zu Dürer: Walther Rehm: »Thomas Mann und Dürer«. In: W. R., »Späte Studien«. Bern 1964. S. 344–358 (auch in der Festschrift Maurer: »Die Wissenschaft von deutscher Sprache und Dichtung«. Stuttgart 1963); J. Elema: »Thomas Mann, Dürer und Doktor Faustus«. In: »Euphorion« 59 (1965) S. 97–117; Hans Wysling: »Thomas Manns Verhältnis zu den Quellen«. In: Paul Scherrer u. Hans Wysling (s. Lit.), S. 277 u. Anm. 8 S. 343. Zu Luther s. H. Lehnert: »Thomas Mann: Fiktion . . .« (s. Lit.), S. 140–223, bes. S. 195–202. Weitere Literatur in meinem Forschungsbericht (s. Lit.), S. 147–150 u. 158.
6. Hierüber mehr in meinem Aufsatz »Bert Brecht und Thomas Mann im Streit über Deutschland«, der, wie auch ein Beitrag von Erhard Bahr, der ähnliche Zusammenhänge berührt, in dem Sammelband »Die deutsche Exilliteratur ab 1933 in Kalifornien« bei Francke in Bern erscheinen wird.
7. Siehe Hans Wysling: »Zu Thomas Manns ›Maja‹-Projekt«. In: Scherrer/Wysling (s. Lit.), S. 23–47.

Werke

Bücher

Die Geschichten Jaakobs (Joseph und seine Brüder: Der erste Roman). Berlin: S. Fischer 1933.

Der junge Joseph (Joseph und seine Brüder: Der zweite Roman). Berlin: S. Fischer 1934.

Leiden und Größe der Meister: Neue Aufsätze. Berlin: S. Fischer 1935. [Enthält u. a. die Goethereden Thomas Manns aus dem Jahre 1932, »Leiden und Größe Richard Wagners« und »Meerfahrt mit Don Quijote« (1934).]

Joseph in Ägypten (Joseph und seine Brüder: Der dritte Roman). Wien: Bermann-Fischer 1936.

Achtung Europa! Aufsätze zur Zeit. Stockholm: Bermann-Fischer 1938. [Zugleich auch in New York; enthält »Dieser Friede« unter dem Titel »Die Höhe des Augenblicks«.]

Lotte in Weimar. Roman. Stockholm: Bermann-Fischer 1939.

Die vertauschten Köpfe: Eine indische Legende. Stockholm: Bermann-Fischer 1940. [Zuerst als Buch; seit 1945 in den Ausgaben der Erzählungen.]

Deutsche Hörer! 25 Radiosendungen nach Deutschland. Stockholm: Bermann-Fischer 1942. [Zweite, erweiterte Ausgabe von 55 Reden. 1945.]

Joseph der Ernährer (Joseph und seine Brüder: Der vierte Roman). Stockholm: Bermann-Fischer 1943.

Das Gesetz. Erzählung. Los Angeles: Pazifische Presse 1944. [Später in den Ausgaben der Erzählungen.]

Adel des Geistes: Sechzehn Versuche zum Problem der Humanität. Stockholm: Bermann-Fischer 1945. [Enthält die Texte aus »Leiden und Größe der Meister« und ältere sowie neuere Aufsätze, u. a. »Freud und die Zukunft« (1936), »Schopenhauer« (1938), »Über Goethes Faust« (1938).]

Leiden an Deutschland. Tagebuchblätter aus den Jahren 1933 und 1934. Los Angeles: Pazifische Presse 1946.

Doktor Faustus. Das Leben des deutschen Tonsetzers Adrian Leverkühn, erzählt von einem Freunde. Stockholm: Bermann-Fischer 1947.

Joseph und seine Brüder. Stockholm: Bermann-Fischer 1948. [Dreibändige Ausgabe des ganzen Romans. Später zweibändige Ausgaben.]

Neue Studien. Stockholm: Bermann-Fischer 1948. Darin u. a. »Nietzsches Philosophie im Lichte unserer Erfahrung« (1947) und »Joseph und seine Brüder« (1942). [Die Lizenzausgabe des Suhrkamp-Verlages 1948 enthält auch »Deutschland und die Deutschen« (1945).]

Gesammelte Werke in zwölf Bänden. Frankfurt a. M.: S. Fischer 1960.

Einige Aufsätze der Exilzeit

Bekenntnis zum Sozialismus. In: Sozialistische Bildung, Berlin, Heft 2, Februar 1933. [Fragmentarisch auch in Tageszeitungen am 20. Februar 1933. Ansprache, geschrieben für eine Kundgebung des Sozialistischen Kulturbundes.]

Leiden und Größe Richard Wagners. In: Neue Rundschau, Berlin, April 1933.

Thomas Mann erwidert. In: Arbeiter Zeitung, Wien, 28. Oktober 1933. [Brief an die Zeitung, die in einem Artikel »Literatur und Charakter« Thomas Manns Entscheidung, seinen Namen von der Mitarbeiterliste der »Sammlung« streichen zu lassen, angegriffen hatte.]

Meerfahrt mit Don Quijote. In: Neue Zürcher Zeitung, 5.–15. November 1934. [Geschrieben im September 1934, während er die Arbeit am Joseph-Roman unterbricht und ein Buch über Deutschland erwägt. In fiktiver Tagebuchform (vielleicht angelehnt an sein wirkliches Tagebuch) Reflexionen über Reiselektüre während der Überfahrt nach Amerika im Frühjahr 1934 (zum Empfang der Ehrendoktorwürde der Harvard University) zusammen mit Impressionen von der Schiffsreise und Bemerkungen über Deutschtum und Exilsituation.]

La Formation de l'Homme Moderne. In: Entretiens: ›La Formation de l'Homme Moderne‹. Ed. par la Société des Nations. Paris: Institut International de Coopération Intellectuelle 1935. Deutsch: Achtung Europa! In: Neues Wiener Journal, 15. und 22. November 1936. [Gerichtet gegen die »Popularisierung des Irrationalen«, entwickelt Thomas Manns Faschismustheorie; ohne das Gemeinte direkt zu bezeichnen, warnt er vor Kriegstendenzen, die in dem verlogenen, fanatischen (faschistischen) Massentypus heranwachsen, und fordert zum Ausgleich einen militanten Humanismus.]

Ein Brief von Thomas Mann. In: Neue Zürcher Zeitung, 3. Februar 1936. [An Eduard Korrodi, der am 26. Januar 1936 in einem Artikel »Deutsche Literatur im Emigrantenspiegel«, in der gleichen Zeitung, Thomas Mann gegen Leopold Schwarzschild in Schutz nehmen wollte. Ausgangspunkt der Kontroverse war Schwarzschilds Warnung vor der Verlegung des S. Fischer-Verlages ins Ausland, weil er dessen Chef, Gottfried Bermann, als »Schutzjuden« der Nationalsozialisten verdächtigte und außerdem befürchtete, daß der neue Exilverlag die vorhandenen schädige. Thomas Mann bekennt sich in seinem Brief zur Internationalität der deutschen Literatur, wenn er auch selbst tiefer in der deutschen geistigen Überlieferung wurzele, »als diejenigen, die seit drei Jahren schwanken, ob sie es wagen sollen, mir vor aller Welt mein Deutschtum abzusprechen«. Thomas Mann war die Erneuerung seines Passes schon 1933 verweigert worden, jedoch wurde er, trotz der oben zitierten Herausforderung, erst am 2. Dezember 1936 ausgebürgert, nachdem er am 19. November 1936 die Staatsangehörigkeit der Tschechoslowakei angenommen hatte, um wieder einen Paß zu erlangen. Die offizielle Begründung der Ausbürgerung nahm auf den Korrodi-Brief Bezug.]

Sigmund Freud und die Zukunft. In: Imago. Zeitschrift für psychoanalytische Psychologie, Wien, 1936. [Festrede zu Freuds 80. Geburtstag am 8. Mai 1936; endgültiger Titel: »Freud und die Zukunft«.]

Nobelpriset och Carl von Ossietzky. In: Göteborgs Handels- och Sjöfartstidning, 11. Juli 1936. [Unterstützung der Nobelpreiskandidatur Ossietzkys; deutsch unter dem Titel: »An das Nobel-Friedenspreis-Comité, Oslo«.]

Ein Briefwechsel. In: Neue Zürcher Zeitung, 24. Januar 1937. [Auch als Broschüre, Zürich: Oprecht 1937; sehr viele Nachdrucke; auch illegale in Deutschland. Antwort auf die Mitteilung des Dekans der Philosophischen Fakultät der Universität Bonn (Karl Justus Obenauer), die Ehrendoktorwürde sei ihm entzogen. Jetziger Titel: »Briefwechsel mit Bonn«. Sehr entschiedener Angriff auf den Nationalsozialismus.]

Nachwort. Spanien: Menschen in Not. Aarau: Schweizer Arbeiterkinderhilfswerk Zürich 1937. [Seit 1938 unter dem Titel »Spanien«. Anklage gegen die »Generalsemeute« und deren bürgerliche Unterstützung.]

Richard Wagner und der ›Ring der Nibelungen‹. In: Maß und Wert, Zürich, Januar/Februar 1938. [Vortrag gehalten in Zürich, 16. November 1937.]

Zum Tode Carl von Ossietzkys. In: Deutsches Volksecho, New York, 14. Mai 1938. [Ossietzky war am 4. Mai 1938 gestorben, nach Entlassung aus dem Konzentrationslager, wo er mißhandelt worden war.]

The Coming Victory of Democracy (übersetzt von Agnes Meyer). In: Reader's Digest, Pleasantville, N. Y., 1938 [fragmentarisch]. Deutsch als Broschüre: Vom zukünftigen Sieg der Demokratie. Zürich: Europa Verlag, Oprecht 1938. Sonderheft von »Maß und Wert«. Fragmentarisch auch in: Internationale Literatur, Moskau, Dezember 1938. [Vortrag gehalten in vielen Städten der USA im Frühjahr 1938.]

Dieser Friede. Stockholm: Bermann-Fischer 1938. [Gegen das Münchener Abkommen und das »Komplott faschistischer Sympathien in den westlichen Ländern«.]

Schopenhauer. Stockholm: Bermann-Fischer 1938.

Bruder Hitler. In: Das Neue Tage-Buch, Paris, 25. März 1939. [Versuch, Hitler als verhunzten Künstlertypus zu begreifen, um so eine Art von ironischer Freiheit im Tagesstreit wiederzugewinnen.]

Aus dem Princetoner Kolleg über Faust. In: Maß und Wert, Zürich, Mai/Juni 1939. [Späterer Titel: »Über Goethes Faust«.]

Zwang zur Politik. In: Das Neue Tage-Buch, Paris, 22. Juli 1939. [Späterer Titel: »Kultur und Politik«.]

Das Problem der Freiheit. Stockholm: Bermann-Fischer 1939. [Rede geschrieben für den PEN-Kongreß in Stockholm im September 1939, der durch den Ausbruch des Krieges verhindert wurde.]

Dieser Krieg! Stockholm: Bermann-Fischer 1940. [Die Auflage wurde 1940, nach dem deutschen Einmarsch, fast vollständig in der holländischen Druckerei vernichtet.]

»What is German?« In: Atlantic Monthly, New York, Mai 1944. Deutsch: Schicksal und Aufgabe. In: Deutsche Blätter, Santiago de Chile, Juli 1944. [Grundlegende Stellungnahme Thomas Manns, sein Verhältnis zu Deutschland und seinen Glauben an eine erneuerte soziale Demokratie nach dem Kriege enthaltend, sowie seine ambivalente Haltung gegenüber dem marxistischen Sozialismus ausdrückend; als Vortrag gehalten in der Library of Congress, 13. Oktober 1943.]

The End. In: Free World, New York, März 1945. Deutsch: Das Ende. In: Die Tat, Zürich, 30. Juni 1945. [Rückübersetzung aus dem Englischen.]

Macht und Güte. In: Aufbau, New York, 20. April 1945. [Späterer Titel: Franklin Roosevelt. Nachruf.]

Thomas Mann über die deutsche Schuld. In: Bayrische Landeszeitung, Nachrichtenblatt der Alliierten 6. Heeresgruppe für die deutsche Zivilbevölkerung, München, 18. Mai 1945. [Späterer Titel: Die Lager: »Auch der Deutsche, der sich beizeiten aus dem Bereich nationalsozialistischer Menschenführung davongemacht hatte (. . .) fühlt sich in tiefster Seele beschämt von dem, was im Land seiner Väter und Meister möglich geworden (. . .) war.«]

Warum ich nicht nach Deutschland zurückgehe. In: Aufbau, New York, 28. 9. 1945; Neue Schweizer Rundschau, Zürich, Oktober 1945. [Viele Nachdrucke; Antwort an Walter von Molo.]

Deutschland und die Deutschen. In: Neue Rundschau, Stockholm, Oktober 1945. [Rede in der Library of Congress, 29. Mai 1945.]

Dostojewski – mit Maßen. In: Neue Rundschau, Stockholm, September 1946. [Geschrieben für eine amerikanische Ausgabe.]

Nietzsches Philosophie im Lichte unserer Erfahrung. In: Neue Rundschau, Stockholm, Herbst 1947 (Heft 8). [Vortrag gehalten auf der PEN-Club-Tagung in Zürich am 2. Juni 1947.]

Interview

Literature and Hitler. In: The Modern Thinker and Author's Review, New York, August 1934, S. 105–109. [Ein Interview, offenbar gegeben während Thomas Manns erster Amerikareise im Frühjahr 1934, in dem er den Verfall der deutschen Literatur unter dem nationalsozialistischen Regime beklagt, Gerhart Hauptmanns Einverständnis mit dem Nationalsozialismus mit dessen Nationalismus erklärt und ihn, sozusagen kopfschüttelnd, als Mitläufer einstuft. Er kommentiert die prekäre Situation des Emigranten, die er mit der russischer Schriftsteller erläutert, die aus der Sowjetunion emigrierten und keine zusammenhängende Exilliteratur haben produzieren können. Er bekennt sich zu einem künstlerischen Individualismus und lehnt Kollektivaktionen ab, wobei er einen Aufruf seines Bruders zitiert. Dieses kaum bekannte Interview beweist, daß Thomas Mann vor 1936 die Nationalsozialisten nicht völlig schonte und daß von Anpassungswilligkeit keine Rede sein konnte. Thomas Mann gab mehrere solche Interviews auf seiner Amerikareise im Frühjahr 1934.]

Zeitschrift

Maß und Wert. Zweimonatsschrift für freie deutsche Kultur. Zürich 1937–40. Hrsg. von Thomas Mann u. Konrad Falke [d. i. Karl Frey]. [Redakteur war Ferdinand Lion, für den letzten Jahrgang Golo Mann. Konrad Falke (Frey) war Schweizer, hatte aber sonst kaum Bedeutung für die Zeitschrift.]

Die wichtigsten Briefausgaben
Thomas Mann: Briefe 1889–1936, Briefe 1937–1947, Briefe 1948–1955 und Nachlese. Hrsg. von Erika Mann. Frankfurt a. M.: S. Fischer 1961, 1963, 1965.
Hermann Hesse – Thomas Mann: Briefwechsel. Hrsg. von Anni Carlsson. Frankfurt a. M.: Suhrkamp 1968.
Thomas Mann – Heinrich Mann: Briefwechsel. Hrsg. von Hans Wysling. Frankfurt a. M.: S. Fischer 1968.
[Wegen einiger in der vorstehenden Ausgabe gestrichenen Stellen ist die weniger vollständige DDR-Ausgabe noch heranzuziehen:]
Thomas Mann – Heinrich Mann: Briefwechsel 1900–1949. Hrsg. von Ulrich Dietzel. Berlin u. Weimar: Aufbau-Verlag 1965.
[Eine Anzahl von Briefen Heinrich Manns an seinen Bruder wurde 1972 gefunden. Ihre Veröffentlichung ist geplant.]
Thomas Mann – Karl Kerényi: Gespräch in Briefen. Hrsg. von Karl Kerényi. Zürich: Rhein-Verlag 1960.
Thomas Mann: Briefe an Paul Amann 1915–1952. Hrsg. von Herbert Wegener. Lübeck: Schmidt-Römhild 1959. Veröffentlichungen der Stadtbibliothek Lübeck. Neue Reihe, Bd. 3.
Thomas Mann – Robert Faesi: Briefwechsel. Hrsg. von Robert Faesi. Zürich: Atlantis 1962.
Aus den in den »Blättern der Thomas Mann Gesellschaft«, Zürich, veröffentlichten Briefen kommen die folgenden für die Exilzeit bis 1947 in Frage:
an Hans Reisiger in Nr. 8, 1968
an Bruno Walter in Nr. 9, 1969
an Erich von Kahler in Nr. 10, 1970
an Kuno Fiedler in Nr. 11, 1971, und Nr. 12, 1972.

Literaturhinweise

Bibliographien
Hans Bürgin: Das Werk Thomas Manns. Eine Bibliographie unter Mitarbeit von Walter A. Reichart und Erich Neumann. Frankfurt a. M. 1959. [Die oben angeführten bibliographischen Angaben beruhen großenteils auf diesem Werk.] Ergänzt durch: Erich Neumann: Fortsetzung und Nachtrag zu Hans Bürgins Bibliographie ›Das Werk Thomas Manns‹. In: Betrachtungen und Überblicke: Zum Werk Thomas Manns. Berlin u. Weimar 1966. S. 491–510.
Klaus W. Jonas: Die Hochschulschriften des In- und Auslandes über Thomas Mann. In: Betrachtungen und Überblicke, a. a. O., S. 511–531.
Georg Wenzel: Thomas Manns Briefwerk. Bibliographie gedruckter Briefe 1889–1955. Berlin 1969. Ein Register aller Briefe, also auch der ungedruckten, mit Inhaltsangaben und Indizes von Hans Bürgin und Hans Otto Mayer ist in Vorbereitung.
Klaus W. Jonas: Die Thomas Mann Literatur. Bd. 1. Bibliographie der Kritik 1896–1955. Berlin 1972.
Harry Matter: Die Literatur über Thomas Mann. Eine Bibliographie 1898–1969. Bearb. von H. M. 2 Bde. Berlin u. Weimar 1972.

Andere Hilfsmittel
Hans Bürgin u. Hans Otto Mayer: Thomas Mann. Eine Chronik seines Lebens. Frankfurt a. M. 1965.
Klaus Schröter: Thomas Mann im Urteil seiner Zeit. Dokumente 1891–1955. Hamburg 1969. [Für das Thema seines Verhältnisses zum deutschen Publikum und zur Exilzeit außerordentlich ergiebige Sammlung. Mit kenntnisreichen Kommentaren.]

Forschungsbericht
Herbert Lehnert: Thomas-Mann-Forschung. Ein Bericht. Stuttgart 1969.

Einige Einführungen
Hans Eichner: Thomas Mann. Eine Einführung in sein Werk. Bern 1961 [erste Auflage 1953].
Henry Hatfield: Thomas Mann. An Introduction to his Fiction. Norfolk, Conn. 1962 [erste Auflage 1951].

Louis Leibrich. Thomas Mann. Paris 1957 [erste Auflage 1954].

Eike Midell: Thomas Mann. Versuch einer Einführung in Leben und Werk. Leipzig 1966. (Biographien und Dokumente.)

Klaus Schröter: Thomas Mann in Selbstzeugnissen und Bilddokumenten. Reinbek 1964. (rowohlts monographien.)

Richard Hinton Thomas: Thomas Mann. The Mediation of Art. Oxford 1963 [erste Auflage 1956].

Andrew White: Thomas Mann. Edinburgh u. London 1965. (Writers and Critics.)

Biographie

Theodor W. Adorno: Zu einem Porträt Thomas Manns. In: T. W. A., Noten zur Literatur III. Frankfurt a. M. 1965. S. 19–29.

Gertrude Albrecht: Thomas Mann, Staatsbürger der Tschechoslowakei. In: Vollendung und Größe Thomas Manns. Hrsg. von Georg Wenzel. Halle (Saale) 1962. S. 118–129.

Ida Herz: Ein Roman wandert aus. Zum Erscheinen von »Die Geschichten Jaakobs«. In: German Quarterly 38 (1965) S. 630–639.

Eberhard Hilscher: Thomas Mann. Sein Leben und Werk. Berlin 1968. (Schriftsteller der Gegenwart.) [Abgesehen von einigen Sätzen, die dem offiziellen Geschichtsbild in der DDR Rechnung tragen und die der westliche Leser zu subtrahieren hat, ist diese Darstellung aus eindringender Kenntnis in Leben und Werk entstanden.]

Herbert Lehnert: Thomas Mann in Exile. In: Germanic Review 38 (1963) S. 277–294.

– Thomas Mann in Princeton. In: Germanic Review 39 (1964) S. 15–32.

Klaus H. Pringsheim: Thomas Mann in Amerika. In: Neue Deutsche Hefte 12 (1966) H. 1, S. 20–46.

Gesamtinterpretationen

André von Gronicka: Thomas Mann. Profile and Perspectives. New York 1970.

Erich Heller: Thomas Mann: Der ironische Deutsche. Frankfurt a. M. 1959. [Englische Version: Boston 1958.]

Zum Spätwerk

Jonas Lesser: Thomas Mann in der Epoche seiner Vollendung. München 1962.

Zum »Joseph«

Willy R. Berger: Die mythologischen Motive in Thomas Manns Roman ›Joseph und seine Brüder‹. Köln 1971. (Literatur und Leben N. F. 14.)

Manfred Dierks: Studien zu Mythos und Psychologie bei Thomas Mann. An seinem Nachlaß orientierte Untersuchungen zum ›Tod in Venedig‹, zum ›Zauberberg‹ und zur ›Joseph‹-Tetralogie. Bern 1972 (Thomas-Mann-Studien 2). [Hauptsächlich über »Joseph«.]

Käte Hamburger: Der Humor bei Thomas Mann. Zum Joseph-Roman. München 1965.

Zu »Das Gesetz«

Käte Hamburger: Thomas Mann: Das Gesetz. Frankfurt a. M. 1964. (Dichtung und Wirklichkeit.)

Herbert Lehnert: Thomas Manns Erzählung ›Das Gesetz‹ und andere erzählerische Nachspiele im Rahmen des Gesamtwerks. In: DVjs. 43 (1969) S. 515–543.

Zu »Doktor Faustus«

Jan Albrecht: Leverkühn oder die Musik als Schicksal. In: DVjs. 45 (1971) S. 375–388.

Gunilla Bergsten: Thomas Manns Doktor Faustus. Untersuchungen zu den Quellen und zur Struktur des Romans. Stockholm 1963. (Studia Litterarum Upsaliensia 3.)

Käte Hamburger: Anachronistische Symbolik. Fragen an Thomas Manns Faustus-Roman. In: Gestaltungsgeschichte und Gesellschaftsgeschichte. Hrsg. von Helmut Kreuzer. Stuttgart 1969 (Martini-Festschrift). S. 529–553.

Heinz Peter Pütz: Die teuflische Kunst des ›Doktor Faustus‹ bei Thomas Mann. In: ZfdPh. 82 (1963) S. 500–515.

Bengt Algot Sørensen: Thomas Manns »Doktor Faustus«. Mythos und Lebensbeichte. In: Orbis Litterarum 13 (1958) S. 81–97.

Frank Trommler: Epische Rhetorik in Thomas Manns ›Doktor Faustus‹. In: ZfdPh. 89 (1970) S. 240 bis 285.

Sekundärliteratur zu dem Thema Politik und dem Verhältnis zu Heinrich Mann
André Banuls: Thomas Mann und sein Bruder Heinrich: ›eine repräsentative Gegensätzlichkeit‹. Stuttgart 1968. (Sprache und Literatur.)
Urs Bitterli: Thomas Manns politische Schriften zum Nationalsozialismus. Aarau 1964.
Kurt Sontheimer: Thomas Mann als politischer Schriftsteller. In: Vierteljahrsschrift für Zeitgeschichte 6 (1958) S. 1–44.
– Thomas Mann und die Deutschen. München 1961.

Sammelbände
Henry Hatfield [Hrsg.]: Thomas Mann. A Collection of Critical Essays. Englewood Cliffs, N. J., 1964.
Heinz Peter Pütz [Hrsg.]: Thomas Mann und die Tradition. Frankfurt a. M. 1971. (Athenäum Paperbacks 2.)
Georg Wenzel [Hrsg.]: Betrachtungen und Überblicke. Zum Werk Thomas Manns. Berlin u. Weimar 1966.

Am Nachlaß orientierte Untersuchungen
Außer Dierks (s. unter »Joseph«) reflektieren die folgenden Arbeiten die neuen Tendenzen der Forschung, die sich seit Öffnung des Nachlasses ergeben haben. Dies ist für das Gesamtbild wichtig, auch wenn die Werke der Exilzeit nicht im Mittelpunkt stehen.
Herbert Lehnert: Thomas Mann – Fiktion, Mythos, Religion. Stuttgart 1965; 2. berichtigte Auflage 1968. (Sprache und Literatur.)
Terence Jim Reed: ›Geist und Kunst‹: Thomas Mann's Abandoned Essay on Literature. In: Oxford German Studies 1 (1966) S. 53–101.
Hans-Joachim Sandberg: Thomas Manns Schiller-Studien. Eine quellenkritische Untersuchung. Oslo 1965. (Germanistische Schriftenreihe der norwegischen Universitäten und Hochschulen.)
– Suggestibilität und Widerspruch. Thomas Manns Auseinandersetzung mit Brandes. In: Nerthus. Nordisch-deutsche Beiträge 3 (1972) S. 119–163.
Paul Scherrer u. Hans Wysling: Quellenkritische Studien zum Werk Thomas Manns. Bern 1967. (Thomas Mann Studien I.)

HEINZ GRABER

Politisches Postulat und autobiographischer Bericht.
Zu einigen im Exil entstandenen Werken Alfred Döblins

Man muß sich die radikale Änderung der Verhältnisse, die für Döblin die Emigration bedeutete, vorstellen: Der 55jährige verlor seine wirtschaftliche Existenz, er mußte seine Arztpraxis, d. h. seinen Brotberuf aufgeben; der Schriftsteller verlor sein Publikum in Deutschland, der Vertrieb seiner Bücher wurde verboten. Was Döblin schon unter günstigeren Umständen nicht möglich gewesen war, dazu sah er sich nun unter erschwerten Bedingungen gezwungen: vom Schreiben zu leben, von einem Metier, für das er sich bis dahin etwa die Nachmittage freigehalten hatte. Gewiß, *Berlin Alexanderplatz* (1929) war auch finanziell ein Erfolg gewesen; trotzdem reichten die Ersparnisse, die Döblin im Augenblick seiner Emigration besaß, nicht allzu weit.[1] Im Exil wurde, wie er bald erfahren sollte, die Arbeit eines Jahres mit dem Betrag für ein Vierteljahr honoriert, der Rest war zuzusetzen. Von Anfang an hieß es sich einschränken. Zürich, die erste Station seines Exils, vermittelte ihm die Erfahrung, »daß man, ohne das Geringste zu entbehren, lange Monate zu Dritt in einer Stube mit Spirituskocher hausen kann«.[2]
Der abrupten Veränderung im äußeren Leben steht eine bemerkenswerte Kontinuität im Schaffen gegenüber. Wenn alles andere eine empfindliche Unterbrechung erfuhr – die Arbeit am Schreibtisch ging weiter. Es entstand ein Werk nach dem andern, und bis zum Beginn des Zweiten Weltkriegs konnte, fast ausnahmslos im Querido-Verlag in Amsterdam, alles erscheinen, was Döblin schrieb: sechs Romanbände, zwei Essaybände zur Judenfrage, eine Broschüre zur deutschen Literatur. Was dagegen von 1940 bis zum Kriegsende im amerikanischen Exil entstand, blieb ungedruckt in der Schublade: zwei Romane, davon eine Tetralogie, von der ein erster Band 1939 erschienen war, einige Erzählungen, eine religiöse Schrift und ein autobiographischer Bericht. Diese beträchtliche Produktion darf nicht einfach als Zeichen dafür genommen werden, daß Döblin im Exil zum Schreiben ganz frei war; sie ist ebensosehr ein Zeichen dafür, daß er sich nun zum Schreiben verpflichtet fühlte. Besinnungspausen, die vor der Emigration zwischen den Werken eingelegt wurden und aus denen seine Entwicklung die schöpferischen Impulse erhielt, glaubte er sich aus wirtschaftlichen Gründen nicht mehr leisten zu können.

In dem Handkoffer, mit dem der Flüchtling am 28. Februar 1933 die schweizerische Grenze überquerte, befand sich der Entwurf eines Romans, dessen Ausgangslage mit derjenigen des Autors merkwürdig übereinstimmte: »Ein großer Herr ist in zeitgemäße Schwierigkeiten geraten und muß auf seinen bisherigen Aufwand verzichten.« Es ist ein altbabylonischer Gott, dem mit der Verehrung auch die Nahrung entzogen wurde. Er wird vom Sprecher einer neuen Religion, Jeremia, aus dem Himmel auf die Erde verbannt, wo er als Mensch für seine Sünden büßen soll. Döblin berichtete später, das Bild des verschimmelten Gottes habe sich Ende 1932 in ihm festgesetzt; er habe es damals als Spiegel seiner eigenen verlorenen Situation und als Ausdruck seines Willens verstanden, einem Zustand der Stagnation zu entrinnen.[3] Für Döblin war Deutschland schon vor 1933, nicht nur politisch, auch geistig unerträglich geworden. Vielleicht erklärt sich daraus die sonst durch nichts begründete Zuversicht, die der Emigrant am Anfang gern in Form eines Schiller-Zitats äußerte: »Doch es ward ihm zum Heil, es riß ihn nach oben.« Wie weit der Plan des neuen Werks *Babylonische Wandrung* gediehen war, als Döblin emigrierte, ist unbestimmt. Fest steht, daß der Autor nur zwei Monate später aus Zürich melden konnte: »Mein Buch geht avanti. Eine große Hälfte ist überwunden, ich bin in Konstantinopel, und je nach dem Ort, an dem ich lande (ich meine real), wird das Buch enden in Berlin, Zürich, Paris, London, Straßburg.«[4]

Welche Bedeutung das Motiv vom auswandernden Gott anfänglich auch gehabt haben mag, es war dazu prädestiniert, die erste Erfahrung der Emigration aufzunehmen. Als der Autor schrieb, der Fortgang der Handlung hänge von seinem eigenen Weg ab, verriet er eine Parallele, die ohnehin nicht zu verbergen war; sie springt in die Augen. Nicht nur bezeichnet er während der Arbeit am Roman die Hauptfigur brieflich als Emigranten, Konrad selber nennt sich so, und wenn Döblin über Konrads Lage spricht oder ihn darüber sprechen läßt, spricht er in eigener Sache: »Ein Umzug in meinem Alter. Was werden sie mit uns machen.« – »Es sind gedrückte Verhältnisse, aber wir richten uns ein.« Konrads Sorgen sind die des Autors, sie könnten so oder ähnlich in Döblins Briefen ausgedrückt sein. Beide, Autor und Hauptfigur, können sich nur schwer damit abfinden, daß sie ausgestoßen sind. Konrad klammert sich verzweifelt an die illusionäre Möglichkeit, daß alles auf einer Verwechslung beruhe und ein Mißverständnis sei. Er gibt seine Absicht kund, nach Babylon zurückzukehren und dort die Fäden wieder in die Hand zu nehmen. »Das Emigrantendasein behage ihm nicht.« Auch Döblin dachte, wie wir aus seinen Briefen wissen, in der ersten Zeit daran, nach Berlin zurückzukehren. Für ihn wie für Konrad brachte die Emigration neben andern Schwierigkeiten ein Sprachproblem mit sich, das ihm schwer zu schaffen machte. Als Paris schon zum ›endgültigen‹ Wohnsitz geworden war, mußte er auf der Flucht vor der ihn quälenden Fremdsprache auf vier Wochen noch nach Zürich gehen, um dort seine Arbeit abschließen zu können. Später bemerkte er: »Die Sprache hat mir seit 1933 oft ein Bein gestellt und hat mir viel das Vergnügen daran verdorben, das Naziland hinter mir zu haben.«[5] Seine Versuche, in die fremde Sprache einzudringen, sah er gerade durch den Umstand erschwert, daß sein geschriebenes Tagewerk unverändert in deutscher Sprache verlief. Im Roman gibt die Schwierigkeit sprachlicher Verständigung mehrere Male zu komischen Szenen Anlaß. Der Schock, plötzlich auf fremdsprachigem Boden zu landen, ist humoristisch umgesetzt. Auch die Schuldfrage, die den Roman wie ein roter Faden durchzieht, geht den Autor persönlich an. Döblin sah in der Emigration letztlich eine Konsequenz aus eigenem Versagen; er glaubte, seine Pflicht als Bürger der Republik und als Schriftsteller versäumt zu haben. 1935 lehnte er eine Aufforderung, zum Jahrestag der Bücherverbrennung zu sprechen, mit der Begründung ab, seine Bücher seien zu Recht verbrannt worden. Ungleich dem Autor weigert sich Konrad, für eine Schuld, die er nicht einsieht, zu büßen, und kämpft hartnäckig um eine Revision des Urteils, das über ihn gesprochen ist; womit der Autor seine Selbstkritik unauffällig relativiert.

Das Thema der Emigration erscheint in den verschiedensten Abwandlungen. »Lauter Emigranten«, denkt Konrad, als ihm ein Kamel die Geschichte seiner langen Herkunft erzählt. Eine Form permanenter Emigration repräsentieren »die über alle Länder Ausgeschwemmten«, die Zigeuner, besonders aber die Juden, auf deren babylonisches Exil ja bereits im Titel angespielt wird. Und wie in *Berlin Alexanderplatz* ist ein ganzes Kapitel des ersten Buches der Begegnung mit den Juden gewidmet. Und auch später, so im letzten Buch, trifft Konrad sie wieder, unter den von der Gesellschaft Ausgestoßenen, die unter den Brücken nächtigen. Aber anders als im Berliner Roman, wo von den Juden zu lernen ist, wird hier so sarkastisch von ihnen gesprochen wie nur in den gleichzeitigen Briefen des Autors.[6] Der Sarkasmus Döblins, der seine Emigration auch als jüdisches Schicksal verstand, ist bloß die andere Seite seiner Verzweiflung über die angestammte Passivität der vom Nazismus bedrohten Juden Europas. Döblin setzte sich in den ersten Jahren des Exils aktiv für eine Lösung des jüdischen Problems ein und vertrat als Mitglied der ›Liga für jüdische Kolonisation‹ (Paris) den territorialistischen Standpunkt: ihm schwebten jüdische Massensiedlungen in unbesiedelten Gebieten Afrikas, Australiens oder Südamerikas vor. Auch diese Pläne haben im Roman ihren Niederschlag gefunden, und zwar in der Siedlung, die gegen Schluß von Konrad und seiner Sippe gegründet wird. Es ist eine Kolonie von Flüchtlingen, die allerdings nicht nur vor faschistischen Machthabern, sondern ebenso vor der Zivilisation der Städte fliehen. Sie kehren gar zum Tieropfer zurück, und der Autor erklärt: »Sie verehrten die große Erde, waren ihre Abkömmlinge, ihre Kinder, trugen ihre stolze fruchtbare Kraft in sich. Sie verstanden bald nicht, was dahinten vorging mit Krieg, marschierenden Bataillonen, eine kranke Heidenwelt.« Mit diesem Ausweg aus einer bedrängnisvollen Situation griff Döblin auf *Berge Meere und Giganten* zurück und versuchte, vor dem politischen Konflikt in eine regressive Naturverehrung auszuweichen. Die auf den ersten Blick überraschenden Anklänge erklären sich aus der Tatsache, daß er den utopischen Roman von 1924 zu Beginn der dreißiger Jahre umgearbeitet und 1932 eine gestraffte Version unter dem Titel *Giganten* publiziert hatte. Der Schluß überzeugt nicht, die Rückwendung zur Natur hält nicht der Einsicht stand, die Döblin wenig später im Zusammenhang mit seinen territorialistischen Plänen formulierte: »Es gibt keine Inseln mehr auf der Erde.«[7] Den historischen Beweis dafür sah er in dem Schicksal der Jesuitenrepublik in Paraguay, mit der er sich um die Mitte der dreißiger Jahre zu beschäftigen begann und über die er in den darauffolgenden Jahren ein dreibändiges Werk schrieb.

Babylonische Wandrung ist, wie Muschg im Nachwort zu seiner Neuausgabe schrieb, »ein spielerisches Stück Beichte und Autobiographie«. Kein anderer Roman Döblins ist so stark an der Situation des Autors orientiert. Sie ist in das Produkt eingegangen und ein Bestandteil davon geworden: »Ich, der dies schreibt, sonst ansässig in der deutschen Stadt Berlin, jetzt auf dem vogelzwitschernden Zürichberg, selber flüchtig wie ein Vogel.« Zürich selbst ist eine Station auf der Weltenwanderung des babylonischen Gottes, dessen prosaischer Name Konrad dort nicht unvertraut klingt; und ebenso wie der Autor zieht Konrad nach Paris weiter. Mit der fiktiven Flucht der Stationen, die im Roman passiert werden, umspielt der Autor seine eigene Lage. Selber unterwegs, schickt er einen mythischen, wenn auch stark entmythologisierten Emigranten als seinen Vertreter auf die Reise. Das Buch wird damit zu einer burlesken Einübung in die Emigration. All der Phantasiereichtum, der dabei aufgeboten wird, das hemmungslose Flunkern und Fabulieren, ist im Grunde ein Versuch, über die prekäre Wirklichkeit hinwegzukommen oder Aufschub zu erwirken, ein Motiv, das sich in den stilistischen Mitteln – eingeschobene Betrachtungen, Abschweifungen, Hypothesen – klar zu erkennen gibt. Oft wird vor dem Bericht darüber, was war, umständlich ausgemalt, was hätte sein können; was gewesen wäre, wenn. Nirgends hat Döblin so ausgiebig vom Konjunktiv Gebrauch gemacht. Als er einen Kritiker der *Babylonischen Wandrung* auf das stilistische Abenteuer hinwies, das es ihm bereitet habe, das Buch zu schreiben, verriet er zugleich die wahre Bedeutung des darin dominierenden Irrealis: »Mir blieb in dieser Zeit nur die Phantasie, die Realität wollte ich nicht sehr anfassen.«[8]

Doch die Realität drängt sich auf und kommt immer wieder in die Quere. So unmißverständlich wie auf die persönliche Situation des Autors ist der Roman auf die allgemeine Lage der Zeit bezogen. An mehr oder weniger direkten Verweisen auf die politischen Verhältnisse fehlt es nicht. Bei aller Irrealität, die einem Buch über einen babylonischen Gott anhaftet, gibt es doch keine Unklarheit über den zeitgeschichtlichen Hintergrund, vor dem der groteske Spaß sich abspielt: die Zeit der erzählten Haupthandlung fällt mit der des Erzählens zusammen. Selbst die historischen Intermezzi, wie etwa dasjenige über die Verbrennung der Straßburger Judenschaft, haben direkten Bezug zu einer Gegenwart, die auf mittelalterliche Praktiken zurückgriff. Und die Episoden über Gewalthaber vergangener Zeiten spiegeln zeitgenössische Diktatoren wider, die jenen an Blutrünstigkeit nicht nachstanden. Angesichts solcher Verhältnisse stellt sich die Frage: »Was tun? Was kann man gegen Tyrannen tun?« Die Antwort, die Kamilla darauf gibt, entspricht der damaligen Ansicht Döblins: »Man kann nichts tun.« – Die Zeitbezogenheit des Buches wurde bei seinem Erscheinen 1934 sogleich bemerkt. Hermann Kesten schrieb in seiner Rezension: »Döblin malt in seinem Roman dieses Europa, das in die Arme der dümmsten Diktatoren taumelt, die Europa je gesehen hat.«[9] Schon der erste Satz des Buches stellt die Geschichte als exemplarischen Fall vor, so daß Emigranten sich in dem Spiegel wiedererkennen konnten: »Auch wir haben gesündigt. Auch wir sind gestürzte Götter! Und wir sind mitten in der babylonischen Wandrung; denn Hochmut kommt vor dem Fall.«[9] Muschg hat mit Recht bemerkt, schon ein Jahr später hätte Döblin das Buch so nicht mehr schreiben können. Nur im ersten Stadium der Emigration gelang ihm das Kunststück, den Schock in eine Burleske zu verwandeln. Der Dichter muß das selbst empfunden haben; Mitte 1934 schreibt er rückblickend: »Es war noch Heiterkeit und Kunst aus alter Zeit.«[10] Das Buch reichte in die Zeit vor der Emigration zurück, eine Vorzeit, von der ihn ein Abgrund trennte. Im Februar 1934, fast auf den Tag genau ein Jahr, nachdem er Deutschland verlassen hatte, schrieb Döblin an Oskar Loerke, der in Berlin geblieben war: »Die Welt ist so weit auseinander. Dies eine Jahr ist ein halbes Jahrhundert.«[11]

Döblin hatte die Korrekturen noch nicht beendet, als er die Absicht äußerte, bald eine neue Arbeit zu beginnen, »schon um der Vereinsamung hier zu entgehen«.[12] Er wohnte damals in Maisons-Laffitte, einem Vorort von Paris; die Stadt selbst mied er, sie war ihm »zu sehr die Fremde«. In dieser Abgeschiedenheit begann er einen Roman, der im Gesamtwerk einzigartig blieb: *Pardon wird nicht gegeben,* eine Familien- und Gesellschaftsgeschichte mit autobiographischem Einschlag. Aus der Not, keine deutschsprachige Bibliothek in der Nähe zu haben, machte er die Tugend, keine nötig zu haben, und entnahm den Stoff ausnahmsweise seiner Erinnerung. Das Motiv war nicht neu. Obwohl Döblin gern behauptete, kein Mann der Autobiographie zu sein, hatte er 1928 aus seinem Leben berichtet. Sein *Erster Rückblick*[13] war zwar nicht der erste; aber von einem zehn Jahre früher unternommenen Versuch, seiner Vergangenheit ins Auge zu sehen, ist wohl nicht zufällig nur ein Bruchstück erhalten.[14] Döblin war damals noch nicht stark genug gewesen, der Konfrontation mit seinem Leben und seiner Herkunft standzuhalten. Noch dem Fünfzigjährigen bereitete es sichtlich Mühe, wie das Herzstück des autobiographischen Berichtes zeigt: die Auseinandersetzung mit dem Vater, der die Familie im Stich gelassen hatte, um mit einer Geliebten nach Amerika zu entfliehen. Dreimal setzt Döblin an, um damit fertig zu werden. Daß es ihm gelungen ist, legt der Roman nahe: der Vater, ein Mann mit Eigenschaften wie Max Döblin, spielt darin keine aktive Rolle mehr; er ist tot, wenn der Roman beginnt. Trotz dieser Differenz decken sich die Ausgangspunkte im wesentlichen: im Buch wie im Leben fehlt der Vater. Um so stärker wird die Stellung der Mutter. (Frau Döblin war 1888 mit ihren fünf Kindern von Stettin nach Berlin gezogen, wo Brüder von ihr in der Holzbranche tätig waren.) Im Mittelpunkt des Romans steht nicht mehr die Auseinandersetzung mit dem Vater, sondern die Beziehung zwischen der Mutter und dem ältesten Sohn Karl. Von dieser Romanfigur gilt dasselbe, was Döblin in seinem autobiographischen Bericht mitteilt: »Der älteste Sohn, Ludwig, reüssierte großartig. Er war echtes Kaufmannsgewächs mit dem Familiensinn der Mutter, der Musikneigung des Vaters. Er wurde der Ernährer der Familie, der zweite Vater. Er kam ins Geschäft zu den Holzonkels, machte sich selbständig und verließ erst die Familie, als er sich verheiratete. Auf ihn fiel die Hauptlast, die der entflohene Familiengründer abgeworfen hatte, und er trug sie brillant.«[15] So hieß es 1928, schon ein Jahr später sah alles anders aus: die Wirtschaftskrise ruinierte Ludwigs Geschäft, familiäre Schwierigkeiten kamen hinzu, Ludwig beging Selbstmord. Dies alles ist in irgendeiner Form in den Roman eingegangen; doch die Dichtung folgt nur dort, wo es ihr wesentlich ist, der historischen Wahrheit.

Der Roman zeigt die Kehrseite der Brillanz, nennt den Preis, der für den gesellschaftlichen Erfolg bezahlt wurde, und geht der Bruchstelle nach, aus der sich die Folgen verstehen lassen, die auch im Roman tödlich sind. Aber wenn Ludwig Selbstmord beging, so stirbt Karl zwischen den Bürgerkriegsfronten. Sein Tod wird dadurch – nicht anders als sein Leben – der individuell-privaten Sphäre entrückt und als gesellschaftliches Exempel hingestellt. Es ist gerade charakteristisch für dieses Werk, daß es den verbindlichen Zusammenhang der beiden Dimensionen aufweist. Döblin motiviert – und das ist neu – durchgehend ökonomisch und sozial, wie bereits die Überschriften der Hauptteile zeigen (Armut, Konjunktur, Krise). Er stellt die Wirtschaftskrise im Wissen um ihre gesellschaftspolitischen Folgen dar, die selber nicht mehr Gegenstand seiner Darstellung sind. Aus dem Abstand des Exils konnte er sich bei der Zeichnung einer bürgerlichen Gesellschaft vor der Machtübernahme durch den Faschismus auf das Wesentliche beschränken: den Klassencharakter. Nirgends hat er ihn klarer herausgearbeitet als hier. Auch die Familie, in der Karls Fehlentwicklung beginnt, erscheint unter diesem nichtprivaten Aspekt, als die kleinste Zelle und Agentur der Gesellschaft, in welcher der individuelle Wille gebrochen und der einzelne seiner selbst entfremdet wird (»Die Familie mahlt Menschen«).

Die Mutter macht Karl zum Instrument ihrer Rache- und Machtlust, sie hindert ihn daran, seinem Freund Paul zu folgen, der die Fesseln der Familie sprengt und daher fähig ist, aktiv an der Veränderung der Gesellschaft zu arbeiten. Karl verliert in der Folge den Zusammenhang mit seiner Klasse und den in ihr und in ihm schlummernden revolutionären Kräften. Er verrät das Ideal seiner Jugend und verliert seine Identität, er wird ein Aufsteiger, Ausbeuter und Scharfmacher, den die Mutter nach ihrem Bilde schuf. Erst am Schluß, nachdem er auf dem Weg, auf den sie ihn gezwungen hatte, gescheitert ist, versucht er zu der Seite zurückzukehren, zu der er gehört, und die Übereinstimmung mit sich selbst wiederzufinden. Aber die Selbstentfremdung scheint über den Tod hinauszugreifen. Die herrschende Klasse, deren Leben Karl führte, fälscht noch die Bedeutung seines Todes in ihrem Interesse um. Pardon wird nicht gegeben.

Der Roman ist ein Denkmal für das Opfer, den Bruder Ludwig, und in der Nachzeichnung von Karls Schicksal zugleich das Spiegelbild einer gesellschaftlichen Fehlentwicklung. Die historischen Fakten sind freilich nur in fragmentarischer Form verwendet. Die Erzählung beginnt in der Wilhelminischen Ära, der Weltkrieg ist übersprungen; in den bewaffneten Auseinandersetzungen am Schluß ist offensichtlich die Weltwirtschaftskrise mit den Klassenkämpfen von 1918/19 in Berlin verknüpft, die Döblin aus nächster Nähe miterlebt hatte. Seinen Briefen aus dem Exil ist zu entnehmen, wie eng in seinen Augen das Ende der Republik mit ihrem verfehlten Beginn zusammenhing. Hitler sah er als eine »glatte Fortsetzung von Noske«, dem sozialdemokratischen Wehrminister, der die Revolution niedergeschlagen hatte.[16] Auch der Aufstand am Schluß des Romans wird blutig unterdrückt. »Aber das war nur das äußere Ende. Die lethargischen Massen dieses Landes hatten sich seit mehr als einem Jahrhundert zum ersten Mal gegen ihre Knechtung bewegt, sie waren in Fluß geraten; ein mächtiges neues Gefühl von Freiheit hatte sie durchströmt, das Verlangen nach Menschenwürde war aus seinem alten Zufluchtsort, den Träumen der Dichter und einzelner Kämpfer, herabgestiegen und hatte sich der Massen bemächtigt. Es sollte sie nicht wieder verlassen.« Diese Sätze lassen sich zwar auf die November-Revolution beziehen, man muß die Passage jedoch zugleich gegen den Zeithintergrund halten, vor dem sie entstanden ist: 1934 war die revolutionäre Arbeiterbewegung in Deutschland, die jene Erhebung getragen hatte, zerschlagen; die Tradition, die beschworen wird, schien ausgelöscht zu sein. Was wie eine Prophezeiung klingt, ist in Wirklichkeit Ausdruck der Hoffnung des Emigranten auf einen Aufstand des deutschen Volkes gegen das Naziregime.

Was konnte ein Dichter in dem Kampf gegen den Faschismus beitragen? In der zitierten Passage erscheint er als Träger der Ideen, die dann zu einer materiellen Gewalt werden, wenn sie die Massen ergreifen. In einem Brief an Thomas Mann von 1935, dem Erscheinungsjahr des Romans, übt Döblin an der Rolle des bürgerlichen Schriftstellers in der Weimarer Republik heftig Kritik, von der er sich nicht ausnimmt. Gegen Schluß des Briefes kommt er auf die Wirkungsmöglichkeiten des Schriftstellers in der Gegenwart des Exils zu sprechen: »Inzwischen können wir Älteren nichts anderes tun als unser Garn spinnen, wie bisher. Sie haben recht. Wir können ja nichts anderes. Aber vielleicht kann man doch mehr, auf geistige, moralische Weise, seine Politik in der Schrift unterbringen, schärfer härter offener als früher.«[17] *Pardon wird nicht gegeben* ist vom Autor zweifellos auch als Versuch gemeint, seine Politik in der Schrift unterzubringen. Daß diese Politik recht allgemein bleibt, ist in Anbetracht der Zeitumstände nicht verwunderlich. Sie ist geleitet von dem Gedanken an eine Sammlung aller demokratischen Kräfte gegen den Europa bedrohenden Faschismus. Es ist darauf hingewiesen worden, daß das in diesem Roman gestaltete Gesellschafts- und Revolutionsbild durch den Umstand mitgeprägt ist, daß Döblin sich in Paris in der weltweiten Gemeinschaft der Antifaschisten fand.[18] In seinem Aufsatz *Der historische Roman und wir* (1936) forderte er mit einer Entschiedenheit, die ein Produkt des Exils ist, vom Schriftsteller Parteilichkeit. Und zwar habe sich diese negativ auf die Entlarvung und Anprangerung der faschistischen Entartung der Gesellschaft zu beziehen, positiv auf den »Kampf aller Menschen, besonders der Armen und Unterdrückten um Freiheit, Frieden, echte Gesellschaft und um Einklang mit der Natur«.[19] Einklang mit der Natur – dieses Ziel wurde offenbar in *Babylonische Wandrung* angestrebt, vorschnell, weil verbunden mit einer Flucht aus der bestehenden Gesellschaft. Jener Roman ist Ausdruck der Resignation, wo nicht der Verzweiflung eines einzelnen über den unverständlich gewordenen Lauf der Dinge. *Pardon wird nicht gegeben* versucht dagegen, dem politischen Postulat zu genügen. Der sozialkritische Roman ist ein Aufruf zur Solidarität im Kampf um eine humane Gesellschaft.

Vergleicht man die beiden Romane miteinander, so fällt ihre Gegensätzlichkeit auch in anderer Hinsicht auf. Aber bei allen Unterschieden der Form, der Darstellung und der dargestellten Welt haben sie etwas Wesentliches gemeinsam, das als unmittelbare Wirkung des Exils anzusprechen ist: Sie gehen beide von der Grunderfahrung der Emigration aus, indem sie mythisierend und typisierend eine Situation gestalten, die zu derjenigen des Autors in Analogie steht. Hier wie dort wird persönlichste Erfahrung des Autors in einer Weise transparent, wie das für Döblins Werke vor der Emigration keineswegs charakteristisch ist. In der Verlorenheit der Fremde, wo er auf sich selbst zurückgeworfen war, suchte Döblin bei dem Halt, was ihm am nächsten lag und am besten vertraut war: seine persönliche Lage, sein eigenes Leben. »Als Dante wanderte, als kein Boden ihn festhielt, klammerte er sich um so heftiger an das, was ihm keiner bestreiten konnte, was längst verflossen war.«[20] Diese Bemerkung Döblins gilt für die historisch-zeitgeschichtliche Komponente in einigen seiner Exilromane wie auch für die erwähnte autobiographische Tendenz in *Pardon wird nicht gegeben.*

Die politische Entwicklung mit ihren persönlichen Konsequenzen hatte schon in diesem Roman zu einer, wenn auch noch fragmentarischen, Einbeziehung der deutschen Nachkriegsgeschichte geführt. Die Gegenwart verstehen zu wollen hieß dort, auf die Weltwirtschaftskrise und die bewaffneten Auseinandersetzungen von 1918/19 zurückgehen. In der Folge rückte jene unvollendete, verhinderte Revolution für Döblin immer stärker ins Zentrum des Interesses. Wenn er schließlich 1937 einen Romanzyklus *November 1918* begann, so um der Frage nachzugehen, »wie alles gekommen war«. Die Beziehung zur Gegenwart, die er von einem historischen Roman verlangte, brauchte hier nicht erst durch Interpretation hergestellt zu werden, sie lag als Kausalzusammenhang vor. Mit Heinrich Mann war Döblin der Überzeugung, daß ohne Noske kein Hitler an die Macht gekommen wäre, daß sich 1933 das Proletariat praktisch ohne Widerstand geschlagen gab, weil es 1919 durch die Truppen der Gegenrevolution der besten Köpfe beraubt worden war. Döblin führte den Zusammenhang noch weiter und konnte in dem 1941 geschriebenen 3. Band behaupten, daß an dem Strick, mit dem die deutsche Revolution hingerichtet wurde, »unsichtbar mit ihr Millionen noch Lebender in Europa, Asien und Afrika« hingen.[21] Wieder war es Selbsterlebtes, wovon Döblin in diesem Werk ausging: ein Lazarett im Elsaß am Ende des Ersten Weltkriegs, der Aufbruch, die Rückkehr der Hauptfiguren nach Berlin, die dortige Revolution. Döblin selber hatte sich damals nach dem Zusammenbruch der Monarchie und seiner Rückkehr aus dem Krieg in intensiver publizistischer Tätigkeit für eine Demokratisierung Deutschlands eingesetzt. Er bekannte sich zu einem ethischen Sozialismus und schrieb: »Wenn dies ausgeführt wird, was jetzt geschieht, Sozialismus, wenn das Übel an der Wurzel gefaßt wird, so kann man zum erstenmal in der Geschichte von einem wirklichen Fortschritt sprechen.«[22] Um so größer war die Enttäuschung, als es anders kam, als die regierende Sozialdemokratie die soziale Revolution hintertrieb, indem sie mit dem intakt gebliebenen Militär gegen die demokratischen Kräfte konspirierte und die revolutionäre Bewegung zerschlug. Noch zwanzig Jahre später dominiert bittere Ironie in der Darstellung; über weite Strecken ist es dem Autor nicht möglich, anders von dem Verrat an der Revolution zu sprechen als in dem sarkastischen Ton Linke Poots, unter welchem Pseudonym Döblin den verpfuschten Beginn der Weimarer Republik glossiert hatte.[23] Der Roman über »eine deutsche Revolution«, wie der Untertitel distanzierend lautet, gerät unweigerlich zur Tragikomödie. Der erste Band, der 1939 erschien, stellt die Frage nach den notwendigen Folgerungen aus dem Krieg. Döblin hatte jedoch dieses Fazit noch lange nicht gezogen, als der Zweite Weltkrieg begann und die auf Frankreich übergreifenden Operationen seine Arbeit unterbrachen.

Es lag an der Verschärfung seiner Exilsituation, daß Döblin trotz seiner erklärten Abneigung gegen Autobiographisches dazu überging, direkt und ohne romanhafte Erfindung zu berichten, was er erlebte: seine Flucht aus Paris im Juni 1940, seine Odyssee in Südfrankreich, die erfolglose Suche nach Frau und Sohn, den Aufenthalt in einem Flüchtlingslager bei Mende, das endliche Wiedersehen mit seiner Familie in Toulouse, die Fortsetzung der Flucht zu dritt durch Spanien nach Lissabon, die Überfahrt in die USA im Spätsommer 1940. Döblins frühere Bemerkung, das Leben dichte unübertrefflich, Kunst hinzuzufügen sei da meist überflüssig, bewahrheitete sich in diesem Fall in drastischer Weise. Seine Fluchterlebnisse tragen derart romanhafte Züge, daß das Ganze als Novelle vorgetragen, wie Döblin bemerkte, auch mit nur halb so vielen Zufällen immer noch unglaubwürdig wäre. Döblin erlebt im Juni 1940 im Strudel des sich nach Süden ergießenden Flüchtlingsstromes den militärischen Zusammenbruch Frankreichs als seine persönliche Niederlage. Er kapituliert und macht in jenen Wochen die schwerste Krise seines Lebens durch. Er fühlt sich kaum mehr als Subjekt, sondern glaubt ein Spielball dämonischer Mächte zu sein, die auch die politischen Ereignisse bestimmen. Er leidet an Beziehungswahn und lebt in einem Zustand halluzinatorischer Erregtheit, in dem ihm die Realität transparent erscheint. Die äußere Reise, die viel mehr mit ihm gemacht wurde, als daß er sie machte, ist nur der Rahmen und Anlaß innerer Erfahrungen, die für ihn so entscheidend waren, daß er bald nach seiner Ankunft in Hollywood daranging, sie schriftlich festzuhalten. Er ergänzte dabei die unterwegs entstandenen Notizen. (Das Ganze erschien erst 1949 unter dem Titel *Schicksalsreise*.) Das Kernstück bilden die

Aufzeichnungen aus dem Lager bei Mende (»Ich prüfe und befrage mich«). Döblin verwirft darin alles, womit er sich jemals identifizierte, da es in der Situation, in der er sich nun sah, die Probe nicht bestand. In radikaler Selbstkritik rechnet er mit seiner Vergangenheit ab und steht vor der Notwendigkeit, neu zu beginnen. Die Auseinandersetzung mit sich selbst vollzieht sich teils im Lager, teils in der Kathedrale von Mende, wo er auf das Kruzifix stößt. Wie 1924 in der Marienkirche zu Krakau beginnt er davor zu meditieren. Damals sah er den Schmerzensmann als Symbol des menschlichen Jammers. »Aber daß unser Dasein qualvoll ist – dies uns zu sagen, braucht kein Gott zu kommen. Nötig wäre die Begründung, die Rechtfertigung unseres Zustandes und das siegreiche Wort, daß wir nicht vergeblich und hoffnungslos leiden.« In Mende, in der Kirche, fand Döblin, wonach er suchte. Die später in den USA vollzogene Konversion zum Katholizismus ist das äußere Zeichen der tiefen Veränderung, die im Sommer 1940 in Frankreich mit ihm vorging.

Döblin führte das Manuskript in Hollywood bis in die Gegenwart des amerikanischen Exils fort, nicht weiter. Er betrachtete den Bericht über »Robinson in Frankreich«, wie der Titel damals lautete, als abgeschlossen. Da er keinen Verleger fand, legte er das Manuskript beiseite und wandte sich wieder der Arbeit zu, in der er durch den deutschen Überfall auf Frankreich unterbrochen worden war. Kurz vor seiner Flucht aus Paris hatte er den zweiten Band seines Erzählwerks *November 1918* beendet: nicht nur eine von Tag zu Tag geführte Chronik der deutschen Revolution, sondern zugleich eine in die offiziellen Geschehnisse verwobene Bekehrungsgeschichte. Erstaunt stellte er nun fest, daß er darin die in der Zwischenzeit gemachten religiösen Erfahrungen so weit vorweggenommen hatte, wie dies im Medium der Literatur möglich war. »Es war hingeschrieben, geahnt, – vorerlebt, aber nicht abgelebt. In der Phantasie war es nicht ›abzuerleben‹. Es gab nur eine Fortsetzung: es zu erfahren.« Das Erlebte wirkte dann wieder auf die Dichtung zurück, wie sich an Hand der im amerikanischen Exil entstandenen Teile sehen läßt. Friedrich Becker, um den Himmel und Hölle kämpfen, wird heimgesucht bald von mystischen Visionen, bald von Dämonen in wechselnder Gestalt. Seine seelischen Konflikte dominieren in der Schilderung streckenweise über die gesellschaftlichen, welche im ersten Band noch eindeutig den Vorrang haben. Ein Gleichgewicht von öffentlich-politischer und privat-religiöser Sphäre erreicht Döblin erst im letzten Band, der Karl Liebknecht und Rosa Luxemburg gewidmet ist. Brecht nannte den Zyklus »ein politisches und ästhetisches Unikum in der deutschen Literatur und ein Nachschlagewerk für alle Schreibenden« und rühmte es als »einen Triumph des neuen Typus eingreifender Dichtung«.[24] Der noch immer sozialistisch gesinnte Konvertit Döblin behandelte in diesem Werk die für ihn wichtige Frage nach dem Verhältnis von Christentum und Revolution. Becker, die Hauptfigur, gerät, ohne es zu wollen, in die Berliner Straßenkämpfe hinein und nimmt für die Schwächeren Partei. Er bestätigt damit die in *Pardon wird nicht gegeben* gewonnene Einsicht in die Notwendigkeit der Solidarisierung mit dem Befreiungskampf der Unterdrückten.

Erst 1948 ergänzte Döblin die *Schicksalsreise* um einen kurzen Bericht über seinen Aufenthalt in den USA und einen etwas längeren über die Rückkehr nach Deutschland. Erst damals wurde wohl der endgültige Titel gefunden bzw. gewählt. Er enthält eine Deutung des Berichts, die zeitliche Distanz voraussetzt, und entspricht dem Bekenntnis, das Döblin darin ablegt. Die ›Schicksalsreise‹ – nun ein Titel für die Emigration – fand ihren vorläufigen Abschluß dort, wo sie begonnen hatte, in Berlin. In seinem Exilschaffen nimmt diese Stadt eine zentrale Stellung ein. *Pardon wird nicht gegeben* spielt in Berlin, ohne daß der Name der Stadt auch nur ein einziges Mal genannt würde, in einem Berlin, das der Dichter aus der Versenkung in eine ferne Vergangenheit heraufholt, wozu er keiner Bezeichnung bedarf. Auch in *November 1918* kehrt er in die Stadt zurück, die er in- und auswendig kannte und in der er sich gleichsam mit verbundenen Augen zurechtfand. Noch 1940, als er in einem Vorort von Paris wohnte, konnte er sich so verschreiben: »Etwa zweimal wöchentlich fahren wir nach Berlin.«[25] So blieb während des Exils die vermißte Stadt als bewußter und unbewußter Beziehungspunkt gegenwärtig. Döblin trug das Bild der blühenden Metropole in sich, als er 1947 erstmals wieder nach Berlin fuhr. Daß er am Stettiner Bahnhof ankam, veranlaßte ihn zu der Bemerkung: »Es ist merkwürdig für mich, daß ich jetzt, wo ich nach langer Abwesenheit hier wieder auftauche, die Stadt an demselben Platz betreten soll wie vor sechzig Jahren, als ich sie zuerst sah. Eine schon traumhafte Kindeserinnerung taucht auf, so weit werde ich zurückversetzt: Wir kamen von Stettin [...].« Wie Franz Biberkopf am Schluß des Romans sehen wir den Autor dann am Alexanderplatz stehen. »Sehr verändert« ist diesmal nicht allein der Rückkehrer, sondern auch der Schauplatz. Die Zerstörung, von der noch im Nachlaß bewahrte Photographien zeugen, weckt Gegenbilder der Erinnerung. Eine kurze Geschichte des Platzes, in dessen Nähe Döblin über vierzig Jahre gelebt hatte, nimmt ohne weiteres autobiographische Züge an. Auch das Fazit, das Döblin zieht, betrifft ihn persönlich: »Ein Mensch hat es leichter als eine Stadt, sich zu ändern. Ein Mensch kann leben bleiben, eine Stadt stürzt ein.«

Döblins Schaffen ist im Exil um eine autobiographische und zeitgeschichtliche Komponente ergänzt worden. Beides läßt sich auf den Willen des emigrierten Schriftstellers zurückführen, die eigene Lage durch Ergründung ihrer historischen Voraussetzungen in persönlicher und allgemeiner Hinsicht zu verstehen. Die hier untersuchten Bücher, die allerdings nur einen Teil der im Exil entstandenen Werke ausmachen, gehen von der Situation des Autors aus oder beziehen sich mehr oder minder direkt auf sie, bis diese schließlich zum unverhüllten Gegenstand eines autobiographischen Berichts gemacht wird. Gerade er aber zeigt, daß die tiefste Wirkung des Exils bei Döblin außerhalb der Literatur liegt und mit ästhetischen Kategorien nicht erfaßt werden kann. Das Exil wurde für Döblin zur Erfahrung einer inneren Wandlung, die vor allem in seiner Konversion sichtbar geworden ist. Wo sie sich literarisch niederschlägt, geschieht dies hauptsächlich aus dem Bedürfnis des Konvertiten, Rechenschaft abzulegen.

Anmerkungen

1. Vgl. »Briefe«, AW 1970, S. 197.
2. ebd., S. 195.
3. »Schicksalsreise. Bericht und Bekenntnis.« Frankfurt a. M. 1949. S. 395 f.
4. »Briefe«, S. 179.
5. »Schicksalsreise«, S. 138.
6. Vgl. »Briefe«, S. 192.

7. »Grundsätze und Methoden eines Neuterritorialismus« (1935). In: »Schriften zur Politik und Gesellschaft«, AW 1972, S. 327.
8. »Briefe«, S. 192.
9. Kesten (s. Lit.), S. 663.
10. »Briefe«, S. 193.
11. »Briefe«, S. 189.
12. »Briefe«, S. 190 f.
13. zuerst in: »Alfred Döblin im Buch – zu Haus – auf der Straße«. Vorgestellt von A. D. und O. Loerke. Berlin 1928. – Wieder abgedruckt in: A. D.: »Die Vertreibung der Gespenster«. Hrsg. von M. Beyer. Berlin 1968. S. 9–76.
14. »Doktor Döblin. Selbstbiographie von Alfred Döblin«. Aus dem Nachlaß hrsg. von H. Graber. Berlin 1970.
15. »Die Vertreibung der Gespenster«, S. 28.
16. »Briefe«, S. 185.
17. »Briefe«, S. 207.
18. R. Links (s. Lit.), S. 109.
19. »Aufsätze zur Literatur«, AW 1963, S. 186.
20. A. D.: »Die Zeitlupe. Kleine Prosa«. Hrsg. von W. Muschg. Olten 1962. S. 193.
21. »Karl und Rosa«. Freiburg 1950. S. 313.
22. »Schriften zur Politik und Gesellschaft«, S. 79.
23. Vgl. Linke Poot: »Der deutsche Maskenball« (1921), AW 1972.
24. zitiert nach Typoskript in Döblins Nachlaß.
25. »Briefe«, S. 240.

Werke

Jüdische Erneuerung. Amsterdam: Querido 1933.
Babylonische Wandrung oder Hochmut kommt vor dem Fall. Roman. Amsterdam: Querido 1934.
Pardon wird nicht gegeben. Roman. Amsterdam: Querido 1935.
Flucht und Sammlung des Judenvolkes. Aufsätze und Erzählungen. Amsterdam: Querido 1935.
Das Land ohne Tod.
    Teil 1: Die Fahrt ins Land ohne Tod. Amsterdam: Querido 1937.
    Teil 2: Der blaue Tiger. Amsterdam: Querido 1938.
    (1947/48 u. d. T.: Das Land ohne Tod. Südamerika-Roman in 3 Teilen [Teil 3: Der neue Urwald]. –1963 [AW 7] u. d. T.: Amazonas [ohne Teil 3].)
Die deutsche Literatur (im Ausland seit 1933). Ein Dialog zwischen Politik und Kunst. Paris: Verlag Science et Littérature 1938. (Erweiterte Fassung u. d. T.: Die literarische Situation. Baden-Baden: Keppler 1947.)
Bürger und Soldaten 1918 (= November 1918. Eine deutsche Revolution. Erzählwerk in drei Bänden. Bd. 1). Stockholm: Bermann-Fischer; Amsterdam: Querido 1939.
The Living Thoughts of Confucius. Presented by Alfred Doeblin. Toronto: Longmans, Green & Co., New York, 1940.
Nocturno. Los Angeles: Pazifische Presse (E. Gottlieb und F. Guggenheim) 1944.
Sieger und Besiegte. Eine wahre Geschichte. New York: Aurora Verlag 1946.
Der Oberst und der Dichter oder Das menschliche Herz. Freiburg i. Br.: K. Alber 1946.
Der unsterbliche Mensch. Ein Religionsgespräch. Freiburg i. Br.: K. Alber 1946. [Im Exil begonnen.]
Heitere Magie. Zwei Erzählungen. Baden-Baden: Keppler 1948.
Schicksalsreise. Bericht und Bekenntnis. Frankfurt a. M.: Knecht-Carolusdruckerei 1949.
November 1918. Eine deutsche Revolution. Erzählwerk.
    Bd. 1: Verratenes Volk. München: K. Alber 1948.
    Bd. 2: Heimkehr der Fronttruppen. München: K. Alber 1949.
    Bd. 3: Karl und Rosa. München: K. Alber 1950.
Hamlet oder die lange Nacht nimmt ein Ende. Roman. Berlin: Rütten & Loening 1956. [Begonnen 1945 im Exil, beendet 1946 in Deutschland.]

Alfred Döblin: Ausgewählte Werke in Einzelbänden. Hrsg. von Walter Muschg †, weitergeführt von Heinz Graber. 15 Bde. Olten u. Freiburg i. Br.: Walter Verlag 1960–72. (Zitiert als: AW.)

Literaturhinweise

Klaus Hermsdorf: Nachwort. In: Alfred Döblin, Pardon wird nicht gegeben. Berlin 1961. S. 391 bis 402.

Hermann Kesten: Alfred Döblin. Babylonische Wandrung oder Hochmut kommt vor dem Fall. In: Die Sammlung 1 (1934) S. 660–663.

Wolfgang Kort: Alfred Döblin. Das Bild des Menschen in seinen Romanen. Bonn 1970.

Roland Links: Alfred Döblin. Leben und Werk. Berlin 1965.

Robert Minder: Marxisme et psychanalyse chez Alfred Döblin. A propos son roman Pardon wird nicht gegeben. In: Revue de l'enseignement des langues vivantes 54 (1937) S. 209–221.

– Alfred Döblin zwischen Osten und Westen. In: R. M., Dichter in der Gesellschaft. Frankfurt a. M. 1966. S. 155–190.

– Begegnungen mit Alfred Döblin in Frankreich. In: Text + Kritik. Zeitschrift für Literatur. Nr. 13/14 (1966) S. 57–64.

Walter Muschg: Ein Flüchtling. Alfred Döblins Bekehrung. In: W. M., Die Zerstörung der deutschen Literatur. Bern 1958. S. 110–140.

– Nachwort des Herausgebers. In: Alfred Döblin, Pardon wird nicht gegeben. AW 1960. S. 371–384.

– Nachwort des Herausgebers. In: Alfred Döblin, Babylonische Wandrung oder Hochmut kommt vor dem Fall. AW 1962. S. 667–679.

Patrick J. O'Neill: Alfred Döblin, Babylonische Wandrung. Ph. D.-Diss. Kingston, Ont. 1972 [masch.]. [War erst nach Abschluß des vorliegenden Aufsatzes zugänglich.]

Heinz D. Osterle: November 1918. In: Monatshefte 62 (1970) S. 1–23.

Matthias Prangel: Alfred Döblin. Stuttgart 1973. (Mit weiterer Literatur zum Thema.)

Matthias Wegner: Alfred Döblin, Schicksalsreise. In: M. W., Exil und Literatur (s. Lit. d. Einl.), S. 158 ff.

MANFRED DURZAK

Zeitgeschichte im historischen Modell.
Hermann Brochs Exilroman »Der Tod des Vergil«

In einer 1947 veröffentlichten Analyse der Literatur der Weimarer Jahre untersucht Alfred Döblin die abrupte Unterbrechung der literarischen Kontinuität durch die Exilierung einer großen Zahl von bedeutenden Autoren und deutet damit zugleich die aktuelle Situation in der Nachkriegszeit mit allen ihren Problemen. Döblin schreibt: »[...] die Autoren, die im dritten Reich leben, und seine Exilierten, schreiben historische Romane. Sie suchen Parallelen, Gleichnisse historischer Art für das, was sie erleben und das den einen richtig zu nennen und zu zeichnen verboten ist, und das die Exilierten nicht zeichnen können, weil es nicht nah genug an sie herantritt. Ja es wird über alle möglichen Figuren der historischen und prähistorischen Vergangenheit geschrieben, und dennoch mit allen Werken auf dieses eine, von allen gehaßte Zwangssystem gezielt. [...] Natürlich gibt es viele, die in dieser Art der Romanschreiberei eine Armseligkeit, ein feiges Ausweichen sehen. Es ist ein ungerechter Vorwurf und wird nur von denen erhoben, die nichts von Epik wissen.«[1]
Eine, wie es scheint, bedenkenswerte Analyse, von einer für Döblin geradezu überraschenden Ausgewogenheit. Denn versucht wird, nicht nur der Situation der Exulanten gerecht zu werden, die in ihrer von außen verursachten Isolation den Gründen der politischen Katastrophenentwicklung in Deutschland nachgehen und es auf Grund der künstlich erzwungenen Distanz im verallgemeinernden historischen Gleichnis tun. Döblin gesteht auch den Autoren der sogenannten ›Inneren Emigration‹, jenen, die im Herrschaftsbereich Hitlers verblieben und auf notwendig kompromißlerische Weise ihre literarische Linie durchzuhalten versuchten, eine analoge Zwangslage zu, aus der sich gleichfalls der historische Roman als Ausweg erwies. Da die politische Doktrin eine direkte Gestaltung der aktuellen Situation verbot und mit einem lebensgefährlichen Risiko belegte, wurde das historische Modell zum Medium, Wirklichkeit verfremdet zu gestalten. Der Herausgerissenheit der Exilierten aus der aktuellen Situation entspricht also in ihrer Wirkung der ideologische Absolutheitsanspruch der NS-Doktrin gegenüber den in Deutschland Verbliebenen. Das Ergebnis ist als Verfremdung der aktuellen Wirklichkeit im historischen Gleichnis in beiden Fällen identisch. Es fällt nicht schwer, Döblins These durch vielfältiges Beispielmaterial zu belegen. Werner Bergengruens – um nur einige Romane zu nennen – *Der Großtyrann und das Gericht* (1935), Reinhold Schneiders *Las Casas vor Karl V.* (1938) und Jochen Kleppers *Der Vater* (1937) stehen Heinrich Manns *Henri Quatre* (1935/38), Döblins *Babylonischer Wandrung* (1934) und Brochs *Tod des Vergil* gegenüber.
Döblins Feststellung ist eine späte Replik auf die Auseinandersetzung über den historischen Roman, die sich Ende der dreißiger Jahre in einigen Exilzeitschriften entspann. Döblin hatte bereits 1936[2] an dieser Diskussion teilgenommen und schon damals mit ähnlichen Argumenten die Entscheidung für den historischen Roman

verteidigt: »Hier entsteht ein gewisser Zwang zum historischen Roman für den Erzähler.« In eine ähnliche Richtung hatte im Jahr zuvor Lion Feuchtwanger im *Neuen Tage-Buch*[3] gewiesen und argumentiert: »Ich habe nie daran gedacht, Geschichte um ihrer selbst willen zu gestalten, ich habe im Kostüm, in der historischen Einkleidung immer nur ein Stilisierungsmittel gesehen, ein Mittel, auf die einfachste Art die Illusion der Realität zu erzielen.« Der Gegenposition hat 1937 Kurt Hiller[4] am schärfsten Ausdruck verliehen und sich von dem »Belletristengezücht [...] [das] mit dieser ganzen [...] Wissenschaft des Nichtwissenswerten dem Publikum Kleister ins Gehirn schmiert«, distanziert. Aber selbst Georg Lukács hat in seiner ursprünglich 1938 in der *Internationalen Literatur* erschienenen Studie *Der Kampf zwischen Liberalismus und Demokratie im Spiegel des historischen Romans der deutschen Antifaschisten*[5] die Schärfe von Hillers Verriß abgemildert und die Neigung der Exilautoren zum historischen Roman nicht von vornherein als Erkenntnisflucht ausgelegt. Lukács läßt den emanzipatorisch angelegten historischen Roman gelten, soweit er das traditionelle Klischee vom isolierten großen einzelnen, der ›Geschichte macht‹, und undifferenzierter Masse, die als reines Geschichtsmaterial fungiert, widerlegt und statt dessen zeigt, »wie der Kampf um die Demokratie organisch aus dem Leben des deutschen Volkes herauswächst [...]«. Die emanzipatorische Perspektive kommt darin zum Vorschein, daß in der Reflexion von zurückliegender Geschichte demokratische Ansätze dargestellt werden, die geeignet sind, das heroische Geschichtstableau von Führer und blind vertrauender Gefolgschaft zu zerstören. Die Erkenntnisaufgabe, die der historische Roman der Exilierten in bezug auf die politische Zeitwirklichkeit in Deutschland hat, wird also von Lukács auf einer Linie präzisiert, die Döblin auch 1947 erneut andeutet: Es geht um die aufklärerische Gestaltung der Zeitwirklichkeit im historischen Modell.

Um so überraschender ist es, daß Döblin ebenfalls 1947 in seiner Nachkriegszeitschrift *Das goldene Tor* einen Aufsatz erscheinen ließ, der unter dem Titel *Unsterbliche deutsche Mythologie* im zweiten Teil[6] einen historischen Roman der deutschen Exilliteratur angreift, den Thomas Mann als eine der »höchsten Leistungen deutschen Schrifttums« im Exil hervorgehoben hat, nämlich Brochs *Der Tod des Vergil* (1945). Wie sehr sich Döblin mit dieser Attacke seines Adlatus Paul Wenger identifiziert, macht sein Brief an Hermann Kesten vom 5. Januar 1947 deutlich, in dem er Kesten die erste Nummer des *Goldenen Tores* vorstellt und auf Kestens Vorschlag zu einer Studie über die Emigrationsliteratur eingeht. Es heißt in diesem Kontext: »[...] ich bin dafür, den aufgeblasenen Hermann Broch zu entlarven als literarischen Hochstapler.« Und am Ende des Briefes[7] heißt es: »Brandmarken Sie ruhig die Inzucht der Emigration, und den Schaden, den hier die Kritiklosigkeit angerichtet hat [...].«

Diese ›Brandmarkung‹ ist, soweit sie Broch betrifft, dann in der Tat im *Goldenen Tor* von Paul Wenger in dem besagten Aufsatz durchgeführt worden. Da heißt es u. a.: »Wer die deutschen Gipfelleistungen an mythologischer Verschwommenheit und ästhetischer Verstiegenheit kennt, weiß, daß er ähnlichen Tönen in gewissen Werken der SS-Esoterik schon einmal begegnet ist. [...] Man stelle sich nur [...] diesen Erguß mystizistischer Imperatorenseligkeit, diesen lyrisch übersaugten Wortschwamm in den Händen eines wirklichen Augustus oder Vergil vor! [...] Die akute Gefährlichkeit des Brochschen Verfahrens liegt auf der Hand: mit seiner introspektiven, harmonisierenden Historik ließe sich beispielsweise auch eine glanzvolle Geschichte des Dritten Reiches schreiben, in welcher die Wirklichkeit des Terrors vor den ästhetischen Ganzheitsinstitutionen des Münchner Kunsttempels, der Reichsparteitage und der Reichsautobahnen sich verflüchtigen würde!«

Dergleichen läßt sich trotz aller offenkundigen Überspitztheit weder auf dem Hintergrund der Debatte über den historischen Roman im Exil als nebensächlich abtun noch auf dem Hintergrund vereinzelter Stimmen in der jüngsten Broch-Kritik. Angesichts einer lückenhaften und selektiven Analyse von Brochs noch großenteils unveröffentlichten massenpsychologischen und politischen Studien entlarvt man Brochs Thesen als »alten Irrationalismus, der in dieser reduzierten und von einem Dichter der Emigration legitimierten Form immer noch viele Anhänger findet«[8], oder unterstellt: »Broch entwickelt nach 1945 noch die gleichen fatalen Ideen, die Hitler entscheidend an die Macht verhalfen [...].«[9] Wengers von Döblin initiierte Polemik gegen Broch erlebt hier, wenn auch zum Teil mit anderen Argumenten vorgetragen, ihre Wiederauferstehung.

Die Frage also nach dem Exil als Bedingung und Thema von Brochs literarischem Hauptwerk *Der Tod des Vergil,* das nach einer 1938 abgeschlossenen Urfassung in Form der Erzählung *Die Heimkehr des Vergil* in der amerikanischen Emigration dann in einem vielschichtigen Arbeitsprozeß[10] zu einem umfangreichen Epos ausgeweitet wurde, ist zugleich auf dem Hintergrund der skizzierten, wenn auch keineswegs für Broch charakteristischen Rezeption mit der Frage gekoppelt: Beeinflußt die Exilsituation möglicherweise die vorwiegend ästhetische Entscheidung über ein Werk, dessen vom Autor her abgeleitete Moralität als Zeugnis des geistigen Widerstandes eine unvoreingenommene Wertung unterdrückt? Es handelt sich hier also rezeptionsästhetisch um einen Modellfall, der keineswegs auf Broch beschränkt ist, sondern eine Vielzahl von Autoren betrifft: Hat die Tatsache ihres Exils retrospektiv zur Konstruktion eines metaphorischen Heiligenscheines geführt, der aus einem unterdrückten moralischen Schuldbewußtsein der Öffentlichkeit den Exilierten gegenüber das Werk dieser Autoren in eine Zone entrückt, wo moralische und nicht mehr ästhetische Maßstäbe gelten? Das Schuldbewußtsein der Öffentlichkeit läßt sich dabei nicht nur auf die zu spät erkannten politischen Fehlentwicklungen im NS-Deutschland zurückführen, sondern auch auf die Ignoranz und Gleichgültigkeit den Exilierten gegenüber im Deutschland der Nachkriegszeit, in Brochs Fall: im Nachkriegsösterreich. Es wird sich zeigen, inwieweit sich diese Fragestellung am Beispiel Broch klären läßt.

Im Unterschied zu vielen Autoren, deren vorangegangene geistige Entwicklung an der Exilsituation zerbrach oder die ihrem Leben ein Ende setzten, läßt sich von einer fast folgerichtigen Umorientierung sprechen, die sich in Brochs geistiger Entwicklung infolge seiner Emigration vollzog. Die Entscheidung des über vierzigjährigen Industriellen, die väterlichen Fabriken zu verkaufen, seinen wissenschaftlichen Neigungen, vor allem der Mathematik und Philosophie, nachzugeben und schließlich mit der damals entstehenden *Schlafwandler*-Trilogie einen schriftstellerischen Weg einzuschlagen, stellt bereits Ende der zwanziger Jahre keine ästhetische Fluchtbewegung dar. Broch ›emigrierte‹ nicht aus der Realität in den Elfenbeinturm seiner wissenschaftlichen und schriftstellerischen Interessen. Vielmehr ging es ihm darum, eine

Möglichkeit ausfindig zu machen, auf die Wirklichkeit, deren nicht zuletzt politische Bedrohung ihm gegenwärtig war, in umfassenderer Weise einzuwirken, als es ihm, gebunden an die ökonomischen Bedingtheiten, in seinem industriellen und wirtschaftspolitischen Aktionsbereich möglich war. Auch die später gefällte Entscheidung, der Dichtung vor der Wissenschaft den Vorrang zu geben, ist motiviert von jener »Ungeduld der Erkenntnis«, die für Broch synonym mit Dichtung ist. Denn »Wissenschaftlichkeit ist heute bloß im mathematischen Gewande zulässig – geniale Ahnung von Kant vor 150 Jahren« – so führt er 1933 in einem Brief aus und sieht damit die Erkenntnisfunktion erneut auf einen Spezialbereich beschränkt. War es zuvor im wirtschaftlichen Aktionsbereich die reine Praxis, so ist es hier die reine Theorie, während es ihm um die Vermittlung von beidem geht. Er gesteht ein, »daß es diese Erkenntnis war, die mich zur außerphilosophischen, also rein literarischen Arbeit gedrängt hat, d. h. ein Ausdrucksmittel zu finden, das dem außer-wissenschaftlichen Weltwissen [...] genügen könnte. Es ist dies eine Art Ungeduld [...].«[11] Noch schärfer wird diese Absicht in einer Formulierung von 1935 präzisiert, als *Die Schlafwandler* bereits erschienen waren, ohne jedoch vom Publikum wahrgenommen zu werden und ohne jene politisch aufklärende Funktion zu haben, die Broch intendiert hatte: »[...] ich bin von einem brennenden Ehrgeiz besessen, in diese Welt noch eingreifen zu können, gerade weil die Welt so scheußlich geworden ist [...].«[12] Hier erscheint, in einer Formel komprimiert, jener Impetus, den die politische Entwicklung der dreißiger Jahre in Deutschland in Broch auslöste und der, noch gesteigert durch seine 1938 erzwungene Flucht aus Österreich, das sich dem Nationalsozialismus angeschlossen hatte, zum entscheidenden Denkmotiv seiner Exiljahre wird.

Broch war im März 1938 in Bad Aussee für drei Wochen inhaftiert worden und emigrierte nach seiner Entlassung, als jüdischer liberaler Autor ständig von einer neuen Verhaftung bedroht, im Juli 1938 nach England, zuerst nach London, später nach Schottland, um dann im Oktober desselben Jahres mit einem durch Thomas Manns Einsatz ermöglichten Visum in die Vereinigten Staaten einzureisen. Sein briefliches Bekenntnis: »Daß ich dies alles überstanden habe, ist ein ausgesprochenes Wunder« gibt einen Eindruck von der katastrophalen Anspannung jener Monate, die seiner letzten und endgültigen Exilstation Amerika vorangingen. Die Erfahrungen, die Broch während dieser Zeit machte, ähneln denen vieler anderer Autoren, die durch ihre politisch bedingte Exilierung gleichfalls in ein Vakuum gestoßen wurden, das ihre physische und schriftstellerische Existenz gleichermaßen bedrohte und einengte.

Brochs Reaktion auf seine Exilierung ist jedoch weniger ein Ausdruck von Entwurzelung und umfassender Orientierungslosigkeit als eine Verschärfung jener Haltung, die bereits seit Ende der zwanziger Jahre charakteristisch für ihn war. Er hatte nach der Fertigstellung und Veröffentlichung der *Schlafwandler* in einer hektischen literarischen Betriebsamkeit nach neuen Wegen und Möglichkeiten gesucht, jene Absicht zu verwirklichen, die ihm mit seiner Romantrilogie offensichtlich nicht geglückt war: nämlich durch eine Aufdeckung der geschichtlichen Voraussetzungen den Blick für jene politische Katastrophe zu schärfen, die Hitler auf der europäischen Bühne inszenierte. Da Broch Dichtung und Politik als »Konkretisierung von Ethik«[13] auffaßte und durch Wort und Tat aufklärerisch auf seine Zeit wirken wollte, mußte ihn das ausbleibende Echo der *Schlafwandler* irritieren. Er beschäftigte sich zwischen 1932 und 1938 mit einer Vielzahl von literarischen Projekten. Vieles blieb fragmentarisch, einiges, so seine Dramen, war nur von ökonomischen Überlegungen diktiert, da er zu jener Zeit bereits vom Ertrag seiner literarischen Arbeit leben mußte. Mitte der dreißiger Jahre versuchte er, in seinem *Bergroman* ein Gegengewicht zur rationalen Konstruktion der *Schlafwandler* zu finden und zu gestalten: einen neuen Mythos, der jene Religiosität enthalten sollte, die nach seiner Auffassung allein die ethische Grundlage einer neuen Wertintegration darstellen könnte. Die Exilierung wurde auch auf diesem Hintergrund zum bedeutsamen Einschnitt.

Die Hektik seiner literarischen Produktion kam zum Erliegen. Der ihn schon vorher immer wieder bedrängende Zweifel an der Erkenntnisfähigkeit von Literatur, durch die ausgebliebene Resonanz der *Schlafwandler* zusätzlich bestätigt, erweiterte sich zu einer grundsätzlichen Infragestellung der Existenzberechtigung von Dichtung. Es ist höchst bezeichnend, daß er 1938 in einem Brief aus der Exilstation Schottland berichtet: »Und darüber hinaus waren mir jene letzten fünf Monate – [...] – der vollgültige Beweis für meine These von der Überflüssigkeit jeglicher künstlerischer oder sonstwie geistiger Arbeit.«[14]

Brochs Resignation ist aber keineswegs das letzte Wort, vielmehr tritt nun in den Jahren des Exils, parallel zum langwierigen Arbeitsprozeß am *Tod des Vergil*, der Versuch in den Mittelpunkt seiner Anstrengungen, die Voraussetzungen der verhängnisvollen Ideologisierung in der politischen Situation Deutschlands zu ergründen und damit theoretisch Hilfsmittel bereitzustellen, die solche katastrophalen Entwicklungen in Zukunft verhindern könnten. Wenn der Kampf gegen den Faschismus[15] das zentrale Kriterium darstellt, das an die Leistung der Exilliteratur anzulegen ist, so stellt Broch sozusagen den Modellfall dar. Denn bereits zu Anfang seines amerikanischen Exils, nämlich im Dezember 1938, hatte er mit Nachdruck festgestellt, »daß Europa unweigerlich der Fascisierung entgegen geht. [...] Wenn man aber gewillt ist, das Humane zu verteidigen – und ich sehe kaum mehr eine andere Aufgabe für den Schriftsteller –, so kann dies nur von dort aus erfolgen, wo dies vielleicht, leider nur vielleicht, noch möglich sein könnte (besonders für einen Emigranten), und dies ist eben Amerika.«[16] Brochs theoretische und künstlerische Arbeiten der Folgezeit stehen mit seltener Einhelligkeit im Dienst dieser Aufgabe. Seine massenpsychologischen Untersuchungen wollen das Phänomen des Faschismus und des modernen Massenwahns schlechthin aufschlüsseln, seine politischen Studien, seine Beiträge zur *City of Man* von 1940, die 1944 in der *Saturday Review of Literature* veröffentlichte, von erstaunlicher Voraussicht zeugende politische Satire *Adolf Hitler's Farewell Address,* die von 1948 stammenden Studien *Gibt es noch Demokratie?* und *Zur politischen Situation unserer Zeit* bemühen sich um eine Theorie der Demokratie[17], die in der Lage sein soll, sowohl den totalitären Verlockungen des Faschismus als auch des Kommunismus zu widerstehen. Es kann hier nicht die Aufgabe sein, den verschiedenen Richtungen und gelegentlichen Sackgassen von Brochs massenpsychologischen und politischen Reflexionen in allen Verästelungen nachzugehen. Aber es besteht kein Zweifel daran, daß der humane Appell hier nicht nur eine Sache der Emotion ist, sondern auch die Integrität der Gedankenführung bestimmt. Die Frage, die hier im Mittelpunkt steht, lautet vielmehr: In welcher

Weise haben diese Impulse seinen im Exil entstandenen großen Roman *Der Tod des Vergil* bestimmt, der vielen als das Hauptwerk Brochs gilt?

Die von Hannah Arendt geprägte Formel »Dichter wider Willen«[18] löst das Problem allzu einfach, indem sie davon ausgeht, daß Broch im Exil die Theorie als sein eigentliches Hauptarbeitsgebiet ansah und nur mitunter gegen seinen Willen wieder zur Dichtung konvertierte. Das mag auf die letzte im Exil entstandene Fassung des *Bergromans* zutreffen oder auf Brochs Novellenroman *Die Schuldlosen.* In beiden Fällen hat die Initiative von Brochs Verlegern den Ausschlag bei der Wiederaufnahme der Arbeit gegeben. Broch griff hier zugleich Stoffe auf, die in wesentlichen Partien bereits vor dem Exil fertiggestellt worden waren. Beim *Tod des Vergil* liegt die Situation anders. Broch hat im Exil mit großer Intensität über Jahre hinaus an diesem Roman gearbeitet. Die bereits Anfang 1937 entstandene Urform, die Erzählung *Die Heimkehr des Vergil,* hat nur noch wenig mit dem monumentalen Prosagedicht des späteren Romans gemeinsam. Als er die Umarbeitung der Vorform bereits in der österreichischen Haft begann, entdeckte er in der ihm eher zufällig zugespielten stofflichen Vorlage plötzlich sein Lebensthema: Der den Erkenntniswert seiner *Äneis* bezweifelnde alternde Dichter Vergil, der todkrank aus Athen nach Brundisium zurückgebracht wird und mit dem Gedanken kämpft, sein Werk zu vernichten, erweitert sich für Broch zum Sinnbild des exilierten Dichters schlechthin, der, mit der Erfahrung des nahenden Todes konfrontiert, sein Leben überschaut und seine künstlerische Produktion umfassend in Zweifel zieht.

Das Exilthema ist also bereits unmittelbar an die Person Vergils geknüpft, der im Perusinischen Krieg das Familiengut in Mantua verlor, den Zustand der Entwurzelung erlebte, sich trotz der späteren Protektion durch Augustus gewissermaßen als »Exulant« nach Athen zurückzog und dessen bekannte Grabinschrift »Mantua me genuit [...]« auf ein anderes, von Brecht stammendes Wort vorausdeutet, das über den Erfahrungen vieler exilierter Autoren im 20. Jahrhundert steht: »Öfter als die Schuhe die Länder wechselnd [...].« Das Exilmotiv wird darüber hinaus intensiviert, indem für Broch hinter der Gestalt Vergils die Figur des alternden, ans Schwarze Meer verbannten Ovid erscheint: »[...] ja selbst zum Emigrationsphänomen gab es eine bezeichnende Parallele, u. zw. in Tomi, dem Fischerdorf am Schwarzen Meer.« Auf eine dritte Konstellation ist ebenfalls zu verweisen, die bereits Hermann J. Weigand[19] in seiner frühen Analyse des Romans hervorgehoben hat: die Person des exilierten Dante, für den – wie für Broch – Vergil zur Verkörperung seiner Auffassung wurde. Nicht von ungefähr stehen Brochs Roman Verse aus der *Äneis* und aus der *Göttlichen Komödie* als Motto voran. Plausibler ist noch eine andere, eine vierte Spiegelung, die das Exilmotiv in der Gestalt von Vergils dichterischem Helden Äneas annimmt. Der aus dem brennenden Troja fliehende Äneas ist selbst Exulant, ein Vertriebener, der auf der Suche ist nach einer neuen Heimat. Bezeichnenderweise verwandelt sich in der Vorstellung des fieberkranken Vergil Brundisium zum Bild des brennenden Troja: »[...] und es war Troja, das um ihn brannte, es war der niemals verlöschende Weltenbrand [...].«

Wichtiger jedoch als diese personalen Kristallisationen des Exilmotivs ist die Erweiterung des Exils zur geschichtlichen Krisensituation schlechthin, verbunden zugleich mit dem Ausblick auf ihre Überwindung durch eine neue Religiosität, das

Christentum, das Vergil, einer langen Deutungstradition zufolge, in der vierten Ekloge vorausahnte. Die Charakteristik von Vergils Situation: »Es ist eine Grenzsituation zwischen den Zeiten, die Virgil durchlebt hat, umwittert vom Grauen des Endes, des Nichts«[20] entspricht durchaus Brochs eigener Sicht: »[...] es bedurfte nicht vielen Nachdenkens, um sich der Parallelen zwischen dem ersten vorchristlichen Jahrhundert und dem unseren zu erinnern – Bürgerkrieg, Diktatur und ein Absterben der alten religiösen Formen«[21].

Die historische Vorlage wird ganz in dem Sinne, wie Döblin oder Feuchtwanger es gefordert haben, als Stoff durchsichtig auf die aktuelle Zeitsituation Brochs. Im historischen Gleichnis wird die Problematik der eigenen Epoche reflektiert oder genauer: die Problematik der eigenen Lage. Broch vollzieht freilich nur zögernd jenen Schritt nach, den Lukács in seiner Analyse des historischen Romans im Exil gefordert hat: die Aufdeckung einer aufklärerischen Tradition von Demokratie, die sich besonders in einer Neueinschätzung des Volkes zeige. Das Volk – daran läßt der im ersten Teil des Romans geschilderte Weg Vergils durch die Elendsgasse und die ihn abstoßende Konfrontation mit dem Trio der beiden Betrunkenen und der Dirne im sogenannten Scherzo des Romans keinen Zweifel – steht als unartikulierte Masse und triebhafte Herde jenseits der Wirklichkeit, in der sich Vergil bewegt, und steigert vielmehr noch seine Bedrohung. Die politische Implikation, die sich hier verdeckt zeigt, deutet höchstens auf ein indirektes Porträt jener fanatisierten gesichtslosen Masse, die Broch im NS-infiltrierten Österreich ähnlich erlebt hatte.

Die politischen Realien werden also abstrahiert. Die konkreten Konflikte werden verinnerlicht, zu einem aus der Perspektive Vergils dargestellten Spannungsverhältnis zwischen Dichtung und Politik, die ihm beide als inkongruent erscheinen. Diese Problematik von Dichtung und Politik, die Wegner[22] am Beispiel von vier historischen Romanen der Exilliteratur als wesentlich skizziert hat, ist in dieser verinnerlichten Form auch im *Tod des Vergil* zu erkennen. Der Roman steht vielen Deutungen[23] offen. Er läßt sich psychologisch als Darstellung von Vergils Individuation deuten.[24] Er wird in der Tradition der Mystik als Gestaltung von Todeserkenntnis[25] interpretiert oder im Sinne von Brochs Theorie des Lyrischen in seiner in den Elegien des Romans gipfelnden Form als ein Beispiel für jene im Lyrischen erreichte Simultaneität begriffen[26], die Broch als sprachliche Verwirklichung der ihm vorschwebenden platonischen Idealität des Humanen ansieht. Der Roman läßt sich mit gleichem Recht unter dem Aspekt des Exils in der in Vergil thematisierten Infragestellung der Kunst, in der Konfrontation der in sich abgeschlossenen Schönheit der Dichtung, die unethisch wird in ihrer Wirkungslosigkeit, mit einer durch konkrete Tat zu beeinflussenden Wirklichkeit, als verinnerlichte Spiegelung von Brochs Exilerfahrung dechiffrieren.[27]

Vergils Gespräche mit Augustus kreisen indirekt um diesen Punkt. Der römische Dichter, der nach der Legende[28] die Möglichkeit hatte, als Arzt einen »ethischen Beruf« zu ergreifen und konkret helfend auf die Wirklichkeit einzuwirken, erkennt nun, am Ende seines Lebens mit dem Tod konfrontiert und die Wirkungslosigkeit seines Dichtertums reflektierend, »daß er die ärztliche Wissenschaft nie hätte verlassen dürfen, daß selbst die von ihr gebotene Nicht-Hilfe ehrenhafter gewesen wäre als die verlogenen Hilfeleistungs-Hoffnungen, mit denen er seitdem sein Dichtertum ausgestattet hatte, wider besseres Wissen hoffend, es werde die Macht der Schönheit [...] ihn, den Dichter, zum Erkenntnisbringer in der wiederhergestellten Menschengemeinschaft erhöhen«. Die Konsequenz ist – und auch hier folgt Broch einer mittelalterlichen Legendentradition –, daß er ein Autodafé seines Werkes beschließt: »Ich werde sterben, vielleicht noch heute ... aber ich werde vorher die Äneis verbrennen [...].«

Was Elias Canetti kurz vor Ausbruch der Faschisierung Deutschlands im Ende des sich abkapselnden und an seiner Isolation zugrundegehenden Gelehrten Kien, der mit seiner Bibliothek verbrennt, hellsichtig angedeutet hat, was in dem Wunsch Kafkas, seine Manuskripte zu verbrennen, auf der biographischen Ebene hervortritt, läßt sich hier, durch die Erfahrung des Exils verschärft, in der Problematisierung der Dichtung bei Vergil ganz ähnlich erkennen: Künstlerische Fiktion und Wirklichkeit treten auseinander; sich absolutsetzender Geist und empirische Realität erweisen sich als Aporien; im Angesicht einer chaotischen Geschichte sieht der Dichter seine Nutzlosigkeit ein und begreift, von seiner ethischen Verantwortung getrieben, die Notwendigkeit eines Abschieds von der Dichtung. Dahinter läßt sich unübersehbar die Einsicht erkennen, die Broch in dem Satz formuliert hat: »[...] das Spielerische des Kunstwerkes ist in einer Zeit der Gaskammern unstatthaft [...].«[29] Noch schärfer wird die Verklammerung von Vergils Problematisierung der Dichtung mit Brochs Exilsituation und mit den politischen Katastrophen seiner Zeit in dem Bekenntnis Brochs akzentuiert, daß »das Grunderlebnis des Vergil von den Gaskammern [...] bedingt war [...].«[30]

Sosehr Broch diese Erfahrung in seinem Roman auch verinnerlicht und abstrahiert, hier erscheint der thematische Schnittpunkt von Exilerlebnis und dichterischer Kristallisation. Die Auseinandersetzung zwischen Vergil und Augustus um das Manuskript der *Äneis* erweist sich auf diesem Hintergrund als Austragung eines grundsätzlichen Konfliktes zwischen Dichtung und Politik, der für die Exilliteratur generelle Bedeutung besitzt. Für Augustus hat die Kunst »eine dienende Rolle im Staate«, und für ihn trägt Vergils Epos zum Ruhm seines Reiches bei. Vergil hingegen vertritt den Standpunkt, »daß man der Kunst keinerlei Pflichten aufzwingen kann [...]«. Diese Verabsolutierung der Kunst redet jedoch keineswegs einem Ästhetizismus das Wort, sondern ihre Zielsetzung ist elementarer: Sie strebt nach »Erkenntnis des Todes«. Nicht die gleichnishafte Schönheit, in der die irdische Wirklichkeit veredelt wird, gibt sich für Vergil als Sinn der Dichtung zu erkennen, sondern ihre ethische Kraft, mit der sie dem Menschen hilft, sich selbst bewußt zu werden. Wo Augustus noch die Horazische These des »Prodesse aut delectare« vertritt, fordert Vergil eine ethische Kunst, die nicht nur Sinnbild, sondern Erkenntnistat ist. Diese Tat, die Vergil nicht in der Sprache seines Epos erreicht sieht, soll nun auf paradoxe Weise dadurch vollzogen werden, daß er in der Erwartung seines Todes das Manuskript seines Epos »opfert«: es verbrennt. Die Preisgabe seines Gedichtes soll die Revision seiner Kunstauffassung besiegeln: Die konkrete Zerstörung seiner Verse soll einen Neubeginn setzen. Diese Tat ist paradox, weil sie sich im Negativen dokumentiert.

Wesentlich ist jedoch, daß sich die Auseinandersetzung mit Augustus nicht nur auf dieser abstrakten Ebene vollzieht. Vielmehr tritt neben die Diskussion der wahren Kunst zugleich das Gespräch über den wahren Staat. Broch geht hier über den Gegensatz zwischen wissendem einzelnen und herdenhafter Masse, in Vergils Erfahrung der Masse in der Elendsgasse zu Anfang des Romans fixiert, hinaus, indem er im Hinweis auf die alte bäuerliche Demokratie Roms einen Begriff von Volk andeutet, der den »Menschenhaufen [...], die von den Städten angelockt und zusammengeballt worden sind«, widerspricht. Vergils Bekenntnis: »[...] der Bauer lebt immer in jener Gemeinschaft, welche Volk heißt [...]« trägt unverkennbar restaurative Züge. Zugleich ist nicht zu übersehen, wie hier Vorstellungen einfließen, zu denen sich Broch zumindest während seiner Arbeit an der Erstfassung des *Bergromans* subjektiv bekannt hat. Daß Vergil sich schließlich der Bitte des Augustus beugt und auf die Verbrennung seines Manuskriptes verzichtet, ist weder allein ein Ausdruck von Resignation noch von gesteigerter Verachtung seinem Werk gegenüber, noch von emotionalem Einlenken dem Freund gegenüber, sondern zeugt vor allem auch von einer gewissen Anerkennung der Argumentation des Kaisers. Vergils Vision des »alten Bauernstaats« wird nämlich als rückgewandte Utopie von Augustus zurückgewiesen, der – auch hier spielt Brochs zeitgeschichtliche Erfahrung hinein – »blinde Riesenmassen« als Realität des Volkes sieht, eine Masse, die »einem jeden [folgt], der es versteht, sich in dem schillernd-verführerischen Gewand der Freiheit aufzuspielen«. Der Sicht des politischen Pragmatikers Augustus, der die Freiheit des Volkes als Fiktion ansieht und statt dessen seine Manipulierbarkeit zum Nutzen aller fordert, tritt der Standpunkt Vergils gegenüber, aus dem der Theoretiker einer utopischen Demokratie Broch spricht, wenn Vergil äußert: »Denn das Reich der Erkenntnis, zu dem dein Staat erblühen wird, das Reich der wahren Wirklichkeit, wird nicht ein Reich der Volksmassen sein, [...] sondern ein Reich der Menschengemeinschaft, getragen vom Menschen, der sich im Wissen befindet, getragen von der menschlichen Einzelseele, von ihrer Würde und von ihrer Freiheit, getragen von ihrer göttlichen Ebenbildhaftigkeit.«

Das dürfte in bezug auf die grundlegende Problematik von Dichtung und Politik eine der Kernstellen des Buches sein, präzisiert Broch doch hier eine staatliche Auffassung Vergils, die sich mit einigem Recht als ›konservative Utopie‹ bezeichnen läßt, konservativ in dem Sinne, daß sie eine Verbesserung der politischen Verhältnisse nicht aus einer Veränderung der realen ökonomischen und sozialen Bedingungen der Gesellschaft hervorgehen sieht, sondern aus einer inneren Umkehr des einzelnen, aus einer ethischen Regenerierung, die eine politische Masse zur Menschengemeinschaft verwandelt. Die religiösen Züge, die diese Konzeption des Staates trägt, sind ebensowenig zu verkennen, wie sich in Augustus' Argumentation, man müsse das Volk zu seinem eigenen Nutzen bekehren, sich jene Vorstellung des Theoretikers Broch von einer »totalitären Demokratie« andeutet, der mit den Mitteln positiver Propaganda Durchschlagskraft verliehen werden müßte.[31]

Sicherlich läßt sich hier die Frage stellen, inwieweit das als Antwort auf die verhängnisvolle politische Entwicklung im Deutschland der NS-Zeit ausreicht, ob Broch nicht in der übergroßen Distanz die reale Problematik aus dem Blick verliert. Es läßt sich zudem nicht verkennen, daß die Mystik der Todeserkenntnis, die Broch im Bewußtsein Vergils Gestalt gewinnen lassen will, im gleichen Maße, in dem sie sich ausweitet und auch die sprachliche Artikulation durch die repetitorische Form der endlosen Satzketten an die Grenze des Verständlichen und damit Kommunikativen ausdehnt, mit einem Verlust an realem politischen Gehalt verbunden ist. Der Autor erliegt hier gewissermaßen den immanenten Beschränkungen seines historischen Modells. Die politische Exilerfahrung Brochs, die in seinen theoretischen Abhandlungen trotz gelegentlicher hymnischer Aufschwünge auch sprachlich präziser artikuliert wird, verflüchtigt sich hier in der Abstraktion. Freilich redet Broch hier trotz aller konservativen Anklänge keinem irrationalen Totalitarismus das Wort. Wenn Augustus den »Dienst am Staate, das ist die Einordnung in ihn [...]« als ethische Grundlage, als »Frömmigkeit« des einzelnen definiert, so wird hier die ethische Haltung ein Mittel zum Zweck und ihrer eigentlichen Bedeutung beraubt. Vergil hingegen deutet auf eine Frömmigkeit, die den Zwecksetzungen des Staates überlegen ist und eine religiöse Zielsetzung des Menschen meint. Und im Rekurs auf die vierte Ekloge Vergils, die bekanntlich als Vorahnung des christlichen Heilsbringers gilt, definiert Broch diese religiöse Wendung innerhalb eines christlichen Kontextes: »[...] der Menschheit zur Liebe wird der Heilbringer sich selber zum Opfer bringen, wird er sich mit seinem Tode selber zur Erkenntnistat machen, zur Tat, die er dem All entgegenwirft [...].«

Von außen betrachtet, läßt sich diese religiöse Perspektive sicherlich als ›ideologisch‹ charakterisieren. Ihre Valenz als Antwort auf die politischen Katastrophen der letzten Jahrzehnte ist ›frag-würdig‹ geworden im buchstäblichen Sinn des Wortes. Aber innerhalb der ästhetischen Dimensionen des Romans betrachtet, ist hervorzuheben, daß die theoretische Diskussion letztlich dadurch entschieden wird, daß beide, Vergil und Augustus, sich auf der individuell-menschlichen Ebene treffen und jene humane Kommunikation zustande kommt, die Broch als Beginn einer ethischen Umkehr vorschwebt. Das geschieht im Roman, indem Vergil den in seinem persönlichen Stolz getroffenen und zornigen Augustus durch das Geschenk des Manuskriptes spontan besänftigt und im Streit über die Fessel eines Pferdes jener humane Kontakt zwischen beiden wiederhergestellt wird, der in der theoretischen Diskussion verlorenzugehen drohte. Diese durch die konkrete Tat bewiesene Humanität wird zugleich in der testamentarischen Anordnung Vergils fortgesetzt, nach seinem Tod seine Sklaven freizulassen, für die geleisteten Dienste nachträglich zu entlohnen und darüber hinaus alljährlich eine bestimmte Summe für die »Ausspeisung des Volkes von Brundisium« auszugeben. Mit diesen sinnbildlich gemeinten Gesten einer neuen Humanität ist zugleich die Revision seiner Einstellung gegenüber seiner Dichtung verbunden. Hatte er zuvor die Verbrennung der *Äneis* als eines nichtigen Kunstwerkes verlangt, so bekennt er sich nun gegen Ende zu der Dichtung als Trägerin von Utopie. Es heißt ausdrücklich in seinem Testament: »[...] die Gesänge dürfen nicht zerrissen werden [...].« Das Eigengewicht der ästhetischen Form, das hier nachdrücklich unterstrichen wird, deutet auf eine neue Auffassung von Dichtung, die trotz ihrer Gleichnishaftigkeit zur Vorahnung einer neuen Ethik und Humanität werden kann. Das ist innerhalb des Romans von einsehbarer Konsequenz, auch wenn die Gestaltung, nicht zuletzt durch die ausgedehnten lyrischen Aufschwünge schon rein sprachlich erschwert[32], eine lyrische Abstraktheit erreicht, die die politischen Realien verflüchtigt und eine Verwesentlichung der Thematik anstrebt, die zur esoterischen Mystik tendiert. Ein gewisser Hang zur Verinnerlichung, der sich noch stärker im Exilwerk von Franz Werfel oder Georg Kaiser erkennen läßt – um nur zwei Beispiele zu nennen –, fordert auch bei Broch seine Opfer.

Die Isolation des fiebernden todkranken Vergil, aus dessen Ich sozusagen die Welt emaniert, wird nur unterbrochen von dem Tableau der Freunde, den Figuren der

Plotia, des Knaben Lysanias, des Sklaven und der Gestalt des Augustus, der dem Dichter Vergil in abstrakter Stilisierung gegenübertritt. Die politische Realität der Zeit taucht nur reflexhaft im Gespräch der beiden auf oder figuriert als kulissenhafte Masse am Rande. Die Entdeckung der emanzipatorischen Rolle des Volkes, die Lukács als so verdienstvoll am historischen Roman des Exils hervorgehoben hat, ist bei Broch nur in Ansätzen vorhanden. Bruno Franks *Cervantes* (1934), ebenfalls an der Figur eines großen Dichters orientiert, bezeichnet als historischer Künstlerroman gewissermaßen den Gegenpol zu Broch. Während es Frank darum geht, »einen Dichter von wirklicher Weltbedeutung vor uns hinzustellen, dessen Lebenswerk wirklich und organisch aus dem Schicksal des Volkes herauswächst«, wie Lukács schreibt, scheint die Charakteristik des traditionellen Künstlerromans durch Lukács in der Tat noch auf den *Vergil*-Roman Brochs zuzutreffen: »Für die neuere deutsche, ja für die ganze internationale moderne Literatur war die Gestalt des Dichters jahrzehntelang die eines exzentrischen Egoisten, der in einem einsamen Leben, geschieden von allen unmittelbaren menschlichen und gesellschaftlichen Beziehungen, seine allersubjektivsten Träume zu verwirklichen versuchte.« Die Problematik dieser Künstlerrolle – und hier holt Broch gewissermaßen Lukács' Forderung ein – wird freilich von Broch thematisiert, und in diesem Sinne hat er die Lehren des Exils in seinem Roman gezogen. Aber die ethische Wende und neue Religiosität, die Broch als Antwort formuliert, ordnet ihn einer Tradition zu, der auch Stefan Zweig in seinem *Erasmus von Rotterdam* (1934) Ausdruck verleiht. Erasmus wird sozusagen zum Prototyp jener individualistischen Humanität, der auch Broch, angereichert freilich durch die Mystik von Vergils Todeserkenntnis, in der Proklamierung einer neuen, vom einzelnen getragenen Religiosität zuneigt. Das stilisierte Tableau des einzelnen, der sich vor einer gesichtslosen Masse abhebt, gilt bezeichnenderweise auch für den Erasmus von Zweig: »Aber [...] was in den Tiefen der Massen urgründig waltet, das wissen sie nicht und wollen sie nicht wissen.«
Diese individualistische Erneuerung hat Broch dann erneut in seinem letzten abgeschlossenen Roman propagiert, in den *Schuldlosen*[33] (1950), der freilich in wesentlichen Teilen bereits Mitte der dreißiger Jahre konzipiert und veröffentlicht worden war. Das »Verbrechen der Gleichgültigkeit«, das Broch dort als Wurzel der Inhumanität in der NS-Verseuchung Deutschlands erkennt, zielt wiederum auf eine ethische Umkehr und Erneuerung des einzelnen hin, ohne dessen individuelles Schuldbekenntnis, verdeutlicht in der Zerknirschung von Andreas vor dem singenden Imker, keine politische Erneuerung einzuleiten ist. Und auch in der dritten, durch Brochs Tod unvollendeten Fassung des *Bergromans*[34], in der er modellhaft die Gründe des faschistischen Wahns zu analysieren versucht, wird die humane Erneuerung des einzelnen als Ausweg gewiesen.
Das mag man als Position Brochs unterschreiben, das mag man als künstlerische Regression ansehen, die von dem Vakuum des Exils bedingt ist, das mag man von einer marxistischen Basis aus als restaurativen Irrationalismus denunzieren, entscheidend ist, daß Broch diese Restriktionen in der Theorie aufzuheben versucht hat und gerade in seinen massenpsychologischen Untersuchungen jene Aufklärung zu leisten versuchte, die er im *Vergil* noch ausspart, nämlich die Reflexion des Masse-Faktors. Broch hat darüber hinaus durch seine vielfach bezeugte, unermüdliche Hilfsbereitschaft[35] im Exil, durch seine immense Korrespondenz nach dem Krieg, die mit zu

seinem frühen Tod beigetragen hat, in der Praxis jene ethische Verantwortung des einzelnen konkret vorgelebt, die er im Gleichnis des römischen Dichters am Ende seines Romans andeutet. Die Humanität war auf diesem Hintergrund für Broch alles andere als eine irrationale Phrase, sondern eine Antwort auf die Anforderungen des Exils, denen er sich auf allen Ebenen stellte: in seiner theoretischen Reflexion, in seiner Dichtung und in seiner praktischen Tätigkeit.

Anmerkungen

1. »Die literarische Situation«. Baden-Baden 1947. S. 29.
2. Vgl. »Der historische Roman und wir«. In: »Das Wort« I/4. S. 70 f. Jetzt auch in: »Aufsätze zur Literatur«. Olten 1963. S. 163–186.
3. »Vom Sinn des historischen Romans« 3/27. S. 640–643.
4. Vgl. »Profile. Prosa aus einem Jahrzehnt«. Paris 1937. S. 160.
5. in: »Probleme des Realismus«. Berlin [Ost] 1955. S. 184–210.
6. Vgl. »Caesarenkult in der Emigrantenliteratur?« 2 (1947) S. 1101–1104.
7. in: »Deutsche Literatur im Exil«. Hrsg. von Hermann Kesten (s. Lit. d. Einl.), S. 294.
8. Osterle (s. Lit.).
9. Menges (s. Lit.).
10. Vgl. dazu im einzelnen die Ausführungen des Verf.s: »Hermann Brochs Vergil-Roman und seine [Vorstufen« (s. Lit.).
11. GW 8, S. 85.
12. ebd., S. 127.
13. ebd., S. 248.
14. ebd., S. 165.
15. Vgl. dazu u. a. Hans-Albert Walter: »Noch immer: Draußen vor der Tür« (s. Lit. d. Einl.).
16. GW 8, S. 168.
17. Vgl. dazu Wolfgang Rothe: »Hermann Broch als politischer Denker«. In: »Hermann Broch. Perspektiven der Forschung«. Hrsg. von Manfred Durzak (s. Lit.), S. 399–416.
18. So lautet die Überschrift ihrer Einleitung zum ersten Band der von ihr herausgegebenen Essays, »Dichten und Erkennen« (Zürich 1955), vgl. S. 5.
19. »Hermann Broch's Death of Vergil: Program Notes«. In: H. J. W., »Surveys and Soundings in European Literature«. Princeton 1966. S. 308–343.
20. Friedrich Klingner: »Virgil und die geschichtliche Welt«. In: F. K., »Römische Geisteswelt«. München 1956. S. 275–293.
21. GW 8, S. 243.
22. Wegner (s. Lit. d. Einl.).
23. Vgl. dazu den Forschungsbericht des Verf.s: »Hermann Brochs ›Der Tod des Vergil‹: Echo und Wirkung« (s. Lit.).
24. Vgl. Aniela Jaffé: »Hermann Broch: Der Tod des Vergil. Ein Beitrag zum Problem der Individuation«. In: Durzak, Hermann Broch. Perspektiven der Forschung« (s. Lit.), S. 135–176.
25. Vgl. u. a. Walter Hinderer: »Grundzüge des ›Tod des Vergil‹«, ebd., S. 89–134.
26. Vgl. dazu die Ausführungen des Verf.s u. a. in seinem Buch: »Hermann Broch. Der Dichter und seine Zeit« (s. Lit.).
27. Wegner hat in seinem Buch nicht zu Unrecht bemerkt, daß Brochs Roman »bisher noch nicht genügend unter dem Aspekt des Exil-Problems gesehen wurde«. In der umfangreichen Literatur zu Brochs Roman deutet in der Tat nur der kurze Aufsatz von Paul Rosenfeld eine Verarbeitung der Exilsituation im »Vergil« an: »The Death of Vergil. Some Comments on the Book by Hermann Broch«. In: »Chimera« III/3 (1945) S. 47–55.
28. Broch referiert in dem Nachwort zu seinem Roman diese Legenden.
29. GW 8, S. 280.
30. ebd.
31. Vgl. dazu auch Schlant (s. Lit.).
32. Zur Kritik an der Sprache des Romans vgl. Erna Wolfram: »Der Stil Hermann Brochs. Eine Untersuchung zum ›Tod des Vergil‹«. Diss. Freiburg i. Br. 1958.

33. Vgl. dazu die Studie des Verf.s: »Die Entstehungsgeschichte von Hermann Brochs ›Die Schuldlosen‹«. In: »Euphorion« 63/4 (1969) S. 371–405.
34. Vgl. dazu den Aufsatz des Verf.s: »Zur Entstehungsgeschichte und zu den verschiedenen Fassungen von Hermann Brochs Nachlaßroman«. In: »Zeitschrift für deutsche Philologie« 86/4 (1967) S. 594–627.
35. Vgl. dazu die Darstellung in der Monographie des Verf.s: »Hermann Broch«. Reinbek 1966. (rowohlts monographien 118.)

Werke

Die Angst. In: Maß und Wert 2 (Juli/August 1939) S. 748–795. [Leicht gekürztes Kapitel aus dem damals noch ungedruckten Bergroman.]

Der Tod des Vergil. New York: Pantheon Books 1945; Zürich: Rhein-Verlag 1952 (GW 3).

Dichten und Erkennen. Essays Bd. 1. Zürich: Rhein-Verlag 1955 (GW 6).

Erkennen und Handeln. Essays Bd. 2. Zürich: Rhein-Verlag 1955 (GW 7).

Briefe von 1929 bis 1951. Zürich: Rhein-Verlag 1957 (GW 8).

Massenpsychologie. Schriften aus dem Nachlaß. Zürich: Rhein-Verlag 1959 (GW 9).

Die unbekannte Größe und frühe Schriften mit den Briefen an Willa Muir. Zürich: Rhein-Verlag 1961 (GW 10).

Gedanken zur Politik. Frankfurt a. M.: Suhrkamp 1970.

Hermann Broch – Daniel Brody: Briefwechsel 1930–1951. Hrsg. von Bertold Hack u. Marietta Kleiß. Frankfurt a. M.: Buchhändler-Vereinigung GmbH 1971. (Archiv für Geschichte des Buchwesens Bd. 12.)

Im Exil erschienene Essays

Massenwahntheorie (1939 u. 1941). In: GW 9, S. 77–236.

Geschichtsgesetz und Willensfreiheit [entst. um 1940]. In: GW 9, S. 237–312.

Nationalökonomische Beiträge zur City of Man. In: A Declaration of World Democracy. New York 1940. S. 232–256. [Ebenfalls in: GW 9, S. 59–77.]

Ethical Duty. In: Saturday Review XXII/26 (19. 10. 1940) S. 8.

Adolf Hitler's Farewell Address. In: Saturday Review XXVII/43 (21. 10. 1944) S. 5–8.

Freud, Master, and Friend. In: Aufbau XI/1 (5. 1. 1945) S. 7.

The Heritage of Myth in Literature. In: Chimera IV/3 (1946) S. 33–41. [In deutscher Fassung ebenfalls in: GW 6, S. 239–248.]

The Style of the Mythical Age. An Introduction to: R. Bespaloff: On the Iliad. New York 1947. S. 9–33. [Ebenfalls in: GW 6, S. 249–264.]

Gesammelte Werke. 10 Bde. Zürich: Rhein-Verlag 1952–61. (Zitiert als: GW.)

Literaturhinweise

Timm Collmann: Zeit und Geschichte in Hermann Brochs Roman ›Der Tod des Vergil‹. Bonn 1967.

Manfred Durzak: Hermann Broch. Reinbek 1966. (rowohlts monographien 118.)
– Hermann Broch. Der Dichter und seine Zeit. Stuttgart 1968.
– Hermann Broch. Perspektiven der Forschung. München 1972.
– Hermann Brochs Vergil-Roman und seine Vorstufen. In: Literaturwissenschaftliches Jahrbuch IX (1968) S. 285–317.
– Hermann Brochs ›Der Tod des Vergil‹: Echo und Wirkung. Ein Forschungsbericht. In: Literaturwissenschaftliches Jahrbuch X (1969) S. 273–347.

Karl Menges: Kritische Studien zur Wertphilosophie Hermann Brochs. Tübingen 1970.

Heinz D. Osterle: Hermann Broch: Die Schlafwandler. Kritik der zentralen Metapher. In: DVjs. 44/2 (1970) S. 229–268.

Ernestine Schlant: Die Philosophie Hermann Brochs. Bern 1971.

MARCEL REICH-RANICKI

Lion Feuchtwanger oder Der Weltruhm des Emigranten

Dieser einst weltberühmte Romancier, den angelsächsische Nachschlagewerke noch heute ausführlich und respektvoll abhandeln, der in der DDR und in mehreren osteuropäischen Ländern auch jetzt ein großes Publikum hat, den man dort sogar für einen Klassiker der deutschen Prosa unseres Jahrhunderts hält und dessen Werk den Germanisten nicht nur in der DDR ein lohnender Forschungsgegenstand scheint – in den USA wurde 1972 ein ihm gewidmeter Sammelband mit zahlreichen gelehrten Untersuchungen in englischer Sprache publiziert[1] –, er, Lion Feuchtwanger also, ist in der Bundesrepublik fast ganz in Vergessenheit geraten. Wie soll man sich das erklären?

Hans Mayer ist dieser Frage nachgegangen. Er kommt zwar zum Ergebnis, daß »es ungerecht und eine unverständliche Verarmung des westdeutschen literarischen Lebens ist, diesen bedeutenden Schriftsteller einfach totschweigen zu wollen«, meint jedoch, ihn habe im Exil »der Geist der Sprache« verlassen. Denn: »Der Emigrant Feuchtwanger begab sich selbst der Möglichkeit, seine sprachlichen Mittel mit der sprachlichen Wirklichkeit des heutigen Deutschlands zu konfrontieren. Es mußte sich rächen, und es hat sich gerächt [...] Noch dreizehn Jahre nach dem Kriegsende schuf er eine Literatur des Exils [...] Literatur in einer Sprache, die aufgehört hatte, lebendiges Deutsch zu sein [...] Hier vor allem liegt die Fragwürdigkeit der künstlerischen Entwicklung, die dieser bemerkenswerte Schriftsteller nahm.«[2]

Das alles mag einleuchtend klingen. Aber es überzeugt mich nicht ganz. Auch ich halte Feuchtwangers Entwicklung für fragwürdig, nur glaube ich nicht, daß man hierfür das Exil verantwortlich machen kann. Wenn er – wie Mayer behauptet – gescheitert ist, dann nicht »an der räumlichen Distanz zwischen Amerika und Deutschland«.

Kein Zweifel, Feuchtwanger gehörte in den Jahren der Weimarer Republik zu den bekanntesten Autoren. Seine Bücher fanden zahllose Leser, wurden in viele Sprachen übersetzt und erreichten auch im Ausland ungewöhnlich hohe Auflagen. Aber so enorm der Verkaufserfolg, so zurückhaltend war schon damals – und das übersieht man jetzt gern – die Reaktion der literarischen Welt. Sie ließ kein sonderliches Interesse an dieser Prosa erkennen: Abgesehen von den obligaten und eher knappen Rezensionen gab es in den Zeitschriften und Literaturblättern kaum nennenswerte Äußerungen zu Feuchtwanger – obwohl nicht nur jene historischen Romane, die seinen Weltruhm begründet haben (*Die häßliche Herzogin Margarete Maultasch*, 1923, *Jud Süß*, 1925), bereits erschienen waren, sondern auch das Buch *Erfolg* (1930), sein, von heute her gesehen, originellstes und wichtigstes Werk.

Schon damals war er, zumal in Deutschland, ein typischer Publikumsschriftsteller: In der Regel machte die Kritik um ihn – ähnlich wie um Jakob Wassermann – einen großen Bogen. Auch die Kollegen waren auf den berühmten Autor, obwohl er als ein besonders umgänglicher Mensch geschildert wird, meist nicht gut zu sprechen. Als im Herbst 1933 sein erstes Exilbuch publiziert wurde – der Roman *Die Ge-*

schwister Oppenheim (späterer Titel: *Die Geschwister Oppermann*) –, schrieb Kurt Tucholsky in einem Brief an Walter Hasenclever: »Feuchtwangers *Oppenheims* werden ein gutes Werk tun. Künstlerisch ist es ganz schlecht – strohig, aus Pappe. Ich halte den Mann für sinnlos überschätzt. Das ist gut genug für Engländer.«[3]
Im Laufe der Jahre hat sich am Verhältnis der deutschen Schriftsteller zu Feuchtwanger nicht viel geändert: Entweder wurde er ignoriert oder mit hämischen Seitenhieben bedacht. Daß Robert Musil ihn in seinen *Tagebüchern* nur abfällig erwähnt, mag noch nicht viel besagen, weil er, der Erfolglose und Verbitterte, seinen Kollegen am allerwenigsten den Erfolg zu verzeihen bereit war.
Bezeichnender ist wohl in dieser Hinsicht die Festschrift, die der Ostberliner Aufbau-Verlag 1954 zu Lion Feuchtwangers 70. Geburtstag veranstaltet hat.[4] Wie üblich in solchen Fällen, wurden zur Mitarbeit nur diejenigen eingeladen, von denen man rühmende oder doch zumindest respektvoll-freundliche Äußerungen erwartete. Um so verblüffender war das Ergebnis.
Anna Seghers beschränkte sich auf einen kaum vier Maschinenzeilen umfassenden Gruß. Ernst Bloch schrieb zwar einige Zeilen mehr, doch kein einziges Wort über ein Buch des Jubilars. Johannes R. Becher sandte ein Sonett mit dem Titel *Lion Feuchtwanger*, das aber so allgemein gehalten war, daß es sich auf jeden anderen vom Autor geschätzten Zeitgenossen beziehen konnte. Brecht, dereinst von Feuchtwanger entdeckt und mit ihm jahrelang befreundet, wollte sich offenbar an dieser Festschrift überhaupt nicht beteiligen, weshalb man sich genötigt sah, von ihm ein aus dem Jahr 1935 stammendes und Feuchtwanger lediglich gewidmetes Gedicht abzudrucken.
Auch Thomas Mann, sonst immer zu überschwenglich-lobenden Urteilen über die Bücher anderer bereit, ließ sich zu einem ernsten Wort über das Werk des Siebzigjährigen nicht bewegen: Er erzählte vielmehr von dem »lieben, unterhaltsamen Mann« und von dem »Lebenskünstler«, dessen kuriose Arbeitsweise er mit leisem Spott beschrieb; schließlich bekannte er nicht ohne Ironie: »Besonders gern höre ich ihn über sich selber sprechen, seine persönlichen Angelegenheiten, seine Verlags- und Übersetzungsprobleme, seine weiträumigen Erfolge, – und wirklich, er spricht häufig und ausführlich davon.«
Einzig Arnold Zweig bereitete dem Herausgeber der Festschrift keine Enttäuschung. Allerdings konnte der Autor des *Grischa* nur wiederholen, was man von ihm schon oft gehört hatte. Denn die beiden, Feuchtwanger und Zweig, pflegten sich immer schon gegenseitig zu loben. Um das dürftige Bändchen einigermaßen zu füllen, mußte man einen alten (und recht schwachen) Aufsatz von Heinrich Mann noch einmal abdrucken und sich mit einem Auszug aus einem in den dreißiger Jahren entstandenen Buch von Georg Lukács behelfen.
Ähnlich wie Feuchtwangers außergewöhnlicher Erfolg hatte auch die kühle oder ablehnende Reaktion eines großen Teils der literarischen Welt ihre guten Gründe; und man braucht sie nicht woanders zu suchen als in seinem Werk. Mehr noch: Es sind oft dieselben Eigentümlichkeiten der Prosa Feuchtwangers, die ihm einerseits die Dankbarkeit von Millionen sicherten und ihn andererseits bei vielen seiner Kritiker und Kollegen in Mißkredit brachten.
Er liebte klare Linien und grelle Farben, starke Töne und mächtige Akkorde, große Bögen und gewaltige Dimensionen. Er hatte eine Schwäche für Pomp, Reichtum und Luxus, für prächtige Dekorationen und prunkvolle Kostüme, für effektvolle Be-

gegnungen und hochdramatische Dialoge, für theatralische Situationen und szenische Arrangements. Aus allen seinen Romanen spricht ein zu kurz gekommener Bühnenautor.

Das Intensive war sein Element; ihn faszinierte das Übersteigerte. Was immer er seinen Lesern zeigen wollte – Figuren, Schauplätze und Milieus, Intrigen und Konflikte –, er zeichnete es mit Nachdruck. Er arbeitete stets mit Unterstreichungen, mit Hervorhebungen um jeden Preis. Ein Fanatiker der Deutlichkeit war er, aber er glaubte nur dann hinreichend deutlich zu sein, wenn er schon überdeutlich wurde. Er konnte anschaulich und einprägsam erzählen und alles, was er den Lesern zeigen wollte, tatsächlich sichtbar machen. Nur daß er oft eben zu anschaulich und zu einprägsam erzählte. Seine Schreibweise hat etwas Penetrantes: Sie ist bisweilen eindringlich und zugleich aufdringlich. Das zeigt sich auch in seinen stets sehr ausführlichen Charakterstudien.

Wie die meisten Romanciers seiner Generation – von Werfel und Arnold Zweig bis zu Wassermann und Stefan Zweig – war auch Feuchtwanger sein Leben lang von den Möglichkeiten der Psychologie beeindruckt. Und in der Tat gehört die oft von der modernen Psychologie profitierende Menschendarstellung zu den stärksten Seiten seiner Epik.

Aber ob Feuchtwanger Künstler oder Geistliche, Politiker oder Geschäftsleute, Fürsten oder Journalisten in den Mittelpunkt seiner Romane stellt, ob es Verbrecher oder edle Idealisten, mittelmäßige oder geniale Individuen sind – ihre Charaktere ähneln sich sehr. Und sie haben immer das gleiche Temperament.

Von Beaumarchais, einem der Helden des Romans *Waffen für Amerika* (1947/48, späterer Titel: *Die Füchse im Weinberg*), heißt es: »Für einen Augenblick überfröstelte es ihn. Es war ein sehr hohes Spiel, auf das er sich da eingelassen hatte. [...] Was auch dabei herauskam, es war reizvoller, mit Weltgeschichte zu handeln als mit Holz.« Er sei, lesen wir, »komödiantisch, voll von grenzenloser, lächerlicher Geltungssucht«. Viel habe er erlebt, doch sei er etwa blasiert: »Nach wie vor wirft er sich mit seinem ganzen Selbst hinein in jedes äußere und innere Erlebnis. Er spart nicht. Er ist verschwenderisch mit seiner Zeit, seinem Geld, seinem Talent, seinem Leben.«

Was hier über Beaumarchais gesagt wird, gilt für nahezu alle zentralen Figuren Feuchtwangers: Es sind leidenschaftliche Naturen, waghalsige Provokateure und dämonische Abenteurer. Was immer sie tun mögen – sie erweisen sich fast immer als ehrgeizige Intellektuelle zwischen den Fronten. Sie neigen zum Komödiantentum und werden von Eitelkeit, Ichbesessenheit und allerlei Ressentiments getrieben. Eine große Rolle spielen dabei Minderwertigkeitskomplexe, die Feuchtwanger regelmäßig, ja fast schon mechanisch – ob es sich nun um den Juden Josef Süß Oppenheimer oder um den von Bauern abstammenden Titelhelden des Romans *Goya oder Der arge Weg der Erkenntnis* (1951) handelt – aus ihrer Herkunft ableitet. Solche und andere Komplexe bewirken den offensichtlich übersteigerten Ehrgeiz dieser Protagonisten und haben zur Folge, daß sie sich, wie Beaumarchais, auf ein sehr hohes und gefährliches, womöglich welthistorisches Spiel einlassen.

Aber die schillernden und betont zwielichtigen Figuren läßt Feuchtwanger in klarer und kräftiger und keineswegs schillernder Beleuchtung auftreten. Die Leser seiner Prosa sind auf Mutmaßungen niemals angewiesen, etwaige Mißverständnisse werden von vornherein ausgeschlossen. Denn Feuchtwanger gehört zu jenen Erzählern, die alles, was sie zu sagen haben, direkt aussprechen, und das nicht nur einmal: In seinen Büchern wird alles genauestens ausgeführt, nichts ausgespart, nichts angedeutet. Er macht es dem Publikum sehr leicht, wohl allzu leicht.

So werden alle wichtigeren Gestalten mit zahlreichen, exakt beschriebenen Eigentümlichkeiten – Schrullen und Gewohnheiten, Gebärden und Sprechweise – ausgiebig charakterisiert. Auch wenn Feuchtwanger in einem Roman sehr viele Personen agieren läßt, sind sie doch auf Anhieb erkennbar und tatsächlich unverwechselbar. Nur daß sie eben allzu gut und allzu rasch erkennbar sind.

Die psychologischen Details, oft glänzend beobachtet und mit größter Akribie aneinandergereiht, ließen viele dieser Gestalten sehr glaubwürdig erscheinen und trugen nicht selten auch zu ihrer besonderen Attraktivität bei, zumal Feuchtwanger in seinen frühen Romanen sexuelle Motive stark akzentuierte, was damals keineswegs alltäglich war und von manchen Lesern fast schon als sensationell empfunden wurde.

Aber trotz aller Schattierungen und Differenzierungen haben diese Figuren doch etwas Schematisches an sich. Denn die Nuancen und Facetten mögen raffiniert sein, die Grundierung erweist sich meist als recht simpel: Sein am häufigsten angewandtes Prinzip läuft auf Einseitigkeit und Extremisierung hinaus.

Bei Feuchtwanger sind die Reichen immer unerhört reich und die Elenden sehr elend, die Schlauen überaus gerissen und die Häßlichen ungewöhnlich abstoßend. Seine Machthaber sind die mächtigsten, seine Bösewichter die bösesten und seine Juden die jüdischsten, die man sich denken kann. Er hat auch eine Schwäche für äußerst starke Kontraste: Wie er immer wieder Haß und Liebe, Treue und Verrat, Vernunft und Fanatismus, den Zauber des Krieges und den Geist des Friedens einander schroff gegenüberstellt, so arbeitet er auch in allen seinen Romanen mit krassen psychologischen Antithesen.

Die verunstaltete, doch tüchtige und kluge Margarete von Tirol und die schöne, doch eitle und dumme Agnes von Flavon in der *Häßlichen Herzogin*, die beiden bayerischen Minister Klenk und Flaucher (der eine intelligent, gebildet und souverän, der andere beschränkt, primitiv und subaltern) in *Erfolg*, der leidenschaftliche und impulsive, geistreiche und leichtsinnige Beaumarchais und der reife und gelassene, nachdenkliche und vorsichtige Franklin in *Waffen für Amerika*, der agile, listige und elegante, dem ›Dritten Reich‹ zynisch dienende Erich Wiesener und der knorrige, biedere und schwerfällige, doch auf seine Art ehrliche Nazi Heydebregg in dem Roman *Exil* (1940) – aus den polaren Spannungen oder auch den direkten Kämpfen zwischen solchen gegensätzlichen Naturen ergeben sich die wichtigsten Handlungsmotive in Feuchtwangers Epik.

Gewiß, es sind vorzüglich kalkulierte, effektvolle und auch einleuchtende Konfrontationen. Trotzdem mußten sie kritische Leser mißtrauisch machen. Denn je ausführlicher die Schilderungen und je dramatischer die Vorgänge, je plastischer und farbiger die Szenerie und je subtiler die psychologischen Nuancen, desto deutlicher das Mißverhältnis zwischen Aufwand und Resultat, desto irritierender der Verdacht, daß diese mit Bravour erzählten Romane doch immer vordergründig bleiben. Sie erinnern an jene Virtuosen, deren Auftritte zwar imponieren, aber immer auch ein gewisses Unbehagen auslösen oder gar etwas unseriös wirken.

Unseriös? Auf jeden Fall befaßt sich Feuchtwanger stets mit sehr ernsten und gewichtigen Fragen. Es geht um Kunst und Politik, um Aktivität und Kontemplation, um Nationalismus und Internationalismus, es geht vor allem um das Verhältnis der Intellektuellen zu ihrer Umwelt, zu den Herrschern und zum Volk.

»Mein Thema«, sagt ein in *Exil* auftretender Schriftsteller, »ist der Dreck der Übergangszeit. Wer ein bißchen Grütze hat, mag vielleicht hinter den Zeilen die Hoffnung auf Besseres herauslesen.« Daß damit auch Feuchtwangers eigenes Werk gemeint ist, liegt auf der Hand: Fünf seiner Romane – neben *Erfolg*, den *Geschwistern Oppenheim* und *Exil* auch *Die Brüder Lautensack* (1944) und *Simone* (1945) – behandeln die Epoche zwischen den beiden Weltkriegen, die er – wie es im Nachwort zum *Exil* heißt – als »schlimme Zeit des Wartens und des Übergangs« verstanden wissen will. Für drei Romane – *Waffen für Amerika*, *Goya* sowie *Narrenweisheit oder Tod und Verklärung des Jean-Jacques Rousseau* (1952) – dient das Frankreich und Spanien des ausgehenden 18. Jahrhunderts als Hintergrund. Vier weitere Romane – die *Josephus*-Trilogie (1932, 1935 und 1945) und *Der falsche Nero* (1936) – spielen im ersten nachchristlichen Jahrhundert. Übergangsepochen sind es also allemal.

Der zweite Teil der zitierten Äußerung trifft freilich nur bedingt auf Feuchtwangers Epik zu. Zwar findet sich in allen seinen Büchern jene »Hoffnung auf Besseres«, aber man braucht sie nicht hinter den Zeilen herauszulesen. Denn ähnlich wie Feuchtwanger auf das Charakteristische seiner Gestalten unmittelbar hinweist und es immer wieder kräftig unterstreicht, so hat er auch nicht die geringsten Hemmungen, die zentralen Gedanken seiner Romane direkt auszusprechen oder den auftretenden Personen in den Mund zu legen.

Trotzdem befürchtet er mitunter – und völlig zu Unrecht –, was er beabsichtigt habe, sei vielleicht nicht hinreichend klar geworden. Dann sagt er in einem Selbstkommentar – oft läßt er es gleich als Nachwort drucken –, was er in und mit seinem jeweiligen Buch sagen wollte. So hat er die Gedanken, Motive und Figuren seines Romans *Waffen für Amerika* genau erklärt (»Ich wollte zeigen, daß [...]«) und bei dieser Gelegenheit auch versichert, es werde sowohl der weniger als auch der mehr anspruchsvolle Leser auf seine Rechnung kommen.[5]

In Feuchtwangers Nachwort zur *Spanischen Ballade* (1955, späterer Titel: *Die Jüdin von Toledo*) heißt es: »Sichtbar machen wollte ich, wie die Magie dieses Kriegertums sogar jene anzieht, die seine Verderblichkeit durchschauen. Raquel spürt, wie unheilvoll sich Alfonsos Tollkühnheit auswirken muß – und liebt ihn. Was sie, die Wissende, an dem unheilvollen Manne lockt, sollte zum Sinnbild werden aller Verführung, die von dem Kriegerischen, dem Abenteuerlichen ausstrahlt und zuweilen auch den Erkennenden blendet. Dem Ritter entgegenstellen wollte ich den Mann des Friedens.« Und so weiter.

Fortwährend bemüht sich Feuchtwanger um sein Publikum. Einerseits erfindet er komplizierte Verwicklungen und Intrigen, die nur den Zweck haben, das Erzählte spannend zu machen, die aber wieder nicht so kompliziert sind, daß die Leser sich anstrengen müßten, andererseits fügt er sehr häufig – vor allem in den historischen Romanen – erläuternde und belehrende Darlegungen ein, die auch den weniger Gebildeten menschenfreundlich auf die Sprünge helfen. Auf diese Weise ist jene eigentümliche Mischung entstanden, die wahrscheinlich viel zum Erfolg der Prosa

Feuchtwangers – zumal in der Sowjetunion und in den USA – beigetragen hat: Seine Bücher sind schlau und bieder, verschmitzt und hausbacken zugleich.

Doch die Verbindung von Scharfsinn und einer gewissen Beschränktheit, ja von Raffinesse und einer so überraschenden wie entwaffnenden Einfalt ist hier nicht etwa bewußt präpariert. Sie entspricht vielmehr der Persönlichkeit, der Mentalität Feuchtwangers. Der berühmte Schriftsteller mochte sich ironisch und überlegen, urban und weltmännisch geben – wie er wirklich war, hatte Thomas Mann erkannt, der ihm 1944 schrieb: »Sie sind ein lieber, heiter mitteilsamer, ein – verzeihen Sie das Wort – treuherziger Mann [...].«[6] Feuchtwanger sei – meinte Hermann Kesten – »gründlich naiv und auf naive Weise gründlich«, »kenntnisreich und simpel« gewesen. Und: »Er war sehr intelligent, aber er glaubte, die ganze Welt zu durchschauen, und er wollte seinen Lesern ohne Umschweife klarmachen, wie die Welt im Grunde war und wie gründlich Lion Feuchtwanger sie durchschaute.«[7]

Aus dieser Mentalität, die natürlich manchen Lesern – und erst recht den Kollegen Feuchtwangers – auf die Nerven gehen mußte, ergab sich auch sein munterer und zugleich etwas betulicher Moralismus, dieser aufklärerische und immer ein wenig naive Optimismus, der sich übrigens nie von der realen Entwicklung beirren ließ und der offenbar von Millionen goutiert wurde. Denn seit eh und je vertraut sich das Publikum gern Schriftstellern an, die mit forsch-fröhlicher Miene vorgeben, die ganze Welt zu durchschauen, und die davon – und darauf kommt es an – auch tatsächlich überzeugt sind. Es glaubt jenen, die selber an rettende Wahrheiten glauben.

Am Ende des zweiten Bandes der *Josephus*-Trilogie sagt ihr Titelheld, der jüdische Historiker Flavius Josephus: »Es ist nicht leicht, vernünftig zu sein, und es bringt keinen Dank. Aber die Vernunft ist Gottes erstgeborenes Kind, und ihr hange ich an.« Von Benjamin Franklin heißt es in *Waffen für Amerika* knapp: »Er glaubt an die Vernunft, er glaubt an den Fortschritt.« Wann immer und wo immer die Handlung der Romane Feuchtwangers spielt – von seinen Essays und Aufsätzen ganz zu schweigen –, auf Vokabeln wie ›Vernunft‹ oder ›Fortschritt‹ verzichtet er nie, er verwendet sie, will es scheinen, fast schon wie Zauberworte und Beschwörungsformeln: Ob feierlich oder lässig-heiter, emphatisch oder unterkühlt, hymnisch oder schnoddrig – unentwegt beteuert er seinen Glauben an die Menschlichkeit und an den Sinn der Weltgeschichte, an die angeblich immer siegreiche Macht der Vernunft und an den, wie seine Romane beweisen wollen, nicht aufzuhaltenden Fortschritt.

Das zentrale Bekenntnis Feuchtwangers aus der Zeit der Weimarer Republik findet sich in *Erfolg*, und zwar gegen Ende des Buches, denn in den letzten Kapiteln ausnahmslos aller seiner Romane liebt er programmatische und resümierende Bemerkungen, die, meist sehr pointiert ausgedrückt, charakteristisch und leicht zitierbar zugleich sind. So läßt er in *Erfolg* den Schriftsteller Jacques Tüverlin, der zu Recht als ein kaum getarntes Selbstporträt des Autors gilt, erklären:

»Ein großer Mann, den Sie nicht leiden können, ich übrigens auch nicht, er heißt Karl Marx, meinte: die Philosophen haben die Welt erklärt, es kommt darauf an, sie zu ändern. Ich für meine Person glaube, das einzige Mittel, sie zu ändern, ist, sie zu erklären. Erklärt man sie plausibel, so ändert man sie auf stille Art, durch fortwirkende Vernunft. Sie mit Gewalt zu ändern, versuchen nur diejenigen, die sie nicht plausibel erklären können. Diese lauten Versuche halten nicht vor, ich glaube mehr an die leisen. Große Reiche vergehen, ein gutes Buch bleibt. Ich glaube an gutgeschriebenes Papier mehr als an Maschinengewehre.«

Von diesem fast schon rührenden Kredo hat sich Feuchtwanger später entschieden distanziert. In *Exil* sagt ein junger Kommunist: »Gegen die Gewalt kommt man nicht mit Überredung auf, sondern nur wieder mit Gewalt. Ich finde übrigens [...] Gewalt gar nicht so schlimm. Schlimm ist sie nur, wenn sie für schlechte Zwecke eingesetzt wird.« Um Mißverständnissen vorzubeugen, plädiert Feuchtwanger im Nachwort zu diesem Roman – nun also im eigenen Namen – zwar für die Anwendung der Gewalt, doch nur im Kampf gegen die »Herrschaft der Gewalt und des Widersinns«.

Georg Lukács hat sich mit der in dieser Zeit erfolgten Wandlung der Ansichten Feuchtwangers mehrfach auseinandergesetzt: Einerseits seien gewisse Schwächen in seinen Romanen »mit den noch nicht überwundenen Resten der liberalen Ideologie« zu erklären, andererseits jedoch rühmte Lukács den »progressiven Schriftsteller« und »kämpferischen Humanisten«, der auf dem rechten Wege sei – nämlich zum Volk und zur revolutionären Demokratie.[8] Heute muten diese Untersuchungen des philosophischen Gehalts der Epik Feuchtwangers fast etwas kurios an: Sie finden ihre Rechtfertigung weniger in den analysierten Gegenständen als vor allem in der Realismus-Diskussion der späten dreißiger Jahre.

Treffender wurde Feuchtwanger damals von Klaus Mann gesehen, der in einem 1938 geschriebenen – übrigens eindeutig apologetischen und überaus freundlichen – Artikel einräumt, es gebe »raffiniertere deutsche Stilisten und kompliziertere, reichere Geister« als Feuchtwanger, aber nur wenige, die – und darauf ist hier der Akzent gesetzt – einen Roman »mit dem gleichen Sinn für Spannungen, Wirkungen, Steigerungen zu bauen verstehen«.[9]

Klaus Mann versuchte sogar, Feuchtwangers fatalen Reisebericht *Moskau 1937* (1937) zu verteidigen, vor allem freilich mit dem Hinweis auf die subjektive Aufrichtigkeit dieses Buches und auf den Umstand, daß Feuchtwanger, »seinem Wesen nach, eher ein dem Historischen zugewandter und betrachtender als ein politischer und aktivistischer Mensch« sei. Feuchtwanger selber war da extremer: Nach allerlei bitteren Erfahrungen, die ihm die Zeitgeschichte bereitet hatte, stellte er in dem Buch *Unholdes Frankreich* (1942, späterer Titel: *Der Teufel in Frankreich*) knapp fest, er sei »an Politik durchaus nicht interessiert«.

Seine Bücher aus den dreißiger Jahren widersprechen diesem angeblichen Mangel an Interesse, belegen hingegen Feuchtwangers politische Ahnungslosigkeit. Der Reisebericht von 1937 verherrlicht die stalinistische Sowjetunion und verteidigt und rechtfertigt die Moskauer Prozesse auf unfaßbar naive Weise. Die nüchterne Beurteilung auch der Verhältnisse im nationalsozialistischen Deutschland war seine Sache nicht. In *Exil* – der Roman wurde in Paris zwischen 1935 und 1939 geschrieben und betrifft Zustände im Jahre 1935 – geht er tatsächlich davon aus, daß der Lebensstandard der deutschen Bevölkerung »sich von Monat zu Monat verschlechterte«. Über den Widerstand im ›Dritten Reich‹ heißt es in dem Buch: »Es war die Majorität der Deutschen, die sich auflehnte gegen die regierende Barbarei.«

Andere emigrierte Schriftsteller waren damals, vom nur allzu begreiflichen Wunschdenken umnebelt, gleichfalls unfähig, die Realität in der Sowjetunion und in

Deutschland zu erkennen. Doch keiner hat sie so gründlich verkannt wie eben Feuchtwanger.

Mit seiner Mentalität und seinem Geschmack hat es auch zu tun, daß er am liebsten und am häufigsten historische Stoffe behandelte. Er wähle sie »nur um der besseren Perspektive willen, in der Überzeugung, daß man die Linien eines Gebirges aus der Entfernung besser erkennt als mitten im Gebirge. [...] Ich habe nie daran gedacht, Geschichte um ihrer selbst willen zu gestalten, ich habe im Kostüm, in der historischen Einkleidung, immer nur ein Stilisierungsmittel gesehen [...].«[10] Ihm ginge es, versicherte er, um »die Kräfte, welche die Völker bewegen« und welche die gleichen seien, »seitdem es aufgezeichnete Geschichte gibt«. Der Autor, »der heute an einem ernsthaften historischen Roman« schreibe, »will die Gegenwart darstellen. Er sucht in der Geschichte nicht die Asche, er sucht das Feuer«.[11]

Gewiß doch: Ob Feuchtwanger die Historie aktualisiert oder das Aktuelle historisiert – es geht ihm immer um die Gegenwart. Nur daß er in den geschichtlichen Stoffen zugleich etwas ganz anderes gesucht und zur großen Freude seines Publikums auch immer wieder zu finden vermocht hat. »Das Wort historischer Roman« – sagte er 1935 – »erweckt heute peinliche Assoziationen. Man denkt an Ben Hur, an den Grafen von Monte Christo, an gewisse historische Filme, man hat die Vorstellung: Abenteuer, Intrigen, Kostüm, dicke, bunte Farben, pathetisches Gerede, Vermengung von Politik und Liebe, spielerische Rückführung großer Ereignisse auf kleine, persönliche Passionen.«[12]

Damit hatte Feuchtwanger gegen seinen Willen gesagt, was die Leser, ob er es liefern wollte oder nicht, an seinen historischen Romanen so begeisterte. Es wird in ihnen viel diskutiert und ausgiebig meditiert, und doch ließen sie sich als Ausstattungsstücke genießen. Es sind gewissermaßen Romane mit Samt und Seide, Purpur und Brokat, mit Pauken und Trompeten, Fahnen und Standarten.

Vor allem aber: Die in dieser Prosa gebotene Mixtur aus großer Oper und Kriminalgeschichte – und stets auf Breitleinwand und in Farbe – ist mit moderner, doch sehr vereinfachter und leicht faßbarer Psychologie gewürzt und pikant gemacht, weshalb ihre Lektüre für Buchkäufer mit intellektuellen, freilich nicht allzu unbescheidenen Ansprüchen ebenfalls von Interesse sein kann.

Indes wäre es nicht richtig, den Romancier Feuchtwanger für einen Historiker zu halten, der die Psychologie zu Hilfe nahm. Er war eher ein passionierter Psychologe, der sich seine Gegenstände aus der Historie holte. Sie lieferte den Hintergrund, auf dem sich die von ihm geliebten exorbitanten Persönlichkeiten wirkungsvoll entfalten konnten: In der Weltgeschichte fand er die märchenhaften Karrieren, von denen er so gern erzählte.

Er zeigt meist Menschen, die aus diesen oder jenen Gründen benachteiligt sind oder es sich zumindest einbilden. Sie starten auf der Schattenseite des Lebens, doch dank außergewöhnlichen Gaben und Umständen erreichen sie allen Schwierigkeiten zum Trotz den ersehnten Gipfel: Vor dem genialischen Juden Süß Oppenheimer muß sich ganz Württemberg verneigen; der Töpfermeister Terenz, der zufälligerweise wie Nero aussieht, genießt das Glück, als Kaiser von Rom gefeiert zu werden, und Beaumarchais, der einstige Uhrmacher, lenkt eine Weile den Lauf der Welt. Zur Verwirklichung des großen Traums der kleinen Leute gehört meist auch Sexuelles:

der Plebejer Goya darf mit der Herzogin von·Alba schlafen und Raquel, die schöne Jüdin von Toledo, mit dem König von Kastilien, Alfonso VIII.

Und ähnlich wie viele andere erfolgreiche Autoren historischer Romane machte auch Feuchtwanger seine Helden verständlich und sympathisch, indem er sie, mochten ihre Charaktere überdimensional angelegt sein, reichlich mit menschlichen und allzumenschlichen und eben deshalb liebenswerten Schwächen versah. Ob Franklin, Voltaire oder Beaumarchais, ob Goya, Rousseau oder Flavius Josephus – ihnen allen sind kleinliche Motive und peinliche Anwandlungen nicht fremd. Aber am Ende erweisen sie sich doch als imponierende Kerle und großartige Individuen.

Zumal seine frühen historischen Romane – also *Die häßliche Herzogin*, *Jud Süß*, *Der jüdische Krieg* –, in denen es Feuchtwanger weniger als in den späteren Büchern auf Ideologisches abgesehen hatte, lassen besonders deutlich erkennen, daß für ihn die dargestellten Epochen immer nur als Rahmen und Kulisse wichtig waren.

Wenn er im Roman über die Herzogin Margarete Maultasch mit großem erzählerischen Aufwand und nicht ohne Geschick komplizierte Hofintrigen, diplomatische Kombinationen und allerlei Eheverwicklungen im 14. Jahrhundert schilderte, so eigentlich nur, weil er einen pittoresken und effektvollen Hintergrund für die psychischen Erlebnisse einer zwar begabten und tüchtigen, doch außergewöhnlich häßlichen Frau brauchte.

Auch sein Interesse für die historische Gestalt des württembergischen Hofjuden hielt sich in Grenzen. Den Anstoß zu diesem Buch gab eine Persönlichkeit der unmittelbaren Gegenwart: Walter Rathenau. Nur daß der Rathenau-Roman – laut Feuchtwangers Auskunft – mißlang: »Ich legte den Stoff zwei Jahrhunderte zurück und versuchte, den Weg des Juden Süß Oppenheimer darzustellen: ich kam meinem Ziel näher.«[13]

Weder die Herzogin Margarete Maultasch noch der Finanzminister Süß Oppenheimer oder der Historiker Flavius Josephus sind Figuren, die als typisch für ihre Epochen gelten könnten. Wir haben es vielmehr mit modernen Menschen zu tun: Sie reagieren auf ihre Umwelt in der Regel wie Individuen des 20. Jahrhunderts, und schon das macht Feuchtwangers Geschichtsdeutung, die er immer aus der psychologischen Analyse seiner Helden ableitet, zumindest zweifelhaft.

Wohin die mehr oder weniger mechanische Rückverlegung aktueller Fragen in die historische Vergangenheit führen konnte, zeigte sich, um ein extremes Beispiel zu wählen, in dem Roman *Der falsche Nero*.

Während Feuchtwanger mit der *Häßlichen Herzogin* nicht mehr angestrebt hatte als ein psychologisches Porträt, war der 1936 veröffentlichte *Falsche Nero* als ein aktuelles politisches Kampfbuch gedacht. Zwar spielt die Handlung des satirischen Romans im ersten Jahrhundert unserer Zeitrechnung, doch geht es hier um nichts anderes als um die radikale Demaskierung, um die Verspottung und die Verurteilung des deutschen Faschismus. Die pseudoantiken Gestalten sind als Parallelfiguren konstruiert, die der Leser sofort erkennen soll: Hitler stand Modell für den Töpfermeister Terenz, Göring für den primitiven und brutalen Trebon und Goebbels für den listigen und zynischen Knops. Auch die wichtigsten Handlungsmotive sind zeitgeschichtlichen Ereignissen – dem Reichstagsbrand, der Bücherverbrennung, der ›Nacht der langen Messer‹ – nachgebildet.

So konnte von einer auch nur diskutablen Darstellung der antiken Welt, woran

452 Marcel Reich-Ranicki

Feuchtwanger freilich nicht gelegen war, überhaupt nicht die Rede sein. Andererseits hat die mitunter gewaltsame Transposition zeitgenössischer Gestalten und Geschehnisse in eine sehr entlegene Epoche und die damit verbundene (oft übrigens einfallsreiche) Maskerade eine ernsthafte epische Auseinandersetzung mit dem Nationalsozialismus ebenfalls unmöglich gemacht. Das Endergebnis ist eine ganz amüsante Offenbachiade, ein streckenweise sehr intelligentes und letztlich etwas läppisches Buch.

Die späteren historischen Romane Feuchtwangers, in denen er vorsichtiger mit der Weltgeschichte umgeht, sind in jeder Hinsicht bemerkenswerter. Statt das Publikum mit simplen Modernisierungen und billigen Maskeraden abzuspeisen, sucht er jetzt in der Vergangenheit tatsächliche Analogien zur Gegenwart. Das gilt vor allem für die drei aus der Zeit nach dem Zweiten Weltkrieg stammenden Romane, die den Kampf zwischen Fortschritt und Reaktion auf dem Hintergrund der Französischen Revolution zeigen.

Auch in diesen Büchern – *Waffen für Amerika, Goya, Narrenweisheit* – konnte Feuchtwanger der Versuchung, in ein früheres Jahrhundert Menschen zu verpflanzen, deren psychische Struktur eher auf das 20. verweist, nicht widerstehen. Aber die psychologische Modernisierung stört jetzt ungleich weniger, weil sie subtiler ist und meist listigerweise auf den inneren Monolog der jeweiligen Gestalten beschränkt wird.

Dennoch läßt sich nicht verheimlichen, daß diese Romane, mögen sie in der DDR und in einigen osteuropäischen Ländern immer noch viele Leser finden, ebenfalls, allen vorzüglich geschriebenen Szenen zum Trotz, schon recht verstaubt sind. Nur ein einziges Werk von Feuchtwanger war, glaube ich, für die Geschichte der deutschen Literatur in unserem Jahrhundert von Bedeutung – und es ist eben nicht ein historischer, sondern ein zeitkritischer Roman: das zunächst überaus kühl aufgenommene Buch *Erfolg*.

Woran ihm später nie gelegen war, hat Feuchtwanger hier versucht: die überkommene Romanform so zu erneuern, daß sie imstande wäre, das Leben im Deutschland der zwanziger Jahre wiederzugeben. Er verzichtete sowohl auf die übliche, den Roman strukturierende Fabel als auch auf eine zentrale Figur – denn nicht der zu Unrecht verhaftete liberale Kunsthistoriker Martin Krüger steht im Mittelpunkt des Buches, sondern lediglich sein Prozeß: Der Fall Krüger ist es, für den sich die zahlreichen auftretenden Figuren interessieren, mit dem sie sich, ob sie es wollen oder nicht, befassen müssen.

Die Porträts dieser Menschen, die in sehr verschiedenen gesellschaftlichen Sphären leben, ergeben zusammen den umfassenden sozialen Querschnitt, den Feuchtwanger anstrebt. Der oft nahezu verwirrenden Vielzahl der Personen und Motive, der Schauplätze und Milieus entspricht die konsequente Komposition: Zwar sind einige Handlungsfäden mehr oder weniger deutlich erkennbar, doch ist das ganze Geschehen in Kurzszenen aufgelöst: Der Roman besteht aus 124 – meist sehr knappen – Kapiteln.

Zu den epischen Elementen kommen in *Erfolg* dokumentarische hinzu: Die immer wieder eingefügten statistischen Angaben und nüchternen Informationen, Zitate und sachliche Verweise, Tabellen, Verzeichnisse und Aufstellungen sollen das entworfene Zeitbild ergänzen und vor allem beglaubigen. Die Sprache des Ganzen trägt, auch wenn sie zwischen einem kühlen Berichtston und einer weitschweifig-gemächlichen Darstellung schwankt, zum eigentümlichen, drängenden und dynamischen Rhythmus dieser Prosa bei.

Gewiß, die geradezu gläubige Präsentation des dokumentarischen Materials wirkt heute fast schon naiv: Was als wissenschaftlicher Beleg dienen soll, macht bisweilen den Eindruck eher eines journalistischen Gags. Und der Haupteinfall des Romans hat sich als ein zwar streckenweise leidlich effektvoller, doch keineswegs effektiver Kunstgriff erwiesen: Denn hier werden ja die gesellschaftlichen und politischen Verhältnisse in Bayern zwischen 1921 und 1924 aus der Sicht eines im Jahre 2000 schreibenden Historikers dargestellt.

Die durch eine solche Erzählperspektive implizierte Distanz ließ sich indes nicht durchhalten: Die Attitüde des Historikers, die oft nur noch eine Manier ist, zeigt erst recht, daß die gelassene und leidenschaftslose Beurteilung der Gegenwart nicht Feuchtwangers Sache war. Natürlich sollte man ihm dies nicht vorwerfen, aber der Roman krankt an dem Widerspruch zwischen dem Temperament des Autors und der gewählten Sicht.

Doch diesen und anderen Schwächen zum Trotz demonstriert der Roman *Erfolg* eine neue Möglichkeit, den Alltag der modernen Großstadt, ihren Rhythmus und ihre Atmosphäre, mit den Mitteln der Epik bewußt und spürbar zu machen. Hier – und nur hier – kann Feuchtwanger stilbildender Einfluß nachgerühmt werden. Als Wolfgang Koeppen erklärte, welche literarische Tradition er fortsetzen wollte, und neben Thomas Mann, Heinrich Mann und Döblin auch Feuchtwanger nannte,[14] da meinte er wohl vor allem den *Erfolg*. Noch ein Buch wie Koeppens *Tauben im Gras* (1951) scheint mir diesem Roman aus dem Jahre 1930 verpflichtet.

Es hieße Döblin unterschätzen, wollte man *Erfolg* neben *Berlin Alexanderplatz* stellen. Sieht man jedoch vom Rangunterschied ab, so ist ein Vergleich dieser beiden Bücher immerhin denkbar, was erkennen läßt, welcher Ebene der deutschen Prosa unseres Jahrhunderts Feuchtwanger sich genähert hat und wie außerordentlich groß seine Möglichkeiten waren.

Daß sein künstlerischer Ehrgeiz sehr bald verkümmerte und er nur noch Bücher schrieb, die mehr oder weniger gelungen waren, indes stets in den Grenzen des konventionellen realistischen Romans blieben und sprachlich immer reizloser wurden, ist sicher. Matthias Wegner meint in seiner Untersuchung *Exil und Literatur*, Feuchtwanger bediene sich »eines Sprachstils, der in seiner bewußten Simplizität oft an schlechtes Zeitungsdeutsch erinnert«[15] – ein hartes Urteil, doch kaum übertrieben.

Aber für die fragwürdige künstlerische Entwicklung Feuchtwangers und für den Verfall seiner Sprache den Exilaufenthalt verantwortlich zu machen – wie es im eingangs zitierten Essay Hans Mayer getan hat – scheint mir nicht richtig. Aufschlußreich ist in dieser Hinsicht ein Vergleich der Romane *Erfolg* und *Geschwister Oppenheim*. So ehrgeizig jener, so wenig läßt dieser auch nur die geringsten formalen Ambitionen erkennen. Wir haben es mit einem Buch zu tun, das zwar als Epos vom Untergang einer liberalen, deutsch-jüdischen Familie beginnt, sich jedoch rasch in ein simples antifaschistisches Plakat verwandelt. Die Diktion ist – anders als in *Erfolg* – meist flach und farblos und auch nachlässig.

Sollten schon wenige Monate in der Emigration – der Roman *Die Geschwister*

Oppenheim ist 1933 entstanden – genügt haben, um Feuchtwangers Sprache ärmer und blasser werden zu lassen?

Natürlich hat der Exilaufenthalt auf sein Werk einen direkten, wenn auch nicht immer genau nachweisbaren Einfluß ausgeübt. Wie konnte es anders sein? Schließlich hat Feuchtwanger nicht weniger als ein Vierteljahrhundert in der Emigration gelebt, dort wurden die meisten seiner Bücher geschrieben und gedruckt, gelesen und rezensiert.

Mit dem Exilaufenthalt mag, beispielsweise, die Wahl seiner Gegenstände zusammenhängen: Während sich Feuchtwanger in seinen beiden historischen Romanen aus den zwanziger Jahren mit Stoffen der deutschen und der österreichischen Geschichte beschäftigt hatte, fällt es auf, daß seine Vorliebe später solchen historischen Themen und Figuren galt, die für eine internationale Leserschaft leicht verständlich und attraktiv waren – von biblischen Motiven (*Jefta und seine Tochter*, 1957) bis zu der spanischen Inquisition, dem amerikanischen Unabhängigkeitskrieg und der Französischen Revolution.

In den zeitkritischen Romanen wiederum, zumal in *Exil*, finden sich häufig diskursive und nicht sehr anspruchsvolle Abschnitte, die über deutsche Verhältnisse offensichtlich das nichtdeutsche Publikum zu informieren hatten. Auch konnte der Emigrant Feuchtwanger während der Arbeit an seinen Büchern schwerlich vergessen, für wen er damals schrieb – vor allem für diejenigen also, die diese Prosa lediglich in Übersetzungen lesen sollten.

Aber es ist nicht die »räumliche Distanz zwischen Amerika und Deutschland«, die seine künstlerische Entwicklung fragwürdig gemacht hat. Was Hans Mayer dem Aufenthalt im Exil zur Last legt, scheinen mir in Wirklichkeit die Folgen des Weltruhms gewesen zu sein. Die außerordentlich hohen Auflagen, die Feuchtwangers Romane – auch und gerade so schwache und dubiose Bücher wie *Die Geschwister Oppenheim* und *Der falsche Nero* – in den dreißiger Jahren in vielen Ländern und Sprachen erreichten, haben seine künstlerische Selbstkontrolle auf fatale Weise reduziert.

Nicht ohne Einfluß hierauf war die Tatsache, daß die Veröffentlichungen aller anderen deutschen Emigranten, von drei oder vier Ausnahmen abgesehen, damals keineswegs ein sehr starkes Echo gefunden hatten. Je deutlicher und je häufiger er die Schwierigkeiten sah, mit denen seine zum Teil längst anerkannten Kollegen im Ausland kämpfen mußten, desto sicherer wurde er, daß er in jeder Hinsicht den rechten Weg eingeschlagen hatte.

Korrumpiert vom leichten Ruhm, war er nicht mehr bereit, die Warnungen seiner besten Freunde auch nur zur Kenntnis zu nehmen. Alle, die in den Jahren des Exils mit Feuchtwanger zusammenkamen, berichten übereinstimmend, daß sein Selbstbewußtsein unerschütterlich war. »Der Welterfolg bestätigte ihm«, schrieb Ludwig Marcuse, »die hohe Meinung, die er von sich hatte; gegen jede Kritik führte er eine Statistik ins Feld, nach der in jeder Stunde soundsoviel Leser auf dem Erdenrund vor einem seiner Bücher säßen.«[16]

So war der glückliche, der weltberühmte Erfolgsautor Lion Feuchtwanger zugleich und insgeheim auch ein Opfer seiner Epoche.

Anmerkungen

1. »Lion Feuchtwanger. The Man, his Ideas, his Work« (s. Lit.).
2. Hans Mayer (s. Lit.), S. 127 ff.
3. Kurt Tucholsky: »Ausgewählte Briefe 1913–1935«. Reinbek bei Hamburg 1962. S. 274.
4. »Lion Feuchtwanger zum 70. Geburtstag« (s. Lit.).
5. Feuchtwangers Aufsatz »Zu meinem Roman ›Waffen für Amerika‹« ist zu finden in: L. F., »Centum Opuscula«. Eine Auswahl. Rudolstadt 1956.
6. Thomas Mann: »Briefe 1937–1947«. Frankfurt a. M. 1963. S. 361.
7. Hermann Kesten: »Meine Freunde die Poeten«. München 1959. S. 171.
8. Georg Lukács: »Der historische Roman«. Berlin 1955. S. 316 ff.
9. Klaus Mann: »Prüfungen«. Schriften zur Literatur. München 1968. S. 310 ff.
10. »Centum Opuscula«, a. a. O., S. 510.
11. Das Zitat ist Feuchtwangers Nachwort zu seinem Roman »Waffen für Amerika« entnommen.
12. »Centum Opuscula«, a. a. O., S. 508.
13. ebd., S. 511.
14. Horst Bienek: »Werkstattgespräche mit Schriftstellern«. München 1962. S. 49.
15. Wegner (s. Lit. d. Einl.), S. 210.
16. Ludwig Marcuse: »Mein zwanzigstes Jahrhundert«. Auf dem Weg zu einer Autobiographie. München 1960. S. 184.

Werke

Der Wartesaal. Bd. 1: Erfolg. Amsterdam: Querido 1934 [Erstausgabe: Berlin: Kiepenheuer 1930]; Bd. 2: Die Geschwister Oppenheim. Ebd. 1933 [u. d. T. Die Geschwister Oppermann, 1949]; Bd. 3: Exil. Ebd. 1940.

Josephus. Bd. 1: Der jüdische Krieg. Amsterdam: Querido 1933 [Erstausgabe: Berlin: Propyläen 1932]; Bd. 2: Die Söhne. Ebd. 1935; Bd. 3: Der Tag wird kommen. Stockholm: Bermann-Fischer 1945.

Die Aufgaben des Judentums. Paris: Europäischer Merkur 1933 [gemeinsam mit A. Zweig].

Marianne in Indien und sieben andere Erzählungen. Paris: Europäischer Merkur 1934.

Zwei Erzählungen. (Nachsaison. Marianne in Indien). Moskau: Meshdunarodnaja Kniga 1938.

Stücke in Prosa. Amsterdam: Querido 1936.

Der falsche Nero. Amsterdam: Querido 1936. Moskau: Verlagsgenossenschaft ausländischer Arbeiter 1938.

Moskau 1937. Ein Reisebericht für meine Freunde. Amsterdam: Querido 1937.

Unholdes Frankreich. Autobiographie. Mexico: El Libro libre 1942 [u. d. T. Der Teufel in Frankreich, 1954].

Die Brüder Lautensack. London: Hamilton 1944.

Simone. Stockholm: Neuer Verlag 1945.

Venedig (Texas) und 14 andere Erzählungen. New York: Aurora 1946.

Waffen für Amerika. 2 Bde. Amsterdam: Querido 1947 [u. d. T. Die Füchse im Weinberg, 1947/48].

Wahn oder Der Teufel in Boston. Los Angeles: Pazifische Presse 1948. New York: Rosenberg 1948.

Odysseus und die Schweine und 12 andere Erzählungen. Berlin: Aufbau 1950.

Goya oder Der arge Weg der Erkenntnis. Frankfurt a. M.: Neuer Verlag 1951.

Narrenweisheit oder Tod und Verklärung des Jean-Jacques Rousseau. Frankfurt a. M.: Frankfurter Verlags-Anstalt 1952.

Spanische Ballade. Hamburg: Rowohlt 1955 [u. d. T. Die Jüdin von Toledo, 1955].

Jefta und seine Tochter. Berlin: Aufbau-Verlag 1957.

Der Schriftsteller im Exil. In: Das Goldene Tor 2 (1947) S. 142–147.

Die Arbeitsprobleme des Schriftstellers im Exil. In: Sinn und Form 6 (1954) S. 348–353.

Gesammelte Werke. Amsterdam: Querido 1933 ff.

Literaturhinweise

Rita Hertha Fanning: Das Amerikabild in den Werken Lion Feuchtwangers, 1921–1952. Diss. Univ. of Southern California 1970.

Lion Feuchtwanger zum 70. Geburtstag. Worte seiner Freunde. Berlin 1954.

Lion Feuchtwanger. Ausstellung anläßlich der Eröffnung der Sammlung Lion Feuchtwanger bei der Akademie der Künste, Berlin. Katalog: Walther Huder. Berlin 1969.

Lion Feuchtwanger. The Man, his Ideas, his Work. A collection of critical essays. Ed. by John M. Spalek. Los Angeles 1972.

Gertrude Goetz: A bibliography of Lion Feuchtwanger's major works in German. Diss. Univ. of Southern California 1971.

Günther Gottschalk: Die »Verkleidungstechnik« Lion Feuchtwangers in Waffen für Amerika. Bonn 1965.

Horst Hartmann: Die Antithetik »Macht – Geist« im Werk Lion Feuchtwangers. In: Zeitschrift für deutsche Literaturgeschichte 7 (1961) S. 667–693.

– Lion Feuchtwanger: Waffen für Amerika. In: Zeitschrift für deutsche Literaturgeschichte 8 (1962) S. 567–586.

Werner Jahn: Die Geschichtsauffassung Lion Feuchtwangers in der Josephus-Trilogie. Rudolstadt 1957.

Victor Klemperer: Der gläubige Skeptiker. Lion Feuchtwangers zentraler Roman. In: Neue deutsche Literatur 7 (1959) H. 2, S. 5–17. [Zu dem Roman »Erfolg«.]

Peter John Landshut-Martin: Die Romantechnik bei Lion Feuchtwangers »Jefta und seine Tochter«. Diss. Univ. of Southern California 1967.

Hans Leupold: Lion Feuchtwanger. Mit 81 Abb. Leipzig 1967.

Rolf N. Linn: Feuchtwangers »Erfolg«. Attizismus in asianischer Zeit. In: Weimarer Beiträge 11 (1965) S. 75–83.

Hans Mayer: Lion Feuchtwanger oder Die Folgen des Exils. In: Neue Rundschau 76 (1965) S. 120 bis 129.

Joseph Pischel: Lion Feuchtwangers Wartesaal-Trilogie. Diss. Rostock 1967. [Masch.]

Ruth Rindfleisch: Lion Feuchtwangers Josephus-Trilogie. Gestaltungsprobleme und Entwicklungstendenzen beim literarischen Erfassen der Held-Volk-Beziehungen im Roman mit vergangenheitsgeschichtlichem Stoff des deutschen bürgerlichen Realismus von 1932/33 bis 1945. Diss. Greifswald 1970. [Masch.]

Klaus Washausen: Die künstlerische und politische Entwicklung Goyas in Lion Feuchtwangers Roman. Rudolstadt 1957.

MARTIN GREGOR-DELLIN

Klaus Manns Exilromane

Klaus Manns schriftstellerische Arbeiten, vom Roman bis zum Essay, sind seltene Beispiele für die fast totale Verquickung von Werk und Biographie. Der Prozeß der Identifikation, der Selbstdarstellung, spielt sich bei ihm auf drei Ebenen ab: der direkten Autobiographie (*Kind dieser Zeit* 1932[1], *Der Wendepunkt* 1953), der Anverwandlung im biographischen Essay, wozu nicht nur die Gide-Biographie, sondern auch die zahlreichen Aufsätze über Gestalten seiner eigenen Generation gerechnet werden müssen, und der verhüllten Selbstdarstellung im erzählerischen Werk. Dies gilt zwar auch für die Jahre des Exils, aber die Emigration bedeutet dennoch einen tiefen Einschnitt in seinem Schaffen. Die »Erfahrung des Bösen rief seinen Ernst auf«[2], sie beendete den im Frühwerk dominierenden Generationskonflikt, den er am Beispiel einer zarteren, verfeinerten Generation mit bewußter Absage an die von Krisen des Daseinsgefühls scheinbar ungetrübte Selbstsicherheit der Älteren darzustellen versucht hatte.

Standen in der von stilistischer Frühreife zeugenden *Kindernovelle* (1926)[3] das Problem des differenzierten Künstlers und das Erlebnis der eigenen Jugend im Vordergrund, im *Alexander, Roman der Utopie* (1929)[4] die Todessehnsucht des am Eros Scheiternden, so wandte sich Klaus Mann unmittelbar nach der Flucht ins Ausland als einer der ersten dem Thema der Emigration selbst zu. Die individuelle Problematik trat zurück zugunsten der allgemeinen und politischen, wobei sie diese in einer so eigentümlichen Weise einfärbte und psychologisierte, daß von eigentlich politischen Zeit- und Gesellschaftsromanen nur in einem sehr bedingten Sinn gesprochen werden kann. Über den aus noch zu geringem Abstand geschriebenen Roman *Flucht in den Norden* (1934) könnte man hinweggehen, wenn nicht bereits hier unternommen worden wäre, die Entwurzelung und Heimatlosigkeit des Geflüchteten als tragendes Spannungsmoment in eine an sich konventionelle Liebesgeschichte unter jungen Menschen einzuführen, freilich noch glücklos und ohne Souveränität gegenüber dem eigenen Schicksal. Die Ereignisse in Deutschland und Europa werden mehr ausdiskutiert als verarbeitet, und der Dialogroman, wie ihn Feuchtwanger, Kesten und auf andere Weise auch Remarque beherrschten, entsprach nicht Klaus Manns spezifischem Talent. Der Roman *Flucht in den Norden*, in Finnland spielend, war in den Hotelzimmern von Paris, Amsterdam und Budapest schnell und ein wenig flüchtig niedergeschrieben worden. Was daran die Schicksalsgefährten, die Schriftsteller und auch die Kritiker im Exil bestach, war der beherzte Versuch, das Nichts zu zeigen, dem die jungen Idealisten im Ausland nun gegenüberstanden. Bewegend ist vor allem der Schluß: Johanna, Ragnars Gefährtin für die kurze finnische Episode, wird von ihrer sozialistischen Parteizentrale nach Paris zurückberufen. Ihr gelten Ragnars melancholische Gedanken, während er sich um seinen eigenen Glücksanspruch betrogen weiß und seine endliche Trauer voraussieht, wenn die große Katastrophe sie alle erfassen wird: »Wirst du einen Sieg erleben, und wird er aussehen, wie man sich Siege erträumt – wenn er dann endlich kommt?« Opfer werde sie sein, um eines

Glaubens und einer Zukunft willen, »die du selbst nicht mehr schauen wirst und die du kaum erkennen würdest, wenn du sie sähest«. Nirgendwo verbindet sich in der Exilliteratur zu dieser Zeit die Entschlossenheit zum Sieg mit so viel prophetischer Skepsis.

Bereits ein Jahr später, 1935, erschien Klaus Manns Tschaikowsky-Roman *Symphonie Pathétique*, mit betonter Herausarbeitung des Pathologischen. Was kann Klaus Mann im zweiten Jahr des Exils bewogen haben, einen Künstlerroman zu schreiben, und nicht den Roman eines Märtyrers, eines politischen Kämpfers? Klaus Mann gibt eine der möglichen Antworten im *Wendepunkt*: »Er war ein Emigrant, ein Exilierter, nicht aus politischen Gründen, sondern weil er sich nirgends zu Hause fühlte, nirgends zu Hause war. Er litt überall.« Es war das Thema der Fremdheit, der Heimatlosigkeit, das Klaus Mann erneut anzog. Tschaikowskys Musik – und im Roman wird ausführlich davon gehandelt – galt in Rußland als ›westlich‹, unecht, nicht urwüchsig genug; in Deutschland warf man ihm ›asiatische Wildheit‹ vor, zuviel Tropfen französischen Parfums; in Frankreich hielt man ihn für zu ›germanisch‹, für einen Nachahmer Beethovens. Er war kosmopolitisch, vaterlandslos, ein Außenseiter. Und noch aus anderen Gründen war er ein Fremdling. »Wie hätte ich nicht von ihm wissen sollen?« heißt es im *Wendepunkt*. »Die besondere Form der Liebe, die sein Schicksal war, ich kannte sie doch, war nur zu bewandert in den Inspirationen und Erniedrigungen, den langen Qualen und flüchtig kurzen Seligkeiten, welche dieser Eros mit sich bringt. Man huldigt nicht diesem Eros, ohne zum Fremden zu werden in unserer Gesellschaft, wie sie nun einmal ist; man verschreibt sich nicht dieser Liebe, ohne eine tödliche Wunde davonzutragen.« Und so verfolgt Klaus Mann denn vor allem Tschaikowskys Kampf gegen den Schmerz der Einsamkeit und der Resignation, der nie von ihm weicht, bis hin in den Ruhm, der, wie es im Roman heißt, nur eine »melancholische Entschädigung für soviel schlecht gelebtes oder nichtgelebtes Leben« ist. Schließlich gab es für Klaus Mann noch einen anderen Grund, seinen Mitlebenden, den Deutschen, gerade diesen Künstlertyp vorzuhalten. Die Deutschen lieben den Titanen oder den Götterjüngling – den Umstrittenen lieben sie nicht, für den Stern zweiter Größe zeigen sie nur Verachtung. Wem der Erdenrest zu deutlich anhaftet, wer unter den Mitlebenden womöglich seinen Tribut an den Durchschnitt, an den Kampf mit dem Metier hat zollen müssen, ist auf eine Weise in Anzweiflung und lähmenden Selbstzweifel verwickelt, die ihn am Ende fast zu Großem unfähig macht. Lange Partien in diesem Tschaikowsky-Roman, gewissen melodischen Erfindungen des Komponisten nicht unähnlich, handeln von dieser Bitterkeit des Selbstzweifels, die Achtung verdient – und die Klaus Mann an Tschaikowsky bewundert und versteht, weil er sie mitfühlen kann. In einer Notiz aus dem Jahr 1935, die nur im Manuskript vorliegt, heißt es über Tschaikowsky ausdrücklich: »Ich liebte ihn mit allen seinen Fehlern, Schwächen und Irrtümern. Mein Ehrgeiz war, ihn *ganz* hinzustellen.« Dies zielt gegen den deutschen Purismus, der sich den Künstler nur als Heiligen, von Edelmut transparent, übermenschlich, beim Titanenkampf reines Gold ausschwitzend, vorzustellen vermag.

Das nahtlose Ineinander von psychologischen, künstlerischen und politischen Motiven, aus denen hier eine gewählte Figur ins Gleichnis verwandelt wird, zeichnet diesen Roman unter allen Büchern Klaus Manns aus und hat ihm einen lang andauern-

den Erfolg gesichert. Dem spektakulären Erfolg, der dem *Mephisto. Roman einer Karriere* (1936) bei jedem Wiedererscheinen beschieden war, lag dagegen eine zweifellos nicht beabsichtigte Skandalisierung zugrunde. Noch dreißig Jahre nach seiner Erstveröffentlichung ergötzte oder empörte sich Schlüsselloch-Voyeurismus mehr darüber, wer mit der Figur des Hendrik Höfgen gemeint sein könnte, als daß der Roman als eine Kampfschrift gegen Karrierismus im totalen Staat zur Kenntnis genommen und gewürdigt worden wäre. Das Wagnis, die Verhältnisse innerhalb des hermetisch abgeschlossenen Dritten Reichs darzustellen, sind überhaupt nur wenige Emigranten (etwa Lion Feuchtwanger und Anna Seghers) eingegangen. Dieser Roman nun kreist um die Figur eines Karrieristen, der zum Symbol eines komödiantischen, zutiefst unwahren Regimes wird. Er schildert den Aufstieg des Schauspielers Höfgen vom Star eines Provinztheaters bis zum gefeierten Mimen des Dritten Reiches. Mit Erstaunen und Verwunderung beobachten seine Freunde, wie er seine theatralische Verwandlungsfähigkeit auf sein Leben überträgt. Ehrgeiz und Pose unter der Maske des Tragischen, Obszönität der Macht und Haltlosigkeit werden in ihren politischen und moralischen Konsequenzen untersucht – übrigens nicht ohne Verständnis für die Fragwürdigkeit der schauspielerischen Existenz an sich, denn auch um Höfgen ist (wie um Alexander) am Ende Leere, und von allen verlassen fragt er sich: »Was wollen die Menschen von mir? Weshalb sind sie so hart? Ich bin doch nur ein gewöhnlicher Schauspieler!« Der Roman enthält etwas von der Trivialität des Schauspielerdaseins, er vermag ihrer so wenig Herr zu werden wie die meisten Schauspieler- und Theaterromane. Seine erotischen Szenen sind keineswegs aufregender oder obszöner als die irgendeines anderen Romans der Zeit (oder Klaus Manns); sie haben nur etwas von der Larmoyanz des Komödiantischen und zuweilen einen Stich ins Satirische. Wie bereits im *Alexander* tritt eine Verwandtschaft mit Heinrich Mann zutage, diesmal allerdings nicht mit dessen früher Novellistik oder seinen italienischen und historischen Romanen, sondern mit dem Satiriker. Auch wenn man diesen Vergleich nur vorsichtig anstellen darf – so vorsichtig wie etwa den zwischen *Kindernovelle* und Thomas Manns *Unordnung und frühes Leid*, die beide auch noch im gleichen Jahr (1926) erschienen –, so drängen sich doch Gemeinsamkeiten wie die Zeichnung der gesellschaftlichen Zustände und die pointierte, zugespitzte Typisierung der Figuren bei Klaus Mann und dem Heinrich Mann der satirischen Romane auf. Immerhin repräsentiert *Mephisto* ein Genre, das bis auf das Werk von Heinrich Mann in unserer Literatur wenig Vorläufer hat.
Während andere (Franz Werfel in *Der veruntreute Himmel*, 1939; Anna Seghers in *Die Rettung*, 1937, und *Das siebte Kreuz*, 1942) Verfolgung, Widerstand und Flucht beschrieben, versuchte Klaus Mann dem Phänomen der Faszination durch die Macht auf die Spur zu kommen. Denn mittlerweile hatte sich auch im Exil die Einsicht durchgesetzt, daß der Nationalsozialismus nicht nur von einer dünnen und korrupten (völkischen, nationalen, kapitalistischen) Oberschicht getragen wurde. Entstanden ist der *Mephisto* aus der Beunruhigung, daß sich ein Teil von Klaus Manns eigener Generation, auch der Intellektuellen, von den neuen Machthabern hatte korrumpieren lassen. Der Fall Höfgen war nur ein Anlaß. (Zweifellos mischten sich Wirklichkeit und Phantasie; Erlebtes, Erfahrenes und Vorgestelltes gingen auch diesmal eine Symbiose ein, nicht unpolemisch und nicht in vollständiger Übereinstimmung mit der Wirklichkeit.) Aber der Prozeß um den sogenannten ›Schlüsselroman‹

– niemand wird in einiger Zeit noch den Schlüssel suchen – hat die gründliche Auseinandersetzung mit dem Roman als Beispiel kämpferisch-politischer Literatur verhindert. Dieser Roman scheut auch nicht das Auftreten zeitgeschichtlicher Figuren – auch darin folgt er am ehesten Heinrich Manns *Untertan*-Trilogie *(Der Kopf)*. Eine andere Frage ist, wieweit der *Mephisto* als psychologischer Roman ernst genommen werden kann, wenn man einmal vom Politischen auf das Schaustellerhafte des Stars, des Komödianten, abstrahiert. Hier legt sich wohl das Engagement des Autors quer, und zwar nicht prinzipiell, weil sich etwa engagierte Literatur nicht mit psychologischer Wahrscheinlichkeit vertrüge, sondern weil zu große Nähe mit erfahrenen, erlebten, befreundeten, sogar verwandten Personen in diesem Roman zu Verfremdung, also gerade eben zu Ferne und Verzeichnung zwang – wodurch der Vorwurf der Schlüsselhaftigkeit in sich selbst zusammenfällt, denn es kann nicht (wie dies in einem langjährigen Musterprozeß geschah) in gleichem Atemzug behauptet werden, dies *sei* eine zeitgenössische Figur, sie sei aber so *anders,* daß man ihr nicht gerecht werde.

In der Novelle *Vergittertes Fenster* (1937) um den Tod des Königs Ludwig II. von Bayern bestanden solche vom Sujet ausgehenden Zwänge ebensowenig wie im Tschaikowsky-Roman. Klaus Mann konnte mit seiner Figur relativ frei verfahren, noch dazu, da der Schleier über dem Tod des bayerischen Märchenfürsten nie ganz gelüftet werden wird. Das Buch geht auf die Lektüre einiger Biographien über Ludwig II. zurück, wird aber der historischen Wahrheit kaum gerecht. Das sollte die Novelle auch nicht. Da sie der Ironie und der analytischen Genauigkeit ganz entbehrt und mit reiner Freude an der Mystifizierung geschrieben ist, kann auch die formale und stilistische Schlackenlosigkeit nicht darüber hinwegtäuschen, daß die Moll-Tonart des Selbstzweifels und der Vereinsamung hier nur sich selber ausdrückt.

Inzwischen war Klaus Mann zu einer zentralen Figur der antifaschistischen Publizistik im Ausland geworden. Die von ihm gegründete und geleitete Zeitschrift *Die Sammlung* (1933–35) war zwar wieder eingegangen, aber gegenüber der literaturkritischen und politischen Essayistik trat das erzählerische Werk vorübergehend zurück. 1936 übersiedelte Klaus Mann in die USA, 1938 schrieb er Reportagen aus dem Spanischen Bürgerkrieg, doch noch bevor er die englischen Fassungen seiner Autobiographie *The Turning Point* (1942) und der großen, bekenntnishaften Gide-Biographie *André Gide and the Crisis of Modern Thought* (1943) herstellte und damit vorübergehend (bis nach Kriegsende) die Sprache wechselte, schrieb er 1939 *Der Vulkan. Roman unter Emigranten* mit der breit angelegten Schilderung aller Strömungen und Exponenten des Exils in Westeuropa. Auch wenn diesem Roman zuweilen die forcierte Bemühung um den letztlich für ihn äquivalenten Romanstil anzumerken ist – Thomas Mann hat in einem als Vorwort der deutschen Nachkriegsausgabe publizierten Brief selbst auf romantechnische Einflüsse des Onkels und stilistische des Vaters hingewiesen –, auch wenn also Klaus Manns Stil noch nicht, wie im *Wendepunkt*, zur Ruhe und Reife gelangt war in einer Diktion von unprätentiöser Modernität und gelassener Sachlichkeit, so ist doch die Bedeutung des Buches als Protokoll der Existenzkrisen deutscher und europäischer Flüchtlinge unbestritten und wohl auch unübertroffen. Die Verschränkung einer Vielzahl von Handlungssträngen ist neu bei Klaus Mann, sie erinnert aber weniger an technische Manipulationen des großen Onkels Heinrich, wie Thomas Mann meinte, sondern an das kontrapunktische Kompositionsprinzip André Gides (u. a. in *Die Falschmünzer*). Auch im *Vulkan* ist die Nutzung und Verwendung des Autobiographischen, die präzise Beschreibung von Erlebtem und Beobachtetem, Klaus Manns stärkste Seite. Schauplätze sind die Cafés, Hotelzimmer, Zugabteile, Zufluchtsstätten der Emigranten in Europa. Gestalten, Gesichter treten hervor, wie wenn man Spiegel langsam ins Licht hebt – Entwurzelte der eigenen Generation, ohne gesicherte Existenz, ohne Lebenswerk, auf das es sich leicht berufen ließe. Unter ihnen sind Kommunisten, Anarchisten und Abenteurer, Gefährdete oder Verlorene wie Martin Korella, ein begabter Dichter mit homoerotischer Neigung, der am Rauschgift zugrunde geht. Marion, Schauspielerin von Beruf, Tochter aus bürgerlicher Familie, agitierend und rezitierend, übernimmt Züge von Klaus Manns Schwester Erika. Dieser Marion, der nach Thomas Manns Worten »wirklich geliebten und bewunderten Figur«, ist es zu danken, daß die Emigration in diesem Buch auch unter dem Gesichtspunkt der »Würde, der Kraft und des Kampfes« bestehen kann.[5] Marion ist die Witwe Marcel Poirets, der im Spanischen Bürgerkrieg gefallen ist. Es ist jedoch die ephemerste und morbideste Figur, Kikjou, die über die Handlung des Romans hinausweist. Dieser kaum noch der Wirklichkeit angehörende, fromm-verderbte, zerrissene, empfindsame, aber zur Hoffnung entschlossene junge Mann erfährt seine entscheidenden Eindrücke und Wandlungen unter der Führung eines Engels. Es ist der gleiche Engel wie in André Gides *Falschmünzern*, maßvoll in seinen Weisungen, ironisch-sachlich in seiner Sprache und deshalb noch fremdartiger als der Engel des Alexander-Romans, ein schmalhüftiger Knabe mit verbundenen Händen, ein geliebter und abgewiesener Freund, den Alexander töten ließ und der nun wiederkommt und zürnt und funkelt. Im *Vulkan* spricht er von der Höhe einer Wolke herab wie der König in Heinrich Manns *Henri Quatre*: »Ihr sollt mutig sein.« Der Roman will nicht nur die Neurose der Entwurzelten beschreiben, er will sie überwinden helfen, aber er läßt keinen Zweifel, daß vor die Rückkehr der Krieg gesetzt ist. Im Epilog steht auch der Satz: »Man geht nicht kaputt – wenn man noch eine Aufgabe hat.«

Damit ist auf eine Formel gebracht, woher der Antrieb zu einem epischen Werk kam, das im wesentlichen mit der Zeit des Exils zusammenfällt. Der Kampf gegen Hitler und seine literarische Umsetzung besiegte in Klaus Mann einen Todestrieb, der nach dem Krieg alsbald wieder wirksam werden sollte. Zu erinnern ist aber auch an die Ausgangssituation Klaus Manns, ohne die seine Exilromane nicht zu verstehen sind. Expressionismus und Dadaismus, kaum ein Jahrzehnt alt, gingen an dem jungen Klaus Mann spurlos vorbei. Schon in der ersten Autobiographie *Kind dieser Zeit* bekannte der Dreiundzwanzigjährige, daß er »mit den Anarchisten und Ekstatikern der deutschen Nachkriegsepoche nicht viel anzufangen« wußte. Den gängigen geistigen und politischen Extremismen der zwanziger Jahre vermochte er sich nicht anzuschließen; er sah früh ein, daß er als Erbe und Einzelgänger auch literarisch verurteilt war, Individualist zu bleiben, sich seinen Weg allein zu suchen. Er las Baudelaire und Verlaine, Herman Bang, Lord Byron und Oscar Wilde, Hamsun und Wedekind, George und Rilke. In einer Selbstdarstellung der dreißiger Jahre (Manuskript) fügte er hinzu: Walt Whitman und Marcel Proust, Heine und Marx. Und immer wieder André Gide, der mit seiner »Neugierde, seiner stolzen Unerbittlichkeit der Selbstanalyse«[6] Klaus Mann den höchsten Begriff vom europäischen Schriftsteller gab und über den er nie müde wurde zu schreiben. Seinen kritischen Verstand aber schärften die jungen Franzosen, die er als einer der ersten mit ihren Büchern in Deutschland vorgestellt hatte: Raymond Radiguet, René Crevel, Jean Desbordes. Crevel wurde bald Klaus Manns engster Freund, und nach Crevels Selbstmord im Jahr 1935 übertrug Klaus Mann Züge des Freundes auf die Figur Marcel Poirets im Exilroman *Der Vulkan*. In dem jung verstorbenen Radiguet verkörperte sich ihm der Inbegriff einer Jugend, die nicht nach Rausch, sondern nach schimmernder Reinheit trachtete. Bis 1933 hatte Klaus Mann dieses Generationsbewußtsein aufrechterhalten, eine ins Programmatische stilisierte Jugendlichkeit, die als Absage an die Eltern- und Vätergeneration gemeint war. Klaus Mann sprach von dem ständigen Gefühl, »in einem Interim zwischen zwei Katastrophen zu leben«.[7] Nun hatten ja aber auch die Väter schon von Ende, Abschied und Untergang gewußt und waren keine verstockt-bürgerlichen Reaktionäre gewesen. Das erschwerte den Jüngeren die Gegenposition beträchtlich. An ihre Stelle trat schwebende Unentschiedenheit zwischen gestern und morgen, zwischen einer alten Agonie und einer neuen Hoffnung, ein Lebensgefühl, das Klaus Mann sehr oft in das Bild eines anmutigen, aber traurigen Tänzers kleidete – eines Tänzers von ätherischer Leichtigkeit, der die Züge Crevels trug, oder das zarte, gespannte, von Schmerzen gezeichnete Gesicht Thomas de Quinceys. Schon der erste, noch ganz unfertige Roman des Neunzehnjährigen hieß *Der fromme Tanz* (1926)[8]. Dieser erträumte Tänzer, dieser Mensch einer noch im Ungenauen verschwimmenden Zukunft, ist nicht mehr als eine panerotische Vision. Wer sich mit ihm identifizieren wollte, müßte sich vom Ballast aller Ideen befreien. Tatsächlich, Gide war der Leitstern, auch Klaus Mann wollte ganz ohne Moral sein, ohne Lehre, und gerade das machte ihm die Zeit so schwer, bald auch ganz unmöglich. Es ist leicht zu erkennen, wann und warum aus dem Immoralisten ein Moralist wurde. In seinen Schriften zur Literatur und zur Zeit war er es bereits vor 1933. Die Emigration erledigte das Problem von selbst. Der kaum 27jährige stand plötzlich vor der selbstgestellten Aufgabe, auch das Politische, als einen Teil des Menschlichen, in seine epischen Bemühungen zu integrieren.

Mit der Emigration mußte auch die einst so beharrlich betonte Generationsbindung erlöschen. Diejenigen, mit denen sich Klaus Mann jetzt identifizierte, weil sie dachten und handelten wie er, waren vorwiegend älter. Von seinen Altersgenossen konnten ihm nur wenige folgen; die meisten hatten noch gar nicht publiziert. Einige verschwanden mit dem Nationalsozialismus aus der Literaturgeschichte, andere traten ihren Weg als Schriftsteller erst nach 1945 an (Koeppen, Weyrauch, Nossack u. a.). Was das für den Entwicklungsgang des aktivsten, aber auch jüngsten und einsamsten aller literarischen Emigranten bedeutete, läßt sich erst heute im nachhinein ermessen. Er wußte, daß die eigentliche und wesentliche Trennungslinie nicht mehr zwischen den Generationen verlief, sondern quer durch die Generationen hindurch. Aber: Aus der Annäherung an die Vätergeneration resultierte auch eine Irritation an den Ausdrucksmitteln, die ihm angemessen waren. Mit dem humanen Engagement der älteren Emigranten übernahm er vorübergehend einen Teil ihrer Traditionen, ihrer Kultur, ihres Stils. Darin liegt die Tragik der (wenigen) jüngeren Emigranten, daß ihnen unter dem Druck der äußeren Verhältnisse die Herausbildung eines eigenen Idioms, eigener Ziele, eigener Methoden verwehrt und erschwert wurde. Der Graben zu der nächstfolgenden Generation von Autoren und Lesern im Nachkriegsdeutschland wurde dadurch noch verbreitert.

Anmerkungen

1. Neuausgabe mit einem Nachwort von William L. Shirer: München 1965.
2. Thomas Mann: »Vorwort zu einem Gedächtnisbuch für Klaus Mann«. In: Th. M.: »Gesammelte Werke in zwölf Bänden«. Bd. XI. S. 510.
3. Neuausgabe mit einem Nachwort von Hermann Kesten: München 1964.
4. Neuausgabe mit einem Vorwort von Jean Cocteau: München 1963.
5. Thomas Mann: »An Klaus Mann über den Roman ›Der Vulkan‹«. In: Th. M.: »Gesammelte Werke in zwölf Bänden«. Bd. X. S. 766.
6. Nachwort zu: »Auf der Suche nach einem Weg. Aufsätze«. Berlin 1931.
7. »Heute und Morgen. Zur Situation des jungen geistigen Europas, 1927«. In: »Auf der Suche nach einem Weg . . .«, a. a. O.
8. »Der fromme Tanz. Das Abenteuerbuch einer Jugend«. Hamburg 1926.

Werke

Flucht in den Norden. Roman. Amsterdam: Querido 1934.
Symphonie Pathétique. Ein Tschaikowsky-Roman. Amsterdam: Querido 1935; Neuausgabe: Mit einem Nachwort von Martin Gregor-Dellin. München: Nymphenburger 1970.
Mephisto. Roman einer Karriere. Amsterdam: Querido 1936; Neuausgabe: München: Nymphenburger 1965.
Vergittertes Fenster. Novelle um den Tod des Königs Ludwig II. von Bayern. Amsterdam: Querido 1937; Neuausgabe: München: Nymphenburger 1972.
Der Vulkan. Roman unter Emigranten. Amsterdam: Querido 1939; Neuausgabe: Mit einer Einführung von Thomas Mann. München: Nymphenburger 1968.
The Turning Point. New York: L. B. Fischer 1942; Neuausgabe: Der Wendepunkt. Ein Lebensbericht. München: Nymphenburger 1969.
André Gide and the Crisis of Modern Thought. New York: Creative Age Press 1943; Neuausgabe: André Gide und die Krise des modernen Denkens. München: Nymphenburger 1966.
Prüfungen. Schriften zur Literatur. Hrsg. von Martin Gregor-Dellin. München: Nymphenburger 1968.
Heute und Morgen. Schriften zur Zeit. Hrsg. von Martin Gregor-Dellin. München: Nymphenburger 1969.

Literaturhinweise

Klaus Mann zum Gedächtnis. Amsterdam 1950.
Hans Jürgen Baden: Literatur und Selbstmord. Cesare Pavese, Klaus Mann, Ernest Hemingway. Stuttgart 1965.
Everett Falconer Harrison: Death and decadence in the works of Klaus Mann. Diss. Cambridge, Mass., 1967.
Mephisto. Die Entscheidung des Bundesverfassungsgerichts und die abweichende Richter-Meinung. Mit einem Vorwort des Verlegers. München 1971.

WALTER SEIFERT

Exil als politischer Akt. Der Romancier Hermann Kesten

Hermann Kesten, 1900 in Nürnberg geboren, seit 1927 Cheflektor des Kiepenheuer Verlags in Berlin, emigrierte im März 1933 nach Frankreich. Als literarischer Leiter im Verlag Allert de Lange in Amsterdam gab er Werke deutscher Emigranten heraus. Er lebte meist in Paris, daneben in Amsterdam, Nizza und Ostende, und 1939 blieb ihm der Weg in ein französisches Internierungslager in der Radfahr-Arena von Colombes nicht erspart. Von Freunden befreit, gelang ihm 1940 die Emigration nach Amerika. Von New York aus setzte sich Kesten, neben Thomas Mann unbezahlter Berater des ›Emergency Rescue Committee‹, so intensiv für die Verfolgten ein, daß Zuckmayer ihn den »aktivsten und energischsten Helfer für unsere gefährdeten Freunde in Europa«[1] nennen konnte. Nach 1945 war Kesten einer der Wortführer und ersten Vertreter der Exilautoren in der Öffentlichkeit. Als Nachfolger Heinrich Bölls übernahm er 1972 den Vorsitz des Deutschen PEN-Zentrums.

Als Kesten ins Exil ging, hatte er die Romane *Josef sucht die Freiheit* (1927), *Ein ausschweifender Mensch* (1929), *Glückliche Menschen* (1931) und *Der Scharlatan* (1932) veröffentlicht und den Roman *Der Gerechte* (1934) begonnen. Im Exil entstanden zwei historische Romane, *Ferdinand und Isabella* (1936) und *König Philipp II.* (1938) sowie *Die Kinder von Gernika* (1939) und *Die Zwillinge von Nürnberg* (1947). Kesten, gelegentlich zur Neuen Sachlichkeit gerechnet, brachte hinsichtlich der Sprachform, der Romanstruktur und der Thematik gute Voraussetzungen ins Exil mit, so daß er sich ohne schwere Wandlungen und Krisen neuen Stoffen zuwenden konnte. Seine Romangestalten standen schon immer in einem Geflecht sozialer Beziehungen, und wenn sich die Konstellationen der zahlreichen Personen umgruppierten, entstanden die für ihn typischen Handlungsumschläge. Ausgehend von Vater-Sohn-Konflikten, von einer Diagnose des Familienverfalls und von der Suche einzelner Personen nach Bindungen und Werten, konnte Kesten die sozialen Hintergründe, die gesellschaftlichen Ordnungskräfte und den Zerfall der Gesellschaftsordnung in seine Darstellungen einbeziehen. Er hatte bereits früh die Ursachen für den Verfall der Weimarer Republik gestaltet und gezeigt, wie die Unsicherheit in der fortschreitenden Anarchie dazu führte, daß die Menschen nach Ersatzbindungen griffen und zu Besessenen wurden. In dem Roman *Der Gerechte* zeigte er, wie parallel zum Familienverfall der Nationalsozialismus die Macht gewinnt und daß die Konsequenz davon der Weg ins Exil ist. Der Student Sommer, von der Universität München geflohen, weil er in ein Arbeitslager gehen sollte, formuliert noch im Konjunktiv, »vielleicht würde er Deutschland verlassen, wie so mancher vor ihm, und er würde in fremde Erdteile gehen, nach Amerika oder China«.

Trotz dieser grundsätzlichen Wirklichkeitsnähe ergeben sich für Kesten, wie der Briefwechsel mit Oliver La Farge zeigt[2], Probleme aus dem Konflikt zwischen seiner künstlerischen Tradition und den neuen Realitäten. Als 1947 in New York der 1930 geschriebene Roman *Glückliche Menschen* erschien, kritisierte La Farge, in Unkenntnis über die tatsächliche Entstehungszeit, daß Kesten »in der Asche eines längst verschollenen Deutschland« wühle und nicht Probleme gestalte, »die uns heute konfrontieren«. Er schlug vor, Kesten möge sich »zum Beispiel der amerikanischen Szene zuwenden«. Statt mit einer Richtigstellung über die Sache hinweggehen zu können, reagierte Kesten betroffen, denn sein neuester Roman mit dem Titel *Time's Fool* knüpfte an die frühen Romane an. Er »begann in der Tat, einige Seiten über Manhattan zu schreiben. Dann kehrte ich mit einer fast sündigen neuen Lust zu meinem kleinen Roman über das Leben in Deutschland im Jahr 1947 zurück, zu meinem ›Narren der Zeit‹«. Ein siebenjähriger Aufenthalt in Amerika konnte ihm nicht die Sicherheit vermitteln, etwas Verbindliches über dieses Land zu formulieren, während er sich kompetent fühlte, über das Nachkriegsdeutschland zu schreiben, das er nur vom Hörensagen kannte. An diesen Schwierigkeiten muß Kestens Produktivität im französischen Exil gemessen werden.

Kesten ging »ins Exil nach Paris wie nach Hause«[3] und meinte: »Einer der Gründe, warum ich es tat, waren die besseren und reicheren Möglichkeiten, über Deutschland zu schreiben«.[4] Tatsächlich jedoch wählte er Stoffe aus der spanischen Geschichte und Gegenwart. Wollte er so über Deutschland schreiben? In beiden historischen Romanen hat Kesten die Entstehung und Ausprägung einer Diktatur mit stark totalitären Zügen und vollständiger Gleichschaltung der Individuen gestaltet, wie sie sich in Deutschland erst ausbilden und im Krieg voll verwirklichen sollte. Indem er die Entwicklungskräfte seiner Zeit erkannte, die zeitgeschichtlichen Momente im historischen Stoff suchte und dann zeigte, wie in Spanien die Entwicklung weitergegangen ist, kam er in seinen Romanen über eine Widerspiegelung seiner unmittelbaren Situation hinaus und prognostizierte die notwendige Entwicklung in naher Zukunft. Er mache »nicht gern die schlimmsten Erfahrungen selber. Wozu hat man sonst die Historie?«[5] schrieb er 1933, doch mehrere Erfahrungen, die er an Hand der Historie zeigte, mußte er später selbst machen.

Die Probleme des Exils sind in dem Roman *Ferdinand und Isabella* zunächst einmal indirekt erfaßt, indem Kesten etwa am Beispiel des historischen Stoffes die Ursachen der Emigration ausführt. Das Exil ist die logische Konsequenz der Struktur des spanischen Staates, d. h. der Gleichschaltung der Massen – »Millionen müssen ununterschieden sein« – und der Begründung der Herrschaft durch nackten Terror. Kesten hat in diesem Roman hauptsächlich eine anonyme Massenemigration als Folge konkreter auslösender Ereignisse wie des Ketzeredikts, des Edikts zur Vertreibung der Juden, ja sogar der Reformierung des Bettelordens gezeigt. Es beginnt mit dem Justizterror Isabellas. »Da fiel der Schrecken auf die Stadt Sevilla, die heiterste Stadt in Hispanien. Viertausend Sevillaner flohen in einer Woche.« Während die ersten Flüchtlinge als die Klügsten »Leib, Leben und Vermögen« retteten, erfuhren die späteren während der »langen Züge« durch Spanien und im Ausland grauenhafte Schicksale und bestialische Behandlung, denn wo man ihnen nichts mehr stehlen konnte, wurden sie als Sklaven verkauft oder ermordet. Die Hoffnungslosigkeit, im Ausland Hilfe zu erwarten, hat Kesten gezeigt, indem er König Alonso von Portugal bei seinen Hilfegesuchen in Frankreich in die Rolle Don Quijotes gleiten ließ. In Alonsos Mund legte Kesten die Warnung an die blinde Welt: »Wenn irgendwo ein großes Unrecht geschieht und niemand widerspricht, so nimmt das Ganze Schaden! [...] Ich sage dir, alles Böse wird von Spanien kommen, wenn du diese siegen lässest; denn sie sind die Bösen! Sie werden Unheil und Verfinsterung über die Welt tragen.« Wie das geschieht, erfährt Portugal, als Isabellas Tochter gegen ihren Willen den König von Portugal heiraten muß und ihre Haß- und Angstgefühle auf die Juden ablenkt, um mit sich selbst fertig zu werden. Sie fordert als Hochzeitsgeschenk die Vertreibung der Juden.

Kesten demonstriert in diesem Roman das Einzelschicksal einer verpaßten Emigration. Der Schriftsteller Castillo, der unerschrocken die Wahrheit vertritt und zur Polemik bereit ist, die Diktatur durchschaut und demaskiert und es doch im rechten Augenblick versäumt, in die Emigration zu gehen, erleidet in gewisser Hinsicht das Schicksal Carl von Ossietzkys. Ossietzkys Entschluß, in Deutschland zu bleiben, hat Kesten, wie mehrere Aufsätze zeigen, tief bewegt, zumal er ihm »im Kreis seiner Freunde« selbst geraten hatte: »Fliehen Sie, Ossietzky, gehn Sie ins Exil, wir brauchen keine Märtyrer und Blutzeugen, wir brauchen lebende Polemiker, keine toten.«[6] Wie Ossietzky von der Gestapo, wird Castillo von der Inquisition gefangen, gefoltert und liquidiert. Tatsächlich ist Castillo ein »Märtyrer und Blutzeuge«, denn keine Folter kann ihn brechen. Er schaut den Folterknechten »bis an die Grenze des Bewußtseins« zu und erzielt durch seinen Widerstand einen »tausendfachen Triumph der Vernunft«. Kesten erhebt ihn zum monumentalen Zeichen dafür, »daß Schriftsteller immer die ersten Opfer sind, wo eine Gewaltherrschaft sich auftut«.[7] Als in dem späteren Roman *Die Zwillinge von Nürnberg* Lust in zynischer Weise die Beseitigung der Regimegegner rechtfertigt – »Einen Teil haben wir zuhause auf administrativem Wege erledigt. Der Rest krepiert in ausländischen Konzentrationslagern« –, antwortet der Schriftsteller Musik: »Wo gehobelt wird, fallen Späne [. . .] Karl von Ossietzky ein Span, hunderttausend Märtyrer nur Späne.« Kesten hat seine eigene Emigration und seine Ängste dadurch zu bewältigen versucht, daß er die Ursachen der Emigration und deren Erscheinungsformen bis zum Extrem darstellte, bevor sie in Deutschland und Europa voll sichtbar waren. Er sagte selbst, schreibe »aus lauter Verzweiflung, die erträglicher wird, wenn man sie aufschreibt«, und um »die Tyrannen aufzuzeigen«, aber auch die Freiheit, das Gute und die Liebe.[8] Der Romanschluß ist trostlos, es sei denn, man sieht einen Trost darin, daß die totale Machtentfaltung auf lange Sicht selbst vernichtet und dadurch ad absurdum führt. Auf die Tatsache, daß die Nachfolger der Könige versagen und ein fremdes Geschlecht in Spanien zu herrschen beginnt, antwortet der Autor mit der verzweifelten Feststellung: Darum »Mord und Diktatur, Usurpatoren und Schlächter, darum Millionen Menschen geschlachtet, die Juden vertrieben [. . .], darum die eigene Nation vergöttert und blinder Nationalismus verherrlicht.«

In dem folgenden Roman *König Philipp II.* erscheint der spanische Staat als ein in sich geschlossenes Machtsystem, aus dem kaum eine Flucht möglich ist. Philipp herrscht durch Teilung der Gewalt, was dazu führt, daß an seinem Hof Machtkonstellationen entstehen. Die Möglichkeit des Auf- und Abstiegs von Königs Gnaden unterwirft auch die höchsten Vertreter des Staates dem Terror, ohne daß diese Gewaltherrschaft von innen her aufzubrechen wäre, sosehr sich auch die Machtkonstellationen verschieben können. Philipp steht unter einem solchen Vernichtungszwang, daß er auch seinen Sohn beseitigen muß, als bei diesem Mord- und Fluchtgedanken auftreten. Eine anonyme Massenflucht entsteht unter diesen Bedingungen jeweils in den neueroberten Gebieten. »Es begann die uralte Posse.« Nach dem »Staatsstreich folgte der Terror. Dem Terror folgte eine starke Emigration. Ihr spürte die Inquisition nach und verfolgte sie über alle Grenzen.« Kesten hat hier persönliche Erfahrungen objektiviert, indem er das Emigrationsschicksal als »uralte Posse«, als wiederkehrendes weltpolitisches Ereignis ohne tieferen Sinn formulierte. Die Erkenntnis des anonymen Massenschicksals bietet keine kathartischen Momente. Die hier aufgezeigte Verfolgung der Emigranten über die Grenzen hinaus sollte erst 1940 ihren Höhepunkt erreichen.

Da Philipp selbst jedoch, gesamteuropäisch betrachtet, in sich verschiebenden Machtkonstellationen gefangen ist, die er nicht beherrscht, können die Emigranten zu seinen gefährlichsten Gegnern werden. Am Schluß des Romans formuliert er selbst: »Der Einzelne ist gefährlich. Man muß den Einzelnen töten. Die Völker widerstehn nicht der Macht von uns Königen. Nur der Einzelne widersteht uns. Da ist unsere Grenze.« Oranien geht in die »Verbannung«, um als »Vorkämpfer der Freiheit zurückzukehren«. Und wenn Philipp diesen Gegner beseitigen kann, so stehen neue gegen ihn auf. Verglichen mit dem trostlosen Romanschluß von *Ferdinand und Isabella*, fällt hier als bewußte Komposition auf, daß Kesten die Niederlage der Armada nur am Rande erwähnt, die Einigung der europäischen Mächte durch den Emigranten Perez jedoch breit ausführt. Perez mußte erst durch seinen Sturz, jahrelange Kerkerhaft, Foltern, Vernichtung seiner Familie und die Unterdrückung Aragons von seiner Verblendung befreit werden, bis er sich zum einzig möglichen Widerstand gegen ein totalitäres System, zum Widerstand aus dem Exil, entschließt und in Frankreich »eine Invasionsarmee der Emigranten« rüstet. Angesichts der außenpolitischen Erfolge Hitlers im Jahr 1938 ist das eine gestaltete Wunschvorstellung im Sinne einer späteren Feststellung Kestens: »Der Schritt ins Exil ist ein politischer Akt. Wer ins Exil geht, will die Heimat befreien oder in die befreite Heimat heimkehren.«[9] Tatsächlich zitterten die Emigranten in Frankreich vor aller »entsetzlichen Kriegsdrohung«[10] Hitlers im Jahre 1938.

Während Kesten in den historischen Romanen mit dem Stoff der Vergangenheit die Wirklichkeit der nahen Zukunft diagnostizieren konnte, griff er in *Die Kinder von Gernika* (1938) aktuelles Geschehen auf. Das Schicksal der Kinder im Spanischen Bürgerkrieg hat ihn so nachhaltig erschüttert, daß er noch 1956 direkt darauf eingeht: »Das Exil verlangt Freiheit und Wahrheit. [...] Jeder Privatmann, der zufällig von einer Mordabsicht erfährt, hat die gesetzliche Anzeigepflicht. Und ein Dichter dürfte schweigen, angesichts der Ermordung unschuldiger Kinder [...]?«[11] Als Ernst Toller für die spanischen Kinder Reden hielt und Hilfe suchte, lobte ihn Kesten, da er die Kinder als die »wahren Opfer des Bürgerkrieges« ansah. »Erst ein deutscher Dichter im Exil erinnerte die Welt an die Leiden der spanischen Kinder!«[12] Was Toller durch Reden, hat Kesten durch seinen Roman versucht. Doch auch im Roman ist eine Sammelaktion der »guten Menschen« in den europäischen Ländern erwähnt und, daß englische und französische Kriegsschiffe die Schiffe der Emigranten schützten. Die Kinder sind im Bürgerkrieg »Mörder« und »Huren« geworden, sofern ihnen die Vernichtung erspart geblieben ist. Sie haben in Spiel und Verhalten die Verrohung übernommen, und im Exil leben sie ohne Hoffnung, auch wenn sie besser als manche Erwachsene die neuen Situationen meistern können. »Was kann aus mir noch werden?« fragt Carlos am Schluß des Romans. Zwar finden sie Helfer und Retter. »Mitten in der schlimmsten Verfolgung macht man die ewig neue Erfahrung, wie viele gute Menschen es auf Erden gibt.« Aber wenn sie weiterden-

ken, entstehen dunkle Prognosen über die Ausbreitung des Unrechts in den Exilländern. »Wenn neue Opfer kommen werden, aus den Bürgerkriegen anderer Länder, vor den Tyrannen anderer Reiche Flüchtende, und die guten Menschen die
Geopferten und Geflüchteten vom vorigen Jahr vergessen werden – was wird
dann ...?« Der Schluß des Romans *Die Zwillinge von Nürnberg* zeigt, daß die
schlimmsten Befürchtungen durch die Wirklichkeit überholt werden, denn inzwischen haben deutsche Truppen Frankreich eingenommen, und die Gestapo ist auf
dem Fuß gefolgt. »Dann begann die Jagd der Deutschen auf die kleinen Kinder der
Juden«, um sie nach Polen in die Vernichtungslager abzutransportieren. »Kein schöner Anblick, diese großgewachsenen, fettgefütterten deutschen Familienväter, die im
fremden Land umhergehn und unglücklicher Leute Kinder, kleine, unschuldige Kinder zusammenschleppen und abschlachten.« Aber je schärfer die Bedrohung wird,
desto größer entfaltet sich die Opferbereitschaft der Menschen, Hilfsorganisationen
bilden sich, um unter den Augen der Gestapo die Kinder zu retten, manchmal mit
Hilfe von Bestechungsgeldern, bis sie auffliegen und ihrerseits vernichtet werden.
Zu diesen »Helden im Untergrund« gehört auch die Zwillingsschwester Uli. Sie
opfert sich, um den Fluchtweg ihres ›Sohnes‹ Cäsar und dreier Kinder zu decken.
Die Exilsituation bestimmt die Struktur des Romans *Die Kinder von Gernika*. Die
Rahmenhandlung erfaßt das Gegenwartsgeschehen im Exil, und zwar berichtet ein
deutscher Emigrant von 1933 über sein Zusammentreffen mit spanischen Emigranten, vor allem mit dem jungen Carlos, der ihn um Hilfe bittet. Carlos stellt in einer
breit angelegten Rückblende, die den Hauptteil des Romans ausmacht, in der Ich-
Form die Geschichte seiner Familie in Gernika dar. Der Roman hat also zwei Ich-
Erzähler und dementsprechend zwei Perspektiven: die des hilflosen Schriftstellers
und die des über sein Alter hinaus hellsichtigen Kindes. Thomas Mann hat die Diskrepanz zwischen Kinderperspektive und Sprachform mit Einschränkungen kritisiert, sosehr er diesen Roman gegenüber Kesten als »Höhepunkt seines Schaffens«
gepriesen hat.[13] Carlos erzähle »so meisterhaft, daß es einem den Atem verschlägt,
mit allen Ausgepichtheiten eines hochbegabten Romanciers ...; das ist denn doch
der schönen Fiktion zuviel«. Der Autor nimmt hier nicht die Position eines souveränen Erzählers ein, sondern er tritt zurück und läßt das Kind selbst die Greuel und
Anklagen formulieren. Der Roman beginnt mit einer dreifach gestaffelten Rückblende: von der Pariser Gegenwartswirklichkeit zum Tag der Vernichtung Gernikas, von dort zum Erscheinen des Onkels Pablo in Gernika, und Onkel Pablo wiederum berichtet von seiner Flucht aus Deutschland. Im Vergleich mit den historischen Romanen hat Kesten einen Perspektivenwechsel vorgenommen, denn während
er dort aus dem Zentrum der totalen Macht als notwendige Konsequenzen die Ausdehnung dieser Macht und die Emigration ableitete, gestaltet er jetzt aus der Exilperspektive und dringt, indem die Rückblenden zeitlich zurückgreifen, zunehmend
in das Machtzentrum als die Ursache aller Übel vor. Erst nachdem in einem analytischen Rückgriff der chronologische Ausgangspunkt gefunden ist, entwickelt Kesten
aus der spanischen Anarchie zunächst die lokale Tyrannei des Fischhändlers und
dann die überregionale Gewaltanwendung der »Rebellen« Francos und der deutschen Flugzeuge mit dem Ergebnis der Vernichtung zweier Städte.
Die Familie Espinosa macht zwei Emigrationsphasen durch. Zunächst gerät sie in
die Paradoxien einer Emigrationsplanung, denn während der zeitlebens ungebun-

dene Onkel Pablo auf Grund seines in Deutschland erlebten Schocks nicht mehr aus Spanien fortgehen will, durchschaut Vater Espinosa die spanische Entwicklung und plant trotz seiner Seßhaftigkeit die Flucht. Allerdings schlagen alle Versuche, durch den Verkauf der Apotheke Geld zu beschaffen, fehl, ja die Familie verstrickt sich in immer gefährlichere Situationen, einmal fast in eine Spionageaffäre. Nach dem Scheitern einer planvollen Emigration setzt im Anschluß an die Zerstörung Gernikas der Wettlauf ums nackte Leben, die Emigration als letzte Rettung, ein. Die Panik in dieser Emigrationsphase vergrößert das allgemeine Chaos und erschwert damit das Gelingen. In dieser Situation kulminieren die pausenlosen Umschläge des Guten ins Böse und umgekehrt. Carlos, von der Mutter in den Trümmern zurückgelassen, findet Hilfe, doch er wird zum »Mörder« an seinem Retter, während er bei der Exekution erneut gerettet wird. Als die Familienmitglieder sich in Paris treffen, mündet die Rückblende in das Gegenwartsgeschehen ein. Die Exilsituation ist durch das Trauma der Erlebnisse geprägt, was den Familienverfall im Exil weiterführt und auf andere intakte Familien ausdehnt. Selbstmord, Selbstmordversuch, Verlassen der Ehe, Flucht vor der Verantwortung und seelische Zerrüttung sind die Folgen. Der Autor steht diesem Ansturm einer überwältigenden Realität machtlos und skrupelvoll gegenüber, da er nicht in ein Schicksal eingreifen will. »Schon im Spiel mit erfundenen Lebensläufen spüre ich die moralische Gefahr.« Er sieht sich selbst dem Fehlurteil ausgesetzt, ein Literat komme immer durch, da das Wort »eine Magie« hat und seinen Mann ernährt, und kann nur bitter antworten: »Man weiß, Literaten im Exil leben üppig.«

Enthielten die historischen Romane noch Zukunftsvisionen, so sind in *Die Zwillinge von Nürnberg* Fiktion und Realität teilweise identisch, denn Kesten hat vor allem die Exilsituation autobiographisch gestaltet. Das gilt schon für die Bewegungsrichtung der Hauptgestalten von Nürnberg über Berlin nach Paris und schließlich nach New York. Verglichen mit *Die Kinder von Gernika* ist die Pariser Szenerie der Cafés, Hotels und Straßen noch breiter ausgeführt, bekannte Schriftsteller treten auf, und politisch-historische Ereignisse bilden ein Hintergrundgerüst des Romans. Die Verdoppelung der Hauptgestalten als Zwillinge ermöglicht es, das Geschehen im Dritten Reich und in Frankreich parallel zu gestalten. Die Familienschicksale und Verwicklungen sowie die Wechsel zwischen Heimat und Exil geben als personale Ebene einen Spiegel ab, in dem sich die überpersönlichen Geschichtsabläufe der sich ausdehnenden NS-Herrschaft spiegeln können. Kesten ist in diesem Roman eine Verknüpfung seiner bisherigen Thematik mit den neuesten zeitgeschichtlichen Ereignissen gelungen, indem er 1918 einsetzt und in chronologischer Kontinuität auf eine Parallelisierung der Exilsituation mit dem Dritten Reich zusteuert. Doch wie in *Die Kinder von Gernika* behielt er auf Grund einer besonderen Stoffanordnung die Exilperspektive bei. So führt zu Beginn die Aktionsrichtung mit der Flucht des Kriegsgefangenen Lust von Frankreich nach Nürnberg, und nach einem Zeitsprung vom Kapp-Putsch 1920 bis 1938 setzt das Geschehen mit der Exilsituation in Paris neu ein. Das Dritte Reich kann dadurch vom Exil her erfaßt werden.

Die verschärfte Exilsituation wird deutlich, als anläßlich eines Besuchs des Außenministers Ribbentrop in Paris die Emigranten in »Schutzhaft« genommen werden, während die Nationalsozialisten selbstbewußt auftreten können. Der Haß der Franzosen auf die Flüchtlinge, die ihnen Arbeit und Töchter »stehlen«, verschärft sich, und in die allgemeine Verwirrung dringt das Gerücht »aus bester Quelle«, daß alle festgenommenen Fremden ausgeliefert werden sollen. Die Verkehrung aller Positionen erweist sich immer wieder, wenn die Emigranten mit allen Anstrengungen auch hochgestellter Freunde an der Bürokratie scheitern, während »nur ein Wort« des Nationalsozialisten Lust genügt, um den inhaftierten Schwager zu befreien; oder wenn in den Diskussionen die Verfolgten in die Defensive geraten, während es aussieht, »als hätten die Bösen sogar moralisch recht«. Mit ungeschminkter Offenheit können die Vertreter des Dritten Reiches ihr Streben nach Weltherrschaft und dem Untergang der Emigranten aussprechen. »Kommt es erst zum Krieg, werden euch eure Gastländer einsperren, wie euer demokratisches Frankreich die spanischen Republikaner in Hundelagern hinter Stacheldraht verhungern läßt, und nach der Niederlage werden sie euch dann ausliefern.« Im Exilland selbst ist der »Verwaltungsapparat demokratischer Länder« der größte Feind, und ein Paß oder Visum tritt »an die Stelle des Fatums in der antiken Tragödie«. Kesten hat dafür mehrere Beispiele ausgeführt, wie ein Emigrant pausenlos über Grenzen abgeschoben und zwischendurch in Gefängnisse geworfen wird, wie ein anderer mit einem vielmals erneuerten Refoulement, welches zur Ausreise nach fünf Tagen verpflichtet, länger als ein Jahr in Frankreich verbringt, wie ein Professor drei Jahre lang um ein Visum für Amerika kämpft und dann wegen des Kriegsausbruchs in Terminschwierigkeiten gerät. »In solchen zerrissenen Zeiten braucht ein einzelner Mensch etwa ein halbes hundert Rettungen, um zu überleben.«

Nach Kriegsausbruch gleichen sich die Exilsituation und der NS-Staat an. Kesten hat im letzten Teil des Romans die beiden Konzentrationslager von Dachau und von Colombes einander kontrapunktisch zugeordnet und Alexander Lust beide Lager durchlaufen lassen. Die Schilderung der Zustände im französischen Lager von Colombes, wo Kesten selbst interniert war, erreicht wegen der protokollarischen Genauigkeit autobiographische Echtheit. Ein Vergleich mit Kestens Äußerungen in Briefen und Aufsätzen erbringt, daß er seine eigenen Erlebnisse mit großer Detailtreue in den Roman aufgenommen hat. Den moralischen Anspruch, aus dem dieses Kapitel geschrieben ist, hat Kesten einem Häftling in den Mund gelegt, indem er ihn zum Schriftsteller Musik sagen läßt: »Sie sind Schriftsteller. Passen Sie nur gut auf und vergessen Sie nichts. Wenn Sie nämlich noch mal rauskommen, und in ein Land, wo man Sie schreiben läßt, was Sie gesehen haben.« Kesten hat allgemein die Zustände beschrieben und ihre Auswirkungen auf zahlreiche anonyme oder mit Namen benannte Häftlinge ausgeführt. Wie in seinen Briefen hat er vor allem die kleinlichen Schikanen betont, daß z. B. die Wasserklosetts der Arena geschlossen waren, »so daß die 20 000 Gefangenen ihre Notdurft in 24 Kübeln entleeren mußten [...]. Jeden Morgen schwappten schon nach wenigen Stunden die Kübel über, so daß man nur durch einen See von Unrat zu ihnen waten konnte.« An einem Höhepunkt der kollektiven Verzweiflung bricht unter einem »hysterischen Chorführer« eine Massenhysterie »wie der symbolische Hilferuf aller Zivilisten aus«, so daß die Bürger von Colombes sich vor »dem grauenvollen Geheul der germanischen Bestien« entsetzen. Während ein Teil der Familie untergeht, können sich Musik und Alexander »auf Grund einer Aktion des Emergency Rescue Committee in New York« retten und in die Vereinigten Staaten emigrieren.

Kesten hat sein »Exil theoretisch oder legal beendet«[14] gesehen, als er 1949 erstmals nach Deutschland zurückkehrte. Mit dem Roman *Die fremden Götter* (1949) schloß er so unmittelbar an seine Vorexilsproduktion an, daß sich Parallelen mit *Glückliche Menschen* bis in Einzelheiten nachweisen lassen, nur daß an die Stelle sozialer Ursachen der Konflikte religiöse Wahnideen getreten sind, die sich in der Zeit des Nationalsozialismus ausgebildet hatten. In dem Roman *Die Zeit der Narren* (1966) hat Kesten Exilprobleme hauptsächlich mit Hilfe der Rückblenden in das Gegenwartsgeschehen einbezogen. Indem die Jüdin Ruth, die wegen ihres Konzentrationslagertraumas als »Phantom« lebt, aus Deutschland flieht, den Namen wechselt und die »Nummer aus dem Konzentrationslager am linken Unterarm« wegoperieren läßt, kann sie sich von der Vergangenheit befreien und nach Deutschland zurückkehren. Kesten reflektierte in zahlreichen Aufsätzen sein eigenes Emigrationsschicksal sowie das die ganze Geschichte durchziehende Phänomen der Emigration. Er kann das Exil als »Urzustand«[15] begreifen und wird nicht müde nachzuweisen, daß »ein bedeutender Teil der Weltliteratur im Exil« entstand. »Zur Zeit des Dritten Reiches war die ganze deutsche Literatur im Exil, der deutsche Geist war im Exil.«[16]

Anmerkungen

1. H. Kesten: »Deutsche Literatur im Exil« (s. Lit.), S. 156. (Zitiert als: Briefe.)
2. Briefe, S. 300 ff.
3. H. Kesten: »Geist der Unruhe. Literarische Streifzüge«. Köln u. Berlin 1959. S. 64.
4. Briefe, S. 309.
5. ebd., S. 39.
6. H. Kesten: »Filialen des Parnaß. 31 Essays«. München 1961. S. 22.
7. ebd., S. 183.
8. Briefe, S. 309.
9. ebd., S. 16.
10. ebd., S. 77.
11. H. Kesten: »Geist der Unruhe . . .«, a. a. O., S. 228.
12. Briefe, S. 83 f.
13. H. Kesten: »Ein Buch der Freunde« (s. Lit.), S. 28 ff.
14. Briefe, S. 21.
15. Briefe, S. 15.
16. H. Kesten: »Geist der Unruhe . . .«, a. a. O., S. 232.

Werke

Der Gerechte. Amsterdam: de Lange 1934.
Ferdinand und Isabella. Amsterdam: de Lange 1936. U. d. T.: Sieg der Dämonen. München: Desch 1953.
König Philipp II. Amsterdam: de Lange 1938. U. d. T.: Ich der König, Philipp II. München: Desch 1950.
Die Kinder von Gernika. Amsterdam: de Lange 1939.
Die Zwillinge von Nürnberg. Amsterdam: Querido 1947; Frankfurt a. M.: S. Fischer 1950.
Copernicus und seine Welt. Amsterdam: Querido 1948.

Novellen deutscher Dichter der Gegenwart. Hrsg. von H. K. Amsterdam: de Lange 1933.
Heinrich Heine: Meisterwerke in Vers und Prosa. Hrsg. von H. K. Amsterdam: Forum 1939. (Forum-Bücher.)

Literaturhinweise

Herbert Ahl: Literarische Portraits. München u. Wien 1962. S. 136–143.
Uri Benjamin: Die Rettung der emigrierten Literatur. In: Börsenblatt für den Deutschen Buchhandel, Nr. 33 (25. 4. 1972) S. 795–798.
Rudolf Hartung: Der streitbare H. Kesten. In: Neue deutsche Hefte 17 (1970) H. 70, S. 157–160.
Hermann Kesten. Ein Buch der Freunde. Zum 60. Geburtstag. München, Köln u. Frankfurt a. M. 1960.
Hermann Kesten [Hrsg.]: Deutsche Literatur im Exil. Briefe europäischer Autoren 1933–1949. München 1964. (Zitiert als: Briefe.)
Heinz Klunker: H. Kestens literarisches Attentat. In: Europäische Begegnung 2 (1962) H. 3, S. 52 f.
Franz Lennartz: Die Dichter unserer Zeit. Stuttgart 1952. S. 242 ff.
Wilhelm Niemeyer: H. Kesten und Frankreich. In: Antares 7 (1957) H. 2, S. 3–12.
Karl Ude: H. Kesten. In: Welt und Wort 15 (1960) S. 7 ff.
Wolfgang Weyrauch: H. Kesten. In: Merian 19 (1966) H. 8, S. 94.

Anpassungsverweigerung. Das Exilwerk Leonhard Franks

Leonhard Frank war mit Leib und Seele Würzburger, Berliner und Deutscher, der nicht zum Weltbürger wurde. Heimat und Fremde hielt er streng getrennt, nie floß beides ineinander. In seinem leicht verfremdeten autobiographischen Roman *Links wo das Herz ist* (1952) belegt er in der Figur des Michael seine aus diesen Bedingungen resultierende psychische Reaktion auf das Exil: »Michael, nun fünfzig Jahre alt, hatte ein Vierteljahrhundert in Berlin gelebt, das sein Arbeitsplatz gewesen war, [...] sein Leben [...]. Jetzt gab es kein Zurück mehr. Dieses lähmende Bewußtsein begleitete ihn siebzehn lange Jahre Tag für Tag, ganz gleich, ob ihm dazu noch anderes Leid oder ob ihm Freude widerfuhr – unter allem war, beständig wie sein Atem, das drückende Gefühl, daß es kein Zurück mehr gab nach Deutschland, in seine Werkstatt, sein Leben, seine Landschaft, mit der er sich eins fühlte, als wäre er ein Teil von ihr, ein Tal, ein Baum, der Fluß am Sommerabend. Sein Leben war nicht mehr sein Leben. Es war mitten entzwei gebrochen.« Und weiter: »Der Kernschuß hatte den emigrierten Schriftsteller getroffen – die Arbeit am Lebenswerk war unterbrochen. Er mußte erfahren, daß er ohne den lebensvollen, stetigen Zustrom aus dem Volk, seine Sprache und ohne die unwägbare Resonanz der Leser als wirkender Schriftsteller nicht mehr existent war. Er spielte in der Emigration auf einer Geige aus Stein, auf einem Klavier ohne Saiten.«
Wir haben die Frage zu stellen, ob und wie die gewaltsame Unterbrechung der Arbeit am Lebenswerk, die Zerstörung der Kontinuität der Existenz, des Dichters Exilschaffen beeinflußt hat, ein Exil, das niemals endete, weil die Heimat den Rückkehrer nicht willkommen hieß. Alles, was er seit 1933 schrieb, gehört zur Auseinandersetzung mit dem, was ihm durch Deutschland geschehen war und weiter geschah.
Durch die Fluchtsituationen bedingt, ist die Quantität seiner Exilwerke gering. Ihre Werkgeschichte beschreibt er ausführlich in seinem autobiographischen Roman. Dem Mißverstehen ausgesetzt sind sein eigentlicher Exilroman *Mathilde* (1948) und die *Deutsche Novelle* (1954), so daß auf diese Arbeiten besonders eingegangen werden muß.
Vorweg kann gesagt werden, daß die Gesammelten Werke[1], unabhängig vom subjektiven Empfinden ihres Urhebers, wider Erwarten nicht gebrochen sind, sondern eine unauflösbare Ganzheit bilden. Thematik, Bildsprache und Stil weisen künstlerische Kontinuität auf, ein Phänomen, das den Schlüssel zur Interpretation seines Exilschaffens liefert. Leonhard Frank, der sich selbst als »rebellischen Gefühlssozialisten« bezeichnet, ist so sehr Gefühlsmensch, daß er das Gefühl verabsolutiert. Dieses niemals nachlassende Festhalten am Gefühl bewirkt die innere Kontinuität eines unter extrem ungünstigen Bedingungen fortgesetzten Schaffens. Seine Arbeitsquelle bleibt Einfühlung. Gedankliche Verarbeitung äußert sich im Sprachstil, der seinem ›Kunstgesetz‹ folgt. Aus dem Gefühl als Grundwert leitet Frank die Wertskala ab, mit der er Menschen und Ereignisse mißt. Nach Max Weber entstehen Werturteile,

wenn aus einem höchst individuell gearteten Fühlen und Wollen oder dem Bewußtsein eines bestimmten Sollens bejahend oder verneinend Stellung genommen wird. Auf moralisch-ethisch begründeten Werturteilen beruht Franks ständige Auslotung der kreatürlichen Bezogenheit auf Geburt und Tod, Werden und Wachsen, Natur und Landschaft, Heimat und Fremde, Mensch und Gesellschaft. Mit seiner Wertskala mißt er die Auswirkung gesellschaftlicher Zwänge auf den Menschen und dessen Gefühl.

Die Verabsolutierung des Gefühls veranlaßt Frank, aus seinen Figuren so etwas wie ›Idealtypen‹ im Max Weberschen Sinne zu machen. Seine Figuren sind ›gedachte Zusammenhänge‹, sie existieren nicht konkret. Sie sind Konstruktionen, in denen bestimmte Elemente der Wirklichkeit ›gedanklich gesteigert‹ werden, um dadurch konkrete Erscheinungen und Vorgänge, in denen Elemente des Zusammengedachten wirksam sind, zu erkennen und zu veranschaulichen. »Der Idealtypus ist keine Darstellung des Wirklichen, aber er will der Darstellung anschauliche Ausdrucksmittel geben. Er ist keine Hypothese, aber er will der Hypothesenbildung die Richtung weisen, er ist nicht die historische Wirklichkeit, auch kein Schema, in das sie eingeordnet werden soll, sondern ein Grenzbegriff, an dem die Wirklichkeit zur Verdeutlichung bestimmter bedeutsamer Bestandteile ihres Gehaltes gemessen, mit denen sie verglichen wird.«[2]

In seinen autobiographischen Bemerkungen zur Werkgeschichte bestätigt Leonhard Frank diesen Tatbestand indirekt. Über die Figuren in *Bruder und Schwester* (1929) schreibt er: »Seinen Konstantin [...] versah Michael mit stark idealisierten Eigenschaften von sich selbst. Die schöne Lydia schuf er aus dem bevölkerten Nichts, aus dem der Poet seine Idealgestalten holt.« Franks Frauengestalten sind ›Idealtypen‹, Konstruktionen bis zum Extrem. Er bemerkt: »Es gibt nur die innere Wahrheit. Nur das innere Bild, das man von der Romangestalt, dem Schauplatz, der Situation hat und gestaltet, ist wahr, und da erscheint auf geheimnisvolle Weise alles so, wie es in der Wirklichkeit ist.« ›Kunst‹ ist für Frank »Weglassen« und dennoch nichts weglassen. Als Anfänger benutzte er nach eigener Aussage dieses Kunstgesetz ganz unbewußt, später »vollzog er den Übertragungsakt der Wirklichkeit in die Kunst in jeder Einzelheit bewußt«.

Frederic Ewen kritisiert in seinem Bert-Brecht-Buch[3] einige Exilschriftsteller in Hollywood und bemerkt: »Leonhard Frank sieht den ›Menschen, der gut ist‹ jetzt den zweiten Weltkrieg machen und schreibt eine Knabe-trifft-Mädchen-Romanze.« Dieses Urteil über *Mathilde,* mit dem Ewen nicht allein steht, wirft die Frage auf, ob Frank mitten im Kriege, nach den Schrecknissen der Flucht aus Frankreich, wirklich nur eine ›Romanze‹ schreiben, ob er in die Innerlichkeit flüchten oder ob er mehr wollte.

Um *Mathilde* zu verstehen, ist es notwendig, sich an die Novellen in *Der Mensch ist gut* (1917) – Der Vater, Die Kriegswitwe, Die Mutter, Das Liebespaar, Die Kriegskrüppel – und an *Karl und Anna* (1927) zu erinnern. Alle Ereignisse sind unmittelbar auf die ›idealtypisch‹ erlebenden, irrenden und leidenden Menschen bezogen. Thematisch wird der Impakt des konkreten Krieges auf das Individuum und immer wieder auf die Du-Beziehung in der Ehe als höchster Wert behandelt. Freigelegt werden die vom Krieg ausgelösten Prozesse der Selbstentfremdung und sozialen Konflikte. Der Dichter stellt die entscheidende Lebensfrage: Wofür stirbt der

Mensch? Als Ursache des Krieges sieht er den Mangel an Liebe: »Wir sehen deshalb im Menschen den Feind, weil der tatsächliche Feind etwas ist, das nicht vorhanden ist. Das Nichtvorhandensein der Liebe ist der Feind und die Ursache des Krieges«.[4] Als Ausweg sieht er Verbrüderung der Massen im christlichen Sinne, aus der die Revolution unter der Führung Karl Liebknechts folgt.

In den genannten Frühwerken baute Frank für immer die das Individuum am ›richtigen‹ Handeln hindernden Phrasen des Wilhelminischen Zeitalters ab. Worte wie Ehre, Vaterland, Feind, Kriegswitwe werden ebenso entmythologisiert wie Floskeln angesichts der Verzweiflung des Menschen, der Realität des Schlachtfeldes und der Operationssäle. Diese Arbeit des Abbaus verlogener Werte geschah so gründlich, daß er sie in späteren Werken nicht zu wiederholen brauchte. Wichtig für das Verstehen seiner Exilwerke ist, daß Frank kein Pazifist, sondern ein Gegner des konkreten Ersten Weltkrieges war. Er verneinte nicht jedes Töten, nicht jeden Krieg. In *Karl und Anna* bejaht er das Töten (des ungerechten brutalen Aufsehers) zur Wiederherstellung der Gerechtigkeit, eine Auffassung, die sowohl in *Mathilde* als auch in den *Kurzgeschichten* untermauert ist. Der gefühlszarte Dichter schreckt vor der Tötung nicht zurück. Selbstjustiz durch Mord ist notwendig, wenn die staatliche Justiz versagt. Krieg ist notwendig, wenn es kein anderes Mittel zur Wiederherstellung verletzter Menschenrechte gibt. Schuld und Sühne sind Werte, die Leonhard Frank niemals aufgab.

Mathilde enthält ungezählte Anklänge aus den vorhergehenden Werken. Als Frank im Exil eine Liebesgeschichte als Thema wählte, folgte er seinem Prinzip, vom Individuum auszugehen. An den Figuren der Mathilde und des Engländers Weston zeigt er, wieviel es kostet, Mensch zu werden, eine ›richtige‹ Paarbeziehung zu entwickeln und festzuhalten. Wieder tritt der Krieg als Zerstörer des Gefühls und des privaten Glücks auf. Geändert hat sich der Stil. Soll *Der Mensch ist gut* keine Prosa, sondern ein Manifest zur Veränderung der Wirklichkeit sein, so ist *Mathilde* Prosa, in der die glühenden expressionistischen Visionen fehlen. Der Roman verbindet Elemente des Märchens, des Bauern- und Liebesromans mit nüchterner Kriegsreportage. Der Ausdruck des Gefühls wird manchmal hart an die Grenze des Kitsches getrieben.

Die autobiographischen Lager-, Flucht- und Kriegsberichte, zum Teil wiederholt in *Links wo das Herz ist*, stehen in Kontrast zum poetischen Gehalt des Romans. Darin könnte ein Stilbruch gesehen werden. Dagegen ist zu sagen, daß der Autor bewußt mit Kontrastwirkungen arbeitet, sowohl inhaltlich als stilistisch. Den Engländer Weston setzt er in Gegensatz zu dem »deutschen Emigranten«, das glückliche Familienleben Westons in einem für ein langes Leben eingerichteten Haus in Kontrast zur Heimatlosigkeit des Emigranten. Diese Heimatlosigkeit wird in eine Metapher gefaßt: »Mathilde erinnerte sich an die Buche im Heimatdorf, die der Sturm entwurzelt hatte. Der Baum, prangend im lebenskräftigen Grün, hatte noch gestanden, schief angelehnt an den Nebenbaum, durch den der Sturz verhindert worden war. Aber die Wurzeln waren gerissen.«

In Dialogen zwischen Weston und dem Emigranten spiegelt sich Franks Einstellung zum Zweiten Weltkrieg, vor dem er durchaus nicht in die Innerlichkeit flüchtete. Nach der Auslieferung der Tschechoslowakei an die Deutschen sagt Weston: »Er [Hitler] will die deutsche Kriegsmaschinerie gegen die Sowjetunion wenden. Man bräuchte sich nicht zu wundern, wenn die Sowjetunion, die von einem klardenkenden massiven Mann geleitet wird, sich jetzt zu ihrem Schutz in irgendeiner Form mit Deutschland verständigen würde.« Als einzig möglichen Zeitpunkt für eine deutsche Revolution von innen durch Generäle und Armee gegen Hitler sah Frank den 30. Juni 1934. Nachdem sie ausgeblieben war, bejaht er den Krieg als einziges Mittel zur Beseitigung eines kriminellen Staates. Als ein Angriff der Deutschen auf Polen zu befürchten war, sagt Marie, die englische Haushaltshilfe: »Bei uns [in England] würde jeder Junge, der ein Gewehr halten kann, jeder Alte und jede Frau schießen.« Nach dem Überfall auf Rußland galt seine Sympathie dem betrogenen Staat. Ungeduldig wartete er auf die zweite Front der Alliierten. Ihr Zögern, Rußland zu Hilfe zu kommen, verurteilte er mit Schärfe.

Über die Ursache des Krieges heißt es in dem nach 1945 geschriebenen Schluß des Romans: »Zwischen den fünf Männern am runden Tisch, die Zeit ihres Lebens auf der linken Seite der Barrikade gestanden haben, kam es zu einer rückhaltlos nackten Auseinandersetzung über die Frage, ob unter der bestehenden Wirtschaftsordnung die Kriegsursachen beseitigt werden können, oder ob an dem vielleicht letzten Scheideweg der Atomkrieg ausbräche, der die Menschensiedlungen der Erde vernichten würde und vielleicht die Erde und den Menschen selbst.« In der Antwort auf diese Frage »erweist es sich, wer an den Menschen glaubt und wer nicht. Das Geschöpf Gottes, wenn es vor der letzten Entscheidung steht, wird nicht die Schöpfung Gottes vernichten.« Diesmal sieht der Dichter keine bevorstehende Revolution vor seinem inneren Auge, er überläßt den Lauf der Welt der nächsten Generation. »Unsere Kinder werden die Antwort erfahren.«

Erst in *Links wo das Herz ist* schlägt der Autor die Brücke zu *Der Mensch ist gut* in letzter Konsequenz: »Er [Michael] glaubt, daß unter der kapitalistischen Wirtschaftsordnung [...] die Verselbständigung der guten Eigenschaften des Menschen, des reichen sowohl wie des armen, nicht möglich ist. Es spricht für den Menschen, daß er unter der Wirtschaftsordnung extremster Ungleichheit noch so menschlich ist, wie er ist.« Frank glaubt nun, daß »der Lauf der Geschichte sich in der großen Linie – auf die sozialistische Wirtschaftsordnung zu – eigengesetzlich vollzieht« und »daß der Mensch erst menschlich zu sein vermag, wenn er durch nichts mehr gezwungen wird, unmenschlich zu sein«. Dem Glauben an den Sieg sozialer Gerechtigkeit folgt der Anspruch auf persönliches Glück: »Michael sagt zu seiner Charlott: ›Ich verrate Dir jetzt, was das größte Glück für einen Mann ist, sein größtes Glück ist, wenn die Frau die er liebt, ihn liebt. Wer das nicht erlebt hat, hat nicht gelebt.‹«

Den ›äußeren‹ Anstoß für die Entstehung der *Deutschen Novelle*[5] führt Leonhard Frank auf eine Assoziation zurück. In einem Schaufenster sah er eine blauseidene ›handgemalte‹ Krawatte mit »einer fleischfarbenen nackten Frau – die ganze Länge herunter«. Er assoziierte das »schmutzige Lächeln eines Mannes«, dem er vor vierzig Jahren begegnet war, eine Jugendliebe und Rothenburg ob der Tauber. Den ›inneren‹ Anstoß jedoch, ihm selbst unbewußt, dürfte das Wort ›handgemalt‹ ausgelöst haben.

Die *Deutsche Novelle* mit drei Handlungslinien ist einmal Trauer um das verlorene Deutschland und den verlorenen Lebenssinn, zum anderen ein mentaler Protest gegen die extreme Streßwirkungen in einer schnell wechselnden Übergangsgesellschaft. Bilder der Vergangenheit werden als Bollwerk gegen drohenden Identitätsverlust gesetzt. Die psychoanalytische Studie dämonischer Sexualbesessenheit eines alternden Mädchens liefert den Rahmen für das Eigentliche, die Beschwörung der Heimat und der ihr zugeordneten Werte. In diesem reifen Kunstwerk des Dichters bricht der Maler durch, der mit der Feder ›seine‹ Landschaften und die Magie der alten Stadt beschwört. Bemerkenswert ist in diesem Zusammenhang, daß Frank nicht fähig war, die Naturschönheiten der subtropischen Landschaft in und um Los Angeles aufzunehmen, daß er seine Sinne vor ihr verschloß.

In Wiederholungen setzt er der gigantischen ›processing machine‹ Hollywood, dem rasch Wechselnden das Bleibende entgegen. Da er nicht so naiv war, die Realitäten des Industriezeitalters zu verkennen, ist seine Verherrlichung des ›Handgemachten‹ und des Handwerks als Kunst nur scheinbar eine rückwärtsgewandte Flucht in die Romantik. Psychologisch handelt es sich um Anpassungsverweigerung, um ein Ritual des Festhaltens an Tradition als Gegenpol zur amerikanischen ›throw-away society‹. Die Amerikaner erlebten diesen Vorgang in den Endsechzigern als ›future shock‹ und verhielten sich ähnlich, um die durch allzu schnellen Wechsel hervorgerufenen Angstzustände zu überwinden. Aufschlußreich ist auch die in der *Deutschen Novelle* verwandte Rückblendentechnik. Erzählt wird die Geschichte von einem Emigranten, der auf sein Leben zurückblickt und gleichzeitig seine Rückkehr »in das bis ins Herz zerstörte Deutschland« visionär vorwegnimmt.

Diese Vorwegnahme der Rückkehr spiegelt sich auch in den Werken, die nach der Hollywood-Periode in New York entstanden sind. *Die Jünger Jesu*, die *Kurzgeschichten* und *Michaels Rückkehr* sind Dokumente stärkster Einfühlungskraft in das Schicksal des Volkes, mit dem er sich identisch fühlt und dessen Kollektivschuld er sowohl in *Der Mensch ist gut* als auch in *Mathilde* verneint. Alles im Exil Zurückgedrängte bricht sich jetzt Bahn. Er mißt das besiegte Volk, sein Volk, mit seiner typischen Wertskala. Er erwartet individuelle Einsicht in Schuld, Willen zur Sühne für begangenes Unrecht, Gerechtigkeit der Justiz gegenüber Menschen, die sich gegen die Menschenrechte versündigten, die von Franklin Delano Roosevelt vorgesehene gründliche Entmilitarisierung Deutschlands und eine gerechtere Verteilung der Lasten angesichts des großen Elends der Armen. Alle diese Erwartungen sieht er enttäuscht und die Emigranten um ihr Recht betrogen. In allen in New York entstandenen Werken bilden Liebespaare, Kriegerwitwen und Knaben wieder ›Idealtypen‹, Punkte, an denen sich die Linien des äußeren gesellschaftlichen Geschehens schneiden. Neu ist die Figur des Heimkehrers aus den Konzentrationslagern, dem weder innere noch äußere Gerechtigkeit gewährt wird. Neu ist der deutsche Soldat als Vergewaltiger in den Bordellen besetzter Städte. Für die *Jünger Jesu* wählt er Würzburg als Schauplatz für seine erfundenen Figuren mit dem hohen Realitätswert, weil er zu seiner Heimatstadt die stärkste Gefühlsbeziehung hatte. Der Gefühlssozialist bricht in diesem Roman durch wie eh und je. Juristisch strafbare Delikte umgibt er mit einem Heiligenschein.

In der Kurzgeschichte *Der Blockwart* klingt *Karl und Anna* an. Die Witwe eines von der Gestapo nach einer Denunzierung des Blockwarts Ermordeten darf erst dann die Ehe mit einem neuen Lebensgefährten eingehen, nachdem der Geliebte, ein Stalingrad-Soldat, den von der Justiz verschonten Blockwart getötet hat. Menschliche Beziehung ist nur möglich, wenn verletzte Gerechtigkeit gesühnt ist. Was im *Blockwart* kurz angedeutet ist, wird in der Novelle *Michaels Rückkehr* breit ausgeführt. Wieder ist die weibliche Hauptgestalt ein Traumgebilde, ein ›Idealtypus‹, während der Partner Michael autobiographische Züge trägt. Die Auseinandersetzung mit dem westlichen Nachkriegsdeutschland kreist um den Tatbestand, daß ehemals nationalsozialistische Richter Remigranten hart verurteilen, wenn diese ihnen vorenthaltene Gerechtigkeit selbst herstellen. Jenen Richtern fehlt das Verständnis für die Seelenzustände von Menschen, deren Verwandte und Kameraden kaltblütig ermordet wurden. Dokumentarische Notizen über die Weiterverwendung ehemaliger Nationalsozialisten für den Staatsdienst sind in die Novelle eingestreut. Frank zieht ein Fazit aus dieser Situation: »Es ist eine furchtbare Versündigung am deutschen Volk, daß es wieder denselben Machtgruppen ausgeliefert wird, die Hitler an die Spitze schoben und seinen Krieg ermöglicht haben. Ich kenne viele, die 1933 aus politischen Gründen Deutschland verließen und gerne wieder heimgekommen wären. Aber sie sagen sich – ich bin nicht vor dem Nazismus geflüchtet, um nach sechzehn Jahren Emigration in einen neuen Nazismus zurückzukehren. Michael tut, was er muß, er tötet den Mörder, bricht aus dem Gefängnis, wo ihn die Todesstrafe erwartet, aus und geht erneut als politischer Emigrant in die Fremde.«

Anmerkungen

1. Zitiert wird in dieser Arbeit nach: »Leonhard Frank. Gesammelte Werke in sechs Bänden«. Ausgabe für die Deutsche Demokratische Republik. Berlin: Aufbau-Verlag 1957.
2. »Idealtypus«. In: »Wörterbuch der Soziologie«. Stuttgart 1955. S. 224 ff.
3. Ewen (s. Lit.), S. 385: »Leonhard Frank now sees the ›man who is good‹ making a second world war, and is writing a Boy-Meets-Girl romance.«
4. GW 6: »Der Vater«. S. 14.
5. Wegen der Entstehungsgeschichte der »Deutschen Novelle« kam es zu einer Verstimmung zwischen Leonhard Frank und Thomas Mann, dargestellt in Franks Autobiographie.

Werke

Der Außenseiter. Komödie. Basel: Reiß-Verlag 1937.
Mathilde. Teilabdruck. Los Angeles: Pazifische Presse 1943.
Deutsche Novelle. Teilabdruck: Stockholm: Die Neue Rundschau (Juni 1945). – München: Nymphenburger 1954.
Links wo das Herz ist. München: Nymphenburger 1952. – Berlin: Aufbau-Verlag 1972. Neuauflage. Idee und Bildteil von Charlotte Frank.

Gesammelte Werke in Einzelausgaben. 7 Bde. Amsterdam: Querido 1936–49:
  Das Ochsenfurter Männerquartett. Von drei Millionen Drei. Zwei Romane. 1936.
  Der Bürger, Roman. Die Ursache, Erzählung. 1936.
  Karl und Anna, Erzählung. Bruder und Schwester, Roman. 1936.
  Der Mensch ist gut. Die Novellen. 1936.
  Traumgefährten. Roman. 1936.
  Mathilde. Roman. 1948.
  Die Jünger Jesu. Roman. 1949.
Gesammelte Werke in sechs Bänden. Berlin: Aufbau-Verlag 1957. (Zitiert als: GW.)

Literaturhinweise

Alvah Bessie: Inquisition in Eden. Berlin: Seven Seas 1967. [S. 112 ff.: Schilderung der Tätigkeit Leonhard Franks als »technischer Berater« bei Warner Brothers im Schriftsteller-Studio in Burbank.]

Maike Bruhns: Das Amerika-Bild deutscher Emigranten [u. a. Leonhard Frank]. Univers. Hamburg. Hamburger Arbeitsstelle 1971 [masch.].

Leonhard Frank, 1882–1961. Zusammengestellt von Charlotte Frank u. Hanns Jobst. München 1962. [Mit vollständiger Bibliographie.]

Harold von Hofe: German Literature in Exile – Leonhard Frank. In: The German Quarterly XX/2 (1947) S. 122–128.

Marta Mierendorff: Leonhard Frank zum 90. Geburtstag. Zweimal im Exil für ein besseres Deutschland. NZ-Exklusivbericht. In: Neue Zeitung, Los Angeles (18. 8. 1972) S. 5.

Übersicht über die von der Deutschen Akademie der Künste Berlin [Ost] betreuten Schriftstellernachlässe. Berlin 1962 [S. 51–54].

Hilde Weise-Standfest: Leonhard Frank. Leben und Wirken. Zum 75. Geburtstag des Dichters am 4. September 1957. Hrsg. vom ZI für Bibliothekswesen. Berlin 1957 [S. 7–11, 12].

Walter Wicclair: Leonhard Frank zu Ehren. Literarische Lesung anläßlich der 90. Wiederkehr des Geburtstages des Dichters. Präsentiert von dem UCLA Committee on Public Lectures and Department of Germanic Languages der University of California, Los Angeles am 8. Oktober 1972.

Die zahlreichen Pressestimmen befinden sich gesammelt in den genannten Committees der UCLA sowie im Literaturarchiv der Deutschen Akademie der Künste Berlin [Ost].

MARTA MIERENDORFF

Spekulierende Einbildungskraft und historische Analyse.
Franz Werfels Exilroman »Stern der Ungeborenen«

Franz Werfel bezeichnet den zwei Tage vor seinem Tod beendeten Roman *Stern der Ungeborenen*[1] als »eine Art Reisebericht«: »Ohne vorher im geringsten benachrichtigt worden zu sein, wurde ich, gegen alle sonstige Gepflogenheit, als Forschungsreisender ausgesandt«, als »Unwissender, ja als widerstrebender Tourist«, der hoffte, diese Reise mit »einigen neuen Erkenntnissen im Sack« zu beenden. Im Mittelpunkt des ›Reiseberichtes‹ steht der Autor selbst, »leider«, weil diese Geschichte sich ihm »wider Willen begeben« hat und er keinen »Er« finden konnte, der ihm in zulänglicher Weise die Last des »Ich« abgenommen hätte.
In der deutschsprachigen Erstausgabe des *Stern der Ungeborenen* (1946) berichtet Werfel (im Roman F. W.) im ersten Kapitel außerdem über den Einfluß von Träumen auf das Werk des Dichters sowie über Wege, ein ›Historiker der Zukunft‹ zu werden. »Strenge Augen« sehen ihn an, und sie sprechen sogar:
»Wie lange noch wollen Sie [F. W.] Ihren kurzen Arbeitstag vergeuden [und auf unnütze Reisen gehen]? Wissen Sie nicht, was heute in der Welt geschieht? Waren Sie nicht selbst ein Verfolgter und ein Opfer? Sind Sie's nicht noch immer? Hören Sie nicht [...] den Marterschrei und das Verröcheln der Millionen, die zuerst entehrt und dann gefoltert und dann massakriert werden? Ist es nicht Ihre Pflicht und Schuldigkeit, keinen Augenblick wegzusehn und fortzuhören von dieser ungeheuren Wirklichkeit, die das tollste Visionengewimmel eines träumenden Qualdämons an Phantastik ins Nichts zurückwirft und dabei doch schlußgerecht ist, wie eine mathematische Ableitung? Welche höhere Aufgabe hätten Sie als diese, den Marterschrei und das Geröchel der Gefolterten festzuhalten und erstarren zu lassen im geprägten Wort, für die kurze Zeitspanne wenigstens, in der Erlebnis und Ausdruck einer Generation der kommenden verständlich bleibt?«
In der Taschenbuchausgabe der Fischer Bücherei von 1958 fehlt nicht nur dieser Text[2], sondern auch die zerquälte Antwort des Angesprochenen, in der es u. a. heißt: »Ja, ja, ich versäume meine Pflicht, aber dieses ungeheuerliche Geschehn läßt mir nicht einmal Luft genug, um den Marterschrei als Echo nachzuächzen.« Der Autor verzweifelte an der Aufgabe, das Geschehen im Machtbereich des Nationalsozialismus und auf dem Planeten adäquat auszudrücken. Trotzdem machte er sich an die Aufgabe, eben in der Form des ›Reiseberichtes‹.
Ähnlich wie im Vorwort zu seinem Exilroman *Das Lied von Bernadette* betont Werfel in der Einleitung zum *Stern der Ungeborenen* die ›Wirklichkeit‹ des Niedergeschriebenen: »Ich [F. W. ist] ebensowenig ein trügerisches, romanhaftes, angenommenes, fiktives Ich wie diese Geschichte selbst eine bloße Ausgeburt spekulierender Einbildungskraft ist. [...] Was ich erlebte, habe ich wirklich erlebt.« Im Vorwort zu *Bernadette* finden sich zwei weitere Aussagen, die für die Interpretation des *Stern der Ungeborenen* von Bedeutung sind: »Ich habe es gewagt, das Lied von Bernadette zu singen, obwohl ich kein Katholik bin sondern ein Jude.« – »Den Mut

zu diesem Unternehmen gab mir ein weit älteres und viel unbewußteres Gelübde. Schon in den Tagen, da ich meine ersten Verse schrieb, hatte ich mir zugeschworen, immer und überall durch meine Schriften zu verherrlichen das göttliche Geheimnis und die menschliche Heiligkeit –, des Zeitalters ungeachtet, das sich mit Spott, Ingrimm und Gleichgültigkeit abkehrt von den letzten Werten unseres Lebens.« Im *Stern der Ungeborenen* wird klar, daß Werfel nicht konvertierte und katholisch wurde, also Jude blieb, ferner, daß er sein Gelübde trotz aller blutigen Qualen in der ersten Hälfte des 20. Jahrhunderts hielt.

Werner Braselmann urteilt: »Der *Stern der Ungeborenen* ist eine Zusammenfassung des gesamten Werfelschen Lebenswerkes. Alle großen Themen, alle Figuren treten vor den Leser. Zum Teil begegnet uns bis ins Einzelne hinein Altvertrautes.«[3]

In diesem Sinn ist der *Stern der Ungeborenen* die kunstvoll-raffinierte »Zusammenschau« des bereits in Europa ›abgelebten‹ Lebens des Dichters, darüber hinaus jedoch eine über Äonen ausgedehnte ›Kultur- und Geistesgeschichte der Menschheit‹ und eine Autobiographie.[4] Demzufolge eignet sich der *Stern der Ungeborenen* ganz besonders, dem Einfluß des Exils auf Dichter und Werk nachzuspüren. Bei der fast unergründlichen Vielschichtigkeit dieses Werkes fragt es sich jedoch, welcher Ansatzpunkt gewählt werden soll.

Im folgenden werden, unter bewußtem Verzicht auf Deutung mystischer und metaphysischer Inhalte, stark vereinfacht und notwendigerweise vergröbert, einige Aspekte der im *Stern der Ungeborenen* enthaltenen politischen und sozial-kulturellen Ideen des Pazifisten und Sozialkritikers Werfel betrachtet, einmal, um festzustellen, wie diese sich im amerikanischen Exil im Hinblick auf Deutschland, Kapitalismus und Kommunismus sowie Krieg und Weltfrieden veränderten, zum anderen, um die Aktualität des Werkes in den Gesichtskreis der Leser zu rücken.

1931 hatte sich Werfel in seinem sozial-philosophischen Essay *Über Realismus und Innerlichkeit*[5] gegen die Todesgefahr aufgelehnt, von der er die Innerlichkeit des Menschen bedroht sah. Er verwies auf Schriftstellerkollegen, die Europa in einer ›ideologischen Zange‹ sahen, »zwischen deren Kiefern die überalterte Kultur Europas ihres Todes wartet«. Werfel bemerkte:

»Sie [diese Schriftsteller] haben mit Recht die beiden tödlichen Zangenkiefer Amerika und Rußland benannt. Die Klügsten unter ihnen stellten die Identität dieser beißenden Gegensätze fest. Die Vereinigten Staaten und die Vereinigten Sowjetrepubliken sind identisch in ihrem radikalen Realismus [...], der theoretisch mit seinen hundert Unterdisciplinen [historischer Materialismus, Biologismus, Pragmatismus, Positivismus, Ökonomismus] die Welt beherrscht [und] gerade das Gegenteil von dem ist, was er bedeuten will.«

Nur zwei Jahre vor der ›Machtübernahme‹ Hitlers sah Werfel den Ausweg aus dem Dilemma der in Kapitalismus und Kommunismus enthaltenen geistfeindlichen »Realgesinnung« in einer dritten Sphäre, der Musischen: »Nur der musische Mensch vermag die durch den Sachglauben zerstörte Innerlichkeit wieder aufzubauen«, ein Gedanke, mit dem er Ideen von Auguste Comte fortzusetzen scheint.[6] Mit dem »musischen« Menschen meinte er nicht den Künstler, sondern den »seelisch-geistig bewegten, den erschütterlichen, den phantasievollen, den weltoffenen, den Sympathie durchströmten, den charismatischen, den im weitesten Sinne musischen Men-

schen«. Leidenschaftlich rief Werfel damals zur Bildung einer »aufrührerischen Irredenta der Weltfreundschaft gegen die Weltverödung« auf:
»Keine Utopie. Die Revolution des Geistes und der Seele kommt mit der gleichen Gesetzmäßigkeit, mit der die materielle Revolution gekommen ist, wenn auch in anderer Form. Ihre letzte Verursachung wird der ökonomische Circulus vitiosus sein [...] Und gelänge es der Realgesinnung, die äußere Lebensfrage zu lösen, sie wird doch untergehen. Denn gerade der technische Fortschritt und die kommende Arbeitszeitverkürzung sind die Pole, die den Strom der neuen Revolution erzeugen.«
Vorher muß die soziale und ökonomische Revolution im »gesellschafts-dialektischen Sinn« durchlaufen werden, um sich letztlich als »säkularisierte Verkrustung des Lebens« selbst aufzulösen. Werfel nahm an, daß der deutsche Kulturkreis in der kommenden Geistesrevolution eine führende Rolle spielen dürfte, »weil er den größten Reichtum an Innerlichkeit besitzt«.
Von diesem Essay und zwei weiteren – *Können wir ohne Gottesglauben leben* (1932)[7] und *Von der reinsten Glückseligkeit des Menschen* (1938)[8] – führen gerade Linien zum *Stern der Ungeborenen,* in welchem Werfel das ›Gegenbild‹ der Gesellschaft seiner Zeit durch ein visionäres Staats- und Gesellschaftsmodell der Zukunft kreiert.
Um sein Ziel zu erreichen, benutzt Werfel im *Stern der Ungeborenen* die Technik sich unablässig überschneidender Zeit- und Raumebenen. Er schildert sich realistisch als Emigrant, wohnhaft 610 Bedford Drive, Beverly Hills, »California«. Sodann nimmt er seinen Tod vorweg und sieht sich mit Frack und Orden[9] auf dem Prominenten-Friedhof Forest Lawn begraben. Mittels Spiritismus wird er von einer Familie der ›astromentalen‹ Epoche zitiert, um drei Tage und Nächte lang an einer hochzeremoniellen Hochzeit als Gast aus der »Urwelt« teilzunehmen. Die ›Zitierung‹ ereignet sich hunderttausend Jahre nach ›seiner‹ Zeit, 101945 n. Chr. im Elften Weltengroßjahr der Jungfrau, lange nach dem Ereignis der »Sonnentransparenz«. Als Reisemarschall wird ihm, F. W., sein Prager Schulfreund B. H. (Willy Haas) zugeordnet, der wieder einmal ›reinkarniert‹ (nicht ›auferstanden‹) ist. In Gesprächen mit Bürgern der astromentalen Epoche (mit den 1945 noch Ungeborenen) ›studiert‹ er bis ins Detail die biologischen und sozial-kulturellen Eigenschaften von Menschen, die hochvergeistigt in einer Gesellschaft leben, die durch Ausnutzung der stellaren Energien alle ökonomischen Probleme gelöst hat, Krieg nur noch aus Überlieferungen kennt, aber den »Dschungel«[10], fern irgendwo am Rande der Gesellschaft als Abnormalität existierend, fürchtet.
Von B. H. möchte F. W. ganz nebenbei erfahren, was sich nach dem Sieg der Alliierten über den Hitler-Staat abgespielt und ob es den Dritten Weltkrieg gegeben habe. Nach Ablauf seiner dramatischen Reise wird F. W. letztlich wieder Ecke Bedford Drive, Beverly Hills, abgesetzt, um nun – als Lebender – seinen Reisebericht zu schreiben. Schauplatz des *Stern der Ungeborenen* ist ausdrücklich »California«, das F. W. in ungezählten Anspielungen auf die Filmstadt Hollywood, ihm fremde Sitten und Gebräuche in Beverly Hills und Umgebung, das subtropische Klima mit dem grellen Sonnenlicht und die amerikanische Mentalität schildert.
In einem nächtlichen Zwiegespräch mit B. H. erfährt er, daß es nach 1945 keinen Frieden mehr gegeben habe:
»Der menschliche Aberglaube damals machte das Glück der Völker [...] von zwei

ökonomischen Systemen abhängig, die beide falsch waren. Das eine führte zur höllischen Verstaatlichung und Sklaverei des Individuums. Das andere zu Anarchie und Auflösung der Gesellschaft. Es war das Entweder-Oder der Weltgeschichte, die sich ja immer kraft solcher Entweder-Oder fortentwickelt [...] wie hätte es in meinen alten Tagen Frieden geben können, solange zwei Systeme nebeneinander bestanden, welche sich sowohl haßten als auch beneideten. Nein, nein, je mehr ich mich sammele, um so deutlicher heulen die Bomben in meinem Ohr.«

Und nun stellt F. W. jene Frage, auf die Franz Werfel in Beverly Hills nicht mehr selbst die Antwort erleben konnte: »Und wie entwickelte sich die deutsche Nation nach ihrer Niederlage?« B. H., »wie um Zeit zu gewinnen, sang vor sich hin: ›Die Deutschen, ja diese Deutschen ... Was geschah nur mit den verdammten Deutschen?‹ [...] Plötzlich glänzte aber sein blasses Gesicht pfiffig auf« und F. W. »hörte ihn mit satirischer Übertreibung Schlagzeilen aus damaligen Zeitungen rezitieren: ›Nun aber hör gut zu‹, begann er, ›denn das hat's wirklich alles gegeben:

„Der Kasseler Weltfreundschaftstag“ – „Allerherzenssympathiewoche zu Gera“ – „Allgemein deutsches Judenabbittefest zu Halle an der Saale“ – „Bund deutscher Pantheistinnen zur Hingabe des Lebens in jeder Form“ –

Dies und noch viel mehr sehe ich vor mir [...] Zwischen Weltkrieg Zwei und Drei drängten sich die Deutschen an die Spitze der Humanität und Allgüte. [...] Die meisten Deutschen nahmen auch, was sie unter Humanität und Güte verstanden, äußerst ernst. Sie hatten doch seit Jahrhunderten danach gelechzt, beliebt zu sein. Humanität und Güte erschien ihnen jetzt der beste Weg zu diesem Ziel. Sie fanden ihn sogar weit bequemer als Heroismus und Rassenlehre.‹ [...] ›Ich erinnere mich‹, fuhr er [B. H.] fort, ›an das berühmte Buch eines deutschenhassenden Deutschen, eines damals weitverbreiteten Alibi-Typs. [...] er hieß Carl Egon (von) Ausfaller. Dieser behauptete in einem sicher noch vor 1960 erschienenen Buch, es gebe zwei Arten von Deutschen: „Die Heinzelmännchen“ und „die Wichtelmännchen“.‹«[11]

Nun folgen mehrere Seiten satirischer Schilderungen der in der Mehrzahl ›guten‹ und in der Minderzahl unbelehrbaren Deutschen. In der Ausgabe der Fischer Bücherei fehlen diese besonders aufschlußreichen Seiten über Werfels Beurteilung der möglichen Verhältnisse im Nachkriegsdeutschland.[12] Im Zusammenhang mit unserer Analyse des *Stern der Ungeborenen* sei lediglich darauf verwiesen, daß B. H. bei ausführlicher Schilderung der Heinzelmännchen sagt: »Mir selbst sind an manchen Orten eine Menge solcher Heinzelmännchen (die nichts wollten als ein bißchen Verzeihen für das, was man dem deutschen Volk zur dauernden Schande anrechnete) begegnet, und sie haben mich manchmal gerührt, obwohl ich nicht verzieh.«

Im Hinblick auf die Wichtelmännchen, unbelehrbare Nationalsozialisten, die ihren Unfug der Weltverseuchung fortführten, »noch während die siegreichen Mächte ihr Land entwaffnet und besetzt hielten«, heißt es u. a.: »In geheimnisvollen Labyrinthen errichteten sie Denkmäler, »deren eines Du noch heute sehen konntest« (als »Denkmal des Letzten Krieges«). B. H. zu F. W., fortfahrend: »Hunderte dieser Denkmäler errichteten sie [...] einem Abgott mit Namen Heiltier, einem Scheuel, das nicht einmal ein echtes deutsches Wichtelmännchen, sondern ein schmutziges Grenz- und Mischwesen gewesen sein soll [...].« Nach Einwurf F. W.s, der Name sei anders gewesen, überlegt B. H.: »Ja, er hieß Hiltier. Sie sehnten sich nach der Volksgemeinschaft zurück, einer automatischen Lebensform, die er bei ihnen eingeführt hatte, wo jedermann Denunziant und Denunzierter, Folterknecht und Gefolterter, Henker und Hingerichteter zugleich sein durfte. Sie errichteten diesem Hiltier nicht nur Denkmäler, sondern schrieben noch Jahrzehnte nach seinem Verschwinden an die Wände ihrer Bedürfnisanstalten ›Heil Hiltier‹. Das war ein magischer Wiederholungsakt. Denn durch denselben Brauch, die ammoniakwürzigen Pissoirwände mit ›Heil Hiltier‹ zu beschmieren, hatten die Wichtelmännchen vorher die Macht über die Heinzelmännchen und beinahe die Weltherrschaft errungen.«

B. H. kann sich nicht erinnern, ob es den Deutschen das dritte Mal gelang, einen Weltkrieg zu führen. Als er »das nächste Mal ins Planetenleben trat, da gab es keine Deutschen mehr, sondern nur noch die deutsche Sprache, die da und dort, besonders unter Farbigen, gesprochen wurde, aber Mödlinger Sprache hieß. Mödling soll ein Vorort von Wien gewesen sein.«[13]

Auf F. W.s weitere Frage, was aus all den kleinen Völkern geworden sei, entgegnete B. H., ohne nachzudenken: »Die kleinen Völker [...] störten noch einige Zeit, dann lösten sie sich in den sogenannten Grundnationen auf. [...]« F. W.: »Und das Schicksal der Grundnationen?« B. H.: »Die europäischen Grundnationen verschmolzen miteinander und verschwanden.« Vorher erging es den Grundnationen Europas so, »wie es den alten Wanderstämmen ihrer Väter ergangen war, aus denen sie während des römischen Altertums entstanden sind. Sie vermischten sich zu einer größeren Einheit, der ältesten Kontinentalnation der Alten Welt. Die nationalistischen Weltkriege vorher waren nichts anderes als letzte Zuckungen eines überalterten provinziellen Tribalwesens. Die geeinigte Kontinentalnation Europa [...] versank in ein langes Zeitalter der Sterilität, während die Kultursonne über ganz neuen Völkern des Ostens und Westens aufging, von denen wir damals noch kaum gehört hatten ...« – »Und die Juden?« wollte F. W. wissen. »Die Juden«, gab B. H. zur Antwort, »bemühten sich seinerzeit mit größter Gewalt, auch nur ein kleines Volk unter kleinen Völkern zu sein; doch durften sie sich gemäß dem göttlichen Heilsplan, nicht auflösen.«

Dem überdauernden Judentum begegnet F. W. später in zwei Gestalten, dem mythologischen »Juden des Zeitalters« und dessen assimiliertem intellektuellem Sohn. In den Argumentationen des Sohnes erkennt F. W. den Radikalismus seiner Jugend wieder.

In der Sowjetunion hatte nach B. H.s Bericht der Kommunismus formal überlebt, aber nur als engmaschiger Zentralbürokratismus. Neben der Kommunistischen Partei als erstarrter weltlicher Macht regierte in Wirklichkeit die Institution der Katholischen Kirche, deren Unifikation B. H. »nur in den Anfängen« erlebte.

Zum Geburtsland des neuen Mystizismus wurde, so B. H., Nordamerika. »Diese Matter-of-Fact-Welt enthüllte plötzlich eine tiefere Schicht, unbegreiflich für alle Flachköpfe. [...]« »Der Weltteil des puren Kommerzialismus?« staunte F. W. Der Kapitalismus war an einer Hautkrankheit, der ›Plutophobie‹, zugrunde gegangen, »eine Art allergischer Psoriasis, die der Anblick von Wechseln, Aktien, Hypotheken, besonders aber von langen und verzwickten Geschäftskontrakten hervorrief [...]. Die Menschen schämten sich so sehr der Hochwertung der Dinge nach der Größe ihres Absatzes, daß alljährlich eine ›Konkurrenz der Ladenhüter (worstseller)‹ gefeiert wurde: Der Kongreß in Washington sah sich gezwungen, einen neuen Zusatz zur Verfassung zu beschließen, kraft dessen das ökonomische Naturgesetz von An-

gebot und Nachfrage für null und nichtig erklärt wurde ... In Amerika freilich, wo jeder Quadratmeter der Prärien und Wüsten von Reichtum überströmte, hatte inzwischen der ›neokommunistische‹ Grundsatz gesiegt, der in offizieller Formulierung lautete: Jedermann sein eigener stinkiger Millionär ...«
F. W.: »Und was taten die frischen, naiven, erfolgsfrohen, tatenlustigen, statistikgierigen, wetteifernden Amerikaner mit all ihrer Zeit?« Hier führt Werfel die 1931 entwickelte Gedankenreihe über die Freizeit als revolutionserzeugendes Agens fort. Die Amerikaner wurden Vorläufer des ›Djebel‹,[14] sie leiteten das Zeitalter der Raumfahrt ein. »Auch jene ersten Versuche, die schließlich nach ungezählten Jahrtausenden zum Siege über das Alter und den frühen Tod geführt haben, regten sich sehr früh [...] In dem Grundgefühl der anglo-amerikanischen Rasse, niemals erwachsen zu sein, lag schon die Vorahnung einer späteren Erfüllung. Und nicht weniger wichtig als all dies: auch die Idee des reinen inhaltslosen Spiels als Lebenszweck regte sich zum ersten Mal, nachdem die Hochflut des neuen Mystizismus zurückgetreten war.«
Durch den »Fremdenführer des Zeitalters« erfuhr F. W. Näheres über den vorletzten und letzten Krieg, lange vor der Epoche der astromentalen Menschheit. Zur Zeit des vorletzten Krieges, für den keine Zeitangabe gemacht wird, war der Globus bereits »heptalingual«. Es gab nur noch sieben verschiedene Völker, Sprachen, Reiche und Farben, aufgeteilt in Insel- und Festlandbewohner. Der Grund des vorletzten Krieges lag sowohl in Trieb- als sozio-kulturellen Anlagen des Menschen, die von den immer vorhandenen ewigen Kriegstreibern als Nukleus des Krieges ausgebeutet wurden. Nur armselige Reste der Menschheit überlebten diesen durch »Neider« angestifteten vorletzten Krieg. Die darauf folgende, sich nur zögernd entwickelnde neue Zivilisation war fortentwickelter als die letzte, sie war »ambiglossal«. Der ewige Frieden schien gesichert, aber der letzte Krieg brach dennoch aus, jedoch nicht mehr als Kampf aller gegen alle. Ausgewählte Zehntausend kämpften gegen Zehntausend. Der ganze Krieg dauerte nur $3^3/_{10}$ Minuten, und beide Parteien kamen um bis auf den letzten Mann, wodurch bewiesen war, daß Kriege nicht mehr mit Waffen ausgetragen werden konnten. Ursache dieses letzten Krieges war äußerlich ein Streit um die Umbenennung der Sterne, von innen her noch immer Nationalhaß.
Die kompliziert strukturierte astromentale Zivilisation geht an Ereignissen zugrunde, die von den Schöpfern einer machtfeindlichen Verfassung nicht vorgesehen werden konnten. Astromentale Jugendliche, Waffensammler und potentielle faschistische Radikale, finden in Sorgenfreiheit und dem »zwecklosen Spiel« als höchstem Lebenssinn der Epoche für sich selbst keinen Lebenssinn. Prototyp dieser ›Friedensstörer‹ war der Bräutigam, der F. W. nach dessen Schilderung blutiger Kriegsgreuel »in versonnen aufhorchender Ekstase fragt: ›Und wie ist es, wenn der eigene blanke Stahl in den Leib des Gegners dringt, und wenn der Blutquell hervorspritzt im roten Bogen?‹« Wie zu Werfels Jugendzeit gab es Minoritäten, die die ›alte Ordnung‹ zu Gunsten einer ›besseren‹ stürzen wollten, worüber F. W. mit dem Sohn des ›Juden des Zeitalters‹ Debatten führt.
Im *Stern der Ungeborenen* hat Werfel sein Ideal des Jahres 1931 im Modell einer nun modifizierten ›aristokratisch-kommunistischen‹ Gesellschaft verwirklicht, in der die Menschen – mit geheimen Abweichungen – durch und durch ›musisch‹ sind. Das Furchtbare, Mord durch Auslösung eines Schusses aus einem alten Schießgewehr des

waffensammelnden Bräutigams, ereignet sich dann auch symbolisch während des höchsten musikalischen Festes der Saison (worin F. W. die alte Wiener Oper mit einer neuen partizipatorischen Kunstausübung vergleicht), dem Sympaian, zu Ehren des Brautpaares. Nach dem Unglück »kam jener Aufschrei aus dreitausend Kehlen, ein kleiner, kurzer, nicht sehr lauter, aber ganz und gar hysterischer Schrei, der verriet, wieviel Angst und Grauen noch immer in der abgeklärten Menschenseele lebte. Was dem Aufschrei notwendig hatte folgen müssen, und in meinem Jahrhundert auch erfolgt wäre, war Panik. Nach einem winzigen Schwanken der Waage aber folgte etwas ganz anderes. Die mentale Disciplin, die in einem verfeinerten Individualismus wurzelte, widerstand der Versuchung zum Massenwahnsinn.« Diese Schilderung des F. W. dürfte auf Werfels anerkennende Bewunderung der Tatsache zurückzuführen sein, daß Amerikaner sich im Augenblick eines großen Unglücks Panik nicht erlauben.

Ausgelöst wurde der neue Krieg mit den Bewohnern des Dschungels durch astromentale ›Radikale‹, die durch Angriff des Gegners dessen ›Angriffskrieg‹ ermöglichen. »Ein einziger Mord hatte genügt, aus den Tiefen der fortgeschrittenen Menschheit die alte Furie zu entfesseln. Krieg war nicht die Folge, sondern die Ursache aller Konflikte. Krieg war die unbewußte Sehnsucht nach Blutvergießen, welche Gründe er immer vorschützte. Krieg war Adams Sohn, der Kain im Menschen.« Im Gegensatz zu anderen ursprünglichen Pazifisten unter den Exilschriftstellern, wie beispielsweise Leonhard Frank, bejahte Werfel als F. W. den Zweiten Weltkrieg nicht. Er stand diesem manchmal ambivalent gegenüber, blieb aber letztlich konsequenter Pazifist, für den jeder Krieg, ohne Rücksicht auf den Grund oder die vielschichtigen Ursachen, blieb, was Krieg ist: verbotenes Blutvergießen.

F. W. schließt aus seinem ›idealistisch‹ entworfenen Gesellschaftsmodell: »Die Welt ohne Ökonomie ist ein Paradies. Was aber hilft es, da der Mensch nicht paradiesisch ist? Er gießt sich selbst in jede Form. So sind am Ende alle Formen unwesentlich, weil sie das unabänderliche Maß menschlichen Ungenügens umschließen. – Der Mensch bringt Großes zustande, bloß ein obskurer Dummkopf kann das leugnen. Nur eines hat er noch nicht zustande gebracht, sich selbst!«

Mit politischen Maßstäben gemessen, ist Werfel in seinen letzten Lebensjahren zwar nicht apolitisch, denn er beschäftigt sich mit Politik, Gesellschaft und dem sozialkulturellen Menschen, aber er ist politisch ein bürgerlicher Fatalist. Fatalist, weil er jede Revolution zu Gunsten einer besseren Welt ablehnt (sie als Autor des *Stern der Ungeborenen* aber doch stattfinden läßt). Seine Hoffnung, die »Geistesrevolution werde aus dem deutschen Kulturkreis« kommen, hatte er angesichts des Barbarismus der Hitler-Herrschaft aufgegeben. Mit religiösen oder metaphysischen Maßstäben gemessen, ist er vom Beginn bis zum Ende seines Lebens Mystiker, der Tagespolitik nicht wichtig nimmt, weil er im ständigen Entstehen und Vergehen von Kulturen nur eines als ewigen Wert sieht: die Einheit von Mensch und Kosmos, Mensch und Gott, worin die Unsterblichkeit des Menschen begründet ist.

Anmerkungen

1. Diesem Essay liegt die deutschsprachige Erstausgabe des »Stern der Ungeborenen« zugrunde. Nach Auskunft des von der Verfasserin dieses Essays befragten Übersetzers Gustave O. Arlt entstand die Übersetzung des Werkes ins Englische in synchroner Zusammenarbeit mit dem schwerkranken Werfel. »Star of the Unborn« wurde am gleichen Tag in den USA und in Kanada herausgebracht: a) New York: The Viking Press 1946 (Februar); b) Macmillan Company of Canada Ltd.

2. In der Taschenbuchausgabe der Fischer Bücherei heißt es in der Einleitung des Herausgebers: »Kurz vor seinem Tode hat Franz Werfel dieses visionäre Werk abgeschlossen. Die Entstehungsgeschichte des Romans verzeichnet drei Stationen:
Der erste Teil wurde im Frühling 1943 niedergeschrieben, der zweite Teil im Herbst 1944 und der dritte Teil im Frühling 1945. [Jeder Teil umschließt jeweils vierundzwanzig Stunden in der astromentalen Welt.]
Zwei Tage nach der Vollendung starb der Dichter. Er selbst hat noch während der Arbeit immer wieder den Wunsch geäußert [er starb am 26. 8. 1945 in Beverly Hills], den umfangreichen Text kürzend zusammenzufassen. Alma Mahler-Werfel, die Witwe des Dichters hat nun diese Ehrenpflicht [1958, sic] dem Verstorbenen gegenüber übernommen und aus seinem Geiste dem Manuskript die Form gegeben, die Franz Werfel selbst vorgeschwebt haben mag.«
Der Text des Taschenbuches ist so wesentlich ›gekürzt‹ worden, daß nicht nur für das Verstehen des Werkes unerläßliche Aussagen Werfels fehlen, sondern daß auch der Zusammenhang nicht deutlich genug wird. Zum Beispiel fehlt bereits im ersten Kapitel das ausgedehnte Gespräch des Dichters mit seinem Gewissen.

3. Braselmann (s. Lit.), S. 73.

4. Marta Mierendorff: »Auf einem fremden Stern – Prophetische Autobiographie. – Zum 25. Todestag von Franz Werfel«. In: »Rheinischer Merkur« Nr. 35 (26. 8. 1970). (Der Redakteur ersetzte das von der Autorin richtig benutzte Wort »Reinkarnation« durch »Auferstehung«.)

5. Rede, gehalten am 6. Mai 1931 im Kulturbund Wien. Gedruckt u. d. T.: »Realismus und Innerlichkeit. Ein flammender Aufruf des großen Dichters«. Berlin, Wien u. Leipzig: Zsolnay 1931.

6. Auguste Comte (1798–1857): »Soziologie«. 2 Bde. Jena 1907–11. Comte schrieb: »Die ästhetische Erziehung wird einst die große Lücke ausfüllen, die aus dem Erlöschen der religiösen Bräuche hervorgehen wird.« Vgl. dazu: Marta Mierendorff u. Heinrich Tost: »Einführung in die Kunstsoziologie«. Köln u. Opladen: 1957. (Reihe Synthese Bd. 2.)

7. »Reden und Schriften«. Wien: Zsolnay Verlag 1932.

8. Rede, gehalten vor der Völkerbundliga zu Wien im Dezember 1937. Gedruckt: Stockholm: Bermann-Fischer 1938. [In diesem Essay wird deutlich, wie Werfel seine großen astronomischen Kenntnisse auch im »Stern der Ungeborenen« verwertete.]

9. Frack und Orden spielen in mehreren Werken Werfels eine Rolle. Im »Stern der Ungeborenen« begleitet ihn der Frack durch alle Zeit- und Raumebenen. An mehreren Stellen klagt F. W. darüber, daß der einzige ihm vor 1933 verliehene Orden seinen Wert verloren habe. Trotz der Verachtung der Schwäche des Ordenverleihers trägt F. W. das Statussymbol auch in der astromentalen Welt, wo er ebenfalls Pech mit einer verliehenen Auszeichnung hat.

10. F. W.s Einstellung zum »Dschungel« ist ambivalent. Anspielungen auf Slums und Gettos sind in Beschreibungen enthalten. F. W. verteidigt die »Dschungelwesen« gegen Vorurteile der astromentalen Kultur. Nachdem diese zerstört und von den Siegern der ›niederen Kulturstufe‹ übernommen wird, läßt F. W. diese neue Epoche mit einem naiven Choral der Sieger beginnen.

11. In der englischen Übersetzung erläutert Arlt zusätzlich die Welt der Heinzelmännchen (Brownies) und der Wichtelmännchen (Imps). In der englischen Sprache kommt Werfels satirischer Mut stärker zum Ausdruck als im deutschen Original.

12. Es ist schwer vorstellbar, daß Franz Werfel seine Auseinandersetzung mit den Deutschen und speziell mit Nachkriegsdeutschland zur Streichung bestimmt hätte.

13. Die englische Übersetzung enthält einen Kommentar zum Phänomen der »Mödlinger Sprache«.

14. Der »Djebel« repräsentiert die geistigen Errungenschaften der astromentalen Kultur, wie z. B. die stellare Raumfahrt und die Verbundenheit des Menschen mit dem Kosmos.

Werke

Der Abituriententag. Berlin: Zsolnay 1928; New York: Rinehart 1948.
Von der reinsten Glückseligkeit des Menschen. Rede. Stockholm: Bermann-Fischer 1938.
Der veruntreute Himmel. Stockholm: Bermann-Fischer 1939.
Gedichte aus 30 Jahren. Stockholm: Bermann-Fischer 1939.
Das Lied von Bernadette. Stockholm: Bermann-Fischer 1941.
Eine blaßblaue Frauenschrift. Buenos Aires: Ed. Estrella 1941.
Die wahre Geschichte vom wiederhergestellten Kreuz. Los Angeles: Pazifische Presse 1942. [250 numerierte Exemplare.]
Gedichte aus den Jahren 1908–45. Hrsg. von E. Gottlieb u. F. Guggenheim. Los Angeles: Pazifische Presse 1946.
Jacobowsky und der Oberst. Stockholm: Bermann-Fischer 1945; New York: Crofts 1945.
Zwischen oben und unten. Stockholm: Bermann-Fischer 1946.
Stern der Ungeborenen. Stockholm: Bermann-Fischer 1946. In der Bundesrepublik Deutschland erschien »Stern der Ungeborenen« als Lizenzausgabe »erstmalig« in der Fischer Bücherei im April 1958, Frankfurt a. M., Taschenbuch-Großband, 353 S. – Im Werbeteil dieser Ausgabe wird angeboten: »Franz Werfel. Gesammelte Werke«, u. a. »Stern der Ungeborenen«, 18. Tsd., 714 S. Vgl. dazu: »Verdi«: 264. Tsd.
Erzählungen aus zwei Welten. Stockholm: Bermann-Fischer 1948.

Gesammelte Werke in Einzelausgaben. Hrsg. von A. D. Klarmann. Frankfurt a. M.: S. Fischer 1948 ff.

Die University of California (UCLA) besitzt Nachlaß Werfels, u. a. seine letzte Arbeitsbibliothek, aus der laut Aussage des Übersetzers Gustave O. Arlt hervorgeht, welcher Werke sich Werfel in den kalifornischen Exiljahren bedient hat.

Literaturhinweise

Werner Braselmann: Franz Werfel. Dichtung und Deutung. Wuppertal-Barmen 1960. [Dieses Buch gibt einen sehr guten Einblick in die Exilwerke Werfels.]
Uwe Herms: Franz Werfel. Zu einer Biographie von Leopold Zahn. In: Die Welt (Welt der Literatur) Nr. 17 (18. 8 1966) S. 4.
Harold von Hofe: Franz Werfel and the Modern Temper. In: The Christian Century. Abingdon-Cokesbury Press. Chicago. LXII/2 (10. 1. 1945) S. 47 ff. [Dieser Essay beruht auf einem Interview zwischen Harold von Hofe und Franz Werfel.]
Ernst Keller: Franz Werfel; sein Bild des Menschen [mit Bibliographie]. Aarau 1958.
Annemarie von Puttkammer: Wort und Antwort. Würzburg 1962. [Achtes Kapitel, Stern der Ungeborenen; vorwiegend metaphysische Interpretation.]
Friedrich Torberg: Sancta illusio, ora pro nobis [Gedenkrede auf Franz Werfel]. In: Die Neue Rundschau, Stockholm 1946, S. 128 f.
Franz Werfel 1890–1945. Ed. by Lore F. Foltin. Univ. of Pittsburgh Press 1961. [U. a. Bibliography by Frank McGowann, works published 1911–1950.]

WOLFGANG FRÜHWALD

Exil als Ausbruchsversuch. Ernst Tollers Autobiographie

Nur was sie zu ihrem Unterhalt brauchen
Nehmen sie von der fremden Umgebung. Sparsam
Geben sie die Erinnerung aus. [...]

Bertolt Brecht: *Exil*

Von Ernst Toller, einem in alle Weltsprachen übersetzten Autor, der vielen noch heute als der bekannteste deutsche Dramatiker der Weimarer Republik gilt, konnte man im nationalsozialistischen Deutschland im Grunde nur erfahren, daß er einer jener »Literaturjuden« sei, von deren Einfluß man die deutsche Literatur befreien müsse, daß er eine »Weltberühmtheit« sei und daß er »neben seiner bis zu einem gewissen Grad ehrlichen jüdischen Sentimentalität den üblichen Haß der fremden Rasse gegen das Deutschtum« hege. Toller hat sich wenig um solche Urteile gekümmert, auch wenn sie, wie dieses, von Adolf Bartels stammten, den Adolf Hitler selbst zum »deutschen Vorkämpfer für völkische Kulturerneuerung« ernannt hatte.[1] Toller setzte der Verfolgung (seit dem Jahre 1917), der Vertreibung (im Februar 1933) und der Ausbürgerung (im August 1933) in seiner Autobiographie das stolze Bekenntnis zum Weltbürgertum entgegen: »[...] eine jüdische Mutter hat mich geboren, Deutschland hat mich genährt, Europa mich gebildet, meine Heimat ist die Erde, die Welt mein Vaterland.« Das literarische Vorbild dieser Sätze, die bekannte Grabinschrift »Mantua me genuit [...]« des Vergil, weist darauf hin, daß sich Toller bewußt in eine europäische Tradition stellte, die durch Hitlers Angriff in ihren Grundfesten erschüttert wurde, so daß die Verbannten in der ›Europa-Flucht‹ der Schriftsteller und Künstler das Ende einer jahrtausendealten, kulturell-humanitären Überlieferung sehen mußten.[2] Ein Ingrediens dieser – in gutem Sinne – abendländischen Kulturtradition ist die Macht-Geist-Antinomie, die weniger an der Gestalt Vergils als an der Rezeptionsgeschichte seines Epitaphs nachgewiesen werden könnte.[3] Die Autobiographie hat Toller dem Problembereich der Trennung von Geist und Gesellschaft[4], einer modernen Variante der Macht-Geist-Problematik, eingeordnet und damit bezeugt, daß er die »Auswanderung der Dichter«[5], ihr inneres und ihr äußeres Exil zur Symptomatologie des Poetischen rechnete. Das an der abendländischen Kultur- und der poetischen Exiltradition orientierte Zitat belegt auch den Grad der Stilisierung eines Werkes, das gewöhnlich als eine zeitgeschichtliche Quelle mißverstanden wird, dessen Reiz aber in der Mischung von Autobiographie, Historizität und Stilisierung begründet ist. Tollers unvollendete, autobiographische Prosatrilogie, über deren Gesamtplan zuerst 1936 eine – zumindest passiv autorisierte – Anmerkung des britischen Übersetzers orientiert: »This book [*Letters from prison*] should be read as a continuation of the author's *I was a German*; and Ernst Toller is at work on a third volume of autobiography«[6], besteht also nur aus zwei Bänden, der dritte, angekündigte Band ist nie erschienen, Vorarbeiten dazu sind bisher nicht bekannt geworden.

Erst Edward Crankshaws Übersetzung des ersten Bandes der Autobiographie nahm

1934 in den interpretierenden Titel – *I was a German* – das weltbürgerliche Leitmotiv des Buches auf, während die deutschsprachige Erstausgabe, die 1933 in Amsterdam unter der Überschrift *Eine Jugend in Deutschland* erschienen war und
»dem Andenken meines Neffen Harry, der 1928, mit 18 Jahren, sich erschoß«,
gewidmet ist, in ihrer Entstehung auf novellistische Pläne Tollers in den Jahren
1926/27 zurückzuführen ist. Da für dieses Buch der Arbeitstitel *Fünfundzwanzig Novellen* belegt werden kann[7], ist der Titel der Erstausgabe wohl unter dem
Eindruck des Exils entstanden, er ist Ergebnis jenes Erfahrungsbruches, den die
Vertreibungswellen des Jahres 1933 bei Toller, wie bei vielen anderen Verbannten
und Verfolgten, ausgelöst haben. Nicht nur in der trügerischen Windstille der Nachbarländer Deutschlands hat man »1933 und noch 1934 [...] jedesmal nicht ein
Hundertstel, nicht ein Tausendstel dessen für möglich gehalten [...], was dann
immer wenige Wochen später hereinbrechen sollte«.[8]
Die Ende 1933 erschienene zweite Auflage von *Eine Jugend in Deutschland* spiegelt,
obwohl sie gegenüber der ersten Auflage nur wenig verändert ist, eine neue Phase
auf Tollers Weg in die von ihm ersehnte Gemeinschaft kämpferischer Exilliteratur;
jetzt ist die Einleitung in Rückblick und Ausblick geteilt, die Widmung – »Dem
Deutschland von morgen« – führt über die individuell-poetische Entwicklung von
Tollers Werk hinaus in die Kontroverse zwischen sozialistischer und bürgerlicher
Exilliteratur um Inhalt und Begriff des ›anderen Deutschland‹.
Mit der Formel ›Deutschland von morgen‹, die im Nachwort auf die leidenden Ka-
meraden in den Zuchthäusern des nationalsozialistischen Deutschland, auf die Erben
Karl Liebknechts, bezogen wird, steht Toller auf der Seite Theodor Lessings, Kurt
Tucholskys, Bertolt Brechts und anderer, die nicht müde wurden, die reale Existenz
des leidenden und schweigenden Deutschland zu betonen. Stimme der Verstummten
wollte die deutsche Exilliteratur sein: »Ich muß Sprachmund sein für Viele, die Gewalt am Sprechen verhindert; jene Gewalt, die auch vom Schrei des Gequälten sagt:
›Du verleumdest Dein Vaterland‹.«[9] Die Überwindung der Furcht machte Toller
1933 zu einem Kriterium des ›anderen Deutschland‹ und fügte 1935 an: »Wer aber
die Furcht überwunden hat, der ist der wahre Feind der Diktatoren.« Ganz in diesem
Sinne dedizierte Brecht im Jahre 1944 die englischsprachige Ausgabe seiner Szenenfolge *Furcht und Elend des Dritten Reiches*, die unter dem Titel *The private life of
the master race* erschienen war, »the other Germany«. Die Deutschland-Debatte,
die später vor allem Brecht mit Thomas und Heinrich Mann geführt hat, fragte aber
nicht nur, ob sich die Vertriebenen als »die Stimme ihres stumm gewordenen Volkes«
verstehen durften[10], sondern auch, ob das deutsche Exil in seiner Gesamtheit jenes
›andere Deutschland‹ repräsentierte, nämlich das gute gegen das böse, das bessere,
ja, wie Heinrich Mann meinte, »das beste Deutschland«[11]. Kurt Tucholsky hat vor
dem Innen-Außen-, dem Böse-Gut-Schematismus gewarnt, der geeignet war, die
von Carl Schmitt theoretisch untermauerte Freund-Feind-Theorie des Nationalsozialismus zu stützen[12], er hat die aus einem solchen Elitebewußtsein fließende
Gefahr der nationalen Isolation deutscher Exilgruppen in ihren Gastländern gesehen. Auch Toller hat es abgelehnt, das deutsche Exil pauschal mit dem von ihm
gemeinten ›anderen Deutschland‹ zu identifizieren: »Ich habe zuweilen daran gedacht, die Emigration zu sammeln, mit der strengen Disciplin einer Legion – es wäre
ein vergebliches Beginnen. Die Emigration von 1933 ist ein wüster Haufe aus zu-

fällig Verstoßenen, darunter vielen jüdischen verhinderten Nazis, aus Schwächlingen mit vagen Ideen, aus Tugendbolden, die Hitler verhindert Schweine zu sein, und nur wenigen Männern mit Überzeugung. Deutsche, allzu Deutsche.«[13]

So definierte er im zweiten, *Briefe aus dem Gefängnis* überschriebenen Band seiner Autobiographie das »schweigende, leidende« Deutschland, das »in Zuchthäusern und Konzentrationslagern [lebt], das kämpfend und verfolgt [lebt], diesseits und jenseits der deutschen Grenze« mit dem »anderen Deutschland«, und dieses Deutschland sah er in Opposition zu »dem lauten, gewaltsamen Deutschland, das den Krieg und sein sinnloses Sterben verherrlicht«. Das Vorwort der *Briefe aus dem Gefängnis* knüpft unmittelbar an das Nachwort von *Eine Jugend in Deutschland* an, die beiden Widmungen – »Dem Deutschland von morgen« und »Den furchtlosen Kameraden in Deutschland ...« – sind identisch, denn die Furchtlosen sind für Toller das Deutschland von morgen. Bert Brechts im Motto zitiertes Gedicht *Exil* hat wie kein anderer zeitgenössischer Text die in diesen Widmungen ausgedrückte Situation der Exilautoren verdeutlicht:

> »Mit ihren Vorfahren
> Haben sie mehr Verbindung als mit ihren Zeitgenossen
> Und am gierigsten blicken sie
> Die ohne Gegenwart scheinen
> Auf ihre Nachkommen.«

Dieser problem- und zeitgeschichtliche Kontext muß gesehen werden, wenn Tollers Autobiographie als ein Werk der Exilliteratur verstanden und gewertet werden soll; erst von der zweiten Auflage des ersten Bandes an verschiebt der Autor die Akzente von der literarisch-ästhetischen Ebene stärker auf die kämpferisch-propagandistische, nachdem Kampf, Leiden, Verfolgung und Überwindung der Furcht als Kriterien des ›anderen Deutschland‹ auch innerhalb der Entwicklungslinie seines dramatischen Werkes während der zwanziger Jahre gesehen werden können. Er relativierte schon 1922 den Glauben an das sozialistische Paradies der Zukunft und identifizierte den Proletarier mit dem leidenden Menschen schlechthin.[14]

Stand in *Eine Jugend in Deutschland* noch Karl Liebknecht als Sinnbild des leidenden Menschen im Vordergrund, so wird in den *Briefen aus dem Gefängnis* Rosa Luxemburg – in der amerikanischen Ausgabe der *Letters from prison*, unter dem unmittelbaren Eindruck der Nachrichten aus Deutschland, auch Erich Mühsam[15] – Symbolgestalt des verfolgten, unterdrückten, leidenden und opfernden Deutschland, da schon der Titel des Buches einem 1929 erschienenen Band mit Briefen Rosa Luxemburgs an Sonja Liebknecht nachgebildet ist.[16] Auch mit diesem Entwurf sozialistischen Märtyrertums steht Toller im Kontext der deutschen Exilliteratur, welche die literarischen Figuren Liebknecht und Luxemburg immer stärker von ihren historischen Vorbildern entfernt, ihrer politischen Funktion entkleidet und sie zu Erlösergestalten stilisiert hat, deren literarischer Rolle der Gebrauch des Wortes »Gefängnis« als Metapher für die menschliche Existenz entspricht.[17] Höhepunkt dieser bei Toller deutlich erkennbaren Entwicklung ist Alfred Döblins Roman *Karl und Rosa*, zu dessen bevorzugten Quellen die Predigten Johannes Taulers und Rosa Luxemburgs *Briefe aus dem Gefängnis* zählen.[18]

Die hier genannten Stilisierungstendenzen werden in Tollers spätem Prosawerk von den exemplarischen Heilsfiguren Liebknecht und Luxemburg auf die eigene Existenz übertragen, die Erlösungsszenerie der Bibel wird zur Grundlage der Stilisierung eigener Erinnerungen in *Eine Jugend in Deutschland*:

> » – Sie suchen Toller, ich bin's.
> – Hände hoch! schreit ein Soldat.
> Die Kriminalkommissare schauen mich scharf an, sie erkennen mich nicht. Ein Soldat fällt auf die Kniee, richtet mit quellenden Augäpfeln das Gewehr auf mich, entsichert und hält die zitternden Finger am Abzug.
> – Sie sind . . .?
> – Ja, ich bin Toller. Ich werde nicht fliehen. Wenn ich jetzt erschossen werde, wurde ich nicht auf der Flucht erschossen. Sie alle sind meine Zeugen.
> Die Kriminalbeamten stürzen sich auf mich und fesseln meine Hände mit Handschellen.
> – Meine Herren, soll ich im Hemd mit Ihnen zur Polizei gehen?
> Man löst meine Fesseln, ich darf mich anziehen.
> Wie ich an meinen Gastfreunden vorbeigeführt werde, sage ich, um sie vor Verhaftung zu schützen:
> – Diese Menschen wußten nicht, wer ich bin.«

In dieser Episode aus dem »Flucht und Verhaftung« überschriebenen zwölften Kapitel von Tollers Lebensgeschichte sind alle Elemente der Johanneischen Gethsemane-Szene (Joh. 18, 1 ff.) versammelt: die Erkennungsfrage, ihre Beantwortung und das Erschrecken der Rotte, die ausgezogen war, Jesus zu fangen, die Fesselung des Erlösers, sein Eintreten für die Freunde; an anderen Stellen dieses Kapitels ist die Judasgestalt erkennbar und das »Crucifige« des etablierten Judentums ist einer Kirchgängerin in den Mund gelegt, die den Kreuzweg Tollers beobachtend, »betend den Rosenkranz durch die Finger gleiten« läßt und »an der geöffneten Kirchentür« kreischt: »Totschlagen!«
Die christlich-jüdische Antithetik des Neuen Testamentes ist auf das moderne Verhältnis von christlichem Milieu und jüdischer Minderheit übertragen, das pervertierte Christentum, das an die Stelle des pharisäischen Judentums getreten ist, in der Gestalt der blutgierigen Betschwester konfiguriert. So werden Antisemitismus und etablierter Konservativismus als Triebkräfte des modernen Erlösermordes gekennzeichnet, der Sozialismus wird in die Traditionskette menschheitlicher Heilslehren eingeordnet, die Realisierung der sozialistischen Heilslehre als Kreuz- und Opferweg der sozialistischen Erlösergestalten beschrieben.
Der »pathetischste Dramatiker« seiner Zeit aber hat in solchen Szenen das aus der Quellenwahl fließende Pathos durch fast groteske Einschübe gebrochen, welche Hermann Kesten als »Selbstironie« bezeichnete, die »das Kennzeichen der klassischen deutschen autobiographischen Entwicklungsromane« sei[19]. Durch moderne Realitätseinbrüche in die biblische Szenerie hat Toller seine Darstellung grotesk verfremdet und so den Messianismus seiner Zeit kritisiert, an dem er zwar selbst teilhatte, dessen Gefahren er aber in der nationalsozialistischen Führerpropaganda voll erkennen konnte. Die ›technisierte Mystik‹ des Dritten, und das heißt in der Tradition

des deutschen Irrationalismus des messianischen, Reiches hat mit dem untrüglichen Instinkt für Massenwirksamkeit den Führerkult der Zeit adaptiert und als ein Kernstück ihrer Propaganda verwendet.

Tollers pathosbrechende Ironisierung auch des sozialistischen Führermythos hat auf die Zeitgenossen als Kritik an der eigenen politischen Vergangenheit gewirkt; er gebe, so schreibt Tucholsky an Walter Hasenclever im August 1933, das bayerische Räteexperiment »in politischer Hinsicht« – nicht in moralischer – »glatt preis. Also das hat mir gefallen. Eine Sache, die so viel gekostet hat – und dann sagen: ich habe mich geirrt [. . .] das ist brav.«

In der Entwicklung von Tollers Werk war etwa seit dem Jahre 1920, in dem er sich mit der Wirkungsgeschichte seines ersten Dramas *Die Wandlung* konfrontiert sah, an die Stelle des von Gustav Landauer beeinflußten politischen Erlösungsglaubens das Bewußtsein von der Ohnmacht des Individuums gegenüber den gesellschaftlichen Zwängen getreten. Im Wissen um die Vergeblichkeit seines Tuns, doch auch im Gefühl einer moralischen Verpflichtung zur Warnung, hat der politische Autor im Verständnis Tollers, im inneren wie im äußeren Exil, gegen alle Hoffnung, seinen Auftrag des »Trotzdem« zu erfüllen: »Unser ist die heilige Pflicht, die einfachen Wahrheiten der Menschlichkeit und des Füreinander des Lebens zu verkünden.«[20] In der dramatischen Allegorie seiner Dramenreihe von *Masse-Mensch* über *Hinkemann* bis zu *Feuer aus den Kesseln!*, deren Entwicklung im dokumentarischen Symbolstil der Autobiographie gipfelt, hat Toller das Erlebnis einer Zeit gestaltet, deren vielleicht tragischer Reiz »in dem melancholischen Zwiespalt zwischen einer erzreaktionären Welt mit den in der Erinnerung nachlebenden Hoffnungen an ein besseres Dasein lag«[21]. So verdeutlicht *Eine Jugend in Deutschland* auch die immer neuen Ausbruchsversuche des Individuums aus dem Gefängnis der Konventionen, der Vorurteile, der sozialen Zwänge und der Unterdrückungsmechanismen, das Buch führt von der durch den nationalen Antisemitismus belasteten Kindheit über das scheinbare Befreiungserlebnis des Krieges und der Revolution den Weg in die Gefängnisse des Konservativismus, die das von Hitler geschaffene Zuchthaus Deutschland präfigurieren; der Weg in das Exil ist als ein letzter Ausbruchsversuch gesehen, er ist Sinnbild für das in Tollers Verständnis unlösbare Freiheitsproblem des Menschen. –

Auf den ersten Blick erscheinen die *Briefe aus dem Gefängnis* lediglich als Ausarbeitung des Kapitels XVI der eigentlichen Autobiographie, welches die Jahre der Festungshaft beschreibt, doch ist das Buch als eigenständiger Teil der geplanten Trilogie konzipiert und bedeutet stilistisch einen weiteren Schritt in Richtung auf die versuchte Objektivierung persönlicher Erfahrungswelten. Ist im ersten Band der Trilogie noch das frühe Ich des Autors aus der Perspektive der dreißiger Jahre Objekt der Darstellung, so spricht nun – scheinbar – dieses Ich der Jahre 1919–24 in den Briefen selbst. Dabei sollte der prophetische Ton, in der Konfrontation mit der scheinbar klar vorausgesagten und den Zeitgenossen bewußten Realität, den Autor gleichsam als politischen Visionär ausweisen, welcher der von den Erfolgen des internationalen Faschismus faszinierten Welt eine dunkle Zukunft vor Augen führte und den Wirklichkeitsgrad seiner Prophezeiung durch die Darstellung längst erfüllter Vorhersagen belegte.

Grundlage des Buches sollen, nach Tollers eigener Aussage, die von Dora Fabian aus Deutschland geretteten Manuskripte sein, die er 1934/35 zusammen mit Hermann

Kesten, der in Hampstead Haus an Haus mit ihm wohnte[22], sichtete und redigierte. Toller füllte die Kapitel des Buches, für die das originale, heute weitgehend verschollene Briefmaterial nicht ausreichte, mit fingierten, zum Teil aus eigenen und fremden Zeitungs- und Zeitschriftenartikeln hergestellten Texten, er datierte, wo es ihm aus Gründen der künstlerischen Ausgewogenheit des Bandes notwendig schien, Briefe um, er bezog Antworten seiner Briefpartner in die eigenen Texte mit ein, griff auf spätere historische und kaum vorhersehbare Entwicklungen vor und bildete innerhalb der Jahreskapitel autobiographische, die Zeitentwicklungen spiegelnde Schwerpunkte. Bei der Stilisierung der Briefe ist er der Tradition sozialistischer Briefliteratur verpflichtet, die seit dem Ende des 19. Jahrhunderts Gefängnisliteratur ist; die Briefe Karl Liebknechts aus dem Zuchthaus Luckau, die Briefe Rosa Luxemburgs an Karl und Luise Kautsky, das Briefwerk Gustav Landauers las er noch während der Haft in Niederschönenfeld, in späteren Jahren traten die Briefe Kurt Eisners aus Plötzensee hinzu, die Briefe Rosa Luxemburgs an Sonja Liebknecht und die Zuchthausbriefe von Max Hölz, an dessen Befreiung Toller selbst mitgewirkt hat. Bis in die Einzelheiten der Zitatwahl, der Briefschlüsse, der Naturschilderungen sind Tollers Briefe an dem politisch-literarischen Briefwerk Rosa Luxemburgs orientiert. Die Überarbeitung seiner Texte nach solchen Vorbildern schafft dem Autor eine Erlebnisbrücke zurück in die Zeit der Festungshaft, in der er sich existentiell und literarisch der revolutionären Tradition bewußt war. Wenn er etwa vom »trotzigen Lied der Revolution« spricht, so mag er daran gedacht haben, daß Rosa Luxemburg 1906 in der Festung Warschau in jenem berüchtigten Pavillon inhaftiert war, in dem die gefangenen Revolutionäre die Hinrichtung ihrer Kameraden mit dem Gesang des *Trauermarsches der Revolution* begleiteten, wenn er vom »sozialen Apriori in der Tier- und Menschenwelt« spricht, so bezieht er sich vermutlich nicht nur auf Peter Kropotkins, von Gustav Landauer übersetztes Buch *Gegenseitige Hilfe in der Tier- und Menschenwelt*, sondern auch auf Rosa Luxemburgs Brief an Hans Diefenbach vom 27. August 1917, in dem von der »treuga dei« bei der Herbstwanderung der Zugvögel die Rede ist.

Aufbau und Komposition des Bandes verfolgen die Absicht, den Weg der Weimarer Republik von der »verlorenen Revolution« 1918/19 bis zum Aufstieg des Nationalsozialismus nachzuzeichnen, der abschließende Band hätte vermutlich aus der Geschichte Deutschlands in den Jahren von 1893 bis 1919 und 1919 bis 1924 die Historie des Todesjahrzehntes der Republik entwickelt. In diesem Jahrzehnt hat der Autor das nie mehr verdrängte Gefängniserlebnis in das nur als körperliche Befreiung empfundene Leben in der »Freiheit« übertragen, in ein Existenzgefühl also, das die Mauern des großen Zuchthauses täglich wachsen spürte. So führt durch die *Briefe aus dem Gefängnis* eine breite Blutspur von Berlin und München 1919 unmittelbar in die nationalsozialistischen Vernichtungslager, die Toller nicht gekannt, die er aber mit untrüglicher Sicherheit vorhergesehen hat. Von den Morden an Kurt Eisner, Karl Liebknecht, Rosa Luxemburg, Leo Jogiches, Gustav Landauer (1919) führt die Spur zu den Morden an Walter Rathenau (1922), Theodor Lessing, Felix Fechenbach (1933), Erich Mühsam (1934), Berthold Jacob (1944) und Luise Kautsky (1944). Das auf den letzten Seiten des Buches genannte Vorwort zu dem Drama *Hinkemann*, Hölderlins Scheltrede auf die Deutschen, ist 1935 Tollers Nachwort zu den Ereignissen in Deutschland vor und nach 1933: »Es ist ein hartes Wort und dennoch sag' ich's, weil es Wahrheit ist: ich kann kein Volk mir denken, das zerriß-ner wäre, wie die Deutschen. Handwerker siehst du, aber keine Menschen, Denker, aber keine Menschen, Priester, aber keine Menschen, Herrn und Knechte, Jungen und gesetzte Leute, aber keine Menschen – ist das nicht, wie ein Schlachtfeld, wo Hände und Arme und alle Glieder zerstückelt untereinander liegen, indessen das vergoßne Lebensblut im Sande zerrinnt?«

Doppelt sah Toller in der Festungshaft »von einer Insel das Antlitz dieser Zeiten«, im Zerrspiegel des Strafvollzugs und in der ihm durch Zeitungslektüre vermittelten Wirkungsgeschichte seines dramatischen Werkes. Da Milde und Härte des Straf-vollzuges aber abhängig waren von dem wachsenden Erfolg der Bühnenwerke, ent-stand durch Auswahl und Zueinanderordnung der Briefe, in denen Strafvollzug und Wirkungsgeschichte des Werkes sich gegenseitig spiegeln und in der doppelten Spie-gelung das »Antlitz dieser Zeiten« entwerfen, ein durch das ganze Buch laufender, fast dramatischer Handlungsfaden.

Dabei hat der Autor die Namen der meisten Briefempfänger – soweit es sich nicht um fingierte Empfänger handelt – abgekürzt, und nur wenige Namen können heute noch identifiziert werden. Toller suchte nicht nur wegen der Verhältnisse in Deutsch-land die Namen seiner Briefpartner zu verbergen, sie sind für diese Handlungsfüh-rung nebensächlich und könnten dem Buch einen dokumentarischen Charakter ver-leihen, der so nicht intendiert war. Die Abkürzungen nämlich geben dem Autor die Möglichkeit, mit den wenigen voll angeführten Namen Akzente zu setzen und im Umriß eine alle Völker und Parteien übergreifende Gemeinschaft des Geistes, eine ›geistige Internationale‹ zu zeichnen, an die Wilhelm Herzog in seinem *Aufruf an Romain Rolland* schon im Dezember 1918 appelliert hatte.

Innerhalb der genau bedachten Komposition des Buches darf man nur mit wenigen Zufälligkeiten rechnen, selbst Tollers angeblich seiner laufenden Lektüre entnom-mene Zitate haben Stellenwert, so daß der Hinweis auf Dostoevskijs *Memoiren aus einem Totenhaus* des Autors eigene, vom utopischen Sozialismus sich lösende Entwicklungsstufe kennzeichnet.

Die Jahreskapitel werden durch Briefe eingeleitet, welche programmatisch auf das Thema des Gesamtkapitels und damit auf die inneren und äußeren Ereignisse des entsprechenden Jahres vorausdeuten. Am Beginn des Jahres 1924 steht der Aus-blick auf den von der bayerischen Justiz geförderten Aufstieg Hitlers, mit dessen Behandlung in der Festungshaft die der sozialistischen Gefangenen so sehr kontra-stierte, der Brief am Beginn des Kapitels 1923 warnt vor dem Krebsgeschwür der wuchernden Ordnungsparolen – »Europa wird eine gewaltige Kaserne [...]« – und am Anfang des Buches enthält der Brief an Fritz von Unruh leitmotivisch für den Gesamttext das alte Thema von Tollers Werk: »[...] es ist schwer, nicht zu hassen – nur das Wissen um den ›gezwängten Zwang‹ der Menschheit gibt die Erkenntnis und macht uns wissend und weise.« –

Wer die deutsche Exilliteratur überblickt und seinen Berichtsraum nicht auf die Jahre der nationalsozialistischen Herrschaft eingrenzt, sondern auch die Folgen des Exils mit bedenkt, wird innerhalb dieser Literatur einem großen Block autobiographischer Schriften begegnen. Die Isolation des einzelnen im Exil, die bohrende Frage nach den Gründen für das Scheitern des Kampfes, der von den politischen Verhältnissen erzwungene, rasche Alterungsprozeß ihres Werkes ließ die deutschen Autoren im

Exil vorzeitig sich selbst historisch werden. Im eigenen Ich suchten sie, die *Welt von gestern* nach den Ursachen der Katastrophe zu befragen, im Gleichnis ihres Lebens ihr Zeitalter zu deuten.[23] All diesen Autobiographien ist eines gemeinsam: sie sahen das radikale Ende der bürgerlichen Epoche gekommen, die im Zeichen individueller Freiheit angetreten war, im Zeichen von Liberalität, Kultur und Humanität. Das große gemeinsame Thema der im Exil entstandenen oder konzipierten Autobiographien ist die erlebte Isolation des humanitären Individualismus in einer Zeit gewaltsamer Kollektivierung, das Ende der liberalen Idee von der Autonomie des Individuums in der erschreckenden Erfahrung der substantiellen Einsamkeit des einzelnen Menschen.

Ernst Toller blieb, wie vielen dieser Autoren, nur noch der Freitod als letzte Demonstration der Freiheit gegenüber einer Welt der übermächtigen Zwänge, nachdem in den deutschen Konzentrationslagern manchem früheren Kampfgefährten des Autors auch dieser Fluchtweg schon genommen war. Eine solche mögliche Motivation von Tollers Tod (1939) soll wenigstens angedeutet sein, auch wenn Franz Werfel davor gewarnt hat, überhaupt nach Motiven zu suchen, da »das Recht auf diese letzte Entscheidung, diese letzte Einsamkeit [...] der haarscharfe Meridian [ist], der die Menschheit von endgültiger Kollektivierung, Kasernierung und Termitisierung« trennt.[24]

Anmerkungen

Im Rahmen des eingeschränkten Anmerkungsapparates werden Zitate, die den Bänden von Tollers Autobiographie »Eine Jugend in Deutschland« und »Briefe aus dem Gefängnis« entstammen, nicht nachgewiesen, auch werden Zitate, die leicht in verbreiteten Ausgaben verifiziert werden können, nicht belegt.

1. Vgl. dazu bes. Adolf Bartels: »Geschichte der deutschen Literatur«. 17. Auflage. Braunschweig u. a. 1937. Zu Toller S. 731 f., S. 734. Zum Hitler-Zitat vgl. S. IX.
2. Zur Problematik und zum Begriff der ›Europa-Flucht‹ vgl.: Wolfgang Frühwald u. Petar Vajda: »Stefan Zweig: Vier Briefe an Emil Ludwig«. In: »Österreich in Geschichte und Literatur« XIV (1970) S. 92 f. Der Terminus ist einem Sonett von Alfred Wolfenstein entnommen, das in der deutschen Exilliteratur heftig diskutiert wurde.
3. Für die freundlichen Hinweise auf Vergil und die Wirkungsgeschichte seines Epitaphs (in der im Mittelalter verbreiteten »Anthologia latina«, bei Peter Luder usw.) danke ich meinem Kollegen Walter Röll (Trier).
4. Vgl. dazu Friedrich Sengle: »Die deutsche Literatur des 19. Jahrhunderts, gesellschaftsgeschichtlich gesehen«. In: »Literatur. Sprache. Gesellschaft«. Hrsg. von Karl Rüdinger. München 1970. S. 81. (»Dialog Schule Wissenschaft. Deutsche Sprache und Literatur«. Bd. III.)
5. Vgl. dazu Bertolt Brechts Exilgedicht »Die Auswanderung der Dichter«.
6. »Letters from prison. Including poems and a new version of ›The swallow book‹«. [By] Ernst Toller. Translated from the German by R. Ellis Roberts. London 1936. S. XI.
7. Vgl. dazu meine Besprechung der beiden nach 1945 erschienenen Toller-Auswahl-Ausgaben. In: »Literaturwissenschaftliches Jahrbuch« NF IV (1963) S. 290.
8. Stefan Zweig: »Die Welt von gestern. Erinnerungen eines Europäers«. Stockholm 1944. S. 414.
9. Theodor Lessing: »Deutschland und seine Juden«. Prag 1933. S. 4.
10. Zur Problematik dieser Debatte vgl. u. a. Thomas Manns Texte »Deutschland«, »Deutschland und die Deutschen«, »Warum ich nicht nach Deutschland zurückgehe«, Bertolt Brechts »Brief an Thomas Mann« vom 1. Dezember 1943, seine Aufsätze »Heinrich Mann« und »The other Germany«.
11. Heinrich Mann und ein junger Deutscher: »Der Sinn dieser Emigration«. Paris 1934. S. 33.
12. Vgl. Kurt Tucholsky: »Juden und Deutsche«. In: »Die Neue Weltbühne« 32 (1936) S. 160 ff.;

ders.: »Ausgewählte Briefe 1913–1935«. Reinbek bei Hamburg 1962. S. 246 f. u. ö. Zu der angesprochenen innerdeutschen Problematik vgl. Carl Schmitts bekannte, 1932 erschienene Schrift »Der Begriff des Politischen«.

13. Zitat aus einem unveröffentlichten Brief Tollers an Emil Ludwig vom 11. Januar 1934.

14. Vgl. Tollers Widmung seines Dramas »Hinkemann«. In: »Volksbühne« II/3 (Januar/Februar 1922) S. 93; s. dort auch die Anmerkung zur proletarischen Kunst. Vgl. auch Dorothea Klein: »Der Wandel der dramatischen Darstellungsform im dramatischen Werk Ernst Tollers (1919 bis 1930)«. Diss. Bochum 1968. S. 90 u. S. 211.

15. »Look through the bars. Letters from prison ...«, New York 1937. S. XIV (Preface to the American edition).

16. Rosa Luxemburg: »Briefe aus dem Gefängnis«. Berlin 1920. Der Titel erscheint noch heute gelegentlich in anarchistischer Studentenliteratur, jeweils eher in Anlehnung an Luxemburg als an Toller, da Tollers »Briefe aus dem Gefängnis« bisher in Deutschland nicht erschienen sind.

17. Vgl. dazu mein Nachwort zu: Ernst Toller: »Hinkemann. Eine Tragödie« (hrsg. von Wolfgang Frühwald, Stuttgart 1971, Reclams UB Nr. 7950) sowie den in den Literaturhinweisen verzeichneten Aufsatz »Kunst als Tat und Leben«.

18. Alfred Döblin: »Karl und Rosa«. Freiburg u. München 1950 (Bd. III des Erzählwerkes: »November 1918«). Vgl. dazu Robert Minder: »Begegnungen mit Alfred Döblin in Frankreich«. In: »Text + Kritik« 13/14 (Juni 1966) S. 61: »Auf der Flucht aus Paris schleppte der Dichter das Manuskript des zweiten Bandes [des Erzählwerkes ›November 1918‹] mit sich, dazu die Briefe Rosa Luxemburgs und die Predigten Taulers, die er von der Sorbonne ausgeliehen hatte.«

19. Vgl. Hermann Kestens Besprechung von »Eine Jugend in Deutschland«. In: »Die Neue Weltbühne« 30/2 (1934) S. 52. Für diesen Literaturhinweis danke ich Carel ter Haar (Trier), der zur Zeit eine größere Arbeit über Tollers Spätwerk vorbereitet.

20. Zur Haltung des »Trotzdem« vgl. »Briefe aus dem Gefängnis«, S. 204 ff. u. S. 12.

21. René König: »Zur Soziologie der zwanziger Jahre oder Ein Epilog zu zwei Revolutionen, die niemals stattgefunden haben, und was daraus für unsere Gegenwart resultiert«. In: »Die Zeit ohne Eigenschaften. Eine Bilanz der zwanziger Jahre«. Hrsg. von Leonhard Reinisch. Stuttgart 1961. S. 94.

22. freundliche Mitteilung von Hermann Kesten.

23. Vgl. dazu die Titel der Autobiographien von Stefan Zweig, Heinrich Mann und Carl Sternheim.

24. Franz Werfel: »Stefan Zweigs Tod«. In: »Der große Europäer Stefan Zweig«. Hrsg. und eingeleitet von Hanns Arens. München 1956. S. 276.

Werke

Eine Jugend in Deutschland. Amsterdam: Querido 1933. Engl.: I was a German (übers. von E. Crankshaw). London: Lane 1934. New York: Morrow 1934.

Weltliche Passion. In: Deutsche Blätter (Moskau) IV/4 (1934) S. 3–7; auch in: Die Sammlung (Amsterdam) II/4 (Dezember 1934) S. 173–182.

Briefe aus dem Gefängnis. Amsterdam: Querido 1935. Engl.: Letters from prison (übers. von R. Ellis Roberts). London: Lane 1936. Amerikanische Ausgabe u. d. T.: Look through the bars. New York u. Toronto: Farrar and Rinehart 1937.

No more peace! A thoughtful comedy. (Übers. von E. Crankshaw). London: Lane 1937.

Pastor Hall. Deutscher Erstdruck in: Stücke gegen den Faschismus. Deutschsprachige Autoren. Berlin: Henschel 1970. S. 137–180. Engl.: London: Lane 1938 (übers. von St. Spender). Amerikanische Ausgabe: New York: Random House 1939 (übers. von St. Spender und H. Hunt).

Ausgewählte Schriften. Hrsg. von der Deutschen Akademie der Künste zu Berlin. Berlin: Volk und Welt 1959.

Prosa, Briefe, Dramen, Gedichte. Reinbek: Rowohlt 1961.

Literaturhinweise

Wolfgang Frühwald: Kunst als Tat und Leben. Über den Anteil deutscher Schriftsteller an der Revolution in München 1918/1919. In: Sprache und Bekenntnis. Sonderband des Literaturwissenschaftlichen Jahrbuchs. Berlin 1971. S. 361–389.

Klaus Kändler: Drama und Klassenkampf. Beziehungen zwischen Epochenproblematik und dramatischem Konflikt in der sozialistischen Dramatik der Weimarer Republik. Berlin 1970.

Carol Petersen: Ernst Toller. In: Expressionismus als Literatur. Gesammelte Studien. Hrsg. von Wolfgang Rothe. Bern u. München 1969. S. 572–584.

Martin Reso: Der gesellschaftlich-ethische Protest im dichterischen Werk Ernst Tollers. Diss. Jena 1957 [masch.].

Walter H. Sokel: Ernst Toller. In: Deutsche Literatur im 20. Jahrhundert. Strukturen und Gestalten. Hrsg. von Otto Mann u. Wolfgang Rothe. Bd. II. Bern u. München ²1967. S. 299–315.

John M. Spalek: Ernst Toller and his critics. A bibliography. Charlottesville 1968.

John M. Spalek u. Wolfgang Frühwald: Ernst Tollers amerikanische Vortragsreise 1936/37. Mit bisher unveröffentlichten Texten und einem Anhang. In: Literaturwissenschaftliches Jahrbuch NF VI (1965) S. 267–311.

PETRA GODER

Moralist der Appelle.
Zur Exilproblematik im Werk Fritz von Unruhs

Das Drama Fritz von Unruhs, das als letztes vor Hitlers Machtergreifung veröffentlicht werden konnte, enthält die mahnenden Worte: »Auf dem Potsdamer Platz werden die Schafe weiden«. Als dieser prophetische Satz im Juni 1932 bei der Uraufführung der Komödie *Zero* in Frankfurt am Main fiel, kam es zu einem Theaterskandal. Unruh wurde daraufhin vom Stadtparlament der ihm 1924 für seine Verdienste um den Frieden auf Lebenszeit zur Verfügung gestellte Frankfurter Rententurm abgesprochen, und bevor er diese Wohnung räumen konnte, wurde sie von fanatischen NSDAP-Anhängern geplündert.

Mit diesen Vorgängen erreichte eine Entwicklung ihren Höhepunkt, die bereits während des Ersten Weltkrieges eingesetzt hatte, zu der Zeit nämlich, als sich der ehemalige Kadettenschüler, spätere Offizier und Dichter der Dramen *Offiziere* (1911) und *Louis Ferdinand Prinz von Preußen* (1913), die »als Denkmäler für die deutsche Offizierskaste und den preußischen Geist«[1] begrüßt wurden, von der Vergangenheit lossagte und statt begeisterter Kriegsdichtungen Werke verfaßte, die die Absurdität des Krieges demonstrieren. Seit Unruh auf Grund der Erfahrungen im Kriege nicht mehr wie in den ersten Dramen eine Heldentod-Ideologie propagierte, seit er mit dem 1914 entstandenen Gedicht *Vor der Entscheidung* das Bekenntnis[2] einer existentiellen Wandlung abgegeben hatte, wurde er von nationalistischen Kreisen als Pazifist bekämpft. Sie konnten allerdings nicht verhindern, daß Unruh bald zu den meistgespielten Dramatikern des deutschen Theaters zählte, und zwar vor allem mit den Werken, die eine pazifistische Haltung zeigen. Unruh wurde als der Dichter gefeiert, der die Atmosphäre der Zeit mit Subtilität zu durchleuchten und ihr starken künstlerischen Ausdruck zu verleihen vermochte und der darüber hinaus visionär Bedingungen für ein neues Ethos andeutete.

In seinem wohl erfolgreichsten Drama, der Kriegstragödie *Ein Geschlecht* (1916), dem ersten Teil der gleichnamigen Trilogie[2], führt Unruh die militaristische Moral ad absurdum und konstruiert in der Umschreibung mit einem variierten Gaia-Mythos eine positive Gegenwelt. Im zweiten Teil der Trilogie *Ein Geschlecht*, der Komödie *Platz* (1920), wird der Held des Dramas mit der Wirklichkeit der Nachkriegszeit konfrontiert. Ein zeitgenössischer Kritiker nannte dieses »Spiel« ein »Spiegelbild der Zeit, ein Karussell aller Leidenschaften und Triebe, die hüllenlos und schamlos unsere Gegenwart durchtanzen«.[3] Das Streben nach Frieden, nach einer neuen veränderten Wirklichkeit wird auch hier postuliert. Unruh gestaltet in *Platz* ein Liebesideal, dessen Harmonie Modellcharakter tragen soll. Auch in den auf *Platz* folgenden Werken kritisiert er Mißstände und intendiert Veränderungen. Er warnt davor, die Idee der Republik aufzugeben, er aktualisiert immer wieder die Erfahrungen des Krieges, und er appelliert vor allem an die Verantwortlichkeit jedes einzelnen für den Frieden.

Deutlicher noch als aus den Dichtungen geht Unruhs moralische Position aus seinen

Reden hervor. Unruh versuchte durch zahlreiche Reden, durch seine Tätigkeit als Reichstagsabgeordneter und schließlich durch die Mitbegründung einer Partei[4] direkt in die Politik einzugreifen. Noch am 18. Januar 1932 forderte er in der Rede *Die Front des Reiches,* »den Hammer des Geistes zu erheben über die freche Stirn des Ungeistes«, und er betonte: »Soldaten des Friedens – für uns ist die deutsche Republik keine politische Phrase – sondern eine sittliche Forderung! [...] Kein ›Du sollst‹ vom Allerhöchsten Kriegsherrn – sondern ein ›Ich soll‹ vom Höchsten Friedensherrn, dem wir gehorchen –: von unserem Gewissen!«
Unruh hielt diese Rede im Berliner Sportpalast bei der ersten Versammlung der von ihm mitbegründeten Partei. Er fand zwar 22 000 Zuhörer, doch eine weitergehende positive Resonanz blieb aus. Wie weit der Nationalsozialismus schon vorgedrungen war, mußte Unruh bei der Uraufführung der Komödie *Zero* erfahren. Die Frankfurter Ereignisse und zahlreiche Drohbriefe, die Unruh erhielt, waren unmißverständlich. Er verließ Deutschland 1932, trat 1933 aus der Preußischen Akademie der Künste aus und wurde daraufhin ausgebürgert.
Unruh lebte zunächst in Italien. Dort, in Zoagli an der ligurischen Küste, arbeitete er an Dramenentwürfen. Es entstanden ein bisher unveröffentlichtes Drama *Charlotte Corday* (1933) und eine erste Fassung der 1945 vollendeten, ebenfalls noch nicht veröffentlichten Komödie *Gandha.* Natürlich ist es kein Zufall, daß Unruh gerade zu der Zeit, als Hitler an die Macht gelangt, Charlotte Corday d'Armont, die Mörderin Marats, zur Heldin eines Dramas wählt. Als eine Reaktion auf die Situation in Deutschland seit 1933 dürfte auch das Entstehen der Komödie *Gandha* zu werten sein. Das Stück greift das Thema der Rassendiskriminierung auf: Sidney Brown, ein englischer Offizier in Indien, hat die Pariafrau Gandha geheiratet, und diese Ehe wollen zwei deutsche Vettern des Engländers trennen, da sie in ihren Augen rassenschänderisch ist. Während diese Verwandten, deren Rassenhaß zu einem Teil durch persönliches Interesse motiviert ist (sie wollen den Vetter mit ihrer Schwester verheiraten, um so von dessen Reichtum zu profitieren), das ideologisch radikalisierte, nationalistische Deutschland repräsentieren, verkörpert der Freund des Sidney Brown, ein deutscher Maler, das Deutschland der geistigen Macht, das Brown bei Kant und Goethe, Mozart, Beethoven und Schubert sieht. In der Tendenz den seit der Komödie *Platz* entstandenen Dramen, vor allem der Komödie *Zero,* verwandt, macht *Gandha* deutlich, daß das Exil die moralische Position Unruhs nicht verändert hat. Neben den in der Folgezeit entstehenden literarischen Werken demonstriert dieses Festhalten an der moralischen Tendenz auch eindringlich die am 17. Mai 1936 am Europa-Tag in Basel gehaltene Rede *Europa erwache.* In dieser Rede Unruhs, die in Europa sein letzter öffentlicher Friedensappell an die Europäer war, betont er – dies ist seit der Komödie *Platz* ein Grundthema der Unruhschen Dichtungen – als Voraussetzung für den Frieden die Notwendigkeit einer Neuordnung der Beziehungen zwischen den Geschlechtern, und er fordert auf, Plato und Kant, Dante und Hölderlin, den »erleuchtetsten Häupter[n] hoch über dem Schlachtfeld Europa« gerecht zu werden, die »eine Menschheit erblickten [...] im Friedensfeld, eine Menschengemeinschaft, gereift zum höchsten geistigen Ideal«.
Wenn Unruh sich in dieser Rede wie auch in der Komödie *Gandha* mehrfach auf Kant, Goethe, Schiller oder Hölderlin als geistige Ahnen einer Friedensidee beruft, so ist dies sicherlich mit dadurch provoziert, daß ebendiese Namen damals für völ-

kisch-nationalistische Agitation und Parteipropaganda mißbraucht wurden. Werktitel wie *Schiller im Braunhemd* oder *Schiller, der Kampfgenosse Hitlers*[5] bezeugen kraß das Ausmaß solcher geistigen Annektierungsversuche durch die Nationalsozialisten.

Unruh hoffte zunächst – dies bezeugt sein Bruder Kurt von Unruh, mit dem er in den ersten Jahren des Exils häufig zusammenkam[6] –, daß die beiden zu Anfang des Exils begonnenen Dramen *Charlotte Corday* und *Gandha* zur Veränderung der Verhältnisse in Deutschland beitragen könnten. Es gab jedoch keine Publikationsmöglichkeiten mehr, und spätestens nach dem 10. Mai 1933, als bei der Bücherverbrennung auch Unruhs Werke vernichtet wurden, mußte er einsehen, daß er als Dramatiker keine Wirkung mehr haben konnte.

Unruh begann nun intensiv an einem seit 1930 geplanten Roman zu arbeiten, der vor einer neuen Verdun-Katastrophe warnen sollte. Seine pazifistische Haltung wollte er in diesem Roman begründen, indem er an die beiden Kriegsdichtungen, das Gedicht *Vor der Entscheidung* und die Erzählung *Opfergang* anknüpfte. In dem langen Gedicht *Vor der Entscheidung* wird die innere Wandlung und Läuterung eines Ulanen beschrieben, hinter dessen Gestalt Unruh selbst erscheint, und in der Erzählung *Opfergang,* die Unruh im Frühjahr 1916 vor Verdun schrieb, wird in der Geschichte eines Sturmangriffs die Absurdität des Krieges aufgezeigt.

Bald nach dem Krieg hatte Unruh begonnen, Material (Zeitschriften und Bücher, Zeitungsbilder von Stahlhelmtreffen, NS-Veranstaltungen usw.) zu sammeln, das auf die Vorbereitung eines neuen Krieges hindeutete, und er hatte im Jahre 1927 die Schlachtfelder rings um Verdun wiedergesehen, auf denen er 1916 gekämpft hatte. Die sorgfältig in Mappen gesammelten Notizen über die Ereignisse der Nachkriegszeit und die Konfrontation mit »all den Mementos einer entsetzlichen Massenschlächterei«, wie Unruh die Grabkreuze und Trümmerhaufen bei Verdun in dem Roman *Der nie verlor* nennt, gaben ihm im Exil hinreichend Stoff für den neuen Roman, der den Titel *Der Feldkoffer* tragen sollte.

Bevor Unruh diesen Roman vollenden konnte, wurde 1935 sein Haus in Zoagli von Faschisten überfallen und geplündert. Er mußte von Italien nach Frankreich fliehen und lebte dann dort zunächst in Mentone. 1939 ging er nach Arcachon bei Bordeaux, wo er den Roman *Der Feldkoffer* abschloß. Dieses Werk konnte jedoch nie veröffentlicht werden, da das Manuskript verlorenging, während sein Autor 1940 im Lager Libourne an der Dordogne interniert war.

Zentralfigur des Romans *Der Feldkoffer* war der »Unbekannte Soldat«, aufgetreten schon in dem Drama *Offiziere* als Todesbote in der Rolle eines fremden Offiziers, als »verhüllte Gestalt« in *Vor der Entscheidung* als Begleiter des Ulanen auf dem Wege zu einer Neugestaltung der Welt und schließlich im *Opfergang* als zerschossenes Kruzifix, dem die Überlebenden »ein solides Soldatengrab machen«. Wie zuvor wurde dieser »Unbekannte Soldat« auch in dem Roman *Der Feldkoffer* als Mahner zum Frieden dargestellt. Unruh hat später in das Hauptwerk seines Exils, den Roman *Der nie verlor,* einige Passagen des verlorengegangenen Romans eingearbeitet. Wurde jedoch in *Der Feldkoffer* die Figur des »Unbekannten Soldaten« anscheinend primär auf dem Hintergrund des noch in Deutschland zusammengetragenen Stoffes konzipiert, so wirkt in *Der nie verlor* der »Unbekannte Soldat« als ein Begleiter im Exil des Kaspar Friedrich Uhle. In den historischen Stoff des nächsten Romans, der nun nicht mehr die Geschichte der Nachkriegszeit seit 1918, sondern die der Zeit unmittelbar vor dem Zweiten Weltkrieg ist, fließt viel Autobiographisches ein, und zwar Erfahrungen und Begegnungen vor allem aus den Jahren von 1935 bis 1940, während der Unruh sich in Frankreich aufhielt. Unruh hat bis 1939 häufig Paris – den Handlungsort des Romans – besucht, und er ist dort mit zahlreichen Emigranten und auch mit Hitler-Sympathisanten zusammengetroffen.[7] Ähnlich wie der »Unbekannte Soldat« in *Vor der Entscheidung*, der ersten dichterischen Verarbeitung des Kriegserlebens, dem Ulanen den Weg in eine neue Welt bereitet, hilft er in dem Roman *Der nie verlor* Uhle, die Exilsituation zu bewältigen.

Unruh selbst hat in dem 1944 in New York abgeschlossenen Roman *Der nie verlor* bis zu seinem Tode »das Hauptwerk seiner politischen Epik«[8] gesehen. Im Nachwort zu der erstmals 1948 im deutschsprachigen Raum erschienenen Ausgabe nennt er diesen Roman einen Versuch, den als Dramatiker begonnenen »Kampf gegen die totalitären Schänder der Menschenwürde [...] in dramatischer Prosa wieder aufzunehmen«. Tatsächlich demonstriert dieses breitangelegte Werk die moralische Position Unruhs in aller Deutlichkeit. Es werden detailliert die Kräfte bezeichnet, die Unruh als ursächlich für alle Infamie, für ideologischen Radikalismus und Fanatismus, für Brutalität und Servilität ansieht. Die pazifistischen Ideale des Kaspar Friedrich Uhle werden mit einer chaotischen Wirklichkeit konfrontiert. Am Vorabend des Zweiten Weltkrieges kommen in Paris politische Verfolger und Verfolgte zusammen. Es ist ein Ort politischer und ideologischer Intrigen und Machtkämpfe, des Hasses, der Ruhmsucht, des zweifelhaften Vergnügens und der Obszönität. Hier begegnet der im Exil lebende Uhle Refugiés, ehemaligen Monarchen und Monarchisten, die auf die Restauration ihrer Macht hoffen, Nutznießern brauner und roter Macht, Spionen, Kommunisten und Nationalsozialisten, schließlich Hitler und anderen NS-Größen.

»Die Charaktere dieses Romans«, so ist es dem Werk vorangestellt, »sind symbolisch«. Dieser Satz, der zugleich auf das Unruhsche Gesamtwerk zutreffen dürfte, gilt sowohl für die Fülle der namentlich genannten oder mit leicht zu entschlüsselnden Pseudonymen versehenen historischen Personen als auch für die anderen Gestalten, die z. T. schon in früheren Werken erscheinen: neben dem »Unbekannten Soldaten« als der Inkarnation des Geistes, dem als personifizierte Gewalt der den ewigen Soldaten verkörpernde Hauptmann Herrmann gegenübersteht, z. B. der Opportunist Schleich und Irene und Hyazinte, die gegensätzlichen, Geist und Sinnlichkeit verkörpernden Frauen aus *Platz*, auch der gegen allen Idealismus gleichgültige Kaffeehausliterat Krah aus den Komödien *Phaea* (1930) und *Zero*. In expressionistischer Tradition auf psychologische Motivierung verzichtend, zeigt Unruh die Konfrontation verschiedener menschlicher Positionen auf. Alexander Gode von Aesch, der den Roman 1947 unter dem Titel *The end is not yet* in New York publizierte, sagt von dem Werk, es kenne »nur den Antagonismus extremer Kräfte«.[9]

Unruh geht es um die unmittelbaren Zusammenhänge zwischen Haß, Machtstreben, Gewaltanwendung und einer Unfähigkeit zu lieben oder einem fälschlich als Liebe begriffenen Verhalten, das bloß sexuelle Besitzergreifung ist. Bereits in der Trilogie *Ein Geschlecht* wird die Idee einer neuen, vergeistigten Beziehung der Geschlechter als eine Vorbedingung für eine veränderte Wirklichkeit gestaltet. Diese Idee wird in

Der nie verlor variiert. Sie wird hier von Uhle, auch vom »Unbekannten Soldaten«, formuliert: »[...] nur wer eine Liebe – sei es zu einer Frau oder zu wem immer – als ewig in sich empfinden kann – nur wer die Wollüste, die da streiten in seinen Gliedern, besiegt hat, der wird mithelfen können das Löwentor des Friedens aufzutun«. Sie findet sich auch als Forderung wieder in der Darstellung solcher Personifizierungen des Hasses und der Gewalt wie dem latent homosexuellen Hitler, der sich nicht »in den entnervenden Blödsinn der Liebe hinabziehen« lassen will, weil sie ihn aus »Großträumereien schöpferischer, hochgenialer, gewaltiger Intuitionen« herausreißen würde, und dem »doll potenten« Schleich, der »vollkommen verwahrlost und vertiert vom Laster« genannt wird.

Zwar werden am krassesten in Personen wie Hitler und Schleich atavistische Ausbrüche gezeigt, es gibt jedoch außer dem »Unbekannten Soldaten« kaum eine Gestalt, welche von Kräften (»Haß! Lüge! Ruhmsucht! Ehrgeiz! Lust!«) frei ist, die immer wieder Konfrontationen heraufbeschwören. Da sind unter den Refugiés z. B. der die kommunistische Weltrevolution propagierende Münzer und der Rabbiner Dr. Wolf, der ausruft: »Die ganze christliche Welt muß mir endlich Genugtuung geben«, auch Uhle, der den Entschluß gefaßt hat, Hitler zu töten: »Fahl im Gesicht stand Uhle da vor dieser Grimasse des Ur-Hasses gegen alles, was sich je aus der Tiersphäre befreien und Mensch werden wollte. Der Schaum toller Raserei kam ihm in die Mundwinkel [...] Wie er jetzt wieder visierte auf diesen Flammenwerfer des Hasses, da merkte er plötzlich, wie auch *er* selber bereits ganz verbrannt nur noch das bleiche Weiß des Todeshasses im Auge hatte.« Die Erinnerung an den »Unbekannten Soldaten« ist es, die Uhle vergegenwärtigt, daß diese Tat aus Haß und Rachsucht geschehen wäre und dem Frieden nicht gedient hätte. Die Gestalt des »Unbekannten Soldaten« ist es auch, die Uhle bewußt macht, daß niemand von einer Mitschuld an der Hitler-Diktatur frei ist: »[...] nein! Dieser von allen demokratischen Botschaftern der Welt beglaubigte Reichsführer, er wäre nie so grauenhaft potent geworden, wenn wir sogenannten *besseren* Menschen von jenen Lastern frei gewesen wären, auf die er bei uns spekulierte. [...] *Unseren* Ehrgeiz hat er entlarvt, indem er ihn ins Frevelhafte gesteigert! [...] Mit jedem bösen Instinkt von uns [...] hat er gerechnet! Mit dem Tier in uns!«

Die Personifizierungen von Haß und Gewalt bleiben faktisch Sieger, einen künftigen Sieg jedoch des »Unbekannten Soldaten«, der Inkarnation des Geistes, verkündet am Ende die Vision einer neuen Welt in Liebe, die auf Grund der überanstrengten Metaphorik allerdings nicht überzeugend ist: »Noch einmal drehten sich die anderen um. Im Feuerglanz der jetzt strahlend aufgehenden Sonne entbrannt, leuchtete es ihnen voran wie ein Lichtsturm zwischen den Baumstämmen. Führte sie, jenem roten Umhang des Soldaten aus dem Niemandsland so ähnlich, vorwärts und entgegen einer wie im Festkleid nun endlich aus den unterirdischen Reichen der Seele heraufgestiegenen Liebessehnsucht all der unbekannten Menschen der Welt. Hitlers an die Polenfront jagendes Flugzeug aber wurde in dem klaren Morgenhimmel wie ein Schmutzfleck – nach dem Gesetz der Perspektive rasend schnell immer kleiner und kleiner und kleiner.«

Dieser Roman »von Haß und Liebe, Dunkelheit und Licht, Verzweiflung und Hoffnung, von Krieg und einem neuen Mut«[10] hat eine gezielte moralische Tendenz. Er ist Unruhs Versuch, die Intention der Änderung so deutlich zu formulieren, wie es bisher nur in den zahlreichen Reden geschehen war. Dies wird auch sichtbar an vielen den Reden entnommenen Zitaten, im Rückgriff auf alle seine Dichtungen, die von pazifistischem Idealismus geprägt sind, an häufigen gedanklichen Wiederholungen innerhalb des Werkes und nicht zuletzt an grotesken Details und einer Karikierung vieler Charaktere. Doch die kolportagehafte Handlung, die Weitschweifigkeit, das allzu große Maß an Deutlichkeit und Überzeichnung nehmen dem Werk die Überzeugungskraft, wie sie die früheren Dichtungen besitzen, in denen der moralische Impetus verhaltener zutage trat. Vor allem ein Mangel an innerer Distanz scheint hier die künstlerische Glaubwürdigkeit einzuschränken. Die Haltung des Autors entspricht oft der Uhles in der Gegenüberstellung mit Hitler, das subjektive Pathos wirkt zu unmittelbar, z. B. in Passagen, wo Unruh mit Gerhart Hauptmann (»Dr. Gerhardus«), dem er 1920 die Komödie *Platz* »in Ehrfurcht« gewidmet hatte, und mit Heinrich George (»H. Georg Schulze«), der in vielen seiner Dramen gespielt hatte, ins Gericht geht: »Der achtzigjährige Dramatiker [...] verneigte sich endlos – richtete sich dann würdevoll wieder hoch. Streckte den Arm bis in die vom Alkohol schon geschwollenen Finger und sagte tiefbewegt: ›Heil Hitler‹ [...] Neben dem Dichtergreis tauchte nun auch das fettglänzende, aufgeschwemmte Säufergesicht eines Berliner Staatsschauspielers [...] auf. Sein prompter Gesinnungswechsel vom Kommunismus zum Nazismus hatte bei ihm offensichtlich wie eine Mastkur angeschlagen.«

▶ Während sich die Exilsituation in der Thematik dieses Romans indirekt spiegelt, wirkt sie in der Sprache unmittelbar. Es fallen im wesentlichen zwei Merkmale einer durch das Exil bedingten sprachlichen Stagnation auf: einmal werden viele Formulierungen und Bilder aus früheren Werken aufgegriffen, sodann werden auch französische und englische Brocken und Satzkonstruktionen verwendet, die nur selten eine realistische Sprachebene schaffen und an einigen Stellen, z. B. im Testament Hitlers, völlig unmotiviert scheinen.

Als Unruh den Roman *Der nie verlor* 1944 vollendete, lebte er schon seit vier Jahren (seit dem 10. August 1940) in Amerika. Nach der Entlassung aus dem Lager Libourne 1940 war er über die Pyrenäen nach Malaga geflohen, und er konnte schließlich von Lissabon aus in die Vereinigten Staaten emigrieren. Bevor er nach New York kam, war er zunächst einige Zeit auf Ellis Island interniert. Unruh hatte in Amerika Kontakt mit anderen Emigranten, vor allem mit Albert Einstein, Emil Ludwig, Yvan Goll, mit Manfred George, dem Herausgeber des *Aufbau* – der unter den Exilierten weitestverbreiteten Wochenzeitung –, mit Mitarbeitern des *Aufbau* wie z. B. Franz Werfel und Kurt Pinthus, auch mit Thomas Mann. Diese Verbindungen dürften eine Isolation Unruhs verhindert haben. Wie für die Mehrzahl der Emigranten war es jedoch auch für Unruh nicht möglich, sich als Schriftsteller in den Vereinigten Staaten durchzusetzen. Eine Existenzmöglichkeit bot sich ihm durch die Malerei, in der er sich in seiner Jugend zeitweise intensiv geübt hatte. Unruh fand in New York eine Galerie, die seine Bilder ausstellte und verkaufte. Malerei war für ihn zugleich, wie er selbst sagt, eine Möglichkeit, »die Verzweiflung über die Friedlosigkeit der Welt« wie auch »die Vergangenheit zu bannen«.

Mit der Problematik der Exilsituation für den Schriftsteller setzt Unruh sich in dem kurz nach dem Kriege entstandenen, bisher unveröffentlichten Roman *A-Bombe* auseinander. Im Vordergrund steht allerdings wiederum die Idee der Vergeistigung der Liebe, und zwar hier als Grundmöglichkeit zur Verhinderung eines Atomkrieges. Doch die Frage nach den »Aussichten der Menschheit« seit der Erfindung der Atombombe ist unmittelbar verknüpft mit der Frage nach den Existenzmöglichkeiten des Exilautors: Der in New York lebende Dichter Uhle findet für seine Werke keine Übersetzer und Verleger. Er ringt mit sich, ob er um einer gesicherten Existenz willen seine moralische Position aufgeben und statt dessen gewinnbringende Unterhaltungsstories produzieren soll. Durch einen Zufall gelangt er in den Besitz einer Schachtel, die eine Atombombe enthält, »die Energie der Sonnenkraft, konzentriert in einem Stückchen Uranium«. Die Tatsache, daß hier die »Möglichkeit zur Zerstörung der ganzen Menschheit« gegeben ist, daß die Atomkraft »aber auch zum Nutzen der ganzen Menschheit« gereichen kann, macht Uhle bewußt, daß er den einmal eingeschlagenen Weg nicht verlassen darf: »Es rief ihn wie aus dem Universum mit Stimmen zurück zu dem eigentlichen Sinn seiner Existenz. Oder warum wäre er sonst geboren worden? War es der Zweck seines so dramatisch verlaufenen Lebens, das immer in der heiligen Spur großer Liebenden vorwärts gelebt war, daß er jetzt [...] den Kurs ändere, statt vor zum Licht der Ewigkeit – zurück zu den Küsten irdischer Betriebsamkeit, wo man um Dollars schachert und mit der Cigarre im Mund, seine Substanz an Hollywoodverträge, Steuerberechnungen und billigen Ruhm verliert?« Uhle erkennt, daß er – wendete er sich der Unterhaltungsliteratur zu – mitverantwortlich für jede zukünftige unfriedliche Anwendung der Atomenergie würde. Eine Konstruktion, die hier unfreiwillig komische Züge trägt.

Während Uhle die moralische Krise überwindet und zu seinen Idealen zurückfindet, bleibt eine von der moralischen nicht unabhängige literarische Krise bestehen: »Mein Leben ist lang. Ich arbeite daran, [...] es in einem Roman darzustellen. Seit ich im Exil bin, [...] schreibe ich daran. Stöße von Manuskripten liegen herum. Immer noch fand ich nicht die richtige Form [...] Ortega y Gasset sagte einmal irgendwo in einem Buch ›das sei die Misere bei allen Selbstbiographien, daß sie immer in Selbstverherrlichungen enden [...]‹«

Die Krise Uhles, der an dieser Stelle offensichtlich mit Unruh identisch ist, dürfte zu einem Teil in dem Bewußtsein begründet sein, den Kontakt zur lebendigen deutschen Sprache verloren zu haben, von der permanenten Entwicklung und Veränderung der Sprache isoliert zu sein. Die Tatsache, daß Unruh sich während des Exils vergeblich um eine objektive Darstellungsform seines Lebensweges bemüht (der erste Teil der dichterischen Autobiographie wird erst 1957 vollendet), scheint symptomatisch für seine literarische Arbeit im Exil zu sein. Da die Mehrzahl seiner Exilwerke bisher unveröffentlicht geblieben ist, läßt sich dies zwar nicht mit Sicherheit sagen, in dem Roman *Der nie verlor* jedoch ist die Position, die Unruh für den autobiographischen Roman anstrebt, nicht vorhanden.

Durch diese im Roman *A-Bombe* angedeutete Krise ist es nicht verwunderlich, daß Unruh nach *A-Bombe* nicht den ersten Teil der dichterischen Autobiographie vollendet, sondern zunächst zwei historische Romane schreibt, und zwar *Die Heilige* und *Fürchtet nichts* (beide Werke sind im Exil entstanden, *Die Heilige* erschien 1951, *Fürchtet nichts* 1952). Die geschichtlichen Stoffe – das Leben der Katharina von Siena und die Geschichte Rußlands zur Zeit der Zarin Anna Ivanovna, als sie um 1740 ein Bündnis mit Preußen wollte – werden mit den Ideen Unruhs verknüpft.

In dem Roman *Die Heilige* steht im Vordergrund nochmals die Idee einer vergeistigten Geschlechterliebe, und zwar dargestellt auf zwei Ebenen: Der Gegensatz von Sinnlichkeit und Geist, den Unruh immer wieder als falsch darstellt, wird von der Nonne Katharina, die sich zunächst ganz als Braut Jesu begreift, durch die Liebe zu einem jungen Maler überwunden. Am Ende des Romans werden von der »kleinen Heiligen« in einer Vision die Personifizierung des Sinnlichen und die des Geistigen verbunden. Von Dietrich und Irene – sie erscheinen schon beide in *Platz* – wird das Liebesideal vorgelebt, und es wird von ihnen als die Möglichkeit zur Veränderung der Wirklichkeit akzentuiert.

Der Roman *Fürchtet nichts* ist in Thematik und Tendenz dem Roman *Der nie verlor* eng verwandt. Im Petersburger Karneval treffen Tänzerinnen, politische Spitzel, Sympathisanten der Zarin einerseits, der Großfürstin Elisabeth, ihrer Gegenspielerin, andererseits, zusammen. In dem Fürsten Galitzin, dem »närrischen Heiligen«, erscheint eine Figurensynthese aus Uhle und dem »Unbekannten Soldaten«.

Außer den historischen Romanen entsteht im Exil neben *Charlotte Corday* auch ein weiteres historisches Drama, und zwar das ungedruckte, 1953 in Frankfurt aufgeführte Stück *Wilhelmus, Prinz von Oranien*.

Bis zu seiner Emigration hatte Unruh vorwiegend Dramen geschrieben, im Exil war nun daneben erstmals eine Reihe von Romanen entstanden. Sicherlich war dafür ein Hauptgrund, daß Unruh nach seiner Emigration keine Bühne und kein Theaterpublikum mehr finden konnte. Bemerkenswert ist aber, daß er auch keine Erzählung verfaßte, in der wie im *Opfergang* ein Geschehen kommentarlos dokumentiert wird. Da Unruh im Exil nicht mehr die Möglichkeit hatte, durch seine Reden direkt auf die Politik Einfluß zu nehmen, versuchte er vielmehr in den Romanen, seine moralische Position so unmittelbar zu demonstrieren, wie er es vor der Emigration in den Reden getan hatte. Die Notwendigkeit der Änderung soll deutlich werden, indem den pazifistischen Idealen eine extrem chaotische Wirklichkeit gegenübergestellt wird. Dieser starke Kontrast dominiert vor allem in *Der nie verlor* und in *Fürchtet nichts*. Er ist auch in *A-Bombe* vorhanden, wirkt hier allerdings überzeugender, da im Gegensatz zu den beiden anderen Romanen der Idealismus direkt an der Realität gemessen und aus ihr heraus erneut begründet wird. In *Der nie verlor* wird zwar auch eine Annäherung der Extreme vollzogen, als Uhle Hitler töten will. Dort ist es jedoch die Erinnerung an die Gestalt des »Unbekannten Soldaten«, die Uhle an den Idealen festhalten läßt.

Auch in dem Roman *Die Heilige* wird der pazifistische Idealismus mit der bestehenden Wirklichkeit konfrontiert und daraus eine Veränderung postuliert. Die Erneuerungsidee wird aber hier im wesentlichen auf die Überwindung des Gegensatzes zwischen Sinnlichkeit und Geist reduziert und konzentriert.

Eine Kenntnis der im Nachlaß vorhandenen weiteren Romane und vor allem der zahlreichen Dramen wird gewiß neue Aspekte der literarischen Arbeit Unruhs im Exil eröffnen. Eine gegenüber den früheren Dichtungen stärkere Akzentuierung der moralischen Position jedoch dürfte die meisten im Exil entstandenen Werke kennzeichnen.

Anmerkungen

1. Walter Hermann Sokel: »Der literarische Expressionismus«. München 1970. S. 217.
2. Die Komödie »Dietrich«, der dritte Teil der Trilogie, ist bisher unveröffentlicht.
3. entnommen: Hans Daiber (s. Lit.), S. 114.
4. Die Partei, die gegen Gewalt den Geist mobilisieren wollte, wurde im Januar 1932 begründet und trug den Namen »Eiserne Front«. Sie ist nicht identisch mit der »Eisernen Front«, die SPD, Reichsbanner und Gewerkschaften im Dezember 1931 gegen die »Harzburger Front«, den Zusammenschluß von NSDAP, Deutschnationalen und Stahlhelm, bildeten.
5. Vgl. Hildegard Brenner: »Die Kunstpolitik des Nationalsozialismus«. Reinbek 1963. S. 41.
6. Kurt von Unruh, dem ich für eine Fülle von Informationen und für das Ausleihen des Romanmanuskripts »A-Bombe« zu danken habe, ist Besitzer und Verwalter des in Diez an der Lahn befindlichen Fritz-von-Unruh-Archivs; er ist maßgeblich an der Herausgabe der »Sämtlichen Werke« beteiligt.
7. Vgl. Anmerkungen in: »Fritz von Unruh. Sämtliche Werke«. Bd. 8. S. 695–733.
8. Dies berichtet Hanns Martin Elster im Nachwort zu dem Roman. In: »Fritz von Unruh. Sämtliche Werke«. Bd. 8. S. 735.
9. aus einem Vortrag vom 9. Mai 1953, zitiert nach: »Fritz von Unruh. Sämtliche Werke«. Bd. 8. S. 752.
10. Alexander Gode von Aesch hatte diese Worte der englischen Ausgabe des Romans vorangestellt, Unruh hat sie für die deutsche Ausgabe beibehalten.

Werke

Der nie verlor. Roman. Bern: Hallwag 1948 (abgeschlossen 1944 in New York).
Die Heilige. Roman. Braunschweig: Kleine 1951.
Fürchtet nichts. Roman. Köln: Comel 1952.

Europa erwache. Rede. Basel: Verlags-Genossenschaft der Europa-Union 1936.
Friede auf Erden! Rede. Frankfurt a. M.: Kramer 1948.
Seid wachsam. Goethe-Rede. Frankfurt a. M.: Kramer 1948.
Rede an die Deutschen. Frankfurt a. M.: Verlag der Frankfurter Hefte 1948.

Der Feldkoffer. Roman (1939, unveröffentlicht).
A-Bombe. Roman (1946, unveröffentlicht).
Versuchung. Roman (1946, unveröffentlicht).
Operation. Roman (Datierung nicht ermittelt, unveröffentlicht).
Traum. Roman (1951, unveröffentlicht).

Wilhelmus, Prinz von Oranien. Drama (aufgeführt 1953 in Frankfurt a. M., ungedruckt).
Charlotte Corday. Drama (1933, unveröffentlicht).
Gandha. Drama (1945, unveröffentlicht).
Miss Rollschuh. Drama (1945, unveröffentlicht).
Gefängnis. Drama (1945, unveröffentlicht).
Die Ungeladenen. Drama (Datierung nicht ermittelt, unveröffentlicht).
Der Befreiungsminister. Drama (1953, unveröffentlicht).

Fritz von Unruh. Sämtliche Werke. Hrsg. von Hanns Martin Elster. Berlin 1970 ff.

Literaturhinweise

Hans Daiber: Vor Deutschland wird gewarnt. Gütersloh 1967.
Manfred Durzak: Fritz von Unruh. In: Expressionismus als Literatur. Hrsg. von Wolfgang Rothe. Bern 1969. S. 490–505.

Hanns Martin Elster: Nachwort in: Fritz von Unruh. Sämtliche Werke. Berlin 1970 ff. Bd. 8. S. 735 bis 760.

Curt S. Gutkind: Fritz von Unruh. Auseinandersetzungen mit seinem Werk. Frankfurt a. M. 1927. [Enthält Beiträge von Curt S. Gutkind, Rudolf Ibel, Luc Durtain.]

Rudolf Ibel: Unruh und George. Dichter an der Wende der Zeit. In: Der Kreis 7 (1930) H. 10, S. 545–554.

Alwin Kronacher: Fritz von Unruh. New York 1946.

W. F. Mainland: Fritz von Unruh. In: German men of letters. Bd. III. Hrsg. von Alex Natan. London 1964. S. 153 ff.

Friedrich Rasche: Fritz von Unruh. Rebell und Verkünder. Hannover 1960.

Günther Rühle: Theater für die Republik. 1917–1933 im Spiegel der Kritik. Frankfurt a. M. 1967.

Albert Soergel u. Curt Hohoff: Dichtung und Dichter der Zeit. Bd. II. Düsseldorf 1964.

Paul E. Wyler: Der ›Neue Mensch‹ im Drama des Expressionismus. Diss. Stanford 1943.

VOLKER WEHDEKING

Mythologisches Ungewitter. Carl Zuckmayers problematisches Exildrama »Des Teufels General«

Auf den ersten Blick hat es nicht den Anschein, als habe die wichtigste literarische Arbeit aus Zuckmayers Exiljahren, das Drama *Des Teufels General* (1945 vollendet, Auff. 1946), sehr viel mit den Folgen des Exils zu tun. Zuckmayers Schriftstellerfreund Lernet-Holenia fand die knappste Formel für die große kritische Akklamation der Nachkriegsjahre (angesichts der im Drama unerwartet lebensecht getroffenen Kriegsatmosphäre), als er dem Autor 1945, nach Einblick in das Manuskript, schrieb: »Du bist nie fortgewesen«[1]. Die merkwürdige Mischung aus aktueller Stoffwahl und sehr distanzierter Perspektive (besonders in der anachronistischen Formgebung und ahistorischen Problematik der zweiten Dramenhälfte) weist aber doch auf einen Zusammenhang mit der Exilsituation des Autors; während Alfred Andersch (Ende 1947) aus der Sicht des ›totalen Ideologieverdachts‹ zu loben fand, wie in Zuckmayers Stück »politische Aktualität« nicht in erster Linie als »Tendenz«, sondern »Realität« gültig gestaltet sei[2], rief (ebenfalls Ende 1947) die ästhetisch gewiß nicht naive Elisabeth Langgässer nach gefallenem Vorhang in spontaner Begeisterung aus: »Das ist ein antiker Held«[3]. Es gilt, die Gründe für die Diskrepanz jener Urteile (hier ›Neue Sachlichkeit‹, dort Held der ›Klassik‹) strukturell, aus der Vor- und Werkgeschichte des Dramas, verbunden mit der Exilsituation, und rezeptionsgeschichtlich zu klären.

Dank der einzigartigen Nachkriegspopularität des Stücks (über 2000 Aufführungen von Ende 1947 bis 1950)[4] und seiner erfolgreichen Verfilmung durch Helmut Käutner (1955, mit Curd Jürgens in der Titelrolle) braucht über den Handlungsverlauf wenig gesagt zu werden. General Harras, von Zuckmayer als »reizvolles Amalgam aus Humanismus und penetranter Männlichkeit« gezeichnet[5], ist (in jener literarischen Hochblüte der Dr. Fausti), seinem Hang zu Fliegerei und Macht folgend, einen Pakt mit dem Teufel (Hitler) eingegangen. Als Chef der Luftwaffe glaubt er noch Ende 1941, bei fortdauernder Rußlandoffensive, er könne seine menschliche Integrität durch offen zur Schau gestellte Verachtung gegenüber dem NS-Regime wahren (er ist kein Parteimitglied) und mit Alkohol, Verliebtheit und Hilfsaktionen für jüdische Freunde sein Gewissen betäuben (Akt I). Im Verlauf des zweiten und dritten Akts sieht er seine Schuld und Mitverantwortung an NS-Verbrechen immer deutlicher (»Das Gemeine zulassen ist schlimmer als es tun«); schließlich unterwirft sich Harras einem »Gottesurteil« und verunglückt tödlich in einer durch Sabotage defekten Maschine, nachdem er die Symbolfigur seines besseren Ich, den jungen Leutnant Hartmann, der Obhut des für die Sabotage verantwortlichen Widerstandskämpfers Oderbruch anvertraut hat. Obwohl Harras mit diesem Tod die Widerstandsgruppe und ihre Strategie in vollem Wissen um ihre Ziele deckt und seine Komplizenschaft mit dem NS-System auslöschen will, macht der Staat daraus einen propagandistischen Akt. Zuckmayer richtet den gesamten Handlungsverlauf auf die »bittere Ironie«[6] dieses letzten Dramenworts: »Staatsbegräbnis.«

Die Intentionen des Autors zielen in *Des Teufels General* deutlich auf einen moralischen Lernprozeß, den sein Protagonist Harras stufenweise auf Grund menschlicher Begegnungen durchmacht.[7] Am Ende sieht Harras im Gespräch mit Oderbruch ein, daß es nicht allein darauf ankommt, intensiv zu leben (den Krieg zu »überleben«, wie er Hartmann anfangs empfiehlt), sondern sich einem »ewigen Recht« zu unterstellen, das sich in »Geist, Natur und Leben« nur dann »erfüllen« kann, wenn »Freiheit« gegeben ist; dahinter steht Zuckmayers Einsicht in eine moralische Ordnung im Universum (Peppard)[8] und in den unmittelbaren Zusammenhang von (politisch garantierter) Freiheit und (moralisch richtigem) Leben. Der Vitalist Zuckmayer fand in den Exiljahren, nach der wertfreieren, neu-sachlichen Phase des *Fröhlichen Weinbergs* (1926), der *Katharina Knie* (1929) und des *Hauptmanns von Köpenick* (1930), zu der ethischeren Problemstellung seiner expressionistischen Anfänge zurück (*Kreuzweg*, 1921) und geriet auffallend in die Nähe Schillerscher Kernvorstellungen. Nach dem Exil schrieb Zuckmayer eine Reihe solcher Problemstücke (*Der Gesang im Feuerofen*, 1950; *Das kalte Licht*, 1955; *Die Uhr schlägt eins*, 1961), so daß *Des Teufels General* einen deutlichen Wendepunkt im Schaffen des Dramatikers markiert.

Der bisher mehr vom Textgehalt und den ethischen Intentionen des Autors her gesehenen Entwicklung korrespondiert der strukturelle Bruch innerhalb der drei (qualitativ abfallenden) Akte sehr genau. Der erste Akt (»Höllenmaschine«) verbindet besten Sekundenstil der Naturalisten Holz, Schlaf und Hauptmann mit Tugenden der Neuen Sachlichkeit (genau reportierte Kriegsrealität an Hand der Zustände im »Bonzen«-Lokal Horcher in Berlin, bis ins Detail der Hors d'œuvres als ›Siegesfrüchte‹). Der vielleicht gelungenste Aspekt des Dramas ist der hellhörig getroffene Dialog mit allen Abschattierungen von Jargon und Dialekt, zum Zünden gebracht durch äußerst geschickte Gruppierungen. Die im Dialog hörbar gemachten Spannungen gelingen über die Reportage hinaus zur Milieustudie; in den Domestikenszenen (in der Nähe Scribes), die den ersten Akt einrahmen, macht das zu Staatsspitzeln in gegenseitiger Abhängigkeit verkommene Hotelpersonal den Mechanismus des NS-Systems als »Höllenmaschine« sichtbar. Das Verhalten der Kellner ist eine gültige Kurzformel für dieses System[9]; das eingebaute Abhörgerät ist ein objektives Korrelat zum allgegenwärtigen Staat (ähnlich George Orwells *1984*, 1949), der »Hölle auf Erden«.[10]

Die indirekte Charakterisierung der Figuren und Probleme im naturalistisch legitimierten Dialog hat jedoch ihre Grenzen, wenn es um die Erhellung komplexerer Konstellationen (wie der von Harras – Oderbruch) geht; die Harras-Figur ist Zuckmayer im ersten Akt so gewinnend, dominierend und dimensioniert geraten, daß die meisten anderen Rollen zur Karikatur (Pützchen, Schmidt-Lausitz) oder zur Schablone (Eilers, Anne, Mohrungen, Pflungk) verkommen. Die moralisch-kritischen Intentionen des Autors können nicht zum Ausdruck gelangen, solange Harras nicht ambivalent genug erscheint. Im ersten Akt bleibt diese Ambivalenz auf Aussagen des Generals beschränkt, während Zuckmayer die anderen Rollen zur effektvollen Affirmation des Menschen Harras orchestriert. Zu den ambivalenten Textstellen gehört das Eingeständnis des Generals, »ganz kalt in die Sache hineingestiegen« zu sein, obwohl er wußte, daß wieder ein »kleiner Weltkrieg« folgen würde; sein Gewissen sagt ihm, daß es besser wäre, den Reichstag zu bombardieren (statt

Kreml oder Buckingham Palace). Harras spricht auch in verräterisch entmensch-
lichender Weise von Guernica als »kleinem Brechreiz« und bringt es fertig, in einem
Hymnus auf das Leben in grotesk-wertfreier Eklektik Herbstbäume, Mineralien
und Sonnenblumen ebenso »schön« zu finden wie »Panzerkreuzer« oder »schwere
Bomber« und »manchmal sogar« ein »menschliches Gesicht«. Trotz seiner exponier-
ten Stellung als Chef der Luftwaffe nimmt der General für sich eine ›Mitläufer‹-
Entschuldigung in Anspruch (»Wenn ein alter Wolf mal wieder Blut geleckt hat,
dann rennt er mit 'm Rudel, auf Deubel komm raus«) und versucht, als »halber
Abenteurer und Luftikus« seine verantwortliche Machtposition herunterzuspielen.
Für die zweite Hälfte des Dramas (die Akte verhalten sich im Gewicht wie 9 : 7 : 4)
wählt Zuckmayer eine Form, die wesentlich deutlicher nach außen stellt, was ihm
im Verlauf der Exilzeit an der Harras-Konzeption immer problematischer wurde.
Bereits im Titel des zweiten Akts, »Galgenfrist oder Die Hand«, ist das Auseinanderklaffen von realistischem Handlungsverlauf (10 Tage Galgenfrist) und expressionistischer Verdeutlichung von Angst und Schicksal (»Die Hand«) impliziert,
im Gegensatz zum objektiven Korrelat des ersten Akt-Titels (»Höllenmaschine«).
Ab Mitte des zweiten Akts erhalten Figuren und Geschehen eine dämonisierende
Folie. Harras beschreibt die nächtlichen Flakscheinwerfer als »riesenhafte« Hand,
die »ungeheuer über die Dächer wächst«; in der Nähe der expressionistischen Vor-
Weltkriegsvisionen Georg Heyms (*Der Krieg*, 1912) läßt Zuckmayer Harras ahnen,
daß jene Schicksalshand (Gottes) »eine ganze Stadt ergreifen« und »wegschmeißen«
kann. Eine weitere Angstvision (»l'heure macabre«) in der Abenddämmerung
macht aus der Wohnung eine von riesigen Fischen bedrohte Taucherglocke und setzt
lyrisch im Werfel-Trakl-Ton ein: »Wenn es Abend wird, in den großen Städten [...].« Das ›zufällig‹ angedrehte Radio dient akustisch-expressiven Effekten mit
»Siegfrieds Tod« aus der *Götterdämmerung*; Harras präfiguriert in der Vermutung,
es könne sich um den Tod eines »Generals oder was« handeln, sein eigenes Staatsbegräbnis. Der betrunkene (expressionistische) Maler Schlick tritt nur auf, um dem
bisher dümmlich plappernden Pützchen als »NS-Blocksberg« Dämonie zu verleihen
und dem Stück in einer Vision vom »Blut-und-Boden-Kult« die biblische Dimension
der Erbsünde hinzuzufügen. Der neuen religiösen Dimension entspricht das gewalt-
sam auf die teuflische Versucherszene stilisierte Liebes- und Machtangebot Pütz-
chens. Man kann dem Autor hier schwerlich folgen, und es war Zuckmayer bei dieser korrigierten Rollenkonzeption offenbar selbst nicht wohl; er läßt Pützchen erklären, sie habe sich bisher nur verstellt (»Halten Sie mich nicht für dümmer als ich
bin«). Ebenso schwach wirkt die ungute Nähe zum Nietzsche-Klischee; der bisher
gegenüber Pützchen eher herablassende General soll sich ihrer nun nur noch mit
einer »schweren, afrikanischen Peitsche« erwehren können. Gegen Aktschluß kommt
erprobte expressionistische Bühnentechnik zur Wirkung; in der Nähe der Kaiser,
Sorge, Toller läßt Zuckmayer auf total dunkler Bühne »fünf bleiche gefächerte
Strahlen« in die Höhe wachsen (»die Finger einer riesenhaft ausgespreizten Hand«).
Während der unsichtbare Harras in seiner Angst zum Gebet findet (»Herrgott im
Himmel. Ich habe Angst«), heißt es in der Bühnenanweisung gestisch-expressiv:
»Seine Stimme kommt aus der Tiefe.«
Der Titel des dritten Akts (»Verdammnis«) impliziert bereits das Pathos Schillers
und der Bibel, und die Diktion dieses kurzen Akts ist so weit in die Nähe Schillers

gerückt, daß in den letzten Szenen vereinzelt fünfhebige Jambenverse in die Prosa interpoliert sind (»Umsonst, vergeblich, ohne Auferstehn« / »Sie sind ein Mörder, Eilers war ein Held« / »mit jedem Herzschlag in die Ohren dröhnt« / »Was weiß ein Mensch, was kann ein Mensch denn wissen«). Auch in diesem Akt gehen religiöse und expressionistische Symbolik eine nicht immer glückliche Mischung ein; »Rötliches Licht« und die karge Szenerie von Flugfeld und Konstruktionsbüro sollen auf »Hades« und »Hölle« hinweisen und bewirken eine weitere Auszehrung aller Nuancen. Anne Eilers kommt in ihrem Trauerkleid »als der Schwarze Engel [...] aus dem Totenreich«; nach einem »kurzen Dunkel«, mitten im Akt, ertönt »ferne Trommelmusik«, und »Fanfaren blasen«, bevor es zum entscheidenden Gespräch zwischen Oderbruch und Harras kommt. Nach Absturz des Generals verkommt die Szene durch »Vaterunser« und »Staatsbegräbnis« zur Schillerschen Schlußapotheose des geläuterten Harras, der seinen »Waffenrock« noch rasch mit »Fliegermantel« und »alter Sturmkappe« vertauscht hat. Gegenüber solchen Effekten muß die grau in grau gezeichnete Oderbruch-Rolle (mit deren Sabotagetätigkeit sich selbst die *London-Times* 1953 nicht abfinden konnte[11]) noch mehr verblassen; Oderbruch kann die ethisch ernstgemeinte Alternative des Widerstands nicht überzeugend verkörpern.

Mit dem ästhetisch-kritischen Horizontwandel der letzten 25 Jahre (und größerer zeitlicher Distanz zur ›deutschen Frage‹ und dem Kriegsgeschehen) springt der epigonale Charakter der Form, besonders der zweiten Dramenhälfte, stärker ins Auge; der anachronistische Versuch, die komplexe politisch-soziale Seite des Stoffes durch die Wandlung einer zentralen Figur in aristotelisch geschlossener Form zu überspielen, konnte kaum gelingen. Hans Mayer artikuliert hierzu in (teilweise) einsichtsvoller Schärfe, die angestrebte graduelle Wandlung zum ›neuen Menschen‹ Harras habe zwar viel mit dem geheimen Schiller-Idealismus der zweiten expressionistischen Generation zu tun (Mayer verweist auf ähnliche Tendenzen bei Friedrich Wolf), aber »nichts« mit den »Folgen des Exils«.[12] Ganz so apodiktisch sollte man im Falle des *Teufels General*-Dramas nicht urteilen; die für Zuckmayer bis dahin ganz ungewöhnliche Aktualität der Stoffwahl (nur ein Jahr trennt historischen Anlaß und Stück), der Stilbruch nach dem I. Akt, die Problematik der Harras- und Oderbruch-Konzeption und ein im Drama enthaltenes Gespräch über das »Faustische« im deutschen Charakter (zwischen Harras und dem Amerikaner Buddy Lawrence) stehen mindestens in mittelbarem Zusammenhang mit der Exilsituation des Autors.

Zuckmayer war nie ein zeitkritischer Schriftsteller im Sinne sozio-politischen Engagements. In einem Brief äußerte er sich (1961) entschieden gegen jede »Neigung, Dichtung mit Ideologie zu verschweißen«: »Rein politische Stücke zu schreiben liegt außerhalb meiner Vorstellung«.[13] Selbst in seinem vor *Des Teufels General* am ehesten an aktuelle soziale Problematik heranreichenden *Hauptmann von Köpenick* (1930) zielten hineingearbeitete Märchenmotive auf eine ahistorisch-›menschliche‹ Deutung; am Ende der Komödie gegen die übertriebene Uniformverehrung der preußischen Militärbürokratie findet auch der preußische Kaiser noch Grund zum Lachen.[14] Diese apolitische Tendenz scheint seit Hitlers ›Machtübernahme‹ in Zuckmayers Werken geradezu programmatisch. Das Stück *Der Schelm von Bergen* (1934) führt in den Bereich mittelalterlicher Legende, die Prosa (*Salwàre*, 1935; *Herr über*

Leben und Tod, 1938; *Der Seelenbräu*, 1945) bleibt, mit Ausnahme des autobiographischen *Pro Domo* (1938), ebenfalls jeder engagierteren Zeitkritik fern; und der Ende 1938 in Zürich aufgeführte *Bellman*[15] fügte eine pseudohistorische Handlung (aus dem Leben des schwedischen Anakreontikers im 18. Jh.) locker um authentische Bellman-Lieder. Die wenigen versteckt zeitkritischen Textstellen dieses Stücks sind jedoch für einen Aspekt im *Teufels General* wichtig: die Kulturpolitik des Dritten Reichs und ihre in der Konstellation General – Kulturleiter implizierte Propagandafunktion (besonders deutlich im Gespräch über E. M. Remarque, den der Kulturleiter kurzerhand zum »Juden« stempelt, weil er Pazifist, Emigrant, Ullstein-Autor und erfolgreich ist). Im *Bellman* richtet sich die Politik aktiv gegen eine freie Dichtkunst (»Die haben jetzt ein Kulturamt gegründet. Da gibts für die Dichter nichts mehr zu lachen«); Bellman verbindet den Ausruf »Nur keine Politik« mit einem Konzept eigener »Hoheitsrechte [...], um die uns kein Vogt und kein Büttel betrügen kann: zu singen, zu lieben, zu träumen«. Der kunstliebende schwedische König (Gustav III.) spricht von den Gefahren einer »Verschwörung der Vernunft«, die den »Geist versklaven«, »Leben vernichten« und »mehr Blut saufen« werde »als alle Barbarenreiche der Vorzeit«. Luise Rinser wies in einer treffenden Porträtskizze auf die Figuren hin, in denen sich Zuckmayer am meisten selbst charakterisierte: Bellman und Harras[16] (der Dramatiker improvisierte die Bellman-Rolle zuerst als Student zur Laute in einem Heidelberger Gartenfest im Jahre 1919). Mit Bellmans anarchischer Lebenslust und Sangesfreude werden jene Züge betont, die auch Harras (und Zuckmayer) mit der ›Jugendbewegung‹ verbinden: Biologismus, Folklorismus, ›Zurück zur Natürlichkeit‹, Lieder zur Laute und antiurbane Abneigung gegen Zivilisation (so sieht Harras in Flugfeld und Konstruktionsbüro einen »Hades« der Technik, dem er die »himmlisch«-organische Fugenkunst Bachs entgegenstellt). Im *Bellman* impliziert die gedanklich unscharfe Dialektik von »Vernunft« und »Politik« kontra Liebe und Dichtkunst Zuckmayers oft irrationale und vitalistisch versetzte Abneigung gegen durchdachtere Einsichten in soziale und politische Konstellationen. Wie der Handlungsverlauf im *Bellman* (auf Grund der authentischen Lebensgeschichte) andeutet, ist dem »Vogt« und »Büttel« mit der Parole »Nur keine Politik« nicht zu widerstehen. Aus den Berührungspunkten zwischen Harras und Bellman (und dem Hinweis auf das »Kulturamt«) erhellt, warum der NS-Gegenspieler des kernigen Harras ein so subalterner »Kulturleiter« sein muß (obwohl es sich um technische Fragen der Flugzeugkonstruktion handeln soll).

Bellman, das eine ›alter ego‹ des Autors, verwandelt sich unter dem Eindruck der Flucht aus Österreich und des Vermonter Bauernlebens in das andere Wunschbild des jugendlichen Karl-May-Lesers (und späteren Hemingway-Bearbeiters[17]) Zuckmayer: den Mann der Tat. Luise Rinser formuliert, Zuckmayers »Sehnsucht nach einem ›rechtschaffenen Männerleben‹« habe ihm bei der Konzeption der Harras-Gestalt »eine leichte Verachtung der Feder« eingegeben; diese Einsicht wird auch für den Stilbruch in einem Stück fruchtbar, das mit der Harras-Rolle steht und fällt: »der Harras des zweiten und dritten Akts ist angekränkelt von Zuckmayers Zweifel an der moralischen Berechtigung der ursprünglichen Konzeption dieses Helden«.[18] Die Gründe für jene erste Konzeption erhellen aus Zuckmayers ›Bestseller‹-Autobiographie *Als wär's ein Stück von mir* (1966). Am Tage nach Österreichs ›Anschluß‹ wollte Emil Jannings (der auch im Harras-Drama gleich zu Anfang als kulinarischer Mitläufer nach »Waldschnepfen« schreit) für Zuckmayer intervenieren, um eine Rückkehr nach Deutschland zu ermöglichen; der Schriftsteller dachte aber zunächst (in einer Kurzschlußreaktion) an Verteidigung in seinem Haus mit Hilfe seines alten Armeerevolvers, dann an Kontaktnahme mit einer deutschen Widerstandsgruppe, um im Lande selbst gegen Hitler zu kämpfen. Nach dem reiferen Entschluß zum Exil kam es an der Schweizer Grenze zu einer grotesken Szene, in der Zuckmayer (dank seiner Medaillen aus dem Ersten Weltkrieg) »wie ein kommandierender General« von einer SS-Ehrenwache zum Schweizer Zug eskortiert wurde; der Autor kam sich vor wie sein eigener ›Köpenick‹.

Es leuchtet ein, daß für Zuckmayer die Nachricht vom ›Staatsbegräbnis‹ seines Freundes Udet (Ende 1941) weniger entscheidend zur voll-dimensionierten Konzeption des Generals Harras beitrug als die Möglichkeit, die eigenen theoretischen Alternativen zur Auswanderung in der zentralen Rolle durchzuspielen.[19] Golo Mann und Matthias Wegner weisen in ihren Studien zur Exilliteratur auf die psychologischen Aspekte der Exilsituation hin, die bei vielen Schriftstellern die Tendenz zum Autobiographischen erheblich verstärkten.[20] Auch Zuckmayer berichtet von der wachsenden Verdüsterung seines Lebensgefühls in den Jahren 1941 und 1942 (bevor er mit der Arbeit an *Des Teufels General* begann), von dem Wunsch und der Unmöglichkeit, sich das Leben der Freunde in Europa vorzustellen, von der Härte des Existenzkampfs, von dem Tod der Freunde Udet und Stefan Zweig und von dem inneren Konflikt (bis zur »Verzweiflung«), »die Niederlage des eigenen Volkes wünschen zu müssen, damit es von seiner Tyrannei befreit werde«: »Mein eigenes Leben in dieser Zeit [...] wurde immer unwirklicher, abseitiger, verwunschener. Ich wußte nicht, was in mir abgestorben war, was schlief, was lebte«. In der Niederschrift des Harras-(Bellman-Udet-Zuckmayer-)Dramas tröstete sich der Autor an der Unmöglichkeit, (wie ursprünglich erwogen) gegen Hitler aktiv zu kämpfen oder, in Deutschland geduldet lebend, seine Menschenwürde zu wahren. Hier liegen die eigentlichen Gründe für die Wahl des höchst aktuellen Stoffes und für die Diskrepanz zwischen dem machtbewußten Fliegergeneral (der dem »Teufel [...] die Bahn gebombt« hatte) und dem Menschen Harras (der mit Udet und Zuckmayer das Geburtsjahr teilt[21]). Zuckmayer begann das Stück unter dem Eindruck, für die Schublade zu schreiben, und unter dem psychologischen Zwang, sich von den andrängenden Problemen in einer schöpferischen ›Katharsis‹ zu befreien.[22] Er schrieb den ersten Akt (und eine Skizze des letzten, mit der fertigen Oderbruch-Szene[23]) »wie in einer Trance« in drei Wochen bis Mitte Januar 1943; noch in einem (sonst eher idyllischen) Gedicht über *Die Farm in den grünen Bergen* (1944) nennt Zuckmayer das Drama »ein brennend Stück« im Sinne eines starken persönlichen Anliegens.

Die Schwächen der Oderbruch-Figur hängen mit dem eigenen Entschluß des Autors (1938) zusammen, den Gedanken an aktiven Widerstand gegen Hitler im Lande selbst als unmöglich und sinnlos fallenzulassen. In einer Diskussion mit Münchner Studenten (1948) sagte Zuckmayer, Oderbruch habe zwar »moralisch überzeugen«, aber keine Lösung darstellen sollen, sondern ein »Symbol der Verzweiflung«: »Für mich ist Oderbruch eine Art Selbsterlösung gewesen, denn der Schritt vom Wunsch zur Tat, den er in diesem Stück ausführt, ist der Ausdruck dessen, was unzählige

Menschen empfunden und gelitten haben.«[24] Im Exil fühlte sich der Schriftsteller gedrängt, wenigstens einen Schritt vom Wunsch zum politischen Pamphlet zu unternehmen; als er von Stefan Zweigs Selbstmord im brasilianischen Exil hörte, veröffentlichte er auf deutsch und englisch einen »Aufruf zum Leben« (1942)[25]. Von den prominenteren Schriftstellern fühlten sich nur Thomas Mann und Carl Zuckmayer in diesen Jahren solidarisch mit allen Exilierten ungeachtet politisch-dogmatischer Bindungen. Beide waren tief und negativ von dem Selbstmord Stefan Zweigs betroffen, da sie das Überleben aller Exilierten als moralischen Sieg über Hitler und das NS-System betrachteten.[26] In seinem äußerst militant formulierten Appell mahnte Zuckmayer die Exilschriftsteller zum Überleben aus »Trotz« und »Wut«: »Keiner von uns darf sterben, solange Hitler lebt. [...] Denkt: lieber soll jeder von uns [...] noch seine Faust um eine Waffe klammern, und ein Guerillakämpfer werden [...].«[27] Die Oderbruch-Rolle hat aus dieser Einstellung ihren fanatischen Aspekt, jenes »Wir dürsten nach Untergang«, das Zuckmayer für seine *Meisterdramen*-Ausgabe (1966) eliminierte.

In einem Gespräch mit Horst Bienek (1961) räumte der Autor ein, man merke es dem zweiten Akt »noch heute« an, daß er ihm »sehr schwer gefallen« sei[28]; tatsächlich zog sich die Ausarbeitung dieses Akts (und von Teilen des dritten) über weitere zwei Jahre hin; die vollendete Fassung trägt das Datum Juli 1945. Dazwischen lagen Stalingrad, der Tod zweier Freunde in der Widerstandsbewegung (Carlo Mierendorff und Theo Haubach[29]), der Aufstand des 20. Juli 1944, die zunehmend auf eine Kollektivschuldthese zusteuernde Deutschland-Diskussion in den USA (nach der Ardennen-Offensive und den Nachrichten aus KZs), schließlich die deutsche Kapitulation. Das wechselnde Kräftespiel der Geschichte selbst hatte es unternommen, mit jedem neuen Aspekt des Kriegsverlaufs die aktuell datierte Bühnenkonzeption Zuckmayers fragwürdiger erscheinen zu lassen. Mußte der Autor 1942/43 noch die Niederlage Deutschlands wünschen, während er für die Schublade schrieb, so schien es 1944 mit der Niederlage nicht mehr weit hin zu sein, aber der wachsende Haß der Alliierten ließ Zuckmayer nur noch energischer gegen eine Kollektivschuldthese argumentieren[30]; in diesem Sinne schien eine Aufführung des Stückes wünschbar. Nach dem 20. Juli 1944 mußte Zuckmayer die ursprüngliche Widmung für den »unbekannten Kämpfer« durch die Namen der Freunde Haubach, Leuschner, v. Moltke ersetzen (Mierendorff war durch eine Bombe in Leipzig gestorben); wieder schien eine Überprüfung der Harras-Oderbruch-Konzeption geboten, denn es gab Männer in der Position eines Harras, die am 20. Juli eher wie Oderbruch handelten; die Gewichte waren falsch verteilt. Kein Wunder, daß Zuckmayer mit verdoppelter Energie aus dem Bereich des aktuellen Milieus in eine überzeitlich-ethische Fragestellung auswich: (Harras) »Neue Zeit. Ich glaube – – das ist auch so etwas, was es gar nicht gibt. [...] Wo aber ein Mensch sich erneuert – – da wird die Welt neu geschaffen.«

Die prominente amerikanische Journalistin Dorothy Thompson (Mrs. Sinclair Lewis) half Zuckmayer und seiner Frau in den Exiljahren, wo sie nur konnte, und blieb von der Existenz eines besseren Anderen Deutschland überzeugt. Diese Freundschaft findet ihre dramatische Spiegelung in dem Gespräch Harras – Buddy Lawrence über Deutschland. Harras ist sich selbst unheimlich geworden, ebenso wie er sich aus der faustischen Komplexität des deutschen Volkes heraussehnt; man möchte hinzufügen: aus der ›deutschen Frage‹. Während Lawrence schlicht feststellt: »Ich liebe Deutschland«, wünscht sich Harras nach Amerika, zu einem »simplen Volk ohne Wahn- und Aberwitz«[31], und übt bittere Selbstkritik (»Wolkenjäger und Schindknechte. Ein miserables Volk«). Zuckmayer versucht (durch die deutsch-amerikanische Thematik an die eigene Exillage gemahnt) ein paar Sätze lang aus der geschlossenen Form auszubrechen, um die problematische Harras-Rolle zu diskutieren: »Wir sind alle in Rollen versteckt und wissen ihr Ende nicht. [...] Wieviel Böses lauert denn in dir selbst? Frag den Autor. Ist er verrückt? Oder – ein Schwindler? Gehört er angebetet oder ans Kreuz geschlagen? [...] Und hat er uns wenigstens gute Rollen geschrieben – – in einem schlechten Stück? Oder umgekehrt?...« Die Frage nach dem Bösen in jedem Menschen ist innerhalb dieses aristotelisch-geschlossenen Stücks überraschend modern gestellt und hat die deutsche Literatur seit etwa 1960 mit einem neuen Ansatz (auf das Autoritäre ›um uns‹ gerichtet) an die Probleme des faschistischen Einbruchs herangehen lassen. Für Zuckmayer markiert die Passage ziemlich genau den strukturellen Drehpunkt in diesem Stück, aber auch einen entscheidenden Wendepunkt seines Schaffens; das in seinen Vorkriegsdramen fraglos akzeptierte vitalistische Menschenbild wird nun ernsthaft in Zweifel gezogen. Wie problematisch Zuckmayer über dem Harras-Stück und in den schweren Exiljahren das Schreiben überhaupt geworden war, zeigt ein Brief an Friderike Zweig (1944), der zeitlich und thematisch in die Nähe der zitierten Passage gehört; Zuckmayer ist stolz auf die Ernte selbstgepflanzter Kartoffeln und spricht von einer »abgründigen Verachtung« gegenüber dem Schreiben als einem »kindischen Versuch, den Lieben Gott zu spielen«.[32] Die merkwürdig antiquierte Auffassung vom allwissenden Autor steht in engem Zusammenhang mit der geschlossenen Form (und ihrer Verkörperung geschichtlicher Kräfte in Hauptakteuren). Der kurze Ausbruch in die offene Form (in den Harras-Fragen an das Publikum) antizipiert von ferne die vielen Nachkriegsdiskussionen im Anschluß an dieses Stück und in Gegenwart des Autors.

Das deutsche Nachkriegspublikum mißverstand *Des Teufels General* erwartungsgemäß, als es den General Harras ganz hinter den Menschen verdrängte, um sich mit diesem je nach eigenem Bedarf fragmentarisch zu identifizieren[33]; statt darin das Problem der Mitverantwortung des einzelnen am Staat (die Schuld des Generals) zu sehen, fand man in dem Stück die ›Tragödie‹ der vergangenen Jahre und das eigene Mitgefangensein im Teufelskreis der Entwicklung reflektiert. Zuckmayer war gut beraten, als er das Drama 1963 aus dem Bühnenverkehr zog, weil es »allzu leicht, im positiven oder negativen Sinne, als Entschuldigung eines gewissen Mitmachertyps mißzuverstehen« sei[34]. Der Grund für jene Mißverständnisse lag zu einem guten Teil beim Autor selbst; so stieß seine abstrakt geratene Oderbruch-Figur beim Nachkriegspublikum auf geschlossene Ablehnung. Die Rezeption einer Neuinszenierung 1967 läßt sich leicht an den Rezensionstiteln ablesen: »Die Provokation ist vergangen«, »Drama des sinnlosen Widerstands«, »Der Weg ins Nichts«, »Sudermann Redivivus?«, »Endgültig beim Teufel«.[35] Im Lichte der Nachkriegsrezeption ist für die zweite Hälfte des Dramas (mit faustisch-biblischer Emblematik und tragischer Schicksalshand) dieselbe Kritik legitim, die Ernst Fischer dem *Faustus*-Roman (1947) Thomas Manns angedeihen ließ; Fischer sprach (1949) von dem Rückfall in eine »Schicksalstragödie«, in welcher Geschichte als »mythologisches Ungewitter über die

Köpfe [...] hinwegrollt«; das Soziale »verdampft in Psychologie, Myt
Dämonologie«.[36] Zuckmayers anachronistische Anwendung des traditionell(
blemstücks (mit Wandlung der Hauptfigur) auf zeitgenössische historisch-politische
Konflikte findet ihre Fortsetzung in Rolf Hochhuths Dokumentarstück *Der Stellvertreter* (1963); für beide Stücke gilt der Kommentar Theodor W. Adornos (an
Hochhuth, 1967) mit seiner dem Höllenmotiv adäquaten Formulierung: »Überall
wird personalisiert, um anonyme Zusammenhänge, die dem theoretisch nicht Gewit-
zigten nicht länger durchschaubar sind und deren Höllenkälte das verängstigte Bewußtsein nicht mehr ertragen kann, lebendigen Menschen zuzurechnen und dadurch
etwas von spontaner Erfahrung zu erretten. [...] Daß das allerdings gelinge, dazu
bedarf es wirklich schon des *Guernica*bildes oder des Schönbergschen *Überlebenden
von Warschau*. Keine traditionelle Dramaturgie von Hauptakteuren leistet es mehr.
Die Absurdität des Realen drängt auf eine Form, welche die realistische Fassade zer-
schlägt.«[37] Die »Höllenkälte« der NS-Vorgänge wurde dem exilierten Zuckmayer
zum dringenden Bedürfnis nach kathartischer Selbstbefreiung im Drama; sie half
ihm beim Überleben und regte das Nachkriegspublikum zu klärenden Diskussionen
an; der erste Akt bleibt in Dialog und Struktur eine Meisterleistung in der naturalistischen Tradition. Dies alles mag als Apologie eines ›gut gemachten‹ Stücks von
eklektischer Anziehungskraft gelten, dessen problematische Titelrolle dem Autor zu
autobiographisch-liebenswert gelang und der er doch Sätze in den Mund legen
mußte, wie den von Guernica als »kleinem Brechreiz«. Zu einer rückhaltlosen Akklamation des Gesamtkonzepts wird sich wohl auch bei größerem zeitlichen Abstand
kein kritisches Publikum bereitfinden.

Anmerkungen

1. Carl Zuckmayer: »Als wär's ein Stück von mir«, S. 536.
2. Alfred Andersch: »Deutsche Literatur in der Entscheidung«. Karlsruhe 1948. S. 20.
3. Bauer (s. Lit.), S. 73.
4. Albrecht Schröder: »La réaction du public allemand devant des œuvres littéraires de caractère politique pendant la période 1945–1950«. Genf 1964. S. 192 f.
5. Paulsen (s. Lit.), S. 356.
6. Bienek (s. Lit.), S. 170.
7. Vgl. Engelsing-Malek (s. Lit)., S. 81 f.
8. Murray B. Peppard: »Moment of Moral Decision: Carl Zuckmayer's Latest Plays«. In: »Monats-hefte«. Madison, Wisconsin 1952. S. 349–356.
9. Vgl. dazu auch: Hans Erich Nossack: »Dies lebenlose Leben. Versuch über den NS-Alltag«. In: »Merkur« 227 (1967) S. 134–149.
10. Carl Zuckmayer: »Persönliche Notizen zu meinem Stück ›Des Teufels General‹«. In: »Die Wandlung«. Heidelberg 1948. S. 331 ff.
11. »›The Devil's General‹ by Carl Zuckmayer«. In: »The Times« (24. 9. 1953) S. 8: »[...] the ice-cold Oderbruch, [...] who has no doubt of the ethical principle which guides him through the devious paths of high souled treachery [...]«.
12. Hans Mayer: »Deutsche Literatur seit Thomas Mann«. Reinbek bei Hamburg 1968 (Rowohlt Taschenbuch, Bd. 1063). S. 52.
13. Schröder, a. a. O., S. 48, Anm. 18; S. 47, Anm. 17: Brief an Professor Reinbold (3. 1. 1961).
14. Vgl. dazu auch: Paul Rilla: »Zuckmayer und die Uniform«. In: »Literatur, Kritik und Polemik«. Berlin 1950. S. 7 f.

15. Der endgültige Titel des Stücks lautet: »Ulla Winblad oder Musik und Leben des Carl Michael Bellman«. Frankfurt a. M. u. Berlin 1953.
16. Rinser (s. Lit.), S. 47 f.
17. Vgl. Jacobius: »Carl Zuckmayer . . .« (s. Lit.), S. 70; Zuckmayer bearbeitete Ernest Hemingways »Farewell to Arms« 1930 unter dem Titel »Kat« (unveröffentlichtes Manuskript).
18. Rinser (s. Lit.), S. 61.
19. Vgl. dazu auch Paulsen (s. Lit.), S. 356.
20. Vgl. Golo Mann (s. Lit. d. Einl.), S. 38–49, und Wegner (s. Lit. d. Einl.), S. 86 f.
21. Beim ersten Auftritt des Generals heißt es in der Bühnenanweisung: »Er mag nicht älter als fünfundvierzig sein«; das gilt für das Jahr 1941; Zuckmayer und Udet sind 1896 geboren.
22. Zuckmayer: »Als wär's ein Stück von mir«, S. 518.
23. Zuckmayer: »Persönliche Notizen«, a. a. O., S. 331.
24. Schröder, a. a. O., S. 88, Anm. 159; es handelt sich um die Diskussion am 29. Februar 1948. Vgl. dazu auch: Zuckmayer: »Persönliche Notizen«, a. a. O.
25. Carl Zuckmayer: »Appeal to the Living«. In: »Free World«, New York, 3 (1942) S. 40 f. Vgl. auch: Carl Zuckmayer: »Aufruf zum Leben«. In: »Aufbau« 8/12 (1942); auch in: Schwarz / Wegner (s. Lit. d. Einl.), S. 126–130.
26. Vgl. dazu: Wegner (s. Lit. d. Einl.), S. 94 f.
27. Zuckmayer: »Aufruf zum Leben«. Hrsg. von Schwarz / Wegner (s. Lit. d. Einl.), S. 129.
28. Bienek (s. Lit.), S. 170.
29. Vgl. Zuckmayer: »Als wär's ein Stück von mir«, S. 536; vgl. auch Zuckmayer: »Carlo Mierendorff, Porträt eines deutschen Sozialisten, Gedächtnisrede«. New York 1944 (Selbstverlag).
30. Zuckmayer: »Als wär's ein Stück von mir«, S. 536.
31. Vgl. dazu auch Zuckmayer: »Amerika ist anders«. In: »Neue Schweizer Rundschau« 8 (1948) S. 451–474.
32. Zuckmayer: »Brief an Friderike Zweig 28. 2. 1944«. In: »Verbannung. Aufzeichnungen deutscher Schriftsteller im Exil«. Hrsg. von Schwarz / Wegner. S. 146 ff.
33. Vgl. dazu die in der Bibliographie von Jacobius nicht aufgeführte, sehr aufschlußreiche rezeptionsanalytische Arbeit von Schröder: »La réaction . . .«, a. a. O., S. 44–98. Schröder fällt auf, daß die Presse in ungewöhnlicher Breite das Stück diskutiert, aber nur als Politikum. Man sah in General Harras eine Spezialisten- (mit Pflichtethos) oder Mitläufertyp. Mit Recht fragt sich Schröder, wie jemand Mitläufer sein und doch so schuldig werden kann, daß der Tod als adäquate Sühne erscheint. So erkennt Schröder beim Publikum einen psychologischen Identifikationszwang mit Harras, was nur durch Aufspaltung des Protagonisten in viele Einzelaspekte möglich wird. Die ethischen Intentionen Zuckmayers werden nicht klar erkannt. Man glaubt auch, ganz Deutschland sei hier reinkarniert (während der NS-Jahre) im Sinne einer unvermeidbaren Tragödie.
34. Friedrich Luft: »Gloriole für den Mitläufer«. In: »Die Welt« (24. 1. 1967).
35. Vgl. Jacobius: »Carl Zuckmayer . . .« (s. Lit.), S. 304–308.
36. Ernst Fischer: »Dichtung und Deutung. Beiträge zur Literaturbetrachtung«. Wien 1953. S. 313 f.
37. Theodor W. Adorno: »Offener Brief an Rolf Hochhuth«. In: »FAZ« (10. 6. 1967).

Werke

Der Schelm von Bergen. Berlin: Propyläen 1934.
Salwàre oder die Magdalena von Bozen. Berlin: S. Fischer 1935; Wien: Bermann-Fischer 1936.
Ein Sommer in Österreich. Wien: Bermann-Fischer 1937.
Pro Domo. Stockholm: Bermann-Fischer 1938.
Herr über Leben und Tod. Stockholm: Bermann-Fischer 1938.
Bellman. Chur: A. G. f. Verlagsrechte 1938. U. d. T.: Ulla Winblad oder Musik und Leben des Carl Michael Bellman. Frankfurt a. M.: S. Fischer 1953.
Aufruf zum Leben. In: Aufbau 8/12 (1942) S. 3.
Carlo Mierendorff. Gedächtnisrede gesprochen am 12. März 1944 in New York. Berlin: Suhrkamp 1947.
Der Seelenbräu. Stockholm: Bermann-Fischer 1945.

Des Teufels General. Stockholm: Bermann-Fischer 1946.
Amerika ist anders. Vortrag vom 10. November 1948 in der Universität Zürich. In: Neue Schweizer Rundschau NF 8 (1948) S. 451–474.
Als wär's ein Stück von mir. Horen der Freundschaft. Frankfurt a. M.: S. Fischer 1966.

Gesammelte Werke. 4 Bde. Berlin u. Frankfurt a. M.: S. Fischer 1960.

Literaturhinweise

Boleslaw Barlog: Zuckmayers Theater. In: Die Zeit (23. 12. 1966).
Raymond E. Barrick: A characterization of the mystical philosophy of Carl Zuckmayer as revealed in his life and works. Ann Arbor (University Microfilms) 1964, III, 181.
Otto Basil: Umriß von Carl Zuckmayer. In: Wort in der Zeit 6 (1960) S. 11–19.
Arnold Bauer: Carl Zuckmayer. Berlin 1970.
Horst Bienek: Carl Zuckmayer. In: Werkstattgespräche mit Schriftstellern. München 1962. S. 164 bis 178.
Elisabeth Brock-Sulzer: Doch kein Theater von gestern? Revision in der Sache Zuckmayer. In: Theater heute 6 (1965) S. 40 f.
Ingeborg Drewitz: Im Leben zu Hause. Carl Zuckmayer – Versuch eines Porträts. In: Merkur 20 (1966) S. 1195–1199.
Ingeborg Engelsing-Malek: ›Amor Fati‹ in Zuckmayers Dramen. Berkeley u. Konstanz 1960.
Henry Glade: Carl Zuckmayer's ›The Devil's General‹ as Autobiography. In: Modern Drama. Lawrence, Kansas 9 (1966) S. 54–61.
Arnold John Jacobius: Motive und Dramaturgie im Schauspiel Carl Zuckmayers. Frankfurt a. M. 1971.
– Carl Zuckmayer. Eine Bibliographie 1917–1971. Frankfurt a. M. 1971.
Marianne Kesting: Carl Zuckmayer – zwischen Volksstück und Kolportage. In: Panorama des zeitgenössischen Theaters. 58 literarische Porträts. München 1969. S. 278–283.
Wolfgang Paulsen: Carl Zuckmayer. In: Deutsche Literatur im 20. Jahrhundert. Hrsg. von Otto Mann u. Wolfgang Rothe. Bd. 2. Bern u. München ⁵1967.
Luise Rinser: Carl Zuckmayer. In: Der Schwerpunkt. Frankfurt a. M. 1960. S. 47–70.

III

Lexikalischer Teil

Der bio-bibliographische Anhang ist als informative Ergänzung und Abrundung des Buches gedacht und soll vor allem die Exulanten berücksichtigen, die als Schriftsteller im ersten Teil erwähnt sind, ohne daß im zweiten Teil ihr Werk eine ausführlichere Interpretation erfahren konnte. Der Schwerpunkt liegt auch hier auf den im Exil von 1933 bis 1945 entstandenen Werken. Es wird jedoch versucht, ebenso Werke einzubeziehen, die zwar im Exil entstanden sind, aber erst nach 1945 veröffentlicht wurden.

Abusch, Alexander (Ps. Ernst Bayer, Ernst Reinhardt): Geb. 14. 2. 1902 in Krakau. 1916 Beginn einer kaufmännischen Lehre in Nürnberg, 1928 Mitglied der ›Freien Sozialistischen Jugend‹, von 1921 bis 1924 als Red. für verschiedene kommunistische Blätter in Bayern, Thüringen, im Ruhrgebiet, in Berlin u. im Saarland tätig. 1923 Flucht vor Hochverratsverfahren, Fortsetzung illegaler politischer Arbeit. Im Juni 1933 ins Exil nach Frankreich, im Kreis um Münzenberg publizistisch tätig. Nach Kriegsausbruch in Frankreich interniert, 1941 Flucht nach Mexiko, dort von 1941 bis 1946 Chefred. der Zeitschrift »Freies Deutschland«. 1946 Rückkehr nach Deutschland, Ost-Berlin, von 1946 bis 1953 Bundessekretär des ›Kulturbundes zur demokratischen Erneuerung Deutschlands‹, von 1954 bis 1956 Stellvertretender Minister für Kultur, 1956 Staatssekretär, 1958 Minister für Kultur, seit 1961 Stellvertreter des Vorsitzenden des Ministerrates. Für eine Schiller-Biographie 1955 Nationalpreis der DDR.
W e r k : Der Irrweg einer Nation. Mexiko: El Libro libre 1945 (Übers.: bulg., franz., ital., jap., poln., russ.).

Adler, Bruno (Ps. Urban Roedl): Geb. 14. 10. 1888 in Karlsbad, gest. 26. 12. 1968 in London. Studium in Wien, Erlangen u. München, Dr. phil., Dozent für Kunstgeschichte von 1920 bis 1930, in Verbindung zum Bauhaus. Hrsg. der Jahrbuches »Utopia«. 1933 Flucht in die Tschechoslowakei, 1936 nach England. Tätigkeit im German Service der BBC, von 1944 bis 1950 Chefred. des Digest »Die neue Auslese«.
W e r k e : Kampf um Polna. R. Prag: Kacha 1934 (Übers.: tschech., ung.) – Adalbert Stifter. Biogr. Berlin: Rowohlt 1936 – Hrsg.: Adalbert

Stifter, Abdias. London: World's Alliance of the Young Men's Christian Associations War Prisoners' Aid 1945.

Aloni, Jenny: Geb. 7. 9. 1917 in Paderborn. Studium der hebräischen Sprache in Berlin. Lehrerin u. Jugendleiterin der jüdischen Jugendhilfe bis zur Einwanderung in Israel 1939. 1942 bis 1946 in der britischen Armee (A. T. S.), danach Fürsorgerin, lebt in Ganei Jehuda in der Nähe von Tel Aviv. 1967 Kulturpreis der Stadt Paderborn. Hat erst 1956 zu veröffentlichen begonnen: Lyrik u. Prosa im Eckart- u. Herder-Verlag.

Anders, Günther (d. i. Günther Stern): Geb. 12. 7. 1902 in Breslau. Studium der Philosophie, Psychologie u. Kunstgeschichte in Hamburg, Freiburg i. Br. u. Berlin, 1925 Dr. phil. 1933 ins Exil nach Frankreich, 1936 in die USA. Erhielt 1936 den Novellenpreis des Querido Verlags. 1950 Rückkehr nach Deutschland. Durch kulturphilosophische Arbeiten bekannt geworden.
W e r k e : Der Hungermarsch. Nov. Amsterdam: Querido 1936 – Pathologie de la Liberté. Essay. Paris: Boivin 1936 – Die Schrift an der Wand. Tagebücher 1941–1966. München: Beck 1967. Unveröffentlicht: Die Molussische Katakombe. R. – Die Stafette. Gesammelte Dichtungen – SS-Mann Kohn. R.

Arendt, Erich: Geb. 15. 4. 1903 in Neuruppin. Lehrerstudium, Bankangestellter u. Journalist. Erste Veröffentlichungen in »Der Sturm«. 1926 Mitglied der KPD u. 1928 des ›Bundes proletarisch-revolutionärer Schriftsteller‹. 1933 Emigration in die Schweiz, 1936–39 Teilnahme am Span. Bürgerkrieg, anschließend in Frankreich, seit 1942 in Kolumbien, 1950 Rückkehr nach

Deutschland, Ost-Berlin. 1952 Nationalpreis der DDR, als Übersetzer Pablo Nerudas 1956 Übersetzerpreis der DDR, 1966 J.-R.-Becher-Preis.
W e r k e : Héroes. Narraciones para soldados. Barcelona: Ediciones 27 division 1938 – Trug doch die Nacht den Albatros. Ged. Berlin: Rütten u. Loening 1951 – Bergwindballade. Ged. des span. Freiheitskampfes. Berlin: Dietz 1952 – Unter den Hufen des Winds. Ausgew. Ged. 1926–1965. Reinbek: Rowohlt 1966.

Arnau, Frank (Ps. Don Urana): Geb. 9. 3. 1894 in Wien. 1933 Flucht nach Frankreich, 1934 nach Spanien, 1936 wieder Frankreich, 1939 nach Brasilien. Kehrte 1955 nach Deutschland zurück.
W e r k e : La loi qui tue. Paris: Coll. Zeluk 1934 (nur franz., urspr. dt.) – Die braune Pest. Saarbrücken: Verl. Dt. Freiheit 1934 – Coups de feu dans la nuit. Barcelona: Ed. Echo 1934 – La Cadena cerrada. Barcelona: Ed. Juventud 1936 – Tiros dentro da noite. Rio de Janeiro: Ed. Vecchi 1940/41 – A sombra do corcovado. Ebd. 1940/41 – A luta na sombra. Ebd. 1940/41 – A cadeia fechada. Ebd. 1940/41 – A face do poder. Ebd. 1940/41 – Un meurtre légal. Rio de Janeiro: Ed. Chantecler 1943 – A grande Muralha. Rio de Janeiro: Vecchi 1944 – Die Maske mit den Silberstreifen. Bern: Hallwag 1944 – Paul von Goetsch. R. 1949 – So ging der Fuchs in die Falle. R. In: Neue Illustrierte (Köln) 1950. U. d. T.: Pekari No. 7. Frankfurt a. M.: Verl. Das Goldene Vlies 1956.

Arpe, Verner: Geb. 11. 1. 1902 in Hamburg. Besuch der Schauspielschule, Schauspieler u. Regisseur. 1937 Flucht aus politischen Gründen nach Schweden, Tätigkeit als Theaterhistoriker, Dramaturg, Verlagslektor, Übersetzer, Vortragsreisender. Seit 1948 schwed. Staatsbürger. Lediglich theatergeschichtliche Publikationen.

Auerbach, Erich: Geb. 9. 11. 1892 in Berlin, gest. 13. 10. 1957 in New Haven, Conn. (USA). Prof. f. Romanistik . 1936 in die Türkei emigriert, 1947 nach USA. 1936–47 Prof. an der Univ. Istanbul, ab 1947 an der Yale University.
W e r k e : Mimesis. Dargestellte Wirklichkeit in der abendländischen Literatur. Bern: Francke 1946 (Übers.: span., engl., ital., hebr.) – Introduction aux études de philologie romane. Frankfurt a. M.: Klostermann 1949 (Übers.: türk.).

Auernheimer, Raoul-Othmar (Ps. R. Heimern, R. Othmar): Geb. 15. 4. 1876 in Wien, gest. 6. 1. 1948 in Berkeley, Calif. Dr. jur. an der Univ. Wien. Cousin Theodor Herzls, dessen Nachfolger im Feuilleton der »Neuen Freien Presse«. In den zwanziger Jahren Präsident des österr. PEN-Clubs. 1938 verhaftet, in das KZ Dachau gebracht, nach fünf Monaten auf die Intervention Emil Ludwigs hin entlassen. Über Venedig in die USA ins Exil. Behandelt in seinen Romanen Themen des Wiener Gesellschaftsmilieus u. der österr. Geschichte.
W e r k e : Prince Metternich. Statesman and Lover. New York: Alliance Book 1940 (Übers.: span.); dt.: Wien: Ullstein 1947 – Franz Grillparzer. Der Dichter Österreichs. Ebd. 1948 – Das Wirtshaus zur verlorenen Zeit. Erlebnisse u. Bekenntnisse. Ebd. 1948.

Balázs, Béla (d. i. Herbert Bauer): Geb. 4. 8. 1884 in Szeged, gest. 17. 5. 1949 in Budapest. Verließ Ungarn 1919, seit 1926 Schriftsteller u. Filmregisseur in Deutschland. 1931 in die Sowjetunion exiliert, als Prof. an der Filmakademie in Moskau tätig, 1945 Rückkehr nach Ungarn.
W e r k e : Intellektuelle Bedenken. Prag: Verl. d. Linksfront 1933 – Karlchen, durchhalten. Moskau: Verlagsgen. ausländ. Arbeiter 1936 (Jugendbuch) – Karl Brunner. Drama. Moskau: Iskusstvo 1937 (Übers.: russ.) – Mozart. Kiew: Verl. f. nat. Minderheiten 1939 (Dramat. Lebensbild – Übers.: russ.) – Internationalisten. Moskau: Internat. Buch 1939 (Filmballade) – Heinrich beginnt den Kampf. Ebd. 1939 (Kinderbuch – Übers.: russ.) – Das Märchen vom richtigen Himmelblau. Moskau: Meshdunarodnaja Kniga 1940 – Gedichte (ung.). Ebd. 1940 – Der mächtige Verbündete. Erz. Moskau: Internat. Buch 1941 – Irdische u. himmlische Liebe (russ.). Kom. Moskau: Iskusstvo 1945 – Die Jugend eines Träumers. Wien: Globus-Verl. 1948 (autobiogr. R.).

Balk, Theodor (d. i. Fodor Dragutin, Ps. T. K. Fodor): Geb. 22. 9. 1900 in Zemun (Jugoslawien). Studium der Medizin, 1924 Dr. med. in Wien. Deutschschreibender jugoslawischer Schriftsteller, ging aus politischen Gründen 1929 nach Deutschland. Seit 1929 Red. der Zeitschrift »Die Linkskurve« in Berlin, Mitglied der KPD u. des ›Bundes proletarisch-revolutionärer Schriftsteller‹. 1933 von Berlin nach Prag, von 1933 an in Paris, von 1937 bis 1939 als Bataillonsarzt im Span. Bürgerkrieg, 1939 wieder in Frankreich, bei Kriegsausbruch interniert, 1941 nach Mexiko. 1945 Rückkehr nach Jugoslawien, Tätigkeit beim Dokumentarfilm, seit 1948 in Prag als Red. des dt.sprachigen Blattes »Aufbau und Frieden« u. der »Volkszeitung«.
W e r k e : Hier spricht die Saar. Ein Land wird interviewt. Zürich: Ring-Verl. 1934; Moskau:

Verlagsgen. ausländ. Arbeiter 1934 (Übers.: engl.) – Ein Gespenst geht um. Eingel. von E. E. Kisch. Paris: Combat 1934 – Das verlorene Manuskript. Moskau: Verlagsgen. ausländ. Arbeiter 1935; Mexiko: El Libro libre 1943; Berlin: Dietz 1949 (Reportage – Übers.: span.) – Die Rassen. Mythos und Wahrheit. Zürich 1935 (Übers.: franz., serbokr., span.) – La Quatorzième. Madrid 1937 – Führer durch Sowjet-Krieg und Frieden. Mexiko: El Libro libre 1942 – El Marisal Tito. Mexiko: Nuevo Mundo 1944.

Barth, Max: Geb. 22. 1. 1896 in Waldkirch i. Br., gest. 15. 7. 1970. Volksschullehrer u. Journalist, Hrsg. der Wochenzeitung »Die Richtung«. Mitglied des ›Bundes revolutionärer Pazifisten‹ u. der KPD, 1933 ausgeschlossen. 1933 in die Schweiz, von 1933 bis 1934 in Frankreich, von 1934 bis 1935 in Spanien, von 1935 bis 1938 in der Tschechoslowakei, von 1938 bis 1940 in Norwegen, von 1940 bis 1941 in Schweden, von 1941 bis 1950 in den USA. Rückkehr nach Deutschland.
W e r k : Omar Khaijam. Die Rubaijat. Frankfurt a. M.: Europ. Verl. Anst. 1963 (im Exil entstanden).

Baudisch, Paul (Ps. George Roland): Geb. 19. 6. 1899 in Wien, Studium der Naturwissenschaften, von 1926 bis 1933 als Schriftsteller u. Übersetzer in Berlin, Vorsitzender des ›Bundes Deutscher Übersetzer‹, Mitglied der KPD. 1933 aus politischen Gründen ins Exil, zuerst nach Wien, 1938 nach Paris u. 1939 nach Schweden. 1957 Rückkehr in die Bundesrepublik, Mitglied des PEN.
W e r k e : Simone u. der Friede. Urauff. 1945 – Mein Name ist Christopher. 1948 – Die treue Maria. 1949 (sämtlich Bühnen-Manuskripte) – Übers.: H. Nicholson: Ist der Krieg unvermeidlich? Stockholm: Bermann-Fischer 1939 – Schalom Asch: Der Nazarener. Ebd. u. Amsterdam: de Lange 1940 – E. Hemingway: Wem die Stunde schlägt. 5.–7. Aufl. Stockholm: Bermann-Fischer 1941 – Roosevelt spricht. Die Kriegsreden des Präsidenten. Ebd. 1945.

Bauer, Fritz: Geb. 16. 7. 1903 in Stuttgart, gest. 29. 6. 1968 in Frankfurt a. M. Dr. jur., vor 1933 Richter in Stuttgart, nach 1933 Generalstaatsanwalt in Frankfurt a. M. Aus politischen Gründen von 1933 bis 1936 KZ-Haft, 1936 Flucht nach Dänemark, 1943 nach Schweden, 1945 Rückkehr nach Deutschland, als Generalstaatsanwalt in Hessen tätig.
W e r k e : Penge. Kopenhagen: Martin 1941 (Übers.: schwed.) – Krigsförbrytarna inför domstol (Die Kriegsverbrecher vor Gericht).

Stockholm: Ebd. 1944 (Übers.: dän.); dt.: Zürich: Europa-Verl. 1945 – Ökonomiks Nyorientering. Kopenhagen: Martin 1945 – Monopolernes Diktatur. Kopenhagen: Fremad 1948.

Baum, Vicki: Geb. 24. 1. 1888 in Wien, gest. 29. 8. 1960 in Hollywood. Eine der erfolgreichsten Unterhaltungsschriftstellerinnen. 1931 in die USA eingewandert. Seit 1938 amer. Staatsbürgerschaft.
W e r k e : Das große Einmaleins. Amsterdam: Querido 1935 – Die Karriere der Doris Hart. Ebd. 1936 – Der große Ausverkauf. Ebd. 1937 – Liebe u. Tod auf Bali. Ebd. 1937 – Bomben über Shanghai. Ebd. 1937 – Hotel Shanghai. Ebd. 1939 – Shanghai 37. Amsterdam: de Lange 1939 – Die große Pause. Stockholm: Bermann-Fischer 1941 – Marion Alive. New York: Doubleday 1941 – The Weeping Wood. Ebd. 1943 – Berlin Hotel. Ebd. 1943 – Schicksalsflug. Amsterdam: Querido 1947 – Es war alles ganz anders. Erinnerungen. Berlin: Ullstein 1962. U. d. T.: I Know What I'm Worth. London: Joseph 1964 u. a.

Becher, Johannes R.: Geb. 22. 5. 1891 in München, gest. 11. 10. 1958 in Ost-Berlin. Studium der Philologie u. Medizin, Mitarbeiter der »Aktion« seit 1912, bekannt geworden durch seine expressionistische Lyrik. Ab 1917 Mitglied der USPD, ab 1918 des ›Spartakusbundes‹, ab 1919 der KPD. 1928 Mitbegr. des ›Bundes proletarisch-revolutionärer Schriftsteller‹ u. der Zeitschrift »Die Linkskurve«. 1933 ins Exil, zuerst in die Tschechoslowakei, dann nach Frankreich, 1935 in die Sowjetunion. Von 1935 bis 1945 Chefred. der »Internationalen Literatur« (Moskau), Mitglied des ZK der KPD u. ab 1943 des ›Nationalkomitees Freies Deutschland‹. 1945 Rückkehr nach Deutschland, Ost-Berlin, Gründer u. Präsident des ›Kulturbundes zur demokratischen Erneuerung Deutschlands‹ (bis 1958). 1949 u. 1950 Nationalpreise der DDR, 1953 der Internationale Lenin-Preis, 1953–56 Präsident der Deutschen Akademie der Künste, 1954–58 Minister für Kultur der DDR.
W e r k e : Siehe S. 370 f.

Becher, Ulrich: Geb. 2. 1. 1910 in Berlin. Jurastudium in Genf u. Berlin, gleichzeitig Zeichenschüler von George Grosz. Veröffentlichte Dramen u. Kurzgeschichten. Ging 1933 nach Österreich, 1938 in die Schweiz, 1941 illegal nach Frankreich u. Spanien, von dort aus nach Brasilien. Lebte zunächst in Rio de Janeiro, dann auf einer Urwaldfarm. Publizistische Arbeit für südamer. Exilzeitungen bzw. -zeitschriften. Mitbegr. der ›Notbücherei dt. Antifaschisten‹. Ging

1944 nach New York, Arbeit als Dramatiker. 1948 Rückkehr nach Wien, lebt heute in Basel. 1955 Dramatiker-Preis des Dt. Bühnenvereins.
W e r k e : Niemand. Neuzeitl. Mysterienspiel. Mährisch-Ostrau: Kittl 1934 – Die Eroberer. Geschichten aus Europa. Zürich: Oprecht 1936 – Das Märchen vom Räuber, der Schutzmann wurde. Rio de Janeiro: Notbücherei dt. Antifaschisten 1943 – Reise zum blauen Tag. Verse. St. Gallen: Buchdr. Volksstimme 1946 – Der Bockerer. Trag. Posse. Wien: Sexl 1946 (gemeinsam mit P. Preses) – Die Frau u. der Tod. Nov. Berlin: Aufbau-Verl. 1949.

Beer, Fritz (Ps. Heinrich Grunov): Geb. 25. 8. 1911 in Brünn. Von 1930 bis 1938 Journalist u. Schriftsteller in Prag, 1934 Internationaler Friedenspreis (Moskau) für Erzählungen. 1939 Emigration nach England. 1941 Kurzgeschichtenpreis der Londoner »Zeitung«. Seit 1946 Rundfunkred. im dt.sprachigen Dienst der BBC.
W e r k e : Schwarze Koffer. Erz. Moskau: Verl. internat. Lit. 1934 – Das Haus an der Brücke. Erz. Nürnberg: Nest-Verl. 1948.

Beer, Gustave (Ps. G. W. Wheatley): Geb. 16. 6. 1888 in Wien. 1939 in die USA emigriert. 1950 Präsident der ›American League of Authors and Composers from Austria‹ (New York).
W e r k e : Die Dame mit dem Regenbogen. Mus. Lustsp. 1933 – Seine Hoheit der Lakei. Mus. Lustsp. 1934 – Das ist die erste Liebelei. 1934 – Intermezzo. R. 1936 – Schwarz-weiße Perlen. Dr. 1937 – Violinkonzert in e-Moll. Dr. 1937 – Blitzlicht. Dr. 1937 – Baku. Dr. 1938 – Conference in Cuba. Lustsp. 1943 – Rever-sible Lady. Lustsp. 1949 – Sharp Curves–Soft Shoulders. Lustsp. 1950.

Beer-Hofmann, Richard: Geb. 11. 7. 1866 in Rodaun b. Wien, gest. 26. 9. 1945 in New York. Ab 1886 Jurastudium in Wien, 1890 Dr. jur., im Anschluß daran freier Schriftsteller, materiell unabhängig. Neben Hofmannsthal wichtiger Vertreter der österr. Neuromantik. 1939 Emigration in die Schweiz, dann in die USA. 1945 Award of Distinguished Achievement der ›American Academy of Arts and Letters‹.
W e r k e : Verse. Stockholm: Bermann-Fischer 1941 – Herbstmorgen in Österreich. New York: Johannespresse 1944 – Paula. Ein Fragment. Ebd. 1949.

Beheim-Schwarzbach, Martin (Ps. Ulrich Volkmann, Christian Corty): Geb. 27. 4. 1900 in London, verlebte seine Jugend in Hamburg.

1918 Soldat, danach Kaufmann, Filmjournalist u. Schriftsteller in Hamburg. Emigrierte 1939 nach London, zuerst Fabrikarbeiter, dann beim Rundfunk tätig. 1946 Rückkehr nach Deutschland, freier Schriftsteller in Hamburg. 1964 Alexander-Zinn-Preis.
W e r k e : Die preußische Revolution. Stockholm: Bermann-Fischer 1940 – Der magische Kreis. Erz. Ebd. 1940 – Das Medusenhaupt. London: Chiswick Pr. 1941 – Der dt. Krieg. Ged. Hamburg: Dulk 1946 – Vom leibhaftigen Schmerz. Ebd. 1946 – Von den Büchern. Ebd. 1946 – Ich und das Jahrhundert. Eine Selbstempfehlung an meinen Verleger. Ebd. 1947 – Herz von Glas. 20 Ged. (dt. u. engl.). Ebd. 1947 – Gleichnisse. Erz. Bad Wörishofen: Drei-Säulen-Verl. 1948 – Der Unheilige oder Die diebischen Freuden des Herrn von Bißwange-Haschezeck. Hamburg: Dulk 1948 – Übers.: Cronin: Die Dame mit den Nelken. Bern: Scherz 1940 – C. S. Forester. Ein Matrose. Zürich: Scientia-Verl. 1940 – Ders.: Das verlorene Paradies. Bern: Scherz 1941.

Benedikt, Ernst (Ps. Erich Major): Geb. 20. 5. 1882 in Wien. Dr. jur., vor 1933 Hrsg. der Zeitschrift »Neue Freie Presse« (ab 1920). Im November 1938 von der Gestapo verhaftet, 1939 Flucht nach Schweden. Mitarbeit an schwed. Zeitungen, besonders der »Jydish-Tidskrift« in Stockholm. 1962 Rückkehr nach Österreich, lebt in Wien.

Benjamin, Walter (Ps. Detlef Holz, C. Conrad, K. A. Stempflinger): Geb. 15. 7. 1892 in Berlin, Freitod 1940 an der franz.-span. Grenze in Port Bou. Nach Berührung mit der Jugendbewegung (Gustav Wyneken) Studium der Philosophie in Freiburg u. Berlin, 1914 Vorsitzender der ›Freien Studentenschaft‹ Berlin. Freundschaft mit Ernst Bloch. 1919 Promotion, nach gescheitertem Habilitationsversuch in Frankfurt a. M. publizistische Tätigkeit für »Die literarische Welt« u. die »Frankfurter Zeitung«. Wichtige kunstästhetische Arbeiten, einer der geistigen Väter der ›Frankfurter Schule‹. 1933 nach Frankreich emigriert, in Kontakt zu vielen bedeutenden Schriftstellern.
W e r k e : Hrsg. Deutsche Menschen. Briefsammlung. Luzern: Vita Nova 1936 – Berliner Kindheit. Autobiogr. Berlin u. Frankfurt a. M.: Suhrkamp 1950 – Schriften 1, 2. Ebd. 1955.

Berczeller, Richard: Geb. 4. 2. 1902 in Ödenburg, 1929 Dr. med. in Wien, von 1929 an als prakt. Arzt im Burgenland tätig, 1938 verhaftet, auf Intervention von Sigmund Freud hin freigelas-

sen, nach Paris geschickt, als Arzt tätig. Nach der Okkupation Frankreichs an die Elfenbeinküste deportiert, 1941 nach USA. Lebt als Facharzt für innere Medizin in New York, Mitarbeiter von »The New Yorker«. 1968 Goldenes Ehrenzeichen für Verdienste um die Republik Österreich.
W e r k : Displaced Doctor. New York: Odyssey Pr. 1964. Dt. u. d. T.: Die sieben Leben des Dr. B. München: List 1965.

Berend, Alice: Geb. 30. 6. 1878 in Berlin, gest. 2. 4. 1938 in Florenz. War als Journalistin tätig u. schrieb humoristische Romane über das Berliner Kleinbürgertum. Emigrierte 1935 über die Schweiz nach Italien.
W e r k e : Ein Hundeleben. Die Lebensgeschichte eines Dobermanns, von ihm selbst erzählt. Leipzig u. Mährisch-Ostrau: Kittl 1935 – Rücksicht auf Marta. R. Zürich: Rascher 1935 – Spießbürger. Zürich: Humanitas-Verl. 1938 – Die gute alte Zeit. Hamburg: v. Schröder 1963 (aus d. Nachlaß).

Berendsohn, Walter Arthur: Geb. 10. 9. 1884 in Hamburg. Kaufmannslehre, nach nachgeholtem Abitur Germanistikstudium, 1911 Dr. phil., 1920 Privatdozent für skand. Literatur an der Univ. Hamburg. 1933 Flucht nach Dänemark, 1943 nach Schweden, Gastprof. an der Univ. Stockholm. Großes Bundesverdienstkreuz. Lebt in Stockholm-Bromma.
W e r k e : Weltkriegserinnerungen. Prag 1934 (Übers.: dän.) – Der lebendige Heine im germanischen Norden. Kopenhagen: Schønberg 1935 – Zur Vorgeschichte des »Beowulf«. Kopenhagen: Levin u. Munksgaard 1935 – Selma Lagerlöfs Fredsbudskap. Kolding 1936 (Übers.: schwed.) – Humanisme i det 20. Aarhundrede. Kolding 1937 – Die Humanistische Front. Bd. 1. Zürich: Europa-Verl. 1946; Bd. 2 ungedr., als Ms. in der Dt. Bibliothek, Frankfurt a. M.

Bergammer, Friedrich (d. i. Fritz Glückselig): Geb. 19. 12. 1909 in Wien. Studium in Wien, Paris u. New York. 1938 nach USA emigriert, im Kunsthandel tätig, lebt in New York.
W e r k e : Aus meiner Einsamkeit. Ged. Wien: Christoph Reisser u. Söhne 1926 – Ged. in zahlreichen Anthologien, u. a. in: Patmos, Wien: Johannes-Pr. 1935; in: Jahrbuch 1935, Wien: Verl. Das Werk 1935 – Von Mensch zu Mensch. Ged. Wien u. Basel: Desch 1955 – Die Fahrt der Blätter. Ged. Wien: Bergland-Verl. 1955.

Berger, Ludwig (d. i. Ludwig Bamberger): Geb. 6. 1. 1892 in Mainz, gest. 18. 5. 1969 in Schlangenbad b. Wiesbaden. Studium in München u. Heidel-

berg, Dr. phil. 1914. Tätigkeit als Regisseur am Dt. Theater, Staatstheater u. Schillertheater in Berlin. 1921–25 für die Ufa tätig, 1928/29 für die Paramount, Hollywood. Emigrierte 1933 über Amsterdam, Paris u. London in die USA. Anfang der fünfziger Jahre Rückkehr nach Deutschland, seit 1955 Direktor der Abtlg. Darstellende Kunst in der Akademie der Künste, Berlin. Großes Verdienstkreuz der Bundesrepublik Deutschland.
W e r k : Wir sind vom gleichen Stoff, aus dem die Träume sind. Summe eines Lebens. Tübingen: Wunderlich 1953 (Autobiogr.).

Berstel, Hans: Geb. 1894 in Wien. Lyriker. 1938 Flucht nach Frankreich, Paris.
W e r k e : Klagen um Österreich. Ged. Basel 1938 – Tage der Einfalt. Ged. Ebd. 1938 – Ein Mutterkind. Erinnerungen. Ebd. 1939.

Berstl, Julius: Geb. 6. 8. 1883 in Bernburg (Anhalt). Vor 1933 als Dramaturg der Barnowsky-Bühnen in Berlin tätig. Leiter, dann Inhaber des Kiepenheuer-Bühnenvertriebs. Emigrierte 1936 nach England, 1951 in die USA. Schrieb zahlr. Hörspiele über alttestamentliche Themen für die BBC London.
W e r k e : Flip-Flap-Floep. Bussum: Koster 1933 (Übers.: engl., span.) – The Sun's Bright Child. The Imaginary Memoirs of Edmund Kean. London: Hammond 1946 – Die Gefangenen Gottes. R. Stuttgart: Reclam 1948 (Quäker-Chr.) – Odyssee eines Theatermenschen. Erinnerungen aus sieben Jahrzehnten. Berlin: arani 1963.

Bihalji-Merin, Oto (Ps. Peter Thoene, Peter Merin): Geb. 3. 1. 1904 in Belgrad-Zemun. Lebte seit 1929 in Berlin. Ging 1933 nach Paris, 1935 nach Zürich, 1940 nach Belgrad, dort Offizier im jugosl. Heer 1941–45. Lebt als freier Schriftsteller in Jugoslawien u. schreibt in serbokr. u. dt. Sprache.
W e r k e : Eroberung des Himmels. Gesch. d. Fluggedankens. Wien: Tal 1937 (Übers.: serbokr., engl., franz., holl., schwed.) – Spanien zwischen Tod u. Geburt. Zürich: Jean Christophe-Verl. 1937 (Übers.: serbokr., engl.) – Modern German Art. Harmondsworth: Penguin Books 1938 – Wiedersehen im Oktober (serbokr., sloven.). Belgrad, Zagreb, Ljubljana 1947, 1948, 1950.

Birnbaum, Uriel: Geb. 13. 11. 1894 in Wien, gest. 9. 12. 1956 in Amersfoort (Holland). Autodidakt, als Schriftsteller u. bildender Künstler tätig in Wien von 1919 bis 1939. Emigration nach

Holland, lebte bis 1943 in Den Haag, von 1943 bis 1945 illegal in Amersfoort (Holland), wo er bis zu seinem Tode blieb. 1923 Österr. Bauernfeld-Preis, Wien.
W e r k e : Volk zwischen Nationen. Ess. Den Haag: Aristo 1932 – Eine Auswahl. Ged. Amsterdam: Erasmus-Buchhandlung 1957 – Autobiogr. in: Abraham Horodisch, Die Exlibris des U. B. Zürich: Verl. der Safaho-Stiftung 1957.

Blei, Franz (Ps. Dr. Peregrin Steinhöwel, Amadé de la Houlette, Franziscus Amadeus M. A., Medardus, Prokop, Sylvester): Geb. 18. 1. 1871 in Wien, gest. 10. 7. 1942 in Westbury auf Long Island, N. Y. Studium der Philosophie in Wien, Paris, Bern, Zürich u. Genf, 1893 Dr. phil. Umfassende Tätigkeit als Literaturkritiker, Kulturhistoriker, Novellist, Lustspielautor, Hrsg. von Zeitschriften. Bereits von 1898 bis 1900 in den USA. Von 1923 bis 1933 in Berlin, u. a. dramaturgische Tätigkeit für den Film. 1933 Emigration nach Mallorca, 1936 nach Ausbruch des Span. Bürgerkriegs nach Wien, 1938 nach Italien, 1939 nach Frankreich, 1941 in die USA, New York. In Verbindung zu Broch, Viertel, Ehrenstein u. Waldinger.
W e r k e : Zeitgenössische Bildnisse. Amsterdam: de Lange 1940 – Schriften in Auswahl (enth. die im Exil geschriebene Novelle Lydwina). München: Biederstein 1960 – Das Trojanische Pferd. R.-Fragment. Unveröffentlicht.

Bloch, Ernst: Geb. 8. 7. 1885 in Ludwigshafen. Studium der Philosophie in München u. Würzburg, Dr. phil. 1908. 1908–20 in Berlin, Heidelberg, Grünwald u. Bern. 1920–33 in München, Berlin, Italien, Paris, Südfrankreich u. Nordafrika. 1933 in die Schweiz, 1936 in die Tschechoslowakei, 1938 in die USA. 1949 Rückkehr nach Deutschland. Prof. f. Philosophie in Leipzig. Nationalpreis der DDR 1955, Friedenspreis des Dt. Buchhandels 1967. Seit 1961 als Prof. f. Philosophie in Tübingen, zwangsemeritiert in Leipzig.
W e r k e : Erbschaft dieser Zeit. Zürich: Oprecht u. Helbling 1935 – Freiheit u. Ordnung. Abriß der Sozial-Utopien. New York: Aurora 1946 – El pensiamento de Hegel. Buenos Aires: Fondo de cultura económico 1949 – Subjekt–Objekt. Erläuterungen zu Hegel. Berlin: Aufbau-Verl. 1951 – Das Prinzip Hoffnung. 3 Bde. Ebd. 1954 ff.

Blum, Klara (Dshu Bai-Lan): Geb. 27. 11. 1904 in Czernowitz. Studierte Psychologie in Wien, arbeitete als Journalistin. Emigrierte 1934 in die Sowjetunion, dort als Lehrerin, Übersetzerin u. Red. tätig. 1947 nach China, mit einem chin.

Kommunisten verheiratet, Prof. f. dt. Literatur an der Univ. Kanton. Als Lyrikerin u. Erzählerin hervorgetreten.
W e r k e : Die Antwort. Ged. Moskau: Meshdunarodnaja Kniga 1939 – Erst recht! Ged. Kiew: Staatsverl. d. nation. Minderheiten 1939 – Gedichte (russ.). Moskau: Staatsverl. f. Schöne Lit. 1940 – Wir entscheiden alles. Ged. Moskau: Verl. d. Internat. Buches 1941 – Donauballaden. Moskau: Verl. f. fremdsprach. Lit. 1942 – Der Dichter u. der Krieg (engl.). In: War Poems of the United Nations. New York: Dial Pr. 1943 – Rosen von Kirowabad. Ged. (span.). In: La Literatura Internacional. Moskau 1943 – Schlachtfeld u. Erdball. Ged. Moskau: Verl. f. fremdspr. Lit. 1944 – Lebendiger Teppich. Ged. (pers.). In: Dusti Iran. Teheran 1944 – Der Dichter u. der Krieg. Ged. (chin.). In: U-Schi-Do-Fan-Hung-Hua. Shanghai: Ping-Ming-Verl. 1954.

Bock, Werner: Geb. 14. 10. 1893 in Gießen, gest. 3. 2. 1962 in Zürich. Studium der Philologie, Dr. phil. 1939 nach Frankreich, dann nach Argentinien. Prof. für dt. Lit. in Montevideo. Mitglied des PEN-Zentrums der Bundesrepublik Deutschland, Großes Verdienstkreuz der Bundesrepublik Deutschland.
W e r k e : El eterno tú. Erz. Buenos Aires: Ed. Americalée 1943 – Der Pudel der Frau Barboni. R. Buenos Aires: Ed Alemann 1944 – Morir es nacer. Erz. Buenos Aires: Ed. Americalée 1947 – La Literatura Alemana. In: Enciclopedia Jackson. Buenos Aires 1950 – Blüte am Abgrund. Prosaauswahl 1919–1950. Buenos Aires: Eraton-Verl. 1951 – Tröstung. Ged. 1909–1950. Auswahl. Ebd. 1951 – Tagebücher. Heidelberg u. Darmstadt: L. Schneider 1959.

Brandt, Willy (Geburtsname: Herbert Karl Frahm): Geb. 18. 12. 1913 in Lübeck. Früh politisch tätig: 1929 SAJ, 1930 SPD, 1931 SAP, in Verbindung zu Julius Leber. Nach der Machtergreifung Hitlers illegale politische Tätigkeit, 1933 nach Norwegen, Leiter des Osloer Büros der SAP, seit 1934 Studium der Geschichte u. Philosophie an der Univ. Oslo. 1936 im Auftrag der SAP illegal in Deutschland, 1937 fünf Monate als Pressekorrespondent dt. sozialistischer Exilgruppen im Span. Bürgerkrieg. Am 1. 9. 1938 Ausbürgerung, erhielt die norw. Staatsbürgerschaft. Nach der Besetzung Norwegens 1940 Flucht nach Schweden. 1945 Rückkehr nach Deutschland, 1947 Verzicht auf die norw. Staatsbürgerschaft, Einbürgerung in Schleswig-Holstein. Seitdem führender Politiker der SPD, 1957 Regierender Bürgermeister von Berlin, 1964 Vorsitzender der SPD, 1966 Bundesaußenminister im Kabinett Kiesinger,

seit 1970 Bundeskanzler. 1971 Friedensnobelpreis.
W e r k e : Hvorfor kom Hitler til Makten? (Warum kam H. zur Macht?). Oslo: Det Norske Arbeiderpartis Forl. 1933 – Stormaktenes Krigdmål (Das Kriegsziel d. Großmächte). Oslo: Tiden Norsk Forl. 1940. Schwed. Neubearb. Efter Segern (Nach dem Sieg). Stockholm: Bonnier 1944 (Übers.: finn.) – Norway Does not Yield. New York: The American Friends of German Freedom 1941 – Guerillakrig. Stockholm: Bonnier 1942 – Oslo-Universitet i Kamp. Stockholm: Utrike-spol. Inst. 1943 – Quisling-Processen. Ebd. 1945 – Der zweite Weltkrieg. Stockholm: Lindström 1945 – Krigen i Norge. 2 Bde. Oslo: Aschehoug 1945. Teilveröffentlichung in Schweden: Stockholm: Bonnier 1941, 1943, 1945; dt.: Krieg in Norwegen. Zürich: Europa-Verl. 1942 – Norden i Nürnberg. Stockholm: Utrikespl. Inst. 1946. Erw. norw. Fassung: Oslo: Aschehoug 1946 – Aktuelle Problemer i Tyksland idag. Oslo 1946 – Forbrytere og andre Tyskere (Verbrecher u. andere Deutsche). Oslo: Aschehoug 1946 (Übers.: schwed.) – De tyska Delstaterna (Die dt. Teilstaaten). Stockholm: Utrikespol. Inst. 1947 – Norwegens Freiheitskampf 1940–45. Hamburg: Auerdruck 1948 – Mein Weg nach Berlin. Aufgez. von L. Lania. München: Kindler 1960 – Draußen. Schriften während der Emigration. Ebd. 1966.

Braun, Felix: Geb. 4. 11. 1885 in Wien. Studium der Germanistik u. Kunstgeschichte, Dr. phil. 1908. Von 1925 bis 1937 Dozent für dt. Lit. in Palermo u. Padua. 1939 Emigration nach England, dort ebenfalls als Dozent tätig. 1951 Rückkehr nach Österreich. Dozent am Reinhardt-Seminar u. an der Akademie für angewandte Künste in Wien, wo er heute lebt. 1951 Österr. Staatspreis.
W e r k e : Die Nachfolge Christi. Übertr. nach Thomas von Kempen. Graz: Styria 1946 – Der Stachel in der Seele. R. Wien: Amandus-Verl. 1948 – Das Licht der Welt. Selbstbiogr. Wien: Herder 1949.

Braun, Robert (Ps. Robert Montis): Geb. 2. 3. 1896 in Wien. Urspr. promovierter Lebensmittelchemiker, dann Journalist u. Radiomitarbeiter. 1938 als rassisch Verfolgter nach Schweden. Bibliothekar an der Univ. Uppsala, auch als Journalist u. Übers. hervorgetreten. Lebt in Schweden.
W e r k e : Josephine von Schweden. Hist. Erz. Wien: Amandus-Verl. 1948 – Silvertronen. Stockholm: Norlin 1950.

Braun-Prager, Käthe: Geb. 12. 2. 1888 in Wien, gest. 18. 6. 1967 ebd. Als Lyrikerin hervorgetreten. 1939 Flucht nach England, Mitarbeit an der BBC. 1951 Rückkehr nach Österreich. Theodor Körner-Preis 1957.
W e r k e : Stern im Schnee. Ged. Wien: Amandus-Verl. 1949 – Übertr. fremdspr. Lyrik in der Anthologie »Die Lyra des Orpheus«, Wien: Zsolnay 1951.

Braunthal, Julius: Geb. 5. 5. 1891 in Wien. Buchbinderlehre. Ab 1906 Mitglied der Sozialistischen Jugend. Von 1912 bis 1914 Red. der »Volksstimme«. Kriegsdienst. Von 1919 bis 1934 Red. der »Arbeiter-Zeitung«. 1927–34 Parteivorstandsmitglied der SPD. Im Februar 1934 verhaftet, 1935 Flucht nach England. Red. der »Tribüne« von 1937 bis 1938, ab der ›Sozialistischen Internationalen‹ tätig, von 1949 bis 1956 als deren Sekretär. Lebt in England.
W e r k e : Krieg, Frieden, Neues Europa. London: Lincoln-Prager 1941 – Labour Aims in War and Peace. Polit. Anth. Ebd. 1941 – Need Germany Survive? London: Gollancz 1943 – The Future of Austria. Ebd. 1943 – In Search of the Millenium. Polit. Autobiogr. Ebd. 1945; dt.: Auf der Suche nach dem Millenium. Nürnberg: Nest-Verl. 1948 – The Paradox of Nationalism. London: St. Botolph 1946 – Stimme aus dem Chaos. Anth. der Schriften von Gollancz. Nürnberg: Nest-Verl. 1948 – The Tragedy of Austria, Political and Historical. London: Gollancz 1948 (Übers.: ital.).

Brecht, Arnold: Geb. 26. 1. 1884 in Lübeck. Vor 1933 Ministerialdirektor u. Vertreter Preußens im Reichsrat. 1933 aus politischen Gründen in die USA. Als Prof. f. Politologie an der ›New School for Social Research‹ tätig.
W e r k e : The Art and Technique of Administration in German Ministries. Cambridge, Mass.: Harvard U. P. 1940 – Prelude to Silence. The End of the German Republic. New York u. London: Oxford U. P. 1944; dt.: Vorspiel zum Schweigen. Das Ende der deutschen Republik. Wien: Verl. f. Gesch. u. Politik 1948 – Federalism and Regionalism in Germany. The Division of Prussia. New York u. London: Oxford U. P. 1945; dt.: Föderalismus, Regionalismus und die Teilung Preußens. Bonn: Dümmler 1949 – Lebenserinnerungen, 2. Teil: Mit der Kraft des Geistes 1927–1967. Stuttgart: Dt. Verl.-Anst. 1967.

Brecht, Bertolt: Geb. 10. 2. 1898 in Augsburg, gest. 14. 8. 1956 in Berlin. 1914 erste Publikationen von Gedichten u. Kurzgeschichten. Mit Caspar Neher befreundet, 1917 Beginn eines Me-

dizinstudiums, 1918 Sanitätshelfer an der dt. Front. Nach Kriegsende Fortsetzung des Studiums. Freundschaft u. Zusammenarbeit mit Feuchtwanger, Becher, Karl Valentin, Erich Engel. Begann sich als Dramatiker durchzusetzen, Kleist-Preis 1922. 1923 als Dramaturg an den Münchener Kammerspielen, 1924–26 an Reinhardts Deutschem Theater in Berlin. 1928 Uraufführung der »Dreigroschenoper«, die ihn berühmt machte. Unter dem Einfluß von Karl Korsch Beschäftigung mit dem Marxismus, Periode der Lehrstücke. Im Februar 1933 über Prag u. Wien ins Exil in die Schweiz, im Herbst 1933 über Paris und Kopenhagen nach Svendborg, Dänemark. Ausgebürgert am 8. 6. 1935. Im April 1939 nach Schweden, April 1940 nach Finnland, 1941 Besuch in Moskau, anschließend in die USA, Santa Monica, Calif. Filmarbeit in Hollywood. Im Oktober 1947 Vorladung vor das ›Committee of Un-American Activities‹, anschließend Rückkehr nach Europa, zuerst nach Zürich, dann nach Ost-Berlin, Gründung des Berliner Ensembles, Einstudierung von Modellaufführungen seiner Stücke. Seit 1950 österr. Staatsbürger. 1951 Nationalpreis der DDR, 1954 Internat. Lenin-Friedenspreis der Sowjetunion.
W e r k e : Siehe S. 395 f.

Bredel, Willi: Geb. 2. 5. 1901 in Hamburg, gest. 27. 10. 1964 in Berlin. Als Dreher u. Seemann tätig. 1916 Mitglied der SAJ, 1917 des ›Spartakusbundes‹, 1919 der KPD. 1923 Teilnahme am Hamburger Oktoberaufstand, zwei Jahre Gefängnis. 1930 wegen literarischen Hoch- u. Landesverrats zu zwei Jahren Festung verurteilt. 1932 Reise in die Sowjetunion. 1933 verhaftet, ins KZ Fuhlsbüttel gebracht. 1934 Flucht nach Prag u. in die Sowjetunion. Wurde im November 1934 ausgebürgert. Mit Brecht u. Feuchtwanger Hrsg. der Zeitschrift »Das Wort«. 1937–39 Kommissar im Span. Bürgerkrieg. Von 1939 bis 1945 wieder in der Sowjetunion. Mitbegr. des Nationalkomitees ›Freies Deutschland‹. 1945 Rückkehr nach Deutschland, nach Rostock, dann Ost-Berlin. Präsident der Dt. Akademie der Künste, Nationalpreis der DDR 1950 u. 1954.
W e r k e : Der Antifaschist Edgar André vom Tode bedroht. Straßburg: Ed. Prométhée 1933; Moskau: Verlagsgen. ausländ. Arbeiter 1936 (Übers.: franz.) – Paragraf v zaščitu sobstvennasti (Der Eigentumsparagraph). Moskau u. Leningrad: GJCHL 1933 – Die Prüfung. R. Prag u. London: Malik 1934 (in 17 Sprachen übers.) – Nikolai Schtochors. Ein Held im Kampfe gegen dt. Okkupanten. Engels: Dt. Staatsverl. 1936 – Der Spitzel u. andere Erzählungen. London: Malik; Basel: Universum-Bücherei

Moskau: Verlagsgen. ausländ. Arbeiter 1936 (Übers.: russ.) – Vor den Kulissen. R.fragment. Moskau: Verlagsgen. ausländ. Arbeiter 1936 – Dein unbekannter Bruder. Roman aus dem 3. Reich. Prag u. London: Malik; Basel: Universum-Bücherei 1937 (Übers.: russ., bulg.) – Begegnung am Ebro. Bericht. Paris: Verl. 10. Mai; Kiew: Staatsverl. d. nat. Minderheiten 1939 – Nach dem Sieg. Moskau: Meshdunarodnaja Kniga 1939 – Der Kommissar am Rhein. Hist. Erz. Moskau: Verl. f. fremdspr. Lit. 1940 – Pater Brakel u. andere Erz. Kiew: Staatsverl. d. nat. Minderheiten 1940 – Scharnhorst, Gneisenau, Clausewitz u. die bürgerliche Revolution von 1789. Moskau: Meshdunarodnaja Kniga 1940 – Der Auswanderer. Der Tod des Siegfried Allzufromm. Ebd. 1941 – Der Moorbauer. Erz. Ebd. 1941 – Sieger ohne Sieg. Hist. Erz. Moskau: Verl. f. fremdspr. Lit. 1942 – Kurzgeschichten aus Hitler-Deutschland. Ebd. 1942 – Begegnung vor Moskau. Ebd. 1942 – Verwandte u. Bekannte. Bd. 1: Die Väter. R. Ebd. 1943 – Die Kommenden. Moskau: Izd. lit. na innostr. jazykach 1943 – Begegnung an der Wolga. Erz. Moskau: Verl. f. fremdspr. Lit. 1944.

Breitbach, Joseph (Ps. Jean Charlot Saleck): Geb. 20. 9. 1903 in Koblenz. Zweisprachig aufgewachsen, als Kaufmann in großen Handelshäusern tätig. Seit 1921 Kontakt zur »Nouvelle Revue Française«. Übersiedelte 1929 nach Paris, wo er nach längeren Aufenthalten in Brasilien u. Griechenland noch heute lebt. In Kontakt zu namhaften franz. Autoren (André Gide, Roger Martin du Gard), schreibt Romane dt., Dramen franz. 1933 Verbot seiner Bücher in Deutschland. Seine 1940 in Paris beschlagnahmten Mss. sind verschollen. Ritter der Ehrenlegion, Großes Verdienstkreuz der Bundesrepublik Deutschland.
W e r k e : Rot gegen Rot. Erz. Stuttgart: Dt. Verl.-Anst. 1929 (Übers.: franz.) – Die Wandlung der Sus. Dasseldorf. Berlin: Kiepenheuer 1933 (Übers.: franz., ital.).

Breitscheid, Rudolf (Ps. Thorwesten): Geb. 2. 11. 1874 in Köln, gest. 24. 8. 1944 in Buchenwald. Dr. jur., vor 1933 Mitglied des Reichstags als SPD-Abgeordneter. 1933 Flucht in die Schweiz, 1941 nach Frankreich, dort verhaftet u. ins KZ gebracht.
W e r k : Manuskript über die polit. Beziehungen zwischen Frankreich u. England im 16. Jh. in Buchenwald vernichtet.

Brentano, Bernard von: Geb. 15. 10. 1901 in Offenbach a. M., gest. 29. 12. 1964 in Wiesbaden. 1925–30 Korrespondent der »Frankfurter Zei-

tung« in Berlin. Kontakt zu Benn, Brecht, Bronnen. 1932 Warnung vor Hitler mit seinem Buch »Der Beginn der Barbarei in Deutschland«. Emigrierte im Sommer 1933 in die Schweiz, Rückkehr 1949. Mitglied der Dt. Akademie f. Sprache u. Dichtung.
W e r k e : Berliner Novellen. Zürich: Oprecht u. Helbling 1934 – Ansichten haben es in sich. Erz. In: Dichter helfen. Zürich: Oprecht 1935 – Theodor Chindler. R. einer dt. Familie. Ebd. 1936 (Übers.: franz., tschech., ung.) – Prozeß ohne Richter. Amsterdam: Querido 1937 (Übers.: serbokr.) – Die ewigen Gefühle. R. Ebd. 1939 – Phädra. Dr. Zürich: Oprecht 1939. – Tagebuch mit Büchern. Ess. Zürich: Atlantis 1943 – Franziska Scheler. R. Ebd. 1945 – Goethe u. Marianne v. Willemer. Ess. Zürich: Classen 1945 – Das unerforschliche Gefecht. Erz. in Versen. Ebd. 1946. U. d. T.: Martha u. Maria. Wiesbaden: Limes 1949 – Streifzüge. Tagebuch mit Büchern. Neue Folge. Zürich: Classen 1948 – Die Schwestern Usedom. R. Ebd. 1948 – Du Land der Liebe. Erinnerungen. Tübingen u. Stuttgart: Wunderlich 1952.

Breuer, Lex (d. i. Lex Ende): Geb. 6. 4. 1899 in Kissingen, gest. 15. 1. 1951 in Muldenhütten (Sachsen). Vor 1933 Mitarbeiter von »Ruhr-Echo«, »Rote Post« u. »Rote Fahne«. Von 1928 bis 1930 Mitglied des Reichstags als KPD-Abgeordneter. 1934 nach Saarbrücken, 1936 nach Prag, 1937 nach Paris, bei Kriegsausbruch interniert, erfolgreiche Flucht u. illegale Tätigkeit in Marseille. 1945 Rückkehr nach Deutschland, 1945 Chefred. des »Neuen Deutschland«, 1949 seines Postens enthoben.

Brinitzer, Carl (Ps. Usikota): Geb. 30. 1. 1907 in Riga. Studium der Rechtswissenschaften, Dr. jur. Emigrierte 1933 nach Italien, 1936 nach England. Von 1938 bis 1967 an der BBC tätig, als Leiter der Ansager- u. Übersetzungsabtlg., später Programmleiter im dt.sprachigen Dienst der BBC. Lebt als freier Schriftsteller in Kingston bei Lewes in England.
W e r k e : Zulu in Germany. Satire. London: Gollancz 1938 – German versus Hun (gemeinsam mit B. Grossbard). London: Allen & Unwin 1941 – Cassel's War and Post-War German Dictionary. London: Cassell 1945 – Hier spricht London. Von einem, der dabei war. Hamburg: Hoffmann u. Campe 1969.

Broch, Hermann: Geb. 1. 11. 1886 in Wien, gest. 30. 5. 1951 in New Haven, Conn. (USA). Studium der Versicherungsmathematik an der TH Wien, Textilingenieurstudium im Elsaß. 1909

Direktor in der väterlichen Textilfabrik in Teesdorf, gleichzeitig Studium der Philosophie an der Univers. Wien als Gasthörer. Nach kurzer Inhaftierung 1938 Flucht nach England u. im selben Jahr in die USA. Massenpsychologische u. politische Forschungsarbeiten, unterstützt von amer. Stiftungen, in Princeton, N. J., u. New Haven, Conn.
W e r k e : Siehe S. 442.

Brod, Max: Geb. 27. 5. 1884 in Prag, gest. 20. 12. 1968 in Tel Aviv. Jurastudium an der Univ. Prag, Dr. jur. Beamter im tschech. Ministerratspräsidium. Mitarbeiter des »Prager Tagblatts«, Nachlaßverwalter von Franz Kafka. Seit 1912 für den Zionismus engagiert, ging 1939 nach Palästina. Tätigkeit als Dramaturg des hebr. Nationaltheaters ›Habimah‹. Nach 1945 viele Vortragsreisen nach Europa, lebte jedoch bis zuletzt in Israel.
W e r k e : Heinrich Heine. Biogr. Amsterdam: de Lange 1934 (Übers.: span.) – Die Frau, die nicht enttäuscht. R. Ebd. 1934; Wien: Tal 1934 – Rassentheorie u. Judentum. Prag: J. A. Verb. »Barissia« 1934; Wien: Löwit 1936 – Novellen aus Böhmen. Amsterdam: de Lange 1936 – Franz Kafka. Eine Biogr. Prag: Mercy, Mährisch-Ostrau: Kittl 1937 (Übers.: franz., engl.) – Annerl. R. Amsterdam: de Lange 1937 – Abenteuer in Japan. R. (gemeinsam mit Otto Brod). Ebd. 1938 – Das Diesseitswunder oder Die jüdische Idee u. ihre Verwirklichung. Tel Aviv: Goldstein 1939 – Der Sommer, den man zurückwünscht. R. (hebr.). Tel Aviv: Am Owed 1947 – Diesseits u. Jenseits. 2 Bde. (Philos.). Winterthur: Mondial-Verl. 1947 – Franz Kafkas Glauben u. Lehre. Ebd. 1948 – Galilei in Gefangenschaft. R. Ebd. 1948 (Übers.: hebr.) – Unambo. R. aus dem jüd.-arab. Krieg. Zürich: Steinberg 1949 – Streitbares Leben. Autobiogr. München: Kindler 1960.

Bruckner, Ferdinand (d. i. Theodor Tagger): Geb. 26. 8. 1891 in Wien, gest. 5. 12. 1958 in Berlin. Gründete 1920 die Zeitschrift »Marsyas«. Von 1923 bis 1927 Direktor des Berliner Renaissance-Theaters. Namhafter expressionistischer Dramatiker. Emigrierte 1933 nach Österreich, dann nach Frankreich, 1936 in die USA, wurde amer. Staatsbürger. 1951 Rückkehr nach Deutschland, ab 1953 Dramaturg am Schloßpark- u. Schiller-Theater in Berlin.
W e r k e : Die Rassen. Dr. Paris: Thalia-Ed. 1933; Zürich: Oprecht u. Helbling 1934 (Übers.: franz., engl.) – Mussia. Erz. eines frühen Lebens. Amsterdam: de Lange 1935 – Simon Bolivar. Dr. 1: Der Kampf mit dem Engel. 2: Der

Kampf mit dem Drachen. New York: Aurora 1945 – Denn seine Zeit ist kurz. Dr. Ebd. u. Zürich: Steinberg 1945 – Die Befreiten. Dr. Ebd. 1945 – In der Emigration entst. u. aufgeführte, aber nicht gedruckte Stücke: Napoleon der Erste. Kom. Urauff. Prag 1938 – Heroische Komödie. Urauff. Stuttgart 1946 – Fährten. Dr. Urauff. Wien 1948.

Brügel, Fritz (Ps. Dr. Dubski): Geb. 13. 2. 1897 in Wien, gest. 4. 7. 1955 in London. Geisteswissenschaftliches Studium, Dr. phil. Floh 1934 in die Tschechoslowakei, ging 1936 nach Rußland, 1938 nach Frankreich, hielt sich 1941 in Spanien, Portugal u. England auf. 1945 Rückkehr nach Prag, 1946 nach Berlin, 1949 in die Bundesrepublik Deutschland. Ließ sich 1950 erneut in England nieder.
W e r k e : Februar-Ballade. Ged. Prag: »Der Kampf« 1935; Wien: Vorwärts 1946 – Deutsche Freiheit an der Wolga. Moskau 1937 – Gedichte aus Europa. Zürich: Der Aufbruch 1937; 2. Aufl. Zürich u. New York: Oprecht 1945 – Die Gedichte des Ephistenes. Zürich: Europa-Verl. 1940 – Verschwörer. Zürich u. Konstanz: Europa-Verl. 1951 (Übers.: engl.).

Brusto, Max (d. i. Motek Brustowiecki): Geb. 15. 10. 1906 in Kolno (Polen). Lebte als Mitarbeiter jüdischer Zeitschriften von 1915 bis 1933 in Deutschland. Ging 1933 nach Paris u. Nizza, 1942 in der Schweiz zeitweise interniert. 1946 Rückkehr nach Frankreich. Lebt als freier Schriftsteller in Paris.
W e r k e : Drei Franzosen. R. Zürich: Micha 1945 – Ich bin ein Flüchtling. R. Zürich: Schw. Arbeiterhilfswerk 1945 – Atelier Jim. R. Berlin u. Camburg: Blau-Verl. 1950 (entst. 1936) – Die letzten Vier. Dr. Basel: Maccabi 1954 (entst. 1940) – Im Schweizer Rettungsboot. Dokumentation. München: Starczewski 1967.

Buber, Martin: Geb. 8. 2. 1878 in Wien, gest. 13. 6. 1965 in Jerusalem. Wuchs in strenggläubigem Milieu in Lemberg auf. Studium der Philosophie, 1904 Dr. phil. Engagierte sich früh in der demokratischen Fraktion des Zionismus. Gründete 1901 den ›Jüdischen Verlag‹, 1906–24 Hrsg. der Monatsschrift »Der Jude«. Seit 1924 Dozent für jüdische Religion u. Ethik in Frankfurt a. M., Zusammenarbeit mit Franz Rosenzweig. 1933 von der Univ. vertrieben, Direktor der Hochschule für jüdische Wissenschaften. Emigrierte im März 1938 nach Palästina. Prof. f. Sozialphilosophie an der Univ. Jerusalem von 1938 bis 1951. Hansischer Goethe-Preis 1951, Friedenspreis des Dt. Buchhandels 1953.

W e r k e : Der Glaube der Propheten. Zürich: Manesse 1950 (hebr. 1942) – Das Problem des Menschen. Heidelberg: Schneider 1948 (hebr. 1943) – Gog und Magog. Eine Chronik. Ebd. 1949 (hebr. 1943) – Moses. Zürich: Gregor Müller 1948 (hebr. 1945) – Der Weg des Menschen nach der chassidischen Lehre. Den Haag: Boucher, Amsterdam: de Lange 1948 (hebr. 1947) – Pfade in Utopia. Heidelberg: Schneider 1950 (hebr. 1947) – Dialogisches Leben. Ges. philos. u. pädagog. Schriften. Zürich: Gregor Müller 1947 – Zwei Glaubensweisen. Zürich: Manesse 1950 – Israel u. Palästina. Zur Geschichte einer Idee. Zürich: Artemis 1950 – Begegnung. Autobiogr. Fragmente. Stuttgart: Kohlhammer 1960 – Werke. Bd. 1–3. München: Kösel, Heidelberg: Schneider 1962–64.

Buchwitz, Otto: Geb. 27. 4. 1879 in Breslau, gest. Juli 1964 in Dresden. War von 1924 bis 1933 Mitglied des dt. Reichstags, 1933 Flucht nach Dänemark, wurde inhaftiert, 1940–45 im Zuchthaus Brandenburg u. Sonneberg. War zuletzt Mitglied des ZK der SED.
W e r k : 50 Jahre Funktionär der dt. Arbeiterbewegung. Berlin: Dietz 1949.

Bukofzer, Werner (Ps. Werner Brücken): Geb. 22. 4. 1903 in Berlin. Zuerst kaufmännisch tätig, 1924/25 Besuch des Reinhardt-Seminars in Berlin, Schauspieler. Nach 1933 beim jüdischen Kulturbund tätig u. im Theater der jüdischen Schulen. Ging im Oktober 1939 nach Palästina. Wegen illegaler Einwanderung sechs Monate interniert. Verschiedene Tätigkeiten, seit Juli 1948 als Beamter im israelischen Sicherheitsministerium. Lebt seit 1940 in Tel Aviv.
W e r k e : Der Wanderer Namenlos. Ged. aus Palästina 1940–48. Berlin: Wedding 1949 – Menschenfracht nach Palästina. Aufzeichnungen. Archiv der Wiener Library, London.

Burschell, Friedrich (Ps. Karl Lange): Geb. 9. 8. 1889 in Ludwigshafen, gest. 19. 4. 1970 in München. Als Literaturkritiker tätig. 1933 nach Frankreich u. Spanien, von 1934 bis 1938 in der Tschechoslowakei, 1939 in England. 1954 Rückkehr nach Deutschland. Verdienstkreuz der Bundesrepublik Deutschland.
W e r k : Heine and Boerne in Exile. In: In Tyrannos. London: Drummond 1943.

Canetti, Elias: Geb. 25. 7. 1905 in Rustschuck (Bulgarien). Studium der Chemie in Wien, Dr. rer. nat. Lebte bis 1938 als freier Schriftsteller in Wien. 1939 nach England, wo er noch heute in London lebt. Arbeitet am zweiten Band seiner

Massenpsychologie. 1949 Grand Prix Internat.
du Club Français du Livre, 1968 Österr. Staatspreis f. Lit., 1969 Literaturpreis der Bayerischen
Akademie der Künste, 1972 Büchnerpreis.
W e r k e : Siehe S. 290.

Cassirer, Ernst: Geb. 28. 7. 1874 in Breslau, gest.
13. 5. 1945 in Princeton, N. J. Studium der Philosophie, Dr. phil. Als Prof. f. Philosophie bis
1933 in Hamburg tätig. 1933 nach England, 1935
nach Schweden, 1940 in die USA. Dort zuletzt
Prof. an der Yale University.
W e r k e : Descartes. Stockholm: Bermann-
Fischer 1939 – Zur Logik der Kulturwissenschaf-
ten. Göteborg: Wettgren u. Kerbes 1942 – An
Essay on Man. New Haven: Yale U. P. 1944;
dt.: Was ist der Mensch. Stuttgart: Kohlhammer
1960 – The Myth of the State. New Haven:
Yale U. P. 1946.

Claudius, Eduard (d. i. Eduard Schmidt, Ps. Edy
Brendt): Geb. 29. 7. 1911 in Buer-Gelsenkirchen.
Gelernter Maurer, bereits früh Gewerkschafts-
funktionär, Arbeiterkorrespondent für die KPD-
Presse. 1929–32 Reisen durch Europa. Wegen
illegaler Parteiarbeit nach 1933 verhaftet. Emigrierte 1934 in die Schweiz, aktiv in der Widerstandsbewegung gegen Hitler. 1936 Verhaftung
durch die Schweizer Polizei wegen politischer Betätigung, vor der Auslieferung nach Deutschland
Flucht nach Spanien, Teilnahme am Span. Bürgerkrieg als Kriegskommissar in den Internat.
Brigaden. 1938 nach Verwundung in Frankreich.
Kehrte 1939 illegal in die Schweiz zurück, Verhaftung, Einlieferung ins Zuchthaus Witzwil, anschließend in verschiedenen Arbeitslagern interniert. Durch Fürsprache H. Hesses Auslieferung
nach Deutschland unterblieben. 1945 als Partisan
in Oberitalien, anschließend Rückkehr nach
Deutschland. Ab Juli 1945 Pressechef im Bayerischen Ministerium für Entnazifizierung. Aufenthalt im Ruhrgebiet. 1947 Übersiedelung nach
Potsdam, Mitglied der Dt. Akademie der Künste
in Ost-Berlin, freier Schriftsteller. 1951 Nationalpreis der DDR, 1955 Literaturpreis des
FDGB, 1956 als Generalkonsul der DDR in Sy-
rien, 1959 Botschafter der DDR in Vietnam, lebt
zur Zeit in der DDR.
W e r k e : Jugend im Umbruch. R. Basel: Universum-Bücherei 1936 – Das Opfer. Erz. In: Das
Wort: Moskau 1938 – Grüne Oliven u. nackte
Berge. R. Zürich: Steinberg 1945; Berlin: Aufbau-Verl. 1947.

Cordan, Wolfgang (d. i. Heinz Horn, Ps. Henk
van Hoorn): Geb. 3. 6. 1909 in Berlin, gest.
29. 1. 1966 in Guatemala. Archäologe u. Kultur-

wissenschaftler. Ging 1933 nach Paris u. Holland,
1953 nach Mittelamerika, dort zuletzt als Prof.
an der Univ. Mérida in Yucatan tätig, namhafter Erforscher der Maya-Kultur.
W e r k e : De Wijzen van Zion. R. Amsterdam:
Contact 1934 – Essai over he Surrealisme. Ebd.
1935 – Das Jahr der Schatten. Ged. Maastricht:
Stols 1940 – Das Muschelhorn. Ged. Amsterdam:
Kentaur-Drucke 1941 – Orion-Lieder. Ged. Ebd.
1941 – Tag- und Nacht-Gleiche. Ged. Amsterdam: Salm 1946 – Verwandlungen. Ged. Amsterdam: Kentaur-Drucke 1946 – Julian der Erleuch-
tete. Hist. R. Zürich: Origo, Tübingen: Helio-
polis 1950 – Die Vollendung des Achill. Hsp.
1950 – F. Nietzsche. Mythos eines Lebens. Hsp.
1950 – Ebenso als Hrsg. u. Übers. hervorgetreten.

Csokor, Franz Theodor: Geb. 6. 9. 1885 in Wien,
gest. 5. 1. 1969 in Wien. Studium der Kunstgeschichte, Arbeit als Dramaturg an verschiedenen Wiener Theatern, setzte sich als Dramatiker
literarisch durch. Protestierte 1933 gegen die
Bücherverbrennungen, daraufhin Verbot seiner
Werke in Deutschland. 1938 Emigration über
Polen, Rumänien nach Jugoslawien. Auf der dal-
matinischen Insel Korcula zwei Jahre interniert,
nach der Befreiung durch Partisanen ging er nach
Unteritalien. 1946 Rückkehr nach Wien, als einer
der führenden Dramatiker Österreichs anerkannt, Präsident des Österr. PEN-Zentrums,
zahlr. Preise.
W e r k e : Gottes General. Dr. Bilthoven: De
Gemeenschap 1939 – Als Zivilist im polnischen
Krieg. Amsterdam: de Lange 1940 (Übers.:
engl.) – Kalypso. Dr. Selbstverlag 1944 – Der
verlorene Sohn. Dr. 1945 – Wenn sie zurück-
kommen. Kom. 1945 – Als Zivilist im Balkan-
krieg. Wien: Ullstein 1947 – Das schwarze Schiff.
Ged. Wien: Verkauf 1947 – Auf fremden Straßen (1939–45). München: Desch 1955 – Zeuge
einer Zeit. Briefe aus dem Exil 1933–1950. München: Langen/Müller 1964.

Demuth, Fritz: Geb. 11. 1. 1876 in Berlin, gest.
9. 5. 1965 in London. Regierungsrat, vor 1933
Mitglied des Reichstags u. des Reichswirtschafts-
rats. Emigrierte 1933 in die Schweiz, dann nach
England.
W e r k : List of Displaced German Scholars.
London: Notgemeinschaft dt. Wissenschaftler im
Ausland 1936; Erweiterung: 1938.

Deutsch, Julius: Geb. 2. 2. 1884 in Lackenbach
(Österreich), gest. 17. 1. 1968 in Wien. Studium
der Rechtswissenschaft u. Nationalökonomie,
1908 Dr. jur. 1919–34 Abgeordneter der SPÖ

im Nationalrat. 1919 bis Oktober 1920 Staatssekretär für das Heerwesen, maßgeblich an der Reorganisation der österr. Armee beteiligt. Seit 1923 Gründer u. Führer des ›Republikanischen Schutzbundes‹, an den Februarkämpfen von 1934 beteiligt. Nach Mißlingen des Aufstands Flucht in die Tschechoslowakei, wo er zusammen mit Otto Bauer ein Auslandsbüro der SPÖ aufbaute. 1936–39 als General der republikanischen Armee im Span. Bürgerkrieg. 1939 Flucht nach Paris, dort Präsident der ›Concentration‹, Sammelbund aller österr. sozialistischen Gruppen. Hrsg. der militärpolitischen Zeitschrift »Krieg und Frieden«. 1940 über England u. Kuba in die USA. 1941–45 Mitarbeiter des ›Office of War Information‹. 1946 Rückkehr nach Österreich, keine direkte politische Betätigung mehr. Bis 1950 Referent für Außenpolitik der SPÖ.
W e r k e : Der Bürgerkrieg in Österreich. Karlsbad: Graphia 1934 (Übers.: engl.) – Putsch oder Revolution? Ebd. 1934 – Dokumente zum Wiener Schutzbundprozeß. Brüssel: Sozial. Internationale 1934 – Kontinent in Gärung. Amer. Reisebilder. Bratislava: Prager 1935 – Um was geht es in Spanien? Barcelona: Freies Spanien 1937 – Ein weiter Weg. Lebenserinnerungen. Zürich, Leipzig u. Wien: Amalthea-Verl. 1960.

Deutsch, Kurt (d. i. Kurt Singer, Ps. P. Carbone): Geb. 10. 8. 1911 in Wien. Als Buchhändler u. Journalist tätig. Als Mitglied des Leninbundes im Februar 1934 politisch verfolgt. Ging zuerst in die Tschechoslowakei, dann nach Schweden, 1940 Weiterreise in die USA, wo er noch heute lebt.
W e r k e : The Coming War (Morgondagens Kriget). Stockholm: Federativs Förl. 1934 – Generaler av imorgon (Generale von morgen). Stockholm: Folket i Bild 1935 – Compulsory Sterilization in Nazi Germany. Stockholm: Federativs Förl. 1935 – Hitler's Olympic Games. Stockholm: Folkets Förl. 1936 – C. v. Ossietzky, fredskämpen i koncentrationsläger. Stockholm: Holmström 1936 – Europas rustningar. Stockholm: Fredens Förl. 1936 – Europas diktatorer. Stockholm: Holmström 1936 – Ossietzky talar. Ebd. 1937 – Europas tukthus. Stockholm: Federativs Förl. 1937 – C. v. Ossietzky. Zürich: Europa-Verl. 1937 (zusammen mit F. Burger) – Martin Niemöller, prästen i koncentrationslägret. Stockholm: Fredens Förl. 1939 – Göring. Germany's Most Dangerous Man. London: Hutchinson 1939 (Stockholmer Ausgabe: Folkets Förl. 1939 auf Intervention Görings hin verboten) – Europas Fängelse. Stockholm: Federativs Förl. 1939 – White Book of the Church of Norway. New York: Radio Free Europe 1941 –

Duel for the Northland. New York: McBride 1943; London: Hale 1945 – Spies and Traitors of World War II. New York: Prentice Hall 1945 (in 12 Spr. übers.) – 3000 Years of Espionage. Ebd. 1947 (Übers.: hebr.) – World's Greatest Women Spies. New York: Funk 1950 (in 12 Spr. übers.).

Döblin, Alfred (Ps. Linke Poot): Geb. 10. 8. 1878 in Stettin, gest. 28. 6. 1957 in Emmendingen bei Freiburg i. Br. Studium der Medizin, Facharzt für Nervenkrankheiten, Dr. med., Mitbegr. des »Sturm«, wo er erste Arbeiten veröffentlichte. Im Ersten Weltkrieg Militärarzt, dann Kassenarzt in einem Berliner Arbeiterviertel. Mitglied des ›Vereins Sozialistischer Ärzte‹. 1921 Mitglied der SPD, 1929 Austritt. 1929 Welterfolg durch den Roman »Berlin Alexanderplatz«. Nach der Machtübernahme Hitlers Austritt aus der Preußischen Akademie der Künste. Nach dem Reichstagsbrand im Februar 1933 ins Exil: nach Frankreich über die Schweiz. 1936 franz. Staatsbürger. 1940 Flucht über Portugal in die USA. Konversion zum Katholizismus. 1944 Mitbegr. des Aurora Verlags. 1945 zuerst nach Frankreich, 1946 als franz. Offizier zurück nach Deutschland, Hrsg. der Zeitschrift »Das Goldene Tor« 1946–51. Vom Wiederaufbau in Deutschland enttäuscht, zweite Emigration: 1953 wieder nach Paris. Kehrte 1956 krank in den Schwarzwald zurück.
W e r k e : Siehe S. 428.

Domin, Hilde (d. i. Hilde Palm): Geb. 27. 7. 1912 in Köln. Studium der Rechtswissenschaft, Nationalökonomie u. Soziologie, Dr. sc. pol. Emigrierte 1932 nach Italien, 1939 nach England, 1940 in die Dominikanische Republik, an der Univ. Santa Domingo als Lektorin f. dt. Sprache tätig. 1954 Rückkehr nach Deutschland, lebt seit 1961 in Heidelberg. 1968 Ida-Dehmel-Preis, Mitglied des PEN.
W e r k : Nur eine Rose als Stütze. Ged. (Teil 3 im Exil entst.). Frankfurt a. M.: S. Fischer 1959.

Drach, Albert: Geb. 17. 12. 1902 in Wien. Studium der Rechtswissenschaften, Dr. jur., als Rechtsanwalt tätig. Literarisch von Anton Wildgans u. Arnold Zweig gefördert. Emigrierte 1938 nach Jugoslawien, dann nach Frankreich. 1947 Rückkehr nach Österreich, lebt als Rechtsanwalt u. freier Schriftsteller in Mödling bei Wien.
W e r k e : Im Exil entst. Werke wurden durchweg erst nach 1945 veröffentlicht in der Gesamtausgabe, München: Langen/Müller 1964 ff.; u. a.: Die kleinen Protokolle u. das Goggelbuch

(1926 ff.) – Das Satansspiel vom göttlichen Marquis (1929) bzw. Das Spiel von Meister Siebentot und weitere Verkleidungen (1928/45) – Das große Protokoll gegen Zwetschkenbaum (1939).

Ehrenstein, Albert: Geb. 23. 12. 1886 in Wien, gest. 8. 4. 1950 in New York. Studium der Geschichte u. Philosophie in Wien, 1910 Dr. phil. Wurde von Karl Kraus entdeckt, veröffentlichte in der »Fackel« erste liter. Arbeiten. Mitarbeiter zahlr. expressionistischer Zeitschriften (»Sturm«, »Aktion« u. a.). 1920/21 Hrsg. der Zeitschrift »Die Gefährten«. Unternahm zahlr. Reisen (u. a. nach Afrika u. China). Emigrierte 1932 nach Zürich, ging 1941 nach New York, wo er vergessen und verarmt starb.
W e r k e : Tubutsch. New York: The Profile Pr. 1946; dt. Ausgabe: Wien: Jahoda & Siegel 1911) – Das gelbe Lied. Dez. 1933 bei der Dt. Buchgemeinschaft angekündigt, nicht mehr erschienen.

Einstein, Alfred: Geb. 30. 12. 1880 in München, gest. 17. 2. 1952 in El Cerito, Calif. Mit dem Physiker Albert Einstein verwandt. Studium der Musikwissenschaft in München, 1903 Dr. phil. Kritiker der »Münchner Post« u. des »Berliner Tageblatts«. 1933 Emigration über Florenz, Wien (1938), die Schweiz, England u. Frankreich in die USA (1939), wo er 1945 naturalisiert wurde. Ab 1939 als Prof. f. Musikwissenschaft am Smith College in Northampton, Mass., tätig gewesen. Ehrenmitglied der ›Royal Music Society‹, London.
W e r k e : A Short History of Music. London: Cassell 1936; New York: Knopf 1937 (Übers.: jap.) – Gluck. London: Dent 1936; New York: Dutton 1936; dt.: Zürich: Pan 1954 (Übers.: ital.) – Greatness in Music. London u. New York: Oxford U. P. 1941; dt.: Zürich: Pan 1951 – Mozart, his Character and his Work. London u. New York: Oxford U. P. 1945 u. ebenso London: Cassell 1946; dt.: Stockholm: Bermann-Fischer 1947 (Übers.: franz., ital., schwed., span., hebr.) – Music in the Romantic Era. New York: Norton 1947; dt.: Wien: Bergland 1950.

Eis, Egon: Geb. 6. 10. 1910 in Wien. Als Journalist u. Drehbuchautor in Berlin tätig. 1933 Rückkehr nach Wien, ging 1938 nach Frankreich, dort vorübergehend interniert. Ging nach Afrika, von 1941 bis 1946 in Kuba, bis 1953 in Mexiko. Rückkehr nach Deutschland, lebt als freier Schriftsteller in München.
W e r k e : Illusion der Sicherheit. Düsseldorf: Econ 1958 – Illusion der Gerechtigkeit. Ebd. 1965.

Elbogen, Paul: Geb. 11. 11. 1894 in Wien. Als Erzähler u. Essayist hervorgetreten. Ging 1935 nach England, 1937 wieder nach Österreich, 1938 nach Italien u. Frankreich, 1941 in die USA. Lebt in Hollywood.
W e r k : Dram. R. Heidelberg: Keyser 1949. U. d. T.: Die Jagd nach dem Leben. Berlin: Rütten u. Loening 1960.

Erpenbeck, Fritz: Geb. 6. 4. 1897 in Mainz. Schlosserlehre, nach dem Ersten Weltkrieg Schauspielschule. Als Schauspieler, Dramaturg u. Regisseur tätig, u. a. Zusammenarbeit mit E. Piscator. 1927 Eintritt in die KPD u. den ›Bund proletarisch-revolutionärer Schriftsteller‹. Emigrierte 1933 nach Prag, dort Red. der »AIZ«, lebte ab 1935 mit seiner Frau Hedda Zinner in Rußland. Red. der Zeitschriften »Das Wort« u. »Internationale Literatur«, ebenso im Nationalkomitee ›Freies Deutschland‹ tätig. Kehrte 1945 mit der ›Gruppe Walter Ulbricht‹ nach Berlin zurück. Als Chefred. verschiedener Zeitungen bzw. Zeitschriften tätig (»Theater der Zeit«), ebenso als Chefdramaturg der Volksbühne Berlin. 1956 Lessingpreis. Lebt jetzt als freier Schriftsteller in der DDR.
W e r k e : Aber ich wollte nicht feige sein. Erz. Moskau: Verlagsgen. ausländ. Arbeiter 1936 – Musketier Peters. Nov. (dt. u. engl.). Ebd. 1936 – Emigranten. R. Moskau: Meshdunarodnaja Kniga 1937 (Übers.: russ.) – Heimkehr. Nov. Ebd. 1939 – Deutsche Schicksale. Erz. Kiew: Staatsverl. d. nat. Minderheiten 1939 – Kleines Mädel im großen Krieg. Erz. Moskau: Meshdunarodnaja Kniga 1940 – Gründer. R. Ebd. 1940 (Übers.: russ.).

Farau, Alfred (d. i. Fred Hernfeld): Geb. 10. 12. 1904 in Wien. Studium der Psychologie u. Naturwissenschaften in Wien, Dr. phil. Als Schriftsteller, Journalist u. Psychologe bis 1938 in Wien tätig. Für kurze Zeit im KZ Dachau, 1939 Flucht nach Triest, seit 1940 in New York, als Psychotherapeut tätig, Vizedekan der Alfred-Adler-Klinik.
W e r k e : Das Trommellied vom Irrsinn. Ged. New York: Writer's Service Center 1943 – Wo ist die Jugend, die ich rufe? Ged. New York: Willard 1946. Auch als Hörspielautor hervorgetreten, Kinderbuchautor.

Farkas, Karl: Geb. 28. 10. 1895 in Österreich. Schauspieler in Wien. Von 1926 bis 1930 Direktor des Wiener Stadttheaters. Emigrierte 1938 in die USA, Rückkehr nach Österreich 1946. Als Bühnenschriftsteller tätig (Operetten, Revuen usw.).

W e r k : Farkas entdeckt Amerika. New York: Triton-Verl. 1941.

Federn, Karl: Geb. 2. 2. 1868 in Wien, gest. 22. 3. 1943 in Edgware (England). Studium der Rechtswissenschaft, Dr. jur. Als Romanautor u. Essayist hervorgetreten. Lebte seit 1919 in Berlin, ging 1934 nach Kopenhagen, 1938 nach England. W e r k e : Mazarin. München: G. Müller 1932 (Übers.: franz.) – The Royalists. London: Secker 1935 – The Materialist Conception of History. London: Macmillan 1939 (Übers.: span.).

Feiner, Ruth: Geb. 30. 7. 1909 in Stettin, gest. 30. 7. 1954 in Visp (Schweiz). Journalistin u. erfolgreiche Schriftstellerin. Ging 1933 nach England u. ließ sich nach dem Krieg in der Schweiz nieder. W e r k e : Cat Across the Path. London: Harrap 1935; Philadelphia: Lippincott 1935 (Übers.: dän.) – Fires in May. London: Harrap 1935; Philadelphia: Lippincott 1936 – Sunset at Noon. Ebd. 1937 – Yesterday's Dreams. Philadelphia: Lippincott 1939; London: Dakers 1941 – Young Women of Europe. Ebd. 1942 – The Twain Met. London: Dakers 1943 – Pilgrimage to Paul. Ebd. 1945; dt.: Bern: Hallwag 1945 – The Day Before Tomorrow. London: Hale 1948; dt.: Bern: Hallwag 1947 – Are You Ready, Caroline? London: Hale 1950. U. d. T.: A Miracle For Caroline. New York: Coward-MacCann 1951; dt.: Bern: Hallwag 1949 (Übers. in zahlreiche andere Sprachen).

Feuchtwanger, Lion (Ps. J. L. Wetcheek): Geb. 7. 7. 1884 in München, gest. 21. 12. 1958 in Pacific Palisades, Calif. Studium der Germanistik u. Philosophie, Dr. phil. 1914 in Tunis interniert. Flucht, Militärdienst in der dt. Armee. Unter dem Eindruck des Krieges gesellschaftskritische Wendung. Als Dramatiker u. Romancier erfolgreich. Ging 1933 von einer Vortragsreise aus den USA nach Sanary/Var (Südfrankreich). 1937 Reise nach Moskau. Wurde 1940 in Frankreich interniert, tauchte illegal in Marseille unter, Flucht über Spanien und Portugal in die USA. Auch im Exil erfolgreich. 1953 Nationalpreis der DDR. W e r k e : Siehe S. 455.

Fischer, Ernst (Ps. Peter Wieden, Pierre Vidal): Geb. 3. 7. 1899 in Komotau, gest. 1. 8. 1972 in Wien. Als Lyriker, Romancier, Dramatiker u. marxistischer Theoretiker hervorgetreten. Philosophiestudium in Graz, Hilfsarbeiter in einem Betrieb. Von 1920 bis 1934 SPÖ-Mitglied, von 1927 bis 1934 Red. des Wiener SPÖ-Organs »Arbeiter-Zeitung«. Nach den Februarkämpfen von 1934 Mitglied der KPÖ. 1934 ins Exil nach Prag. Von 1939 bis 1945 in Rußland, als Kommentator bei Radio Moskau. Kehrte im April 1945 nach Österreich zurück, zeitweise österr. Unterrichtsminister, Chefred. der Zeitschrift »Neues Österreich« u. des »Tagebuchs«. Von 1945 bis 1949 Abgeordneter des Österr. Nationalrates. Zuletzt als freier Schriftsteller tätig. W e r k e : Für oder gegen die Einheitsfront. 2. Aufl. Straßburg: Ed. Prométhée 1936; Prag: Kreibich 1936 – Der Arbeitermord von Kemerowo. Die verbrecherische Tätigkeit der Trotzkisten. Straßburg: Ed. Prométhée 1937 – Die neuen Menschenrechte. Die Verfassung der UdSSR. Ebd. 1937; Basel: Verl. Freie Schweiz 1937 – Vernichtet den Trotzkismus. Straßburg: Ed. Prométhée 1937 – Is this a War for Freedom? New York: Workers' Library 1940 – What is Socialism? Ebd. 1940 – La verdad sobre la guerra imperialista. Mexiko: Ed. popular 1940 – Die faschistische Rassentheorie. Moskau: Verlag f. fremdspr. Lit. 1941 (Übers.: span.) – From People's Front to National Front. London: Communist Party 1942 – A. Hitler, der Fluch Deutschlands. Moskau: 1943 – Über die philosophischen Grundlagen der dt. Staatsumwälzung. Zürich u. New York: Oprecht 1943 – Die nationale Maske der Hitlerimperialisten. Moskau: Verl. f. fremdspr. Lit. 1944 – The Rebirth of My Country. London: Free Austrian Books 1944 – Der österr. Volks-Charakter. Ebd. 1944; Wien: Neues Österreich 1945; Zürich: Frei-Österr. Bewegung in der Schweiz 1945 – Für Freiheit u. Vernunft. Wien u. London: Free Austrian Books 1945 – Freiheit u. Persönlichkeit. Wien: Neues Österreich 1946 – Das Fanal. Der Kampf Dimitroffs gegen die Brandstifter. Ebd. 1946 (Übers.: dän., russ.) – Das Jahr der Befreiung. Ebd. 1946 – Österreich 1848. Ebd. 1946 – Herz und Fahne. Ged. Wien: Erasmus 1949 – Nationale Probleme des Jahres 1848 in Österreich. London: Free Austrian Books o. J.– Erinnerungen und Reflexionen. Reinbek: Rowohlt 1969.

Fischer, Grete (Ps. Joseph Amiel): Geb. 6. 2. 1893 in Prag. Lyrikveröffentlichungen, 1917 Verlagslektorin im Paul Cassirer Verlag, ab 1921 Konzertkritikerin des »Berliner Börsen-Couriers«. Ging 1934 nach England, lebt in London. W e r k e : Palästina. Das erlaubte Land. Paris: Europ. Merkur 1934 – Banana Circus (zusammen mit Henry Rox). New York: Putnam 1943; London: Hammond 1943 – The Bread We Eat

(Bd. 1), What a Thread Can Do (Bd. 2), The House that Jack Built (Bd. 3), Break the Pot, Make the Pot (Bd. 4), Gesamttitel: How Things Are Made. London: Collins 1945–47 (Kinderbuch) – Dienstboten, Brecht u. andere Zeitgenossen in Prag, Berlin, London. Autobiogr. Olten u. Freiburg: Walter 1966.

Fischer, Heinrich: Geb. 22. 8. 1896 in Karlsbad. Journalist u. Kritiker, Mitarbeiter der »Aktion« u. der »Weltbühne«, Chefdramaturg am Schiffbauerdamm-Theater in Berlin. 1937 Herderpreis. Emigrierte 1933 in die Tschechoslowakei, ging 1939 nach England. 1956 Rückkehr nach Deutschland, als Hrsg. u. Interpret von Karl Kraus hervorgetreten. 1957 Bundesverdienstkreuz.
W e r k e : Karl Kraus u. die Jugend. Wien: Lányi 1934 – Hörspiele u. Rundfunksendungen: Veritas vincit, 1936; Hier spricht England, 1942/45; G. K. Chesterton, 1947; Die Wette mit dem Tod, 1948.

Flesch-Brunningen, Hans (Ps. Vincenz Brun): Geb. 5. 2. 1895 in Brünn. Rechtsstudium, 1920 Dr. jur. War als Bankbeamter u. selbständiger Kaufmann tätig. Von 1925 bis 1928 Reisen nach Italien u. Frankreich. Ließ sich als freier Schriftsteller u. Journalist in Berlin nieder. Emigrierte im April 1934 nach England, wo er bei der BBC arbeitete. Mitbegr. der ›Free German League of Culture in Great Britain‹. Kehrte 1958 nach Wien zurück.
W e r k e : Vertriebene. Emigranten von Ovid bis Gorguloff. Wien: Bergland 1933 – The Blond Spider. London: Cape 1934 – Alcibiades Beloved of Gods and Men. R. New York: Putnam 1935 – Alcibiades Forsaken by Gods and Men. R. Ebd. 1936; dt.: Alkibiades (i. 1 Bd.). Amsterdam: de Lange 1936 – Masquerade. R. New York: Carrick and Evans 1938 – Untimely Ulysses. R. London: Cape 1940.

Frank, Bruno: Geb. 13. 6. 1887 in Stuttgart, gest. 20. 6. 1945 in Beverly Hills, Cal. Studium der Rechtswissenschaft u. Philosophie, Dr. phil. Ausgedehnte Reisen, mit Th. Mann u. L. Feuchtwanger befreundet, lebte vor 1933 als freier Schriftsteller in München. Ging nach Hitlers Machtergreifung in die Schweiz, dann nach England, 1937 in die USA. Wurde im März 1938 ausgebürgert.
W e r k e : Cervantes. R. Amsterdam: Querido 1934; Stockholm: Bermann-Fischer 1944 (Übers.: engl., holl., schwed., norw., russ., span., franz.) – Der Reisepaß. R. Amsterdam: Querido 1937 – Lost Heritage. New York: Viking Press 1937 – Close Frontiers. A Study of Modern Europe.

London: Macmillan 1937 – Aus vielen Jahren. Amsterdam: Querido 1940; Los Angeles: Pazifische Presse 1943 (Sammelband). – Die Tochter. R. Mexiko: El Libro libre 1943; Stockholm: Bermann-Fischer 1945 (Übers.: schwed., engl.).

Frank, Leonhard: Geb. 4. 9. 1882 in Würzburg, gest. 18. 8. 1961 in München. Schlosserlehre, als Fabrikarbeiter u. Anstreicher tätig. Autodidakt, Malerstudium, lebte ab 1904 in München als Graphiker. Ging als offener Kriegsgegner 1915 in die Schweiz, kehrte 1918 nach Deutschland zurück, Mitglied des Münchener Revolutionsrates. Von 1920 bis 1933 als freier Schriftsteller in Berlin. 1933 erneute Emigration in die Schweiz, 1937 nach Paris, zeitweise dort interniert, 1940 über Portugal in die USA. Lebte zuerst in Hollywood, ab 1945 in New York. Rückkehr nach Deutschland 1950, ließ sich in München nieder. Mitglied der Bayerischen Akademie der Schönen Künste u. der Dt. Akademie der Künste in Berlin (Ost). 1953 Nürnberger Kulturpreis, 1955 Nationalpreis der DDR, 1957 Großes Bundesverdienstkreuz, 1960 Tolstoi-Medaille der UdSSR.
W e r k e : Siehe S. 478.

Freud, Sigmund: Geb. 6. 5. 1856 in Freiburg (Mähren), gest. 23. 9. 1939 in London. Studium der Medizin u. Neuropathologie. Seit 1886 in Wien als Psychiater tätig. Begründer der Psychoanalyse, von epochalem Einfluß. Ging nach Hitlers Einmarsch in Österreich 1938 ins Exil nach England.
W e r k e : Pourquoi la guerre? Paris: Inst. internat. de coopération intell., Soc. des Nations 1933 (Briefwechsel mit A. Einstein, ebenfalls dt. u. engl. veröffentlicht). – Der Mann Moses u. die monotheistische Religion. 3 Abhandlungen. Amsterdam: de Lange 1939 (Übers.: engl.) – Briefe 1873–1939. Frankfurt a. M.: S. Fischer 1960 – S. F./A. Zweig: Briefwechsel. Ebd. 1968 – G. W., Bd. 16 (mit den zwischen 1932 u. 1939 erschienenen Schriften). London: Imago 1950.

Freundlich, Elisabeth: Geb. 21. 7. 1916 in Wien. Studium der Literaturwissenschaften in Wien, Dr. phil. Als Dramaturgin in Wien, Berlin u. Paris tätig. Ging 1938 nach Paris, von 1940 bis 1950 in New York. Als Dozentin an Universitäten tätig, Hrsg. der Literaturbeilage der »Austro-American-Tribune«. Rückkehr nach Wien 1950, lebt dort als Auslandskorrespondentin u. freie Schriftstellerin.
W e r k : Invasion Day. Erz. (Tag der Invasion). Überlingen: Wulff 1948.

Frey, Egon: Geb. 26. 2. 1892 in Wien. Medizinstudium in Wien u. Freiburg i. Br., Dr. med. Bis 1938 als Arzt in Wien tätig. 1942 in die USA emigriert, lebt als Arzt in New York. W e r k : Werktagslied. Ged. Wien: Europ. Verl. 1968 (im Exil entst.).

Fried, Carl: Geb. 22. 7. 1889 in Bamberg, gest. 2. 6. 1958 in São Paulo. Studium der Medizin, Dr. med., Facharzt für Strahlenheilkunde. 1938 ins KZ Buchenwald gebracht, 1939 in die USA, Prof. an der New York University. Ging 1940 nach Brasilien. W e r k e : Ged. in: Deutsche Dichtung in Brasilien. Hrsg. von Benno A. Aust. São Paulo: Gráfia Schmidt 1954 (Privatdr.).

Fried, Erich: Geb. 6. 5. 1921 in Wien. Emigrierte 1938 nach England, zunächst als Arbeiter tätig, dann Bibliothekar, Journalist u. Schriftsteller. Von 1951 bis 1968 ständiger Mitarbeiter der dt. Abtlg. der BBC. Mitglied der ›Gruppe 47‹, lebt als freier Schriftsteller in London. Ausgedehnte Übersetzertätigkeit. W e r k e : They Fight in the Dark. The Story of Austrian Youth. London: Young Austria in Gr. Britain 1944 – Deutschland. Ged. London: Austrian PEN-Club 1944 – Österreich. Ged. Zürich u. London: Atrium 1945 – Genügung. Ged. Wien: Plan 1947. – Hspe.

Friedenthal, Richard: Geb. 9. 6. 1896 in München. Studium der Literatur- u. Kunstwissenschaften, 1922 Dr. phil. Lebte nach dem Krieg in Berlin, von Stefan Zweig entdeckt u. gefördert. Von 1930 bis 1936 Mitarbeiter bzw. Leiter des Verlags Knaur. 1933 Schreibverbot, ging 1938 nach England ins Exil, während des Krieges auf der Isle of Man interniert. 1941–50 Sekretär, 1950–52 Präsident des PEN-Zentrums dt.sprachiger Autoren im Ausland. Seit 1943 Mitarbeiter der BBC. 1951 Rückkehr nach Deutschland, in München Leiter der Droemerschen Verlagsanstalt Th. Knaur Nachf. 1956 wieder nach London. Mitglied der Dt. Akademie f. Sprache u. Dichtung, Darmstadt, Großes Bundesverdienstkreuz. W e r k e : Brot und Salz. Ged. London 1943 (von Jakob Hegner gedr.) – Study Guide to German Literature. London: Odham 1949 – Goethe Chronicle. London: Acorn 1949 – Die Welt in der Nußschale. München: Piper 1956.

Friedländer, Kurt (Ps. Conrad Peregrinus): Geb. 8. 4. 1899 in Berlin. Dr. jur., als Syndikus tätig, gleichzeitig Journalist u. Schriftsteller. Emigrierte als rassisch Verfolgter 1933 nach Schweden, wo er an verschiedenen Zeitungen u. Zeitschriften mitarbeitete. W e r k e : Mästerverk inom Berättarkonsten från Cervantes till Selma Lagerlöf. Stockholm: Eklund 1944 – En resa till Springistan. Stockholm: Federativs Förl. 1948 – Pusjkin, Balzac och Heine. Stockholm: Eklund 1949.

Friedländer, Otto (Ps. Otto Friedén, Otto Friedrich): Geb. 5. 5. 1897 in Berlin, gest. 3. 2. 1954 in Stockholm. Rechtsstudium, Dr. jur. 1924–29 Vorsitzender des ›Sozialistischen u. Republikanischen Studentenverbandes Deutschlands‹. 1926 bis 1932 Sekretär u. Vorsitzender der ›Sozialistischen Studenteninternationale‹. Als Wirtschaftsjournalist tätig. Ging 1933 als politisch Verfolgter nach Prag, 1938 nach Norwegen u. später nach Schweden. In verschiedenen politischen Exilgruppen tätig. W e r k e : Selbstmord einer Demokratie. Karlsbad: Graphia 1933 – Helden des Geistes: Hus, Cheltschicky, Komensky. Zürich: Europa 1936 – Weise von Zion. Bratislava: Prager 1936 – Der Zaun ums Wissen. Aussig: Neue Erziehung 1937 – Europa, federation eller protektorat? Stockholm 1940 – Ö till salu. Kom. Falun: Lindarnas Förl. 1941 – Svar till ›Stilla kycka‹. Ged. Ebd. 1942 – Makt och magi. Stockholm: Natur och Kultur 1942 – Individ, klass och nation. Stockholm: Bonnier 1943; dt.: Offenbach: Drott 1947 – Tyksland efter Hitler. Stockholm: Bonnier 1944 – Panslavismen. Ebd. 1944 – Th. Mann als Politiker. Stockholm: Lindström 1945 – Volkscharakter u. Umerziehung in Deutschland. Offenbach: Drott 1947 – Die schwedische Demokratie. Ebd. 1948 – Grundformen der Gesellschaft. Theorien der Staatswiss. u. d. Gesellschaftswiss. in der neueren anglo-amer. u. skand. Lit. Hamburg: Tessloff 1949 – Zwischen zwei Zeiten. Autobiogr. Stockholm 1950 (Ms.). Weitere Mss. ungedruckt.

Friedmann, Hermann: Geb. 11. 4. 1873 in Bialystok, gest. 25. 5. 1957 in Heidelberg. Dr. jur. Ging 1934 nach England u. kehrte 1948 nach Deutschland zurück. W e r k e : Nietzsche and the Germans. In: Tyrannos. London: Drummond 1944 – Wissenschaft u. Symbol. München: Beck 1949 – Sinnvolle Odyssee. Geschichte eines Lebens u. einer Zeit 1873–1950. Ebd. 1950.

Frischauer, Paul: Geb. 25. 5. 1898 in Wien. Studium der Geschichte u. Staatswissenschaften. Vor u. zu Beginn des Zweiten Weltkriegs Berater der BBC u. Chairman von ›United Correspondents‹. Ging 1934 nach England, 1940 nach Brasilien u.

1945 in die USA, wo er als Vizepräsident der ›Inter Science Foundation‹ in New York tätig war, 1961 auch als Prof. Lebt heute in den USA.
W e r k e : Prinz Eugen. Berlin: Zsolnay 1933 (Übers.: engl., franz., schwed.) – Garibaldi. Zürich: Bibl. zeitgenöss. Werke 1935 (Übers.: engl., franz., span., port.) – Beaumarchais. Ebd. 1935 (Übers.: engl., port.) – A Great Lord. London: Cassell 1937; New York: Random House 1937 (Übers.: port.); dt.: Ein großer Herr. Kassel: Schleber 1948 – England's Years of Danger. A New History of the World War 1792–1815. London: Cassel 1938; New York: Oxford U. P. 1938 (Übers.: port.) – Love within Limits. London: Cassell 1938 – The Imperial Crown. Ebd. 1939 – President Vargas. Rio de Janeiro: Comp. Id. Nacional 1943 (Übers.: franz., span.) – So Great a Queen. New York: Scribner 1950; London: Cassell 1951.

Fuchs, Rudolf: Geb. 5. 3. 1890 in Podiebrad (Böhmen), gest. 17. 2. 1942 in London. Ist besonders als Übers. tschech. Lyrik (Petr Bezruč) hervorgetreten. Ging 1939 nach England, wo er 1942 an einem Unfall starb.
W e r k e : Gedichte aus Reigate. London: Barnard and Westwood 1940 – Ein wissender Soldat. Ged. u. Schriften aus dem Nachlaß. London: Die Einheit 1943 – Die Republik wird auferstehen. In: Stimmen aus Böhmen. London: Verl. d. Einheit 1944.

Fürnberg, Louis (Ps. Nuntius): Geb. 24. 5. 1909 in Iglau, gest. 23. 6. 1957 in Weimar. Lehre als Kunstkeramiker, früh journalistisch u. schriftstellerisch tätig. Seit 1928 Mitglied der KPD. Arbeitete an einer Reihe von linken Zeitschriften mit, »Linksfront«, »Rote Fahne«. Von 1932 bis 1936 Leiter der Agitpropgruppe ›Echo von links‹ u. von 1936 bis 1937 der Truppe ›Neues Leben‹. 1939 verhaftet, nach geglückter Flucht über Italien, Jugoslawien, Griechenland, die Türkei nach Palästina, kehrte 1948 als tschech. Diplomat nach Ost-Berlin, seit 1946 in der Tschechoslowakei. Übersiedelte 1954 ganz nach Weimar, wo er stellvertr. Direktor der ›Nationalen Forschungs- und Gedenkstätten der klassischen dt. Literatur‹ bis zu seinem Tod war. 1956 Nationalpreis der DDR, Mitglied der Dt. Akademie der Künste, Ost-Berlin.
W e r k e : Das Fest des Lebens. Nov. Zürich: Oprecht 1939; Prag: Čsl. spsovatel 1954 – Im Namen der ewigen Menschlichkeit. Eine Kantate auf die Sowjetunion. Jerusalem: Verkauf 1943 – Hölle, Haß u. Liebe. Ged. London: Einheit 1943; Berlin: Dietz 1947 – Gustav Mahlers

Heimkehr. Jerusalem: Verkauf 1946 – Bruder Namenlos. Ged. Basel: Mundus 1947; Berlin: Dietz 1955; Moskau: Staatsverl. 1957 – Mozart-Novelle. Berlin: Dietz 1947 – Die Spanische Hochzeit. Ged. Ebd. 1948 – Der Urlaub. Ebd. 1962 (Fragment 1942/43, im Exil konzipiert).

Fuerth, Rudolf (d. i. Rudolf Feistmann): Geb. 28. 1. 1908 in Fürth, gest. 1952 in Ost-Berlin. Als politischer Journalist tätig. Emigrierte 1933 nach Frankreich, wurde 1939 in Le Vernet interniert, ging 1941 über New York nach Mexiko. 1943–48 Hrsg. der »Demokratischen Post« in Mexiko. Rückkehr nach Deutschland 1948.
W e r k : Criminales de guerra. Mexico City: Ed. Tenochtitlán 1945.

Gábor, Andor: Geb. 17. 1. 1884 in Újnép-puszta (Ungarn), gest. 21. 1. 1953 in Budapest. Deutschschreibender ung. Journalist u. Schriftsteller. Ging 1919 von Ungarn nach Wien u. nach Deutschland. Emigrierte 1933 in die Sowjetunion, kehrte 1945 nach Ungarn zurück.
W e r k e : Lenin in Neukölln (russ.). Moskau u. Leningrad: Verlagsgen. ausländ. Arbeiter 1934 – Die Topfriecher u. andere Erzählungen. Engels: Dt. Staatsverl. 1935 – Die Rechnung u. andere Erzählungen aus dem Dritten Reich. Moskau: Verlagsgen. ausländ. Arbeiter 1936 – Souper im ›Hubertus‹. Erz. Ebd. 1936 (Übers.: russ.).

Geiger, Theodor: Geb. 9. 11. 1891 in München, gest. 16. 6. 1952 an Bord der ›Waterman‹. Studium der Soziologie u. Rechtswissenschaft, Dr. jur. Bis 1933 Prof. an der TH Braunschweig. Ging 1933 nach Dänemark, später nach Schweden. Nach 1938 als Prof. an den Universitäten Aarhus u. Uppsala tätig.
W e r k e : Samfund og arvelighed (Gesellschaft u. Vererbung). Kopenhagen: Martin 1935 – Sociologi. Grundrids og hovedproblemer. Kopenhagen: Nyt Nordisk Forl. 1939 – Konkurrence. En sociologisk analyse. Kopenhagen: Munksgaard 1941; Aarhus: Univ. Forl. 1941 – Kritik af reklamen. Kopenhagen: Nyt Nordisk. Forl. 1943 – Intelligensen. Stockholm: Wahlström och Widerstand 1944; dt.: Aufgaben und Stellung der Intelligenz in der Gesellschaft. Stuttgart: Enke 1949 – Debat med Uppsala om moral og ret. Kopenhagen: Munksgaard 1946; Lund: Gleerup 1946 – Ranuld contra Geiger. Et angreb og et offensivt forsvar. Kopenhagen: Nyt Nordisk Forl. 1946 – Vorstudien zu einer Soziologie des Rechts. Kopenhagen: Munksgaard 1947; Aarhus: Univ. Forl. 1947 – Klassesamfundet i støbegryden. Kopen-

hagen: Gad 1948; dt.: Die Klassengesellschaft im Schmelztiegel. Köln: Kiepenheuer 1949 – Den danske intelligens fra reformationen til nutiden. Aarhus: Univ. Forl. 1949.

George, *Manfred* (d. i. Manfred Georg): Geb. 22. 10. 1893 in Berlin, gest. 31. 12. 1965 in New York. Rechtsstudium, 1917 Dr. jur. Red. der »Deutschen Montagszeitung«, der »Berliner Morgenpost«, der »BZ am Mittag«, Chefred. der »Berliner Abendpost«. 1917–20 Mithrsg. des »Marsyas«. Theater- u. Filmkritiker, auch schriftstellerische Arbeiten. Emigrierte 1933 in die Tschechoslowakei, ging 1938 in die USA. Übernahm 1939 den New Yorker »Aufbau« u. machte ihn zur wichtigsten Exilzeitung auf dem amer. Kontinent.
W e r k e : Der Fall Ivar Kreuger. Berlin: Brückenverl. 1932 (Übers.: engl.) – Männer, Frauen, Waffen. R. Locarno: Verbano 1934 – Das Wunder Israels. Aufs. New York: Aufbau-Verl. 1949.

Gerlach, *Hellmut von:* Geb. 2. 2. 1866 in Mönchmotschelnitz (Kreis Wohlau in Preußisch-Schlesien), gest. 1. 8. 1935 in Paris. Studium der Rechts- u. Staatswissenschaft. Anhänger der christlich-sozialen Bewegung. Seit 1896 Anhänger von Friedrich Naumann, an dessen Zeitschrift ›Zeit‹ er maßgeblich mitarbeitete. Gründete mit Naumann den ›Nationalsozialen Verein‹. 1903 bis 1906 Mitglied des Reichstags. 1908 Mitbegr. der ›Demokratischen Vereinigung‹. 1918/19 Unterstaatssekretär im preußischen Innenministerium. Im Vorstand der ›Deutschen Friedensgesellschaft‹ u. der ›Deutschen Liga für Menschenrechte‹. Im Ausschuß des ›Reichsbanners Schwarz-Rot-Gold‹. Für den inhaftierten Ossietzky 1932 als Chefred. der »Weltbühne« tätig. Ging 1933 ins franz. Exil nach Paris. Als Kommissar für dt. Emigrantenfragen bei der ›Französischen Liga für Menschenrechte‹ tätig.
W e r k : Von Rechts nach Links (hrsg. von Emil Ludwig). Zürich: Europa-Verl. 1936.

Gilbert, *Robert* (Ps. Ohle): Geb. 29. 9. 1899 in Berlin. Philosophie- u. Literaturstudium. Als Librettist tätig für Oscar Straus, Robert Stolz, Ralph Benatzky u. seinen Vater Jean Gilbert. Ging 1933 nach Österreich, 1938 nach Paris u. anschließend nach Amerika. 1949 Rückkehr in die Schweiz. Übers. amer. Musicals.
W e r k : Meine Reime, deine Reime. New York: P. T. Fisher 1946.

Glaeser, *Ernst* (Ps. Anton Ditschler): Geb. 29. 7. 1902 in Butzbach, gest. 8. 2. 1963 in Mainz. Studium in Freiburg u. München. Tätigkeit als Dramaturg, Mitarbeiter der »Frankfurter Zeitung«. Ging 1933 aus politischen Gründen in die Schweiz u. kehrte bereits 1939 wieder nach Deutschland zurück, ohne die Problematik dieses Schritts je ganz plausibel machen zu können.
W e r k e : Der letzte Zivilist. R. Zürich: Humanitas 1935; Paris: Europ. Merkur 1935 (in 14 Spr. übers.) – Das Unvergängliche. Erz. Amsterdam: Querido 1936 (Übers.: franz.) – Das Jahr. Skizzen. Zürich: Weltwoche 1938.

Glückauf, *Erich:* Geb. 12. 9. 1903 in Wittlich. Als politischer Journalist tätig. Mitglied der USPD, KPD, Sekretär der KPD-Reichstagsfraktion. Bis 1933 Chefred. der »Freiheit«. Ging als politisch Verfolgter ins Saargebiet, nach Frankreich u. 1936 nach Spanien, wo er den Deutschen Freiheitssender leitete. 1938 wieder in Frankreich, Chefred. der »Politischen Information«. Kehrte 1945 nach Mitteldeutschland zurück, Teilnahme am Wiederaufbau, bekleidete verschiedene hohe Ämter der SED, noch heute Mitglied des ZK der SED.

Goldstein, *Moritz* (Ps. Michael Osten): Geb. 27. 3. 1880 in Berlin. Studium der Literaturwissenschaft, 1906 Dr. phil. Red. u. Mitarbeiter der »Vossischen Zeitung«, Hrsg. der »Goldenen Klassikerbibliothek«. Von 1933 bis 1939 in Florenz, anschließend nach Frankreich u. England. Lebt seit 1947 in USA.
W e r k e : Führers Must Fall. A Study of the Phenomenon of Power from Caesar to Hitler. London: Allen 1942 – Bisher nicht publizierte Exil-Mss.: Abdullah's Esel. Dr. 1936 – Die Sache der Juden. 1938 – Widerlegung der Macht. 1944 – Ein Mensch wie ich. Autobiogr. bis 1933. 1947 – Gedankengänge. Philos. Betrachtungen.

Graf, *Oskar Maria:* Geb. 22. 7. 1894 in Berg am Starnberger See, gest. 28. 6. 1967 in New York. Erlernte Bäckerberuf, übte viele Tätigkeiten aus. Im Ersten Weltkrieg Befehlsverweigerung, verurteilt, zeitweise in ein Irrenhaus überwiesen, schließlich entlassen. Mitglied der USPD, Teilnahme an der Novemberrevolution von 1918 u. an der Bayerischen Räterepublik, nach deren Niederwerfung verhaftet. Danach Dramaturg an der Münchener Arbeiterbühne u. freier Schriftsteller. Großer Erfolg mit dem autobiogr. Roman »Wir sind Gefangene« (1927). Wurde von den Nationalsozialisten umworben, ging 1933 freiwillig ins Exil nach Wien, forderte am 15. Mai 1933 in einem offenen Brief in der Saarbrücker »Volksstimme« die Nationalsozialisten auf, auch seine Bücher zu verbrennen. Lebte von 1934 bis 1938 in der Tschechoslowakei, Studien-

reise in die Sowjetunion, emigrierte 1938 in die USA, wo er bis 1940 Präsident der ›German-American Writers Association‹ in New York war.
W e r k e : Bolwieser. R. Berlin: Drei-Masken 1931; London: Malik 1937 (Übers.: engl.) – Einer gegen alle. Berlin: Universitas 1932 (Übers.: engl., russ.) – Der harte Handel. Ein bayerischer Bauern-R. Amsterdam: Querido 1935 (Übers.: russ.) – Der Abgrund. R. London: Malik 1936 (Übers.: russ.) – Anton Sittinger. Ebd. 1937; New York: Selbstverl. 1941 (Übers.: russ.) – Der Quasterl. Moskau: Das internat. Buch 1938; New York: Aurora 1945. – The Life of my Mother. New York: Howell, Soskin 1940; dt.: München: Desch 1947.

Greid, Hermann: Geb. 24. 11. 1892 in Wien. Von Beruf Versicherungskaufmann. Von 1923 bis 1929 als Schauspieler u. Regisseur tätig, u. a. am Schloßparktheater, Staatstheater u. Volkstheater Berlin, am Düsseldorfer Schauspielhaus. Von 1929 bis 1931 Leiter der Theatergruppe ›Truppe im Westen‹. Der KPD nahestehend. Emigrierte im März 1933 aus politischen Gründen nach Schweden. Vorstandsmitglied der FDKB, in der Arbeiterbewegung u. in kirchlichen Organisationen tätig. Von Ende 1935 bis Sommer 1936 auf einer Studienreise in der UdSSR. Von 1940 bis 1941 zusammen mit Brecht in Finnland, mit dem er seit 1939 eng befreundet war. Seit 1942 wieder in Schweden. Mitbegr. der Friedensbewegung in Schweden.
W e r k e : Henry Dunants Geschäfte. 1942 – Die andere Seite. 1943/44 – Zahlr. Kirchenspiele.

Gronemann, Sammy: Geb. 21. 3. 1875 in Straßburg (Westpreußen), gest. 6. 3. 1952 in Tel Aviv. Jurastudium in Berlin, als erfolgreicher Anwalt tätig. Ging 1933 nach Frankreich, wanderte 1936 in Palästina ein. Vorsitzender des ›Zionistischen Kongreßgerichts‹.
W e r k e : Der Weise u. der Narr. Versspiel. Tel Aviv: Moadim 1942 (dt. u. hebr.) – Der Prozeß um des Esels Schatten. Dr. Tel Aviv: Moadim 1945 – Erinnerungen eines Jecken (hebr.). Tel Aviv: Am Owed 1947 – Bühnenmss.: Jacob u. Christian. 1936 – Die Reise nach Ägypten. 1938 – Die Königin von Saba. 1951.

Grossberg, Mimi: Geb. 23. 4. 1905 in Wien. Studium der Psychologie (bei Alfred Adler) u. engl. Lit. in Wien. Als Bibliothekarin, Kunstgewerblerin u. Modistin tätig. 1938 Emigration in die USA, wo sie noch heute lebt. In verschiedenen Zeitungen u. Zeitschriften literarisch hervorgetreten.

W e r k : Österreichs literar. Emigration in den Vereinigten Staaten 1938. Wien: Europa-Verl. 1970.

Grossmann, Kurt R. (Ps. Hermann Walter, Felix Burger, Kurt Randloff): Geb. 21. 5. 1897 in Berlin, gest. 2. 3. 1972 in New York. Durchlief kaufmännische Lehre. Nach dem Krieg in der Kriegsopferbewegung aktiv, Pazifist. 1926 Sekretär der ›Deutschen Liga für Menschenrechte‹ in Berlin, kämpfte gegen Landesverratsprozesse u. für dt.-franz. u. dt.-poln. Verständigung, floh 1933 aus politischen Gründen nach Prag, wurde ausgebürgert. Von 1933 bis 1939 Sekretär der ›Demokratischen Flüchtlingsfürsorge‹ in Prag u. Paris, 1943–50 Exekutivassistent im ›Jüdischen Weltkongreß‹, seit 1952 in der gleichen Funktion in der ›Jewish Agency for Palestine‹. Erhielt 1963 den Albert-Schweitzer-Buchpreis.
W e r k e : Deutschland am Hakenkreuz. Prag: Verl. d. Dt. Sozialdemokratischen Partei 1933 – Der gelbe Fleck. Ein Bericht vom Frühjahr 1933. Paris: Čsl. Liga gegen den Antisemitismus; Prag: Selbstverl. 1933 – Juden in brauner Hölle. Prag: Die Abwehr 1933 – C. v. Ossietzky (gemeinsam mit Kurt Singer). Zürich: Oprecht 1936 – Menschen auf der Flucht. Tätigkeitsbericht der Demokr. Flüchtlingsfürsorge 1936 – The Jewish Refugee (gemeinsam mit A. Tartakover). New York: Inst. of Jewish Affairs 1944 – Emigration. Geschichte der Hitler-Flüchtlinge 1933 bis 1954. Frankfurt a. M.: Europ. Verlagsanst. 1969.

Gumpert, Martin: Geb. 13. 11. 1897 in Berlin, gest. 18. 4. 1955 in New York. Medizinstudium, Dr. med., 1927–33 Direktor der Städt. Klinik für Haut- u. Geschlechtskrankheiten in Berlin. Erhielt 1933 Berufsverbot aus rassischen Gründen, emigrierte 1936 nach New York, wo er als Arzt u. Schriftsteller tätig war.
W e r k e : Hahnemann. Berlin: S. Fischer 1934 (Übers.: engl.) – Das Leben für die Idee. Ebd. 1935 (Übers.: engl.) – Berichte aus der Fremde. Zürich u. New York: Verlag d. Arche 1937 – Dunant. R. Stockholm: Bermann-Fischer 1938 (Übers.: engl., span.) – Hölle im Paradies. Selbstdarstellung eines Arztes. Stockholm: Ebd. 1939 – Heil Hunger! (Health under Hitler). New York u. Toronto: Alliance Book Corp.; Longmans, Green; London: Allen and Unwin 1940 – First Papers. New York: Sloane and Pearce 1941 – You are Younger Than You Think. Ebd. 1944 – Der Geburtstag. Amsterdam: Querido 1948.

Günther, Hans: Geb. 8. 9. 1899 in Bernburg, gest. Oktober 1938 in Wladiwostok. Studium

der Staats- u. Rechtswissenschaft, Dr. jur. War Mitarbeiter der »Roten Fahne« u. der »Linkskurve«. Wurde 1932 als Mitglied der dt. Sektion der ›Internationalen Vereinigung revolutionärer Schriftsteller‹ nach Moskau berufen, später nach Wladiwostok verbannt. War nach 1932 Red. der »Internationalen Literatur«.
W e r k e : Der Herren eigner Geist. Die Ideologie des Nationalsozialismus. Moskau u. Leningrad: Verlagsgen. ausländ. Arbeiter 1935 – In Sachen gegen Bertram. Erz. Kiew u. Charkow: Ukrchoshnacmenwydaw 1936.

Gurian, Waldemar (Ps. Lorenz Brunner, Walter Gerhart, Stefan Kirchmann): Geb. 13. 2. 1902 in St. Petersburg, gest. 26. 5. 1954 in South Haven, Michigan. Studium der Staatswissenschaften, Dr. phil. Als katholischer Publizist tätig. Ging aus politischen Gründen 1934 in die Schweiz, 1937 in die USA. War dort seit 1937 als Prof. f. politische Wissenschaften an der University of Notre Dame, Indiana, tätig.
W e r k e : St. Ambrosius u. die dt. Bischöfe. Luzern: Liga 1934 – Der Kampf um die Kirche im Dritten Reich. Luzern: Vita Nova 1935 (Übers.: engl., holl.) – Bolschewismus als Weltgefahr. Ebd. 1935 – Marxismus am Ende (unter Ps. Brunner). Einsiedeln: Benziger 1936 (Übers.: engl.) – The Future of Bolshevism. New York: Sheed and Ward 1936 – Permanent Features of Soviet Foreign Policy. London: Stevens 1947.

Haas, Willy: Geb. 7. 6. 1891 in Prag. Studium der Literaturwissenschaft in Prag. Gründete 1911 mit den ›Herder-Blättern« seine erste literar. Zeitschrift. 1914 als Lektor im Kurt Wolff Verlag. Nach dem Ersten Weltkrieg als Kritiker u. Schriftsteller in Berlin tätig, verfaßte mehr als 20 Drehbücher. 1925–33 Hrsg. der »Literarischen Welt«. Emigrierte 1933 in die Tschechoslowakei, ging 1939 nach Indien, 1947 nach England, 1948 Rückkehr nach Deutschland. Ständiger Mitarbeiter der »Welt«, Großes Verdienstkreuz der Bundesrepublik Deutschland 1965.
W e r k e : 2 Drehbücher für die ind. Filmgesellschaft Bhavnani-Film. Bearbeitungen literar. Stoffe (Ibsen u. ind. Legende) – Autobiogr. in Fortsetzungen in »Bombay Chronicle«, 1940 – Die literarische Welt. Erinnerungen. München: List 1957.

Habe, Hans (d. i. Jean Bekessy): Geb. 12. 2. 1911 in Budapest. Studium der Germanistik. Sehr früh journalistisch tätig. 1933 Chefred. des Wiener »Morgen«. Ging 1934 in die Schweiz. 1939/40 Freiwilliger in der franz. Armee (zeit-

weise in dt. Gefangenschaft), 1940–53 in den USA, in der amer. Armee. 1945 wurde ihm der Aufbau der dt. Presse in der amer. Zone anvertraut. 1954 Rückkehr nach Europa, lebt jedoch immer wieder in Kalifornien.
W e r k e : Drei über die Grenze. Ein Abenteuer unter dt. Emigranten. Genf: Ed. Union 1937 (Übers.: engl.) – Eine Zeit bricht zusammen. R. Ebd. 1938 – Sixteen Days. London: Harrap 1939; New York: Hartcourt, Brace 1940; dt.: Zu spät. New York: Europa Verl. 1940 – A Thousand Shall Fall. New York: Hartcourt, Brace 1941; London: Harrap 1942; dt.: Ob Tausend fallen. London: Hamilton 1943; Stuttgart: Rowohlt 1946 (Übers.: schwed.) – Kathrine. R. New York: Viking Pr. 1943; London: Harrap 1944 – Aftermath. R. New York: Viking Pr. 1947 – Wohin wir gehören. R. Zürich: Oprecht 1948 – Walk in Darkness. New York: Putnam 1948; dt.: Weg ins Dunkel. Zürich: Pan Verl. 1951 (Übers.: franz.) – Ich stelle mich. Meine Lebensgeschichte. München: Desch 1954 (Übers. in viele Spr.).

Haffner, Sebastian (d. i. Raimund Pretzel, Ps. Student of Europe): Geb. 16. 12. 1907 in Berlin. Studium der Rechtswissenschaft, als Rechtsanwalt tätig. Arbeitete als Journalist für die »Vossische Zeitung«. Ging 1938 nach England, politischer Leitartikler für die »Zeitung« (London), freier Mitarbeiter des »Observer«. Kehrte 1954 nach Deutschland zurück, lebt seit 1961 in West-Berlin. Zuerst offizieller diplomatischer Korrespondent des »Observer«, seit 1961 Mitarbeiter der »Welt«, seit 1963 des »Stern«.
W e r k e : Germany, Jekyll and Hyde. London: Secker and Warburg 1940 – Offensive Against Germany. Ebd. 1941.

Hahn, Arnold: Geb. 28. 8. 1881 in Kolautschen (ČSR), gest. 28. 6. 1963 in London. Chemiestudium, Dr. rer. nat. An der TH Danzig u. der Univ. Prag wissenschaftlich tätig. Seit 1933 in der Tschechoslowakei, ging 1939 nach England. Chemielehrer, journalistische u. schriftstellerische Arbeiten.
W e r k e : Attentat auf den Präsidenten von Pan-Europa. Paris: Tageszeitung 1935 – Vor den Augen der Welt. Prag: Tschechoslow. Liga gegen den Antisemitismus 1936 – Das Volk Messias. Sonette. Prag: Selbstverl. 1936; London: Gollancz 1943 – Grenzenloser Optimismus. Prag: Selbstverl. 1937; Zürich: Mondial 1940 – Warum starb Stephan Lux? Pamphlet. Prag 1937 – Abenteuer eines jungen Mannes. R. Prag: Simplicus o. J.

Hakel, Hermann: Geb. 12. 8. 1911 in Wien. Ab 1934 als freier Schriftsteller tätig. Ging 1939 nach Italien, wurde inhaftiert u. ins KZ gebracht. Ging 1945 nach Israel, 1947 Rückkehr nach Österreich.
W e r k e : Unser Bild wird Wort. Ged. Wien: Schmeidl 1947 – An Bord der Erde. Ged. Wien: Erwin Müller 1948 – Zwischenstation. 50 Geschichten. Wien: W. Verkauf 1949 – 1938–45. Ein Totentanz. Ged. Ebd. 1950 – Tagebücher der Exiljahre noch unveröffentlicht.

Halbert, Awrum (Ps. Albert Ganzert): Geb. 16. 9. 1881 in Botschani (Rumänien).
W e r k : Kraft durch . . . Feuer. Die Nacht vom 9. Nov. 1938. Dr. Zürich u. New York: Verl. Die Gestaltung 1939 (gemeinsam mit A. Rudolph).

Hamburger, Käte: Geb. 21. 9. 1896 in Hamburg. Studium der Germanistik, Dr. phil. Aus rassischen Gründen verfolgt. Ging 1934 nach Frankreich, 1935 nach Schweden. Als Sprachlehrerin tätig. 1956 Rückkehr nach Deutschland. Prof. für Germanistik an der Univ. Stuttgart.
W e r k e : Tolstoj. Biogr. och analys. Stockholm: Natur och Kultur 1945 – Th. Mann. Humanitetens diktare. Ebd. 1945 – Th. Manns Roman ›Joseph und seine Brüder‹. Stockholm: Bermann-Fischer 1945 – Schiller. Problemen in hans verk. Stockholm: Natur och Kultur 1947 – R. M. Rilke. Stockholm: Bonnier 1949 – L. Tolstoj. Gestalt u. Problem. Bern: Francke 1950.

Hammer, Walter (d. i. Walter Hösterey): Geb. 24. 5. 1888 in Elberfeld, gest. 9. 12. 1966 in Hamburg. Vor 1933 Hrsg. der Zeitschriften »Der Fackelreiter« u. »Junge Menschen«. Ging 1933 nach Amsterdam, 1934 nach Kopenhagen, wurde 1940 von der Gestapo verhaftet, zu fünf Jahren Zuchthaus verurteilt, 1945 aus dem Zuchthaus Brandenburg befreit. Träger des Großen Bundesverdienstkreuzes.
W e r k e : Theodor Haubach zum Gedächtnis. Frankfurt a. M.: Europ. Verlagsanst. 1955 – Hohes Haus in Henkers Hand. Rückblick auf die Hitler-Zeit, auf Leidensweg u. Opfergang dt. Parlamentarier. Ebd. 1956.

Hardekopf, Ferdinand (Ps. Stefan Wronski): Geb. 15. 12. 1876 in Varel (Oldbg.), gest. 26. 3. 1954 in Zürich. Kaufmännische Lehre, Beruf eines Reichstagsstenographen. Mitarbeiter zahlr. expressionistischer Zeitschriften. Ging 1916 in die Schweiz, enge Verbindung zum Dadaismus. 1921 wieder für kurze Zeit Berlin, anschließend erneut Schweiz. Ausgedehnte Übersetzertätigkeit. 1942 nach Frankreich, dort verhaftet, KZ-Aufenthalt, durch Intervention Gides und Malraux' befreit. 1946 Rückkehr in die Schweiz, arbeitete als Übers. aus dem Franz.
W e r k e : Zahlr. Übers. franz. Autoren für die Büchergilde Gutenberg, Zürich (Balzac, Gide, Malraux, Ramuz u. a.).

Haringer, Johann Jakob: Geb. 16. 3. 1898 in Dresden, gest. 3. 4. 1948 in Zürich. Verlebte seine Jugend in Salzburg, frühe Lebensumstände von H. bewußt im Dunkeln gehalten. Wurde in den zwanziger Jahren bekannt, u. a. von Döblin gefördert. Erhielt 1925 den Gerhart Hauptmann-Preis, 1926 den Kleist-Preis. Ging 1933 nach Österreich, wurde 1936 ausgebürgert, floh nach dem Anschluß Österreichs 1938 in die Schweiz, dort wegen zeitweiliger Übertretung des Publikationsverbotes inhaftiert.
W e r k e : Andenken. Ged. Amsterdam: Selbstverl. 1934 – Vermischte Schriften. Salzburg: Pustet 1934 – Souvenir. Ged. Paris u. Amsterdam: Selbstverl. 1938 – Notizen. Paris: Selbstverl. 1938 (vermutlich) – Das Fenster. Ged. Zürich: Pegasus-Verl. 1946 – Der Orgelspieler. Ged. Fürstenfeldbruck: Steinklopfer-Verl. 1955 – Das Rosengrab. Ausgew. Ged. Ebd. 1960.

Harten, Wolf (Ps. Jonny G. Rieger):
Biogr. Daten nicht zu ermitteln.
W e r k e : Feuer im Osten. Prag u. Zürich: Büchergilde Gutenberg 1935 – Fahr zur Hölle, Jonny. Ebd. 1936 – Shanghai saknar all rättfärdighet (Sh. kennt keine Gerechtigkeit). Stockholm: Universal press 1938.

Hasenclever, Walter: Geb. 8. 7. 1890 in Aachen, gest. 21. 6. 1940 in Aix-en-Provence. Jurastudium. Wurde mit seinem Drama »Der Sohn« (1914) einer der Wortführer des Expressionismus. 1922–24 intensive Beschäftigung mit Swedenborg. 1925–30 Korrespondent des Berliner »8 Uhr Abendblatts« in Paris. Ging 1932 nach Frankreich, 1933 von den Nationalsozialisten ausgebürgert. 1934/35 in Dubrovnik (Jugoslawien), 1935/36 in London, 1936/37 in Nizza, 1937–39 in Florenz, anschließend wieder in England, zuletzt in Südfrankreich, wo er zweimal interniert wurde u. sich im Mai 1940 das Leben nahm. Erhielt 1917 den Kleist-Preis.
W e r k e : Münchhausen. Schausp. Hamburg: Theaterverl. H. Büssow (Bühnen-Ms. entst. 1934 in Nizza, Urauff. Leipzig 1948); gedr. in: Gedichte, Dramen, Prosa. Hamburg: Rowohlt 1963 – Irrtum u. Leidenschaft. R. Berlin: Universitas-Verl. 1969 (entst. 1934–39) – Ehekomödie.

Lustsp. London: R. Klein (Bühnen-Ms. entst. in London 1935–37, Urauff. u. d. T. »What Should a Husband Do?« in London 1937) – Konflikt in Assyrien. Kom. Berlin: G. Kiepenheuer Bühnenvertrieb 1957 (entst. 1938/39, Urauff. u. d. T. »Scandal in Assyria« u. d. Ps. Axel Kjellström in London 1939) – Die Rechtlosen. R. In: Gedichte, Dramen, Prosa. Hamburg: Rowohlt 1963 (entst. 1939/40).

Hauser, Carry (Carl Maria) (Ps. Oculus): Geb. 16. 2. 1895 in Wien. Maler u. Schriftsteller. Ging 1939 in die Schweiz, kehrte nach dem Krieg nach Österreich zurück. Prof. h. c., Ritterkreuz des Österr. Verdienstordens.
W e r k e : Advent-Spiel. Elgg (Kt. Zürich): Volksverl. 1944 – Eine Geschichte vom verlorenen Sohn. Erz. Arbon (Kt. Thurgau): Privatdruck 1945 (400 Exempl.) – Maler, Tod u. Jungfrau. Märchen. Luzern: Rex-Verl. 1946.

Hauser, Harald: Geb. 17. 2. 1912 in Lörrach (Baden). Studium der Rechte, 1931 Studienreise nach Moskau, seit 1932 Mitglied der KPD, Agitpropleiter der Berliner ›Roten Studentengruppe‹. Mußte 1933 aus politischen Gründen emigrieren, ging nach Frankreich. Als Freiwilliger in der franz. Armee, später in der Résistance. Ab 1943 Hauptred. der illegalen Zeitung »Volk und Vaterland«, Sekretär des Nationalkomitees ›Freies Deutschland‹ für den Westen. Kehrte 1945 nach Mitteldeutschland zurück, Publizist u. Red. verschiedener Zeitungen u. Zeitschriften (»Die neue Gesellschaft«), lebt als freier Schriftsteller in Ost-Berlin. 1959 Lessing-Preis, 1960 Nationalpreis der DDR, Befreiungsmedaille der franz. Republik.
W e r k : Wo Deutschland lag. R. Berlin: Dietz 1947; Prag: Práce 1952; Warschau: Prasa Wojskowa 1953; Budapest: UJ Magyar Könyvkiado 1956; Essen: Dein Buch 1952.

Hay, Julius: Geb. 5. 5. 1900 in Abony (Ungarn). Architekturstudium an der TH Budapest. Ging 1919 nach Deutschland, seit 1926 schriftstellerisch tätig, als Dramatiker in Berlin erfolgreich. 1933 nach Wien, 1934 in die Schweiz, 1935 in die UdSSR. 1945 Rückkehr nach Ungarn. Kossuth-Preis.
W e r k e : Gott, Kaiser, Bauer. Dr. Zürich: Oprecht u. Helbling 1935 – Kamerad Mimi. Kiew: Ukrchoshnacmenwydaw 1937 – Tanjka macht die Augen auf. Ebd. 1938 – Das neue Paradies. Engels: Dt. Staatsverl. 1938 – Haben. Dr. Paris: C. Mayer 1938; Moskau: Verlagsgen. ausländ. Arbeiter 1938 – Joh. Bartel. Erz. Moskau: Das internat. Buch 1939 – Kannibaleninsel.

Dr. (nur ung.) Moskau: Verl. fremdspr. Lit. 1944 – Der Wellenjäger von Schewtschenko. Nov. Wien: Neues Österreich 1947 (seine ung. u. dt. Werke in zahlr. Sprachen übers.)

Heartfield, John (d. i. Helmut Herzfeld): Geb. 19. 6. 1891 in Berlin, gest. 26. 4. 1968 in Berlin. Schöpfer der Photomontage, Gebrauchsgraphiker, Bühnenbildner, Maler. Trat während des Krieges besonders mit Graphiken in der »AIZ« (Prag) hervor. Ging 1933 nach Prag, 1938 nach England, bereits 1934 ausgebürgert. 1950 Rückkehr nach Mitteldeutschland, Prof. der Kunstakademie in Leipzig, Mitglied der Dt. Akademie der Künste, Ost-Berlin. 1957 Nationalpreis der DDR.
W e r k : Photomontagen zur Zeitgeschichte. Basel: Mundus-Verl. 1945.

Heiden, Konrad: Geb. 7. 8. 1901 in München, gest. 18. 7. 1966 in New York. Studium der Rechts- u. Wirtschaftswissenschaft. Seit 1920 Studium der Hitler-Bewegung, persönliche Bekanntschaft mit Hitler u. anderen NSDAP-Führern. 1923–30 Mitarbeiter der »Frankfurter Zeitung«, danach freier Schriftsteller. Exilierte 1933 ins Saargebiet, von 1935 bis 1940 in Paris, 1936 ausgebürgert. Emigrierte im Oktober 1940 über Portugal in die USA.
W e r k e : Geschichte des Nationalsozialismus. Die Karriere einer Idee. Berlin: Rowohlt 1932 – Geburt des Dritten Reiches. Die Geschichte des Nationalsozialismus bis Herbst 1933. 2. Aufl. Zürich: Europa-Verl. 1934 (Übers.: engl., franz., span.) – Adolf Hitler. Eine Biogr. Zürich: Europa-Verl. 1936/37 (Bd. 1: Das Zeitalter der Verantwortungslosigkeit, Bd. 2: Ein Mann gegen Europa) (Übers.: engl., franz.) – Europäisches Schicksal. Amsterdam: Querido 1937 – Les vêpres hitlériennes. Paris: Sorlot 1939 – The New Inquisition. New York: Modern Age Books and Alliance Book Corp. 1939 – Tyksland i fara (Deutschland in Gefahr). Stockholm: Tiden 1939 – Der Führer. Hitler's Rise to Power. Boston: Houghton Mifflin, London: Gollancz 1944 (Übers.: schwed.) – Hrsg.: Der Pogrom: Dokumente der braunen Barbarei. Das Urteil der zivilisierten Welt, m. Vorwort von H. Mann. Zürich u. Paris: Verl. f. sozialist. Lit. 1939.

Heilig, Bruno: Geb. 26. 4. 1888 in Hohenau (Österreich), gest. Aug. 1968 in Ost-Berlin. Als Journalist tätig. Ging 1933 nach Österreich, 1938 verhaftet u. in die KZs Dachau u. Buchenwald gebracht. 1939 Flucht nach England. 1947 Rückkehr nach Mitteldeutschland.
W e r k : Men Crucified. Reportage über Dachau

u. Buchenwald. London: Eyre and Spottiswoode 1941; dt.: Menschen am Kreuz. Berlin: Verl. Neues Leben 1947.

Heine, Thomas Theodor: Geb. 28. 2. 1867 in Leipzig, gest. 26. 1. 1948 in Stockholm. Studium an den Akademien in Düsseldorf u. München. 1893/94 Illustrator für die »Fliegenden Blätter« u. die »Jugend«. Gründete gemeinsam mit Albert Langen 1896 den »Simplicissimus«. Ehrenmitglied der Dresdner Akademie, Mitglied der Preußischen Akademie der Künste. 1933 ins Exil nach Prag, 1938 nach Oslo, 1942 nach Stockholm. Seit 1947 schwed. Staatsbürger.
W e r k e : Das spannende Buch. Mährisch-Ostrau: Kittl 1934 (Karikaturen) – Die Märchen. Amsterdam: Querido 1935 – Jag väntar på under. Stockholm: Ljus 1944; dt.: Ich warte auf Wunder. Stockholm: Neuer Verl. 1945 (Übers.: engl.) – Sällsamt händer. Stockholm: Geber 1947; dt.: Seltsames geschieht. Braunschweig: Klemm 1949.

Heller, Alfred (Fred): Geb. 16. 4. 1889 in Ober-Siebenbrunn, gest. 12. 4. 1949 in Montevideo. Als Journalist tätig, vor 1933 für den Wiener »Tag«. Ging 1938 von Wien nach Italien, später in die ČSR, dann nach Uruguay.
W e r k e : Trocadero. Kom. Buenos Aires: Lifescis 1935 – Die kleine Freundin eines großen Herrn. Kom. Ebd. 1940 – Trocadero. R. (span.). Ebd. 1941 – Das Leben beginnt noch einmal. Schicksale der Emigration. Buenos Aires: Cosmopolita 1945 – Familienalbum einer Stadt. R. Ebd. 1948 – Der Kurpfuscher. Kom. Buenos Aires: Lifescis 1948.

Hellwig, Hilmar Alfred: Geb. 3. 5. 1917 in Berndorf (Niederösterreich). Studium der Psychologie, Dr. phil. Graphologe u. Schriftsteller. Während des Krieges im südamer. Exil, kehrte danach wieder nach Österreich zurück.
W e r k : Als Gringo quer durch Peru. 1937.

Hergesell, J. Philipp: Geb. 9. 2. 1875 in Dortmund, gest. 8. 1. 1962 in Tankerton. Schriftsteller u. Journalist. Ging 1933 nach England, 1934 nach Jugoslawien, 1936 nach Italien, 1938 erneut nach England.
W e r k : Die dritte Generation. R. Berlin: Pan 1933.

Hermlin, Stephan (d. i. Rudolf Leder): Geb. 13. 4. 1915 in Chemnitz. Lehre als Drucker, 1931 Mitglied eines kommunistischen Jugendverbandes. 1933–36 illegal in Berlin. 1936 Emigration nach Ägypten, Palästina, England, Spanien, wo

er am Bürgerkrieg teilnahm. Anschließend in Frankreich u. der Schweiz. 1945 Rückkehr nach Frankfurt, 1947 nach Ost-Berlin. Mitglied der Dt. Akademie der Künste, Ost-Berlin, Vorstandsmitglied des PEN-Zentrums der DDR. 1947 Fontane-Preis, 1948 Heinrich-Heine-Preis, 1950 u. 1954 Nationalpreis der DDR, 1958 F.-C.-Weiskopf-Preis.
W e r k e : Zwölf Balladen von den großen Städten. Zürich: Morgarten, Conzett u. Huber 1945 – Wir verstummen nicht. Ged. Zürich: Posen 1945 – Der Leutnant Yorck von Wartenburg. Erz. Singen: Oberbadische Druckerei u. Verl. 1946 – Die Straßen der Furcht. Ged. Ebd. 1947 – Zweiundzwanzig Balladen. Berlin: Verl. Volk u. Welt 1947 – Zwei Erzählungen. Ebd. 1947 – Reise eines Malers in Paris. Wiesbaden: Limes 1947.

Herrmann-Neiße, Max (d. i. Max Herrmann): Geb. 23. 5. 1886 in Neiße, gest. 8. 4. 1941 in London. Studium der Philologie u. Kunstgeschichte. Seit 1917 in Berlin, freier Schriftsteller, in Beziehung zu Schickele u. Benn. Trat besonders als Lyriker hervor. 1927 Eichendorff-Preis, 1933 Gerhart Hauptmann-Preis. Exilierte 1933 in die Schweiz, nach Frankreich, Holland u. England. Wurde am 8. März 1938 ausgebürgert.
W e r k e : Um uns die Fremde. Zürich: Oprecht 1936 – Letzte Gedichte. Aus dem Nachlaß. London: Bamerlea Book Sales 1941; New York: Fles 1941 – Mir bleibt mein Lied. Auswahl aus den unveröffentlichten Ged. Ebd. 1942 – Erinnerung u. Exil. Ged. Zürich: Oprecht 1946 – In zahlr. Lyrik-Anthologien vertreten.

Hertz, Friedrich: Geb. 26. 3. 1878 in Wien, gest. 21. 11. 1964 in London. Studium der Wirtschaftswissenschaften, Dr. oec. Bis 1933 Prof. an der Univ. Halle. Emigrierte 1933 nach England.
W e r k e : Staatstradition u. Nationalismus. Zürich: Europa-Verl. 1937 – Nationalgeist u. Politik. Ebd. 1937 – Nationality in History and Politics. London: Routledge and Kegan Paul 1944 – The Economic Problem of the Danubian States. London: Gollancz 1947.

Herz, Peter: Geb. 18. 1. 1895 in Wien. Als Lyriker, Erzähler, Hörspiel- u. Drehbuchautor hervorgetreten. Ging 1938 nach England. Keine Publikationen im Exil.

Herzfelde, Wieland: Geb. 11. 4. 1896 in Weggis (Schweiz). 1919/20 einer der literar. Initiatoren des Dadaismus, Hrsg. zahlr. Zeitschriften (»Neue Jugend«, »Die Pleite«, »Der Gegner«). Seit 1919

Mitglied der KPD, später Mitglied des ›Bundes proletarisch-revolutionärer Schriftsteller‹. 1917 bis 1933 Leiter des von ihm begründeten Malik-Verlags. Emigrierte 1933 nach Prag, führte seinen Verlag dort bis 1939 weiter, später in London. Ging 1939 in die USA. Gründete 1944 den Aurora Verlag in New York, kehrte 1949 nach Mitteldeutschland zurück, ab 1949 Prof. f. Soziologie der Literatur in Leipzig, emeritiert. Mitglied der Dt. Akademie der Künste, Ost-Berlin, im Präsidium des PEN-Zentrums der DDR.
W e r k e : Der Anfang vom Ende. 1940 (auf engl. aufgeführt von der Piscator-Bühne, New York 1942) – Der falsche Anton (aufgef. New York 1944) – Immergrün. Berlin: Aufbau-Verl. 1949 (in Prag u. New York entst.) – Im Gehen geschrieben. Ged. Ebd. 1956 – Hrsg.: Morgenröte. Ein dt. Lesebuch. New York: Aurora 1947.

Heydenau, Friedrich (d. i. Friedrich Oppenheimer): Geb. 4. 7. 1886 in Wien, gest. 10. 8. 1960 in Wien. Nach dem Ersten Weltkrieg als freier Schriftsteller tätig. Ging als rassisch Verfolgter 1939 nach Schweden, im Dezember 1940 über die UdSSR nach USA. 1947 Rückkehr nach Österreich.
W e r k e : Der Leutnant Lugger. R. Berlin: S. Fischer 1934 (Übers.: schwed.) – The Wrath of the Eagles. R. New York: Dutton 1943 – Österr. Rhapsodie. Wien: Prachner 1952 (in N. Y. begonnen) – Gouvero, der Mann der Amerika gründen half. R. Berchtesgaden: Zimmer u. Herzog 1953 (entst. 1941 in New York) – Auf und ab. R. Innsbruck: Österr. Verlagsanst. 1953 (entst. 1942 in New York) – Jenseits von Gestern. Salzburg: Berglandbuch 1955 (entst. 1939 in Stockholm).

Heym, Stefan (d. i. Hellmuth Fliegel): Geb. 10. 4. 1913 in Chemnitz. Früh in Kontakt mit der Arbeiterbewegung. Emigrierte 1933 in die Tschechoslowakei, als Journalist tätig. Auf Einladung der University of Chicago 1935 nach Amerika, Studium, anschließend verschiedene Tätigkeiten. 1937–39 Chefred. der Wochenzeitung »Deutsches Volksecho«. Ab 1943 Soldat in der amer. Armee, Offizier in der Abtlg. für psychologische Kriegsführung, Red. der f. die dt. Soldaten bestimmten »Frontpost«. Nach Kriegsende Rückkehr nach Deutschland, Mitbegr. der »Neuen Zeitung« in München. 1952 Übersiedlung in die DDR. 1953 Heinrich-Mann-Preis, 1956 Literaturpreis des FDGB, 1959 Nationalpreis der DDR.
W e r k e : Nazi in USA. New York: Am. Comm. for Anti-Nazi-Lit. 1938 – Hostages. New York: Putnam 1943; dt.: Der Fall Glasen-

app. Leipzig: List 1958 – Of Smiling Peace. Boston: Little, Brown 1944 – The Crusaders. Ebd. 1948; dt.: Kreuzfahrer von heute. Leipzig: List 1950. U. d. T.: Der bittre Lorbeer. München: List 1950 – The Eyes of Reason. Boston: Little, Brown 1951; dt.: Die Augen der Vernunft. Leipzig: List 1955 (zahlr. Übers. in andere Sprachen).

Hilferding, Rudolf (Ps. Dr. Richard Kern): Geb. 10. 8. 1877 in Wien, gest. 10. 2. 1941 in Paris (im Gefängnis La Santée). Medizinstudium, Dr. med. Beschäftigung mit Volkswirtschaft. Sein 1910 erschienenes Werk »Finanzkapital« von Lenin gerühmt. Mitglied der USPD, Chefred. der Tageszeitung »Freiheit«. Sprach sich 1920 auf dem Parteitag in Halle gegen Vereinigung mit der KPD aus. Mit Kautsky an der Gestaltung des Heidelberger Programms von 1925 beteiligt. 1923 Reichsfinanzminister unter Stresemann u. unter Hermann Müller. Ging im März 1933 ins Exil nach Zürich, 1936 nach Frankreich. Wurde am 11. Februar 1941 von der Vichy-Regierung an die Gestapo ausgeliefert. Vermutlich an Mißhandlung gestorben, offiziell Selbstmord.
W e r k e : Krieg, Abrüstung u. die Internationale. In: Der Kampf 1933 – Verschiedene andere politische Aufsätze.

Hiller, Kurt: Geb. 17. 8. 1885 in Berlin, gest. 1. 10. 1972 in Hamburg. Studium der Rechtswissenschaft u. Philosophie, 1907 Dr. jur. Seit März 1908 als freier Schriftsteller in Berlin. Maßgeblich an der Gründung verschiedener expressionistischer Gruppen beteiligt: 1909 ›Der Neue Club‹, 1910 ›Neopathetisches Cabaret‹, 1911 ›Cabaret Gnu‹. In Beziehung zu Georg Heym, Ernst Blatt, Jakob van Hoddis. 1912 Hrsg. der expressionistischen Anthologie »Kondor«, Mitarbeiter des »Sturm« u. der »Aktion«. Initiierte 1915 den Aktivismus als geistige Bewegung, Idee einer ›Logokratie‹, in deren Dienst die seit 1915 erscheinenden »Ziel«-Jahrbücher standen. Gründer des ›Politischen Rats Geistiger Arbeiter‹. Seit 1920 führend an der Dt. Friedensbewegung beteiligt, 1926 Gründer u. Präsident der ›Gruppe Revolutionärer Pazifisten‹, Mitarbeiter der »Weltbühne«. Wurde im März 1933 verhaftet, ins KZ gebracht, im April 1934 entlassen, Flucht nach Prag, Ausbürgerung im Juli 1935. Versuchte, eine alle politischen Gruppen (Volksfront u. nichtsozialistische ›Deutsche Front gegen Hitler‹) vereinigende Opposition zu Hitler im Exil zu erreichen. Stand selbst dem ›Internat. Sozialistischen Kampfbund‹ nahe. Seit 1938 in London, dort von 1939 bis 1946 Vorsitzender der ›Grup-

pe Unabhängiger Dt. Autoren‹, ebenso Vorsitzender des ›Freiheitsbundes Dt. Sozialisten‹. 1955 Rückkehr nach Deutschland. 1956 Mitbegr. des ›Neusozialistischen Bundes‹. 1955 dt. Kritiker-Preis.
W e r k e : Profile. Paris: Ed. Nouv. Internat. 1938 – Das Unnennbare. Ged. Peking: Privatdr. 1938 – Köpfe und Tröpfe. Profile aus einem Vierteljahrhundert. Hamburg: Rowohlt 1950 – Rote Ritter. Erlebnisse mit dt. Kommunisten. Gelsenkirchen: Ruhr-Verl. 1950 – Ratioaktiv. Reden 1914–1964. Wiesbaden: Limes 1966 – Leben gegen die Zeit. Erinnerungen. Bd. 1: Logos. Reinbek: Rowohlt 1969.

Hoch(-Turcsan) Theodor Hellmuth: Geb. 3. 12. 1911 in Paris. Als Schriftsteller u. Buchhändler in Wien tätig. Emigrierte nach dem Anschluß Österreichs 1938 nach Ungarn, ging 1950 in die USA.
W e r k e : Der Klangspiegel. Ged. Budapest: Lauffer 1942 – Das Sonnenjahr. Ebd. 1943.

Hochwälder, Fritz: Geb. 28. 5. 1911 in Wien. Tischlerlehre, autodidaktische Fortbildung an der Wiener Volkshochschule, Tätigkeit als Gewerkschaftssekretär, schon vor 1933 erste Erfolge als Dramatiker. Ging 1938 in die Schweiz, wo er noch heute als österr. Staatsbürger lebt. Im Exil Freundschaft mit Georg Kaiser. Seit 1947 Mitglied des österr. PEN-Zentrums. Literaturpreis der Stadt Wien 1955, Grillparzer-Preis 1956, Wildgans-Preis 1963, Österr. Staatspreis 1967.
W e r k e : Esther. Dr. Elgg/Zürich: Volksverl. 1960 (entst. 1940) – Das heilige Experiment. Dr. Ebd. 1947; Hamburg: Zsolnay 1953; London: Harrap 1957 (entst. 1941; Übers.: engl., franz., span.) – Der Flüchtling. Dr. Elgg/Zürich: Volksverl. 1955 (entst. 1945) – Hotel du Commerce. Kom. Ebd. 1954 (entst. 1945) – Meier Helmbrecht. Dr. Ebd. 1956 (entst. 1946) – Der öffentliche Ankläger. Dr. Hamburg: Zsolnay 1954 (entst. 1948; Übers.: franz., engl., span.) – Der Unschuldige. Kom. Elgg/Zürich: Volksverl. 1958 (entst. 1949).

Hodann, Max: Geb. 30. 8. 1894, gest. 17. 12. 1946 in Stockholm. Medizinstudium, Arzt. Vor 1933 Mitglied des ›Internationalen Sozialistischen Kampfbundes‹. Ging 1933 als politisch Verfolgter nach Spanien, Teilnahme am Bürgerkrieg. 1938 nach Norwegen, 1939 nach Schweden. Arbeitete als Angestellter an der Britischen Botschaft, hielt im Auftrag der Botschaft Kontakt mit den dt. Emigranten, war Mentor der ›Orientierungsgruppe‹ unter den Militärflüchtlingen. Mitarbeiter medizinischer Fachzeitschriften.

W e r k e : Magnus Hirschfeld zum Gedächtnis. Prag 1935 – Palestinas stilling i verdenspolitiken. Oslo 1935 – Jødene vender hjem (Die Juden kehren heim). Oslo: Aschehoug 1935 – History of Modern Morals. London: Heinemann 1937 – Kärleken och könslivet (Liebe u. Geschlechtsleben). Stockholm: Riksförbundet för sexuell upplysning 1939 – Sådant är Spanien (So ist Sp.). Stockholm: Svenska hjälpkommiten för Spanien 1939.

Hoernle, Edwin (Ps. Georgi): Geb. 11. 12. 1883 in Cannstatt, gest. 21. 7. 1952 in Bad Liebenstein. Mitbegr. des ›Spartakusbundes‹ u. später der KPD, als deren Abgeordneter von 1924 bis 1933 im Reichstag, Mitglied des ZK der KPD. Ging aus politischen Gründen 1933 in die Schweiz, später nach Moskau. 1943–45 Mitglied des Nationalkomitees ›Freies Deutschland‹. 1945 Rückkehr nach Mitteldeutschland.
W e r k e : Bauern unterm Joch. Erz. Moskau: Verlagsgen. ausländ. Arbeiter 1936 – Wie lebt der dt. Bauer? Moskau: Verlag f. fremdspr. Lit. 1939 – Dt. Bauern unterm Hakenkreuz. Paris: Ed. Prométhée 1939 (Übers.: franz.)

Hofmann, Martha: Geb. 29. 8. 1895 in Wien. Studium der klassischen Philologie u. Archäologie, Dr. phil. 1920. Als Lehrerin tätig. Begegnung mit Martin Buber. Mitarbeiterin der zionistischen Tageszeitung »Wiener Morgenzeitung«, der »Jüdischen Rundschau« (Berlin) u. der »Neuen Freien Presse« in Wien. Emigrierte 1938 nach England, ging 1939 nach Palästina, 1946 in die Schweiz. 1949 Rückkehr nach Österreich. Als Lehrerin u. Schriftstellerin in Wien tätig. Seit 1955 Vorstandsmitglied des österr. PEN-Zentrums u. des österr. Schriftstellerverbandes. 1954 Trakl-Preis, 1963 Theodor-Körner-Preis.
W e r k e : Theodor Herzl (neu-hebr.). Jerusalem: Rubin Maaß 1940 – Dinah u. der Dichter. Erz. (neu-hebr.). Tel Aviv: Massada-Verl. 1943 – Die Sternenspur. Ged. Zürich: Oprecht 1948 – On the Crossroad. Dreyfuss (engl.). London: Oroth 1948.

Holitscher, Arthur: Geb. 22. 8. 1869 in Budapest, gest. 14. 10. 1941 in Genf. Als Bankbeamter, Journalist u. Lektor (beim »Simplicissimus«) tätig, freier Schriftsteller. Seine Bücher wurden 1933 geächtet. Emigrierte nach Österreich, später nach Ungarn, ging 1938 in die Schweiz.
W e r k : Die Juden in der heutigen Zeit. In: Gegen die Phrase vom jüdischen Schädling. Prag: Amboß-Verl. 1933.

Höllering (Hoellering), Franz: Geb. 9. 7. 1896 in Baden bei Wien, gest. 1968 in München. Rechtsstudium, Dr. jur. Journalist, bis 1933 Chefred. der »B. Z. am Mittag«. Ging 1933 in die Tschechoslowakei, 1939 in die USA. Nach dem Krieg Rückkehr nach Deutschland. Als Journalist tätig.
W e r k e : The Defenders. R. Boston: Little, Brown 1940; London: Routledge 1941; dt.: Die Verteidiger. Zürich: Europa-Verl. 1947 – Furlough. New York: The Viking Pr. 1944.

Horváth, Ödön von: Geb. 9. 12. 1901 in Fiume, gest. 1. 6. 1938 in Paris. Jugend in Belgrad und Budapest. Studium der Philosophie u. Germanistik in München u. Wien. Ließ sich als freier Schriftsteller in Murnau (Staffelsee) u. in Berlin nieder. 1931 Kleist-Preis. Emigrierte 1933 nach Österreich, ging beim Anschluß Österreichs 1938 nach Ungarn, in die Tschechoslowakei, nach Jugoslawien, Italien, in die Schweiz. Wurde während eines Paris-Aufenthalts von einem niederstürzenden Baum erschlagen. Exilwerke von ihm wurden in zehn Sprachen übersetzt.
W e r k e : Siehe S. 244.

Hotopp, Albert: Geb. 20. 9. 1886 in Berlin, gest. Mai 1941 in der UdSSR. 1904 als Maschinenarbeiter in Bremen, bis 1911 als Heizer u. Matrose tätig, große Reisen. 1912 Austritt aus der SPD, Sympathie für anarchistische Gruppen. Arbeit in der Gewerkschaftspresse. Teilnahme an der Novemberrevolution 1918. Mitglied der USPD, seit 1920 in der KPD. 1923–26 im Gefängnis Cottbus wegen Hochverrats, da als Betriebsratsvorsitzender an Streik beteiligt. Bis 1933 im Verlagswesen der KPD in Deutschland tätig. Von 1933 bis 1934 illegal in Deutschland, 1934 Flucht in die UdSSR, dort Lektor für dt. Sprache u. Lit. Wurde 1941 verhaftet, verschollen.
W e r k e : Stürme überm Meer. Erz. Engels: Dt. Staatsverl. 1933 – Die Unbesiegbaren. Kurzgeschichten aus Hitlerdeutschland. Ebd. 1935 – Stander ›Z‹. Moskau: Verlagsgen. ausländ. Arbeiter 1936.

Huelsenbeck, Richard (Ps. Charles R. Hulbeck): Geb. 23. 4. 1892 in Frankenau (Hessen). Studium der Philologie, Philosophie u. Medizin, Dr. med. Seit 1914 in Berlin. Ging 1916 nach Zürich, dort im ›Cabaret Voltaire‹ einer der Initiatoren der Dada-Bewegung. 1917 Übersiedlung nach Berlin. Nach dem Ersten Weltkrieg zahlr. Reisen als Schiffsarzt. Auslandskorrespondent großer dt. Zeitungen. Ging 1936 in die USA, lebt in New York als praktizierender Psy-

chiater u. Psychoanalytiker. Korr. Mitglied der Freien Akademie der Künste in Hamburg.
W e r k e : En avant Dada. Geschichte des Dadaismus (engl.). New York: Wittenborn 1951 – Die New Yorker Kantaten. Ged. Paris: Bergruen 1952.

Huppert, Hugo: Geb. 5. 6. 1902 in Bielitz-Biala (Schlesien). Studium der Staatswissenschaften in Wien, 1925 Dr. rer. pol., 1925/26 Studium in Paris, in Kontakt zu franz. Autoren (Cocteau, Barbusse). Bereits früh in der politischen Arbeiterjugend tätig. 1927 nach der Juli-Erhebung der Wiener Arbeiter vorübergehend verhaftet. 1928 bis 1932 als Mithrsg. an der Marx-Engels-Gesamtausgabe im Marx-Engels-Lenin-Institut in Moskau tätig. 1933–35 Studium in Moskau. 1934 bis 1938 Kulturred. der »Deutschen Zentral-Zeitung«, ab 1936 Mithrsg. der »Internationalen Literatur« in Moskau. 1938/39 in Moskau verhaftet, 1939–41 Dozent am ›Gorki-Institut für Weltliteratur‹ in Moskau. 1941–44 publizistische Arbeit f. die ›Politische Verwaltung der Sowjetarmee‹ u. f. das Nationalkomitee ›Freies Deutschland‹. 1944/45 als Soldat in der russ. Armee. 1945 Rückkehr nach Österreich (als russ. Soldat). 1945–49 in der Redaktion der »Österreichischen Zeitung«, Wien. 1949–56 erneut in der UdSSR. Seit 1956 als freier Schriftsteller in Wien. Als Übers. Majakovskijs hervorgetreten. Korr. Mitglied der Akademie der Künste, Ost-Berlin, Mitglied des PEN-Zentrums der DDR. 1964 Heinrich-Heine-Preis, 1967 Nationalpreis der DDR.
W e r k e : Sibirische Mannschaft. Ein Skizzenbuch aus dem Kusbass. Moskau: Verlagsgen. ausländ. Arbeiter 1934; Zürich: Ring-Verl. 1934 (Übers.: engl.) – Flaggen u. Flügel. Skizzen, Reportagen, Geschichten. Engels: Dt. Staatsverl. 1938 – Vaterland. Ged. Kiew: Staatsverl. d. nat. Minderheiten 1940 – Jahreszeiten. Ged. Moskau: Internat. Buch 1941 – Der Heiland von Dachau. Balladenpoem. Wien: Wiener Revue 1945 – Den morgigen Tag zu erschließen. Studien eines Österreichers im Sowjetland. Wien: Die Brücke 1949.

Ilberg, Werner: Geb. 20. 7. 1896 in Wolfenbüttel. Als Textilkaufmann u. Teilhaber im väterlichen Geschäft tätig, später Buchhändler. Seit 1925 vorübergehend in der SPD. Seit 1932 Arbeit als Kritiker, Mitglied im ›Bund proletarisch-revolutionärer Schriftsteller‹. 1933 zweimal verhaftet, Flucht in die Tschechoslowakei, dort Kontakte zur KPD, ab 1939 in England. 1947 Rückkehr nach Wolfenbüttel, 1956 Übersiedlung in die DDR, lebt als freier Schriftsteller in Ost-Berlin.

W e r k e : Die Fahne der Witwe Grasbach. R.
(entst. 1935). 1948. – Rastlose Jahre. Erz. 1948.

Jacob, Berthold (d. i. Berthold Salomon, Ps.
Marcel Rollin): Geb. 12. 12. 1898 in Berlin, gest.
26. 2. 1944 in Berlin. Politischer Journalist, überzeugter Pazifist. 1926 mit P. Dreyfuß u. Martin
Sander Hrsg. der Kampfkorrespondenz »Zeit-
Notizen«, Mitarbeiter der »Weltbühne«. Erzwang durch einen Weltbühnen-Beitrag Abschied
des Chefs der Heeresleitung, Generals von Seeckt.
Wegen seiner journalistischen Arbeiten vor Gericht gestellt, ging aus Furcht vor Rachemaßnah-
men bereits 1932 nach Straßburg, dort Hrsg. der
zweispr. Korrespondenz »Unabhängiger Zei-
tungsdienst«. Ausbürgerung im August 1933. Im
März 1935 von der Gestapo aus Straßburg entführt u. nach Berlin gebracht, Intervention der
Schweizer Regierung. Wurde freigelassen, ging
nach Frankreich, 1939 in Le Vernet interniert.
1941 Flucht über Madrid nach Lissabon, erneut
nach Deutschland verschleppt. In der Gestapo-
haft umgekommen.
W e r k e : Wer? Aus dem Arsenal der Reichs-
tagsbrandstifter. Straßburg: La République 1934 –
Die Hindenburg-Legende. Ebd. 1935 – Das neue
dt. Heer u. sein Führer. Paris: Ed. du Carrefour
1936 – Weltbürger Ossietzky. Ein Abriß seines
Werkes. Ebd. 1937 – Hrsg.: Warum schweigt die
Welt? Paris: Ed. du Phénix 1936.

Jacob, Heinrich Eduard: Geb. 7. 10. 1889 in Berlin, gest. 25. 10. 1967 in Salzburg. Nach dem
Studium (Dr. phil.) als Journalist tätig, Chef-
korrespondent des »Berliner Tageblatts« in
Wien. Als Erzähler, Biograph u. Sachbuchautor
hervorgetreten. Wurde 1933 verhaftet, in die
KZs Dachau u. Buchenwald gebracht, 1934 Emi-
gration in die USA, lebte nach dem Krieg ab-
wechselnd in Europa u. Amerika.
W e r k e : Die Magd von Aachen. Zürich: Bü-
chergilde Gutenberg 1934 – Treibhaus Südameri-
ka. Nov. Zürich: Bibl. zeitgenöss. Werke 1934 –
Sage u. Siegeszug des Kaffees. Mährisch-Ostrau:
Kittl 1934; Hamburg: Rowohlt 1952 (Übers.:
engl., franz., holl., port., span., schwed., ung.)
– Der Grinzinger Taugenichts. R. Amsterdam:
Querido 1935 – Johann Strauß u. das 19. Jh.
Ebd. 1937 (zahlr. Übers.) – Johann Strauß. A
Century of Light Music. London: Hutchinson
1940 – Six Thousand Years of Bread. New York:
Doubleday 1944; dt.: Hamburg: Rowohlt 1954
(zahlr. Übers.) – The World of Emma Lazarus.
New York: Schocken 1949 – Joseph Haydn.
London: Gollancz 1950; New York: Rinehart
1950; Hamburg: Wegner 1952.

Jacobs, Monty: Geb. 5. 1. 1875 in Stettin (als
Sohn eines Engländers), gest. 29. 12. 1945 in
London. Studium der Germanistik bei Erich
Schmidt, Dr. phil. Begann 1897 als Journalist bei
der »Berliner Zeitung«, später bei der »Morgen-
post« u. beim »Berliner Tageblatt«. Theaterkriti-
ker u. Feuilletonchef der »Vossischen Zeitung«.
Seit Frühjahr 1934 Schreibverbot, emigrierte erst
im Februar 1939 nach London. Betreute die
Feuilleton-Redaktion der »Zeitung«.

Jacobsohn, Egon (später Egon Jameson): Geb.
2. 10. 1905 in Berlin, gest. 23. 12. 1969 in London. War als Journalist für Ullstein-Blätter tätig (»B.Z. am Mittag«). Emigrierte 1934 nach
England.
W e r k e : Millionen aus dem Nichts. Bern:
Hallwag 1936 (Übers.: engl., span., serb., estländ.)
– 1000 Curiosities of Britain. London: Joseph
1937 – Heroes of British Lifeboats. London:
Harrap 1938 – 10 Downing Street. London: Al-
dor 1945 – Wenn ich mich recht erinnere. Bern:
Scherz 1963 (autobiogr.).

Jaeger, Hans: Geb. 10. 2. 1899 in Berlin. 1920
bis 1925 Red. bei verschiedenen Nachrichtenbüros. Ab 1925 Mitarbeiter am Frankfurter Institut
für Sozialforschung. 1925–33 Geschäftsführer des
Marx-Engels-Verlags, mit der Redigierung einer
12bändigen Marx-Engels-Gesamtausgabe beschäftigt. Emigrierte im März 1933 aus politischen
Gründen nach Prag, floh im März 1939 nach
Polen, seit April 1939 in England, naturalisiert
seit 1949. Bundesverdienstkreuz.
W e r k e : Das wahre Gesicht der NSDAP.
Prag: Linksfront 1933 – Volkssozialismus. Bo-
denbach: Peters 1936 – No More German Nationalism. 2 Addresses. London: German People's
Socialist Movement 1943.

Jahnn, Hans Henny: Geb. 17. 12. 1894 in Ham-
burg-Stellingen, gest. 29. 11. 1959 in Hamburg.
Stammt aus einer Schiff- u. Instrumentenbauer-
familie. Sehr vielseitig tätig: Dramatiker, Erzähler, Essayist, Restaurator u. Orgelbauer von
Weltruf, Musik-Verleger. Lebte während des Ersten Weltkriegs (1915–18) aus Protest in Norwegen. Begründete 1920 eine neuheidnisch-musi-
kalische Glaubensgemeinschaft ›Glaubensgemein-
de Ugrino‹. 1921–33 Leiter des Ugrino-Musik-
verlags (gemeinsam mit G. Harms). Ab 1922
amtlicher Orgelsachverständiger der Stadt Hamburg. 1933 wurden seine literar. Arbeiten verboten. Er wanderte über die Schweiz nach Dänemark aus, wo er von 1934 bis 1945 als Landwirt,
Pferdezüchter u. Hormonforscher arbeitete.
Kehrte nach Kriegsende nach Deutschland zu-

rück. Ab 1950 Präsident der Freien Akademie der Künste in Hamburg. 1920 Kleist-Preis, 1954 niedersächs. Literaturpreis, 1956 Lessing-Preis der Hansestadt Hamburg.
W e r k e : Im Exil entst., aber nicht veröffentlicht: Fluß ohne Ufer. R.-Trilogie – 1. Das Holzschiff. München: Weismann 1949; 2. Die Niederschrift des Gustav Anias Horn. 2 Bde. Ebd. 1949/50; 3. Epilog. Frankfurt a. M.: Europ. Verlagsanst. 1961 – Armut, Reichtum, Mensch u. Tier. Dr. München: Weismann 1948 – Die Spur des dunklen Engels. Dr. Hamburg: Ugrino-Verl. 1952; München: Weismann 1952 – Die Nacht aus Blei. R. Hamburg: Wegner 1956.

Jellinek, Oskar: Geb. 22. 1. 1886 in Brünn, gest. 12. 10. 1949 in Los Angeles. Jurastudium in Wien, Dr. jur. Tätigkeit als Richter, gleichzeitiges Hervortreten als Erzähler. Ab 1924 freier Schriftsteller. Emigrierte 1938 von Wien in die Tschechoslowakei, ging 1939 nach Paris, wo er zeitweise interniert war. 1940 nach New York, lebte ab 1943 in Los Angeles.
W e r k e : Die Geistes- u. Lebenstragödie der Enkel Goethes. Zürich: Oprecht 1938 – Gesammelte Novellen. Wien: Zsolnay 1950 – Gedichte u. kleine Erz. Ebd. 1952.

Jensen, Fritz: Geb. 26. 12. 1903 in Prag, gest. 11. 4. 1955 bei Sawarak (in der Nähe von Singapur). Medizinstudium, Dr. med. Trat 1929 in die KPÖ ein, literar. Arbeiten f. Agitpropgruppen, Regisseur u. Schauspieler in der Gruppe ›Stoßbrigade‹. 1934 am Februar-Aufstand in Wien beteiligt, zeitweise verhaftet. Ging 1936 nach Spanien, nahm als Chirurg der Internat. Brigaden am Bürgerkrieg teil. Ging 1939 nach China u. kämpfte bis 1947 als Arzt auf seiten der kommunistischen Truppen. 1948 Rückkehr nach Wien. 1950–53 Red. am KPÖ-Organ »Volksstimme«. Reisen nach China u. Vietnam, ständiger Fernost-Korrespondent des »Neuen Deutschland«. Fiel einem Bombenattentat zum Opfer.
W e r k : China siegt. Wien: Stern-Verl. 1949; erweit. Fassg. Berlin: Dietz 1950.

Joesten, Joachim: Geb. 29. 6. 1907 in Köln. Schriftsteller u. Journalist. Ging 1934 aus politischen Gründen nach Norwegen, dann nach Schweden, wo er einige Zeit in Smedsbo interniert war, ehe es ihm gelang, 1941 in die USA zu emigrieren.
W e r k e : Rats in the Larder. New York: Putnam 1939. U. d T.: Denmark's Day of Doom. London: Gollancz 1939 – Sweden, Hitler's Secret Ally (2. Aufl. masch. vervielf.). New York

1942 – The Battle for the Artic. New York 1942 (masch. vervielf.) – Denmark Under the Jackboot. Jackson Heights, N. Y., 1942 (masch. vervielf.) – Stalwart Sweden. New York: Doubleday, Doran 1943 – Finland's Road to Disaster. New York 1943 (masch. vervielf.) – What Russia Wants. New York: Sloan and Pearce 1944 – The Rhineland Question. Elmhurst u. New York 1945 (masch. vervielf.) – The German Press in 1947. New York 1947 – German Periodicals in 1947. New York 1947 – German Universities in 1948. Harksville, Great Barrington, Mass., 1948 – German Banks and Banking Today. Ebd. 1948 – Germany – What Now? Chicago: Ziff-Davis 1948 – Soviet Rule in Eastern Germany. Harksville, Great Barrington, Mass., 1948/49 – German Trade Unions 1945–1949. Ebd. 1949 – Who's Who in German Politics Today. Ebd. 1949 – Who's Who in German Letters Today. Ebd. 1949/50 – The West German State. Ebd. 1950.

Kahle, Hans: Geb. 22. 4. 1899 in Berlin, gest. 1. 9. 1947 in Ludwigslust. Besuch der Handelshochschule, Kaufmann u. Journalist in Mexiko. Nahm als Kommandeur in den Internat. Brigaden am Span. Bürgerkrieg teil (ab 1936). Mit Hemingway befreundet. Ging später nach England, 1940 auf der Isle of Man interniert, ebenfalls in Kanada interniert. Nach der Freisetzung journalistisch tätig für »Time-Magazine« u. die kommunistische Zeitung »Daily Worker« (als militärpolit. Kommentator). 1946 Rückkehr nach Mitteldeutschland. Zuletzt Polizeichef in Mecklenburg-Vorpommern.
W e r k e : Know Your Enemy. Aspects of the German Army's Strategy and Morale. London: I.N.G. Publ. 1943 – Under Stalin's Command. London: Caledonian Pr. for the Russia Today Society 1943 – They Plotted Against Hitler. London: I.N.G. Publ. 1944 – Stalin the Soldier. London: The Russia Today Society (Hrsg.), Metcalfe and Cooper 1945.

Kahler, Erich (von): Geb. 14. 10. 1885 in Prag, gest. 28. 6. 1970 in Princeton, New Jersey. Studium der Philosophie u. Literaturgeschichte, 1911 Dr. phil. In Verbindung zum George-Kreis, ebenso in Beziehung zu Th. Mann. Emigrierte 1933 in die Schweiz, 1938 in die USA, später naturalisiert. 1941/42 Prof. f. Geschichte an der New School for Social Research. Seit 1946 Prof. f. dt. Literatur an der Cornell University in Ithaca, N. Y. 1945–49 Mitglied des ›Committee to Frame a World Constitution‹ der Univ. Chikago, seit 1949 am Institute for Advanced Study in Princeton, N. J. Mitglied der Dt. Akademie f. Sprache u. Dichtung, Darmstadt, u. der

Bayerischen Akademie der Schönen Künste, München.
W e r k e : Israel unter den Völkern. Zürich: Humanitas-Verl. 1936 – Der dt. Charakter in der Geschichte Europas. Zürich: Europa-Verl. 1937 – Man the Measure. A New Approach to History. New York: Pantheon 1943; London: Cape 1944 (Übers.: span.) – The Arabs and Palestine. New York: Christian Council on Pal. and Am. Pal. Comm. 1944 (gemeinsam mit A. Einstein).

Kaiser, Georg: Geb. 25. 11. 1878 in Magdeburg, gest. 4. 6. 1945 in Ascona. Kaufmännische Lehre. 1898–1901 Angestellter der AEG in Buenos Aires. Durch Malaria 8 Jahre lang ans Krankenbett gefesselt. Kehrte über Spanien u. Italien nach Deutschland zurück. Setzte sich im zweiten Jahrzehnt dieses Jh.s neben Sternheim u. Unruh als einer der wichtigsten expressionistischen Dramatiker durch. Durch die Aufführung seines Stückes »Der Silbersee« nach der Machtergreifung Hitlers 1933 Kollision mit dem Regime, da verschlüsselte Auseinandersetzung mit Hitler im Stück, Aufführungsverbot. Aus der Sektion Dichtung der Preußischen Akademie der Künste ausgeschlossen. Ging im November 1938 über Holland in die Schweiz. Arbeitete weiter als Dramatiker. Ehrenpräsident des ›Schutzverbandes dt. Schriftsteller‹.
W e r k e : Siehe S. 280 f.

Kaiser, Walter (Ps. Walter Gorrish): Geb. 22. 11. 1909 in Wuppertal. Gelernter Stukkateur. Seit 1931 Mitglied der KPD. Emigrierte 1933 nach Holland, Belgien u. Frankreich, nahm 1936 als Offizier u. Adjutant von Ludwig Renn in einer Internat. Brigade am Span. Bürgerkrieg teil. Anschließend in Frankreich, wurde 1940 von den franz. Behörden an die Gestapo ausgeliefert u. zu drei Jahren Zuchthaus verurteilt. Desertierte 1943 von seinem Strafbataillon zur Sowjetarmee. 1945 Rückkehr nach Mitteldeutschland, in Ost-Berlin ansässig. Als Erzähler u. Drehbuchautor hervorgetreten. 1961 Nationalpreis der DDR.
W e r k : Um Spaniens Freiheit. R. Berlin: Aufbau-Verl. 1946 (Übers.: poln., ung.).

Kalmer, Joseph: Geb. 17. 8. 1898 in Nechrybka (Galizien), gest. 9. 7. 1959 in Wien. Als Journalist u. Chefred. in Wien tätig. Emigrierte 1938 nach Prag, im selben Jahr nach England, wo er als Londoner Korrespondent des ›Argentinischen Tageblattes‹ arbeitete. 1945 Rückkehr nach Wien, Red. der Wiener Zeitschrift »Kleines Blatt«.
W e r k e : Warrior of God. The Life and Death of John Hus. London: Nicholson and Watson

1947 (Übers.: franz.) – China (Sondernr. von »Life and Letters«). London 1949 – Mit Ged. in Anthologien vertreten.

Kantorowicz, Alfred: Geb. 12. 8. 1899 in Berlin. Soldat im Ersten Weltkrieg. Studium der Rechtsu. Literaturwissenschaft in Berlin, Freiburg i. Br., München u. Erlangen. 1923 Dr. jur. utr. Als Journalist tätig: Mitarbeiter u. Pariser Korrespondent der »Vossischen Zeitung«, Mitarbeiter der »Literarischen Welt«, der »Neuen Rundschau«. 1931 Mitglied der KPD. März 1933 bis 1941 im Exil in Frankreich. Mitbegr. u. Generalsekretär des ›Schutzverbandes Dt. Schriftsteller im Exil‹, Mitbegr. u. Leiter der ›Dt. Freiheitsbibliothek‹ in Paris. Im November 1934 ausgebürgert. 1936–38 als Offizier der XIII. Internat. Brigade im Span. Bürgerkrieg. 1938 Rückkehr nach Frankreich, nach der Okkupation verhaftet u. interniert. 1941 Flucht in die USA, dort ab 1942 Mitarbeiter des Columbia Broadcasting System, zuletzt als Leiter der Abtlg. f. Auslandsnachrichten. Dezember 1946 Rückkehr nach Mitteldeutschland, in Ost-Berlin ansässig. Bis zum Verbot der SED 1949 Hrsg. der Zeitschrift »Ost und West« in Berlin. Gründete 1948 einen Verlag, den er 1950 wieder auflösen mußte. 1950 Lehrauftrag f. neueste dt. Literaturgeschichte, ab 1950 Prof. u. Direktor des Germanistischen Instituts der Humboldt-Universität sowie Direktor des Heinrich Mann-Archivs. Am 22. 8. 1957 politisches Asyl in West-Berlin, lebt seitdem in Hamburg als freier Schriftsteller.
W e r k e : Why a Library of Burned Books? Paris: Committee Libr. of the Burned Books 1934 – In unserem Lager ist Deutschland. Reden u. Aufsätze. Paris: Ed. du Phénix 1936 – Verboten u. verbrannt. Dt. Literatur, 12 Jahre unterdrückt (gemeinsam mit R. Drews). Berlin: Ullstein 1947; München: Kindler 1947 – Porträts. Dt. Schicksale. Berlin: Chronos-Verl. 1947 – Spanisches Tagebuch. Berlin: Aufbau-Verl. 1948 – Dt. Schicksale. Neue Porträts. Berlin: Kantorowicz 1949 – Suchende Jugend. Briefwechsel mit jungen Leuten (einführ. Brief v. Th. Mann). Ebd. 1949 – Vom moralischen Gewinn der Niederlage. Artikel u. Ansprachen. Berlin: Aufbau-Verl. 1949 – Dt. Schicksale. Intellektuelle unter Hitler u. Stalin. Wien: Europa-Verl. 1964 – Im 2. Drittel unseres Jh.s. Köln: Verl. f. Wiss. u. Politik 1967 – Als Hrsg.: »Tschapaiew«, das Bataillon der 21 Nationen. Dargest. in Aufzeichnungen seiner Mitkämpfer. Madrid: Impr. Colectiva Torrent 1938; Rudolstadt: Der Greifenverl. 1948.

Karlweis, Marta (später Marta Wassermann, Ps. Barbara Vogel): Geb. 27. 4. 1889 in Wien, gest. 2. 11. 1965 in Lugano. Als Journalistin tätig. Emigrierte 1939 nach Kanada.
W e r k : Jakob Wassermann. Bild, Kampf u. Werk. Mit e. Geleitw. v. Th. Mann. Amsterdam: Querido 1935.

Kast, Peter (d. i. Karl Preissner): Geb. 1. 8. 1894 in Barmen-Wuppertal, gest. 23. 5. 1959 in Ost-Berlin. Gelernter Kunstschlosser, früh in Kontakt zur sozialistischen Arbeiterbewegung. Als Mitglied des ›Spartakusbundes‹ 1918 Teilnahme an den Novemberkämpfen in Wilhelmshaven u. Emden. Mitglied der KPD. Reporter u. Red. der »Roten Fahne« ab 1932, in dieser Eigenschaft wegen Hochverrats angeklagt, drei Monate Gefängnis in Spandau. Floh aus Furcht vor neuer Verhaftung Ende 1932 nach Prag, später nach Moskau. 1936 Teilnahme am Span. Bürgerkrieg, anschließend nach Frankreich, 1939 in St. Cyprien interniert. Floh in die Schweiz, dort erneut interniert. 1945 Rückkehr nach Mitteldeutschland. Kulturred. des »Vorwärts«, ab 1951 freier Schriftsteller. 1958 Erich-Weinert-Medaille.
W e r k e : Kampf an der Grenze. Kurzgesch. Moskau: Verlagsgen. ausländ. Arbeiter 1937 – Der Birnbaum. Moskau: Meshdunarodnaja Kniga 1939.

Katz, Leo (Ps. Joel Ames): Geb. 22. 1. 1892 in Unter-Synoutz (Bukowina), gest. 9. 8. 1954 in Wien. Philosophiestudium, 1920 Dr. phil. Als Journalist tätig. Kinderbuchautor u. Romancier. Emigrierte 1938 in die USA, 1940 nach Mexiko. Kehrte nach dem Krieg nach Österreich zurück (1949).
W e r k e : Totenjäger. R. Mexiko: El Libro libre 1944 (Übers.: span.) – Seedtime. New York: Knopf 1947.

Katz, Otto (Ps. O. K. Simon, André Simon): Geb. 1893, gest. 1952 in Prag. Als politischer Journalist tätig. Ab 1936 in Spanien als Leiter der kommunistischen »Spanischen Nachrichten-Agentur«, später in Frankreich als Mitarbeiter Münzenbergs tätig. Ging 1939 nach Mexiko. 1945 Rückkehr in die Tschechoslowakei, wurde dort nach dem Slansky-Prozeß 1952 hingerichtet.
W e r k e : J'accuse. The Men Who Betrayed France. New York: The Dial Pr. 1940; London: Harrap 1941 (Übers.: span., franz., tschech.) – Men of Europe. New York: Modern Age Books 1941 (Übers.: span.) – La batalla de Rusia. Mexiko: El Libro libre 1943.

Kaus, Gina (d. i. Gina Zinner-Kranz, Ps. Andreas Eckbrecht): Geb. 21. 10. 1894 in Wien. Erfolgreiche Romanschriftstellerin. Ging 1938 nach Frankreich, nach der Okkupation in die USA, lebt in Los Angeles. Auch als Drehbuchautorin tätig.
W e r k e : Die Schwestern Kleh. R. Amsterdam: de Lange 1933 – Josephine u. Madame Tallien. Ebd. 1936 – Luxusdampfer. R. Ebd. 1937 – Der Teufel nebenan. R. Ebd. 1940 (zahlr. Übers. in andere Sprachen).

Keményi, Alfred (Ps. Alfred Durus, Alfred Stark): Geb. 1895 in Djakovo (Ungarn), gest. August 1945 in Budapest. Journalist. 1924–33 Red. der »Roten Fahne« in Berlin. Emigrierte 1933 aus politischen Gründen nach Prag, Preßburg, 1934 in die UdSSR.
W e r k e : Der amer. Zeichner Fred Ellis. Moskau 1937 – Deutsche Künstler des Zeitalters der Reformation u. des Bauernkrieges 1940 (Ms. verschollen).

Kerr, Alfred (bis 1911 Alfred Kempner): Geb. 25. 12. 1867 in Breslau, gest. 12. 10. 1948 in Hamburg. Germanistikstudium, Dr. phil. Als Theaterkritiker von 1909 bis 1919 beim »Tag«, seit 1920 beim »Berliner Tageblatt«. Hrsg. der Zeitschrift »Pan«. Einer der einflußreichsten Theaterkritiker der Weimarer Jahre, an dem Durchbruch Ibsens u. Hauptmanns in Deutschland maßgeblich beteiligt. Im Februar 1933 ins Exil: Schweiz, Frankreich, im Januar 1936 nach England. Seit August 1933 ausgebürgert. Mitglied des Vorstandes des ›Freien Deutschen Kulturbundes‹ (seit 1938). Mitarbeiter der BBC. 1941–47 Vorsitzender des PEN-Zentrums dt.-sprachiger Autoren im Ausland. Starb während einer Deutschlandreise.
W e r k e : Die Diktatur des Hausknechts. Polit. Aufsätze u. Ged. Brüssel: Les Associés 1934 – W. Rathenau. Amsterdam: Querido 1935 – Melodien. Ged. Paris: Ed. Nouv. Internat. 1938 – The Influence of German Nationalism Upon the Theatre and Film in the Weimar Republic. London: Fight for Freedom 1945.

Kessler, Harry Graf: Geb. 23. 5. 1868 in Paris, gest. 4. 12. 1937 in Lyon. Literar., kunstkritische u. librettistische Nebenarbeiten, in Beziehung zu vielen bedeutenden Künstlern seiner Zeit (Max Reinhardt, Hofmannsthal). Ging 1933 nach Mallorca, später nach Frankreich.
W e r k : Tagebücher 1918–37. Politik, Kunst u. Gesellschaft. Frankfurt a. M.: Insel-Verl. 1961.

Kesten, Hermann: Geb. 28. 1. 1900 in Nürnberg. Studium der Rechts- u. Literaturwissenschaft, Dr. phil. 1927–33 Cheflektor des Kiepenheuer Verlags. Als Romancier in Beziehung zur Neuen Sachlichkeit. Emigrierte im März 1933 nach Paris. Literar. Leiter der dt. Abtlg. des Exilverlags Allert de Lange in Amsterdam. 1940–49 in New York. Mitarbeiter des ›Emergency Rescue Committee‹. Übernahm 1972 den Vorsitz des Deutschen PEN-Zentrums. Lebt abwechselnd in Amerika u. Europa. 1928 Kleist-Preis. Exilwerke von ihm wurden übersetzt ins Dänische, Englische, Französische, Italienische, Norwegische, Polnische, Schwedische, Spanische, Tschechische u. Ungarische. W e r k e : Siehe S. 471.

Keun, Irmgard: Geb. 6. 2. 1910 in Berlin. Besuch einer Schauspielschule in Köln, als Schauspielerin tätig. Wurde nach ersten Schreibversuchen von Kurt Tucholsky entdeckt. Berufsverbot 1933 nach Weigerung, der Reichsschrifttumkammer beizutreten. Emigrierte 1935 nach Holland. Hielt sich von 1940 bis 1945 illegal in Deutschland auf. Lebt als freie Schriftstellerin in Köln.
W e r k e : Das kunstseidene Mädchen. R. Berlin: Universitas 1932 (Übers.: engl.) – Das Mädchen, mit dem die Kinder nicht verkehren durften. Amsterdam: de Lange 1936; Düsseldorf: Komet-Verlag 1949 – Nach Mitternacht. Amsterdam: Querido 1937 (Übers.: engl., russ.) – D-Zug dritter Klasse. Amsterdam: Querido 1938; Köln: Epoche-Verlag 1946 – Kinder aller Länder. Amsterdam: Querido 1938; Düsseldorf: Droste 1950 – Bilder und Gedichte aus der Emigration. Köln: Epoche-Verlag 1947.

Kisch, Egon Erwin: Geb. 29. 4. 1885 in Prag, gest. 21. 3. 1948 ebd. Tiefbaustudium an der TH, wechselte zum Journalismus über. 1906–13 Lokalreporter der »Bohemia«, 1913/14 Mitarbeiter am »Berliner Tageblatt« u. Dramaturg im Künstlertheater, Berlin. Im November 1918 Führer der ›Roten Garde‹ in Wien, seit 1919 Mitglied der KPÖ. Mitbegr. des ›Bundes proletarisch-revolutionärer Schriftsteller‹, verschiedene Reisen in die UdSSR, in die USA u. nach China. 1933 in der Nacht des Reichstagsbrandes verhaftet, auf tschechischen Protest hin freigelassen u. nach Prag abgeschoben. 1937/38 Teilnahme am Span. Bürgerkrieg. Mitarbeit im ›Schutzverband Deutscher Schriftsteller‹ u. im ›Hilfskomitee für Opfer des Faschismus‹. Im Dezember 1939 über Frankreich u. New York nach Mexiko, wo er von 1940 bis 1946 blieb, Mitarbeiter des »Freien Deutschland«. 1946 Rückkehr nach Prag. Berühmt geworden durch seine 1928 erschienene Reportagensammlung »Der rasende Reporter«.

W e r k e : Eintritt verboten. Paris: Ed. du Carrefour 1934; Moskau: Verlagsgen. ausländ. Arbeiter 1935 – Geschichten aus sieben Ghettos. Amsterdam: de Lange 1934 – Abenteuer in fünf Kontinenten. Paris: Ed. du Carrefour 1936; Moskau: Verlagsgen. ausländ. Arbeiter 1936 – Soldaten am Meeresstrand. Valencia: La Semana Grafia um 1936 – Landung in Australien. Amsterdam: de Lange 1937 – Die drei Kühe. Eine Bauerngeschichte zwischen Tirol u. Spanien. Madrid: Amalien-Verl. 1938 – Marktplatz der Sensationen. Mexiko: El Libro libre 1942 – Entdeckungen in Mexiko. Reportagen. Ebd. 1945 (zahlr. Übers. in andere Sprachen).

Klotz, Helmut: Geb. 30. 10. 1894 in Freiburg i. Br., hingerichtet von der Gestapo am 3. 2. 1943 in Berlin-Plötzensee. Trat 1923 in die NSDAP ein, zeitweise Red. des »Reichsbanners«. 1928/29 radikaler Bruch, wegen der Veröffentlichung von Röhm-Briefen verfolgt. Floh 1933 nach Frankreich, ausgebürgert im März 1934, wurde franz. Staatsbürger. 1940 von der Gestapo verhaftet u. nach Deutschland gebracht.
W e r k e : The Berlin Diaries. May 30, 1932 to January 30, 1933. New York: Morrow 1934; erw. Ausg. in 2 Bden. London: Jarrolds 1934/35 – Der neue dt. Krieg. 2. Aufl. Paris: Selbstverl. 1937 – Les leçons militaires de la guerre civile en Espagne. 2. Aufl. Paris: Selbstverl. 1937; dt.: 2. Aufl. Ebd. 1938 (Übers.: engl.).

Kobler, Franz: Geb. 28. 12. 1882 in Jungbunzlau (Böhmen), gest. 12. 5. 1965 in Berkeley, Calif. Rechtsstudium, Dr. jur., auch mit literar. Arbeiten hervorgetreten. Ging als rassisch Verfolgter 1938 in die Schweiz, 1939 nach England u. 1947 in die USA.
W e r k e : Aufsatzveröffentlichungen zu jüdischen Themen in »The New Judaea« (London) 1940/43 u. in der »Zionist-Review« (London) 1941/42.

Koestler, Arthur: Geb. 5. 9. 1905 in Budapest. Studium der Ingenieurswissenschaften, außerdem Philosophie u. Literaturwissenschaft. Zionist, 1926 in Palästina, desillusioniert. Red. u. Korrespondent für den Ullstein Verlag. 1930 in Paris. 1931 Eintritt in die KPD (Deckname: Iwan Steinberg), wurde von Ullstein entlassen. 1932/33 UdSSR-Aufenthalt. Ging 1933 ins Exil nach Frankreich, Mitarbeiter Willi Münzenbergs. Als Kriegsberichterstatter für »News Chronicle« im Span. Bürgerkrieg, beim Fall Malagas gefangengenommen, als Spion zum Tode verurteilt, schließlich gegen einen Diplomaten Francos ausgetauscht. Abkehr vom Kommunismus unter Ein-

druck der Moskauer Prozesse. Interniert bei Kriegsausbruch in Frankreich (Le Vernet). Flucht über Portugal nach London. Kriegsberichterstatter für den »Manchester Guardian«. Lebt in England, schreibt seit 1941 englisch.
W e r k e : Menschenopfer unerhört. Ein Schwarzbuch über Spanien. Paris: Ed. du Carrefour 1937 – Spanish Testament. London: Gollancz 1937; dt.: Zürich: Europa-Verl. 1938 (Übers.: franz.) – The Gladiators. London: Cape 1939; New York: Macmillan 1939 (Übers.: franz.); dt.: Hamburg: Springer 1948 – Darkness at Noon. London: Cape 1940; New York: Macmillan 1941; dt.: Sonnenfinsternis. London: Hamilton 1946; Stuttgart: Behrend 1948; Zürich: Atlantis-Verl. 1949 (Übers.: franz.) – Scum of the Earth. London: Cape, Gollancz 1941; New York: Macmillan 1941 (Übers.: franz.) – Dialogue with Death. New York: Macmillan 1942 – Arrival and Departure. London: Cape 1943; New York: Macmillan 1943; dt.: Ein Mann springt in die Tiefe. R. Zürich: Artemis 1945 (Übers.: franz.) – The Yogi and the Commissar. London: Cape 1945; New York: Macmillan 1945 (Übers.: franz.); dt.: Esslingen: Bechtle 1950 – Twilight Bar. London: Cape 1945; New York: Macmillan 1945 – Thieves in the Night. London u. New York: Macmillan 1946 (Übers.: franz.); dt.: Wien: Danubia-Verl. 1949 – Promise and Fulfilment: Palestine 1917–1949. London u. New York: Macmillan 1949 – Arrow in the Blue. Ebd. 1952 – The Invisible Writing. London: Hamilton 1954; dt.: München: Desch 1954 (autobiogr.) (Übers. in zahlr. Sprachen).

Koffka, Friedrich (Ps. Florin): Geb. 22. 4. 1888 in Berlin, gest. 5. 11. 1951 in London. Trat als expressionistischer Dramatiker hervor. Bis 1933 Richter am Kammergericht in Berlin. Ging 1938 nach England. Mitarbeiter der BBC.
Keine Exilveröffentlichungen.

Koffler, Dosio: Geb. 15. 4. 1892 in Cecova (Österreich), gest. 6. 4. 1955 in London. Als Satiriker, Dramatiker u. Drehbuchautor hervorgetreten. Ging 1935 nach Prag, 1939 nach London.
W e r k e : Die Liebesinsel. Kom. Prag: Naumann 1938 – Die deutsche Walpurgisnacht. Dr. London: Lincolns-Prager 1941 (Übers.: engl.) – Vansittartitis. London: Hutchinson 1943.

Kokoschka, Oskar: Geb. 1. 10. 1886 in Pöchlarn a. d. Donau. Maler u. Schriftsteller. 1908/09 Besuch der Kunstgewerbeschule in Wien. 1910/11 Mitglied von Herwarth Waldens »Sturm«-Kreis. Trat als Dramatiker hervor. Zahlr. Reisen in Europa. 1918–24 Prof. an der Kunstakademie in

Dresden. 1931–34 in Wien, 1934–38 in Prag. Emigrierte 1938 nach England, kehrte 1947 in die Schweiz zurück, lebt in Villeneuve am Genfer See seit 1954. Einer der bedeutendsten Maler des 20. Jh.s.
W e r k e : Enthalten in: Schriften 1907–1955. Hrsg. von H. M. Wingler. München: Langen/ Müller 1956. – Außerdem Beiträge in Anthologien u. Vorworte zu Anthologien.

Kolb, Annette: Geb. 2. 2. 1870 in München, gest. 3. 12. 1967 ebd. Wuchs als Tochter eines Deutschen u. einer Französin in kultiviertem Künstlermilieu auf. Aussöhnung der beiden Länder eines ihrer Hauptthemen. Lebte bis 1933 in Badenweiler, befreundet mit R. Schickele u. Th. Mann. Trat bereits 1931 publizistisch gegen den Faschismus auf. Emigrierte 1933 nach Luxemburg, Frankreich, zwischendurch Aufenthalte in Irland, England u. Österreich. Ging 1940 in die USA. Rückkehr 1945 zuerst nach Paris, dann nach Badenweiler. 1913 Fontane-Preis, 1932 Gerhart Hauptmann-Preis, 1951 Literaturpreis der Stadt München, 1955 Goethe-Preis (Frankfurt), 1961 Kölner Literaturpreis. Mitglied des Ordens Pour le Mérite, Stern zum Großkreuz des Verdienstordens der Bundesrepublik Deutschland. Mitglied der Mainzer, der Bayerischen u. der Darmstädter Akademie.
W e r k e : Mozart. Wien: Bermann-Fischer 1937 (Übers.: franz.) – Festspieltage in Salzburg von Bayern u. R. Wagner. Amsterdam: de Lange 1937 (Übers.: franz.) – Festspieltage in Salzburg. Ebd. 1937. U. d. T.: Abschied von Österreich. Ebd. 1938 – Glückliche Reise. Stockholm: Bermann-Fischer 1940 – Franz Schubert. Ebd. 1941 – Memento. Frankfurt a. M.: S. Fischer 1960 (autobiogr.).

Kolbenhoff, Walter (d. i. Walter Hoffmann): Geb. 20. 5. 1908 in Berlin. Zunächst Fabrikarbeiter. Mit 17 Ausbruchversuch: als Straßensänger u. Gelegenheitsarbeiter durch Europa. Ab 1930 als Journalist in Berlin. Emigrierte 1933 über Holland nach Dänemark, wurde jedoch 1942 Soldat der dt. Armee, geriet 1944 in amer. Gefangenschaft. 1946–49 Red. der »Neuen Zeitung« in München. Als Romancier u. Hörspielautor hervorgetreten. Mitglied der ›Gruppe 47‹.
W e r k e : Untermenschen. R. Kopenhagen: Trobris 1933 (Übers.: dän.) – Moderner Ballader. Kopenhagen: Høst 1936 – Von unserm Fleisch u. Blut. R. Stockholm: Bermann-Fischer 1947; München: Nymphenburger 1947 (Übers.: dän.) – Heimkehr in die Fremde. R. Ebd. 1949.

Korsch, Karl: Geb. 15. 8. 1886 in Tostedt (Lüneburger Heide), gest. 21. 10. 1961 in Belmont, Mass. Studium der Rechtswissenschaft, Dr. jur. 1923 Jura-Prof. an der Univ. Jena. Mitglied der KPD, 1924–28 Abgeordneter im Reichstag. Mit Brecht befreundet, als Vermittler des Marxismus für Brecht wichtig gewesen. 1933 Flucht nach Dänemark, später nach England, ab 1936 in den USA.
W e r k : K. Marx. London: Chapman and Hall 1938; New York: Wiley 1939.

Kortner, Fritz: Geb. 12. 5. 1892 in Wien, gest. 22. 7. 1970 in München. Schauspielschule, ab 1910 als Schauspieler an allen bedeutenden dt. Bühnen. Ging 1933 nach England, 1938 in die USA. 1947 Rückkehr nach Deutschland. Besonders als Theaterregisseur erfolgreich, literar. Nebenarbeiten.
W e r k e : Donauwellen. Kom. Uraufgef. 1947/1948 – Aller Tage Abend. München: Kindler 1959 (Autobiogr.).

Kracauer, Siegfried: Geb. 8. 2. 1889 in Frankfurt a. M., gest. 26. 11. 1966 in New York. Studium der Kunstgeschichte, Soziologie u. Architektur, 1915 Dr. ing. Architekt in München u. Frankfurt. 1920–33 Red. der »Frankfurter Zeitung«, zuletzt als Kultur-Korrespondent des Feuilletons in Berlin. Emigrierte 1933 nach Frankreich, 1941 in die USA. Wissenschaftlicher Mitarbeiter der ›Museum of Modern Art Film Library‹ in New York, Untersuchung der NS-Filmpropaganda mit Rockefeller Stipendium. Seit 1952 Mitarbeiter des ›Bureau for Applied Social Research‹ an der Columbia University in New York.
W e r k e : J. Offenbach u. das Paris seiner Zeit. Amsterdam: de Lange 1937 (Übers.: franz., engl., schwed.) – Propaganda and the Nazi War Film. New York: The Museum of Modern Art Film Libr. 1942 – From Caligari to Hitler. A Psychological History of the German Film. Princeton U. P. 1947; London: Dobson 1947; dt.: Hamburg: Rowohlt 1958.

Kraft, Werner: Geb. 4. 5. 1896 in Braunschweig. Studium der Literaturwissenschaft, 1925 Dr. phil. Bibliotheksrat in Hannover bis zur Auswanderung. Ging 1933 nach Schweden u. Frankreich, 1934 nach Palästina, wo er in Jerusalem als freier Schriftsteller lebt.
W e r k e : Wort aus der Leere. Ged. Jerusalem: M. Rothschild 1937 – Gedichte II u. III. Jerusalem: Palestine Lit. Guild 1938 u. 1946 – Der Wirrwarr. R. Frankfurt a. M.: S. Fischer 1960 (entst. 1939/40).

Kramer, Theodor: Geb. 1. 1. 1897 in Niederhollabrunn (Niederösterreich), gest. 3. 4. 1958 in Wien. Ab 1919 Studium mit kleiner Matrikel an der Universität Wien, seit 1921 im Buchhandel tätig. Emigrierte 1939 nach England, zeitweise auf der Isle of Man interniert. Später naturalisiert u. als Bibliothekar am Technical College in Guildford tätig. September 1957 Rückkehr nach Wien, erhielt Ehrenpension des österr. Bundespräsidenten.
W e r k e : Lyrik: Verbannt aus Österreich. Ged. London: Austrian PEN 1943 – Wien 1938. Die Grünen Kader. Wien: Globus-Verl. 1946 – Die untere Schenke. Ebd. 1946.

Kreisler, Georg: Geb. 18. 7. 1922 in Wien. Besuch der Opernschule. Tätigkeit als Dirigent, Kabarettist. Emigrierte 1938 nach Hollywood, dort als musikalischer Berater, Arrangeur tätig. Versuch, ein Kabarett in New York zu gründen, erfolglos. 1942–45 in der US-Armee, zog mit Soldaten-Musical von Lager zu Lager. 1955 Rückkehr nach Wien, arbeitet für Funk u. Fernsehen. Über Exilveröffentlichungen nichts bekannt.

Kurella, Alfred (Ps. A. Bernard, Viktor Röbig, B. Ziegler): Geb. 2. 5. 1895 in Brieg. Besuch der Kunstgewerbeschule in München, Maler u. Graphiker. Nach dem Ersten Weltkrieg Kontakt zur sozialistischen Arbeiterjugend, gründete 1918 die ›Freie Sozialistische Jugend‹ in München, Mitbegr. der ›Kommunistischen Jugend-Internationale‹. 1919 Besuch der UdSSR. 1929–32 in Berlin, Mitarbeiter der »Linkskurve«, Lehrer an der Marxistischen Arbeiterschule. Emigrierte 1932 nach Paris, bis 1934 Sekretär des von Barbusse u. Rolland geleiteten ›Internationalen Komitees zum Kampf gegen Faschismus und Krieg‹, Chefred. der Zeitschrift »Le Monde«. Ging 1935 in die Sowjetunion. Leiter der Bibliogr. Abtlg. für Auslandsliteratur an der Staatl. Bibliothek Moskau. 1943–45 stellvertr. Chefred. der Zeitung »Freies Deutschland«. 1954 Rückkehr in die DDR. Nahm verschiedene Parteifunktionen wahr: 1957–63 Leiter der Kommission f. Fragen der Kultur beim Politbüro der SED, später Leiter der Sektion Dichtung in der Dt. Akademie der Künste, Ost-Berlin. Auch als Übersetzer (Barbusse, Aragon, Malraux, Herzen, Belinskij u. a.) u. Hrsg. (Dimitrov) hervorgetreten.
W e r k e : Wo liegt Madrid? Nov. Kiew: Staatsverl. 1938 – Ich lebe in Moskau. Berlin: Volk u. Welt 1947 – Ost und West. Ebd. 1948 – Die Gronauer Akten. R. Berlin: Aufbau-Verl. 1954 (entst. 1936) – Kleiner Stein im großen Spiel. Ebd. 1961 (entst. 1939–41) – Zwischendurch. Verstreute Essays 1934–40. Ebd. 1961.

Lampl, Fritz: Geb. 28. 9. 1892 in Wien, gest. 5. 3. 1955 in London. Als Schriftsteller, Maler, Zeichner und Glasbläser tätig, Schöpfer der Kleinkunstwerke »Bimini«. Bis 1938 künstlerischer Leiter der Bimini-Werkstätte (Glasbläserei) in Wien. Mit A. Ehrenstein u. O. Kokoschka befreundet. Emigrierte 1938 nach London, wo er seine Werkstätte weiterführte.
W e r k e : Sklaven der Freiheit. Nov. 2. Aufl. Heidelberg: Meister 1946 – Gesang der Stille. Ged. Ebd. 1947.

Langer, Felix: Geb. 18. 6. 1899 in Brünn. Rechtsstudium an der Univ. Wien, Dr. jur. Trat als Hörspiel- u. Filmautor hervor, Mitarbeiter zahlr. Zeitungen. Lebte von 1920 bis 1933 in Berlin, Gründer der Zeitschrift »Deutscher Bühnenklub«. Flüchtete 1933 nach Brünn u. ging 1939 nach London, wo er heute lebt. Fortsetzung seiner schriftstellerischen Arbeit, Mitarbeiter zahlr. Zeitungen u. Zeitschriften.
W e r k e : Die Protokolle der Weisen von Zion. Rassenhaß u. Rassenhetze. Wien: Saturn-Verl. 1936 – Sieben Tage Mr. Whitman. R. (ung.) Budapest: Palladies-Verl. 1937 – Goethe heiratet Christiane. Hsp. 1938 – Stepping Stones to Peace. London: Lindsay Drummond 1942 – Frau Konstantinescu. R. Essen: Ruhr-Verl. 1946.

Langhoff, Wolfgang: Geb. 6. 10. 1901 in Berlin, gest. 25. 8. 1966 ebd. Ging mit 16 Jahren zur See, später Ausbildung zum Schauspieler. An verschiedenen deutschen Theatern (Königsberg, Hamburg, Wiesbaden, Düsseldorf) als Schauspieler u. Regisseur tätig. Kontakte zur Arbeiterbewegung. Wurde 1933 verhaftet, 13 Monate in Gefängnissen u. Konzentrationslagern. 1934 Flucht in die Schweiz, am Zürcher Schauspielhaus tätig, gleichzeitig in der Emigrantenbewegung politisch aktiv. Ausbürgerung 29. 2. 1936. 1945 Rückkehr nach Deutschland, Intendant der Städtischen Bühnen Düsseldorf. Ging 1946 in die sowjetische Besatzungszone. 1946–63 Intendant des Deutschen Theaters in Ost-Berlin, Mitglied der SED, Vizepräsident der Dt. Akademie der Künste in Ost-Berlin. 1949, 1951, 1960 Nationalpreis der DDR für seine Theaterarbeit.
W e r k e : Die Moorsoldaten. 13 Monate Konzentrationslager. Zürich: Schweizer Spiegel-Verl. 1935 (zahlr. Übers.) – Eine Fuhre Holz. Erz. Moskau: Verlagsgen. ausländ. Arbeiter 1937 – Die Bewegung ›Freies Deutschland‹ u. ihre Ziele. Zürich: Europa-Verl. 1945 – Zehn Jahre Exil. In: Schriftenreihe »Über die Grenzen« Nr. 10, 1945.

Lania, Leo (d. i. Lazar Herman): Geb. 13. 8. 1896 in Charkow (Rußland), gest. 9. 11. 1961 in München. Lebte ab 1905 in Wien, dann in Berlin, wo er eine internationale Telegraphen-Agentur gründete. Zusammenarbeit mit E. Piscator, trat auch als Dramatiker hervor. Ging 1933 nach Frankreich, 1934 nach England, 1940 nach USA. Mitarbeiter zahlr. Emigrantenzeitschriften. Nach Kriegsende Rückkehr nach Deutschland.
W e r k e : Land of Promise. R. London: Lovat Dickson 1934; dt.: Land im Zwielicht. Wien: Danubia 1950 (Übers.: amer., tschech., poln., norw., holl.) – Pilgrims without Shrine. R. London: Lovat Dickson 1935 (Übers.: tschech., poln., norw., holl.) – The Darkest Hour. Report. Boston: Houghton Mifflin 1941 (engl., schwed., argent. Ausgaben) – Today We Are Brothers. The Biography of a Generation. Ebd. 1942; dt.: Welt im Umbruch. Wien: Forum 1953 (engl., schwed., argent. Ausgaben) – Martin Brenner oder Die ungehörte Melodie. R. Winterthur: Mondial-Verl. 1948 – The Nine Lives of Europe. New York: Funk and Wagnalls 1950.

Lansburgh, Werner Neander (Ps. Ferdinand Brisson): Geb. 29. 6. 1912 in Berlin. Rechtsstudium in Berlin, Dr. jur. Mitarbeiter am »Berliner Tageblatt«. Ging als rassisch Verfolgter 1933 in die Schweiz, 1934 nach Spanien, 1936 nach Italien, 1937 wiederum in die Schweiz, wurde 1939 in Schweden vom Kriegsbeginn überrascht. Blieb als Sprachlehrer, Verlagsangestellter u. Angestellter der Britischen Botschaft und der USA in Schweden.
W e r k e : Blod och Bläck. Uppsala: Nyblmos 1943 – En Vintersaga. Ebd. 1944 – J. Eine europäische Vergnügungsreise. Ahrensburg: Damokles-Verl. 1968 (autobiogr.).

Larsen, Egon (d. i. Egon Lehrburger, Ps. Roger G. Helburne): Geb. 13. 7. 1904 in München. Berliner Korrespondent des Verlags Knorr u. Hirth in München, Mitarbeiter des »Berliner Tageblatts« und zahlr. anderer Zeitungen. Nach Arbeitsverbot durch die NS-Behörden Reisen durch Europa im Auftrag des »New York Times«-Bilderdienstes. Ging 1935 nach Prag, Mitarbeiter des »Prager Tagblatts« u. a. dt.sprachiger Zeitungen. 1938 nach England, 1939–45 freier Mitarbeiter der BBC, seit 1954 Londoner Korrespondent des Bayerischen Rundfunks, seit 1957 Mitarbeiter der »Süddeutschen Zeitung«, Fernsehjournalist, lebt in London.
W e r k e : Chase Across Europe. London: Longmans 1941 – Inventor's Cavalcade. London: Drummond 1943; dt.: Abenteuer der Technik. Berlin: Dressler 1949 (Übers.: holl., tschech.,

schwed., finn., poln., birmes., serbokroat.) – Inventor's Scrapbook. London: Drummond 1947;
dt.: Erfindungen und kein Ende. 2. Aufl. Berlin: Dressler 1953 (Übers.: holl., tschech., serbokroat.) – Spotlights on Films. London: Parrish
1950 – Später veröffentlichte Exilwerke: Men
Who Changed the World. Stories of Invention
and Discovery. London: Phoenix House 1952;
dt.: Zwölf, die die Welt veränderten. Ebenhau-
sen/München: Langewiesche-Brand 1954 – An
American in Europe: The Life of Benjamin
Thompson, Count Rumford. London: Rider
1953; dt. München: Prestel 1961.

Lask, Berta (d. i. Berta Jacobsohn-Lask, Ps.
Gerhard Wieland): Geb. 17. 11. 1878 in Wado-
wice (Galizien), gest. 28. 3. 1967 in Ost-Berlin.
Großbürgerlicher Herkunft, als Arztfrau mit
dem Großstadtelend in Berlin früh vertraut,
1923 Eintritt in die KPD. Trat in den zwanziger
Jahren als dezidierte sozialistische Schriftstellerin
hervor. 1925 Besuch der Sowjetunion. Mitbegr.
u. Vorstandsmitglied des ›Bundes proletarisch-
revolutionärer Schriftsteller‹, Mitarbeiterin der
»Roten Fahne«. 1933 verhaftet, im selben Jahr
Flucht über die Tschechoslowakei nach Rußland.
In Moskau Mitarbeiterin literar. Zeitschriften u.
des Rundfunks, 1953 Rückkehr in die DDR.
W e r k e : Junge Helden. Engels: Dt. Staatsverl. 1934 – Januar 1933 in Berlin. Kiew u.
Charkow: Staatsverl. d. nat. Minderheiten 1935
– Ein Dorf steht auf. Ebd. 1935 – Betrak. Einakter. Moskau: ›Krest gaz.‹ 1936 – Die schwarze
Fahne von Kolbenau. Erz. Moskau: Meshduna-
rodnaja Kniga, Das internat. Buch 1939 – Stille
u. Sturm. R. Halle: Mitteldt. Verl. 1955 (entst.
1938–52) – Otto u. Else. Erz. Berlin: Verl. Neues
Leben 1956 (entst. 1935).

Lasker-Schüler, Else: Geb. 11. 2. 1876 in Elberfeld, gest. 22. 1. 1945 in Jerusalem. 1901–11 mit
Herwarth Walden verheiratet, bohemehafte Erscheinung, als große Lyrikerin anerkannt, so von
G. Benn, zu dem sie in persönlicher Beziehung
stand. Erhielt 1932 den Kleist-Preis. Lebte bis
1933 zumeist in Berlin, zahlr. Vortragsreisen
(u. a. in die Sowjetunion). 1933 Publikationsverbot, ging nach Zürich, reiste 1934 über Ägypten nach Palästina, 1936 nochmals in der
Schweiz. Lebte seit 1937 in Jerusalem. Am 24. 9.
1938 ausgebürgert.
W e r k e : Das Hebräerland. Zürich: Oprecht
1937 – Mein blaues Klavier. Ged. Jerusalem:
Jerusalem Pr. 1943 – G. W. 3 Bde. München:
Kösel 1961 – Briefe. 2 Bde. Ebd. 1969 – Ich und
Ich. Unveröffentlichtes Dr.

Lederer, Joe: Geb. 12. 9. 1907 in Wien. Österr.
Romanautorin u. Journalistin. Wollte eigtl.
Schauspielerin werden, als Sekretärin eines
Schriftstellers tätig, bis ihr 1928 mit dem Roman
»Das Mädchen George« der Durchbruch als
Autorin gelang. Unternahm zahlr. Reisen, ging
1933, da literarisch verfemt, nach China, zeit-
weise wieder in Österreich u. Italien. Emigrierte
1938 nach England. 1956 Rückkehr nach Deutsch-
land, lebt abwechselnd in London u. München.
W e r k e : Unter den Apfelbäumen. R. Berlin:
Universitas 1934 – Blatt im Wind. R. Wien:
Zeitbild-Verl. 1935 (Übers.: engl.) – Blumen für
Cornelia. R. Ebd. 1936 (Übers.: engl.) – Ein ein-
faches Herz. Ebd. 1938 – Fanfan in China. New
York: Holiday House 1939.

Lehmann-Rußbüldt, Otto: Geb. 1. 1. 1873 in
Berlin, gest. 7. 10. 1964 ebd. Politischer Journa-
list u. Schriftsteller, trat durch seine dezidierte
pazifistische Haltung hervor. Gründer der ›Dt.
Liga für Menschenrechte‹. Vor 1933 Mitarbeiter
der »Weltbühne«. Ging 1933 nach England,
journalistisch tätig. Am 23. 8. 1933 ausgebürgert.
Rückkehr nach Deutschland nach Kriegsende.
W e r k e : Germany's Air Force. London:
Allen and Unwin 1935 – Wer rettet Europa? Die
Aufgabe der kleinen Staaten. Zürich 1936 –
Hitler's Wings of Death. New York: The Telegraph Pr. 1936 – Landesverteidigung ohne Profit. London: Internat. Publishing 1936 – Der
Krieg als Geschäft. Zürich: Pazifist. Bücherstube
1938 – Neues Deutschtum. Paris: Ed. Nouvelles
Internat. 1939 – Aggression. The Origin of Germany's War Machine. London: Hutchinson
1942 – Wann ist der Krieg aus? Leicester: Selbstverl. 1942 – Should and Could the Jews Return
to Germany? London: Drummond 1944 – Landesverteidigung. Vortr. vor dt. Kriegsgefangenen
in England. Hamburg: Hamburg. Kulturverl.
1947 – Rundbriefe des Flüchtlings. Nr. 1–25.
1941 ff.

Leifhelm, Hans: Geb. 2. 2. 1891 in Mönchen-
Gladbach, gest. 1. 3. 1947 in Riva (Gardasee).
1911–14 Studium in Straßburg, Wien u. Berlin,
Dr. phil. 1918. 1918–22 Verlagsred. u. Hrsg. der
Zeitschrift »Wieland«. 1923–30 als Berufsberater
in Graz tätig, ab 1932 Leiter der Gewerkschafts-
schule in Düsseldorf. Trat als Lyriker u. Erzäh-
ler hervor. 1933–35 als freier Schriftsteller in
Graz. Ging 1935 nach Italien. 1935–37 als
Deutsch-Lektor an der Univ. Palermo, 1938/39
in Rom, 1939–42 an der Univ. Padua tätig. Aus
Krankheitsgründen Beendigung seiner Lehrtätigkeit.
W e r k e : Lob der Vergänglichkeit. Ged. Salz-

burg: O. Müller 1949 – Sämtliche Gedichte. Ebd. 1955 – Gesammelte Prosa. Ebd. 1957.

Leonhard, Rudolf (Ps. Robert Lanzer): Geb. 27. 10. 1889 in Lissa (Posen), gest. 19. 12. 1953 in Berlin. Philologiestudium in Göttingen u. Berlin. 1918/19 Teilnahme an der Revolution auf Grund seiner Kriegserfahrung. Lebte nach 1919 als freier Schriftsteller in Berlin, daneben Tätigkeit als Verlagslektor f. den Verl. Die Schmiede. An der Gründung u. Leitung des Berliner Theaters ›Die Tribüne‹ beteiligt. Übersiedelte 1927, von W. Hasenclever eingeladen, nach Paris. Nach 1933 Mitbegr. u. Organisator des ›Schutzverbandes dt. Schriftsteller im Exil‹. Wurde am 24. 3. 1934 ausgebürgert. 1939 zuerst in Le Vernet, dann in Castres interniert. Abenteuerliche Flucht, Teilnahme an der franz. Résistance. 1944 Rückkehr nach Paris. 1947 Teilnahme am 1. dt. Schriftstellerkongreß in Berlin. 1950 nach Ost-Berlin.
W e r k e : Confiance en Hitler? Paris 1934 – Führer u. Co. Kom. Paris: Ed. du Phénix 1936 – Gedichte. Paris: Reclam Nr. 7248 (illegal) 1938 – Span. Gedichte u. Tagebuchblätter. Paris: Ed. Prométhée 1938 – Der Tod des Don Quijote. 2 Bde. Zürich: Stauffacher 1938; Ost-Berlin: Dietz 1951/52. (Geschichte aus dem Span. Bürgerkrieg.) – El Hel. Wolf Wolff. Moskau: Meshdunarodnaja Kniga, Das internat. Buch 1939 – Deutschland muß leben. Ged. Marseille 1944 (illegal) – Geiseln. Trag. (entst. in der franz. Internierung). Lwów 1945; Baden-Baden: Pallas-Verl. 1947; Ost-Berlin: Henschel 1948 – Plaidoyer pour la démocratie allemande. Paris 1947.

Leschnitzer, Franz: Geb. 12. 2. 1905 in Posen, gest. 16. 5. 1967 in Ost-Berlin. 1924–30 Rechts- u. Philologiestudium in Berlin, Dr. phil. (erst 1964). 1922 Mitglied der ›Dt. Friedensgesellschaft‹, trat 1927 in die ›Rote Studentengruppe‹ ein, seit 1931 Mitglied der KPD u. des ›Bundes proletarisch-revolutionärer Schriftsteller‹. Emigrierte 1933 über Österreich u. die Tschechoslowakei in die Sowjetunion. Red. der »Internationalen Literatur«, wo viele seiner Arbeiten erschienen. 1946–48 propagandistisch unter den dt. Kriegsgefangenen tätig. 1959 Rückkehr in die DDR, freier Schriftsteller, Träger der Medaille ›Kämpfer gegen den Faschismus 1933–45‹. Trat durch publizistische Arbeiten u. literar. Essays hervor.
W e r k e : Literar. Lesebuch f. die 4. Klasse der Mittelschule. Moskau: Staatsverl. f. Lehrbücher 1935 – Literaturgeschichtliches Lesebuch f. die 6. Klasse. 2. Aufl. Kiew u. Charkow: Staatsverl.

d. nat. Minderheiten 1935 – Verse. Ebd. 1939 – Dwa mira (zwei Welten). Ged. Taschkent: Staatsverl. 1943 – Wahlheimat Sowjetunion. Studien u. Stadien eines dt. Intellektuellen. Halle: Mitteldt. Verl. 1963 (mit einigen bisher unveröffentlichten Exilschriften) – Von Börne zu Leonhard oder Erbübel – Erbgut? Rudolstadt: Greifenverl. 1966 (mit Aufs. aus d. Exil).

Lessner, Erwin: Geb. 29. 3. 1898 in Wien, gest. 24. 12. 1959 in New York. Journalistisch tätig. Emigrierte 1938 über die Tschechoslowakei, Norwegen u. Schweden in die USA. Dort Mitarbeiter zahlr. Zeitschriften.
W e r k e : Blitzkrieg und Bluff. New York: Putnam 1943 – Phantom Victory. Zukunftsr. Ebd. 1944.

Liepman, Heinz (Ps. Jens C. Nielsen): Geb. 27. 8. 1905 in Osnabrück, gest. 6. 6. 1966 in Agarone (Schweiz). Nach abgebrochenem Studium Dramaturg der Hamburger Kammerspiele, gleichzeitig journalistisch u. schriftstellerisch tätig. Erhielt 1931 den Internationalen Literaturpreis des Verlags Harper. Emigrierte 1933 nach Holland, wo er im Jahr darauf auf Betreiben der NS-Regierung wegen »Beleidigung eines Staatsoberhauptes eines mit Holland befreundeten Staates« verhaftet und zu einer Gefängnisstrafe verurteilt wurde. Auslieferungsantrag wurde von Holland abgelehnt. Er wurde abgeschoben u. ging nach Frankreich, 1936 nach England, 1937 in die USA, dort von 1943 bis 1947 als Red. von »Time« in New York tätig. Rückkehr nach Deutschland 1947 als Korrespondent einer amer. Zeitung. Lebte von 1948 bis 1961 in Hamburg, seit 1961 in der Schweiz als Korrespondent der »Welt«.
W e r k e : Das Vaterland. R. Amsterdam: van Kampen 1933 (Übers.: engl., holl., poln., norw.) – Das Leben der Millionäre. Paris: Die Zone 1934 – . . . wird mit dem Tode bestraft. R. Zürich: Europa-Verlag 1935 (Übers.: engl.) – Death from the Skies. London: Secker and Warburg 1937 (Übers.: engl.) – Case History. R. New York: Beechhurst Pr. 1950.

Lind, Jakov: Geb. 10. 2. 1927 in Wien. Emigrierte 1938 mit seinen Eltern nach Holland, nach dem Krieg fünf Jahre in Israel in verschiedenen Berufen, 1950–52 am Reinhardt-Seminar in Wien Schauspielausbildung, lebt heute in London. Erst seit den sechziger Jahren schriftstellerisch hervorgetreten.

Lindt, Peter M.: Geb. 26. 4. 1908 in Wien. Philologiestudium, Dr. phil. Hrsg. u. Chefred. des »Weltspiegels«. Journalistisch u. schriftstellerisch tätig. Emigrierte 1938 über die Schweiz nach Amerika. Präsident der ›Social Scientific Society for Intercultural Relations‹, Gründer u. Leiter der einzigen dt.sprachigen literar. Rundfunksendung in den USA. Lebt in New York. W e r k e : Das Leben spielt. Kom. 1935 – Salzburger Intermezzo. Dr. 1938 – Die Ehe des François Beaupré. Lsp. 1938 – Schriftsteller im Exil. New York: Willard 1944.

Linke, Lilo: Geb. 31. 10. 1906 in Ostpreußen, gest. Juli 1963 im Flugzeug Paris–London. Als Journalistin in Berlin tätig, erfolgreiche Romanautorin. Emigrierte 1933 nach England, ging 1940 nach Ecuador. Nach Kriegsende Rückkehr nach Europa. W e r k e : Tale Without End. London: Constable; New York: Knopf 1934 – Restless Flags. Autobiogr. London: Constable 1935 – Restless Days. New York: Knopf 1935 – Allah Dethroned. London: Constable 1936; New York: Knopf 1937 – Cancel All Vows. R. London: Constable 1938 – Andean Adventure. London: Hutchinson 1945.

Lion, Ferdinand: Geb. 11. 6. 1883 in Mülhausen (Elsaß), gest. 21. 1. 1965 in Kilchberg b. Zürich. Studium der Geschichte u. Philosophie, unternahm zahlr. Reisen. Trat mit Komödien u. Libretti (u. a. für Hindemiths »Cardillac«) hervor. Zog sich schon bald in die Schweiz zurück, dort von 1937 bis 1939 neben Thomas Mann Red. von »Maß und Wert«. W e r k e : Geschichte biologisch gesehen. Ess. Zürich: Niehans 1935 – Thomas Mann in seiner Zeit. Ebd. 1935 – Thomas Mann. Leben u. Werk. Zürich: Oprecht 1947 – Romantik als dt. Schicksal. Hamburg: Rowohlt 1947 – Übers. u. Hrsg.: Lebensquellen franz. Metaphysik. Zürich: Europa-Verl.; Hamburg: Claassen u. Goverts 1949.

Lorant, Stefan: Geb. 22. 2. 1901 in Budapest. Journalist, bis 1933 Chefred. der »Münchner Illustrierten Presse«. Ging 1933 nach England, 1940 in die USA. Mitarbeiter bedeutender amerikanischer Illustrierten (u. a. »Life«, »Look«, »Saturday Evening Post«). Lebt in den USA. W e r k e : I was Hitler's Prisoner. London: Gollancz 1934/35; New York: Putnam 1935 (Übers.: franz.) – Lincoln, his Life in Photographs. New York: Duell 1941 – The New World. Ebd. 1946 – F. D. R.[oosevelt]. Biogr. New York: Simon and Schuster 1950.

Lothar, Ernst (d. i. Ernst Lothar Müller): Geb. 25. 10. 1890 in Brünn. Jurastudium in Wien, Dr. jur. 1914. 1914–25 Staatsanwalt u. Hofrat

im österr. Handelsministerium. 1925–33 Theaterkritiker der »Neuen Freien Presse«, 1933–35 Gastregisseur des Burgtheaters, 1935–38 als Nachfolger Max Reinhardts Direktor des Theaters in der Josefstadt. Emigrierte 1938 in die USA. 1940–44 Prof. f. Vergl. Lit.wiss. am Colorado College in Colorado Springs. 1945 Rückkehr nach Wien, seit 1948 Regisseur am Burgtheater u. bei den Salzburger Festspielen. Zahlr. Auszeichnungen: 1960 Josef-Kainz-Medaille, 1963 Preis der Stadt Wien für Dichtung u. a. W e r k e : A Woman is Witness. Garden City: Doubleday, Doran 1941; dt.: Die Zeugin. Pariser Tagebuch einer Wienerin. Wien: Danubia-Verl. 1951 – Beneath Another Sun. Garden City: Doubleday, Doran 1943; London: Harrap 1944 – The Angel with the Trumpet. Garden City: Doubleday, Doran 1944; London: Harrap 1946; dt.: Cambridge, Mass.: Schoenhof 1946; Salzburg: Das Silberboot 1949 – The Door Opens. Garden City: Doubleday, Doran 1945; dt.: Die Tür geht auf. Notizbuch der Kindheit. Wien: Zsolnay 1950 – The Prisoner. R. Garden City: Doubleday, Doran 1945 – Heldenplatz. R. Cambridge, Mass.: Schoenhof 1945 – Die Rückkehr. R. Salzburg: Das Silberboot 1949 (Übers.: engl.).

Löwenstein-Wertheim-Freudenberg, Hubertus Friedrich Prinz zu: Geb. 14. 10. 1906 auf Schloß Schönwörth bei Kufstein (Tirol). Rechtsstudium, Dr. jur. 1931. Seit 1930 Mitarbeiter der »Vossischen Zeitung«, des Berliner »Börsen-Couriers« und des »Berliner Tageblatts«. Mitglied der Zentrumspartei, seit Oktober 1930 auch im ›Reichsbanner Schwarz-Rot-Gold‹. 1932 Vorsitzender des ›Republikanischen Studentenbundes‹ in Berlin. Ging im April 1933 nach Tirol. 1934 Hrsg. u. Chefred. der Saarbrücker Wochenzeitung »Das Reich«. Am 1. 11. 1934 ausgebürgert. Ging 1935 nach England, 1936 in die USA, als Gastprof. an amer. u. kanad. Universitäten tätig. 1937/38 auf Reisen (England, Spanien, Frankreich, Schweiz). 1939–46 in den USA. 1936 Gründer u. Generalsekretär der ›American Guild for German Cultural Freedom‹. Im Oktober 1946 Rückkehr nach Deutschland. 1947 Lehrauftrag an der Univ. Heidelberg. 1953–56 Mitglied des Bundestages (FDP). 1957 Übertritt in die DP, für kurze Zeit Landesvorsitzender der DP Saar. W e r k e : Die Tragödie eines Volkes. Deutschland 1918–34. Amsterdam: Steenuil 1934 (Übers.: holl., engl.) – After Hitler's Fall. Germany's Coming Reich. London: Faber 1934; New York: Macmillan 1935 – Als Katholik im republikanischen Spanien. Zürich: Stauffacher 1938 (Übers.: engl.) – Conquest of the Past. London: Faber 1938; Boston: Houghton Mifflin 1938 (Autobiogr. I) – On Borrowed Peace. New York: Doubleday, Doran 1942; London: Faber 1943 (Autobiogr. II) – The Child and the Emperor. New York: Macmillan 1945 – The Germans in History. New York: Columbia U. P. 1945; dt.: Frankfurt a. M.: Scheffler 1950 – The Lance of Longinus. New York: Macmillan 1946; dt.: Heidelberg: Kerle 1948 – The Eagle and the Cross. New York: Macmillan 1947; London: F. Alder 1948; dt.: Adler u. Kreuz. Heidelberg: Kerle 1950.

Lucas, Robert: Geb. 8. 5. 1904 in Wien. Journalistische u. literar. Tätigkeit in Wien u. Berlin, Chefred. von »Die politische Bühne« in Wien. 1928–34 Leiter des ›Politischen Kabaretts‹ in Wien. Emigrierte 1934 nach England aus Protest gegen den Anschlag auf Dollfuß. Korrespondent der »Neuen Freien Presse« u. des »Glasgow Herald«. 1938–67 im dt.sprachigen Programm der BBC tätig. Freier Journalist, lebt in England.
W e r k : Teure Amalia, vielgeliebtes Weib! Die Briefe des Gefreiten Adolf Hirnschal an seine Frau in Zwieselsdorf. Zürich: Europa-Verl. 1946 (Übers.: tschech., ung.).

Ludwig, Emil: Geb. 25. 1. 1881 in Breslau, gest. 17. 9. 1948 in Moscia (Ascona). Rechtsstudium, Dr. jur. 1902 Übertritt zum Christentum. 1904 bis 1905 Tätigkeit in einem Handelsunternehmen. Seit 1906 freier Schriftsteller in Moscia. 1914 Korrespondent des »Berliner Tageblatts« in London, machte sich durch Interviews als politischer Publizist einen Namen. 1932 Schweizer Staatsbürger. 1933 wurden seine Bücher in Deutschland verbrannt, ging 1940 in die USA, dort u. a. als Sonderbeauftragter Roosevelts tätig. Vertreter des Vansittartismus. 1945 Rückkehr in die Schweiz. War in den zwanziger Jahren durch seine Romanbiographien (Napoleon, Bismarck, Wilhelm II. u. a.) ein vielgelesener Autor (Übers. in 27 Spr.).
W e r k e : Führer Europas. Amsterdam: Querido 1934 – Hindenburg und die Sage von der deutschen Republik. Ebd. 1935 (Übers.: engl.) – Gespräche mit Masaryk. Ebd. 1935 – Der Nil. Lebenslauf eines Stromes. 2 Bde. Ebd. 1935/37 – Dein Dich liebender Gatte Napoleon. Briefe. Ebd. 1935/37 – Der Mord in Davos. Ebd. 1936 (Übers.: engl.) – Die Kunst der Biographie. Paris: Ed. du Phénix 1936 – Cleopatra. Amsterdam: Querido 1937 – Gedichte. Von Elga u. E. L. 1937 – Tasso in Moscia. Moscia 1937 – Roosevelt. Amsterdam: Querido 1938 – Quartett. R. Ebd. 1938 – Zur Pandora. Moscia 1938 – Credo. Ebd. 1938 – Die neue heilige Allianz. Straßburg: Sebastian Brant Verl. 1938 (Übers.: engl.) –

Bolivar. 1938 – Das Schicksal König Edwards VIII. 1938 – Der Krieg gegen Preußen u. die Vereinigten Staaten von Europa. 1938 – Drei Diktatoren. 1938 – Barbaren u. Musiker. Moscia 1939 – Über das Glück u. die Liebe. Zürich: Oprecht 1940 – The Germans. Double History of a Nation. Boston: Little, Brown 1941; London: Hamilton 1942; dt.: Geschichte der Deutschen. Zürich: Posen 1945 – Beethoven (engl.). New York: Putnam, London: Hutchinson 1943 – How to Treat the Germans. New York: Willard 1943; London: Hutchinson 1943; dt.: Was tun mit den Deutschen? 1945 – Mackenzie King (engl.). Toronto: Macmillan 1944 – The Moral Conquest of Germany. New York: Doubleday 1945; dt.: Die moralische Eroberung Deutschlands. 1945 – Stalin. Zürich: Posen 1945 – Das Mittelmeer. 1945 – Das dt. Volk. Rede. 1945 – Der entzauberte Freud. Zürich: Posen 1946 (Übers.: engl.) – Cubas romantische Geschichte. 1946 – Othello. R. 1946 – Geschenke des Alters. 1946 – Krieg der Musikanten. 1946 – (Zahlr. Übers.).

Ludwig, Paula: Geb. 5. 1. 1900 in Altenstadt (Vorarlberg). Ausbildung als Schauspielerin, als Malerin u. Schriftstellerin tätig. Lebte bis 1933 in Berlin, kehrte nach Österreich zurück, ging 1938 nach Frankreich, 1940 nach Spanien u. über Portugal nach Brasilien. 1953 Rückkehr nach Österreich, lebt als Malerin in Ehrwald (Tirol). Trat erst wieder nach Kriegsende mit Veröffentlichungen hervor. 1961 Georg-Trakl-Preis.
W e r k : Traumlandschaft. Berlin: Wald. Hoffmann 1935 (wurde beschlagnahmt).

Luitpold, Josef (d. i. Josef Luitpold Stern): Geb. 16. 4. 1886 in Wien, gest. 13. 9. 1966 ebd. Studium in Heidelberg, Dr. phil. Seit 1906 leitend in der Wiener Volksbildung tätig, 1914 Leiter der ›Freien Volksbühne‹. Begr. der Städt. Büchereien Wiens, Rektor des gewerkschaftlichen Bildungsheimes auf Schloß Weinberg. Emigrierte 1934 in die Tschechoslowakei, ging 1938 nach Frankreich, 1940 in die USA. Dozent in Philadelphia u. am Quaker College in Pendle Hill. 1948 Rückkehr nach Österreich. Preis der Stadt Wien für Volksbildung 1949, Ehrenring der Stadt Wien 1956, Österr. Staatspreis 1957.
W e r k e : Die hundert Hefte. Das Gedicht eines Lebens. Philadelphia: Selbstverl. 1944 (6 Hefte; 1935 ersch. 31 Hefte in Brünn im Selbstverl.) – Sons Like These (dt. u. engl.). New York: The Josef Luitpold Booklets 1946 – Die europäische Tragödie. New York: Selbstverl. 1946 – Das Josef-Luitpold-Buch. Lyrik u. Prosa aus 4 Jahrzehnten. Wien: Wiener Volksbuch-

handlung 1948 – Das Sternbild. Gedicht eines Lebens (G. W., 5 Bde.). Wien: Europa-Verl. 1964–66.

Lukács, Georg (d. i. György Szegedi von Lukács): Geb. 13. 4. 1885 in Budapest, gest. 4. 6. 1971 ebd. Studium der Philosophie, u. a. in Berlin u. Heidelberg. In Beziehung zum George-Kreis u. zu Max Weber, Verbindung zur revolutionären Arbeiterbewegung. 1918 Mitglied der KPU, 1919 Stellvertr. Volkskommissar f. Erziehung in der Revolutionsregierung Béla Kun. Flucht nach Österreich. Ab 1920 in Berlin, freier Schriftsteller, Freundschaft mit J. R. Becher. 1921 Kritik Lenins an seinen linksradikalen Anschauungen. 1923 grundlegendes marxistisches Werk »Geschichte u. Klassenbewußtsein«. Mitglied des ›Bundes proletarisch-revolutionärer Schriftsteller‹. Ging 1932 in die Sowjetunion, Mitarbeiter der Zeitschrift »Internationale Literatur«, veröffentlichte zahlr. Arbeiten zur Literaturtheorie, -geschichte u. Philosophie. Konzeption einer antifaschistisch-demokratischen Literatur unter Einfluß der Volksfrontbewegung. 1945 Rückkehr nach Ungarn, Lehrstuhl für Kulturphilosophie u. Ästhetik an der Univ. Budapest. Nach dem Ungarnaufstand im Herbst 1956 Volksbildungsminister im Kabinett Imre Nagy. Nach der Niederschlagung des Aufstands nach Rumänien verbannt. April 1957 Rückkehr nach Ungarn. Arbeit an einer umfangreichen marxistischen Ästhetik. Obwohl von offiziöser Seite häufig kritisiert (1939/40, 1949/50, 1957), von immensem Einfluß auf die sozialistische Literatur u. marxistische Literaturwissenschaft.
W e r k e : Literaturtheorien des 19. Jahrhunderts u. der Marxismus (russ.). Moskau: Chudozestvennaja literatura 1937 – Zur Geschichte des Realismus (russ.). Ebd. 1939 – Gottfried Keller (dt.). Kiew: Staatsverl. d. nat. Minderheiten 1940 – Über Preußentum. London: I.N.G. Publ. 1943 – Die Verantwortung des Schriftgelehrten (russ.). Moskau: Idegennyelvü Irodalmi Kiadó 1944 – Auf der Suche nach dem Bürger. Betrachtungen zum 70. Geburtstag von Thomas Mann. London: Freier Dt. Kulturbund 1944 (masch.) – Der deutsche Faschismus u. Nietzsche. Ebd. 1944 – Fortschritt u. Reaktion in der dt. Literatur. Berlin: Aufbau-Verl. 1945 – Die dt. Literatur im Zeitalter des Imperialismus. Ebd. 1945 – Goethe u. seine Zeit. Bern: Francke 1947 – Schicksalswende. Beiträge zu einer neuen dt. Ideologie. Berlin: Aufbau-Verl. 1948 – Essays über Realismus. Ebd. 1948 – K. Marx u. Fr. Engels als Literaturhistoriker. Ebd. 1948 – Der junge Hegel. Zürich: Europa-Verl. 1948 – Der russische Realismus in der Weltliteratur. Berlin:

Aufbau-Verl. 1949 – Thomas Mann. Ebd. 1950 – G. W. Neuwied: Luchterhand 1962 ff.

Mann, Erika: Geb. 19. 11. 1905 in München, gest. 27. 8. 1969 in Zürich. Ältestes von sechs Kindern Thomas Manns. Bei Max Reinhardt Ausbildung zur Schauspielerin, Engagements in Berlin, Hamburg, München. 1933 Eröffnung des Münchener ›Cabarets Pfeffermühle‹. Ging 1933 ins Schweizer Exil, später nach England u. in die USA. 8. 6. 1935 Ausbürgerung. 1938 in Spanien. Während des Zweiten Weltkriegs Kriegsberichterstatterin für amer. Zeitungen. Nach dem Krieg Rückkehr in die Schweiz, verwaltete den Nachlaß ihres Vaters.
W e r k e : Stoffel fliegt übers Meer. Stuttgart: Levy u. Müller 1932; Zwolle: Willink 1958 (Übers.: ital., schwed.) – Muck, der Zauberonkel. Kinderbuch. Basel: Philograph. Verl. 1934 (Übers.: hebr.) – Zehn Millionen Kinder. Die Erziehung der Jugend im Dritten Reich. Amsterdam: Querido 1938 (Übers.: engl., holl., schwed.) – Escape to Life. Boston: Houghton Mifflin 1939 (gemeinsam mit K. Mann) – Lights Go Down. London: Secker and Warburg 1940 (Übers.: span.) – The Other Germany. New York: Modern Age Books 1940 (mit K. Mann) – A Gang of Ten. New York: L. B. Fischer 1942; London: Secker and Warburg 1944 (Übers. schwed.).

Mann, Heinrich: Geb. 27. 3. 1871 in Lübeck, gest. 12. 3. 1950 in Santa Monica (Kalifornien). Nach kurzer Buchhändlerlehre in Dresden Tätigkeit im S. Fischer Verlag, Studium in Berlin u. München, Versuche als Maler, freier Schriftsteller, von der Tradition des franz. Romans stark beeinflußt. 1893 erster Frankreich-Besuch, lebte anschließend mit seinem Bruder Thomas bis 1898 in Italien, danach in München, ab 1925 fester Wohnsitz in Berlin. Im Zola-Essay 1915 indirekte Kritik am Wilhelminismus, zugleich Konflikt mit seinem Bruder. Nach dem Ersten Weltkrieg durch seine sozialkritischen Romane berühmt. Ausgedehnte publizistische u. schriftstellerische Tätigkeit in der Weimarer Republik, politisch enttäuscht. 1930–33 Präsident der Preußischen Akademie der Künste, Sektion Dichtkunst, 1933 ausgeschlossen, seine Bücher verbrannt. Ausgebürgert 23. 8. 1933. Emigrierte über die Tschechoslowakei nach Frankreich (Paris, Nizza) u. 1940 über Spanien nach Kalifornien. 1935 zusammen mit J. R. Becher Leiter der Delegation der emigrierten dt. Schriftsteller auf dem Internationalen Schriftstellerkongreß zur Verteidigung der Kultur in Paris, 1938 Präsident des dt. Volksfrontkomitees in Paris. Publizistisch

u. politisch einer der aktivsten Autoren in der Emigration. Annäherung an die Kommunisten, Sympathien für die Sowjetunion. 1947 Ehrenvorsitzender des ›Schutzverbandes Dt. Autoren‹, 1950 zum 1. Präsidenten der Dt. Akademie der Künste in Ost-Berlin gewählt. 1949 1. Nationalpreis der DDR für sein Gesamtwerk. Am 25. 3. 1961 in Ost-Berlin bestattet worden. Übersetzungen seiner Werke erschienen in Argentinien, Bulgarien, England, Frankreich, Holland, Italien, Polen, Rußland, Tschechoslowakei, Ungarn u. USA.

W e r k e : Siehe S. 216.

Mann, Klaus: Geb. 18. 11. 1906 in München, gest. 22. 5. 1949 in Cannes. Ältester Sohn Thomas Manns. Besuch der Hochwaldhausener Bergschule u. der Odenwaldschule Paul Geheebs. 1924/25 Theaterkritiker in Berlin, Mitarbeiter der »Weltbühne«. 1925 Gründung eines Theaterensembles zusammen mit seiner Verlobten Pamela Wedekind, seiner Schwester Erika u. deren damaligem Mann Gustaf Gründgens, u. a. Aufführungen seiner Stücke. Unternahm mit seiner Schwester Erika eine Weltreise. Seit dem 13. 3. 1933 im Exil, u. a. in Amsterdam (Hrsg. der »Sammlung«), Paris, Zürich, Budapest, Salzburg u. Prag. Mit G. Benn Auseinandersetzung über den Nationalsozialismus. Nahm an den Schriftstellerkongressen 1934 in Moskau u. 1935 in Paris teil. Nach der Ausbürgerung am 1. 11. 1934 tschechoslow. Staatsbürger. 1938 im belagerten Madrid, Reportagen. 1936 in die USA, naturalisiert. 1941 Gründer u. Hrsg. der kurzlebigen Zeitschrift »Decision«. Dezember 1942 Soldat in der amer. Armee, als Korrespondent von »Stars and Stripes« über Italien Rückkehr nach Deutschland. Desillusioniert angesichts der Nachkriegsentwicklung in Deutschland. Nahm sich 1949 in Cannes das Leben. Seine Werke wurden ins Englische, Holländische, Schwedische, Spanische u. Tschechische übersetzt.

W e r k e : Siehe S. 463.

Mann, Thomas: Geb. 6. 6. 1875 in Lübeck, gest. 12. 8. 1955 in Kilchberg bei Zürich. Nach dem Tod des Vaters (1891) Liquidierung der Lübecker Firma, Übersiedlung der Familie nach München (1893). Nach abgebrochener Schulausbildung 1894 Volontär einer Feuerversicherungsanstalt. 1894/95 Studium an den Münchener Hochschulen als Gasthörer, Mitarbeit an den Zeitschriften »Das zwanzigste Jahrhundert« u. »Simplicissimus« (dort zeitweise Redaktionsmitglied, 1898/99). Lebte von 1895 bis 1898 mit seinem Bruder Heinrich in Italien, Arbeit an den »Buddenbrooks«. Nach Veröffentlichung des Ro-

mans (1901) berühmt, seitdem freier Schriftsteller. Während des Ersten Weltkriegs Arbeit an den »Betrachtungen eines Unpolitischen«, ausgelöst durch Zola-Essay des Bruders Heinrich. Nach dem Krieg Revision seiner politischen Haltung, positive Einstellung zur Weimarer Republik, Aussöhnung mit dem Bruder (1922). 1919 Ehrendoktor der Bonner Universität, 1926 Verleihung des Prof.-Titels, Mitglied der Preußischen Dichterakademie. 1929 Nobelpreis für Literatur. 1933 Rede zum 50. Todestag von R. Wagner in München, Amsterdam, Paris, Brüssel, dadurch ausgelöste Kampagne gegen ihn in Deutschland veranlaßte ihn, nicht mehr nach Deutschland zurückzukehren. 1934 Reise in die USA, 1935 Ehrendoktor der Harvard Univers. zusammen mit A. Einstein. Nach anfänglichem Zögern bewußtes Bekenntnis zur Emigration u. zum politischen Kampf gegen Hitler-Deutschland. Am 2. 12. 1936 ausgebürgert, Universität Bonn entzog ihm den Ehrendoktor. Erhielt tschechoslow. Staatsbürgerschaft. 1937–39 Hrsg. der Zeitschrift »Maß und Wert«. 1938 Gastprof. an der Princeton Univ., Übersiedlung in die USA. 1939 Europareise. Seit Herbst 1940 politische Aufklärungsarbeit (Rundfunkreden) im dt.sprachigen Programm der BBC. Seit 1941 in Kalifornien, ab 1942 in Pacific Palisades, 1944 naturalisiert. 1942–45 Consultant in Germanic Literature an der ›Library of Congress‹ in Washington, D. C., 1947 Europareise, Teilnahme an der 1. internat. Nachkriegstagung des PEN in Zürich, 1949 Deutschlandreise, Festansprachen zu Goethe-Feiern in Frankfurt a. M. u. Weimar, wo er jeweils Goethe-Preis erhielt. Im Zuge der McCarthy-Kampagne 1952 Entschluß, USA zu verlassen, lebte zuerst in Zürich, seit 1954 in Kilchberg. Zahlr. Auszeichnungen u. Ehrungen.

W e r k e : Siehe S. 412–415.

Manner, Friederike (Ps. Martha Florian): Geb. 19. 12. 1904 in Wien, gest. 2. 6. 1956 ebd. Als Lektorin tätig, trat als Lyrikerin hervor. Emigrierte 1938 mit ihrer Familie über die Schweiz nach Serbien. 1945 Rückkehr nach Wien, Verlagsarbeit.

W e r k : Die dunklen Jahre. R. Wien: Wiener Verl. 1948.

Mannheim, Karl: Geb. 27. 3. 1893 in Budapest, gest. 19. 1. 1947 in London. Bedeutender Soziologe. Vor 1933 an dt. Universitäten tätig. Emigrierte 1933 nach England, wo er in London an der ›School of Economics and Political Science‹ Soziologie lehrte.

W e r k e : Ideologie u. Utopie. Bonn: Cohen 1929 (Übers.: engl., span.) – Rational and Irrational Elements in Contemporary Society. Vortr. London: Oxford U. P. 1934 – Mensch u. Gesellschaft im Zeitalter des Umbaus. Leiden: Sijthoff 1935. Erweit. Fassg. engl.: Man and Society in an Age of Reconstruction. London: Paul, Trench, Trubner 1940 – Diagnosis of Our Time. New York: Oxford U. P. 1944 (Übers.: span.); dt.: Zürich: Europa-Verl. 1951 – Freedom, Power and Democratic Planning. New York: Oxford U. P. 1950; London: Routledge 1951.

Marchwitza, Hans: Geb. 25. 6. 1890 in Scharley (Schlesien), gest. 17. 1. 1965 in Potsdam. Bereits mit 14 Jahren als Bergarbeiter tätig, 1915 als Frontsoldat eingezogen, 1918 Mitglied der Soldatenratswehr. Seit 1919 in der USPD. 1920 während des Kapp-Putsches an den Kämpfen der ›Roten Ruhr-Armee‹ beteiligt, Eintritt in die KPD. Seit 1924 arbeitslos, journalistische Tätigkeit u. a. für das »Ruhr-Echo«, von dessen Red. A. Abusch gefördert. Mitglied des ›Bundes proletarisch-revolutionärer Schriftsteller‹, 1929 Besuch der Sowjetunion als Mitglied einer Schriftstellerdelegation. Emigrierte 1933 in die Schweiz, 1936 Teilnahme am Span. Bürgerkrieg (Offizier der Internat. Brigade). 1938 nach Frankreich, dort 1939 interniert. 1941 Flucht in die USA, in New York als Arbeiter tätig. 1946 Rückkehr nach Deutschland, zuerst nach Stuttgart, dann Babelsberg, Gründungsmitglied der Akademie der Künste in Ost-Berlin. 1950/51 Botschaftsrat der DDR in Prag. Literaturpreis des FDGB 1959, Nationalpreise der DDR 1950, 1955, 1964, Ehrendoktor.
W e r k e : Die Kumiaks. Zürich: Büchergilde Gutenberg 1934 (Übers.: holl., russ.) – Janek u. andere Erzählungen. Charkow u. Kiew: Staatsverl. d. nat. Minderheiten 1934 – Zwei Erzählungen (Araganda. Die Uniform). Moskau: Meshdunarodnaja Kniga 1939 – Untergrund. Ged. New York: Selbstverl. 1942 – Wetterleuchten. Ged. Ebd. 1942 – Meine Jugend. Berlin: Verl. Volk u. Welt 1948 (entst. in New York) – In Frankreich. Potsdam: Rütten u. Loening 1949 (autobiogr.) – Unter uns. Erz. Ebd. 1950 (entst. zumeist in New York) – In Amerika. Autobiogr. Berlin: Verl. Tribüne 1961.

Marcus, Paul (Ps. PEM): Geb. 18. 1. 1901 in Wien (?), gest. 24. 4. 1972 in London. In den zwanziger Jahren in Berlin als Journalist tätig, u. a. für den »Börsen-Courier«, das »12 Uhrblatt«, in Wien für »Der Morgen«. Emigrierte 1933 nach Österreich, ging 1935 nach England. Seit 1935 Hrsg. von »PEMs Personal Bulletin«.
W e r k : Strangers Everywhere. London: Lane 1939.

Marcuse, Ludwig (Ps. Heinz Raabe): Geb. 8. 2. 1894 in Berlin, gest. 2. 8. 1971 in Bad Wiessee (Obb.). Studium der Philosophie, Dr. phil. 1917. Tätigkeit als Publizist u. Kritiker u. a. für die »Vossische Zeitung«, das »Berliner Tageblatt«, den »Frankfurter Generalanzeiger«. Als Verf. von Biographien schriftstellerisch erfolgreich: u. a. Strindberg (1922), Börne (1929), Heinrich Heine (1932). Emigrierte im März 1933 nach Sanary s. M. (Frankreich), Ausbürgerung am 26. 10. 1937. Ging 1938 nach Los Angeles. Seit 1940 Prof. an der Univ. of Southern California. 1962 Rückkehr nach Deutschland, freier Schriftsteller.
W e r k e : Heinrich Heine. Berlin: Rowohlt 1932 (Übers.: engl.) – Ignatius von Loyola. Ein Soldat der Kirche. Amsterdam: Querido 1935 (Übers.: franz., engl., tschech., span., port.) – Plato u. Dionysius. New York: Knopf 1947; dt.: Der Philosoph u. der Diktator. Berlin: Blanvalet 1950 – Die Philosophie des Glücks: Von Hiob bis Freud. Zürich: Europa-Verl. 1949; Meisenheim: Westkulturverl. 1949 – Mein zwanzigstes Jahrhundert. Auf dem Weg zu einer Autobiographie. München: List 1960.

Mayer, Paul: Geb. 1. 11. 1889 in Köln, gest. 8. 3. 1970 in Zürich. Rechtsstudium, Dr. jur. Cheflektor des Rowohlt-Verlags von 1919 bis 1936. Ging 1939 nach Mexiko, lebte nach 1955 in der Schweiz.
W e r k e : Exil. Ged. Mexiko: El Libro libre 1944 – Wanderer ohne Ende. Ausgew. Ged. Berlin: Herbig 1948.

Mehring, Walter: Geb. 29. 4. 1896 in Berlin. 1914/15 Studium der Kunstgeschichte in Berlin u. München. Mitarbeiter der Zeitschriften »Der Sturm«, »Zukunft« u. »Weltbühne«. Mitbegr. der Berliner Dada-Sektion, gründete 1920 das ›Politische Cabaret‹. Als Kabarettist (schrieb u. a. Texte für Max Reinhardts ›Schall und Rauch‹) und Publizist tätig. Durch seine Chansontexte berühmt. Ab 1921 Korrespondent dt. Zeitungen in Paris. 1928–33 wieder in Berlin. Entging nach dem Reistagsbrand Verhaftung durch Flucht, zuerst in Paris, dann in Wien. 8. 6. 1935 Ausbürgerung. 1938 von der SS an der Schweizer Grenze verhaftet, Flucht. 1939 in Frankreich interniert. 1940 Flucht aus dem Lager St. Cyprien über Marseille u. Martinique in die USA. 1951 Rückkehr nach Europa, lebt als freier Schriftsteller in Losone im Tessin, teilweise in Zürich.
W e r k e : ... und euch zum Trotz. Chansons, Balladen u. Legenden. Paris: Europ. Merkur 1934 – Müller. Chronik einer dt. Sippe. R. Wien:

Gsur 1935; Zürich: Oprecht 1935 – Die Nacht des Tyrannen. R. Zürich: Oprecht 1937 – Timoshenko, Marshal of the Red Army. A Study. New York: Ungar 1942 (Übers.: span.) – No Road Back. Poems (engl. u. dt.). New York: Curl 1944 – Monographie über Dégas u. G. Grosz. New York: Herrmann 1944.

Mendelssohn, Peter de (Ps. Carl Johann Leuchtenberg): Geb. 1. 6. 1908 in München. Mit Novellen u. Romanen frühzeitig literarisch hervorgetreten. Emigrierte 1933 nach Paris, 1935 nach England, naturalisiert. Nach dem Krieg Presseberater der britischen Kontrollkommission in Düsseldorf. Mitbegr. des »Berliner Tagesspiegels«. 1949–1969 Korrespondent des Bayerischen Rundfunks u. deutscher Zeitungen in London. 1970 Aufgabe des Londoner Wohnsitzes, lebt seitdem in München als freier Schriftsteller.
W e r k e : Das Haus Cosinsky. R. Paris: Europ. Merkur 1934; Zürich: Oprecht u. Helbling 1934 (Übers.: engl.) – Douloureuse Arcadie. R. Paris: Stock 1935; dt.: Hamburg: Krüger 1948 – Wolkenstein oder die ganze Welt. R. Wien: Hoeger 1936 – All That Matters. R. London: Hutchinson 1938; New York: Holt 1938; dt.: Das zweite Leben. Berlin: Krüger 1948 – Across the Dark River. R. London: Hutchinson 1939; New York: Doubleday, Doran 1939 – The Hours and the Centuries. R. London: Lane 1944. U. d. T.: Fortress in the Skies. New York: Doubleday, Doran 1943 (Übers.: franz., ital.); dt.: Zürich: Amstutz, Herdeg 1946 – Japan's Political Warfare. London: Allan and Unwin 1944 – The Nuremberg Documents. Ebd. 1946. U. d. T.: Design for Aggression. New York: Harper 1946; dt.: Sein Kampf. Wien: Zwei Berge-Verl. 1946; Prag: Melantrich 1946. U. d. T.: Die Nürnberger Dokumente. Hamburg: Krüger 1947 – Der Zauberer. Drei Briefe über Th. Manns Doktor Faustus. Berlin: Ullstein, Kindler 1948 – Überlegungen. Vermischte Aufsätze. Hamburg: Krüger 1948.

Mihaly, Jo (d. i. Elfriede Alice Steckel geb. Kuhr, Ps. Francesco Moletta): Geb. 25. 4. 1902 in Schneidemühl. Trat als Lyrikerin u. Kritikerin hervor. Ging 1933 in die Schweiz, Mitbegr. der ›Kulturgemeinschaft der Emigranten‹ in Zürich u. d. ›Schutzverbandes dt. Schriftsteller in der Schweiz‹ (SDS). Verheiratet mit dem inzwischen verstorbenen Schauspieler Leonard Steckel.
W e r k e : Hüter des Bruders. R. Zürich: Steinberg 1942 (Übers.: dän., schwed., tschech., holl.) – Wir verstummen nicht. Ged. in der Fremde (mit St. Hermlin u. L. Ajchenrand). Zürich: Posen 1945 – Die Steine. R. Stuttgart: Hannsmann 1946.

Morgenstern, Hans (Ps. Hans Schubert): Geb. 17. 2. 1905 in Wien. Trat als Dramatiker hervor. Emigrierte 1938 nach Shanghai. Nach dem Krieg Rückkehr nach Österreich, lebt in Wien als freier Schriftsteller.
W e r k : In einer kleinen Bank. Schausp. New York: Pfeffer 1945.

Morgenstern, Soma: Geb. 3. 5. 1890 in Budanow b. Tarnopol (Galizien). Lebte seit 1912 in Wien, Jurastudium, Dr. jur. 1921. 1927–34 Feuilletonkorrespondent der »Frankfurter Zeitung«. 1925 bis 1927 in Berlin als freier Schriftsteller, u. a. Mitarbeiter der »Vossischen Zeitung«, 1934/35 der »Weltbühne«, Wien. Emigrierte 1938 nach Frankreich, arbeitete in Paris an der Zeitschrift »Freies Österreich« mit, wurde 1940 interniert. 1941 Flucht über Marokko und Portugal in die USA. Lebt seitdem in New York.
W e r k e : Der Sohn des verlorenen Sohnes. R. Berlin: Reiss 1935 (Übers.: engl.); Fortsetzung: In My Father's Pastures. Philadelphia: Jewish Publications Soc. 1947 – The Testament of the Lost Son. Ebd. 1950.

Mühlen, Hermynia zur (Ps. Franziska Maria Rautenberg): Geb. 12. 12. 1883 in Wien, gest. 20. 3. 1951 in Radlett (Herts.). Tochter des österr.-ung. Gesandten Graf Crenneville, verlebte ihre Kindheit im zaristischen Rußland. Die Familie übersiedelte 1919 nach Deutschland. 1919 bis 1933 in Frankfurt a. M. Emigrierte 1933 nach Wien, 1938 in die Tschechoslowakei u. im selben Jahr nach England. Trat als Erzählerin hervor.
W e r k e : Reise durch ein Leben. R. Bern: Gotthelf-Verl. 1933 (autobiogr.) – Nora hat eine famose Idee. R. Ebd. 1933 – Ein Jahr im Schatten. R. Zürich: Humanitas-Verl. 1935 – Unsere Töchter, die Nazinen. Wien: Gsur-Verl. 1935 – Fahrt ins Licht. Nov. Wien: Nath 1936 – Schmiede der Zukunft. Märchen. Moskau: Verlagsgen. ausländ. Arbeiter 1936 – We Poor Shadows. R. London: F. Muller 1943 – Kleine Geschichten von großen Dichtern. Erzn. London: Free Austrian Books o. J. – Little Allies. Märchen. London: Alliance Pr. um 1944 – Came the Stranger. R. London: Muller 1946; dt.: Als der Fremde kam. Wien: Globus-Verl. 1947 – Geschichten von heute u. gestern. Nov. New York: Holt 1946 – Guests in the House. R. London: Muller 1947 – Eine Flasche Parfum. R. Wien: O. Walter 1948. – Ausgedehnte Tätigkeit als Übersetzerin.

Müller, Albert: (d. i. Albert Schreiner, Ps. Albert Schindler, Michael Anders, Alfred Wollner):

Geb. 7. 8. 1892 in Aglasterhausen (Baden). Gelernter Maschinenschlosser. 1910 Mitglied der SPD. Als politischer Publizist tätig. Gründungsmitglied der KPD, 1928 ausgeschlossen, zeitweise in der KP(O). Emigrierte 1933 nach Frankreich, 1936 in Spanien als Stabschef der XIII. Internat. Brigade im Bürgerkrieg. 1938 in Frankreich, wurde in Marokko interniert, Flucht. Seit 1941 in den USA. 1946 Rückkehr nach Deutschland. Prof. f. Gesellschaftswissenschaften an der Univ. Leipzig, 1961 Mitarbeiter des Instituts für Marxismus-Leninismus beim ZK der SED, Mitglied der Akademie der Wissenschaften, Nationalpreis der DDR 1950 u. a. Auszeichnungen.

W e r k e : Hitler treibt zum Krieg. Paris: Ed. du Carrefour 1934 (mit Dorothy Woodman). U. d. T.: Der Faschismus treibt zum Krieg. Moskau: Verlagsgen. ausländ. Arbeiter 1935 (Übers.: engl.) – Hitlers Luftflotte startbereit. Paris: Ed. du Carrefour 1935 (erschien u. d. N. Dorothy Woodman) (Übers.: franz.) – Hitlers motorisierte Stoßarmee. Paris: Ed. du Carrefour 1936 (Übers.: engl.) – Vom totalen Krieg zur totalen Niederlage Hitlers. Paris: Ed. Prométhée 1939 – The Lessons of Germany. New York: Internat. Publishers 1945 (mit G. Eisler u. A. Norden).

Münzenberg, Willi: Geb. 14. 8. 1889 in Erfurt, im Nov. 1940 bei Grenoble tot aufgefunden. Arbeiter in einer Schuhfabrik, Kontakt zu russ. Emigranten: Sinovev, Trockij, Lenin. 1914 Leiter des ›Sozialistischen Jugendverbandes‹ in Zürich. Während des Ersten Weltkriegs in der Schweiz. 1919 Eintritt in die KPD. 1920 in Moskau auf Vorschlag Lenins zum 1. Leiter der ›Kommunistischen Jugend-Internationale‹ gewählt (bis 1921). 1921 im Auftrag Lenins Aufbau der ›Internationalen Arbeiterhilfe‹. Aufbau des Münzenberg-Konzerns: 1924 Neuer Dt. Verlag, Berlin, Zürich, Wien, Mailand, Moskau, Publikation von Zeitungen u. Zeitschriften: »AIZ«, »Eulenspiegel«, »Der Rote Aufbau«, »Welt am Abend«, »Berlin am Morgen« u. a., Gründung der Buchgemeinschaft ›Universumbücherei für alle‹, Filmgesellschaft Meshrabpom in Moskau. Seit 1924 Mitglied des Reichstags. Nach dem Reichstagsbrand Flucht in die Schweiz, dann nach Frankreich. Gründung der Editions du Carrefour in Paris, Fortsetzung des Neuen Dt. Verlags. Ausgedehnte organisatorische Tätigkeit, u. a. Hilfskomitee für die Opfer des Faschismus. Herausgabe des Braunbuchs über den Reichstagsbrand. War am 23. 8. 1933 ausgebürgert worden, 1935 in Abwesenheit zum Tode verurteilt. An der Organisation des Komitees zur Schaffung einer deutschen Volksfront beteiligt. Nach den Moskauer Prozessen Distanzierung

von der kommunistischen Partei. Im Oktober 1936 in Moskau, von Verhaftung bedroht. Auf Weisung der Komintern Verzicht auf alle Ämter, am 27. 10. 1937 aus der KPD ausgeschlossen, nachdem er erneuten Besuch in Moskau ablehnte. Schloß sich der Dt. Freiheitspartei an, 1938 Gründung des Sebastian Brant Verlags. Nach Hitler-Stalin-Pakt offene Agitation gegen Kommunismus u. Faschismus. Internierung bei Kriegsausbruch, Flucht vor den einmarschierenden dt. Truppen. Am 21. 6. 1940 zum letzten Mal gesehen.

W e r k e : Propaganda als Waffe. Paris: Ed. du Carrefour 1937 (Übers.: franz.) – Die dritte Front. Ebd. 1937 – Kann Hitler einen Krieg führen? Ebd. 1937 – Aufgaben einer dt. Volksfront. Paris: Impr. Coopérative Etoile 1937.

Musil, Robert: Geb. 6. 11. 1880 in Klagenfurt, gest. 15. 4. 1942 in Genf. 1898–1901 Maschinenbaustudium in Brünn, 1901 Ingenieurspatent. Nach Militärdienst 1902/03 Assistent an der TH Stuttgart. 1903–08 Studium der Philosophie, Dr. phil. 1908 mit Diss. über Ernst Mach. 1911–14 Bibliothekar der Bibliothek der TH in Wien, 1914 Red. der »Neuen Rundschau«. Als Hauptmann im Ersten Weltkrieg, 1918/19 Chef des Bildungsamtes im Heeresministerium. 1919–22 Ministerialbeamter, anschließend freier Schriftsteller. 1923 zusammen mit W. Lehmann Kleist-Preis, 1929 Gerhart Hauptmann-Preis. 1931–33 in Berlin. Arbeitete an verschiedenen literar. Zeitschriften mit, anschließend wieder in Wien als Theaterkritiker (ab 1933) für die »Prager Presse«, den »Wiener Morgen«, den »Tag«. In Paris auf dem 1. Schriftstellerkongreß zur Verteidigung der Kultur vertreten, setzte sich für unpolitische Auffassung von Kultur ein. Vom Nationalsozialismus umworben, emigrierte 1938 über Italien in die Schweiz, wo er mittellos u. vereinsamt starb. Als einer der großen dt.sprachigen Prosaisten in diesem Jh. internat. anerkannt.

W e r k e : Siehe S. 261 f.

Neumann, Alfred: Geb. 15. 10. 1895 in Lautenburg (Westpreußen), gest. 3. 10. 1952 in Lugano. Studium der Kunstgeschichte ab 1913 in München, Dr. phil. Volontär, dann Lektor im Verlag Georg Müller. 1918–20 Dramaturg an den Münchener Kammerspielen, danach freier Schriftsteller in München u. Fiesole. Erhielt 1926 den Kleist-Preis. Emigrierte 1933 nach Florenz, 1938 nach Nizza, 1941 nach Los Angeles. 1949 Rückkehr nach Europa, lebte in Italien.

W e r k e : Der Teufel. Stuttgart: Dt. Verlagsanst. 1926; Amsterdam: de Lange 1935; Stockholm: Neuer Verl. 1946 (Übers.: russ., finn., engl., span.) – Der Narrenspiegel. R. Berlin: Propyläen-Verl. 1932 (Übers.: engl.) – Neuer Cäsar. R. Leipzig u. Wien: Tal 1934; Amsterdam: de Lange 1934; Stockholm: Neuer Verl. 1950 (Übers.: engl., holl., ung., tschech., ital., poln.) – Königin Christine von Schweden. Wien: Tal 1936; Amsterdam: de Lange 1936 (Übers.: holl., franz., engl.) – Kaiserreich. Amsterdam: de Lange 1936; Stockholm: Neuer Verl. 1950 (Übers.: engl., poln., ung., ital.) – Die Volksfreunde. Amsterdam 1940 (vernichtet). U. d. T.: Das Kind von Paris. Köln: Kiepenheuer u. Witsch 1952 (Übers.: engl., ital.) – Es waren ihrer sechs. R. Stockholm: Neuer Verl. 1944; Berlin: Habel 1947 (Übers.: schwed., norw., engl., ung., tschech., ital., port.) – Der Pakt (entst. 1941). Stockholm: Neuer Verl. 1949 (Übers.: schwed., dän., norw.).

Neumann, Franz Leopold (Ps. Leopold Franz): Geb. 23. 5. 1900 in Kattowitz, gest. 2. 9. 1954 in Visp (Schweiz). Jurastudium, Dr. jur. Lehrte bis 1933 Politische Wissenschaften an der Hochschule f. Politik in Berlin. 1933 verhaftet, Flucht nach England, ab 1938 in den USA als Prof. f. Rechtsu. Staatstheorien an der Columbia Univ. in New York. Kehrte nach dem Krieg nach Europa zurück, lebte zuletzt in der Schweiz.
W e r k e : Parteiaufbau u. Massenarbeit. Rede auf der Brüsseler Konferenz der KPD, Okt. 1935. Moskau: Verlagsgen. ausländ. Arbeiter 1936 – Die Gewerkschaften in der Demokratie u. in der Diktatur. Karlsbad: Graphia 1936 (Übers.: engl.) – Behemoth. The Structure and Practise of National Socialism. Toronto u. New York: Oxford U. P. 1942; London: Gollancz 1942 (Übers.: span., hebr.) – The Fate of Small Business in Nazi Germany. Washington: Senate Committee Publ. 1943 (mit A. Gurland, O. Kirchheimer).

Neumann, Robert: Geb. 22. 5. 1897 in Wien. Studium der Medizin, Chemie u. Germanistik, schriftstellerische Anfänge. Nach 1918 als Hilfsbuchhalter, Devisenmakler, Direktor einer Schokoladenfabrik u. Schwimmtrainer tätig, als Matrose in den Orient. Setzte sich literarisch 1927 mit seinen Parodien »Mit fremden Federn« durch. 1933 Verbot seiner Bücher, emigrierte 1934 nach dem Februaraufstand in Österreich nach England, in der Emigrantenbewegung tätig, schrieb z. T. auch in engl. Sprache. Nach dem Krieg Rückkehr in die Schweiz, lebt z. Zt. in Locarno-Monti. Vizepräsident des Internationalen PEN, Ehrenpräsident des Österr. PEN.
W e r k e : Sir Basil Zaharoff. Biogr. Zürich:

Bibliothek zeitgenöss. Werke 1934 – Die blinden Passagiere. Nov. Ebd. 1935 – Struensee (späterer T.: Favorit der Königin). R. Amsterdam: Querido 1935 – Eine Frau hat geschrien. R. Zürich: Humanitas-Verl. 1938 – By the Waters of Babylon. London: Dent 1939; dt.: Oxford: Phaidon Pr. 1945 – Twenty-three Women. New York: Dial Pr. 1940 – Scene in Passing. London: Dent 1942; dt.: Tibbs. Konstanz: Weller 1948 – The Inquest. London: Hutchinson 1944; dt.: Bibiana Santis. München: Desch 1950 – Children of Vienna. London: Gollancz 1946; dt.: Amsterdam: Querido 1948 – Blind Man's Buff. London: Hutchinson 1949 – Ein leichtes Leben. Bericht über mich selbst u. Zeitgenossen. Wien: Desch 1963 (zahlr. Übers.).

Noth, Ernst Erich (d. i. Paul Krantz): Geb. 25. 2. 1909 in Berlin. In den Steglitzer Schülermordprozeß verwickelt, Freispruch, Besuch der Odenwaldschule, anschließend Studium der Germanistik, Philosophie, Geschichte u. Soziologie, Dr. phil. Journalistisch tätig, Mitarbeiter der »Frankfurter Zeitung«. Am 5. 3. 1933 ins Exil nach Frankreich. Mitarbeiter verschiedener franz. Zeitungen, Red. an der »Revue Les cahiers du sud«. Ging 1941 in die USA, als Prof. f. Vergl. Literaturwissenschaft an der Univ. Oklahoma tätig, Begründer u. Red. von »Books Abroad«. 1963 Rückkehr nach Europa (Aix-en-Provence), lebt z. Zt. in der Nähe von Frankfurt a. M., lehrt an der Univ. Frankfurt.
W e r k e : Die Mietskaserne. R. Frankfurt a. M.: Societäts-Verl. 1931 (Übers.: engl., tschech., serbokroat., poln., franz.) – La Tragédie de la Jeunesse allemande. Ess. Paris: Grasset 1934 – Der Einzelgänger. R. Zürich: Schweizer-Spiegel-Verl. 1936 (Übers.: franz.) – La voie barrée. R. Paris: Plon 1937 – Le Roman allemand. Ess. Kolmar: Le Point 1938 – L'Homme contre le Partisan. Ess. Paris: Grasset 1938 (Übers.: span.) – L'Allemagne exilée en France. Ess. Paris: Bloud et Gay 1939 – Le désert. R. Paris: Gallimard 1939 – La Guerre pourrie. Ess. New York: Brentano 1942 – Ponts sur le Rhin. Ess. New York: Ed. Méditerranéennes 1947 – Mémoire aux américains. Ebd. 1947; beides u. d. T.: Bridges over the Rhine. New York: Holt 1947 – Russes et prussiens. Ess. New York: Ed. Méditerranéennes 1948 – Erinnerungen eines Deutschen. Hamburg u. Düsseldorf: Claassen 1971.

Olden, Balder: Geb. 26. 3. 1882 in Zwickau, gest. 24. 10. 1949 in Montevideo. Studium in Freiburg i. Br., sehr früh journalistisch tätig. Unternahm als Korrespondent der »Kölnischen Zei-

tung« viele Reisen, wurde vom Ausbruch des
Ersten Weltkriegs in Ostafrika überrascht, in engl.
Gefangenschaft, kehrte 1920 nach Deutschland
zurück. Durch eine Reihe von Romanen erfolgreich. Ging 1933 in die Tschechoslowakei, 1934
auf dem Schriftstellerkongreß in Moskau. 1935
nach Frankreich, wurde interniert, konnte 1940
fliehen, ging nach Südamerika. Seit 1941 in
Buenos Aires, seit 1943 in Montevideo, journalistisch tätig. Nahm sich das Leben.
W e r k e : Dawn of Darkness. London: Jarrolds 1933. U. d. T.: Roman eines Nazi – Blood
and Tears. New York: Appleton Century Co.
1934.

Olden, Rudolf: Geb. 14. 1. 1885 in Stettin, gest.
17. 9. 1940. Jurastudium. 1925–30 in Wien, anschließend als Rechtsanwalt in Berlin (am Kammergericht). Mithrsg. u. politischer Red. des
»Berliner Tageblatts«. Verteidiger im Hochverratsprozeß gegen Ossietzky. Floh 1933 nach
Prag, ging 1934 nach Paris, anschließend nach
England. Vorlesungstätigkeit in Oxford, Mitarbeit an zahlr. Emigrantenblättern. Wollte nach
vorübergehender Internierung in England 1940
Ruf an eine amer. Univ. annehmen. Schiff wurde
bei der Überfahrt torpediert.
W e r k e : Hitler der Eroberer. Prag: Malik
1933 (anonym) – Warum versagten die Marxisten? Paris: Europ. Merkur 1934 – Hindenburg
oder der Geist der preußischen Armee. Ebd. 1935
– Hitler. Amsterdam: Querido 1935 (Übers.:
engl.) – The History of Liberty in Germany.
London: Gollancz 1939; dt.: Hannover: Das
Andere Deutschland 1948 – Is Germany a Hope-
less Case? London: Allen and Unwin 1940.

Otten, Karl: Geb. 29. 7. 1889 in Oberkrüchten
b. Aachen, gest. 20. 3. 1963 in Locarno. Studium
der Soziologie u. Kunstgeschichte in München,
Bonn u. Straßburg 1910–14. 1912 während einer
Griechenlandreise Erlebnis des Beginns der Bal-
kankriege. 1913/14 in Kontakt zu zahlr. expressionistischen Autoren (E. Mühsam, H. Mann,
C. Sternheim, F. Blei, J. R. Becher), Herausgabe
der Zweimonatsschrift »Die neue Kunst«. Als
offener Kriegsgegner während des Ersten Weltkriegs inhaftiert. Mitarbeiter an Pfemferts »Aktion«. 1918 Hrsg. der Zeitschrift »Der Friede«,
1919–22 von »Der Gegner. Blätter zur Kritik
der Zeit« (mit J. Gumperz). 1924–33 als freier
Schriftsteller in Berlin. Emigrierte 1933 nach
Spanien, nach Ausbruch des Bürgerkriegs 1936
nach London. 1958 Rückkehr nach Europa, ließ
sich in der Schweiz nieder. Mitglied der Mainzer
u. Darmstädter Akademie, 1956 Albert-Schweitzer-Buchpreis.

W e r k e : Torquemadas Schatten. R. Stockholm: Bermann-Fischer 1938 – A Combine of
Aggression. Masse, Elite, and Dictatorship in
Germany. London: Allen and Unwin 1942 – Der
ewige Esel. Erz. Zürich u. Freiburg i. Br.: Atlantis-Verl. 1949 – Wurzeln. R. Neuwied: Luchterhand 1963 (autobiogr.). – Unveröffentlicht: Die
Reise nach Deutschland. R. (entst. 1938) – Or-
phische Wanderung. Ged. (entst. 1939–56).

Ottwalt, Ernst (d. i. Ernst Gottwalt Nicolas):
Geb. 13. 11. 1901 in Zippnow (Pommern), gest.
24. 8. 1943 in einem russ. Lager. Studium in
Halle u. Jena. Mitglied der KPD u. des ›Bundes
proletarisch-revolutionärer Schriftsteller‹. 1932
Mitarbeiter am Drehbuch für den Brecht-Film
›Kuhle Wampe‹. Ging 1933 über Dänemark u.
die Tschechoslowakei in die Sowjetunion. Seit 1934
in Moskau, gehörte bis 1937 der Red. der Zeitschrift »Internationale Literatur« an, danach verhaftet. Zahlr. Publikationen in Exilzeitschriften.
W e r k e : Die Zeit im Lichte dichterischer Gestaltung u. a. Ess. Prag: Mercy 1934/35 – Die
letzten Dinge. Nov. Moskau: Verlagsgen. ausländ. Arbeiter 1936.

Pannwitz, Rudolf: Geb. 27. 5. 1881 in Crossen
(Oder), gest. 23. 3. 1969 in Astano b. Lugano.
Studium der Philosophie u. klassischen Philolo-
gie in Berlin u. Marburg. Beziehungen zum
George-Kreis. Einige Jahre Privatlehrer bei dem
Philosophen Georg Simmel u. dem Malerehepaar
Lepsius. Mitglied der Preußischen Akademie der
Künste. Begründete 1904 zusammen mit Otto zur
Linde die Zeitschrift »Charon«, Entwurf einer
idealistischen Kosmologie. Lebte von 1921 bis 1948
auf der jugosl. Insel Kolocep vor Dubrovnik. Seit
1948 in Ciona-Carona b. Lugano. 1957 Schiller-
Preis, Großes Verdienstkreuz der Bundesrepu-
blik Deutschland.
W e r k e : Lebenshilfe. Zürich: Niehans 1938 –
Weg des Menschen. Amsterdam: Akademische
Verlagsanst. Pantheon 1942 (Schriften-Auswahl).
– Nietzsche u. die Verwandlung des Menschen.
Ebd. 1943 – Das Weltalter u. die Politik. Zürich:
Origo-Verl. 1948 – Der Friede. Nürnberg: Carl
1950 – Auswahl seiner Schriften über Horaz,
Wieland, Schiller, Humboldt, Platen (hrsg. von
V. Hundhausen). Peking: Univ. Peking Pr. o. J.

Pauli, Hertha: Geb. 4. 9. 1909 in Wien. Absol-
vierte die Schauspielakademie. Schauspielerin in
Breslau, dann in Berlin bei Max Reinhardt (bis
1933). Begründete die »Österreichische Korrespondenz«, an der Csokor, Friedell u. Zernatto
mitarbeiteten. Emigrierte 1938 nach Frankreich,
1940 über Spanien in die USA. 1940–42 in Los

Angeles, lebt jetzt in Huntington, Long Island. Ehrenzeichen für Verdienste um die Republik Österreich 1967.
W e r k e : Fremd in Frankreich. R. New York: Volkszeitung 1941 – Alfred Nobel. Biogr. New York: Fischer 1942; London: Nicholson and Watson 1944 (Übers.: span., holl.) – Silent Night. New York: Knopf 1943 (Übers.: span.); dt.: Ein Lied vom Himmel. Wien: Zsolnay 1954 – The Story of the Christmas Tree. Boston: Houghton Mifflin 1944 (Übers.: span.); dt.: Hamburg: Blüchert 1957 – Sola una mujer. La Plata: Calomino 1945; dt.: Genie eines liebenden Herzens. R. Wien: Zsolnay 1955 (Biogr.) – St. Nicholas' Travels. Boston: Houghton Mifflin 1945 (Übers.: span.) – I Lift my Lamp. Geschichte d. Freiheitsstatue. New York: Appleton-Century Co. 1948 – The Most Beautiful House. New York: Knopf 1949 (Jugendb.) – The Golden Door. Ebd. 1949 – Der Riß der Zeit geht durch mein Herz. Ein Erlebnisbuch. Wien: Zsolnay 1970 (Autobiogr.).

Perutz, Leo: Geb. 2. 11. 1884 in Prag, gest. 25. 8. 1957 in Bad Ischl. Wurde durch Veröffentlichungen im »Neuen Merkur« bekannt. Verarbeitete in historischen Romanen die Spätzeit der Habsburger Monarchie. Lebte bis 1938 als freier Schriftsteller in Wien, ging nach dem Anschluß Österreichs nach Palästina. Nach dem Krieg häufig zu Besuchen in Europa.
W e r k : Der Judas des Leonardo. Wien: Zsolnay 1959.

Petersen, Jan (d. i. Hans Schwalm): Geb. 2. 7. 1906 in Berlin, gest. 11. 11. 1969 ebd. Berufsausbildung als Dreher u. Werkzeugmacher. 1931 bis 1933 Organisator des ›Bundes proletarisch-revolutionärer Schriftsteller‹, als illegale Widerstandsgruppe von ihm nach 1933 im Untergrund fortgesetzt. Anonymer Red. der in Prag erscheinenden »Neuen Deutschen Blätter«. 1933–35 Red. der illegalen Zeitschrift »Stich und Hieb«. Nahm 1935 auf dem 1. Internationalen Schriftstellerkongreß in Paris als Vertreter der Antifaschisten aus Deutschland »in schwarzer Maske« teil. Von der Gestapo steckbrieflich gesucht. Emigrierte 1936 in die Schweiz. Als seine Auslieferung verlangt wurde, 1937 nach England. 1938–46 Vorsitzender der Schriftstellersektion des ›Freien Dt. Kulturbundes‹, London, Mitglied des engl. PEN. 1940/41 in Kanada interniert. 1946 Rückkehr nach Berlin. 1951–53 Vorsitzender der Volksbühne in Berlin. 1953–55 1. Vorsitzender des DSV der DDR, Mitglied des PEN-Zentrums der DDR. Goethe-Preis der Stadt Berlin 1950, Nationalpreis der DDR 1959.

W e r k e : Unsere Straße. Eine Chronik geschrieben im Herzen des faschistischen Deutschlands 1933/34. In: Berner Tagwacht 1936; Berlin: Dietz 1947 (Übers.: russ., engl. – 1933/34 in Berlin entst.) – Gestapo Trial. London: Gollancz 1939 (Übers.: schwed.); dt.: Sache Baumann u. andere. Berlin: Dietz 1948 – Germany Beneath the Surface. Stories of the Underground Movement. London: Hutchinson 1940; dt.: Und ringsum Schweigen. Berlin: Dietz 1949.

Pfemfert, Franz (Ps. U. Gaday, Dr. S. Pulvermacher, August Stech): Geb. 20. 11. 1879 in Lötzen (Westpreußen), gest. 25. 5. 1954 in Mexico City. Autodidaktisches Studium, frühzeitig Interesse für sozialistische Ideen. Seit 1904 Mitarbeiter der anarchistisch-literar. Zeitschrift »Kampf« u. verschiedener Tageszeitungen, seit 1909 Mitarbeiter der Wochenschrift »Blaubuch«. 1910/11 Chefred. der Zeitschrift »Demokraten«. 1911–32 Hrsg. u. Verleger der »Aktion«, der einflußreichsten aktivistischen Zeitschrift des Expressionismus. Zusammenarbeit mit zahlr. Expressionisten, u. a. K. Hiller, F. Jung, G. Benn, W. Klemm. Aus wirtschaftlichen Gründen Eröffnung eines Fotoateliers. 1933 Flucht aus Berlin in die Tschechoslowakei, seit 1936 in Paris. Ging 1940 über Lissabon nach New York, ab 1941 in Mexico City als Fotograf tätig. Im Exil wurden keine literar. Arbeiten mehr veröffentlicht. Manuskript der abgeschlossenen Autobiographie ging verloren.

Pick, Robert (Ps. Valentin Richter): Geb. 1. 3. 1898 in Wien. Studium in Wien, journalistisch tätig. Emigrierte 1938 nach England, 1940 in die USA, in verschiedenen Berufen tätig. Begann ab 1942 in engl. Sprache zu schreiben. 1952 Gastprof. an der Kansas City University. Lebt in New York.
W e r k e : The Terboven File. R. Philadelphia: Lippincott 1945 – Guests of Don Lorenzo. R. Ebd. 1950; London: Secker and Warburg 1950.

Pieck, Wilhelm: Geb. 3. 1. 1876 in Guben, gest. 7. 9. 1960 in Ost-Berlin. Gelernter Tischler. Ab 1895 SPD-Mitglied, im Ersten Weltkrieg Mitglied des ›Spartakusbundes‹. Desertierte während des Ersten Weltkrieges nach Holland. Gründungsmitglied der KPD u. Mitglied des ZK. Im Frühjahr 1919 zusammen mit Rosa Luxemburg u. Karl Liebknecht verhaftet. 1928 Mitglied des Reichstags. 1930–33 Mitglied des preußischen Staatsrats. Mit Thälmann u. Ulbricht maßgeblich an der bolschewistischen Profilierung der KPD beteiligt. Emigrierte im Frühjahr 1933 nach Frankreich, wurde am 28. 3. 1933 ausgebürgert.

Nach der Verhaftung Thälmanns an der Spitze des ZK. 1934 in die Sowjetunion. 1935 Sekretär des Exekutivkomitees der Komintern, 1943 Mitbegr. des Nationalkomitees ›Freies Deutschland‹. 1945 Rückkehr nach Mitteldeutschland. Mit Otto Grotewohl Vorsitzender der SED. 1949 zum Präsidenten der DDR gewählt.
W e r k e : Wir kämpfen für ein Rätedeutschland. Moskau u. Leningrad: Verlagsgen. ausländ. Arbeiter 1934 (Übers.: engl., franz.) – Rechenschaftsbericht über die Tätigkeit des Exekutiv-Komitees der Kommunist. Internationale. 7. Weltkongreß der K. I. Ebd. 1935 (Übers.: engl.) – Der Vormarsch zum Sozialismus. Bericht u. Schlußwort zum 1. Punkt der Tagesordnung des 7. Weltkongresses der K. I. Straßburg: Prometheus-Verl. 1935; Moskau: Verlagsgen. ausl. Arbeiter 1935; Prag: Kreibich 1935 (Übers.: russ., engl., franz.) – Weltkrieg droht. Kämpft für den Frieden. Zürich: Mopr-Verl. 1935 (Übers.: franz.) – Der neue Weg zum gemeinsamen Kampf für den Sturz der Hitlerdiktatur. Referat u. Schlußwort auf der Brüsseler Konferenz der KPD. Straßburg: Prometheus-Verl. 1935; Moskau: Verlagsgen. ausländ. Arbeiter 1936 – Freedom, Peace, and Bread! New York: Workers' Library Publ. 1935 – Aufgaben u. Zielsetzung der Einheitsfront. Paris: Prometheus-Verl. 1935 – Ein Kämpferleben im Dienste der Arbeiterklasse. Paris: Bureau d'éditions 1936 – Deutschland im Banne von Blut und Eisen. Straßburg: Prometheus-Verl. 1937 – August Bebel zu seinem 25. Todestag. Ebd. 1938 – Deutschland unter dem Hitlerfaschismus. Wie lange noch? Paris: Ed. Universelles 1939 – Zizu'i bo'ba Klary Cetkin (1857–1933). Saratov: Sarat. obl. kom. Mopr. 1939 – International Solidarity Against Imperialist War. New York: Workers' Library Publ. 1941 – Der Hitlerfaschismus u. das dt. Volk. Moskau: Verl. f. fremdspr. Lit. 1942 (Übers.: russ.) – Reden u. Aufsätze aus den Jahren 1908 bis 1950. 2 Bde. Berlin: Dietz 1950 – Editionen von K. Zetkin, R. Luxemburg, K. Liebknecht, F. Mehring.

Piscator, Erwin: Geb. 17. 12. 1893 in Ulm (Kr. Wetzlar), gest. 30. 3. 1966 in Starnberg. Bedeutender Regisseur, der in den zwanziger Jahren in Berlin durch seine Inszenierungen das politische u. epische Theater entscheidend beeinflußt hat. Ging 1931 nach Moskau, 1936 in die Schweiz, anschließend nach Frankreich. Seit 1938 in New York, dort seit 1940 Leiter eines Theater-Workshops an der ›New School for Social Research‹. 1951 Rückkehr nach Deutschland. Seit 1962 wieder Intendant der Volksbühne in Berlin. Trat im Exil nur mit Zeitschriftenveröffentlichungen (u. a. in »Die neue Weltbühne«) hervor.

Plievier, Theodor (im Exil: Plivier): Geb. 12. 2. 1892 in Berlin, gest. 12. 3. 1955 in Avegno (Schweiz). Begann Stukkateurlehre, riß mit sechzehn von zu Hause aus, vagabundierte, ging zur Handelsmarine. 1914–18 als Matrose in der Kriegsmarine, nahm am Matrosenaufstand in Wilhelmshaven teil. 1918 Gründung des anarchistischen ›Verlags der Zwölf‹. Fuhr erneut mehrere Jahre zur See, einige Jahre in Südamerika in verschiedensten Berufen. Mit seinem 1929 erschienenen Roman »Des Kaisers Kuli« sehr erfolgreich (Übers. in 18 Spr.), ließ sich in Berlin als freier Schriftsteller nieder. Emigrierte 1933 in die Tschechoslowakei, dann über die Schweiz u. Schweden in die Sowjetunion. Ausgebürgert am 24. 3. 1934. Nahm 1934 am Schriftstellerkongreß in Moskau teil, Mitarbeit im Nationalkomitee ›Freies Deutschland‹. Sammelte durch Befragung dt. Kriegsgefangener Material für seinen Roman »Stalingrad«. 1945 Rückkehr nach Deutschland mit der Sowjetarmee, Wohnsitz in Weimar. Ging 1947 nach Westdeutschland. Revidierte seine politische Einstellung weitgehend.
W e r k e : Des Kaisers Kuli. R. der dt. Kriegsflotte. Berlin: Malik 1929 (Übers.: russ.) – Der Kaiser ging, die Generäle blieben. R. Ebd. 1932 (Übers.: engl., russ.) – Koka en andere zeemansverhalen. Erzn. Hilversum: Boekvrienden ›Solidariteit‹ 1934 – Der 10. November 1918. Moskau: Verlagsgen. ausländ. Arbeiter 1935 – Das große Abenteuer. In Forts. in: Die Volks-Illustrierte Nr. 1–20: 1936; Amsterdam: de Lange 1936 (Übers.: engl.) – Nichts als Episode. Moskau: Meshdunarodnaja Kniga 1941 – Der Igel. Die Geschichte vom Untergang einer Nazibastion an der Ostfront. London: Freier Dt. Kulturbund 1944 – Stalingrad. Moskau: Staatsverl. 1945; Berlin: Aufbau-Verl. 1945; Wien: Globus-Verl. 1946; Mexiko: El Libro libre 1946; Hamburg: Rowohlt 1947 (Übers.: engl.) – Eine dt. Novelle. Weimar: Kiepenheuer 1947 – Das gefrorene Herz. Erz. Ebd. 1947 – Einige Bemerkungen über die Bedeutung der Freiheit. Rede. Nürnberg: Nest-Verl. 1948 (zahlr. Übers.).

Pol, Heinz (Ps. Hermann Britt): Geb 6. 1. 1901 in Berlin. Trat als politischer Journalist hervor, vor 1933 Red. des Ullstein Verlags. Wurde durch seinen politischen Roman »Entweder – oder« bekannt. Emigrierte 1933 in die Tschechoslowakei, anschließend nach Frankreich u. in die USA, wo er als politischer Journalist lebt, Mitarbeiter bedeutender amerikanischer Zeitungen u. Magazine.
W e r k e : Suicide of a Democracy. New York: Reynal/Hitchcock 1940 – The Hidden Enemy. New York: Messner 1942 – De Gaulle. New

York: Arco 1943 – AO. Auslandsorganisation. Linz: Brücken-Verl. 1945.

Polgar, Alfred: Geb. 27. 10. 1873 in Wien, gest. 24. 4. 1955 in Zürich. Erlernte Beruf eines Klavierbauers. Begann früh Gerichts-, Parlamentsberichte u. Theaterkritiken für das »Wiener Montagsblatt« zu schreiben. Ab 1925 in Berlin als Theaterkritiker für die »Weltbühne« u. das »Tagebuch« tätig. Meister der geschliffenen Kurzform. Kehrte 1933, von B. Viertel gewarnt, nach Wien zurück, ging 1938 über die Schweiz nach Paris. 1940 Flucht über Spanien in die USA. Lebte in Hollywood, später in New York, naturalisiert. Nach 1945 wiederholt Europa-Besuche, starb während eines Besuchs in Zürich. Preis für Publizistik der Stadt Wien 1951.
W e r k e : In der Zwischenzeit. Amsterdam: de Lange 1935 – Sekundenzeiger. Zürich: Humanitas-Verl. 1937 – Handbuch des Kritikers. Zürich: Oprecht 1938 – Geschichte ohne Moral. Zürich u. New York: Oprecht 1943 – Im Vorübergehen. Aus 10 Bden. erzählender u. kritischer Schriften. Stuttgart: Rowohlt 1947 – Anderseits. Erzählungen u. Erwägungen. Amsterdam: Querido 1948.

Politzer, Heinz: Geb. 31. 12. 1910 in Wien. Studium der dt. u. engl. Philologie in Wien u. Prag, Dr. phil. 1950 am Bryn Mawr College (USA). Emigrierte 1938 nach Palästina, seit 1947 in den USA. Prof. f. dt. Lit. am Oberlin College in Ohio, seit 1956 an der University of California in Berkeley. Als Kafka-Forscher hervorgetreten. Mitglied des österr. PEN-Zentrums. Verdienstkreuz der Republik Österreich.
W e r k e : Fenster vor dem Firmament. Ged. Mährisch-Ostrau: Kittl 1937 – Gedichte. Jerusalem: P. Freund 1941 – Zum Gedächtnis des Malers Ludw. Jonas. Ebd. 1943 (dt. u. hebr.).

Pollatschek, Stefan: Geb. 17. 6. 1890 in Wien, gest. 17. 11. 1942 in London. Trat als Erzähler u. Journalist hervor. Ging 1938 in die Tschechoslowakei, 1939 nach England.
W e r k e : Flammen u. Farben. Das Leben des Malers van Gogh. R. Wien: Saturn-Verl. 1937 (Übers.: holl.) – John Law. R. der Banknote. Wien u. Zürich: Büchergilde Gutenberg 1937 – Dżuma. Warschau: Nowa Powieść 1938; dt.: Dozent Müller. Wien: Wiener Verl. 1948 – Final Małżeństwa. Warschau: Nowa Powieść 1938 – Ambulatorium. Ebd. 1938.

Pollatschek, Walther: Geb. 10. 9. 1901 in Neu-Isenburg b. Frankfurt a. M. Studium der Germanistik u. Theatergeschichte in Heidelberg,

München u. Frankfurt a. M., Dr. phil. 1924. Als Kinderbuchautor, Kritiker u. Red. vor 1933 tätig. 1934 Verhaftung, Flucht nach Mallorca, dort 1936 von den Faschisten erneut verhaftet. 1936/37 in Südfrankreich. 1937–45 in der Schweiz, in der Emigrantenbewegung aktiv. 1945 Rückkehr nach Deutschland. 1945–50 Mitarbeiter der »Frankfurter Rundschau«. 1950–52 Red. der »Täglichen Rundschau« in Berlin. Seit 1952 freier Schriftsteller u. Theaterkritiker, Leiter des Friedrich-Wolf-Archivs. Lebt in der DDR.
W e r k e : Drei Kinder kommen durch die Welt. Gadernheim u. Neckargemünd: Die Wende 1947; Berlin: Kantorowicz Verl. 1949 – Der Liederfreund. Eine Volksliedsammlung. Neu-Isenburg: Stritzinger 1947; Berlin: Aufbau-Verl. 1949.

Popper, Frederic (Ps. Fritz Popp): Geb. 1. 7. 1898 in Wien. 1914–16 Studium der Sozialökonomie in München. Hrsg. von Fachzeitschriften. Berater der Direktion des ›Österreichischen Theaters für die Jugend‹. Emigrierte 1940 in die USA, lebt in Akron, Ohio, als Publizist.
W e r k e : Glücksvogel. Jugenddr. 1937 – Nur ein Zigeuner. Jugenddr. 1937.

Porges, Friedrich: Geb. 14. 7. 1896 in Wien. Studium der neueren Philologie in Wien, journalistisch tätig. Mitglied der ›Concordia‹ von 1916 bis 1938, Mitglied des österr. PEN-Zentrums seit 1930. Emigrierte 1938 über Zürich nach London, seit 1943 in den USA. Korrespondent für europäische Zeitungen, Magazine u. Radiostationen. Verfasser zahlr. Hörspiele u. Drehbücher.
W e r k : Schatten erobern die Welt. Wie Film u. Kino wurden. Basel: Verl. f. Wiss. 1946.

Preczang, Ernst: Geb. 16. 1. 1870 in Winsen a. d. Luhe (b. Hamburg), gest. 22. 7. 1949 in Sarnen (Schweiz). Gelernter Buchdrucker, schon früh SPD-Mitglied. Seit 1900 freier Schriftsteller. 1904–19 Red. der sozialdemokr. Zeitschrift »In freien Stunden«. 1924 Mitbegr. der Büchergilde Gutenberg, langjähriger Lektor der Büchergilde. Emigrierte 1933 in die Schweiz, leitete dort Zweigstelle der Büchergilde, schließlich freier Schriftsteller.
W e r k e : Ursula. R. Zürich: Büchergilde Gutenberg 1934 – Ursel macht Hochzeit. R. Ebd. 1934 – Steuermann Padde. R. Ebd. 1940 – Zum Lande der Gerechten. R. Berlin: Weiss 1947 – Severin der Wanderer. R. Wien: Volksbuchverl. 1949.

Raloff, Karl (Ps. Karl Ehrlich): Geb. 4. 6. 1899 in Altona. Als Journalist tätig, Mitglied der

SPD u. des Reichsbanners. 1932/33 Mitglied des Reichstags. Emigrierte 1933 nach Dänemark, als Sprachlehrer u. Angestellter tätig. 1940 nach Schweden. Seit 1945 wieder in Dänemark. Half bei der Betreuung der Flüchtlinge aus den ehemaligen dt. Ostgebieten in Dänemark mit. Anschließend Vertreter der Dt. Presse-Agentur. 1952–65 Presseattaché der Bundesrepublik in Dänemark. Mitarbeiter zahlr. sozialistischer skand. Zeitungen.
W e r k e : Fra Ebert til Hitler. Kopenhagen: ›Fremad‹ 1933 – To aars nazistyre (Zwei Jahre Naziregime). Ebd. 1935 – Kamp uden vaaben (Kampf ohne Waffen). Kopenhagen: Munksgaard 1937 (mit N. Lindberg u. G. Jacobsen) – Lager-og Pakhus Arbejdernes Forbund gennem 50 aar. 1890–1940. Kopenhagen: Lager-og Pakhus Arb. Forb. 1940.

Rauschning, Hermann: Geb. 7. 8. 1887 in Thorn (Westpreußen). Im preußischen Kadettenkorps, anschließend Studium der Geschichte u. Musik, Dr. phil. Bewirtschaftete als Landwirt sein im Freistaat Danzig liegendes Gut. 1918–26 in verschiedenen Organisationen der Auslandsdeutschen in Polen tätig. Seit 1931 Mitglied der NSDAP. 1932 Vorsitzender des ›Danziger Landbundes‹. 1933 von der NSDAP u. dem Zentrum zum Senatspräsidenten von Danzig gewählt. November 1934 Niederlegung des Amtes. Emigrierte 1936 nach Polen, 1937 in die Schweiz, 1938 nach Frankreich, 1940 nach England. Seit 1941 in den USA. Ihm wurde als einem der wenigen politischen Emigranten in den USA Aufmerksamkeit erwiesen. Beschäftigte sich nach 1945 mit dem Ost-West-Konflikt, lebt in Portland, Oregon.
W e r k e : Die Revolution des Nihilismus. Zürich: Europa-Verl. 1938 (Übers.: engl., franz., holl., schwed., ital.) – Herr Hitler, Ihre Zeit ist um! Offenes Wort u. letzter Appell. Zürich: 1938 – Die Periode der Entscheidung. O. O. 1939 – Hitler Could not Stop. New York: Council for Foreign Relations 1939 – Gespräche mit Hitler. Zürich u. New York: Europa-Verl. 1940 (Übers.: engl., franz., span., isländ., schwed., hebr., ital.) – Die konservative Revolution. New York: Freedom Publ. Co. 1941 (Übers.: engl., franz., schwed.) – The Redemption of Democracy. New York: Longmans, Green 1941 (Übers.: schwed.) – The Beast from the Abyss. London u. Toronto: Heinemann 1941 – Hitler Wants the World. London: Argus Pr. 1941 – Makers of Destruction. London: Eyre and Spottiswoode 1942 (Übers.: schwed.) – Men of Chaos. New York: Putnam 1942 – Time of Delirium. New York u. London: Appleton-Century Co. 1946; dt.: Zürich: Amstutz, Herdeg 1947 (Übers.:

franz.) – Deutschland zwischen West u. Ost. Berlin u. Hamburg: Christian-Verl. 1950.

Regler, Gustav: Geb. 25. 5. 1898 in Merzig (Saar), gest. 14. 1. 1963 in Neu-Delhi. Studium der Philosophie, Romanistik u. Geschichte, Dr. phil. Nahm in der Formation ›Reichstag‹ an der Novemberrevolution 1918 in Berlin teil, ging anschließend nach München, beteiligt an der Verteidigung der Räterepublik gegen die Freikorps. Verbindung zu Otto Strasser u. Gustav Landauer. 1925 als Red. in Nürnberg, 1928 Eintritt in die KPD. Lebte bis 1933 als freier Schriftsteller in Berlin. Ging 1933 nach Paris, u. a. Mitarbeiter an Münzenbergs Braunbuch. 1934 zum Schriftstellerkongreß in Moskau. Ausbürgerung am 1. 11. 1934. 1934 Heinrich-Mann-Preis. Nahm am Widerstand gegen die Rückeingliederung des Saargebiets teil. 2. Reise in die Sowjetunion, Erlebnis der Säuberungswelle. Als Angehöriger der Internat. Brigade im Span. Bürgerkrieg. 1939 wieder in Frankreich, in Le Vernet interniert. Bruch mit der kommunistischen Partei, emigrierte 1941 nach Mexiko. Unternahm nach dem Krieg viele Reisen, Rundfunkvorträge in Deutschland. Starb während einer Studienreise in Indien. 1960 Kunstpreis des Saarlandes.
W e r k e : Der verlorene Sohn. R. Amsterdam: Querido 1933 (Übers.: russ.) – Im Kreuzfeuer. Ein Saar-R. Moskau u. Leningrad: Verlagsgen. ausländ. Arbeiter 1934; Paris: Ed. du Carrefour 1934 – Die Saat. R. aus den Bauernkriegen. Amsterdam: Querido 1936 (Übers.: russ., span., franz.) – The Great Crusade. R. New York: Longmans 1940 – The Hour 13. Ged. Mexiko: Verl. DYN 1942 – The Bottomless Pit. Ged. Ebd. 1943 – Wolfgang Paalen. Ebd. 1944 – Jugle Hut. Ged. Ebd. 1945 – Sterne der Dämmerung. R. Stuttgart: Behrendt 1946 u. 1948 – Amimitl oder die Geburt eines Schrecklichen. Nov. Saarbrücken: Saar-Verl. 1947 – Vulkanisches Land. Ebd. 1947 – Das Ohr des Malchus. Köln: Kiepenheuer u. Witsch 1958 (autobiogr.).

Rehfisch, Hans José (Ps. Georg Turner, Sydney Phillips, René Kestner): Geb. 10. 4. 1891 in Berlin, gest. 9. 6. 1960 in Schuls (Unterengadin). Studium der Rechts- u. Staatswissenschaften in Berlin, Heidelberg u. Grenoble, Dr. jur. et rer. pol. Als Richter, Rechtsanwalt (u. a. Syndikus einer Filmgesellschaft) in Berlin tätig. Mit Piscator gemeinsam Direktor des Berliner Zentraltheaters. Durchbruch als gesellschaftskritischer Dramatiker. 1931–33, gemeinsam mit E. Künneke, Präsident des ›Verbandes dt. Bühnenschriftsteller u. Komponisten‹. Nach der Machtergreifung verhaftet. Im April 1933 ins Exil nach Wien, 1938

nach England. Arbeitete eine Zeitlang als Metallarbeiter in London, Präsident des ›Clubs 1943‹, Arbeit im dt.sprachigen Programm der BBC. Übersiedelte 1945 nach New York, leitete in Piscators ›Dramatic Workshop‹ die Regieklasse. 1947–49 Dozent für Soziologie an der ›New School for Social Research‹. 1950 Rückkehr nach Hamburg u. München. 1951–53 wiederum Präsident des ›Verbandes dt. Bühnenschriftsteller u. Komponisten‹, Präsident der ›Gesellschaft zur Verwertung literar. Urheberrechts‹. Auch in der Nachkriegszeit als Dramatiker erfolgreich.
W e r k e : Des Doktors Geheimnis. Auff. Prag 1934 (u. Ps. S. Phillips) – Wasser für Canitoga. Schausp. 1937 (mit E. Eis) – Erste Liebe. Schausp. 1937 – Kampf ums Blatt. Wien: Weinberger 1937 – Die eiserne Straße. Dr. 1938 (Übers.: engl.) – Quell der Verheißung. Dr. 1946 – Das ewig Weibliche. Tril. 1950 – Die Hexen von Paris. R. Stuttgart: Cotta 1951 – Hrsg.: In Tyrannos. Four Centuries of Struggle Against Tyranny in Germany. A Symposium. London: Drummond 1944.

Reich, Hans Leo: Geb. 15. 11. 1902 in Wien, gest. 27. 12. 1959 ebd. Studium, Lehrer an Volkshochschulen in Wien u. Brünn, dort auch als Schauspieler u. Dramaturg tätig. Emigrierte 1935 in die USA. Als Filmautor in Hollywood, Journalist u. leitender Angestellter einer Radiostation in Chikago. Nach dem Krieg Rückkehr nach Österreich. Seit 1956 Leiter des Landesreisebüros in Graz. Trat mit Lyrik u. Prosa hervor.
W e r k e : Der Heimat zur Feier. Ged. Wien: Ergon-Verl. Löffler 1947 – Kramuri. Erlogenes u. Erlebtes. Wien: Gerlach u. Wiedling 1950 – Außerdem 60 Hörspiele.

Reich, Wilhelm (Ps. Ernst Parell): Geb. 24. 3. 1897 in Dobzau, gest. 3. 11. 1957 im Gefängnis von Lewisburg, Pa. (USA). Studium der Psychoanalyse, Psychiatrie u. Sexualwissenschaft in Wien. Dr. med. Assistent von Sigmund Freud am Psychoanalytischen Ambulatorium in Wien. An der Problematik des Konfliktes zwischen Trieb u. Außenwelt orientiert. Mitglied der SPÖ, in Berlin Mitglied der KPD. An einer Synthese von Marxismus u. Psychoanalyse interessiert. Baute 1930 in Berlin die ›Bewegung für Sexualökonomie u. Politik‹ (Sexpol) auf. 1933 aus der KPD, 1934 aus der ›Internationalen Psychoanal. Vereinigung‹ ausgeschlossen. Emigrierte nach Dänemark 1933, gründete Institut für Sexualökonomische Lebensforschung in Kopenhagen. Schwierigkeiten mit den Behörden, auch in Schweden u. Norwegen. Seit 1939 in New York,

Lehrauftrag an der ›New School for Social Research‹. Entwickelte seine Heilslehre: Orgon-Wissenschaft. 1955 wegen Betrugs angeklagt u. verurteilt. In den sechziger Jahren von Vertretern der ›Außerparlamentarischen Opposition‹ wiederentdeckt.
W e r k e : Charakteranalyse. Wien: Selbstverl. 1933; Kopenhagen u. Prag: Sexpol-Verl. 1933 – Massenpsychologie des Faschismus. Kopenhagen, Prag u. Zürich: Verl. f. Sexualpolitik 1933 (Übers.: engl.) – Was ist Klassenbewußtsein? Ein Beitrag zur Diskussion über die Neuformierung der Arbeiterbewegung. Ebd. 1934 – Psychischer Kontakt u. vegetative Strömung. Kopenhagen u. Prag: Sexpol-Verl. 1935 – Die Sexualität im Kulturkampf. Ebd. 1936. 1. Aufl. u. d. T.: Geschlechtsreife, Enthaltsamkeit, Ehemoral. Wien: Münster-Verl. 1930 (Übers.: engl.).

Reich, Willi: Geb. 27. 5. 1898 in Wien. Studium der Musikwissenschaft u. Musiktheorie an der Univ. Wien, Privatschüler Alban Bergs u. Anton von Weberns. Dr. phil. 1934. Seit 1920 Musikkritiker u. freier Schriftsteller in Wien. 1932–37 Hrsg. der Wiener Musikzeitschrift »23«. Emigrierte im Januar 1938 in die Schweiz, lebte in Basel als Musikforscher u. Schriftsteller. Seit 1948 in Zürich, Musikkritiker der »Neuen Zürcher Zeitung«, seit 1959 Lehrauftrag für Musikwissenschaft an der TH Zürich, seit 1967 Prof.
W e r k e : Mozart. Denkmal im eigenen Wort. Zürich: Schwabe 1945 – Bekenntnis zu Mozart. Luzern: Stocker 1945 – Schumann. Aus Kunst u. Leben. Zürich: Schwabe 1945 – J. Haydn. Leben, Briefe, Schaffen. Luzern: Stocker 1946 – Musik in romantischer Schau. Basel: Amerbach-Verl. 1946/47 – Romantiker der Musik. Biogr. Ebd. 1947 – R. Wagner. Leben, Fühlen, Schaffen. Olten: Walter 1948.

Reichenbach, Bernhard: Geb. 12. 12. 1888 in Berlin. Studium der Geschichte u. Soziologie in Berlin. Ab 1917 als Journalist tätig. Emigrierte 1935 nach London. Journalistisch tätig, 1941 bis 1948 Hauptschriftleiter der engl. Kriegsgefangenen-Zeitung ›Wochenpost‹. Lebt in London.
W e r k : Planung und Freiheit. Die Lehren des engl. Experiments. Frankfurt a. M.: Europ. Verlagsanst. 1954 (im Exil entst.).

Reichenbach, Hans: Geb. 26. 9. 1891 in Hamburg, gest. 9. 4. 1953 in Pacific Palisades, Kalifornien. Studium der Naturwissenschaften in München u. Berlin. 1915 Promotion in Erlangen. Lehrte seit 1919 an der TH Stuttgart, seit 1926 an der Berliner Univ., u. zw. Philosophie der Naturwissenschaften. Emigrierte 1933 in die Türkei, Prof. für Philosophie an der Univ. Konstantinopel, nahm 1938 einen Ruf an die University of California in Los Angeles an. Gilt als einer der Begr. der Empirischen Philosophie. Zahlr. fachbezogene Veröffentlichungen.

Reinhardt, Max: Geb. 9. 9. 1873 in Baden bei Wien, gest. 31. 10. 1943 in New York. Urspr. Bankangestellter, dann Schauspielengagements, u. a. in Preßburg u. Salzburg. Von Otto Brahm 1895 ans Deutsche Theater nach Berlin geholt. 1903 mit jüngeren Schauspielern Gründung des Kabaretts ›Schall und Rauch‹ im Kleinen Theater. Seit 1905 Leiter des Deutschen Theaters u. der Kammerspiele. Meister des Illusionstheaters. Siedelte sich in Leopoldskron bei Salzburg an. 1920 mit H. v. Hofmannsthal u. Bruno Walter Gründung der Salzburger Festspiele. Gründung des Wiener Reinhardt-Seminars. In Wien u. Berlin als Regisseur tätig. Verließ 1933 Deutschland u. zog sich nach Österreich zurück. 1938 Emigration in die USA. Gründete in Kalifornien Schauspielschule, als Regisseur kaum mehr erfolgreich.
W e r k : Ausgewählte Briefe, Reden, Schriften u. Szenen aus Regiebüchern. Wien: Theatersammlung der Österr. Nationalbibliothek 1963.

Reinowski, Hans J. (Ps. Hans Reinow): Geb. 28. 1. 1900 in Bernburg (Anhalt). Urspr. Fabrikarbeiter, dann journalistisch tätig. Eintritt in die SPD, Parteisekretär. Emigrierte 1933 nach Dänemark, interniert in Loka Brunn im April 1940, im November 1946 wieder in Dänemark, Mitarbeit bei der Flüchtlingsbetreuung, Leitung der Zeitung ›Deutsche Nachrichten‹. Im Februar 1947 Rückkehr nach Deutschland. Chefred. u. Hrsg. des »Darmstädter Echos«, Träger des Großen Verdienstkreuzes der Bundesrepublik Deutschland.
W e r k e : Lied am Grenzpfahl. Ged. Zürich: Oprecht 1940 – Die traurige Geschichte des hochedlen Grafen von Itzenblitz, in muntern Verslein erzählt. Offenbach: Bollwerk-Verl. 1947.

Remarque, Erich Maria (d. i. Erich Paul Remark): Geb. 22. 6. 1898 in Osnabrück, gest. 25. 9. 1970 in Locarno. Wollte Musiker u. Maler werden. Soldat im Ersten Weltkrieg, anschließend in verschiedenen Berufen tätig. 1923/24 Red. der Reklamezeitung »Echo Continental« in Hannover. Unternahm zahlr. Reisen. Ab 1925 Red. der Zeitung »Sport im Bild« in Berlin. 1931 Welterfolg seines Romans »Im Westen nichts Neues«, übersiedelte in die Schweiz. 1933 wurden seine Bücher verbrannt. 1938 Ausbürgerung. 1939 nach New York, ab 1947 amer.

Staatsbürger. Lebte nach 1945 abwechselnd in New York u. Porto Ronco in der Schweiz.
W e r k e : Drei Kameraden. R. Amsterdam: Querido 1938; New York: American Book Co. 1941 (Übers.: engl., franz., port., türk.) – Liebe deinen Nächsten. R. Batavia: Querido 1941; Stockholm: Bermann-Fischer 1941 (Übers.: engl., schwed., port.) – Arc de Triomphe. Zürich: Micha 1946 (Übers.: engl., span.).

Renn, Ludwig (d. i. Arnold Friedrich Vieth von Golßenau, Ps. Antonio Povedo, White): Geb. 22. 4. 1889 in Dresden. 1910 als Fahnenjunker im 1. (Leib-)Grenadierregiment in Dresden, Offizierskarriere. Durch Erfahrung des Ersten Weltkriegs an der Westfront erste Zweifel, nahm 1920 als Hauptmann seinen Abschied. 1920–23 Studium der russ. Philologie, der Kunstgeschichte u. Rechtswissenschaft in Göttingen u. München. 1923/24 im Kunsthandel in Dresden tätig. 1925 bis 1926 Reisen, 1926/27 Fortsetzung seines Studiums, Hinwendung zum Marxismus. 1928 Mitglied der KPD und des ›Roten Frontkämpferbundes‹. 1928–32 Sekretär des ›Bundes proletarisch-revolutionärer Schriftsteller‹ in Berlin, Mithrsg. der »Linkskurve« u. des »Aufbruch«, Mitarbeit an der »Roten Fahne«. 1929 u. 1931 Reisen in die Sowjetunion. 1931/32 Vortragstätigkeit an der marxistischen Arbeiterschule in Berlin. 1932 Verhaftung wegen literarischen Hochverrats, freigelassen. 1933 nach dem Reichstagsbrand erneut verhaftet, zu zweieinhalb Jahren Gefängnis verurteilt. 1935 Entlassung aus dem Gefängnis Bautzen, 1936 Flucht in die Schweiz. 1936/37 als Führer des Thälmann-Bataillons u. Stabschef der XI. Internat. Brigade im Span. Bürgerkrieg. Ausbürgerung am 12. 4. 1937. 1937 bis 1938 Vortragsreise im Auftrag der republ. span. Regierung in den USA, Kanada u. Kuba. 1939 in Südfrankreich interniert, illegal nach Paris, Flucht nach Südamerika. 1941–46 Präsident des Nationalkomitees ›Freies Deutschland‹ in Mexiko. 1947 Rückkehr nach Mitteldeutschland. Prof. f. Anthropologie an der TH Dresden (1949 Dr. h. c.), 1948 Vorsitzender des Kulturbundes in Sachsen. Seit 1952 freier Schriftsteller, Mitglied der Akademie der Künste in Ost-Berlin. Erhielt zahlr. Auszeichnungen (u. a. für seine Kinderbücher), 1955 u. 1961 Nationalpreis der DDR.
W e r k e : Vor großen Wandlungen. Zürich: Oprecht 1936 (in zahlr. Spr. übers.) – Warfare. The Relation of War to Society. London: Faber 1939; New York: Oxford U. P. 1939 (weitere Übers.) – El arte de hacer la guerra. Mexiko: Ediapsa 1940 – Adel im Untergang. Mexico City: El Libro libre 1944 (autobiogr.).

Reventlow, Rolf (Ps. Robert Werner, A. de la Rosa, Rodolfo): Geb. 1. 9. 1897 in München. Studium, als Journalist tätig. Red. der »Volkswacht für Schlesien«. Emigrierte 1933 nach Österreich, 1934 in die Tschechoslowakei, nahm ab 1936 am Span. Bürgerkrieg teil. 1939 in Algerien interniert. 1953 Rückkehr nach Deutschland, Mitarbeiter des »Sozialdemokratischen Pressedienstes«, der »Roten Revue« in Zürich und der »Zukunft« in Wien. Umfangreiche journalistische Tätigkeit während des Exils, keine Buchveröffentlichungen.

Rheinhardt, Emil Alphons: Geb. 4. 4. 1889 in Wien, gest. Mitte Februar 1945 im KZ Dachau (als ärztlicher Helfer). Ließ sich frühzeitig in Italien nieder, seit 1928 in Frankreich, beteiligte sich am Widerstand gegen das Hitler-Regime. Auf Grund von Denunziation verhaftet u. ins KZ gebracht.
W e r k : Der große Herbst Heinrichs IV. Wien: Tal 1936.

Riesenfeld, Paul: Geb. 29. 10. 1880 in Berlin, gest. 28. 5. 1965 in Sichron-Jaacov (Israel). Studium der Musikwissenschaft, Germanistik u. Kunstgeschichte in Breslau, Heidelberg u. München, Dr. phil. Musikkritiker, Dozent an der Humboldt-Akademie in Breslau. 1937 ins KZ Dachau deportiert, durch Intervention von Richard Strauss u. Wilhelm Furtwängler gerettet. 1938 Flucht nach Palästina. Journalistische Tätigkeit.
W e r k : Mozart der Tondichter. Jerusalem: Freund 1949.

Riess, Curt (Ps. Peter Brandes): Geb. 21. 6. 1902 in Würzburg. Als Journalist bei der »BZ am Mittag« und dem »Zwölf-Uhr-Blatt« in Berlin. Emigrierte 1933 nach Paris (über Wien u. Prag). Als Korrespondent des »Paris Soir« u. a. in den USA, schrieb für 25 europäische u. einige amerikanische Blätter. 1943/44 als Kriegsberichterstatter im Hauptquartier General Eisenhowers. 1948 Rückkehr nach Deutschland, Mitarbeiter in Berlin, Mitarbeiter zahlr. Blätter, Verfasser von Drehbüchern, seit 1952 Wohnsitz in der Schweiz.
W e r k e : Hollywood inconnu. Paris: Ed. de France 1937 – Total Espionage. New York: Putnam 1941; Moskau 1945 – Underground Europe. New York: Dial Pr. 1942; London: Long 1943 – High Stakes. R. New York: Putnam 1942 – The Self-Betrayed. Gesch. Ebd. 1943. U. d. T.: The Doom of the German Generals. London: Long 1944 – The Invasion of Germany. New York: Putnam 1943 – The Nazis Go Underground. New York: Doubleday 1943; London: Boardman 1945 – George 9-4-3-3. R. Zürich: Europa-Verl. 1946 – J. Goebbels. Biogr. New York: Doubleday 1948 – Hrsg.: G. Leske, I Was a Nazi Flier. New York: Dial Pr. 1941 – They Were There. The Story of World War II and How it Came About. New York: Putnam 1944.

Rings, Werner: Geb. 19. 5. 1910 in Offenbach a. M. Publizistisch tätig. Ging 1933 nach Spanien, 1939 nach Frankreich, 1942 in die Schweiz, wo er als Journalist lebt.
W e r k : Die Entzauberung der Politik. Zürich: Europa-Verl. 1947.

Roda Roda, Alexander (d. i. Sándor Friedrich Rosenfeld): Geb. 13. 4. 1872 in Puszta Zdenci (Slawonien), gest. 20. 8. 1945 in New York. Jurastudium in Wien. Nach Militärzeit 1902 Reisen als Journalist durch Europa. 1904 in Pommern, 1905 in Berlin, ab 1906 in München. 1909 Berichterstatter in Belgrad. 1912 während des Balkankriegs in Istanbul, Athen u. Belgrad. 1914–18 Kriegsberichterstatter an allen österr. Fronten. Einer der ältesten Mitarbeiter des »Simplicissimus«. Seit 1920 wieder in München, zahlr. Auslandsaufenthalte, u. a. 1923 in den USA, 1924 in Portugal, 1926–29 in Paris. Emigrierte 1933 über Wien u. Zürich in die USA, wo er seit 1940 in New York lebte.
W e r k e : Schenk ein, Roda! Aus slavischen Quellen. Wien: Zsolnay 1934 – Die Panduren. R. Wien: Tal 1937 – Das große Roda Roda-Buch. Ausgew. Werke. Wien: Zsolnay 1949 – Roda Rodas Roman. Autobiogr. Ebd. 1950.

Roden, Max: Geb. 21. 7. 1881 in Wien, gest. 22. 3. 1968 in New York. Studium der Naturwissenschaften an der Univ. Wien. Zahlr. Auslandsreisen als Journalist. 1906–38 Red. u. Kunstkritiker der »Österr. Volkszeitung«. Emigrierte 1939 in die USA, lebte als Journalist in New York, u. a. Mitarbeiter des »Aufbau« u. der »New Yorker Staats-Zeitung«.
W e r k e : Spiegelungen. Aphorismen. Wien: Johannes-Pr. 1951 – Tod und Mond und Glas. Ged. Ebd. 1959.

Rössler, Carl (d. i. Carl Reßner): Geb. 25. 5. 1864 in Wien, gest. 16. 2. 1949 in London. Urspr. Schauspieler, lebte seit 1908 als freier Schriftsteller in München. Kehrte 1933 nach Wien zurück, 1938 ins engl. Exil. Seine Memoiren sind ungedruckt. Keine Exilveröffentlichungen.

Rössler, Rudolf: Geb. 22. 11. 1897 in Kaufbeuren, gest. 11. 12. 1958 in Krins bei Luzern. Hrsg. der Zeitschriften »Form und Sinn« u. »Drama-

turgische Blätter«, Mithrsg. von »Das National-theater«. Bis 1933 Red. der »Augsburger Allge-meinen Zeitung«. Ging 1933 in die Schweiz, seit 1934 Leiter des Verlags Vita Nova in Luzern. 1945 in der Schweiz wegen Spionage für die Sowjetunion verurteilt, Strafe wurde ausgesetzt. 1953 wegen Spionage für die Tschechoslowakei zu einem Jahr Gefängnis verurteilt.
W e r k : Die Kriegsschauplätze u. die Bedin-gungen der Kriegsführung. Luzern: Vita Nova Verl. 1941 (u. Ps. R. A. Hermes, Autorschaft nicht einwandfrei überprüfbar).

Roth, Joseph: Geb. 2. 9. 1884 in Brody (Ukraine), gest. 27. 5. 1939 in Paris. Studium der Germanistik in Lemberg u. Wien. Erste Ver-öffentlichungen in Österreichs »Illustrierter Zei-tung« u. im »Prager Tagblatt«. Nach dem Ersten Weltkrieg journalistische Tätigkeit in Wien, u. a. bei »Der Neue Tag«. Seit 1921 in Berlin, Mit-arbeiter von »Der Neue Tag«, »Berliner Börsen-Courier«, »Vorwärts«, »8-Uhr-Abendblatt«, der satirischen Blätter »Der Drachen« u. »Lachen Links«. 1923–32 Korrespondent der »Frankfur-ter Zeitung«, zahlr. Reisen durch ganz Europa, literar. Arbeiten für »Das Tagebuch«, die »Neue Rundschau« u. »Literarische Welt«. 1933 nach Paris ins Exil, vorübergehend auch in Holland, Belgien, der Schweiz u. Polen. Ab 1933 in Paris maßgebliche Mitarbeit am »Neuen Tage-Buch«. Übersetzungen seiner Werke erschienen in Argen-tinien, Dänemark, England, Frankreich, Hol-land, Italien, Norwegen, Polen, Rußland, Schwe-den, Tschechoslowakei, Ungarn u. USA.
W e r k e : Siehe S. 230.

Roubiczek, Paul (Ps. P. A. Robert): Geb. 28. 9. 1898 in Prag. 1920–33 Studium in Berlin, an-schließend Verlagstätigkeit u. freier Schriftstel-ler. Emigrierte 1933 nach Paris, Gründer u. Lei-ter des Verlags Der Europäische Merkur. 1935 bis 1938 in Wien, Leiter des Zeitbild-Verlags. 1938/39 in Prag. Ging 1939 nach England. Seit-dem Philosophiedozent in Cambridge, wo er z. Zt. lebt.
W e r k e : Der mißbrauchte Mensch. Paris: Europ. Merkur 1934 – Vom Sinn dieser Emigra-tion (mit H. Mann). Ebd. 1934 – Warrior of God. London: Nicholson and Watson 1947 (mit J. Kalmer) – The Misinterpretation of Man. New York: Scribner 1947; London: Routledge and Kegan Paul 1947 – Johan Hus. Oslo: Luther-stiftelsens Verl. 1948 (Übers. franz.) – Nutids-människans ödesdigra arv. Stockholm: Natur och Kultur 1949 – Thinking in Opposites. London: Routledge and Kegan Paul 1952; Boston: Beacon Pr. 1952.

Rubinstein, Hilde (Ps. Katarina Brendel): Geb. 7. 4. 1904 in Augsburg. Als Malerin u. freie Schriftstellerin tätig. Im Februar 1933 als KPD-Mitglied wegen Vorbereitung zum Hochverrat zu 1¹/₂ Jahren Gefängnis verurteilt. Emigrierte 1935 nach Schweden. 1936/37 in der Sowjetunion, wegen angeblicher trotzkistischer Kuriertätigkeit inhaftiert, nach Deutschland ausgewiesen. Über Riga Rückreise nach Schweden. Übte zahlr. Be-rufe aus, lebt als Journalistin in Schweden, Mit-arbeiterin zahlr. dt. Zeitschriften. Erhielt 1. Ro-man-Preis des Verlags Folket i Bild.
W e r k : Atomskymning. R. Stockholm: Folket i Bildt 1953. U. d. T.: Atomdämmerung. Zürich: Scheffel 1960.

Rück, Fritz (Ps. Peter Wedding, Leo Kipfer): Geb. 15. 4. 1895 in Stuttgart, gest. 18. 11. 1959 ebd. Gelernter Schriftsetzer, als Red. tätig, freier Schriftsteller. 1918 Vorsitzender des Stuttgarter Arbeiter- u. Soldatenrats. Mitglied der USPD, 1918 der KPD, 1929 der SPD, 1931 der SAP, wurde 1932 ausgeschlossen. Emigrierte im März 1933 in die Schweiz, von Ausweisung bedroht, ging 1937 nach Schweden. In der Arbeiterbewe-gung aktiv, ausgedehnte journalistische Tätigkeit. 1950 Rückkehr nach Stuttgart, Chefred. des Zen-tralorgans u. geschäftsführendes Vorstandsmit-glied der ›IG Druck u. Papier‹.
W e r k e : Schweiz på vakt (Schweiz auf der Wacht). Stockholm: Kooperation förbundets bok-förlag 1941 – Fred utan säkerhet (Friede ohne Sicherheit). Ebd. 1942; dt.: Stockholm: Bermann-Fischer 1945 – 1918. Kampen om Europa och fredsdiskussionen. Stockholm: Kooperation för-bundets bokförlag 1943 – Sovjetunionen och Komintern. Ebd. 1943 – Kolossen på stålfötter (Koloß auf stählernen Füßen). Ebd. 1945 (mit Siegmund Neumann) – Utopister och realister. Från Rousseau till Marx. Ebd. 1948.

Rühle, Otto (Ps. Carl Steuermann): Geb. 23. 10. 1874 in Groß-Voigtsberg (Sachsen), gest. 24. 6. 1943 in Mexico City. Studium der Philo-sophie u. Psychologie. Ging 1933 nach Prag, 1936 nach Mexiko. Ein von ihm und seiner Frau Alice Rühle-Gerstel im Exil geschriebenes Buch über Sexualerziehung ist nicht erschienen.
W e r k : Mut zur Utopie! Baupläne zu einer neuen Gesellschaft. Prag: Kacha 1935.

Rukser, Udo: Geb. 19. 8. 1892 in Posen, gest. 6. 6. 1971 in Quillota (Chile). Rechtsstudium, Dr. jur. Emigrierte 1939 nach Chile. 1943–46 Hrsg. der »Deutschen Blätter« in Santiago de Chile (zusammen mit Albert Theile). Ehrenmit-glied der Academ. Goetheana in São Paulo. Keine Exilveröffentlichungen.

Sacher-Masoch, Alexander von: Geb. 18. 11. 1901 in Wittkowitz (Böhmen). Geisteswissenschaftliches Studium in Wien, Dr. phil. Ließ sich in Wien, später in Frankfurt a. M. als freier Schriftsteller nieder. Emigrierte 1938 nach Belgrad, als Mitglied der Widerstandsbewegung verhaftet u. zu 3 Jahren Gefängnis verurteilt. 1946 Rückkehr nach Wien, wo er z. Zt. lebt. W e r k e : Zeit der Dämonen. Ged. Wien: Wiener Verl. 1946 – Die Parade. R. Ebd. 1947 – Die Zeit vergeht. R. Zürich: Classen 1947 – Abenteuer eines Sommers. Wien: Verkauf 1948; St. Gallen: Zollikofer 1948; Stuttgart: Hatje 1948 – Peppo u. Pule. R. Zürich: Classen 1948.

Sachs, Nelly: Geb. 10. 12. 1891 in Berlin, gest. 12. 5. 1970 in Stockholm. Führte ein Leben behüteter, kultivierter Bürgerlichkeit, wollte urspr. Tänzerin werden. Erste Buchveröffentlichung (1921) blieb völlig unbeachtet. 1940 vor der Verschleppung ins KZ durch den Einsatz Selma Lagerlöfs u. offizieller schwed. Stellen bewahrt, emigrierte nach Schweden. Begann als Lyrikerin hervorzutreten. Literaturpreis des Verbandes schwed. Lyriker 1958, Literaturpreis des Bundesverbandes der Dt. Industrie, Droste-Preis 1960, Friedenspreis des Dt. Buchhandels 1965, Nobelpreis für Literatur 1966. Mitglied des PEN-Zentrums dt.sprachiger Autoren im Ausland, seit 1957 Mitglied der Dt. Akademie für Sprache u. Dichtung in Darmstadt. W e r k e : Siehe S. 356 f.

Sahl, Hans: Geb. 20. 5. 1902 in Dresden. Studium der Literatur- u. Kunstgeschichte in Berlin, München, Leipzig u. Breslau, Dr. phil. 1924. Seit 1927 als Film- u. Theaterkritiker für den »Montag-Morgen«, das »Tage-Buch« u. den »Berliner Börsen-Courier« tätig. Emigrierte 1933 nach Prag, ging 1934 nach Zürich u. weiter nach Paris. 1939/40 in Frankreich interniert. Seit 1941 in den USA, lebt als Übersetzer u. Korrespondent dt. Zeitungen (»Süddeutsche Zeitung«, »Die Welt«) in New York. Seit 1962 Korr. Mitglied der Dt. Akademie f. Sprache u. Dichtung in Darmstadt, Träger des Verdienstkreuzes der Bundesrepublik Deutschland. W e r k e : Jemand. Ein Chorwerk. Zürich: Oprecht 1938 – Die Wenigen u. die Vielen. Exil-R. Frankfurt a. M.: S. Fischer 1959.

Salten, Felix (d. i. früher Felix Sigmund Salzmann): Geb. 6. 9. 1869 in Budapest, gest. 8. 10. 1945 in Zürich. Philologiestudium in Wien, 1885 Abbruch des Studiums aus wirtschaftlichen Gründen, Theaterkritiker der »Wiener Allgemeinen Zeitung«, Feuilletonred. der »Zeit«. Ab 1906

Red. der »Berliner Morgenpost«, Theaterkorrespondent der Wiener »Neuen Freien Presse«. Emigrierte 1938 in die USA. Nach dem Krieg Rückkehr in die Schweiz. W e r k e : Die Jugend des Eichhörnchens Perri. Wien: Zsolnay 1938; Zürich: Müller 1942 (Übers.: engl.) – Bambis Kinder. Zürich: A. Müller 1940 (Übers.: engl.) – Renni der Retter. Zürich: Ebd. 1941 (Übers.: engl.) – Kleine Welt für sich. Ebd. 1944 (Übers.: engl.) – Djibi das Kätzchen. Ebd. 1945 (Übers.: engl.) – Unveröffentlichte Mss.: Ein Gott erwacht. R. 1941 – Währinger Erinnerungen. Fragment 1942/43.

Schaber, Will: Geb. 1. 5. 1905 in Heilbronn. Seit 1923 Volontär, Reporter u. Red. an verschiedenen Zeitungen, zuletzt 1931/32 bei der »Sozialistischen Arbeiter-Zeitung« in Berlin. Im März 1933 in München verhaftet. Im Mai 1933 Flucht nach Estland, schließlich nach Brünn, journalistische Arbeit bis 1938. Emigrierte 1938 über Holland in die USA. 1941–62 Abteilungsleiter des British Information Service in New York. Seit Frühjahr 1967 Red. des »Aufbau«, lebt in New York. W e r k e : Thomas Mann. Ess. Zürich: Oprecht 1935 – Kolonialware macht Weltgeschichte. Zürich: Humanitas-Verl. 1936 – Weltbürger–Bürger der Welt. Ess. Wien: Saturn-Verl. 1938.

Schaeffer, Albrecht: Geb. 6. 12. 1885 in Elbing, gest. 4. 12. 1950 in München. 1905–11 Studium der klassischen u. dt. Philologie in München, Marburg u. Berlin. 1911/12 Redaktionsvolontär. Ab 1913 freier Schriftsteller in Hannover, ab 1919 in Süddeutschland (am Chiemsee). Beziehungen zum George-Kreis. Emigrierte 1939 über Kuba in die USA. 1950 Rückkehr nach Deutschland. Niedersächsischer Literaturpreis 1950. Zahlr. Zeitschriftenveröffentlichungen. W e r k e : Rudolf Erznerum oder des Lebens Einfachheit. R. Stockholm: Neuer Verl. 1945 – Enak oder das Auge Gottes. Erz. Hamburg: Honeit 1948 – Der Auswanderer. Erz. Überlingen: Wulff 1950.

Scharrer, Adam: Geb. 13. 7. 1889 in Klein-Schwarzenlohe (Bayern), gest. 2. 3. 1948 in Schwerin. Als Arbeiter in zahlr. Berufen tätig, u. a. Dreher, Werftarbeiter in Kiel u. Hamburg, Rüstungsarbeiter in Berlin, Teilnahme am Munitionsarbeiterstreik 1918. Mitglied des ›Spartakusbundes‹ u. der KPD. 1920–33 Mitglied der Kommunistischen Arbeiterpartei Deutschlands, Red. der »Kommunistischen Arbeiterzeitung« u. der Zeitschrift »Proletarier«. Prozeß wegen literarischen Hochverrats. Emigrierte 1933 in die

Tschechoslowakei, 1934 ausgebürgert. 1935–45 in der Sowjetunion, literar. Tätigkeit im Exil. 1945 Rückkehr nach Mitteldeutschland, Mitarbeit am Kulturbund.
W e r k e : Maulwürfe. Ein dt. Bauernroman. Prag: Malik 1933; Moskau: Verlagsgen. ausländ. Arbeiter 1934; Berlin: Aufbau-Verl. 1945; (Übers.: russ.) – Der Hirt von Rauhweiler (russ.). Moskau: Meshdunarodnaja Kniga 1933; dt.: ebd. 1942; Berlin: Weiss 1946 – Abenteuer eines Hirtenjungen u. andere Dorfgeschichten. Moskau: Verlagsgen. ausländ. Arbeiter 1935; Zürich: Ring-Verl. 1935 – Die Bauern von Gottes Gnaden. Gesch. eines Erbhofes. Engels: Dt. Staatsverl. 1935 – Familie Schuhmann. R. Moskau: Das internat. Buch 1939 – Der Krummhofbauer u. andere Dorfgeschichten. Kiew: Staatsverl. d. nat. Minderheiten 1939 – Zwei Erzählungen aus dem Leben dt. Bauern. Moskau: Meshdunarodnaja Kniga 1939 – Wanderschaft. R. Kiew: Staatsverl. d. nat. Minderheiten 1940 – Die Hochzeitsreise. Erz. Moskau: Das internat. Buch 1940 – Der Landpostbote Zwinkerer. Ebd. 1941; zusammen mit anderen Erzn. Moskau: Verl. f. fremdsprach. Lit. 1944 – Acker auf dem schwarzen Berg (russ.). Moskau: Iskusstvo 1942 – Zwei Freier u. andere Dorfgeschichten (russ.). Taschkent: Gosizdat UzSSR 1942 – Der Landsknecht. Moskau: Verl. f. fremdsprach. Lit. 1944.

Scheu-Rieß, Helene: Geb. 18. 9. 1880 in Wien. Bereits früh schriftstellerisch hervorgetreten, lebte zumeist in Wien. Emigrierte 1934 in die USA, lebt in New York als Verlegerin.
W e r k : Gretchen Discovers America. London: Dent 1936.

Schickele, René (Ps. Sascha): Geb. 4. 8. 1883 in Oberehnheim (Elsaß), gest. 31. 1. 1940 in Vence bei Nizza. 1901–04 Studium der Naturwissenschaften u. Philologie in Straßburg, München, Paris u. Berlin. Gründete 1902 mit O. Flake u. E. Stadler die Zeitschriften »Der Stürmer« u. »Der Merker«. Anschließend in Berlin als Red. u. Lektor tätig, 1904 Hrsg. des »Neuen Magazins für Literatur«. Unternahm als Journalist ausgedehnte Reisen. 1914–20 als Hrsg. der pazifistischen Zeitschrift »Die weißen Blätter« (Mitarbeiter schon seit 1913) Schlüsselfigur des Expressionismus. Ging 1916 ins Schweizer Exil, 1918 vorübergehend in Berlin, seit 1919 wieder in der Schweiz. 1920–32 als freier Schriftsteller in Badenweiler. Seit 1926 Mitglied der Preußischen Akademie der Künste. Emigrierte 1932 nach Frankreich, nahm die franz. Staatsbürgerschaft an.
W e r k e : Die Witwe Bosca. R. Berlin: S. Fischer 1933 (Übers.: franz., mit Vorwort von Th. Mann) – Liebe u. Ärgernis des D. H. Lawrence. Ess. Amsterdam: de Lange 1934 – Die Flaschenpost. R. Ebd. 1937 – Le Retour. Souvenirs médits. Paris: Fayard 1938 – Die Heimkehr. Straßburg: Sebastian Brant Verl. 1939.

Schiff, Victor: Geb. 21. 2. 1895 in Paris, gest. 15. 6. 1953 in Rom. Journalistisch tätig. Emigrierte 1933 nach England, Frankreich, wiederum England, schließlich Italien. 1936/37 Teilnahme am Span. Bürgerkrieg. Kehrte nach Italien zurück. Zeitschriftenveröffentlichungen.
W e r k : Der Weg zu einem neuen Deutschland (als Mitarbeiter). London: Drumond 1943.

Schlamm, William S. (d. i. Willi Schlamm): Geb. 10. 6. 1904 in Przemysl (Galizien). Gründete 1932 zusammen mit Ossietzky die Wiener »Weltbühne«. Ging 1933 in die Tschechoslowakei, leitete bis 1934 die Chefredaktion der »Weltbühne«, die S. Jacobsohn in Berlin gegründet hatte. Emigrierte 1938 in die USA, seit 1944 naturalisiert. Redaktionsmitglied von »Fortune«, »Time« u. »Life«. 1959–70 Mitarbeiter der dt. Illustrierten »Stern«, seit 1965 Kolumnist der »Welt am Sonntag«. Extrem konservative Position.
W e r k e : Diktatur der Lüge. Zürich: Europa-Verl. 1937 – This Second War of Independence. New York: Dutton 1940 – Hitler's Conquest of America. New York: Farrar and Rinehart 1941.

Schlüter, Herbert: Geb. 16. 5. 1906 in Berlin. Gehörte vor 1933 zum Kreis um Klaus Mann. Ging 1933 nach Frankreich, war 1935 in Spanien, 1936 bis 1938 in Jugoslawien, anschließend in Italien, wurde 1941 konsularisch von der dt. Wehrmacht als Dolmetscher eingezogen. Kehrte nach dem Krieg nach Deutschland zurück.
W e r k e : Im Schatten der Liebe. München: Weismann 1948 (enthält im Exil entst. Arbeiten) – Signor Anselmo. Dießen: Huber 1957 (mit Exilarbeiten).

Schmidl, Leo: Geb. 17. 12. 1904 in Budapest. Als Schriftsteller u. Übersetzer tätig in Wien. Emigrierte 1938 nach Frankreich, wurde 1941 verhaftet, bis 1942 in den Lagern Recebidou, Argèles u. Rivelaltes. Tauchte unter dem Decknamen Léon Doret bis zum Ende des Krieges in Grenoble unter. Lebt seitdem in Paris.
W e r k : L'Image (Das Ebenbild). Ausgew. Gedichte 1937–54. Ed. bilingue. Paris: La Table Ronde 1956.

Schnog, Karl (Ps. Charlie vom Thurm, Ernst Huth, Anton Emerenzer, Carl Coblentz, Tom Palmer, Kornschlag): Geb. 14. 6. 1897 in Köln, gest. 23. 8. 1964 in Berlin. Erlernte kaufmännischen Beruf, nahm Schauspielunterricht. Am Theater u. Kabarett tätig, Rundfunksprecher. Emigrierte im April 1933 in die Schweiz. Ausbürgerung am 2. 12. 1936. 1934–40 in Luxemburg, wurde 1940 dort verhaftet u. war bis 1945 in verschiedenen Konzentrationslagern (Dachau, Sachsenhausen, Buchenwald). Nach der Befreiung am UN-Funk in Luxemburg tätig, ging 1946 nach Ost-Berlin. Chefred. der satirischen Zeitschrift »Ulenspiegel«. 1948–51 Chefred. des Ost-Berliner Rundfunks. Seitdem freier Schriftsteller.
W e r k e : Kinnhaken. Kampfgedichte 1933/34. Luxemburg: Malpaartes Verl. Friedrich 1934 – La grande compagnie de colonisation. Ebd. 1936 – Der Friede siegt. Hörsp. Basel: Reiss 1938 – Weltwochenschau. Ged. Esch a. d. Alzette: Verl. d. Genossenschaftsdruckerei 1938 (?) – Unbekanntes K. Z. Erinnerungen. Luxemburg: Bourg 1945 – Jedem das Seine. Satir. Gedichte. Berlin: Ulenspiegel-Verl. 1947 – Zeitgedichte – Zeitgeschichte von 1925–1950 (mit Vorwort von A. Zweig). Berlin: Allg. Dt. Verl. 1949.

Schreyer, Isaac (Ps. Herbert Urfahr): Geb. 20. 10. 1890 in Wisnitz (Bukowina), gest. 14. 1. 1948 in New York. Studium in Czernowitz, Wien, Berlin u. Leipzig. Mitarbeiter der Leipziger Zeitung »Die Freistatt«. Nach 1918 in Wien als Buchhalter tätig, freier Schriftsteller. Emigrierte 1939 nach England, 1942 in die USA.
W e r k : Psalm eines einfachen Mannes. Ged. 1911–47 (Nachw. von E. Waldinger). New York: Selbstverl. 1950.

Schwarz, Alice (d. i. Alice Gardos, Ps. Alisa Shachor, Elishewa Jaron): Geb. 31. 8. 1916 in Wien. Medizinstudium in Preßburg, abgebrochen. Emigrierte 1939 nach Palästina, während des Krieges bei der Royal Navy. Seit 1949 als Journalistin tätig. Haifa-Korrespondentin der dt.sprachigen Tageszeitung »Jedioth Chadaschoth« in Tel Aviv, Mitarbeiterin des »Tagesspiegels« (Berlin), des »Hamburger Abendblatts« und der »Presse« (Wien), lebt in Haifa.
W e r k e : Labyrinth der Leidenschaften. 5 Novellen. Haifa: Ringhart 1947 – Schiff ohne Anker. R. Frankfurt a. M.: Ner Tamid-Verl. 1962 (entst. 1940–45).

Schwarzschild, Leopold (Ps. Argus): Geb. 7. 12. 1891 in Frankfurt a. M., gest. 2. 10. 1950 in Santa Margherita (Italien). Studium in Frank-

furt a. M., Berlin u. München. Leistete schon während des Ersten Weltkriegs journalistische Aufklärungsarbeit (in der »Europäischen Staats- und Wirtschaftszeitung«). 1924 als Dramatiker erfolgreich. Gründer (mit Stefan Großmann) u. Hrsg. des »Montag-Morgen«, Berlin. 1925 Gründung des »Magazins der Wirtschaft«, seit 1927 Hrsg. des »Tage-Buchs«. Emigrierte nach der Machtergreifung nach Paris. 23. 8. 1933 Ausbürgerung. 1936 Mitarbeit an der Volksfront. 1940 bis 1950 in New York, u. a. Mitarbeiter der »New York Times«, 1950 Rückkehr nach Europa.
W e r k e : Das Ende der Illusionen. Amsterdam: Querido 1934 (Übers.: engl.) – Primer of the Coming World. New York: Knopf 1944; London: Hamilton 1944 (Übers.: franz.) – The Red Prussian. The Life and Legend of Karl Marx. New York: Scribner 1947; London: Hamilton 1948 (Übers.: franz.) – Von Krieg zu Krieg. Amsterdam: Querido 1947 (Übers.: engl., span., franz.) – Die Lunte am Pulverfaß. Aus dem Neuen Tagebuch 1933–1940. Hrsg. von Valerie Schwarzschild. Hamburg: Wegner 1965.

Schwitters, Kurt: Geb. 20. 6. 1887 in Hannover, gest. 8. 1. 1948 in Ambleside (Westmoreland). 1909–14 Besuch der Kunstakademie in Berlin u. Dresden. 1917/18 Maschinenzeichner in einem Eisenwerk. Beziehungen zum Dadaismus u. Konstruktivismus (in der Malerei). Entwickelte ab 1918 Theorie des MERZ-Gesamtkunstwerkes. 1919–32 regelmäßige Veröffentlichungen im »Sturm«. 1923–32 Hrsg. der Zeitschrift »Merz«. Seit 1929 auch Arbeit als Industrie-Designer u. Werbeberater der Stadt Karlsruhe. Emigrierte 1937 nach Lysaker in der Nähe von Oslo, ging 1940 nach England, dort anderthalb Jahre interniert. Lebte bis 1945 in London, dann in Ambleside. Bildnerische u. schriftstellerische Arbeit.
W e r k : Alle im Exil entst. Arbeiten sind gesammelt in: St. Themerson: Kurt Schwitters in England. London: Graberbocchus Pr. 1958.

Seger, Gerhart Heinrich: Geb. 16. 11. 1896 in Leipzig, gest. 21. 1. 1967 in New York. Gelernter Steindrucker. 1920 Dozent der Volkshochschule Kiel. 1921/22 Red. des Zentralorgans der USPD »Freiheit« in Berlin. 1922/23 Chefred. der »Volkszeitung für Südwestsachsen« in Plauen. 1923–28 Generalsekretär der ›Dt. Friedensgesellschaft‹. 1928–33 Chefred. des ›Volksblattes für Anhalt‹ in Dessau. 1930–33 als SPD-Abgeordneter Mitglied des Reichstags. 1933 verhaftet, von März bis Dezember im KZ Oranienburg, anschließend Flucht nach Prag. 1. 11. 1934 Ausbürgerung. 1934 in die USA, 1942 naturalisiert.

1936–49 Hrsg. der sozialdemokratischen »Neuen Volkszeitung« in New York. Mitglied der ›German Labor Delegation‹. Beratungstätigkeit für die Botschaft der Bundesrepublik Deutschland in Washington, D. C. Großes Bundesverdienstkreuz. W e r k e : Oranienburg. Erster authentischer Bericht eines aus dem Konzentrationslager Geflüchteten (Geleitwort von H. Mann). Karlsbad: Graphia 1934 (Übers.: norw., schwed., dän., holl., franz., engl.) – Wer hat das Reichstagsgebäude in Brand gesteckt? New York: Antifaschistische Aktion, um 1934 – Hitlers seier og nederlag. Oslo: Norske Arbeiterpartis Forl. 1935 – Reisetagebuch eines dt. Emigranten. Zürich: Europa-Verl. 1936 – Germany–to be or not to be? New York: Rand School 1943.

Seghers, Anna (d. i. Netty Radvanyi, geb. Reiling): Geb. 19. 11. 1900 in Mainz. Studium der Philologie, Geschichte u. Kunstgeschichte in Köln u. Heidelberg. Dr. phil. 1924. Zahlreiche Reisen, schloß sich der Arbeiterbewegung an, seit 1928 Mitglied der KPD u. des ›Bundes proletarisch-revolutionärer Schriftsteller‹, 1930 Teilnahme am Kongreß revolutionärer Schriftsteller in Charkow. 1928 Kleist-Preis. 1933 Verhaftung, Flucht nach Frankreich, Mithrsg. der in Prag erscheinenden »Neuen Dt. Blätter«. Teilnahme an zahlr. Kongressen: 1934 in Wien, 1935 1. Internat. Schriftstellerkongreß in Paris, 1937 2. Internat. Schriftstellerkongreß in Madrid, 1938 3. Internat. Schriftstellerkongreß in Paris. 1941 Flucht über Marseille nach Mexiko, Teilnahme am Nationalkomitee ›Freies Deutschland‹, Mitarbeit im ›Heine-Club‹. 1947 Rückkehr nach Deutschland. Vizepräsidentin des ›Kulturbundes zur demokratischen Erneuerung Deutschlands‹, Gründungsmitglied der Dt. Akademie der Künste in Ost-Berlin, Präsidentin des Schriftstellerverbandes der DDR. 1947 Büchner-Preis, 1951 Internat. Lenin-Friedenspreis, 1951 u. 1959 Nationalpreis der DDR. Hochangesehene Schriftstellerin der DDR. Übersetzungen ihrer Werke erschienen in England, Frankreich, Italien, Mexiko, Norwegen, Rußland, Schweden, Tschechoslowakei u. USA. W e r k e : Siehe S. 324.

Seydewitz, Max (Ps. M. Kolbe, Michael Kraft, Peter Michel, M. Schönerer): Geb. 19. 12. 1892 in Forst (Lausitz). Gelernter Buchdrucker. 1919/20 Chefred. der »Volksstimme« (Halle). 1910–31 Mitglied der SPD, 1924 Mitglied des Reichstags. 1920–31 Red. beim »Sächsischen Volksblatt« in Zwickau, Leiter des Parteibezirks Zwickau-Plauen. 1931 aus der SPD ausgeschlossen. Seit 1933 Mitglied der KPD, vorher vorübergehend Gründung der SAP. Emigrierte 1933 nach Prag. Ausbürgerung am 24. 3. 1934. Ging 1939 nach Norwegen, 1940 nach Schweden, setzte sich für das Nationalkomitee ›Freies Deutschland‹ ein. 1945 Rückkehr nach Mitteldeutschland. Mitglied der KPD, dann der SED. 1947–52 Ministerpräsident von Sachsen. 1955–67 Generaldirektor der Staatl. Kunstsammlungen in Dresden. Zahlr. Auszeichnungen, 1960 Nationalpreis der DDR. W e r k e : Todesstrahlen u. andere neue Kriegswaffen. London: Malik 1936 (mit K. Doberer – Übers.: franz.) – Stalin oder Trotzki. Ebd. 1938 (z. T. u. d. T.: Die große Alternative – Übers.: span., jugosl., tschech.) – Hakenkreuz über Europa? Paris: Vannier 1939 – Den tyska hemmafronten. Stockholm: Norstedt 1944 (Übers.: engl.).

Siegelberg, Mark: Geb. 11. 6. 1895 in Kiew. Studium der Rechtswissenschaft u. Nationalökonomie, Dr. jur. et rer. pol. Als Dramatiker in Österreich tätig. Emigrierte 1939 nach Shanghai, Fortsetzung seiner dramatischen Arbeit, ging 1942 nach Australien. Aufführungen seiner Exildramen an dt.sprachigen Theatern in Shanghai u. Australien. W e r k e : Schutzhaftjude 13877. R. Shanghai: The American Pr. 1940 – The Face of Pearl Harbour. Dr. Melbourne: The View Publ. Co. 1944.

Siemsen, August: Geb. 5. 7. 1884 in Mark bei Hamm, gest. 25. 3. 1958 in Ost-Berlin. Als politischer Publizist tätig. 1930–32 als SPD-Abgeordneter Mitglied des Reichstags, 1932 Mitbegr. der SAP. Emigrierte 1933 in die Schweiz, ging 1936 nach Argentinien. 1952 Rückkehr nach Mitteldeutschland. W e r k e : Preußen, die Gefahr Europas. Hrsg. von A. Siemsen. Paris: ENI 1937 – Die Tragödie Deutschlands u. die Zukunft der Welt. Buenos Aires: Ed. Cosmopolita 1945; Hamburg: Oetinger 1947 – Anna Siemsen. Leben u. Werk. Frankfurt a. M.: Europ. Verlagsanst. 1951.

Sievers, Max: Geb. 11. 7. 1887 in Berlin, hingerichtet 17. 1. 1944 im Zuchthaus Brandenburg. Vor 1933 Leiter des ›Dt. Freidenker-Verbandes‹. Emigrierte 1933 nach Belgien. 23. 8. 1933 Ausbürgerung. Seit Anfang 1937 in Antwerpen Hrsg. der Zeitschrift »Freies Deutschland. Organ der deutschen Opposition«. Aktive illegale Arbeit. 1940 nach Einmarsch der dt. Truppen in Belgien verhaftet. W e r k e : Unser Kampf gegen das Dritte Reich. Von der nazistischen Diktatur zur sozialistischen

Demokratie. Stockholm: Holmström 1939 – Wohin? Betrachtungen zum Kriegsverlauf. / Manfred: Der innere Kriegsschauplatz. New York: Public Voice Publ. Co. 1940.

Sommer, Ernst: Geb. 29. 10. 1889 in Iglau (Mähren), gest. 20. 9. 1955 in London. 1907–12 Studium der Medizin, Kunstgeschichte u. Rechtswissenschaft in Wien, Dr. jur. 1912. 1920–38 als Rechtsanwalt in Karlsbad tätig. Ab 1919 SPD-Mitglied, Theaterreferent der Stadt u. Mitglied des Stadtrats. Emigrierte 1938 nach England. Bis 1947 freier Schriftsteller, danach Anwalt für internat. Recht.
W e r k e : Into Exile. The History of the Counter-Reformation in Bohemia (1620–1650). London: The New Europe Publ. Co. 1943 – Revolte der Heiligen. Mexiko: El Libro libre 1944; Berlin: Dietz 1948. U. d. T.: Revolte der Wehrlosen. Wien: Globus-Verl. 1948 (Übers.: holl.) – Die Sendung Thomas Münzers. Berlin: Aufbau-Verl. 1948 (Übers.: tschech.) – Villon. Bild einer Zeit u. eines Menschen. Ebd. 1949 – Erpresser aus Verirrung. R. Wien: Schönbrunn-Verl. 1949; Zürich: Universum-Verl. 1949 (autobiogr.).

Sonntag, Wolfgang: Geb. 24. 11. 1910 in Dresden. Besuch der Musikhochschule. Als Musikpädagoge u. Journalist tätig. Emigrierte 1934 nach Norwegen, 1940 nach Schweden, Mitarbeiter zahlr. skand. Zeitschriften, lebt in Schweden.
W e r k e : Held des Friedens. F. Nansens Leben. Zürich: Büchergilde Gutenberg 1943 (Übers.: schwed. [T. 1], norw., finn.) – Et markeligt möde. In: Dans Udsyn Kolding 1949. – Weitere Zeitschriftenveröffentlichungen.

Sonnwald, Leo: Geb. 7. 12. 1896 in Wien. Besuch der Handelsakademie. Nach dem Krieg Bankangestellter, schriftstellerische Arbeit. Emigrierte 1938 nach England, ging 1940 in den Libanon. 1958 Rückkehr nach Österreich, Mitarbeiter zahlr. Zeitschriften u. des Rundfunks (Lyriksendungen), lebt in Wien.
W e r k e : Das Leben in Gedichten. Wien: Europa-Verl. 1955 – Wir warten. Ebd. 1957 – Heimweh nach Österreich. Ged. Ebd. 1958.

Soyfer, Jura: Geb. 12. 12. 1912 in Charkow, gest. 12. 2. 1939 im KZ Dachau. Kam 1918 mit seinen Eltern nach Wien. Trat als Lyriker u. Dramatiker hervor. Wurde 1938 verhaftet u. ins KZ gebracht.
W e r k e : Zu in der Haft entst. Arbeiten s. bei F. Hermann: Jura Soyfer. Diss. Wien 1950.

Soyka, Otto: Geb. 9. 5. 1882 in Wien, gest. 2. 12. 1955 ebd. Vor allem als Romancier hervorgetreten. Emigrierte 1938 nach Frankreich. 1947 Rückkehr nach Österreich. Keine Exilveröffentlichungen.

Spiel, Hilde (d. i. Hilde Maria Eva de Mendelssohn): Geb. 19. 10. 1911 in Wien. Studium an der Univ. Wien, Dr. phil. 1936. 1933–36 Mitarbeiterin der Wirtschaftspsychologischen Forschungsstelle an der Univ. Wien. Emigrierte 1936 nach England, Mitarbeiterin zahlr. Emigrantenblätter. 1963 Rückkehr nach Wien, Korrespondentin der »FAZ« u. dt. Rundfunkanstalten. Generalsekretärin des österr. PEN-Zentrums, lebt in Wien.
W e r k e : Flute and Drums. R. London: Hutchinson 1939; dt.: Wien: Wiener Verl. 1947; Hamburg: Krüger 1949 – Rückkehr nach Wien. Tagebuch 1946. München: Nymphenburger 1968.

Spira, Mela (d. i. Mela Hartwig): Geb. 10. 10. 1893 in Wien, gest. 24. 4. 1967 in London. Schauspielausbildung, als Schauspielerin in Wien tätig, später am Schiller-Theater in Berlin. Emigrierte 1938 nach London. Begann 1953 zu malen. 1929 Dichterpreis der Stadt Wien.
W e r k : Das Wunder von Ulm. Nov. Paris: Ed. du Phénix 1936.

Spitzer, Leo: Geb. 7. 2. 1887 in Wien, gest. 17. 9. 1960 in Italien. Philologiestudium, seit 1913 Privatdozent in Wien, seit 1918 an der Univ. Bonn, 1925 Prof. für Romanistik an der Univ. Marburg, 1930 an der Univ. Köln. Emigrierte 1933 in die Türkei, Prof. in Konstantinopel. Ging 1936 in die USA, Prof. an der John Hopkins University in Baltimore, Maryland. Mitglied zahlr. Akademien.
W e r k e : Essays on Hist. Semantics. New York: Vanni 1948 – Linguistics and Literary History. Princeton: Princeton U. P. 1948 – A Method of Interpreting Literature. Northampton, Mass.: Smith College 1949; dt.: München: Hanser 1968.

Stechert, Kurt (Ps. Fred War, Werner Worker, Wilhelm Werner): Geb. 19. 9. 1906 in Berlin, gest. 16. 6. 1958 in Stockholm. Als politischer Publizist tätig. Mitglied der SPD, gehörte zum ›Bund Rote Kämpfer‹. Emigrierte aus politischen Gründen 1933 in die Tschechoslowakei, in der SoPaDe aktiv. Ging 1936 nach Schweden, als Metallarbeiter tätig, dann als Journalist, Mitarbeit in der Presse der schwedischen Arbeiterbewegung. Leiter der SDU-Volkshochschule für dt. Jugendliche in Nissafors.
W e r k e : Palästina-Bericht eines Nichtjuden.

Leipzig u. Wien: Prager 1934 – In den Fuß-
spuren des Zarismus. Der Imperialismus als jüngste Etappe des Bolschewismus (schwed.). Stockholm: Tiden 1940 – Deutschland u. die Sowjetunion (schwed.). Stockholm: Kooperativa för-
bundets bokförl. 1940 – Deutschlands Marsch
gegen den Osten (schwed.). Ebd. 1941 – Dreimal
gegen England: Napoleon – Wilhelm II. – Hitler (schwed.). Ebd. 1942; dt.: Stockholm: Bermann-Fischer 1945 (Übers.: engl.) – Wie war
das möglich? Der Ursprung des Dritten Reiches
in hist. u. soziol. Beleuchtung (schwed.). Stockholm: Koop. förbundets bokförl. 1943; dt.:
Stockholm: Bermann-Fischer 1945.

Steinfeld, Justin (Ps. Jonathan Stift, Jochen
Kranisch, Jürgen Anders): Geb. 27. 2. 1886 in
Kiel, gest. 15. 5. 1970 in Baldock (England). Trat
frühzeitig journalistisch hervor, Mitarbeiter
zahlr. Blätter. 1926–33 Hrsg. der »Allgemeinen
Künstler-Zeitung« in Hamburg, damit verbunden die Publikation der ›Tribüne‹, Mitteilungsblatt des ›Schutzverbandes Dt. Schriftsteller‹ u.
der ›Pan-Europäischen Union‹. 1930 Gründung
des Kollektivs ›Der Schauspieler‹, kulturpolitische Theateraufführungen. Im August 1933 Emigration in die Tschechoslowakei, Mitarbeiter
zahlr. Prager Blätter, Red. der Prager Wochenschrift »Die Wahrheit«. Ausbürgerung 1934. Im
April 1939 Flucht über Polen nach England.
Mitarbeiter des dt.sprachigen Programms der
BBC. Keine Buchveröffentlichungen im Exil.

Stern, Ernst J.: Geb. 1876 in Bukarest, gest.
28. 8. 1954. War als Bühnenmaler Max Reinhardts in Berlin tätig. Emigrierte 1933 nach
England.
W e r k : My Life, my Stage. London: Gollancz
1951; Toronto: Longmans, Green 1951.

Sternheim, Carl: Geb. 1. 4. 1878 in Leipzig,
gest. 3. 11. 1942 in Brüssel. Philosophie- u. Lite-
raturwissenschaftsstudium 1897–1902. Ließ sich
1903 in München nieder, zahlr. Reisen, danach
vorübergehend in Weimar, Bremen, Brüssel u.
Königstein ansässig. 1908 Gründung der Zeitschrift »Hyperion« (mit F. Blei). Setzte sich als
expressionistischer Dramatiker mit den Stücken
»Aus dem bürgerlichen Heldenleben« durch. 1914
bis 1918 auf seiner Besitzung in La Hulpe bei
Brüssel, die nach dem Krieg beschlagnahmt
wurde. Lebte nach 1918 in der Schweiz, 1921 in
Dresden, 1924 in Berlin, emigrierte dann endgültig nach Belgien, wo er in Brüssel-Ixelles
lebte.
W e r k : Vorkriegseuropa im Gleichnis meines
Lebens. Amsterdam: Querido 1936.

Strasser, Otto (Ps. Ulrich v. Hutten, Michael
Gaismayer): Geb. 10. 9. 1897 in Windsheim
(Bayern). Bis 1920 Mitglied der SPD, am Kampf
gegen den Kapp-Putsch beteiligt. Nach Differenzen mit Severing Austritt aus der SPD. Rechtsstudium, Dr. jur. 1925–30 Mitglied der NSDAP.
Übernahm mit seinem Bruder Gregor Strasser
Leitung der Partei in Norddeutschland. In Berlin
Gründung eines Kampfverlags, Hrsg. der »Berliner Arbeiterzeitung«. Gegen Marxismus u. Ka-
pitalismus eingestellt, Betonung des Sozialismus
Hitler gegenüber. 1926 Auseinandersetzung mit
Hitler, 1930 Austritt aus der Partei. Seit 1933
in Wien im Exil, 1934 in Prag. Ausbürgerung
am 1. 11. 1934. 1935 in der Tschechoslowakei zu
vier Monaten Gefängnis verurteilt (Betrieb eines
Geheimsenders). Seit 1930 in Paris, 1940 nach
Kanada. 1955 Rückkehr nach Westdeutschland.
1956 Gründung der Deutschen Sozialen Union,
lebt in München.
W e r k e : Das Ende der Reichswehr. Prag:
Selbstverl. 1933; Zürich: Reso-Verl. 1933 – Hit-
lers Krieg gegen Europa. Prag: Grunov 1934;
Zürich: Reso-Verl. 1937 – Der Marxismus ist
tot. Prag: Grunov 1934 – Der 30. Juni 1934.
Ebd. 1934 – Aufbau des dt. Sozialismus. Ebd.
1935 – Europäische Föderation. Zürich: Reso-
Verl. 1935 – Die dt. Bartholomäusnacht. Ebd.
1935 – Sozialistische Revolution oder faschistischer Krieg. Prag: Grunov 1935 – Wie lange?
Wien: Ecker 1935 – Erlebte Weltgeschichte. Zürich: Weltwoche-Verl. 1936 (Übers.: engl.) –
Wohin treibt Hitler? Darstellung der Lage u.
Entwicklung des Hitlersystems in den Jahren
1935 u. 1936. Prag: Grunov 1937 – Kommt es
zum Krieg? Ebd. 1937 – Hitler tritt auf der
Stelle. Ebd. 1937 – Deutschland u. das Kolonial-
problem. Ebd. 1938 – Masaryk. Ein Führer zum
neuen Europa. Zürich: Weltwoche-Verl. 1938.
U. d. T.: Europa von morgen. Das Ziel Masa-
ryks. Ebd. 1939 – Hitler u. ich. Buenos Aires:
Trenkelbach 1940 (Übers.: engl., franz., span.,
ital.) – Hitlers Sturz durch die ›Freies-Deutsch-
land‹-Bewegung. Buenos Aires: Alemania Libre
1941; Free Europe Radio Station 1941 (Übers.:
engl.) – L'aigle prussien sur l'Allemagne. Montreal: Valiquette 1942 – The Gangsters Around
Hitler. London: Allen 1942 – Hitler's Shadow
over South-America. Brooklyn: Free German
Movement 1942 – Flight from Terror. New
York: McBridge 1943 – Germany in a Disunited
World. Eastbourne: Lifestream Publ. 1947 –
Deutschlands Erneuerung. Buenos Aires: Trenkelbach 1948 (Übers.: engl.) – Exil. München:
Selbstverl. 1958; Augsburg: Buch- u. Zeitungs-
Verl. Dt. Freiheit (in Komm.) 1958 – Mein

Kampf. Eine polit. Autobiographie. Frankfurt a. M.: H. Heine-Verl. 1969.

Strauss, Ludwig: Geb. 28. 10. 1882 in Aachen, gest. 11. 8. 1953 in Jerusalem. Studium der Germanistik in Berlin u. München, Dr. phil. 1929 in Frankfurt a. M. 1930 Dozent an der TH Aachen. Ging 1934 nach Palästina, zunächst als Landarbeiter tätig, später Dozent an der Hebr. Univ. in Jerusalem, außerdem Lehrer f. Kunsterziehung an dem von Siegfried Lehmann gegründeten Kinderdorf in Ben Shemen. Fortsetzung seiner literar. (vor allem lyrischen) Arbeiten.
W e r k e : Fünfzig Gedichte aus den Jahren 1934 bis 1940. Jerusalem: Freund 1941 – Scha'ot Wador (Stunden u. Generation). Ged. Jerusalem: Bialik 1951 – Über drei Psalmen. Jerusalem: Aliyat Hano'ar 1951.

Stübs, Albert Gustav Robert (Ps. Albin Stübs): Geb. 20. 2. 1900 in Berlin. Autodidaktisches Studium, später Hochschulstudium in Berlin, gehörte zur Jugendbewegung. Nach zweimaliger Verhaftung im Herbst 1933 Emigration nach Prag, im Oktober 1938 nach England, lebte in Oxford. Wurde im Juni 1940 interniert, Deportation nach Australien. 1941 Rückkehr nach England. 1947 Rückkehr nach Deutschland. Als Red. tätig, Abteilungsleiter am Nordwestdeutschen bzw. Norddeutschen Rundfunk.
W e r k e : Milly. R. Vom Malik-Verl. in Prag 1933 angenommen. Erscheinen wurde jedoch verhindert. – Das Glücksrad. Kom. Urauff.: Prag 1935 – Der Rattenfänger bei den Schildbürgern. Volksstück. Urauff.: Reichenberg 1938 – Spanischer Tod. Ged. London: Barnard and Westwood 1943 – Romantisches Vorspiel. R. Nürnberg: Nest-Verl. 1946 – Wir armen deutschen Brüder. Dr. Ebd. 1948 – Der wahre Jakob. R. Ebd. 1949.

Sturmann, Manfred: Geb. 6. 4. 1903 in Königsberg. Früh in der zionistischen Jugendbewegung aktiv. Studium in Königsberg, Breslau u. München. 1922–38 in München, journalistisch tätig. Emigrierte 1938 nach Palästina. Weiterführung des Studiums, Journalist. 1940–47 Sekretär des Bezalel-Nationalmuseums. Seit 1947 Fürsorgebeamter, lebt in Jerusalem.
W e r k e : Gedichte. Jerusalem: P. Freund 1941 – Die Kreatur. Erz. St. Gallen: Tschudy 1953 (entst. vor 1950).

Szende, Stefan: Geb. 10. 4. 1901 in Szombathely (Ungarn). Studium in Budapest u. Wien, Dr. rer. pol. 1925, Dr. phil. 1928. Journalistisch tätig. KPD-Mitglied, seit 1929 in der KPÖ, seit 1932

in der SAP. Im November 1933 wegen illegaler Tätigkeit verhaftet u. Hauptangeklagter des Berliner SAP-Prozesses vom November 1934, zu zwei Jahren Zuchthaus verurteilt. Im Dezember 1935 in die Tschechoslowakei, Leiter des SAP-Büros in Prag. Emigrierte im Oktober 1937 nach Schweden, als Journalist, Vortragsreisender, Volkshochschullehrer u. Leiter u. Inhaber eines Nachrichtenbüros (AEP) tätig. Ständiger Mitarbeiter von »Dagens Nyheter«, lebt in Schweden.
W e r k e : Maktspelet kring Donau. Stockholm: KF's Bokförlag 1938 – Turkiet, Nyckellandet. Stockholm: Bonnier 1940 – Livsmedlen i Krigseuropa. Stockholm: KF's Bokförl. 1941 – Drömmen om Ukraina. Stockholm: Bonnier 1941 – I Guldets Trollkrets. Ebd. 1941 – Sovjetrysslands Utrikespolitik. Stockholm: Verdandi 1943 – Europeisk Revolution. Stockholm: Bonnier 1943; dt.: Europäische Revolution. Zürich: Europa-Verl. 1945 – De siste Juden från Polen. Stockholm: Bonnier 1944; dt.: Der letzte Jude aus Polen. Zürich: Europa-Verl. 1945 (Übers.: dän., finn., engl.) – Valständ, Fred och Säkerhet. Stockholm: ABF's Bokförl. 1945.

Tau, Max: Geb. 19. 1. 1897 in Beuthen. Studium der Literaturwissenschaft, Dr. phil. Als Lektor im Verlag Cassirer tätig. Emigrierte 1933 nach Norwegen. Seit 1942 in Schweden. 1946 Rückkehr nach Norwegen, Dozent f. Literaturgeschichte an der Univ. Oslo. 1950 Friedenspreis des Dt. Buchhandels, Verdienstkreuz der Bundesrepublik Deutschland, lebt in Oslo.
W e r k e : Tro på Mennesket. R. Oslo: J. Grundt Tanum 1946 – Glaube an den Menschen. Berlin: Herbig 1948 – Das Land, das verlassen mußte. Hamburg: Hoffmann u. Campe 1961 – Ein Flüchtling findet sein Land. Ebd. 1964.

Tergit, Gabriele: Geb. 4. 3. 1894 in Berlin. Studium der Geschichte in Berlin, Dr. phil. 1924. Ab 1915 Veröffentlichungen in der »Aktion«, im »Zeitgeist« u. »Berliner Tageblatt«. Ab 1920 ständige Mitarbeiterin der »Vossischen Zeitung«, ab 1924 Gerichtsberichterstatterin für den »Berliner Börsen-Courier«. Danach Red. des »Berliner Tageblatts«. Ab 1930 Veröffentlichungen in der »Weltbühne« u. im »Tagebuch«. 1933 Flucht in die Tschechoslowakei, im Herbst 1933 nach Palästina. 1938 Übersiedlung nach England, lebt seitdem in London. Sekretärin des PEN-Zentrums deutschsprachiger Autoren im Ausland.
W e r k : Effingers. R. Hamburg: Hammerich u. Lesser 1951.

Theile, Albert: Geb. 3. 7. 1904 in Dortmund-Hörde. Mitbegr. u. Hrsg. der Zeitschrift »Die Böttcherstraße«. Emigrierte 1933 nach Frankreich, ging 1934 nach Indien, China, Japan u. USA. 1936 in Norwegen, seit 1940 in Chile. Hrsg. (mit U. Rukser) der »Deutschen Blätter« in Santiago de Chile 1943–46. 1952 Rückkehr nach Europa. Lebt z. Zt. in der Schweiz.
W e r k e : Schwan im Schatten. Lateinamerikanische Lyrik von heute. München: Langen-Müller 1955 – Unter dem Kreuz des Südens. Erz. Zürich: Manesse-Verl. 1956 – Außereuropäische Kunst. Köln: Seemann 1957 (sämtlich im Exil konzipiert).

Thomas, Adrienne Hertha (d. i. A. H. Deutsch): Geb. 24. 6. 1897 in Avold, Moselle (Frankreich). Lebte zeitweise in Wien, ging 1932 in die Schweiz, 1934 nach Frankreich, 1935 erneut nach Österreich, emigrierte 1938 nach Frankreich u. 1940 in die USA. 1947 Rückkehr nach Österreich, lebt in Wien.
W e r k e : Dreiviertel Neugier. R. Amsterdam: de Lange 1934 – Katrin, die Welt brennt. R. Ebd. 1936 – Andrea. Erz. Basel: Atrium-Verl. 1937; Zwolle: Tjeenk 1938 – Viktoria. Erz. Ebd. 1937 – Wettlauf mit dem Traum. R. Amsterdam: de Lange 1939 – Von Johanna zu Jane. R. Ebd. 1939 – Reisen Sie ab, Mademoiselle. R. Stockholm: Skoglund 1944; Amsterdam: de Lange 1947 (entst. 1940–42) – Ein Fenster am East River. R. Amsterdam: de Lange 1945 (entst. 1943/44) – (Zahlr. Übers.)

Thoor, Jesse (d. i. Peter Karl Höfler): Geb. 23. 1. 1905 in Berlin, gest. 15. 8. 1952 in Lienz (Tirol). Bis 1933 als Schriftsteller in Deutschland tätig, ging 1933 nach Österreich, 1938 in die Tschechoslowakei u. 1939 nach England.
W e r k e : Sonette. Nürnberg: Nest-Verl. 1948 – Die Sonette u. Lieder. Heidelberg: Schneider 1956 – Dreizehn Sonette. Stierstadt: Eremiten-Pr. 1958 – Das Werk. Sonette, Lieder, Erzählungen. Frankfurt a. M.: Europ. Verlagsanst. 1965.

Tillich, Paul: Geb. 20. 8. 1886 in Starzeddel (Kreis Guben), gest. 22. 10. 1965 in Chikago. Studium der protestantischen Theologie, D. theol., Dr. phil. 1929 Prof. der Philosophie in Frankfurt a. M., emigrierte 1933 in die USA, zuletzt als Prof. an der Univ. of Chicago tätig. Mitglied zahlr. wissenschaftlicher Gesellschaften. Verdienstkreuz der Bundesrepublik Deutschland, zahlr. andere Ehrungen.
W e r k e : The Interpretation of History. New York: Scribner 1936 – The Protestant Era. Chikago: Univ. of Chicago Pr. 1948 – The Shaking of Foundations. Predigten. New York: Scribner 1948 – Wer bin ich? Ein autobiogr. Essay. In: P. T., Meine Suche nach dem Absoluten. Wuppertal-Barmen: Hammer 1969 (Übers.: engl.).

Toller, Ernst: Geb. 1. 12. 1893 in Samotschin (Posen), gest. 22. 5. 1939 in New York (Selbstmord). Jurastudium in Grenoble, Unterbrechung durch den Krieg, Freiwilliger, 1916 nach Verwundung entlassen. Fortsetzung des Studiums in München u. Heidelberg. Durch Erfahrung des Krieges zum Pazifisten u. Sozialisten geworden. Ging mit Kurt Eisner nach München, Mitglied der USPD, Beteiligung am Streik der Münchener Munitionsarbeiter 1918, Vorstandsmitglied des Zentralrats der Arbeiter-, Bauern- u. Soldatenräte Bayerns. Nach dem Zusammenbruch der Räterepublik Kommandeur der ›Roten Garde‹, Eroberung Dachaus. Steckbrieflich gesucht, am 5. 6. 1919 verhaftet, Prozeß wegen Hochverrats, fünf Jahre Festungshaft in Niederschönenfeld. Nach der Entlassung Verzicht auf parteipolitische Aktivität. Entstehung der expressionistischen Dramen, die ihn berühmt machten. Ließ sich in Berlin nieder, Mitarbeiter der »Weltbühne«. 1926 Reise in die Sowjetunion, 1929 in die USA, 1930 nach Spanien. Emigrierte 1933 in die Schweiz, 1935 nach Frankreich, England, 1936 in die USA. Ausbürgerung am 23. 8. 1933. Trat im Mai 1933 auf dem PEN-Kongreß in Dubrovnik als der Vertreter der freien dt. Literatur auf. Nahm an den Internat. Kongressen zur Verteidigung der Kultur in Paris 1935 u. in Madrid 1937 teil. Vereinsamung im Exil.
W e r k e : Siehe S. 497.

Torberg, Friedrich (d. i. Friedrich Kantor-Berg): Geb. 16. 9. 1908 in Wien. Studium der Philosophie in Wien u. Prag. Als Journalist u. Romancier tätig. Emigrierte 1938 in die Schweiz, meldete sich zur franz. Armee. 1940 in Portugal, seit 1941 in den USA. 1950 Rückkehr nach Österreich. 1954–65 Begr. u. Hrsg. der Zeitschrift »Forum«. Tätigkeit als Literaturkritiker. 1965 Preis der Stadt Wien für Publizistik. Seit 1965 korr. Mitglied der Dt. Akademie f. Sprache u. Dichtung in Darmstadt. Verdienstkreuz der Bundesrepublik Deutschland 1968.
W e r k e : Die Mannschaft. R. Mährisch-Ostrau: Kittl 1935 – Abschied. R. Zürich: Humanitas-Verl. 1937 – Mein ist die Rache. Nov. Los Angeles: Paz. Pr. 1943; Wien u. Stockholm: Bermann-Fischer 1947 (Übers.: hebr.) – Hier bin ich, mein Vater. R. Ebd. 1948 (Übers.: ital.) – Hrsg.: Zehnjahrbuch 1938–48. Ebd. 1948.

Trebitsch, Siegfried: Geb. 12. 12. 1869 in Wien, gest. 3. 6. 1956 in Zürich. Als Übersetzer (bes. von G. B. Shaw) u. Dramatiker hervorgetreten. Emigrierte 1938 in die Schweiz, anschließend nach Frankreich. Seit 1940 in der Schweiz.
W e r k e : B. Shaw, dem Neunzigjährigen. Zürich: Artemis-Verl. 1946 – Aus verschütteten Tiefen. Ged. Ebd. 1947 – Die Frau ohne Dienstag. Erz. Zürich: Classen 1948 – Die Heimkehr des Diomedes. Zürich: Artemis-Verl. 1949 – Chronik eines Lebens. Ebd. 1951 (Übers.: engl.).

Tucholsky, Kurt (Ps. Ignaz Wrobel, Peter Panter, Theobald Tiger, Kaspar Hauser): Geb. 9. 1. 1890 in Berlin, gest. 21. 12. 1935 in Hindås/Schweden (Selbstmord). 1909–12 Studium der Rechtswissenschaft, Dr. jur. 1914. 1913–15 Mitarbeiter der »Schaubühne« S. Jacobsohns. Pazifist durch Erlebnis des Ersten Weltkriegs. 1918 bis 1920 Chefred. des »Ulk«, einer Beilage des »Berliner Tageblatts«. 1918–22 Mitglied der USPD. Kampf gegen Militarismus u. Reaktion durch ausgedehnte publizistische Tätigkeit, vor allem in der »Weltbühne«. Seit 1924 Korrespondent der »Weltbühne« u. der »Vossischen Zeitung« in Paris, 1926/27 Hrsg. der »Weltbühne«, seitdem freier Schriftsteller. Lebte seit 1924 in Paris, ging 1929 nach Schweden. Politisch desillusioniert. Nach 1933 keine Veröffentlichungen mehr in Buchform.
W e r k : Ausgewählte Briefe, 1913–35. Reinbek: Rowohlt 1962.

Turek (Tureck), Ludwig: Geb. 28. 8. 1898. Gelernter Schriftsetzer u. Buchdrucker. Desertion im Ersten Weltkrieg, Festungshaft. Mitglied der USPD, dann der KPD. An der Niederschlagung des Kapp-Putsches beteiligt. Mitglied des ›Bundes proletarisch-revolutionärer Schriftsteller‹. 1930–32 in der Sowjetunion. Emigrierte 1933 nach Frankreich, wurde 1939 interniert, 1940 Rückkehr nach Deutschland, im illegalen Kampf gegen das Hitler-Regime aktiv. Lebt seit 1945 in Ost-Berlin, beim Funk u. Fernsehen tätig.
W e r k e : Die letzte Heuer. Ein See-R. Rudolstadt: Greifenverl. 1950 (1935 entst.) – Klar zur Wende. Berlin: Dietz 1949 (im Exil konzipiert).

Uhse, Bodo: Geb. 12. 3. 1904 in Rastatt, gest. 2. 7. 1963 in Berlin. In preußischer Offizierstradition aufgewachsen, journalistisch tätig. 1920 als Freiwilliger am Kapp-Putsch beteiligt, Mitglied des ›Bundes Oberland‹. Kontakte mit den linken Flügel der NSDAP (Strasser-Gruppe). 1927 Red. einer NS-Zeitung in Ingolstadt, 1928 in Itzehoe. 1930 Bruch mit der NSDAP, 1931 Übertritt zur KPD. 1932 Sekretär des Reichs-

bauernkomitees. Emigrierte 1933 nach Paris. Ausbürgerung am 1. 11. 1934. Ab 1936 als Kriegskommissar der Internat. Brigaden im Span. Bürgerkrieg. 1938 erkrankt, Rückkehr nach Paris. Ging 1939 in die USA, ab 1940 in Mexiko, Leiter des literar. Teils der Zeitschrift »Freies Deutschland«. 1948 Rückkehr über Leningrad nach Mitteldeutschland. 1949–58 Chefred. der Zeitschrift »Aufbau«, 1950–52 1. Vorsitzender des DSV. Ab 1955 Mitglied der Dt. Akademie der Künste in Berlin, Sekretär der Abtlg. Literatur. Vorstandsmitglied des dt. PEN-Zentrums Ost u. West. 1963 Chefred. der Zeitschrift »Sinn und Form«. 1954 Nationalpreis der DDR.
W e r k e : Söldner u. Soldat. Paris: Ed. du Carrefour 1935; Moskau: Verlagsgen. ausländ. Arbeiter 1935 – Die erste Schlacht. Vom Werden u. von den ersten Kämpfen des Bataillons Edgar André. 2., verb. Aufl. Straßburg: Ed. Prométhée 1938 (u. d. Tarntitel »Gerhart Ellert: Wallenstein. Ein Roman« in Deutschland verbreitet) – Leutnant Bertram. R. Mexiko: El Libro libre 1943 – Wir Söhne. R. Berlin: Aufbau-Verl. 1948 – (Zahlr. Übers.: engl., franz., poln., tschech., rumän., bulgar., chin., jap.).

Ulbricht, Walter (Ps. Walter): Geb. 30. 6. 1893 in Leipzig. Gelernter Möbeltischler. Ab 1908 in der ›Sozialistischen Arbeiterjugend‹, 1912 SPD-Mitglied. Während des Ersten Weltkriegs wegen Desertionsversuchs verhaftet. Mitglied des ›Spartakusbundes‹, KPD-Mitglied seit Parteigründung. Am Kampf gegen den Kapp-Putsch beteiligt. 1921–23 Sekretär der KPD Thüringens. 1922 Teilnahme am IV. Weltkongreß der Komintern. Ab 1923 Mitglied u. Sekretär der Parteizentrale. Im Militärrat der KPD aktiv. 1924 Besuch der Leninschule in Moskau. Instrukteur der Komintern in Österreich u. der Tschechoslowakei. Ab 1927 Mitglied des ZK der KPD. 1928–33 im Reichstag. Beteiligung am BVG-Streik im November 1932 in Berlin. Januar bis September 1933 illegal im Reich tätig. Emigrierte Ende 1933 nach Frankreich. 1937 über Prag nach Moskau. Einsatz für die Volksfront-Konzeption. Oktober 1935 auf der Brüsseler Konferenz ins Politbüro gewählt. Bei der Organisation der Volksfrontbewegung Auseinandersetzungen mit Breitscheid, Heinrich Mann u. Münzenberg. 1936 in Spanien. Ausbürgerung am 12. 4. 1937. 1938 bis 1943 Vertreter der KPD beim Exekutivkomitee der Komintern. 1941–44 agitatorische Arbeit unter dt. Kriegsgefangenen. 1943 Mitbegr. des Nationalkomitees ›Freies Deutschland‹. April 1945 Rückkehr nach Deutschland mit der ›Gruppe Ulbricht‹. Nahm und nimmt höchste Ämter in der Parteihierarchie ein. 1949 Stellvertreten-

der Ministerpräsident, 1950 Generalsekretär, 1953–71 1. Sekretär des ZK der SED, 1960 Vorsitzender des Staatsrats der DDR. 1963 Held der Sowjetunion.
W e r k e : Der gewerkschaftliche Kampf in Deutschland. Kampferfahrungen u. Vorschläge für eine gewerkschaftliche Plattform. Moskau: Verlagsgen. ausländ. Arbeiter 1936 – Kriegsschauplatz Innerdeutschland. Straßburg: Ed. Prométhée 1938 – Wer ist der Feind der dt. Nation? Moskau: Verl. f. fremdspr. Literatur 1943 – Zur Geschichte der dt. Arbeiterbewegung. Reden u. Aufsätze. Bd. 2 u. Zusatz-Bde. 1 u. 2 (1933–46). Berlin: Dietz 1953, 1966, 1968.

Unger, Adolf: Geb. 11. 6. 1904 in Wien. Handelsangestellter, trat als Lyriker hervor. Emigrierte 1938 von Wien nach Frankreich, dort von der Gestapo verhaftet, umgebracht. Keine Exilveröffentlichungen.

Unger, Alfred H.: Geb. 20. 1. 1902 in Hohensalza. Frühzeitig Mitarbeiter literar. Zeitschriften, Kurzgeschichten, Film- u. Theater-Kritiken. Erhielt 1929 von Reinhardt, Jessner u. Polgar Zehntausend-Mark-Preis für Dramatik. 1930 Preis des Dt. Bühnenvereins. Wurde 1934 von der Gestapo verhaftet. Emigrierte 1937 nach England. Seit 1947 als Übersetzer u. Bühnenarbeiter tätig, seit 1949 Londoner Korrespondent des Senders Freies Berlin, seit 1960 des Saarländischen Rundfunks u. seit 1962 des Deutschlandfunks. Mitarbeiter der BBC. Verdienstkreuz der Bundesrepublik Deutschland.
W e r k e : F. Lassalle and the Foundation of the General German Workers' Union. In: In Tyrannos. London: Drummond 1944 – American Invasion. Dr. London: Peters 1945 – Contemptible Sex. Ebd. 1948.

Unger, Wilhelm: Geb. 4. 6. 1906 in Hohensalza. Als Publizist tätig. Emigrierte 1937 nach England, wurde interniert u. nach Australien deportiert. Durch Intervention des PEN Freilassung, 1941 Rückkehr nach London. 1957 Rückkehr nach Deutschland. 1957 Mitbegr. der Bibliothek Germania Judaica in Köln. Mitglied des PEN. Verdienstkreuz der Bundesrepublik Deutschland.
W e r k : Hrsg.: The Goethe-Year. 1749–1949. Bd. 1. London: The Orpheus Publ. 1949; Bd. 2. London: Maxson 1952.

Unruh, Fritz von (Ps. Fritz Ernst): Geb. 10. 5. 1885 in Koblenz, gest. 28. 11. 1970 in Diez a. d. Lahn. Aus Offiziersfamilie, mit den Hohenzollernprinzen in der Kadettenanstalt Plön erzogen. Durch Erfahrung des Ersten Weltkriegs

Pazifist. Nachhaltiger Erfolg mit expressionistischen Dramen. Lebte in der Schweiz, in Diez auf dem Familienhof Oranien u. für ein Jahrzehnt in Frankfurt a. M. (im ›Rententurm‹). 1928–32 Mitglied der Preußischen Akademie der Künste. Versuch, eine republikanische Mitte zu bilden, scheiterte. Ging 1932 nach Italien u. Frankreich, dort 1940 interniert, Flucht nach New York. Als Schriftsteller u. Maler tätig. 1952 Rückkehr nach Diez a. d. Lahn. 1955 Rückkehr in die USA, politisch desillusioniert. Lebte seit 1956 an der franz. Riviera, ab 1958 wieder in Deutschland, 1961 erneut in den USA, seit 1962 wieder in Diez a. d. Lahn. Mitglied zahlr. Schriftstellerverbände u. Träger zahlr. Preise: 1915 Kleist-Preis, 1917 Bodmer-Preis, 1922 Grillparzer-Preis, 1926 Schiller-Preis, 1947 Raabe-Preis, 1948 Goethe-Preis der Stadt Frankfurt, 1952 One World Price in New York, 1955 Verdienstkreuz der Bundesrepublik Deutschland.
W e r k e : Siehe S. 507.

Urzidil, Johannes: Geb. 3. 2. 1896 in Prag, gest. 2. 11. 1970 in New York. 1914–19 Philologiestudium in Prag (mit Kriegsunterbrechung). Mitarbeit an expressionistischen Zeitschriften. 1922 bis 1932 Pressebeirat an der ›Dt. Gesellschaft‹ in Prag, Hrsg. der Zeitschrift »Der Mensch«. Emigrierte 1939 nach England, ging 1941 in die USA. Als Lederkunsthandwerker tätig, literaturwissenschaftliche Arbeiten. Seit 1951 Mitarbeiter der ›Stimme Amerikas‹. Korr. Mitglied der Dt. Akademie f. Sprache u. Dichtung in Darmstadt, Ehrenmitglied des Österr. PEN. Charles-Veillon-Preis 1956, Literaturpreis der Stadt Köln 1964, Großer österr. Staatspreis 1964, Andreas-Gryphius-Preis 1966.
W e r k e : W. Hollar. Der Kupferstecher des Barock. Wien: Passer 1936 (Übers.: engl.) – Sealsfield. Amerikaner aus Mähren. In: Stimmen aus Böhmen. London: Verl. der Einheit 1944 – Der Trauermantel. Erz. New York: Krause 1945; München: Langen/Müller 1955 – Väterliches aus Prag u. Handwerkliches aus New York. Zürich: Artemis 1969 (autobiogr.).

Valentin, Veit: Geb. 25. 3. 1885 in Frankfurt a. M., gest. 12. 1. 1947 in Washington. Geschichtsstudium, Dr. phil. Vor 1933 als Universitätsdozent in Deutschland tätig. Emigrierte 1933 nach England, 1940 in die USA, zuletzt als Prof. f. Geschichte an der University of Pennsylvania in Philadelphia.
W e r k e : Geschichte der dt. Revolution von 1848/49. 2 Bde. Berlin: Ullstein 1930/31 (Übers.: engl.) – Bismarck and England in the Earlier Period of his Career. London: R. Hist. Soc.

1937 – Bismarcks Reichsgründung im Urteil engl. Diplomaten. Amsterdam: Elsevier 1937 – Weltgeschichte, Völker, Männer, Ideen. 2 Bde. Amsterdam: de Lange 1938; Köln: Kiepenheuer u. Witsch 1950 (Übers.: span.) – The German People, their History and Civilization from the Holy Roman Empire to the Third Reich. New York: Knopf 1946 – Geschichte der Deutschen. 2 Bde. Berlin: Pontes-Verl. 1947.

Viertel, Berthold (Ps. Europäensis, Parolles): Geb. 28. 6. 1885 in Wien, gest. 24. 9. 1953 ebd. Geschichts- u. Philosophiestudium in Wien. Gedichte u. kunstkritische Arbeiten im »Simplicissimus«, der »Schaubühne« u. der »Fackel«. Seit 1911 als Dramaturg u. Regisseur tätig. 1912–14 Mitbegr. u. Dramaturg der Wiener Volksbühne. 1917/18 Schriftleiter am »Prager Tagblatt«. 1918 Regisseur in Dresden, 1922 in Berlin, 1926 in Düsseldorf. Daneben Theaterkritiker u. Essayist. 1928 als Drehbuchautor u. Regisseur in Hollywood, 1931 Rückkehr nach Deutschland. Emigrierte 1933 über Prag u. Wien nach Frankreich u. England. Seit 1939 in den USA, bis 1945 in New York, dann Filmregisseur in Hollywood. 1947/48 Mitarbeiter der BBC. Mitbegr. des New Yorker Aurora-Verlags. 1948 Rückkehr nach Wien. Ausgedehnte Tätigkeit als Theaterregisseur (Zürich, Wien, Berlin, Salzburg).
W e r k e : Fürchte dich nicht. Ged. New York: Fles 1941 – Der Lebenslauf. Ged. New York: Aurora-Verl. 1946 – Dichtungen u. Dokumente. Ged., Prosa, autobiogr. Fragmente. München: Kösel 1956.

Walden, Herwarth (d. i. Georg Levin): Geb. 16. 9. 1878 in Berlin, gest. 31. 10. 1941 in Saratow (Wolga). Studium der Musik in Florenz u. Berlin, Liszt-Stipendium als Pianist. 1901 mit Else Lasker-Schüler verheiratet. 1903 Gründung des Berliner Vereins für Kunst. Red. verschiedener Zeitschriften, u. a. »Der neue Weg«, »Das Theater«. 1910 Gründung des Sturm-Verlags u. der Zeitschrift »Der Sturm«, Hrsg. bis 1932. Wichtiges expressionistisches Organ. Veranstaltete ab 1912 Sturm-Kunstausstellungen. Als Förderer u. Theoretiker des Expressionismus von größter Wirkung. Ende der zwanziger Jahre Annäherung an die Arbeiterbewegung. Ging 1932 als Lehrer an das Fremdspracheninstitut nach Moskau. Neben seiner Lehrtätigkeit Editionen von Schultexten. Mitarbeiter der Exilzeitschriften »Das Wor« u. »Internationale Literatur«.
W e r k e : Deutsche Redensarten. Moskau: Staatsverl. f. Lehrbücher 1935 – Lehrbuch der dt. Sprache. Moskau: OGIS 1937 (Editionen von Freiligrath, Goethe u. Heine).

Waldinger, Ernst: Geb. 16. 10. 1896 in Wien, gest. 1. 2. 1970 in Saratoga Springs, N. Y. 1917 bis 1921 Studium der Geschichte, Kunstgeschichte u. Germanistik an der Univ. Wien, Dr. phil. 1921. In Verbindung mit der Ottakringer Volkshochschule u. der Arbeiterbewegung. 1922–38 in einem Wiener Fachbuch-Verlag angestellt. Emigrierte 1938 in die USA. 1941–43 als Angestellter in New Yorker Bibliotheken tätig. 1943/44 Angestellter in einem Kaufhaus in Brooklyn. 1944–46 Tätigkeit im amer. Verteidigungsministerium, Mitbegr. des Aurora-Verlags. 1947 bis 1965 Prof. f. dt. Literatur am Skidmore College in Saratoga Springs. Mitglied des PEN-Zentrums dt.sprachiger Autoren im Ausland u. des österr. PEN-Clubs. 1934 Julius-Reich-Preis der Wiener Univ., 1958 Theodor-Körner-Preis, 1960 Würdigungspreis f. Dichtung der Stadt Wien, 1966 Goldene Ehrenmedaille der Stadt Wien.
W e r k e : Die kühlen Bauernstuben. Ged. New York: Aurora-Verl. 1946; Wien: Sexl 1946; Berlin: Aufbau-Verl. 1949 – Musik für diese Zeit. Ged. Weismann 1946 – Glück u. Geduld. Ged. New York: Ungar 1952 – Zwischen Hudson u. Donau. Wien: Bergland-Verl. 1958 – Gesang vor dem Abgrund. Ged. Graz: Stiasny 1961 – Ich kann mit meinem Menschenbruder sprechen. Ged. Wien: Bergland-Verl. 1965 (teilweise im Exil entst.).

Walter, Bruno (d. i. Bruno Schlesinger): Geb. 15. 9. 1876 in Berlin, gest. 17. 2. 1962 in Beverly Hills, Kalifornien. Musikstudium in Berlin. Seit 1893 Korrepetitor in Köln (an der Oper). 1894 Chordirigent in Hamburg. Nach Zwischenstationen in Breslau, Preßburg, Riga u. Berlin von G. Mahler 1901 nach Wien berufen. 1912 Generalmusikdirektor in München, 1925–33 in Berlin an der Städt. Oper, seit 1928 auch Gewandhauskapellmeister in Leipzig. Nach von den Nationalsozialisten veranlaßten Boykotts seiner Konzerte im März 1933 ins Exil nach Österreich. Ging 1938 nach Frankreich, 1939 in die USA, Gastdirigent angesehener Orchester, für längere Zeit an der Metropolitan Opera in New York. Zahlreiche Ehrungen. Nach 1945 Konzertreisen in Europa.
W e r k e : Von den moralischen Kräften der Musik. Vortr. Wien: Reichner 1935 – G. Mahler. Ebd. 1936 (Übers.: engl.) – Thema u. Variationen. Erinnerungen u. Gedanken. Stockholm: Bermann-Fischer 1947 (Übers.: engl., schwed.) – Briefe 1894–1962. Frankfurt a. M.: S. Fische 1969.

Wangenheim, Gustav von (Ps. Hans Huss): Geb. 18. 2. 1895 in Wiesbaden. Schauspielschüler Max Reinhardts. Gehörte zum Kreis um Pfemferts

»Aktion«. Seit 1918 Mitglied der USPD, seit 1922 KPD-Mitglied. 1924 Gründung der Barbusse-Truppe, Gastspiele in Deutschland. 1925 bis 1928 Schauspieler in Darmstadt u. Hamburg. 1928 in Berlin, u. a. künstlerischer Leiter des ›Arbeitertheater-Bundes‹. 1931 Gründung des Schauspielerkollektivs ›Truppe 31‹, zahlr. Inszenierungen. 1933–45 im Exil in der Sowjetunion. Als Filmregisseur, Dramatiker u. Schriftsteller tätig. Mitglied des Nationalkomitees ›Freies Deutschland‹. 1945 Rückkehr nach Mitteldeutschland. 1945–47 Intendant des Dt. Theaters, danach als Filmregisseur, Drehbuchautor u. Dramatiker tätig. Erich-Weinert-Medaille 1959.
W e r k e : Helden im Keller. Dr. Kiew: Staatsverl. d. nat. Minderheiten 1935 – Der Friedensstörer. Dr. Moskau 1939 – Olympisches Ziel. Erz. Moskau: Meshdunarodnaja Kniga 1940 – Fährmann wohin? Nov. Ebd. 1941.

Wantoch, Susanne: Geb. 28. 7. 1912 in Trentschin (Böhmen), gest. 1959 in Wien. Als Journalistin in Wien tätig. Emigrierte 1938 nach Shanghai. 1946 Rückkehr nach Österreich.
W e r k e : Mein Haus Vaterland. Erinnerungen. Berlin: Henschel 1950 – Auf weitem Feld. Erinnerungen. Ebd. 1954.

Wassermann, Jakob: Geb. 10. 3. 1873 in Fürth, gest. 1. 1. 1934 in Alt-Aussee. Urspr. Kaufmannslehrling, längere Zeit erfolglos als freier Schriftsteller. Red. beim »Simplicissimus« u. Sekretär Hans v. Wolzogens. Von Otto Brahm in die Berliner Literaturkreise eingeführt. Ab 1908 liter. Durchbruch, wurde zu einem der erfolgreichsten Romanciers. Lebte zumeist in der Umgebung Wiens oder in Alt-Aussee, zog sich 1933 ganz nach Österreich zurück. Seine Arbeiten wurden von den Nationalsozialisten als jüdisch verfemt.
W e r k e : Jos. Kerkhovens dritte Existenz. Amsterdam: Querido 1934; Zürich: Posen 1946 (Übers.: engl.) – Letters to Julie Wassermann. London: Allan and Unwin 1935 – Tagebuch aus dem Winkel. Amsterdam: Querido 1935 (Nachlaß) – Olivia. R. Zürich: Verl. Neue Bücher 1937 (Nachlaß) – Briefe an seine Braut u. Gattin Julie, 1900–1929. Basel: Verl. Bücherfreunde 1940.

Weigel, Hans: Geb. 29. 5. 1908 in Wien. Als Dramatiker u. Theaterkritiker hervorgetreten. Emigrierte 1938 in die Schweiz. 1945 Rückkehr nach Wien, Theaterkritiker u. Übersetzer (Molières), lebt in Wien.
W e r k e : Der grüne Stern. R. Wien: Wiener-Verl. 1946 – Das himmlische Leben. Nov. Wien:

Ibach 1946 – Barabbas oder Der fünfzigste Geburtstag. Dr. Ebd. 1946.

Weinert, Erich: Geb. 4. 8. 1890 in Magdeburg, gest. 20. 4. 1953 in Berlin. 1905–08 Lehrling in einer Maschinenfabrik, 1908–10 Besuch der Kunstgewerbeschule in Magdeburg, 1910–12 der Kunsthochschule in Berlin, akademischer Zeichenlehrer. 1912/13 als Illustrator u. Grafiker tätig. Nach Militärdienst Kunstgewerbelehrer in Magdeburg u. Schauspieler in Kissingen, dann arbeitslos. Ab 1921 Veröffentlichung politisch-satirischer Gedichte, trat ab 1922 im Kabarett ›Retorte‹ in Leipzig auf, ab 1923 im Berliner Kabarett ›Kü-Ka‹. Veröffentlichungen in satirischen Zeitschriften. 1924 Mitwirkung an der von Piscator inszenierten Revue »Roter Rummel«. 1928 Vorstandsmitglied des ›Bundes proletarisch-revolutionärer Schriftsteller‹, Red. der »Linkskurve«, Mitarbeit an zahlr. anderen kommunistischen Blättern. 1929 Eintritt in die KPD, 1931 Reise in die Sowjetunion. Mehrere Monate Redeverbot in Preußen (1931). 1933 Vernichtung seiner Manuskripte durch die SA. Emigrierte 1933 in die Schweiz, ging nach Ausweisung nach Paris, ab 1934 im Saargebiet. Ausbürgerung am 1. 11. 1934. Ging 1935 nach Moskau. 1937 Teilnahme am 2. Internat. Schriftstellerkongreß in Madrid, kämpfte als Angehöriger der ›Internat. Brigaden‹ im Span. Bürgerkrieg. 1939 erneut in Frankreich, wurde in St. Cyprien interniert. Nach der Befreiung erneut in die Sowjetunion. Agitatorische Arbeit an der Front, z. B. in Stalingrad. 1943 Mitbegr. u. Präsident des Nationalkomitees ›Freies Deutschland‹. 1946 Rückkehr nach Deutschland. Nahm zahlr. hohe Funktionen ein: Vizepräsident der Zentralverwaltung f. Volksbildung in Berlin, ab 1950 Mitglied der Dt. Akademie der Künste in Ost-Berlin, Nationalpreis der DDR 1949 u. 1952.
W e r k e : Alltägliche Balladen (russ.). Moskau: Staatsverl 1933 – Es kommt der Tag. Ged. Mit einem Selbstbericht »Zehn Jahre an der Rampe«. Moskau: Verlagsgen. ausländ. Arbeiter 1934 – Pflastersteine. Ged. Saarbrücken: Wedding-Verl. 1934 – Ausgewählte Gedichte (russ.). Moskau: Staatsverl. 1936 – Rot Front. Ged. dem Gedenken der ermordeten Genossen. Kiew: Staatsverl. d. nat. Minderheiten 1936 – Gedichte. Moskau: Verlagsgen. ausländ. Arbeiter 1936 – Nimeccyna. Ged. Charkow: Derzlitvydar 1937 – Stalin im Herzen der Völker. Nachdichtungen. Kiew: Staatsverl. d. nat. Minderheiten 1939 – Der Dämon. Nachdichtg. Moskau: Internat. Buch 1940 – Der Tod fürs Vaterland. Erzn. u. Szenen. Ebd. 1942 – Stalin spricht. Moskau: Verl. f. fremdspr. Lit. 1942 – An die dt. Soldaten. Ged.

T. 1 u. 2. Ebd. 1942/43 – Die Wohlfahrtspflege-
rin. Moskau: Izd. literatury na inostrannych
jazykach 1943 – Erziehung vor Stalingrad.
Fronttagebuch eines Deutschen. New York: The
German American 1943 (Übers.: engl.) – Gegen
den wahren Feind. Ged. Moskau: Verl. f. fremdspr. Lit. 1944 – Ausgedehnte Tätigkeit als Hrsg.,
auch als Übersetzer (von Lermontov) hervorgetreten.

Weiskopf, Franz Carl (Ps. Petr Buk, F. W. L.
Kovacs): Geb. 3. 4. 1900 in Prag, gest. 14. 9.
1955 in Berlin. Studium der Germanistik u. Geschichte in Prag, Dr. phil. 1923. Schloß sich der
sozialistischen Studentenbewegung an. Ab 1919
Mitglied des linken Flügels der SPD, der sich
1921 mit der KPC vereinigte. Ab 1920 Mitarbeiter der Arbeiterpresse u. des Pressebüros des
ZK der KPC, erneuter Militärdienst. 1923/24
wegen literarischen Hochverrats angeklagt. Ab
1928 journalistisch in Berlin tätig, Feuilletonred.
von »Berlin am Morgen«. Mitglied des ›Bundes proletarisch-revolutionärer Schriftsteller‹,
Leitung des ›Schutzverbandes Dt. Schriftsteller‹.
1930 Teilnahme am 2. Internat. Schriftstellerkongreß in Charkow, 1932 Reise durch die Sowjetunion. Emigrierte 1933 nach Prag, Chefred.
der »AIZ«. Ging 1938 nach Frankreich u. im
selben Jahr auf Einladung der antifaschistischen
Liga amer. Schriftsteller nach New York. Mitarbeit in zahlr. Emigranten-Komitees. 1947–49
Botschaftsrat bei der tschech. Botschaft in Washington, 1949 Gesandter in Stockholm, 1950–52
Botschafter in Peking. 1953 Übersiedlung in die
DDR. Mithrsg. der »Neuen Dt. Literatur«, Mitglied der Dt. Akademie der Künste in Ost-Berlin.
W e r k e : Zukunft im Rohbau. 18 000 km
durch die Sowjetunion. Moskau: Verlagsgen. ausländ. Arbeiter 1933 – Die Stärkeren. Episoden
aus dem unterirdischen Krieg. Prag: Malik 1934;
Moskau: Verlagsgen. ausländ. Arbeiter 1934 –
Die Feuerreiter. Ged. Moskau 1935 – Die Versuchung (späterer T.: Lissy). R. Zürich: Oprecht
1937 (Übers.: russ., franz.) – La tragédie tché-
coslovaque de sept. 1938 à mars 1939. Avec des
documents inédits. Paris: Ed. du sagittaire 1939
(Übers.: slow.) – Vor einem neuen Tag. R. Mexiko: El Libro libre 1944; Berlin: Dietz 1947
(Übers.: engl., span., russ.) – Die Unbesiegbaren.
Berichte, Anekdoten, Legenden. New York: Aurora-Verl. 1945 – Himmelfahrts-Kommando.
Stockholm: Bermann-Fischer 1945; Berlin: Dietz
1947 (Übers.: engl., span., dän., tschech.) – Unter
fremden Himmeln. Ein Abriß der dt. Lit. im
Exil 1933–47. Berlin: Dietz 1948 – Elend u.
Größe unserer Tage. Anekdoten 1933–47. Ebd.

1950 – Abschied vom Frieden (1913/14). Ebd.
1950 (Übers.: engl.) – Kinder ihrer Zeit (späterer
T.: Inmitten des Stroms). R. Ebd. 1951 (Übers.:
engl.) – Ausgedehnte Tätigkeit als Hrsg.

Weiß, Ernst: Geb. 28. 8. 1882 in Brünn, gest.
14. 6. 1940 in Paris. Medizinstudium in Prag,
Wien u. Bern, Dr. med. Von Freud beeinflußt.
Ab 1912 als Schiffsarzt Reisen in den Fernen
Osten. Regimentsarzt im Ersten Weltkrieg. Danach freier Schriftsteller in München u. Berlin.
Emigrierte 1933 nach Prag, 1938 nach Frankreich. Isolation u. Armut. Beging beim Einmarsch
der dt. Truppen Selbstmord. Bedeutender expressionistischer Romancier.
W e r k e : Siehe S. 252.

Weiß, Helmut (Ps. Hans Wendt-Bremen, Chro-
nos): Geb. 10. 5. 1913 in Dresden. Journalist u.
Erzähler. Mitarbeiter von »Berlin am Morgen«,
»Eulenspiegel«, »Linkskurve« u. »Rote Fahne«.
Emigrierte 1934 in die Sowjetunion, für den
Funk u. Zeitschriften tätig. 1945 Rückkehr nach
Mitteldeutschland. Keine Buchveröffentlichungen
im Exil.

Weiss, Peter: Geb. 18. 11. 1916 in Nowawes bei
Berlin. Verlebte die Kindheit in Berlin u. Bremen. Emigrierte 1934 mit seinen Eltern über
London nach Prag, Besuch der Kunstakademie
in Prag. Ging 1939 über die Schweiz nach Schweden, seit 1945 schwed. Staatsbürger, lebt seitdem
als Regisseur, Maler u. Schriftsteller in Stock-
holm. Ende der sechziger Jahre nachhaltiger
Durchbruch als Dramatiker in der BRD u. DDR.
1963 Charles-Veillon-Preis, 1966 Heinrich-
Mann-Preis der Dt. Akademie der Künste, 1966
Literaturpreis der schwed. Arbeiterbildungsbewe-
gung, 1967 Carl-Albert-Anderson-Preis. Literar.
Verarbeitung des Exils in später erschienener
autobiographischer Prosa.
W e r k e : Abschied von den Eltern. Erz.
Frankfurt a. M.: Suhrkamp 1961 – Fluchtpunkt.
R. Ebd. 1962.

Weltmann, Lutz: Geb. 15. 2. 1901 in Elbing, gest.
6. 11. 1967 in London. Germanistikstudium in
Berlin u. Freiburg i. Br., Dr. phil. Literatur-,
Theater- u. Kunstkritiker am »Frankfurter Ge-
neralanzeiger« u. an Rudolf-Mosse-Zeitungen:
»Frankfurter Zeitung«, »Börsen-Courier«, »Köl-
nische Zeitung«, »Hamburger Fremdenblatt«,
»Neue Zürcher Zeitung«. Anschließend als Dra-
maturg u. Regisseur in Berlin u. Wien (Raimund-
Theater) tätig. Vorstandsmitglied der Kleist-
Stiftung, Mitglied des PEN bis 1933. Emigrierte
1939 nach England (mit Hilfe von Elisabeth
Bergner). 1940–43 in der engl. Armee. 1943/44

Studium an der Univ. London (King's College), Lehrerexamen. Seit 1944 als Dozent f. Deutsch am North Western Polytechnic tätig, Londoner Vertreter der ›Dt. Shakespeare-Gesellschaft‹, Bochum.
W e r k : Hrsg. zusammen mit W. Unger: The Goethe-Year. 1749–1949. T. 1. London: The Orpheus Publ. 1949; T. 2. London: Maxson 1952.

Weltsch, Felix: Geb. 6. 10. 1884 in Prag, gest. 9. 11. 1964 in Jerusalem. Jura- u. Philosophiestudium in Prag, Dr. phil. et Dr. jur. 1910 bis 1938 Bibliothekar an der Universitätsbibliothek in Prag, 1919–39 Chefred. der zionistischen Zeitschrift »Die Selbstwehr«. Emigrierte 1939 nach Palästina, Bibliothekar an der jüdischen National- u. Universitätsbibliothek in Jerusalem.
W e r k e : Parteien im Zionismus. Prag: Zion. Propagandastelle 1937 – Schöpferischer Widerstand (hebr.). Jerusalem: Measef 1940 – Dialektik des Leids (hebr.). Jerusalem: Philos. Gesellschaft 1943 – Leben u. Lehre Bergsons (hebr.). Jerusalem: Ligwulam 1947 – Natur, Sittlichkeit u. Politik. Jerusalem: Mosad Bialik 1950.

Weltsch, Robert: Geb. 20. 6. 1891 in Prag. Jurastudium in Prag, Dr. jur. 1914. 1918/19 Mitarbeiter der »Wiener Morgenzeitung«. 1919–38 Hrsg. der »Jüdischen Rundschau« in Berlin. Emigrierte 1938 nach Palästina. Seit 1947 in London als Korrespondent der Tageszeitung »Haaretz«. Seit 1956 Vorsitzender des Leo-Baeck-Instituts in London, Hrsg. des Institut-Jahrbuchs. Keine Exilveröffentlichungen in Buchform.

Wentscher, Dora (d. i Dora Nohl-Wentscher): Geb. 6. 11. 1883 in Berlin, gest. 3. 9. 1964 in Erfurt. Zunächst als Schauspielerin, Bildhauerin u. Malerin tätig. Ab 1918 Mitarbeit am »Schaubühne (Weltbühne)«, ab 1919 an Polgars Zeitschrift »Frieden«. Seit 1929 Mitglied der KPD. Emigrierte 1933 über Prag in die Sowjetunion. Am Moskauer Rundfunk tätig, Kritikerin u. Übersetzerin. 1946 Rückkehr nach Mitteldeutschland, lebte in Weimar als freie Schriftstellerin. Vaterländischer Verdienstorden.
W e r k e : Der Landstreicher. Erz. Moskau: Meshdunarodnaja Kniga 1940 – Der Kamerad des Heldenjungen. Die Milch ist eingeteilt. Erz. Ebd. 1940 – Die Schule der Grausamkeit. Erz. Ebd. 1941 (Übers.: russ.) – Rasskazy. Erz. Moskau: Molodaja Gvardija 1942 – Eifersucht (russ.). Novosibirsk: Ogiz 1942 – N. Lenau, ein Kämpfer. Weimar: Verlag Werden u. Wirken 1948 (im Exil entst.) – H. v. Kleist. Eine biogr. Dichtung in Szenen u. Dialogen. Weimar: Volksverl. 1956

(im Exil entst.) – Helden, Frauen u. Knechte. Erz. Ebd. 1956 (im Exil entst.).

Werfel, Franz: Geb. 10. 9. 1890 in Prag, gest. 26. 8. 1945 in Beverly Hills, Kalifornien. Philologiestudium in Prag, Leipzig u. Hamburg. Ab 1910 Volontär in einer Hamburger Speditionsfirma. 1911–14 Lektor im Kurt Wolff Verlag in Leipzig u. München. Gründung der Sammlung ›Der jüngste Tag‹ (1913–21) zusammen mit W. Hasenclever u. K. Pinthus. 1914 an der Ostfront, ab 1917 am Kriegspressequartier in Wien tätig (mit R. Musil u. F. Blei). Freier Schriftsteller in Berlin u. Wien, begann sich als Lyriker u. Dramatiker durchzusetzen. Zahlreiche Reisen. 1933 aus der Preußischen Akademie der Künste ausgeschlossen, zog sich nach Österreich zurück. Emigrierte 1938 nach Frankreich. 1940 Flucht über die Pyrenäen nach Portugal, Weiterreise in die USA, ließ sich in Kalifornien nieder. Auch in den USA sehr erfolgreich als Schriftsteller. Übersetzungen seiner Werke erschienen in England, Frankreich, Holland, Island, Kuba, Schweden, Ungarn u. USA.
W e r k e : Siehe S. 488.

Werner, Alfred (d. i. Alfred Weintraub): Geb. 30. 3. 1911 in Wien. Rechtsstudium in Wien, Dr. jur. 1934. Freier Schriftsteller, Mitarbeiter zahlr. Zeitungen u. Zeitschriften. Vom 10. 11. 1938 bis 1939 im KZ Dachau, anschließend Flucht nach England, dort vorübergehend interniert. Ging 1940 in die USA, lebt als Dozent f. bildende Kunst am Wagner-College u. City-College in New York. Als englisch schreibender Kunstkritiker tätig. Keine Buchveröffentlichungen im Exil.

Westheim, Paul: Geb. 7. 8. 1886 in Eschwege, gest. 21. 12. 1963 in Berlin. Studium der Kunstgeschichte in Darmstadt u. Berlin, Schüler Wölfflins u. Worringers. 1917–33 Gründer u. Hrsg. des »Kunstblatts«, 1918–33 Hrsg. des Mappenwerks für Graphik »Die Schaffenden«, 1925 (mit C. Einstein) des »Almanach Europa«, 1918 bis 1925 der Buchserie »Orbis Pictus«. Befreundet mit Kokoschka u. Lehmbruck. 1933 als Bahnbrecher der ›entarteten‹ Kunst verfemt. Ging im selben Jahr nach Frankreich. Hrsg. des Mitteilungsblatts »Freie Kunst u. Literatur«. Ausbürgerung am 22. 7. 1936. Seit 1940 in Mexiko. Schrieb Bücher über mexikanische Kunst. 1963 von der ›Ford-Foundation‹ u. dem Senat der Stadt Berlin auf ein Jahr nach Berlin eingeladen.
W e r k e : Rassenschande. Nov. Paris: Ed. du Phénix 1935 – El pensamiento artistico moderno.

Mexiko: Ars 1945 – O. Kokoschka. Landschaften. Zürich: Rascher 1948 (Einführung). – C. Monet. Ebd. 1950 – Arte antiquo de Mexico. Mexiko: Fondo de Cultura Econ. 1950.

Wied, Martina (d. i. Alexandrine Martina Augusta Weisl geb. Schnabl): Geb. 10. 12. 1882 in Wien, gest. 25. 1. 1957 ebd. Studium der Philologie u. Kunstgeschichte in Wien. Zahlreiche Reisen. 1910 Heirat mit einem Fabrikanten. Ab 1913 Mitarbeiterin am »Brenner« u. bei anderen Zeitschriften. Emigrierte 1938 nach England. In Schottland als Lehrerin tätig. 1947 Rückkehr nach Wien. 1924 Dichterpreis der Stadt Wien, 1952 Österr. Staatspreis für Literatur (als erste Frau).
W e r k : Das Einhorn. Aus dem Tagebuch eines schott. Malers. Wien: Ullstein 1948 (im Exil entst.).

Winder, Ludwig (Ps. G. A. List): Geb. 7. 2. 1889 in Schaffa (Mähren), gest. 16. 6. 1946 in Baldock (England). 1915–38 Feuilletonred. u. Theaterkritiker der dt. Zeitung »Bohemia« in Prag, Mitglied des ›Böhmisch-Mährischen Literaturkreises‹ (Prager Kreis). Befreundet mit Kisch u. Weiskopf. Emigrierte 1939 nach England. 1934 Literatur-Staatspreis der tschechoslow. Republik, Mitglied des PEN-Clubs.
W e r k e : Der Thronfolger Franz Ferdinand. R. Zürich: Humanitas-Verl. 1938 (Übers.: tschech.) – One Man's Answer. R. London: Harrap 1944 – Die Pflicht. R. Zürich: Steinberg 1949; Berlin: Volk u. Welt 1949.

Wittner, Victor (Ps. Vivo): Geb. 1. 3. 1896 in Herta (Rumänien), gest. 27. 10. 1949 in Wien. Bis 1933 Chefred. des »Querschnitts« in Berlin. Ging 1933 nach Wien zurück, 1938 Emigration nach Prag, anschließend in die Schweiz. Journalistisch tätig. 1948 Rückkehr nach Wien.
W e r k e : Alltag der Augen. Sonette. Zürich: Morgarten 1941 – Das Haarpfand. Ged. aus dem Nachlaß. Wien: Bergland-Verl. 1956.

Wolf, Edmund: Geb. 23. 4. 1910 in Wien. Rechtsstudium in Wien, Dr. jur. Dramaturg am Dt. Volkstheater in Wien. Emigrierte 1939 nach England, im dt.sprachigen Programm der BBC tätig, Dramatiker, lebt in London.
W e r k e (sämtlich Dramen): Schutzengel (Hotel Sylvia Dunn). Wien u. Paris: Marton 1938 – A Case of Youth. Ebd. 1940 – Auf den zweiten Blick (Augen der Liebe). Ebd. 1946 – Wisely Wanton. Ebd. 1950/51.

Wolf, Friedrich (Ps. Christian Baetz, Hans Rüedi, Dr. Isegrimm): Geb. 23. 12. 1888 in Neuwied, gest. 5. 10. 1953 in Lehnitz bei Berlin. Kurzes Studium an der Münchener Kunstakademie, danach Medizinstudium in Tübingen, Bonn u. Berlin, Dr. med. 1913. 1914 Schiffsarzt, Bataillonsarzt im Ersten Weltkrieg, erbitterter Kriegsgegner, wegen Kriegsdienstverweigerung interniert. 1918 Mitglied des Arbeiter- u. Soldatenrats in Dresden, Mitglied der USPD u. der ›Sozialistischen Gruppe der Geistesarbeiter‹. 1920 als praktischer Arzt in Remscheid tätig, an der Niederschlagung des Kapp-Putsches beteiligt. 1920/21 als Arzt u. Torfarbeiter in der Arbeitskommune Barkenhoff (Worpswede) tätig. 1921–33 praktischer Arzt in Hechingen, Höllsteig (Bodensee) u. Stuttgart (1927). Seit 1928 Mitglied der KPD und des ›Bundes proletarisch-revolutionärer Schriftsteller‹. Neben seiner ärztlichen Tätigkeit schriftstellerische Arbeit, vor allem als Dramatiker. 1931 vorübergehend verhaftet, anschließend Besuch der Sowjetunion. Emigrierte 1933 über Österreich in die Schweiz. 1935/36 Reisen in die USA u. nach Skandinavien. Ausbürgerung am 8. 6. 1935. 1938 in Frankreich, 1939 in Le Vernet u. Camp Les Milles interniert. 1941 nach Moskau. 1943 Mitbegr. des Nationalkomitees ›Freies Deutschland‹. 1945 Rückkehr nach Mitteldeutschland, als Kulturpolitiker u. Schriftsteller tätig. 1950/51 1. Botschafter der DDR in Polen, von 1951 an freier Schriftsteller in Lehnitz. Mitglied der Dt. Akademie der Künste in Ost-Berlin. Nationalpreis der DDR 1949 u. 1950.
W e r k e : Die Matrosen von Cattaro. Dr. Berlin: Internat. Arbeiter-Verl. 1930; Zürich: Oprecht u. Helbling 1935; Moskau: Verlagsgen. ausländ. Arbeiter 1935 (Übers.: russ., engl.) – Bauer Baetz. Dr. Stuttgart: Schuler 1932; Moskau: Verlagsgen. ausländ. Arbeiter 1935 (Übers.: russ.) – Doktor Mamlocks Ausweg. Trag. der westl. Demokratie. Zürich: Oprecht u. Helbling 1935; Moskau: Verlagsgen. ausländ. Arbeiter 1935 (Übers.: norw., engl., russ., tatarisch) – Floridsdorf. Ein Schausp. von den Februarkämpfen der Wiener Arbeiter. Zürich: Oprecht u. Helbling 1935; Moskau: Verlagsgen. ausländ. Arbeiter 1935 (Übers.: engl., russ.) – Die Nacht von Béthineville. Erz. Moskau: Verlagsgen. ausländ. Arbeiter 1936 – Fort Brimont-Galizyno. Moskau: Verl. f. Schöne Lit. 1936 – Das Trojanische Pferd. Moskau: Verlagsgen. ausländ. Arbeiter 1937 (Übers.: russ.) – Peter kehrt heim (russ.). Moskau: Verl. Kunst 1937 – Zwei an der Grenze. R. Zürich: Oprecht 1938; Kiew: Staatsverl. f. nat. Minderheiten 1939 (Übers.: russ., slow., tschech., poln.) – Von New York bis Shanghai. Politische Revue. Engels: Dt. Staatsverl. f. Künstl. Lit.

1941 – Gefährlicher Beifall. Erz. Verl. sowj. Schriftst. 1941 (russ.) – KZ Vernet. Moskau: Das Internat. Buch 1941 (Übers.: engl.) – Sieben Kämpfer vor Moskau. Moskau: Verl. f. fremdspr. Lit. 1942 – Der Kirschbaum. Ebd. 1942 – Der Russenpelz. Erz. Ebd. 1942 (Übers.: slow., poln.) – Die Patrioten (russ.). Moskau: Staatsverl. Kunst 1943 – Heimkehr der Söhne. Moskau: Verl. f. fremdspr. Lit. 1944 (Übers.: slow., poln.) – Das Öhmchen. Erz. Moskau: Verl. f. Schöne Lit. 1944 – Doktor Wanner (russ.). Moskau: Staatsverl. Kunst 1945.

Wolfenstein, Alfred: Geb. 28. 12. 1883 in Halle, gest. 22. 1. 1945 in Paris. Studium der Rechtswissenschaft in Berlin, Dr. jur., lebte als freier Schriftsteller in Berlin. 1912–17 enger Mitarbeiter von Pfemferts »Aktion«. 1916–22 in München, anschließend wieder in Berlin. 1919/20 Hrsg. des Jahrbuchs »Die Erhebung. Jb. für neue Dichtung u. Wertung«. Floh 1934, durch die ›Liga f. Menschenrechte‹ gewarnt, nach Prag, ging 1938 nach Paris, Mitarbeit im ›Schutzverband Dt. Schriftsteller‹. 1940 auf der Flucht vor den dt. Truppen von der Gestapo verhaftet, 3 Monate im Gefängnis, tauchte nach der Entlassung in Südfrankreich unter, kehrte illegal nach Paris zurück. Krankheit, Depressionen, nahm sich 1945 das Leben. Erhielt 1930 dt. Übersetzerpreis für Rimbaud-Übers.
W e r k e : Die gefährliche Engel. 30 Geschichten. Mährisch-Ostrau: Kittl 1936 – Ein Junge erobert eine Stadt. Exil-R. Unveröffentlicht – A. W. Einführung u. Auswahl. Hrsg. von C. Mumm. Wiesbaden: Franz Steiner Verl. 1955.

Wolff, Theodor: Geb. 2. 8. 1868 in Berlin, gest. 23. 9. 1943 ebd. Seit 1887 Mitarbeiter des »Berliner Tageblatts«, zahlreiche Auslandsreisen. Mitbegr. der Freien Bühne, Förderer des naturalistischen Theaters. 1894 Paris-Korrespondent des »Berliner Tageblatts«, ab 1906 Chefred. dieser Zeitung. Wichtige publizistische Stimme politischer Vernunft, während des Ersten Weltkriegs zeitweise Schreibverbot. 1918 Mitbegr. der Dt. Demokratischen Partei, 1926 Austritt wegen Differenzen mit Hjalmar Schacht. 1933 aus der Leitung des »Berliner Tageblatts« gedrängt, emigrierte nach Südfrankreich. Ausbürgerung am 26. 10. 1937. Am 18. 5. 1943 nach der Besetzung Südfrankreichs durch ital. Truppen verhaftet, der Gestapo übergeben, nach Deutschland deportiert, im Lager Sachsenhausen interniert. Wegen Erkrankung ins Israelitische Krankenhaus überführt, während einer Operation verstorben.
W e r k e : Der Krieg des Pontius Pilatus. Zürich: Oprecht u. Helbling 1934 (Übers.: engl.,

franz.) – Der Marsch durch zwei Jahrzehnte. Amsterdam: de Lange 1936 (Übers.: engl., franz.) – Die Schwimmerin. R. Zürich: Oprecht 1937.

Wolfskehl, Karl: Geb. 17. 9. 1869 in Darmstadt, gest. 30. 6. 1948 in Baywater-Auckland (Neuseeland). Ab 1887 Germanistikstudium in Leipzig, Berlin, Gießen, Dr. phil. 1893. 1893–1919 Mitarbeiter der »Blätter für die Kunst«, gehörte zum engsten George-Kreis. Ab 1898 in München als freier Schriftsteller, sein Schwabinger Haus wurde zeitweise Mittelpunkt des George-Kreises. Ab 1910 Mitarbeiter am »Jahrbuch für geistige Bewegung«. Durch Inflation Verlust des väterlichen Vermögens, verstärkte publizistische Tätigkeit. 1922–24 in Florenz als Hauslehrer tätig, zahlr. Übersetzungsarbeiten. Emigrierte 1933 in die Schweiz, 1934–38 in Italien, ging 1938 nach Neuseeland, in den letzten Lebensjahren vereinsamt, fast erblindet.
W e r k e : Siehe S. 342.

Wüsten, Johannes (Ps. Peter Nickl oder Nikl): Geb. 4. 10. 1896 in Heidelberg, gest. 26. 4. 1943 im Zuchthaus Brandenburg. Tischlerlehre, Ausbildung als Kunsthandwerker, ab 1914 Malschüler bei Otto Modersohn in Worpswede. Nach Kriegsschluß Maler in Hamburg, Mitbegr. der ›Neuen Sezession‹. Zahlr. Studienreisen. Trat als Illustrator u. Dramatiker hervor. 1932 Eintritt in die KPD, nach 1933 illegale Parteiarbeit in Görlitz. Emigrierte 1934 nach Prag, Mitarbeiter der satirischen Zeitschrift »Simpl«. 1938 Flucht nach Paris, 1941 von der Gestapo verhaftet, zu 15 Jahren Zuchthaus verurteilt.
W e r k e : Berggeist. Die Lehre von Maria Stern. 2 Einakter. Prag: DDOC 1935 – Die Grenze. Dr. Studie. Prag: Volksbühnenbund 1936 – Der Strom fließt nicht bergauf. Hist. R. Rudolstadt: Greifenverl. 1963 (aus dem Nachlaß).

Yourgrau, Wolfgang: Geb. 16. 11. 1908 in Kattowitz (Oberschlesien). Philosophiestudium in Berlin, Dr. phil. Verbindung zur SAP. Nach 1933 illegale politische Arbeit in Berlin. Emigrierte im Dezember 1933 nach Polen, als Regisseur einer Schauspieltruppe tätig. Nach Verhaftung ausgewiesen. Ging nach Riga, wegen politischer Äußerungen aus Lettland ausgewiesen, emigrierte nach Palästina. Lektor bei der Kulturabteilung des Histadruth, Vorlesungstätigkeit. Mitbegr. der westeuropäisch orientierten Partei Alija Chadasha. 1942/43 Mithrsg. des »Orient«, als Rundfunkjournalist tätig. Nach dem Krieg Red. mehrerer Zeitschriften, ab Ok-

tober 1945 Philosophiedozent an der ›School of Higher Studies‹. Lebt in London, als Prof. an der ›London School of Economics and Political Science‹.
W e r k : Der Nahe Osten – Gewehr bei Fuß! Tel Aviv: Verl. Matara 1939.

Zarek, Otto (Ps. Ferdinand Mayr-Ofen): Geb. 20. 2. 1898 in Berlin, gest. 21. 8. 1958 ebd. Studium in München. 1920 Regisseur der Münchner Kammerspiele, 1925 Chefdramaturg des Dt. Künstlertheaters, dann an Berliner Theatern. Trat als Journalist u. Erzähler hervor. Kleist-Preis 1922. Emigrierte 1933 nach Ungarn, 1938 nach England. 1954 Rückkehr nach Deutschland.
W e r k e : Kossuth. Biogr. Zürich: Bibl. zeitgenöss. Werke 1935 (Übers.: engl.) – Liebe auf dem Semmering. Zürich: Bibl. zeitgenöss. Werke 1935 – Moses Mendelssohn. Biogr. Amsterdam: Querido 1936 – Ludwig II. von Bayern. Das Leben eines tragischen Schwärmers. Wien: Tal 1937 (Übers.: engl.) – Die Geschichte Ungarns. Zürich: Humanitas-Verl. 1938 (Übers.: engl.) – German Odyssee. London: Cape 1941; ebenfalls u. d. T.: Splendour and Shame. New York: Bobbs-Merill 1941 – German Kultur. London: Hutchinson 1942 – The Quakers. London: Dakers 1944.

Zech, Paul (Ps. Paul Robert, Timm Borah, Michel Michael, Rhenanus, Manuel Sachs): Geb. 19. 2. 1881 in Briesen (Westpreußen), gest. 7. 9. 1946 in Buenos Aires. Studium in Bonn, Heidelberg u. Zürich. Zwei Jahre lang Arbeit als Bergmann, Metallarbeiter u. Heizer in Deutschland, Frankreich u. Belgien. Ab 1910 Bibliothekar in Berlin, Red. u. Dramaturg. Kontakt mit expressionistischen Schriftstellern (Heym, Lasker-Schüler, Hille). 1913–20 Mithrsg. der expressionistischen Zeitschrift »Das neue Pathos«. 1918 Kleist-Preis. 1933 Verhaftung u. in Spandau interniert. Emigrierte im selben Jahr über Prag, Paris, Genua nach Argentinien. Beteiligt an der Gründung der »Deutschen Blätter« in Santiago de Chile. Trat als Übersetzer hervor.
W e r k e : Bäume am Rio de la Plata. Ged. Buenos Aires: Quadriga-Verl. 1937 – Neue Welt. Verse der Emigration. Ebd. 1939 – Ich suchte Schmied u. fand Malva wieder. Erz. Buenos Aires: Estrellas 1941 – St. Zweig. Eine Gedenkschrift. Buenos Aires: Quadriga-Verl. 1943 – Im Exil entstanden: Die schwarze Orchidee. Indianische Legenden. Berlin: R. Zech 1947 – Kinder von Paraná. R. Rudolstadt: Greifenverl. 1952 – Das rote Messer. Begegnungen mit Tieren u. seltsamen Menschen. Ebd. 1953 – Die Vögel des Herrn Langfoot. R. Ebd. 1953 – Die grüne Flöte

vom Rio Beni. Indianische Liebesgeschichten. Ebd. 1955 – Abendgesänge u. Landschaften der Insel Marapampa. Kronenburg (Eifel): R. Zech 1960.

Zeitlin, Leon: Geb. 23. 2. 1876 in Memel, gest. 21. 6. 1967 in London. Studium der Staatswissenschaften u. Nationalökonomie in München u. Leipzig, Dr. phil. 1902. Publizistisch tätig. 1902 USA-Vizekonsul in Gera. 1928–32 Mitglied des Preuß. Landtags für die Dt. Demokratische Partei. Emigrierte 1935 nach England. 1940–53 Wirtschaftsberater des ›Institute of Export‹ u. anderer Wirtschaftsunternehmen. Mitarbeiter dt. u. engl. Zeitungen, Mitbegr. des PEN-Zentrums dt.sprachiger Autoren im Ausland. Keine Buchveröffentlichungen im Exil.

Zernatto, Guido: Geb. 21. 6. 1903 in Treffen bei Villach, gest. 8. 2. 1943 in New York. Studium in Wien. Publizistisch tätig, von 1925 an Hrsg. der »Kärntner Monatszeitschrift«. Red. der »Österr. Monatshefte«, 1935 Präsident des ›Verbandes katholischer Schriftsteller‹. Vizepräsident des Österr. Bundesverlags in Wien. 1934–38 Staatssekretär im Bundeskanzleramt unter der Regierung Schuschnigg, zuletzt Minister. Emigrierte 1938 über die Tschechoslowakei in die Schweiz u. nach Frankreich. 1940 über Portugal in die USA. Seit 1941 als Research Prof. an der Fordham University tätig. Erhielt 1930 den Lyrik-Preis der ›Kolonne‹ Dresden.
W e r k e : Die Wahrheit über Österreich. New York: Longmans, Green 1938 – Gedichte. Gesamtausgabe. Klagenfurt u. Wien: J. Leon 1950.

Zimmering, Max: Geb. 16. 11. 1909 in Pirna (Elbe). Trat frühzeitig mit literar. Veröffentlichungen in der Arbeiterpresse hervor. Seit 1928 Mitglied des KJV, ab 1930 der KPD, gehörte zum ›Bund proletarisch-revolutionärer Schriftsteller‹. Ab 1930 als Schaufensterdekorateur tätig, dann arbeitslos. Emigrierte 1933 in die Tschechoslowakei, anschließend nach Frankreich, ab 1934 in Palästina, 1935 wieder in die Tschechoslowakei, ging 1939 nach England, zeitweilig interniert. In London Red. der Monatsschrift »Freie Dt. Kultur«. 1942–46 Mitglied des PEN-Clubs. 1946 Rückkehr nach Mitteldeutschland. 1946–53 Kulturred. von »Zeit im Bild«. Mitglied des PEN-Zentrums der DDR. 1956–58 1. Sekretär des DSV. Zahlreiche Reisen. Bis 1964 Direktor des J. R. Becher-Literaturinstituts in Leipzig, jetzt freier Schriftsteller, auch Kinderbuchautor. 1930 Lyrik-Preis der »Linkskurve«, 1953 Heinrich-Mann-Preis, 1958 Heinrich-Heine-Preis, 1967 Martin-Andersen-Nexö-Preis.

Werke: So ist Palästina. Erz. Prag: Prokop 1935 – Honba za botou. Kinderbuch. Prag: Rozsévacka 1936 – Zaslíbená zeme. R. Prag: Lidová kultura 1937 – Gedichte. London: Freie Dt. Jugend 1943 – Der Keim des Neuen. Ged. Ebd. 1944 – Familie Blanchard. Dr. Leseauff.: London 1944 – Das Jahr 1848 u. seine Dichter. Vortr. London: Freier Dt. Kulturbund 1946 – Widerstandsgruppe ›Vereinigte Kletter-Abteilung‹ (VKA). Ein Bericht von der Grenzarbeit der Dresdner Arbeiterbergsteiger in der Sächs. Schweiz u. dem östl. Erzgebirge. Berlin: Zentrale Forschungsstelle der Vereinigung der Verfolgten des Naziregimes (VVN) 1948 – Im Antlitz der Zeit. Ged. Berlin: Dietz 1948 – Und fürchte nicht den Tag. Ged. Dresden: Sachsenverlag 1950 (z. T. im Exil entst.).

Zinner, Hedda (d. i. Hedda Erpenbeck-Zinner, Ps. Elisabeth Frank, Hannchen Lobesam): Geb. 20. 5. 1907 in Lemberg. 1923–25 Besuch der Schauspiel-Akademie in Wien. Verschiedene Schauspiel-Engagements, ab 1929 in Berlin. Unter Einfluß von L. Renn Annäherung an den Marxismus, trat der KPD bei. Mitarbeiterin der »Roten Fahne«. Emigrierte 1933 nach Wien, anschließend nach Prag, dort 1934 Gründung des Kabaretts ›Studio 1934‹. Ging 1935 mit ihrem Mann F. Erpenbeck nach Moskau. Schrieb Hörspiele für den Moskauer Rundfunk. 1945 Rückkehr nach Mitteldeutschland, lebt als freie Schriftstellerin in Berlin. 1954 Nationalpreis der DDR, 1960 Goethe-Preis der Stadt Berlin, 1961 Lessing-Preis.
Werke: Unter den Dächern. Moskau: Verlagsgenoss. ausländ. Arbeiter 1936 – Das ist geschehen. Ebd. 1939; Weimar: Kiepenheuer 1950 – Freie Völker–freie Lieder. Moskau: Verlagsgen. ausländ. Arbeiter 1939 – Kaffeehaus Payer. Berlin: Henschel 1945 – Fern und nah. Ged. Weimar: Kiepenheuer 1947.

Zoff, Otto: Geb. 9. 4. 1890 in Prag, gest. 14. 12. 1963 in München. 1909–14 Studium der Kunstgeschichte u. Literaturwissenschaft in Prag u. Wien, Dr. phil. 1915. Lektor des S. Fischer Verlags in Berlin, 1917 Dramaturg u. Mitdirektor der Münchener Kammerspiele unter O. Falckenberg, danach am Lobe-Theater in Breslau. 1923 bis 1925 Verlagsdirektor in München. Danach als freier Schriftsteller u. Regisseur tätig. Ging 1932 nach Italien, 1935 nach Frankreich, 1941 in die USA. Korrespondent u. Kulturberichterstatter in New York. 1961 Rückkehr nach Deutschland. Seit 1961 Mitglied des dt. PEN-Zentrums. Verdienstkreuz der Bundesrepublik Deutschland 1960, Österr. Verdienstkreuz 1961, Mitglied der Dt. Akademie f. Sprache u. Dichtung in Darmstadt seit 1961.
Werke: Die Hugenotten. Wien: Tal 1937; Konstanz: Südverl. 1948 (Übers.: holl., engl., port., span.) – They Shall Inherit the Earth. New York: Day 1943 – Tagebücher aus der Emigration (1939–44). Heidelberg: L. Schneider 1968 (aus dem Nachlaß).

Zuckmayer, Carl: Geb. 27. 12. 1896 in Nackenheim a. Rh. Nach dem Ersten Weltkrieg erste Veröffentlichungen in der »Aktion«, expressionistische Verse u. Prosa. Mitglied der von F. Pfemfert begründeten Antinationalen Sozialisten-Partei. 1918–20 Studium der Naturwissenschaften, Philosophie, Germanistik in Heidelberg. Verbindung zum sozialdemokratischen Darmstädter Kreis um Carlo Mierendorff. Ab 1920 in Berlin, in verschiedenen Berufen tätig: Gelegenheitsarbeiter, Komparse usw. Ab 1922 Regieassistent u. Dramaturg in Kiel, vorübergehend am Münchener Schauspielhaus. 1924 Tätigkeit als Dramaturg in Berlin (zusammen mit Brecht). 1925 Durchbruch als Dramatiker, freier Schriftsteller. Lebte 1926–33 in Henndorf bei Salzburg oder in Wien. Zog sich 1933 ganz nach Österreich zurück. Emigrierte 1938 in die Schweiz, ging 1939 in die USA. Erfolglose Versuche als Drehbuchautor in Hollywood, seit 1940 Lehrer an Piscators ›Dramatic Workshop‹ in New York. 1940–46 Pächter einer Farm in Vermont. Seit 1946 naturalisiert. Von Ende 1946 bis Anfang 1947 als US-Kultur-Offizier des Reeducation-Office in Deutschland u. Österreich tätig. Ab 1951 wechselnder Wohnsitz, 1954 endgültige Rückkehr in die Schweiz, lebt in Saas-Fee. Träger verschiedener Auszeichnungen: Kleist-Preis 1925, Büchner-Preis 1929, Heidelberger Festspiel-Preis 1929, 1952 Goethe-Preis der Stadt Frankfurt, 1955 Verdienstkreuz der Bundesrepublik Deutschland, 1960 Österr. Staatspreis. Mitglied der Bayerischen Akademie der Künste seit 1956.
Werke: Siehe S. 518 f.

Zuntz, Günther: Geb. 28. 1. 1902 in Berlin. Religionswissenschaftliches Studium, Dr. phil. Wissenschaftlich tätig. Ging 1935 nach Dänemark, 1939 nach England. Fellow of the British Academy.
Werke: The Ancestry of the Harklean New Testament. London: Brit. Acad. 1946 – Prophetologium. 5 Bde. Krit. Ausgabe. Kopenhagen: Munksgaard 1939 ff.

Zweig, Arnold: Geb. 10. 11. 1887 in Groß-Glogau, gest. 26. 11. 1968 in Berlin. 1907–15 Philologie- u. Philosophiestudium u. a. in Breslau, München, Berlin, Tübingen. Begann 1906 literarisch hervorzutreten. 1917 Mitarbeiter der Presseabtlg. im Hauptquartier des Oberbefehlshabers Ost während des Ersten Weltkriegs. Mit B. Kellermann im Soldatenrat in Wilna. 1915 Kleist-Preis. Ab Ende 1918 in Berlin ansässig, 1919–23 in Starnberg. Ab 1923 Red. der »Jüdischen Rundschau« in Berlin. 1926 Mitglied des PEN-Clubs, Vorsitzender des ›Schutzverbandes dt. Schriftsteller‹, Mitarbeiter der »Weltbühne«. 1932/33 zahlr. Reisen. Emigrierte 1933 zunächst nach Prag. Ende des Jahres über die Schweiz u. Frankreich nach Palästina. Ausbürgerung am 29. 2. 1936. 1942/43 Mithrsg. der Zeitschrift »Orient« in Haifa. 1948 Rückkehr in die DDR. Nationalpreis der DDR 1950, 1950–53 Präsident der Dt. Akademie der Künste in Ost-Berlin. 1949–67 Abgeordneter der Volkskammer, Präsident des PEN-Zentrums der DDR. 1958 Internationaler Lenin-Friedenspreis.
W e r k e : Siehe S. 334.

Zweig, Max: Geb. 22. 6. 1892 in Prossnitz (Mähren). Rechtsstudium in Wien, Dr. jur. 1919. 1920 bis 1934 als freier Schriftsteller in Berlin. 1934 Rückkehr nach Prossnitz. Emigrierte 1938 nach Palästina. Lebt als freier Schriftsteller in Tel Aviv.

W e r k e : Die Marranen. Dr. Prag: Selbstverl. 1938 – Dramen. 2 Bde. Wien: Deutsch 1961/63 – Zahlr. im Exil entst. Dramen.

Zweig, Stefan: Geb. 28. 11. 1881 in Wien, gest. 23. 2. 1942 in Petropolis (Brasilien). Studium der Germanistik u. Romanistik in Wien u. Berlin, Dr. phil. Zahlr. Auslandsreisen. Während des Ersten Weltkriegs im österr. Kriegsarchiv, dann Emigration in die Schweiz, Eintreten für den Frieden. 1919 Übersiedlung nach Salzburg, seit 1934 zweiter Wohnsitz in England. In Verbindung zu zahlreichen europ. Persönlichkeiten, vielgelesener dt.sprachiger Autor. Emigrierte 1938 endgültig nach England, seit 1940 brit. Staatsbürger. 1940 in die USA, 1941 nach Brasilien. Nahm sich zusammen mit seiner Frau das Leben.
W e r k e : Siehe S. 310 f.

Zwillinger, Frank Gerhard: Geb. 29. 11. 1909 in Wien. Studium der Germanistik, Dr. phil. Emigrierte 1938 nach Italien. Weitere Stationen: Shanghai u. Saigon. Ab 1946 in Paris. 1948/49 in den USA. Ab 1949 wieder in Paris. Freier Schriftsteller, lebt in Garches. 1964 Theodor-Körner-Preis, 1966 Preis im Volksstückwettbewerb des Zweiten Dt. Fernsehens. 1967 Professortitel. Zahlr. andere Auszeichnungen.
W e r k : Wandel u. Wiederkehr. Ged. Nürnberg: Nest-Verl. 1950.

Die Autoren der Beiträge

André Banuls

Geboren 1921. Studium der Literaturwissenschaft und Germanistik in Lyon, Paris und Tübingen. Dr. phil. Professor am Germanistischen Institut der Universität des Saarlandes.

Publikationen u. a.:
Heinrich Mann. Le poète et la politique. Paris 1966. – Thomas Mann und sein Bruder Heinrich. Stuttgart 1968. – Heinrich Mann. Stuttgart 1970. – Aufsätze.

Jörg Bernhard Bilke

Geboren 1937. Studium der Germanistik in Berlin und Mainz. Leitet in Mainz das ›Archiv für DDR-Literatur und DDR-Germanistik‹, arbeitet an einer Dissertation über Anna Seghers. Z. Zt. Research Associate am ›Institute of German Studies‹ der Indiana University in Bloomington, Indiana (USA).

Publikationen:
Planziel Literaturgesellschaft oder Gibt es zwei deutsche Literaturen? (Beilage der Wochenzeitung »Das Parlament«) Bonn 1971. – Aufsätze zur DDR-Literatur und Exilliteratur, Rundfunksendungen und Rezensionen.

Marianne O. de Bopp

Geboren in Königsberg (Ostpreußen). Studium der Germanistik in Berlin und Mexiko. Dr. phil. Professor und Chef der Deutschen Abteilung an der Universidad Nacional Autónoma de México.

Publikationen u. a.:
Schiller (desde México). Facultad de Filosofía y Letras, UNAM, Mexiko 1955. – Othon E. de Brackel-Welda-Epístolas a Manuel Gutiérrez Nájera. Facultad de Filosofía y Letras, UNAM, Mexiko 1957. – Christoph M. Wieland: Koxkox y Kikequetzel. Una historia mexicana. Facultad de Filosofía y Letras, UNAM, Mexiko 1959. – Contribución al estudio de las letras alemanas en México. Facultad de Filosofía y Letras, UNAM, Mexiko 1961. – Maximiliano y los alemanes. Sociedad Mexicana de Geografía y Estadística. Mexiko 1965. – Joh. Ludwig Tieck: El blondo Eckbert y El Gato con botas. Facultad de Filosofía y Letras, UNAM, Mexiko 1965. – Aufsätze u. a. in: Historia Mexicana – Humboldt – Publizistik, Münster (Westfalen), vor allem über deutsch-mexikanische Kulturbeziehungen.

Karl Corino

Geboren 1942. Studium der Germanistik, Altphilologie und Philosophie in Erlangen, Tübingen und Rom. Dr. phil. Redakteur in der Literaturabteilung des Hessischen Rundfunks, Frankfurt a. M.

Publikationen:
Studien zu einer historisch-kritischen Ausgabe von Robert Musils Novellenband »Vereinigungen«. Diss. Tübingen 1969. – Robert Musil – Thomas Mann. Ein Dialog. Pfullingen

1971. – Mithrsg. einer Reihe von Musil-Texten und einer wissenschaftlichen Reihe. – Aufsätze zur Literatur des 20. Jahrhunderts und Kritiken.

Manfred Durzak

Geboren 1938. Studium der Literaturwissenschaft und Philosophie in Bonn und Berlin. Dr. phil. Professor an der Indiana University (Bloomington).

Publikationen u. a.
Hermann Broch. Stuttgart 1967. – Hermann Broch. Der Dichter und seine Zeit. Stuttgart 1968. – Der junge Stefan George. Kunsttheorie und Dichtung. München 1968. – Poesie und Ratio. Vier Lessing-Studien. Bad Homburg v. d. H. 1970. – Der deutsche Roman der Gegenwart. Stuttgart 1971. – Die deutsche Literatur der Gegenwart. Aspekte und Tendenzen (Hrsg.). Stuttgart 1971. – Dürrenmatt, Frisch, Weiss. Deutsches Drama der Gegenwart zwischen Kritik und Utopie. Stuttgart 1972. – Aufsätze, literaturkritische Arbeiten und Rezensionen.

Wolfgang Frühwald

Geboren 1935. Studium der Germanistik, Geschichte und Geographie an der Universität und der Technischen Hochschule München. Dr. phil. Professor an der Universität Trier-Kaiserslautern in Trier.

Publikationen u. a.:
Der St. Georgener Prediger. Studien zur Wandlung des geistlichen Gehaltes. Berlin 1963. – Clemens Brentano: Gedichte (Hrsg.). Reinbek 1968. – Clemens Brentano: Briefe an Emilie Linder (Hrsg.). Bad Homburg 1969. – Ernst Toller: Hinkemann (Hrsg.). Stuttgart 1971. – Aufsätze, Artikel und Rezensionen.

Petra Goder

Geboren 1948. Studium der Germanistik, Philosophie und Theologie. Magister-Arbeit über Fritz von Unruhs Trilogie »Ein Geschlecht« (masch. Kiel 1971). Arbeitet an einer Dissertation über Fritz von Unruh.

Heinz Graber

Geboren 1936. Studium der Germanistik, Geschichte und Philosophie. Dr. phil. Basel. Herausgeber der Döblin-Ausgabe.

Publikationen:
Alfred Döblins »Manas«. Bern 1967. – Alfred Döblin. Ausgewählte Werke (Hrsg. ab 1966).

Martin Gregor-Dellin

Geboren 1926. Literarische und musikalische Studien. Zeitweise Verlagslektor und Rundfunkredakteur, seit 1966 freier Schriftsteller. Präsidiumsmitglied des PEN-Zentrums der Bundesrepublik.

Publikationen u. a.:
Der Kandelaber. Roman. Olten u. Freiburg 1962. – Jakob Haferglanz. Roman. Rothenburg 1963. – Möglichkeiten einer Fahrt. Kurze Prosa. München 1964. – Einer. Roman. Olten u. Freiburg 1965. – Unsichere Zeiten. Erzählungen und Essays. Karlsruhe 1969. – Thomas Mann im Lichte unsrer Erfahrung. Berlin 1969. – Das kleine Wagner-Buch. Salzburg 1969. – Wagner-Chronik. München 1972. – Aufsätze, Editionen von Anthologien und Werken Klaus Manns, Mitarbeit an Sammelbänden, Handbüchern und Lexika. Literaturkritische Arbeiten und Rezensionen.

Kurt R. Grossmann

Geboren 1897. Kaufmännische Lehre. 1933 Emigration. Exekutivassistent in der ›Jewish Agency for Palestine‹. Gestorben 1972.

Publikationen:
Deutschland am Hakenkreuz. Prag 1933. – Der gelbe Fleck. Paris u. Prag 1933. – Juden in brauner Hölle. Prag 1933. – C. v. Ossietzky. Zürich 1936. – Menschen auf der Flucht. 1936. – The Jewish Refugee. New York 1944. – Emigration. Geschichte der Hitler-Flüchtlinge 1933 bis 1945. Frankfurt a. M. 1969.

Fritz Hackert

Geboren 1934. Studium der Germanistik und Anglistik in Tübingen, München und London. Dr. phil. Akademischer Oberrat am Deutschen Seminar der Universität Tübingen.

Publikationen u. a.:
Kulturpessimismus und Erzählform. Studien zu Joseph Roths Leben und Werk. Bern 1967. – Joseph Roth. Zur Biographie. In: DVjs 43 (1969) H. 1, S. 161–186. – Johann Wolfgang Goethe: Iphigenie auf Tauris. Erläuterungen und Dokumente (Mithrsg.). Stuttgart 1969. – Robert Walser. Feuilletonist. In: Provokation und Idylle. Über Robert Walsers Prosa. DU, Beiheft I zu Jg. 23 (1971) S. 7–27. – Neo-Obiettivismo (Neue Sachlichkeit). In: Dizionario Critico della Letteratura Tedesca. – Rezensionen.

Albrecht Holschuh

Geboren 1937. Studium der Eisenhüttenkunde in Aachen, der Germanistik in München und Princeton. Ph. D. Professor an der Indiana University (Bloomington).

Publikationen u. a.:
Utopismus im Werk Ingeborg Bachmanns. Eine thematische Untersuchung. Phil. Diss. Princeton University. Princeton, N. J. 1964 [Mikrofilm]. – Aufsätze und Rezensionen.

Walther Huder

Geboren 1921. Studium der Philosophie, Germanistik, Slawistik und Kunstgeschichte in Prag und Berlin. Dr. phil. Seit 1956 Leiter der Archive und Bibliotheken der Akademie der Künste, Berlin (West). 1967 Mitglied der Deutschen Akademie der Darstellenden Künste, 1971 Sachverständiger der Kommission für Exilliteratur bei der Akademie der Wissenschaften und der Literatur, Mainz, 1972/73 Lehrtätigkeit an der Freien Universität Berlin.

Publikationen u. a.:
Monographien: Die Dialektik in der Dichtung Rainer Maria Rilkes. Berlin 1956. – Kritische Analyse des Gesamtwerkes von Gottfried Kapp. Dülmen 1964. – 300 Jahre Jüdische Gemeinde zu Berlin. Berlin 1971. – Ausstellungskataloge: Karl Jakob Hirsch. Berlin 1967. – Dem Scheiterhaufen entgangen. Berlin 1967. – Julius Bab und Das Theater der Republik. Berlin 1967. – Theodor Däubler. Berlin 1968. – Lion Feuchtwanger. Berlin 1969. – Walter Rheiner. Berlin 1969. – Zehn Jahre Jüdisches Gemeindehaus Berlin. Berlin 1969. – Annemarie Oppenheim. Berlin 1969. – Ludwig Berger. Berlin 1969. – Theodor Fontane. Berlin 1969. – George Grosz. Berlin 1970. – Alexander Granach und Das jiddische Theater des Ostens. Berlin 1971. – Erwin Piscator. Berlin 1971. – Salomo Friedlaender/Mynona. Berlin 1972. – Boris Blacher. Berlin 1973. – Aufsätze, kritische Arbeiten und Rezensionen u. a. über deutsche Literatur der zwanziger Jahre und der Gegenwart. Zahlreiche Editionen.

Alfred Kantorowicz

Geboren 1899 in Berlin. Studium der Rechtswissenschaft und Literaturwissenschaft in Berlin, Freiburg i. Br., München und Erlangen. Dr. jur. utr. 1923. Seit 1957 freier Schriftsteller.

Publikationen:
Siehe »Hamburger Bibliographien« Bd. 3, Hamburg 1969, und Auswahlbibliographie oben S. 549.

Hans-Helmuth Knütter

Geboren 1934. Studium der Geschichte und Soziologie in Berlin und Bonn. Dr. phil. Wissenschaftlicher Rat und Professor für Politische Wissenschaft an der Universität Bonn.

Publikationen u. a.:
Ideologien des Rechtsradikalismus im Nachkriegsdeutschland. Bonn ²1962. – Bonner Studenten über ihre Wohnheime. Eine Untersuchung der inneren Struktur von sieben Wohnheimen in Bonn. Bonn 1967. – Politische Bildung. In: Bibliographie zur Politik in Theorie und Praxis. Hrsg. von K. D. Bracher und H. A. Jacobsen. Düsseldorf 1970. – Die Juden und die deutsche Linke in der Weimarer Republik. Düsseldorf 1971. – Aufsätze und Rezensionen.

Krystyna Kudlinska

Geboren 1948. Studium der Germanistik in Lodz (Polen), Auslandsstipendium und Studium der Germanistik, Skandinavistik und Pädagogik in Leipzig. Seit 1971 wissenschaftliche Assistentin am Lehrstuhl für Germanistik der Universität Lodz.

Publikationen:
Literarische Analyse des Romans »Empfang bei der Welt« von Heinrich Mann. Leipzig 1971 (Diplom-Arbeit). – Aufsätze zur Literatur des 20. Jahrhunderts.

Hugo Kunoff

Geboren 1929 in Tiege (Rußland). Studium der Geschichte an der University of the Americas (B. A.) und der Bibliothekswissenschaft an der Columbia University und der Indiana University (Ph. D.). Promotion mit einer Arbeit über den Einfluß der Aufklärung auf deutsche Universitätsbibliotheken in der zweiten Hälfte des 18. Jahrhunderts. Seit 1965 Referent für moderne Sprachen an der Indiana University (Bloomington).

Herbert Lehnert

Geboren 1925. Studium der Germanistik, Geschichte und Philosophie. Dr. phil. Professor an der University of California, Irvine.

Publikationen:
Thomas Mann. Fiktion, Mythos, Religion. Stuttgart 1965. – Struktur und Sprachmagie. Zur Methode der Lyrik-Interpretation. Stuttgart 1966. – Thomas-Mann-Forschung. Ein Bericht. Stuttgart 1969. – Aufsätze und Rezensionen.

Paul Michael Lützeler

Geboren 1943. Studium der Germanistik, Anglistik, Geschichte und Philosophie in Berlin, Edinburgh, Bloomington, Wien und München. Dr. phil. Professor an der Washington University in St. Louis, USA.

Publikationen u. a.:
Hermann Broch: Ethik und Politik. München 1973. – Dichter über ihre Dichtungen: Hermann Broch (Hrsg.). München 1973. – Editionen, Aufsätze und Rezensionen zur Literatur des 20. und 18. Jahrhunderts.

Klaus Matthias

Geboren 1929. Studium der Literatur- und Musikwissenschaft und Geschichte in Kiel. Dr. phil. Langjährige Tätigkeit als Musikkritiker. Gründer (1965) und Vorsitzender der Thomas-Mann-Gesellschaft in Lübeck. Oberstudienrat im Hochschuldienst am Institut für Literaturwissenschaft der Universität Kiel.

Publikationen u. a.:
Die Musik bei Thomas Mann und Hermann Hesse. Diss. Kiel 1956. – Studien zum Werk Thomas Manns. Lübeck 1967. – Thomas Mann und Skandinavien. Lübeck 1969. – Die Dramen von Max Frisch. Strukturen und Aussagen. (Literatur in Wissenschaft und Unterricht, Bd. III) 1970. – Heinrich Mann 1871/1971. Bestandsaufnahme und Untersuchung. Die Beiträge der Heinrich-Mann-Tagung in Lübeck (Hrsg.). München 1973. (Darin: Heinrich Mann und die Musik. – Heinrich Mann 1971 – Kritische Abgrenzungen.) – Theodor Fontane – Skepsis und Güte. (Jahrbuch des Freien Deutschen Hochstifts 1973.) – Ludwig van Beethoven. (Die Großen der Weltgeschichte. Kindler-Enzyklopädie in 12 Bänden, Bd. VII) 1973.

Marta Mierendorff

Geboren 1911 in Berlin. Studium der Philosophie, Soziologie und Kunstgeschichte in Berlin. 1954 Gründung des Instituts für Kunstsoziologie Berlin (West). 1964 verlagert nach Los Angeles (USA). Professor an der Deutschen Abteilung der University of Southern California (USC), Los Angeles.

Publikationen u. a.:
Beiträge für Wörterbuch der Soziologie und Soziologen-Lexikon, 2 Bde., Stuttgart 1955; Handwörterbuch der Sozialwissenschaften, Stuttgart 1958. – Einführung in die Kunstsozio-

logie (mit Heinrich Tost). Köln 1957. – Kunst- und kultursoziologische Beiträge siehe: Bibliography of the Institute for Sociology of the Arts, Los Angeles: Stand Sommer 1969. 5. vervollst. Aufl. u. ff. »Mitteilungen«.

Helmut Müssener

Geboren 1936. Studium der Germanistik, Geschichte, Geographie und Pädagogik in Bonn, Uppsala und Mainz. Dr. phil. (Mainz) und fil. lic. (Stockholm). Professor am Deutschen Institut der Universität Stockholm.

Publikationen:
August Strindberg. Ein Traumspiel. Struktur- und Stilstudien. Meisenheim 1965. – Die deutschsprachige Emigration nach 1933. Aufgaben und Probleme ihrer Erforschung. Stockholm 1970. – Die deutschsprachige Emigration in Schweden. Ihre Geschichte und kulturelle Leistung. Stockholm 1971. – Aufsätze und Rezensionen.

Ernst Erich Noth

Geboren 1909. Studium der Germanistik, Philosophie, Geschichte und Soziologie in Frankfurt a. M. und Paris. Schriftsteller, ehemaliger Herausgeber von »Books Abroad«. Dr. phil. Z. Zt. Gastprofessor (für Literaturwissenschaft, insbesondere Exilliteratur) am Deutschen Seminar der Johann Wolfgang Goethe-Universität, Frankfurt a. M.

Publikationen u. a.:
La Tragédie de la Jeunesse allemande. Paris 1934. – L'Homme contre le Partisan. Paris 1938. – Le Roman allemand. Kolmar 1938. – L'Allemagne exilée en France. Paris 1939. – La Guerre pourrie. New York 1942. – Bridges over the Rhine. New York 1947. – The Contemporary German Novel. Milwaukee 1961. – Erinnerungen eines Deutschen. Hamburg u. Düsseldorf 1971. – Romane, Aufsätze, literaturkritische Arbeiten und Rezensionen.

Marcel Reich-Ranicki

Geboren 1920. Seit 1960 ständiger Literaturkritiker der Wochenzeitung »Die Zeit«. Seit 1971 Ständiger Gastprofessor für Neue Deutsche Literatur an den Universitäten von Stockholm und Uppsala. 1972 Ehrendoktor der Universität Uppsala. 1973 Lehrauftrag der Universität Köln für Literaturkritik.

Publikationen u. a.:
Deutsche Literatur in Ost und West. Prosa seit 1945. München 1963. – Literarisches Leben in Deutschland. Kommentare und Pamphlete. München 1965. – Wer schreibt, provoziert. Kommentare und Pamphlete. München 1966. – Literatur der kleinen Schritte. Deutsche Schriftsteller heute. München 1967. – Die Ungeliebten. Sieben Emigranten. Pfullingen 1968. – Lauter Verrisse. Mit einem einleitenden Essay. München 1970. – Über Ruhestörer. Juden in der deutschen Literatur. München 1973. – Herausgeber von: Notwendige Geschichten 1933–1945. München 1967. – In Sachen Böll. Ansichten und Einsichten. Köln 1968. – Gesichtete Zeit. Deutsche Geschichten 1918–1933. München 1969. – Anbruch der Gegenwart. Deutsche Geschichten 1900–1918. München 1971. – Erfundene Wahrheit. Deutsche Geschichten 1945–1960. München 1972. – Verteidigung der Zukunft. Deutsche Geschichten seit 1960. München 1972.

Hans Dieter Schäfer

Geboren 1939. Studium der Germanistik, Geschichte, Philosophie und Pädagogik in Wien und Kiel. Dr. phil. Assistent am Germanistischen Institut der Universität Münster.

Publikationen:
Peter Altenberg: Sonnenuntergang im Prater (Hrsg.). Stuttgart 1968. – Wilhelm Lehmann. Studien zu seinem Leben und Werk. Bonn 1969. – Literaturwissenschaftliche Aufsätze und literaturkritische Arbeiten.

Ernst Schürer

Geboren 1933. Studium der Germanistik, Philosophie und Geschichte an der University of Texas, der Freien Universität Berlin und der Yale University. Ph. D., Professor an der Yale University (New Haven, Connecticut).

Publikationen:
Lebendige Form. Interpretationen zur deutschen Literatur (Hrsg.). München 1970. – Georg Kaiser. New York 1971. – Georg Kaiser und Bertolt Brecht. Über Leben und Werk. Frankfurt a. M. 1971. – Aufsätze und Rezensionen zur deutschen Literatur.

Ulrich Seelmann-Eggebert

Geboren 1919. Studium der Romanistik, Kunstgeschichte und Musikwissenschaft. Theater- und Kunstkritiker der Basler »National Zeitung« und – teils unter Pseudonym Carl J. Becher – Theaterkritiker der »Neuen Zürcher Zeitung«. Vorstandsmitglied des ›Internationalen Schutzverbandes deutschsprachiger Schriftsteller‹ (ISDS).

Publikationen u. a.:
Theaterstadt Stuttgart 1912–1962. Stuttgart 1962. – Mitarbeit an Sammelwerken und Lexika. Übersetzungen französischer Theaterstücke, Aufsätze und Rezensionen, vornehmlich zur französischen und italienischen Kunst und Literatur.

Walter Seifert

Geboren 1936. Studium der Germanistik, Geschichte und Soziologie in Marburg, Tübingen und Berlin. Dr. phil. Wissenschaftlicher Assistent am Erziehungswissenschaftlichen Fachbereich der Universität Augsburg.

Publikationen:
Das epische Werk Rainer Maria Rilkes. Bonn 1969. – Aufsätze und Rezensionen.

Viktor Suchy

Geboren 1912. Studium der Germanistik, Romanistik, Geschichte und Philosophie. Dr. phil. Leiter der ›Dokumentationsstelle für neuere österreichische Literatur‹ in Wien.

Publikationen u. a.:
Friedrich Rückerts »Idee der Philologie« im Lichte der romantischen Sprachphilosophie. Diss. Wien 1945. – Literatur in Österreich von 1945 bis 1970. Wien 1970 und 1973. – Aufsätze

zur Literatur des 19. und 20. Jahrhunderts. Hrsg. der Reihe »Das österreichische Wort« (Stiasny-Bücherei), 1957 ff.

Gabriele Tergit

Geboren 1894. Studium der Geschichte. Dr. phil. 1925–33 Redaktionsmitglied des »Berliner Tageblatts«. Sekretärin des PEN-Zentrums deutschsprachiger Autoren im Ausland.

Publikationen:
Käsebier erobert den Kurfürstendamm. Roman. Berlin 1931. – Effingers. Roman. Hamburg 1951. – Büchlein vom Bett. Berlin 1954. – Kaiserkron & Päonien Rot. Köln 1958.

Heinrich Vormweg

Geboren 1928. Studium der Germanistik, Philosophie und Psychologie in Bonn. Dr. phil. Freier Publizist, Literatur- und Theaterkritiker. O. Mitglied der Mainzer Akademie der Wissenschaften und Literatur. Mitglied des PEN-Clubs.

Publikationen u. a.:
Die Wörter und die Welt. Über neue Literatur. Essays. Neuwied 1968. – Briefwechsel über Literatur, mit Helmut Heißenbüttel. Neuwied 1969. – Eine andere Lesart. Über neue Literatur. Essay. Darmstadt und Neuwied 1972. – Aufsätze, Editionen, literaturkritische Arbeiten und Rezensionen.

Volker Wehdeking

Geboren 1941. Studium der Literaturwissenschaft an der Yale University. Ph. D. Professor of German an der University of Kansas (Lawrence).

Publikationen:
Der Nullpunkt. Über die Konstituierung der deutschen Nachkriegsliteratur (1945–1948) in den amerikanischen Kriegsgefangenenlagern. Stuttgart 1971. – Aufsätze zur Literatur des 20. Jahrhunderts.

Ulrich Weisstein

Geboren 1925. Studium der Anglistik, Germanistik und Kunstgeschichte in Frankfurt a. M., an der University of Iowa und an der Indiana University. Dr. phil. Professor der Germanistik und Vergleichenden Literaturwissenschaft an der Indiana University (Bloomington).

Publikationen u. a.:
Heinrich Mann. Eine historisch-kritische Einführung in sein dichterisches Werk. Tübingen 1962. – The Essence of Opera. New York 1964. – Max Frisch. New York 1967. – Einführung in die Vergleichende Literaturwissenschaft. Stuttgart 1968. – Expressionism as an International Literary Phenomenon (Hrsg.). Budapest u. Paris 1973. – Aufsätze, literaturkritische Arbeiten und Rezensionen.

Wolfgang Wendler

Geboren 1929. Studium der Literaturwissenschaft, Germanistik, Philosophie, Romanistik in Marburg und Hamburg. Dr. phil. Leiter vom Dienst am Norddeutschen Rundfunk in Hamburg.

Publikationen:
Carl Sternheim. Weltvorstellung und Kunstprinzipien. Frankfurt a. M. u. Bonn 1966. – Aufsätze, literaturkritische Arbeiten, Rezensionen.

Hans Wolffheim

Geboren 1904. Studium der Germanistik, Geschichte, Philosophie und Psychologie. Dr. phil. Emerit. Professor für Neuere deutsche Literatur. Leiter der ›Hamburger Arbeitsstelle für deutsche Exilliteratur‹ an der Universität Hamburg.

Publikationen u. a.:
Sinn und Deutung der Sonett-Gestaltung im Werk Eichendorffs. Bremen 1933. – Wielands Begriff der Humanität. Hamburg 1949. – Das ›Interesse‹ als Geist der Erzählung. Ein Beitrag zur Stilphysiognomie Thomas Manns. Euphorion 47 (1953). – Die deutsche Literatur nach dem Kriege. Veröffentlichungen der Universitätsgesellschaft Hamburg Nr. 8 (1955). – Alfred Mombert. Briefe an Richard und Ida Dehmel (Hrsg.). Akademie der Wissenschaften und der Literatur in Mainz/Wiesbaden 1955. – Geist der Poesie. Rudolf Borchardt/Rudolf Alexander Schröder. Hamburg 1958. – Die Entdeckung Shakespeares. Deutsche Zeugnisse des 18. Jahrhunderts. Hamburg 1959. – Rudolf Pannwitz. Einleitung in sein dichterisches Werk. Akademie der Wissenschaften und der Literatur in Mainz/Wiesbaden 1961. – Hans Henny Jahnn. Der Tragiker der Schöpfung. Beiträge zu seinem Werk. Frankfurt a. M. 1966. – Sexualität unter Vormundschaft. Über den Kunstbegriff in der Literatur. Hamburg 1970. – Aufsätze, Reden und Rezensionen.

Namenregister

Abusch, Alexander 178 f., 194, 373, 377, 521, 561
Adenauer, Konrad 13
Adler, Alfred 539
Adler, Bruno (auch Urban Roedl) 140, 142, 192, 521
Adler, Friedrich 69
Adler, Hans Günther 143
Adler, Paul 69
Adolf, Helene 62
Adolph, Rudolf 281
Adorno, Theodor W. 150, 394, 416, 517 f.
Ahl, Herbert 472
Alba, Herzogin von 451
Albert, Hans 259
Albertsen, Elisabeth 256, 260–262
Albrecht, Friedrich 324
Albrecht, Gertrude (auch Gertruda Albrechtová) 72, 197, 416
Albrecht, Jan 416
Albrechtová, Gertruda s. Albrecht, Gertrude
Alexander III., der Große (makedon. König) 457, 459, 461
Alfonso VIII. von Kastilien 447, 451
Algarotti, Francesco 214
Alkibiades 535
Allemann, Beda 349, 355 f.
Aloni, Jenny 49, 521
Alt Sapiro 51
Altenberg, Peter (eig. Richard Engländer) 59
Amann, Paul 415
Andermann, Erich 88
Anders, Günther (eig. Stern) 45, 521
Andersch, Alfred 509, 517
Anderson, Sherwood 155
André, Edgar 92, 528
Andres, Stefan 14, 53
Andrian-Werburg, Leopold Frhr. von 63
Angell, Norman 139
Anna Ivanovna (russ. Zarin) 505 f.
Annunzio, Gabriele d' 189
Aragon, Louis 192, 553
Archipoeta 336
Arendt, Erich 21, 41, 92, 100, 521 f.
Arendt, Hannah 150, 435
Arens, Hanns 307, 311, 497
Argyris 142
Aristophanes 284, 289
Arlt, Gustave O. 487 f.
Arnau, Frank 52, 522
Arnold, Armin 280 f.
Arpe, Verner 126, 522
Arx, Caesar von 270, 279, 281

Asch, Schalom 79, 523
Attlee, Clement Richard 98
Aubigné, Agrippa d' 217
Auden, Wystan Hugh 155
Auer, Annemarie 288–290, 324
Auerbach, Erich 51, 522
Auernheimer, Raoul-Othmar 61, 151, 522
Aufhäuser, Siegfried 36
Augustus (Gaius Octavius) 431, 436–440
Außerhofer, Hans-Otto 230
Aust, Benno A. 52, 536
Austerlitz, Robert M. 69
Avicenna (eig. Ibn Sina) 19

Bach, Johann Sebastian 361, 513
Bachofen, Johann Jakob 336
Baden, Hans Jürgen 463
Bahr, Eberhard 356
Bahr, Erhard 412
Bahr, Hermann 199, 213
Baker-Eddy, Mary 292, 300
Balázs, Béla (eig. Herbert Bauer) 30, 38 f., 162, 167 f., 172, 522
Baldwin, Lord Stanley 139, 143
Balk, Theodor (eig. Fodor Dragutin) 69 f., 94, 179 f., 194, 522 f.
Ballin, Günther 195
Balzac, Honoré de 291, 296, 298 f., 301, 310, 315, 536, 541
Bamberger, Ludwig 135
Bang, Herman Joachim 461
Banuls, André 199–219, 417
Barbusse, Henri 165, 292 f., 546, 553
Barlach, Ernst 328
Barlog, Boleslaw 519
Baron, Erich 161
Barta 165
Barrick, Raymond E. 519
Bartels, Adolf 489, 496
Barth, Emil 361
Barth, Karl 179
Barth, Max 122, 523
Bartók, Béla 19
Basil, Otto 519
Bassermann, Albert 61
Batt, Kurt 324
Baudelaire, Charles 461
Baudisch, Paul 63, 523
Bauer, Arnold 311, 517, 519
Bauer, Fritz 120, 523
Bauer, Otto 58, 532
Bauer, Walter 123